U0456239

中国版权研究报告

2024

上卷

孙宝林　主编

中国版权保护中心

组织编写

中国青年出版社

《中国版权研究报告（2024）》
编　委　会

序　言
加快构建中国版权自主知识体系

习近平总书记指出，要坚持“两个结合”，扎根中国大地、赓续中华文脉、厚植学术根基，深入研究以中国式现代化全面推进强国建设、民族复兴伟业实践中的重大问题，加快构建中国哲学社会科学自主知识体系。树立大历史观，从历史长河、时代大潮、全球风云中分析演变机理、探究历史规律，提出因应的战略策略。这为我们持续深化版权研究、加快构建中国版权自主知识体系提供了根本遵循。

2022年以来，中国版权保护中心紧密围绕“学术引领、技术支撑、服务赋能”定位，打造学术交流枢纽，聚焦版权领域热点难点议题，面向全社会征集研究课题近百项，填补了多项研究空白，取得学术成果超200万字。以高质量研究为基础，开创性地提出了“版权文化”学术概念，成功举办了“中国版权文化学术研讨会”等一系列学术会议，编写出版了《中国版权研究报告（2022—2023）》并产生了广泛影响。而今，凝聚最新研究成果精华的《中国版权研究报告（2024）》正式问世，包含24份高水平研究报告，成为我们在加快构建中国版权自主知识体系进程中做出的又一次实践探索。

征事于史，可以明古今之成败。当前，世界之变、时代之变、历史之变正以前所未有的方式展开。版权是文化的内核，是创意的化身，是人类创造性智力成果的集中体现，在世界文明长卷中写下浓墨重彩的篇章。我们正需要端起版权史的“望远镜”回顾过去、展望未来，以全球视野和大历史观纵览古今中外并进行比较研究，为厘清中国版权的脉络、揭示全球版权的普遍规律提供历史证据与学理支撑。这是践行习近平总书记关于创造一批“熔铸古今、汇通中外”文化成果要求的探索实践，是应对新一轮科技革命和产业变革、观照数字时代人类发展的有益借鉴，是深化文明交流互鉴、探索构建具有引领性和适应性的全球版权治理体系的重要基础。

追根溯源，守正创新。开展中外版权史比较研究，要立足5000多年的中华文明史，以纵向时间为轴，以“版权源于中国、成于世界”为主线，疏理中国版权演进的古今脉络，聚焦隋唐及至宋以来中国版权的文化积淀与原创性贡献；要以文明互鉴、美美与共的胸怀，重点展现工业革命以来全球版权交流发展的进程；要在中外版权史比较研究中，进一步阐明版权文化的内涵，阐述版权激发创新潜力、推动中国式现代化建设、推进全球人类文明进步的积极作用。

一、不断丰富版权文化内涵，以开阔的学术视野推动版权史研究创新

一是版权构成了人类智力成果创新的底层支撑。版权的覆盖范围与自动赋权特点共同决定了在符合相应条件的前提下，无论文字表达、图形元素、艺术设计乃至各类创新智力成果，一经诞生都将被纳入版权覆盖的范畴，后续其他权利的申请与赋予权益都无法剥离已有的版权基因。所以版权不仅是法律的，更是经济的、科技的、文化的、大众的，所谓“关系于文明进步者，独以版权为最”。

二是版权文化涵盖版权相关精神财富和物质劳动成果。在“中国版权文化学术研讨会”上我们提出了对“版权文化”概念的初步界定：版权文化涵盖一系列版权相关精神财富和物质劳动成果，是围绕版权创造、运用、保护、管理、服务全链条的生产活动的总和，是凝结在版权具体活动载体之上的精神态度和立场，是引导公众更加目的明确、情趣健康地开展版权活动的文化方式。相信，随着各界专家学者的研究发掘，关于“版权文化”内涵和外延的相关认识还将不断深化。

三是版权史研究应着眼大历史观下的版权文化研究。秉持大历史观，正是要以更宽广的视野、更长远的眼光把握世界历史的发展脉络和正确走向。版权源远流长、覆盖宽广、与文化深度交融，决定了版权史研究并非单一的版权法律史或制度史研究，而应涵盖版权所涉思想文化、经济政治、科学艺术等各细分领域，即以“版权文化”为核心纵向探究演变历程。中外比较的视角又要求研究目光不局限于一国一地，而应有的放矢地投射至全球范围，在横向研究中凸显特性、探寻关联、揭示共性。由此，纵横两个维度搭建起中外版权史比较研究的框架体系，交汇衍生出众多亟待研究的课题。其间，前人虽已有所建树，但因时间和认识局限，仍需要我们主动拓宽学术视野，跨越相关领域界限，跳出固有研究范式，积极挖掘利用新资料和新文献，以新发现和新见解为版权史研究创新添砖加瓦。

二、高扬中华文化主体性，加快形成版权史自主叙事体系

二十届三中全会《决定》强调“必须增强文化自信”。中国版权的文化自信，其根本依托就是中华民族的文化主体性。作为印刷术的发明国，中国自然而然孕育出世界最早的版权萌芽和思想，奠定了绵延至今的中华版权脉络基础，其历史广度绵延千年之久，为世界文明贡献了宝贵资源。扎根中华古老大地，以历史的

主动和文化自觉，进一步疏理中国版权自主演进的历史脉络，在正确把握“源和流”关系的基础上，进一步阐释“版权源于中国、成于世界”的理论主张，加快形成中国自主的全球版权史叙事体系框架，这将是中外版权史比较研究的重要任务之一。

“印刷有版，版上生权”。版权源于印刷术的发明和发展是国际版权界的共识。继雕版印刷术于隋唐兴起，北宋11世纪上半叶毕昇又首创了活字印刷术，其技术发明领先全球数百年，共同构成了中国最早萌发版权观念、开启版权实践探索的坚实根基。一系列相关行动逐步汇成官府与民间两条版权保护路径，历代沿用。南宋初年刻印的《东都事略》牌记“眉山程舍人宅刊行，已申上司，不许覆板”，这是迄今可见最早的版权声明，也是考据中国版权起源的关键节点。

在毕昇发明活字印刷术后的400年后，德国人谷登堡受中国活字印刷术西传的影响和启发，于15世纪中叶创制了木质手扳架印刷机，使用铅活字印刷，开启了机器（或称机械）印刷时代。16世纪，源自中国的印刷术促进了欧洲图书印刷业的繁荣，进而推动了西方版权观念的萌芽。1709年，英国《安娜女王法》开启了由政府授予出版特权向保护作者个人权利的转变，此后各国纷纷以作者为基点建立版权保护制度，形成了以英、法两国为代表的各具特色的版权体系，并在世界范围内传播。

中国的版权文化对东亚汉文化圈相关国家产生了更为深远的影响。一方面表现为中华典籍大量传入带来的直接效应，另一方面表现为伴随书商翻印、模仿中华典籍而扩散融入当地的版权观念与保护措施。如，日本书籍中常附有“某氏藏版”“不许伪板”等标识，吸纳了中国自宋代所传承的“藏版”观念并直接效仿。19世纪，日本的福泽谕吉以“藏版之许可”（原文为“藏版の免許”）对译“Copyright”，后改译为“版权”，均打上了鲜明的中国版权文化的烙印。

考察古今历史文化渊源可知，中国版权拥有自主演进、世代传承的清晰脉络，历经三个阶段：古代，以印刷术引领，版权思想与实践领先世界，展现国际影响力；近代，历经蜕变，实现与西方并行的版权近代化，呈现追赶之势；新中国，版权事业与国家发展同步，创造性转化千年版权文化，广纳人类优秀版权智慧。目前，多数西方学者有意或无意地割断了毕昇活字印刷术与谷登堡间灵感启发与再度创新的关系，割断了中国印刷术对西方印刷繁荣、版权萌芽发展以及欧洲文艺复兴的源头性作用，割断了中国版权文化对日本等东亚国家的国际影响，实质上是割断了“源与流”的关系。这迫切需要我们增强“版权源于中国，成于世界”的文化自信，以翔实的版权史研究澄清误解、破除偏见，探索推进源于中国的全球版权史体系建设，厘清版权文化赓续传播的完整脉络。

三、坚持古为今用，为促进信息文明建设贡献版权力量

版权自诞生起始终与文化传承创新、科技蓬勃发展紧密相连。在世界知识产权组织近年来发布的《全球创新指数》报告中，中国创新能力持续增长，稳居世界第一方阵。当前，以大模型数据训练为关键技术路线的人工智能浪潮席卷全球，版权在全球数字治理中处于核心环节。着眼于以版权激励数字时代创造创新、推动人类文明交流互鉴，应作以下努力。

一是以新技术支撑前瞻性和适应性体系，积极参与全球版权治理，主动争取国际话语权。网络无国界但有主权。二十届三中全会《决定》强调“完善生成式人工智能发展和管理机制”。习近平总书记在APEC会议上提出《全球数据跨境流动合作倡议》，呼吁推动全球数据跨境流动合作，推动数字红利惠及各国人民。我国主动参与版权全球治理，提出版权数字治理“中国方案”——DCI体系（Digital Copyright Identifier，数字版权唯一标识符）。这一体系历经多年实践，基于关键技术标准、核心技术研发等方面的阶段性成果，将版权权属标识延展至数据权益标识领域，未来有望成为数字空间唯一通行的“版权身份证”和不可或缺的“权益凭证”，从而抢占世界版权数据服务战略空白，争取版权国际标准的话语权，将为消弭数字鸿沟、促进全球文化繁荣与科技进步作出贡献。

二是推动相关领域从学科交叉迈向学科融合。中国近代版权史上，以严复为代表的实践者以融汇中西、贯通古今的学识和思想，敏锐捕捉了所处时代的转型与变革，实质性地引领了中国版权体系向现代化、规范化迈进。

知古鉴今，世界百年未有之大变局、人工智能浪潮的多元融合以及版权作为文化和科技底层支撑的属性，都要求各相关研究不能仅仅停留在分散的、点状交叉的跨学科涉猎，而应在兼收并蓄中迈向一体化、深层次的学科融合。“统新故而视其通，苞中外而计其全”。要以更加积极主动的姿态学习借鉴人类一切优秀文明成果，为尽快培育形成“熔铸古今、汇通中外”的文化成果厚植根基，打造相匹配的优秀版权人才队伍，激发文化创造创新活力。

三是推进跨文化平等交流对话，主动传播中国版权声音。二十届三中全会《决定》强调“扩大国际人文交流合作”。要积极践行全球文明倡议，努力团结知华友华国际人士，以平等对话、开放交互的专业研讨，来回应外方对于中国解决人工智能版权等问题的关注。

中国版权保护中心作为国家版权保护和服务机构，未来将探索以举办版权国

际学术会议等方式，积极宣介在人工智能版权问题、中外版权史比较等研究课题方面的新成果和新观点，在相互尊重、合作共赢中进一步深化版权研究与实践。

习近平总书记强调，溯历史的源头才能理解现实的世界，循文化的根基才能辨识当今的中国，有文明的互鉴才能实现共同的进步。让我们在习近平文化思想和二十届三中全会精神的指引下，坚持“两个结合”，高扬中华文化主体性旗帜，植根博大精深的中华文明，顺应信息社会技术发展的潮流，加快构建中国版权自主知识体系，不断提升我国在版权领域的国际话语权和影响力，进一步彰显版权的价值与力量！

孙宝林

2025年5月

目　录
CONTENTS

第一编 / 版权与人工智能

第一编

版权与人工智能

人工智能生成内容版权识别与保护机制

孙宝林　沈　阳*

摘要： AIGC技术正引发内容生产与版权保护领域的深刻变革，传统的版权保护机制在面对人工智能生成内容时存在适应性困境。本研究旨在探索AIGC背景下版权识别与保护的创新路径，重点构建最小可识别版权单元理论体系，提出版权单元分类与层次化识别框架，并设计版权单元识别实验，验证理论的可行性。研究表明，基于版权单元理论的人工智能版权识别与比对技术，能够有效辅助应对人工智能生成内容中的侵权风险。研究据此构建了版权保护与侵权评价体系，并结合实验结果提出了技术路径、制度路径及伦理路径的多层次版权保护对策。

关键词： AIGC；版权单元；版权识别；版权保护；人机协同

人工智能生成内容（Artificial Intelligence Generated Content，AIGC）技术正深刻改变内容生产与传播的方式，重塑版权生态。一方面，AI在极大地提高内容创作的效率与规模；另一方面，也模糊了人机创作的界限，引发关于版权归属、侵权认定等核心问题的重新思考。然而，危机与机遇并存，AIGC技术在带来挑战的同时，也为版权保护提供了新的技术手段与解决路径。本研究旨在探索AIGC背景下版权识别与保护的创新机制，通过构建最小可识别版权单元理论，设计智能化版权管理生态系统，为数字时代的版权保护提供理论支撑与实践指导。

一、AIGC版权生态变革的挑战与机遇

人工智能生成内容技术正引发版权生态的系统性变革，不仅涉及法律、经济与社会文化等维度，还反映在版权保护机制的转型需求中。需从系统论与复杂性科学的视角，全面审视这一技术创新对版权保护带来的多维度影响。

（一）版权生态：AIGC技术带来内容生产变革

AIGC技术引发的内容生产变革深刻影响着现代版权生态。首先，传统的版权

* 孙宝林，全国政协委员，中国版权保护中心党委书记、主任，本课题组组长；沈阳，清华大学新闻与传播学院新媒体研究中心主任、教授、博士生导师，本课题组组长。

体系是以人类创作者为核心构建的，其理论基础源自“作者中心主义”以及由此衍生的“独创性”概念。AIGC技术的引入使得内容生产不再完全依赖人类进行直接完成，而是通过算法与模型进行大规模自动化生成，这种生产方式的转变直接挑战了传统版权法中的“作者性”原则。其次，人工智能生成内容的多样性和复杂性也对版权保护提出了新的问题。生成内容在形式和结构上往往超越传统的文本、图像或音视频等表达形式，形成多模态的复合型内容，这对现行版权法在内容界定上的适用性构成了挑战。同时，AIGC技术的快速迭代和模型优化，使得生成内容的独创性和智能性日益增强，进一步模糊了版权归属的边界。再者，AIGC技术在训练和生成过程中对既有内容的依赖性，带来了与版权归属相关的法律争议。生成内容的创作过程往往依赖对大规模数据的训练，其中涉及大量的受版权保护的内容。如何界定这些内容的合理使用以及生成内容与原始作品之间的关系，成为当前版权保护面临的核心问题之一。此外，AIGC技术还改变了内容的传播模式与消费方式，生成内容的即时性、交互性和广泛传播性，使得版权侵权行为的监控和管理变得更加复杂。

（二）关键问题：AIGC涉及版权问题分析

从实际案例来看，当前国内外关于人工智能生成内容版权问题的判例，主要聚焦于以下几个问题。

1. AI生成内容是否具有版权

目前，针对人工智能生成内容的版权问题，国内外的首要争议在于其是否具备版权。已有判例将人工智能生成内容纳入著作权法保护范围。如北京互联网法院裁定，原告通过提示词和参数生成的图片具备独创性，符合作品标准[①]。同样，深圳市南山区法院在“腾讯Dreamwriter”案中认为，文章生成中的人类个性化选择使其符合著作权法的保护标准[②]。然而，也有观点认为，人工智能生成内容不应受著作权法保护。在“菲林诉百度侵权”案中，北京互联网法院认定，虽然生成内容具备独创性，但因非自然人创作，不受版权法保护[③]。国际上，美国版权局立场是AI生成的内容不可拥有版权，只有人类创造的部分有权获得保护。美国版权局拒绝为由Midjourney生成的漫画书*Zarya of the Dawn*部分图片登记版权，

① 参见北京互联网法院（2023）京0491民初11279号民事判决书。

② 参见广东省深圳市南山区人民法院（2019）粤0305民初14010号民事判决书。

③ 参见北京互联网法院（2018）京0491民初239号民事判决书。

并剥夺了《太空歌剧院》的版权，理由是缺乏对画面的创造性控制[①]。此外，英国法律允许AI生成的作品享有版权，但保护期缩短为50年。总体而言，人工智能生成内容的版权归属问题仍未有统一定论，实践中法院正在尝试构建衡量人在AIGC生成过程中的智力参与程度的标准。

2. AI生成内容侵权表现如何

除了讨论人工智能生成内容的版权属性外，侵权判定多基于侵权风险和行为。在模型训练阶段，使用公开数据、网站平台数据和受版权保护的内容作为训练数据集可能引发侵权风险。各国对此态度不一：日本法律不保护AI训练数据的版权，而欧盟AI法案草案要求公开披露受版权保护的训练数据使用情况。实践中，《纽约时报》起诉OpenAI及微软，指控其未经许可使用文章训练模型[②]；喜剧演员Sarah Silverman等人起诉OpenAI非法使用其书籍；在中国，四位画师因作品被小红书AI绘画使用提起诉讼，广州互联网法院也确认了AI公司侵犯版权的行为。这表明模型训练数据集的不透明性增加了侵权风险。在内容生成过程中，用户使用提示词生成内容的侵权责任通常不由开发者承担。例如，在“Sarah v. Stability AI”案中，法院认为开发者难以控制用户提示词选择，责任较小。关于提示词是否构成智力成果仍有争议，北京互联网法院认为提示词体现智力劳动，而美国版权局在《太空歌剧院》一案中不予认可[③]。总体来看，AIGC侵权争议集中在模型训练数据的侵权风险及提示词和参数是否可作为侵权证据等问题。

（三）保护挑战：AIGC时代的版权保护难点与困境

AICC技术对传统的版权识别与保护带来了一系列新的问题与挑战，主要呈现为以下几点。

1. 侵权行为难识别

AIGC技术的应用使得版权侵权行为的识别难度增加，主要体现为几个方面：

---

① 金杜研究院. 浅谈AIGC的可版权性——美国、欧盟、英国与中国之比较［EB/OL].（2023-03-31）［2024-09-07]. https://mp.weixin.qq.com/s?__biz=MzA4NDMzNjMyNQ==&mid=2653303958&idx=1&sn=f5d007bde07cfcf69ac2e12d1b8e7564&chksm=843a5f3cb34dd62a924f0d3d437603880e5744da4e593d50c9287fcddac624ba1f3570c41419&scene=2.

②《纽约时报》起诉OpenAI大模型时代下的版权边界在哪里［EB/OL].（2024-01-12）［2024-09-07]. https://news.youth.cn/gj/202401/t20240112_15019654.htm.

③ AI获奖名画申请版权被拒！作者624次提示打造［EB/OL].（2023-09-13）［2024-09-07]. https://new.qq.com/rain/a/20230913A00QCK00.

一是内容独创性的判定难度加大。传统侵权行为容易通过破坏作品原创性来识别，如直接侵犯书籍版权，而AIGC生成的作品基于已有受版权保护的作品学习，可能包含重复元素，是否构成侵权需综合判断重复比例、内容重要性等，目前难有定论。二是版权所有者识别难度加大。传统作品的版权所有者明确，而AIGC生成的内容可能整合多个版权作品元素，导致不知情的侵权，且随着内容传播，对原始来源的追溯更加困难。三是传统版权侵权识别技术存在局限性。人工智能生成内容的复杂性和多样性可能隐匿与现有版权作品的相似性，使得基于传统算法的版权识别工具难以有效检测AI生成的侵权行为。

2. 侵权内容监测挑战

AIGC技术的应用带来了侵权内容监测的挑战。一是大规模自动化生产使得待监测内容体量剧增。AIGC技术能快速批量生成内容，使监测和审查的工作量大幅上升，对人工和传统版权监测系统造成压力。二是版权“碎片化”对侵权行为的追踪监测造成挑战。AIGC技术从版权数据库中抽取不同部分元素创作新内容，生成的内容包含多个版权作品元素，传统的整体作品版权监测难以应对这种情况。三是版权数据库无法满足侵权内容监测需求。传统版权信息库以整体作品为主，难以适应人工智能生成内容的碎片化特征，缺乏更新及时的数据库进行有效对比。四是实时监测及快速响应机制亟待完善。AIGC技术能够自动化生成和传播大量内容，现有的监测和处理系统难以快速识别和处理侵权行为。

3. 侵权行为判定复杂

AIGC技术使版权侵权行为的具体判定更为复杂，传统的判定依据面临挑战，主要表现在以下方面：一是侵权行为的隐蔽性。人工智能生成内容的侵权行为难以被直接识别和监测，尤其是通过人工观察难以进行准确认定。二是侵权行为主体的不明确性。传统版权保护体系中，作品的作者是明确的，而人工智能生成内容的主体可能是算法开发者、使用者或AI本身，难以明确归因。三是传统侵权评价标准体系难以满足需求。AI技术带来了内容创作和分发的新变化，传统评价标准难以衡量这些变化，判定归责过程中存在与现有标准的矛盾，亟须更新和改进。

（四）技术机遇：AI辅助版权保护的可行性

在初步厘清AIGC技术对传统版权保护造成的挑战和问题后，本研究认为AI技术辅助版权保护具备一定的可行性与必要性。

1. 可行性分析

AI辅助版权保护具备技术可行性。一是高效的数据处理与分析能力，包括内容识别、模式识别、趋势分析等。如自然语言处理（Natural Language Processing，NLP）、深度学习（Deep Learning，DL）、卷积神经网络（Convolutional Neural Network，CNN）等先进技术能够快速分析与处理海量数据，对生成内容进行模式识别与特征提取，识别出与已有作品在表达方式、结构或主题上高度相似的内容，减少人工审查的工作量与误判率。二是去中心化的版权数据库建设。AI可助力打造自动更新的版权数据库，自动提取作品、作者、授权等信息，提高效率。结合区块链技术，还可创建不可篡改的版权信息库，或探索智能合同等版权保护方式。三是自动化的版权侵权行为监测、通知能力建设。AI可设计监测算法自动监控互联网内容，标记并报告潜在侵权风险，生成自动通知，减轻人工处理负担，帮助版权所有者迅速应对侵权。

2. 必要性分析

AI技术辅助进行版权保护，具有重要意义及必要性。一是大规模的内容创建呼唤更强大的版权识别工具。AIGC技术能快速生成海量内容，传统人工方式难以应对。AI技术可辅助快速识别这些内容中的版权单元等关键信息。二是高难度的版权识别需要更智能的版权管理工具。人工智能生成内容的复杂性使得传统识别方式难以精准识别侵权行为，因此需要构建智能管理工具，包括实时监测和分析侵权行为的严重程度。三是复杂的人工判别流程期待量化的版权侵权评价工具。在AIGC广泛应用下，人工审核效率低，传统版权识别工具无法有效判定侵权程度，因此需依赖AI构建侵权比对工具，提供侵权概率或水平测度，从而更有效地辅助版权保护工作。

二、版权单元识别的理论建构与体系

本研究针对生成式人工智能的版权保护问题，提出“最小版权识别单元”构想，即通过切分文字或图像为最小颗粒单元，建立评价参数体系，以数据化方式确定著作权侵权的参数范围，规范审查AI生成内容的权益归属。

（一）理论基础与现实必要性分析

1. 理论依据

“版权单元”概念建立在版权侵权研究和实际判例的基础上，包含两个核心方面：“版权”和“单元”。“版权”指特定内容中能够承载版权属性、显示作者独创性智慧的部分，这与实际判例中法官对作者独创性的厘清具有相似的内容构想。现有研究常将作品分为“核心层”和“边缘层”。核心层与创作者的思想紧密相关，表现个性化特征，如情节、语言、结构；边缘层则多为重复性较高的填充内容。[①]“核心层”概念借鉴语言学中的最小语境和核心词辨识，语境越小代表更细的区分，最小语境作为底层单位更贴近文本语义[②]。“单元”指作品中的独立、可识别的组成部分或元素，如音乐作品中的单个音符、画作中的人物形象。单元具备独立性和可分解性，能被单独识别和量化评价，成为版权单元相似度评价的基础，助力版权保护。版权单元概念应用于版权保护中具备学理依据，但仍需不断更新内涵及分类，构建科学的版权单元体系，以更好应对AIGC技术背景下的版权保护挑战。

2. 实践观照

AIGC的兴起带来了内容生态的变革，也对传统版权保护提出了挑战。传统版权保护通常针对作品整体，而人工智能生成内容往往涉及不同元素的重组，可能出现部分元素或内容侵权的情形。版权单元构想旨在探索更精细的版权保护方式，通过提取作品中符合原创性的部分，将其纳入版权单元范畴，保护部分内容及元素，有效应对AIGC技术带来的部分复制或修改现有作品元素难以识别的问题。版权单元不仅保护作品部分内容，还可促进合理使用与创新，推动技术与创新的平衡发展。该概念将随AIGC技术发展而不断更新，为版权保护提供更灵活的方案。

（二）最小版权识别单元概念与内涵

1. 概念界定

本研究所提出的最小版权识别单元指的是一个作品中能够承载版权属性的最小单元，是对作品进行内容拆分后保留的版权最小颗粒度，以代表整个作品中最低的独创性标准。“版权单元”指的是具备知识产权属性，承担核心版权标识，承载创作者独特思想的内容；“最小”指的是版权单元识别的最低标准，实际上指代版权的核心内容。一般而言，独创性要求“独”和“创”，即既要独立完成，

① 吴昊天．人工智能创作物的独创性与保护策略——以“ChatGPT”为例［J］．科技与法律（中英文），2023（3）：76-86.

② 石进，韩进，赵小柯，等．基于语境概念核心词提取算法研究［J］．情报学报，2019（11）：1177-1186.

又要符合最低限度的创造性[①]。"最低限度"与"最小"相对应，既是独创性判定的最低标准，也是版权侵权容忍的最高限度；"识别"指的是能够被分割而独立出来代表核心版权属性的内容。综之，最小版权识别单元可依据可识别、独创性、最小单元的基本思路对人工智能生成内容进行版权单元的分割与确定，并通过评价体系、算法设计等方式具体判断侵权，再采取进一步的侵权保护措施。

2. 内涵厘清

最小版权识别单元必须满足最低创作量及独创性要求，其内涵主要包括：一是以创作阈值为关键核心，确定作品或作品部分需要达到的创作量及独创性标准，避免保护缺乏独创性的内容。二是以独创性要求为关键要素，强调版权单元必须源于作者的原创思想和表达，不包括常识性、普遍性或基础性内容。三是以内容特性为衡量标准。本研究首先验证文本作品的最小版权识别单元，著作、论文、新闻等文本类型有不同的独创性标准，未来随着对图像、音频等多模态内容的研究，标准将持续优化。

（三）最小版权识别单元设计与指南

最小版权识别单元的体系确定需在深刻理解文本类型及差异的基础上进行初步构建。

1. 细分文本类型

不同文本类型有不同能够表征其独创性智慧的单元，本研究以著作、论文、新闻作为文本类型的主要分类。著作细分为章节与段落、角色对话、关键事件与情节等[②]。学术论文可细分为段落与小节、参考文献以及实验数据和图表等。在涉及版权保护时，可将论文划分为段落或小节，以实现细粒度的版权识别[③]，同时也要注意论文中的引用和参考文献部分的版权归属。而对于新闻报道而言，新闻标题、评论性语句、采访内容、新闻结构等可作为其版权识别的重要方面[④]。

---

① 李扬，李晓宇．康德哲学视点下人工智能生成物的著作权问题探讨［J］．法学杂志，2018（9）：43-54.

② 吴汉东．人工智能生成作品的著作权法之问［J］．中外法学，2020（3）：653-673.

③ 游俊哲．ChatGPT类生成式人工智能在科研场景中的应用风险与控制措施［J］．情报理论与实践，2023（6）：24-32.

④ 曾晓．ChatGPT新思考：AIGC模式下新闻内容生产的机遇、挑战及规制策略［J］．出版广角，2023（7）：57-61.

2. 分析文本差异

分析不同文本的差异，科学地界定最小版权识别对比单元，涉及内容组织形式、引用方式、语言表达方式等方面。在内容组织形式上，著作强调构建完整的故事情节或知识体系；学术论文强调系统性和严谨性；新闻报道则注重即时性和客观性。在引用方式上，著作及学术论文如有引用，需遵循学术规范，并标注明确的来源；新闻报道一般要注明引述来源，并遵循行业道德和规范①。在语言表达上，著作的语言多样；学术论文强调正式、技术性；新闻报道简洁明了，避免复杂术语。

3. 设计版权识别单元

由于人工智能生成内容文本类型差异明显，因此设计最小版权识别单元需根据其特性，灵活选择确定合适的识别单元，以提高版权保护的科学性和准确性。以著作、论文、新闻等文本类型为例，著作（如小说）最小版权识别单元可为人物、情节、语言等；论文为标题、摘要、主要观点、研究方法、数据等主体部分，以及引用内容、规范和附录内容；新闻报道则以句子、词语为主要识别单元，重点关注标题、引述内容、评论性内容等。

（四）版权单元保护与侵权评价体系

在对版权单元的可行性进行分析后，接下来将尝试以最小版权识别单元为基础，初步构建版权单元保护与侵权评价体系。

1. 版权单元保护体系

前文分析了著作、论文、新闻三种文体的特性与差异，接下来将构建版权单元保护体系。本研究从版权保护的标准、方式、情形、内容四个方面展开（表1）。标准提供具体保护方案，如文字数量、角色数量、对话比例；方式指根据文体特性采取的保护手段；情形指不同文体下的侵权风险；内容指需保护的具体部分，如故事情节、文体等等。

---

① 翟红蕾，夏铭泽，谢晓枫，等. 数据新闻的版权问题及侵权规避［J］. 武汉理工大学学报（社会科学版），2023（2）：25-32.

表1 版权单元保护体系

保护维度	具体类别	详细描述
保护标准	著作	文字数量：例如，保护长度超过1000字的故事情节和结构
		角色数量：保护包含3个以上原创角色的作品
		对话比例：例如，作品中至少10%的内容是原创对话
		复制比例：超过作品总量10%的复制视为侵权
		改编程度：改编超过原作20%内容的作品需获得授权
	论文	原创性比例：至少70%的内容（包括理论、数据分析）须为原创
		引用标准：直接引用不超过原文的5%，且必须明确标注来源
		自我剽窃：重复发表超过30%相同内容视为自我剽窃
		非法复制：未经授权复制超过10%的论文内容视为侵权
	新闻	独家内容比例：至少50%的报道内容（包括采访、数据分析）须为独家
		未授权引用：引用超过报道总量的15%视为侵权
		原创素材：所有原创摄影作品和图表享有版权保护
		改编使用：未经授权的改编使用超过原内容的20%视为侵权
保护方式	著作	法律条文：确保著作权法律条文涵盖上述所有内容
		版权声明：作品发布时附加版权声明，明确版权信息
		版权注册：鼓励或要求作品版权注册，以便于版权保护
		侵权追诉：提供法律途径以追诉侵权行为，如非法复制或篡改
	论文	版权和知识产权政策：学术机构应建立明确的版权和知识产权政策
		侵权监控和救济：提供监控侵权行为的机制和法律救济途径

续表

保护维度	具体类别	详细描述
保护方式	论文	公共领域和公平使用：明确何种情况下属于公共领域和公平使用
		发表和引用规范：确立学术发表和引用的标准，包括适当的引用规则
	新闻	版权标识：在新闻作品中明确标识版权信息
		合法引用和转载：设定合法引用和转载的规范
		公共利益和新闻自由：在保护新闻版权的同时，顾及公共利益和新闻自由的权衡
保护情形	著作	当作品被公开发表或出版时
		当作品被复制、改编或公开演出时
		当作品的版权被转让或许可时
	论文	当论文被用作教材或参考资料时
		当论文内容被用于商业目的时
		当论文在学术期刊或会议上发表时
	新闻	当新闻作品被发表或广播时
		当新闻作品被复制或在其他媒体上转载时
		当新闻作品被用于商业目的，如在广告中引用时
保护内容	著作	故事情节和结构：包括故事发展、高潮、结局以及特殊的叙事结构
		角色创作：角色的名字、性格、背景故事等
		对话和文本：独特的对话以及文本中的表达方式
		主题和概念：作品中的中心主题、哲学观点或概念
	论文	原创理论和观点：论文中的独立观点、假设和理论

续表

保护维度	具体类别	详细描述
保护内容	论文	保护内容论文研究方法和流程：独特的研究方法或实验流程
		数据分析和解释：对数据的特定分析方法和解释
		结论和建议：研究的结论和提出的建议
	新闻	报道内容：包括新闻事件的描述、分析和评论
		数据和统计信息：在报道中使用的独特数据和统计信息
		采访和原创素材：记者的原创采访内容和其他新闻素材
		摄影和图表：新闻报道中的原创摄影作品和图表设计

2. 版权单元侵权评价体系

在设计最小版权识别单元的基础上，需建立相应的侵权评价参数体系。本研究结合相关研究成果①，初步构建了包含3个一级指标，8个二级指标以及24个三级指标的侵权风险评价指标体系（表2）。

表2　人工智能生成内容侵权风险评价指标体系

一级指标	二级指标	三级指标	指标量化
人工智能生成内容的管理风险	版权保护制度	侵权风险监测机制	有（0）、无（1）
		侵权风险预警机制	有（0）、无（1）
		版权保护规范指南	有（0）、无（1）
	多元监管体系	政府监管制度	有（0）、无（1）
		平台监管制度	有（0）、无（1）
		用户监管制度	有（0）、无（1）

① 李婵，张文德．著作权风险评估指标体系及其有效性研究——基于网络内容服务提供者的角度［J］．情报理论与实践，2014（7）：48-52.

续表

一级指标	二级指标	三级指标	指标量化
人工智能生成内容的管理风险	内容原创者	明确侵权范围	是（0）、否（1）
		具备维权意识	是（0）、否（1）
		熟知维权途径	是（0）、否（1）
人工智能生成内容的自身风险	数据采集风险	生成著作时非法或超限来源数据的比例	非法或超限来源内容/著作体量
		生成论文时非法或超限来源数据的比例	非法或超限来源内容/论文体量
		生成新闻报道时非法或超限来源数据的比例	非法或超限来源内容/新闻报道体量
	数据处理风险	生成著作时非法或超限数据处理的比例	非法或超限数据处理体量/著作体量
		生成论文时非法或超限数据处理的比例	非法或超限数据处理体量/论文体量
		生成新闻报道时非法或超限数据处理的比例	非法或超限数据处理体量/新闻报道体量
	内容生成风险	生成著作时疑似侵权内容的比例	生成内容疑似侵权体量/著作体量
		生成论文时疑似侵权内容的比例	生成内容疑似侵权体量/论文体量
		生成新闻报道时疑似侵权内容的比例	生成内容疑似侵权体量/新闻报道体量
人工智能生成内容的法律风险	立法风险	特定侵权认定及惩治制度	健全、一般、缺失
		立法的科学性及可操作性	强、一般、弱
		立法共识的凝聚	形成、一般、未形成
	司法风险	内容权益划分规则	明晰、一般、模糊
		合理使用原则适用范围	广泛、一般、狭窄
		“避风港”原则使用力度	严格、一般、宽松

人工智能生成内容的管理风险这一一级指标侧重从风险管控角度细化指标。版权保护制度侧重于制度设计，涵盖侵权风险监测、预警、保护的全流程管理；多元监管体系旨在厘清政府、平台、用户的角色及责任；AIGC自身风险从人工智能生成内容的流程出发，衡量数据采集、处理及内容生成三个层面；法律风险则涵盖立法、司法层面，涉及立法科学性及可操作性，包括“避风港”原则和“合理使用”原则等的具体应用。

三、AIGC版权单元识别基础与实验

本研究通过实验方式尝试对人工智能生成内容的版权进行识别，为版权单元的保护路径提供一定实验基础。

（一）人工智能生成内容特征提取与版权识别技术

1. 特征提取方法

AIGC文本特征的提取方法主要有词频和词性统计法、文本向量法、主题建模法等。一是词频和词性统计法：词频是指文本中每个词语出现的频率，按频率排序或筛选。词性则指词语在句子中的语法功能，如名词、动词等。词性标注可揭示文本的语法特点和句子结构。二是文本向量法：文本向量法将文本数据转化为数值表示，便于分析和建模。常见方法有词袋模型（Bag of Words，BoW）、TF-IDF（Term Frequency-Inverse Document Frequency，词频—逆文档频率）、Word2Vec（Word to Vector，词向量转换）、文本分类器特征和N-gram模型（N-gram Model）[①]。三是主题建模法：主题建模用于发现文本中的隐藏主题或话题，并为每个文本分配与主题相关的概率分布，用于进一步的文本分析或生成内容的质量评估。

2. 特征提取标准

AIGC文本特征提取标准主要包括生成内容的可读性、信息准确性、内容丰富度，以及情感和情绪表达等。可读性评估文本是否易于理解和阅读，通过句子平均长度、词汇多样性、句子结构复杂性等指标衡量。信息准确性则评估文本中的

① 李秀茹，王晓，李朋朋，等. Word2vec和支持向量机的POI自动分类方法［J］. 测绘科学，2022（6）：195-203.

信息是否真实可靠，需要与事实或数据源比对。内容丰富度指文本包含的信息量和相关性，涉及词汇多样性、信息覆盖范围及创新性。情感表达评估生成内容传达情感状态和情绪的能力。

3. 版权识别技术

当前，版权识别主要有“技术+人工”两种手段，技术层面可包括AI内容检测工具及学术不端检测系统。通过使用AI工具对文本/图片/网页等内容进行扫描后，利用机器学习判断内容来源，突出显示相似部分，计算相似度，并出具原创性报告，如GPTZero等。学术不端检测系统则主要指的是传统的查重工具，如Paperpass等可包含AI检测的查重软件。除了技术手段之外，人工识别版权单元仍是重要手段。人工判别指的是通过法官等主体对于相关内容的对比，结合相关法律规定，给出是否侵权的结论。

（二）人工智能生成内容版权识别的实证检验

1. 研究设计与操作实施

本研究通过反向验证人工智能生成内容是否存在侵权风险，探索其可识别性。首先，根据法律或判例确定侵权标准，明确哪些行为侵犯权益；然后指示AIGC工具按侵权逻辑生成内容；最后使用查重软件、人工判别和AI检测工具，分别检测著作、论文、新闻等文体的侵权内容识别率，以验证AIGC版权识别路径的可行性。

本研究选用ChatGPT-4、Claude2、Bard、Bing、文心一言等工具生成疑似侵权内容，选取朱自清的《背影》、陈力丹的《关注算法的底层建构对社会结构的影响》、证券日报的《杭州亚运会成尖端科技展示窗口》作为测试文本。通过提示语生成初级和高级侵权内容，进行两轮实验。

根据实验内容，检测方案包括三种方式：一是使用Paperpass进行查重，并提供AI辅写检测报告；二是通过人工判别，受众根据知识储备和审美直觉对比人工智能生成内容与原文，按1~5评分相似度；三是使用AI检测工具（如GPTZero、ContentDetector. AI、ZeroGPT等）判断相关内容是否由AI生成。

2. 数据分析

在整理两轮实验数据后，对AI检测工具、人工及传统查重软件的结果进行平均汇总，最终给出百分制的得分，数据及结论如下。

（1）初级提示语实验分析。在第一轮实验中，ChatGPT生成著作的平均得分为49.16%，论文为33.87%，新闻为39.08%；Bard生成著作为42.30%，论文为

36.37%，新闻为48.47%；Claude2生成著作为49.63%，论文为36.53%，新闻为39.43%；Bing生成著作为43.70%，论文为31.10%，新闻为40.63%；文心一言生成著作为47.27%，论文为51.43%，新闻为27.80%。以上结果表明，虽然不同AI工具生成内容的识别率不同，但绝大多数得分都在30%以上，说明AI生成内容的版权能够在一定程度上被AI工具识别。此外，不同文本有不同的核心内容，以《背影》为例，“父子车站送别”“买橘子”“父亲背影描述”等细节为朱自清的独创性智慧，承载排他性版权。

（2）进阶提示语实验分析。在第二轮实验中，ChatGPT生成著作的平均得分为35.84%，论文为35.10%，新闻为35.33%；Bard生成著作为44.63%，论文为37.64%，新闻为33.47%；Claude2生成著作为31.16%，论文为29.98%，新闻为33.30%；Bing生成著作为47.63%，论文为22.67%，新闻为35.63%；文心一言生成著作为44.06%，论文为43.77%，新闻为35.57%。以上结果表明，要求隐匿明显侵权内容的指令使得AI生成内容的可识别率降低。尽管总体得分仍达到侵权标准，但识别率总体下降。

（三）研究发现

1. AI生成内容的版权存在“可识别性”与“不可识别性”

从两轮实验结果可以发现，AI生成内容的版权存在可识别性与不可识别性。“可识别性”指的是AI生成内容的版权单元能够被有效识别的情形，“不可识别性”指的是AI生成内容版权单元的识别程度较低或不可被有效识别的情形。这两种情况可能同时出现在同一文本或不同文本中。与现有作品独创性高度适配的部分容易被识别为“可识别性”，而“不可识别性”则因人类用语相似性导致独创性无法有效识别。此外，人类为避免侵权而引导AI生成“高级侵权内容”时，识别率也可能降低。

2.“版权可识别性”与版权单元理论内涵相契合

实验结果显示，版权可识别性与本研究提出的版权单元理论体系存在一定契合。版权可识别性体现在对著作、论文、新闻这三种文体核心内容的识别与提取，符合版权单元理论中“核心层”与“边缘层”的划分，均是提取承载作者独创性的部分。同时，实验结论表明，不同文体的版权可识别性程度不同：著作的可识别性与人物、情节、语言等相关；论文则与理论观点、数据、引用等因素相关；新闻则与其落脚点、框架相关，这与版权单元体系中对不同文本类型及差异的厘清相匹配。实验结果验证了版权单元理论的内涵，为后续识别工作提供了实验基础。

3.“版权不可识别性”呼唤明确的版权保护边界

“版权不可识别性”指的是除了明确的与独创性匹配的内容之外，部分内容可能是无法被有效识别的。随着AIGC技术的应用，多个创作者共同生成的内容使版权标识不再唯一，且版权标识的新内涵及表征使得传统版权保护边界日益模糊。对此，本研究针对著作、论文及新闻三种文体，初步构建了版权保护体系，从保护内容、情形、方式、标准等方面勾勒版权保护的框架，这是包含作品整体的体系构建，也囊括了版权不可识别性的对应内容，探索了新的版权保护边界，并提出了侵权评价策略。随着AIGC技术的深入应用，相关体系仍需进一步优化完善，将不可识别性纳入更为宏观的评价体系之中，与可识别的版权单元形成补充，共同构建更为明晰的版权保护边界。

四、版权单元保护的算法设计与实验

本研究首先根据我国法律法规、政策及版权侵权案例提炼版权单元的法律判定标准；然后通过本地训练大语言模型，设计版权单元侵权算法，实现AI自动识别和比对并计算侵权概率；最后基于实验结果分析AI在版权侵权分析中的有效性与不足。

（一）版权单元的概念厘定与标准划分

随着人工智能技术的发展，内容创作变为包含算法、数据和用户输入的复杂系统，给传统版权保护带来挑战。版权单元的提出需结合现行著作权法，厘清并划分人工智能生成内容的侵权问题标准。

1. 著作权侵权的法理依据

要想厘定版权单元的概念，需首先明确当前我国关于著作权侵权法理层面的规定及依据。

（1）法律体系框架。著作权保护是我国知识产权制度的重要组成部分，以《中华人民共和国著作权法》为专门法，配合民法典和刑事法律修正案等法律。2020年修订的著作权法适应网络技术的发展，修改了作品定义，完善了权利制度，提供了应对技术进步的法律依据。此外，著作权法实施条例、刑法相关条款、民法典知识产权规定，以及《伯尔尼公约》《世界版权公约》《信息网络传播权保护条例》等，共同构成了我国的著作权保护体系。

（2）法律细则规定。我国著作权相关法律法规主要涵盖以下方面：首先，明确著作权客体范围，著作权的核心概念是“作品”，指具有独创性并能以一定形式表现的智力成果，列举了8种主要形态①，并为技术发展预留了扩展空间。其次，规定了侵权行为及责任，著作权法第52条列出侵权行为，如未经许可发表作品、冒用他人署名等②；第54条规定了侵权责任，如无法计算损失时，参考权利使用费，故意侵权可加倍赔偿③。最后，第24条规定了权利限制，在特定情况下可合理使用作品，注明作者姓名和作品名称，不得影响使用或损害权利人权益，这在司法实践中被广泛应用。

（3）法律体系解析。我国著作权法对侵权行为做了简单定义，列举了常见侵权行为，并借鉴国际公约及国外立法，对合理使用制度和法定许可制度进行了规定，形成了司法判例的底线规范。然而，随着人工智能技术的应用，内容生产智能化、数据使用和智能分发等新形态对现行著作权法律提出了挑战，呼唤在延伸侵权行为定义、改良合理使用规则等方面进行改革。

2. 著作权侵权的判例规则

在长期的司法实践中，针对著作权侵权行为的判例，已逐渐形成“接触加实质性相似”的基本原则，作为侵权的核心。

（1）权利保护范围及侵权要件

权利保护范围。著作权侵权判断的前提是划定保护范围，即哪些内容受保护，哪些可合理使用。我国借鉴“思想表达二分法”，即著作权保护思想的表达而非思想本身。文艺创作中的题材、体裁、主题等属于思想范畴，不受保护，而具备独创性的表达形式，如结构、情节、角色等，则受著作权保护④。但在实际判例中，思想与表达往往难以完全区分，只能依赖司法经验逐步形成统一认识。

“接触加实质性相似”要件。我国对著作权侵权行为虽有法理厘清，但未形成统一标准，通常采用“接触加实质性相似”的判断标准。不同于专利，著作权侵权不仅依赖实质性相似，还需确认行为人有接触争议作品的可能⑤。实质性相

① 参见《中华人民共和国著作权法》第3条。

② 参见《中华人民共和国著作权法》第52条。

③ 参见《中华人民共和国著作权法》第54条。

④ 吴汉东. 试论“实质性相似+接触”的侵权认定规则［J］. 法学，2015（8）：63-72.

⑤ 张晓霞，张嘉艺. 侵权行为构成要件对“接触加实质性相似”规则的制衡——论侵害著作权纠纷的裁判思路［J］. 知识产权，2021（12）：40-51.

似判断通常采取“抽象—过滤—比较”的三步法，即先抽离思想，过滤公共领域内容，再比较独创性表达的相似度[①]；在接触层面，需考虑作品的知名度、相似度及原被告关系等因素[②]。

（2）典型案例梳理

通过中国裁判文书网，本研究以“文字作品”“著作权侵权”“实质性相似”“独创性”等关键词整理了246篇法律文书，筛选出十篇具有代表性的案例，总结出以下发现。

“表达加实质性相似”系侵权判定通用规则。法院审理著作权侵权纠纷时，通常遵循“思想表达二分法”原则，以接触加实质性相似为要件，并结合具体情况判定。在判例中，区分“表达”是前提。如在“李霞与北京出版集团”案中，法院需先判断作品要素是否属于表达内容，才判定实质性相似[③]；在“重庆寻迹文化传播有限公司”案中，法院首先确认原告主张的内容是否属于作品表达[④]。大多数判例基于此原则，区分表达并判定实质性相似是司法实践的核心标准。

文字作品实质性相似的三层判定标准。文字作品指的是小说、诗词、散文、论文等以文字形式表现的作品[⑤]，包括思想、人物、情节、场景、语言等，其中越具有作者个性化的内容，越接近表达，应受著作权保护。基于司法判例，本研究聚焦小说类文本，梳理出三类判定标准（图1）。

一是人物层面的相似判定。小说中的人物是推动情节的关键要素，但需与特定情节和语句结合才受著作权保护。在“庄羽与郭敬明等侵权纠纷”案中，法院认为单纯的人物特征或关系属于公有领域，但独创性的情节和语句赋予人物独特内涵，则应受保护[⑥]；在“金庸诉《此间的少年》侵权纠纷”案中，法院认为人物不再是抽象关系，而是与具体情节紧密结合，个性化且具体的人物形象应受著作权保护[⑦]。

二是情节层面的相似判定。情节展现了作者的独创逻辑和主题，是著作权保护的重要内容。情节相似性包括总体安排、逻辑顺序、关键环节及情节关系。在

① 黄小洵．作品相似侵权判定研究［D］．重庆：西南政法大学，2015.

② 徐聪．著作权侵权作品“接触+实质性相似”标准的合理性反思［J］．私法，2022（3）：229-243.

③ 参见北京知识产权法院（2019）京73民终225号民事判决书。

④ 参见陕西省西安市中级人民法院（2022）陕01知民初3089号民事判决书。

⑤ 参见《著作权法实施条例》第4条。

⑥ 参见北京市高级人民法院（2005）高民终字第539号民事判决书。

⑦ 参见广州知识产权法院（2018）粤73民终3169号民事判决书。

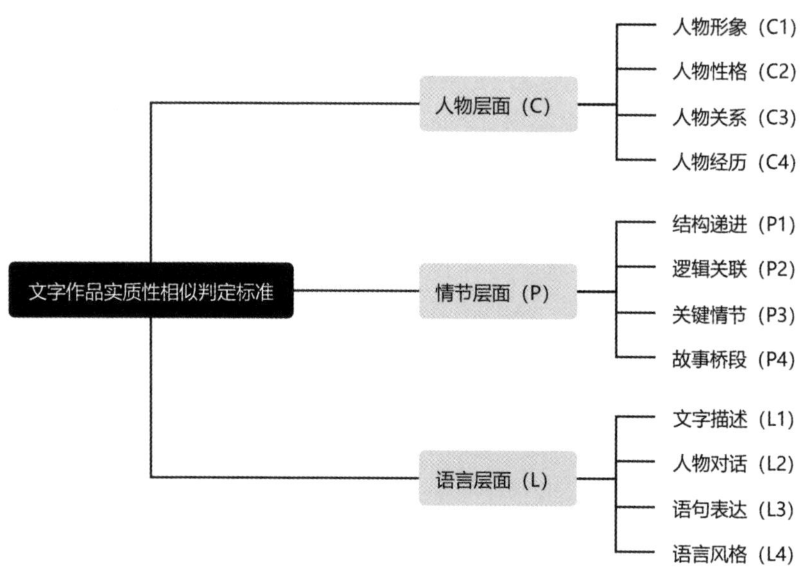

图1 文字作品实质性相似判定标准

“天津字节跳动诉天津启阅”案中，法院认为故事内容、人物设定、人物关系和情节发展体现了作品的独创性[①]；在“李霞与北京出版集团”案中，法院认为故事结构、情节和人物设置可作为实质性相似的依据[②]；在“张之帆与周静等著作权侵权”案中，法院指出情节是表现人物活动和事件发展的过程，由具体事件构成[③]。

三是语言层面的相似判定。语言相似性指词语、句子、段落等文字表达及排列的相似度，包括文字描述、人物对话、语句表达和语言风格。然而，语言相同不一定构成侵权，还需考虑相似内容的有限性、全文占比及小说背景等因素。在“郑绍保与中共党史出版社”案中，法院认为自主选择和编排的文字表达具有独创性，受著作权保护[④]；在“百花洲文艺出版社”案中，法院认定两者结构和语

① 附判决|2022年度中国网络文学版权保护十大典型案例发布！[EB/OL].（2023-06-19）[2024-09-07]. https://www.sohu.com/a/687140278_120756317.

② 参见北京知识产权法院（2019）京73民终225号民事判决书。

③ 参见北京市朝阳区人民法院（2017）京0105民初987号民事判决书。

④ 参见上海知识产权法院（2019）沪73民终108号民事判决书。

言高度近似，构成实质性相似[①]；在“倪学礼与江薇”案中，法院指出独创的情节和语言受保护，但常见场景和已知事实除外[②]。

（3）典型判例启示

在对以小说为主要体裁的文本作品著作权权属、侵权纠纷相关案例进行分析梳理之后，能够得出以下发现。

①小说的思想与表达界限难定。小说由结构、主题、人物、情节、对话等构成，思想与表达的划分难以明确。小说因叙事性强，结构复杂，思想层面的剥离更具挑战。相似的社会背景、人物关系、故事脉络等常见于不同作品，仅因形式上的相似性判定为侵权有失公正。因此，需将公共领域的内容作为思想剥离出来，结合具体情节特征判断侵权。

②实质性相似需综合判定。法院判定实质性相似时采取综合观察。首先，需明确构成表达的内容，表达必须体现作者的独创性智慧，如情节编排、人物设置等。其次，在此基础上判断侵权占比，或通过整体观察，若人物、情节让人联想到特定作品，则视为实质性相似。此外，不同文体判断标准各异，如论文注重观点和结构，小说则侧重情节、人物、语言等要素。

③AI辅助司法判例的可行性路径。当前判定实质性相似需对作品进行全文阅读，提取独创性内容并判断侵权占比，耗费大量人力。尽管著作权侵权的判定离不开人为力量，但基础的材料提取、对比等工作可尝试使用AI技术减轻人类负担。以小说为例，虽情节复杂，但人物、情节、语言特征明显，可借助AI进行版权单元识别与分层提炼，辅助法官作出侵权判定。

3. 版权单元与实质性相似判定的关联性

本研究所提出的“版权单元”构想，与当前司法实践中判定实质性相似的标准存在相似的内容指向。

（1）版权单元类型。本研究的“版权单元”构想旨在通过智能化手段提取原作品与被诉侵权作品中的独创性部分，并依据侵权比例进行打分，划定侵权等级，辅助侵权认定。版权单元指向的独创性部分与实质性相似的评判内容一致。依据小说著作权侵权的标准，版权单元可分为人物、情节、语言三个层面。人物层面（C）的版权单元可细分为人物形象（C1）、人物性格（C2）、人物关系（C3）、人物经历（C4）；情节层面（P）的版权单元可细分为结构递进（P1）、逻

① 参见浙江省杭州市中级人民法院（2019）浙01民终9800号民事判决书。

② 参见北京知识产权法院（2016）京73民终362号民事判决书。

辑关联（P2）、关键情节（P3）、故事桥段（P4）；语言层面（L）的版权单元可细分为文字描述（L1）、人物对话（L2）、语句表达（L3）、语言风格（L4）。这些划分基于司法判例的总结，后续将通过实验进行修正。

（2）版权单元与实质性相似的关联性。本研究所提出的版权单元与实质性相似判定在三方面存在关联性。

①均需承载作者的独创性智慧。实质性相似的判定标准以作者独创智慧为依据，需结合表达层面的综合分析。版权单元指向承载作者独特思维的内容，与实质性相似的概念在内涵和指向上保持一致，均剥离思想层面的内容。

②版权单元助力实质性相似判断标准化。研究发现，不同法院在判定小说著作权侵权标准上存在差异。本研究将小说内容划分为12个版权单元，涵盖了体现作者独创性的要素，为小说侵权判定提供了标准化的可能性。

③版权单元助力实质性相似判断智能化。版权单元构建了标准化的评价体系，并探索了量化判断方案。AI可辅助识别版权单元，进行原被告作品对比，若重复比例达到标准，可初步判定为侵权，提升司法效能。法官基于AI结果分层观察，结合综合视角作出实质性相似的判断，推动智能化判断路径。

4. 侵权得分计算标准

（1）侵权判定步骤。在司法实践中，著作权侵权的判定主要包括整体观感法和抽象检测法[①]。整体观感法通过普通观众对作品的感受确定相似性；抽象检测法则采用“抽象—过滤—对比”三步法，即先剔除思想内容，再过滤非独创性内容，最后对比实质性相似水平[②]。本研究聚焦于侵权得分计算，倾向于使用抽象检测法。根据该方法，原被告作品的相似度分析可分为抽象、过滤和对比三个步骤，最终得出独创性表达的相似性占比[③]。

（2）侵权得分标准构建。版权单元的概念与侵权判定中“过滤”环节剥离出的独创性表达内容一致，结合版权单元内涵，独创性表达（U1）内容可包含三个层面共12个指标，侵权得分的评价应基于这些版权单元的相似程度。本研究尝试构建一套侵权得分标准评价体系，具体如下。

①评分标准构建。本研究将尝试构建一套涵盖三个层面（人物、情节、语

① 许波．著作权保护范围的确定及实质性相似的判断——以历史剧本类文字作品为视角［J］. 知识产权，2012（2）：28-34.

② 林良倩．我国著作权法立法应引入二分法原则与合并原则［J］. 政法学刊，2010（1）：65-69.

③ 王荣淋．实质性相似判定研究——以《人民的名义》著作权侵权纠纷为例［J］. 浙江万里学院学报，2023（5）：36-41.

言)，共12个单元的标准化侵权得分标准。

一是评分系统。本研究设计评分体系时，总分为120分，每个二级版权单元40分，每个子版权单元10分。根据被告作品与原告作品的相似程度打分，分数越高表示相似度越大，侵权可能性越高。最终侵权得分为各版权单元得分的综合，并通过百分制换算得出标准化结果。

二是计分公式。

$$侵权得分=\sum_{i=1}^{n} 子项分数$$

其中，n为版权单元子项的总数。

三是评分标准。

版权单元子项的相似度评判：

低度相似（1~4分）：改写作品在该子项上与原作有基本的差异。

中度相似（4~7分）：改写作品在该子项上与原作有一定的相似性。

高度相似（7~10分）：改写作品在该子项上与原作高度相似。

总体得分相似度程度：

低度相似（1~40分）：改写作品与原作的相似性较低，只在极少数内容上呈现轻微相似。

中度相似（40~70分）：改写作品在多个版权单元上呈现中等程度的相似性。

高度相似（70~100分）：改写作品与原作在关键独创性内容上存在高度相似性，存在侵权风险。

②评分标准应用。本研究应用生成式人工智能工具的侵权评分标准，对三篇小说“原被告”作品进行侵权打分。操作步骤为：首先，根据侵权得分标准，对原文与改写内容进行逐项对比；其次，按照不同的版权单元细分评分，最终给出侵权得分。该评分标准旨在减轻著作权侵权判定中的人工负担，利用批量化、智能化的版权单元评估侵权合理性，探索其作为评价依据的科学性和可行性，为法官提供初步的侵权概率参考。需注意，当前评分标准基于绝对值，后续应根据不同作品特点探索加权方法。小说体裁的版权单元划分基于中国裁判文书网判例，其他文本类型的划分仍需进一步研究。

（二）版权单元识别与对比流程设计

1. 总体方案

（1）主要流程。本研究提出的版权单元概念旨在为实质性相似判断提供支持，探索批量化、智能化、标准化的版权单元提取、比对及侵权评价的可行性。方案模拟侵权纠纷场景，对原告与被告作品进行相似度评分，流程分为识别、对比和侵权判断三步。研究使用OpenAI旗下的生成式人工智能工具进行模型构建，以探讨AI在版权识别中的作用，流程如图2所示。

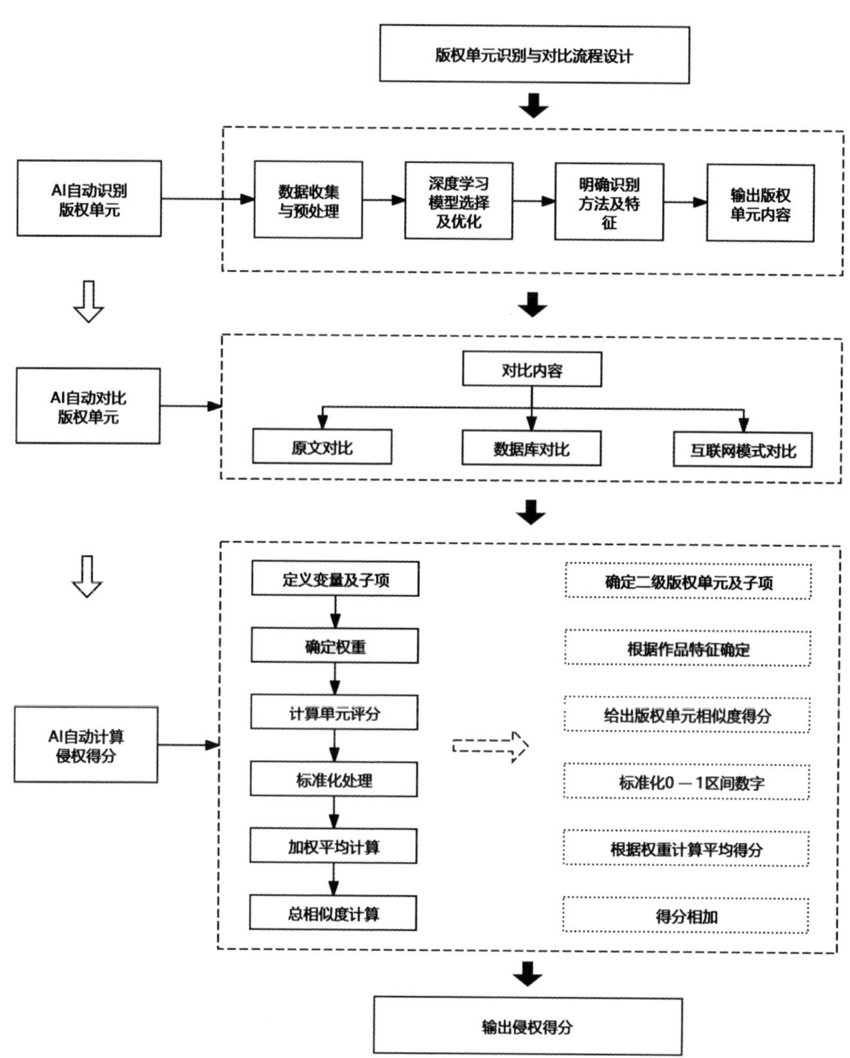

图2　版权单元识别与对比流程设计

（2）软件设计思路与模型训练。为精准识别与对比版权单元，可构建专属版权单元识别软件。用户通过输入文本进行对比，大幅提升效率，无须重新构建对话。

①软件设计的关键在于：一是建立全面的训练数据库，确保高质量数据处理，包括数据清洗、结构化和向量化处理，完善版权单元信息库；二是增强自然语言处理能力，使软件通过深度学习理解文本并拆分版权单元；三是完善版权单元相似度评分体系，标准化对比评分体系，并嵌入软件逻辑，扩展其功能。

②训练生成式预训练模型：为验证版权单元识别对比实验的合理性，本研究选用OpenAI推出的“生成式预训练模型”服务，构建专用于小说版权单元识别的版本，命名为“版权比对助手”，并根据相应要求进行了定制和迭代，形成初步模型。该版本需持续更新以提升响应速度和效能，并适应实际需求。目前生成式预训练模型主要适用于小说体裁，未来将根据法律法规和判例的完善，扩展到更多文本类型。

③模型训练结果呈现：根据研究要求，生成式预训练模型初步具备版权单元识别功能，流程包含四个步骤：识别版权单元、对比版权单元、计算相似度、得出侵权概率。为便于操作，本研究将生成式预训练模型的功能置于提示语界面，用户可点击相关步骤，实现流程标准化（图3）。

图3　版权单元识别模型界面

接下来，本研究将要求生成式预训练模型进行版权单元识别，相关结果示例如图4所示。

版权比对助手

根据提供的故事《镜中影》和我的知识源，我们可以对该故事进行版权单元的识别：

1. **人物层面的相似度** (C):
   - 人物形象 (Ci1): 艾琳，一个年轻的女子，美丽但命运未能赐予她财富和地位。
   - 人物性格 (Ci2): 艾琳渴望奢华生活，不满于平淡的现状。
   - 人物关系 (Ci3): 艾琳与丈夫保罗的关系，保罗是一位普通文职人员。
   - 人物经历 (Ci4): 艾琳借用珠宝参加晚宴，失去珠宝后陷入贫困。
2. **情节层面的相似度** (P):
   - 结构递进 (Pj1): 故事开始于艾琳的普通生活，逐渐展现她的欲望，最终导致珠宝丢失的悲剧。
   - 逻辑关联 (Pj2): 艾琳对奢华生活的渴望导致了她借用珠宝的决定。
   - 关键情节 (Pj3): 艾琳在晚宴上失去珍贵的钻石项链。
   - 故事桥段 (Pj4): 艾琳与保罗为替换丢失的项链而陷入贫困。
3. **语言层面的相似度** (L):
   - 文字描述 (Lk1): 描述艾琳的美丽、她的梦想以及她的失望和绝望。
   - 人物对话 (Lk2): 艾琳与保罗之间的对话揭示了他们的关系和冲突。
   - 语句表达 (Lk3): 故事通过细腻的语句传达情感和心理状态。
   - 语言风格 (Lk4): 故事采用了一种既有细节又具有象征意义的叙述风格。

接下来，我们可以根据这些版权单元进行更深入的版权分析，如相似度对比、权重分配、评分计算等。

图4　版权单元识别结果

在识别两篇文本的版权单元后，要求生成式预训练模型对比两篇文本的版权单元，相关结果示例如图5所示。

请你对两篇文章的版权单元进行对比

版权比对助手

对比《项链》和《镜中影》两篇文章的版权单元，我们可以从人物、情节和语言三个层面进行分析：

1. **人物层面的相似度 (C)**
   - 人物形象：两篇故事的主人公都是渴望奢华生活的女性（艾琳和玛蒂尔德）。
   - 人物性格：两者都描绘了主人公因虚荣和不满现状所带来的悲剧。
   - 人物关系：两者都涉及主人公与丈夫的关系以及与其他人的社会关系。
   - 人物经历：两个故事中的女性都因为珠宝而遭受了命运的巨大转变。
2. **情节层面的相似度 (P)**
   - 结构递进：两篇文章都以女性的不满开始，经历了中心事件（项链的丢失），并以悲剧结束。
   - 逻辑关联：两篇故事的情节都紧密围绕珠宝（项链）的丢失和女主角的内心冲突。
   - 关键情节：在《项链》中是项链的丢失和偿还债务，在《镜中影》中是项链的丢失和生活的崩溃。
   - 故事桥段：两篇故事都通过晚宴这一社交活动引发了故事的转折点。
3. **语言层面的相似度 (L)**
   - 文字描述：两篇文章都通过细腻的语言描述了主人公的内心世界和社会地位的冲突。
   - 人物对话：两者都运用对话来展现人物性格和社会背景。
   - 语句表达：两者都采用流畅而富有表现力的叙述风格，有效地传达了故事的情感和转折。
   - 语言风格：虽然具体风格可能有所不同，但两者都致力于通过言简意赅的叙述来展现复杂的主题。

相似点：

- 两篇故事都聚焦于因虚荣和欲望引发的悲剧。
- 主人公都是因为一件珠宝（项链）而经历人生巨变。
- 情节结构相似，都以晚宴为背景发展冲突，皆以悲剧收场。
- 语言上都注重描绘人物的内心世界和社会冲突。

图5　版权单元对比结果

接下来，要求生成式预训练模型计算版权单元侵权得分，相关结果示例如图6所示。

版权比对助手

基于重新分配的权重和定性评估的相似度评分，我们可以重新计算《项链》和《镜中影》两篇小说的版权单元相似度得分，并以表格形式呈现最终结果：

版权单元层面	相似度评分	权重分配	加权得分
人物层面(C)	0.8	0.4	0.32
情节层面(P)	0.7	0.4	0.28
语言层面(L)	0.6	0.2	0.12
总计		**1.0**	**0.72**

计算过程

- 人物层面得分：0.8 × 0.4 = 0.32
- 情节层面得分：0.7 × 0.4 = 0.28
- 语言层面得分：0.6 × 0.2 = 0.12
- 总相似度得分：0.32 + 0.28 + 0.12 = 0.72

结论

根据上述计算，我们得出《项链》和《镜中影》的总版权单元相似度得分为0.72。这个分数表明两篇小说在版权单元层面上具有较高的相似性。这种相似性可能表明存在一定的版权冲突风险，尽管最终的版权侵权判断需要更全面的考量，包括原创性、创作意图等因素。

图6　版权单元侵权得分

最后，要求其最终得出侵权概率，相关结果示例如图7所示。

You

请你得出版权侵权概率

版权侵权概率计算助手

根据之前的分析和计算，我们可以对《项链》和《镜中影》两篇小说的版权侵权概率进行评估。这个评估基于版权单元的相似度得分，并考虑其他相关因素。

1. 相似度得分

根据之前的计算，两篇小说的总版权单元相似度得分为0.700。

2. 其他相关因素

- **原创性与独创性**：判断是否有足够的独创性以区分两部作品。
- **直接复制与间接灵感**：评估是否存在直接的复制行为，或者仅仅是相似的主题或概念。
- **市场影响**：考虑是否有市场混淆的可能性，即读者是否可能将一部作品误认为另一部。

3. 侵权概率评估

- 基于相似度得分，存在一定的侵权风险，尤其是在人物和情节层面。
- 如果《镜中影》没有足够的独创性元素与《项链》区分开来，侵权概率会增加。
- 若《镜中影》在某种程度上被认为是对《项链》的直接复制，或者导致市场上的混淆，侵权概率进一步提高。

4. 最终判断

由于缺乏具体的法律专业知识和完整的作品内容分析，无法给出精确的侵权概率数值。然而，基于相似度得分和上述考虑因素，可以推测两篇作品存在中等到高等的侵权风险。最终的法律判断需由专业的版权律师或相关机构进行详细分析。

图7　侵权概率结果

2. AI自动识别版权单元

（1）关键步骤。在训练生成式预训练模型版权识别能力的过程中，关键步骤主要包括：一是数据收集与预处理，生成式预训练模型需收集并处理不同类型的小说文本作为训练数据；二是深度学习模型选择及优化，采用循环神经网络（Recurrent Neural Network，RNN）、长短期记忆网络（Long Short-Term Memory，LSTM）、Transformer模型和双向编码器表示模型（Bidirectional Encoder Representations from Transformers，BERT）等理解小说核心内容；三是明确版权单元的提取方法及特征，使用词袋模型、词嵌入等方法提取版权单元特征；四是输出版权单元的识别结果。

（2）操作路径。在AI自动识别版权单元的流程中，首先，生成式预训练模型需理解版权单元的概念，即具备知识产权属性并承载创作者独特思想的内容，尤其是小说中的独创性元素。接下来，根据司法判例，版权单元可分为三个层面：人物、情节和语言。人物层面包括人物形象、性格、关系及经历，情节层面包括结构递进、逻辑关联、关键情节及故事桥段，语言层面包括文字描述、人物对话、语句表达及语言风格。在明确了这些分类后，接下来需定义每个版权单元的具体特征。人物形象指外貌及着装，人物性格指行为特质，结构递进指故事的叙事方式，逻辑关联指事件间的联系，关键情节指推动故事发展的事件，语言风格则包括写作节奏与韵律等。最后，在完成概念理解、分类和特征定义后，生成式预训练模型即可基于这些标准进行版权单元的识别与对比分析。

3. AI自动比对版权单元

（1）关键步骤。在版权单元提取后，本研究要求生成式预训练模型进行自动化对比，包含三方面：一是原文对比，模拟法院基于原被告作品的比对；二是数据库对比，利用AI训练数据进行全面分析；三是联网模式对比，AI实时抓取互联网信息，确保最新作品或潜在侵权案例被纳入，提高对比的时效性与精准度。

（2）操作路径。提取版权单元后，要求生成式预训练模型进行三种层面的内容比对：首先是原文比对，比较侵权文章与原文中的版权单元；其次是数据库比对，将侵权文本与训练时使用的文本数据库进行比较，计算其相似度；最后是联网模式比对，通过实时网页搜索，将侵权文本与网页中公开可获取的信息进行比对，以衡量相似度。通过这一流程，生成式预训练模型能够初步具备版权单元的对比能力，后续实验将验证这些比对方式的有效性与合理性。

4. AI自动计算相似度

（1）构建对比体系。在“AI自动计算相似度”这一步骤中，本研究尝试构建了版权单元相似度的评分体系，要求AI据此进行版权单元相似度计算，相关体系如下所示。

①定义变量与子项。C代表人物层面的相似度，C_i指代人物层面第i个版权单元的相似度，分别是人物形象、人物性格、人物关系、人物经历；P代表情节层面的相似度，P_j指代情节层面第j个版权单元的相似度，分别是结构递进、逻辑关联、关键情节、故事桥段；L代表语言层面的相似度，L_k指代语言层面第k个版权单元的相似度，分别是文字描述、人物对话、语句表达、语言风格。

②确定权重。根据作品类型确定每个版权单元的权重，权重分配依据单元在整体作品中的重要性，如对于以情节变动为主导的作品，可被赋予较高情节权重。AI可初步赋权，但需人工调整，以提高准确性。例如，情节主导的作品会赋予情节单元更高权重。

③计算单元评分。评分依据改写作品与原作品的相似度，采用AI深度学习核心语义进行对比，而非传统文字比对。具体计算单元评分时，主要步骤包括：一是为每个版权单元设定评分标准，反映核心要素，如人物形象独特性、性格复杂性等；二是对比原作品和改写作品，详细比较人物形象、性格、关系等版权单元的相似性与差异；三是通过文本分析和情节解析评估每个版权单元的表现；四是基于分析结果定量评分，反映两部作品在版权单元上的相似程度；五是根据作品类型调整权重，并结合整体框架和风格进行最终评分。

④标准化处理。对版权单元的评分进行标准化处理，将其转换为0到1之间的数值，可以通过归一化公式实现：

$$f(x)=\frac{x-\min(x)}{\max(x)-\min(x)}$$

其中，x是初始评分，min（x）和max（x）分别是评分范围的最小值和最大值。

⑤加权平均计算。对归一化后的评分进行整合，对人物、情节、语言三个层面版权单元相似度进行加权平均，得到每个层面的相似度，计算公式如下：

$$\overline{X}=\frac{\sum Wx_i\cdot f(x_i)}{\sum Wx_i}$$

其中，$\overline{X}$是该层面的加权平均相似度，Wx_i是版权单元的权重，$f(x_i)$是归一化后的版权单元评分。

⑥总相似度计算。对不同层面（如人物、情节、语言）的加权平均相似度进行合成，得到总相似度，计算公式如下：

$$S = W_C \cdot \overline{C} + W_P \cdot \overline{P} + W_L \cdot \overline{L}$$

其中，S是总相似度，W_C、W_P、W_L是各层面的权重，$\overline{C}$、$\overline{P}$、$\overline{L}$是各层面的加权平均相似度。

在初步明确版权单元相似度评分体系后，本研究要求AI理解这一体系，并按照这一体系的要求对比版权单元相似度，初步确定权重得分，并分步骤进行侵权结果的生成。

（2）操作路径。在训练生成式预训练模型过程中，本研究将版权单元相似度对比体系嵌入模型，要求严格按照标准进行比对和生成。在关键步骤如确定权重和计算相似度时，要求考虑不同层面版权单元对作品整体及作者独创性的重要性。例如，对于以人物塑造著名的小说，人物层面的权重应较高。生成式预训练模型需在理解作品特点后，明确各层面的版权单元权重。目前的训练结果初步达标，但仍需通过大量文本验证和优化指令，以进一步提升生成式预训练模型在著作权侵权判定中的科学性与客观性。

（三）版权单元相似度对比实验

基于对法理依据及司法判例的梳理，本研究拟通过实验验证版权单元概念的科学性及AI工具辅助判定侵权的可操作性。

1. AIGC生成相似内容

本研究以小说文体为核心，考虑人物特征的显著性、篇幅长短及结构复杂性等因素，选取了《项链》《孔乙己》《一个陌生女人的来信》三篇短篇小说，使用生成式人工智能工具进行改写。为验证AI辅助版权单元识别的可行性，提示生成式预训练模型模仿生成一篇在情节、语言及人物层面相似的文章，要求内容不重复原文语句，且篇幅不少于原作，可分多次作答。后续将以这三组文本为基础，探索版权单元的识别与比对路径。

2. 提取作品版权单元

在初步生成三组对照作品后，本研究要求生成式预训练模型对《项链》《孔乙己》《一个陌生女人的来信》及其改写内容分别进行版权单元的识别，对比由生成式人工智能工具生成的内容与原作中的版权单元，识别结果如表3所示。

表3 版权单元识别结果

作品	版权单元类型	原文版权单元	改写版权单元
《项链》	人物形象	主要人物是玛蒂尔德，她是一位追求奢华生活但出身平凡的女性	艾琳，一个追求高雅生活但生于普通家庭的女子
	人物性格	玛蒂尔德虚荣、不满足于现状，对美好生活充满渴望	表现出了虚荣心和对上层社会生活的渴望，同时也展示了在困难面前的坚韧和努力
	人物关系	玛蒂尔德与她的丈夫，后者是一个简单、本分的公务员；还有玛蒂尔德与她的朋友，一位富有的女士	与丈夫、富有的朋友、珠宝店的关系
	人物经历	玛蒂尔德的经历从参加舞会的兴奋到因丢失项链的恐慌，再到为还债而劳碌的生活	从渴望高雅生活到因借珠宝而引发的转变
	结构递进	故事从玛蒂尔德渴望上流社会生活开始，通过项链的丢失引发冲突，最后以玛蒂尔德了解项链真相结束	艾琳对生活不满，借项链参加晚宴，项链丢失
	逻辑关联	每个情节都围绕玛蒂尔德的愿望和后来的困境展开	项链丢失引发的一系列决策和后果
	关键情节	舞会的参加、项链的丢失和代价的付出	参加舞会、项链的丢失和为偿还债务的努力
	故事桥段	玛蒂尔德借项链、丢失项链和最后发现项链真相的桥段	晚宴的准备、项链的丢失、艰苦的还债生活
	文字描述	对玛蒂尔德的欲望、她的生活环境和情感状态的描述，以及对巴黎社会背景的描绘	故事中使用了具体和形象的描述来展现艾琳的情感变化和生活的挑战
	人物对话	对话展现了人物性格和当时的情境	艾琳与丈夫及其他角色的对话

续表

作品	版权单元类型	原文版权单元	改写版权单元
《项链》	语句表达	简洁而富有表现力的语言，构建了强烈的情感和戏剧性	语言表达旨在展现人物的心理活动和故事的情感张力
	语言风格	强烈的情感和戏剧性，以及对人性的深刻洞察	故事采用了直接而流畅的叙述方式，强调了人物的内心体验和社会背景
《孔乙己》	人物形象	孔乙己，一位贫困且有学问的酒客，特有的举止和言谈	张三，曾是教师，现在是酒馆的常客，有着独特的举止
	人物性格	傲慢、受辱、有时显得糊涂	忧郁、沉思、时而展露智慧
	人物关系	与酒馆老板及其他酒客的互动	与酒馆老板及常客的互动
	人物经历	被嘲笑、贫困、对茴香豆的钟爱	他的过去教书生涯，现在的沉默和独自饮酒
	结构递进	孔乙己在酒馆的重复出现，他的行为和对话	张三在酒馆的出现和他的行为
	逻辑关联	孔乙己的行为与他的社会地位和个人品质的关系	张三的行为与他的过去和现状的联系
	关键情节	孔乙己的尴尬和困境的描写	张三的独白和对过去的回忆
	故事桥段	孔乙己与酒馆及其客人的互动	张三在酒馆的独处和与他人的简短互动
	文字描述	对孔乙己外貌、行为的描述	对张三的外貌、行为的描述
	人物对话	孔乙己的独特言谈风格	张三的言谈和独白
	语句表达	简洁直白	平实形象
	语言风格	幽默而讽刺	平实而感性
《一个陌生女人的来信》	人物形象	故事的叙述者是一位名不见经传的男主人公，收到了一位匿名女子的来信，这位女子是故事的核心人物	故事的主人公是亚当，一个年轻的画家；信的作者是莉莉，一位深情的女子

续表

作品	版权单元类型	原文版权单元	改写版权单元
《一个陌生女人的来信》	人物性格	这位女子展现了深刻的情感深度和复杂的内心世界。她对男主人公的单方面情感充满了痴迷和忍耐	亚当表现为一个对艺术有深厚情感的创作者，而莉莉是一个内敛、含蓄，对亚当怀有深情的女性
	人物关系	故事主要围绕匿名女子与男主人公之间未曾真正开始的关系，以及女子与她丈夫之间的关系	主要围绕莉莉对亚当的单恋，以及她对这段感情的内心挣扎
	人物经历	年轻时对男主人公的一见钟情，到后来的婚姻、生活的平静和内心的挣扎	莉莉的经历包括她与亚当的相遇、她对亚当的默默关注，以及她最终决定写信表达自己情感的决定
	结构递进	以男主人公收到来信开始，逐渐揭示了匿名女子的爱情故事	故事从亚当发现莉莉的来信开始，逐渐展现了莉莉的情感故事
	逻辑关联	整个故事是围绕这封信展开，通过回忆串联起整个故事	故事情节通过亚当的回忆和莉莉的来信内容相互衔接，揭示莉莉的情感和内心世界
	关键情节	女子对男主人公爱情的逐渐萌发、她的内心斗争，以及最终决定写信的心路历程	包括亚当和莉莉在艺术展览的相遇，莉莉对亚当情感的逐渐萌发，以及莉莉写信的决定
	故事桥段	女子与男主人公在音乐会上的邂逅、女子对男主人公情感的默默付出等	亚当和莉莉在艺术展览中的互动，莉莉对亚当作品的欣赏，以及她对这份单恋的内心挣扎
	文字描述	细腻地描绘了女子的情感和心理状态	对莉莉内心世界的细腻描绘，以及她对亚当情感的描述

续表

作品	版权单元类型	原文版权单元	改写版权单元
《一个陌生女人的来信》	人物对话	故事中的对话不多，更多的是女子通过信件表达她的内心世界	故事中对话较少，更多通过莉莉的来信来展现她的内心世界
	语句表达	语言优美，富有诗意	抒情和内省的叙述方式
	语言风格	抒情和内省	温柔、抒情

3. 对比作品版权单元

按照总体实验方案，版权单元的对比需包括原文对比、数据库对比以及实时联网模式对比。从实验结果来看，原文对比的需求能够基本得到满足，相关对比结果如表4所示。

（1）原文对比

表4　版权单元原文对比结果

作品	原文对比结果
《镜中影》与《项链》	从上述对比中可以看出，两篇文本在人物层面、情节层面和语言层面都有相似之处，尤其在主题和核心情节上非常接近。两部作品都围绕主人公因一件珍贵饰品的丢失而经历的人生转变，以及最后揭示的讽刺性真相。这种相似性可能导致较高的版权单元相似度评分
《遥远的回声》和《一个陌生女人的来信》	在主题上有相似之处，特别是在描述一个女性角色对过去一段未被回应的爱情的怀念和回顾。然而，详细的情节、人物背景和表达方式存在差异
《张三的日子》和《孔乙己》	在主题上有相似之处，尤其是关于一个颓废人物在特定场所（酒馆或酒楼）的日常生活和与周围人的互动。然而，具体的情节、人物背景和表达方式存在明显差异

从以上表格信息可以发现，在可以提供原文内容时，AI能够根据版权单元识别结果，给出版权单元对比的初步结论。

（2）数据库对比

本研究在进行数据库对比时，要求生成式预训练模型对我们此前根据《项链》《一个陌生女人的来信》《孔乙己》这三篇文章的改写内容与其自身所依托的训练数据库进行对比，得出结果如表5所示。

表5　版权单元数据库对比结果

作品	识别与否	对比结果
《镜中影》	是	《镜中影》这篇故事的版权单元与我训练数据库中的一些文本存在相似性。最显著的比较对象是居伊・德・莫泊桑的短篇小说《项链》
《遥远的回声》	否	虽然《遥远的回声》在这些版权单元上与一些已知文学作品有共通之处，但这种相似性更多体现在文学主题和表达手法的共享上，而不一定直接指向特定的版权问题，并没有一个特定的作品与之存在如此直接和具体的情节对应
《张三的日子》	否	故事背景、人物设定和情节发展等元素在文学作品中相对常见。尽管故事中的细节可能具有一定的独创性，但它们可能不足以构成明显的版权单元

在数据库对比中，发现生成式预训练模型依赖训练数据库的效果有限，且常提示“无法直接访问或比较外部数据库中的特定文本内容”。具体有三个问题：一是生成式预训练模型能识别与训练数据库明显相似的内容，但对不明显内容的识别效果有限，如在《项链》改写作品的对比中表现不足；二是生成式预训练模型倾向于孤立对比版权单元，而缺乏整体把握，导致结论不够科学，如在《遥远的回声》对比中仅给出笼统结论；三是生成式预训练模型数据库未整合版权信息，可能将非版权内容误认为独创性，导致对比偏差。因此，需构建细分版权信息数据库，提高对比的精确性和科学性。

（3）实时联网模式对比

本研究要求生成式预训练模型进行实时联网模式对比，得出识别对比结果如表6所示。

表6 版权单元实时联网模式对比结果

作品	可识别性	侵权对比结果
《镜中影》	是	我使用实时联网模式进行了分析。对比了您提供的《镜中影》故事和居伊·德·莫泊桑的短篇小说《项链》(The Necklace)的全文。通过分析，发现这两个故事在许多关键方面有显著的相似性
《遥远的回声》	否	我进行了关于《遥远的回声》这个故事的在线搜索，希望找到与它相似的文学作品或分析。但搜索结果并没有显示与您提供的故事直接相关的特定文学作品或分析
《张三的日子》	否	对于《张三的日子》与其他文学作品的版权单元相似性，我进行了在线搜索，但未能找到具体的比较分析或直接相关的结果。这表明《张三的日子》可能没有在公共领域中的知名对应作品，或者尚未成为版权比较分析的广泛讨论对象

对比结果显示，实时联网模式可以识别《项链》改写作品的版权单元相似性，但无法精准识别其他两个文本。在实验过程中，实时联网模式暴露了三个问题：一是虽然信息具备时效性，但准确性不足，生成式预训练模型将所有与关键词相关的信息纳入对比，未筛选整合，影响识别准确性。例如，生成式预训练模型识别《遥远的回声》时，结果包括“The Love Letter”“POSSESSION”“The Light Over London”等，仅在主要情节上相似；二是搜索结果有局限性，无法获取未公开或受版权保护的内容，完整性不足，常提到“因搜索限制，未找到与《遥远的回声》直接相似的作品”；三是获取信息的标准带有主观性，受搜索引擎算法和关键词选择影响，可能导致版权单元理解存在偏差。

(4) 对比结果启示

从原文对比、数据库对比及实时联网模式对比的结果来看，明显侵权的作品能被三种方式准确识别，而一旦作品有结构变化、逻辑重构或是语言重组，数据库对比及实时联网模式对比的效果将不够理想。以上实验结果反向佐证了实时版权数据库建设的必要性，通过技术手段对版权信息库文本进行数字化解构和版权单元自动化识别，并对多元数据库进行细分和结构化处理，能有效弥补训练数据库中数据多元、版权信息不规范的问题，提升版权单元对比的准确性。

4. 版权单元相似度评价

根据在流程设计中初步确定好的版权单元相似度对比体系的内容，本研究要求生成式预训练模型生成版权单元相似度的评分结果。

（1）确定权重

在进行版权相似度评分前，确定版权单元权重是关键步骤。根据AI生成的内容，《项链》及其改写作品的权重确定为：人物心理状态、性格变化及个人经历对故事影响重大，因此人物层面权重为40%；情节围绕项链的事件对主人公生活产生重要影响，也给予40%；语言更多是辅助作用，权重为20%。《孔乙己》及其改写作品的权重为：人物形象和特性的描写占30%；情节推动故事发展，权重为35%；语言风格体现作者独特性，权重为35%。《一个陌生女人的来信》及改写作品中，人物和情节同样重要，分别占40%和35%，语言占25%。尽管人工智能可以提供大致的权重标准，但对于复杂内容的作品，人工调整仍然是确保准确性的必要步骤。

（2）加权平均相似度

按照以上权重进行加权平均相似度的计算，得到结果如表7所示。

表7　版权单元加权相似度结果

类别	《孔乙己》	《项链》	《一个陌生女人的来信》
人物形象（C1）	0.67	0.78	0.56
人物性格（C2）	0.56	0.78	0.56
人物关系（C3）	0.44	0.44	0.56
人物经历（C4）	0.56	0.89	0.44
结构递进（P1）	0.44	0.44	0.44
逻辑关联（P2）	0.67	0.44	0.44
关键情节（P3）	0.33	0.89	0.44
故事桥段（P4）	0.56	0.44	0.33
文字描述（L1）	0.67	0.11	0.56
人物对话（L2）	0.44	0.11	0.44

续表

类别	《孔乙己》	《项链》	《一个陌生女人的来信》
语句表达（L3）	0.56	0.11	0.56
语言风格（L4）	0.44	0.11	0.44
最终得分	0.53	0.846	0.48

从上表可知，生成式预训练模型已初步具备根据版权单元相似度评分体系分析小说文本的能力，除权重需人工赋值外，其他步骤基本可由AI生成。虽然其结果无法完全取代人工判断，但可作为侵权判定的参考，减轻法官阅读文本的工作量，提高工作效率。

5. 实际案例检验

为更明确版权单元构想的实际应用意义，本研究选取了《锦绣未央》著作权侵权案作为典型案例，以法院判例为基础，提取裁判文书中的相似内容，并在构建的生成式预训练模型中进行验证，具体过程如下。

（1）案件背景

原作品：沈文文（笔名“追月逐花”）的《身历六帝宠不衰》。

涉嫌侵权作品：周静（笔名“秦简”）的《锦绣未央》。

（2）版权单元提取与对比

从实际判例中，法院认为两部作品均塑造了“被弃的公主/千金小姐”“刻薄的洗衣村妇”“弃女的皇帝/丞相父亲”等非常具体的人物；设计了“大门打开一个灵动秀美但衣衫褴褛的女孩去洗衣”的出场方式，以及“因二月出生被父母抛弃”“洗衣服被村姑羞辱”“小时候幻想回家却徒增痛苦”“洗衣回家被接回家”等具体的矛盾冲突，且均将其置于开头。最终判定，《锦绣未央》在上述情节中，采用了《身历六帝宠不衰》中具有独创性的背景设置、出场安排、矛盾冲突和具体的情节设计，二者已构成实质性相似的情节，属于对沈文文《身历六帝宠不衰》著作权的侵害[①]。因此，本研究在验证过程中主要选用的是《锦绣未央》第一章至第七章，对应的是《身历六帝宠不衰》也选用第一章至第七章内容，对应法院判例中提到的“开头部分”。生成式预训练模型对相关内容的版权单元提取如表8所示。

① 参见北京市朝阳区人民法院（2017）京0105民初932号民事判决书。

表8　版权单元识别结果

版权单元类型	原文版权单元	改写版权单元
人物形象	萧美儿，梁国公主，后生活贫苦	李未央，丞相之女，庶女身份
人物性格	内心坚强，展现出适应艰苦生活的能力	坚韧、聪明，但同时遭受着内心的煎熬和苦难
人物关系	与父亲、养父和母亲的复杂关系	与父亲、嫡姐和皇帝的复杂关系
人物经历	萧美儿从被遗弃、生活艰辛到重新回到皇宫的经历	被贵族家庭遗弃，生活在乡下，遭受虐待
结构递进	从孝明帝对后宫的不满开始，逐步展开萧美儿的故事线	从李未央的当前状况，逐渐展开她的背景和故事
逻辑关联	孝明帝对后宫女儿的不满与萧美儿被召回宫中的决定之间的关系	描绘的生活细节与李未央的身份和遭遇紧密相关
关键情节	萧美儿在农家生活的描写，她与孝明帝的相遇	因二月出生被遗弃、遭受虐待、与农家儿媳的互动
故事桥段	萧美儿回到宫中，面对未知的未来和家族关系的重塑	家庭背景、社会地位的变化，为进一步的情节发展奠定基础
文字描述	细致描述了角色的外貌、情绪以及宫廷和农家的环境	详细描绘李未央的处境和周围环境，创造出一种悲凉和绝望的氛围
人物对话	孝明帝的愤怒发言，皇后的回应和萧美儿的内心思考	刘氏和马氏的对话展示了李未央的处境和社会背景
语句表达	形象生动的比喻和描写，表现出一种文雅而细腻的叙述风格	文字表达细腻，充分体现了主角的情感和心理状态
语言风格	整体文风优雅，语言富有层次，同时融合了古典和现代的叙述方式	语言风格偏向于现实主义，刻画了一个被放逐在外的封建社会女性的艰辛生活

（3）确定权重

根据生成式预训练模型生成结果，历史小说或古代题材小说更注重人物和情节的深度与复杂性。人物方面包括角色的形象、性格、经历和人际关系，这些元素在古代背景小说中对故事发展和情感投入尤为重要；情节则是推动故事的核心，尤其是在涉及历史和王朝更迭的小说中，其复杂性和逻辑性至关重要。因此，研究为人物和情节分别设定较高的权重（各35%），而语言风格对整体构成的影响相对较低，权重设为30%。

（4）版权单元相似度结果

生成式预训练模型根据版权单元相似度评分体系，生成相似度结果如表9所示。

表9　版权单元相似度结果

版权单元	相似度评分	相似点
人物形象（C1）	6	都有贵族背景但遭受挑战
人物性格（C2）	7	都展现出坚韧和聪明的特质
人物关系（C3）	5	都有复杂的家庭关系，相似度较高
人物经历（C4）	6	都经历了从贵族到艰苦生活的转变
结构递进（P1）	5	都从主角当前的状况逐渐展开背景和故事
逻辑关联（P2）	6	都与主角的身份和遭遇紧密相关
关键情节（P3）	5	都有主角被遗弃和生活艰辛的情节
故事桥段（P4）	6	都描绘了主角的社会地位变化和未来的不确定性
文字描述（L1）	7	都细致描绘了主角的处境和周围环境
人物对话（L2）	6	都通过对话展示了主角的社会背景和内心思考
语句表达（L3）	6	都采用了细腻的文字表达和生动的比喻
语言风格（L4）	6	都结合了现实主义和优雅的叙述方式
人物层面加权得分	0.21	
情节层面加权得分	0.19	
语言层面加权得分	0.19	
最终加权平均得分	0.59	

生成结果显示，《锦绣未央》与《身历六帝宠不衰》的侵权争议部分相似度达59%，接近高度侵权临界点，与实际判例结论高度一致。这表明本研究探索的AI辅助版权单元识别对比方案具有一定科学性。随着体系的优化，未来有望生成更科学合理的结果，为著作权侵权判定提供参考。

（四）实验发现

通过实验，本研究所提出的版权单元概念的创新性及价值得到验证，但实验过程中发现的不足也为后续优化实践工具提出了要求。

1. 版权单元概念的科学性

（1）版权单元可承载独创性智慧属性。在司法判例中，实质性相似是判定著作权侵权的关键，尤其在小说中，判定标准主要涉及人物、情节和语言。本研究据此从这三方面定义并完善了版权单元的概念，版权单元即能承载版权标识的独创性内容。实验结果表明，该概念可作为实质性相似的判定依据，并可被AI理解和应用于版权识别过程。

（2）小说作品版权单元可识别、可分层。实验结果表明，版权单元可以通过提示语识别，独创性内容可从作品中提取，并由AI识别，暂时不依赖人工观察。实验还显示，小说作品的版权单元可分为人物、情节、语言三个层面，进一步细分为12个版权单元，AI能够有效识别这些单元及其子项，为版权识别提供支持。

（3）AI可辅助进行版权单元识别对比。本研究验证了AI能够理解版权单元概念并分析小说，通过对比版权单元相似度并加权得出相似度评分，辅助侵权判定。目前，版权单元相似度评价需“AI+人工”配合，AI可进行初步判定，但最终仍需人工审核。虽然AI无法完全取代人类，但能显著提升著作权侵权判定的效率。

2. 版权数据库构建的必要性与实施路径

（1）必要性。如前文所述，原文对比结果较为科学，但在数据库和联网对比时，生成式预训练模型依赖的数据库在版权内容提取与筛选上存在不足，影响了识别和对比的精准度。这凸显了构建一套针对性强、全面且科学的版权数据库的必要性。该数据库应整合具有版权属性的作品和数据资源，进行分类筛选，考虑数据来源、作品类型及版权标识等因素。随着数据库的优化，版权单元识别与对比的科学性将进一步提升。

（2）可行性。版权数据库的建立应包括三个层面：一是存储原创内容，涵盖文学、学术研究、视觉艺术、音乐影视等领域的作品及作者权益信息；二是集纳版权信息，从资源中提取具有版权属性的内容，剥离公有领域部分，形成可对比的数据库；三是筛选与检验版权内容，结合技术和人工审核，确保准确性。通过大数据平台、深度学习模型和知识图谱技术的整合，版权数据库的构建在理论和技术上具有可行性。

（3）操作路径。从前文实验看，AI能够自动提取版权单元，但准确性需通过完善版权数据库来提升。为此可采取以下措施：一是整合与分类数据，数字化现有版权信息，结合社交媒体、新闻等资源完善数据库；二是识别和收集版权内容，利用深度学习和知识图谱技术提取具有版权属性的内容，并排除公有领域部分；三是通过人工审核标注，确保版权状态准确；四是构建支持检索、更新和维护的版权数据库；五是定期更新，确保数据质量；六是集成版权分析工具，提供情绪识别、语种分析等功能；七是确保合规与安全，遵守法律法规，保护数据隐私及版权。

五、AIGC技术背景下版权保护的路径与对策建议

基于前文实验，本研究将从技术路径、制度路径、伦理路径、发展路径来探索版权保护的可行性路径。

（一）技术路径：构建智能化版权管理生态系统

随着AIGC技术在内容生产领域的深入应用，构建一个智能化的版权管理生态系统是实现有效版权保护的关键，其中算法是核心，数据库是基础，技术标准与国际合作是可持续路径。

1. 设计优化识别算法

版权单元识别算法的设计优化，一需确保对版权单元理论体系的深刻理解，这要求算法设计者以标准化形式对相关理论内涵进行梳理，并通过多次训练检验确保程序充分理解。二需增强算法的深度学习能力。首先是拓展版权信息数据集，确保测试数据集涵盖多样化的文本；其次是要开展提取特征工程，将原始数据转化为机器学习算法可以理解的形式，比如文本使用词袋模型等；此外需选择合适的机器学习模型，可包括决策树、支持向量机、随机森林、深度学习神经网络等；在模型训练后需使用验证数据集来评估算法性能。常用的评估指标包括准确率、召回率、F1分数和ROC曲线下的面积（AUC）。

2. 完善版权单元数据库

对现有版权数据库的优化，可从结构化、标准化方向入手。随着AIGC技术的应用，需对现有作品进行结构化的数据处理，可增加一些模块插件，对现有数据进行多重维度的提取分析，比如按照前述版权单元体系的细分，进行著作文本中情节内容的拆分，在点击相关模块后即可自动进行相关内容的分析处理。此外，还可依托AI技术构建版权单元数据库，构建专用于版权单元识别的软件工具，要求其进行自动化的识别、对比与侵权概率计算。

3. 技术标准与国际协作

在全球化的AIGC环境下，国际版权保护组织和标准化机构应当推动基于AIGC技术的版权保护标准化工作，制定涵盖内容生成、版权识别、监测和管理等方面的技术规范。这些标准将为全球版权保护提供技术框架，确保跨国内容传播和版权管理的合法性和一致性。此外，国际协作也是AIGC时代版权保护的重要组成部分。通过跨国合作，版权保护机构可以共享技术成果和数据资源，联合开发更为先进的版权保护技术和系统。尤其是在面对跨国版权侵权案件时，国际协作能够显著提升版权保护的效果和效率，确保在全球范围内形成统一的版权保护体系。

4. 图像版权单元的技术构想

从文本到图像的版权单元保护，在AIGC领域，图像的快速生成和分享增加了版权风险，传统方法已不足以应对大规模生成内容。因此，开发新的技术保护版权所有者权益至关重要。在卷积神经网络（CNN）处理中，图像被划分为多个"patch"小块区域，基于patch的图像版权识别提高了检测精度。其保护包括：（1）版权侵犯检测：通过比对生成图像与数据库图像的patches，识别潜在侵权；（2）内容追踪与标记：为每个patch附加独特标识符，追踪图像来源；（3）细粒度版权保护：对图像特定部分实施版权保护，灵活控制使用；（4）增强版权元数据整合：将版权信息嵌入patch中，确保图像部分修改后仍能识别版权信息。

（二）制度路径：完善版权保护法律框架

1. 将"最小单元"纳入版权保护体系

本研究提出了最小版权识别单元的构想，实验结果验证了其在应对AIGC技术背景下版权保护挑战中的科学性，因此可考虑将其纳入现有版权保护体系。一是促进理论共识达成。本研究对最小版权识别单元的概念及分类进行了初步厘清，未来可通过理论研究进一步标准化其内涵，避免歧义。二是政策制定与完善。政府及相关机构需制定制度，明确最小版权识别单元的定义、使用方式和责任分配。三是技术标准及指导。需通过技术标准确保最小版权识别单元的嵌入、存储、检测和验证等技术要求的一致性和有效性。四是开展教育培训。可组织版权所有者、创作者、技术人员和执法机构进行标准化理论内涵的培训和宣贯。五是监管与优化。需确保最小版权识别单元的应用符合监管要求，保证识别工具设计和版权数据提取符合法规。

2. 以适用性法律筑牢AIGC监管防线

在法律实践层面，一要明确侵权责任主体。由于人工智能生成内容的特性，研发者对AI有最大控制权，应被认定为侵权责任主体[①]。在应用阶段，AIGC服务提供者在数据泄露或违法问题中需承担主体责任。二是侵权责任归责。民法典规定侵权责任分为过错责任、无过错责任等[②]。设计者需防抄袭设计，控制者若未停止侵权，需承担责任。原创者受损时，设计者和控制者可在无明显过失时承担公平责任。三是实际侵权认定。版权侵权需满足“接触+实质性相似”要件，接触可通过区块链等技术确定，实质性相似则划定合理使用范围，超出则构成侵权，可通过版权单元识别方式辅助判断。

3. 以精细化制度优化版权保护生态

对于人工智能生成内容的规范，除法律手段外，还需依靠部门规章。2023年发布的《生成式人工智能服务管理暂行办法》即为此类探索。未来制度建设可从以下几方面入手：一是规制人工智能生成内容传播的合规性，提醒程序设计者和使用者遵守信息传播规范，避免发布红线、不良或隐私信息，并要求风险评估。二是明确AIGC提供者和使用者的侵权责任，完善合规指南，形成通用行动准则。三是提供AIGC侵权判定的风险提示，汇总判决争议，明确侵权范围与责任，为部门和公众提供参考。

4. 以差异化施策健全版权保护机制

不同内容有不同的特性和保护需求，因此需要有针对性的版权保护方案。针对著作，应规范保护整体结构、重要情节和角色对话等核心元素，防止抄袭[③]。针对学术论文，需重点保护原创部分，妥善处理引用和参考文献的版权问题。针

① 邓腾．人工智能产品的侵权责任界定问题［J］．中阿科技论坛（中英文），2023（4）：141-145.

② 参见《中华人民共和国民法典》第1165条、第1166条、第1186条。

③ 卢炳宏．论人工智能生成物的著作权保护［D］．长春：吉林大学，2021.

对新闻报道，应规范识别重要信息和引述，避免侵权和虚假报道[①]。此外，应搭建以区块链为基础的版权信息库，确保版权信息可追溯、不可篡改。数据库可存储原创作品及作者权益信息，结合版本控制和水印技术，确保内容难以篡改，实现智能识别。

（三）伦理路径：引领AIGC版权保护的伦理规范

1. 以理性价值观引领技术向善

人工智能生成内容依托机器学习与深度学习技术，为规避侵权，可从技术端进行约束：一是提升数据质量。AIGC工具训练时需严格把控数据质量，剔除不符合价值观的内容，并加入多元信息，加强人工审核，确保模型生成内容的质量。二是规范算法开发。程序设计者应在数据采集和处理时遵守合规要求，优先使用无版权争议的公开数据，过滤隐私数据，避免侵权。同时，注入版权保护标准，屏蔽不合规的提示语。三是增强算法透明度。尽可能开源代码和数据集，使用可解释的模型，清晰解释算法决策过程，确保符合主流价值观。

2. 以责任规约引导人类创作向善

人工智能生成内容依赖人类指令，规范创作行为可有效规避侵权和伦理风险。一是制定道德标准。相关部门和版权机构应制定AI内容生产的道德准则，明确侵权风险和伦理规范，引导合理使用技术。二是加强社会责任审查。监管部门应建立长效机制，促使传播主体自我约束。三是加大用户管理力度。社交平台和AI技术使用者需加强用户管理，及时更新社区规则。四是强化用户责任意识，通过社区公约、合规声明和风险警示提醒用户遵守法律及伦理规范，并宣传侵权案例，增强版权意识。

3. 以人机协同探寻版权保护新路

除了对技术和用户进行规制外，还可探索人机协同的版权保护策略。一是通过人机协同监测版权侵权，利用AI技术实现自动化监测和标识。二是开发人机协同的版权信息登记与管理工具，简化流程，AI分类、标签、存档创作内容，并跟踪版权使用。三是在人机协同下解决版权纠纷，AI处理数据，人类进行法律解释与判断，提高决策效率。四是通过AI对侵权行为进行分类和初步判断，提升侵权处理效率，缩短流程。

---

① 沈卫星，刘宇轩. ChatGPT介入新闻出版：功能、伦理风险及编辑把关［J］. 中国编辑，2023（5）：123-128.

(四)发展路径:推动版权保护与文化产业协同共进

1. 平衡创新与保护:版权在新时代的双重角色

AIGC降低了创作门槛,带来文化产业活力,但也对现有版权保护体系造成冲击,核心问题在于如何平衡权利人利益与创新发展。传统版权制度基于人类智力创作,AIGC的生成性难以用传统标准评判。国际上对AIGC版权归属尚无共识,导致利益分配不确定。过严的版权保护可能限制AIGC发展,因其依赖大量受版权保护的数据。AIGC创作难以明确借鉴边界,挑战传统实质性相似标准。完全放任AIGC可能损害原创作者利益,挤压市场。因此,法律应适度规制AIGC创作,放宽训练数据限制,承认其创新价值。权属认定应根据AI自主性灵活分配权益,鼓励开放许可,建立内容识别机制防止侵权。人机协作可提升创作效率并推动文化产业创新。

2. 范式转换与机制重塑:版权保护理念的革新

AIGC模糊了人类与机器创作的界限,传统版权控制难以应对海量数据驱动的内容生成,版权理念需更新以适应数字时代。未来版权保护不仅要解决侵权,更应激励原创,将创意保护置于核心。首先,应从同一性标准转向实质性差异标准,评定人工智能生成内容的创新水平和商业价值,区分实质差异与非实质差异。其次,版权制度需兼顾AI的工具属性和主体属性,设计差异化规则,确保AI生成内容不损害人类利益,并合理分配收益,借鉴数据要素分配规则,推动创新共享红利。同时,加强全生命周期伦理治理,确保符合社会伦理。AIGC发展还需国际版权规则协调,推动跨国保护标准和全球版权规则创新。通过平衡创新与版权保护,AICC将为文化产业带来新机遇,推动版权制度革新。

3. 跨学科合作研究:构建版权保护的多元视角

AIGC挑战传统版权生态,需跨学科协同创新重塑版权治理体系。首先,技术维度上,版权法与AI融合至关重要。人工智能生成内容与人类创作不同,需法学与技术专家共同分析其对版权制度的影响,优化版权保护算法并融入法学伦理。其次,AIGC重塑内容产业,传统版权经济学难以解释其效率与分配问题,需结合数字经济理论,平衡创新激励与传播,避免垄断,并完善产权激励机制。同时,AIGC改变文化消费习惯,可能冲击文化多样性和创作者生存,需结合社会学理论优化版权制度,平衡各方利益,并提升公众识别智能生成内容的能力。伦理层面,AIGC可能引发算法偏见与内容失真,需推动AI伦理原则在版权领域的应用,融入立法并建立透明监管机制,增强企业责任。最后,中国作为AI创新策源地,应推动全球AIGC治理共识，构建公平合理的国际秩序，而其中跨学科协作是应对AIGC版权挑战的关键。

4. 互动与共生：AIGC推动文化产业的协同共进

随着AI技术的发展，AIGC在文化产业中的应用日益广泛，重塑了创新与生产模式。版权制度必须创新以适应新形势，推动产业变革。首先，版权理论研究需紧跟产业实践，研究AIGC对文化产业结构的影响，提炼前瞻性理论，构建产学研一体化体系。其次，版权制度设计应聚焦AIGC的关键问题，如内容权属不明、合理使用规则不完善等，探索新制度并推动可信算法创新。此外，版权制度应引导AIGC促进内容创新，避免同质化，支持优质内容与原创精神，推动IP创新。最后，版权制度应协调AIGC与文化产业的融合，利用大数据和区块链技术促进确权和智能交易，推动数字化转型。综上，版权制度需不断创新，构建数字时代的新版权保护体系，推动文化产业发展。

5. 夯实版权保护基础：加强版权教育与培训

海量智能生成内容冲击版权规则，提升版权意识和能力是保护的基础。为此，需完善教育培训：一是加大普法宣传，利用新媒体推广版权知识和AIGC发展，特别针对中小学生开展版权教育，培养尊重知识、崇尚创新的理念。二是加强文化产业从业者的版权培训，提升版权素养，掌握政策和侵权标准，规避法律风险，推动行业自律。三是培养专业人士的版权实务能力，开设高级研修班，支持高校加强相关学科建设。四是推动跨领域合作，建立协同平台，加强经验分享与国际交流。五是创新培训模式，利用AIGC开发智能化学习平台，提供沉浸式培训和在线课程，促进资源共享，缩小教育差距。通过这些措施，构建多层次版权教育体系，促进AIGC健康发展。

结论与展望

本研究探索了AIGC技术背景下进行版权保护的创新路径，相关研究结论与展望如下。

（一）主要发现与成果

1. 版权与知识产权保护方式的重新定义。研究分析了AIGC带来的版权问题与技术机遇，提出应适应AIGC下版权的“碎片化”特征，提出拆分作品、提取版权单元的思路，验证了“人工+AI”相结合的知识产权保护方式，利用AI辅助识别侵权行为的可行性。

2. 构建最小版权识别单元的理论体系。本研究提出了最小版权识别单元的概念，明确其定义、类型与特征，并通过细分文本类型构建差异化的保护体系。同时，构建了版权单元保护及侵权评价体系，分析AIGC带来的侵权风险并制定评价标准。

3. 推进版权识别、对比与计算实验。在构建最小版权识别单元理论后，使用AIGC工具进行了验证，结合司法案例形成版权单元体系，并建立相似度评价体系。实验表明，AI可辅助提取版权单元，但仍需人工识别作为最终确认。

4. 提出技术工具与自动评测侵权算法设计思路。本研究提出了版权单元的识别、对比及侵权概率计算的算法设计思路，整理了相关设计要点，开发了版权识别与对比工具，为未来算法的进一步开发提供了支持。

（二）研究创新

本研究对AIGC技术对传统版权保护的影响及挑战进行了深刻剖析，构建了版权保护的制度、技术、伦理路径，主要创新点包括：一是创新性提出“最小版权识别单元”的构想，丰富了“版权”的内容指向。传统版权有明确的权利主体及载体，而随着AI应用，作品版权归属可能不再唯一。该构想提供了作品分割、独立的思路，能有效应对这一问题。二是创新性探索了版权单元识别对比的技术路径。本研究不仅提出了版权单元的理论体系，还从可操作性角度设计了识别版权单元、对比相似度、计算侵权概率的工具，具备应用潜力。三是创新性打造了人机协同的版权保护新图景。AI技术给版权保护带来了深刻影响，应当利用技术机遇，探索AI治理AI的路径，以更好应对版权保护的新形势与要求。

（三）研究价值与实际应用

本研究的成果能够产生一定的理论价值和实际应用价值。从理论价值来看，一是对版权单元进行了理论初构，为AI技术背景下的版权保护研究提供创新思路，后续可探讨其在更多内容类型中的适用性；二是拓宽了版权单元识别保护的主体视角，丰富了原有研究中以AI挑战为主的探讨，未来可随AI技术发展进行更深入研究；三是提出了基于版权单元的保护路径，从技术、制度及伦理层面进行探索，增加了对策建议的针对性。

从实际应用价值来看，本研究提出的技术路径，包括模型、算法、工具等，适用于文本作品的识别，特别是对于核心标识明显的文本，有望实现较好的识别效果。此外，技术路径提供了版权识别保护的工具思路，未来可根据业务需求进行功能设计和改造，适用于多元内容的识别。实际应用场景包括在线内容平台的版权监控、出版商和音影公司的侵权监测、数字图书馆的版权验证、学术机构确保教学材料合法使用等。

（四）研究展望

未来，AIGC技术的发展将推动创作和表达边界的扩展，同时也为版权保护带来新的挑战与机遇。AIGC技术或将呈现以下趋势：一是创造力和自主性的增强，随着算法和计算能力的提升，AIGC将创作出更复杂、更具创新性的内容。二是多模态内容生成，AIGC将不仅限于文本或图像，还会生成音频、视频、3D模型等多形式内容，实现多模态融合。三是个性化和定制化内容提供，AIGC将根据用户需求生成高度个性化的内容。四是具身传播场景拓宽，未来AI将模拟更自然的语言交流，集成多感官互动，重构人机互动模式。在版权保护方面，未来趋势与研究展望包括：一是构建更智能的版权监测系统，能更高效地监控数字内容。二是探索AI与人类共享版权的新模式。三是创新版权纠纷解决机制，进一步优化算法，提高对文本和法律条文的理解能力。

课题组组长：孙宝林　沈阳
课题组成员：张有立　赵香　李文龙　张凝　余梦珑　何静　赵露茜
承担单位：中国版权保护中心　清华大学

人工智能创作时代版权法利益平衡机制研究

林秀芹*

摘要：AI创作对著作权利益平衡产生重大冲击的根源在于以人类为中心的利益协调机制难以应对AI技术带来的变革。为回应AI创作时代的一系列挑战，以人类为中心的版权法有必要进一步调整。知识产权正当性论证方面，社会规划理论契合AI时代的需要，可以有效规避"人"素缺失陷阱、破解主体激励不能与技术双刃性困境，促进人的自我实现以及社会的公平与繁荣发展。权属规则优化方面，以控制原则与权益分享原则为基石的权属方案能够兼顾个体性利益与群体性利益。合理使用制度重构方面，为了促进创新和AI技术的发展，应以"合理使用"这一术语替代"限制与例外"，并将为了AI学习、创作使用版权作品纳入合理使用。人工智能生成内容公开与流通方面，现行以显著标识附随为核心的信息披露模式信息承载能力有限，有必要从明确信息披露主体责任、增设信息披露要素、依场景需求设置差异化披露模式以及推动生成内容登记公私合作等维度构建符合AI创作需要的信息披露与登记制度。

关键词：人工智能生成内容；著作权法利益平衡；合理使用制度重构；著作权正当性论证；权属规则；信息披露

一、前AI创作时代版权法利益平衡机制的总体建构

（一）利益平衡在版权法中的价值构造

1. 利益平衡原则是重要的法学方法论

法律规范的诞生与社会利益分化密不可分，预先设定法律规范可以明确社会公众的行为规范、利益冲突协调方式，从而应对社会可能产生的无序状态，因此，利益平衡是所有法律的共同原则，并且该原则贯穿于公法、私法各个部门，相关法律规则背后均蕴含了深刻的利益平衡思想。在公法领域，《中华人民共和国刑法》条文解释需要对于多个判决结果可能产生的社会效果进行预测并进行法

* 林秀芹，厦门大学法学院教授、知识产权研究院院长，中国法学会知识产权法学研究会副会长，本课题组组长。

益衡量，最终确定最佳的判决结果。[①]行政法需要兼顾权力与权利平衡，在保障行政部门合理管理权限的同时，限制行政权的不当扩张。《中华人民共和国个人信息保护法》需要考量个人信息保护与利用的动态平衡，既要充分保障个人信息私密性，也要顺应数字时代发展，挖掘个人信息利用的可能场景。在网络平台治理过程中，既要考虑网络产业发展的现实需求，也要考虑权利人、网络用户、网络服务提供者的合法权益，甚至是社会公共利益。在私法领域，立法者既尊重缔约人之间的缔约自由，又同时明确缔约不得损害第三方利益，并且设置了影响合同解除等限制条款。利益平衡原则对于法律的创设、修改与解释至关重要，由此催生了德国利益法学派、美国社会法学派等以利益法学理论研究为核心的法学流派。

2. 利益平衡是知识产权法的基石原则

知识产权作为一种私权，充分彰显了分配正义的伦理价值观。知识产权法中的利益平衡原则是指在保护知识产权的同时，也要平衡和考虑其他利益相关方的权益，包括公众利益、创新者的权益以及经济社会发展的需要。这个原则旨在确保知识产权制度不会成为对其他利益的过度限制，从而促进创新、竞争和社会福利的最大化。具体来说，知识产权法上的利益平衡原则体现在以下四个方面。

（1）保护公共利益。知识产权法旨在促进创新和知识的传播，以促进经济社会发展。因此，保护知识产权的同时也要考虑公众的利益，确保知识的普及和利用不受过度限制。

（2）维护创新者权益。知识产权法旨在保护创新者的利益，激励其进行创新活动。但是，也需要平衡创新者的权益与其他利益相关方的权益，以避免知识产权的滥用和垄断。

（3）遵循竞争原则。知识产权法应当促进竞争，而不是阻碍竞争。因此，在保护知识产权的同时，也需要考虑市场竞争的需要，防止知识产权被用于排除竞争或限制市场进入。

（4）促进经济社会发展需求。知识产权制度应当符合经济社会发展的需要，促进技术进步、文化传承和社会进步。

因此，在制定和执行知识产权法律时，需要考虑到经济社会发展的整体利益，而不是仅仅满足个别利益。

---

① 李翔. 刑法解释的利益平衡问题研究［M］. 北京：北京大学出版社，2015：281-282.

3. 版权法的立法目的与利益平衡目标

（1）版权法的立法目的

版权法律关系作为多种社会关系的一种，版权不可避免带有社会性特征。[①]一方面，版权法因应版权人利益设权而诞生，因此，充分保护作者在作品上的利益从而激励作者持续性创作是版权法的立法目标。另一方面，版权法所具有的社会属性要求限制作者所享有的专有权益，满足社会公众获取作品的需求。其中，促进知识传播和文化发展、促进科学研究和教育事业、促进信息自由和言论自由等较为具象的公共利益目标贯穿于版权法全文。美国《1961年版权登记报告》在阐述版权的目的时强调，“版权的授予主要不是为了作者利益，而是为了公共利益。政策的出发点不是对公民阶层特定分类产生值得保护的利益，而是为了大多数人的利益……”[②]由此，版权法的立法目的具有充分保护作者权益与维护公共利益的双重性。

（2）版权法的利益平衡原则

版权法的利益平衡原则是指在保护著作权人的权益的同时，也要平衡和考虑其他利益相关方的权益，包括公众利益、用户权益以及社会文化发展的需要。从早期的出版特许到具有私权属性的无形财产权，由政府信息控制的工具到天赋人权的延伸体现，版权立法的双重目标造就了其利益平衡法的基本特征，现代版权法始终在保护作者权利和促进信息传播之间寻找着平衡点。[③]利益平衡原则旨在确保版权法律制度不会对其他利益造成过度限制，同时促进文化创作、传播和创新。首先，保护版权人的权益，版权法保护著作权人的创作成果，确保他们能够合法享有其作品的利益，并获得合理的回报。其次，维护公共利益，即版权法也要考虑公众的利益，确保公众能够合理地获得对作品的访问和使用权，以促进文化传播和教育。再次，保护具体作品使用场景下的用户权益，即版权法应平衡著作权人和用户之间的权益，保护用户的合法权益，例如，个人的私人使用权、引用权和信息获取权等。

（3）版权法的利益平衡趋向

围绕利益平衡，现代版权保护体系具有四个转向特征，即从对出版商的保护

① ［德］雷炳德．著作权法［M］．张恩民，译．北京：法律出版社，2005：7．

② Register of Copyright，Report of the Register of Copyright on the General Revision of the U. S. Copyright Law（1961）．

③ 吴汉东．著作权合理使用问题研究（第三版）［M］．北京：中国人民大学出版社，2013．

转化为对作者的保护；从无期限的公权垄断保护转化为有期限的私权保护；从几近绝对的排他权转化为相对的排他保护，必须兼顾作者权利和社会公益之间的微妙与动态平衡；从各自为政转化为全球一致的标准，必须符合国际公约规定的最低强制标准。[①]版权法保护转向具有深刻的政治、文化背景，以“从无期限的公权垄断保护转化为有期限的私权保护”为例。在《安妮法》时期，由于对版权是属于与其他物权并无差异的权利，还是有期限的权利性质并不明确，因此，关于版权的保护期限仍存在较大争议，在“唐纳森诉贝克特案”等相关司法判决与英国议院关于《1775年大学法案》中均认可了版权保护无有限期限的观点。英国上议院针对特定案件作出裁决时，明确了版权保护具有时效性的观点，这一立场源于《安妮法》。该法案旨在调整图书的定价和贸易，而非无限期地保护版权。若不设置保护期限将不利于公众获取相关作品。

（二）版权法利益平衡机制的具体设置

1. 激励机制：基于法哲学的赋权理论

（1）劳动财产理论：基于智力劳动的正当性

为论证有形财产的正当性，约翰·洛克（John Locke）于17世纪提出著名的“劳动财产理论”。劳动财产理论的逻辑论证主要由三个部分组成。首先，洛克提出一个前提假设：“土地和一切低等动物为一切所共有，但是每人对他自己的人身享有一种所有权”。[②]其次，洛克从前提假设出发，推导出“他的身体所从事的劳动和他的双手所进行的工作”，“使任何东西脱离自然所提供的和那个东西所处的状态”，“掺进他的劳动”，“因而使它成为他的财产”。[③]最后，洛克由此得出结论：因为劳动属于人们无可置疑的财产，人们通过添附劳动使物体从自然所处的共有状态中脱离出来，那么便可以对该物享有财产权，并阻断其他人对该物享有的共有权。[④]同时，为了防止人们对易耗的有形财产过度占有造成实质的财产浪费，洛克对财产权的取得设置了两个限制条件：其一，留有足够多且同样好的东西为他人共有；其二，以自身生存和发展所需为限度，超过限度的部分归属他人所有，即不得浪费。[⑤]

① 孙远钊．论人工智能生成内容应否享有著作权［J］．版权理论与实务，2024（3）：14-26.

② ［英］洛克．政府论（下篇）［M］．叶启芳，瞿菊农，译．北京：商务印书馆，1995：18-19.

③ ［英］洛克．政府论（下篇）［M］．叶启芳，瞿菊农，译．北京：商务印书馆，1995：19.

④ ［英］洛克．政府论（下篇）［M］．叶启芳，瞿菊农，译．北京：商务印书馆，1995：29.

⑤ ［英］洛克．政府论（下篇）［M］．叶启芳，瞿菊农，译．北京：商务印书馆，1995：25-26.

劳动财产理论初设的适用对象主要是有形财产。但伴随著作权、专利权等知识财产日渐增多和变得重要，学者开始寻求知识财产的正当性解释。贾斯丁·修斯（Justin Hughes）等学者立足劳动的共性，认为基于体力劳动的有形财产正当性理论，亦可适用于基于脑力劳动的知识产权的正当性论证，由此将劳动财产理论引入知识产权正当性论证。[①]人们可通过对公有领域的知识掺入智力劳动，从而获得智力劳动的果实——特定的知识产权。[②]

（2）激励理论：以激励结果为导向

激励理论是立足功利主义论证知识产权正当性的特定路径。[③]功利主义将追求个体幸福或社会福祉的最大化作为最终价值。[④]任何行为应根据其能否增进或多大程度增进这一最终价值，来判断行为是应当支持抑或反对。[⑤]为了创新的生发、延续与可持续，便需要采取措施进行激励。其中，最有效措施之一便是赋予创新主体对新知识的排他性垄断权，以法律赋予合理预期与强制力保护以维护创新主体对新知识的独占与管控能力，保障其收益期待，从而激励更多主体投身有益的创新活动。[⑥]这便是激励理论对知识产权正当性的论证逻辑。由此可知，激励理论认为，为了实现社会福利的增长应当建立知识产权制度，通过授予创新主体专有性的知识产权，以独占收益激励相关主体进行创新，同时反过来促进知识的披露与传播。[⑦]TRIPS协定第7条规定以建构与实施知识产权制度，通过设立知识产权以促进创新和社会福利的增长，便是激励理论思想的表达。我国著作权等知识产权法律立法目的条款，亦体现了激励理论思想。

（3）人格理论：自由意志与财产权相统一

人格理论是从智力成果与人格的紧密联系角度展开知识产权正当性论证的。

① Justin Hughes. The Philosophy of Intellectual Property［J］. Georgetown Law Journal，1988（77）：289.

② Ryan Abbott. I Think，Therefore I Invent：Creative Computers and the Future of Patent Law［J］. Boston College Law Review，2016（57）：1107.

③ 向波．知识产权正当性之批判解读——以利益冲突为基本视角［J］. 法学杂志，2015（8）：93-100.

④ 何勤华．西方法律思想史［M］. 上海：复旦大学出版社，2005：184.

⑤［美］E. 博登海默．法理学：法律哲学和法律方法［M］. 邓正来，译．北京：中国政法大学出版社，2004：110.

⑥ Shlomit Yanisky-Ravid. Generating Rembrandt：Artificial Intelligence，Copyright，and Accountability in the 3A Era-The Human-like Authors are Already Here-A New Model［J］. Michigan State Law Review，2017（659）：700.

⑦ Richard A. Posner. Intellectual Property：The Law and Economics Approach［J］. Journal of Economic Perspectives，2005（57）：61.

人格是人之为人的本质要素之一，是人的内在规定性，人格的本质内涵在于自由意志。[①]私有财产与人格密不可分，私有财产权应当且仅当满足人们生存与发展需要之目的才能确立。正是人格对财产权的决定性，当人将其自由意志内化于物上，便可对该物拥有所有权。[②]申言之，财产权是人格独立的保证，人格是财产权获取的基石；人格可以转化为财产，财产可内化为人格。由此，在自由意志的纽带作用下，人们的自由意志与财产权相统一，财产权正当性得以从人格角度予以确立。

人格理论认为，智力成果是人们基于自身的存在与发展，将其人格通过自由意志支配下的智力劳动予以固化后的外在表达，是人格的外显与延伸。[③]人们通过智力成果的所有，彰显其人格；同时借由智力成果的财产实现，以促进人格的存在与发展。对资源分配权利进行创设或认可的法律，理应确认人们对智力成果的所有权，以尊重和保护智力成果中体现的创造者人格。法律确认的智力成果所有权，便是知识产权。

2. 调节机制：版权法合理使用制度

（1）合理使用制度的内涵与术语选择

“版权保护—合理使用”的矛盾和平衡一直是版权法的核心，也是一个不断重新调整和构建的动态结构。合理使用的扩张意味着对版权人控制权的限制，反之，合理使用的限缩意味着版权的扩张。各国立法关于合理使用的名称术语不同，范围也有较大差异，大体有三种模式。第一，在大陆法系国家，合理使用通常以“著作权的限制和例外”称之，立法上采用“封闭性”“穷尽式”清单的模式。第二，在美国称为“合理使用”，立法上采用“四因素判断法+列举清单”的模式。美国版权法第107条规定了合理使用的四个考量因素：使用的目的和性质，包括该使用是出于商业目的还是非营利的教育目的；受版权保护的作品的性质；与整个受版权保护作品相比所使用部分的数量和质量（重要性）；使用对版权作品潜在市场或价值的影响。由法院在个案中根据四个因素判断具体行为是否属于合理使用。第三，在英国、澳大利亚等英联邦国家，则以“合理对待”（Fair Dealing）称之。可见，不同国家选择不同的法律术语指称法律允许的“未经权利人许可的使用”。这些术语的选择不是漫不经心的、随意的、无意义的，而是有

---

① ［德］康德. 法的形而上学原理［M］. 沈叔平，译. 北京：商务印书馆，1991：53.

② ［德］黑格尔. 法哲学原理［M］. 范扬，张企泰，译. 北京：商务印书馆，1961：60.

③ 胡波. 知识产权法正当性理论的批判与重构［J］. 社会科学研究，2023（3）：90-102.

着深刻的政治与政策意涵，应当慎重选择。

（2）“作者中心主义”及其对合理使用的挤压效应

“复制”这一术语是版权法中最重要也是最复杂多变的概念，《伯尔尼公约》没有对“有形与无形复制”“永久与临时复制”或者其他复制方式加以区分。在“作者中心主义”的影响下，《伯尔尼公约》中宽泛的复制权概念被进一步扩大解释，包括“所有和任何”“已知的和未知的”复制方式。1971年，伯尔尼联盟执行委员会第一次会议讨论了因“电子计算机及其他技术引发的问题”，当初面临的难题与当今AI带来的问题高度相似，即版权人在他人将其作品“输入”到计算机系统时就有权实施控制，还是只有在计算机系统“输出”阶段才有权实施控制？当时的讨论以德国乌默教授的研究报告为基础，他认为：无论采用何种手段，将作品“输入”到计算机中的行为也构成复制。[①]20世纪90年代，随着计算机和通信技术的迅猛发展，在有关“数字议程”的版权问题的争论中，复制权进一步扩张。在WIPO关于因特网版权公约的讨论过程中，沿袭《伯尔尼公约》的“作者中心主义”和与之相应的宽泛的复制理论，公约制定者对复制行为采取扩张的立场。但是，最后形成的《世界知识产权组织版权条约》（WCT）没有明确将临时复制纳入“复制”的范围。依照上述理论推演，AI创作中的“输入”使用和“输出”使用均会落入版权人宽泛的复制权的范围。

（3）传统版权法中合理使用的从属地位与限缩解释

在国际层面，“三步检验法”成为制定版权限制与例外制度的唯一标准或者“过滤器”。[②]《伯尔尼公约》第9条第2款、TRIPS协定第13条、WCT第10条均规定了“三步检验法”，具体是：合理使用限于某些特殊的情况下；不应与作品的正常利用相抵触；不得不合理地损害版权持有者的合法利益。关于第二步“不应与作品的正常利用相抵触”，《伯尔尼公约》的立法历程表明，其实质含义是“所有具有或者可能具有重大经济或实际重要性的作品利用方式，都应当保留给作者，对于这些作品利用方式，任何可能对作者的利益加以限制的例外都是不容许的”。在新技术出现的情况下，当人们（从经验主义的角度看）第一次使用这些新的方式时，很难认为这些方式是“通常的”“典型的”，但这些复制方式对版

① ［匈］米哈依·菲彻尔．版权法与因特网（上册）［M］．郭寿康，万勇，相靖，译．北京：中国大百科全书出版社，2009：128.

② Daniel Gervais. Fair Use，Fair Dealing，Fair Principles：Efforts to Conceptualize Exceptions and Limitations to Copyright，57 J. Copyright Soc'y U. S. A. 499，503（2009-2010）.

权人而言可能是非常重要的，因此也可能是“正常”的。WTO专家组采纳了这种解释。[①]关于“不得不合理地损害版权持有者的合法利益”，WTO专家组认为，“合法利益”是指狭义上的合法利益。 对于“不合理地损害”，则认为如果限制或例外导致或可能造成权利人收入的不合理损失，则意味着对权利人的损害达到了“不合理”的程度。这种方法忽略合理使用制度的伦理与道德基础，忽略公共利益的需要，只对权利人的利益得失进行计算。

1967年以来，以《伯尔尼公约》为代表的国际公约一直将版权保护与合理使用按主从关系处理，合理使用被置于从属的、次要的地位，且其内容由于“三步检验法”的立法技术缺陷和过严的限缩解释而被进一步挤压和侵蚀。此外，“三步检验法”文本表述抽离了合理使用制度背后的伦理基础和价值理性，对合理使用的正当性未置一词，没有提供可具体操作的规则，也没有提供合理使用的宗旨或价值目标，其内容需要从条约约文之外去寻找和解释。

3. 保障机制：基于社会公示的署名规则与登记制度

（1）基于“署名”的作品来源标识模式

版权署名制度在版权法体系中具有多重价值，这些价值主要涉及保护版权者权益、促进文化创作和传播、维护作品的真实性和完整性以及促进文化产业的发展等方面。具言之，第一，署名制度是版权法的基本机制之一，一方面保护了著作者的名誉权和财产权，另一方面也便于版权人获得作品的经济利益。第二，署名制度鼓励版权人进行文化创作，并且确保他们的作品能够被准确地归属和识别。第三，通过署名，读者和观众能够知道作品的作者是谁，从而可以更好地了解作品的背景和含义。第四，署名制度有助于建立良好的文化产权保护机制，提高文化产业的市场化程度和竞争力。

（2）基于“登记”的作品公开机制

版权法设计作品登记机制的目的在于为版权人提供一种自愿的、便捷的登记方式，用以证明其版权的存在和所有权。作品登记机制的主要作用包括：第一，作为证明权利存在的初步证据。第二，设置作品登记制度有助于加强作品保护。登记机构会定期发布登记作品清单或公告，这有助于提高公众对版权的认识和尊重，加强对作品的保护和尊重。第三，设置作品登记制度有助于促进版权管理。作品登记机制可以作为版权管理的一种手段，帮助版权人更好地管理其作品的使

---

① World Trade Organization. UNITED STATES-Section 110(5)OF THE US COPY RIGHT Act（2000），WTO Doc. WT/DS160［EB/OL］.［2024-10-12］. https://www.wto.org/english/tratope/dispue/1234da.pdf.

用和授权。第四，作品登记制度可以促进文化产业发展。

二、人工智能技术发展及其对传统创作形式的挑战

（一）AI技术应用及其对创新模式的挑战

1. 人工智能参与创新活动

近年来，随着机器学习与人工神经网络技术的突破，人工智能技术发展迅速。2021年，AlphaFold实现了对人类98.5%的蛋白质预测；[①]2022年，ChatGPT则进一步实现了自然语言处理。以ChatGPT为代表的生成式人工智能被视为20世纪80年代以来最具革命性的技术进步，[②]加速了通用AI时代的到来。目前，人工智能正朝着更加“聪明”、反应更加迅速的通用型人工智能方向发展。马斯克（Elon Musk）认为，人工智能作为人类有史以来最具破坏力的技术，[③]在可预见的将来将会超过人类。[④]

2. 智力的实质与人工智能的智力适格性

（1）人工智能契合智力的本质

人工智能是否具备智力问题的纾解，离不开“智力为何”这个问题的澄清。对于智力的概念，学者界定不一。皮亚杰（Jean Piaget）提出的认知发展理论认为智力是以语言能力和数理逻辑能力为核心，通过整合方式而存在的能力，具有成功解决问题与良好适用性两大特征。[⑤]加德纳（Howard Gardner）认为智力是基于特定社会文化形成的价值标准下，特定主体运用于化解问题与产出有效产品的

---

① ［美］查鲁·C. 阿加沃尔（Charu C. Aggarwal）. 人工智能原理与实践［M］. 杜博，刘友发，译. 北京：机械工业出版社，2023：3.

② Bill Gates. The Age of AI has begun［EB/OL］.（2023-03-21）［2024-10-12］. https://www.gatesnotes.com/The-Age-of-AI-Has-Begun.

③ 马斯克：AI可能是有史以来最具颠覆性的技术，人类要小心［EB/OL］.（2023-06-17）［2024-10-12］. https://baijiahao. baidu.com/s? id=1768963170234290001&wfr=spider&for=pc.

④ 马斯克：5年后AI就会比人类更聪明 中国能做到这一点［EB/OL］.（2023-07-14）［2024-10-12］. https://baijiahao. baidu.com/s? id=1771347457990738627&wfr=spider&for=pc.

⑤ Jean Piaget. The Origins Of Intelligence In Children［M］. translated by Margaret Cook，International Universities Press，Inc，pp.8-13.

能力。[①]虽然学者对智力的定义各有差异，但均赞同智力包含解决问题的目的要素和信息加工要素等两个核心要素，因此智力可表述为在预先设定的目标指引下，通过对特定信息的接收与学习，掌握特定信息背后蕴含的规律以解决同样问题的能力。就表征智力本质的解决问题的目的要素和信息加工要素两个核心要素而言，人工智能能够满足智力的核心要素规定。

（2）人工智能足以产生智力

人工智能是否具备智力，还应当考量人工智能是否足以产生智力。如果主张人工智能具备智力，判断其可否自主设定任务并演化算法便是必经过程。随着人工智能技术的发展，人工智能可基于大数据技术从外部环境中获取并输入海量数据，通过构建高度复杂的类人人工神经网络，在算力加持下结合机器学习算法与成本函数等学习和存储数据结构中蕴含的逻辑关系，从而从数据中习得算法，然后结合人工神经网络逻辑门结构动态自组织算法，从而合理解决问题。申言之，人工智能足以产生智力，从而能够自主从事原独属于人类的创新活动。

（二）人工智能创作对传统创作形式的革新

1. 创作工具：基于AI的内容创作

AI创作已有许多广为人知的成功范例。例如，《华盛顿邮报》的人工智能Heliograf通过人机之间"无缝交互"的系统，创作出很有见地的文章，且能够"与时俱进"地写新闻报道。2016年11月，美国共和党的史蒂夫·金（Steve King）在竞选中击败民主党的金·韦弗（Kim Weaver）时，Heliograf报道："共和党保留了对众议院的控制权，仅失去了少数席位；在许多共和党领导人担心两位数的损失之后，命运发生了惊人的逆转。"[②]这篇文章既报道了共和党的获胜，又描述了惊心动魄、精彩变幻的选举情势变化。它标志着AI在新闻业的成功应用，开启了人类历史上作品创作的新时代、新模式。Heliograf在其诞生的第一年就发表了约850篇文章。[③]国际著名知识产权学者杰维斯（Gervais）指出："可能几年后所有书籍都将是人工智能的产物，一首鲍勃·迪伦（Bob Dylan）风格的歌曲将是由

① ［美］霍华德·加德纳．多元智能［M］．沈致隆，译．北京：新华出版社，1999：10.

② WIRED. What News-Writing Bots Mean for the Future of Journalism ［EB/OL］.（2017-02-16）［2024-10-12］. https://www.Wired.com/2017/02/robots-wrote-this-story/.

③ Nicole Martin. Did A Robot Write This? How AI Is Impacting Journalism ［EB/OL］.［2023-10-12］. https://www.forbes.com/sites/nicolemartin1/2019/02/08/did-a-robot-write-this-how-ai-is-impacting-journalism/#16266aa17795.

IBM的AI机器人Watson的儿子或女儿写的。”[①]

2. 创作形式：人工智能创作的兴起

依托大语言模型强大的内容生成与“涌现”能力，AIGC将重塑内容创作范式。由于生成式AI的参与，内容生成可以脱离具体创作者，并实现不同创作者以及创作素材的互通、融合，相关生成内容融入在先创作的“影子”，使其内容生产具有人机协同、创作场景公共社区化的特征。创作主体与创作关系的革新推动了人工智能创作模式兴起。但是，人工智能创作场景存在AI创作主体法律地位不明、群体创作关系缺乏合作意图等问题，对现行权属规则构成挑战。尽管最新出台的《生成式人工智能服务管理暂行办法》就生成式AI内容生产的规制模式与责任承担作出了具体规定，但是尚未涉及AIGC的权属分配。

3. 人工智能创作的生成、表征及影响

（1）生成逻辑：人机协同效应

基于生成式AI的数据训练和作品输出模式，使用者在生成式AI创作中实现了人机协同创作及无意识的群体协同创作。一方面，使用者与生成式AI进行对话和交互，通过提问、探索和接受AI生成的建议来获得灵感和创意，实现使用者与AI的共创。另一方面，使用者获得的AIGC将作为数据样本，继续用于AI模型训练，以便AI模型提升创作水平。一定程度上，可以说每一个AI生成的作品都包含了在先创作者的协同创作。这与“群体智能”的概念十分契合，大众主动或被动参与到AI创作过程中的各个环节，体现出群体在AI各个环节持续参与和影响，这种创作模式可以被称为“群体智能创作”，这也是人工智能创作区别于在先创作形式的重要表现。

“群体智能创作”这一概念揭示了AI创作背后的深层社会关系，将原本AI创作讨论场域中强调个体创作者或AI提供者权益保护的个体主义观念转换为包括在先创作者价值在内的整体主义，强调人机合作关系中群体作为整体参与者的权益。它为解决AIGC的权属问题提供了新的有益视角。

（2）行为表征：主体广泛、过程协同与产出共享

人工智能创作呈现以下特征。

第一，创作主体广泛性。创作参与者的范围广泛、多样，既包括AI使用者，也涵盖其他未直接参与但贡献训练作品的在先创作者，还包括AI在内的非人类主

① Daniel J. Gervais. Structuring Copyright：A Comprehensive Path to International Copyright Reform［M］. Camberley：Edward Elgar Publishing，Inc.，2017.

体，形成了规模巨大、成分复杂的创作群体。

第二，创作过程协同性。使用者通过与AI模型的互动对话共同完成创作任务，实现了深度的人机协同。同时，AI优化的过程实现了一种无意识的人人协同，每个个体在AI使用中都通过自己的作品语料为AI提供创新素材，延伸了角色参与的维度，最终每个AI作品都包含之前数不清的个体作者的无意识贡献。

第三，知识产出集体性、共享性。AIGC源于众人智慧的结晶，包含了大量个体贡献的元素。创作过程中实现了动态介入和自发退出，群体随着新成员加入和隐退而自我完善。创作成果具有一定的开放共享属性，群体成员之间在AI平台上进行知识自由流通与互携。

（3）模式影响：新式的内容创作公共社区

生成式AI平台集合了AI、使用者以及在先创作者组成的智能创作群体，构成了内容创作的社会化场域，并推动内容创作公共社区化。著名的图像生成模型Midjourney也在“服务条款”中表示AIGC具有基于公共空间使用或重新混合的共享属性。[①]人工智能创作公共社区虽仍以内容创作为目的，但是该创作公共社区由AI联结不同使用者，并提供AI创作服务。两者在主体协作模式上存在较大差异，人工智能创作公共社区是一种新式的内容创作公共社区。

三、人工智能创作时代利益平衡机制的结构性问题

（一）人工智能创作对著作权赋权理论的挑战

1. 人工智能对劳动财产理论的挑战

由劳动财产理论可知，人们要正当获得对特定知识的知识产权，应当满足一个前提预设和两大限制条件。前提预设是指特定知识中掺入了人们的智力劳动；两大限制条件则为不浪费与留给他人足够多且好的东西。但是，劳动财产理论证成的逻辑条件随着技术的进步，特别是人工智能技术的发展，已被逐渐侵蚀。

首先，劳动财产理论的前提预设已被人工智能日渐蚕食。20世纪中期以降，模拟、延伸与扩展人类智能的人工智能被研发出来并不断迭代，人工智能进行创

① Midjourney. Terms of Service［EB/OL］.（2023-11-13）［2024-10-12］. https://docs. midjourney.com/docs/terms-of-service.

作与创造活动所需要的人类智力劳动已经微乎其微，甚至根本不需要人类的参与，“人”素的重要性逐渐降低。[①]

其次，人工智能异质高效“劳动”与劳动财产理论的两大限制条件相冲突。基于机器学习能力与强大的算力，人工智能在大数据技术加持下，能够利用现有数据大批量地生产原来仅能由人类生成的文艺作品与技术方案等智力成果。这将产生两个方面问题：其一，劣币驱逐良币效应显现。[②]人工智能通过低时间成本、高产出效率地生产大量迎合市场需要的“作品”，致使人类创作者因人工智能的高效竞争而被排挤出创作市场。[③]由此，平庸、低质与同质的作品充斥市场，思想深邃、审美高雅的作品难寻，“信息茧房”效应进一步加深，人们审美情操日益倒退，最终阻碍社会进步。[④]其二，新知识的传播利用受阻。在大数据技术、机器学习算法与算力的赋能下，人工智能立足特定知识资源可以有效率地进行穷尽式排列组合，生成海量的作品和新技术方案。因此，人工智能“劳动”的异质“高效性”会造成知识产权生成的“殖民效应”、知识产权获取的“挤出效应”以及优质知识产权的“扼杀效应”，这违背了财产权取得的两大限制条件——不浪费与留给他人足够多且好的东西，因此与劳动财产理论的推论条件相冲突。

2. 人工智能对激励理论的挑战

激励理论的假设之所以能够成立，离不开两个基本要件：其一，主体具备激励的可行性；其二，能够真正促进创新与知识传播以实现社会福利最大化。然而，随着人工智能的快速发展并进入创新领域，激励理论的两个基本要件面临严峻挑战。

首先，人工智能不需要也不能被激励。在前人工智能时代，创新活动的主要参与者为理性人类。在数据与电力供应等充足情况下，人工智能便能自主且持续产出特定作品或专利等内容，并不需要外部激励其从事该特定创新活动。因此，毋庸讳言，人工智能不需要也不能被激励。激励理论的主体激励可行性预设，在面对“非人”人工智能创新时存在严重的适用障碍。

其次，人工智能技术的两面性，使得“机械功利主义”激励路径难以为继。

① United States Congress Office of Technology Assessment. Intellectual Property Rights In An Age of Electronics and Information [R]. 1986: 70-73.

② 易继明. 人工智能创作物是作品吗? [J]. 法律科学（西北政法大学学报），2017（5）：137-147.

③ 曹源. 人工智能创作物获得版权保护的合理性 [J]. 科技与法律，2016（3）：488-508.

④ 刘鑫. 人工智能对知识产权制度的挑战与破解——洛克“财产权劳动学说”视角下的路径选择 [J]. 云南社会科学，2020（6）：138-145+185.

一方面，人工智能的超高运算速度与效率禀赋具有创新促进的正向效应，这与“机械功利主义”激励路径在短期效率上相耦合。具有超高运算速度的人工智能在大数据技术加持下能够海量且快速搜集和分析数据，不仅可以利用数据中蕴含的知识进行有逻辑且符合审美价值的排列组合，而且可以对数据内部或数据之间蕴含的内在隐性关联性进行发掘，并立足已知知识作为推导条件对后续可行的技术方案进行穷尽性探索，从而高效进行艺术作品创作、技术发明创造等创新活动。另一方面，人工智能技术亦具有负面效应。无约束地单向激励人工智能技术发展与应用，任由人工智能凭借运算禀赋在创新领域的野蛮生长，将会阻滞创新的可持续。

3. 人工智能对人格理论的挑战

从人格理论的论证逻辑可知，人格理论下知识产权正当性依赖于两个要素：其一，人格要素的存在。即智力成果是人格借由自由意志的外在表达与定在。其二，设权目的要素的满足。赋予智力成果知识产权保护之目的，在于实现人格的存在与自我发展。在人工智能自主进行创新活动的背景下，上述人格理论的两个先决前提均难以逻辑自立。

首先，人工智能自主创新时，人格要素不存在。人格是人之为人的本质要素之一，人格为且仅为人类所独有。[①]人工智能创造物不是人格的外在定在，其中未能从人类的自由意志中获得其灵魂，不是也不能体现和延伸人格。另外，虽然人工智能在进行创新活动时的自主行为，与自由意志支配下的人类进行创新活动时的行为相类同，但是人工智能与人类具有本质规定性的不同，人工智能无法且永远不能拥有人格。人工智能可为“物格”“电子人格”[②]，抑或“人工智能格”等，但绝不是专属于人类的人格。

其次，人工智能的生成物赋权，亦难满足设权目的要素。通过赋予人们对智力成果拥有知识产权，达到彰显与发展其人格的目的。当智力成果是人们自由意志支配下独立形成或与智力成果形成具有紧密联系时，彰显与发展其人格之目的的实现，自在情理之中。但如若智力成果的形成与人们的自由意志无关或仅是间接联系，智力成果便无法内化和彰显人格。人工智能独立创新形成的生成物，与人的自由意志无关或联系疏远，因此难以内化和彰显人格。

---

① 朱谢群．知识产权的法理基础［J］．知识产权，2004（5）：3-8.

② 郭少飞．“电子人”法律主体论［J］．东方法学，2018（3）：38-49.

(二) 人工智能创作对著作权权属规则的挑战

1. 规则失灵：版权权属规则的适用障碍

AI可以模仿自然人创作作品的风格、构图和审美，使得AIGC具有传统人类作品的相似外观。从呈现形式上看，AIGC与版权法具有亲缘性。但是由于人工智能创作主体的广泛性及合作方式的特殊性，将版权权属规则运用于人工智能创作的AIGC存在障碍。

第一，非人类主导创作的AIGC不满足版权法关于创作主体的资格要求，适用版权权属规则的正当性存疑。非人类主导创作的AIGC能否纳入版权法保护，在学界有两种观点：一种是赞成派，依据版权外观主义，认为只要AIGC符合作品定义，不论创作主体是人类还是AI均享有版权。[①]另一种是反对派，主要从人本主义方面进行反驳，强调人类的主体性[②]，认为版权保护的本质目的是激励"人"的创作。在现行版权制度体系下对AIGC直接适用版权归属规则尚存争议，AI主体资格的障碍难以破除。

第二，将人工智能创作参照合作作品进行权属分配存在障碍。这是因为：其一，人工智能创作涉及多个参与者，包括生成式AI、使用者和在先创作者。生成式AI学习了多个参与者的作品，AIGC对群体智慧进行融合，导致难以区分每个参与者的贡献度。其二，人工智能创作体现了在先创作者的"贡献"，但是生成式AI模型提供者、使用者与在先创作者并未就相关创作达成合意，随着时间推移，初始参与者贡献被后续成员消解，难以定义为"合作"关系。因此，也就难以通过著作权法中的合作作品定义加以规制。

2. 学理争论：基于不同主体利益的权属观点分歧

学理上，围绕AIGC权属规则的讨论主要从不同利益主体出发，提出了归属

---

① 相关观点可参见吴汉东．人工智能生成作品的著作权法之问［J］．中外法学，2020（3）：653-673；熊琦．人工智能生成内容的著作权认定［J］．知识产权，2017（3）：3-8；丛立先，李泳霖．生成式AI的作品认定与版权归属——以ChatGPT的作品应用场景为例［J］．山东大学学报（哲学社会科学版），2023（4）：171-181；孙祁．规范生成式人工智能产品提供者的法律问题研究［J］．政治与法律，2023（7）：162-176.

② 相关观点可参见冯晓青，潘柏华．人工智能"创作"认定及其财产权益保护研究——兼评"首例人工智能生成内容著作权侵权案"［J］．西北大学学报（哲学社会科学版），2020（2）：39-52；王迁．论人工智能生成的内容在著作权法中的定性［J］．法律科学（西北政法大学学报），2017（5）：148-155；Kariyawasam Kanchana. Artificial Intelligence and Challenges for Copyright law［J］. International Journal of Law and Information Technology，2020（28-4）：276-296.

于AI提供者、使用者或者直接进入公共领域的三种分配方案。

首先，基于AI提供者利益的分配方案。此类方案将提供者作为权属分配的初始归属人，认为提供者是AIGC的“创造者”和“拥有者”。其次，基于使用者利益的分配方案。此类方案认为使用者是相关成果的促成者与传播决策者，应将AIGC的权益归于使用者[①]，以此激励使用者积极利用AI生成内容[②]。最后，基于公共利益的分配方案。此种方案强调AIGC的公共利益属性，即AIGC不归属于任何一个特定的主体，而是直接进入公共领域。尽管三种分配方案基于不同的主体立场，均提出了较为完整的权属分配方案，但是学界对此问题仍莫衷一是。群体智能创作环境下，生成式AI提供者、使用者以及在先创作者对于特定内容的生成均有一定贡献，现有方案侧重对某一特定主体的激励，难以调和多主体之间利益冲突。此外，群体智能创作所带来的创作场景公共社区化有赖于AI模型的持续迭代与训练素材的不间断供给，由此构成了创作社区的集体利益，如何通过一定的制度设计保障创作主体的群体性利益是AIGC归属分配的重要议题，但是现有研究对于群体性利益保障关注较少。

3. 实践挑战：基于使用协议的权属分配权责失衡

（1）转让、订阅与授权模式分立

实践中AIGC权益归属普遍采用约定的形式，并形成了转让模式、订阅模式、授权模式三种方案，就使用者权利与义务、提供者权利等事项作出具体安排。

首先，以ChatGPT为代表的转让模式。在归属对象选择上，OpenAI将AIGC的权益转让给使用者，允许使用者进行包括销售、出版等商业目的在内的使用。但是，使用者不得转让相关权益，并需承担AIGC的侵权风险。OpenAI则有权基于改进服务、合规以及执行提供者内部政策等目的利用AIGC。[③]其次，以Midjourney为代表的订阅模式。不同于OpenAI将权益整体转让，Midjourney依据用户付费订阅或者免费使用确定生成内容的归属，其中付费订阅用户可以获得AIGC的所有权，而免费用户则获得“署名—非商业性使用”的许可。最后，以文心一言为代表的授权模式。相较于ChatGPT与Midjourney，文心一言权属分配模式更倾向于保护AI提供者利益。文心一言明确AIGC归平台所有，使用者仅享有基于

① 陶乾. 论著作权法对人工智能生成成果的保护——作为邻接权的数据处理者权之证立［J］. 法学，2018（4）：3-15.

② 孙正樑. 人工智能生成内容的著作权问题探析［J］. 清华法学，2019（6）：190-204.

③ OpenAI. Terms of use［EB/OL］.（2023-09-21）［2024-10-12］. https://openai.com/policies/terms-of-use.

个人的、法定或约定事由可撤销的、不可转让的、非独占的、非商业性质的使用权益，并且明确AI提供者拥有其他兜底性权利。

（2）权责失衡的具体表现

总体而言，现行实践方案考虑了生成式AI提供者和使用者对AIGC的需求，尝试通过具体的权益分配，促进AIGC高效流通与利用。然而，这些方案存在权责失衡的问题。

第一，现行实践方案未明确区分AI辅助生成内容与AI自动生成内容，侵占使用者利益。就AI辅助生成内容而言，人类在AIGC创作中起到决定性作用，AI在创作中仅为辅助效果，此类AIGC属于人类创作者的智力成果，著作权属于使用者，部分生成式AI使用协议笼统将AIGC的权益归于AI提供者显然不利于保护创作者的利益。

第二，现行实践方案倾向于保障AI提供者利益，限制AI使用者对AIGC享有的权益。例如，OpenAI使用协议虽然将AIGC的所有权给予使用者，但是限制使用者向第三方转让相关生成内容的权利。AI提供者则通过独占或者非独占方式使用AIGC。但是，相关条款并未限定提供者对于AIGC的具体利用方式，在出现双方就使用范围发生争议时，协议的模糊表述显然不利于弱势一方的使用者。

第三，现行实践方案存在向AI使用者转嫁风险的倾向。订阅型、授权型等未向使用者转让AIGC所有权的方案，均明确使用者对于AIGC可能的侵权风险负责，但是使用者处于AI价值链的末端，以合同方式将相关风险转嫁给使用者与负责任的AI治理要求相违背。①这种做法可能使得AI使用者承担了不应由其承担的风险，同时也可能降低了对AI提供者的必要监管。

（三）人工智能创作对合理使用制度的挑战

1. 理论困境：AI创作的兴起与“作者中心主义”的冲突

面对人工智能的迅猛发展，“版权保护—合理使用”的平衡正在发生根本的变化，合理使用面临AI技术发展的严峻挑战而显得捉襟见肘。在理论层面，AI创作的兴起，使强调保护作者权利的“作者中心主义”式微，显得苍白无力，“后作者中心主义”将代之而起。相对而言，合理使用的地位应当提升，“版权保

① Matt Davies，Michael Birtwistle. Regulating AI in the UK Strengthening the UK's proposals for the benefit of people and societye ［EB/OL］.（2023-07-18）［2024-10-12］. https://www.adalovelaceinstitute.org/report/regulating-ai-in-the-uk/.

护—合理使用”的结构应当重新平衡。在人工智能时代，作品创作的数量多寡和水平高低不再仅取决于作者的数量和水平，而是同时或者更多地取决于AI的发展水平和智力程度。换言之，AI的进化程度和运用水平在很大程度上成为创新水平的决定因素，而AI的智力水平和进化程度以海量数据的学习和训练为基础。为“信息获取”提供制度供给的合理使用在人工智能时代具有至关重要的地位。然而，如前所述，现行版权法显然没有准备好迎接AI带来的挑战。

2. 制度困境：AI创作使用与“三步检验法”的冲突

在制度层面，AI创作中对海量作品的使用难以为传统的合理使用所涵盖。按照《伯尔尼公约》第9条规定的“三步检验法”和WTO专家组的解释，所有对作品的具有重要经济价值的使用都应当属于作者排他权控制的范围，作者的“复制权”涵盖所有复制行为和复制形式，包括计算机技术中的“输入”和“输出”。只有在“特殊的情况下”，在不会“不合理”地损害作者利益的前提下，才允许对著作权规定限制与例外。AI对作品的使用难以通过“三步检验法”的检测。首先，第一步“某些特殊的情况下”，按照前述WTO专家组的解释，应当是“例外的”“狭窄的”，而AI对作品的使用通常是“普遍的”“海量的”。其次，第二步“不应与作品的正常利用相抵触”，如前所述，在新技术出现的情况下，只要一种复制方式对版权人而言具有重要价值，即可能是“正常”的。鉴于许多开发和利用AI的主体是大型的高科技公司，法院在平衡大型AI公司利用作品所获利益与个体版权人的“弱势”地位时，天平很可能向版权人倾斜。再次，第三步“不得不合理地损害作者的合法利益”要求合理使用具有公共利益方面的正当性或者提供经济补偿。这也是许多AI开发者难以证成和满足的，特别是AI开发者是大型商业公司的情况下。

综观当今各国立法和司法实践，证成合理使用的主要理由有三：非商业性使用；少量使用；公共利益需要。显然，这三种理由均难以适用于AI创作对作品的使用情形。第一，非商业性使用原则上要求使用主体是非商业性的，或者使用目的是非商业性的，或者二者兼有。然而，实践中，开发或者使用AI的主体既有非商业性的教育和研究机构，也有商业性的公司企业；使用目的有商业性的，也有非商业性的。虽然合理使用并不排除商业性使用，但是商业性使用在实践中更难以证成构成合理使用。第二，传统版权法合理使用的“少量使用”要求与AI技术发展的需要完全背道而驰，因为AI创作以海量数据的使用为根本特征，这是AI技术的本质所决定的，不以人的意志为转移。第三，“公共利益需要”原则或许能够庇护公共教育和研究机构为开发AI技术而使用版权作品的行为，但难以涵盖公司企业在AI技术开发、运用中的使用行为，而最有价值的AI技术经常出自商业性公司。

（四）人工智能创作对作品公示机制的挑战

1. AIGC信息披露现行方案：显著标识附随模式

尽管尚未有法律就人工智能生成内容（AIGC）信息披露作出系统性规定，但是《生成式人工智能服务管理暂行办法》《互联网信息服务深度合成管理规定》《互联网信息服务算法推荐管理规定》《网络音视频信息服务管理规定》等管理办法设置以显著标识附随为核心的信息披露措施，明确了AIGC信息披露的主体、标识设定与流通，以及责任承担等内容。虽然现行规范提出通过标识形式说明生成内容的来源，但是实践中不乏对AIGC进行"署名"的案例。在现行著作权法框架下，人工智能并非适格作者，相关署名行为本质上仍是一种标识形式。因此，以相关人工智能模型的名义进行"署名"并不产生法律效力，实践中的相关"署名"行为更多起到权益宣示作用，而非指明具体的内容创造者。

2. AIGC信息披露不足之一：现行标识模式承载信息有限

《互联网信息服务深度合成管理规定》并未明确AIGC应披露信息的具体范围。从现行管理规范用语以及相关标准化组织出台的技术标准来看，现行标识附随模式仅是说明相关内容的AI合成属性，难以充分应对虚假信息的生成与传播。此外，随着AIGC大规模应用，不可避免地出现生成内容二次加工、AIGC跨平台传播与使用等需求，现行仅用于说明AI合成属性的标识模式显然无法有效规制上述使用情形，不利于AIGC跨场景利用与信息内容治理。在责任承担方面，AIGC关于著作权、人格权的侵权风险较高，相关被侵权人需要追溯参与AIGC制作以及流通主体。与AIGC相关主体包括服务提供者、使用者或初始传播者、跨平台传播者等，上述主体可能需要对不同阶段的AIGC侵权行为承担责任，AIGC标识模式显然难以承载上述主体及其行为的具体信息。在使用环境方面，现行AIGC标识模式更侧重于数字传播场景，相关标识是否可以有效附随AIGC全生命周期，是否可以适用于实体环境，以及实体环境中如何准确披露相关信息等跨场景的应对措施尚不明确。

3. AIGC信息披露不足之二：忽略非服务提供者的披露义务

在现行生成式人工智能产品应用场景中，AIGC生成以及传播阶段涉及不同主体。在生成阶段，由于该阶段涉及的主体仅为服务提供者以及使用者，不具有公开性，因此实现信息披露的目的较为容易。在传播阶段，公众并非相关生成活动的参与者，在未准确标识的情况下难以知悉生成内容的来源，实现信息披露目的难度较大。除了服务提供者在生成阶段的标识行为将直接影响传播阶段AIGC信息披露的准确性外，使用者在向其他平台或个人传播生成内容时是否正确披露相关信息，以及相关平台在展示用户上传的AIGC时是否正确标识都直接影响AIGC信息披露效果。但是，现行标识规则对于服务提供者以外的其他主体信息披露义务的规制明显不足。《互联网信息服务深度合成管理规定》等设置的责任条款主要针对深度合成服务提供者与技术支持者，并不涉及AIGC使用者、传播平台等其他主体的删除或不合理标识行为，规制力度有限。

四、AI创作时代版权法利益再平衡的理论基础与路径设计

（一）利益再平衡理论基础：社会规划理论

1. 社会规划理论的内容

相对于劳动财产理论、人格理论与激励理论而言，社会规划理论发展相对较晚，但具有重要理论地位。社会规划理论主要从文化建构与实现理想社会的角度论证知识产权的正当性，其中代表人物威廉·费希尔（William Fisher）提出了公正且有吸引力文化论（或称乌托邦文化论）、尼尔·W. 内塔尼尔（Neil Weinstock Netanel）提出了民主文化论等。①

费希尔主张，一个公正且具有吸引力的文化具有以下特征：保障消费者福利、充足的信息与思想、丰富的艺术传统、分配正义、符号民主、良好的社交性、尊重他人。社会规划理论另一个代表人物内塔尼尔从知识产权与民主文化之间关系出发，认为知识产权制度本质上是利用市场机制促进市民社会民主发展的

① William Fisher. Theories of Intellectual Property［EB/OL］.［2023-07-11］.https://dash. harvard. edu/bitstream/handle/1/37373274/iptheory. pdf? sequence=1&isAllowed=y；Neil Weinstock Netanel. Copyright and a Democratic Civil Society［J］. The Yale Law Review，1996（2）：283-387. 当然还有其他学者对社会规划理论作出了相应贡献。如Keith Aoki，（Intellectual）Property and Sovereignty：Notes toward a Cultural Geography of Authorship［J］. Stanford Law Review，1996（5）:1293-1355. A Politics of Intellectual Property：Environmentalism for the Net?［J］. Duke Law Journal，1997（87）：166.

国家政策。[①]内塔尼尔主张版权保护还应服务于两个民主促进功能：其一，生产性功能。版权制度不仅应激励政治、社会以及审美主题的创新性表达的生产，还应当促进民主文化与多样化市民关系的形成。其二，结构性功能。民主的市民社会有赖于有理性思考能力的公民培育与相互联合，这需要人类既往积累的知识财富与创新表达的广泛传播和有效启迪。

虽然费希尔与内塔尼尔追求的理想社会在表征上存在区别，但只是表述的不同，而非本质的差异。"民主社会"是从政治与市民社会角度对理想社会的解读，"公正且有吸引力的社会"是从社会文化角度对可欲社会的阐释，二者统一在社会的"善"之上，均是对理想社会的探求。所以，社会规划理论追求的是一个"善"的社会，符合生产力规律与人性解放的理想社会。其中知识产权制度与社会规划理论欲求实现的理想社会具有统一性，知识产权处于市场之中但并不隶属于市场，知识产权制度应以促进达致优良社会为目标。

2. 社会规划理论适用于人工智能时代知识产权正当性论证

在后人类中心主义[②]的人工智能时代，作为知识产权制度形塑与建构基石的知识产权正当性理论，既需要对创新激励有保障意义，又需要对社会发展的负向效应有约束作用。以"社会中心主义"为理论要旨，目标在于理想社会的建构，逻辑出发点在于已建构的社会制度，可行路径在于平衡主义指导下实现知识的创新尊重与有效传播的平衡、知识的个体占有与公共利用并重、知识的收益独占与普惠分配并存以及知识利用的有限排他与合理适用共生。社会规划理论与人工智能时代的契合性，具体表现在以下三个方面。

其一，核心要旨层面的合理性：社会规划理论的"社会中心主义"可以规避人类要素的陷阱。在"社会中心主义"基础上建构起来的社会规划理论，强调知识产权制度的工具性，将人工智能的知识产权保护仅视为促进理想社会实现的手段，注重社会发展的正效应，有效规避了"人"素缺失的逻辑陷阱，能够有效契合人类与人工智能分化后"三元创新格局"。

其二，指导方略层面的合理性：社会规划理论的"平衡主义"可以应对技术内在的两面效应。在社会规划理论"平衡主义"方略指导下，对知识产权制度进行有效调整，可以有效消弭人工智能技术对社会发展的负面效应，使得人工智能

---

① Neil Weinstock Netanel. Copyright and a Democratic Civil Society [J]. The Yale Law Review, 1996 (2): 283-387.

② 於兴中. 后人类时代的社会理论与科技乌托邦 [J]. 探索与争鸣，2018 (4)：18-23+28+141.

技术正向效应更为凸显。

其三，资源配置层面的合理性：社会规划理论的“分配正义”取向保障了技术应用的伦理正当。社会规划理论强调“公共领域丰盈”与利益均衡，可通过调整合理使用制度与强化公共领域保留原则，使得人工智能对公共利益的剥削以人们对人工智能生成物的广泛获得与利用作为补偿，实现公共利益的损益相抵。

（二）激励机制：AIGC权属规则的构建

1. AIGC权属划分的基本原则：控制原则与权益分享原则

（1）控制原则

控制原则的基本含义是AIGC应归属于对AI创作过程具有实际控制权的个人或法人。控制包括对创作的启动，对创作过程的方向性决策，以及对创作内容的编辑、修改和使用等方面的具体操作。该原则的正当性体现在三个层面：

第一，劳动投入与实际占有。对AI创作过程的控制需要主体通过一定指令触发AI创作，在人机交互中对AI生成内容进行修正、取舍和补充等，这些行为是一种对AIGC形成过程的实质性贡献和劳动投入。第二，创作与传播的正向激励。创作控制者是AI创作的主要推动者，将AIGC归于控制者可以形成强有力的激励机制，使其更加积极地投入创作，通过其与AI的交互和反馈来不断优化创作结果，进一步提高AI创作的质量和创造力。第三，权利享有与责任承担相一致。控制原则的基本逻辑是“谁控制，谁有权，谁负责”[①]，即在AIGC权利归属的问题上，应当将权利赋予创作控制过程中承担责任的主体，才能使其在承担责任的同时获得应有回报。

（2）权益分享原则

权益分享是为平衡权利人与其他主体的利益冲突而提出的一种利益分配原则，在群体智能创作情境中，权益分享是指在AIGC归属于某一主体的前提下，通过特定机制向其他主体让渡一定的使用权益。权益分享原则的正当性体现为：

第一，契合群体智能创作的“共享性”特征。群体智能创作场景下的内容创作融合了在先创作者的素材供给、知识提供，这是群体智能创作与其他创作形式的主要区别。第二，为群体性利益提供制度保障。随着参与主体的增加与AI工具的迭代，这一创作规模不断扩大，并分化出不同于创作者个人利益的群体性利

① 吕炳斌．面向人工智能时代的著作权法拟制作者理论重构［J］．南京社会科学，2023（10）：90-103.

益。在AIGC权属方案中应当兼顾群体性利益，通过特定的机制设置满足群体性利益的要求，实现各方主体的实质公平。第三，有助于促进群体智能创作生态的可持续发展。在群体智能创作场景下，群体成员之间实现了知识自由流通，持续迭代与互动学习，在一定程度上建构了全新的创作生态。

2. 基于控制原则将AIGC归属于使用者

在AI创作中，使用者是创作控制者。首先，使用者在使用AI创作时，具有明确的创作意图和目标。使用者能够通过向AI发出指令、输入创作要求或设定创作参数来确定创作的方向和要求。使用者是AI创作的实际启动者，驱动了创作过程的开始。其次，使用者对创作过程进行指导与干预。使用者与AI进行交互，通过提供反馈、调整参数、修改结果等方式来引导创作过程，能够对创作过程进行实时地跟踪和干预，确保创作结果符合自己的预期和要求。最后，使用者实际占有AIGC。使用者是AIGC的支配主体，可以对AIGC的使用、展示进行自主决策和管理。

3. 基于权益分享原则设置AIGC的共享协议

在AIGC上设置共享协议是实现权益分享的可行性路径。共享协议的制定可以借鉴创意共享许可协议（Creative Commons License，CC许可协议）。CC许可协议是一种向公众免费提供作品使用许可授权声明的模板。CC许可协议按照署名情况、是否允许商业性使用、是否允许演绎、是否要求以相同方式共享演绎内容等指标的不同配置，共有六种形式，权利人可以依据自身意愿进行选择，明确其作品对公众开放的程度。[①]因此，AIGC权益分享可以参照CC许可协议，在考量AI创作群体的具体利益诉求的基础上，针对AI提供者和在先创作者设计不同的共享协议。

针对AI提供者，可以设置“限定用途”的共享协议。AI提供者的利益诉求体现为将AIGC用于模型训练，进一步提升模型的涌现能力，通过优化服务获得订阅收入。为此，可以设置“限定用途”的共享协议。“限定用途”的共享协议有利于使用者实现AIGC绝大多数的所有权权能，同时也满足了AI提供者必要的利益诉求，实现双方利益的平衡。针对在先创作者，可以设置“署名—非商业性使用—相同方式共享”的共享协议。在先创作者的利益诉求表现为对群体智能创作场景下的AIGC进行再创作，该共享协议允许在先创作者在满足保留权利人署名、

① 邓朝霞. 网络版权的公共领域研究——以知识共享协议为例［J］. 电子知识产权，2018（12）：35-45.

进行非商业性使用、承诺相同方式共享成果的三个前提下，根据自身需要自由使用AIGC。在共享许可协议的标识设置上，可由AI提供者在内容生成过程中将许可协议植入AIGC的元数据之中，并附随于AIGC的全生命周期。

（三）调节机制：版权法合理使用制度的修正

1. 结构主义方法论的内涵及其适当性

AI的工作原理就是模拟人的大脑。AI的学习和培训是通过对“输入”材料包括版权作品的无数次学习观察，归纳出创作的“内在结构”，然后演绎生成作为“表层结构”的新作品。尽管AI的诞生与人类语言的发明相隔甚久，但“学习观察—创建规则—产出创作”的结构模式没有改变，这种一致性不是偶然和意外，而是人类有意选择、模仿的结果。知识产权专家吴汉东将AI的创作方式归纳为两种路径：“代码定义”和“数据训练”。其中，“代码定义”就是通过计算机程序赋予机器以人类的思维方式或思维结构（如人类语言的主语、谓语、宾语等成分与结构），然后由机器模拟人类的思维结构生成内容。尽管AI技术迅猛发展，但“代码定义”仍是不可或缺的路径。因此，运用以研究和发现语言结构规律为起点的结构主义考察AI创作中的作品使用行为的合法性，具有内在的科学性与合理性。

2. 整体观视角下合理使用制度的重构

（1）将“限制与例外”正名为“合理使用”

以“限制与例外”这一措辞指称版权法中的合理使用，具有将其贬低和“污名化”的意图和效应，可谓“名不正，理不顺”。如前所述，关于合理使用的术语有多种选择，包括“合理使用”“合理对待”“允许的使用”[①]以及“限制与例外”等。选择使用“限制与例外”这一措辞有四重危害。首先，在语义学上隐含对合理使用的否定性道德评价，将之视为一种不自然的、坏的、不受欢迎的、消极的力量，使之明显处于道德上的劣势。其次，具有侵蚀合理使用正当性基础、将合理使用“污名化”的倾向。再次，从立法规范形式理性的视角观之，良好的法律规则应当具有明确性、可执行性，阐明人们的权利义务与行为准则，指引人们什么当为、什么不当为。而“限制与例外”是从版权人角度出发作出规定的，其隐含的意思是：当使用者未经许可但合理使用作品时，权利人不得制止，蕴含

① P. Bernt Hugenholt & Ruth L. Okediji. Conceiving an International Instrument for Limitations and Exceptions to Copyright［J］. Intellectual Property：Copyright Law Journal，2012（7）：15.

着合理使用的“侵权抗辩说”，[①]将合理使用仅视为使用者的抗辩理由，并没有为使用者提供明确的行为准则。最后，从实践效果考察，“限制与例外”所代表的“作者中心主义”会导致对合理使用空间的侵蚀和挤压，只有在公共利益的需要提供了压倒性的正当性的情况下，才允许限制与例外。

（2）提升合理使用的地位

在人工智能时代，随着AI创作的兴起、人类作者角色的淡出和作者的“祛魅”，作者神圣化、作者利益至上、作者是作品本质来源的“作者中心主义”受到根本的挑战和动摇。“后作者中心主义”的价值重建，应当重构版权保护与合理使用的关系，将合理使用提升至与版权保护比肩的地位。理由如下。

首先，人类不再是唯一的创作主体，AI或者人机结合的创作模式即将或正在成为主流，这从根本上动摇了传统上“作者中心主义”的根基。在大数据时代，人们在信息获取、人权保护方面的需要和价值应当提升。AI技术的变革是以大数据为基本原料的，因此AI对作品的合理使用应该得到承认。

其次，版权不是“天赋”的“自然权利”，而是国家机器基于功利主义的创造物。合理使用是在版权客体上对版权人控制力和获酬权的一种“必要的”“正当的”限制或剥夺，体现了在社会多元价值目标发生冲突时，为了维护位阶更高的价值目标（如教育使用、研究使用、私人使用、后续创新等公共利益）所作的制度安排。此外，版权与有形财产权不同，占有或拿走他人的有形财产构成侵权甚至犯罪，但合理使用版权作品是版权法维持创作者与使用者均衡的重要机制，合理使用与版权保护一样，犹如版权法大厦的两根支柱，缺一不可。

再次，从经济学角度看，随着AI创作的兴起和普及，创作能力及创作物的供给将大幅提升，相应地，其稀缺性将大幅降低；版权保护作为智力创造的对价亦应相应减弱，而合理使用的地位和价值则应当提升。

（3）扩展合理使用的范围

在人工智能时代，随着AI对使用大量数据的普遍需要以及人机创作模式下“作者中心主义”的祛魅与式微，合理使用的范围应当扩大。原则上，应当允许为了AI学习、创作使用版权作品。但是，如前所述，AI对作品的使用分为“输入”“隐含”“输出”三个阶段。

首先，AI创作中“输入”阶段的作品使用应当纳入合理使用的范畴。“少量

① 对于合理使用的性质，理论界有自由使用说、使用者权说、侵权抗辩说等不同观点，反映了对合理使用的不同态度。

使用”在传统上属于合理使用的范畴，但并非所有合理使用均必须是“少量使用”。在美国著名的“谷歌图书馆”案中，法院认为，尽管使用的“数量和质量”是判断是否构成合理使用的“四个因素”之一，但并不意味着合理使用必须是少量的使用，大量的使用也可以构成合理使用，如果这种使用是“转换性的”“变革性的”。[①]以上论证不仅适用于AI创作中“输入”阶段对作品的使用，也适用于“隐含”阶段对作品的使用。

其次，AI在“输出”阶段的使用行为分析。如果AI创作中“输出”新作品，是否属于合理使用？可能存在两种情形：第一，AI作品与原作品构成“实质相似”，按照版权法上“接触+实质相似”的侵权判断规则，则从作品“输出”之时起不再属于合理使用的范畴，而应当属于版权人控制的范围。但是，为了促进创新，版权人的控制范围应当限于AI“输出”作品这个阶段，而不能追溯到“输入”阶段和“隐含”阶段的行为。第二，AI作品与原作品不构成“实质相似”，而是一个新的作品，则不构成侵权。借鉴美国法院在“谷歌图书馆”案的思路，此种情形构成“转换性使用”，属于合理使用。

（4）优化立法模式

我国现行著作权法第24条列举了合理使用的情形，增加了关于“三步检验法”的抽象性规定。新增加的“法律、行政法规规定的其他情形”也通过对法源的要求限制了合理使用适用于其他情形的空间，但仍是一种“封闭式”的结构，至多是“半封闭式”的。这样的规定仍然不能适应人工智能新技术发展的需要。

著作权法第24条具体列举的情形，无一能够涵盖AI“学习”“阅读”所必须的使用。较为相关的只有第24条第6项为教学和科学研究的使用。但是，将AI开发的过程视为一种“科学研究”也是行不通的。首先，著作权法第24条第6项规定的使用主体和使用作品的数量均有严格的限制。其次，第24条新增加的“三步检验法”至多是半封闭式的，仅限于“在下列情况下使用”，实质上构成对解释12种具体情形的限制，而非开放的授权性规定。

我国优化合理使用的立法模式可以有两种选择：一是采取美国灵活开放的“合理使用+具体列举”模式，规定合理使用的四个考量因素，然后列举常见的合理使用方式；二是沿用大陆法系的“三步检验法+具体列举”模式，在修订《中

① Sarah Ligon Pattishall, Mcauliffe, Newbury, Hilliard & Geraldson LLP. AI Can Create Art, but Can It Own Copyright in It, or Infringe?[EB/OL]. https://www.Lexisnexis.com /lexis-practice-advisor/the-journal /b /lpa /posts/ai-can-create-art-but -can-it-own-copyright-in-it-or-infringe.

华人民共和国著作权法实施条例》时明确规定“为了AI学习和创作的使用”属于合理使用。

（四）保障机制：信息披露机制构建与登记制度革新

1. AIGC各阶段信息披露的目的考量

（1）模型训练阶段信息披露的目的考量

在模型训练阶段，所利用数据的规模与质量直接影响后续生成式人工智能的训练效果。现行著作权法框架下，对于人工智能训练过程中利用受版权保护的作品行为如何规制，尚不明确，但是，基于著作权人视角，在人工智能训练场景尚未列入著作权法“权利限制与例外”情形时，相关利用行为仍属于未经许可的著作权利用行为，可能构成著作权侵权。著作权人有权要求相关生成式人工智能开发者反馈相关作品是否作为训练数据集，基于此，该阶段的信息披露目标是实现训练数据的适度透明化。

（2）内容生成阶段信息披露的目的考量

在内容生成阶段，使用者根据自身需求向相关模型提问（Prompt），使用者与生成式人工智能服务提供者是直接参与主体，因此，该阶段信息披露的直接利益相关主体是使用者。鉴于现行生成式人工智能尚无法克服“算法黑箱”“AI幻觉”等技术性难题，以及随着相关生成式人工智能产品商业化运行，大量商业性信息将混入生成内容之中①，进一步加剧使用者对于人工智能生成内容的不信任，因此，在内容生成阶段，AIGC信息披露的目的在于解决使用者与服务提供者之间的信息不对称，特别是关于“AI幻觉”的风险提示、对于生成式人工智能产品算法基本机制的可理解性解释，从而缓解使用者对于生成式人工智能产品的不信任。

（3）内容传播阶段信息披露的目的考量

随着生成式人工智能运用场景多元化，使用者向公众传播AIGC成为常态，由此产生的虚假信息以及不真实“署名”问题日益突出。前者体现为相关AIGC使用者向公众传播利用生成式人工智能生成的虚假信息，后者则表现为相关使用者隐匿人工智能使用情况，对于人工智能生成内容进行不真实的“署名”，从而获取不正当利益。在传播阶段，借助特定的信息披露举措，公众可以增强信息真实性判断能力，并较为有效区分人工智能创作与人类创作成果。此外，人工智能生成

① Jay Peters. Microsoft’s Bing chatbot is getting more adse［EB/OL］.（2023-03-30）［2024-10-11］. https://www.theverge.com/2023/3/29/23662476/microsoft-bing-chatbot-ads-revenue-sharing.

内容在涉及换脸等场景时，可能侵犯他人的肖像权。在现行标识性规制模式下，并未要求标识AIGC使用者、传播平台等信息，这增加了各方责任的厘清难度。

2. AIGC信息披露的类型化要素

（1）技术性信息

AIGC所涉及的技术性信息包括受版权保护的作品利用信息，以及算法的基本运行机制两部分。首先是受版权保护的作品利用信息。通过特定渠道适度披露相关模型训练过程中的作品利用情况对于缓和著作权人与生成式人工智能开发者之间的紧张关系具有重要意义。不论是基于透明度要求，还是促使使用者科学理性利用生成式人工智能，均需要适当向使用者说明标注规则、算法机制原理等技术性信息。在技术性信息披露方面，《算法推荐管理规定》第16条明确要求算法推荐服务提供者适当公示算法推荐服务的基本原理、目的意图和主要运行机制的设定值等生成式人工智能应用场景借鉴。

（2）权利描述信息

AIGC信息披露的重要目标之一是在发生权属纠纷时，可以快速查询参与AIGC创作的各方主体，因此，有必要于AIGC信息披露中准确描述相关创作主体，以及相关权利归属模式。权利描述信息涵盖内容生成的参与主体、不同主体关于AIGC的权利归属以及具体使用条件。首先，权利描述信息应包括生成式人工智能开发者、服务提供者与使用者等不同参与主体。其次，AIGC的信息披露应包括AIGC的权属设定。最后，权利描述信息还包括相关AIGC的具体使用条件。

（3）AI贡献度信息

在内容生成过程中，可能是由使用者提出总体思路、初步框架，再由人工智能产品加以填充并成文，这种创作本质上是由人工智能形成成果的主要内容。使用者若在提问环节对于AIGC的最终呈现内容作出了独创性贡献，或者相关作品若在人工智能填充成文后，使用者对于相关内容进行了较为深度的修改，则相关AIGC可能可以作为作品保护。在披露形式的设计上，生成式人工智能使用者应当于权利信息中阐明人工智能对于生成内容的贡献度，并通过AI辅助生成与AI自主生成两类不同标签予以区分，针对AI辅助生成情形，应进一步阐述AI的主要贡献部分。

（4）警示性信息

在AIGC创作过程中，由于训练数据的规模化以及算法黑箱等原因，相关AIGC可能侵犯相关主体的权利，例如换脸等AIGC可能涉及侵犯他人的肖像，针对相关影视作品的人物换脸则可能侵犯相关著作权人的保护作品完整权、信息网络传播权等权利。为最大限度禁止涉嫌侵权的AIGC的不当传播，相关AIGC若涉及生物识别信息，则应于信息披露内容中说明相关生物识别信息的利用已取得单独同意，并列明相关AIGC传播的限制性要求，明确不当传播的责任。涉及对已有作品演绎的AIGC，应于信息披露内容中明确相关作品演绎的授权情况，并准确标识具体授权来源。

3. 具体场景披露

（1）查询式信息披露模式

AIGC信息披露模式应根据披露目标对象以及披露信息类型的差异有所调整。技术性信息披露是为了满足著作权人、生成式人工智能使用者了解数据来源、标注规则和算法基本机制等生成式人工智能基本运行机理的需求。针对技术性信息设置查询式信息披露形式，可以在一定程度上缓和著作权人与生成式人工智能开发者之间因受版权保护的作品利用而产生的分歧，并避免增加使用者的生成式人工智能利用成本。

（2）类权利管理信息披露模式

相较于技术性信息而言，权利归属信息、AI贡献度信息以及警示信息对于接触AIGC的公众具有重要价值，因此，上述信息应采用全流程附随形式，确保公众及时、准确了解相关内容。在呈现形式上，类权利管理信息模式是一种可行方案。类权利管理信息是相较于著作权法领域权利管理信息，针对AIGC使用场景提出的一种信息管理模式。在AIGC符合作品要求的情况下，其适用权利管理信息条款并无争议。针对不符合作品要求的AIGC，权利信息管理框架仍可以为其信息披露提供一定思路。AIGC的类权利管理信息披露应兼顾数字场景与实体场景的需求。在数字场景下，通过“AI生成标识+数字水印”准确记录AIGC相关信息是一种可行方式。在实体传播场景中，除了应于AIGC显著位置标识AI生成外，还应准确呈现相关权利描述信息、AI贡献度信息以及警示信息。

4. 集中披露：版权登记制度披露信息优化

（1）AI创作时代著作权登记制度功能审视

首先，AIGC场景下著作权登记具有权属存证功能。相较于数字时代的信息传播媒介变革，AIGC因人机交互创作的技术特征以及复杂的权属设计，公众识别其来源的难度更大。因此，著作权登记制度可以为AIGC权利归属公开提供现行的披露框架。其次，AIGC场景下著作权登记具有促进交易功能。著作权登记对于作品创作时间的记录，可以为著作权人以外主体较为准确区分受版权保护的作品与进入公有领域的作品提供查询渠道，为AI模型开发者充分利用公有领域作品进行模型训练提供依据。最后，AIGC场景下著作权登记具有信息公示功能。人机协同创作虽然导致自然人贡献与AI模型贡献边界模糊，但是借助著作权登记制度，可以及时、准确向公众传递AI参与作品创作、AI生成内容等各类来源信息，保障公众关于作品内容信息的知情权，并且通过披露内容创作模式，可以在避免AIGC不真实署名的同时，厘清自然人创作与AI创作界限，维护作品内容市场交易秩序。

（2）AIGC视角下著作权登记制度完善的方案设计

首先，划分著作权登记中的主体责任。AIGC控制者负有主动披露义务，登记主体未主动披露AI参与情况可以纳入“恶意登记”范畴，除了明确著作权登记证书无效外，登记主体通过AIGC不当获利应予以赔偿，并记入社会公共诚信档案。[①]为保障登记质量，避免登记主体故意隐瞒生成式AI模型使用情况，可以在平台引入AIGC识别技术，对于初步审查可能由AIGC生成的内容，向登记主体提示生成式AI使用披露要求，在登记主体拒绝披露的情况下，在信息公开过程中可以注明相关内容可能由AI参与生成，登记申请人对此提出异议的，可通过申诉渠道申请内容复查。其次，优化著作权登记信息，具体包括权利描述信息、AI贡献度信息与AI训练利用许可信息。

5. 针对不同主体设置相应信息披露义务

（1）明确使用者未准确披露瑕疵责任

生成式人工智能使用者亦是特定AIGC的传播者，明确使用者的信息披露义务有助于保障生成端与传播端的信息真实性。在使用者隐蔽、删除相关标识，或者未准确表述权利归属信息、AI贡献度信息以及警示信息等特定性信息的情况下，使用者作为权利人获得包括著作权许可费用在内的利益，或给他人造成损失的，则应当返还不当收益并予以赔偿；因相关行为损害公共利益的，可以通过社会信用机制予以惩戒。[②]

（2）新增传播平台主动提示义务

尽管AIGC具备人类创作外观，但是AIGC并非无法识别。AIGC可识别性为AIGC传播过程中纠正不准确信息提供技术支撑。若相关内容可能属于人工智能生成的内容，而上传者未进行标记，或者相关内容未显著标识，则平台应主动向用

---

① 最高人民检察院. 周某某与项某某、李某某著作权权属、侵权纠纷等系列虚假诉讼监督案（检例第192号）［EB/OL］.（2023-09-15）［2023-12-21］. https://www.spp.gov.cn/spp/jczdal/202309/t20230915_628229.shtml.

② 王影航. 人工智能创作物信息披露问题的著作权法规制［J］. 中国出版，2022（21）：38-43.

户提示相关内容可能为人工智能生成，并提醒用户可能存在的相关风险，增强用户辨别能力。

6. 开展AIGC登记与信息披露的公私合作

（1）鼓励AI模型服务提供者提供著作权登记服务

加强传统著作权登记机关与AI模型开发者的合作，鼓励模型服务商参与著作权登记服务，符合当下对于生成式AI模型开发者的角色定位。AI模型服务提供者在提供服务过程中，可以及时向使用者提供AIGC登记入口，便于公众在利用生成式AI模型生成特定内容时，可以快速实现对特定内容的登记。

（2）统一AIGC登记标准

实现著作权登记信息元数据标准化，是各国著作权登记体系革新的重要方向，[①]在AI时代，应将元数据标准化扩展至AIGC。将AIGC纳入著作权登记对于现行登记体系构成挑战，统一登记标准，特别是AI参与度、AIGC类别等关键信息十分必要，有助于扩大作品使用范围，便利公众与AI模型训练者利用登记数据。

（3）加强参与主体间技术互操作性建设

生成式人工智能的互操作性建设主要包括两个维度，即技术标准的统一性与反识别技术合作。技术标准的统一性主要指跨平台传播过程中AIGC信息标识的准确展示。具备一定的AIGC识别能力是加强传播平台主动提示能力的技术保障，而中小平台往往缺乏相应的技术条件，因此，适度推动反识别技术合作对于加强生成式人工智能体系化治理具有重要意义。

课题组组长：林秀芹

课题组成员：陈俊凯　王轩　苏泽儒　丁丽文　代晓焜　梅若鸣　胡延杰　石人月　史祥琳

承担单位：厦门大学知识产权研究院

① Dr. Stef van Gompel，Dr. Saule Massalina. WIPO Survey on Voluntary Copyright Registration Systemse [EB/OL].（2021-04-23）[2024-10-12]. https://www. wipo. int/edocs/mdocs/mdocs/en/wipo_crr_ge_2_21/wipo_crr_ge_2_21_report.pdf.

生成式人工智能开发的版权困境及解决路径研究

卢海君　张　禹*

摘要： 生成式人工智能技术对著作权制度的挑战，不仅涉及作品的使用与传播，更涉及作品独创性、作者主体性等版权核心问题。具体来说，生成式人工智能开发主要面对三大版权困境。一是输入端的模型训练侵权风险。模型训练包含著作权法规定的作品使用行为，但现行制度无法周全地将模型训练行为合法化，模型训练合理使用制度是化解这一问题最为可行的方案。为避免对训练作品权利人的影响，模型训练合理使用情形应受到对象、目的、作品保护措施三个要件的约束。二是输出端的内容可版权性风险与权属争议。人工智能生成内容与传统著作权法秉持的“人类中心主义”产生了严重的冲突，在现行著作权法框架下保护的范围非常狭窄。应该建立“独创性客观标准”，以作者与权利人相区分的“二元结构”保护人工智能生成物，鼓励生成式人工智能的开发与使用。三是输出端的内容侵权风险。人工智能生成内容的过程中，由于技术层面的“记忆”现象与可版权性角色的保护范围过宽的原因，容易构成版权侵权。合法获取、合理标注、反馈优化等措施可以降低技术层面的侵权风险。

关键词： 生成式人工智能；模型训练；合理使用；可版权性；实质性相似

一、问题的缘起：生成式人工智能技术的机遇与挑战

ChatGPT、Midjourney、Sora为代表的一系列生成式人工智能（Generative Artificial Intelligence，GAI）在文字创作、机器翻译、图片绘制、视频生成等许多场景以出色的表现在全球引起轰动，并且以前所未有的速度迭代不断给世人惊喜，人工智能的开发已经上升到了国家战略的层面。但与此同时，生成式人工智能也引发了人们关于安全标准、伦理原则、个人隐私等多方面的担忧与质疑，在版权方面也引发了系列版权侵权诉讼与理论争议，可谓机遇与挑战并存。

* 卢海君，对外经济贸易大学教授、博士生导师，本课题组组长；张禹，对外经济贸易大学博士研究生，本课题组组长。

（一）国内生成式人工智能现状及政策综述

2023年以来，我国生成式人工智能产业高速发展，为各行各业带来全新赋能。庞大的市场需求与丰富的数据资源为生成式人工智能提供了强劲的发展动力和肥沃的土壤。据中国电子信息产业发展研究院（赛迪研究院）数据测算，2023年，我国生成式人工智能的企业采用率已达15%，市场规模约为14.4万亿元；预计到2035年市场规模将突破30万亿元，在全球接近90万亿元的总市场规模中占比超过35%，成为全球人工智能产业链的重要一环。[①]

在人工智能产业链中，上游是人工智能芯片、数据中心、云计算平台等基础设施和硬件支持产业，共同组成了人工智能技术运行的基础。在人工智能产业发展中，算力、算法以及数据是三个核心基础要素，三者缺一不可。算法是指计算机程序语言解决问题的准确而完整的描述，是一系列清晰指令的集合；算力是指对数据信息的处理计算能力，具体而言便是高质量芯片（尤其是显卡芯片）的数量；数据是指对现实世界数字化形式的描述和反映。我国目前人工智能发展瓶颈主要在算力方面。美国对我国高性能人工智能芯片的出口管制政策[②]导致我国人工智能算力难以满足产业发展需求，我国华为昇腾与寒武纪为代表的芯片企业迎难而上、自主发展，全国范围内算力基础设施建设也如火如荼。产业链中游是算法和软件平台，我国生成式人工智能大模型发展呈百花齐放之势，有“百模大战”之称。国内知名的大模型包括百度的文心一言、科大讯飞的星火大模型、腾讯的混元大模型、华为的盘古大模型等。产业下游是各种领域的人工智能应用。在制造业、零售业、电信行业和医疗健康等四大行业的生成式人工智能技术的采用率均取得较快增长，生成式人工智能的采用率分别是5%、13%、10%和7%。[③]各行各业都在积极探索人工智能技术的开发和应用，行业涵盖了医疗、金融、教育、交通等多个领域。

国家层面，中共中央、国务院始终高度关注人工智能产业发展。2024年3月

① 首次被写入政府工作报告“人工智能+”将如何改变你我生活？［EB/OL］.（2024-03-12）［2024-09-14］. https://www.cac.gov.cn/2024-03/12/c_1711913994070892.htm.

② 倪浩. 美升级芯片打压，蔓延到AI PC［EB/OL］.（2024-04-01）［2024-09-14］. https://baijiahao.baidu.com/s?id=1795082705671957886&wfr=spider&for=pc.

③ 前瞻网. 工信部赛迪研究院：2023年中国生成式人工智能市场规模有望突破10万亿元［EB/OL］.（2023-12-14）［2024-09-14］. https://baijiahao.baidu.com/s?id=1785254096508274448&wfr=spider&for=pc.

12日，在新华社受权播发的《政府工作报告》中，更是先后三次提及人工智能，并明确了“深化大数据、人工智能等研发应用，开展‘人工智能+’行动，打造具有国际竞争力的数字产业集群”的工作任务。[①]由此可见，我国大力推动人工智能产业发展的趋势可谓方兴未艾，诸多政策利好为这一新兴技术进一步释放潜能打下了坚实基础。

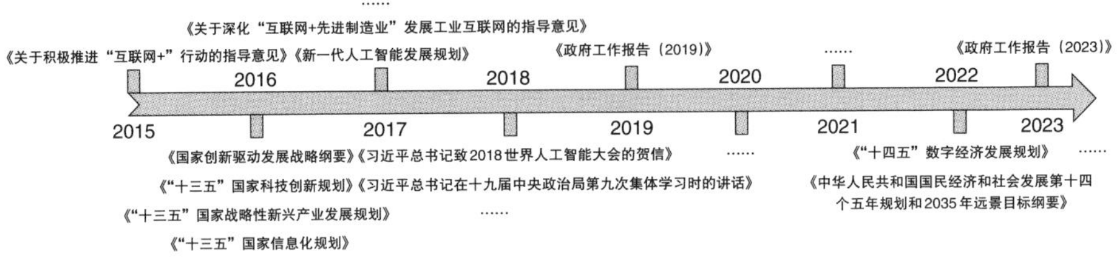

图1　国家层面涉及人工智能的政策概览

国内生成式人工智能的政策法规也如雨后春笋般涌现。2022年11月25日，国家网信办、工信部和公安部联合发布实施《互联网信息服务深度合成管理规定》，对深度合成数据和技术管理规范予以明确。[②]生成式人工智能技术同深度合成技术间具有重合性，掌握相应技术（算法）的主体应当按照前述规定办理深度合成算法备案。2023年7月10日，国家网信办等七部委联合发布了面向生成式人工智能的第一部行政法规——《生成式人工智能服务管理暂行办法》，这标志着我国生成式人工智能技术的发展稳步驶入合法化、合规化阶段。[③]中国社会科学院国情调研重大项目课题组则是于2023年8月17日、9月7日和2024年4月16日公开发布了《人工智能示范法1.0》（专家建议稿）、《人工智能示范法1.1》（专家建议稿），以及《人工智能示范法2.0》（专家建议稿）[④]，继续探索适应人工智能

---

① 新华网．两会受权发布丨政府工作报告［EB/OL].（2024-03-12）［2024-09-14］. http://www.news.cn/politics/20240312/bd0e2ae727334f6b9f59e924c871c5c2/c.html.

② 倪浩．美升级芯片打压，蔓延到AI PC［EB/OL].（2024-04-01）［2024-09-14］. https://baijiahao.baidu.com/s?id=1795082705671957886&wfr=spider&for=pc；网信中国．《互联网信息服务深度合成管理规定》答记者问［EB/OL].（2022-12-11）［2024-09-14］. https://mp.weixin.qq.com/s/qFWNV52YoiVYqQSecOEyCQ.

③ 网信中国．国家互联网信息办公室有关负责人就《生成式人工智能服务管理暂行办法》答记者问［EB/OL].（2023-07-01）［2024-09-14］. https://mp.weixin.qq.com/s/x5nsgaf-7zVkbCKJc-Mwuw.

④ 网络与信息法学会．《人工智能示范法2.0（专家建议稿)》发布［EB/OL].（2024-04-16）［2024-09-14］. https://mp. weixin. qq.com/s/X0t_d6Wwc-7Ky84XhGY40g.

产业发展（特别是生成式人工智能技术发展）的中国方案。由上观之，产业、规范和标准的有机结合，为我国生成式人工智能的高质量发展奠定了坚实基础，政府职能部门的积极作为向生成式人工智能产业释放了积极信号。

（二）国外生成式人工智能现状及政策综述

随着ChatGPT、Midjourney等一众生成式人工智能产品的推出，围绕其风险治理的讨论也越发热烈。未来已至，生成式人工智能的治理不仅是中国问题，更是一个世界性难题。麦肯锡（McKinsey）发布的《2023年人工智能发展现状：生成式人工智能的爆发之年》（*The state of AI in 2023*：*Generative AI's breakout year*）写道："随着企业快速部署人工智能生成工具，调研结果表明，这种做法将对其各自所处行业和员工队伍产生重大影响。"[①]种种迹象显示，生成式人工智能这一垂类的治理问题因产业井喷式发展而迫在眉睫。当然，世界各国政府亦未作壁上观，而是采取了不同程度的应对措施。由于各国人工智能技术发展现状及政策期许不同，个中举措不可避免地呈现差异化样态。

美国对生成式人工智能的立法规制并不积极，更倾向于通过协商、协调和引导的方式介入其中。2023年5月23日，美国国会研究处发布了《生成式人工智能与数据隐私：入门指南》（*Generative Artificial Intelligence and Data Privacy*：*A Primer*），对生成式人工智能的基本概念和相应风险做出具体提示。[②]2023年8月30日，美国版权局（U. S. Copyright Office）在《联邦公报》上发布了开展版权与生成式人工智能相关问题调查的通知，就使用版权作品进行人工智能模型训练、人工智能生成内容的法律地位征求意见，用于帮助评估是否有必要在这一领域采取立法或监管措施。[③]总体而言，美国尚未通过专门立法的方式介入生成式人工智能的产业发展，而版权司法层面针对生成式人工智能企业的集体或个别诉讼业已辐射开来。美国版权法的合理使用规则（四要素法+转换性使用规则）可否妥善解决生成式人工智能模型训练的版权侵权问题，将人工智能生成物彻底排

---

① McKinsey. The state of AI in 2023：Generative AI's breakout year［EB/OL］.（2023-08）［2024-09-14］. https://www.mckinsey.com/capabilities/quantumblack/our-insights/the-state-of-ai-in-2023-generative-AIs-breakout-year.

② Congressional Research Service. Generative Artificial Intelligence and Data Privacy：A Primer［EB/OL］.（2023-05-23）［2024-09-14］. https://crsreports.congress.gov/product/pdf/R/R47569.

③ U. S. Copyright Office. Artificial Intelligence and Copyright［EB/OL］.（2023-08-30）［2024-09-14］. https://www.govinfo.gov/content/pkg/FR-2023-08-30/pdf/2023-18624.pdf.

除在版权保护范围之外的做法又是否能够契合行业发展需求，为各方参与者的利益配置提供相对妥当的指引，尚有待进一步观察。

欧盟在探索人工智能法律规制的道路上异常活跃，始终位居世界前列。2019年6月7日，欧盟《单一数字市场版权指令》（*Directive on Copyright in the Digital Single Market*）正式生效，其中对文本和数据挖掘（Text and Data Mining）利用版权作品的合理使用做出了明确规定，对于缓解高科技公司面临的侵权之虞效用显著。[①]2021年4月21日，欧盟委员会提出《人工智能法案》（*AI Act*）提案[②]，以期对人工智能进行监管，确保为这项技术的开发和使用创造更好条件。2024年3月13日，欧盟议会正式通过《人工智能法案》。[③]该法案沿用“基于风险”的治理框架，是一部覆盖各行业领域、全供应链主体、各类风险的体系性立法。[④]综上可见，从数据、算法、互联网平台再到人工智能，欧盟在立法层面的探索始终处于领先地位，为其他法域提供了颇具参考价值的先期方案。

日本正在积极探索生成式人工智能治理方案，其政策导向及现行立法对生成式人工智能产生的法律风险亦呈现一定的适应性。近年来，日本政府发布了20多项人工智能相关政策，其中包括《人工智能技术战略》《人工智能应用指南》《实施人工智能原则的治理指南1.1版》《人工智能战略2022》等，在教育改革、研发体系构建、社会实际运用、数据相关基础设施开发、人工智能时代的数字政府/中小企业/风险投资公司支持、伦理等方面积极推进各种举措。[⑤]除政策方面的引导和呼吁，日本著作权法第30条第4款规定了非欣赏目的的合理使用（2018年修订增设），为生成式人工智能模型训练中获取、存储和利用受著作权法保护的作品预留了豁免空间。值得一提的是，新一轮的日本著作权法修正案已于2023年5月

---

① 司晓，曹建峰. 欧盟版权法改革中的大数据与人工智能问题研究［J］. 西北工业大学（社会科学版），2019（3）：95-102+3.

② European Commission. Proposal for a Regulation of the European Parliament and of the Council Laying Down Harmonised Rules on Artificial Intelligence（Artificial Intelligence Act）and Amending Certain Union Legislative Acts ［EB/OL］.（2021-04-21）［2024-09-14］. https://eur-lex. europa. eu/legal-content/EN/TXT/?uri=CELEX：52021PC0206.

③ European Parliament News. Artificial Intelligence Act：MEPs adopt landmark law ［EB/OL］.（2024-03-11）［2024-09-14］. https://www. europarl. europa. eu/news/en/press-room/20240308IPR19015/artificial-intelligence-act-meps-adopt-landmark-law.

④ 程莹. 欧盟《人工智能法案》的五维观察［EB/OL］.（2023-12-21）［2024-09-14］. https://mp. weixin. qq.com/s/DXhlLkN9Zib_echBNe_F2w.

⑤ 胡含嫣. 日本拟在经济对策中加入促进AI内容，涉及对基础模型开发等［EB/OL］.（2023-10-09）［2024-09-14］. https://www.thepaper.cn/newsDetail_forward_24869018.

17日通过参议院表决，并未对第30条第4款进行修改，这在一定程度上也表明了立法者认为该条款能够涵摄本轮生成式人工智能为著作权制度带来挑战的决心。[①]

（三）生成式人工智能模型开发中版权困境

生成式人工智能，包括文生视频模型Sora、语言模型ChatGPT、文生图模型Midjourney等，虽然在技术细节方面存在差异，但其技术原理都是相同的，都需要事先输入大量的数据进行模型训练，而后根据用户指令输出相应的内容。因此，生成式人工智能都面临类似的版权风险，包括输入端的模型训练侵权风险，以及输出端的内容可版权性风险与内容侵权风险。

1. 输入端的模型训练侵权风险

数据是模型的灵魂。从模型训练的角度，优质的数据才能训练出优质的模型，训练数据的质量直接影响着模型的好坏。生成式人工智能在模型训练阶段势必使用了大量的优质版权内容，例如电影、电视剧、游戏画面等等。生成式人工智能在使用这些数据时是否获得了版权人的授权？目前尚未可知。倘若未经许可使用了版权数据，生成式人工智能的模型训练行为就有可能侵犯了版权人享有的复制权和改编权。

目前针对人工智能数据训练行为在著作权法中的性质依然存在很大争议，各国都有不同的立法和司法实践。例如，欧盟在2018年通过立法将符合一定限制条件的“文本与数据挖掘（Text and Data Mining）”行为纳入了合理使用情形，允许未经授权且不支付报酬的模型训练行为，[②]但也引发了大量的抗议与反对。我国现行的著作权法并不认可未经授权的模型训练行为。虽然也有很多学者建议通过立法将其纳入合理使用情形，[③]但在法律正式修改之前，人工智能的模型训练行为依然存在很大的版权侵权风险。

2. 输出端的内容可版权性风险与权属争议

人工智能生成的视频无论是在镜头移动、光影渲染，还是细节纹理处理方面都达到了很高的水准，无愧于“大片质感”的评价。然而即使是质量如此之高的

① 朱开鑫．AIGC模型训练与合理使用问题探讨［J］．版权理论与实务，2023（8）：32.

② 李安．机器学习的版权规则：历史启示与当代方案［J］．环球法律评论，2023（6）：97-113.

③ 焦和平．人工智能创作中数据获取与利用的著作权风险及化解路径［J］．当代法学，2022（4）：128-140.

视频，在能否构成作品方面依然存在很大的不确定性。原因在于各国著作权法对于作品概念的规定往往包含了“自然人创作”这一构成要件，[①]人工智能生成的内容能否构成作品自然存疑。例如，美国版权局就在近两年拒绝了所有的人工智能生成内容的作品登记申请，并在2023年发布的《版权登记指南：包含人工智能生成材料的作品》中再次强调了“人类作者要件”，即版权法只保护人类创造力的产物。[②]著作权法的立法目的之一便是激励作者创作，人工智能不能被激励因而无须受到著作权法保护，这就是反对生成内容构成作品的主要理由。

与此相反，也有观点出于人工智能产业发展和用户福祉的考虑，从用户独创性贡献的角度，认为用户可以作为作者对人工智能生成内容主张版权。这就使得人工智能生成的内容具备了“自然人创作”这一要件，符合了著作权法保护的目的。2023年北京互联网法院宣判的“AI文生图”著作权案就是这一观点的代表。[③]法院认为用户通过提示词对画面的设计以及不断调整修正体现了其审美选择和个性判断，因此生成的内容具备独创性，受著作权法保护。无独有偶，意大利最高法院也以用户创造性投入为由判定算法软件生成图片构成作品。[④]虽然这些案件对人工智能生成内容的版权保护提供了思路，但用户独创性贡献在内容生成过程中的占比依然对其是否构成作品有很大影响。至少仅输入一次较为概括的视频生成指令不足以达到著作权法保护要求的独创性贡献。因此，普通用户日常轻度使用人工智能产生的内容受到著作权法保护的概率很低。

人工智能生成内容的权利归属问题是其可版权问题的附属问题。如果人工智能生成内容不能受到著作权法保护，自然落入公有领域，由公众自由使用；但如果人工智能生成内容可以受到著作权法保护，即使只是其中部分符合要件的内容，也必须直面其权利归属问题。由于人工智能本身难以被认定为作者享有权利，其生成物的权利主体只能从参与内容生成的主体中找寻。从产业现状来看，人工智能生成内容涉及的主体包括，训练数据权利人、人工智能模型训练者、人工智能运营者、具体操作生成行为的用户。上述主体对人工智能模型都有着各自

① 王迁．再论人工智能生成的内容在著作权法中的定性［J］．政法论坛，2023（4）：20.

② United States Copyright Office. Copyright Registration Guidance: Works Containing Material Generated by Artificial Intelligence［EB/OL］.（2023-03-16）［2024-09-14］. https://www.copyright.gov/ai/ai_policy_guidance.pdf.

③ 参见北京互联网法院（2023）京0491民初11279号民事判决书。

④ 李康，钟一．意大利最高法院判定算法软件生成图片构成作品［EB/OL］.（2024-03-11）［2024-09-14］. https://mp.weixin.qq.com/s/r07EhgB71_ZE2OjGLfDVCw.

的控制能力，对于内容的生成也提供了一定的贡献，都有可能主张对生成内容享有权利。而权属不明则会为人工智能生成内容利益分配与后续利用造成障碍。

3. 输出端的内容侵权风险

除了输入端的版权侵权风险，生成式人工智能也可能因输出的视频与他人作品构成实质性相似而构成侵权。从人工智能生成内容的原理来看，输出内容与被训练的原作品之间构成侵权的可能性其实并不大。这是因为人工智能对作品的学习与生成方式与人类并不相同。在模型训练时，人工智能通常会对作品进行一系列压缩、加密、加噪处理，将其以潜在表示（Latent Vector）的形式储存在模型内。这种潜在表示剥离了原作品中受著作权法保护的个性化表达，只是纯粹的语义与图像或语义之间的关系，人类无法直接理解。在用户输入生成内容的指令后，模型会将用户的文本描述指令转变为一系列语义向量，找到模型中对应的潜在表达，最后将这些潜在表达解码渲染成最终的视频。经过一系列复杂的压缩、加码、加噪、解码、渲染等操作，生成的内容与原训练作品之间很难构成著作权法意义上的实质性相似。在2023年美国判决的一起生成式人工智能侵权案中，被训练作品的权利人就自认："总体而言，没有任何一张生成图片与任何一张具体的被训练图片相匹配。"[①]

然而，受著作权法保护的角色形象却可能是Sora等人工智能模型难以逾越的障碍。上述复杂的技术操作只能保证生成内容与训练作品之间整体不构成实质性相似，但如果被训练作品中包含了一些受版权保护的角色形象，这些角色形象的特征就有可能与其对应的角色名称一同被模型"记忆"下来。等到用户要求生成包含某一角色的内容时，这些特征就会被重组最终完整地还原出这一角色形象。越是知名的角色形象越容易产生这一问题，因为这些角色形象可能会在各种训练作品中大量出现，从而增加了被模型完整"记忆"所有特征的可能性。例如，2024年2月广州互联网法院就因模型可以生成"奥特曼"的角色形象，判决人工智能平台构成著作权侵权，并要求人工智能服务平台采取有效措施停止生成与奥特曼形象实质性相似的图片。[②]

① See Andersen v. Stability AI Ltd.，2023 WL 7132064.

② 参见广州互联网法院（2024）粤0192民初113号民事判决书。

二、输入端的模型训练侵权问题及其解决路径

（一）输入端的模型训练侵权问题

1. 模型训练中涉及对作品的使用行为

模型训练的对象从形式上可以分为很多类型包括文本、音频、图像等，从著作权法意义上来说可以分为三类：一般作品、数据库作品、其他数据。学术论文、影视文学等数据符合著作权法独创性的认定标准，属于作品。有一些数据虽然自身不属于作品，但经过人为地选择、编排成为一个数据库的整体时，如果对于数据的选择编排符合独创性的要求，数据库整体也可以被认定为汇编作品。最后一些本身不属于作品，又没有成为汇编作品一个部分的数据被归为其他数据。由于模型训练的对象包括作品及数据库，因此当训练行为属于数据版权人的权利范围并且训练行为人没有经过权利人许可时，模型训练就会被认定为一种版权侵权行为，需要承担侵权损害赔偿责任。

（1）数据获取阶段的全文复制行为

模型训练的数据获取阶段需要先将待挖掘的数据储存到特定的服务器中，方便之后的分析和运算。因此，数据获取阶段的行为涉嫌侵犯数据版权人的复制权。复制权是著作权法的核心权利，复制是作品得到大规模传播呈现的前提。模型训练获取阶段的复制行为，并不能完全依据上述原理当然地排除在著作权范围之外。模型训练虽然是一个技术性很强的行为，但其操作人能够意识到其正在复制的数据为作品，并能够随时将复制件以人类可以理解的方式呈现出来。同时模型训练获取阶段对作品的复制与网络基础运营商对数据的复制性质不同，后者作为一种独立的复制行为并没有理解、欣赏、阅读作品的目的。因此，数据获取阶段包含作品的复制行为。实践中，该行为也确实被法院认定为一种侵犯复制权的行为。2011年，北京第一中级人民法院受理的“王莘诉谷歌图书馆”案中，谷歌图书馆将载有王莘所著十篇随笔的文集《盐酸情人》全文数字化扫描，法院认为该行为属于著作权法所规定的复制行为。[①]

① 参见北京市高级人民法院（2013）高民终字第1221号民事判决书。

（2）数据获取阶段的破坏技术措施行为

著作权法同时还规定了技术措施的相关禁止性行为，因此如果对作品的获取过程中破坏了技术措施，也属于著作权规定的行为。我国著作权法第49条第2款规定，“未经权利人许可，任何组织或者个人不得故意避开或者破坏技术措施，不得以避开或者破坏技术措施为目的制造、进口或者向公众提供有关装置或者部件，不得故意为他人避开或者破坏技术措施提供技术服务。但是，法律、行政法规规定可以避开的情形除外。”技术措施本就是用于防止、限制未经权利人许可浏览、欣赏作品、表演、录音录像制品或者通过信息网络向公众提供作品、表演、录音录像制品的有效技术、装置或者部件。模型训练对于高质量原始数据的获取要求严苛，这为人工智能训练者于事前省略、规避授权磋商环节，竭尽所能率先获取他人享有著作权保护的作品提供了利益动机。当然，技术措施规避或破坏同样匹配了合理使用的情形，用以权衡公共利益和私人利益，但从主体和目的的角度考察，技术措施的合理使用的情形并不能完全包含模型训练的行为。

（3）数据训练阶段的改编、修改行为

在数据获取阶段，数据往往比较杂乱，其表现形式和特征数量都不尽相同，难以直接用程序进行批量统一的运算分析。因此，在真正分析之前，数据可能会被预先处理一遍，主要是将格式统一为计算机可以识别的形式，对于一些杂乱的数据可能预先去除多余的特征，并总结代表性特征进行标注，以待程序后续的分析。数据处理阶段对于作品的转换和重组是否涉及版权人的改编权和修改权、保护作品完整权值得讨论。

一方面，就改编权来说，著作权法对改编权的定义要求“创作出具有独创性的新作品”，模型训练处理过程中对于原作品直接转换、重组以后形成的产物难以称之为新作品。著作权法第3条规定作品需要“能以一定的形式表现”，无法被社会公众阅读、欣赏或感知的产品不能称之为作品，无法受著作权法保护。模型训练处理过程中对于数据的转换和重组只是最后模型训练结果可视化的中间产物，甚至并不处于一种稳定的状态。它往往处于一种仅机器可读的格式难以为社会公众所阅读、欣赏和感知，因此难以认定为作品。由此可见，将模型训练处理阶段的行为纳入改编权的范畴过于牵强。

另一方面，对于修改权与保护作品完整权这对一体两面的权利，模型训练的行为也难以划入其范畴。根据著作权法的释义，修改是对作品内容作局部的变更以及文字、用语的修正。模型训练行为对于作品的转换和重组是整体的而非局部的，并且是对于大量作品的集体处理，最终形成的产物甚至难以辨认出其来自哪一个作品，并不属于修改的范畴。同时它也不属于保护作品完整权中“歪曲”“篡改”的范畴。世界上很多国家在保护作品完整权的侵权要件中还附加了“可能对作者的声誉造成影响”的要件，虽然我国没有明确规定这一要件，但从“歪曲”“篡改”两个词语的性质分析，以及保护作品完整权作为一种精神权利的属性认定，其针对的主要是对作品思想、情感等实质性内容的改编，并导致作者的人身权利受到了影响。但如上文所述，模型训练对于作品的转换和重组已经难以找到其原作品的痕迹，因此也就不会改变读者观念中作品的状态，更难以对作者的声誉、形象造成影响。因此，模型训练处理阶段的转换、重组行为并不构成对数据版权人修改权、保护作品完整权以及改编权的侵犯。

综上，虽然生成式人工智能模型训练的原理和过程较为复杂，变化多样，但从著作权法的角度来说主要集中在作品获取阶段的复制行为，不需要考虑数据处理阶段是否包含作品使用行为。

2. 模型训练适用现行著作权法合法化的困境

现行著作权法制度下，模型训练对作品的合法化使用主要涉及授权许可、法定许可以及合理使用三条路径，但事实上三者都存在障碍。

（1）适用授权许可制度存在困境

客观层面，模型训练事先许可效率低难度大。现代著作权法制度运行的核心模式是“许可+使用”，就是赋予权利人一系列专有权利，如果他人在没有权利人许可或法律特殊规定（如“合理使用”“法定许可”等）的情况下实施专有权利描述的行为，就会构成对该专有权利的侵害。[①]这种模式赋予了权利人对作品很强的控制力，但互联网技术的发展弱化了这种控制力。模型训练的数据获取来源广泛，有时来自互联网中搜索获取的信息，这些信息的权利归属并不清晰，权利人也难以联系。实现许可的交易成本非常高昂，并且这种成本支出也没有意义，权利人也没有因此获得更多的利益，属于对社会资源的浪费。因此，模型训练领域事先取得版权人许可的实施难度较大。

主观层面，版权人人为设置许可障碍。为了维护其对数据产品的垄断地位不受动摇，数据版权人在许可合同中加入了大量限制使用的条款，比如，要求数据使用者在连续下载文章时保持5到10秒的间隔，这意味着连续下载1万篇文章需

① 王迁. 网络环境中的著作权保护研究［M］. 北京：法律出版社，2011：2-6.

要4到8个月的时间。[①]同时，为了防止使用者对数据进行重新整合储存，数据版权商严禁使用者对数据进行私自的元数据关联，在这种合同规定下，用户难以对数据进行抽取、重组或链接的操作，这种限制使得模型训练活动完全无法开展，因为模型训练的核心步骤就是对数据的解构和重新组合。此外还有一些数据版权人还在合同中设置了限制格式转化等多种限制性条款，目的就在于限制模型训练的行为。

（2）适用现行法定许可制度存在困境

我国著作权法第25条规定了法定许可制度。法定许可是指行为人可以不经著作权人许可，实施著作权人专有权利控制的行为，但使用后需要向著作权人支付相应的报酬，本质是一种以法律规定替代著作权人进行授权许可的情形。[②]现行著作权法中规定了六种具体的法定许可情形，分别是著作权法规定的教科书使用的法定许可，报刊转载的法定许可，制作录音制品的法定许可，广播电台、电视台的法定许可，以及《信息网络传播权保护条例》中规定的为制作或提供课件的法定许可和通过网络向农村提供作品的法定许可。人工智能模型训练的行为在行为主体与行为目的上都与上述法定许可的情形存在很大的差距，因此人工智能模型训练无法援引现有的法定许可制度筛除未经授权使用他人作品的侵权风险。

（3）适用现行合理使用制度存在困境

我国著作权法在第24条合理使用制度的规定中规定了12种可以不经权利人许可也不支付相应报酬的使用情形，第三次著作权法修订后又增加了“三步检验法”作为合理使用情形的一般性规范，并增加了兜底条款“法律、行政法规规定的其他情形”，自此我国合理使用制度由封闭列举式转变为半开放的概括加列举式。其中，具体规定的第1、6项情形与模型训练技术使用有一定的关联性，但都不能涵盖模型训练行为将其合法化。

个人学习、研究或欣赏的例外主体要件不符。我国著作权法将第一种合理使用情形规定为：“为个人学习、研究或者欣赏，使用他人已经发表的作品”。这种情形包含了研究型使用行为，而模型训练作为一种科学研究技术，其主要用途就是研究，从字面意义上理解，如果是研究人员个人在利用模型训练技术从事个人研究的过程中，未经许可地使用了他人的作品不应当认定为侵权行为。并且，大部分国家都承认公司中科研人员为进行研究而使用他人作品的行为只具有间接商

① Clark，Jonathan. Text Mining and Scholarly Publish［EB/OL］. https://www.marywaltham.com/PRCTextMiningandScholarlyPublishinFeb2013.pdf.

② 王迁. 知识产权法教程［M］. 北京：中国人民大学出版社，2019：232.

业目的，仍然可能构成“合理使用”。[①]但实践中，“个人使用”情形的判决中多将这种情形限制于纯粹个人目的的范围以内，并且严禁商业动机。实践中应用模型训练技术的主体大抵为公司或机构，研究员的操作行为都是为了执行所属单位的意志，而非其个体行为，并且各公司或机构为个体所发生的行为后果负责。因此，模型训练技术大多无法满足合理使用制度中“为个人学习、研究或者欣赏”中的“主体要件”规范要求。

在课堂教学和科研中的例外数量要件不符。我国著作权法将该种合理使用的情形表述为：“为学校课堂教学或者科学研究，翻译、改编、汇编、播放或者少量复制已经发表的作品，供教学或者科研人员使用，但不得出版发行。”《信息网络传播权保护条例》中也对此有所规定，“通过网络向少数教学、科研人员提供少量已经发表的作品。”这两种情形虽然明确表明科研人员在科研活动中可以越过著作权人的控制合法地免费使用已出版的作品，但都对使用作品的数量进行了严格的限制。数字挖掘技术将会对挖掘样本进行大量复制，但并不满足“少量复制作品”的数量要求。

半开放式兜底条款缺少对应法律援引。对于以美国为首开放式合理使用立法模式的国家，法院在判断被诉行为是否属于合理使用范畴时可以依据“三步检验法”或者“合理使用四要件”对具体行为进行评判。我国著作权法例外制度在第三次修订中增加了《伯尔尼公约》、TRIPS协定以及《世界知识产权组织版权条约》中规定的“三步检验法”作为“合理使用”行为的一般原则，即“限定于某种特定情形”“不损害作品的正常使用”“不无故侵害作者的合法利益”，并增加了兜底条款，这使得我国著作权法合理使用制度由封闭列举式转变为概括主义加列举主义模式，但著作权法规定的兜底条款较为谨慎，只是允许“法律、行政法规规定的其他情形”作为补充。事实上，对于合理使用制度的规定，在其他部门法中几乎没有涉及，《中华人民共和国著作权法实施条例》等下位法规也还没有针对合理使用的其他情形做出规定。因此，我国目前的著作权法制度依然难以为模型训练的实施提供足够的法律保障。

综上所述，在我国现行的著作权法制度体系下，人工智能开发在模型训练输入端包含著作权法异议上的使用行为，但缺乏合适的合法化途径，因此存在较强的版权侵权风险。

---

① 王迁．著作权法［M］．北京：中国人民大学出版社，2015：327.

（二）域外模型训练行为合法化方案借鉴

关于合理使用的立法模式，世界范围内共有两种不同的类型，列举主义例外模式和概括主义加列举主义例外模式，分别由英国和美国代表。目前采用列举主义例外模式的国家占多数，包括英国、德国、法国、日本、俄罗斯等，但学界对概括主义加列举主义例外模式评价较高，采用这种立法方法的国家或地区主要包括美国、菲律宾、新加坡以及我国台湾地区。[①]

1. 设置具体模型训练合理使用情形——以日本、欧盟为代表

（1）日本：宽松的行为范围

相较于英国著作权法中对于文本与数据分析的严格限定，日本著作权法中对于计算机分析例外（包括人工智能的模型训练行为）的规定较为宽泛，限制较少。日本著作权法第47条之七规定："为了利用计算机分析信息，在必要的限度内，可以将作品录入储存媒介或者进行改编。但是，为了供信息分析者使用制作的数据库作品，不在此限。"从字面上看，日本著作权法对于计算机分析例外只有一个限制，就是专门为信息分析而制作的数据库作品不能未经权利人许可而使用。但是国内学者一般认为，这种合理使用的例外依然是以作品的合法获取为前提的，非法获取的作品无法构成合理使用。[②]

日本著作权法对计算机领域的例外制度规定得比较全面而宽松，在2009年修改著作权法时增加了6条有关例外，包括计算机程序、故障维护、传播、搜索多个方面。对于例外作品的类型明确规定文本、语言、声音、影像以及其他要素等；对于例外行为的规定也较英国著作权法相对宽泛，不仅包括复制权还允许一定限度内的改编，为日本计算机科学的发展提供了相对有利的法律环境。在目的要件方面，日本例外制度并没有对非营利性、非商业性做出要求。

（2）欧盟：分类规定模式

欧盟作为一个政治经济共同体，其指令中仅对规则的各要素做出规定，依然需要各成员国在国内法中将其落实。欧盟在2019年出台的《数字化单一市场版权指令》（以下简称《指令》）中也规定了包含模型训练的数据挖掘例外，且较为详细而全面。它包含两种："科学研究目的下数据挖掘例外"以及"一般性数据挖

① 吴汉东．著作权合理使用制度研究［M］．北京：中国人民大学出版社，2020：242-245.

② 董凡，关永红．论文本与数字挖掘技术应用的版权例外规则构建［J］．河北法学，2019（9）：148-160.

掘例外”。对于“数据挖掘（欧盟《指令》中称为文本与数据挖掘）”，欧盟《指令》中的定义是：“任何旨在分析数字形式的文本和数据的自动分析技术，以便生成包括但不限于模型、趋势、相关性等在内的信息。”

欧盟《指令》中对于科学研究目的下数据挖掘的例外从主体、目的、行为三个要件进行限制。在主体要件方面，欧盟《指令》要求主体必须为研究机构，比如大学及其图书馆、研究所等以科学研究或教育活动为主要目的的实体。在目的层面，欧盟《指令》只是要求科学研究目的，并没有特别强调其非营利性、非商业性。在行为层面，欧盟《指令》与英国著作权法表现出较大的共同性，都强调了挖掘对象的合法获取，并且只提及了复制和提取并未涉及传播等方面的行为。

此外，2024年欧盟《人工智能法案》序言第105条也指出，通用模型，特别是能够生成文本、图像和其他内容的大型生成模型，为艺术家、作家和其他创作者及其创作内容的创作、传播、使用和消费方式带来了独特的创新机遇，但也带来了挑战。开发和训练此类模型需要获取大量文本、图像、视频和其他数据。在这种情况下，文本和数据挖掘技术可广泛地用于检索和分析这些内容，而这些内容可能受到版权和相关权利的保护。对受版权保护内容的任何使用都必须获得相关权利人的授权，除非适用相关的版权例外和限制。①

总体来看，欧盟对于数据挖掘行为的规制思路是“接触权即挖掘权”“接触权即训练权”。版权人并没有完全丧失对作品的控制，而是只能通过对作品接触权的许可控制数据挖掘行为，不能将人对作品的接触和使用与计算机对于数据的挖掘行为相区分。此种模式既使得数据挖掘技术的实施成为可能，也最大程度上保护了版权人即其他权利人的既有利益不受损害。因此，欧盟《指令》序言中还专门强调成员国不应对数据挖掘例外向权利人规定补偿。

2. 建立概括开放式合理使用制度——以美国为代表

以美国为首的一些国家不仅列举了一些具体的合理使用例外模式，还规定了一套原则性的判断例外的规则。最具代表性的就是美国的“四要素分析法”。美国1976年版权法第107条列举了“批评、评论、新闻报道、教学（包括课堂使用）、学术或研究等目的”的合理行为不构成侵犯版权，同时规定了确定合理使用行为的一般性原则，即四个分析要素：“（1）使用的目的和性质，包括这种使用是否属于商业性质或用于非营利教育目的；（2）被使用作品的性质；（3）被使

① European Parliament and Council. Regulation（EU）2024 laying down harmonised rules on artificial intelligence［EB/OL］.［2024-09-14］. https://eur-lex.europa.eu/eli/reg/2024/1689/oj/eng.

用部分与作品整体的数量和实质性关系；（4）使用行为对作品的潜在市场或价值的影响。”并强调：“作品未发表的事实本身并不妨碍合理使用的裁决。”

根据上述规则和法律，美国联邦法院做出了一系列模型训练行为构成合理使用的判决，包括“作家协会诉谷歌”案、“作家协会诉HathiTrust”案、“White诉West”案、“Fox诉TVEyes”案等。这些案件中被诉行为的共同点是收集大量包含原告享有权利的作品在内的数据，创建了一个可供检索、分析的数据库，供公众或特定用户使用，这种行为属于模型训练的范畴。在这些案件中，法官依据“四要素分析法”逐一对被告的模型训练行为进行分析，认为被诉行为虽然有商业性但并没侵害原告的固有市场，属于一种“转换性使用”。在一些案件的判决书中也出现了类似欧盟版权法中模型训练例外要件的内容。

在“作家协会诉HathiTrust”案中，法官指出被告为创建数据库对原告作品的全文复制，采取的是一种“仅机器可读”的格式，用户无法通过该数据库获取原告作品的相关内容，因此该数据库与原告作品并非一种竞争关系，没有侵害原告作品的固有市场。这正是欧盟《指令》中所列举的模型训练例外行为。

在“White诉West”案中，律师White认为West公司将其诉讼过程中创作的各种受版权保护的法律文书收入数据库并供用户检索下载的行为侵犯其版权。Rakoff法官认为West公司的行为符合合理使用四要素中三个要素的要求，剩余一个要素对于行为的认定起中性作用。首先是使用行为的目的和性质，Rakoff法官承认West公司的使用行为是商业性的，但他认为：“新作品的转换性程度越高，其他不利于其构成合理使用的因素的重要性越小，而商业性就是其中之一。”这与“Bill Graham Archives诉Dorling Kindersley Ltd.”①“Cariou诉Prince”②以及“作家协会诉HathiTrust”中所确立的原则一致，都说明了美国法院在判定合理使用行为时将“转换性使用”要素视作判断的核心，足以抵消其他不利因素的影响。

（三）生成式人工智能模型训练侵权的解决路径

1. 模型训练侵权的解决路径比较

对于人工智能模型训练的解决，目前学界有法定许可、集体管理、合理使

① See Bill Graham Archives v. Dorling Kindersley Ltd., 448 F. 3d 605 (2d Cir. 2006).

② See Cariou v. Prince, 714 F. 3d 694 (2d Cir. 2013), holding modified by Andy Warhol Found. for the Visual Arts, Inc. v. Goldsmith, 992 F. 3d 99 (2d Cir. 2021).

用、版税制度等多种方案。下文将对这些方案的可行性进行讨论。

首先是法定许可制度。现行的法定许可情形并没有包含机器学习这一情形，从保护著作权人利益的角度出发，可以通过改进现有的法定许可制度解决模型训练的困境。[①]一方面，法定许可简化了模型训练使用作品的流程，不需要模型训练主体逐一向著作权人申请授权许可；另一方面，事后基于著作权人使用报酬的机制也可以保障著作权人的经济利益。然而法定许可制度在可行性上仍然存在不足。法定许可本质上简化了著作权人的授权使用流程，以法律规定的方式代替了著作权人的授权行为，但没有改变付费使用作品的模式，模型训练方依然要为作品使用行为进行付费，法定许可不能减少模型训练使用作品的经济压力，目前我国人工智能产业技术发展还处于起步阶段，过高的模型训练的成本不利于生成式人工智能产业的发展。从国际竞争的角度，法定许可制度存在劣势。此外，法定许可依然存在执行困难的问题，模型训练作品使用大量数据，相较于以往的作品使用行为更加难以统计，作品的使用费率也缺乏合理的市场交易经验做参照。

著作权集体管理制度一般与法定许可制度配合运行，集体管理组织作为法定许可使用费的代理收取人负责使用费收取和分配。集体管理组织还可以以自己的名义与作品使用者协商确立收费标准，采用这种方式可以避免模型训练主体向作品著作权人逐一付费的程序，但可行性上依然存在上述使用费分配问题。我国对于法定许可的基础使用费更新速度远远赶不上现实需求。以文字作品为例，中国文字著作权协会与报刊社《报刊“法定许可”使用费收转协议》中对于稿酬标准还在参照1999年国家版权局颁布的《出版文字作品报酬规定》（已失效），报刊社转载文字作品稿酬标准不得低于50元/千字。[②]经过二十多年的发展，文字作品的使用费率已经发生了巨大的变化，依然以50元或100元/千字的价格付费，不符合市场的现实情况。可以预见人工智能模型训练即使设置了法定许可的制度，依然在使用费率方面存在巨大的障碍。

合理使用相对是一个较为可行的模型训练方案。尽管免费使用作品数据可能实质损害著作权人的部分市场利益，但由此开发的数字创新产品可以为权利人带来其他市场收益，且社会自我调节机制能够消化很多市场损害。模型训练行为这些颠覆性改进现有技术的行为，即使实质损害著作权人的市场利益，也可能构成

① 刘友华，魏远山．机器学习著作权侵权问题及其解决［J］．华东政法大学学报，2019（2）：68-79.

② 中国文字著作权协会．报刊“法定许可”稿酬收转协议模板［EB/OL］．［2024-09-14］．http://www.prccopyright.org.cn/staticnews/2010-01-28/100128154827203/1.html.

合理使用，因为它们带来的技术进步和社会价值远超过对个别权利人市场利益的影响。①

2. 模型训练合理使用制度的构建

我国著作权法规定了12种具体的合理使用例外情形，第三次修订以后，还增加了合理使用例外的一般规则，即“三步检验法”，以及第十三种情形“法律、行政法规规定的其他情形”。至此我国著作权法合理使用的立法模式由完全的封闭列举式转变为半开放的列举加概括主义模式。我国著作权法修订案刚刚通过实施，其他部门法律、行政法规对于著作权例外制度的相应规定还在修订过程中。因此，可以尝试在《信息网络传播权保护条例》的修订中增设模型训练例外制度。可以于图书馆等机构的例外之后增设一条模型训练例外规定，依照图书馆等机构例外的规定模式，并从目的、对象、作品保护措施方面进行限制，避免其对权利人的利益造成损害。

（1）对象要件

模型训练合理使用例外的正当性基础来源于其科学研究的自由，目的在于防止数据版权人对作品的垄断影响模型训练技术的实施。但它并非对数据版权人版权的完全剥夺，它本质上是将数据版权人对于数据接触的许可放大为挖掘的许可，简言之接触权即训练权。数据版权人依然享有对数据作品的控制，但由于模型训练的例外，它无法将模型训练人与一般的作品订阅者区分开来，对其收取额外的费用。因此，模型训练例外才可以满足“三步检验法”中“不能不合理地损害版权人合法利益”的要求。因此，各国在模型训练例外的立法规定中，几乎都加入了合法获取的限制。此处的合法获取包括通过签订合同得到数据版权人直接许可以及在信息网络中通过检索获得。

（2）目的要件

模型训练例外的目的要件包含两个层次。首先，模型训练例外的最低层次的目的就是出于数据计算分析的科学研究目的，这是区别模型训练行为与一般作品使用行为的核心目的要件，同时也是检验模型训练例外是否被挪作他用的重要标准。其次，模型训练例外的第二层目的是公益性。模型训练例外的设立初衷是为了科学研究自由和进步，这种公益性的初衷应当在模型训练例外的具体条款里有所体现。

① 刘禹．机器利用数据行为构成著作权合理使用的经济分析［J］．知识产权，2024（3）：107-126.

（3）作品保护措施

合理使用对于模型训练人赋予便利的同时也给数据版权人带去了巨大的版权风险。模型训练人对于挖掘对象的全文复制品一经流露对数据版权人将造成巨大的损失。而且这些复制品被用作模型训练时不会对版权人的利益造成损害，但它们一旦被用作其他用途，就会对版权人的利益造成实质性损害，从而动摇整个合理使用的正当性根基。因此，模型训练例外必须对模型训练复制品保护以及单一性用途做出严格的规定。英国著作权法对此做出了明确规定，禁止对于模型训练对象的转让和交易。同时除了不能主动将模型训练的复制品转让和交易以外，模型训练者对于这些复制品也应当实施必要的保护措施，不能使这些模型训练产生的复制品成为侵权人获得作品的便利通道。如果模型训练人不能为模型训练所需的作品复制件提供必要的保护，或者事后发现模型训练人将这些复制品用作挖掘以外的用途，则可以将其在先的复制行为认定为侵权行为，不再属于合理使用例外的范畴。

三、输出端的内容可版权性与权属问题及其解决路径

如果说人工智能推荐算法是内容分发的强大引擎，生成式人工智能则是数据与内容生产的强大引擎。[①]一般公众通过键入提示词、提示语的方式，可以利用生成式人工智能快速生成同提示语相关联的内容，即人工智能生成物。但其是否置于著作权法语境下进行保护尚存争议，支持论与否定论观点对抗激烈。本章将对域内外人工智能生成物的保护路径、方式进行探讨，在梳理不同观点的基础上，逐步开拓具备本土化面向的进路。

（一）输出端的内容可版权性问题

1. 传统著作权法意义上的作品

2020年修正的著作权法第3条借鉴著作权法实施条例的规定，对作品做出了明确的定义："作品，是指文学、艺术和科学领域内具有独创性并能以一定形式表现的智力成果"。从定义来看，作品的概念包含四个构成要件：第一，作品必

① 腾讯研究院．AIGC 发展趋势报告 2023［EB/OL］.（2023-01-31）［2024-09-14］. https://research.tencent.com/pdf/web/viewer.html?r=AJJ&a=/.

须是智力成果；第二，作品必须是可以被客观感知的外在表达；第三，作品必须是文学、艺术和科学领域内的成果；第四，作品必须具有独创性。[①]从上述四个要件本身来看，作品的定义似乎没有创作者身份的要求。然而传统著作权法语境下，作品是人类创作行为的产物，是人类思想与情感的外在表达。[②]著作权法第1条明确立法目的是鼓励作品的创作，而只有人的创作行为才能被立法所“鼓励”。因而从这个角度解读，作品的构成要件中都可以被解读出人类作者的要素。传统著作权法语境下，创作依然是人类独有的行为，作品依然是人类的独家产物。

2. 人工智能生成内容的可版权性风险

传统著作权法语境下，人工智能由于主体不适格，其生成物不能构成作品。目前学术界就人工智能生成物是否具有可版权性展开了激烈的讨论，总体上分为肯定派和否定派，各自又有数种不同的思路和观点。

肯定人工智能生成物可版权性的核心理由在于，如果不给人工智能生成物版权保护，将会阻碍人工智能的开发；[③]另外，没有版权保护的人工智能生成物由于使用成本为零可能会对人类作者的作品市场产生极大的冲击，不利于社会长远利益的发展。反对人工智能生成物可版权性的理由主要包括两点：第一，人工智能生成物不包含意志产生的思想，因而不具有实质意义上的独创性；[④]第二，人工智能生成物不是人，无法受到著作权法的激励而生产更多更好的作品，并对其他人工智能产生良好的示范效应。[⑤]

司法层面对于人工生成物的可版权性也没有形成共识。北京菲林律师事务所与北京百度网讯科技有限公司著作权权属、侵权纠纷案中，一审、二审法院均认为人工智能生成物（菲林律师事务所主张著作权保护的图表和分析报告）未能体现自然人的独创性表达，但并未全盘否认人工智能牛成物的获得著作权保护的可能性。[⑥]而深圳市腾讯计算机系统有限公司与上海盈讯科技有限公司著作权权属、侵权纠纷、商业贿赂不正当竞争纠纷案中，深圳市南山区人民法院对创作予以扩

---

① 王迁. 著作权法［M］. 北京：中国人民大学出版社，2023：20-25.

② 刘春田. 知识产权法［M］. 北京：高等教育出版社，北京大学出版社，2000：37-39.

③ Kalin Hristov. Aritificial Intelligence and the Copyright Dilemma［J］. IDEA-The Journal of the Franklin Pierce Center for Intellectual Property，2017（57）：431.

④ 王果. 论计算机“创作作品”的著作权保护［J］. 云南大学学报（法学版），2016（1）：20-25.

⑤ 王迁. 著作权法［M］. 北京：中国人民大学出版社，2023：21.

⑥ 参见北京知识产权法院（2019）京73民终2030号民事判决书。

大解释，将其延伸至软件设计。[①]这使得原告在数据输入、触发条件设定、模板和语料风格的取舍上的安排与选择被认定为与涉案文章的特定表现形式之间具有直接联系的智力活动，涉案文章因此被认定为原告主持创作的法人作品。[②]2023年8月24日，北京互联网法院依法公开开庭审理了一起“AI文生图”著作权案：原告李某某利用Stable diffusion人工智能大模型，通过输入提示词的方式，生成了一张人物图片，后将该图片以“春风送来了温柔”为名发布在某网络平台，被告刘某某在个人账号上使用该图片作为文章配图发布，李某某以侵害作品署名权和信息网络传播权为由将刘某某起诉到北京互联网法院。[③]本案系人工智能生成物可否享有著作权保护的首例案件，已于2023年11月27日公开宣判，受案法院将提示词、提示语（Prompt）作为人类向人工智能生成物贡献独创性选择、编排的切口，再度肯定了人工智能生成物可构成著作权法意义上的作品。[④]从上述三个案件来看，法院支持人工智能生成物构成作品的思路依然遵循着传统著作权法语境下人类作者的要求，因此对于人工智能生成物的版权保护并不全面，同时也引出了使用者独创性贡献认定这一难题。

3. 人工智能生成内容的权利归属问题

人工智能生成内容的权利归属问题是其可版权性问题的附属问题。人工智能生成内容如果不能受到著作权法保护，自然落入公有领域，由公众自由使用；但人工智能生成内容如果可以受到著作权法保护，即使只是其中部分符合要件的内容，也必须直面其权利归属问题。从产业现状来看，人工智能生成内容涉及的主体包括，训练数据权利人、人工智能模型训练者、人工智能运营者、具体操作生成行为的用户。训练数据的权利人与人工智能生成内容的关系取决于训练数据与生成物之间的关系。如果生成内容与训练数据构成实质性相似，那么生成内容不能成为新的作品，没有产生新的权利，对于生成内容的使用行为均侵害了训练数据权利人的权利。如果生成内容中包含了训练数据部分表达性内容，并增加部分新的表达形成了新的作品，那么生成内容与训练数据就是改编作品与原作品的关系，训练数据权利人虽然不能直接对生成的新作品享有权利，但新作品的创作和使用都要获得训练数据权利人的许可。如果生成内容没有包含训练数据任何表达

---

① 参见广东省深圳市南山区人民法院（2019）粤0305民初14010号民事判决书。

② 参见广东省深圳市南山区人民法院（2019）粤0305民初14010号民事判决书。

③ 北京互联网法院．17万网友在线关注央视新闻全媒体直播北京互联网法院“AI文生图”著作权案［EB/OL］.（2023-08-25）［2024-09-14］. https://mp.weixin.qq.com/s/rdzctOfPu9zQaKO4ZVDCwQ.

④ 参见北京互联网法院（2023）京0491民初11279号民事判决书。

性内容，那么生成内容与训练数据权利人就不存在任何权利关系。

人工智能模型训练者与用户是生成的具体内容的直接关系方，人工智能模型与用户为生成的特定内容共同提供了独创性贡献。人工智能模型的贡献对生成内容的可版权性影响存在较大争议，采取不同的可版权性理论会得出不同的结论。而人工智能运营者对于模型也有着很强的控制能力，因此也有讨论的必要。值得注意的是，产业界目前对人工智能生成内容的权利归属往往通过合同的方式约定为由具体操作生成行为的用户享有所有权利。总之，人工智能生成内容的权利归属问题是可版权性问题解决后，紧接着便要面对的另一困境，二者一脉相承。

（二）人工智能生成内容的著作权法性质分析

1. 人工智能生成行为与人类创作行为的异同

从前述的四个作品构成要件来看，人工智能生成的内容在“外在表达”与“文学、艺术和科学领域”两个要件方面都是适格的。认定人工智能生成内容能否构成作品的关键，在于其是否属于智力成果，以及其是否具有独创性，归根结底在于判断人工智能是否具有创作行为。在传统著作权法观念下，创作行为必须具有意识，必须是意志支配下的情感或思想的外在表现。通过这一标准，动物某些类似于人类创作的行为被排除了著作权法保护的可能性，人工智能似乎也没有一般意义上的意识，也不可能进行创作。但是上述推演的问题在于，意识本身就并非一个非常明确的概念，动物是否有意识也没有明确的结论，甚至有研究表明动物之间是存在意识与交流能力的。[①]由此可见，传统著作权法反对保护动物作品的原因，并非抽象的意识标准，而应当是基于有无著作权法保护必要的考察。动物不会因为受到著作权法的激励而投入更多的精力和激情创作出更多更好的作品，因而不受著作权法保护，这样的理由才更具有说服力。从保护的必要性上分析，人工智能不同于动物，虽然人工智能本身并不会受到著作权法的激励，但人工智能的设计者与使用者依然是人类，同样可以受到著作权法的激励。如果放任人工智能生成物以不受保护的状态进入市场仍由人们使用，不仅会打击人工智能设计者与使用者的积极性，更会将原本较为稳定的人类创作物市场冲毁。因此，不宜断然否定人工智能具有创作行为。

① ［澳］彼得·辛格，［美］汤姆·雷根．动物权利与人类义务［M］．曾建产，代峰，译．北京：北京大学出版社，2010：56.

2. 作品独创性主观说与客观说

人工智能生成物是作品吗？此问题是分析人工智能生成物保护路径的基础亦是诸多观点分歧的原点。一种观点认为作品（或者说著作权法意义上的作品）只能是人创作的，人是作品独创性的来源，也是著作权法激励机制的终极指向。①另一种观点则认为人工智能生成物符合著作权法意义上作品的特征，应当赋予其著作权保护。②学界的热烈讨论反映出生成式人工智能技术高速发展对内容生产的基本模式直至既存规范造成的猛烈冲击。

早期，我国司法层面针对前述问题亦是左右摇摆，两种观点均有案例观点支撑。如前文所述，北京菲林律师事务所与北京百度网讯科技有限公司著作权权属、侵权纠纷案中，一审、二审法院均认为软件生成的涉案分析报告未能体现自然人的独创性表达，并非著作权法意义上的作品。③然而，时过境迁，生成式人工智能为内容生产模式带来的变革不可同日而语。与作品表征相近的人工智能生成物对人类作品的存量产生剧烈冲击，模糊了公有领域和私人空间的边界，将人类为中心的著作权激励机制带入困局。据此，亦有学者认为，人工智能生成物客观上同人类创作产物无实质差别，人工智能产出的过程同人类创作无实质差别，人工智能生成物为著作权法意义上的作品，在其具有原创性时，应受著作权法保护。④司法层面，前述观点亦有案例支持。深圳市腾讯计算机系统有限公司与上海盈讯科技有限公司著作权权属、侵权纠纷、商业贿赂不正当竞争纠纷案中，受案法院对涉案文章的创作行为予以扩大解释，延及数据类型的输入、数据格式的处理、触发条件的设定、文章框架模板的选择和语料的设定、智能校验算法模型的训练等环节，进而肯定了涉案文章的著作权保护，构成原告主持的

---

① 王迁．再论人工智能生成的内容在著作权法中的定性［J］．政法论丛，2023（4）：16-33；龙文懋，季善豪．论人类作品创作与人工智能生成的异同［J］．科技与法律（中英文），2023（4）：1-9；刘银良．论人工智能作品的著作权法地位［J］．政治与法律，2020（3）：2-13.

② 司晓．奇点来临：ChatGPT时代的著作权法走向何处——兼回应相关论点［J］．探索与争鸣，2023（5）：79-86+178-179；吴汉东．人工智能生成作品的著作权法之问［J］．中外法学，2020（3）：653-673；卢海君．著作权法意义上的“作品”——以人工智能生成物为切入点［J］．求索，2019（6）：74-81；冯刚．人工智能生成内容的法律保护路径初探［J］．中国出版，2019（1）：5-10；李伟民．人工智能智力成果在著作权法的正确定性——与王迁教授商榷［J］．东方法学，2018（3）：149-160；易继明．人工智能创作物是作品吗？［J］．法律科学（西北政法大学学报），2017（5）：137-147；熊琦．人工智能生成内容的著作权认定［J］．知识产权，2017（3）：3-8.

③ 参见北京知识产权法院（2019）京73民终2030号民事判决书。

④ 卢海君．著作权法意义上的“作品”——以人工智能生成物为切入点［J］．求索，2019（6）：74-81.

法人作品。[①]

3. 用户贡献对生成内容可版权性的影响

利用用户贡献将生成内容纳入版权保护范畴是目前司法界和学界比较认可的思路。代表性案例为前述的AI文生图第一案。法官坚持了著作权法只保护“自然人的创作”的传统观点，认为人工智能大模型无法成为著作权法上的作者。但基于既有作品构成要件规则、创作方式转型背景和美术作品“思想/表达二分法”原则等维度的判断，认为体现使用者独创性智力投入的人工智能生成图片属于美术作品，其著作权归属于利用人工智能生成图片的人。[②]

也有学者不同意使用者通过指令的方式享有人工智能生成物的著作权，原因在于使用者的指令过于抽象并且生成结果不可预测，[③]所以事实上使用者并不能如同画笔、照相机一般控制人工智能生成物。上述观点认为，使用者与人工智能之间的关系更类似于雇佣关系，使用者发出的指令更类似于雇佣创作中的建议，因此使用者不应被视为作者。即便使用者的指令非常复杂，依然不能让不同的人在脑海中形成准确且一致的场景，这就是文本所描述的意象与具体画面之间的巨大鸿沟。[④]

不过除了初始的指令生成内容，模型使用者在后续的修改和选择中也可以贡献自身的个性和独创性。这与摄影过程中选择拍摄对象以及汇编者选择汇编内容时做出的独创性贡献类似，虽然选择的对象本身不能完全控制，但选择本身就已经体现了创作者的个性，这符合汇编作品这一传统著作权法客体的原理。美国版权局也表达过类似的观点，如果使用者将人工智能生成物挑选并汇编，则可能因汇编物体现的独创性而成为其作者。[⑤]但在这种情况下，汇编物的权利不能延及汇编物内部的各个作品。

从用户贡献的角度认定人工智能生成内容是否构成作品需要考虑的方面非常多，包括人工智能生成内容的技术原理，使用者使用过程中的指令复杂程度、交互次数、是否直接进行修改等等。即使是司法实践中进行个案认定也困难重重，正常的作品使用和交易更不可能采取这样复杂的认定方法。因此，用户贡献方案

---

① 参见广东省深圳市南山区人民法院（2019）粤0305民初14010号民事判决书。

② 朱阁．“AI文生图”的法律属性与权利归属研究［J］．知识产权，2024（1）：24-35.

③ 熊琦．AI生成内容受著作权法保护吗？专家认为……［EB/OL］．（2024-03-26）［2024-09-14］．https://mp. weixin.qq.com/s/iov7O-cS4MbQJ7o0mOI1wQ.

④ 崔国斌．人工智能生成物中用户的独创性贡献［J］．中国版权，2023（6）：15-23.

⑤ The United States Copyright Office. Zarya of the Dawn Decision［EB/OL］．［2024-09-14］．https://www.copyright.gov/docs/zarya-of-the-dawn.pdf.

并不适合解决现有的人工智能生成物可版权性认定困境。

（三）域外人工智能生成内容的性质认定

1. 美国对智能生成内容可版权性的态度

美国著作权法实行“登记—审核”的版权注册制度，因此美国版权局对于人工智能生成物的态度至关重要。早在2011年的“猕猴自拍案”中，美国版权局就强调了只有人类作品采收保护的观点，并明确表示版权局不会登记自然力、动物、职务产生的作品，以及没有人类作者干预由机器自动产生的作品。近两年，美国版权局先后四次拒绝了人工智能生成内容的版权注册登记。

第一次是《天堂入口》（*A Recent Entrance to Paradise*）版权登记案。美国版权局审查员及版权局审查委员会的理由是《天堂入口》的作者不具备人类身份，作品本身也没有任何来自人类作者的创作贡献。第二次是《黎明的曙光》（*Zarya of The Dawn*）版权登记案。美国版权局的理由是，使用者通过提示词引导人工智能生成图像的过程存在很强的不确定性，使用者无法预知图像的内容，因此使用者对生成的图片控制力不够，不是图像创作真正的“主导者（master mind）”。第三次是《太空歌剧院》（*Théâtre D'opéra Spatial*）版权注册案。美国版权局审查委员会则强调了“人类作者”要件的一贯立场，同时也指出了申请人对人工智能生成物的修改可以获得版权保护，但应当将人工智能生成部分与人类创作部分做出区分。第四次是《日落》（*Suryast*）版权注册案。美国版权局认为无法将人类作者创作与人工智能生成部分相区分，而拒绝了该申请。

美国版权局还发布了《包含人工智能生成材料的作品的版权登记指南》（*Copyright Registration Guidance: Works Containing Material Generated by Artificial Intelligence*），强调了三个要点：一是版权法只保护人类创作的作品，法律规定的作者只限于人类；二是人类借助人工智能生成的作品如果包含了人类的“创造性构思”，则可以获得版权保护；三是版权登记申请人有义务披露其提交注册的作品包含人工智能生成的内容，并说明人类作者对作品的贡献。由此可见，美国著作权法对于人工智能生成内容的版权保护范围限定非常严格，只有人类作者对人工智能生成物在创作意图、创作过程和创作结果方面，体现出“充分的控制”才能赋予其作品身份。[①]

① 吴汉东．生成式人工智能的作品独创性和作者主体性［EB/OL］．（2024-04-26）［2024-09-14］．https://mp.weixin.qq.com/s/CGPMOUC23EdKkWUyZ-9iGQ.

2. 英国对人工智能生成物可版权性的立场

英国是为数不多在立法中直接规定保护人工智能生成内容的国家。英国版权法在1998年修正时规定了“计算机生成作品”定义，指完全由计算机独立完成，没有人类参与创作的作品，作品类型属于“集体作品”；作品的著作权归创作作品所需安排的人所有；“计算机生成作品”在保护范围、保护期限方面与人类创作的作品有所差别。[①]这种将掌握内容生成主导权的人类拟制为作品著作权人的规定，在坚持了民法上主体与客体二分的原则基础上，保护了人工智能生成物的著作权。除了英国，爱尔兰在内的部分普通法系的国家也有类似的规定。[②]

总体而言，域外各国和地区对于人工智能生成内容可版权性的认定虽然有所差异，但存在以下共性部分。第一，域外各国和地区都坚持了主体与客体相区分的原则。主体客体相区分的原则来源于民法。传承自罗马法的民法体系中，主体专指人，客体专指物，二者分别是民法的两大基本制度。人与物之间是严格的区分，人是所有民事权利的享有者，而物是权利指向的对象。具体到著作权法中，主客体相区分的原则便体现为作者只能是人类，人工智能只能作为创作的工具存在，不可能获得法律上的主体资格。第二，内容的独创性认定决定了作品的可版权性以及权利归属。无论是支持人工智能生成内容构成作品的英国立法例，还是反对人工智能生成内容构成作品的欧盟、美国立法例，都坚持了从作品独创性角度判定内容可版权性的原则，只是二者对于独创性贡献的认定标准不同。[③]欧盟和美国对于独创性与贡献者之间关系的紧密性要求更高，如果人类（使用者或开发者）对最终生成内容没有起到绝对的控制和主导作用便不能认定为投入了独创性贡献，因此几乎所有人工智能自主生成的内容都不能获得版权保护；而英国对独创性与贡献者之间关系的紧密性要求明显较低，计算机生成作品的权利人只需要对生成内容进行了必要的安排即可。

（四）输出端的内容可版权性与权属问题的解决路径

1. 人工智能生成内容的保护方案比较

目前对于人工智能生成内容可版权性困境，有两种较为主流的解决方案。其

① Copyright，Designs and Patents Act 1988，S178；S9（3）.

② Andres Guadamuz. Do Androids Dream of Electric Copyright? Comparative Analysis of Originality in Artificial Intelligence Generated Works［M］. Oxford University Press，2017：169.

③ 吴汉东. 生成式人工智能的作品独创性和作者主体性［EB/OL］.（2024-04-26）［2024-09-14］. https://mp.weixin.qq.com/s/CGPMOUC23EdKkWUyZ-9iGQ.

一是从解释论出发，忽视人工智能在内容生成中的独创性贡献，将投入了独创性贡献的人工智能使用者认定为作者并授予著作权。其二是从立法论的角度，打破只有人类才能成为作者的桎梏，承认人工智能是生成内容的事实作者，但基于控制要素与经济、智力投入要素将智能生成物的著作权授予人工智能使用者或开发者。下文分别对两种方案的优缺点进行剖析。

使用者独创性贡献方案从解释论出发，以现有的著作权法制度为基础，具有很强的实用性。使用者独创性贡献方案对传统著作权法体系的冲击非常小，但难免有所缺漏，具体表现为以下三个方面。

一是使用者独创性贡献方案对生成式人工智能产业的回应度不足，不能够为生成式人工智能提供全面深度的保护。人工智能生成的内容在客观上与人类创作的作品已经难以区分，一味强调创作过程对于内容可版权性的决定性意义，只会促使部分人将人工智能生成的内容谎称为人类的创作谋取不正当的利益。

二是使用者独创性贡献方案有意识地无视了人工智能对内容提供实质性独创性贡献的客观事实。现阶段人工智能生成内容客观层面上已经摆脱了对人类控制的依赖，从辅助创作转变为独立生成，在内容的独创性中占据了主要贡献。人类的生成指令更类似于雇佣创作或委托创作中雇主和委托人对于被雇佣者、被委托人的创作建议。模型使用者对于人工智能生成的内容没有足够的预期，控制程度很低。模型使用者作为作者与传统作品的作者在作品的投入与贡献是无法等量齐观的，因此赋予模型使用者与传统创作者相同的著作权并不公平。

三是使用者独创性贡献方案在实践中操作成本过高，无论是司法个案认定还是日常的作品交易使用都无法负担如此高的认定成本。未来人工智能生成内容必然会成为人类享受使用的重要对象，人工智能生成内容必然会越来越多地出现在人们的日常使用与司法纠纷中，即使法官有能力对每一个涉及人工智能生成内容的案件进行逐一使用者贡献认定，当事人也不可能对每次使用人工智能的行为进行留证。

作者与权利人二分的“二元结构”方案，一定程度上冲击了著作权法乃至民法理论中主体与客体二分的基本原则，对著作权法的基本架构变动较大，存在一定的制度变革风险。但事实上这种风险是可控的。作者与权利人一体的预设不是绝对的，因而著作权法中主体客体二分的原则应该是著作权人与作品二分，而非作者与作品二分，赋予人工智能这一传统民法中的客体作者身份并没有对民法理论产生根本性冲击，不会导致主体客体的混淆。二元结构在资源配置效率方面存在使用者贡献方案无法比拟的巨大优势。人工智能生成物本质上是一种商品，商品的自由流通关系资源的有效配置，而资源的有效配置是市场经济的根本。[①]这一切以产权的稳定为前提。人工智能生成物产权保护的需求是客观存在的，如果不对其进行正确的权利配置，伤害的不仅是人工智能产业，还有传统的作品交易市场。

综合来看，二元结构方案较使用者贡献方案要更具有正当性和可操作性，对于人工智能生成内容这一飞速发展的产业，著作权法无论是从解释论的角度，还是从立法论的角度，都是适合以更加开放的态度助力产业发展。

2. 人工智能生成内容的权利归属

不论人工智能生成物是否受到法律保护，如何应对其利用场景下潜在发生的侵权，均系后端不可忽视的问题。溯及源头，人工智能生成物的产出离不开两方主体：一方是生成式人工智能设计者和（或）服务提供者，另一方是生成式人工智能使用者。前者是大模型得以社会化运作的基础，为模型训练、调试及市场化运营付出成本。后者是内容得以生成和再利用的基础，为生成式人工智能执行特定任务，编纂、键入提示词、提示语等具体指令。

（1）生成式人工智能的设计者、服务提供者

生成式人工智能设计者，即获取、存储和利用数据进行模型训练、调试，使之可以根据使用者给出的提示语、提示词，高效率、高质量生成内容的主体范畴。生成式人工智能的设计者不完全等同于生成式人工智能服务提供者。根据《生成式人工智能服务管理暂行办法》的定义，生成式人工智能服务提供者，是指利用生成式人工智能技术提供生成式人工智能服务（包括通过提供可编程接口等方式提供生成式人工智能服务）的组织、个人。据此，设计者和服务提供者时而同一，时而当属合作关系，个中情形不一而足。

毋庸置疑的是，若生成式人工智能的设计者未训练、调试出可供生成内容的大模型，生成式人工智能的服务提供者未将大模型推向社会层面，利用模型生成内容将沦为“无本之木，无源之水”，彻底丧失实践基础。据此，生成式人工智能的设计者、服务提供者应当于利益分配和责任承担的制度设计中被充分顾及。有学者提出孳息说的观点，将人工智能生成物视作人工智能的孳息，进而让人工

① 卢海君．著作权法意义上的“作品”——以人工智能生成物为切入点［J］．求索，2019（6）：74-81.

智能设计者享有人工智能生成物的权利。[①]在传统民法中也存在物生物的情形，就是原物生成的孳息，这些孳息的权利主体依然是人，而非物。依其原理，人工智能生成内容作为人工智能生成的物，应该由人工智能所有者享有权利。

（2）生成式人工智能的使用者

生成式人工智能的使用者是通过提示词、提示语来引导生成式人工智能生成内容的主体，是驱动生成式人工智能运作并执行特定任务的人本动因。缺少人类的驱动，生成式人工智能不会自主生成内容，而只是一件闲置在侧的技术工具，与日常生活中使用的照相机、计算机和手机没有实质性差异。

生成式人工智能的使用者对生成物选择、编排是否存在独创性贡献，独创性贡献多寡，是判断使用者是否原始取得著作权的关键因素。作为利益分配和责任承担环节均不可忽略创作的主体，其地位取决于是否在生成式人工智能生成内容时掺入人类因素。一种情况是，当使用者如《太空歌剧院》的作者艾伦一般，对生成物内容选择、编排独创性贡献，对生成物加以选取、剪裁时，认定其具有作者地位，原始取得终端生成物的著作权可能更具合理性。再者，不论人工智能生成物是“原创作品”抑或“演绎作品”，即使暂且搁置权利是否取得之问，也当虑及后续再利用时对公有领域和私人空间造成的影响，并将其列为评判合法性的重要标尺。

四、输出端的内容侵权问题及其解决路径

虽然人工智能生成内容的可版权性依然存在很大争议，但这主要由人工智能能否创作、能否作为著作权法意义上的作者引发，人工智能生成内容对其他版权作品的侵权是客观存在的事实，并且不会受生成内容是否受版权保护影响。

总体而言，人工智能输出端的内容侵权存在自动化、隐蔽性以及多主体性的特征。人工智能生成内容的过程往往是自动化的，可以独立于人类创作者进行学习和创作。一般知识产权侵权行为与产品侵权行为具有公开性和即时性的特征，但人工智能生成内容的侵权处于严重的信息不对称中。[②]如果没有使用者对侵权

---

① 林秀芹，游凯杰．版权制度应对人工智能创作物的路径选择——以民法孳息理论为视角［J］．电子知识产权，2018（6）：13-19．

② 刘强．人工智能知识产权法律问题研究［M］．北京：法律出版社，2020：196．

内容的进一步传播，著作权人往往很难发现侵权行为，更无法获得及时的救济。人工智能侵权的主体也存在不确定性。人工智能本身就存在主客体地位模糊的问题，虽然沙特阿拉伯授予人工智能“索菲亚”公民权利，[①]但包括我国在内的绝大部分国家均不认可人工智能的主体地位。人工智能使用者、人工智能控制者与人工智能设计者之间的责任划分也不够清晰。依据权责一致性原则，人工智能侵权行为的损害赔偿责任也应当由人工智能的控制者与权利人承担，但就人工智能生成内容的侵权行为来说。行为本身是在使用者指令引导下实施的，但根本上却是遵循人工智能开发者设计的算法规则，而人工智能控制者又有着随时终止人工智能的最高控制权限以及对人工智能本身的所有权。因此对单一的侵权行为来说，传统归责原则并不能明确分析出具体承担责任的主体。

（一）输出端的内容侵权的认定

在著作权侵权认定中，“接触+实质性相似”已经成为中外司法实践中通行的标准。根据这一标准，权利人只需要证明被控侵权人接触过其在先作品，以及被控侵权作品与在先作品之间存在实质性相似，法院就可以认定侵权成立，除非存在合理使用等法定抗辩事由。[②]这一规则同样适用于人工智能生成内容的著作权侵权纠纷，但在具体的适用上又有所不同。在接触要件方面，人工智能不同于人类。人工智能的模型来源于训练数据，只要能够证明人工智能训练数据中不包含被侵权作品，那么即使两个作品之间存在实质性相似也不应该认定侵权，就如同独立创作出相同作品的两个作者可以拥有各自独立的著作权一样。人工智能生成内容的独特过程为实质性相似的认定增添了一定的复杂性。

1. 输出内容与被训练作品之间的实质性相似

从人工智能生成内容的原理来看，输出内容与被训练的原作品之间构成实质性相似的可能性其实并不大。例如，在2023年美国判决的一起生成式人工智能侵权案中，被训练作品的权利人就自认，“总体而言，没有任何一张生成图片与任何一张具体的被训练图片相匹配。”[③]

但人工智能模型有时确实会存在“记住”部分表达性元素，并在后续生成内

① 牛绮思．沙特授予机器人公民身份，是惊喜还是惊吓？［EB/OL］．（2017-11-04）［2024-09-14］．https://mp.weixin.qq.com/s/w4LyCcNiKkF_LpmM4IE3qw.

② 王迁．著作权法［M］．北京：中国人民大学出版社，2023：52.

③ See Andersen v. Stability AI Ltd., 2023 WL 7132064.

容中再现这些内容的情况。几年前的人工智能文献显示，机器学习模型确实可能记住训练数据中特定示例的足够细节以允许重新创建这些示例。[①]通过机器学习将训练数据简化为模型所固有的信息损失实际上应该保证输入和输出之间只能存在抽象关系。大型语言模型现在的规模非常大，所以它们确实可能基本上“记住”训练数据中的特定作品。在某种程度上，模型记住了训练数据后，便可能会通过输出从训练数据中传达原始表达。如果生成式人工智能的普通和可预见的使用导致模型输出会侵犯输入，无论涉及什么干预技术步骤，那么非表达性使用的基本原理都不再适用。[②]

2. 输出内容与被训练作品包含元素的实质性相似

人工智能模型生成内容更有可能与受著作权法保护的角色形象或过于抽象的版权内容构成实质性相似。人工智能训练和生成内容的复杂技术操作只能保证生成内容与训练作品之间整体不构成实质性相似，但如果被训练作品中包含了一些受版权保护的角色形象，这些角色形象的特征就有可能与其对应的角色名称一同被模型“记忆”下来。等到用户要求生成包含某一角色的内容时，这些特征就会被重组最终完整地还原出这一角色形象。越是知名的角色形象越容易产生这一问题，因为这些角色形象可能会在各种训练作品中大量出现，从而增加了被模型完整“记忆”所有特征的可能性。例如，2024年2月广州互联网法院就因模型可以生成“奥特曼”的角色形象，判决人工智能平台构成著作权侵权，并要求人工智能服务平台采取有效措施停止生成与奥特曼形象实质性相似的图片。[③]受版权保护的作品越抽象，生成式人工智能模型就越有可能记住并复制该作品。当相同的文本描述与相对简单的图像配对时，图像模型容易产生潜在的侵权作品，生成的图像与原作品之间只有轻微的变化。人工智能模型特别有可能生成像史努比这样的角色的侵权图像。

这种实质性相似困境一方面来源于训练图像生成模型的机制，另一方面也与著作权法对视觉角色提供保护范围更广有很大关系。著作权法保护书籍、漫画、电影等出现的单个角色的版权性。在生成式人工智能的背景下，角色受版权保护最重要的影响是，在这种背景下建立侵权所需的相似性水平降低了。大型语言模

① OpenMinted. OpenMinted Presents Licence Compatibility Tools at IP Summer Summit [EB/OL].（2017-12-07）[2024-09-14]. http://openminted.eu/openminted-presents-licence-compatibility-tools-ip-summer-summit.

② Sag Matthew. Copyright Safety for Generative AI [J]. Houston Law Review，2023（2）：142.

③ 参见广州互联网法院（2024）粤0192民初113号民事判决书。

型学习将视觉元素与文本描述相关联的方式有效地引导它们记住角色与文本之间的关系。当呈现与“奥特曼”相关的一千个不同图像时，像Stable Diffusion这样的模型会学习哪些特征在整个集合中始终重复，进而将“奥特曼”形象与文本关联起来。如果文本描述与特定图像反复密切相关，“记忆”现象发生的可能性就会更大。如果图像相对简单或与单个主题相关，记忆的可能性也会更大。由于侵犯可版权角色所需的实质相似性的阈值相对较低，因此训练数据中相同角色的多个变体将导致该角色的潜在概念（Latent Conception）更容易通过该角色的名称来调取。这就是人工智能容易生成包含版权角色图片的原因。

这个问题并不局限于版权角色。在其他差异很小且以相同关键词标注的图像中也存在。关于文本生成大型语言模型的研究与文本生成图像模型的问题一致。例如，一项研究查询了一系列大型语言模型，其中的文本是从随机选择的书籍中选择的，很少有“记忆”现象存在的情况。然而，流行书籍的训练和生成出现了严重的“记忆”现象，例如哈利·波特系列和苏斯博士的书《哦，你要去的地方》。这是因为这些文本在互联网上大量重复出现，被大模型与书中关键词进行了关联。①

（二）人工智能服务提供者的著作权法地位

1. 人工智能服务提供者与网络服务提供者的关系

《生成式人工智能服务管理暂行办法》第9条规定，提供者应当依法承担网络信息内容生产者责任，履行网络信息安全义务。因此，有观点认为通用人工智能服务提供者不属于网络服务提供者，而属于信息网络内容提供者。②《生成式人工智能服务管理暂行办法》将人工智能服务提供者定性为网络信息内容生产者，则意味着服务提供者需承担比网络服务提供者更为严苛的著作权侵权的实质审查义务。这种定性方式存在两方面的问题。

第一，严格来说生成式人工智能服务提供者并不一定在网络空间中运行。只要可以访问生成式人工智能的模型，无论是否联网都可以享受人工智能的服务，因此“离线版本”的生成式人工智能服务提供者是完全有可能存在的。此外，生成式人工智能生成的信息一般是向用户个人直接提供的，而非向不特定的公众提

① Henderson P，Li X，Jurafsky D，Hashimoto T，Lemley M A，Liang P. Foundation Models and Fair Use［EB/OL］.（2023-03-29）［2024-09-14］. https://arxiv.org/abs/2303.15715.

② 高阳. 通用人工智能提供者内容审查注意义务的证成［J］. 东方法学，2024（1）：189-200.

供，因此这些信息只有用户个人知悉，不为他人所知悉。[①]如果用户在获取人工智能生成的内容后，自行将其上传到网络平台，那么无论是根据服务器标准，还是用户感知等一系列标准，都应该是用户构成著作权法意义上的提供行为。虽然必须承认目前绝大部分生成式人工智能服务是通过互联网媒介提供的，但将所有的生成式人工智能服务提供者都定性为网络内容生产者不符合产业实际，赋予了生成式人工智能服务提供者过高的内容审查义务。

第二，人工智能生成内容的过程并非处于服务提供者完全控制之下。一方面，人工智能生成内容的过程存在很强的自主性。[②]即使是人工智能模型的设计者也不能完全掌控人工智能的运行全过程。尤其是在人工智能模型训练由监督模式向无监督模式转变的背景下，人工智能训练数据的标注工作都不再由人工完成，而由人工智能自主独立完成。即使人工智能模型的设计者主观上没有使用人工智能生成侵权内容的故意，也没有刻意设计抄袭作品的算法，人工智能模型训练的过程中依然可能无意识地进行了侵权行为。[③]另一方面，生成式人工智能模型使用者对于人工智能模型生成内容的过程也具有一定的控制能力。实践中不乏模型使用者通过一系列指令诱导人工智能生成开发者禁止其生成的内容。[④]而人工智能服务提供者对人工智能模型的控制程度还不如其开发设计者，部分服务提供者仅作为一个模型接入终端，发挥着联系用户与模型的桥梁功能，具有一定的技术中立性。

综上所述，生成式人工智能服务提供者对于生成内容的控制能力和知道程度低于一般的网络内容提供者，承担实质性版权侵权审查义务过于严苛。《生成式人工智能服务管理暂行办法》将服务提供者规定为内容生产者更多是从信息安全方面的考虑，并非著作权保护方面的考虑。因此不应当根据《生成式人工智能服务管理暂行办法》第9条认定生成式人工智能服务提供者承担版权侵权的事前审查义务。

---

① 王利明. 生成式人工智能侵权的法律应对［J］. 中国应用法学，2023（5）：27-38.

② 刘强，孙青山. 人工智能创作物著作权侵权问题研究［J］. 湖南大学学报（社会科学版），2020（3）：140-146.

③ Sobel，Benjamin L. W. Artificial Intelligence’s Fair Use Crisis［J］. Columbia Journal of Law and Arts，2017（1）：45-45.

④ 博客. 利用催眠技巧绕开 OpenAI 的内容政策限制（仅供研究使用）［EB/OL］.（2023-03-05）［2024-09-14］. https://blog. csdn. net/qq_44757149/article/details/128321246； Reddit. New and Improved DAN（Do Anything Now）［EB/OL］.［2024-09-14］. https://www. reddit. com/r/OpenAI/comments/11a92ja/new_and_improved_dan_do_anything_now/.

2. 人工智能服务提供者的版权义务标准

基于生成式人工智能服务与网络服务之间的差异性，应当根据人工智能的技术和产业特点对人工智能参与者进行分类，重新构建人工智能服务提供者的版权注意义务与侵权责任。生成式人工智能产业存在明显的分层，可以分为“基础模型—服务应用”两个层次。基础模型层是整个生成式人工智能产业的基础。在基础模型的基础上，部分企业可以通过接入模型并继续进行专业领域的专业数据喂养和计算，对模型进行专业化训练，进而开发出更精细化的专业模型。在模型层之上的是服务应用层。服务应用层的特点在于直接面向用户，能够为用户提供搜索引擎、智能问答、文本音视频生成等服务，因此在使用便捷性、人性化方面进行了一些优化，例如OpenAI公司的ChatGPT、抖音开发的豆包等。但基础模型与服务应用之间并非泾渭分明的关系。基础模型也可以直接面向用户，很多模型提供者也为用户提供训练自身专用“智能体（Agent）”的服务，达到模型本身及应用的效果。

生成式人工智能的底层通用能力打破了网络治理领域传统的网络服务提供者与信息内容生产者二元结构，既可以以模型即服务的形式提供技术服务，又可以通过指挥问答的方式直接向用户提供内容生成，法律主体的界限已经模糊。基于人工智能模型到服务的分层模式，应该建立分层治理的版权义务标准。对于人工智能基础模型，应该以基础设施提供者的定位对其进行安全为中心的监管和治理；对于人工智能应用服务则应当在审慎包容下进行分领域细化合规的治理。[①]对于生成式人工智能版权注意义务应该以“现有技术水平”为标准，[②]根据不同的场景和技术能力赋予不同的版权注意义务。具体来说包含多个层级。

首先，基础模型不应当施加版权注意义务，而以国家个人层面的安全保障义务为中心。基础模型是生成式人工智能产业的基础与核心，目前依然处于飞速发展与国际竞争的阶段，除了关于人类种族以及国家层面的安全等高风险领域，不应当通过立法或司法解释增加太多影响模型发展的阻碍。版权注意义务不是基础模型的核心。

其次，对于人工智能服务应用层面也不宜施加过高的版权注意义务。原因在于人工智能服务提供者对于人工智能生成内容的控制能力不够，同时著作权法规

---

① 张凌寒．生成式人工智能的法律定位与分层治理［J］．现代法学，2023（4）：126-141.

② 王若冰．论生成式人工智能侵权中服务提供者过错的认定——以“现有技术水平”为标准［J］．比较法研究，2023（5）：20-33.

制的主要行为是传播行为，目前人工智能服务主要是面向单一用户的指令回应，是否构成对不特定公众的传播行为存在争议。从民法典第1195条所规定的通知—删除规则要件分析，人工智能提供者自己生成侵权信息的行为并非“网络用户利用网络服务实施侵权行为”，因而不能适用“通知—删除”规则。[①]但从控制能力角度分析，人工智能服务提供者与网络服务提供者是具有相似性的，人工智能服务提供者也无法一一审查智能生成的内容，因此可以考虑对生成式人工智能服务提供者类推适用“通知—删除”规则。[②]

（三）输出端避免内容侵权的合规措施

基于人工智能生成内容的原理以及人工生成内容侵权产生的客观原因，人工智能模型开发中可以采取以下措施，尽可能地降低侵权发生的概率。

1. 合理筛选训练数据，降低模型“记忆”现象发生的概率

根据上文的分析，人工智能在训练过程中如果文本描述与特定图像反复密切相关，“记忆”现象发生的可能性就会更大，如果图像相对简单或与单个主题相关，记忆的可能性也会更大。因此人工智能模型训练前要对训练数据有意识地进行筛选。模型开发者要尽可能降低模型训练中重复数据的数量。人工智能模型不应该在相同版权作品的副本上训练，从训练数据中清除重复的数据是提高大型语言模型版权安全性的最明显的措施。[③]模型开发者需要仔细衡量模型的大小与训练数据的比例。在模型规模较大而训练数据数量较小的情况下，模型更可能学习到数据中的细节，而非数据之间抽象的表达规律。通过强制模型进行抽象学习而不是“记住”特定的细节，可以进一步降低风险。

2. 保留训练数据，并做好披露准备

模型训练开发者应当详细记录模型训练所使用的受版权保护的作品尤其是作品的合法来源。目前人工智能模型训练是否构成合理使用在各国立法司法中还没有定论，提前做好适当的预防措施，可以在面临质疑时及时摆脱模型训练侵权的嫌疑。2024年4月9日，美国众议员亚当·希夫（Adam Schiff）向众议院提交了一份新提案——《2024年生成式人工智能版权披露法案》。该法案将要求生成式人工智能平台披露其在训练人工智能模型时对受版权保护的作品的使用情况，并

---

① 参见《中华人民共和国民法典》第1195条。

② 王利明. 生成式人工智能侵权的法律应对［J］. 中国应用法学，2023（35）：27-38.

③ Sag Matthew. Copyright Safety for Generative AI［J］. Houston Law Review，2023（2）.

具有追溯效力。尽管目前法案还存在很大争议未必能够通过，但人工智能模型开发者应当尽早做好训练数据记录以及数据合法来源披露的准备。

3. 对训练数据进行通用性描述标注

模型开发者应当避免使用特定性的描述，避免使用单个艺术家的名称、单个商标和特定的版权角色对数据进行标注，删除特定日期、确切位置、个人姓名等，将独特的描述转换为更一般的描述以及较为通用的版本，因为如果模型将一种风格与特定艺术家建立稳定的联系，那么生成该特定艺术家风格作品的行为对真正由该艺术家创作作品的冲击太大。可以用更为通用的描述性语句进行标注，例如将“Rutkowski风格”替换为“高品质《龙与地下城》幻想风格”。

4. 通过指令过滤、反馈调节等方式事先降低侵权风险

人工智能模型的开发者可以考虑通过过滤包含侵权意图指令以及反馈调节的方式，在模型正式运营前进一步降低版权侵权风险。目前常用的生成式人工智能工具已经包含了旨在防止反社会和侵权使用的过滤系统，但还没有针对版权侵权进行特定的过滤。例如，包含单个艺术家姓名、单个商标和特定版权角色的单一生成指令（比如“生成一张皮卡丘的图片给我”）一般构成侵权，因此模型开发者应当设定人工智能模型在接收到这些指令时，向用户发出无法生成的提示。这样可以最大限度地避免对一些艺术家、商标或具体角色的侵害，同时证明模型提供者已经尽到了版权注意义务。而混合了多位艺术家、角色或商标的指令（例如“生成一张同时具有凡·高、莫奈、毕加索风格的海上日出图像”）则更难确定生成的内容是否构成侵权，因此可以允许大模型生成指令要求的内容。

结论

版权是技术之子。现代著作权制度建立以来，复制与传播技术的每一次进步都推动着著作权制度的变革与发展。但生成式人工智能技术的到来无疑是著作权制度面临的最大一次挑战，不仅涉及作品的使用与传播，更涉及作品独创性、作者主体性等版权核心问题。面对人工智能技术的飞速迭变，既需要著作权制度层面的反思与重构，也需要人工智能产业参与主体共同磨合商讨出合作的“最佳方案”，还需要发挥技术本身的功能，用技术解决技术产生的问题。

目前我国人工智能产业还处于发展的早期阶段，面临复杂的技术难题和强大的国际竞争。因此，在尊重和保护著作权的前提下，不应当为人工智能产业发展

增添过多的版权障碍。合理使用制度与作者/权利人二元结构能够在不打破著作权法基本框架的前提下，最大限度地平衡生成式人工智能产业相关主体的利益，与其他困境解决方案相比更具有可行性。必须承认，将人工智能模型训练行为认定为合理使用可能会对被训练作品的权利人产生一定影响，因此人工智能模型开发者在模型训练的过程中也必须通过合法获取、合理标注、反馈优化等方式尽可能地减少这些影响，并降低著作权侵权风险。

我国著作权制度采取自愿登记制度，著作权自作品完成时起产生，无须履行任何手续。但由于人工智能生成内容在可版权性、权利分配、交易及使用等多方面存在大量特殊性，应当对其建立强制登记制度与标注制度，以维护人工智能产业有序高效的发展。

课题组组长：卢海君　张禹

课题组成员：由理　徐朗　罗瀚

承担单位：对外经济贸易大学

我国生成式人工智能版权风险与治理研究

许身健　陶　乾*

摘要： 生成式人工智能推动了互联网内容生成领域的新变革，人工智能生成内容成为新型的内容生成模式。但人工智能语料合规、人工智能服务提供者的事前过滤义务以及侵权预防等版权问题也层出不穷。因此有必要设定相关主体的权责范围，引导人工智能行业的规范发展。第一部分聚焦生成式人工智能的版权风险与治理概括，系统剖析生成式人工智能从内容输入到产出的版权问题，并基于法规政策要求和产业发展趋势而提出AIGC的版权治理体系。第二部分结合生成式人工智能的运行过程，详细解释了生成式人工智能在数据挖掘阶段和内容生成阶段的版权合规风险。在数据挖掘阶段，数据挖掘行为面临侵害他人作品复制权的版权合规风险。在内容生成阶段，用户输入内容和模型生成内容均面临侵害他人作品复制权、改编权等权利的版权合规风险。第三部分基于AIGC的所有生成阶段与涉及主体，提出了“模型开发—应用部署—内容输出”的治理构建。在模型开发阶段，服务提供者既要遵循数据挖掘的版权合规义务，又要落实模型算法的可控义务。在应用部署阶段，通过事前侵权过滤机制和事后必要技术措施，筑起双重版权防护。在内容输出阶段，服务提供者应满足信息标注、标识兼容、风险提示等内容管理要求。

关键词： 生成式人工智能；版权风险；版权治理

一、生成式人工智能版权风险与治理的基本问题

（一）人工智能的输入内容和产出内容的版权风险

以ChatGPT为代表的生成式人工智能大语言模型在自然语言处理任务的输入与输出两端发生了深刻变革，一是输入端的训练数据规模空前“海量化”，二是

* 许身健，中国政法大学教授、博士生导师、法律学院院长，本课题组组长；陶乾，中国政法大学教授、博士生导师，本课题组组长。

输出端的语言文本高度“拟人化”[①]。大模型在自然语言处理任务两端的颠覆式变化引发了社会对于人工智能生产内容（AIGC）潜在版权风险的热切关注。具言之，是人工智能训练数据和产出内容的版权风险问题。

1. 人工智能语料中的版权问题

如同人类作者的创作需要参考已有文献资料，生成式人工智能的创作也需要“投喂”学习素材，庞大的训练数据输入是生成式人工智能创作的前提与基础。人工智能语料数据的主要来源包括从外部获取的语料库，由没有权属保护的信息、受保护数据（如受版权保护的作品）或两者的混合数据构成[②]。对受版权保护的作品进行文本与数据挖掘必然涉及对相关作品的数字化复制，未经版权人许可，这种行为落入作品版权人复制权的控制范围。由此，人工智能训练数据使用作品的合法性取决于版权法能否为其提供侵权豁免。那么，在我国现行著作权法框架下，人工智能训练数据使用作品构成合理使用抑或侵权使用?

2. 生成式人工智能服务提供者的事前过滤义务

在互联网发展初期，为解决网络内容版权合规与高效传播之间的冲突，平衡版权人的作品许可利益和网络服务提供商的内容传播利益，“避风港”规则应运而生。“避风港”规则以“技术中立”与“技术不能”作为理论支撑，然而生成式人工智能技术的应用给“避风港”版权责任规则带来了系统性冲击：考虑生成式人工智能服务提供者区别于仅参与侵权内容传播环节的传统网络服务提供者，直接参与用户侵权内容的生成，“技术中立”作为“避风港”规则的重要理论支撑在人工智能时代是否继续成立？得益于算力的提升与内容相似度算法的进步，网络服务提供商可以使用算法对网络内容进行版权过滤，“技术不能”作为“避风港”规则的重要理论辩护在人工智能时代是否继续有效？由此，随着生成式人工智能服务提供者法律地位的改变以及内容识别与过滤技术的发展和成熟，生成式人工智能服务提供者对其平台上由用户输入或生成的涉嫌侵权内容能否负有更高的注意义务，乃至履行更为积极主动的事前过滤、拦截义务？

3. 人工智能生成内容的侵权预防

从生成式人工智能的运行过程来看，人工智能创作成果的产出以使用者输入指令为开端，用户是AIGC的触发者与诱导者；由人工智能大模型解析用户指令、

---

① 郑飞，夏晨斌. 生成式人工智能的著作权困境与制度应对——以ChatGPT和文心一言为例［J］. 科技与法律（中英文），2023（5）：87.

② 高雅文，来小鹏. 生成式人工智能语料版权问题研究［J］. 出版广角，2024（5）：27.

输出文本、交互反馈迭代，表现为人工智能开发者和使用者的共同参与和贡献。人工智能大模型在内容输入与内容生成两侧均存在版权合规风险——出于提高AIGC生成质量的考虑，用户很有可能向人工智能大模型输入他人处于版权保护期内的优质作品作为内容生成范式；大模型的创作建立在对海量数据作品进行批量阅读，分析其语言特征、思想感情乃至表达风格之上，其内容生成过程无不充斥在先作品的创作规则与模式。由此产生的问题是，鉴于生成式人工智能高昂的开发成本，服务提供者应承担何种形式的侵权预防责任？

（二）AIGC版权治理的必要性

1. 中国人工智能政策及管理规范

中国对于人工智能的治理政策经历了初期探索、加速完善和全面应用的三个演进阶段[①]。

（1）2017年以前是初期探索阶段。这一时期，《国务院关于积极推进“互联网+”行动的指导意见》《促进大数据发展行动纲要》等文件，围绕互联网、大数据等领域展开制度部署，为人工智能的创新奠定良好的治理基础。

（2）2017年至2020年是加速完善阶段。这一时期，《新一代人工智能发展规划》明确提出了“三步走”的立法规划，旨在构建完善的人工智能法律体系，将人工智能发展上升到了国家战略层面。《促进新一代人工智能产业发展三年行动计划（2018—2020年）》《新一代人工智能治理原则——发展负责任的人工智能》等文件要求将人工智能嵌入经济生产，实现发展与治理的二元并举，加速建设数字制造强国。

（3）2021年及之后是全面应用阶段。这一时期，“十四五”规划将科技自立自强确立为国家发展的战略基石，人工智能被列为重点发展的产业之一。面对生成式人工智能的涌现，国家互联网信息办公室联合多部门于2023年公布了《生成式人工智能服务管理暂行办法》，为AIGC服务的治理提供宏观指引，在协同完善的规范生态中推动生成式人工智能技术的广泛应用。未来中国需继续坚持发展与治理协调并进的主线原则，以规范治理的发展路径来激发人工智能的创新活力，为构筑国家竞争新优势提供有力支撑，为全面推进中华民族伟大复兴增添强大动能。

---

① 赵志君，庄馨予. 中国人工智能高质量发展：现状、问题与方略［J］. 改革，2023（9）：11-20.

目前中国在人工智能领域的规范性文件主要有13部（表1），涵盖了法律、部门规章、技术标准等各效力位阶，形成了较为完备且广泛的治理格局。

表1 中国在人工智能领域的规范性文件

文件名称	内容概况	发文机关	效力等级
《中华人民共和国网络安全法》	规定了网络运营者的安全义务，为人工智能提供网络安全基础法律框架	全国人大常委会	法律
《具有舆论属性或社会动员能力的互联网信息服务安全评估规定》	规定了具有舆论属性或社会动员能力的互联网信息服务提供者的安全评估要求	国家网信办等	部门规范性文件
《网络信息内容生态治理规定》	规定了网络信息内容生产者、内容服务平台、内容服务使用者、网络行业组织的权利和义务	国家网信办	部门规章
《中华人民共和国民法典》	规定了人工智能相关的数据、网络虚拟财产、知识产权保护等	全国人大	法律
《中华人民共和国数据安全法》	规定了境内数据处理与境外数据出海的安全要求	全国人大常委会	法律
《中华人民共和国个人信息保护法》	规定了个人信息的处理规则，以及国家机关处理和信息出境的特别规则	全国人大常委会	法律
《互联网信息服务算法推荐管理规定》	规定了应用算法推荐技术的互联网信息服务提供者的服务规范和用户保障要求	国家网信办等	部门规章
《互联网信息服务深度合成管理规定》	规定了深度合成服务提供者的内容管理与数据规范要求	国家网信办等	部门规章
《生成式人工智能服务管理暂行办法》	规定了生成式人工智能服务提供者的服务规范	国家网信办等	部门规章
《网络安全标准实践指南——生成式人工智能服务内容标识方法》	规定了生成式人工智能服务提供者的标识方式与标识信息	全国信息安全标准化技术委员会	技术标准

续表

文件名称	内容概况	发文机关	效力等级
《科技伦理审查办法（试行）》	规定了对涉及科技伦理问题的科技活动进行审查的流程和要求	科技部等	部门规章
《生成式人工智能服务安全基本要求》	规定了生成式人工智能服务提供者在语料安全、模型安全、安全措施、安全评估等方面的要求	全国网络安全标准化技术委员会	技术标准
《人工智能生成合成内容标识办法》	要求人工智能生成、合成内容必须添加显式和隐式标识	国家网信办等	部门规范性文件

聚焦到生成式人工智能的版权治理，相应的规范内容可分为四类：①语料数据的要求，即对人工智能的数据抓取开展安全评估与二次核验的双重机制，避免训练语料的侵权风险。②模型建构的要求，即提高模型算法的透明度与可解释性，考虑将过滤机制嵌入智能模型以拦截涉嫌版权侵权的内容。③信息披露的要求，即为AIGC添加水印或标签，明确标识内容由人工智能生成。④侵权制止的要求，即要求生成式人工智能服务提供者在发现风险时，及时采取必要措施以消除潜在侵权行为，避免侵权损害的扩大。

在行业发展和安全保障的平衡中，中国既鼓励生成式人工智能技术在各行各业的创新应用，又以包容审慎的态度构建安全稳定的法治环境。但上述法律规范还需细化以解决不断出现的版权新纠纷，AIGC的治理责任分配、新兴平台的服务提供者义务、行业自治的路径方向等空缺仍亟待填补。相应规范应随着生成式人工智能技术的发展和应用领域的扩大而不断完善和更新，以期全面建设法治化的数字中国。

2. AIGC产业发展的趋势

ChatGPT3.0的横空出世开启了生成式人工智能由科学研发转向商业应用的历史新时期，AIGC的产业发展主要呈现三方面的态势。

第一，巨头垄断与产业多元的并行。凭借着雄厚的科研基础与先发的技术优势，OpenAI、Meta公司等生成式人工智能巨头形成了贯穿通用基础模型、网络服务设施和数字内容加工等领域的垂直垄断。同时，其他大型科技公司和开源大模型社群组织等后发追赶，构建着模型研发开源化、服务选择多元化、内容输出多样化的网络布局。以百度的文心一言、腾讯的混元大模型、阿里的通义大模型等为代表的中国技术也不断引领新一轮的产业方向。

第二，技术应用与模式替代的转向。基于高效的语言处理能力，生成式人工智能得以在商业领域迅速推广，特别是当OpenAI允许对外开放ChatGPT接口及支持多模态的ChatGPT4.0的出现时，生成式人工智能得以在行业场景中进一步落地。根据世界报业和新闻出版协会2023年5月的调研报告，全球约49%的新闻组织采用了AIGC工具。国内的重庆日报、澎湃新闻等媒体亦顺应生成式人工智能浪潮而加速数字化转型[①]。基于自然语言处理和深度学习技术的生成式人工智能模型正变革着内容生成领域生产力和生产关系，AIGC成为新型的内容生成模式[②]。

第三，发展愿景与治理变革的融合。生成式人工智能的崛起构建了现实与虚拟世界的交叠互动架构，重塑着网络交际、人机关系、产业经济等各领域，从外到内地推动着社会的适应性变迁[③]。但伴随生成式人工智能运用而产生的技术负外部性也不容忽视，数据安全、版权风险、个人隐私等理论忧患已转变为现实问题。全球范围内的相关主体对此都开始了针对性的治理尝试，并不断开展国际合作，以期在协同共治的基础上实现生成式人工智能的稳定发展。

为响应人工智能产业发展的中国战略，我国的版权治理需聚焦国内人工智能企业的实际需求，完善版权等领域的法律法规，为获取和使用人工智能训练数据、保护AIGC成果等问题提供法律依据，规制AIGC在版权甚至社会全领域的健康繁荣。

（三）AIGC版权风险的治理体系

在构建生成式人工智能的版权治理体系时，首先，应明确以人为本的价值立场，正视科技与人的关系。在享受生成式人工智能所带来的高效科技成果之时，需警惕科技主义的抬头，避免将科技作为一切领域都要遵循的定律[④]。技术的进步只是人类智力与劳动的延伸，人工智能不能也不该成为人类发展的“自缚之

① 曾晓涛，范以锦．AIGC技术变革传媒业态，媒体融合进入下一个十年——中国报业2023回顾与2024展望［J］．中国报业，2024（1）：24.

② 金雪涛，周也馨．从ChatGPT火爆看智能生成内容的风险及治理［J］．编辑之友，2023（11）：29.

③ 陈昌凤．智能平台兴起与智能体涌现：大模型将变革社会与文明［J］．新闻界，2024（2）：15.

④ 陈锐，江奕辉．生成式AI的治理研究：以ChatGPT为例［J］．科学学研究，2024（1）：25.

茧”[①]。生成式人工智能的版权治理需从人本主义角度出发，人的价值与权利应超越技术本身，坚持以人类发展福祉作为生成式人工智能的前进导向。

其次，应有机结合公法规范与私法规则，实现知识产权治理的二元协同。从本质属性来看，知识产权属于公法与私法的交叉领域，在保护个体权利的同时也注重维护社会公共利益。生成式人工智能的版权治理不能单向地依靠公权或私权规则。相反，既要约定各方主体的权利义务，划清应有的行为界限，为生成式人工智能的版权保护提供操作指南；又要对涉及公共利益的领域分配强制义务要求，特别是对于信息传播中心的平台来说，更应要求其严防传播行为失范、强化履行社会责任、正确引导公众认知。

再次，应统筹处理好司法先行与立法跟进的关系，首先在现行法律框架内寻找解决生成式人工智能版权纠纷的适用依据，继而通过创新司法、完善立法的方式审慎探索有效的治理路径，推动生成式人工智能治理的体系化、协调化[②]。司法机关应积极介入并处理相关版权纠纷，逐步明确生成式人工智能在版权领域的权利边界和责任归属，为后续的立法工作提供丰富的审判经验。立法机关要及时地与司法实践相衔接，对于已存或有较强现实性的问题，可以突出重点、急用先行，尝试“小切口”的版权治理响应机制；而对于前述措施仍难解决的问题，可考虑根据已有的社会共识方案进行专门的综合立法，实现版权治理与社会变革的同频共振[③]。

最后，应融合市场与规则的双重机理，推动政府治理与行业自治的良性互动。鉴于生成式人工智能尚处于技术发展的早期阶段，且其对经济发展和社会进步具有不可估量的潜在推力，若在风险尚不充分和明显时急于构建过于严厉的高标准监管框架，就可能阻碍技术与行业发展的创新趋势，甚至因不必要的措施而造成资源的浪费。因此，现阶段不用着急谋求一劳永逸的体系化解决路径，相反可凭借“市场调节+规则治理”的双重模式来引领生成式人工智能的健康发展。对于未发现明显且即刻的问题可采取见招拆招的包容态度，由行业内部形成治理规范，政府在外进行宏观指导；对于已存或有较强现实性的问题，尝试通过技术

---

① 张文祥，沈天健，孙熙遥．从失序到再序：生成式人工智能下的信息秩序变局与治理［J］．新闻界，2023（10）：47.

② 张凌寒．中国需要一部怎样的《人工智能法》？——中国人工智能立法的基本逻辑与制度架构［J］．法律科学（西北政法大学学报），2024（3）：7.

③ 郭春镇．生成式AI的融贯性法律治理——以生成式预训练模型（GPT）为例［J］．现代法学，2023（3）：106.

方案来发挥“代码即法律”的保护作用；当技术方案难以奏效时，尝试通过标准、政策、行政行为，甚至立法等方式来针对性地解决。

二、生成式人工智能运行过程中的版权合规风险详解

以ChatGPT为代表的生成式人工智能是基于自然语言处理的提示工程自动生成内容的人工智能技术。得益于自注意力生成模型、预训练以及人类反馈强化学习等技术的使用与发展，ChatGPT获得了强大的自然语言理解与生成能力。然而，正如著名的科学史家萨顿（George Sarton）所言：“就建设性而论，科学的精神是最强的力量；就破坏性而论，它也是最强的力量”[①]，生成式人工智能强大的“学习”与“产出”效率在不断颠覆人们对于AI能力认知的同时也极大地挑战了版权法的底层逻辑，人们对其运行过程中的版权合规风险产生了前所未有的不安与忧虑。

（一）生成式人工智能在数据挖掘阶段的版权合规风险

ChatGPT强大的自然语言处理能力主要得益于其依托的大语言模型[②]。从人工智能语言模型架构的发展历程来看，2017年，谷歌开发的基于自注意力机制的Transformer模型极大程度上改善了传统神经网络语言模型构造复杂、效率低下、用途单一等问题，并极大地提升了输出语句的情感表达准确性。2018年，OpenAI公司在Transformer模型的基础上开发了生成式预训练Transformer模型。预训练是指使用通用性的任务和大规模的无标注数据进行第一阶段的训练，让大语言模型学习到具有较强泛化性的参数。具言之，人工智能应当训练一个与特定任务无关的大型语言模型，可以从海量的数据中学习不同领域的各种知识，对于特定的下游任务，大语言模型仅需对训练好的参数进行微调就能够以“生成”的方式高效完成各种任务。目前，自然语言处理领域几乎所有的先进模型都是基于Transformer的大模型架构进化而来的，人工智能研究领域正在经历一场有监督学习向

① ［美］萨顿．科学史和新人文主义［M］．北京：华夏出版社，1989：45.

② 朱光辉，王喜文．ChatGPT的运行模式、关键技术及未来图景［J］．新疆师范大学学报（哲学社会科学版），2023（4）：113.

无监督学习条件下“大数据+大模型”的大规模预训练范式转变。[①]

技术原理上，大语言模型的预训练阶段包括数据收集、数据预处理以及构建数据集等环节。首先，模型训练需要大量的自然语言数据，因此要搭建一个训练数据库。其次，在进行训练之前需要将这些数据进行预处理，通常包括对数据进行标记化、分词、去噪和对齐等操作，以便将文本转化为计算机可处理的形式。最后，在训练过程中将大量的语言数据输入模型中，并且通过反向传播算法来更新网络参数，以最小化语言模型在生成文本时的误差[②]。大语言模型的性能与训练数据量呈现正相关，输入的训练数据数量越多，质量越高，训练出的模型对人类语言的理解与运用效果就越好。因此，人工智能大模型的开发者会不断追求更大的参数和数据量。例如，第一代GPT的预训练参数量为1.11亿，数据量仅为5GB。GPT-2的预训练参数量为15亿，数据量为40GB。相较于第一代GPT，GPT-2参数量增长了近15倍，数据量增长了近8倍。GPT-3的预训练参数量达到了1750亿，数据量达45TB[③]，无论是参数量还是数据量都达到了“超大”规模。目前，大语言模型的预训练数据集主要包括通过爬虫软件大规模抓取互联网网页信息、社交媒体对话信息、在线图书馆图书资料和互联网百科类平台的百科内容。以GPT-3为例，其预训练数据集的主要来源包括：自2012年以来持续通过Common Crawl从互联网收集的数据，约占数据总量的61.75%；通过Reddit收集的点赞数超过3个的社交媒体发帖和讨论数据，约占18.86%；两个在线图书平台（Library Genesis和Smashwords）的在线图书，约占15.9%；维基百科数据，约占3.49%。[④]具体来看，维基百科作为全球最大的网络百科全书，其网页数据开源免费，通常不需要获得特别授权。Common Crawl数据集本身公开可用，但其数据是否获得来源方的授权许可存疑。而从在线图书平台和社交媒体获取的数据则必然包含大量还在版权保护期内的书籍、期刊、新闻文章等作品乃至汇编作品。

人工智能开发者不可能为千亿级别的训练数据一一获得授权许可，国外大型出版集团和数据公司状告人工智能大模型训练数据侵权的案例也屡见不鲜。全球

---

① 赵朝阳，朱贵波，王金桥．ChatGPT给语言大模型带来的启示和多模态大模型新的发展思路［J］．数据分析与知识发现，2023（3）：27.

② 宋华健．论生成式人工智能的法律风险与治理路径［J］．北京理工大学学报（社会科学版），2024（3）：135.

③ Brown Tom B., Mann Benjamin, Ryder Nick, et al. Language Models are Few-Shot Learners［EB/OL］．（2020-07-22）［2024-09-14］．https://ar5iv.labs.arxiv.org/html/2005.14165.

④ 苗逢春．生成式人工智能及其教育应用的基本争议和对策［J］．开放教育研究，2024（1）：6.

最大的免费开源数据集LAION于2022年3月发布的LAION-5B数据集由58.5亿个图像文本组成，来源包括从亚马逊网络服务、Shopify等公司获取的视觉数据、YouTube缩略图以及各类新闻网站上的内容，上述图像数据未经授权就被用于训练谷歌Imagen、Parti、Stable Diffusion等各种大模型[①]。2023年1月发生的两起AIGC侵害版权案均与被告使用了LAION数据集中未获得作者授权的数据有关。一起是全球领先图库盖蒂图片社（Getty Images）在伦敦高等法院起诉Stability AI为训练旗下“Stable Diffusion”大模型非法复制和处理数百万受版权保护的图像[②]。另一起是美国Sarah Andersen等三名艺术家对Midjourney、Stability AI和DevianArt三家AI公司提起集体诉讼，指控它们在未经原作者同意的情况下从网上搜集了50亿张图像来训练其AI大模型，侵犯了数百万艺术家版权[③]。2023年12月27日，美国《纽约时报》指控微软和OpenAI未经授权使用其百万文章进行大语言模型训练，并使用Bing搜索索引、复制和分类了《纽约时报》的在线内容，要求法院判决微软和OpenAI停止使用其内容训练AI模型并销毁训练数据[④]。由此可见，目前领先的大语言模型在预训练阶段均不可避免地使用了大量未经授权的作品数据。

依据版权法的一般原理，任何主体未经版权人许可使用其处于权利保护期内的作品，在未有法定抗辩事由的情况下，均构成对版权的侵犯。我国著作权法第10条规定版权人对作品享有复制权，即以印刷、复印、拓印、录音、录像、翻录、翻拍、数字化等方式将作品制作一份或者多份的权利。生成式人工智能在挖掘数据的过程中，需要将作品的文字内容转换为机器可读的数据代码，转码仅涉及文字表达内容存储格式上的改变，并不改变作品的内容及其表现形式。该过程中的内容存储并非短暂的、即时的缓存性质的临时复制，而是在人工智能开发者主导下进行的贯穿于数据挖掘全过程的对作品的数字化复制，这种行为落入作品

① 杨净．高中教师养出40亿美元超级独角兽，Stable Diffusion背后的数据集创建者［EB/OL］．（2023-04-30）［2024-09-20］．https://www.thepaper. cn/newsDetail_forward_22920427.

② Talbot James, Marfé Mark, Phillips Bella. Getty sues over use of images to train AI［EB/OL］．（2023-01-18）［2024-09-14］．https://www.pinsentmasons.com/out-law/news/getty-sues-images-to-train-ai.

③ Chen Min. Artists and Illustrators Are Suing Three A. I. Art Generators for Scraping and “Collaging” Their Work Without Consent［EB/OL］．（2023-01-24）［2024-09-14］．https://news. artnet. com/art-world/class-action-lawsuit-ai-generators-deviantart-midjourney-stable-diffusion-2246770.

④ Grynbaum Michael M., Mac Ryan. The Times Sues OpenAI and Microsoft Over A. I. Use of Copyrighted Work［EB/OL］．（2023-12-27）［2024-09-14］．https://www.nytimes. com/2023/12/27/business/media/new-york-times-open-ai-microsoft-lawsuit.html.

版权人复制权的控制范围[①]。由此，生成式人工智能预训练阶段对海量作品数据的使用刚需与版权保护之间存在天然张力——如果人工智能开发者无法通过适用版权保护的限制或例外情形为其未经许可的数据挖掘行为提供侵权豁免，则会面临侵害海量作品复制权的版权合规风险。另外，大语言模型使用的数据挖掘、演绎、无授权利用等具体行为，还涉及改编权、独创性保护等知识产权的侵权可能[②]。

（二）生成式人工智能在内容生成阶段的版权合规风险

生成式人工智能的核心竞争力在于其具有强大的自主学习能力，经过海量数据训练的大模型能够构建解决任意任务所需要的函数模型算法，且拥有近乎无限的表达能力，能够以远超人类的创作效率不断输出高质量内容。例如，GPT-3语言模型被超过300个应用程序使用，平均每天能够生成45亿个词，也就是说仅单个模型每分钟就能生成310万词的新内容[③]。然而，大模型的创作建立在对海量数据作品进行批量阅读，分析其语言特征、思想感情乃至表达风格之上，其内容生成过程无不充斥在先作品的创作规则与模式。由此，生成式人工智能服务提供者对其平台上由用户输入或生成的涉嫌侵权内容能否负有事前防范义务？生成式人工智能在内容生成阶段对他人数据作品的使用又是否构成对版权的侵犯？

1. 生成式人工智能服务提供者之“避风港”适用困境

（1）人工智能时代“避风港”规则体系面临的危机

“避风港”规则诞生于1998年美国颁布的《数字千年版权法》（DMCA），并逐渐发展成为全球平台责任的基础规则，旨在规制侵权传播环节中的平台责任。具体而言，DMCA第512条为网络服务提供商设定了“避风港”责任规则：网络服务提供商对内容不承担事前的版权审查义务；在接到权利人的侵权移除通知之后，网络服务提供商只要及时采取移除等必要措施就可以免除责任……[④]上述“通知—删除”规则是“避风港”规则的核心程序，旨在鼓励版权人和网络服务提供商去协作发现并处理数字网络空间中的版权侵权。“避风港”规则的例外是

① 陶乾，董川．文本与数据挖掘的法律障碍与化解路径——以知识资源平台的数据再利用为研究视角［J］．出版广角，2023（6）：33.

② 袁曾．生成式人工智能的责任能力研究［J］．东方法学，2023（3）：20.

③ Thompson. Alan D. ChatGPT数据集之谜［EB/OL］.（2023-02-15）［2024-09-14］. https://mp.weixin.qq.com/s/Vv45QCU_rGEeU8IHBrIBcQ.

④ House of Representatives Report No. 105-796, 105th Cong., 2d Sess［EB/OL］.（1998-10-08）［2024-09-14］. https://digital-law-online.info/misc/HRep105-796.pdf.

“红旗”规则，即用户的侵权行为像红旗一样非常明显时，网络服务提供商对其知情，应承担版权侵权责任。“避风港”规则是利益平衡的产物，它既保护了版权权利人的权利，同时又没有为网络服务提供者课以对侵权内容的主动审查义务。在互联网产业发展初期，通知作为信息中介的网站运营者及时删除特定侵权链接，便可以有效阻断侵权信息的扩散，这种“通知—删除”机制在Web1.0时代契合技术环境。然而，随着Web2.0时代的到来，新业态的涌现使得用户不再仅是被动的信息接收者，而成为信息内容的生产者和共享者。这一转变带来了新挑战：网络用户的侵权能力得到极大助长，重复侵权、大规模侵权成为可能，仅删除特定链接难以遏制侵权信息的扩散，只能陷入没完没了“打地鼠”的困境。在此背景下，网络服务提供者是否还可以主张适用“避风港”规则仅被动地等待权利人的通知再采取行动、网络服务提供者是否需要承担更加积极的事前过滤义务成为实践中的热点难点问题。

国内司法实践中对“避风港”规则做出了创造性适用——在《云南虫谷》短视频侵权案中，陕西省西安市中级人民法院认为，随着平台经济的高度成熟和信息技术的高速发展，“通知—删除”规则的历史局限性越发明显，现有的规则体系已经无法真正实现版权人与平台之间的利益保护平衡，因而必须激励平台采取各种技术措施对用户上传的内容进行管理，加强网络平台版权保护的注意义务，重视版权识别、屏蔽等版权保护技术的应用。“通知—删除”规则并不意味着，平台方仅需坐等权利人“通知”再采取行动，没有收到“通知”就可以无所作为；也不意味着，在同一主题的侵权内容大量、密集出现时，平台方仅需要按照权利人指明的线索予以删除，对权利人未予指明的其他侵权内容就可以不予干预。微播视界对于“抖音”平台中侵害涉案作品信息网络传播权行为的管理控制不能仅限于对“通知—删除”规则的实现，还应采取更加积极的管理、过滤、审查等管控措施的合理注意义务①。该案中，微播视界被认为应该采取的过滤、审查措施实际上已经超出了“避风港”规则的传统内涵，网络服务提供商的版权责任规则正从事后的消极责任走向事前的积极责任。

生成式人工智能的横空出世则进一步导致“避风港”规则赖以证成的理论基础遭遇了前所未有的危机。“避风港”规则是互联网技术发展的结果，其理论证成与所处的技术环境密切相关，主要包含“技术中立”与“技术不能”这两个面

① 陕西省西安市中级人民法院（2021）陕01知民初3078号民事判决书。

向："技术中立"原则强调技术本无善恶，技术提供者无法干预技术的合法使用或非法使用，因此技术提供者不应因技术被他人用于非法活动而担责[①]。"技术不能"原则是指网络服务提供商没有有效且经济的技术手段来监测并清除网络上的版权侵权内容，即使有相应的信息监测技术手段也会因成本问题而难以实现产业化应用[②]。"技术中立"及"技术不能"这两个"避风港"规则重要的理论支撑在生成式人工智能时代受到了根本冲击。一方面，生成式人工智能商业应用平台在与用户的交互过程中实际参与涉嫌侵权内容的生成，以开发者和所有者商业利益为导向的人工智能大模型天然存在增加用户黏性、开发流量经济的价值目标，生成式人工智能服务提供者的"技术中立"地位受到严重动摇。另一方面，基于智能内容分析的过滤方法克服了过往网络内容识别和过滤技术在识别准确率以及人工干预成本上的缺陷，内容识别技术的成熟使得技术过滤措施成本显著下降，国内外诸多平台已经采用这一技术对用户内容进行过滤监控。例如，YouTube的Content ID技术会使用由版权所有者提交的音频和视频组成的文件数据库，识别出与受版权保护的内容相匹配的内容[③]。内容识别与过滤技术的进步改变了网络服务提供商在内容版权合规管理中的"技术不能"境况，引入事前过滤义务具有合理性。

（2）生成式人工智能服务提供者法律地位不明

如前所述，由于"避风港"规则的存在，准确界定网络服务提供者成为合理分配AIGC侵权责任的前提之一。目前我国法律对网络服务提供者所提供服务类型的主要描述出现在2013年出台的《信息网络传播权保护条例》中，条例规定的网络服务提供者包括网络自动接入和自动传输服务提供者（第20条）、网络自动存储服务提供者（第21条）、网络信息存储空间服务提供者（第22条）和搜索链接服务提供者（第23条）[④]。据此，可以判断生成式人工智能服务提供者不属于网络自动接入和自动传输服务提供者，不属于网络自动存储服务提供者，也不属于网络信息存储空间服务提供者，因为生成式人工智能的行为与这些网络服务行为存在明显不同。虽然生成式人工智能服务提供者与搜索链接服务提供者在功能

---

① 张今. 版权法上"技术中立"的反思与评析［J］. 知识产权，2008（1）：72-76.

② 李安. 智能时代版权"避风港"规则的危机与变革［J］. 华中科技大学学报（社会科学版），2021（3）：110.

③ Content ID 的运作方式［EB/OL］.（2023-04-21）［2024-09-14］. https://support.google.com/youtube/answer/2797370?hl=zh-Hans.

④ 张建华. 信息网络传播权保护条例释义［M］. 北京：中国法制出版社，2006：53-54.

上具有相似之处，但就法律角度而言二者存在显著差别，即搜索链接行为并不参与侵权内容的生成，而AIGC行为则相反。搜索链接服务提供者既不参与第三方网站侵权内容的生产，也无法控制第三方网站发布的内容，其唯一能控制的是搜索结果中是否出现第三方网站的内容①。因此，将不参与内容生产的搜索链接服务提供者规则适用于对侵权内容生成有着决定性影响的生成式人工智能场合并不妥当。

由此可见，我国现行立法中既有的网络服务提供者类型无法有效指向生成式人工智能服务提供者。正因如此，有观点认为生成式人工智能服务提供者无法落入“网络服务提供者”的范畴，无论其输出的是基于训练数据而产生的数据，还是基于用户输入而产生的数据，本质上都是其自行输出的数据，因此造成的损害应当由服务提供者参照“网络内容服务提供者”承担直接侵权责任。换言之，AIGC的侵权责任无法适用“避风港”规则，也不应当适用“避风港”规则②。值得注意的是，《生成式人工智能服务管理暂行办法》与《互联网信息服务深度合成管理规定》中关于生成式人工智能服务提供者责任主体的规定存在冲突。《暂行办法》第9条第1款对责任主体进行了细化规定，“提供者应当依法承担网络信息内容生产者责任，履行网络信息安全义务”，该规定实际上是对生成内容生产者的认定③。而《互联网信息服务深度合成管理规定》则并未要求服务提供者承担内容提供者的角色，其为服务提供者设置的义务更接近网络服务提供者。

一般来说，互联网企业的版权侵权责任分为两类：一是互联网企业作为“网络内容提供商”因直接向社会公众提供未经授权的作品而承担直接侵权责任。二是互联网企业作为“网络服务提供商”因用户在网络上面向社会公众提供未经授权的作品而承担间接侵权责任。人工智能时代对“避风港”规则的运行程序和理论基础带来了系统性冲击，与此同时，我国现行立法中既有的网络服务提供者类型又无法有效指向生成式人工智能服务提供者，“避风港”规则的适用困境再次显现。生成式人工智能服务提供者面临对其平台上由用户输入或生成的涉嫌侵权内容承担直接侵权责任的版权合规风险，其对涉嫌侵权内容负有事前防范义务的

---

① 徐伟．论生成式人工智能服务提供者的法律地位及其责任——以ChatGPT为例［J］．法律科学（西北政法大学学报），2023（4）：73.

② Hasala Ariyaratne. ChatGPT and Intermediary Liability-Why Section 230 Does Not and Should Not Protect Generative Algorithms［EB/OL］．（2023-05-09）［2024-09-14］．https://papers.ssrn.com/sol3/papers.cfm?abstract_id=4422583.

③ 陈兵．促进生成式人工智能规范发展的法治考量及实践架构——兼评《生成式人工智能服务管理暂行办法》相关条款［J］．中国应用法学，2023（4）：123.

呼声愈来愈高。

2. 用户输入内容的版权合规风险

人工智能创作成果的产出，以使用者输入指令为开端，用户是AIGC的触发者与诱导者。受到“基于人类反馈的强化学习（RLHF）”技术的影响，人工智能生成何种类型的表达受到用户意图和行动的驱动，用户可向人工智能发出正向或反向提示词并对模型参数进行设置。出于提高AIGC生成质量的考虑，用户很有可能向人工智能大模型输入他人处于版权保护期内的优质作品作为内容生成范式。例如，用户可以向人工智能大模型输入余华小说原文，要求人工智能大模型仿照其写作风格进行小说创作；在AI绘画的应用场景中，文心一格、Midjourney等主流AI模型应用平台在用户交互页面均支持了“参考图”功能——用户不仅可以输入文字候选词，还可以直接向人工智能大模型提供理想的参考图并控制参考图的影响比重，从而改变模型参数进而影响内容的生成与创作。“参考图”在学习成本、对生成内容影响的直接性以及用户反馈上均优于文字候选词，这无疑提高了用户输入侵权内容的概率。考虑到目前生成式人工智能大模型的商用属性，生成式人工智能服务提供者无法也没有动力事先控制用户的输入内容，一旦用户向人工智能大模型输入他人处于版权保护期的作品并发出“仿写”指令，服务提供者可能面临他人在先作品的复制权乃至改编权的版权合规风险。

3. 人工智能生成内容的版权合规风险

生成式人工智能大模型对训练用数据集的各类句法模式进行识别和学习，从而建立对人类语言的理解与认知。以ChatGPT为代表的生成式人工智能大模型从接收使用者输入的指令到生成应答内容的过程包含如下关键技术环节。

第一环节中，首先将提示指令分解为人工智能可处理的文本最小单位字节（token）后，输入生成式预训练转换器中。其次，转换器根据从训练数据集中确认的语言模式，预测特定单词或短语在特定语境出现的概率，通过统计模型预测的拟合度组合为连贯反应的词语及其连接方式（句法），并借此预测后续最有可能使用的单词或短语。最后，将预测产生的单词或短语转化为可阅读的文本。可理解的文本经过“护栏技术（NeMo Guardrails）”过滤明显违法或不合标准的不良输出，并通过处理技术提高句法的拟人化程度和可理解性。上述过程不断循环重复，直到完成一个完整的响应[①]。第二环节是大语言模型内容生成的核

① 苗逢春. 生成式人工智能及其教育应用的基本争议和对策［J］. 开放教育研究，2024（1）：15.

心——根据上文背景预测接下来一连串文字出现的可能性。

ChatGPT采用自注意力回归模型，以“文字接龙”的方式不断迭代生成下文。换言之，其技术逻辑非常简单，ChatGPT本身能做的就只有依据上文生成下一个字。举例来说，当ChatGPT接收任意长度的输入指令（例如“知识产”），它会将用户指令作为给定的上文，通过大模型进行概率分布预估，从多重可能性中筛选并生成最合理的下一个文字（例如“权”），然后再将刚才生成的文字和之前的上文组合成新的上文（“知识产权”），再预测生成下一个文字。不断重复上述过程，直到生成一个特定的结束标记或达到预定的最大生成长度（最终的生成内容可能是“知识产权保护”或者“知识产权制度”）。

TRIPS协定第9条第2款规定：版权保护应延及表达，而不延及思想、工艺、操作方法或数学概念之类。“思想表达二分法”是版权法理论的一个基本原理，即版权法只保护作品的表达，不保护作品反映的思想和感情。依据此理论，可将表达划分为“表达性使用”与“非表达性使用”[①]。“非表达性使用”并非以再现作品的独创性表达为目的，亦未产生可能与原作品具有竞争性的替代作品，可能成为不侵害版权的抗辩理由；“表达性使用”使用的是原作品中的独创性表达，并在此基础上形成了与原作品相关联，甚至可能替代原作品的新作品，使其面临版权侵权风险[②]。对此问题，有必要将人工智能模型训练过程中，数据准备、数据投喂和机器学习三个阶段的作品使用置于著作权法基本法理与现有规则中进行剖析。对于训练模型所使用的数据集，应当根据内容和用途进行区分。其中，在数据准备阶段，将特定类型的作品汇编至专门数据集用以对外许可使用或者传播的行为，涉嫌侵犯著作权。

如果人工智能生成内容是在他人作品的基础上作出违背作者思想、损害作者声誉的改动，还可能侵犯版权人的保护作品完整权，如生成式人工智能擅自改变美术作品的风格或文字作品的观点。而AIGC固有的上述版权侵害风险在叠加生成式人工智能高效的“创作”能力、开放属性与通用趋势后，将对人类作品产生更加紧迫的市场替代效应[③]。根据人工智能输出内容与用户期待的相符程度，用户可进行交互式反馈与评价。当人工智能大模型向用户输出了“仿写”成功的内

① Sag Matthew. The New Legal Landscape for Text Mining and Machine Learning [J]. Journal of the Copyright Society of the USA, 2019 (66): 346+350.

② 焦和平. 人工智能创作中数据获取与利用的著作权风险及化解路径 [J]. 当代法学，2022（4）：130-131.

③ 刁佳星. 生成式人工智能服务提供者版权侵权注意义务研究 [J]. 中国出版，2024（1）：26.

容，用户期待得到满足，可以对其进行正向评价，此种循环评价和反馈将会影响人工智能后续输出。因此，AIGC同时受到用户与生成式人工智能服务提供者的共同影响，并且处于不断调整和改进的过程中。用户可以通过输入可供输出内容参照但未经授权的版权作品、诱导侵权指令，实现追求侵权内容输出意图，推高AIGC侵犯版权的概率①。

综上所述，AIGC的技术逻辑天然存在侵犯他人在先作品的版权合规风险；在生成式人工智能的高效创作能力以及用户侵权诱导等多重因素的叠加下，前述版权合规风险将被进一步放大。与此同时，《互联网信息服务深度合成管理规定》与《生成式人工智能服务管理暂行办法》均仅为生成式人工智能服务提供者或支持者规定了法律责任，相较之下使用者的侵权责任认定缺失。一旦发生AIGC侵权纠纷，生成式人工智能服务提供者可能承担全部的内容提供者责任。

三、生成式人工智能版权治理的制度构建

“不发展是最大的不安全”，已成为人工智能行业领域的基本共识②，寻找生成式人工智能发展路径上妥适的版权治理时点、治理对象和治理方式，让社会在技术变迁的“无知之幕”前始终能够保持对新生技术的包容式接受与理智性选择，是构建生成式人工智能版权治理体系的关注重点。一方面，须根据AIGC生成链条上的主体定位而针对性地设置风险防范义务与版权法律责任，并容许各方在满足最低限度的必要合规要求后，自主约定责任分配方式，及时回应技术适用中的突出问题；另一方面，引入“技术之治”，采取高效的技术手段与技术逻辑来引导AIGC的健康发展，在技术与制度的有机结合上更好地驾驭生成式人工智能的变革发展③。

（一）生成式人工智能的全链条治理

生成式人工智能在释放技术红利的同时极易造成版权风险，扰乱正常的发展秩序与治理预期。然而，发源于人工智能发展初期的分领域差异化治理模式，无

① 邵红红．生成式人工智能版权侵权治理研究［J］．出版发行研究，2023（6）：29-38．

② 孙冰．全国政协委员、360集团创始人周鸿祎：强人工智能已到拐点，最大的不安全是不发展［J］．中国经济周刊，2023（5）：72-73．

③ 陈英达，王伟．由“急用先行”走向“逐步完善”：生成式人工智能治理体系的构建［J］．电子政务，2024（4）：113-124．

法应对瞬息万变的智能技术和人机互动交叉的应用场景，相关治理规则陷入碎片化、条块化、部门化的困境，难以提供稳定且连续的网络空间版权规制。

在责任义务的分配上，现有的生成式人工智能版权治理仅围绕生成式人工智能服务提供者这一笼统的概念而展开。但随着通用人工智能技术的发展，以ChatGPT模型为代表的多模态大模型展现成为新型基础设施的潜力[①]。此时，生成式人工智能的技术研发者与应用部署者分属于模型构建与功能布局的上下游不同阶段，应用类的服务提供者不必然对生成式人工智能的版权风险承担责任，其所能采取的治理措施范围也应受到限制。终端用户虽然直接启用了生成式人工智能程序，但其对经算法重构后的侵权数据内容的认知能力较低，也不必然对输出内容的生成具有绝对的控制力。鉴于任何单一环节都难以完全阻滞生成式人工智能的版权失序，就应综合考虑生成链条上的所有相关阶段与相关主体，构建“模型开发—应用部署—内容输出”的全链条式治理范式。

在上游模型开发阶段，应重点强调技术主体对于模型数据训练与算法嵌入的合规义务，对于由技术问题所造成的版权纠纷承担相应的治理责任。在下游应用部署阶段，需基于参与地位的不同而采取针对单纯提供传输与实质参与AIGC生成服务的区别治理模式。单纯提供传输服务的下游主体原则上不负有对传输内容的审查义务，只要求根据“避风港”规则在版权人通知或明显侵权的情况下采取必要措施。然而，深度参与AIGC的服务提供者在事实上对生成过程与生成内容具有控制力，相应地需对AIGC是否侵权负有较高的审查义务而难以适用“避风港”规则。到了输出终端时，生成式人工智能服务提供者需有效管理AIGC的内容呈现，有效引导与协助作为技术弱势一方AIGC用户，采用内容标识、风险提示等手段来构建良性有序的AIGC市场。

总而言之，概括性的规范要求或单主体的严格义务都可能导致我国生成式人工智能发展激励不足的结果。在人工智能创新的全球赛道上，应根据不同主体在AIGC生成链条上的不同作用，合理配置义务，实现精细化治理，形成外部监管与内部自治的协同活力。

（二）上游模型开发阶段的合规义务

根据技术原理，生成式人工智能的商业模式可以分为三类：第一类是模型开

① 赵朝阳，朱贵波，王金桥．ChatGPT给语言大模型带来的启示和多模态大模型新的发展思路［J］．数据分析与知识发现，2023（3）：33.

发主体直接向用户提供人工智能服务；第二类是模型开发主体仅提供预训练模型，再由下游应用部署主体在此基础上进行优化微调然后输出；第三类是模型开发主体提供API接口，将人工智能嵌到下游应用部署的系统中。在后两类模式中，上游模型开发主体并不参与下游的内容生成或对外输出，其先行向生成式人工智能模型投喂大规模的训练数据，使之在深度学习与反馈强化过程中具备通用能力。此时，生成式人工智能的基础模型对外并不透明，即便是下游主体发现了模型的技术缺陷，也无法从技术架构上展开实质性调优。因而，在生成式人工智能的版权治理中，应设立针对上游模型开发阶段的合规义务，将事关通用模型系统性风险的事项交由上游预训练主体处理①。

1. 数据收集与处理阶段的数据合规义务

如今，Web3.0的共享经济正逐渐取代基础性的资源稀缺假设，共享互联的核心价值导向正构建着数字时代的底层逻辑。无论是从生成式人工智能的数据规模要求，还是从域外数据使用的制度松绑来看，拓宽人工智能的数据训练范围已是必然趋势。但在此过程中，应规范生成式人工智能的训练边界，保证模型开发阶段数据使用的合法合规。

（1）数据采集的合规义务

首先，要求模型开发主体在收集数据时避免过度采集，使用具有合法来源的数据集合，符合《生成式人工智能服务管理暂行办法》第7条所规定的禁止侵害知识产权的要求。数据集制作者应当购买或者从公开渠道合法获取作品。前一种是指通过付费、订阅等方式获取资源访问权限而复制的数字作品，以及通过线下购买等合法渠道获取的经版权人或其授权复制发行的纸质作品；后一种是指通过公共网络等公开渠道获取的，即当版权作品置于公开渠道可视为版权人默示许可他人对作品进行信息网络传播。

其次，模型开发主体不得强制绕开或破坏保护性技术措施，即数据爬取应尊重数据持有者的意愿。面对采取保密措施、限制访问等技术手段的非公开或半公开数据，模型开发主体需在合法授权后按照约定方式使用和维护此类数据。但出于产业发展与知识传播的需要，科研教学等公益性的数据挖掘可以考虑豁免在技术措施之外。目前我国的著作权法第50条规定了合法避开技术措施的情形，比

① Hacker P，Engel A，Mauer M. Regulating ChatGPT and Other Large Generative AI Models［C］. Proceedings of the 2023 ACM Conference on Fairness, Accountability, and Transparency. Chicago：FAccT, 2023：1112-1123.

如，基于学校课堂教学和科学研究目的，相关人员可避开技术措施来使用少量的且无法通过正常途径获取的已发表作品。但是生成式人工智能以海量数据为追求，难以满足“少量”的限制条件，所以在未来修订著作权法或专门立法时，亦可考虑将教学和科学研究目的作为生成式人工智能数据挖掘时跨越版权技术措施的法定情形。

再次，为从程序上保障数据挖掘的合规，应要求模型开发主体制定适应的语料披露机制。一方面披露训练数据中使用的任何版权作品的详细概要，另一方面公布训练数据的大体来源，包括但不限于统一资源定位符（URL），保证能在版权侵权发生后追溯至源头阶段，及时消除危害数据的扩散风险。

（2）数据安全的保障义务

要求模型开发主体对系统内部数据进行风险管理，以必要的技术或管理措施来监管潜在的版权风险和实现数据泄露后的补救。在训练过程中，模型使用的数据不尽然都是完全公开的资源，部分数据可能是开发者通过协议许可而获取的受版权法保护的数据信息。因而模型开发者在对数据进行训练处理时，应当对该类数据采取必要的安全保障措施，避免版权数据的泄露。《互联网信息服务深度合成管理规定》第14条第1款规定要求“深度合成服务提供者和技术支持者应当加强训练数据管理，采取必要措施保障训练数据安全……”该条款也可以适用于生成式人工智能的相关主体。此外，由于这些数据存储于模型开发主体的服务器和数据库中，第三人可能侵入这些系统，使得数据未经版权人的许可而被二次爬取使用。特别是在数据二次爬取时，涉嫌侵权的第三人甚至不知道该数据原本是版权作品，因为其在系统中仅以简单的二进制机器语言为表现形式。在这个意义上，模型开发主体也应当对训练数据承担安全保障义务，采取各种技术措施防止版权数据被大规模地侵犯，建立模型的对外防护墙而有效阻止潜在的第三人侵权行为。

（3）数据质量的控制义务

生成式人工智能的输出结果只是在模仿人类思维来对信息进行压缩，而非真正理解信息，无法保证内容的真实准确性。如若大模型训练数据中包含了错误知识，例如歪曲、篡改他人版权作品的数据，则这些错误信息将进一步被其他模型学习并存储于训练使用参数中，进而降低模型输出内容的真实性，导致用户对版权信息产生错误印象①。因此，模型开发主体应构造高质量的数据集，确保用于

① 商建刚．生成式人工智能风险治理元规则研究［J］．东方法学，2023（3）：15.

训练生成式人工智能的数据集准确、一致、可靠且多样化，尽可能达到信息的无损压缩与复现，必要时通过实时数据去噪、引入高质量数据库进行知识增强等方法提升训练数据的质量[①]。对于具体的数据质量，可由政府牵头，联合领先行业平台、高校科研机构等主体，基于已有的产业实践经验与网络治理范式来制定数据训练的质量参考标准，从数据的完整性、准确性、合法性、一致性、时效性、可用性等多维度综合评估。

为解决训练中后续发现的违法数据，可要求生成式人工智能模型的反向编辑训练，即以一定的指令请求来编辑训练过的模型从而彻底删除某些内容或实现某种属性，避免后续才被发现的版权违法数据存储于模型中。典型的场景是，在预训练模型中嵌入删除特定概念或是编辑已形成记忆的反向编辑技术。这类技术能够以较低成本减少或清除那些低质量或者版权违法数据用于训练模型的负面影响，以较小扰动来发挥长期效用，制止模型就相仿数据再次读取而生成类似的有害记忆，也有助于实现版权人对损害结果发生后的停止侵权、消除影响的请求[②]。

2. 算法设计与训练阶段的模型结构合规义务

作为生成式人工智能模型训练的核心要件，算法直接决定模型的决策逻辑与数据使用。当前，我国算法规制可见于《互联网信息服务深度合成管理规定》《互联网信息服务算法推荐管理规定》《具有舆论属性或社会动员能力的互联网信息服务安全评估规定》等行政规范，它们都要求相应的服务提供者基于算法属性而建立特定的可解释性和透明度治理规则。

然而，生成式人工智能模型使用了神经网络技术，其深度学习后迭代的算法很有可能脱离了最初的编写逻辑，无法通过原路径对其运行机理进行技术层面的解释与透明化。同时大模型参数的量变扩张会导致质变性的“涌现”问题，即无法通过任何底层特征或共存规律来简单逆向地推导出算法本身的运行逻辑。

考虑到生成式人工智能算法的“难解释”甚至“不可解释”，其治理应该由“可解释性”逐步过渡为可控制性，注重模型的鲁棒性，使得人工智能的作用发挥具有稳定效用[③]。具体而言，不需对模型开发主体课以过重的事前算法义务，

① Hacker P. The European Al Liability Directives-critique of A Half-hearted Approach and Lessons for the Future [J]. Computer Law & Security Review，2023（4）：2-4.

② Meng K，Bau D，Andonian A，et al. Locating and Editing Factual Associations in GPT [C]. Advances in Neural Information Processing Systems. New Orleans：NeurIPS，2022：17359-17372.

③ 袁曾，张执南. 数字社会下的法律工程思维建构与适用 [J]. 西南民族大学学报（人文社会科学版），2022（12）：90.

只要求模型开发主体定期维持算法结构的可控性，保证在可预见的范围内对技术系统性的版权风险设立在其管控力之下的预防机制，就可认定其履行了必要的合规义务。有效的预防机制如搭建识别侵权的版权作品信息库、研发自测模型与数据对比系统、设立定期的人工算法调整机制等，可以最大程度地实现算法输出机制的合规。另外，模型开发主体还可以通过实时的检测模拟与用户反馈，动态评估模型在处理版权管理问题时的准确性、敏感性和鲁棒性。当发现或收到模型的版权问题警告时，模型开发者就应及时进行调整和重新测试，直到模型运行至最佳状态。

对于透明度的要求，可以转化为模型治理的公布和报告义务，即要求模型开发主体向社会公布并向监管部门报告，从而倒逼设置和执行以“举报/警报—处置/调试”为基础的算法管理机制[①]。例如《网络信息内容生态治理规定》第17条的规定，“网络信息内容服务平台应当编制网络信息内容生态治理工作年度报告，年度报告应当包括网络信息内容生态治理工作情况、网络信息内容生态治理负责人履职情况、社会评价情况等内容”。现有的生成式人工智能模型作为网络服务中的重要一环，其模型开发者可在本条规定项下履行透明度的报告义务，即可设立生成式人工智能的算法备案制度。生成式人工智能模型被应用到下游产业之前，需到相关的行政部门进行算法备案，详细阐述算法的稳定性、可控制手段以及危险处置措施。此外，备案制度还应与相关的责任追溯机制相衔接，确保算法责任主体能够被及时识别。当算法投入应用后对利益相关者乃至公共利益造成损害时，备案资料中详细记录的算法技术标准、具体应用场景、算法设计者、算法自评估报告等信息，将成为迅速定位算法风险源头及确定责任归属的关键线索。

目前《生成式人工智能服务管理暂行办法》仅要求具有舆论属性或者社会动员能力的生成式人工智能服务提供者履行算法备案程序。不过如上文所述，备案主体应定义为模型开发主体，而非涵盖所有与生成式人工智能算法有关的间接服务提供主体。同时为进一步落实算法的可控制性和透明度要求，可考虑将备案范围扩大，不局限在“舆论属性或社会动员能力”，只是在具体的备案要求中采用差异化的治理方式。对于具有极强社会影响力的生成式人工智能模型，可要求其详尽地备案算法内容与处理措施；而对于普通的生成式人工智能模型，则只要求其提供基础性的备案内容。

---

① 刘文杰．何以透明，以何透明：人工智能法透明度规则之构建［J］．比较法研究，2024（2）：130.

（三）下游应用部署阶段的审查义务

1. 生成式人工智能服务提供者的地位认定

到了下游应用部署阶段，生成式人工智能服务提供者开始对数据内容进行加工完善，在外部指令的基础上实现AIGC的成果生成。不同于《信息网络传播权保护条例》所规定的四类传统网络服务提供者，在生成式人工智能场景中，生成式人工智能服务提供者已超越了技术中立的“渠道”范畴，对AIGC的生成有着决定性影响，生成与传输的功能实质上融为一体。鉴于此，我国应明确在下游应用部署阶段各生成式人工智能服务提供者适用《信息网络传播权保护条例》“避风港”规则的门槛限制，只有当其满足技术中立条件后，才可进一步被纳入该条例第14条至17条的“避风港”豁免判断范围。

一方面，就生成式人工智能服务本身而言，应用部署阶段的主体可分为单纯提供传输主体与实质参与AIGC生成主体。前者为仅接入生成式人工智能模型的API的提供者；后者为直接将自研的模型部署到下游应用或根据自身需求对模型进行反馈训练的提供者，对生成式人工智能的运行具有较高的控制力，天然地应对AIGC进行主动的内容审查，保障所提供的应用服务符合法律规范，不侵害他人合法权益。

另一方面，由于现在的跨领域平台经营模式为网络服务的主流，生成式人工智能服务可能只是其中某一特定功能，所以在评估网络服务提供者是否能享有《信息网络传播权保护条例》等版权“避风港”豁免时，需依据其技术特性和经营方式来确定其具体的业务定位。既不因网络服务提供者拥有多元化的功能而一概排除其“避风港”规则的适用资格，也不因其在某一方面的功能特性就推断其所有功能均属于“避风港”规则的保护范畴[①]。

当提供者在应用服务中被定义为实质参与AIGC生成的生成式人工智能服务提供者时，就需要履行相应的内容审查义务，避免主动发生版权侵权等违法情形。目前《生成式人工智能服务管理暂行办法》第14条只规定了生成式人工智能服务提供者发现版权违反等内容后采取必要措施的义务，但未规定其主动的审查义务。建议细化该条规则，要求实质参与AIGC内容制作的生成式人工智能服务提供者主动审查潜在的版权侵权风险，至于具体审查形式则可交由行业内部或平

---

① 李小草．网络平台的“避风港”适用及多重规制研究——兼评我国首例小程序侵权案［J］．北方法学，2019（5）：32.

台自身规定。

2. 应用部署中的版权过滤义务

根据AIGC的生成与否，应用部署阶段中生成式人工智能服务提供者的版权审查义务可分为事前义务与事后义务。

事前义务即要求实质参与AIGC生成的服务提供者（以下简称“相关服务提供者”）对应用过程中内部存储数据的生成与外部传输内容进行合法性审查，主动过滤违法信息。在生成式人工智能的整体领域，《生成式人工智能服务安全基本要求》已经规定“服务提供者应采取关键词、分类模型、人工抽检等方式，充分过滤全部语料中的违法不良信息”。具体到版权治理，要求相关服务提供者采取合理的技术措施，在技术条件允许的范围内，防止版权侵权。在下游的应用部署阶段，相关服务提供者的过滤对象不仅限于语料数据，还需要审查用户的外部输入是否包含违法信息或错误指令，在版权领域，与权利人合作履行“通知+采取必要措施”的义务。

在过滤的实践中，相关服务提供者的义务履行可转化为技术手段。既可以与前述的训练数据的披露机制相承接，根据披露的语料版权信息进行算法过滤，将已被证实的侵权内容防范在应用系统之外；也可以与版权人或集体版权管理组织达成协议，设立版权作品的内容自动化识别库，从而筛选出潜在的侵权内容；还可以对当前时段侵权频发的作品设立重点监管技术，由过滤系统针对性地提高索引与审查概率。

事后义务即主动过滤最终生成AIGC的版权问题，以及完善履行“通知—删除”规则项下的义务。首先，由于“算法黑箱”等固有技术缺陷，相关服务提供者无法完全控制生成式人工智能模型的生成过程，仍有可能在事前过滤后继续输出违法内容。其次，“通知—删除”规则应完善为“通知—必要措施—反通知”规则。就“通知”要件而言，相关服务提供者需要建立版权问题的投诉举报渠道，支持AIGC生成过程外的第三方就版权情况进行查询与核验。若是相关服务提供者主动过滤的情况，应向用户发出过滤通知，指明可能的侵权内容与网络地址[①]。就“必要措施”要件而言，相关服务提供者在收到版权人的侵权通知后，应采取必要的处置手段，包括但不限于停止传输、消除内容、发布警告、通知模型开发阶段主体等。就“反通知”要件而言，任何的过滤技术都可能造成假阳性

① 熊琦. 版权过滤机制的多元属性与本土生成［J］. 法学，2023（7）：131.

的错误拦截结果，相关服务提供者需健全用户反馈与复议的救济机制，允许用户就可能的错误过滤要求相关服务提供者进行人工复审。

需要释明的是，相关服务提供者在下游应用部署阶段只能进行版权违法内容的审查与过滤，避免侵权内容的对外输出。但当因生成式人工智能模型自身数据等原因造成版权侵权时，下游的相关服务提供者对底层技术的错误却无能为力。目前《生成式人工智能服务管理暂行办法》第14条要求服务提供者采取优化模型训练之类的措施，来处理生成式人工智能中存在的违法侵权内容。实际上，作为下游的应用部署者，不一定具备接触到生成式人工智能的基础模型的可能性，特别是那些只利用API接口提供相关服务的平台。因而该类措施的实施义务不宜加附给下游应用部署主体，而该让上游模型开发主体进行系统的优化，至于该开发主体的身份是否与应用部署主体一致则在所不问。

（四）终端内容输出阶段的管理义务

从生成式人工智能的运行实践层面上来说，技术、服务、内容间的边界并非泾渭分明。若想要实现生成内容管理义务的合理分配，与其强调参与者的属性差异性，不如着眼于AIGC的整体链条，由所有处于终端内容输出阶段的生成式人工智能服务提供者，承担AIGC所涉信息的管理义务，主要为AIGC的信息标注、AIGC的识别与兼容、AIGC的风险提示。

第一，需标注AIGC的属性信息。AIGC在形式上与人类创作的作品没有明显的差别，但无论AIGC是否具有可版权性，它终究不同于传统版权法意义上的作品。为了防止公众对于AIGC误认与混淆的产生，有必要明确AIGC在传播时区别于人类作品的要求[①]。虽然《互联网信息服务深度合成管理规定》已规定相关的服务提供者以不影响用户正常使用的显著标识来区分深度合成内容，《生成式人工智能服务管理暂行办法》亦对此进行重申，但相应规定仍有完善空间。一方面，应确立隐性和显性双重标注机制，对于向用户呈现的AIGC，可采取能直接提醒的显性标识，例如可视化水印、披露字段等能被用户看到的标识成分；而对于向其他生成式人工智能服务提供者呈现的AIGC，则可添加肉眼不可见却能技术识别的标识，通过端口匹配、代码查验等方式来区分传统作品与AIGC[②]。另一方

① 张金平．论人工智能生成物可版权性及侵权责任承担［J］．南京社会科学，2023（10）：84．

② 姚志伟，李卓霖．生成式人工智能内容风险的法律规制［J］．西安交通大学学报（社会科学版），2023（5）：154-155．

面，可根据人工智能自主生成的内容在最终输出结果中所占比例，区分出“人工智能自主生成”“准人工智能自主生成”与“人工智能辅助生成”三个类别的标注。当然，这种区分只是一种初步推定，其目的在于为后续的作品传播、许可交易以及侵权救济提供类型化的分析框架[①]。

第二，需实现AIGC标识的识别与兼容。无论是AIGC的显性标识还是隐性标识，都是通过技术手段加以实现的。当作为数字化作品的AIGC在网络空间传播时，不同的系统平台可能会导致部分技术代码的不兼容甚至失效。为保证AIGC在网络传播过程中更好地被追踪与管理，应要求生成式人工智能服务提供者增强相关标识技术的识别效能性与系统兼容性。生成式人工智能服务提供者需遵循统一性的AIGC标识技术与方法的基准，满足能被第三方互认的最低要求，无法兼容的标识将被判定为未履行标识义务，从而形成统一化、全面性的AIGC管理机制。

第三，需进行AIGC版权风险的提示。区别于传统的网络服务，用户在使用生成式人工智能服务时，对于潜在的版权风险缺乏明确的认知，甚至可能认为即使输入版权作品也会因为人工智能的技术运行而“改头换面”。因此在与用户终端交互时，生成式人工智能服务提供者有义务对用户进行提示，要求用户不能利用其服务侵犯他人版权。在检测到用户的输入指令存在版权侵权风险时，生成式人工智能服务提供者应拒绝输出相应内容，并采用明显的提示字符以告知用户侵权风险，从而引导作为技术弱势方的用户正确履行版权合规义务。

（五）AIGC的自治规范与行业标准

1. AIGC内部自治的框架

在上文中，通过构建“模型开发—应用部署—内容输出”的全链条治理范式，为生成式人工智能各阶段的版权义务分配提供了完善的指导框架。但对于AIGC的行业主体而言，在履行《生成式人工智能服务管理暂行办法》及当前各类关于人工智能合规责任的同时，更应深刻思考，怎样通过融合制度完善、技术革新和组织工具等，形成一个逻辑严谨、运行高效、规范完善的内部人工智能版权治理体系，以便解决现有的版权争议纠纷，从容应对未来多样化的监管挑战，形成国家治理和行业自治的规范合力。以最为活跃的生成式人工智能企业为例，需从宏观与微观两个角度来探究可行的版权自治路径。

---

① 曹博．人工智能辅助生成内容的著作权法规制［J］．比较法研究，2024（1）：88.

从宏观上来说，明确企业版权自治规范的目标和逻辑。对于生成式人工智能企业而言，应把AIGC的版权治理纳入企业合规的核心建设当中，将对知识产权的保护上升到企业发展的目标高度。在设立与适用内部自治规范时，应遵循“法律规制—政府治理—企业自治”逻辑顺位。首先，从顶层设计的高度划分治理的权责范围与预期目标，用硬法底线治理来压实法律责任。其次，政府通过政策引导、规章设立，甚至行政处罚或行政强制的倒逼方式来督促与监管企业的生成式人工智能版权合规。最后，企业在全链条的范式下针对性地建设自律机制，将外部的公权力要求落实为内部的具体应用场景。

从微观上来说，在义务导向下实现自治规范的落地。第一，企业需根据在生成式人工智能全链条内的角色定位，履行具体的版权治理要求，将概括性的合规、审查、管理义务细化为有执行效力的企业章程与技术手段，把治理流程管理植入企业基本架构和决策机制，直指版权风险的病灶以实现源头治理①。以履行审查义务为例，企业可以选择关键词检索、对比库算法等各类有效的过滤机制来实现应用部署阶段的版权治理总体目标，同时保证技术手段的高效性，将过滤技术的研发与更新纳入企业的整体规划当中，定期公示技术投入资金与成果，以向外部表示其版权合规治理的决心。

第二，企业需完善自身的组织与人事建设。一方面，企业应设立独立的生成式人工智能版权治理部门，由其专项负责治理内容、执行自治规范；另一方面，企业需设定相关从业人员的就业门槛，例如要求生成式人工智能数据训练与反馈标注的员工必须符合《人工智能训练师国家职业技能标准》，并对其定期加强教育与培训。

第三，企业需构建自治规范的监督与反馈机制，从而保障企业自治的稳定运行。具体而言，企业既可以在内部设立一个由伦理专家、技术专家、法律专家等组成的生成式人工智能监督委员会，定期监督企业的版权治理与合规现状，又可以引入第三方审核者动态评估企业的守法程度与版权风险，以补强公权力的执行力②。另外，企业应根据监督评估结果实时地弥补自治漏洞和完善自治规范，并按照信息备案与公示等机制将自治情况反馈给政府主管部门以及公共大众。

2. AIGC行业标准的构建

在释放企业等行业主体自治的内驱动力时，不可否认的是，基于营利特性与

① 童云峰. 生成式人工智能技术风险的内部管理型规制［J］. 科学学研究，2024（10）：2040.

② 支振锋. 生成式人工智能大模型的信息内容治理［J］. 政法论坛，2023（4）：47.

被监管者的身份局限，企业无法完全达成版权治理的整体目标，甚至可能偏离预设的治理轨道。在这种情况下，想要进一步完善行业自治，就需引入客观的评价机制，即生成式人工智能的版权行业标准。

在行业标准的制定过程中，应根据适用场景的匹配性采取多样化的制定策略。对于数据挖掘合规的绝对义务而言，宜采用明确的“设计型标准”，即在标准中规定具体的行为义务与技术措施，要求相关主体直接遵照标准行动而不留有裁量空间。数据挖掘的行为必须符合版权合规要求，不得强行绕过保护性技术手段，任何侵犯他人合法版权的挖掘行为都会被判为违法违规。对于数据训练质量的相对要求而言，可采用抽象的“管理型标准”，即只阐明规制目标和行动方向，允许相关主体自行选择达成目标的方法[①]。换言之，只需对生成式人工智能模型的训练数据提出总体的质量要求，允许相关主体在准确性、完整性、可靠性等多个维度下自行选择，并通过个性化的方案达成最终的高质量训练目标。

在行业标准的执行过程中，应发挥不同主体的协同治理作用。由于行业标准不同于国家强制性标准，更多的是为了推动行业自治而形成的参考指引与内部约束。鉴于此，就需要合理分配各方主体的规制权：企业可设立内部监督与第三方评估等机制，从而保证行业标准的落地实施；团体协会可定期对标准的参与成员开展执行的评估，积极督促成员履行相应的行业义务；政府可建立相应的标准衔接机制，以公开典型案例、奖励合规企业等方式为标准实施营造良好的激励环境。

在行业标准的完善过程中，应根据生成式人工智能的发展情况同步促进标准体系的成熟。相较于传统的出版产业与网络信息产业，生成式人工智能具有快速迭代的发展特性，技术机理的更新推动着社会关系的持续变更。一方面，在具体应用场景的变化中，需要适时修改行业标准以应对层出不穷的版权问题，并将行业中某些通用、有效的措施转化为标准内容，以保证治理措施在新型纠纷中的有效性。另一方面，政府可考虑将具备广泛共识的行业标准纳入政策文件当中，甚至上升到法律规范的程度，从而赋予其公权力的应用保障。

课题组组长：许身健　陶乾

课题组成员：王苑宇　李家伟　李康　姜夜灵　李嘉颖　李思彤

承担单位：中国政法大学

---

① 张学府．生成式人工智能服务信息内容安全的三类标准——基于《生成式人工智能服务管理暂行办法》的分析［J］．中国行政管理，2024（4）：123.

生成式人工智能对版权登记制度的挑战与应对

张惠彬*

摘要：生成式人工智能可以高效率和低成本的方式生成外观上与人类创作难以区分的“作品”，对版权登记制度造成挑战：如何判断人工智能生成内容是否可予以版权登记；是否需要审查主体署名的真实性；如何区分登记对象属于人工智能生成还是自然人创作；版权登记作为证据的资格存疑；登记证书的证明力模糊；证明责任的分配问题更加凸显。结合域外人工智能生成内容版权登记实践经验，提出以下应对措施：一是明确“人类中心主义”的主体适格性审查理念；二是以“最低限度的人类贡献”为客体审查标准；三是以“分类审查”弥补“形式审查”之缺陷；四是加强作品登记中的披露义务和内容标识义务；五是建立“初步证据”与“相反证明”的杠杆平衡；六是明确恶意登记需承担的法律责任。

关键词：生成式人工智能；版权登记；分类审查；诚实信用；证明责任

中共中央、国务院印发的《知识产权强国建设纲要（2021—2035年）》指出，要“健全版权登记制度”，研究完善“人工智能产出物知识产权保护规则”。这一举措的提出，既反映了我国对于知识产权保护的重视，也体现了对新技术、新领域发展的敏锐洞察和前瞻性思考。在数字化、智能化浪潮的推动下，生成式人工智能（Generative AI）的技术发展日新月异。这类人工智能系统具备了强大的模仿和学习能力，能够精准地模仿和学习各种艺术创作风格、技巧和表现形式。用户只需输入一段描述性的文字，系统便能迅速生成相应的文本、图片、视频等内容。然而，这种强大的创作能力也引发了关于知识产权保护的诸多讨论。目前，各国的著作权法大多以“人类中心主义”为基石，即著作权法主要保护的是人类创作者的权益。因此，对于人工智能生成的内容，往往不被认定为法律意义上的作品。然而，这并不意味着人工智能生成内容就没有保护的必要。相反，随着技术的发展，越来越多的AI辅助创作的作品具备了高度的艺术性和创造性，理应得到相应的法律保护。在这种情况下，版权登记制度成为一个可能的解决路径。通过版权登记，人工智能生成的内容可以在一定程度上得到保护。然而，这也带来了一系列的问题和挑战。由于版权登记制度的门槛相对较低，一些不具备真正

* 张惠彬，西南政法大学民商法学院副教授、博士生导师，本课题组组长。

创作价值的人工智能生成内容也可能通过登记获得"形式上"的法律地位。这不仅可能导致虚假登记的情况泛滥，还可能削弱版权登记制度的公信力。课题组前期的调查数据显示，在江苏、重庆、陕西等地，已经可以实现"AI文生图"的版权登记。这些登记的成本极低，甚至有的可以免费申请，这也进一步加剧了虚假登记的风险。此外，根据统计数据，2023年我国版权登记总量高达892.4万件，同比增长了40.46%。可以预见的是，随着人工智能技术的不断发展和普及，人工智能生成内容将大规模涌入版权登记领域，这将对现有的著作权保护体系带来极大的挑战。应对这些挑战，需要进一步完善版权登记制度，加强对人工智能生成内容的审查和甄别。同时，也需要深入研究和完善人工智能生成内容的知识产权保护规则，确保既能保护创作者的权益，又能促进人工智能技术的健康发展。

本研究的范围主要集中在以下几个方面：一是人工智能生成内容的版权保护。研究人工智能生成内容的版权保护问题，探讨在现有法律框架下，人工智能生成内容是否能够获得版权保护，以及如何保护。由于版权登记制度以现行著作权法为基础，现行著作权法主要关涉在何种情况下人工智能生成内容是否以及如何获得版权保护。二是人工智能生成内容的可版权性标准。分析人工智能生成内容是否满足版权法中的可版权性标准，特别是独创性要求，以及如何界定人工智能生成内容的独创性。虽然传统版权登记制度并不实质审查作品的独创性，但是在生成式人工智能时代有必要考虑版权登记机关是否进行改革，以降低不受版权保护的作品登记为作品导致的作品泛滥和恶意诉讼等问题。三是对版权登记制度的具体挑战与对策。探讨人工智能生成内容给现行版权登记制度带来的挑战，包括审查效率、审查标准的不明确性，以及如何采取改革措施提高审查效率、确保登记信息的真实性并符合著作权法目的。本研究将结合国内外相关案例和法律文件，提出相应的理论和实践建议，以期为我国版权登记制度的改革和完善提供支持。

一、生成式人工智能时代的创作与登记实践

（一）生成式人工智能的创作

继专业生产内容（Professional-generated Content，PGC）、用户生产内容

（User-generated Content，UGC）之后，生成式人工智能打开了人工智能生成内容（Artificial Intelligence Generated Content，AIGC）的新型内容创作模式。较传统内容创作模式而言，其在对话、故事、图像、视频和音乐制作等方面的数字内容生成能力更强。未来，人工智能将逐步迈向通用人工智能（Artificial General Intelligence，AGI）。通用人工智能在欧盟的《人工智能法案》（*Artificial Intelligence Act*）中也被称为"General Purpose AI System"，其定义为：人工智能系统被提供者设计成执行通常适用的功能，例如图像和语音识别、音频和视频生成、模式检测、问题回答、翻译等，通用人工智能系统可以在多种情境中使用，并集成到其他多个人工智能系统中。

各界对于人工智能生成内容是否构成作品长期存在争议，很重要的原因在于将人工智能自动生成和辅助创作混为一谈。在《经修订的关于知识产权政策和人工智能问题的议题文件》（*Revised Issues Paper on Intellectual Property Policy and Artificial Intelligence*）中，世界知识产权组织（WIPO）明确阐释自动生成和辅助创作的划分是解决这个问题的前提。从应用成熟度，人工智能可分为不同的发展阶段：弱人工智能阶段（ANI）、强人工智能阶段（AGI）、超人工智能阶段（ASI）。目前，人工智能仍然处于从弱人工智能向强人工智能过渡的阶段，强调的是"机器和系统能够在有限或者完全没有人类干预的情况下执行被认为需要人类智能完成的任务"。

世界知识产权组织于2020年5月发布《经修订的关于知识产权政策和人工智能问题的议题文件》，明确"人工智能生成的"与"人工智能自主创造的"可以互替使用，但应与"人工智能辅助完成的"加以区分。人类干预的程度决定了人类的创造性贡献程度。相应地，根据是否存在人类的实质性创作贡献，可以将人工智能生成内容区分为人工智能辅助生成内容和人工智能自主生成内容（表1）。

表1　人工智能生成内容的理论划分

	人工智能辅助完成	人工智能自主完成
人类干预的程度	有实质创造性贡献	无实质创造性贡献
人工智能的作用	辅助创作，自主性弱	随机生成，自主性强
能否版权登记	是，符合作品要件可以登记	否，即使存在作品外观也不予登记

1. 人工智能辅助生成内容

人工智能辅助生成，指的是在创作过程中，人工智能系统与人类创作者共同完成合作作品。人工智能仅是人类创作的工具，在创作过程中起到辅助和引导的作用，但创作的主要灵感和创造性输入来自人类。

《赛博朋克2077》场景设计师Timur Ozdoev在独立游戏作品*Cognition Method*中就运用了Midjourney这一AI绘画软件，用以制作概念原画和素材生成。他们分享了用AI绘画软件做游戏的流程，在制作游戏概念原画时，首先会对角色的基本设定进行预想，思考出一批关键词，再进入Midjourney进行图片生成。然后以生成的结果为灵感进一步优化关键词，不断调整得到最终版。最后，再使用Unity和Zbrush进行建模与着色处理。通过AI绘画快速筛选概念稿，再通过原画师修补细节问题，不但极大地提高了效率，还将原本100万美元的美术成本缩减成100美元。此时，人工智能软件就是人类创作的工具，人类的选择、编辑等操作决定和控制最终作品的生成，最终生成的作品蕴含了画师的创造性贡献。

在“深圳腾讯公司诉上海盈讯公司”案中，法院认定Dreamwriter软件生成的内容构成文字作品，强调涉案文章由原告深圳腾讯公司主创团队人员运用Dreamwriter软件生成，主创团队在数据输入、触发条件设定、模板和语料风格的取舍方面的安排与选择，属于与涉案文章的特定表现形式之间具有直接联系的智力活动，该文章的表现形式是由原告主创团队相关人员个性化的安排与选择所决定的，因此，涉案作品具有一定独创性，属于中国著作权法所保护的文字作品。也就是说，在该案中法院认定的作品，并不是完全脱离了人类智力活动、纯粹由人工智能生成的文字内容，不是人工智能自主创造完成的，而仅仅是一种由人工智能辅助完成的人类智力活动成果。

因此，当人工智能作为人类创作的辅助工具时，判断创作成果是否具备可版权性，仍然要以成果中是否蕴含了人类创造性贡献作为关键进行考虑。如果在运用人工智能时，人类对它具备足够的控制权，以至于对它的影响、干预能够决定一个确定性成果的形成，那么此时人工智能就属于人类创作的辅助工具，创作成果蕴含了人类要素，如果具备作品的要件则具有可版权性。

2. 人工智能自主生成内容

随着人工智能向文学艺术领域渗透，Stable Diffusion、ChatGPT等可以生成文字、图片的人工智能模型引爆了内容生成领域。如Midjourney，可以快速实现文生图（Text-to-Image）。在创作过程中，用户只是根据自身需求，向人工智能软件的用户界面输入描述性的文本提示（Prompt），人工智能生成模型在对文本进行解码之后，就可以匹配出此前数据训练阶段与之最相关的内容结果并对外输出。

2019年，国际保护知识产权协会（AIPPI）发布《关于人工智能生成内容的版权问题决议》（*Resolution on Copyright in Artificially Generated Works*），认为人工智能生成内容只有在其生成过程有人类干预，且在该生成物符合受保护作品应满足的其他条件的情况下，才能获得版权保护。生成过程无人类干预的人工智能生成内容，则无法获得版权保护。美国版权局也遵从了这一原则。2023年2月21日，美国版权局在“黎明的扎利亚（*Zarya of the Dawn*）版权注册”案中率先对ChatGPT类人工智能产品生成内容的版权属性做出否定性裁决，[①]认为用户利用Midjourney这一人工智能绘图工具自动随机生成的漫画内容不构成作品。在此案中，美国版权局表示并不质疑申请人花了大量时间和精力使用Midjourney生成图像，但这种付出并不意味着申请人存在版权法下的创造性贡献。反观国内，也遵循这一判决思路。在“菲林诉百度”案中，[②]法院指出涉案分析报告在软件开发和使用中，虽然有软件开发者、软件使用者等自然人参与，但都不存在创造性贡献，也未传递思想、感情的独创性表达。因此，涉案报告未能证明自然人的创造性贡献于其中，不能构成文字作品。

总之，人工智能在智力创造活动领域的介入，使计算机技术由单一辅助性创作工具跨入相对独立性创作主体的行列成为可能。随着人工智能技术的迭代发展，以OpenAI、百度为典型研发的生成式人工智能系统ChatGPT、文心一言被广泛应用于内容创作领域。它们在创意、表现力、创作速度、迭代、传播等方面都具有显著的技术优势。然而，生成式人工智能技术是一把双刃剑，在改变内容生产方式、促进作品创作和传播的同时，也对版权登记制度提出了巨大挑战。鉴于人工智能创作物人格属性模糊且可能短期内大批量获得，若适用著作权自动获得原则，必将冲击现有著作权的市场秩序。[③]

（二）人工智能生成内容在我国的版权登记实验

实践中，人工智能自主生成内容存在被登记成功的可能，从而获得形式上的“法律地位”。以本课题组作为申请人进行的一次人工智能创作物版权登记实验为

① 美国版权局. 关于《黎明的扎利亚》版权注册的回复［EB/OL］.（2023-02-21）［2024-09-14］. https://copyright.gov/docs/zarya-of-the-dawn.pdf.

② 参见北京互联网法院（2018）京0491民初239号民事判决书。

③ 李伟民. 人工智能智力成果在著作权法的正确定性——与王迁教授商榷［J］. 东方法学，2018（3）：149-160.

例。申请人于2023年5月具备创作想法后，通过细化提示词要求，对画幅、场景、人物、事物等内容作出具体描述，引导某生成式人工智能工具对提示词进行渲染和生成，在优化提示词、剔除和选择的基础上，最终于2023年6月3日完成和选取其中最具艺术价值的一幅图片，并将其命名为《举相机的女孩把自己照亮》。从2023年6月17日注册申请到2023年6月28日审核通过，历时12天，共经历了用户注册、在线申请、在线初审、在线复审、证书领取五个阶段，现已被陕西省版权局成功登记，并获得版权登记证书（图1）。

作品电子样本

登记号：苏作登字-2023-F-00140642　　第1件/共1件

扫描二维码可对证书内容进行校验

江苏省版权局

图1　人工智能生成的图片（江苏版权局登记的作品电子样本）

第一阶段：用户注册。申请人登录陕西宣传网首页网上办事，进入版权业务板块点击在线办理，进行实名制用户注册，在线提交身份证明和相关信息，注册成功后使用账号登录系统在线办理版权登记。

第二阶段：在线申请。点击作品登记申请在线办理，登录版权登记系统，填写作品基本信息、著作权人信息、作者信息、权利情况说明、作品信息表、申请人信息、代理人信息等（图2）。

图2　作品信息表的填写内容

第三阶段：在线初审。申请人在线选择版权工作站对申请材料进行初审，可供选择的工作站有19个（图3）。申请人选择西部国家版权交易中心工作站进行审核。

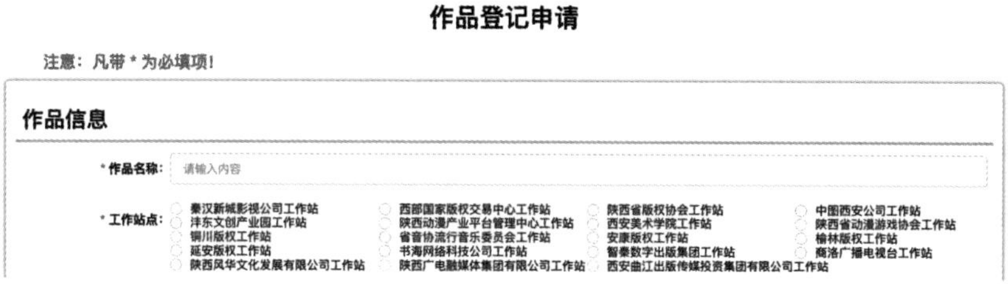

图3　可供选择的版权工作站

第四阶段：在线复审。由陕西省新闻出版（版权）和电影质量检测中心负责省内作品登记复审，西部国家版权交易中心工作站负责省外作品登记复审，确认是否予以登记（图4）。

序号	审核单位	状态	审核时间	审核意见
1	西部国家版权交易中心工作站	初审驳回	2023-06-20 09:56:24	作品创意说明、自愿登记权利保证书请使用系统中的模板
2	西部国家版权交易中心工作站	初审驳回	2023-06-20 11:54:31	作品名称加不加书名号各个地方应保持一致
3	西部国家版权交易中心工作站	初审通过待复审	2023-06-21 08:59:45	
4	陕西省新闻出版（版权）和电影质量检测中心	复审驳回	2023-06-27 10:37:58	作品信息中的作品名称：《举相机的女孩把自己照亮》，但是作品登记样本上的名称却是 举相机的女孩把自己照亮III，请统一名称。
5	西部国家版权交易中心工作站	初审通过待复审	2023-06-28 08:57:44	
6	陕西省新闻出版（版权）和电影质量检测中心	审核通过	2023-06-28 11:23:37	

图4　可供查询的审查状态及审核意见

第五阶段：证书领取。申请人申请领取纸质登记证书，需线上提交纸质证书申请，待受理后可自行前往版权工作站或复审单位领取纸质证书；只选择电子版《作品登记证书》的，可直接登录系统查看、下载、打印电子证书（图5）。

作品登记证书

登 记 号：陕作登字-2023-F-00017505

作品/制品名称：《举相机的女孩把自己照亮》作品类别：美术作品

作 者：　　　　著作权人：

创作完成日期：2023年06月03日　　首次发表/出版/制作日期：/

以上事项，由　　　　申请，经　陕西省版权局　审核，根据《作品自愿登记试行办法》规定，予以登记。

登记日期：2023年06月28日

中华人民共和国国家版权局统一监制

图5　陕西省版权局作品登记证书

为避免实验的偶然性，申请人使用相同提示词，分别选取同一时间生成的另外两幅美术作品，并向江苏省版权局、重庆市版权局申请登记，目前均已通过申请，并获得作品登记证书（图6、图7）。

作品登记证书

登记号：苏作登字-2023-F-00140642

作品/制品名称：《举相机的女孩把自己照亮》　作品类别：美术

作者：　　　　著作权人：

创作完成日期：2023-06-03　　首次发表/出版/制作日期：2023-06-27

以上事项，由　　申请，经江苏省版权局审核，根据《作品自愿登记试行办法》规定，予以登记。

登记日期：2023-06-17

中华人民共和国国家版权局统一监制

图6　江苏省版权局作品登记证书

作品登记证书

登 记 号：渝作登字-2023-F-00294713

作品/制品名称：举相机的女孩把自己照亮II　作品类别：美术

作　者：　著作权人：

创作完成日期：2023年06月03日　首次发表/出版/制作日期：未发表

以上事项，由　申请，经 重庆市版权局 审核，

根据《作品自愿登记试行办法》规定，予以登记。

登记日期：2023年07月28日

登记机构签章

中华人民共和国国家版权局统一监制

图7　重庆市版权局作品登记证书

可见，在过于宽松的形式审查下，人工智能生成内容可以被轻易地登记为作品。然而，在传统版权登记框架下，一旦人工智能作品通过了现有版权登记的形式审查，极易引起冒名登记、虚构版权、恶意诉讼等一系列负面连锁反应。这不但有碍人工智能生成内容的保护，还背离了版权登记的制度意旨、动摇了版权登记的客体概念、影响了版权登记制度的公信力。

二、生成式人工智能对版权登记制度的挑战

（一）人机共创特征与版权登记制度

1. 从量变到质变：人机创作的效率变革

与传统人类创作相比，生成式人工智能创作效率高、创作成本低，其对版权登记制度的影响在于，版权登记机关的压力将从传统人类创作逐步增加的量变到人机创作的质变转变。根据ARK的2023投资趋势报告，预计到2030年，生成式人工智能将使内容生产者的生产力提高4倍以上。[①]例如，原本需要人类设计师5

① ARK. Big Ideas 2023［EB/OL］.（2023-01-31）［2024-09-14］. https://www.ark-invest.com/

小时完成的图形设计，现在使用生成式图像模型可在不到1分钟内完成，效率提升显著。在文本创作领域，Jasper等AIGC平台以SaaS服务形式提供AI生成文案服务，其定价远低于传统人工创作成本。例如，Jasper每月生成10万字的价格约为82美元，折合每1000字约5.57元人民币，远低于阅文集团等传统内容创作企业的成本。这种低成本优势使得个人创作者也能负担得起高质量的内容创作服务。可以预见的是，如不能采取技术赋能、信用管理机制以及错误登记法律责任制度等方式，未来版权登记机关面对海量生成式人工智能创作作品登记将不堪重负。

2. 从抄袭到冒名：人机创作版权登记的性质转换

传统人类创作背景下，作品冒名登记一般表现为将自己不享有著作权的作品以自己的名义进行版权登记，是对他人著作权署名权的侵犯，本质上是抄袭。而生成式人工智能创作背景下，作品冒名登记主要表现为将本属于著作权法公共领域的“作品”进行了版权登记。如果缺乏版权登记制度分类审查、版权登记信用管理机制、证据证明规则的相应变革，将导致无人对该冒名侵蚀公共领域的行为进行监督和规制。

关于生成式人工智能生成内容在何种情况下能够得到著作权法保护。一种观点认为，生成式人工智能本身实施了创作行为，用户和开发者都没有实施创作行为，由此产生的内容缺乏人类作者无法取得著作权法保护。创作是基于自由意志直接决定表达性要素的行为；[①]不论是用户还是服务提供者对于AI生成的内容仅有间接影响，生成式人工智能本身才是真正、实质性地决定了构成著作权法意义上作品的表达性要素。[②]对立的观点认为用户实施了创作行为，可以是AI生成内容的作者。在“输入指令—生成内容”的单回合创作模式中，用户无法预见AI将会输出的具体内容；但相较之下，多回合创作模式下，用户通过向AI输入后续的微调指令时，可以预见并控制AI输出的具体表达。[③]前者被称作“自由意志决定表达说”，后者被称为“创作工具说”，两种学说的底层逻辑着眼于著作权法上创作是否需要预见表达。著作权法实施条例第3条第1款将创作界定为“直接产生文学、艺术和科学作品的智力活动”。可以看出，“自由意志决定表达说”具有实证法依据，但是如果要求作者对创作内容具有完全的控制和预见是不够现实的，

① 王迁．再论人工智能生成的内容在著作权法中的定性［J］．政法论坛，2023（4）：16-33.

② 王迁．三论人工智能生成的内容在著作权法中的定位［J］．法商研究，2024（3）：182-200.

③ 朱阁，崔国斌，王迁，等．人工智能生成的内容（AIGC）受著作权法保护吗？［J］．中国法律评论，2024（3）：1-28.

也会导致现行很多作品无法得到著作权法保护。据此，著作权法意义上的创作不应当要求作者对结果完全预见，而是取决于预见程度。因此，“AI自主生成的内容”从著作权法原理以及我国现行著作权法条文解释的角度来讲，都不应获得著作权法的保护。但是当用户对于AI生成的内容具有独创性的贡献时——例如前文指出的“多回合”创作模式，此时AI生成的内容可以受到著作权法的保护。

正是由于存在理论和规则上的约束和限制，著作权法方能更好实现其“鼓励有益于社会主义精神文明、物质文明建设的作品的创作和传播，促进社会主义文化和科学事业的发展与繁荣”之目的。如果过于强调“外观主义”对生成式人工智能自主生成内容著作权客体证成，将导致冲击以“人本主义”为核心的著作权法精神。

3. 从独创性到平庸性：人工智能自主创作独创性较低

即使基于“外观主义”考量，生成式人工智能自主生成内容的独创性也较人类创作以及人机共创的独创性要低。从创意生产角度来看，AIGC输出内容的独创性较人类创作仍然具有差距，表现为输出知识的平庸性和“惯性”。一方面，在逻辑推理和因果分析领域，AIGC并未随着大模型技术的运用取得明显突破，其反映的是大数据之间的相关性，而无法认识到为何如此，也不能理解人类社会的价值观。另一方面，AIGC为了更好地模仿人类作者，既要学习作品也要学习人类的表达规律和表达习惯，这就要求模型训练出的是主流的表达方式，而小概率和边缘的表达方式则被忽略。因此，有学者将ChatGPT定位为“智能搜索引擎+智能文本分析器+智能洗稿器”，主张AIGC只是采用了转换表达方式对互联网数据重新进行了表达，并没有提出不同于已有观点的新观点。也有学者基于哲学分析，认为ChatGPT的文学艺术作品虽然技术精良，但其艺术品质是平庸的，因为人工智能的本质是逻辑和数学，而文学艺术创作有着逻辑和数学无法表达的品质。知识的平庸性可能会影响立法者、司法者判断AIGC输入和输出之间的差异，进而影响输出的侵权判断，也可能影响AIGC生成“作品”的独创性判断。

（二）生成式人工智能对版权登记制度的挑战

近五年来，我国版权登记量亦呈现逐年上升趋势。根据国家版权局统计数据，2023年我国作品版权登记6,428,277件，同比增长42.30%[①]。虽然尚未有针对

① 国家版权局关于2023年全国著作权登记情况的通报［EB/OL］.（2024-02-07）［2024-09-20］. https://www.gov.cn/zhengce/zhengceku/202402/content_6933554.htm.

人工智能生成内容登记数量的统计，但在内容创作领域，人工智能生成内容正在以无法估量的速度与效率产出。鉴于人工智能技术的冲击，具备作品外观的人工智能生成内容给版权登记机构带来了巨大的审查压力（图8）。

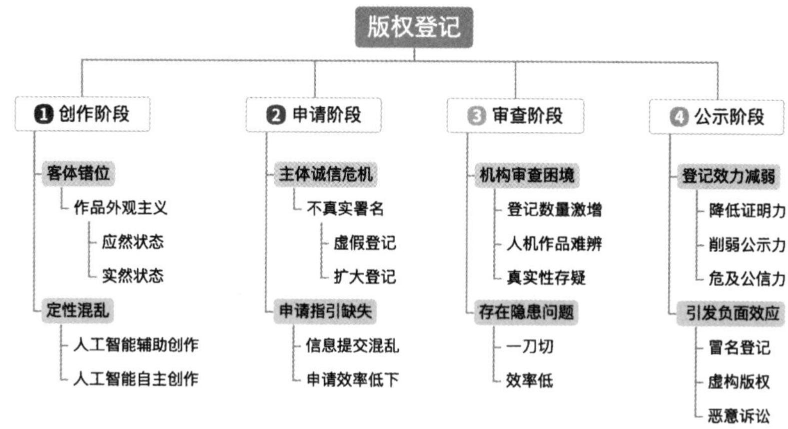

图8　人工智能生成内容对登记制度的挑战

1. 登记客体适格性的判断

作品自愿登记的对象原则上应为人类创作的作品。但在实际操作中，只要提交的内容在形式上符合作品的外观要求，通常会被接受登记，而不必深究其是否包含人类的创意要素。然而，生成式人工智能技术通过学习和模仿大量数据，能够生成数量多、“仿创性高”的“作品”。在外观上，人工智能生成内容与人类作品已具有高度相似性，审查时存在一定的辨别难度。这就产生了一个问题：对于那些由人工智能自动生成，但在表现形式上与人类作品难以区分的内容，其真实的创作过程如同一个“黑箱”，难以查证。除非有确凿的证据表明这些内容由人工智能随机生成，否则，按照现有登记制度，这些内容可能会被错误地登记为作品，并因此获得一种权利外观。这种错误登记不仅会导致版权登记对象的错位，而且严重违背了著作权制度的初衷，降低了制度的有效性。因此，需要重新审视和完善我国现行版权登记制度，以确保其能够准确地反映作品的真实创作过程和作者的权益。

2. 主体署名真实性的审查

传统的版权登记通常要求明确的作者署名，但对于人工智能生成内容，可能难以确定哪个人或者实体应被认定为作者。在版权登记实践中，有的申请人将人工智能命名为作品的作者或共同作者；也有在“作者创作”或“给版权局的说明”部分列入声明，表明作品是由人工智能制作或在其协助下制作的；还有的申请人未披露包含人工智能生成内容，但在作品标题或“致谢”部分提及人工智能的名称。

在探讨署名真实性时，存在两种可能性。首先，对于完全由人工智能自主创作的作品，这类作品往往无法通过版权登记。如果申请者试图通过冒用等方式进行登记，这明显违反了诚实信用的基本原则。其次，当人工智能在创作过程中仅起辅助作用时，人类创作者应仅享有其创造性贡献部分的著作权。若错误地对人工智能独立完成的部分进行版权登记，这将导致版权登记范围的扩大。值得注意的是，即使某项表达实际上是人工智能创作的，但如果它被自然人署名并登记，且没有相反证据，法律将推定该表达属于人类智力成果，从而构成作品。

3. 创作“黑箱”的甄别

人工智能生成内容往往基于训练内容产生，存在一定随机性，因而难以追溯来源，无法确定其真实性，在审查过程中会降低审查效率。某些类型的人工智能可能会遇到“黑箱”，这可以描述为人类“无法完全理解人工智能的决策过程，无法预测人工智能的决策或输出”。这一困境同样适用于版权登记审查过程，在作品自愿登记的形式审查过程中，如果不加以标注，登记机构根本无法甄别哪些申请是人工智能产物、哪些申请是人类作品。如果没有有效的鉴别机制，审查机构的工作负担将大大增加，并且这种效率的降低和成本的增加可能会转嫁给传统作品的正常登记，从而影响整个登记制度的运行。因此，对人工智能生成内容进行有效的管理和标注，对确保审查工作的高效性和公正性，保护创作者权益，以及维护健康的版权环境至关重要。

总之，面对大规模人工智能生成内容的作品登记申请，如何判断登记客体的适格性、审查署名的真实性、甄别创作“黑箱”问题已然成为版权登记机构面临的重大难题。同时，版权登记由国家行为背书，上述问题如若不加以重视并解决，人工智能技术的发展将会进一步弱化版权登记的公示力、审查机构的公信力、登记证书的证明力。

4. 登记作为证据的资格存疑

根据我国《作品自愿登记试行办法》的相关规定，版权登记被视为著作权侵权诉讼中的初步证据。作为证据，其合法性是至关重要的。依据《作品自愿登记试行办法》第5条，合法的版权登记要求登记内容必须符合著作权法所定义的作品范畴。鉴于AIGC技术的新发展，对于已登记的创作物是否符合作品的定义存在疑虑，进而对其登记的合法性也产生了不确定性。

以美国 *Zarya of the Dawn* 版权登记案为例[①]。2022年9月15日，Kristina Kashtanova向美国版权办公室（USCO）递交了一份版权登记申请。根据她所提供的信息和著作样本，她希望登记的作品是一本名为 *Zarya of the Dawn* 的漫画书。经过审查登记程序，USCO完成了登记，并为其分配了登记号Vau001480196。然而，在登记后不久，USCO发现Kashtanova在社交媒体上公开表示，*Zarya of the Dawn* 是利用Midjourney AI生成的作品。由于申请书中并未提及AI的使用情况，也未对任何部分声明不专用，USCO怀疑申请内容可能存在不实或不完整的情况。因此，USCO于2022年10月28日向Kashtanova发出函件，表示有意撤销其登记，并给予她书面辩驳的机会。在辩驳中，Kashtanova主张Midjourney仅是一个辅助工具，书中的文字是由她自己创作的。她强调，她对文字及图像的选择、整合及编排具有创造性，这构成了受著作权保护的编辑作品。经过重新审查，USCO认定 *Zarya of the Dawn* 中的文字及图文编辑确实受著作权保护，并具备可登记性。然而，单纯由Midjourney生成的个别图像并非人类创作，因此不属于著作权保护的对象。

基于上述认定，USCO决定撤销原登记并重新进行登记。新登记的范围将限定于文字及作者创作的文字，以及AI生成的美术作品的选择、协调及编排。同时，新登记将明确排除AI生成的美术作品。

由此可见，美国对注册登记的范围进行了调整，明确将人工智能技术生成的材料排除在外。USCO认为，著作权只能保护那些由人类运用创造力生产的内容。完全由AI生成的作品，将不会获得版权登记；而由AI和人类作者共同创作的作品，则仅对由人类创作的部分进行个案认定和登记。这一举措体现了对版权登记合法性和合理性的严格要求。同时，作为证据的登记必须具备真实性。所登记的事项必须是真实存在的事实，不能是臆想或猜测的结果。只有真实反映客观存在的材料才能作为证据，并得以登记在册。然而，我们也需要认识到，各国每年版权登记数量庞大，特别是在数字化互联网时代，申请版权登记的经济成本和时间成本相对较低。在版权登记形式审查的趋势下，有可能出现许多由AI创作的纯粹内容成功登记的情况。这种情况下，如果这些“作品”被登记者用于提起著作权侵权诉讼，而被告难以提供反证时，原告可能会凭借登记获得法定赔偿。这引发了对登记作为非法证据的担忧，提醒我们必须对此进行深入反思，并不断完善版

---

① USCO. Zarya of the Dawn［M/OL］. Registration # Vau001480196.（2023-02-21）［2024-09-14］. https://www.copyright.gov/docs/zarya-of-the-dawn.pdf.

权登记制度。

5. 登记证书的证明力模糊

著作权，作为无形的人身财产性权利，其流转方式灵活多变。因此，权利人对于将这一“无形”权利“有形化”的需求越发迫切。为此，各国纷纷采用作品自愿登记制度。版权登记证书，作为证明著作权权利归属的重要依据，具有初步证据的效力。然而，关于这一“初步证据”的效力及其证明力，以及满足何种条件才能达到证明标准，目前仍存在诸多争议。在争议未决的情况下，登记行为对外具有公信公示的效力。若原告出示了版权登记证书，但法院经审查发现登记内容不符合著作权法要求，进而不认可登记的内容，这将导致版权登记制度失去实际意义，同时也可能对国家公权力机关的公信力造成挑战，使民众对登记证书的证明力产生质疑。

在数字化时代背景下，版权登记证书的证明效力边界日趋模糊。在传统版权登记流程中，鉴于原始作品或经作者签名的纸质出版物不易遭受篡改或毁损，因此登记证书具有较高的证明效力。然而，随着互联网技术的飞速发展，其开放、平等、全球化和去中心化的特性不仅消除了作品受众与创作者之间的界限，也打破了传统创作与传播媒体的局限与障碍，推动了文艺创作进入全民参与的新纪元。众多不同形式的文艺作品以数字化形式进行创作、出版与传播。尽管网络发布行为包含了署名、上传时间等信息，但由于其电子化及易修改的特性，个人数字签名的可信度大幅降低，进而影响了通过互联网传播的作品及利用人工智能技术生成的“作品”所提交的登记证书的证据效力。①

6. 证明责任的分配问题凸显

证明责任，作为诉讼法中的一个核心概念，其原则在罗马法中已有所确立，即“谁主张，谁证明”。当双方当事人均无法提供证据时，负有证明责任的一方将承担败诉的后果。简而言之，当某个事实的存在与否存在不确定性时，某一方当事人将承担因无法证明该事实而可能导致的不利法律后果。因此，对于诉讼当事人双方而言，证明责任都具有重大的意义。

在当前生成式人工智能时代背景下，图片类虚假诉讼、商业维权等批量式维权现象恐将进一步升级。在此情境下，登记证书作为初步证据的作用将逐渐凸显，使得被告在应对侵权指控时陷入更加被动的局面。为应对这一挑战，我国通

① 苏映霞，吴博雅．版权登记证书作为数字作品权属初步证据的审查与认定——陈某诉广州市卓某学校侵害作品信息网络传播权纠纷案［J］．法治论坛，2021（4）：320-326.

过版权登记制度，结合著作权法第十一条的署名推定规则，将证明责任转移至被告一方。具体而言，一旦发生著作权侵权诉讼，被告需承担举证责任，证明署名人并非作者或所诉作品缺乏独创性等关键事项。这一“登记+署名推定”的证明责任设置旨在更大程度上保障作者的权益。

然而，值得注意的是，由于人工智能生成内容与人类作品在形式审查上难以区分，登记和署名过程中出现错误的概率可能增加。以重庆万道餐饮管理有限公司与庞玲玲的著作权权属纠纷为例，虽然万道公司为其广告词取得了版权登记证书并提交了相关证据，但法院在再审程序中认为，我国版权登记仅进行形式审查，取得登记证书并不意味着作品必然受到著作权法的保护。因此，法院以该广告词缺乏独创性为由，驳回了原告的诉讼请求。

因此，在司法实践中，需要在审查登记正确性的前提下，审慎对待登记证书在侵权诉讼中的作用。将提交登记证书视为侵权诉讼一方当事人已完成举证责任，并将证明责任完全交由另一方承担，可能导致诉讼结果的不合理。若无法提出反证，将可能承担不利的诉讼后果。因此，我们需要在维护著作权人合法权益的同时，确保被告在应对侵权指控时享有充分的抗辩机会，以实现法律的公正与平衡。

三、版权登记制度应对人工智能技术的国外经验

（一）基本共识：“人类作者”的创造性贡献

现行法律框架下，人工智能等“非人类作者”还难以成为著作权法下的主体或权利人。多国在法律规定、司法判例或登记实践中表明了这一立场，明示或暗示著作权主体应为自然人，因而人类中心主义原则下作品的“人类作者”要素成为基本共识。

美国版权局规定，版权登记必须由人类作者完成，排除了人工智能作为作者的可能性。2023年3月16日，该局发布《关于包含人工智能生成内容的版权登记指南》（*Copyright Registration Guidance for Works Containing AI-Generated Material*），明确指出版权法中的“作者”仅指人类。这一立场基于宪法和版权法对“作者”的定义。美国版权局的《实践纲要（第三版）》（*Compendium of U.S. Copyright Office Practices，Third Edition*）也强调，作品必须由人创作才能获得著

作权保护，拒绝登记由机器或无创造性人类干预下自动产生的作品。此前，美国版权局已多次拒绝将人工智能及其生成内容作为版权登记对象。多国法律和判例确认了“人类作者”原则。例如，法国《知识产权法典》（*Code de la propriété intellectuelle*）视作品为“精神创作”，而人工智能缺乏“精神”，故其内容不被视为作品。新加坡法院亦要求识别人类作者以授予版权。国际保护知识产权协会在2019年决议中指出，只有人类参与创作过程，人工智能生成的内容才能构成作品，否则不受版权保护。

总之，从底层逻辑来看，生成式人工智能模型的创作能力实际上是一种概率推断，而非逻辑演绎。我们不应被技术裹挟。坚持自然人对独创性的贡献，是维持确权和侵权体系稳定的需要。作品作为著作权法中的核心概念，必须来源于人的创作一直是应有之义。虽然《伯尔尼公约》没有对何谓作者加以明确界定，但从体系解释的角度出发，人作为作者也在关于收益对象和精神权利等大量条款中得到确认。[①]

（二）经验借鉴：二元审查模式

1. 版权登记审查标准与例外

《关于包含人工智能生成内容的版权登记指南》（以下简称《指南》）指出，对于含有人工智能生成内容的作品，重要的是人类对作品表达的创造性控制以及实际形成作者身份的传统元素的程度。美国版权局将根据作品是否“基本上是人类创作”的标准，以及计算机或其他设备是否只是“辅助工具”，来评估作品的版权性。美国版权局将考虑人工智能的贡献是不是“机械复制（mechanical reproduction）”的结果，或者是代替了作者“自己的原创精神概念，而作者仅赋予其外在形式”。这就要求逐案调查人工智能工具是如何运作，以及它在作品最终创造中是被如何运用的。基于以上审查标准，人工智能生成内容是否可以被登记可以分成两类进行讨论：

（1）人工智能自主生成内容因缺乏人类贡献不予登记

《指南》指出，若人工智能独立决定作品表现元素，则作品不能登记。这是因为人工智能根据人类提示自动生成的内容，其创作过程不由人类控制。因此，使用ChatGPT等AI创作的作品不受版权保护，不能登记。例如，用户可以要求AI

① 熊琦．人工智能与版权——法律涵摄技术的路径选择［J］．中国版权，2023（3）：6-16.

以特定风格创作诗歌，但AI决定的创作内容不被视为人类作品，不能登记。美国版权局不保护AI生成内容，因为难以证明人类对这些内容有创造性贡献。深层原因是，美国法律只保护人类创作的作品，自然或动物产生的内容不被认定为版权法上的作品。

（2）人工智能辅助生成的作品可以成为登记例外

人工智能不但可以根据提示自主生成内容，同时也可以作为辅助创作的工具。人类可以对人工智能生成的内容进行选择、安排，使其创造性足以让"所产生的作品作为一个整体构成原创作品"，或者艺术家可以修改最初由人工智能技术产生的内容，使其修改符合版权保护的标准。在这些情况下，版权可以对其中由人类创作的部分进行保护，这些部分"独立于"且"不影响"人工智能生成内容本身的版权地位。

具体而言，人工智能生成的作品可以成为受版权保护作品有两种例外：第一，人类以足够创造性的方式选择或安排人工智能生成内容，使最终的作品作为一个整体构成原创作品。在这里，美国版权局引用了《版权法》对"汇编"的定义，并指出"在汇编包含人工智能生成内容的情况下，计算机生成的内容在汇编之外将不受保护"。第二，人类修改最初由人工智能技术生成的内容，使其修改符合版权保护标准。需要注意的是，这些保护仅延伸到作品中人为创作的方面。

美国版权局认为，人工智能创作的作品能否登记取决于人类对作品的创造性控制程度。例如，由用户通过指令生成的内容，如ChatGPT创作的，通常不被视为人类作者创作，因此不受版权保护。但是，如果用户对人工智能生成的内容进行进一步编辑和修改，使其达到版权保护标准，那么这些内容是可以登记的。例如，漫画书《黎明的扎利亚》中，作者Kris Kashtanova的原创内容受版权保护，而由人工智能工具Midjourney创作的图片则不受保护。

2. 版权登记申请规范与披露义务

根据上述内容，包含人工智能生成内容的作品在某些情况下准予登记。在确定审查标准后，为避免申请信息混乱，《指南》为如何提交登记申请、如何更正已经提交或已经登记的申请提供了指引，并强调申请人有义务在提交登记的作品中披露人工智能生成的内容。

（1）关于如何提交含有人工智能生成内容的申请

第一，申请人有义务披露提交登记的作品中人工智能生成的内容，并简要说明人类作者对作品的贡献。第二，申请人不应仅仅因为在创作作品时使用了人工智能，就将其或提供该技术的公司列为作者或合著者。第三，人工智能生成的超过最低限度的内容应明确排除在申请之外。第四，申请人如果不确定如何填写申请表，可以简单地提供一个一般性声明，说明作品包含人工智能生成内容。

（2）关于如何更正已提交的申请

第一，对于美国版权局目前正在审理的申请，申请人应与美国版权局的公共信息办公室联系，报告他们的申请遗漏了作品包含人工智能生成内容这一事实。第二，对于已经得到处理并登记的申请，申请人应提交补充登记，以更正公共记录。与此同时，申请人在获得人工智能生成内容登记后未能更新公共记录的，有可能被撤销登记。考虑人工智能技术的快速发展和多样化应用，《指南》保留了对具体个案进行判断的空间和灵活性。言外之意，人工智能工具可以是创作过程中的一部分，但作品表达的创造性必须由人类控制。除了以上问题，美国版权局清醒地认识到，人工智能生成内容可能还牵涉一些其他版权问题。为此，美国版权局表示会就此问题进行更广泛的公众意见征集，并表示将持续观察人工智能与著作权领域的法律与技术进展，将根据其在未来推出额外的申请指南或颁布新的著作权认定规则。综合来看，该《指南》是国际范围内针对包含人工智能生成内容的作品能否获得版权保护的最新进展。虽然其在确定“最低限度”等量化标准等方面存在一定的局限性，但仍然为我国应对人工智能生成作品的版权保护和管理提供了新的思路。

四、版权登记制度应对人工智能技术的改革进路

（一）以“人类中心主义”为主体适格审查标准

整体而言，我国传统版权登记制度整体呈现自愿登记、形式审查的特点。根据现有版权登记流程，申请人需要在登记申请阶段明确列出作者与著作权人。在作品登记完成式时，也会在作品登记证书上明确作者的署名。而人工智能是否可以作为独立作者或合作作者进行登记并署名需要进一步探讨。

从我国立法与司法实践来看，自然人创作是作品成立的必要条件。在2018年的“菲林诉百度”案和2019年的“腾讯诉网贷之家”案中，两地法院的法律论证观点具有内在一致性：人工智能生成内容只有证明存在自然人的独创性贡献才会被认定为作品。不同的判决结果归因于两个案件涉及的机器模型在运行机制方面存在本质区别。在“腾讯诉网贷之家”案中，法院明确表示“Dreamwriter软件”

是一种“写作助手和辅助创作工具”，而在“菲林诉百度”案中法院对威科先行数据库“可视化报告”功能强调的是“自动生成工具”。人工智能“辅助创作”与“自动生成”的差别，实际从根本上决定了用户对于生成内容是否存在创作贡献，也即决定了人工智能生成内容能否构成作品。

综上而言，如果在作品审查阶段对人工智能生成内容的署名问题采取传统、宽松的形式审查模式，势必会导致人工智能生成内容借助作品登记获取形式上的法律地位。因此，针对人工智能生成内容的作品登记审查，登记机构应当持有审慎审查的态度。同时，应当在审查实践中进一步明确主体适格审查标准，以“人类中心主义”为原则，对人工智能“辅助创作”和“自动生成”的内容进行二分保护。

第一，针对人工智能自动生成的内容，登记机构应当拒绝登记，并作出不予登记的决定。这是因为自动生成的内容缺乏人类的创造性贡献，其智能产出通常是基于算法和大数据分析，没有体现人类的独创性和思想情感，因此难以符合著作权法对作品所要求的独创性标准。在“菲林诉百度”案中，法院指出涉案分析报告在软件开发和软件使用两个环节有自然人参与，但都不能证明存在自然人的创造性贡献于其中，不能构成文字作品。因此，将不具备独创性贡献的人工智能生成内容排除在作品范围之外，应当成为涉人工智能作品登记审查的基本遵循，这一点应当在立法中加以明确。

第二，针对人工智能辅助创作的内容，登记机构应当结合申请人的创作说明综合判断是否存在自然人的创造性贡献，继而作出准予登记、不予登记的决定。例如，申请人需要在创作说明中明确指出人工智能在创作过程中的具体作用，以及人类创作者如何利用其辅助进行创作。仅当人类创作者的介入使得作品具备了一定的独创性和个性特征时，登记机构才准予登记。在“腾讯诉网贷之家”案中，法院指出涉案文章的表现形式是由“Dreamwriter 软件”的具体使用者——原告主创团队人员的个性化安排与选择所决定的。在涉案文章生成过程中，文章框架模板的选择和特定用语的设定、数据抓取和填补触发条件的设定等均由主创团队相关人员选择与安排，符合著作权法关于创作的要求。“Dreamwriter 软件”的使用者若在此前对涉案文章申请版权登记，应当将主创团队人员列为作者。

（二）以“最低限度的人类贡献”为客体审查标准

“不要低估人工智能的独创性贡献，但也不要抬高人工智能的法律地位，至少在给予人工智能以作者地位和民事主体身份时，必须小心谨慎。”因此，既不能将人工智能笼统地定义为创作工具，也不能将人工智能定义为创作主体。人工智能究竟在创作中扮演什么角色，首先应当定义该生成过程是否涉及人类创作的因素。

实质贡献原则是确立版权归属的首要原则，即鉴于目前人工智能技术的进展，如果缺乏人的介入，生成式人工智能不可能独立自主创造作品。因此，以实质性创作贡献来界定“机器作者”与人类作者的主体身份，符合著作权法所蕴含的机理。至于人类贡献的最低限度界限，实践中往往会结合申请人的“构思”与“实施”过程综合判断。美国法院早已明确拒绝“额头流汗原则”可以作为版权保护的基础。美国版权局也表示“不会考虑创作所需的时间、精力或费用”，因为这些因素“对特定内容是否具备版权法和宪法所要求的‘最低限度的创造性’没有关系”。我国可以参考美国国家信息标准协会（NISO）启动制定的贡献者角色分类法（Contributor Role Taxonomy，以下简称CRediT）[①]，根据人类在创作过程中发挥的贡献类别，探索“最低限度的人类贡献标准”（表2）。

表2　贡献者角色分类法的十四个类别

贡献类别（中文）	贡献类别（英文）	描述
方案策划	Conceptualization	提出观点：策划总体研究目标和目的
数据策划	Data Curation	管理元数据，数据整理及维护（包括必要的软件代码）供初次使用和后续重复使用
形式分析	Formal Analysis	运用统计、数学、计算或其他技术形式分析或综合研究数据
获取资助	Funding Acquisition	为了项目研究的进行和成果发表而去争取获得资助
调查研究	Investigation	开展研究和调查，指进行实验或收集数据/证据的过程
方法设计	Methodology	开发或设计研究用的方法，建立模型

① NISO. Contributor Role Taxonomy（CRediT），ANSI/NISO Z39. 104-2022［EB/OL］.（2022-02-08）［2023-04-20］. https://www.niso.org/standards-committees/credit.

续表

贡献类别（中文）	贡献类别（英文）	描述
项目管理	Project Administration	为研究的策划和执行进行管理和协调
提供资源	Resources	提供研究材料、试剂、病例、实验室样品、动物、仪器、计算设备资源或其他分析工具
软件处理	Software	编程，研发软件，设计计算机程序，实施执行计算机程序及支持算法，测试已有的程序
监督指导	Supervision	监督和领导研究活动的策划和执行，包括对外部人员进行指导
有效验证	Validation	对研究的部分或整体进行核实验证，以保证实验和研究结果的可重复性
可视化	Visualization	对发表内容进行准备、创建或展示，特别是内容或数据的可视化展示
初稿写作	Writing-Original Draft	对发表内容进行准备、创建或表述，特别是撰写初稿，包括实质性翻译
写作审编	Writing-Review & Editing	对所发表的工作从原稿创作及展示内容做批判性审阅、评论或修订，直至出版前后各阶段

不得不承认的是，要确定具备哪些贡献值得成为作者，或者需要多少贡献才能获得作者身份，仍然具有挑战性。这无疑需要版权行政机关和司法机关在个案中衡量。在作品登记审查时，具体而言可以分为两个层面进行判断：第一，评估人类创作的主导性。结合申请人的创作说明、作品的表达，评估人类与人工智能在创作过程中的作用，根据人类在创作过程中发挥的主要贡献类别，确定谁是创作行为的主导者。第二，评估人工智能的辅助性。判断人工智能的贡献是否仅限于执行人类作者的指令，或者它是否有超出预设程序的自主创作行为。在"腾讯诉网贷之家"案和"菲林诉百度"案中，判断是否存在"人类创作贡献"的关键是，计算机仅是一种"辅助工具"，还是实际"自动构思并执行了作品中的创作要素"。总之，在作品登记审查时，应当根据人类和人工智能在实际创作过程中的贡献类别、贡献程度进行综合判断，并作出准予登记、驳回登记、不予登记等决定并说明理由。

（三）审查实务：以“分类审查”弥补“形式审查”之缺陷

版权登记之所以采取形式审查而非实质审查，其初衷在于广泛保护作者及其作品，进而激发创作热情，满足社会日益增长的精神文化需求。然而，在数字科技迅猛发展和人工智能创作物大量涌现的当下，形式审查的局限性越发凸显。若申请者隐瞒人工智能的参与程度或创作过程中使用生成器的情况，形式审查在判断作品独创性时就可能产生偏差。同时，实施实质审查虽能提升审查质量，但将消耗大量资源，增加登记成本，可能削弱著作权人的登记意愿，使登记制度流于形式。因此，引入“分类审查”成为必要选择。

“分类审查”的核心在于对作品及审查标准的细致划分。一方面，根据作品类型制定针对性的登记项目和审查方式，如传统美术作品和文字作品沿用既有形式审查标准；另一方面，对涉及人工智能生成或参与的作品，采取更为严格的审查标准。例如，在中国版权登记业务平台增设“涉人工智能作品”选项，实现申请时的合理分流。在审查过程中，应提升审查技术，如结合区块链技术的优势，确保登记信息的安全性和可信度。此外，加强对审核人员的培训，提高其对作品权利要素和归属要素的认定能力，确保更高标准的形式审查得以实施。

（四）加强作品登记中的披露义务和内容标识义务

应当在《作品自愿登记管理办法》中明确申请人对人工智能生成内容的披露义务。具体而言，在提交申请资料时，创作者只能对付诸创造性贡献的内容主张版权登记，并应当签署独创性声明、创作贡献说明。当作品内包含由人工智能生成的元素时，登记申请者需主动进行披露，否则承担不予登记的后果。这是因为，通常创作者不会直接使用未经修改的原始人工智能输出作为最终作品，而是会在其基础上融入人类的创意与表达。若完全否认人工智能生成内容的可版权性，可能导致众多结合了人工智能与人类创意的作品失去版权保护。因此，申请者主动披露作品中的元素，将有助于版权局区分哪些部分源于人类创造，哪些部分由机器生成，从而确保作品的可版权性。

此外，针对使用人工智能工具完成的作品，登记机构应当在醒目的位置提醒申请人履行披露义务，如在《作品自愿登记保证书》中简要说明人类作者对作品的贡献。同时，必须强调人工智能工具不应被列为单独作者或共同作者。对于人工智能自主生成的内容，人工智能的所有者、使用者均非创作者，无权以作者身份在人工智能生成内容上署名，而是应该标注该内容系“AI自主生成”，提醒登记机构仔细甄别。为了审查机构能更准确地识别人工智能生成的内容，以及避免公众对人工智能作品与普通人类作品产生混淆，人工智能服务提供者应对其生成的作品进行特殊标识。

（五）证据证明：建立“初步证据”与“相反证明”的杠杆平衡

在《作品自愿登记试行办法》中，有关版权登记作为证据的规定较为宽泛和粗略，仅提及“初步证据”四字。司法解释之所以如此设定，旨在保障著作权交易的效率和安全，为权利人举证提供便利，同时保护其权益，发挥了一定的证据规则调控作用。然而，这种对著作权人举证责任的倾斜，必须受到严格的限制。简而言之，可以在登记作为初步证据的规定后加上但书条款，即登记可作为初步证据，但有相反证明的除外。这样的规定可能更有利于平衡证明责任的分配。

在探讨版权登记作为“初步证据”与“相反证明”的证明标准时，可以参照民事诉讼法中关于“本证”与“反证”的规定。具体而言，原告在主张著作权归属时，需首先提供初步证据，通常为著作权注册登记证书。若原告提供的证据未能证明待证事实具有高度可能性，则举证责任不发生转移，遵循“谁主张谁证明”的原则。若原告举证不能，则需自行承担不利的诉讼后果。然而，若原告已履行举证义务，且初步证据具有高度可能性，被告应对著作权的权属问题提出相应证据。被告提出的相反证据必须足以使最初证据中的待证事实发生变化。为回应被告的反证，原告需提供更多证据以证明事实。因此，著作权侵权纠纷在“初步证据”与“相反证明”的反复博弈中逐渐明晰。同时，通过“初步证据”与“相反证明”来分配和转移举证责任，有助于避免著作权人陷入登记证书即为唯一确权证据的误区，仍需审慎起诉、积极举证。

（六）法律责任：明确恶意登记需承担的法律责任

为确保版权登记的真实性和准确性，美国版权局（USCO）于2023年3月10日发布了关于AI生成内容版权登记的具体指引，该指引被纳入美国联邦法规（CFR）第37编第202部分。根据这一指引，著作权申请人在提交作品登记时，必须明确披露AI在作品创作过程中的参与情况，并详细阐述人类作者对作品的贡献。然而，此指引未对版权局在审查过程中的具体职责作出明确规定，仅增加了申请者的披露义务。这一义务涉及主观判断，如申请者故意隐瞒或误导关于AI的使用情况，可能导致登记信息失真，进而损害登记的真实性。

因此，有必要在相关法律法规或指引中，对恶意登记行为设定明确的法律责任。作品恶意登记的法律责任，可参照商标权无效的法律后果进行处理。根据我国商标法相关规定，若已注册的商标系以欺诈或不正当手段取得，商标局将宣告该商标无效。商标无效后，其专用权自始不存在，先前法院和工商行政管理部门的商标侵权案件判决、裁定、调解书及执行决定，以及已履行的商标转让或使用许可合同，均不具有追溯力。但恶意注册给他人造成损失的，应予以赔偿。此外，商标无效宣告后一年内，商标局对与该商标相同或近似的新注册申请将不予核准。此等无效宣告与专利权无效宣告具有同等法律效力。因此，对于作品恶意登记，亦可采取类似措施。例如，版权局可宣告以欺诈或其他不正当手段取得的登记无效，该无效具有溯及力；同时，版权局可适度提高著作权申请登记费用，增加登记成本，以在出现恶意登记时通过不退还版权登记费用来更有效地打击和预防违法行为；对于因恶意登记而被宣告无效的申请人，自无效宣告之日起一年内，对其他作品的登记将不予受理。

课题组组长：张惠彬
课题组成员：肖启贤　王怀宾　邹雪林　刘诗蕾　沈浩蓝　侯仰瑶　何易平
钱欣怡　李俊豪　许蕾　王可心
承担单位：西南政法大学

人工智能数据输入的合理使用制度研究

徐美玲*

摘要： 大规模、高质量的数据输入是人工智能模型研发的技术性前提与基础。当前，人工智能产业面临伦理治理、法规建设等多重挑战，未经许可使用作品具有版权侵权之风险，并为产业实践带来负外部性。国际语境上，美国、欧盟、英国、日本等国家和地区的治理模式为中国提供了借鉴经验。中国语境下，综合对比授权许可、法定许可与版权集体管理制度等模式，合理使用制度在人工智能数据输入场景中具有更优的理论契合度与实践优势。研究建议以分主次、综合式的解决思路构建制度路径。在立法过渡期，宜扩大临时复制的概念范围，转换为整体观察的司法范式，提供开源语料库的版权“特权”。在立法阶段，以法律明文规定的形式增设数据输入的合理使用情形，并将条件设为不限定主体、目的和客体要件，允许复制、改编和传播作品，同时构建人工智能生成内容标识义务、征税措施、数据安全保护措施等配套制度，确保维护版权产业的发展利益。

关键词： 人工智能；版权数据要素；数据输入；版权侵权；合理使用

人工智能产业已成为数字经济高质量发展的关键驱动。2021年，中共中央、国务院印发《知识产权强国建设纲要（2021—2035年）》，指出要研究完善人工智能产出物的知识产权保护规则。中共中央政治局2023年4月28日召开会议，强调要“重视通用人工智能发展，营造创新生态，重视防范风险”。2024年《政府工作报告》指出，我国将继续培育创新文化，营造具有全球竞争力的开放创新生态。作为战略性新兴产业，人工智能是推动经济创新发展的“新质生产力”，与数据流动、数字变革紧密相关。培育并监管人工智能产业，是推动经济转型发展、丰富人民数字文化生活的重要举措。

在国际层面，安全监管人工智能产业、推动人工智能技术向善发展已成为国际治理共识。2023年11月，世界首届人工智能安全峰会召开，中国、美国、欧盟等28个国家和地区共同签署《布莱奇利宣言》（*Bletchley Declaration*），展示了世

* 徐美玲，对外经济贸易大学法学院助理教授、知识产权金融研究中心主任、市场监管研究院副秘书长，北京大学法学博士，美国加州大学伯克利分校访问学者，中国科学技术法学会理事、人工智能法专业委员会特聘研究员，北京知识产权法研究会信息网络与数据法专委会副秘书长，北京大学粤港澳大湾区知识产权发展研究院研究员，本课题组组长。

界各国合作治理人工智能的担当与意愿。2024年3月，欧盟议会正式批准《人工智能法案》，为全球人工智能治理困局给出了欧盟方案。2024年5月，中国同法国发布关于人工智能和全球治理的联合声明，表示两国在推动人工智能开发与安全方面的意愿和共识。人工智能治理不仅是新时代中国社会发展的重要议题，也是国际社会治理的前沿方向。

近年，人类社会见证了人工智能技术发展的又一次跃迁。从2023年文字生成模型ChatGPT进入公众视野，文生图模型Midjourney引发产业关注，到2024年初文生视频模型Sora发布、2024年3月文生音乐模型Suno V3版本问世，人工智能已深度融入书、画、影、音等传统文化领域，极大改变了该行业内的创作生态。各类人工智能技术及应用以新理念、新业态、新模式全面融入人类社会的方方面面，正在深刻地改变各行各业的发展格局。

“人工智能+版权”带来了数字内容创作的蓬勃生长，但也加重了版权保护面临的“失控”困境。从法律角度，人工智能带来了新的技术模式，对人工智能技术本身、其过程性行为以及生成结果的法律定性是版权法规则首先面对的难题。同时，创作生态的改变也将重塑“作者—作品—使用者”的纽带关系，对利益平衡理论、思想/表达二分法、作者中心主义等版权法基本理论提出挑战。从实务角度，人工智能技术的法律风险已成为切实存在的问题，与人工智能相关的版权纠纷逐渐进入司法视野，如我国“AI文生图侵权第一案”和“AIGC平台侵权第一案”。可以预见的是，人工智能领域的版权纠纷仍将持续增长，给现有的版权制度带来冲击和挑战。

聚焦于人工智能生成领域，数据输入是人工智能技术的基础和驱动力，也是人工智能应用的关键环节。然而，数据输入过程中可能涉及人的版权作品，如未经权利人许可，则构成侵权的风险较大。如何在保护版权人合法权益的同时，为人工智能数据输入提供合理性与合法性支持，是亟待解决的重要问题。

综观之，人工智能产业是新时代我国数字经济高质量发展的战略产业，构建人工智能监管规则是全球治理的瞩目焦点。在当前我国大力发展“人工智能+”行动的政策背景下，在加快培育数据要素市场的经济环境下，在全球开展人工智能产业竞争的国际局势下，构建人工智能数据输入的合理使用规则具有及时性与必要性，将为人工智能的产业发展提供制度助力，为数字文化的繁荣贡献版权智慧与力量。

一、技术机理：人工智能生成的数据输入与使用

从计算机到人工智能的发展，标志着人类文学创作实践的一次重要跨越。现今，随着人工智能技术的深入发展，利用人工智能辅助或使用人工智能完成文学艺术作品的创作已成为实际可行技术选择。人工智能输入端对其创作过程产生着至关重要的影响，数据输入是人工智能创作的前提。

（一）人工智能数据输入的技术原理

1. 人工智能的创作原理

自1955年美国科学家约翰·麦卡锡（John McCarthy）提出人工智能一词以来，人工智能已从最初的简单模拟人类智能活动，变成可以辅助和支撑人类行为和活动的具有人类智力的前沿技术。[①]对于人工智能的定义，安德烈亚斯·卡普兰（Andreas Kaplan）[②]、钟义信等诸多国内外学者从不同角度进行了阐释。为统一世界各国对人工智能的基础定义，经济合作与发展组织于2023年通过了对于“人工智能系统”定义的修订版本。[③]综合国内外研究，本报告将人工智能定义为，基于机器学习等先进技术，来模拟、呈现和拓展人类智能的一类理论方法和应用技术。

人工智能的生成方式可分为两种技术路径，一种是代码定义，一种是数据训练。[④]代码定义型生成中，人工智能主要作为减少人类重复投入的工具。而数据训练型（机器学习型）生成中，人工智能通过“学习”人类的思维模式进而形成先进算力，如智能化音乐创作引擎Suno AI。当前主流人工智能模型已从代码定义型发展为数据训练型，由此并发的人工智能法律风险也与机器学习密切相关。

人工智能的生成过程可分为三个阶段（图1）。其中，数据输入阶段是人工智能创作的原初积累阶段，机器学习与结果输出阶段都将有赖于所采集的数据。

---

① 重庆科技发展战略研究院．人工智能学理概念的明晰：政策文本的视角［EB/OL］.（2018-03-23）［2024-09-10］. https://www.castss.com/sp/subchannel_info.aspx?Id=201803230956327799387487e8fe643.

② Kaplan A，Haenlein M. Siri，Siri in my Hand，who's the Fairest in the Land? On the Interpretations，Illustrations and Implications of Artificial Intelligence［J］. Business Horizons，2019，62（1）：15-25.

③ OECD. Updates to the OECD's definition of an AI system explained［EB/OL］.（2023-11-29）［2024-09-10］. https://oecd. ai/en/wonk/ai-system-definition-update.

④ 吴汉东．人工智能生成作品的著作权法之问［J］. 中外法学，2020（3）：654-655.

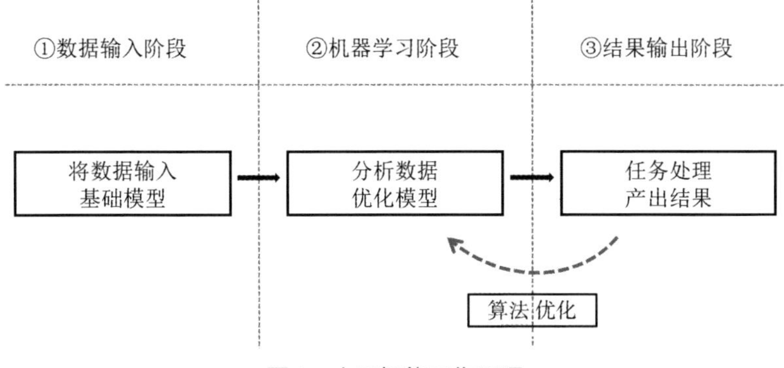

图1 人工智能工作原理

2. 机器学习的主要环节

人工智能内容生成智能化基于Transformer等技术，通过调用学习的大量文本和对话数据，实现预测性对话生成。[①]机器学习涉及以下七个环节（图2）。

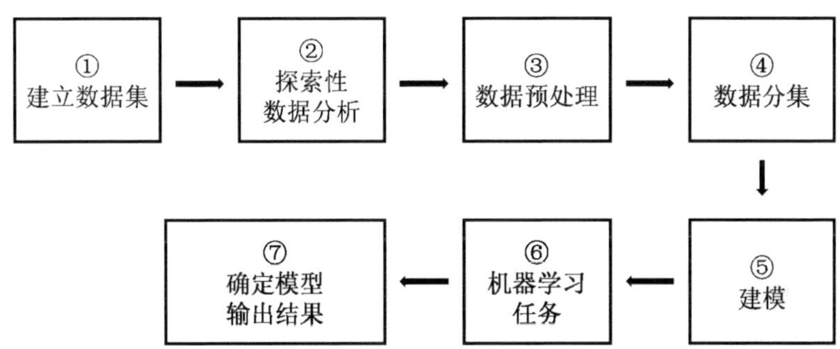

图2 机器学习的主要环节

第一，构建数据集，特征（X）和目标变量（Y）是构成数据集的主要部分。第二，探索性数据分析（EDA）是机器学习前的重要步骤，旨在通过对数据的初步探索来为后续建模工作做准备。第三，数据预处理，其主要目的是纠正数据中的缺失值、异常值等，以提高模型的准确性。第四，数据分集，以模拟未知数据对模型的预测能力。通过将大型任务分解成小型子任务，可以显著提高大规模数

① 丛立先，李泳霖. 聊天机器人生成内容的版权风险及其治理——以ChatGPT的应用场景为视角［J］. 中国出版，2023（5）：16.

据挖掘的性能。[①]第五，模型建立。根据目标变量的类型，选择合适的机器学习算法来建立分类或回归模型。第六，机器学习任务。以监督学习为例，将具体实施分类和回归任务。[②]第七，确定模型并输出结果。

（二）人工智能数据输入的来源和类型

1. 人工智能数据输入的数据来源

从零星的、开放的与无版权门槛的数据，到期刊文献、媒体新闻等，人工智能数据输入的数据来源逐渐呈现海量化、聚合化、专业化的特点。表1显示了人工智能模型训练数据的主要来源及示例（其中可能包含受版权保护的作品）。

表1　人工智能模型训练数据来源及示例

数据来源	示例
网络公开数据	搜索百科：如维基百科； 在线书籍：如Project Gutenberg提供的免费电子书； 在线期刊：如ArXiv提供的论文； 社交网站链接：如Reddit； 政府公开数据：如美国国家卫生研究院（NIH）官网
用户生成数据	如百度产品“文心一言”个人信息保护规则： 我们还会使用对话信息提高文心一言对您输入内容的理解能力，以便不断改进文心一言的识别和响应的速度和质量，提高文心一言的智能性
开源数据集	如Common Crawl数据集、The Pile数据集、Wu Dao MM数据集、Noah-Wukong数据集等
自研数据集	如OpenAI通过开放式竞赛的方式吸引全球研究人员和开发者参与数据集的构建
第三方处购买数据	如OpenAI与数据供应商合作，购买商业数据作为训练数据的补充

① Hamad A，Saleh S N，Abouelfarag A. Improving Performance of Distributed Data Mining［C］// 2017 27th International Conference on Computer Theory and Applications，International Conference on Computer Theory and Applications 111. 2017：111-116.

② 腾讯云. 强化学习与监督学习和无监督学习有什么区别?［EB/OL］.（2024-05-10）［2024-09-10］. https://cloud.tencent.com/developer/techpedia/1750/12116.

首先，网络公开数据包括搜索百科、在线期刊、新闻媒体等网页中的数据，通常通过自动化技术获取。网络公开数据是一种“以数字化形式存在的人类集体知识与智慧贡献”[①]，其体量大、领域广，是人工智能进行机器学习的关键数据来源。

其次，用户上传和利用人工智能模型创造的数据是人工智能模型进行优化的数据来源之一。人工智能开发者通常通过用户协议、隐私政策等形式与使用者约定用户数据的归属和使用权。[②]通过在用户自产自销过程中追踪内容生产者和消费者行为，使用算法分析进行精准匹配。[③]依托广泛的用户数据与反馈，将有助于模型获取更新、更符合用户画像的数据。

此外，开源数据集和数字化的非电子数据也是人工智能训练数据的主要来源。非电子数据主要是纸质媒介中的数据，例如传统图书馆中的数据。[④]数字化的非电子数据即为非电子数据通过数字化过程被转换成可以被数字设备处理和存储的数字格式数据。

最后，人工智能生成物在未来受到法律保护时，也可能继续面临不同的生成式人工智能产品之间的相互进行数据学习所带来的版权问题。[⑤]因此，需要加强相关法律法规的制定与完善，以确定人工智能生成物合法权益的保护模式。

2. 人工智能数据输入的数据类型

按照主体划分，数据可以分为个人数据、企业数据、政务数据、公共数据几大类别。[⑥]按照领域划分，数据可以分为电子商务数据、数字内容数据、金融数据、数字政府数据和其他领域数据。[⑦]本报告采取版权法上的合法性作为划分标准，依此将人工智能用以训练的数据分类，如图3所示。

---

① Rodriguez Maffioli D. Copyright in generative AI training: Balancing fair use through standardization and transparency［DB/OL］. SSRN，2023.

② 刘友华，魏远山．机器学习的著作权侵权问题及其解决［J］. 华东政法大学学报，2019（2）：71.

③ 胡凌．生成式人工智能知识产权侵权的司法考量［J］. 数字法治，2023（5）：20.

④ 叶雅珍，朱扬勇．数据资产［M］. 北京：人民邮电出版社，2021：2.

⑤ 张平．生成式人工智能数据训练知识产权合法性问题探讨［EB/OL］.（2023-09-03）［2024-09-14］. https://mp.weixin.qq.com/s/qTUII85bMTrPQrfzdzhtQA.

⑥ 赵磊．数据产权类型化的法律意义［J］. 中国政法大学学报，2021（3）：72-82.

⑦ 吴翌琳，王天琪．数字经济的统计界定和产业分类研究［J］. 统计研究，2021（6）：27-29.

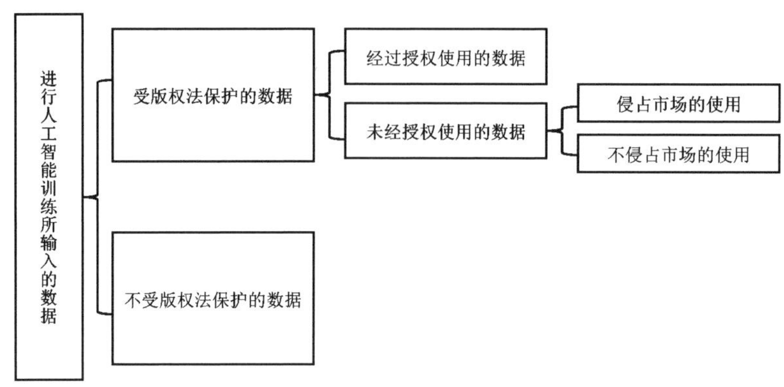

图3　人工智能数据输入的数据类型

首先，对于不受版权法保护的数据，存在两种情况。其一，数据因不符合法定标准而不属于受版权法保护的作品，如完全由人工智能生成的内容。其二，数据符合版权法规定的作品条件，但因保护期限届满等原因而流入公共文化领域，如数百年前的绘画、乐曲。

其次，经授权使用的数据是指获得版权人授权或从正规商业渠道购买的数据。实践中，人工智能研发者通过与版权人一对一签订协议、版权集体管理机构合法授权，或通过正规商业渠道购买，从而获取相应的版权数据用于人工智能训练。

再次，未经授权使用的数据可细分为侵占市场的训练数据与使用，和不侵占市场的训练数据与使用。[①]前者指使用数据导致生成内容高度类似原作品，形成竞争关系，如微软与OpenAI使用《纽约时报》新闻训练模型，涉嫌不正当竞争。[②]后者则包括非表达性使用（如将作品作为事实性信息利用）和不足以替换原作品市场地位的表达性使用（如人脸识别和深度合成），这些使用方式不损害原作品的商业或市场价值。

（三）人工智能数据输入的基础性作用

“未来一个模型的好坏，20%由算法决定，80%由数据质量决定，接下来高质

① Sobel B. A Taxonomy of Training Data：Disentangling the Mismatched Rights，Remedies，and Rationales for Restricting Machine Learning，Artificial Intelligence and Intellectual Property［J］. 2020（6）.

② The New York Times v. Microsoft Corporation et al.，Case 1：23-cv-11195（S. D. New York）.

量的数据将是提升模型性能的关键”。[①]以数据为中心的人工智能将更加专注于数据的价值，进一步推动人工智能模型性能突破。

1. 数据输入直接影响模型性能

数据输入对人工智能模型的重要性不容忽视。首先，数据的质量是机器学习模型性能的上限。[②]其次，数据的规模也是影响人工智能模型性能的重要因素。大规模、多样化的数据集可以帮助模型更好地学习到复杂的模式和关系。[③]最后，数据的代表性将影响人工智能模型能否泛化到未见过的数据。[④]倘若训练数据不能充分覆盖潜在的应用场景，模型就可能在实际应用中表现不佳。

2. 数据枯竭或将引发系列问题

随着深度学习技术的发展，人工智能模型对于训练数据的需求呈指数型增长。有研究表明，高质量语言数据的存量很可能在2026年之前耗尽。[⑤]在自然语言处理领域，高质量数据的稀缺性已成为现实问题。

高质量数据资源的枯竭将对人工智能模型优化与结果产出造成影响。第一，缺乏高质量数据所带来的直接问题便是使模型训练难度增加。第二，缺乏高质量数据将导致模型性能受限，泛化能力下降。[⑥]第三，缺乏高质量数据将引发信息瓶颈问题。[⑦]第四，在输出端，缺乏高质量数据可能导致算法误导、社会内隐偏见等问题。

尽管数据生成技术如合成数据、海量数据框架、协同过滤推荐算法等能缓解数据缺乏问题，但高质量、高密度数据仍是人工智能模型训练的基石。因此，扩

---

① 中信证券. 中信智库发布《人工智能十大发展趋势》[EB/OL].（2023-07-10）[2024-09-10]. http://www.cs.ecitic.com/newsite/news/202307/t20230710_1179138.html.

② Jain A，Patel H，et al. Overview and Importance of Data Quality for Machine Learning Tasks [C] // Proceedings of the 26th International Conference on Knowledge Discovery and Data Mining. 2020: 3561-3562.

③ Deng J，Dong W，et al. ImageNet：A large-scale hierarchical image database [C] // 2009 IEEE Conference on Computer Vision and Pattern Recognition. 2009.

④ Clemmensen L，Kjærsgaard R. Data Representativity for Machine Learning and AI Systems [J/OL]. arXiv. org，2022.

⑤ Villalobos P，Sevilla J，et al. Will we run out of data? An analysis of the limits of scaling datasets in Machine Learning [J/OL]. arXiv. org，2022.

⑥ Jain A，Patel H，et al. Overview and Importance of Data Quality for Machine Learning Tasks [C] // Proceedings of the 26th International Conference on Knowledge Discovery and Data Mining. 2020: 3561-3562.

⑦ Alomrani M A. A Critical Review of Information Bottleneck Theory and its Applications to Deep Learning [J/OL]. arXiv. org，2021.

大优质数据来源对技术创新和产业发展至关重要。

二、现实困境：数据输入的产业现状与合规风险

（一）产业崛起：人工智能数据输入的关键动力

在全球范围内，人工智能正以前所未有的速度发展，成为推动科技革命和产业变革的关键力量。人工智能技术的广泛应用正在深刻影响着经济、社会、文化等多个领域，同时也带来了一系列新的挑战和问题。为了应对这些挑战，各国政府和国际组织都在积极制定和实施各自的人工智能政策和战略，以促进人工智能技术的健康发展，并确保其应用能够符合全人类的共同利益。

美国作为全球人工智能技术的领导者，通过一系列政策和立法措施，如《保持美国在人工智能领域的领导地位》（*Executive Order on Maintaining American Leadership in Artificial Intelligence*），巩固了其在全球人工智能领域的领先地位。美国政府强调人工智能技术的安全性、隐私权保护、公平性、公民权利、消费者与劳工权益的维护等原则，并通过跨部门的人工智能委员会监督和协调人工智能相关的政策实施工作。同时，美国联邦机构采取务实的政策立场，明确指出现行法律体系对人工智能技术的适用性，并强调在短期内，美国对人工智能的监管将侧重于对现有法律如何适用于人工智能技术的解释和应用。

欧盟则通过《人工智能法案》（*Artificial Intelligence Act*）展现了其对高风险人工智能应用的审慎态度。该法案旨在为欧盟内的人工智能应用提供规范性框架，基于风险评估对人工智能系统进行分类，并针对具有“不可接受”风险的人工智能系统实施禁令，同时对可能对人的健康、安全或基本权利造成不利影响的“高风险”人工智能系统进行规范。欧盟的这一法案采纳了一种基于风险层级的监管方法，将人工智能系统划分为四个不同的风险等级，并据此制定相应的监管要求。此外，法案还特别针对通用人工智能（GPAI）模型制定了具体规则，并为那些可能带来系统性风险并显著影响内部市场的GPAI模型设定了更为严格的标准。

英国的《国家人工智能战略》（*National AI Strategy*）则详细阐述了该国在全球人工智能领域的发展规划，旨在巩固英国在科学研究和技术创新方面的既有优势，并以此作为经济增长的催化剂。英国政府宣布了一种以促进创新为核心的人

工智能监管方法，该方法主要依托现行法律框架及现有监管机构来规范人工智能技术的应用。监管机构需依据一系列原则进行操作，包括但不限于安全性、稳健性、透明度、公平性、问责制、竞争性和救济等。英国政府已承诺对人工智能领域投资超过23亿英镑，并通过诸如NHS AI实验室和图灵人工智能研究者奖学金等倡议，推动人工智能技术在医疗保健领域的应用并吸引顶尖人才。

新加坡的人工智能产业政策在其最新发布的《国家人工智能战略2.0》（NAIS 2.0）中得到了明确的体现。该战略旨在未来三至五年内，通过人工智能技术的应用，提升新加坡在社会和经济层面的发展潜力，解决当前面临的挑战，并推动经济增长与创新。NAIS 2.0的战略愿景是“AI for the Public Good, for Singapore and the World”，其核心目标集中在两个方面：卓越与赋能。卓越目标的实现旨在推动人工智能领域的前沿发展，特别是在人口健康和气候变化等全球性重要议题上，以实现价值创造的最大化。而赋能目标则致力于提升个人、企业和社会对人工智能的使用信心，通过提供必要的能力和资源，确保各方能够在人工智能驱动的未来中蓬勃发展。

在全球化的科技竞争格局中，各国对人工智能的政策立场不仅反映了其对技术进步的适应性，也体现了各自的经济战略、社会价值观和伦理考量。与此同时，国际社会正积极寻求建立多边或双边的政策框架，旨在促进人工智能技术的健康发展，并确保其应用能够符合全人类的共同利益。数据安全与隐私保护构成了人工智能国际政策的核心议题。联合国大会通过的决议强调了在整个人工智能系统生命周期内，尊重、保护和增进人权及基本自由的重要性。技术标准与伦理原则是构建国际人工智能治理体系的另一基石。诸如经济合作与发展组织（OECD）和二十国集团（G20）等国际组织已经制定了一系列人工智能原则，这些原则强调了人工智能技术的可靠性、可解释性及伦理应用，为人工智能的开发和应用提供了道德和法律指导，确保人工智能技术的发展不会对社会造成负面影响。

国际合作与能力建设是推动人工智能技术全球普及的关键因素。多边协议鼓励会员国之间的合作，包括技术和财务援助的提供，以及公平享受人工智能系统带来的利益。此外，监管框架的建立对于确保人工智能技术健康发展同样至关重要。欧盟等地区正在积极推进人工智能技术应用的监管体系建构，旨在制定统一的技术规范和标准。公共数据的开放与共享对于人工智能的训练至关重要。多边协议鼓励公共数据的分类分级有序开放，以扩展高质量的数据资源。同时，国际行为准则的制定旨在指导人工智能的开发和使用，如七国集团（G7）广岛人工智能进程针对先进人工智能系统开发机构制定的国际行为准则。

风险管理与安全保障构成了国际人工智能政策的重要组成部分。国际决议和双边协议中强调了减少人工智能系统带来的风险，加强隐私保护工作，促进公平和人权的重要性。此外，国际治理机制的建立是应对人工智能带来的全球性挑战的有效途径。可持续发展目标（SDG）与人工智能技术的结合是国际人工智能政策的一个重要方向。通过利用人工智能工具帮助各国实现SDG，人工智能技术不仅能够促进经济增长，也能够为解决全球性问题如贫困、饥饿和气候变化等提供支持。

综合来看，国际双边或多边层面的政策正致力于建立一个全面、协调、透明的人工智能治理框架，以确保人工智能技术的健康发展，并最大化其对全球社会的积极影响。随着人工智能技术的不断进步，这些政策和框架预计将继续演进，以适应新的技术和国际环境的变化。在全球化的科技竞争格局中，各国对人工智能的政策立场不仅反映了其对技术进步的适应性，也体现了各自的经济战略、社会价值观和伦理考量。中国在制定和实施人工智能政策时，既要考虑国际合作与竞争的大局，也要深入分析国内产业的实际需求，制定出既符合国际趋势又具有中国特色的人工智能发展战略。通过这种方式，中国有望在全球人工智能领域中发挥更加积极的作用，并为全球人工智能治理贡献中国智慧和中国方案。

（二）版权迷局：人工智能领域的版权争议解析

在全球人工智能领域，版权争议成为司法治理的一个重要议题。美国作为人工智能技术的领先国家，其司法实践对于全球具有重要的参考价值。在美国，已经出现了多起与人工智能技术相关的版权案件，如“Tremblay v. OpenAI，Inc.”案、“Andersen v. Stability AI Ltd.”案和“Getty Images v. StabilityAI”案。这些案件的判决结果和司法逻辑对全球处理类似案件提供了重要的参考。美国法院在这些案件中展现了审慎的司法态度，要求原告提出明确的侵权主张，并在直接与间接侵权之间做出明确区分。同时，法院对于合理使用原则的适用表现出高度的审慎，这一原则在美国版权法中占据核心地位，允许在特定条件下对受版权保护的作品进行有限的使用。美国法院的这些判决有助于理解和应对人工智能技术发展中所面临的版权法挑战，促进了法律界对于人工智能领域版权问题的深入思考与讨论。

在中国，虽然目前还没有与人工智能数据输入直接相关的司法实践案例，但广州“奥特曼”案等间接相关案例为司法治理提供了一定的参考。该案件中，法院采用了“实质性相似+接触可能”的判断方法来认定侵权行为，并明确了人工智能服务提供者应承担的注意义务。法院的判决在侵权判定上表现出一定的激进性，而在责任承担上则表现出保守性，显示出实用主义的审判倾向。这一判决既保护了著作权人的合法权益，也鼓励了技术创新和产业发展，体现了中国司法界在维护权利与促进技术发展之间寻求平衡的努力。此外，该案件的处理还引发了学术界对于人工智能技术中图像生成的复杂性、人工智能数据训练的法律问题以及AIGC服务提供者注意义务等多层面的讨论。

总体来看，无论是在美国还是中国，法院在处理人工智能数据输入训练版权案件时，都表现出了对新兴技术审慎接纳的态度，并在权利保护与技术进步之间寻求平衡。随着人工智能技术的不断进步，法院的这种审慎和适应性对于确保法律的基本原则得到尊重和维护，同时促进技术创新和产业发展，将发挥至关重要的作用。这些司法实践不仅为未来类似案件的处理提供了宝贵的经验和指导，也为国际在人工智能技术法律问题上的共识和合作奠定了基础。

（三）规则缺失：人工智能数据输入的法规挑战

在人工智能技术的快速发展过程中，数据的合法合规使用成为立法和实践中的关键议题。我国在国家层面上已通过《中华人民共和国数据安全法》《中华人民共和国网络安全法》以及《中华人民共和国个人信息保护法》等为数据的合理利用和安全保护提供了基本法律框架。这些法律鼓励数据资源的开发利用，同时确保数据安全和个人信息的合法交易。然而，面对人工智能技术带来的新挑战，现行著作权法在某些方面显得滞后，尤其是在人工智能系统通过学习大量现有作品创造新内容的过程中可能涉及的版权问题。例如，《生成式人工智能服务管理暂行办法》要求服务提供者使用合法数据源，但在实际操作中，确定数据的合法来源和避免对受保护作品的使用存在困难。

地方性法规在促进数据资源开放和流通方面也起到了作用，截至2024年2月，已有20个省市出台了数据相关立法。这些地方性法规对数据交易的合法性、合规性提出了要求，推动了人工智能的发展。同时，我国在国际合作中展现了积极姿态，通过签署国际公约如《经合组织人工智能原则》和《布莱奇利宣言》，为全球人工智能治理和国际规则制定做出了贡献。尽管这些国际公约为国内立法提供了参考，但在立法和治理过程中仍面临挑战，包括技术发展速度与立法周期之间的时间滞后问题，以及人工智能技术的跨界特性对立法者提出的高要求。

人工智能技术的迅速发展要求版权法律进行相应的改革和创新。传统的版权法许可使用制度在人工智能领域显得不再适用，因为人工智能训练依赖大规模、多样化的数据集，而版权许可通常有时间和地域限制，且操作复杂、成本高昂。此外，人工智能训练数据的匿名化和非个人化处理增加了版权识别的难度，而人工智能技术的快速迭代特性要求数据使用许可流程更加灵活迅速。现有版权法律的不确定性和滞后性对人工智能创新构成了挑战，需要国际法律的协调和统一。

为适应人工智能技术的发展，有必要探索新的数据使用机制，如数据使用协议、数据信托、版权例外和限制等，这些替代性方案可能更适应人工智能数据输入训练的特点。同时，数据共享与开放获取倡议的增多，要求传统的许可使用制度与开放数据趋势相适应，需要更灵活和开放的数据共享机制。通过这些措施，可以构建一个既能保护版权又能激励创新的法律环境，为人工智能的未来发展提供坚实的法律基础。

三、理论分析：破除数据输入版权困境的必要性分析

数据是人工智能的原料，很难否认海量数据中存在受版权法保护作品的概率，人工智能对海量数据的利用不啻在“版权丛林”中艰难穿身。考察现行著作权法及其他相关法律法规，在未经版权人许可的情况下，人工智能对作品的使用具有侵权风险，这种侵权风险将对版权理论造成冲击，并为产业实践带来巨大的负向效应。

（一）数据输入的版权侵权风险透视

判断人工智能作品的使用是否侵权，应当以考察行为是否在著作权法第10条规定的十六项权利范围内为逻辑起点。在个案中依据“接触+实质性相似”的判断标准初步认定构成侵权的前提下，还应当考察人工智能对作品的使用是否满足法定许可制度、合理使用制度等法定免责事由要求。另外，溯源侵权风险的问题根源有利于透视数据输入的困境症结，以进行更深入的分析。

1. 数据输入涉及的权利类型分析

我国著作权法第10条规定了四项人身权、十二项财产权，人身权包括发表权、署名权、修改权、保护作品完整权。从数据来源看，使用用户存储在平台内但未曾发表的作品将满足未发表的条件，而生成式人工智能有可能“再现”训练时的数据，这增加了向不特定人公开作品的可能。因此，人工智能对数据的使用

可能侵犯作者发表权。为保证高质量的模型训练和更精准的内容输出，人工智能运营者对数据进行标注时更加倾向于标注正确的作者信息，以便人工智能将作品内容和风格与作者产生特定联系，没有动力在数据输入阶段篡改作者信息。因此人工智能对作品的使用侵犯署名权的概率较小。同样，人工智能为保证高质量的模型训练，不太可能篡改、歪曲作品信息。因此，人工智能对作品的使用侵犯修改权和保护作品完整权的可能性较小。

人工智能对财产权的侵权风险集中显影于复制权、改编权和信息网络传播权。第一，人工智能对训练数据的使用可能侵犯复制权。“复制行为”须满足如下两则要件，即应当在有形物质载体上再现作品，并且作品被相对稳定地“固定”在有形载体上。[①]人工智能将作品相对稳定地存储于企业的服务器或其他存储设备中，可以认定为属于永久复制的范畴，此种复制行为具备侵权风险。值得注意的是，数据输入过程中需要将自然语言转换为机器可读的“机器语言”，此种“转码”行为本质仍属复制行为，而非翻译行为。原因在于，翻译作品应当具有独创性，如果两种语言存在一一对应的关系，则此种过程应当属于复制，而非翻译。[②]第二，数据输入可能侵犯改编权。对于侵占市场的作品使用行为，由于其可能在后端复现训练数据，存在构成侵犯改编权的可能；与此相反，对于不侵占市场的作品使用行为，其在后端无法复现训练数据，侵犯改编权的可能性较小。第三，数据输入可能会侵犯信息网络传播权。一方面，在人工智能进行数据抓取与学习的过程中，可能会将相关数据上传至云端，或通过互联网进行传输，存在数据泄露的风险；另一方面，侵占市场的数据使用方式可能会在生成端复现原作品，并向不特定用户提供。因此，侵占市场的数据存在侵犯信息网络传播权的风险，不侵占市场的数据此种风险较小。此外，数据输入阶段人工智能对其他财产权涉及较少，可在实践中结合输出端对作品的使用方式作具体分析。

2. 法定免责事由的适用空间狭窄

现行著作权法规定了合理使用、法定许可两种限制著作权的制度，但由于法律条款列举具体、法律概念内涵和外延较为明确，因此法律文本解释空间有限，加之人工智能对作品的使用方式存在类型化的区别，故通过解释论的方法将法律

---

① 董凡，关永红．论文本与数字挖掘技术应用的版权例外规则构建［J］．河北法学，2019，37（9）：150.

② Gao Y，Kossof P，Dong Y. Research on the Dilemma and Improvement of the Copyright Fair Use Doctrine Related to Machine Learning in China［J］. UIC Review of Intellectual Property Law，2022（22）：5-6.

规定涵摄至人工智能对作品的使用难度较大。

就十二项合理使用情形和著作权法第13条逐项分析，难以突破的语义壁垒和对实践的高度依赖性导致合理使用制度适用空间狭窄。同时，著作权法规定了四种法定许可情形，适用于人工智能对作品的使用方式也存在合理使用制度的适用难题。另外，《伯尔尼公约》和《世界版权公约》的现行文本均规定了强制许可制度。目前我国未在著作权法中予以规定，也未见相关实践，因此分析现行法下强制许可制度的可适用性的讨论基础较为薄弱。

3. 数据输入侵权风险的症结根源

上述侵权风险是版权权属范围扩张、获权门槛低下与数字环境中作品“过度保护”的技术环境相结合的产物。[①]作品创作和传播实践的嬗变不断推动版权理论朝扩大版权人权利的方向演化，数字环境中平台对用户创作的独占和技术措施的适用使作为专有权的版权为权利人扩大对作品的控制提供了可能。

回眸版权理论发展历史，版权客体呈现扩大化趋势，表达仅需满足最低限度的独创性即可成为受版权法保护的作品，且作品自动获得版权的制度使作者获权门槛降低，兜底权利类型的设置为版权半径的延伸提供了可能。在此基础上，“代码之治”下作品“过度保护”的趋势加筑数字环境下的“版权壁垒”。首先，持有大量用户数据的企业可通过用户许可协议获取用户在平台内知识产权的“一揽了”授权，通过“全部接受或彻底退出”的条款设计排除用户和第三方行使所有权的主张，并同时拒绝与第三方交易用户数据。其次，数据持有者可通过技术措施否定权利用尽原则的适用，以此实现对作品的“长臂管辖”。发行权一次用尽原则阻止了版权人在作品发行后对作品的垄断性控制，版权人愿意做出让步的重要原因之一是当作品首次合法投入市场后，著作权人无力控制作品载体的后续流通。[②]但在数字技术时代，版权人可以通过技术措施扩展作品控制范围。

（二）人工智能使用作品的理论诊断

版权法的立法目的归根结底是实现权利人和使用者的利益平衡，但技术的发展赋予了使用者前所未有的相对优势，双方利益面临失衡。版权本身作为排他权和专有权，具有在特定作品领域的垄断地位，但在人工智能语境中将导致资源分

---

① Sobel B. A Taxonomy of Training Data: Disentangling the Mismatched Rights, Remedies, and Rationales for Restricting Machine Learning［M］. Oxfoyd University Press, 2021: 8.

② 孙山. 数字技术时代作品“过度保护”现象的治理逻辑［J］. 科技与出版，2024（2）：103.

配的无效率。同时，一国制度的构建应当符合国家整体发展利益，在人工智能的战略地位被提升至新高的今天，更需审慎考虑人工智能语境下权利人和使用者的关系。

1. 利益平衡机制：维持还是打破？

版权制度的主要功能有三，包括保护、平衡和传播。数据输入及机器学习技术模糊了创作者、版权所有人之间的界限，打破了个人利益和公共利益之间的平衡。一方面，人工智能技术对版权人的现有利益造成威胁。人工智能生成作品的数量和质量不断增加，将对版权人的现有市场地位与商业需求造成不利影响。另一方面，人工智能技术也将在一定程度上对社会公共利益造成减损。人工智能创作的广泛应用在长期上则会抑制创作者的原始创作积极性，进而不利于保持文化创作市场的整体活力。同时，在市场层面，人工智能技术将导致版权人的利益流向大型公司。[①]考虑到人工智能创作的边际成本较低，将会有更多公司将资本投入人工智能模型的研发和使用，原有的独立的版权人利益将向人工智能技术公司聚合，打破版权制度的平衡状态。

在互联网经济模式下，越来越多的社会公众可以在互联网平台上发布个人创作的作品，普通公众也能够成为创作的主体，版权利益由出版公司流向社会公众。而人工智能技术的出现，再次扭转了权利人与使用者之间的身份地位，使得版权利益由社会公众回流至大型技术公司。因此，亟须构建人工智能领域的利益平衡机制。

2. 市场失灵理论：垄断是否合理？

市场失灵理论认为，完全竞争的市场结构是资源配置的最佳方式，但在现实经济中，完全竞争市场结构仅是一种理论上的模型，由于垄断、外部性等因素，仅靠价格机制无法实现资源的最优配置。将市场失灵理论应用于版权交易与许可，其核心思想在于：当使用者向原作者寻求许可的交易成本显著高于利用行为产生的社会福利时，使用者可以享受免责。[②]倘若在数据抓取过程中严格依照版权许可制度，向每一个可能涉及的版权所有人获取授权许可并支付相应报酬，将会导致人工智能研发的交易成本大大增加。此外，在版权授权交易过程中，版权人可能会对不同的使用者采取不同的授权价格，进而形成价格歧视[③]，利用数字

① 刘友华，魏远山．机器学习的著作权侵权问题及其解决［J］．华东政法大学学报，2019，22（2）：75.
② 蒋舸．论著作权法的“宽进宽出”结构［J］．中外法学，2021，33（2）：331.
③ 王楷文．人工智能数据输入与著作权合理使用［J］．文献与数据学报，2021（1）：113.

技术将版权控制于有限范围之内，禁止他人学习和欣赏，这一现象的出现将有损知识财产交易市场的公平性。

应指出，人工智能未经许可使用版权数据可能减损版权所有人的利益，但在市场经济理论视角下，综合衡量人工智能数据输入的损害与利益，其对版权所造成的减抑将小于由此产生的积极效益。[①]人工智能创作技术的应用降低了知识创作和传播的成本，增加了对知识生产和保存的激励，有助于吸引更多创作者利用人工智能技术进行创作，创造出新一轮的知识价值增量。

3. 政策选择理论：国家如何抉择？

数字经济的发展离不开数据资源的支持，数据输入是人工智能进行创作学习的源头之水，是科研创新的重要支撑。对于版权保护与产业发展之间的矛盾，重点关注国家整体发展政策，兼而考虑全球版权保护与人工智能技术发展现状，使版权制度的调整方向与国家发展政策相适应、与全球发展趋势相契合。

我国高度重视人工智能产业发展，在促进技术产业创新的同时加快推进相关法律法规的配套出台。无论是2017年国务院印发的《新一代人工智能发展规划》[②]，还是2021年中共中央、国务院印发的《知识产权强国建设纲要（2021—2035年）》[③]，均重视人工智能产业发展，并要求推动人工智能和知识产权领域立法。此外，我国针对人工智能技术出台了多项专门性政策。2023年8月15日，《生成式人工智能服务管理暂行办法》出台，为人工智能产业发展提供了重要法律指引。[④]2023年10月，国家互联网信息办公室发布《全球人工智能治理倡议》，体现了我国政府对人工智能产业发展与人类共同命运的关切。[⑤]建设人工智能产业是当今经济社会发展之所需、技术领先之要切，依据政策选择理论[⑥]，国家应以公共政策选择的方式，通过版权限制规则，实现权利人利益和人工智能产业利益协调发展。

---

① 董凡，关永红. 论文本与数字挖掘技术应用的版权例外规则构建［J］. 河北法学，2019，37（9）：156.

② 国务院关于印发新一代人工智能发展规划的通知［EB/OL］.（2017-07-20）［2024-09-10］. https://www.gov.cn/zhengce/content/2017-07/20/content_5211996.htm.

③ 中共中央，国务院. 知识产权强国建设纲要（2021—2035年）［EB/OL］.（2021-09-22）［2024-09-10］. https://www.gov.cn/zhengce/2021-09/22/content_5638714.htm.

④ 国家版权局. 生成式人工智能服务管理暂行办法［EB/OL］.（2023-07）［2024-09-10］. https://www.gov.cn/zhengce/zhengceku/202307/content_6891752.htm.

⑤ 中华人民共和国外交部. 全球人工智能治理倡议［EB/OL］.（2023-10-20）［2024-09-10］. https://www.mfa.gov.cn/web//wjb_673085/zzjg_673183/jks_674633/fywj_674643/202310/t20231020_11164831.shtml.

⑥ 梅术文，宋歌. 论人工智能编创应适用版权合理使用制度［J］. 中国编辑，2019（4）：79-80.

（三）数据输入的法律供给需求剖析

训练数据中潜在的版权侵权风险不仅冲击着版权正当性理论，实践中规避此种风险的授权使用规则更面临可适用性和执行力的追问。人工智能前端的侵权风险导致后端的生成内容存在权利瑕疵，不利于培育宽松的人工智能发展环境。同时，不同利益主体对于数据输入的规则理念存在分歧，需要分别分析不同主体的制度需求。不合理的版权规则已成为阻碍技术发展的拦路虎。

1. “毒树之花结出毒树之果”

人工智能的各工作环节相互影响、息息相关，数据输入的侵权风险一方面以生成内容为依据进行判断，前后端侵权分析的界限并不明确；另一方面，在初始数据本身侵权的基础上进行的数据加工作为侵权的产物，无法受著作权保护。

一是，依据“接触+实质性相似”的著作权侵权判定标准，数据输入对作品的使用是否侵权的判断依据是生成内容是否与原作品构成实质性相似，即以后端作品是否侵权倒推判断前端作品的合法性。对于改编权等演绎性权利的侵权分析，应当着重分析是否在原作品基础上形成独创性表达。在此基础上，规避后端生成内容侵权风险的有效措施是在前端行为合法获取作品，即便后端生成了与某作品实质性相似的内容，人工智能运营者也可依据“独立创作”或不满足“接触”要件免于被认定为侵权。

二是，即使数据处理者（服务提供者）对其采用清洗、加工、分析等手段进行训练、汇编，但仍涉及未经授权使用受版权保护的数据，因此这类数据作为初始数据本身就已经侵权，服务提供者再将其加工为人工智能生成物，那么这类人工智能生成物就是侵权的产物①，不应受版权保护。

2. 公平规则促进公平竞争

人工智能训练数据之上存在多元利益主体，包括政府、人工智能企业、语料库企业、个人等主体。不同主体之间对于受著作权法保护作品的使用需求和预期不尽相同，数据持有者往往依据授权使用规则下的先天优势挤压市场竞争空间以获取更优势地位或更高利益。

一是，语料库企业依托其持有的高质量结构化数据获得议价权，更可能要求严格执行现行法律法规对数据交易和作品授权使用的规则，但人工智能企业更期

① 孙祁．规范生成式人工智能产品提供者的法律问题研究［J］．政治与法律，2023（7）：168.

望宽松的数据挖掘和获取规则[①]，以获得更多市场交易选择。

二是，持有大型平台的互联网企业更可能凭靠平台内海量的用户数据训练自有模型，从而减少对外部数据的依赖，进而获得竞争优势，但和经营范围单一、对外部数据依赖程度高的人工智能企业更可能期待挖掘平台内数据，以减少对外部数据的依赖。如设置较为宽松的数据使用规则，在可接触的数据类别和数量差距减小的情况下，各种人工智能产品的市场竞争将更加激烈。但是，大型科技公司可能并不希望产生此种竞争激烈的市场，更希望依靠大型平台积累的用户数据较为轻松地获取市场优势地位，即便他们可以通过将数据许可给第三方获利。[②]与此相反，对外部数据依赖程度高的人工智能企业更可能欢迎更为开放的数据规则以提高抗风险能力。

三是，在没有明确激励的情况下，作者并不愿意将作品用于人工智能企业训练模型，但持有大型平台的互联网企业和语料库企业通常采取用户协议或注册协议等方式获取对用户在平台内创造的知识产权的一揽子同意，将作品作为企业私有资产用以交易或训练模型，导致作者和互联网企业、语料库企业之间存在作品授权方面的分歧。

3. 宽松环境激发技术活力

尽管版权法的初衷在于保护创作者的权益，激发创新活力，然而，在现实的执行过程中，其过于严格的规定却在一定程度上对技术的发展构成了阻碍。一是，严格的版权法规则限制了知识的共享与传播，不利于培育和发展新质生产力。Handke团队的研究表明，版权规则和执法对作品使用的宽容程度与否与科研成果呈现正相关关系（图4）。研究表明[③]，如版权法对司法和执法影响最大的国家立法规定了严格的授权使用规则，则数据挖掘技术成果少于版权法影响较小的国家，少于无须授权使用规则或没有明确规定的国家。

① 胡凌. 生成式人工智能知识产权侵权的司法考量［J］. 数字法治，2023（5）：21.

② David W. Opderbeck，Copyright in AI Training Data：A Human-Centered Approach［J］. SSRN Scholarly Paper. 2023，36.

③ Christian Handke，Lucie Guibault & Joan-Josep Vallbé，Copyright's Impact on Data Mining in Academic Research［J］. Managerial and Decision Economics. 2021（42）：199.

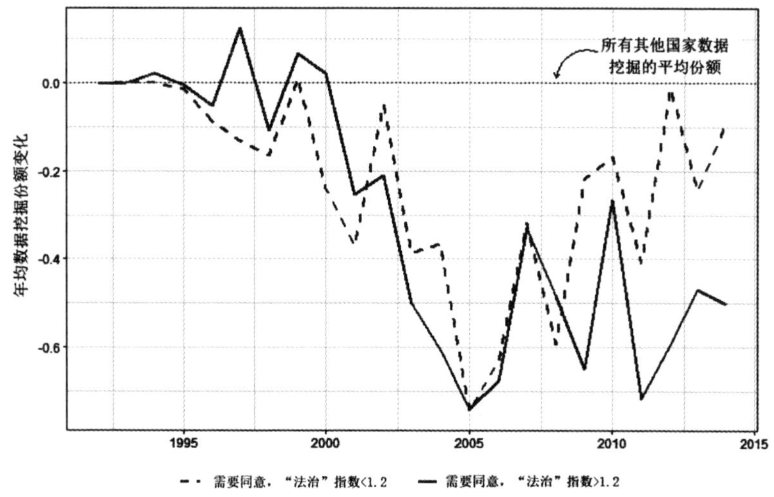

图4　Handke研究团队关于数据挖掘科研成果与版权规则关联性的研究成果

二是，海量数据所需的高企的算力与资源需求更可能导致技术垄断并加深数字鸿沟。一方面，人工智能的发展对为其提供基础计算工具的数据中心算力及服务器硬件设备提出了新的要求。另一方面，数据资源的分配不公，将进一步加深数字鸿沟。

四、域外镜鉴：比较法视域下数据输入规则之构造

（一）全球视野下数据输入治理现状

在全球视野下，人工智能技术的迅猛发展，特别是在数据输入治理方面，已经引起了国际社会的广泛关注和讨论。人工智能大模型的训练依赖大量的数据输入，这些数据往往涉及受著作权保护的材料，从而对现有的法律体系提出了新的挑战。各国根据自身的发展水平和特定需求，已经制定了相应的产业政策和法律框架来应对这些挑战。

美国作为全球人工智能产业的领头羊，其政府高层对人工智能发展中的法律问题给予了高度重视，并在司法实践中进行了规范。欧盟则颁布了具有里程碑意义的《人工智能法案》，成为全球首部专门针对人工智能的法典，体现了其在人

工智能治理方面的前瞻性和领导力。英国通过修订版权法，新增了文本和数据挖掘（TDM）制度，为其人工智能数据输入训练提供了法律上的支持。日本在其版权法中专门针对人工智能输入数据训练的版权问题进行了规定，以促进相关产业的发展。新加坡则提出了《国家人工智能战略2.0》，旨在挖掘人工智能技术的潜力，并推动其在东盟内部的规范化和发展。

然而，由于经济规模和产业政策的限制，一些国家在人工智能政策和法律态度上尚未成熟，它们选择采用更加宽泛的法律框架来应对技术环境的快速变化。在全球产业格局中，各国对于人工智能技术的态度呈现三种典型倾向：美国和日本等综合性大国通常采纳较为开放的法律政策框架；欧盟等国家倾向于保护版权人和公民的隐私权，采取较为保守的政策形态；英国和新加坡等区域性发达国家则采取中立的政策立场，既不过于保守也不过于开放。

在全球化的背景下，一系列重要的国际条约和指导原则应运而生，如《布莱奇利宣言》和《经济合作与发展组织（OECD）人工智能原则》，这些为人工智能的开发组织提供了详尽而实用的指导，特别强调了在人工智能开发的整个过程中采取适当的措施来识别、评估和减轻风险。此外，七国集团（G7）就《人工智能国际指导原则》和《开发先进人工智能系统组织的国际行为准则》达成共识，标志着全球社会在人工智能治理方面取得了显著进展。这些国际条约和指导原则的提出，不仅为人工智能的发展提供了道德和法律的框架，还突出了国际合作和对话的重要性，有助于构建一个更加公正、透明和安全的人工智能发展环境。

综上所述，全球范围内对人工智能训练数据相关的法律监管态度和版权问题状况呈现多样化的态势。美国、欧盟、日本和新加坡等地区在法律框架和治理模式上的做法，为中国在该领域的法律治理体系建构提供了借鉴与反思。通过对其治理模式和理念的详尽分析，可以为中国在人工智能数据输入治理方面的法律制度建设提供宝贵的经验和启示，同时也有助于中国在国际人工智能治理体系中发挥更加积极的作用。

（二）全球典型司法辖区治理模式分析

美国在人工智能技术与版权法的交汇中，合理使用原则（Fair Use）扮演了重要角色，尤其是在其版权法第107条的规定下。该原则允许在特定条件下对受版权保护的作品进行有限使用，而无须承担版权侵权责任。这对于人工智能在数据输入和模型训练阶段的应用尤为关键。合理使用的四个要素——使用目的和性质、受版权保护作品的性质、使用部分与整个作品的比例以及对作品潜在市场或价值的影响——为判断人工智能使用版权作品的合法性提供了一个灵活的评估框架。如果人工智能模型训练中的数据使用不直接产生商业利益，可能更容易被视为合理使用。然而，若生成内容与原作品构成市场替代关系，可能会对版权持有人的市场利益造成损害。此外，人工智能的“黑箱”特性，即其决策过程的复杂性和不透明性，使得合理使用的评估更加困难，尤其当生成内容与训练数据高度相似时，可能会引发新的版权问题。

在合理使用的四要素标准中，法院对于人工智能使用版权材料的判定已形成了一些重要的司法判例。“Campbell v. Acuff-Rose Music，Inc.”案（以下简称“Campbell案”）和“Andy Warhol Foundation for the Visual Arts，Inc. v. Goldsmith”案（以下简称“Warhol案”）分别在1994年和2023年成为衡量合理使用的关键判例。Campbell案提出的“转换性使用”概念表明，只要新作品为原作增添新的表达或意义，即使具有商业性质，也可以构成合理使用。这一判决为艺术创作和技术应用提供了更大的空间。然而，在Warhol案中，法院提高了对转换性使用的要求，强调新作品的目的必须与原作有显著区别，才可构成合理使用。这些案例对人工智能大模型的训练具有重要借鉴意义，特别是在转换性标准和市场影响的考量上。

近年来，“Tremblay v. OpenAI，Inc.”案（以下简称“Tremblay案”）和“Andersen v. Stability AI Ltd.”案（以下简称“Andersen案”）等案件进一步揭示了美国司法在人工智能版权问题上的新动向。Tremblay案中，作家Paul Tremblay等指控OpenAI未经授权使用其作品训练语言模型，主张生成的内容与原作高度相似，构成版权侵权。法院要求原告提供更具体的证据来证明侵权事实。与之类似，Andersen案涉及艺术家指控Stability AI使用未经授权的图像训练Stable Diffusion平台。法院在这些案件中展示了对合理使用原则的高度审慎，要求原告明确区分直接与间接侵权，确保人工智能在使用版权材料时符合合理使用标准。

除了具体案件的司法探索，美国在人工智能与版权的法律动向上也表现出前瞻性。2024年4月，美国众议院司法委员会讨论了人工智能生成作品的版权归属问题，明确强调了人类创作参与的重要性，并认为如果人工智能生成内容缺乏实质性人类参与，则不应获得版权保护。同年，美国商务部也发起信息征集，探索如何有效利用开放政府数据推动人工智能发展。地方立法方面，田纳西州通过的《ELVIS法案》（*Ensuring Likeness，Voice，and Image Security Act*）强化了个人声音和肖像的权利保护，特别是在人工智能未经授权使用的情况下，这一法律为联邦层面的立法提供了重要参考。

从美国的经验中可以看到，在人工智能与版权问题的治理中，合理使用原则和转换性标准提供了灵活的法律框架。与此同时，数据伦理、透明度和隐私保护也成为美国在人工智能监管中的核心关注点。美国政府通过《开放政府数据法》[*Open, Public, Electronic and Necessary*（*OPEN*）*Government Data Act*] 推动公共数据开放，为人工智能研究提供了丰富的数据资源，这为我国制定相关政策提供了宝贵的借鉴。在法律适应性方面，美国通过定期审查和更新法律，确保其能够跟上技术发展的步伐，这一经验对于我国在制定人工智能相关法律时同样具有重要参考价值。

欧盟在《单一数字版权指令》[*Directive*（*EU*）*2019/790 on copyright and related rights in the Digital Single Market*] 中的文本和数据挖掘（TDM）规定，特别值得关注。TDM技术广泛应用于科研、商业分析和公共政策领域，它为人工智能模型训练提供了丰富的数据资源。通过允许科研机构在特定条件下进行TDM活动，欧盟为大数据分析和人工智能的发展提供了灵活的法律支持。然而，TDM例外也设定了限制条件，如科研目的的非商业性以及合法获取作品的要求。这一规定为人工智能在数据训练阶段的合法性提供了新的思路，同时也为版权保护与技术创新之间的平衡做出了探索。

欧盟的《人工智能法案》进一步确立了其在全球人工智能治理中的地位。该法案对人工智能系统进行风险分类管理，重点关注高风险应用场景，并设定严格的合规要求。尤其在版权保护领域，《人工智能法案》通过对数据使用、隐私保护和透明度的要求，为人工智能技术的发展奠定了规范性基础。与《单一数字版权指令》结合，这两项法律为欧盟的人工智能治理提供了全方位的法律框架，既推动技术创新，又保障版权持有者的合法权益。

在日本，人工智能技术的发展与版权法之间的协调也在不断探索之中。日本早在2018年就修改了版权法，引入了与人工智能相关的例外条款，特别是针对文本和数据挖掘（TDM）的使用。这项修改允许在非商业目的下对受版权保护的作品进行文本和数据分析，而无须事先获得权利人的许可，这为人工智能技术的训练提供了法律支持。这种灵活的版权例外制度推动了日本在人工智能和大数据领域的创新，尤其是在学术研究和技术开发中。日本还将这一例外扩大到商业领域，使企业能够在合法获得数据的情况下进行大规模的数据分析。这一措施使得日本在人工智能技术的应用上能够更快地跟上全球步伐，同时也在保障版权保护与技术发展之间取得了平衡。

然而，日本的版权例外也有一定的限制，例如，数据分析必须在“必要的范围内”进行，不能影响原作品的正常使用。这意味着即便在人工智能训练中，若分析或使用的数据超出了版权法规定的范围，仍可能构成侵权。因此，日本的版权法虽然为人工智能的发展提供了便利，但也强调了对版权持有者利益的保护。此外，日本在2019年推出的《AI研究和开发的伦理指南》进一步明确了人工智能技术中的数据使用规范，要求尊重版权、隐私和数据安全。这些政策显示了日本在推动人工智能技术发展的同时，重视对版权和数据伦理的保护。

与日本类似，英国在人工智能与版权问题上的探索也具有重要的借鉴意义。英国在其《版权与专利法》框架下，设立了特定的文本与数据挖掘（TDM）例外。这一例外允许个人或组织在不需要获得版权持有者同意的情况下进行TDM活动，前提是这些活动用于非商业目的。这为科研人员和学术机构在利用人工智能技术时提供了很大的灵活性。特别是《2014年版权与专利法改革》[*The Act on the Partial Revision of the Patent Act and Other Acts (Act No.36 of May 14, 2014)*]中的TDM例外规定，允许学术研究者在合法获取作品的前提下，对大量数据进行分析，而无须支付版权许可费用。这一规定为学术界和非营利组织在人工智能研究中的数据使用提供了保障，并大大减少了数据获取的成本。

英国的TDM例外不仅限于非商业领域。2022年，英国政府开始探索扩大TDM例外到商业用途的可能性，以进一步推动技术创新和商业化发展。这表明英国在平衡版权保护与技术进步方面采取了较为开放的态度。同时，英国在版权法的实施中注重透明度与权利人保护。例如，在进行TDM时，必须确保数据来源的合法性和权利人的利益不受损害。2024年，英国政府还进一步讨论了如何在版权保护框架下支持人工智能技术的开发，特别是加强对人工智能生成内容的版权归属问题的研究。

除了版权问题，英国还在人工智能的伦理和监管方面做出了积极努力。《2021年国家人工智能战略》强调了对高风险人工智能应用的审查，并制定了相关的法律和监管框架，确保人工智能技术的发展不侵犯个人隐私或数据安全。这些措施显示出英国在推动人工智能创新的同时，注重对数据伦理和版权保护的双重考量。

（三）域外数据输入监管现状综述

在全球范围内，人工智能技术的快速发展，特别是在数据输入训练环节，给版权法领域带来了显著影响。美国在司法实践中确立了“合理使用”原则，特别是“转换性使用”的概念，为人工智能数据训练提供了法律灵活性。欧盟通过

《人工智能法案》提供了全面的法律框架，强调了数据的透明度和合法性，而英国则通过修订《版权法》确立了文本与数据挖掘（TDM）的合法性，支持人工智能的数据训练。日本也通过版权法修正案，为人工智能数据训练中的版权问题提供了专门规定，体现了平衡创新与版权保护的策略。

这些域外司法辖区的治理模式为中国提供了宝贵的经验和启示。中国可以借鉴这些灵活且前瞻性的法律框架，以适应技术发展，加强监管，保护个人隐私，并提升公众意识。通过这些措施，可以有效平衡版权保护与人工智能技术发展的需要，促进国家的科研实力和国际竞争力，确保版权法在数字化时代更好地服务于社会进步和公共利益的实现。

五、困境化解：数据输入适用合理使用的制度比较

在市场经济环境下，促进版权数据流通，使之更好地服务于文化产业的发展，是我国版权法应予重视的重要立法思路。为实现版权法中存在保护版权人利益与社会公众利益的二元价值目标，版权法中设立了多项限制制度，其中以合理使用制度最为典型。[①]从国际立法上看，合理使用制度主要有“因素主义”和“规则主义”两种立法模式。如需将数据输入纳入合理使用制度中，应当寻找符合合理使用理论的逻辑理路。

（一）数据输入适用合理使用规则的制度检验

1. 合理使用制度的学理探析

版权法中的合理使用制度旨在平衡版权人利益与公共利益之间的关系。其核心在于，在特定条件下，法律允许他人不经版权人许可、不支付报酬地使用其作品，以促进知识和信息的广泛传播。

合理使用制度最早出现于英国判例法，后在美国通过长期的司法实践（如1841年Folsom诉Marsh案[②]）得到完善和发展，其发展呈现了从判例法到成文法的过程。合理使用的产生根植于深厚的法理基础与现实需求。首先，合理使用制度体现了激励创造与促进传播之间的价值平衡。其次，在版权法向权利人倾斜的

① 冯晓青，胡梦云．合理使用视野下“私人复制”著作权问题研究［J］．南都学坛，2011（6）：78.

② Folsom v. Marsh，9.F.Cas.342（C.C.D.Mass.1841）.

趋向下，[①]合理使用有助于维护直接发生的和附加的公共利益。[②]最后，合理使用制度实现了法经济学中社会成本与收益间的平衡。

2. 合理使用制度的实践模式

合理使用作为一种对著作权权能限制的法律制度，得到现代各国著作权法的普遍认可。[③]美国是采取“因素主义”立法模式的典型国家，其立法技术与法理学说对其他国家的合理使用制度设计产生了深刻影响。美国版权法第107条规定了合理使用四要素，这一开放式的立法模式为版权法注入司法灵活性。而德国、日本则是采取“规则主义”立法模式的典型国家，通过版权法详细规定合理使用各情形。在新技术浪潮的推动下，日本版权法合理使用制度逐渐从封闭走向开放，引入了一种柔性合理使用条款。[④]这增加了日本版权法应对新技术的制度弹性。

在我国，合理使用主要体现于著作权法第24条和著作权法实施条例第21条。我国立法以“列举+兜底”的形式规定了合理使用的十二种具体情形，并以兜底条款的形式确立了例外情形。这是一种封闭式较强的立法模式，尽管存在兜底条款，但并未从真正意义上解决封闭式列举带来的适用困境，[⑤]尚不足以满足新型作品的版权保护要求。

（二）将数据输入纳入其他制度的可行性比较

1. 现行版权法框架内的其他制度

（1）许可使用制度

许可使用又称授权使用，即版权人可以授权他人以特定方式对作品进行使用。在版权实践中，许可使用通常表现为签订许可使用合同，版权人可以将版权中的一项或多项财产权内容授权他人使用，同时向被许可人收取一定数额的版权使用费。

版权许可使用合同主要由人工智能企业与版权方一对一签订，即便存在既定的格式条款，双方之间也存在较高的沟通成本。倘若执行许可使用规则，人工智

① 冯晓青. 著作权合理使用制度之正当性研究［J］. 现代法学，2009（4）：29-41.
② H. R. Rep. No.742，on H.J.Res. 676，87th Cong.，2d Sess. 6（1962）.
③ 吴汉东. 著作权合理使用制度研究（第3版）［M］. 北京：中国人民大学出版社，2013：1.
④ 郑重. 日本著作权法柔性合理使用条款及其启示［J］. 知识产权，2022（1）：112-130.
⑤ 杨翔宇. 数字时代著作权合理使用制度的困境与出路 /《智慧法治》集刊2023年第3卷——推进教育数字化的法治保障研究文集［C］. 上海：复旦大学，2024：7.

能企业将面临极高成本。因此，现行版权法中的许可使用制度不适于人工智能数据输入的要求。

（2）法定许可制度

法定许可制度，是指根据法律的直接规定，使用者可以不经版权人的许可，以特定的方式使用已发表的作品，但应向版权人支付使用费，并尊重版权人的其他权利。

相较于合理使用，法定许可有以下几种特点：第一，从设定目的看，法定许可是为了在特定文化领域简化版权许可手续，为促进作品广泛而迅速的传播而设定，与人工智能产业的发展需求相符合。第二，从使用对象看，只能是已经发表的作品。第三，从使用目的看，既可以是非营利性，也可以是营利性。允许有商业目的地使用版权更加有利于人工智能产业的发展生态。第四，从权利限制看，法定许可制度保障了版权所有人获得经济报酬的权利，更易于增加版权人对人工智能数据训练的接受度。

在具有制度优势的背景下，将人工智能数据输入行为纳入我国现行法定许可制度依然存在不契合性，主要表现为法定许可制度的“准行政性”制度逻辑与人工智能研发的发展逻辑存在差异。

（3）版权集体管理制度

版权集体管理制度，是指成立一个或多个组织代表众多权利人进行版权交易和授权，以便更有效地管理和保护这些权利。

在人工智能数据输入场景下，研发者向版权集体管理组织申请许可，存在一些有待解决的问题。一方面，我国现有版权集体管理组织存在授权模式单一僵化、管理组织机制滞后、数据覆盖范围有限等问题。另一方面，法定许可经济报酬的支付标准难以合理确定。以中国音乐著作权协会为例，当前协会主要对现场表演、广播、机械表演等形式的收费标准做出规定，而尚无对于人工智能数据输入使用作品的相关标准。若要建立人工智能研发者向版权集体管理组织申请版权许可的应用场景，则需要重新确立一套新的许可使用费收费标准。

2. 知识产权法框架内的其他制度

（1）强制许可制度

强制许可制度，是指在特定条件下，由版权主管机关根据情况，将对已发表作品进行特殊使用的权利授予申请获得此项权利的使用人的制度。版权强制许可制度主要规定于《伯尔尼公约》和《世界版权公约》，但目前我国版权法中并未规定强制许可制度，仅在专利法中有所体现。从制度设定的目的而言，强制许可制度主要为了防止发达国家垄断高质量的版权作品，满足发展中国家使用作品的需求，从而促进世界各国之间的文化传播。

基于这一制度理念，强制许可制度在适用条件上进行了严格限制。首先，使用者在使用前需经过主管部门批准，将会为企业造成较大的制度性成本。其次，强制许可制度保障了版权所有人获得经济报酬的权利，但完全剥夺了版权人对作品使用进行自主授权的空间。再次，强制许可制度在使用客体、使用条件上的要求较为严苛，通过强制许可制度难以满足人工智能数据输入与学习的需要。最后，在制度设立的目的上，强制许可制度实为保护发展中国家文化权利的优惠性条款，且我国并未规定强制许可制度，现阶段将人工智能数据输入行为纳入强制许可制度的合理性和可行性较低。

（2）开放许可制度

开放许可制度主要存在于我国专利法的制度框架内，是一种旨在促进专利技术的实施和应用、降低专利许可交易成本的制度安排。开放许可制度允许专利权人自愿将其专利技术以开放许可的形式提供给公众使用，从而实现技术共享和创新促进的目的。

专利领域中开放许可制度的试点及确立，将为版权领域提供有益借鉴。[①]但开放许可制度在实施过程中也存在一些问题。第一，开放许可使用费可能面临定价规则不完善、定价标准不全面等问题。第二，开放许可制度既要防止对版权人吸引力不足，又要防止过度激励。[②]第三，开放许可在理论上可能面临开放许可声明法律性质的确定等问题，在实践中可能存在纠纷解决机制效率低等问题。[③]此外，也应考虑开放许可是否足以满足人工智能数据输入的数量与种类需求。

3. 知识产权法框架外的制度借鉴

（1）版权数据开源制度

开源制度已经成为包括人工智能领域在内的全球技术创新的重要驱动力，其核心理念为开放、共享和协作。[④]版权数据开源制度是开源制度在版权领域的体

---

① 国家知识产权局．知识产权强国建设第一批典型案例公布［EB/OL］.（2022-10-26）［2024-10-24］. http://nipso.cn/onewsn.asp?id=53877.

② 刘强．专利开放许可激励机制研究［J］. 北方法学，2023（2）：78-88.

③ 陈春雨．论专利开放许可制度在我国实施中的问题与解决方案［J］. 东南大学学报（哲学社会科学版），2022（S1）：105-109.

④ Open Source Initiative. The Open Source Definition［EB/OL］.（2024-02-16）［2024-05-10］. https://opensource. org/osd/.

现，指在尊重和保护版权的前提下，将作品和作品形成的数据以开源的方式共享给社会公众使用。

目前，开源制度已在人工智能领域实现了广泛应用。其中，开源数据集将为人工智能研发提供较为丰富的数据训练资源。版权数据开源制度有助于鼓励版权协作、促进再创作、提高人工智能模型的运行质效。然而，开源也面临版权保护风险、安全风险等挑战。

尽管存在机制复杂、无法实现所有版权数据开源、有一定使用风险等适用阻碍，但开源制度作为一种先进理念，对人工智能研发者获取合法版权数据具有重要意义。

（2）Robots协议与行业自律机制

Robots协议是一种互联网行业内部为规范搜索引擎爬虫行为而自发形成的道德约定，该协议允许网站所有者通过创建robots.txt文件来指示搜索引擎爬虫对其网站的抓取范围。在法律层面，Robots协议是行业道德规范，而robots.txt文件是该规范的具体实践，不具有法律强制性。

尽管Robots协议被互联网从业者广泛接受并遵守，但也存在违反该协议的案例，如美国“eBay v. Bidder's Edge”案[①]与百度诉奇虎案[②]。Robots协议作为一种行业自律机制，可以为人工智能研发者与版权数据所有者之间提供沟通渠道，但由于其机制目前缺乏强制性法律效力，不足以完全解决人工智能数据输入的版权困境。

（三）数据输入适用合理使用的契合性证成

1. 合理使用制度相较其他制度的比较优势

“无传播也就无权利”。[③]经过长期发展，合理使用已被各国版权法普遍接受，成为一项重要规则。在如今人工智能冲击传统版权法框架的情况下，合理使用依然显现其独特的制度价值。

（1）合理使用制度在人工智能数据输入场景中的理论价值

从法理学视角，合理使用制度旨在协调创作者与使用者之间的利益对峙，最大程度地实现公正平等之追求。一方面，合理使用制度旨在使版权人让渡不正当

① eBay v. Bidder's Edge，100 F. Supp. 2d 1058（N.D.Cal. 2000）.

② 参见北京市高级人民法院（2017）京民终487号判决书。

③ 吴汉东. 著作权合理使用制度研究（第3版）[M]. 北京：中国人民大学出版社，2013：6.

垄断权。根据传统的激励理论，赋予权利人垄断权是手段，而促进社会知识的增加则是最终目的。[①]倘若由版权人持有对作品的垄断权，则剥夺了使用者合理接触作品的权利，不利于知识产品的增加。另一方面，合理使用制度承载着精神财富分享与保护公共利益的价值。西塞罗（Marcus Tullius Cicero）说："人民的利益是最高的法律。"传统的许可模式被人为原因带来的不平等异化，如此则将不利于人工智能研发获取全面的数据来源，不利于实现公共利益最大化。此外，合理使用制度有助于避免版权数据流通与利用中的公地悲剧与反公地悲剧。从传统版权理论与制度机理出发，在现有规则中合理使用制度能够相对较好地平衡保护与传播两种价值。

（2）合理使用制度在人工智能数据输入场景中的实践优势

人工智能数据输入适用合理使用制度，在现实情景中具有较多的实践优势。从立法视角出发，增设新合理使用情形有现行著作权法的兜底条款作为法律依据，修法、释法成本更低。根据人工智能基础数据服务厂商LXT对322家有人工智能项目经验的美国企业的调研，训练数据的资金投入占这些企业的人工智能整体建设投入的15%，61%的企业认为未来2—5年对数据的需求量将会增加。[②]从经济视角出发，适用合理使用能够较为有效地减轻人工智能企业的发展成本。从产业竞争视角出发，合理使用制度符合鼓励人工智能创新发展的政策倾向。在世界人工智能技术与监管竞争浪潮中，我国有必要通过相对包容的人工智能监管制度，提升产业国际竞争力。

2. 数据输入采取合理使用制度的模式选择

在模式选择上，我国应以立法形式将人工智能数据输入纳入合理使用制度。有学者曾主张，在版权法修改时引入原则性的三步检验法或四要素检验法，明确法官可以在个案中创新合理使用情形。[③]这一做法固然具有即时性和灵活性，但也将不可避免地带来较高的不可预测性，使我国人工智能企业背负侵权原罪的担忧。[④]因此，应以立法形式为人工智能数据输入增设合理使用情形。

本报告建议沿用"三步检验法+具体列举+兜底"的合理使用立法模式，并以法律、行政法规明文规定的形式，为人工智能数据输入增设新的合理使用情形。

---

① 王楷文．人工智能数据输入与著作权合理使用［J］．文献与数据学报，2021（2）：113.

② 艾瑞咨询．2024年中国AI基础数据服务研究报告［R/OL］．（2024-07-12）［2024-09-11］．https://www.idigital.com.cn/report/4362?type=0.

③ 李琛．论我国著作权法修订中"合理使用"的立法技术［J］．知识产权，2013（1）：17-18.

④ 张金平．人工智能作品合理使用困境及其解决［J］．环球法律评论，2019，37（9）：130.

六、路径构建：数据输入版权困境的制度因应

人工智能与版权的交叉领域涉及多学科多场景多主体，对于此种复杂的问题，“不能单一化打补丁式地进行规则设计，而应该综合性地解决体系性认知问题。综合运用多种制度工具，建立多元化的解决机制，探索针对人工智能训练数据的著作权障碍的解决方案。”[①]因此，本报告建议在设置数据输入的合理使用情形之前，分阶段分步骤，并多管齐下解决数据输入的版权困境。

（一）变通之术：立法过渡期的权宜之计

在立法尚需观察实践动向的阶段，可以通过扩大临时复制的概念范围，将不侵占市场的数据使用方式认定为临时复制进而规避侵权风险。对于侵占市场的数据使用方式，可转换为整体观察的司法范式，将前端行为视作整体行为侵权的一个认定要件，以此判断后端侵权行为是否“接触”原作品。另外，开源已经是实践中较为常见的做法，为开源语料库提供一定程度的版权侵权豁免有利于提升数据透明度和流动性。

1. 扩大临时复制的概念范围

可以将临时复制的构成要件总结为：（1）必要性，即此种复制是实现技术目标的必要步骤；（2）临时性，即复制件在短暂使用后将消失于存储器，并不在设备中永久停留；（3）附带性，即此种复制不会导致第三人永久获取复制件，没有独立的经济价值。

人工智能复制训练数据有一定必要性，不侵占市场的数据使用则可以满足附带性，满足临时性要件的概率较小。首先，人工智能系统需要通过大量的数据来学习识别模式，理解规律。这些数据涵盖了从简单的标签分类到复杂的图像、语音、文本等多元信息，为系统提供了丰富的知识库，是决定大模型质量的重要因素。其次，是否满足附带性需要根据生成端内容具体判断。如前所述，不侵占市场的数据使用由于不在生成端复现，对原作品相关市场的影响力较为有限，侵占市场的数据使用行为则相反。最后，无论是侵占市场还是不侵占市场的数据使

① 张平．人工智能生成内容著作权合法性的制度难题及其解决路径［J］．法律科学（西北政法大学学报），2024（3）：18.

用，均需将作品永久存储至企业的存储设备中，难以满足临时性要件。

对不侵占市场的数据使用行为可以满足必要性和附带性要件，可以暂时突破临时性要件，将不侵占市场的数据使用认定为临时复制进而避免侵权风险。对于侵占市场的数据使用行为，需要倚靠司法范式转换，将人工智能的数据输入端和生成端结合考察。

2. 转换为整体观察的司法范式

法院对于合理使用分析关于专有权类型对涉案行为进行区分，分别判断单个行为是否属于专有权的范围，然后再沿该分析路径判断是否可适用合理使用制度。[①]可以将此种司法习惯总结为“单项行为考察”的考察方式。

将生成内容的各环节拆分为单项行为考察天然地存在一些问题。第一，对数据输入行为的性质认定将使后端生成内容的行为判定失去意义。当生成内容与输入的作品构成实质性相似时，则生成内容和数据输入两个环节均构成侵权。但此时事实上人工智能仅有一个创作行为，对该创作行为的两次侵权认定可能属于对同一行为的重复评价。第二，在判断生成内容是否侵权时，需要确定人工智能是否与作品“接触”，即在进行生成内容的侵权认定时，已经判断了数据输入是否侵权。若将生成内容和数据输入分别作为单项行为进行考察，则前者的侵权认定已经可以包含后者，单独对数据输入是否侵权进行认定失去意义。第三，单独对数据输入进行侵权认定在实践中不具有可行性。著作权人很难察觉数据输入本身造成的侵权，往往是发现生成的内容与自己的作品相似时才意识到作品可能被人工智能使用。

采用整体观察视角可以避免单项行为考察的弊端，同时存在诸多优势。一方面，采用整体观察视角可解决前述数据输入和生成内容行为定性的悖论。另一方面，整体观察的视角注意到了人工智能生成内容的全过程，有助于从宏观的角度把握人工智能的工作原理，开拓新思路，并且，将生成内容的全过程视作一个连续的行为，能够化繁为简，便于操作。

3. 提供开源语料库的版权“特权”

开源指开放源代码（Open Source），是一种在电脑程序出品前和开发中提供其内部代码的做法。训练数据库也应鼓励使用开源资源，并推动更多科学作品的开放授权。

① 万勇. 人工智能时代著作权法合理使用制度的困境与出路［J］. 社会科学辑刊，2021（5）：98.

第一，语料库的开源许可证可以作为授权协议为人工智能使用开源语料库提供法律基础。开源许可证在版权法上的性质是版权许可协议，承认开源程序享有版权是版权许可的前提。[①]第二，开源语料库因其向第三方免费授权的性质可大幅降低交易成本。开源语料库的要求可能“传染”在开源语料库基础上修改的训练数据集，使其也应满足开源要求，促进数据流通。开源许可证具有横向和纵向两个维度的传染性，前者指在一定的条件下，开源软件会传染自身及修改版本以外的，一同分发、传输的软件或软件的其他部分；后者指开源软件会传染自身的修改版本（Modifications）或衍生作品（a work based on the Program）。[②]

因此，开源许可证能够为开源语料库提供合法性基础，并通过开源方式为鼓励人工智能服务提供者提升透明度和人工干预性。为开源语料库提供版权“特权”是解决人工智能版权困境可尝试的措施之一。

（二）立法之术：增设数据输入的合理使用情形

对于数据输入例外的合理使用制度场景构建可以从主体要件、对象要件、目的要件、行为方式要件等入手，注重过程与结果的结合。本报告认为，应当不限制人工智能主体、目的和客体要件，并允许人工智能对作品的复制、改编和传播，但应当赋予使用作品的人工智能主体标识义务。

1. 不限定主体、目的和客体要件

在主体要件上，主要存在两种不同做法，一是将数据输入合理使用制度限定在科研机构中，以欧盟为代表；二是不限定数据输入合理使用制度的主体，以日本为代表。从国内角度看，我国除科研机构外，其他社会机构和企业也迫切需要使用大量数据。在目的要件上，可以参考《生成式人工智能服务管理暂行办法》，将“预训练、优化训练等训练数据处理活动”作为数据输入的目的要件，以避免人工智能运营者借人工智能之名规避版权授权将作品用于其他活动。在客体要件上，应当不限于“合法获取”的作品，否则将混淆与合理使用的界限。

2. 允许复制、改编和传播作品

单独将人工智能对数据的使用，即复制、改编和传播行为区分开来难免将落

---

① 徐瑄，张汉华．计算机开源软件许可证的许可条款性质认定——美国联邦巡回上诉法院第2008-1001号裁决评析［J］．知识产权，2014（6）：88.

② 丁华，陈岱源．开源软件项目合规审查涉及的GPL协议的传染性问题（上）［EB/OL］．（2024-01-18）［2024-06-22］．https://www.allbrightlaw.com/CN/10475/5d3121e725d018ea.aspx.

入单项行为考察的窠臼。因此，将人工智能的工作作为一个整体，将这些行为均作为合理使用制度允许的行为方式，可以避免前述单项行为考察的弊端。

首先，应当将复制和改编行为作为行为方式要件。在以“接触+实质性相似”的方法判断人工智能生成内容是否侵权时，应当以生成端的输出内容判断是否与原作品构成实质性相似，在输入端判断人工智能是否使用原作品进行训练，即是否“接触”原作品。其次，传播行为不仅涉及人工智能提供者，还涉及人工智能产品的用户，人工智能复现作品并被广泛传播将损害原作品的相关市场，这应当由标识义务进行限制。为使人工智能对作品的使用得以通过三步检验法“不得不合理地损害著作权人的合法权益”的检验标准，同时维护著作权人的合法权益，应当将对作品的使用限定在不侵占市场的使用中。质言之，生成端不应复现原作品，或生成与原作品实质性相似的作品，否则将导致无法适用合理使用制度，进而追究人工智能运营者的侵权责任。但是，如仅将数据输入的合理使用制度限定在复制和改编行为中则限定过紧，无法满足对于生成内容的传播要求。所以，对于传播行为，可考虑通过标识义务进行限制。

（三）配套制度：适当维护版权人权益

1. 要求标识人工智能生成内容

中国针对AIGC的标识义务业已存在明确的生效法律规定。《生成式人工智能服务管理暂行办法》第12条规定，生成式人工智能提供者应当按照《互联网信息服务深度合成管理规定》（以下简称《深度合成规定》）对图片、视频等生成内容进行标识。《深度合成规定》第17条规定“深度合成服务提供者提供以下深度合成服务，可能导致公众混淆或者误认的，应当在生成或者编辑的信息内容的合理位置、区域进行显著标识，向公众提示深度合成情况”，第18条明确任何组织和个人不得采用技术手段删除、篡改、隐匿深度合成标识。因此，标识义务的义务主体不仅指人工智能主体，用户也应当承担保留标识的义务。但经公开检索，未发现因未履行标识义务而导致的法律责任，因此该义务仍存在与其他制度联系并落实的空间。

本报告建议，可以将标识义务是否履行作为适用合理使用的前提，并可以此作为侵占市场的作品使用形式的抗辩事由。如人工智能提供者已依据法律法规和国家标准的要求对生成内容进行标识，可以认为标识的存在使公众明确作品源自人工智能，混淆和误导公众的可能性较未标识内容更低。质言之，标识使侵占市场的作品使用形式转为不侵占市场的使用，使其可以与三步检验法或四要素检验法通约，否则仍可能落入侵权范畴。对于传播生成内容的用户而言，对生成内容标识的保留也可以作为抗辩事由，以阻却可能的侵权指控，否则应当认为仍属侵权。

2. 向人工智能提供者征税并补贴版权人

将人工智能训练数据使用作品作为合理使用制度的情形之一，无疑将极大地便利人工智能企业。但硬币的另一面是，采取立法手段限制版权将使版权人失去授权使用制度下本应获得的报酬支付请求权，这仍未实现版权人和人工智能提供者之间的利益平衡。因此，在立法手段限制版权之外，还可利用税收和补贴的政策工具为著作权人提供一定补偿。

税收作为政策工具，能够在更广范围内灵活调整包括人工智能在内的新技术带来的社会变化。[①]这种资源使用方式的变更将导致从事人力劳动的工人的收入被转移至技术的持有者，而政府可以决定通过税收和福利支付来干预市场经济，重新分配国民收入，以实现分配正义。[②]如将人工智能提供者对作品的使用作为合理使用的情况，税收也不失为对人工智能提供者反哺创作者的可选择的路径。法律法规可根据人工智能的数据容量、服务对象性质、服务范围、企业盈利能力等因素综合确定税率的计算方式，但应当注意低于市场价格。对于非商业性的人工智能企业，或小微企业，可视情况给予减轻或免除此类税收的优惠政策。

从人工智能提供者处征得的税费应当用于补贴版权人。政府或相关机构可参考设立一个专门的基金，用于管理和分配从人工智能企业征得的税款。这些税款将集中在这个基金中，以确保其用于补偿版权人的目的。类似税率的计算方式，发放补偿也应当建立一套明确的标准和规范。这些标准可以基于版权人的创作贡献、作品的使用范围、人工智能企业的盈利情况等因素。标准的制定需要公平透明，并考虑各种版权人和创作作品的实际情况。

3. 建立数据安全保护措施

要求人工智能运营者对作品采取切实有效的安全保护措施，有利于防止作品的泄露给权利人造成的损害，减少将数据输入纳入合理使用制度造成的风险。

从技术支持角度看，首先，人工智能运营者一一明确人工智能所使用的作品来源的难度较大，在发生侵权事件后也有能力篡改和销毁其控制的数据，因此对

① 华劼．合理使用制度运用于人工智能创作的两难及出路［J］．电子知识产权，2019（4）：39.

② Thomas Kirchberger，European Union Policy-Making on Robotics and Artificial Intelligence：Selected Issues［J］. Croatian Yearbook of European Law and Policy. 2017. 13.

侵权事件的取证难度较大。区块链技术可以提供相关支持，其具有去中心化、匿名性、独立性、可信赖等特点，能以区块方式将数据固定，并通过密码学方式确保数据不可篡改并不可伪造。[①]对于符合侵权样态的数据，[②]区块链平台将会详细、完整地记录在分布式账本上供集体管理组织收取报酬。

其次，新技术的发展可以通过优化训练模型流程的方式从根本上规避数据输入的侵权风险。在合理使用制度框架下，人工智能对作品的使用导致的侵权情形可能包括生成内容侵权、超过合理使用范围使用作品等。所以，如可通过技术手段直接避免在数据输入过程中人工智能运营者对作品的控制，则可从源头上避免此种侵权风险。联邦学习（Federal Learning）技术可以将训练数据存储于原始设备中，而不必永久复制并存储于中心服务器上。[③]联邦学习技术的优势在于，通过技术手段避免了人工智能运营者对作品的掌控。因此，可以通过建立推荐性国家和行业标准，或将该技术列入人工智能数据安全性评估机制等方式鼓励人工智能运营者采用和发展该项技术。

结语与展望

人工智能对作品的使用存在较大的侵犯复制权、改编权和信息网络传播权的侵权风险。揆诸著作权法，专门针对人工智能使用作品的抗辩事由付之阙如，因此人工智能运营者无法摆脱侵权之风险。针对此种风险，本报告旨在解决以下两个问题：一是此种风险是否应当被豁免；二是如果应当豁免，如何构建相关制度。

首先应当明确，人工智能使用作品在实践维度和理论维度均有相当的正当性。实践中亟须盘活数据要素，需要更加宽松和开放的版权制度。从技术层面看，数据输入的质量、规模、代表性和预处理过程是构建高效可靠人工智能模型的基础。从产业发展层面看，持有大量用户数据的人工智能企业虽具有潜在的拒绝交易的可能，但目前我国短时间内未出现明显的反竞争趋势，而缺乏用户数据

① 刘友华，魏远山．机器学习的著作权侵权问题及其解决［J］．华东政法大学学报，2019，22（2）：78-79.

② 赵宏伟，茹克娅・霍加．生成式AI背景下著作权侵权样态及其风险治理［J］．网络安全与数据治理，2023，42（9）：63.

③ 华劼．合理使用制度运用于人工智能创作的两难及出路［J］．电子知识产权，2019（4）：31-32.

的人工智能企业对数据仍有巨大的需求。从国际立法和执法层面看，目前欧盟、英国、日本等国家和地区相继立法规定了人工智能使用作品的例外规则，而人工智能作为未来国际竞争的高地，势必应当与国际立法接轨，同时基于本国国情设置中国特色的版权规则，以促进人工智能产业发展、加快发展新质生产力，进而提高我国国际竞争力。在理论维度，从利益平衡机制角度看，人工智能的出现使传统的版权人与使用者的相对地位发生了转换，亟须合理的制度平衡双方利益。从市场失灵理论的角度看，人工智能对作品的使用是海量的，要求人工智能运营者每次使用作品均需获取版权人同意将带来巨大的成本，以致无法期待其落实授权使用规则。从政策选择理论的角度看，“人工智能+”战略和知识产权强国战略二者均为国家的政策重点，需要在二者发生冲突时提供清晰的规则理路。是故，为人工智能“网开一面”尤有必要。

对于如何构建训练数据的版权规则，国外的制度设计可以为我国构造训练数据的版权规则提供镜鉴，同时，版权法内、知识产权法体系内，乃至知识产权法体系之外的制度均可为规则的设计提供思路或比较。目前，合理使用制度具有显著的理论价值和制度优势，可以作为解决数据输入侵权困境的制度因应。

数据输入的合理使用情形可从主体要件、目的要件、客体要件和行为方式要件几个方面进行考虑。考虑到我国商业性人工智能企业是加快发展新质生产力的重要主体，主体和目的要件应当不限于非商业性。行为方式要件应当包括人工智能对训练数据的使用方式，即复制和改编作品。由于可在生成端复现作品的使用方式将挤压原作品的相关市场，无法通过合理使用的检验方法，因此应当要求人工智能服务提供者履行标注义务，以此避免对版权人权益的挤压。

本课题的研究成果至少在两个层面上具有稳定的作用。一是，较为全面地总结了目前国内外立法与理论研究成果，为后续相关议题的深入探讨提供借鉴。二是，为当前训练数据的版权困境提供解决路径参考。但是，如同蒸汽时代的蒸汽机、电气时代的发电机、信息时代的计算机和互联网，人工智能正成为推动人类进入智能时代的决定性力量。随现实的变化而不断与时俱进本就是法律演变的基本规律，未来的技术走向尚不明确，如出现技术的阿基米德点，使人工智能对作品的使用方式发生了颠覆性的变革，本课题的研究成果仍需进一步地研究和跟进。

课题组组长：徐美玲
课题组成员：李梓潼　李雅柠　牛子昂
承担单位：对外经济贸易大学

第二编

数字版权研究

数字时代著作权保护规则变革研究

陶　乾　刘智慧*

摘要： 本文紧密围绕国家“十四五”规划和2035年远景目标纲要中对加快新领域新业态知识产权立法的要求，系统分析了著作权法在客体与主体演变、内容制度重构、限制突破以及面临的风险挑战。在客体扩张方面，通过案例研究如游戏画面、体育赛事画面及人工智能生成内容，揭示了数字技术驱动下新型客体纳入著作权法保护的条件与路径。归属主体调适部分则深入剖析了著作权归属的制度沿革，并对未来发展方向提出了见解。内容制度重构章节着重探讨了区块链技术下的NFT数字作品交易模式对发行权制度的影响，以及数据经济背景下邻接权制度的回应。限制制度突破方面，聚焦于内容聚合网站的合理使用边界及文本与数据挖掘的正当性问题，并提出了规制著作权滥用的建议。此外，本文还分析了平台经济模式下平台责任制度的改革及信息网络技术运用下的著作权保护问题。最后，本文强调了司法创新在解决新业态、新模式带来的现实困境与实践难题中的重要作用，并提出了健全知识产权制度、强化保护与运用的建议。

关键词： 著作权；数字时代；数据经济；制度改革；人工智能；合理使用

本文按照国家“十四五”规划和2035年远景目标纲要对健全知识产权保护运用体制所做出的战略部署，旨在解决以下问题：数字时代新领域有哪些新生著作权法律问题；我国现有规则应如何完善从而适应数字时代的发展要求；国际社会应对数字时代著作权保护的具体举措有哪些；数字时代著作权领域司法创新应遵循的价值定位。本文有利于丰富国家知识产权治理现代化理论，强化知识产权制度在数字时代发展中的法律保障作用，在国际社会应对数字时代纷纷修订著作权法的趋势之下，为中国的制度话语权构建提供学术支持。

* 陶乾，中国政法大学教授、博士生导师，本课题组组长；刘智慧，中国政法大学教授、法律学院副院长，本课题组组长。

一、数字时代著作权保护客体的扩张

作品是著作权法的客体，创作者的成果能否被称为著作权法意义上的作品决定着其能否被纳入著作权法的保护范围。数字技术催生了新的创作方式和传播途径，新的"作品"类型不断涌现。技术发展与制度变革存在相互关系，著作权客体制度要回应数字技术发展，以应对数字时代下著作权保护面临的诸多挑战。

（一）著作权法权利客体制度的演变

纵观中国著作权法律制度的沿革，作品的定义逐渐趋于包容，作品的类型从封闭式立法变成了开放式立法，作品的排除性规定也更加科学。这些变化既体现出立法的日益完善，也表明了著作权法律制度受到经济社会发展的影响，不断进行着调适。

1. 作品定义与类型的完善

2020年，著作权法将作品定义从行政法规层面上升到了法律层面，著作权法实施条例中规定的作品的可复制性要件被"以一定形式表现"替代。"修法意图是明确内心的思想不受保护，只有外在表达才受保护。"[①]同时，文学、艺术和科学领域呈现的表达形式越发丰富，"以一定形式表现"作为作品的构成要件之一，"可以更好适应对未来新技术发展可能产生的新型作品的保护"[②]。

在过去三十年的发展历程中，我国不仅在立法上对作品类型有所回应，而且在司法实践中亦通过对相应作品类型的扩大解释来应对新的作品形态。2001年，著作权法扩大原"电影、电视、录像作品"范围到"电影作品和以类似摄制电影的方法创作的作品"。2020年，著作权法采用"视听作品"一词，就权利归属的规定，区分了电影作品、电视剧作品和其他视听作品。随着商业模式的创新，以视听形式存在的满足作品构成要件的客体不断丰富。将类电作品改为视听作品，将不再局限于"摄制在一定介质上""以类似摄制电影的方法"这一条件限制，这样可以将实践当中不断出现的诸如游戏画面等新型的作品形态纳入视听作品的规定中。

---

① 王迁.《著作权法》修改：关键条款的解读与分析（上）[J]. 知识产权，2021（1）：21.

② 周丽娜.《著作权法》作品定义"能以一定形式表现"之分析［J］. 中国出版，2022（3）：44.

2. 作品类型的兜底性条款

保护数字时代新生的作品，需要立法的未雨绸缪。我国著作权法在确定著作权保护客体的具体内容时，参考了《伯尔尼公约》的做法，采用的是既列举典型作品类型又有兜底范围的立法模式。采取这样一种模式的考量是，第一，除了典型的作品之外，随着科学和文化事业的发展，可能出现新的思想表达形式，需要列入著作权客体予以保护；第二，为将现在尚未作为著作权客体的纳入著作权保护客体范围提供可能。

（1）2010年兜底条款的局限性

2010年，著作权法看似有兜底条款，即“法律、行政法规规定的其他作品”，但这仍旧属于封闭式规定，导致著作权法对于数字时代著作权保护客体的扩张难以做出有效应对。

司法实践对于该条款的理解呈现两种做法，一种是将法定作品类型进行扩张解释从而将欲寻求保护的智力成果纳入其中，如“音乐喷泉”案的一审判决[①]，选择了“法律、行政法规规定的其他作品”作为裁判依据。另一种是严格依照法律对“其他作品”的限定条件，如“音乐喷泉”案的二审判决[②]，法院指出目前尚无法律、行政法规明确增加其他具体作品类型，转而突破性地将音乐喷泉喷射效果作为美术作品进行保护。

（2）2020年对兜底条款的修改

进入数字时代，作品创作模式的不断革新已进入常态化，无论是赛事直播对视听作品构成要件的重构，还是AI画图带来的“从画笔到指令”的突破，都呼唤立法给予回应。因此，对现行法规定的每一种作品类型的理解，应当在合理的限度内保持一定的开放性，以使按照现有理念无法列入任何一个具体作品类别，但又具有作品特征的新事物能够得到著作权法的保护。2020年，著作权法采用了新的兜底式规定，能为未来可能出现的新的作品留下适用空间。这也要求在司法实践中严格把握作品的特征，避免将属于公共领域的非作品形态纳入保护范围。

（二）数字技术对著作权客体制度的影响

如今，大数据、云计算、区块链、人工智能等数字技术应用领域广泛，深刻改变了各行各业的发展。聚焦于著作权领域，人工智能生成内容、赛事直播、网

① 参见北京市海淀区人民法院（2016）京0108民初15322号民事判决书。

② 参见北京知识产权法院（2017）京73民终1404号民事判决书。

络游戏等引发了一系列著作权争议，而解决这些争议的前提就是对这些数字技术的催生产物是否属于著作权客体进行回应。

1. 人工智能生成内容能否作为著作权的客体

随着数字化迅猛推进，人工智能技术革新也不断推向新的高度，人工智能在不受人类干涉下生成的内容是否能纳入现有著作权法体系保护这一议题引发了世界范围的高度关注。学术界对于人工智能生成内容能否成为知识产权的新客体写入法律存有较大争议。我国司法实践中亦出现几起案件引发大量探讨。

（1）我国人工智能生成内容可版权性的司法实践考察

在“腾讯诉盈讯”案中，法院认为，该案中原告主创团队在数据输入、触发条件设定、模板和语料风格的取舍上的安排与选择属于与涉案文章的特定表现形式之间具有直接联系的智力活动。[①]虽然作品生成属于计算机软件自动生成，但从涉案文章的生成过程来分析，该文章的表现形式是由原告主创团队相关人员个性化的安排与选择所决定的，其表现形式并非唯一，具有一定的独创性。涉案文章属于我国著作权法所保护的文字作品。

在我国“AI文生图第一案”中，法院认为，Stable Diffusion模型不是通过搜索引擎调用现成图片，也不是将设计者预设的要素进行排列组合，原告在图片的设计构思、选择提示词、安排提示词的顺序、设置相关的参数、选定符合预期的图片等步骤中都进行了一定的智力投入，涉案图片符合“智力成果”要件。后续调整修正的过程也体现了原告的审美选择和个性判断，涉案图片具有独创性，因此被认定为构成作品。[②]在本案之后，江苏省常熟市人民法院作出江苏首例、全国第二例AIGC著作权侵权案。

（2）人工智能生成内容可版权性分析

人工智能程序的“创作”过程，通常包括以下步骤，首先，利用识别技术搜集数据素材，然后利用深度神经网络算法从数据中学习，接着通过模拟神经元分析出模型并反复迭代优化，最终根据用户输入的关键词模型生成新内容。

①人工智能生成内容的独创性判断

对于人工智能生成内容的独创性判断，应当与对人类创作内容的独创性判断标准保持一致。具体来看，人工智能生成内容的性质是数据衍生品，属于一种合成数据，是人工智能程序在用户指令作用之下由模型输出的一种数据衍生品。数

① 参见广东省深圳市南山区人民法院（2019）粤0305民初14010号民事判决书。

② 参见北京互联网法院（2023）京0491民初11279号民事判决书。

据是人工智能生成内容的载体和外在表现形态。人工智能生成内容包含人类劳动。开发者开发模型、服务提供者提供内容生成服务，还是使用者连续输入提示词、选定输出内容，均是一种劳动，有人类的投入。因此，对于人工智能生成内容的独创性判断，应当在个案中结合具体情况进行分析。

②人工智能的工具属性判断

有学者观点将人工智能视为使用者的工具，并认为使用人是作者。但是，将人工智能视作工具、继而将人工智能生成内容视作使用人的独创性表达这一观点成立的前提是，人工智能的作用仅是作为工具辅助人类的创作行为。

在个案中，需要判断人工智能生成内容中的人类贡献。如果人工智能的内容生成活动仅需人类进行简单的指令，如输入关键词，点击生成键，真正的内容生成过程如抓取数据、分析模型、模型优化则均没有人类的参与。那么人工智能生成内容并非人类以人工智能为辅助工具，将具有独创性的思想表达和固定的结果。相反，如果在人工智能进行内容生成的过程中，有人类的独创性发挥空间，使用者进行了独创性的选择、编排、整理、加工等智力劳动，那么，此时，就可以将人工智能作为人类创作的工具来看待。综上，人工智能的工具属性，需要在个案中进行判断。

③人工智能生成内容的智力成果判断

1950年提出的“图灵测试”认为，如果参与者无法将机器与人类对提问的回答进行区分，那么机器被认为具有人工智能。[①]但是，当下人工智能所进行的不需人类参与的学习与创作过程，仍是对开发者所设计指令的遵循，一系列步骤的开展均有赖于人类的设计，这一点便排除了机器本身具有真正创造力的可能性。

根据大陆法系著作权法理论，作品是作者人格的延伸，只有是人类的创作成果才能成为作品。因此，在现行法之下，将人工智能生成内容作为作品保护的话，则必须考察人类对于内容的贡献在何处。在生成环节，使用者的提示词选择、参数选择、素材选择等方面具有发挥独创性的空间，即独创性来源是使用者在提示词、参数方面的选择、编排，就如同数据库这种汇编作品一样。然而，需要指出的是，根据作品创作的基本原理，作品是作者将思想转化为表达的结果。对于普通作品而言，这种转化具有一一对应性，但就人工智能生成内容，作者思想的对应呈现并非人工智能生成物的具体内容。所以，在我国现行著作权法之下，以数据

---

① Alan Turing. Computing Machinery and Intelligence [J]. Mind, New Series，1950，59 (236)：458-460.

衍生品形态表现的人工智能生成内容，并不对应着任何一种作品类型，尽管在表现形态上与文字、音乐、视听、美术等有相似性，但是，从独创性来源、创作过程来看，又是截然不同的，故将其置于著作权法下的“其他智力成果”更为合适。未来，从立法完善的角度，可以考虑在邻接权制度中创设衍生数据权，从而回归人工智能生成内容作为数据衍生品的基本属性，并将其与作品进行区分保护。

2. 赛事直播业态下视听作品构成要件的重构

伴随着体育产业的大规模发展和互联网行业对体育产业的渗透，体育赛事的网络直播、互联网视频平台对电视直播的赛事画面的转播与传播等形式不断出现，由此引发的著作权法律纠纷不断。一项体育赛事的信号所承载的连续画面，是否构成著作权法意义上的作品，需要进行个案判断。

（1）直播产业背景下对于电影类作品独创性要求的理解

在“央视诉暴风”案中，二审法院认为涉案赛事直播可能达到的独创性高度较低，涉案的赛事节目不构成作品。但是，再审法院认为，电影类作品与录像制品的划分标准应为独创性之有无，而非独创性之高低。[①]

类电作品与录像制品的区分在于独创性的有无而非高低。作品的构成要件是独创性的有无，即该作品与已有作品相比有怎么样的不同。著作权法下的诸多作品类型，每一种作品的独创点不同，所以，横向比较不同作品的独创性高低是没有意义的。因此，对于体育赛事直播所形成的画面，应当根据个案情形，围绕涉案画面在摄制过程中独创性的有无进行判断。

（2）视听作品的应然定义与要件

2020年著作权法将“电影作品和以类似摄制电影的方法创作的作品”修改为“视听作品”。对视听作品的概念界定将由新法通过后的实施条例予以细化。现行著作权法实施条例中的定义应当修改。[②]理由在于：第一，视听作品的创作手段很多，摄制并非唯一方式，应删除“摄制”这一要件。第二，虽然国际公约对视听作品的“固定”要件未作明确要求，但依据我国著作权法体系，将“固定”要件规定在视听作品定义中有一定必要性。“固定”要件能使视听作品与其他不类似于电影作品的客观活动相区别。如果删除视听作品的“固定”要件，认定现场

① 参见北京市海淀区人民法院（2020）京民再127号民事判决书。

② 参见《中华人民共和国著作权法实施条例》第4条第11项：“电影作品和以类似摄制电影的方法创作的作品，是指摄制在一定介质上，由一系列有伴音或者无伴音的画面组成，并且借助适当装置放映或者以其他方式传播的作品。”

直播时产生的连续画面属于视听作品，将架空修改后的广播组织权的内涵。[①]第三，视听作品应由一系列有关联的活动图像（影像）组成，呈现动感状态。从视听作品的起源来看，视听作品从摄影作品中分离出来就是因为视听作品呈现动态效果而摄影作品呈现静态效果。[②]因此可以选择借鉴多数国家的表述，将“连续画面”改为“活动图像”或“影像”。

3. 游戏整体画面和游戏规则的著作权保护规则

近年来网络游戏产业发展迅猛，伴随着短视频平台和直播平台的兴起，游戏直播成为社交媒体发展过程中的一大现象。游戏运营商与短视频及直播平台之间的利益纠葛导致了大量游戏著作权纠纷的产生。

（1）游戏直播背景下游戏整体画面的可版权性

在司法实践中，围绕游戏画面是否构成作品以及构成什么作品，国内司法判决呈现两个不同的观点，判决的差异也与游戏的类型相关。一类观点认为游戏画面不能构成作品，原因在于游戏画面的生成过程不体现智力创造，如“炉石传说”案中，法院认定玩家对游戏动态画面的形成仅系游戏作品本身预设画面的一种展现，并不具备可版权性。[③]另一类观点认为游戏画面具有独创性且能以有形形式复制，能够构成作品，如“奇迹MU”案。[④]

将游戏整体画面单独保护，符合我国现行著作权法框架下游戏产品整体化保护的实际需求。从表现形式来看，因其表现效果的连续动态性，而被归入类似摄制电影的方法摄制的作品。[⑤]

（2）换皮游戏侵权案件中游戏规则的可版权性

司法实践呈现从将游戏画面认定为类电/视听作品到探索将电子游戏整体作为“其他智力成果”的趋势。将电子游戏作为整体进行著作权保护时，必须明确保护的对象是什么。在换皮游戏侵权案件中，需要保护游戏的具体设计。

游戏的具体设计是一款游戏最为核心的表达，也是一款游戏的独创性所在。

---

① 王迁．体育赛事现场直播画面著作权保护若干问题——评“凤凰网赛事转播案”再审判决［J］．知识产权，2020（11）：45.

② 张春艳．著作权法修订视阈下视听作品概念之界定与厘清［J］．河南师范大学学报（哲学社会科学版），2015（6）：70.

③ 参见湖北省武汉市中级人民法院（2017）鄂01民终4950号民事判决书。

④ 参见上海知识产权法院（2016）沪73民终190号民事判决书。

⑤ 由于著作权法实施条例尚未修订，目前法律对视听作品的概念没有明确界定，故本部分内容仍以“类电作品”进行论述。

这一属于“表达”层面的客体，是通过游戏操作界面的布局和内容予以呈现的。如在“太极熊猫”案中，法院指出，“游戏整体画面中游戏玩法规则的特定呈现方式构成著作权法保护的客体”。[①]

游戏的具体设计不是“思想”，而是“表达”。第一，游戏设计不是操作方法意义上的步骤与规则，也不是技术或者技巧，而是游戏在运行过程中呈现的反映开发者思想的具体表达。早在“奇迹MU”案中，法院就分析了等级设置、角色技能设计以及地图场景等的整合使用后的独创性。[②]“率土之滨”案判决指出，电子游戏的独创性体现在游戏规则、游戏素材和游戏程序的具体设计、选择和编排中。[③]第二，游戏设计不是指游戏的文字说明、美术意义上的画面设计，也不是专利法上的外观设计或技术方案，而是指开发者所要对外呈现的游戏整体及其组成元素的设计。第三，一款游戏中的通用设计、在先设计不在保护范围内，但并不代表整个游戏不受保护。第四，游戏设计内化于游戏引擎与游戏素材库，外化于动态的游戏运行画面。在“我的世界”案中，判决书将游戏画面定性为“游戏开发者将游戏设计编写成可被计算机识别执行的代码，通过用户在运行游戏时发出的不同操作指令，调动游戏素材中的元素名称文字、场景图案、动态影像、声音配乐进行有机组合，在终端屏幕上动态呈现出可供感知的综合视听表达”。[④]用户感知到的是游戏中各项数值的设定、技能的体系、界面的布局、触发的条件、角色的关联等，这些正是游戏开发者在设计开发阶段能够发挥独创性的空间。

游戏的具体设计能以一定形式表现。在“梦幻模拟战”案中，法院指出：“以潜在方式存在的游戏玩法、规则，作为连续画面下的底层设计，直接决定画面可能呈现的内容与方式，以直接呈现方式表现的游戏玩法、规则，则作为连续画面中的一部分内容为玩家感知。”[⑤]对游戏的具体设计进行保护，并不要求这些设计必须体现为文字或其他固定的形式，尤其是作品可复制性要件已被修改为“以一定形式表现”，故更不应当将游戏设计受到保护的条件限定为文字描述。

4. 多元艺术元素运用下戏剧作品的内涵扩充

在著作权法实施条例中，戏剧作品“是指话剧、歌剧、地方戏等供舞台演出的作品”。依此定义，很多学者认为，在我国著作权法的制定过程中，戏剧作品被理

---

① 参见江苏省高级人民法院（2018）苏民终1054号民事判决书。

② 参见上海知识产权法院（2016）沪73民终190号民事判决书。

③ 参见广州互联网法院（2021）粤0192民初7434号民事判决书。

④ 参见广东省高级人民法院（2021）粤民终1035号民事判决书。

⑤ 参见北京市朝阳区人民法院（2019）京0105民初43540号民事判决书。

解为一部剧本。戏剧以由对话、旁白、音乐、配词等构成的剧本为其表现形式。[①]反对意见指出，将戏剧作品等同于剧本、将编剧作为戏剧作品的唯一作者的做法，是过时且不公正的，导演、表演者、制作方和设计者的智力贡献同样应当予以考量。[②]在艺术界和产业界，戏剧作品被理解为一整台戏，应借鉴视听作品的规定，将戏剧的著作权推定为剧团所有。

持戏剧作品为剧本的观点，其中一个重要理由是，在《伯尔尼公约》中，戏剧作品与音乐戏剧作品被写在一起，舞蹈艺术作品与哑剧被写在一起，这两大类型与其他类型的作品并列。另外，该公约的第11条第2款规定，戏剧作品的作者在其原作品的著作权存续期间享有对其作品的翻译的权利。该观点据此认为，此处的译作，意味着被翻译的对象应为文字表达。但事实上，这并不是必然的。一部电影，也会存在台词的中文版和原版一说。持戏剧作品应为一整台戏的观点认为，戏剧作品需要像视听作品一样由法定的制片人享有著作权，这样才能激励剧团的创作动力。而且，将著作权归属于剧团，更有利于对作品的利用。但是，该观点忽视的是，戏剧作品是以单场的现场表演形态呈现，而影视作品摄制后可供反复播放，二者区别明显。

戏剧作品指的是一整台戏还是剧本，这关系戏剧作品整体及其组成元素的保护模式，也关系戏剧作品之间及戏剧作品与影视剧之间的侵权判定。如果戏剧作品是以剧本为载体的艺术，那么戏剧作品的作者是剧本的创作者，对戏剧作品享有完整的著作权。如果戏剧作品是以一整台戏为呈现方式所展现的艺术，那么，其作者应当为这一整台戏作出智力创作的主体，不仅应当包括剧本作者，还应当包括戏剧导演、舞美设计、音乐创作者等。

2020年著作权法重构了戏剧作品及演出的权利分配制度。在该制度之下，演员享有表演者权中的人身性权利，整场表演的财产性权利由演员与演出单位进行权属约定，没有约定或者约定不明确的，由演出单位享有。对于一部戏剧，戏剧作品的著作权由剧本的作者享有，戏剧中所包含的舞蹈、音乐、美术、动画、灯光、舞美、服装设计等元素的作者，可以独立地主张各自的著作权。戏剧的表演者，享有其作为表演者的人身性权利。然而，这种制度安排虽然能够激励剧团的

① 郑成思．版权法［M］．北京：中国人民大学出版社，1997：95；李明德，许超．著作权法［M］．北京：法律出版社，2003：37；崔国斌．著作权法原理与案例［M］．北京：北京大学出版社，2014：128.

② Matthew Rimmer. Heretic：Copyright Law and Dramatic Works［J］. QUT Law Review，2002（1）：132.

投资和对戏剧的传播，却无助于简化解决与戏剧作品相关的抄袭案件、改编案件。21世纪初，“绿野仙踪”案涉及的就是戏剧与戏剧之间的抄袭风波，法院在做侵权比对时，采取的是将戏剧作为一整台戏的比对模式，而非仅仅对戏剧作品的剧本进行比对。在该案中，法院并未去分析原告中国木偶艺术剧院有限责任公司是不是著作权人。但在“断桥”案中，法院以原告杭州断桥文化艺术发展有限公司未分别取得剧本、作曲、灯光舞美设计等各个戏剧的组成元素的作品的作者著作权授权为由，驳回了原告的诉讼请求。

在当下，文学、影视、戏剧、游戏等各种艺术形态之间联动，不同艺术形态作品之间的纠纷不断，主要涉及的是改编权和保护作品完整权纠纷。具体到个案中，整部戏剧作品以脚本为核心，进行保护；戏剧中的其他各个组成元素分别作为作品进行保护。

二、数字时代著作权内容制度的重构

著作权内容的范围就是著作权人专有权利的范围。著作权法在第三次修订过程中，曾尝试对著作人身权和著作财产权进行较大改动，但最终采取了相对保守的修改方式：对于“复制权”，将“数字化”列为复制的方式之一，扩大了“广播权”的保护范围，完善了对展览权的规定。面对数字时代对法律制度带来的挑战，有必要对传统意义上的发行权进行调整，也需要通过完善邻接权制度来回应衍生数据财产权，尤其是人工智能生成内容的保护问题。

（一）发行权的重构与版权穷竭原则的扩展

NFT的英文全称为Non-Fungible Token，被翻译为非同质化代币。将特定交易内容以NFT的形式进行交易，被称为代币化或者凭证化，产业界又称之为“铸造”。NFT的首次交易，被称为“发行”，NFT最初的铸造者，也被称为发行者、创造者或生成者。作为一种新型交易形式，代币化交易形式的出现为作品的创作、传播与交易市场带来积极影响的同时，也给产业界带来了诸多法律困惑。

1. 权利穷竭原则在数字作品二次交易中的适用

在著作权法领域，权利穷竭原则的适用体现为发行权一次用尽原则，当作品或作品的一个复制件被著作权人或者经其许可首次投入市场之后，著作权人就失去了控制该作品或者该特定复制件进一步流转的权利。时至今日，借助区块链的代币化交易模式成功突破了以往转售商业模式绕不开复制权的障碍，没有了复制权“做绊”，考虑创设数字环境下著作权的权利穷竭问题则是正当其时。

发行权一次用尽原则扩展适用于数字作品之上需要满足严格的条件：第一，该交易产生了特定作品复制件财产权转移的法律效果；第二，交易对象是从著作权人或者经其授权已被以出售方式发行至网络空间的数字作品复制件；第三，交易未造成新的作品复制件的产生；第四，一件作品复制件的平行持有者数量没有增加。代币化交易模式符合这四个条件，因此从NFT铸造者手中支付对价、购买了NFT数字作品的买受人，可以转售、转赠其购买的NFT数字作品，不侵犯著作权人的发行权。

将权利穷竭原则扩展适用于数字作品之上，不仅是对当下网络产业的商业模式创新的回应，亦是数字艺术品交易市场发展的内在需求。权利穷竭原则在适用的地域范围上，存在发行权的国际穷竭、地域穷竭和国内穷竭三种模式。网络的无国界带来了跨境的数字知识产权贸易，NFT交易模式的诞生更是便利了国际数字作品流通，因此我们不仅需要权利穷竭原则在数字环境下的适用，也需要著作权领域采取国际穷竭模式。

2. 数字时代发行权的扩张

网络上的售卖，虽然是以NFT形式进行，但是NFT本身不是作品，只是与一件数字作品具有唯一关联性的存储于区块链上的元数据集，该数据集本身并不包含任何音乐、美术作品等数字化文件。所以，铸造NFT并不是著作权法意义上的创作。NFT数字作品的著作权人，是这个数字作品的作者或者从作者手中继受取得著作权的主体。虽然区块链技术的运用让NFT数字作品的权利流转链条真实可靠，但是，弊端在于其无法验证在NFT的铸造者是不是真正的著作权人。所以实践中出现了将他人享有著作权的作品进行代币化交易的行为，该行为可以解构为铸造、许诺销售和出售三个环节。

在出售环节，将他人享有著作权的NFT数字作品进行线上交易，事实上是以出售的方式向公众提供作品的复制件，应当落入著作权人发行权的控制范围。虽然传统意义上的著作权法中的发行权是基于有形载体上的作品，但是“发行权的核心特征在于作品原件或复制件的所有权转让，无关乎作品载体是有形还是无形”。[①]当网络上的数字作品出售能够实现与线下有形作品出售相同的法律效果

① 何怀文. 网络环境下的发行权［J］. 浙江大学学报（人文社会科学版），2013（5）：150.

时，有必要扩大发行一词的法律内涵，将发行权扩展适用于网络环境。所以，将他人作品以NFT形式进行出售的行为，纳入著作权人发行权的控制范围。

（二）美术、摄影作品展览权特殊规则的扩展

1. 著作权法对特殊作品展览权归属的专门规定

相较修改之前，2020年著作权法在以下三个方面进行了进一步的界定：一是明确作品著作权与作品所有权分离原则的一般性。根据著作权无形性的特点，明确该规则适用于所有作品，并不仅仅限缩在修改之前的美术作品及与其有相同性质的作品类型。二是调整展览权“权随物转”的范围，相当于赋予了作品原件所有人展览权，同时展览权适用客体由美术作品扩大到美术作品以及摄影作品。三是明确展览权行使与发表权的关系，作者将未发表的美术、摄影作品的原件所有权转让给他人的，受让人为展览该原件而使作品公之于众，不构成对作者发表权的侵犯。[①]

首先，从利益平衡的角度看，对于作品展览权的区别规定是值得肯定的。对于美术、摄影等作品，广大受众普遍存在“原件崇拜”的心理。美术作品和摄影作品原件的价值远远大于复制件的价值，因此，如果按照一般的著作权规则，作者仍然控制原件的展览权，势必严重影响原件购买者的利益。所以从平衡著作权人和原件所有权人的利益角度出发，将作品的展览权与发表权进行分离，并对二者进行保护是利益均衡的体现。

其次，与之前相比，2020年著作权法第20条还新增了“作者将未发表的美术、摄影作品的原件所有权转让给他人，受让人展览该原件不构成对作者发表权的侵犯”一款，旨在解决美术、摄影作品的展览权与发表权之间的冲突问题。根据2010年著作权法第18条的规定，美术作品的原件所有人有权行使其对作品原件享有的展览权，而想将原作公开又必然伴随发表，这样又会侵害未发表作品著作权人的发表权。美术作品的展览权和发表权之间的多种冲突与矛盾应运而生，如“茅盾手稿拍卖”案以及“钱钟书书信拍卖”案等都是此问题下极具代表性的案例。

2020年著作权法的规定则为此问题的解决提供了路径，在美术作品未发表的情形下，发表权和展览权两者之间产生矛盾、冲突时，法律直接规定原件所有人

① 杨柏勇．著作权法原理解读与审判实务［M］．北京：法律出版社，2021：168.

享有的抗辩权，以对抗著作权人的发表权。这一规定一定程度上打消了作品购买者的顾虑，更有利于文化产业的繁荣与发展。

2. 展览权特殊规则扩展至复制件的必要性

我国著作权法第20条对展览权进行了例外规定，规定美术、摄影作品原件的展览权由原件所有人而非著作权人享有。有学者认为，传统摄影的原件受技术手段的限制，无法直接展示，必须借助一定的工具转化成为人们肉眼可看清的胶片或者照片才能够予以展示。与传统摄影不同的是，储存于RAW文件上的图像可以通过数字终端的方式将摄影作品原件进行直接展示，但这种展示却属于现行著作权法放映权、广播权与信息网络传播权的范畴，与展览权无关。一般而言，数码摄影作品原件实际上是无法“公开陈列”，或者无法产生具有视觉效果的“公开陈列”。唯一可能的“公开陈列”便是将在附载已打开图像的数字终端进行“公开陈列”，而这种展览在现实中几乎不存在。[①]我国应当借鉴德国版权法的做法，将展览权的客体限定为美术作品、摄影作品而非作品原件。这种安排使美术作品原件的所有人亦可以选择展览美术作品原件或者复制件，但并不影响著作权人自身的展览权，更为重要的一点是可以解决摄影作品原件展览缺乏实际意义的问题。与此类似，有学者除了考虑数字化作品原件展览的困境之外，还将视角放置于实用性美术作品。具体而言：一方面，鉴于美术作品的刻模原件通常掌握在生产商手中，既不具备特殊价值，又无法参与市场流通，法律似乎并无必要对此类作品原件给予专门保护。另一方面，如果法律只对原件所有权人施以特殊照顾，那么购买者所能获得的作品复制件的使用价值必将被不合理减损，最终会彻底危及商业艺术品交易市场的有效运转。[②]这与我国著作权法的立法宗旨与日的也是相违背的。

还有学者认为，我国著作权法赋予美术作品及摄影作品作者以展览权，并将展览权解释为“公开陈列美术作品、摄影作品的原件或者复制件的权利”。同时，我国著作权法也规定“美术等作品原件所有权的转移，不视为作品著作权的转移，但美术作品原件的展览权由原件所有人享有”。在此法律规定中展现的法律关系是混乱的。展览权为一项著作财产权，其客体是美术作品原件或复制件，而

① 刘铁光，王考．摄影作品原件可以展览吗？——基于《著作权法》修订草案送审稿第22条第2款的思考［J］．中国版权，2015（2）：29.

② 何敏，吴梓茗．论展览权穷竭制度的完善——从“部分穷竭”到“完全穷竭”［J］．电子知识产权，2021（6）：47.

非美术作品；但依著作权法第18条的规定，展览权虽为著作财产权，但其客体为美术作品原件，其主体为美术作品原件所有人。出现以上混乱主要是因为立法者混淆了著作权意义上的展览权与物权意义上的展览权，立法者不自觉地受到所有权至上观念的侵扰，将著作权意义上的展览权让渡给物权意义上的展览权，并将物权规范纳入著作权法。我国著作权法第10条将与美术作品相关的展览权归结为美术作品原件的展览权，第18条则将展览权完全归属于美术作品原件所有人，这样著作权人的利益就让渡给了所有权人，而第18条则是我国著作权法中用以保护所有权人利益的物权规范。因此，我国著作权法有必要重新界定著作权意义上的展览权，同时，剔除无关联的物权规范。①

在科学技术高度发展的今天，若仅仅将展览权的例外规定适用于作品原件，一方面会增加作品在传播中的不确定性，另一方面也会增加司法实践的难度。但将展览权例外规定适用于复制件，又有可能带来原作著作权人著作权行使的困境。所以在今后的司法实践中，应当在法律条文中厘清著作权与物权在此问题下的联系与其区分的前提之下，对展览权适用规定作出统一的规范，为展览权的适用寻求一条明确的道路。

（三）未来通过邻接权保护人工智能生成内容

人工智能产业对驱动社会经济大发展具有重要作用，也是大数据时代一国的战略资源。人工智能生成内容本质上是运用数据和技术生成一种数据成果。在此情况下，将人工智能生成内容纳入保护又有立法价值上的必要性，如前文所述，未来著作权法修订时，能否将其纳入邻接权制度值得研究。

1. 通过邻接权保护人工智能生成内容的正当性与可行性

通过邻接权保护人工智能生成内容具有正当性。首先，人工智能生成内容与知识产权客体的无形性、非独占性、时间性、稀缺性等特点具有适配性。其次，人工智能生成内容保护契合知识产权激励理论。邻接权保护更关注数据生产中的投资与劳动，更倾向于内部的驱动力。为了企业的长足发展，创新与知识产权的激励相辅相成，才能更好地推动衍生数据的生产。最后，人工智能生成内容保护符合知识产权利益平衡理念。一方面，人工智能在使用过程中，将作品以数据的形式加以利用，这涉及作品的著作权人与人工智能企业的权益均衡。另一方面涉

① 唐昭红．论美术作品著作权对美术作品原件所有权的限制［J］．法商研究，2003（4）：119.

及人工智能企业利益与社会公共利益的均衡，二者之间是相辅相成的关系。

将人工智能生成内容纳入邻接权范畴具有可行性。邻接权就是作者传播者权的观念正在被打破。[①]纵观各国著作权法，邻接权制度不仅保护传播者，而且，因应信息技术的发展，邻接权客体并未限缩，反而大有扩张之势，对一些不具有独创性而不能构成作品但又与作品有密切相关的文化产品，邻接权制度也能提供保护[②]。现代邻接权的种类较邻接权制度产生初期已大为丰富。人工智能生成内容符合邻接权客体的本质，可以被纳入邻接权客体的外延范围内。同时，传播过程必然伴随着流动性，人工智能生成内容本质上是一种数据成果，而数据的流动性特征亦符合邻接权的本质。[③]

2. 作为邻接权的数据处理者权的制度进路

人工智能生成内容是运用数据和技术生成的一种数据成果，而数据成果是对数据资料进行处理所产生的具有独创性的成果或不具独创性但具有经济价值的成果。与数据成果相对应的邻接权指的是数据处理者对其以数据为基础并通过技术获得的数据成果享有的财产权，这项权利可以称之为衍生数据权或数据处理者权，类似于录音录像制作者权。[④]通过从现行著作权法的立法体系中汲取营养，数据处理者权的保护模式也应当包括权利客体、权利主体、权利内容、权利限制四部分内容。[⑤]

（1）人工智能生成内容的权利归属

人工智能生成内容涉及多方主体。当人工智能程序的开发者与使用者不是同一主体时，人工智能生成内容的权属应采“合同约定说”“使用权人说”。具言之，人工智能程序的开发者与使用者在协议中明确人工智能生成内容权属的，从其约定；在没有作出约定时，该成果的权利人为人工智能程序的使用权人，因为其是该成果的促成者。

---

① 王迁. 著作权法［M］. 北京：中国人民大学出版社，2015：272-273.

② 李小侠. 邻接权和著作权的衔接与协调发展——以独创性为视角［J］. 科技与法律，2010（3）：47-50；王超政. 著作邻接权制度功能的历史探源与现代构造［J］. 华中科技大学学报，2020（4）：102.

③ Peter K. Yu. Data Producer's Right and the Protection of Machine-Generated Data［J］. Tulane Law Review，2019（93）：859-890.

④ 陶乾. 论著作权法对人工智能生成成果的保护——作为邻接权的数据处理者权之证立［J］. 法学，2018（4）：12.

⑤ 王国柱. 邻接权客体判断标准论［J］. 法律科学（西北政法大学学报），2018（5）：171.

（2）权利内容及救济参照传统邻接权进行架构

数据处理者对人工智能生成内容所享有的权利内容可以参照录音录像制作者对其录音录像制品的权利内容，包括许可他人复制、发行、通过信息网络向公众传播并获得报酬的权利。除了许可这一方式，还应当允许衍生数据邻接权人通过转让、放弃其所拥有的权利来实现法律关系的改变，相应地相对人有责任遵从这种改变。对于权利的救济，当数据处理者的邻接权遭到侵害时，权利人有权向侵害人请求停止侵害、消除影响、赔礼道歉、承担损害赔偿等民事责任。

（3）数据处理者权利限制的独特性

数据处理者权虽然相比于其他邻接权客体具有特殊性，但仍然受到权益均衡理论的影响。为了减少对数据处理者赋权过多导致的滥用风险，有必要对衍生数据市场竞争在邻接权体系内进行一定的干预与限制。[①]但在具体适用上还需要与其他邻接权类型有所区别。

第一，在合理使用制度上，个人为了学习、研究，国家机关为执行公务，学校教师为了教学，为了报道时事新闻，图书馆、档案馆、博物馆等为了陈列或保存数据而使用海量的衍生数据的情形，由于可能带来巨大公共利益，应当认为可以构成合理使用，但是需要注明衍生数据的来源。[②]

第二，应当对来源唯一的衍生数据实行法定许可制度。为了推动衍生数据的交易与流通，应当准许他人支付合理的对价后提取或使用衍生数据，但是他人不得向第三人提供并且不得以营利为目的获取该衍生数据。如此一来，其他数据开发使用者有途径获取并使用其所需要的数据，有利于防止数据开发使用者垄断数据。[③]

第三，对衍生数据的保护期限设置应当与传统邻接权类型有所不同。[④]欧盟《关于数据库法律保护指令》（Directive 96/9/EC on the legal protection of databases）规定，在数据获取、校验、内容展示方面付出了实质性投资的投资者有权禁止对数据库进行复制、发行、出租和传播，该项权利的保护期为15年。如果其目标是确保数据生产者及其合作者有机会分析生成的数据，欧盟数据库指令的最

① Kenneth A. Bamberger, Orly Lobel. Platform Market Power [J]. Berkeley Technology Law Journal, 2017 (32): 1051-1089.

② 江波，张亚男. 大数据语境下的个人信息合理使用原则 [J]. 交大法学，2018 (3): 112.

③ 李扬. 数据库特殊权利保护制度的缺陷及立法完善 [J]. 法商研究，2003 (4): 35.

④ 陶乾. 论著作权法对人工智能生成成果的保护——作为邻接权的数据处理者权之证立 [J]. 法学，2018 (4): 3-15.

初提案只提供了10年的保护。这一略短的保护期限应当是符合衍生数据的保护需求且有利于数据产业良性发展的，一方面可以激励企业投入数据利用的研发资金；另一方面，在期限届满后，企业数据进入公共领域，有利于增进社会的公共福祉。①

三、数字时代著作权限制制度的突破

当前我国数字市场迅猛发展，内容聚合、网络直播和短视频混剪等全新产业形态的涌现，推动文化繁荣和催生创作多元新形式的同时，也给我国权利限制制度带来了新的挑战。合理使用作为权利限制制度，其平衡著作权人利益和公共利益的传统作用，在数字时代下成为突破的焦点。一方面，合理使用制度由于内容聚合等新商业模式的兴起而不断遭到侵蚀；另一方面，文本与数据挖掘等行为是否属于合理使用却存在疑问。

（一）内容聚合网站对合理使用制度的侵蚀

内容聚合网站所提供的服务，即通过搜索引擎、数据挖掘、网络链接、转码等网络技术，将分散在网络空间的文件资源整合起来，使得网络用户能够通过一站式平台访问该文件资源。②不同于内容提供网站，内容聚合网站不进行内容生产，只提供渠道服务。除此之外，内容聚合网站还能通过算法和大数据技术分析用户的兴趣偏好，结合具体情形为用户进行个性化推荐，这极大增强了用户的黏性。

1. 内容聚合网站的法律现状及适用合理使用的质疑

内容聚合网站曾经只提供搜索内容入口链接的服务，不对链接的内容和界面进行处理，为内容提供网站带来了流量。但为优化服务，内容聚合网站通过加框链接、转码等技术，开始将内容提供网站的页面转化成聚合统一的界面。这就导致后者的信息和广告在这一过程中被弱化甚至删除，后者的利益也被内容聚合网站所剥夺。

司法实践中，法院通常会将内容聚合网站认定为“网络服务提供者”，适用

① 李晓宇. 权利与利益区分视点下数据权益的类型化保护［J］. 知识产权，2019（3）：60.

② 崔国斌. 著作权法下移动网络内容聚合服务的重新定性［J］. 电子知识产权，2014（8）：21.

“服务器标准”判定内容聚合网站是否构成著作权侵权。但是由于内容聚合网站经常采用加框链接[①②]技术，不需要将内容提供网站的作品上传、存储到自身服务器中，就能够实现对著作权人角色的“剔除”，因而“服务器标准”就无法追究内容聚合网站的侵权责任。除此之外，转码行为也陷入著作权侵权的争议。转码，是内容聚合网站为了改善用户的浏览体验所使用的互联网技术，在运行的过程中需要对内容提供网站的作品临时或永久复制后再进行转码，复制行为导致其存在侵犯著作权的可能性。

无论针对加框链接还是转码行为，内容聚合网站均以合理使用为由进行抗辩。而是否构成合理使用，需要结合合理使用的要件具体分析内容聚合网站的行为，明确著作权侵权与合理使用的界限，不能使合理使用成为内容聚合网站逃避侵权的另一个“避风港”。

2. 明晰内容聚合网站著作权侵权与合理使用的界限

修改后的著作权法合理使用制度不仅完善了“三步检验法”，还在十二种合理使用具体情形后增加了兜底性条款。为避免内容聚合网站对合理使用制度的侵蚀，明确内容聚合网站的加框链接和转码属于合理使用还是侵权行为，应当从合理使用的立法目的出发，划定内容聚合网站合理使用的范围。

首先，判定是否属于合理使用，判断行为是否落入十二种合理使用的具体情形中。某公司曾在诉讼中主张，内容提供网站上的内容是“时事新闻”[③]，可以构成合理使用。而事实上，新闻报道作品不仅是对新闻事实的客观描述，还包含作者对新闻主观的评价和看法。对于新闻报道作品这一部分内容，放任内容聚合网站对其的利用，会构成对原作品的替代，侵犯著作权人的合法权益。

其次，内容聚合网站的加框链接和转码是否能适用合理使用，还应考察是否符合“法律、行政法规规定的其他情形”这一兜底条款。在第三次著作权法修订过程中，立法者认为封闭式列举模式不能适应现实需要，为了给实践留出余地，增加一项兜底性条款。但该项兜底性条款的适用必须以现有法律或行政法规的明确规定为前提，从严把握。而现有法律、行政法规并未明确规定加框链接和转码行为属于合理使用。

① 加框链接是指设链者将自己控制的面向用户的网页或客户端界面分割成若干区域，在其中部分区域利用链接技术直接呈现来自被链接网站的内容。用户在浏览被链接内容过程中，依然停留在设链者控制的页面或客户端界面上。

② 崔国斌．加框链接的著作权法规制［J］．政治与法律，2014（5）：75.

③ 现著作权法已更改为“单纯事实消息”。

最后，判定合理使用的核心仍在于加框链接和转码是否影响了作品的正常使用以及是否不合理地损害了著作权人的合法权益。一方面，加框链接这一技术的应用使得用户无须跳转到内容提供网站即可浏览，不仅减少了内容提供网站的浏览量，还会屏蔽内容提供网站的信息和可能存在的广告，既影响了原作品的正常使用，又侵害了著作权人的合法权益，当然不构成合理使用。另一方面，转码行为是否能构成合理使用需要分情况讨论。需要明确，无论转码使用临时复制还是永久复制的方式，都不是构成合理使用的关键因素，转码服务是否使内容聚合网站成为独立的传播者才是是否构成合理使用的关键。①如果转码服务目的只是优化用户的阅读体验，并未删除内容提供网站完整的关键信息，且起到促进作品传播的作用，则转码行为就可能适用合理使用；反之，则可能构成侵权。

随着互联网和信息技术的发展，内容聚合网站的欣欣向荣伴随着内容提供网站的逐渐式微。因此，为数字时代发展开辟空间的同时，也应当防止对合理使用制度的过度侵蚀，不能背离合理使用制度的宗旨和目的。

（二）文本与数据挖掘纳入合理使用制度的正当性

文本与数据挖掘能够在辅助我们从海量资讯②③中获取关键信息的同时，也帮助我们根据已有的信息提炼出知识模型预测未来、开展知识发现活动，尤其在生成式人工智能高速发展的当下，文本与数据挖掘具有更加重要的价值。但是其在著作权法下，存在侵权风险。因此，需要明确其在著作权法中的性质以及定位，进而避免法律上的不确定性使得技术束之高阁。

1. 文本与数据挖掘在著作权法下的行为性质

文本与数据挖掘需要经历文本与数据采集、文本与数据存储、数据的清洗和预处理、数据计算、数据分析与挖掘、数据可视化这六个步骤。④

文本与数据挖掘的过程中存在对作品的复制行为。著作权法意义下的复制包

① 崔国斌. 著作权法下移动网络内容聚合服务的重新定性［J］. 电子知识产权，2014（8）：25.

② 待处理的数据集可能是吉字节、太字节甚至数拍字节（分别是109、1012、1015字节），远非人力能够处理。

③ 陈封能，斯坦巴赫，库玛尔. 数据挖掘导论［M］. 范明，范宏建，译. 北京：人民邮电出版社，2011：3.

④ 王国胤，刘群，于洪，等. 大数据挖掘及应用［M］. 北京：清华大学出版社，2017：22-23.

括在特定的介质上再现作品，以及在创作中使用他人作品两种行为，[①]文本与数据挖掘满足这两种行为的特征。首先，在文本与数据挖掘的过程中会不可避免地存储作品。在文本与数据的存储阶段，收集到的信息被存储并再现，而这种存储并非临时的，还将持续到挖掘结果完成后，将存储的内容与结果进行核对，确保结果的准确性。其次，在文本与数据挖掘的存储环节并不会产生新的作品，不会产生知识上的增值。最后，用户并不会直接接触存储下来的作品，而是获取对原作品挖掘后产生的新成果。我国新修订的著作权法也将以“数字化”等方式将作品制作成一份或多份的行为纳入复制权的控制范围内，[②]文本与数据挖掘存储他人作品符合“数字化”的方式这一规定，落入复制权控制的范围内。所以文本与数据挖掘是对他人作品的复制，未经许可的文本与数据挖掘行为存在侵犯他人复制权的风险。[③]

同时，需要明确文本与数据挖掘不是对作品的改编。目前存在一种观点，认为文本与数据挖掘中，需要将文本与数据转换为机器可读形态，而这一步骤中的“转码”是对作品的改编，所以未经许可实施文本与数据挖掘有侵犯他人改编权的风险。[④]但是需要澄清的是，在互联网中收集到的文本与数据已经是机器可读的代码形态，只是在用户阅读时需要以文字的方式呈现。即便需要转换，转换后的代码文件也难称作品，也更不涉及改编以及改编权侵权的问题。

2. 文本与数据挖掘在我国著作权法下的困境

文本与数据挖掘技术的存在能够高效地帮助人们处理海量信息，并从中提取出新的知识，无论从科学技术发展层面还是从文化传播与进步层面而言，文本与数据挖掘技术的存在都是不可替代的。但是，文本与数据挖掘在实施的过程中，因其实质上包含对作品存储行为而难以摆脱著作权侵权的困境。

“奥特曼”案[⑤]是全球范围内法院首次判决生成式人工智能平台未经授权擅自利用他人享有权利的作品训练其大模型并生成实质性相似图片的行为构成侵权，

---

① 高富平. 数字时代的作品使用秩序——著作权法中“复制”的含义和作用［J］. 华东政法大学学报，2013（4）：145.

② 参见《中华人民共和国著作权法》第10条第5项。

③ 北京市高级人民法院（2013）高民终字第1221号民事判决书中认为电子化扫描行为是复制行为，而文本与数据挖掘中也存在对作品的电子化处理，这无疑是复制行为。

④ 马治国，赵龙. 文本与数据挖掘对著作权例外体系的冲击与应对［J］. 西北师范大学学报（社会科学版），2021（4）：107-115；董凡，关永红. 论文本与数字挖掘技术应用的版权例外规则构建［J］. 河北法学，2019（9）：148-160.

⑤ 参见广州互联网法院（2024）粤0192民初113号民事判决书。

因此被称为“AIGC平台著作权侵权全球第一案”。法院在判决书中明确，被告作为AIGC平台未经授权使用原告享有著作权的“奥特曼”作品，侵犯了原告的复制权和改编权，未尽合理注意义务，应当承担侵权责任。此案一出，引起全球关注，也凸显文本与数据挖掘在我国著作权法下的困境。2024年杭州中级人民法院二审审结的“奥特曼第二案”突破性地探索了模型训练使用作品构成合理使用。

（1）文本与数据挖掘索取授权许可困难。第一，难以确定版权人。第二，法律上并未对文本与数据挖掘的法律性质进行界定，贸然订立版权许可协议或面临法律风险，而且花费大量时间。第三，过度依靠授权许可可能会滋生搭售、一揽子许可、捆绑许可及限制作品适用范围等授权许可中的不正当行为。[①]第四，版权许可协议可能会限制挖掘的范围、数量、存储以及共享。[②]

（2）文本与数据挖掘不在法定合理使用的范围内。只有符合著作权法第24条中具体列举的情形，且没有影响作品的正常使用，没有不合理地损害著作权人的合法权益才能认定构成合理使用。但其中和文本与数据挖掘相关的个人使用、科学研究使用、图书馆使用无法涵盖文本与数据挖掘行为。症结主要在于，目前的文本与数据挖掘行为多是某一群体以商业目的实施的，并且还需要大量复制完整的作品，而图书馆的藏品或无法支撑文本与数据挖掘进行，所以文本与数据挖掘不满足个人、非商业目的、少量复制等合理使用行为的要求，而且目前并无法律、行政法规规定的其他情形，所以文本与数据挖掘并不在我国合理使用的范畴之中。

3. 文本与数据挖掘纳入合理使用制度的正当性

文本与数据挖掘作为知识发现的工具，也是作品的新型使用方式。在新的时代创作背景下，将文本与数据挖掘纳入合理使用具有正当性。

文本与数据挖掘符合合理使用制度的价值取向。合理使用制度的价值目标，在于通过利益平衡保护的途径，促进科学、文化事业的发展，[③]该目标决定了合理使用制度的价值应当考虑平等、公平等价值，同时兼顾公益性。

文本与数据挖掘符合合理使用制度的经济理性。当著作权市场的平衡被扰乱并无法自行调控时，便出现市场失灵，而合理使用制度被认为是应对市场失灵的

① 杨红军. 版权许可制度论［M］. 北京：知识产权出版社，2013（1）：129-140.

② 罗娇，张晓林. 支持文本与数据挖掘的著作权法律政策建议［J］. 中国图书馆学报，2018（3）：26.

③ 吴汉东. 著作权合理使用制度研究［M］. 北京：中国人民大学出版社，2020：31.

工具。[①]将文本与数据挖掘纳入合理使用制度有助于控制过高的交易成本，推动作品市场资源的有效配置，实现版权利益的合理分享，[②]最终达到帕累托最优状态，在保持著作权市场稳定运行的同时，为社会不断创造新的精神文明财富。

文本与数据挖掘符合合理使用制度的理念。文本与数据挖掘是公众发现知识的工具，将文本与数据挖掘纳入合理使用则保证了公众合理接近著作权作品的权利，[③]也即公众接触知识的权利。这项权利是创作自由得到保证的前提和基础，同时，从海量的信息中挣脱，表达自己的权利也同样重要。文本与数据挖掘凭借其高效和快速能够加快知识发现的进程，同时，文本与数据挖掘能够发掘出与原作品完全不同的新角度，给人们以全新的视角思考问题。

4. 文本与数据挖掘纳入合理使用制度的考量因素

在生成式人工智能发展的当下，应从最有利于数据开发利用与人工智能应用创新的角度构建出文本与数据挖掘合理使用制度，但应同时兼顾著作权人的利益。具体包括以下几点考量因素。

第一，文本与数据挖掘对象来源的合法性。对于我国而言，比较折中的方式应当是，将文本与数据挖掘所使用的作品，限定为从合法渠道或者从公开渠道合法取得的作品。换言之，第一种是通过付费、订阅、合作等方式获得数据资源的访问权限进而有权下载的数字作品，以及通过合法渠道获取的经著作权人复制并发行的纸质作品。第二种是通过公开渠道获取的，著作权人自己或默示许可他人进行信息网络传播的内容。

第二，文本与数据挖掘结果的独立性。文本与数据挖掘所呈现的衍生数据结果应当具有有别于被挖掘对象内容上的独立性和价值上的独立性，应当不包含或者仅少量包含被挖掘的作品，对于文本与数据挖掘生成的衍生数据的使用，不得与被挖掘作品的市场相冲突。在衍生数据包含有作品内容片段的情况下，是否构成合理使用，需要综合该片段在整个作品中所占的比例、所使用的量、使用时的精细程度等因素进行认定。

第三，文本与数据挖掘目的的附条件性。不能以是否具有商业性作为区分，而是应当区分教学和科学研究目的与该目的之外的文本与数据挖掘行为。当然，教学和科学研究目的下，不应当对文本与数据挖掘的主体性质做过多限制，这有

① 熊琦．著作权合理使用司法认定标准释疑［J］．法学，2018（1）：189.

② 梅术文，宋歌．论人工智能编创应适用版权合理使用制度［J］．中国编辑，2019（4）：79.

③ 冯晓青．著作权合理使用制度之正当性研究［J］．现代法学，2009（4）：33.

利于促进知识传播与产业发展。教学和科学研究目的的文本与数据挖掘行为是"绝对的例外"，著作权人不可以通过在先声明予以禁止；该目的之外的文本与数据挖掘行为是"相对的例外"，即允许其对合法获取的作品进行文本与数据挖掘，但著作权人声明不许使用的除外。

四、数字时代著作权保护规则面临的挑战

在对网络平台加以规范时，需要寻求一种平衡，既能促进文化产业的繁荣和鼓励原创、丰富人们的精神文化生活、避免加重网站经营者的在人力和财力上的负担而阻碍互联网行业的发展，也能保护著作权人及相关权利人的利益。这种平衡既需要立法者和司法者的深思熟虑，更需要行业本身的自律和规范化。

（一）平台经济模式下平台责任制度的改革

在当今用户导向性的网络环境下，著作权法律制度应考虑如何最大化利用信息技术来解决侵权问题，而不是与网络作战。[①]技术手段为解决数字作品版权的保护与开发提供了一种多元化的思维路径。[②]对于平台责任扩大或者限缩到何种程度，应该从经济政策、利益衡量以及技术机制等方面综合考虑。

1. 从网络服务提供者责任到平台责任

用户与网络服务提供者的关系，在平台经济时代更复杂。平台与作者签约以及广告收入的分成使得平台不再仅仅是服务提供者。平台与内容协助发布者的界限模糊，"避风港"规则面临改革。一般认为，网络平台不负有对网络用户发布的内容进行事先审查、监控的义务，但不意味着平台对用户的侵权行为可不加任何干预和限制。"避风港"原则的技术前提是：权利人和社会公众之间合理地分配侵权预防的成本。重大的技术进步常常会彻底改变侵权法所预设的前提，导致权利人和相关公众在预防侵权方面的相对成本发生变化。[③]

从司法裁判的角度看平台责任，应当把握以下四点。第一，应判断平台所提

① Dinusha K. Mendis. Back to the drawing board：pods，blogs and fair dealing-making sense of copyright exceptions in an online world [J]. European Intellectual Property Review，2010（11）：580.

② 杨琳瑜. 视频网站版权保护的现实之困与解决之道 [J]. 电子知识产权，2010（10）：85-88.

③ 崔国斌. 论网络服务商版权内容过滤义务 [J]. 中国法学，2017（2）：224.

供的具体服务是否具有中立性。第二，在判断平台的注意义务的程度上，应结合个案的具体情形予以认定，比如，平台采用的技术过滤措施和人工监控措施、平台对特定内容设置的阅读数或商品价格等方面的阈值、被诉侵权内容的重复性等因素。第三，通知加删除规则下的“删除”，是网络服务提供者需要采取的必要措施的一种。具体措施需要综合考量网络服务提供者提供服务的性质、形式、种类，侵权行为的表现形式、特点、严重程度等具体因素，以技术上能够实现，合理且不超必要限度为宜。第四，民法典为网络著作权侵权量身设计的通知删除规则，扩展至互联网上的所有侵权样态。

2. 深度链接模式下作品提供行为的认定

传统主流观点将“服务器标准”作为判断侵犯信息网络传播权的实质性要素。[①]如北京知识产权法院在2016年“腾讯诉易联伟达”案[②]二审判决书中，较为详细地阐述了将“服务器标准”作为判断侵权标准的理由，即只有将作品置于“向公众开放的服务器中”才构成侵权。但随着科技的发展以及现实情况的不断变化，“服务器标准”在适用中出现一些不可避免的问题，亦有观点认为传统的“服务器标准”只是抓住网络提供行为的外形，却失去了著作权法保护作品传播利益的真意，[③]此标准的适用是对我国信息网络传播权法源的误解。[④]

由此，学界以及司法界提出“用户感知标准”“实质替代标准”等一系列新标准以求解决实践中出现的新难题。“用户感知标准”以用户的主观感受作为判断依据，所以该标准能够简单明了地体现传播行为的获利方，明确被告责任范围，从而更好地保护著作权人的利益，有效遏制深度链接等互联网新技术带来的消极影响。[⑤]在司法实践中，美国联邦法院审理美国广播公司等诉AEREO公司案时，认为行为人通过互联网公开展示原告的电视节目，对其作品市场造成了替代效果，

---

① 王迁. 网络环境中版权直接侵权的认定［J]. 东方法学，2009（2）：12；冯晓青，韩婷婷. 网络版权纠纷中“服务器标准”的适用与完善探讨［J]. 电子知识产权，2016（6）：46. 王迁认为只有将作品上传至向公众开放的服务器的行为，才会直接侵犯信息网络传播权。冯晓青认为“服务器标准”在司法实践中具有较强的可操作性，且我国著作权法和《信息网络传播权保护条例》以及相关法律法规均采纳“服务器标准”。

② 参见北京知识产权法院（2016）京73民终143号民事判决书。

③ 崔国斌. 得形忘意的服务器标准［J]. 知识产权，2016（8）：8.

④ 刘银良. 信息网络传播权的侵权判定——从“用户感知标准”到“提供标准”［J]. 法学，2017（10）：110.

⑤ 陆阳. 加框链接侵权认定标准的探究［J]. 中国版权，2015（6）：51-54.

损害了其市场利益，实质上就是采用了“实质替代标准”作为最终的裁判依据。[①]在国内司法领域，如“飞狐诉看看、幻电”案中，涉案作品虽存储在案外网站上，但哔哩网通过技术手段使得网络用户可以在其网站上直接观看涉案作品，该行为在实质上替代了相关案外网站向公众提供作品，应当认定其构成侵权。[②]再如，在“腾讯诉快看影视App”案中，一审法院认为，快看影视App作为影视聚合平台，通过盗链、设置深度链接的行为，扩大了涉案作品的域名渠道、可接触用户群体等网络传播范围，客观上发挥了在聚合平台上向用户“提供”视频内容的作用，产生了实质性的替代效果，构成对信息网络传播权的直接侵害。[③] 但是“实质替代标准”主观性极强，在法理和实际操作中都会面临不可避免的问题，这也是其难以成为主流观点和标准的重要原因。“实质替代标准”强调设链网站代替被链网站直接提供作品给公众的客观效果，被认为是对“用户感知标准”的修正，是“用户感知标准”在客观层面的体现。然而，“实质替代标准”最大的问题在于以损害后果完全替代了侵权归责原则，这一标准有可能会导致正当竞争者与侵权者的混淆，法院在认定时也容易陷入循环论证的误区。[④]

除上述所说标准以外，对于此问题还存在“实质呈现标准”“法律标准”以及“新公众标准”等多个判断标准。对于深层链接模式下提供行为的认定标准，到底是对已有观点进行修正完善，还是在此基础上提出一个新的观点来适应新环境下的挑战，还需要在今后的理论和实践中不断探索。

3. 短视频与直播平台的侵权责任

在司法实践中，短视频、直播产业的蓬勃发展亦催生了各种侵权纠纷。首先，短视频平台与直播平台在法律上的身份界定并不相同。短视频平台的地位是为视频上传者提供信息存储空间服务。对于短视频的平台责任，通常适用《信息网络传播权保护条例》第22条对信息存储空间的规定。而直播平台为互联网直播发布者和用户提供直播技术服务，不属于《信息网络传播权保护条例》规定的提供信息存储空间或者提供搜索、链接服务，也不属于根据服务对象的指令提供网络自动接入服务或者自动传输服务。对于直播平台的责任承担问题应适用的是民

---

① 刘银良．信息网络传播权的侵权判定——从“用户感知标准”到“提供标准”［J］．法学，2017（10）：108.

② 参见北京市朝阳区人民法院（2013）朝民初字第6662号民事判决书。

③ 参见北京市海淀区人民法院（2015）海民（知）初字第40920号民事判决书。

④ 刘家瑞．为何历史选择了服务器标准——兼论聚合链接的归责原则［J］．知识产权，2017（2）：29-30.

法典侵权责任编的规定，而《信息网络传播权保护条例》及其司法解释的规定可以作为参照。

其次，短视频与直播平台在其作为服务提供者时，对于其是否要为视频发布者或主播的侵权行为承担连带责任这一问题，核心在于判断平台是否有过错。在过错的判断过程中，对其注意义务的范围和程度界定是问题的起点。第一，需要明晰平台与用户之间的法律关系，是普通的服务合同关系还是聘用、委托、合作等法律关系。第二，在适用“通知加删除”规则时，必须考虑到平台商业模式的特殊性。在平台责任认定上，应避免不适当地加重平台的事前注意义务，同时还需要考虑到平台方对内容是否侵犯著作权的判断能力。第三，不应要求平台对算法推荐内容承担更高的注意义务。算法推送不属于《最高人民法院关于审理侵害信息网络传播权民事纠纷案件适用法律若干问题的规定》条款中所述的“选择”和“推荐”，只要算法中没有实现加入主动筛选和推送侵权内容的指令或标准，网络服务提供者就不应被视为应知而构成主观过错。①

最后，短视频与直播平台常常援引合理使用进行抗辩，对此，司法实践所采用的判断标准是三步检验法，结合美国的四因素说以及转换性使用理论。在“网易诉华多‘梦幻西游’”案中，法院认为，关于被诉游戏直播行为是否属于特殊情形下的合理使用②，可以综合以下因素判断：（1）被诉游戏直播行为的性质和目的；（2）被直播的游戏整体画面的性质；（3）被直播部分的数量和质量（重要程度）；（4）被诉游戏直播行为对涉案游戏潜在市场或价值的影响。但对于新兴商业模式下无法直接援引著作权法第24条的使用作品的行为，是归入合理使用，还是纳入侵权行为范围进行规制，存在一个价值判断的过程。在判断时应考虑到，著作权法的制度设计，既考虑到对作品创作的促进，也考虑到对作品传播的推动。

（二）信息网络技术运用下的著作权保护

近年来科技飞速发展，众多科技都助力著作权保护、达成良性互动。算法可以进行高效的平台版权内容治理，但其不应导致平台注意义务的直接提升。同时基于算法自身机械化的运算方式，在版权治理中可能导致公共利益被不当克减，应对算法进行一定限制。技术措施作为权利人自行对其作品进行保护的方式之

---

① 熊琦．“算法推送”与网络服务提供者共同侵权认定规则［J］．中国应用法学，2020（4）：125-136.

② 参见广东省高级人民法院（2018）粤民终137号民事判决书。

一，也在著作权法中得到完善。

1. 过滤技术的发展与平台版权注意义务

过滤技术，是指通过计算机算法程序对版权内容进行侵权审核。近年来，互联网平台通过引入过滤技术来实现用户上传内容的快速审查。但随着过滤技术被大范围引入各平台的版权治理实践，各平台承担的注意义务也有提升的趋势。司法实践中有法院暗示平台采取过滤措施阻止用户的侵权行为是其合理义务，[①]许多学者也都认为随着过滤技术发展至今已然成熟，其注意义务提升也是必然的。[②][③]但注意义务并不要求平台采取积极的检查行为，相反，它仅要求平台在能够或者应当发现违法时，及时制止违法行为。[④]因此，对于平台注意义务的确立、范围、程度、违反的判断标准，进行系统的研究非常有必要。

注意义务的尺度决定了平台对于用户内容的注意和干涉程度。注意义务程度的高低受诸多因素的影响，而且具有变动性，例如被侵权作品或作者的知名度，有无重复侵权等特殊的在前情况，主观判断能力以及平台商业模式对其中立性的影响。因此，综合考虑各方主体的利益，平台的注意义务的合理范围应限定在三个方面。第一是最低限度的技术过滤，审查客户提交的内容是否属于色情暴力等涉及公共利益和公共秩序的敏感词汇。第二是对明显侵权内容的技术过滤。第三是继续适用“通知+删除”规则。除非网络服务提供者接到通知后未及时采取移除等必要措施，否则不能认定其主观上存在过错。此外，平台的自我治理机制不应作为注意义务程度的界定因素。在一起案件中，法院认为“新浪爱问共享资料板块对用户上传的内容提供24小时的审核服务，该种审核机制的存在使其负有更高的注意义务”，[⑤]这种裁判观点失之偏颇，不利于激发平台开展自我治理的积极性。立法本意是要使责任风险具有较强的可预见性，不能对网络服务提供者设置过高的注意义务使得服务提供者无法免责。

因此，应当基于利益平衡原则、诚实信用原则和比例原则，考虑具体案件中的不同因素，摒弃因技术进步而使平台注意义务随之提升的观念，合理划定平台

---

① 比如上海市浦东新区人民法院2010浦民三（知）初字第789号“沈阳莎梦文化发展有限公司诉上海全土豆网络科技有限公司”。

② 崔国斌. 论网络服务商版权内容过滤义务［J］. 中国法学，2017（2）：215-237.

③ 张吉豫. 智能社会法律的算法实施及其规制的法理基础——以著作权领域在线内容分享平台的自动侵权检测为例［J］. 法制与社会发展，2019（6）：81-98.

④ 王迁. 网络环境中著作权保护研究［M］. 北京：法律出版社，2011：314-316.

⑤ 参见北京市高级人民法院（2017）京民终336号民事判决书。

的注意义务范围。

2. 算法应用于版权过滤的困境与出路

当算法被广泛运用于版权治理的实践中时，其也在潜移默化地改变著作权法的规则，最为直接的即对合理使用制度的侵入。[①]过滤算法只要在比对中发现存在相同的内容就会阻止该作品的上传，即使其中涉及可合理使用的内容。因此，必须基于一定的技术倾向，对算法进行优化调整，并在平台内部配置救济措施，减少版权治理中的算法对公共领域的侵害。

首先，应对过滤算法的技术倾向进行修改，使其更偏向于公共利益，完成过滤算法的“自我划界”。从具体措施而言，一方面，将过滤算法的适用范围限定于在线内容分享平台这类涉及众多版权侵权问题、有启用过滤算法必要的平台。另一方面，对于相似程度中等甚至较低的内容，应留待人工处理，避免“一刀切”。过滤算法虽然难以精确处理现有的合理使用问题，但这不代表其不应谋求达到精确，关键在于平台的观念需要改变，为防止侵权而放任算法对合理使用的版权内容进行侵蚀是对公共利益的极大损害。

其次，基于算法过滤对于公共利益可能存在的侵害，应当配置错误过滤救济制度。值得注意的是，错误过滤救济制度与现行规定中的“反通知”并不能混为一谈，即“反通知”并不能吸收该救济制度。反通知机制是权利人发出侵权通知后，被控侵权人的救济措施；而此处设计的错误过滤救济制度是由网络服务提供商自行过滤内容后，被控侵权人的救济措施。由于反通知制度过于复杂以及存在泄露用户信息的风险，它并未按照既定设计思路发挥救济作用。[②]而对于错误过滤救济制度，可作为《信息网络传播权司法解释》第6条规定的平台应当具有的“信息管理能力”之一，不必再由法律加以规定。在各平台具体操作中，错误过滤救济制度应当与过滤算法的高效相对，具有极高的处理效率。因此，内容受到错误过滤的用户的救济方式，或可采用人工复核，以保障公众对作品合理使用。

3. 版权技术措施的保护与例外

著作权人在实践中通过运用技术措施，在作品上附加技术管理信息的方式维护自己的权利。基于对权利人的保护以及应对数字化时代的要求两方面因素的考量，我国著作权法律制度中明确规定了保护技术措施与权利管理信息的制度。

---

① Taylor B. Bartholomew. The Death of Fair Use in Cyberspace Youtube and the Problem with Content ID [J]. Duke Law & Technology Review，2015（13）：66-88.

② 华劼. 自动版权执法下算法合理使用的必要性及推进［J］. 知识产权，2021（4）：34-44.

我国对技术措施的保护与公约逐渐相符，且兼采我国之特色。但是我国对于技术措施的规定仍存在不足，主要体现在例外规定方面，首先是对例外规定中的“少数”“无法通过正常途径”等概念未进行明晰，容易导致无法起到应有之效果；其次，技术措施与公众合理利用之间存在冲突，技术措施本身就有限制公众利用的效果，如果不进行合理的规制，不仅会导致技术措施的滥用，而且会侵犯公众合理利用之权益。[①]

因此，技术措施从技术层面上为著作权人提供了保护机制，但存在诸多缺陷，例如不利于消费者正常地获取和使用作品，不能真正缓解数字出版业与消费者之间的冲突。[②]作为应对，对于技术措施的保护，应当设定一些限制和例外，以期规范对技术措施的合理应用，平衡著作权人、出版发行商、网络传播者和消费者等主体之间的利益。

课题组组长：陶乾　刘智慧

课题组成员：李珊珊　孙琳　朱越霄　于嘉诚

承担单位：中国政法大学

① 费安玲．论防止知识产权滥用的制度理念［J］．知识产权，2008（3）：3-10.

② 华劼．数字出版视域下的反规避技术措施规则延伸性研究［J］．科技与出版，2017（11）：87.

数字版权保护中的司法采信问题

李文宇　闫　坤*

摘要： 本报告介绍了数字版权保护的研究背景，指出随着数字技术的快速发展和互联网的广泛应用，数字版权保护问题日益凸显。通过梳理国际上关于数字版权的法律规定，结合我国的实际情况，提出了我国数字版权的定义建议。通过对数字版权保护司法案例的研究，对数字版权保护案例的类型和特点进行了总结，并对数字版权案件的争议点进行了剖析，包括权利确认争议、侵权行为认定争议和损害赔偿计算争议等。通过前述研究，总结了数字版权保护案件中常用的区别于传统案件的证据类型，阐述了证据采信的理论标准和原则，包括证据的合法性、真实性和关联性等。最后，在总结前面章节研究成果的基础上，提出了我国数字版权保护的问题及建议，建议建立统一的司法采信标准，加强数字版权保护的宣传教育，提升数字版权保护的技术手段，建立延伸性集体管理制度等。

关键词： 数字版权；定义；司法案例；争议焦点；证据采信

一、数字版权保护现状

近年来，我国数字经济快速发展，根据中国信息通信研究院《中国数字经济发展研究报告（2023）》，2022年中国数字经济规模达50.2万亿元。数字经济的快速发展催生了海量的数字内容，对数字版权的保护、管理和运用提出了更高要求，从而推动了数字版权保护体系的不断完善和创新，使其成为新时代促进文化创新、激发创意活力的重要支撑。党的二十大报告特别指出，要“加强知识产权法治保障，形成支持全面创新的基础制度”，为包括数字版权在内的知识产权工作进一步指明了方向。在此背景下，发展数字版权产业，增强数字版权保护能力成为推进数字经济发展的题中应有之义。

数字版权侵权现象随着互联网空间的虚拟性和数字作品传播的便捷性而越发

* 李文宇，中国信息通信研究院知识产权与创新发展中心主任，正高级工程师，本课题组组长；闫坤，中国信息通信研究院知识产权与创新发展中心司法鉴定与专利标准研究部主任，高级工程师，本课题组组长。

严重。侵权行为使得著作权人本应获得的收益减少，[①]从而逐渐消磨其创作积极性。此外，当数字版权遭受侵权时，对于权利主体来讲，可能因为技术手段不支持而导致证据数量少、效力低、证明力弱而难以维护自身合法权益。[②]

数字版权侵权行为的频频发生也导致了案件的激增，各级法院都面临庞大的数字版权案件数量所带来的办案压力。当下用人工智能、大数据、区块链等技术提高办案效率已经是司法的现实需要，构建全流程电子诉讼服务平台，探索区块链技术在电子存证、数据管理等领域的应用也在逐步推进。但这些技术本身专业门槛比较高，案件中如何让法庭更好地理解数字形式的证据，成为当下数字版权类案件的痛点和难点。

因此，当务之急是必须加强数字版权的保护，遏制数字版权侵权现象愈演愈烈的趋势。

二、数字版权的法律界定范围

随着互联网和数字技术的快速发展，数字内容产品也大量涌现，“数字版权”一词在新闻媒体也频频出现，为社会大众所熟知。然而，“数字版权”并非一个严格意义上的法律范畴，目前只是出版界、学术界和法律界约定俗成的一个称谓，至今数字版权尚未有一个官方权威的定义。本章节通过研究国内外关于数字版权的法律规定和界定，客观梳理数字版权的内涵，以期给出数字版权的明确定义。

（一）国际上数字版权的法律规定

随着互联网和数字技术的应用，作品复制和传播的方式也日新月异，在技术革命与全球贸易体系深度重构的双重冲击下，版权保护正面临前所未有的范式危机。在此背景下，世界知识产权组织在瑞士日内瓦召开了“关于版权和邻接权若干问题的外交会议”，会议通过了《世界知识产权组织版权条约》（WCT）和《世界知识产权组织表演和录音制品条约》（WPPT），目的是解决数字技术和电子环境下所引起的版权和邻接权保护的新问题。

① 陈娜，余心怡．大数据背景下数字版权保护研究［J］．科技创业月刊，2023（10）：26-30.

② 袁健，赵纪军．大数据时代数字版权保护的现实困境与应对［J］．科技与出版，2021（7）：131-136.

WCT与WPPT对传统版权法意义上的"复制权""发行权"在数字环境下重新予以澄清，应数字版权保护的需要，创设了"出租权""向公众传播权"，作为传统意义版权的扩展。[①]

1. 复制权

著作权制度中的复制权是指权利人依法享有的授权或禁止他人对作品进行复制的专有权利。作为著作权财产权利体系的核心组成部分，传统复制行为具有明显的物质载体依赖性。根据经典著作权理论，构成法律意义上复制行为的要件，需要作品的思想表达通过印刷、拓印等物理方式固定于纸张、胶片等有形介质之上。然而，数字技术的革新彻底重构了复制形态，作品可通过二进制数据流实现无损复制与即时传播，这种新型复制模式完全突破了传统载体的物理限制，使得作品能够以纯数字形态在虚拟空间中被无限次重构与传输。

《伯尔尼公约》第9条第1款赋予文学艺术作品作者以任何方式及形式授权复制其作品的专有权。该公约特别通过附加声明明确，上述复制权条款及其法定例外情形在数字领域具有完全效力，尤其适用于作品以数字化形式存储、传播等新型技术场景。

WPPT对复制权作出双重规范：表演者就其固定于录音制品的表演（第7条）、录音制品制作者就其制作的录音制品（第11条），均被授予通过任何方式直接或间接实施复制的专有权利。该条约通过专项议定声明特别申明，上述复制权条款在数字领域具有完全适用效力，尤其涵盖以数字化形式存储、传输作品等新型使用场景。

可以看出，WCT和WPPT均对复制权完全适用于数字环境进行了强调，指出在电子媒体中以数字形式存储的行为构成《伯尔尼公约》或《罗马条约》中所述的复制行为。

2. 发行权

在著作权法律框架中，发行权被定义为权利人通过销售或赠与形式向公众传播作品原件或复制件的专有权利。WCT和WPPT对发行权行使作出两项重要限制：其一，将发行行为严格限定为通过转移有形载体所有权实现的传播方式；其二，确立发行权用尽原则，即经著作权人授权合法流通的作品原件或复制件，其后续转售不再受发行权控制。这种制度设计将出租权从发行权范畴中剥离为独立

---

① 刘文晶．世界知识产权组织版权条约（WCT）与邻接权条约（WPPT）研究［D］．大连：大连海事大学，2005.

权利，更因该用尽原则存在地域性效力，导致同一批合法出版物在不同法域的流通可能产生法律冲突——当作品在某国市场完成权利用尽后，其跨境流通可能在他国仍需重新取得发行授权。

3. 向公众传播权

在传统著作权法框架下，向公众传播权被界定为权利人通过公开渠道向不特定受众传播作品的法定专有权利。WCT和WPPT对该权利进行了突破性重构，明确赋予创作者通过有线或无线传输手段授权作品交互式传播的排他性权利。这种新型传播形态的核心特征在于，公众成员能够自主决定接收作品的时间与空间维度，实现了传播行为与受众需求的高度契合。这两项国际条约在扩展权利范畴的同时，特别强化了成员国三重法定义务：其一，建立技术措施保护制度以防止未经许可的访问与复制；其二，维护作品权利管理信息的完整性以确保版权归属透明；其三，构建完整的法律救济体系以应对数字环境下的侵权挑战。

在网络环境下，版权侵权行为呈现新的特点。WCT和WPPT均对权利人的救济方式做出了原则性规定，指出缔约各方承诺根据其法律制度采取必要措施以确保条约的适用，还特别提到了有效制止侵权行为的措施，包括防止侵权的快速救济和对进一步侵权构成威慑的救济。[①]

总体来看，WCT和WPPT通过澄清和扩展传统版权概念的方式，为数字版权提供了相对明确的定义，并构建了一个保护框架。

（二）我国数字版权的法律规定和界定

我国现行的法律法规规章等并未对“数字版权”的概念做出明确的定义，但有一些条款涉及数字版权或数字化制品，对于厘清数字版权的定义有重要帮助。

1999年制定的《关于制作数字化制品的著作权规定》中第1条和第2条指明数字化制品是以数字代码形式固定作品的有形载体。将已有作品制成数字化制品的过程即为作品的数字化，其本质是一种复制行为。[②]

2001年修正的《中华人民共和国著作权法》赋予著作权人、表演者、录音录像制作者信息网络传播权，明确了信息网络传播权是数字版权中一项重要内容。

① 刘文晶．世界知识产权组织版权条约（WCT）与邻接权条约（WPPT）研究［D］．大连：大连海事大学，2005.

② 国家版权局．关于制作数字化制品的著作权规定［EB/OL］．（1999-12-09）［2024-04-01］．https://www.gov.cn/gongbao/content/2000/content_60152.htm.

2002年制定的《互联网出版管理暂行规定》定义了互联网出版，由于在互联网上进行在线传播的作品必定是数字化作品，因此可以认为该条规定了数字作品的一种出版方式，而“在线传播”则是数字版权的权利内容之一。[①]

2004年修订的最高人民法院《关于审理涉及计算机网络著作权纠纷案件适用法律若干问题的解释》第二条表明了著作权的客体包括各类作品的数字化形式，数字化作品与传统作品在著作权保护上具有等同性，明确了权利人在数字环境中的权利。

2006年国务院出台《信息网络传播权保护条例》是针对我国著作权法中的信息网络传播权制定的具体保护办法，进一步明确了权利人享有的信息网络传播权。

2008年制定的《电子出版物出版管理规定》定义了电子出版物，指出其是数字化形式存储的信息以及其载体的总和，“知识性、思想性内容的信息”大多属于数字作品。[②]

2010年制定的《新闻出版总署关于加快我国数字出版产业发展的若干意见》定义了数字出版，这里的“数字出版”可以理解成“数字版权”的一种行使方式，即只有具备了“数字版权”才能实现有保护的“数字出版”，“数字版权”就是基于“数字作品”而产生的权利。[③]

2016年制定的《网络出版服务管理规定》指出了网络出版为数字化作品的一种版权实现形式。[④]

2020年新修订的《中华人民共和国著作权法》扩大了“复制权”的范围，增加了“数字化等方式将作品制作一份或者多份的权利”。这里的“数字化”所代表的是对作品进行复制的一种方式，更为直接地表述了复制权适用于数字化环境。

综上所述，从国内现有的法律法规看，虽然并没有在条文中明确定义数字版权的概念，但其所指仍相对较为明确。国内对于传统版权通常有如下定义：版权是指文学、艺术、科学作品的作者依法对其创作的作品享有的一系列专有权。数

---

① 新闻出版总署，信息产业部．互联网出版管理暂行规定［EB/OL］.（2002-06-27）［2024-04-01］. https://www.gov.cn/gongbao/content/2003/content_62636.htm.

② 新闻出版总署．电子出版物出版管理规定［EB/OL］.（2008-02-21）［2024-04-01］. https://www.gov.cn/gongbao/content/2009/content_1388688.htm.

③ 新闻出版总署．新闻出版总署关于加快我国数字出版产业发展的若干意见［EB/OL］.（2010-08-16）［2024-04-01］. https://www.gov.cn/gongbao/content/2011/content_1778072.htm.

④ 新闻出版广电总局，工业和信息化部．网络出版服务管理规定［EB/OL］.（2016-02-04）［2024-04-01］. https://www.gov.cn/zhengce/2022-11/09/content_5724634.htm.

字版权是随着电子技术的发展和数字出版的产生而出现的，是版权的下位概念。所谓数字版权，是在版权一词前面加了“数字”的限定，可以理解为著作权人对其作品在网络环境下享有的权利。

（三）数字版权的定义建议

国内和国际均存在关于数字版权的相关法律法规，但是对于数字版权的概念却没有明确定义。关于数字版权的定义学界从不同角度对数字版权予以界定，整体而言，若要定义数字版权，需要考虑其主体、客体、范围和权利内容。

综合国内外的法律法规以及有关学者的观点，可以将数字版权做出如下定义：数字版权为作者和其他权利人对数字化的文学、艺术和科学技术作品在复制、传播等方面依法享有的一系列专有权利的总称。

三、数字版权保护司法案件研究

随着数字经济时代来临，版权产业蓬勃发展，侵权现象频发，数字版权成为司法保护的重点。以北京互联网法院为例，根据《北京互联网法院审判工作白皮书》，截至2023年7月31日，共受理案件193,936件（含执行案件12,523件），审结案件182,447件（含执行案件10,968件）。从案件类型来看，以著作权权属、侵权纠纷，网络侵权责任纠纷和信息网络买卖合同纠纷为主，分别占比71.57%、11.27%、8.65%（图1）。

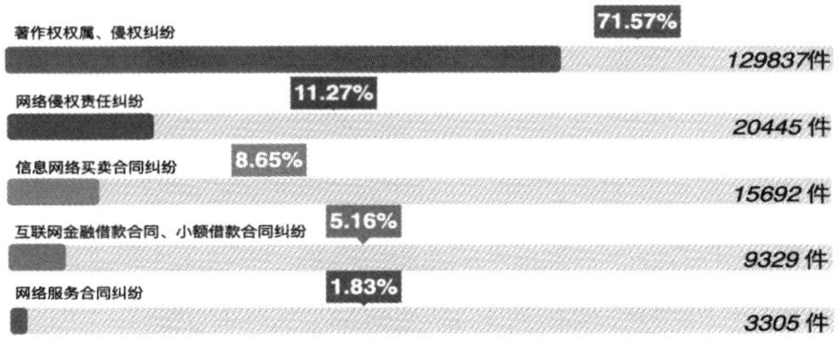

图1　北京互联网法院审结案件类型

根据《中国数字版权保护与发展报告（2023）》，2022年数字版权产业六大行业分别为：数字阅读、数字音乐、网络视频、网络新闻、网络动漫以及网络游戏。本课题以该六大产业为具体研究对象，通过检索并研究相关案例，详细分析数字版权侵权类型、具体争议焦点、证据类型及采信。

（一）数字版权保护案件类型与特点

使用北大法宝数据库对数字版权案件进行检索（截至2024年3月），限定案由为著作权权属、侵权纠纷，著作权合同纠纷以及侵犯著作权罪，限定文书类型为判决书，关键词为视频、游戏、音乐、小说等。经检索，共检索到202,105件案件。通过对检索到的案例进行统计分析，得出以下结论。

1. 案件数量逐渐增多

通过对检索到的案例的年份进行统计发现，近年来，随着自媒体时代到来，数字内容门槛降低，网络文学、图片、音视频等数字内容爆发式增长，导致版权侵权问题日益严重，使得数字版权案件逐渐增多。由于裁判文书网公开的延后性，近几年数量略有下降（图2）。

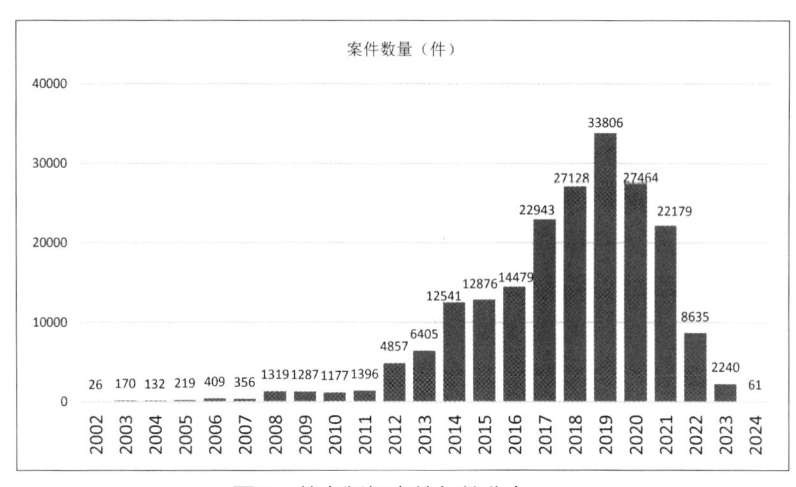

图2　数字版权案件年份分布

2. 民事案件数量居多

通过对检索到的案例的案由进行统计发现，民事纠纷案件占比99%，刑事案件占比较少，这是由于刑法规定的侵犯著作权的入罪行为，相较于著作权法规定的民事侵权行为类型较少，使得刑事案件的数量远远少于民事案件。进一步对民事纠纷案件的案由进行统计，可以发现，民事案件纠纷中，多数案件为著作权权属、侵权纠纷，著作权合同纠纷占比仅为1%（图3）。

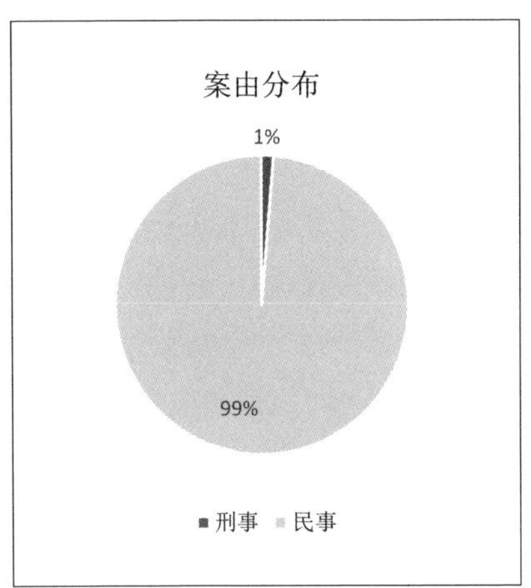

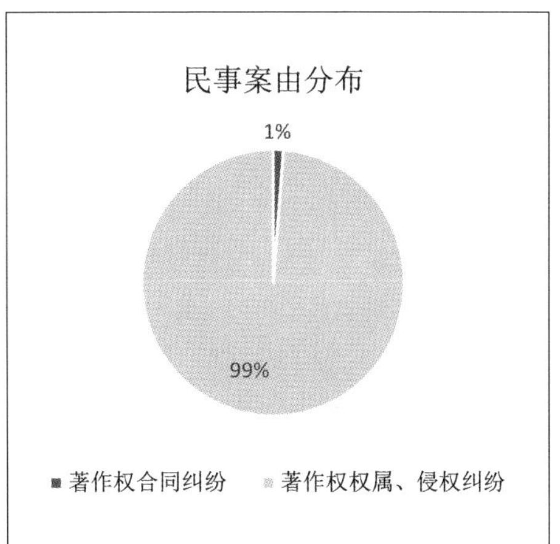

图3　数字版权案件案由分布

著作权合同纠纷中，计算机软件著作权许可使用合同纠纷占比较高（图4）。随着计算机软件应用的普及，涉及计算机软件的开发、许可使用等交易逐渐频繁，其内容技术性、专业性较强，开发者和委托者在专业知识上不对等，双方就合同内容容易出现理解偏差，合同周期较长（从需求收集，到软件设计、软件开发、功能完善、测试、交付部署、培训和运维），在合同履行过程中比较容易出现争议，使得相关的合同纠纷时有发生。

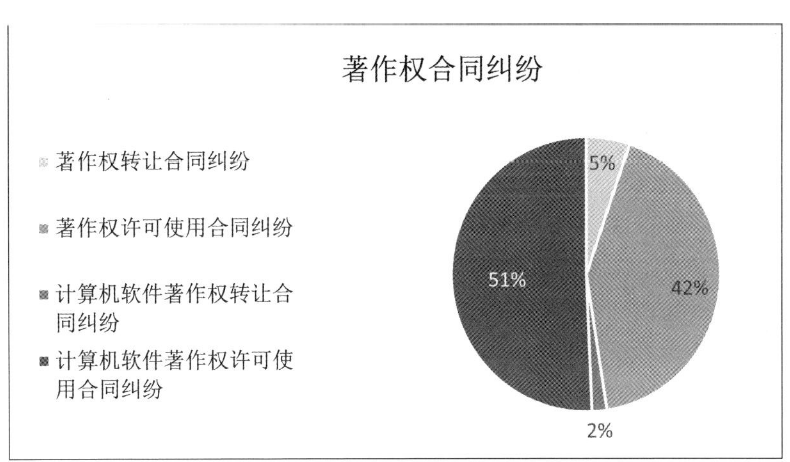

图4　著作权合同纠纷案由分布

著作权侵权纠纷中，涵盖了著作权作品发表权、署名权、修改权、完整权、复制权、发行权、出租权、展览权、表演权、放映权、广播权、信息网络传播权、摄制权、改编权、翻译权、汇编权以及其他著作财产权和计算机软件著作权的侵害。其中，侵害作品放映权纠纷（68%）、侵害作品复制权纠纷（9%）、侵害作品信息网络传播权纠纷（8%）、侵害计算机软件著作权纠纷（7%）是侵权纠纷的主要类型（图5）。

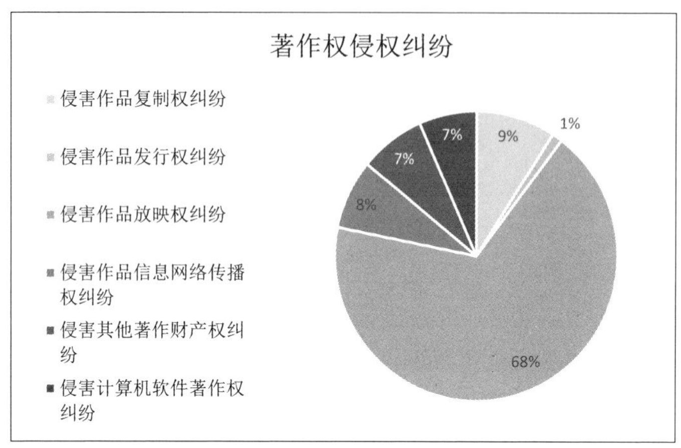

图5　著作权侵权纠纷案由分布

3. 经济发达地区案件数量较多

检索结果显示，涉及数字版权的相关案件主要集中在经济发达地区，前五名分别为广东、浙江、北京、湖北、江苏。著作权纠纷的产生常发生在发展较为迅速的行业领域和竞争较为激烈的商业主体之间，因此，此类案件在经济发达地区的数量明显要高于其他地区（图6）。

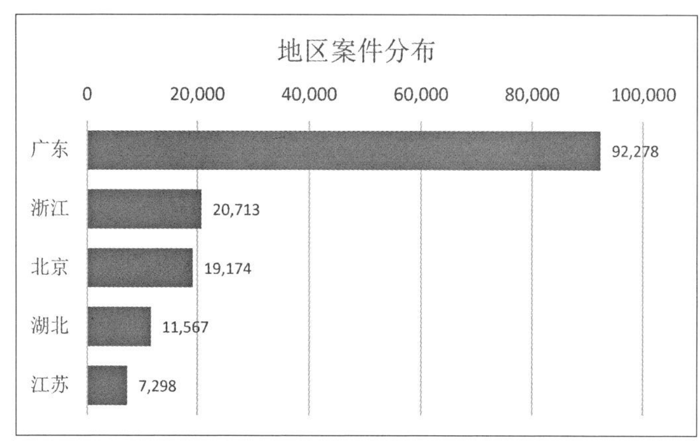

图6　数字版权案件地区分布

4. 批量化案件集中

对于网络小说、数字教育等被诉案件，起诉主体主要集中在各大出版社公司、教培机构、教师等，维权主体相对集中，同时，存在原告因同一被告批量使用原告作品的行为而提起的批量化诉讼的现象，各案中除侵权作品不一致外，在其他案件事实方面基本相同。[①]以西藏悦读纪文化传媒有限公司与苹果公司侵害作品信息网络传播权纠纷为例，系列诉讼多达100多件。

5. 计算机软件著作权转让合同纠纷等案件争议较大，二审比例偏高

经过数据统计，计算机软件著作权转让合同纠纷、著作权权属纠纷、录音录像制作者权权属纠纷、侵害保护作品完整权纠纷等类型的案件争议较大，二审比例偏高。

（二）争议焦点分析

结合实际案例中争议焦点部分的统计分析，以及数字版权的特点，数字版权案件中的争议焦点主要集中在版权归属、侵权行为认定以及损害赔偿计算三方面。以下分别对争议焦点进行深入分析。

1. 版权归属

（1）权利争议

在数字版权案件中，首先需要解决的是版权中相关权利的问题，包括是否构成版权和权利的归属。由于数字作品的创作、传播和复制相对容易，且往往涉及多个参与方（如作者、合作作者、出版商、平台运营商等），因此确定版权权利归属可能成为一个复杂的争议点。争议通常围绕以下几个方面展开。

①原创性认定：数字内容是否具有足够的原创性以受到版权保护。原创性要求作品是作者独立创作的，并具有一定程度的创造性。在数字环境下，原创性的认定往往面临诸多挑战，在判断数字作品的原创性时，需要仔细分析作品的创作过程、所使用的素材以及最终呈现的形式，以确定其是否具有足够的独创性。

②作者身份认定：在匿名或多人合作的情况下，确定作品的真正作者。在数字版权案件中，确认作品的作者身份是解决版权归属争议的关键环节。然而，在网络环境下，作者身份的确认往往面临诸多困难。首先，网络具有匿名性和虚拟性的特点，增加了确认作者身份的难度。其次，多人合作创作的情况在数

① 赵瑞罡，张连勇，朱阁，等. 加强数字教育著作权保护 保障数字教育高质量发展——北京互联网法院关于数字教育著作权纠纷案件审理情况的调研报告［N］. 人民法院报，2023-04-27.

字作品中非常普遍，在这种情况下，确认每位合作者的贡献和权利份额可能变得复杂。

③版权转让或许可问题：涉及版权转让协议或许可协议的有效性和解释。首先，版权转让或许可协议的有效性是争议的核心。其次，协议的解释也是常见的争议点。最后，协议的履行问题也可能引发争议。在解决这类争议时，需要审查双方的履行情况、是否存在违约行为以及违约行为的性质和后果等证据，以确定责任归属和赔偿范围。同时，还需要考虑协议中可能存在的免责条款、违约责任限制等约定对争议解决的影响。

（2）证据类型及具体争议问题

①证据类型

根据案例统计，权属认定争议中争议双方提交的证据类型主要包含：著作权登记证书、著作权许可合同、著作权转让合同、可信时间戳认证证书、带ISBN编码的正规出版物、作品发表证据（电子原图、网站发布作品情况以及个人认证信息）。

其中，著作权登记证书为最常见的权属证据类型，可以作为初步证据证明著作权归属，维护合法权益。如在（2023）粤0307民初26363号案中，法院经审理认为原告提交的作品登记证书显示，2014年5月11日，原告向贵州省版权局申请作品登记，作品名称《冬》，登记号黔作登字-2021-F-00212某某某，创作完成日期为2014年5月11日，首次发表日期为2015年6月26日，作者及著作权人均为原告。

著作权许可合同主要是用来授权他人使用著作权的一种法律文件。通过签署许可合同，著作权人可以将其著作权的部分或全部权利授权给他人使用，被授权人则可以在约定的范围内使用著作权。如在（2023）粤0704民初4381号案中，法院经审理认为原告诉请保护的"不二兔"卡通形象系列作品的《著作权登记证书》已初步证实涉案作品的著作权人为马亮、季某某，《授权委托书》授权原告使用"不二兔"卡通形象的著作权，进行IP商业化开发相关运作，并特别授权原告在中国境内就涉嫌侵犯著作权人知识产权的侵权行为及不正当竞争行为，有权以原告的名义进行维权，证明原告经授权享有涉案作品的著作权，且有权以自己名义向涉嫌侵权方进行维权，系涉案作品的适格原告，有权提起本案诉讼。

著作权转让合同则是著作权人将其著作权财产权的全部或部分权利转让给他人的一种合同。通过签署转让合同，著作权人可以将其著作权的财产权利转让给他人，由受让人成为新的著作权人，享有原著作权人所享有的权利。如在

（2023）粤0904民初5068号案中，法院经审理认为动玖公司提交的《作品登记证书》《著作权转让协议》均表明案涉作品的作者为王岩（河北萌象文化传媒有限公司），王岩将作品转让给案外人雷武锋，雷武锋将作品的著作权转让给动玖公司，动玖公司享有著作权。

可信时间戳认证证书可以为数字版权所固定的相关内容提供时间证明。可信时间戳认证证书通过将时间戳与电子文档绑定在一起，为文档提供了不可篡改和可追溯的证据。如在（2023）粤1971民初28366号案中，法院经审理认为原告于2020年5月开始独立创作，2020年5月16日在深圳市完成定稿。2020年5月23日12时10分，原告提交的美术作品《逢考必过硬金手串》完成原创固证，数据同步至工信部可信电子证据存证固证服务平台和公证处进行了证据存管，已保全为可追溯的司法证据。原告主张，作品首创时间为2020年5月16日，首次于2020年5月25日在朋友圈发表并附有原创固证备案证书ID：T97250366，故可认定原告为涉案美术作品《逢考必过硬金手串》的权利人，原告有权提起本案诉讼，其著作财产权依法应当受到法律保护。

带ISBN编码的正规出版物是指具有国际标准书号的出版物。ISBN编号具有唯一性，每个正规出版物都有一个唯一的ISBN编号，相当于出版物的身份证。而正规出版物上的署名可以作为权利人的依据。如在（2023）陕0304知民初253号案中，法院经审理认为：本案中，原告提交的《为爱歌唱MTV金曲精选集》有正规的ISBN编码，系合法出版物，在未有相反证据的情况下，根据上述出版物署名的制作人名称，可以依法确认制作人为涉案视听作品的著作权人，北京豪骏影视传媒有限公司依法享有涉案作品的著作权，故北京豪骏影视传媒有限公司作为本案原告，主体适格。

作品发表证据是指能够证明作品已经公开发表的相关材料。这些证据可以包括各种形式，如出版物、网页截图、社交媒体发布记录等。如在（2023）粤1971民初16539号案中，原告将《Q版京剧小生人物特写脸谱国潮中国风插画》《国潮京剧旦角插画》《卡通可爱Q版京剧人物花旦特写脸谱插画》3件美术作品在其运营的千图网发表，在没有相反证明的情况下，可以认定原告系案涉《Q版京剧小生人物特写脸谱国潮中国风插画》《国潮京剧旦角插画》《卡通可爱Q版京剧人物花旦特写脸谱插画》3件美术作品的著作权人，原告有权提起本案诉讼。该案中作品发表证据即网站所发布的内容。

②具体争议问题

根据案例统计，侵权认定争议中对于证据的具体争议包括：证据的真实性以及证据的证明力等。

证据的真实性。证据的真实性是指证据形成、存在和表现形式的客观真实，以及证据内容的可靠程度。以（2014）青民三初字第14号案为例，关于《红尘情歌》曲著作权的归属是本案原、被告双方争议的焦点。版权申请登记材料上记载的《红尘情歌》的曲作者为被告潘龙江，原告认为该申请材料上原告的签名不是原告所签，此记载与事实不符。原、被告均提供了各自在中华演出网博客主页上传的与《红尘情歌》曲子基本相同的歌曲以证实各自创作在先的事实。但网页证据属电子证据，具有虚拟性和脆弱性、内容易于修改且不留痕迹、难以觉察和证明的特点，特别是作为网络上的博客主页可以由个人进行自由的编辑，其数据和信息更是可以随时修改，其可编辑性比一般的网页内容更易修改；原告提供的中华演出网的《证明》及被告提供的网站历史页面查询公证亦证明了各自的博客主页都进行过歌曲数据更新，也印证了博客主页内容的可修改性。因此，在无其他证据佐证的情况下，博客主页内容不能单独作为认定事实的依据，单凭博客主页均不能证实原、被告各自在先创作了《红尘情歌》曲子。

证据的证明力。证据的证明力，也称证据的证明能力或证据力，是指证据对于案件事实的证明作用和价值，即证据对于证明某一事实存在或不存在的作用程度。如在（2022）粤民终1587号案中，罗王桂主张其为涉案摄影作品著作权人，并提交涉案摄影作品图片、信息的打印件及作品刻录的光盘；罗王桂本人出具《版权归属证明》，高然出具《高然声明》、高然身份证复印件、高然照片打印件。上述证据中，涉案摄影作品图片、信息的打印件及作品刻录的光盘没有署名，内容也没有显示作品作者为罗王桂，且该打印件及光盘中涉案图片没有原件，也没有摄影原始载体核对，无法证明打印件及光盘的照片直接来源于原照片；罗王桂本人出具《版权归属证明》属于其本人的陈述；高然出具的《高然声明》、高然身份证复印件、高然照片打印件也只能证明高然承认罗王桂在网商园平台“四季星座715-1”档口上架相关商品，发布涉案作品的图片，但这些图片同样没有标注罗王桂的相关信息，均无法证明前述图片、照片的作品是罗王桂拍摄。故本案现有证据并非作品的底稿、原件、合法出版物，也不能形成证据链条，无法证明罗王桂是涉案作品的著作权人。

2. 侵权行为认定争议

侵权行为认定是数字版权案件中的核心争议点。由于数字技术的快速发展，侵权行为的形式和手段日益多样化，给侵权行为认定带来了挑战。主要包括：

（1）侵权行为类型：如复制、发行、表演、展示、播放、制作衍生作品等，需要明确具体行为是否构成侵权。

侵权行为类型是侵权行为认定中的重要方面。在数字环境下，传统侵权行为的形式和手段发生了巨大变化，在侵权行为认定中，需要明确这些具体行为是否构成侵权，并根据具体情况进行判断。

（2）侵权主体确定：在网络环境下，确定实际侵权人可能非常困难，如网络用户匿名或使用虚假身份。

侵权主体确定是侵权行为认定中的另一个重要方面。在网络环境下，确定实际侵权人可能非常困难，在侵权行为认定中，需要借助技术手段和法律手段来确定侵权主体，并根据其过错程度承担相应的侵权责任。

（3）侵权行为的过错程度：判断侵权人是否具有主观过错，如故意或过失。

在数字版权侵权案件中，过错程度通常分为故意和过失两种类型。在侵权行为认定中，需要根据具体情况判断侵权人的过错程度，并根据其过错程度承担相应的侵权责任。

（4）合理使用与侵权的界限：在某些情况下，对作品的使用可能构成合理使用而非侵权，如评论、新闻报道、学术研究等。但合理使用的判断标准较为模糊，易引发争议。

合理使用与侵权的界限是数字版权案件中的另一个重要争议点。在某些情况下，对作品的使用可能构成合理使用而非侵权。合理使用是指在特定情况下，为了公共利益或个人学习、研究等非营利性目的而使用他人作品并且支付报酬的行为。在数字环境下，合理使用的判断标准变得更为模糊和复杂。

下面结合具体案例详细分析侵权行为认定争议中涉及的证据类型以及涉及证据的具体争议问题。

①证据类型

根据案例统计，侵权认定争议中争议双方提交的证据类型包含：App用户协议、网络文章、公证书、可信时间戳认证证书、ICP备案查询信息、授权协议、电子数据证据保全证书、司法鉴定书/知识产权鉴定意见书等。

其中，用户协议通常用于证明被诉侵权App的责任、义务以及提供的服务等。以（2020）豫知民终397号案件为例，被告提供《用户服务协议》用于证明已经尽到了合理的注意义务，《用户服务协议》已明确标示禁止“利用网络从事侵害他人名誉、隐私、知识产权和其他合法权益等活动”“如果您上传、发布或传输的内容含有以上违反法律法规的信息或内容的，或者侵犯任何第三方的合法权益，您将直接承担以上导致的一切不利后果”。

网络文章用于支持原告或被告想要主张的观点。以（2020）粤民终763号案件为例，上诉人提交多篇文章，用于证明美术设计是游戏中最吸引玩家的部分，是游戏的核心元素及研发主要工作，第一人称射击游戏（FPS）游戏的最大卖点在于感官刺激，美术设计最为重要，第一人称视角（FPV视角）对玩家感知和游戏体验具有极为重要的影响等观点。

公证书通常用于载明侵权行为发生时App的开发者/隐私权政策主体，原告证明被告网站能够播放、下载或者以其他方式使公众在其选定的时间、地点获得涉案作品、表演、录音录像制品、广播电视，被控侵权作品是否删除以及删除的具体时间，涉案作品的影响力，以及用作比对素材等。以（2020）浙0192民初8001号案件为例，该案件审理过程中原被告提交多份公证书，其中，（2020）京国信内经证字第04099号等多份公证书用以载明不同时间下该系统的开发者以及隐私权政策主体；（2020）京国信内经证字第04099号等多份公证书对于涉案侵权作品进行了公证。

可信时间戳认证证书通常用于证明涉案作品的影响力、收入、侵权时间以及网页固定等内容。以（2021）京0491民初37628号案件为例，案件审理过程中，原告提交多份可信时间戳认证证书用以说明被诉侵权作品的发表状态、版权信息、阅读量等内容；被告提交可信时间戳认证证书用以说明被诉侵权作品的下架时间、收入等内容。

ICP备案查询信息用于证明企业经营信息。以（2012）鄂武汉中知初字第3号案件为例，案件审理过程中，原告提交ICP备案信息，拟证明：“武汉广电网”对应域名whbc.com.cn以及“黄鹤TV网络电视”网站传播《老大的幸福》的播放页面对应域名whtv.com.cn，均有相同的备案号“鄂ICP备05022490号”，且主办单位均为被告武汉市广播电视局，该局系被控侵权网站的名义经营者。

电子数据证据保全证书用于固定证据。以（2018）京0101民初4624号案件为例，原告通过IP360全方位数据权益保护开放式平台（网址为https://www.ip360.net.cn）对被告未经许可传播上述作品的事实进行证据保全，并获得两份IP360取证数据保全证书。

数字版权案件侵权认定采取“接触+实质性相似”原则，即若被控侵权作品与权利作品构成实质性相似，权利人又举证证明侵权人具备了接触权利作品的机会或已经实际接触权利作品的情况下，侵权人的行为构成对权利人作品著作权的侵犯。其中，对于音视频、软件等复杂作品，通常采用司法鉴定或知识产权鉴定的方式来证明是否实质性相似。以（2021）沪73民终818号案件为例，该案中原告委托司法鉴定所出具《知识产权鉴定意见书》，用以说明检材的音频文件与涉案作品在文字表述方面、故事主线、人物设置、具体情节、作用结构等方面的相同率。

②具体争议问题

根据案例统计，侵权认定争议中对于证据的具体争议包括：证据的真实性、证据的关联性以及证据的证明力等。下面结合案例具体分析。

证据的真实性。证据，首先需要符合真实性，这是作为证据的基础。以（2018）苏民终1164号案件为例，案件审理过程中原告提交第3788号公证书用以证明被告的侵权行为，被告在一审以及二审过程中均不认可该公证书，认为该公证书具有瑕疵，不应采信。其一，公证处对公证取证所用的电子设备未进行清洁性检查；其二，涉案公证书未记载拍大师软件的版本信息，且其相应的瑕疵并未得到原公证处符合法定形式的补证。而二审法院经过审查，认为根据第3788号公证书记载，公证处已对申请人的手机进行了清空缓存、U盘进行格式化等清洁性操作，并使用公证处网络。且涉案游戏软件下载、安装、玄霆公司委托代理人操作游戏的整个过程，均是在公证处公证人员监督下进行，符合关于办理电子证据公证的相关规定，在上诉人仅质疑而未提供相反证据推翻的情况下，一审法院采信第3788号公证书，并无不当。

以（2018）京0101民初4624号案件为例，为证明被告的侵权行为，原告提交了IP360取证数据保全证书；被告认为原告通过第三方存证平台“IP360”提供的证据形式存在瑕疵，存证机构为个人，缺乏公信力；文件创建时间与保全时间显示不一致，不能保证取证过程的真实性。法院经审查认定，涉案IP360平台作为提供存证服务的主体通过了权威机关的检验认证，具有相应的资质，此外，保全及创建时间分别代表了取证开始时间及创建数据提取包的时间，该内容与数据保全证书及录屏内容能够互相印证，现被告未提供证据证明上述取证过程存在影响证据真实性的瑕疵，原告提交的电子数据在生成、储存方法以及保持内容完整性方法等方面均较为可靠，在无相反证据的情况下，其真实性应予以确认，可以作为认定事实的初步证据。

证据的关联性。关联性是指证据与待证事实之间必须具有一定的联系。以（2023）最高法知民终579号案件为例，该案中，某甲公司主张某乙公司侵害权利软件3.1.46版本的著作权，某乙公司在二审期间提交多份公证书用以证明某甲公司、某甲公司法定代表人以及程序员均使用某网站的代码托管服务，某甲公司的涉案系列软件的源程序均可在某网站免费下载，某甲公司曾发布过权利软件的各种版本包括免费版。但是，法院经审理认为，公证书中涉及的某网站上存在的源代码无法确认是否本案争议源代码，因此，二审法院认定该证据与本案缺乏直接关联性，不予采信。

以（2018）京民终562号案件为例，案件审理过程中，原告提交了一份公证书，称安装PPS影音软件时的用户协议系爱奇艺公司与用户签订，故爱奇艺公司亦有侵权行为。但法院经审查后认为，该公证时间是在涉案被诉侵权行为的取证时间之后，不能据此反推涉案侵权行为发生时PPS影音软件用户协议也是由爱奇艺公司与用户签订，因此对于该公证书未予采信。

证据的证明力。证据的证明力是指证据对待证事实能否证明以及证明的程度。以（2020）粤民终763号案件为例，上诉人提交多篇网络文章作为证据，法院在判决书中指出，第一组和第二组证据（证据1~19），除了证据17，基本上是来源于互联网的文章，仅能代表作者的个人观点，大部分作者的具体身份难以核实，证明力较低，且部分文章所称的“游戏美术设计”涵盖了“游戏地图设计”在内的游戏开发工作，综合来看亦仅能得出“游戏美术设计相对重要”而非“游戏美术设计是最吸引玩家的部分”或者“游戏设计中其他方面不重要”的结论。对该两组证据，本院仅对其中涉及FPS游戏设计知识的部分予以适当参考。

以（2012）成民初字第1093号案件为例，原告为证明被告的侵权行为提交了（2010）华神见字第0045号律师见证书，法院经审查认为，在没有其他证据予以佐证的情况下，不能单独作为认定案件事实的依据，不足以证明被告实施了侵权行为。理由如下：本案中，律师见证行为采取了类似于公证机构保全证据的方式固定证据，该见证行为实为保全证据行为，而律师事务所并非法律规定的保全证据机构，律师见证书不具有法律规定的保全证据的证明效力。华神事务所接受原告单方委托进行律师见证，是为了维护原告单方利益进行的有偿见证，华神事务所进行见证行为的中立性存疑。

3. 损害赔偿计算争议

在数字版权案件中，损害赔偿的计算往往也是一个重要的争议点。由于数字作品的价值和侵权行为的损失难以准确量化，损害赔偿的计算方法可能因案件而异。主要争议包括：

（1）实际损失的计算：如何准确计算版权人因侵权行为所遭受的实际损失，如销售收入的减少、声誉的损害等。

实际损失的计算是数字版权损害赔偿的核心问题之一。实践中，可以采用“假设市场法”，即假设在没有侵权行为的情况下，版权所有人能够获得合理的市场份额和销售收入。然后，通过比较实际销售收入与假设销售收入之间的差额来计算损失。

（2）侵权获利的计算：如何确定侵权人因侵权行为所获得的利益，如非法复制和销售作品的收入。

除了实际损失外，侵权获利也是数字版权损害赔偿计算中的重要考虑因素之一。实践中，可以采用"收益法"或"市场价值法"。"收益法"，即通过评估侵权人因侵权行为所获得的直接经济收益来确定损害赔偿数额。"市场价值法"，即通过评估被侵权作品的市场价值来确定损害赔偿数额。

（3）法定赔偿的适用：在无法准确计算实际损失或侵权获利的情况下，是否可以适用法定赔偿，并如何确定赔偿数额。

在无法准确计算实际损失或侵权获利的情况下，法院或仲裁机构可以依法适用法定赔偿来确定损害赔偿数额。实践中，法院和仲裁机构在适用法定赔偿时也需要考虑多种因素，并根据案件具体情况进行灵活调整。例如，可以考虑被侵权作品的类型、知名度、市场需求等因素；也可以考虑侵权行为的性质、规模、持续时间等因素；还可以考虑当事人的过错程度、主观恶性等因素。

（4）裁量性赔偿

裁量性赔偿其实不是一种独立的赔偿方式，它是指如果按照前述规定还是难以确定权利人的实际损失和侵权人的违法所得，有证据可以证明权利人因为侵权人的行为导致的损失已经超过了法定赔偿的数额，法院可以行使裁量权，结合案件的具体情况和侵权人的主观恶意程度，从而确定可以超出最高赔偿额的赔偿数额。①

（5）惩罚性赔偿

惩罚性赔偿是指由于侵权人的主观恶意表现为故意，明明能预见损害后果的发生却仍故意为之，人民法院根据被侵权人的侵权诉讼请求，依法作出的赔偿数额超出权利人所受损失数额的赔偿。②

（6）技术手段对损害赔偿计算的影响

在数字版权案件中，技术手段的运用对损害赔偿计算也产生了重要影响。在数字版权案件中，法院和仲裁机构需要充分考虑技术手段对损害赔偿计算的影响，并采取有效措施来应对这些挑战。例如，可以加强与相关技术机构的合作与

①② 张萌. 计算机软件著作权侵权认定及损害赔偿研究［D］. 大连：大连海事大学，2022.

交流，共同研究制定针对数字版权保护的技术标准和规范；也可以加强对当事人使用技术手段的监管与审查，防止其利用技术手段逃避法律责任或干扰正常的诉讼程序。

下面结合具体案例详细分析侵权行为认定争议中涉及的证据类型以及涉及证据的具体争议问题。

①证据类型

根据案例统计，损害赔偿计算争议中争议双方提交的证据类型主要包含：购销合同、增值税发票、软件日志数据、会计审核报告、其他案件判决书等。然而在实践中，权利人往往难以获取到损害赔偿的直接证据，在举证过程中经常面临困难或证据不足的情况。

公证的购销合同作为证据的一种，在损害赔偿争议中具有重要的参考价值。例如在（2017）沪73民初208号达索公司与同捷公司计算机软件著作权纠纷案件中，原告提交了经公证的《购销合同》和《产品供货合同》，从形式上看，这些合同经过了公证机关的审核和确认，具有一定的法律效力。

公证证据的缺失可能导致赔偿数额的确定更加困难。在（2021）津民终567号案例中，被告提交的两份证据均系其自行下载打印，未经公证，因此在原告质疑其真实性的情况下，法院对其真实性不予认可，从而不予采信。最终，法院只能根据涉案作品的知名度、侵权行为的情节、主观过错程度等因素，酌情确定赔偿数额。

在数字版权案件中确定损害赔偿时，软件的日志数据作为一种电子证据，在这类案件中具有重要的价值。例如，（2023）津03民终4339号案中，上海鑫进公司虽然提交了涉案App的广告分成收入及用户数据情况，以证明其获利甚微，但法院发现其提交的证据存在用户数据在涉案App已下线后仍有增长的情况，且涉案App的上架时间、上架范围无法确定。这表明，上海鑫进公司提交的数据可能并不全面和真实，因此法院在确定损害赔偿时并未完全采信这些数据。

在数字版权保护中面临损害赔偿争议时，增值税发票作为证据在数字版权保护中面临损害赔偿争议时具有一定的作用，尤其是在证明合理开支方面。在（2022）最高法知民终2375号案中，虽然增值税发票没有被直接提及作为计算赔偿数额的主要依据，但其作为证据的一部分，在证明经济损失和合理开支方面仍然具有一定的作用。

在数字版权保护中，当面临损害赔偿争议时，当事人有时会尝试引用其他案件的裁判文书来支持其关于赔偿数额的主张。在（2023）粤73民终1643号案例中，酷某公司提交了多份裁判文书以证明原审法院判决金额过高。

由于数字版权的特殊性，被侵权人的实际损失往往难以精确计算。在这种情况下，被侵权人可能会提供各种形式的证据，包括会计审核报告。在（2021）最高法知民终51号案例中，网某科技（苏州）公司提交了由其委托的会计事务所作出的投标产品盈利预测审核报告作为证据。

②具体争议问题

根据案例统计，损害赔偿争议中对于证据的具体争议包括：证据的真实性、证据的关联性以及证据的证明力等。

证据的真实性。在数字版权保护案件损害赔偿计算争议中，当事人提交的证据如果未被公证的话，法院或因其真实性存疑而不进行采信。例如，（2021）津民终567号案中，原告请求法院结合涉案作品的知名度、被告的侵权行为等，参照《使用文字作品支付报酬办法》的稿酬规定，确定赔偿金额。被告提交了两份证据：证据一为平台收入。证据二为“趣阅TXT全本免费小说阅读器”用户量，显示用户很少。原告质证意见为：不认可真实性、关联性、合法性、证明目的。法院认证认为，由于天威晟拓公司提交的上述两份证据系其自行下载打印，在原告不认可该证据真实性的情况下，法院对该证据的真实性不予认可，对上述两份证据不予采信。

证据的关联性。部分被侵权人使用公证作为数字版权侵权行为的证据，然而公证书往往是用于权利确认或侵权行为认定，在损害赔偿计算中因缺少关联性而不会被采信。例如，（2021）京0491民初29848号案中，北京时利和顺公司经合法授权取得影视作品《寒冬》的信息网络传播权，上海花生公司未经原告合法授权，通过其经营的“千寻影视”安卓手机端提供上述影视作品的播放服务，对此原告进行了证据保全公证。关于赔偿经济损失的具体数额，法院认为根据现有证据，不能确认涉案侵权行为造成的实际损失或侵权获利情况。

有些证据虽然与侵权行为造成的损害金额没有直接关联，但是可以作为法院酌定赔偿金的考虑因素。例如，（2022）最高法知民终2472号案中，权利人在发现其数字版权被侵害后，采取发送预警函的举措来制止侵权行为，接收到预警函后侵权人是否停止其侵权行为反映了其主观恶意，这也是法院计算损害赔偿的考量因素。

证据的证明力。部分当事人提交其他案件的裁判文书作为证据以支持其自身关于损害赔偿的主张，但法院指出其他案件的裁判文书确定的赔偿数额对案件仅有参考作用，不能作为认定赔偿数额的直接标准或依据。例如，（2023）粤73民终1643号案中，二审时酷某公司提交了多份裁判文书，证明原审法院判决金额过高的情形。然而二审法院认为其他案件的裁判文书确定的赔偿数额对本案仅有参考作用，不能作为认定本案赔偿数额的直接标准或依据。

购销合同作为证据在司法采信过程中可能会遇到证明力不足的问题。以（2022）最高法知民终1033号案件为例，广州某科技有限公司与安徽某图书有限公司之间存在购销合同关系，其中约定了涉案软件增加分馆授权的价格计算方式。然而，在安徽某图书有限公司擅自破解并销售该软件后，广州某科技有限公司提出了惩罚性赔偿请求。一审法院在确定赔偿基数时，参照了购销合同约定的许可使用费数额。但二审法院认为，这种做法存在不妥。二审法院的观点主要基于以下两点考虑：首先，购销合同中的价格约定是在正常商业交易场景下达成的，而侵权赔偿则需要考虑侵权行为的性质、后果等因素，因此不能直接照搬购销合同中的价格作为赔偿计算标准；其次，惩罚性赔偿基数的确定需要确保能够有效发挥知识产权惩罚性赔偿制度的救济和惩戒力度，一审法院的做法未能充分考虑这一因素。

在司法实践中，会计审核报告作为证据的证明力可能会受到质疑。以（2021）最高法知民终51号案件为例，网某科技（苏州）公司提交了多项证据来支持其经济损失的赔偿请求，其中包括一份由会计事务所作出的投标产品盈利预测审核报告。然而，法院在审查这份报告时认为，该审核报告是基于“假设的证据”，这些假设和条件可能与实际情况存在差异，甚至可能是完全基于推测的。因此，当这些报告被用作证据时，法院必须谨慎地评估这些假设和条件的合理性和可靠性。

四、数字版权保护案件中的证据类型及证据采信研究

根据第三章司法案例研究，可以总结数字版权案件中常见的证据类型包含：著作权登记证书、合同、出版物、可信时间戳认证证书、用户协议、公证书、证据保全证书、司法鉴定书/知识产权鉴定意见书、发票等多种类型。

其中，互联网信息技术为司法审判带来挑战与机遇，海量的数字内容通过当下的互联网生态环境快速传播，数字版权的“可复制、非独占性、易篡改性”等“先天不足”问题，再加上侵权的手段和渠道越发多变、多样、隐蔽，导致数字版权案件相比传统版权案件，更难搜集、固定相关侵权/未侵权证据。因此，数字

版权案件中，双方举证往往需要通过公证机构出具公证文书、委托鉴定机构出具鉴定意见书等方式，司法证明已然跨入“电子证据时代”。而根据司法案例可以看出，此类证据的真实性、关联性、证明力等问题通常成为数字版权案件的争议焦点，法院是否采信这类证据，关乎涉诉双方的权益，也关乎司法审判的公正公信。

（一）三种证据类型介绍

公证书、鉴定意见书和事先存证证书三种证据类型是数字版权保护的重要证据类型，相比于传统的版权案件，这三种证据类型更有助于解决数字版权侵权案件的事实认定等问题，对打击侵权行为和维护创作者权益具有重要意义。但是，这三类证据类型又存在区别，接下来详细介绍这三种证据类型的获取方式、获取主体以及应用场景等。

1. 公证

公证，是指公证机关依据自然人、法人或者其他组织的申请，依照公证法律法规规定的法定程序对民事法律行为、具有法律意义的事实和文书的真实性、合法性予以证明的活动和过程。[①]

公证在数字版权保护中的适用场景主要是在版权归属、授权和转让、侵权等方面存在争议时或者在争议发生之前，通过公证机构对电子证据进行确认，以证明相关事实的真实性和合法性。公证的优势在于其法律效力和公信力较高，可以为版权纠纷提供有力的证据支持，司法实践中，通过公证固定证据并加强所固定证据的采证率，成为大家充分利用公证制度这一资源的重要方式之一。然而，公证的缺陷在于其只是对现有情况的确认，不涉及对事实进一步的认定和推断。此外，公证需要耗费时间和金钱，对于个人创作者和小型版权方来说可能存在一定的门槛。

2. 鉴定

数字版权保护案件中涉及的鉴定包含电子数据司法鉴定以及知识产权鉴定。

电子数据司法鉴定是一种提取、保全、检验分析电子数据证据的专门措施，也是一种审查和判断电子数据证据的专门措施[②]，即采用技术鉴定的手段，取得

---

① 谢财能. 结合执业规范合理认定出具证明文件行为性质［N］. 检察日报，2024-08-08.

② 夏海红，段成阁，孙威，魏敏. 司法鉴定中电子数据现场勘验的流程及方法［J］. 百科知识，2023（9）：44-46+49.

最具证明力的电子证据作为认定事实的依据。知识产权鉴定是指鉴定人运用科学技术或者专门知识对涉及知识产权行政和司法保护中的专业性技术问题进行鉴别和判断，并提供鉴定意见的活动；主要用于协助解决专利、商标、地理标志、商业秘密、集成电路布图设计等各类知识产权争议中的专业性技术问题。

《中华人民共和国民事诉讼法》第66条将鉴定意见作为法定证据形式之一，纳入民事证据体系中；《中华人民共和国刑事诉讼法》第50条也明确鉴定意见属于证据法定类型。这使得数字版权领域的鉴定意见能够以证据的形式对案件中的专门性问题进行说明，并具备相应的法律效力。鉴定在数字版权保护中的适用场景主要是当涉及复杂的版权纠纷、技术争议或电子证据的真实性、完整性、合法性等存在质疑时，通过鉴定机构对相关事实进行科学鉴定，以提供专业的结论性意见。

我国数字版权的鉴定的委托存在两种模式，包括单方委托和法院委托。关于法院委托，《中华人民共和国民事诉讼法》第79条规定：当事人可以就查明事实的专门性问题向人民法院申请鉴定。当事人申请鉴定的，由双方当事人协商确定具备资格的鉴定人；协商不成的，由人民法院指定。当事人未申请鉴定，人民法院对专门性问题认为需要鉴定的，应当委托具备资格的鉴定人进行鉴定。相比之下，当事人可以自由地选择单独委托鉴定，这可以在诉讼前进行，以便评估案件的前景并收集支持自己诉求的证据。单方委托鉴定的形式使当事人能够更主动地利用鉴定来保护自己的诉讼权益。

鉴定的优势在于其科学性和专业性较强，可以对电子证据或技术事实进行深入的分析和判断。然而，鉴定的缺陷在于其需要耗费较长的时间和较高的费用，对于快速解决版权纠纷来说可能存在一定的困难。此外，鉴定无法解决检材的真实性或清洁性问题，因为电子数据容易被篡改、伪造或破坏，使得鉴定机构难以确保其真实性和完整性。即使鉴定机构使用了先进的技术手段和分析方法，也无法完全排除检材被篡改或伪造的可能性。这种情况下，事先存证就显得尤为重要。

3. 事先存证

在关于数字版权保护的司法实践中，证据的类型通常为电子数据，由于其采信度通常比较低。法官更倾向于接受那些通过国家信用背书的方式（例如公证）或通过技术验证手段（例如司法鉴定）确认的电子数据作为证据，目的是提升电子数据的证明效力。事先存证在数字版权保护中的适用场景主要是在作品创作完成后，将电子数据存储在可信的第三方平台，以确保数据的完整性和真实性。通过事先存证，可以在侵权行为发生后提供可靠的证据支持。事先存证的优势在于其可以预防侵权行为的发生，并为创作者提供及时的证据支持。然而，事先存证的缺陷在于其需要创作者具备一定的技术知识和操作能力，以及选择可信的第三方平台来存储数据。

将可信时间戳、区块链、数字水印等技术应用于数字版权案件中的事先存证工作是当下的一个技术趋势。

（1）数字水印

数字水印，是通过某种算法，在不影响原有多媒体价值及使用的前提下，将标识信息嵌入多媒体文件中的技术。具体到数字版权，权利人可以将版权信息、标识信息、图像信息等内容以可见或不可见的方式嵌到视频、音频、图片、文本等载体图像中，用以证明作品的来源。数字水印技术分为文本水印技术、图像水印技术、视频水印技术以及光全息水印。

（2）可信时间戳

时间戳技术因其防篡改和可验证性，能有效防止用户的不诚信行为，如否认或反言。可信时间戳是由联合信任时间戳服务中心根据国际时间戳标准《RFC3161》签发的，能证明数据电文（各种电子文件和电子数据）在一个时间点是已经存在的、完整的、可验证的并具备法律效力的电子凭证，其核心服务技术是通过将用户电子数据的哈希值和权威时间源绑定，以提供司法待证事实信息和客观存证功能。[①]

（3）区块链技术

区块链技术与时间戳技术在技术上具有延续性。从技术原理上看，区块链存证技术利用分布式存储方式，使时间戳存在于每个区块中，形成连续、前后关联的数据记录存储结构，可视为时间戳技术存证的升级版。时间戳为区块链取证提供了“不可篡改”的底层技术支持。在存证过程中，时间戳存证和区块链存证都包括存证数据的生成、储存、传递、认证、验证等阶段。

区块链技术已被我国司法实践引入电子证据的存证，并初步建立相关规范体系。然而，对于上链前的证据真实性，仍需证明以防原始失真和恶意。在审查和认定区块链证据时，应遵循自我鉴真、效力优先等规则，并可借助专家辅助。

① 孙梦龙．区块链取证与可信时间戳技术梳理适用［N］．检察日报，2021-09-01.

①区块链技术在版权登记中的应用

版权登记是保护知识产权的重要手段之一，它涉及将作品的原创性、作者身份、创作时间等关键信息记录在官方的或受信任的登记机构。这一过程为创作者提供了法律上的证据，以证明其对特定作品的权利。在区块链上进行版权登记，可以将作品的数字指纹（如哈希值）与创作者的身份信息、创作时间戳等关联起来，并永久地保存在链上。此外，区块链上的版权登记可以实现自动化的智能合约管理。

②区块链技术在数字内容溯源中的应用

区块链技术为数字内容溯源提供了强大的支持。通过将数字内容的每一次交易、修改或传播都记录在区块链上，可以形成一个不可篡改、可验证的溯源链条。这意味着，任何对数字内容的操作都会被永久地记录在链上，并且可以被任何人公开验证。另外，区块链技术可以结合其他技术如数字水印、加密算法等，进一步提高溯源的准确性和可靠性。

③侵权证据链构建技术

利用区块链去中心化记账和不可篡改的特性，实现侵权证据获取与记录的真实合法。当侵权证据被记录在区块链上时，这些证据就被永久性地固化下来，无法被后续修改或删除。

（二）证据采信的理论标准和原则

随着数字化时代的来临，证据在数字版权保护中的作用日益凸显。如何确保证据的合法性、相关性和真实性，提高证据的采信率，成为数字版权保护中亟待解决的问题。

1. 公证

在数字版权的公证过程中，存在两个主要的法律问题。首先，对于数字版权特殊类型的案件，公证操作缺乏明确的规范指导。其次，公证机构、公证员违反规定出具程序违规、内容虚假的公证文书，严重损害了当事人合法权益的事件发生多起，削弱了公证公信力，使得数字版权证据的真实性经常受到质疑。

从上述案例中可以看出，在数字版权保护的案件中，公证的采信与否与多种因素相关，包括提到的清洁性审查、现场记录完整性、证据来源和取证时间等。在实践中，有存在虽然存在公证过程未完整记录、录像中断等情况，但当事人对于此情况做出了合理的解释，法院仍对于证据予以采信。也存在公证书因为清洁性审查过程缺失、证据来源不明、取证时间与案发时间不一致而导致公证的证明效力不足、法院不予采信的情况。

公证书存在瑕疵是一个常见的问题，公证书的瑕疵问题必然会影响证明效力，成为案件审判中的争议焦点。在司法实践中，公证书作为证据能否被采信有如下几个原则。

（1）清洁性审查

清洁性审查应当作为数字版权进行公证的原则。在对数字版权进行公证过程中，网络环境、数据来源以及存储设备的清洁性检查至关重要。这关乎公证书的真实性，涉及证据链的完整性。如果在公证环节未进行严格的清洁性检查，公证书的真实性和效力将受到严重影响。因此，应确立明确的清洁性检查标准，并要求公证机关在执行过程中严格遵守。

（2）现场记录的完整性

现场记录的完整性是确保公证书能够真实反映事实的关键。一份存在遗漏或不完整的现场记录将无法准确还原事实真相，从而影响公证书的证明能力。为了确保现场记录的完整性，应要求公证人员在操作过程中进行详细的记录，包括具体操作流程、公证时间、公证员签名等。如果现场记录存在缺失或遗漏，公证书的效力将受到质疑。此时，除非当事人能够提供合理的解释或补充证据，否则该份公证书可能不会被采纳为有效证据。

（3）法定时限

证据的时效性对于确保其真实性和证明力至关重要。超出法定时限的公证书可能会面临真实性的挑战，因此在考虑是否采信时，必须仔细权衡。应根据实际情况和法律规定，制定合理的法定时限标准，并要求公证机关在规定时间内完成公证书的出具。然而，也应注意到，过于强调时限可能会对公证过程造成不必要的压力，甚至可能导致疏漏。因此，在确保证据真实性的前提下，也应考虑到合理的时间弹性。

（4）综合考虑

证据的采信不仅仅依赖单一的原则或标准，而是需要综合考虑多个因素。除了上述提到的清洁性审查、现场记录完整性和法定时限外，还应考虑到证据的来源、相关性、合法性等因素。例如，如果一份公证书虽然符合清洁性审查和现场记录完整性原则，但其来源不明确或存在合法性问题，那么这份公证书的真实性和效力仍应受到质疑。因此，我们在采信证据时，应遵循综合考虑原则，全面评估证据的各个方面。

2. 鉴定

我国数字版权的鉴定的委托存在两种模式，包括单方委托和法院委托。两种模式做出的鉴定结论的法律效力和采信标准也有所不同。对于单方委托的数字版权鉴定的法律效力并不明确。目前，我国的数字版权领域鉴定启动程序主要是针对法院委托鉴定而设立的。对于法院委托，送鉴材料应当进行质证，因为送鉴材料是鉴定结论的源头，在无法保证送鉴材料具备证据真实性、合法性、关联性的情况下，由此得出的鉴定结论是不可采信的。

综合上述案例，可知数字版权领域的鉴定往往聚焦于技术问题。关于证据能否被采信，主要看鉴定是属于单方委托还是法院委托，鉴定结论是否有失客观性，鉴定内容和案件的相关性以及取证过程中的瑕疵。

在数字版权保护中，鉴定意见作为证据时，其证据采信涉及一系列的理论标准和原则。这些标准和原则对于确保司法鉴定意见的合法性、真实性和关联性至关重要。主要依据的原则列举如下。

（1）合法性审查

鉴定必须遵循法律法规的规定，确保证据收集的合法性。这包括鉴定机构的合法资质、鉴定人员的合法身份，以及鉴定程序和方法的合法性。非法的证据收集将导致鉴定意见的法律效力受到质疑。

数字版权鉴定需要依据法定的程序进行启动、审查，违反鉴定程序的鉴定意见的证明力会大幅降低，法律效力也必定大打折扣。因此，对数字版权鉴定意见审查对于鉴定意见效力有着重要的影响，鉴定人不履行出庭义务、法官审查不全面等都会导致鉴定意见的法律效力降低。虽然鉴定可以帮助法官解决技术事实的认定问题，但这并不意味着技术事实的查明责任就全部由法官转移到鉴定人身上，因此法院更加重视对鉴定的审查，包括审查鉴定机构的能力、鉴定合法性、鉴定方法的合理性等。

（2）科学性原则

鉴定意见必须基于科学的方法和原理，确保鉴定过程和结论的科学性。这要求鉴定人员具备相应的专业知识和技能，采用科学、合理的鉴定方法和标准，以确保鉴定意见的准确性和可靠性。鉴定意见应具有可验证性，即其他人可以通过相同的方法和程序对鉴定意见进行验证和确认。这要求鉴定过程和方法具有透明度和可重复性，以便其他人可以对其进行检查和验证。

（3）委托事项是专门性问题

数字版权鉴定的委托事项是数字版权案件中的专门性问题。在数字版权鉴定实践中也会出现由于对委托范围理解的偏差而致使所作出的鉴定意见未被法院采信。最高人民法院以列举的方式对鉴定事项予以限定，避免在案件审理时滥用鉴定，可见没有必要将所有数字版权问题纳入可以进行鉴定的范围内，否则将导致鉴定的滥用和鉴定资源的浪费。专门性问题首先是事实问题而非法律问题，解决知识产权案件中的法律问题是法官的责任，事实问题和法律问题的混淆，会导致知识产权鉴定代替法官判定法律问题。此外，专门性问题是技术事实问题或是其他数字版权领域的专业问题，而不是众所周知的、无需专业知识技能的公知常识问题。对于案件中的事实问题，法官应当首先进行判断和解决，对于超出法官判断能力之外的专业问题才能委托机构进行鉴定，这符合我国以审判为中心的诉讼原则。

3. 事先存证

综合上述案例，目前数字版权案件中关于事先存证证据的争议点主要有三个方面，一是存证机构的资质和客观性问题，被诉方往往以其非法定机构、经营范围无取证、存证业务为由，认为其无资质开展存证服务，形成的存证数据不具有证据资格。二是对电子存证的技术可靠性的质疑，认为即便使用了区块链、时间戳等技术并非完全安全，也存在被篡改的可能性。三是对电子存证内容本身的质疑，即存证结果有无被篡改以及存证过程是否真实、完整，有无虚假取证的可能。

当事人提出上述质疑之后，法院对于相关证据进行审查往往会考虑以下几个方面。

（1）存证平台的合规

关于存证的主体是否合规的问题，法院通常不会仅因存证平台不具有法定资质或许可就否定存证证据的真实性，有无获得相关行政许可并非能否从事第三方电子存证行为的前提。法院在审核事先存证的证据时一般会从其本身的内容出发，结合证据的特点进行审查，而不会以出具方的主体资质问题否定其所具有的证据资格。但是存证主体本身的取证能力、信誉、业界评价、中立性以及以往有无被相关法院认可或否定的案例却是在是否采信存证内容时应予考量的重要因素。

（2）存证技术的可靠性

法院在审查电子存证技术可靠性时，主要从两个方面进行审查，一是结合电子存证平台出具的说明，审查电子存证技术提供方的权威性和技术安全性，即存证技术是否能够确保电子数据在采集、存储阶段的完整性。二是围绕存证环境的清洁性、存证过程的规范性和存证结果的完整性进行审核，如果存证报告的内容仅有结果而没有过程，也不应当直接采信。

（3）证据证明力

如何审查存证证据证明的充分性是当前的难点，当前证据充分性的统一规则还没有形成。多数法院是通过对存证过程的说明、与其他证据相互印证以及举证责任分配来裁判案件。也有部分法院直接回答了电子存证证据的充分性问题，明确指出电子存证证据能够证明电子数据在存证时已经产生，并且在被存证之后没有被篡改，但是并不能证明数据本身的实质真实性或者证明存证前的状态[①]。

五、我国数字版权保护的问题及建议

随着数字技术的飞速发展和互联网的广泛应用，数字版权问题逐渐凸显其重要性和紧迫性。我国作为全球最大的数字内容市场之一，数字版权保护不仅关系创作者的合法权益，也影响整个数字创意产业的健康发展。本章在总结前面章节研究成果的基础上，探讨我国数字版权保护的现状及存在的问题，并提出相应的对策建议。

（一）现状及问题

数字版权保护面临多重问题。取证制度和司法采信规则的不明确，导致数字版权侵权案件难以得到公正、高效的审理。社会公众对数字版权保护意识的薄弱，以及保护技术的落后，进一步加剧了版权侵权的泛滥。此外，数字版权保护的集体管理制度尚不完善，无法充分发挥其在版权许可、费用收取和分配等方面的作用。这些问题相互交织，制约了数字版权保护工作的开展。

1. 取证制度和司法采信规则不明确

在数字版权保护领域，取证制度和司法采信规则尚不十分明确，导致在司法实务中出现了一些问题。随着数字技术的迅猛发展和网络环境的日益复杂，数字版权侵权行为呈现隐蔽性、跨地域性和易篡改性等特点，这给取证工作带来了极大的挑战。

首先，取证制度的不明确导致了取证难的问题，目前我国在数字版权保护方面的取证制度尚不完善，缺乏统一的标准和程序，这使得取证工作在实践中存在很大的随意性和不确定性。其次，司法采信规则不明确导致了证据认定上的混乱。由于缺乏统一的采信标准，不同的法院或法官在认定证据时可能存在分歧。

① 邓矜婷，周祥军. 电子存证证据真实性的审查认定［J］. 法律适用，2021（2）：31-41.

一些关键性的证据可能因采信规则不明确而无法得到应有的重视和认可，从而影响了案件事实的查明和裁判的公正性。此外，在缺乏明确采信规则的情况下，当事人可能不得不投入更多的时间和精力去收集和提供证据，以期在诉讼中占据有利地位。

2. 社会公众数字版权保护意识薄弱

在数字时代，互联网已成为公众获取信息的主要渠道。然而，当前数字内容消费领域普遍存在着公众认知与版权保护的显著错位。具体来说，多数网络用户尚未充分认知到免费下载、复制音乐作品、影视资源及电子出版物等数字化内容的行为实质上已构成对权利人复制权与信息网络传播权的侵害；此外，消费者惯常将数字产品视为可无限复制的公共资源，对数字版权产品的权属关系缺乏边界意识，这种认知偏差直接导致用户对有偿获取授权内容产生心理排斥。

在这种背景下，部分网络运营商基于公众对免费数字资源的刚性需求，在未获著作权人授权许可的前提下，擅自调用版权作品实施流量变现、广告植入等商业性传播活动。这种行为不仅侵犯了版权所有人的权益，也破坏了数字出版市场的正常秩序。

3. 数字版权保护技术落后

在数字时代，数字内容的传播速度之快、范围之广前所未有，这为版权保护带来了极大的挑战。虽然法律保护是维护数字版权的重要手段，但内在的技术保护同样不可或缺。然而，我国数字版权保护体系在关键技术创新与制度适配层面仍面临结构性挑战，制约了数字经济时代版权价值的完整性实现。

首先，数字版权保护技术缺乏统一的标准。这导致了各种保护方案之间的兼容性差，难以形成有效的保护网络。不同的数字内容提供商可能采用不同的版权保护技术，这些技术之间无法互通有无，使得版权保护出现漏洞。

其次，在万物互联技术范式加速演进的背景下，以5G通信、边缘计算和智能传感技术为驱动的终端设备革命正重塑数字内容传播格局，对数字版权保护技术体系提出核心挑战。然而，现有的保护技术往往难以跟上这种发展速度，导致新产品在推出时可能就已经存在版权保护方面的漏洞。

这种技术上的落后不仅影响了版权所有人的利益，也制约了数字出版产业的健康发展。在缺乏有效保护的情况下，数字内容容易被非法复制和传播，从而导致版权侵权现象频发。这不仅损害了著作权人的财产性权益，也打破了数字内容市场的竞争秩序与价值传导机制，阻碍了数字版权产业的转型升级进程。

4. 数字版权保护的集体管理制度不完善

当前的管理制度难以适应数字时代网络创作的高速发展，使得数字时代著作权治理面临制度性困境。具体来说，传统著作权集体管理制度与网络创作生态存在结构性矛盾，制度变迁滞后于技术演进产生的“制度—技术”张力，导致授权机制出现系统性失效，在数字化转型过程中遭遇治理效能耗散，如区块链存证技术应用滞后导致作品溯源机制失灵，智能合约部署不足造成授权许可流程梗阻，大数据监测平台建设缺位引发侵权发现率下降等。此外，自媒体生态中用户生成内容（UGC）的指数级增长与传播裂变特性，使得传统“先授权后使用”的合规框架在即时性、碎片化传播场景中完全失效，进而衍生出版权默示许可与合理使用边界的制度性争议。这种治理能力的结构性缺失不仅加剧了著作权市场交易成本，更凸显出数字时代著作权制度体系进行适应性重构的迫切需求。

（二）对策及建议

应对数字版权保护面临的挑战，需要采取一系列措施。首先，完善取证制度和明确司法采信规则，提高数字版权侵权案件的审理效率和公正性。其次，通过宣传教育和案例分析等方式，增强社会公众对数字版权保护的意识。此外，加强数字版权保护的科技防线，研发和应用先进的版权保护技术，以应对日益猖獗的侵权行为。最后，建立延伸性集体管理制度，扩大集体管理的覆盖范围，提高版权许可和维权的效率。这些措施的实施将有助于构建一个更加健康、公正的数字版权保护环境。

1. 建立统一的司法采信标准

我国对于数字版权保护中的司法采信尚未有一个较为统一正式的规则和程序，司法审判人员在这一问题上有很大的自由裁量空间。因此首先必须从制度和规则层面出发，构建一个更加严谨、有效的数字版权保护体系。

完善取证制度是数字版权保护的首要任务。数字版权侵权往往涉及大量复杂的电子数据，因此，确保这些数据的真实性和完整性对于后续的维权和诉讼至关重要。一是要强化公证机构的角色，公证机构在数字版权取证中发挥着重要作用。他们可以对数字内容进行公正、客观的认证，确保数据的真实性和完整性。同时，公证机构还可以提供时间戳服务，为数字内容的创作和发布提供精确的时间证明，进一步增强证据的可信度。二是要推广存证技术，存证技术如数字签名、时间戳和区块链等，可以对数字内容进行加密和验证，确保数据在传输和存储过程中不被篡改，这种技术可以为数字版权的维权提供有力的证据支持。三是要加强司法鉴定机构的建设，司法鉴定机构在数字版权取证中扮演着专业、权威的角色。他们可以对涉嫌侵权的数字内容进行深入的技术分析和鉴定，为法院提供准确、可靠的证据。因此，加强司法鉴定机构的技术能力和专业水平是数字版权保护的重要环节。四是制定具体的取证指南，为法院和当事人提供明确的取证指导，减少取证的随意性和不确定性。

在数字版权保护中，明确司法采信规则对于确保证据的有效性和公正性具有重要意义。一是要制定统一的证据标准，针对数字版权的特殊性，应制定一套统一的证据标准，明确哪些类型的证据可以作为有效证据，以及这些证据的收集、保存和呈现方式。这将有助于法院在审理数字版权案件时更加准确、高效地进行证据评估和采信。二是要加强法院技术能力，法院在审理数字版权案件时，需要具备足够的技术能力来分析和评估证据。因此，应加强对法官和相关工作人员的技术培训，提高他们的数字技术素养和审判能力。同时，加强技术专家库建设为法院提供技术支持，帮助法官更好地理解和评估技术性证据。通过建立专家咨询机制，邀请技术专家参与案件审理，提供专业意见。

通过完善取证制度和明确司法采信规则，可以为数字版权保护提供更加坚实、有效的法律保障，有助于维护创作者的合法权益，激发创新活力，推动数字创意产业的持续繁荣和发展。

2. 加强数字版权保护的宣传教育

我国在版权保护方面相较于其他国家起步较晚，特别是在数字版权领域。当前，社会上对于数字版权保护的意识不够，“拿来主义”的做法盛行。改变这一现状的首要任务是加强对数字版权保护的宣传与教育。为了强化数字版权保护意识并构建多方参与的联动保护机制，需要通过广泛、深入的宣传和教育活动来营造版权文化氛围，增强社会公众对数字版权的认知和尊重。尤其应关注青少年群体，作为国家的未来，通过学校课程和讲座等方式培养他们正确的版权观念至关重要。同时，引导数字出版行业从业者和经营者树立正确的出版伦理观，尊重他人的智力劳动成果，也是不可或缺的一环。数字行业协会应积极发挥作用，鼓励企业创新并引导抵制盗版行为，促进政府、企业和行业协会之间的协同保护机制形成。最后，提升数字作品权利人的自我保护能力同样重要，他们应及时进行版权登记并在权益受侵时积极寻求法律救济。这一过程的实现需要政府部门持续、深入地推进相关宣传教育工作，并得到全社会的积极响应和参与，以逐步建立起尊重知识、保护创新的良好社会氛围，为数字创意产业的健康发展提供有力保障。

3. 提升数字版权保护的技术手段

在推动数字版权保护的过程中，技术的研发与应用扮演着至关重要的角色。实现数字版权的高效保护，需要从多个方面入手。

首先，加强时间戳取证、区块链技术的应用。区块链技术为数字版权保护提供了全新的解决方案。然而，当前区块链技术在数字出版领域的应用仍面临“技术—制度”适配性障碍，如联盟链架构下的跨链互操作标准缺失，零知识证明、同态加密等隐私计算技术的研发滞后等。因此，必须加大区块链技术的研发力度，构建“技术研发—标准制定—法律衔接”三位一体的推进机制：在技术层加快抗量子加密算法的国产化替代进程；在标准层建立跨链通信协议与数据交换规范；在制度层完善区块链存证电子证据的司法认定规则。

其次，发展专业的电子证据鉴定机构并提供独立的第三方验证服务，是提升数字版权保护案件中电子证据可信度的关键举措。通过建立具备高度专业性和技术实力的鉴定机构，利用先进的鉴定设备和技术手段，科学准确地验证数字版权证据的真实性和完整性。鉴定机构作为独立的第三方，将为司法机关和当事人提供客观、公正的验证服务，确保电子证据在司法程序中的有效性和公信力。为确保电子证据鉴定机构的公正性和权威性，应建立严格的监管机制，包括对鉴定机构的资质进行定期审核、对鉴定过程进行监督以及对鉴定结果进行复核等。发展电子证据鉴定机构有助于打击数字版权侵权行为，维护创作者的合法权益，推动技术创新和发展，促进文化产业的健康繁荣。

最后，建立国家数字管理平台，针对当前各个平台版权保护技术的不兼容性问题统一数字版权保护的相关标准，实现各平台数字版权保护技术的相互兼容，进而促进平台之间资源信息的高效互通。[①]通过该平台，构建去中心化治理框架下的技术性信任机制，通过区块链存证、AI侵权监测与云计算存证等技术工具包，构建覆盖数字版权全生命周期的智能治理闭环，最终形成创作者权益保护、传播效率提升与公共利益平衡的三维制度均衡。

通过整合现有技术资源、加大自主研发力度以及构建统一的数字管理平台，才能够构建一个更加安全、透明和高效的数字版权保护环境。这不仅有助于维护创作者的合法权益，激发创新活力，还能促进数字创意产业的持续繁荣和发展。

① 袁健，赵纪军. 大数据时代数字版权保护的现实困境与应对［J］. 科技与出版，2021（7）：131-136.

4. 建立延伸性集体管理制度

在数字版权保护领域，逐步建立延伸性集体管理制度的重要性不容忽视。延伸性集体管理制度是一种创新的版权保护机制，可包括三层核心要点：一是通过法律特别授权，当代表性版权组织与平台达成协议时，该协议自动成为行业“通行标准”，如：使用者只需取得集体授权，即可合法使用协议目录下的所有作品，彻底解决“找不全权利人”的困境；二是任何被覆盖的创作者，若不愿参与集体协议，可随时声明退出；三是提供场景化的解决方案，破解数字时代的三大困局。

然而，延伸性集体管理制度实际推行过程中也面临一些挑战和困难。例如，平台方追求低成本与创作者主张合理收益的利益矛盾、集体管理组织因管理费不透明引发的信任危机，以及传统人工监测存在的效率短板等。因此，在建设延伸性集体管理制度过程中，需要明确制度优势，结合实情、分步建立起我国的延伸性集体管理制度。同时，还需要加大监管和执法力度，确保制度的有效实施和维护权利人的合法权益。

结论

数字经济的快速发展推动了数字版权产业的发展，也使得数字版权侵权现象越发严重，然而数字版权定义不明、范围不清晰，导致无法最大程度保护原创作者的合法权益；同时，数字版权领域证据统一采信规则和审查程序的缺乏，也使得梳理数字版权保护中“证据”的司法保护规则迫在眉睫。

结合国内外关于数字版权的法律规定和界定，建议我国数字版权定义为“数字版权为作者和其他权利人对数字化的文学、艺术和科学技术作品在复制、传播等方面依法享有的一系列专有权利的总称”。

另外，为应对数字版权保护面临的挑战，建议建立统一的司法采信标准，加强数字版权保护的宣传教育，提升数字版权保护的技术手段，建立延伸性集体管理制度。

课题组组长：李文宇　闫坤
课题组成员：聂鹏　于晓萌　卢方周　古利兰　赵丽彤　李嘉露
承担单位：中国信息通信研究院

短视频网络版权司法保护问题研究

耿小宁*

摘要： 党的二十大报告指出，要加快发展数字经济，促进数字经济和实体经济深度融合。随着短视频平台的快速发展，短视频著作权司法保护存在短视频平台侵权行为高发，侵权数量多，增长快；侵权隐蔽性强，治理难度大；案件涉及疑难复杂问题多，司法认定困难；侵权赔偿不统一等问题。应通过审查当事人之间的合同、约定，在实际创作短视频时的工作内容和工作分工，是否承担组织拍摄剪辑并承担责任等因素，合理认定短视频的作品权属。短视频模板属于具象化的表达，且用户并没有开展著作权法意义上的创作行为，故短视频模板可以构成作品。在认定二次创作短视频是否构成合理使用时，不能“一刀切”，而应考虑不同类别短视频的特点进行分别认定。在算法推荐平台的责任方面，从识别介入的角度，算法推荐平台具有一定的视频识别能力，特别是对播放热度及用户反馈数据的识别是一种类似设置排行榜的行为；算法推荐平台主动介入了侵权内容的传播和分发，造成侵权内容的扩大化传播；平台利用算法推荐技术获取了经济利益。因此算法推荐平台应该承担较高的注意义务。要加强短视频领域的版权治理，法院应树立科学的审判理念，坚持个案分析，综合考虑平台的性质和识别能力、作品影响力、平台内侵权情况通知情况等因素合理划分注意义务。应引导建立长短视频新型授权机制，推动长短视频平台合作。此外，还应构建跨部门平台治理合作机制，法院应与其他行政机关积极开展联合治理，并鼓励行业自律，培育短视频版权正版化文化氛围。

关键词： 短视频；算法推荐；合理使用；二次创作；赔偿数额

随着数字经济迅速发展，短视频平台快速成长。短视频传播通常由平台进行算法推荐，传播呈去中心化和分散化的特点。短视频在为公众带来更多文化内容的同时，也成为著作权侵权的高发地。短视频切割搬运长视频、未经许可使用背景音乐、滥用合理使用制度、短视频平台利用算法大量推荐侵权内容等情况频发，甚至出现了视频产业上的“长短视频之争”，引发学术界的广泛关注。在这个过程中，产生了大量纠纷，虽然多数纠纷在平台内实现了化解，但是仍有不少

* 耿小宁，天津市高级人民法院审判监督庭庭长、三级高级法官，本课题组组长。

案件最终诉诸法院。

一、短视频著作权基础概论

据12426版权监测中心定义，短视频即短片视频，通常由连续画面、背景音乐及字幕等组成，是区别于传统长视频（影视剧、综艺等）的内容载体。按照时长及内容素材来源分为两类：第一类是60秒以下的小视频（剧情、美妆等）；第二类是20分钟以下的短视频（包括美食、“三农”等原创短视频及影视剧、综艺和体育等二次创作短视频）。原创短视频较少用到第三方视频素材，引用背景音乐（BGM）较普遍。二次创作短视频是利用已有作品的视频素材进行创作，简称二创短视频。二创短视频主要包含预告片、影评、盘点、片段（CUT）、解说、混剪等6类。[①]

（一）短视频产业发展及创作特点

1. 短视频产业发展状况

在行业规模方面，国家版权局发布的《中国网络版权产业发展报告（2020）》显示，截至2020年底，短视频用户规模8.73亿。而Mob研究院《2023年短视频行业研究报告》显示，2022年我国短视频用户规模达10.12亿，近四分之一新网民因短视频触网。[②]2022年1—3月短视频月人均使用时长均达50小时以上。短视频市场规模连年增长迅猛，2022年中国短视频市场规模为2928.3亿元。[③]

在短视频平台方面，短视频行业已形成“两强”竞争格局，第一梯队应用为抖音、快手，第二梯队有快手极速版、抖音极速版、西瓜视频，第三梯队有抖音火山版、好看视频、微视、优哩视频、爱奇艺随刻。行业第一、第二梯队由字节系、快手系产品包揽。[④]

2. 短视频产业发展及创作特点

总的来说，短视频创作具有创作门槛低、录影时间短、创意构思相对简单、

① 参见12426版权监测中心《2021年中国短视频版权保护白皮书》。

② Mob研究院．2023年短视频行业研究报告［EB/OL］.（2023-06-29）［2024-09-20］. https://www.mob.com/mobdata/report/178.

③ 参见中国网络视听节目服务协会《中国网络视听发展研究报告（2023）》。

④ 参见中国网络视听节目服务协会《中国网络视听发展研究报告（2023）》。

社交性和互动性强、便于传播等特点。短视频创作具有以下四个特点。

（1）创作主体大众化。短视频制作流程简单，“傻瓜式”操作降低了内容生产的门槛，创作者可以用一部手机完成拍摄、制作、上传和分享。

（2）内容碎片化。短视频短小精悍，时长一般为15秒至5分钟，类别多样，内容纷繁，是短平快、碎片化的“速食文化”。

（3）素材融合程度高。多数制作者会选择在视频中加入配乐、配音，并结合文字、场景、对话、动作等多种元素进行表达，影视评论、解说类短视频还要使用影视剧中的画面、背景音乐等。

（4）分享、传播具有即时性、互动性。短视频的传播门槛低，传播渠道丰富多样，容易实现裂变式传播和熟人之间的交流，受众可以通过点赞、评论、发弹幕、转发分享等方式进行视频内外的互动。

（二）涉短视频著作权司法保护概况与问题

1. 短视频著作权侵权案件的特点

（1）案件数量相对不高。当前短视频著作权侵权案件量尚处低位，北京互联网法院今年4月发布的数据显示，该院近三年受理的此类案件为3015件，同期该院受理的涉网著作权纠纷案件数量接近11万件，短视频案件仅占该院同期涉网著作权纠纷案件量的2.79%[①]。广州互联网法院2019—2021年受理的短视频著作权案件数分别是122件、350件、206件，共计678件。[②]天津法院截至2023年7月份共受理短视频纠纷案件200余件。该类案件在著作权侵权案件中的体量相对较小。

（2）诉讼主体广泛，以平台居多。主张权利方以从制片者处获得授权的长视频平台、通过平台用户协议获得短视频著作权的短视频平台居多。在被诉主体方面，既有短视频的发布人，也有短视频平台，或二者被共同起诉。案件类型比较集中，具有批量化起诉特征。

（3）被诉侵权行为多样，主要被诉行为包括任意剪辑切条、搬运短视频、授权翻唱歌曲或使用背景音乐、二次剪辑形成“新”的短视频等。短视频平台的被诉侵权行为主要有对热播视频的侵权短视频未采取有效措施进行过滤和拦截，通

① 北京互联网法院课题组．短视频著作权司法保护研究［J］．知识产权，2023（3）：3-29．

② 短视频平台著作权侵权法律问题研究——以长视频平台诉短视频平台纠纷为视角［EB/OL］．（2024-08-07）［2024-09-20］．https://mp.weixin.qq.com/s?__biz=MzU2NzcwMTIwMA==&mid=2247526148&idx=1&sn=2a7720345c4d5ef78ef9732d8fdf43c6&chksm=fc9b1cbbcbec95ad3e03d2025c4e4b19c9f9d25b250edc4ef0c341e8c9dbd2e9b11049725751&scene=27.

知后未及时采取措施。此外，此类案件争点较为集中，主要是解说类短视频是否属于合理使用、短视频平台是否构成帮助侵权、能否适用“避风港”原则，平台是否因算法推荐技术承担更高注意义务等。

2. 短视频著作权司法保护中存在的问题

（1）短视频侵权行为易发、多发。第一，侵权短视频数量基数大，增长快，短视频领域侵权现象泛滥。第二，侵权主要集中在体育赛事、影视剧、综艺节目等内容领域。第三，侵权短视频点击量高，仅被删除的侵权短视频的点击量就高达5.01万亿次。2019年1月至2021年5月，12426版权监测中心累计监测到300万个侵权账号，成功通知删除1478.60万条二创侵权及416.31万条原创侵权短视频。

（2）短视频侵权具有隐蔽性。短视频平台内容创作和发布的分散化、用户使用的规模化、算法推荐呈现内容的个性化使得侵权内容会被多个主体使用，侵权人不再集中，权利人很难发现广泛而分散的侵权使用者。12426版权监测中心10万名作者监测数据显示，平均每位作者有63件作品被盗版，但只有56.4%的原创短视频作者发现过自己的作品被侵权，近九成作者发现被侵权短视频作品少于10件。[①]

（3）案件涉及疑难复杂问题多。短视频的可版权性以及权利客体属性的认定复杂疑难。“一分钟带你看一部电影”等二次创作短视频是否构成合理使用的认定缺乏标准。短视频平台注意义务及其责任的认定面临新挑战，特别是在算法推荐的技术背景下，如何划定平台注意义务边界十分困难。针对上述问题，不同法院作出不同判决，无法为短视频平台的健康发展提供清晰的规则指引。

（4）短视频侵权赔偿数额差距较大。从司法实践看，短视频侵权数额主要适用法定赔偿，认定构成侵权的判赔金额差异悬殊（图1）。如西安中院一审的《云南虫谷》案，判决抖音平台赔偿腾讯3200万元，平均每集金额200万元，该案刷新了我国影视剧版权侵权司法判赔的最高纪录。[②]而此前不久爱奇艺因为《老九门》起诉快手，无锡中院二审维持一审判决，赔偿合计114万余元[③]，经测算相当于一集2万多元。在《延禧攻略》案[④]中，法院判定赔偿原告经济损失150万元及诉讼合理开支50万元。但在《北上广依然相信爱情》案[⑤]中，法院判赔金额仅为

① 参见12426版权监测中心《2021年中国短视频版权保护白皮书》。

② 参见西安市中级人民法院（2022）陕01知民初172号民事判决书。

③ 参见无锡市中级人民法院（2022）苏02民终4040号民事判决书。

④ 参见北京市海淀区人民法院（2018）京0108民初49421号民事判决书。

⑤ 参见杭州互联网法院（2021）浙0192民初10493号民事判决书。

10万元。经过统计，即便考虑侵权情节不同，但同属知名度较高的影视剧，不同案件的判赔金额仍差距较大。在法定赔偿额的确定上，短视频侵权中被侵权作品的类型、艺术价值、影响力等均有不同，侵权短视频的使用方式、侵权程度、应用场景、传播情况等可能千差万别，使得对侵权结果的认定较既有的侵权赔偿更加缺乏参考尺度，认定的主观性较强，不利于形成和体现相对统一的司法保护态度。

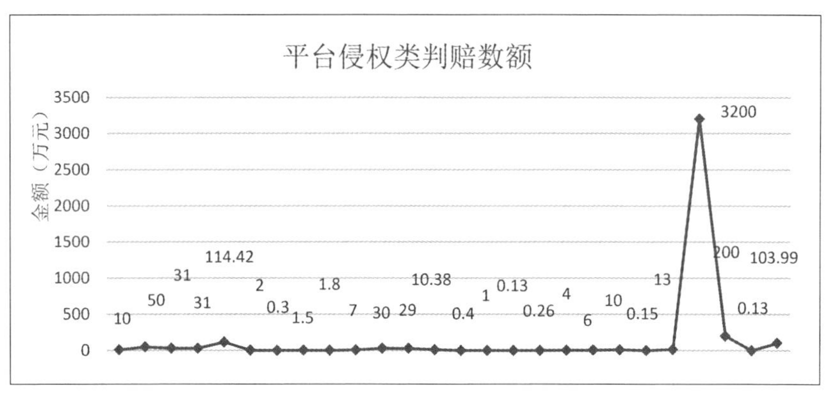

图1　短视频认定构成侵权的判赔金额差异悬殊

二、短视频作品权利归属与证据审查问题

（一）短视频作品权利归属

司法实践中，主张短视频著作权的权利主体包括原始权利人和继受权利人。实践中，权利人对于自己主张的作品性质认识不清晰，举证混乱，造成法院对于作品权属方面的审查难度。

1. 依法界定短视频法人作品、职务作品和委托作品

当前的短视频创作已经朝着专业化、团队化的方向发展，有剧本、灯光、摄影、剪辑、演员等众多人员。短视频的创作过程中，可能涉及拍摄者、表演者、剪辑者、脚本撰写者以及其背后的经纪公司共同主张权属的问题。司法审判时，应通过审查当事人之间的合同、约定，在实际创作短视频时的工作内容和工作分工，是否承担组织拍摄剪辑并承担责任等因素，合理认定属于短视频属于职务作品、法人作品还是普通作品。

公民为完成法人或者其他组织工作任务所创作的作品是职务作品，职务作品的产生与所担任的职务密切相关，是法人或者其他组织安排其工作人员履行职务或者完成工作任务过程中形成的作品。职务作品与法人作品的区别主要在于职务作品的完成表达了创作人的思想意志，非单位的思想意志，在创作的过程中进行智慧劳动的是创作者本人。而法人作品由法人主持，代表法人的意志创作，并由法人承担责任。受委托创作的作品，著作权的归属由委托人和受托人通过合同约定。合同未作明确约定或者没有订立合同的，著作权属于受托人。

2. 短视频作品的著作权权利归属权属认定规则

按照前述短视频的分类，短视频可分为电影电视剧作品、其他视听作品和录像制品。按照著作权法的规定，这三类作品的归属规则完全不同。对于电影、电视剧作品的著作权认定，可以根据影视作品上明确标明的权属信息确定著作权人，未明确标明权属信息的，可以认定在片头或者片尾署名的出品单位或者摄制单位为著作权人。作为电影作品的一种，微电影的制片人是著作权人。而如果某一短视频作品被认定为其他视听作品，则应当适用2020年《中华人民共和国著作权法》第17条第2款。

（1）署名和反证相结合的推定方式认定作者

以署名推定短视频的作者和制作者，在作品上署名的自然人、法人或者非法人组织为作者，且该作品上存在相应权利，但有相反证明的除外。在作品或者制品上署名的自然人、法人或者非法人组织视为著作权、与著作权有关权益的权利人，但有相反证明的除外。此外，1971年《保护文学和艺术作品伯尔尼公约》（以下简称《伯尔尼公约》）第15条第2款也明确规定，以通常方式在电影作品上署名的自然人或法人，除非有相反的证据，即假定为该作品的制片人。因此，署名推定可作为认定短视频作品作者及制作者的首要方法。

（2）以其他初步证据认定短视频的著作权归属

短视频的署名规则尚不成熟，需要通过其他方式查明短视频作品著作权归属。根据相关规定，当事人提供的涉及著作权的底稿、原件、合法出版物、著作权登记证书、认证机构出具的证明、取得权利的合同等，可以作为证据。以上均可作为查明短视频作品著作权归属的初步证据，在对方当事人未提出反证的情况下，即可据此认定短视频作品的著作权归属。

（3）以发表账号运营主体推定短视频制作者

在缺少署名信息，且无其他初步证据的情况下，可以发表账号运营主体推定短视频制作者。一般而言，短视频制作者或制作团队都运营有自有账号，在短视频制作完成后，制作者通过自有账号将短视频上传至短视频平台，以获得用户和流量。因此可以认定，在一般情况下，最早发布短视频的账号主体即为权利人。

（4）严格审查短视频平台用户协议中的知识产权条款

某些平台在用户协议中会设置格式条款，约定发布者在平台发布的所有内容的版权自发布之日转让平台。上述条款排除对方主要权利，且如果订立合同时未采取合理和必要的方式提醒条款的接受方给予注意的，这样的条款属于格式条款。平台知道格式条款无效，所以另行和作者签订相关合同对于著作权进行约定。法院对此要特别注意，进行严格审查。

（二）短视频案件中的证据审查

1. 对权属证据的审查

我国实施作品自愿登记制度，登记机关并不对作品构成与否、作品创作完成日期、权属真实状况等进行实质性审查。在该种模式下，数字作品著作权登记证书的证明效力遭到贬损，应摆脱“有登记始有权利，未登记即无权利”的误区，对待定的短视频权属事实进行实质性审查。审查的因素有：结合发表情况和创作原始素材进行综合判断，这些较著作权登记证书而言应具有更强的证据优先性。

2. 关于第三方平台取证电子证据的审查

从中国裁判文书网上检索近3年著作权民事判决书进行统计，约96%的案件使用了电子证据。与一般电子证据相比，第三方电子证据存证平台固定的电子证据本身在证据层面并无特殊之处，不能在审查时就对其特殊对待，比如过分严格看待第三方电子证据存证平台和第三方电子存证技术，自始至终对其平台资质等持怀疑态度。应结合个案情况，综合考虑涉案电子证据的表现形式、对案件事实认定的重要程度、对方当事人的质证意见等因素具体确定。

3. 对于判赔证据的审查

目前约98%的案件适用法定赔偿，部分案件原告提供授权许可使用合同，但是很少有法院会按照许可使用费的倍数计算赔偿损失。关于律师费证据，原告提交了律师费用发票，也很难得到法院的全额支持。关于流量损失、广告费、长视频会员费、制作电视剧等长视频成本，因缺少关联性，大多数法院在案件审理中不会予以采纳。

三、短视频内容侵权问题

（一）短视频制作过程中的特效模板

随着短视频产业的发展，短视频模板的设计、创作越来越多，对短视频模板的抄袭、搬运也随之发生，并引发了许多案件。有判决将其定性为不正当竞争行为，也有判决将其定性为侵犯著作权行为。

1. 构成不正当竞争行为

构成不正当竞争行为的案例主要有：搬运短视频特效、模板等数据资源案[①]。“剪映”App中有大量的短视频模板、贴纸、特效等素材。被告持续大量搬运“剪映”App贴纸、特效、模板等素材，直接替代了原告的“剪映”App。最终法院认为，被告未经许可获取并使用了“剪映”App中的短视频模板、贴纸、特效等素材构成不正当竞争。

批量搬运短视频特效、模板构成不正当竞争行为。“平台之间存在激烈的竞争，要想胜出，平台必须通过差异化、满足更多用户需求，激励更多的经营者进驻等方式吸引用户。”[②]短视频模板在平台竞争过程中发挥着重要角色，蕴含较高的经济价值。

第一，两者之间存在竞争关系。通常情况下，研发、创作、通过授权获得短视频模板的平台（以下简称“原始平台”）与搬运者之间属于竞争关系，而且是直接的竞争关系。第二，短视频模板是智力创作成果。短视频模板需要将多种视频元素进行选择和编排，具有一定的视频动态变化和转场效果，并要求给人一定的美的感受，属于反不正当竞争法所保护的合法利益。第三，搬运者具有明显的主观恶意。搬运者主观上也明知创作一个视频模板需要投入大量的人力、物力，亦了解短视频模板的经济价值。在这种情况下，进行批量搬运具有明显的主观恶意。第四，减损了原始平台的合法利益。搬运者通过批量搬运短视频特效、

① 原样照搬使用他公司数据，判赔20万！［EB/OL］.（2023-07-11）［2024-09-20］. https://baijiahao.baidu.com/s?id=1771116640563883385&wfr=spider&for=pc.

② ［英］大卫·埃文斯，张艳华. 软件平台规则标准的反垄断分析及对中国的启示［J］. 竞争政策研究，2015（1）：25-35.

模板等数据获得了本应属于原始平台的竞争优势，降低了原始平台的用户黏性，导致了短视频平台特效、模板之间的雷同化，并利用不正当手段获得非法利益。因此，批量搬运短视频模板、特效、道具、贴纸具有不正当性，属于不正当竞争行为。

2. 构成著作权侵权行为

目前将短视频模板定性为作品的案件多为杭州互联网法院作出的判决。案例一为"梦幻云"短视频模板案[①]。2020年11月，今日头条公司在其运营的"抖音"平台上线"梦幻云"特效道具及图标。不久，快手公司在其"快手"短视频应用程序中上线"挡脸云朵"特效道具。最终法院认为，"特效云"动态画面构成视听作品，"特效云"静态画面构成美术作品，被告快手公司构成侵权。

案例二为"女生节，为爱充电"短视频模板案[②]。被告看影公司在Tempo App上传了被控侵权短视频模板，用户可点击播放，也可替换人物素材将自己的照片嵌入模板。最终法院认为，将已经公开的元素进行选择与编排制作出的短视频模板，与既有各个独立的元素存在明显的客观差异，且在发布前不存在相似的短视频模板，涉案短视频模板根据主题，搭配不同的贴纸、特效、滤镜、动画等元素，并结合主观需要协调多种元素的排列方式、大小、顺序和时间，具有独特的选择、安排与设计，体现了制作者的个性化表达，构成视听作品。[③]

案例三为"窗花剪剪"短视频模板案[④]。法院认为，"窗花剪剪"短视频模板是一个动态画面，制作者对于画面元素、颜色搭配、动态变化等元素进行了选择和设计，其展现轨迹、转场效果和最终页面定格等具有视觉艺术效果和美感，该特效模板符合视听作品连续画面独创性的要求，构成视听作品。最终判决被告赔偿20万元。

短视频模板一般是在特定主题的指导下，将视频、背景图片、文字、贴纸、效果、音乐的元素进行选择和编排，将这些元素置于视频剪辑轨道上，同时预留用户可以替换的部分，用户可以套用该短视频模板，在该模板内加入自己的元素即可生成一个包含该模板特效的短视频。

短视频模板可以让任何不特定的用户进行套用，其预留了用户参与部分，也

① 参见杭州互联网法院（2021）浙0192民初6036号民事判决书。
② 参见杭州互联网法院（2020）浙0192民初8001号民事判决书。
③ 参见杭州互联网法院（2020）浙0192民初8001号民事判决书。
④ 参见浙江省杭州市中级人民法院（2021）浙01民终12535号民事判决书。

就意味着其不是一个完整的作品。判断短视频模板是否属于作品，需要判断短视频模板属于思想领域还是表达领域。作为一个模板，短视频模板意味着其具有通用性和一定程度的概括性，而具有通用性和概括性特征的内容很容易被归入思想领域。作品中抽象的思想本身是不受著作权保护的，只有对思想的具体表达才受著作权保护。[①]研究短视频模板是否属于表达领域，应该采用类比的方式进行分析。第一，将短视频模板与文章主题、节目主题相比，短视频模板具有音乐、背景图片、特效、定位移动、场景切换、动态变化的图案等因素，因此已经通过这些具象化的元素对主题进行了表达。第二，将短视频模板与综艺节目版式相比。在综艺节目版式中填入不同的嘉宾、主持人等因素后，会产生完全不同的综艺节目内容和效果。但是在短视频模板中加入不同的用户形象、用户动作等因素后，短视频效果并不会发生较大的改变。短视频模板的表达更加具象化，故其属于表达领域。

短视频模板生成的作品虽然为人机交互产生的作品，但是在此类作品中，用户发挥的作用有限。第一，短视频模板在缺少套嵌内容的情况下，已经基本符合作品的构成要件。第二，用户的行为发挥的作用很小，是一种机械性的点击或动作。“用户的交互性操作行为本身并不构成著作权法意义的创作行为。”[②]第三，没有超出短视频模板的预设效果。基于上述分析，尽管短视频模板所对应的作品往往由短视频模板与用户共同创作完成，但是用户并没有开展著作权法意义上的创作行为，也没有发挥实质性作用，短视频模板在作品的生成过程中发挥着实质作用。

短视频模板中虽然使用了较多的公开元素，但是对公开元素的使用并不影响其具有独创性。对公开元素的选择、编排如果具有美感、表达了作者的思想和情感，依然符合独创性的要求。综上，短视频模板可以被认定为作品，只要该短视频模板体现了对各种元素的选择和编排，并且具有一定的美感，就可以被认定为作品。

（二）短视频背景音乐侵权问题

1. 短视频背景音乐的概念与使用特点

随着短视频产业的发展及短视频创作水平的提升，一般短视频均会配上背景音乐。短视频中对背景音乐的使用主要有以下特点。

---

① 王迁．知识产权法教程（第七版）［M］．北京：中国人民大学出版社，2021：28.

② 叶胜男．新型视听作品保护路径分析——以“梦幻云”特效道具案为例［J］．中国版权，2022（6）：68-73.

（1）多为片段化使用。因短视频本身受时长限制，对音乐的使用也非完整地使用，而是使用其中的一个片段。短视频博主通常会截取使用该音乐中最为精华的一段，以达到预设的效果。

（2）与短视频具有高度契合性。短视频博主会根据短视频的内容选择主题、风格、节奏与之高度匹配的音乐，比如卡点音乐。此外，短视频博主为了追求高契合度往往对背景音乐进行混合剪辑，选择不同的歌曲，将其中的主要部分进行剪辑拼接，然后作为背景音乐使用。

（3）短视频与背景音乐之间存在互利性。优质、恰当的背景音乐可以为短视频带来更多的曝光度和流量，同时，优质的短视频也在很大程度上推广了音乐作品。当前音乐市场上的许多热门歌曲都是作为短视频背景音乐而被人们所熟知并流行的。

2. 短视频背景音乐的侵权问题

短视频平台上短视频制作流程已经较为成熟，在创作短视频时，平台也提供了丰富的背景音乐库供博主和用户选择背景音乐，短视频博主也可以自己配乐并上传。有学者根据短视频制作方式的不同，将短视频中背景音乐的应用分为线下制作配乐型、在线录制配乐型以及翻唱改编型三种类型（表1）。①

表1　短视频背景音乐类型及表现特征

类型	表现特征
在线录制配乐型	博主在线录制短视频，录制时短视频无背景音乐，然后博主在平台提供的背景音乐库中在线选配适当的音乐
线下制作配乐型	博主在平台外对视频进行剪辑并选配背景音乐，甚至对背景音乐也进行一定程度的编辑，合成一个完整的短视频后，直接上传至短视频平台
翻唱改编型	短视频博主将他人的音乐作品进行改编、翻唱、重新填词、改曲等演绎音乐

用户上传的短视频未经允许侵犯了他人音乐作品的著作权，平台是否要承担侵权责任。此时，要综合考虑该侵权短视频的播放量、点击量、相关著作权人是否发布了声明、音乐作品本身的知名度、是否进行了较为严格的审查等因素进行

---

① 龚逸琳. UGC短视频中数字音乐版权保护问题及对策研究［J］. 新媒体研究，2019（11）：48-52.

综合判断。如抖音音乐人阿悠悠因婚礼翻唱《一曲相思》10秒视频迅速走红，短时间抖音涨粉100多万，被原创作者维权后，阿悠悠翻唱视频在某短视频平台仍在，并被大量转发，而且以此为原声基础创作视频的人数达到55万以上。[①]如果在向短视频平台发出通知后，该平台上仍存在大量侵权视频，则平台应承担间接侵权责任。

3. 短视频背景音乐的合理使用问题

普通用户在制作短视频时使用背景音乐，并不符合第一种“个人使用”的合理使用。“个人使用”的合理使用要求纯粹是为了个人使用，没有向公众传播。如果将其短视频上传至短视频平台，则会导致该音乐作品向公众传播，这会影响该作品的正常使用。且普通用户在创作和上传短视频时，具有潜在的商业属性。音乐作品的原有功能就是让听众听到音乐后获得美感、情感体验，普通用户将音乐作品植入短视频中，其他用户在观看视频时虽然获得了不一样的视听感受，但是作为背景音乐的该音乐作品仍然是通过让听众听到音乐后获得体验，原始作品的功能与目的并未发生变化。只不过在原始音乐作品内容上加入了视频元素，发生了内容上的叠加和表现形式上的改变，但是其音乐作品自身功能仍然存在。故普通用户使用背景音乐制作短视频并不属于转换性使用。

但并非所有使用背景音乐的行为均不能符合合理使用，以下几种情况可以构成合理使用。

（1）普通用户在短视频中使用背景音乐，并将该短视频设置为仅自己可见，没有在平台公开，此时用户没有实施传播行为，属于为个人学习、研究或者欣赏的合理使用。

（2）构成“适当引用”。如为了对歌手的演唱风格进行对比分析而使用了某歌手的演唱视频，或为了介绍歌唱技巧而使用某歌手的演唱视频，然后短视频博主又加入了大量自己的分析和总结，此时构成“适当引用”的合理使用。

4. 加强短视频背景音乐版权保护的建议

第一，短视频博主和用户应提高版权意识。在创作短视频的过程中，尽量不直接使用在网络上下载的音乐，尽量从短视频平台自带的音乐库中进行选择。第二，短视频平台应尽量搭建和扩大拥有合法版权的背景音乐源。短视频平台应积极与规模较大的音乐公司联系，并取得授权。第三，畅通音乐版权授权机制。一

---

① 龚逸琳. UGC短视频中数字音乐版权保护问题及对策研究［J］. 新媒体研究，2019（11）：48-52.

方面，短视频平台应打造和扶持原创音乐人联盟或探索新的付费模式。另一方面，短视频平台方可以与中国音乐著作权协会等集体管理组织签订合作协议，建议双方采用根据基础数据估算出整体性的授权费用。第四，相关机关应积极搭建版权认证体系。版权认证体系的建设能为著作权人进行确权和维权举证提供较好的服务保障。

四、短视频合理使用认定问题

随着短视频平台的快速发展，短视频领域蕴含巨大的商业利益。“传播媒介的变化使得长视频创作者与短视频创作者之间的矛盾冲突凸显。”[①]一些二次创作类短视频点赞量过百万，部分短视频博主的粉丝数过十万。剧情解说类短视频很快便可以吸引更多的粉丝和流量，而这些用户在看过剧情解说后，大部分都不会再去欣赏原作品，因此随着短视频影响力和流量的增强，二次创作短视频对原作品的市场产生了较大的影响。对于二次创作的短视频而言，最难判断的是其是否属于合理使用。

（一）合理使用的认定

1. 合理使用判断要件的模糊性

我国对合理使用的判断与《伯尔尼公约》一致，采用“三步检验法”：“限制和例外情形只能在特殊情况下做出，未影响原作品的正常使用，没有不合理地损害原著作权人的合法权益。”[②]美国的合理使用判断采用“四要素法”：作品的性质、引用的目的、对原作品的市场影响、引用的比例与质量。[③]两种判断方法相比，“四要素法”考量的因素更为具体，操作性更强。“三步检验法”具有一定的抽象性，也为法官发挥主观能动性预留了充足的空间。无论是采取“四要素法”还是“三步检验法”，法院的判断标准总是难以统一。特别是随着新的传播技术的出现，对作品的引用方式发生了很大的变化，出现了许多非典型性的合理使用

① 董彪．二次创作短视频合理使用规则的适用与完善［J］．政治与法律，2022（5）：141-149.

② 帅令．二次创作短视频的合理使用认定及侵权行为规制研究［J］．传播与版权，2022（9）：117-121.

③ 吴汉东．美国著作权法中合理使用的“合理性”判断标准［J］．外国法译评，1997（3）：45-58.

行为。法官在判断一个新的使用行为是否构成合理使用时，要考虑的因素越来越多，标准也难以统一。

2. 认定构成合理使用的考量因素

“四要素法”在实质上是对“三步检验法”的细化，故本课题结合“四要素法”综合分析合理使用的构成要件。“使用作品的性质”要件应该主要包含两个要点：使用未经公开的作品不可以构成合理使用；被引用作品的独创性越高、经济价值越大、知名度越高，那么认定合理使用该作品应该采取与之相对应的更高标准。

使用目的要素主要考虑三个因素：即是否具有转换性，是否用于商业用途，以及是否善意。①使用目的不能仅仅限定在非商业性使用范围。使用的目的应不是为了替换原作品，如通过解说故事情节发展快餐电影，这种方式的使用目的属于不正当的使用。

引用原作品的质量与数量，主要考察引用原作品的数量多寡以及是否引用了原作品的关键部分。一是适当引用应该是引用的数量比较少，且尽量不引用原作品的核心部分、关键部分。二是引用原作品的质量与数量是判断合理使用时的一个参考因素，不是决定性因素。

对作品市场的影响，是指对二次创作短视频降低了原作品的市场份额，包括现实的市场和潜在的市场。其一，并不是造成原作品市场份额降低，就一定构成对原作品市场的影响。其二，对作品市场的影响关键是判断二次创作短视频是否会实质替代原作品。如在《三生三世十里桃花》“图解电影”案②中，法院认为被告未经许可使用原电视剧中的截图对原电视剧的剧情进行解释，会对原作品产生实质替代作用，故构成侵权。

（二）转化性使用的认定

二次创作短视频被诉侵权时，短视频平台和短视频博主往往主张其对原影视剧的介绍、评论属于转换性使用。转换性使用主要有两个要件，一是非重现性，不是对原始作品的简单重现，而是在原作品的基础上采用了新的视角、增加了新的审美感受、传递了新的信息。二是使用行为赋予了作品新的功能，使用行为产

---

① 朱雪忠，安笑辉．软件转换性使用规则的美国实践与中国应对［J］．陕西师范大学学报（哲学社会科学版），2022（3）：98-111.

② 参见北京知识产权法院（2020）京73民终187号民事判决书。

生了新的作品，相较于原作品而言，新的作品产生了新的功能、新的价值。

在判断是否构成转换性使用时，主要应该考虑如下三个因素。第一，判断主体应该采用普通理性公众视角。关于判断主体目前有三种：普通公众视角、普通理性公众视角以及专业艺术家视角。[①]专业艺术家视角较为专业，会误伤过多的转换性使用，妨碍作品的自由流通。采用普通的理性公众标准，既能符合普通公众的理性判断和对二次创作作品的合理需求，同时也没有降低文化艺术领域的专业性标准。第二，构成目的上的转换。关键是判断二次创作新作品在表达目的、所发挥功能、作品价值上是否产生了本质区别。如果已经与原作品产生实质性的差别，甚至是对原作的颠覆，则构成目的上的转换。第三，对引用比例、引用程度、引用数量的判断。引用比例、引用程度、引用数量可以对转换性使用进行程度上是否过严格或是否过宽的调节。

（三）二次创作短视频的性质认定

1. 二次创作短视频具有商业属性

在美国存在“用户创造内容”理论，即网络用户以非营利性目的在线创作和传播内容，这种创作是非职业性的。[②]用户自行剪辑相关素材并进行混剪等二次创作行为，上传到短视频平台，长期以来这种行为被认为属于用户自由表达的范畴。

随着传播技术的变革和短视频产业的迅速崛起，短视频平台已经变成一个新的市场。二次创作短视频开始规模化，已经变成一个规模化的产业。二次创作短视频数量过多，部分短视频的点赞数过百万。二次创作短视频蚕食了长视频平台的合法利益。二次创作短视频为博主和短视频平台带来了较高的经济利益。

2. 二次创作短视频的合理使用认定

二次创作的短视频种类繁多，不同类别短视频对原作品的使用程度和创作程度不同，不能一概而论，应该分门别类探讨其是否构成合理使用。

（1）复制、切条、搬运类。复制、切条、搬运类作品不构成合理使用，且属于典型的侵权行为。

① 孟奇勋，李晓钰，苑大超. 转换性使用规则的判定标准及其完善路径［J］. 武汉理工大学学报（社会科学版），2019（4）：115-123.

② Daniel Gervais，The Tangled Web of UGC：Making Copyright Sense of User-Generated Content［J］. Vanderbilt Journal of Entertainment & Technology Law，2009（11）：841-842.

（2）介绍评论剧情类。介绍评论剧情类作品不应被认定构成合理使用，“通过利用他人视频内容进行二次创作的间接搬运，则同样因其为社交网络带来巨大流量并转化成经济收益而应被视为汇编行为或改编行为。”[①]这类短视频会对原作品产生一定替代作用，且短视频博主也通过此类短视频获得一定的流量收益和经济利益，因此不符合合理使用的构成要件。

（3）集锦类。并非所有的集锦类短视频均不能构成作品，集锦类将分散的短视频进行集合，并按照一定的顺序进行排列。“汇编作品的独创性体现在对内容的选择或编排上”，这种排列和组合方式如果达到了著作权法上的独创性，可以构成汇编作品要件。普通的、常见的排列和组合并不具有独创性，具有“个性化”的排序可以认定具有独创性[②]。

（4）非剧情解析类。一般而言，大部分非剧情解析类短视频可以构成“适当引用”，但非剧情解析类短视频种类繁多，内容也各不相同，仍要结合具体案情和短视频的内容认定其是否构成合理使用。

（5）片段混剪类。通过设置新的情节，讲述新的故事，产生了一个全新的作品。通过设置新的剧情、新的编排，使得原有的视频片段、画面产生了与原作品完全不同的功能，表达了不同于原作品的思想。

（6）戏谑类作品。这类作品使用了原作品的视频片段、部分内容，甚至是大部分内容和精华内容，通过重新剪辑、编辑并加入新的结构、表达和评论对原作品进行嘲讽“通过对原作品在模仿基础之上的改造，达到对原作品的嘲讽效果”[③]。《一个馒头引发的血案》就是典型的戏谑类作品。此类作品在一定程度上裁剪和使用了原作品的视频片段，观众在看到这类作品时虽然能联想到原作品，但是观众并不能从中感受出原作品片段所要传递的情感和表达效果。戏谑类作品“通过对原作品重要内容的重新解构，使其展现出与原作品截然不同的价值取向”[④]，既不是对原作品情节的介绍，也不是为了二次传递原作品所要表达的思想，不会对原作品产生实质性替代，符合合理使用制度的构成要件。

---

① 熊琦．“视频搬运”现象的著作权法应对［J］．知识产权，2021（7）：39-49.

② 赵锐，汤志娟．侵犯汇编作品著作权的司法认定——以全国首例侵犯网上培训平台题库著作权案为例［J］．中国检察官，2021（8）：11-15.

③ 王迁．电影介绍节目著作权侵权问题研究［J］．中国版权，2014（2）：18-21.

④ 王骁，谢离江．从“X分钟带你看完电影”系列看戏仿作品和合理使用［J］．新闻界，2017（8）：95-100.

五、算法推荐平台责任承担问题

（一）算法推荐的技术原理

算法推荐技术主要是以信息流[①]的方式根据用户的喜好向用户个体推荐个性化的信息和作品。信息匹配得正确，需要处理好三个方面的内容：内容特征、用户特征、环境特征。第一，对平台中的海量内容进行处理，将文本内容或视频内容进行分类，分类的过程就是对信息标签化的过程，以今日头条的文本内容标签提取为例，提取的特征包括语义标签特征、隐式语义特征、文本相似度特征和时空特征等。[②]第二，给用户画像，依照用户的搜索、浏览记录和点赞、收藏等情况，分析其身份和日常行为，最终判断其兴趣、需求和喜好。因用户的需求、喜好可能出现阶段性变化，故后期需随时搜集用户的行为痕迹对画像进行调整。第三，分析环境特征，即用户在何种环境下会表现出何种兴趣和喜好。第四，推荐系统的本质是模拟一个用户对内容满意度的函数[③]，依据内容特征、用户特征、环境特征用函数将信息依照匹配度进行排列，排名靠前的信息将被推荐给用户。目前部分平台采用的是用户协同过滤算法，根据身份、需求、行为等用户特征寻找和判定相似用户，将喜好的内容推荐给相似用户。[④]

推荐的过程主要有四个步骤[⑤]：第一步是算法过滤，由算法将暴力、色情、政治反动的内容进行过滤。第二步是相似性测算，算法过滤后的视频进入推荐池中，即用户刚刚登录平台，平台会推荐一个内容较大的信息流（推荐候选集），其中的信息均为根据相似用户的喜好经过计算进行推荐的。这个过程还会包括冷启动，新用户和新形成的信息，无法分析其相似用户和信息的精准受众，为了使

---

① 信息流通常是指从信息源向信息接受者传递信息，这种信息的传递是以信息集合的方式进行的，信息流中包含的信息量很大且其所承载的信息会根据时空、人物、需求等情况进行变化调整。

② 邵红红．算法推荐服务提供者的著作权注意义务探究［J］．苏州大学学报（法学版），2023（1）：28.

③ 邵红红．算法推荐服务提供者的著作权注意义务探究［J］．苏州大学学报（法学版），2023（1）：28.

④ 参见北京市海淀区人民法院（2018）京0108民初4921号民事判决书。

⑤ 唐中平．算法推荐技术原理［EB/OL］．（2022-04-28）［2024-09-20］．https://mp.weixin.qq.com/s/Ixx05ImP8-PDm54bJ18nTg.

新信息获得足够的曝光量，平台会进行随机推荐。[①]第三步是反馈收集，根据相似用户的曝光量、是否播完、点赞数等要素，计算该信息的阈值，如果达到平台要求的传播阈值就被定义为反响良好的视频。第四步是人工审核，对用户喜好度高的和评论异常的视频进行人工复核，经过复核后会进入更大的曝光度更高的内容池中。

从上述技术原理和技术过程看，平台要想实现推荐的高准确度，必须对视频进行分类、筛选，分类筛选的依据就是对各种特征数据的收集。平台对内容实施分门别类、标签提取、风险审核等操作步骤后才会进入算法分发的环节，并且在推送过程中也能够对异常内容进行二次审核，在多个环节均有能力对侵权内容进行相应的管理和控制。[②]被判定为黄、暴、反的内容会被平台强制过滤，被平台判定为优质的内容可以获得更多的推荐和曝光，可见网络服务平台对推荐内容具有识别、筛选和管理的能力。[③]从这个角度讲，实施算法推荐的平台相较于其他平台具有较强的信息管理能力。

（二）算法推荐平台承担更高注意义务的正当性

目前关于采用算法推荐的平台应承担更高的注意义务的理论主要有：权利与义务相一致理论[④]以及危险理论[⑤]。两个理论均从不同角度论证了采用算法推荐的平台应承担更高注意义务的正当性，课题组认为基于算法推荐平台的识别、介入和收益，应该承担更高的注意义务。从识别介入的角度，算法推荐平台具有一定的视频识别能力，特别是对播放热度及用户反馈数据的识别是一种类似设置排行榜的行为；算法推荐平台主动介入了侵权内容的传播和分发，造成侵权内容的扩大化传播；平台利用算法推荐技术获取了经济利益，因此算法推荐平台应该承担较高的注意义务。

① 杨旭东．冷启动推荐模型Dropoutnet深度解析与改进［EB/OL］．（2022-04-21）［2024-09-20］.https://www.esensoft.com/industry-news/dx-9575.html.

② 邵红红．算法推荐服务提供者的著作权注意义务探究［J］．苏州大学学报（法学版），2023（1）：30.

③ 任安麒．网络服务平台算法推荐的著作权侵权认定规则［J］．北京航空航天大学学报（社会科学版），2023（3）：194.

④［奥］海尔姆特·库齐奥．侵权责任法的基本问题（第一卷）德语国家的视角［M］．朱岩，译．北京：北京大学出版社，2017：244.

⑤ 屈茂辉．论民法上的注意义务［J］．北方法学，2007（1）：25.

1. 算法推荐平台具有一定的视频识别能力

随着视频识别技术的发展，平台的视频识别能力得到极大提升。这种提升主要体现在以下几个方面：首先，能够识别视频或作品内容的主要特征，进而对视频内容进行标签化和主题化；其次，能够识别作品和内容的播放热度和用户反馈，并基于上述数值决定是否对视频进行更大范围的推荐和传播；最后，能够识别出用户的需求，通过对用户的画像实现用户的脸谱化和标签化。平台在多个环节均对侵权内容进行相应的管理和控制，要求其承担较高的注意义务具有可行性。[①]不可否认，算法推荐技术提升了平台的信息管理能力，特别是视频识别能力。

需要特别强调的是，算法推荐过程中，对播放热度和用户反馈的识别是平台进行下一步推荐的基础。高热度的视频内容会被算法进行加权推荐，低热度的视频内容无法获得有效曝光。对播放热度及用户反馈数据的识别等同于设置排行榜。

第一，算法推荐和设置排行榜的目的相同，均是把最优质、最需要的内容从海量内容中提取出来，增加高热度内容的点击量。第二，两者的识别逻辑相同，均是对视频、内容进行浅层接触。设置排行榜是通过收集和识别视频、内容的点击数、观看数等方式对内容的热度进行排名，在此过程中，平台并不识别具体内容。而算法推荐也是通过搜集内容的播放阈值等基本热度进行推荐，且算法推荐平台对内容的识别程度高于设置排行榜行为，排行榜并不需要对具体内容进行标签化和主题化。第三，两者的效果相同，被算法推荐的内容和排行榜中位次靠前的内容均能获得用户更多关注，进而获得更大的传播范围。相较于排行榜的间接推荐，算法推荐会将内容直接呈现在用户面前，属于直接推荐，因而算法推荐的有效性和成功率要远远高于设置排行榜。

在形式上，算法推荐的新闻内容以信息流的方式呈现，信息流从头至尾的排列方式与排行榜接近。短视频平台的算法推荐虽然无法实现对推荐内容的整体概览，但通过上下滑动，优先推荐的内容会被置于靠前位次，其效果与排行榜接近。两者唯一的区别在于，不同于统一的、针对所有用户的排行榜，算法推荐设置的排行榜是个性化的、针对具体用户的，基本上是千人千榜。但算法推荐基于内容与用户的相似度、播放热度、用户反馈计算出相应得分，并依据相应分值设

① 邵红红．算法推荐服务提供者的著作权注意义务探究［J］．苏州大学学报（法学版），2023（1）：30.

置排行榜进行推荐的逻辑并没有改变。平台对推荐内容具有识别、筛选和管理的能力，可以反映作为算法管理者的平台具有较强的信息管理能力。[①]算法推荐在形式、目的、效果、逻辑上均等同于设置排行榜，甚至在某些方面胜于设置排行榜。平台基于其设置排行榜要承担更高的注意义务，基于举重以明轻的原理，算法推荐平台也应承担较高的注意义务。

2. 算法推荐介入了侵权内容的传播和分发

推荐、编辑属于主动干预，是其承担更高注意的基础。平台介入程度越深，对侵权作品的传播干预越多，越应承担较高的注意义务。

第一，算法推荐平台在侵权内容的传播和分发上具有主动性和积极性。这种“主动性”表现在平台对内容分发的干预、对用户喜好的揣测以及对用户点击行为的引导。[②]在算法推荐的内容与用户需求发生偏差时，平台通过收集用户的浏览、点赞、转发、收藏、差评等反馈情况进行纠正并重新向用户推送和安排新的信息内容。网络平台不是单纯地呈现信息，而是有倾向性地进行推送，任何一个环节皆融入了网络平台的积极主动行为。[③]

第二，算法推荐扩大了侵权规模，加重了侵权后果，甚至为侵权提供反向激励。算法推荐实质上扩大了侵权作品传播的有效性，侵权作品被无效传播的概率被大大降低了。侵权内容被更多的用户接触和获得，用户也可以获得更多的侵权内容。在权利人的损失被成倍扩大的同时，权利人的维权成本大幅提升。对于海量的侵权信息，著作权人并不具备一一监测、维权的实力和精力，很可能因成本过高而放弃维权。[④]算法推荐增强了侵权行为的隐蔽性和权利人的取证难度。以信息流的方式推送给用户，具有即时性和不可复制性，致使侵权内容的扩散路径隐蔽复杂、难以知悉。[⑤]在低风险、低成本、高收益的刺激下，侵权者具有重复实施侵权行为的行为激励。[⑥]算法推荐为潜在侵权人提供了反向激励，短视频平台中充斥大量的规模化侵权和重复侵权。

---

① 任安麒. 网络服务平台算法推荐的著作权侵权认定规则［J］. 北京航空航天大学学报（社会科学版），2023（3）：194.

② 邵红红. 算法推荐服务提供者的著作权注意义务探究［J］. 苏州大学学报（法学版），2023（1）：36.

③ 张洋. 算法推荐下版权过滤义务的构建［J］. 现代法学，2023（4）：75.

④ 邵红红. 算法推荐服务提供者的著作权注意义务探究［J］. 苏州大学学报（法学版），2023（1）：31.

⑤ 李洋. 算法时代的网络侵权救济规则：反思与重构——以“通知+取下”规则的类型化为中心［J］. 南京社会科学，2020（2）：112.

⑥ 邵红红. 算法推荐服务提供者的著作权注意义务探究［J］. 苏州大学学报（法学版），2023（1）：31.

3. 平台基于算法推荐技术获取了经济利益

平台通过算法推荐技术增强了用户黏性，获取了广告和流量等经济利益，甚至通过对侵权内容的推荐，直接截取了原属于长视频平台的合法利益。长短视频之争，体现了算法推荐平台对视频利益的重新分配。

第一，平台通过算法推荐增强了用户黏性。算法推荐打破了海量内容与海量用户之间的模糊关系，信息通过算法的分发实现了对用户需求的精准定位。免费内容叠加信息的精准围猎，极大增强了用户的体验感，使得算法推荐平台拥有庞大的用户基数。在海量内容中，有相当一部分内容为侵权内容。第二，算法推荐技术为平台带来了广告和流量，侵权内容与原创内容并生共存，使平台成为“流量富矿”。特别是在以版权内容为重要支撑的视频领域，切条、搬运、剧情解说等短视频实现了对长视频的取代，截取了长视频的利益。算法推荐提升了网络平台的信息管理能力，为网络平台带来了巨额流量经济，相应地，网络平台应当承担与之相匹配的义务。①

近几年，侵权短视频对长视频的实质替代作用日益增强，长视频平台上新的影视剧，围绕该影视剧的切条、搬运视频几乎同步在短视频平台上传。就像在草地上踏出的捷径，如果宽松管理，踩踏者会越来越多，草地上的小径会变成主路，原来的主路将日益荒废。对视频创作领域利益分配格局的重新洗牌，本属于长视频创作者的利益被拦截并向短视频解说类博主进行转移。侵权短视频中获取经济利益是建立在损害权利人利益的基础上，违背了诚实信用原则的基本要求，偏离了“善良管理者”的角色定位。②在视听行业利益格局重塑的过程中，短视频平台凭借技术优势和版权治理上的松弛，成为最大受益者。平台通过算法推荐获得了更多的流量和市场竞争优势等利益，③且这种利益的取得是借助对侵权作品的传播。

（三）算法推荐平台承担注意义务的边界

对注意义务的判断应该坚持个案分析，不同平台采取的推荐算法、构建的商业模式和配置的侵权处置措施都各有差异，在认定平台对于算法推荐侵权结果是

---

① 张洋. 算法推荐下版权过滤义务的构建［J］. 现代法学，2023（4）：75.

② 冯晓青，许耀乘. 破解短视频版权治理困境：社会治理模式的引入与构建［J］. 新闻与传播研究，2020（10）：70.

③ 参见北京市海淀区人民法院（2018）京0108民初49421号民事判决书。

否“应知”时，应当坚持个案考量和整体视角。[①]司法实践中，关于算法推荐平台注意义务的高度也存在较大分歧，如《云南虫谷》案[②]、《延禧攻略》案[③]，法院均以涉案平台上存在大量侵犯原告著作权的短视频判令平台承担侵权责任，但在优酷诉喜马拉雅算法推荐平台案[④]中，法院认定平台不构成侵权，因此注意义务的判断应坚持个案判断。应依据平台的性质、体量规模和识别能力，作品的性质和影响力，平台内重复侵权与规模化侵权的情况，平台介入传播的程度，权利人发出通知的情况等因素合理划分注意义务。

1. 平台的性质、体量规模和识别能力是重要的考量因素

规模大、体量高的平台因对作品的传播范围更大、对作品和公众的影响更大，也应该承担更严格的版权治理责任。平台对于相关视频发布与传播过程的助力程度、平台对内容是否侵权进行判断的难易程度，是判决注意义务的关键。[⑤]平台的技术能力特别是视频识别能力是其承担较高注意义务的重要前提。另外，平台的商业模式也是重要考量因素，是否存在或使用流量包、是否与上传者存在合作关系、是否对侵权内容进行集合等也是认定平台注意义务的重要因素。

2. 考量作品的性质和影响力

不同性质作品的注意义务的水平应当不同。此外，还应该考虑作品的影响力，优质、影响力大的作品是侵权的重灾区。法院对于反复投诉被侵权的知名作家的知名作品，认定平台应该具有更高的审查义务。[⑥]市场认知度高的作品、热播期的作品、名家名作、投资高的作品，平台承担的注意义务也应该更高。

3. 考虑重复侵权与规模化侵权的因素

平台的注意义务很多是由平台对版权治理的懈怠所引发。“通知—删除”规则的适用后果并非仅仅是删除侵权内容，更重要的是防止侵权内容的重复上传。[⑦]在权利人发出通知，或者就规模化侵权的情况向平台说明后，平台应该尽到附随的谨慎义务，避免对同一内容、同一主题侵权内容的传播。

---

① 邵红红．算法推荐服务提供者的著作权注意义务探究［J］．苏州大学学报（法学版），2023（1）：36.

② 参见陕西省西安市中级人民法院（2021）陕01知民初3078号民事判决书。

③ 参见北京市海淀区人民法院（2018）京0108民初4921号民事判决书。

④ 参见上海知识产权法院（2023）沪73民终287号民事判决书。

⑤ 陶乾．短视频平台“避风港规则”与过滤义务的适用场景［J］．中国出版，2022（8）：68.

⑥ 张吉豫．智能社会法律的算法实施及其规制的法理基础——以著作权领域在线内容分享平台的自动侵权检测为例［J］．法制与社会发展，2019（6）：86.

⑦ 王杰．网络存储空间服务提供者的注意义务新解［J］．法律科学（西北政法大学学报），2020（3）：108.

4. 考虑权利人发出有效通知的情况

随着传播技术的发展，网络服务提供者注意义务的内涵也在不断发展，从被动注意义务到与内容管控能力相对应的注意义务，再到更高的注意义务。[①]在算法推荐技术背景下，作品的上传和传播呈分散化和大众化的特征，权利人就侵权内容向平台发出有效通知十分必要。法院对重复侵权、规模化侵权的认定，通常都需要考察权利人发出的有效通知或说明的情况。

六、短视频侵权赔偿数额问题

（一）短视频案件赔偿数额的基本情况及特点

如何确定合理的赔偿数额是审理短视频著作权侵权纠纷案件中的热点和难点问题，尤其是随着新业态、新领域的出现，更是增加了量化赔偿数额的难度。本文将短视频著作权案件常见纠纷分为三类。第一类是短视频元素如背景音乐、文字旁白、人物形象等侵犯他人著作权，即元素侵权类。第二类是未经许可“搬运”他人短视频，或“切条”他人长视频传播，即复制性侵权类。第三类是短视频平台未尽到注意义务而构成侵权，即平台侵权类。本文选取各地法院案件为样本对赔偿数额的基本情况和特点进行分析。

1. 赔偿数额基本情况

一是权利人请求数额情况。课题组根据上述三类侵权类型，分别按照元素侵权、复制性侵权、平台侵权的类型对全国的案件进行案件检索，共检索元素侵权类案件18件，复制性侵权类案件15件，平台侵权类案件26件。根据统计情况可见，元素侵权类中涉及背景音乐、文字旁白等侵权案件，权利人诉请数额一般在1万至2万元（图2）。如图所示，横向坐标轴代表了18个案件的诉讼请求金额情况，后文附图的坐标情况同该图。

对于短视频内部分片段或主要人物形象侵权的，诉请数额会高达几十万甚至上百万元。复制性侵权类的诉请金额一般在10万元左右，个别案件高达百万元（图3）。

---

① 王杰．网络存储空间服务提供者的注意义务新解［J］．法律科学（西北政法大学学报），2020（3）：101.

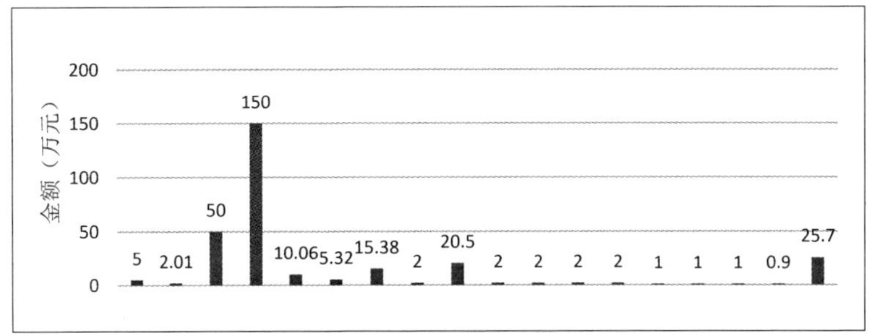

图2　短视频元素侵权类诉请数额

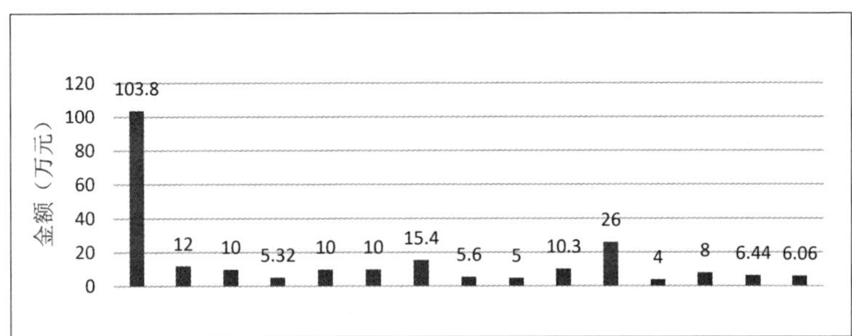

图3　短视频复制性侵权类诉请数额

短视频平台侵权类的诉请数额相对偏高，且幅度差距较大。诉请数额一般在百万元，个别案件达到千万元甚至上亿元级别[①]（图4）。

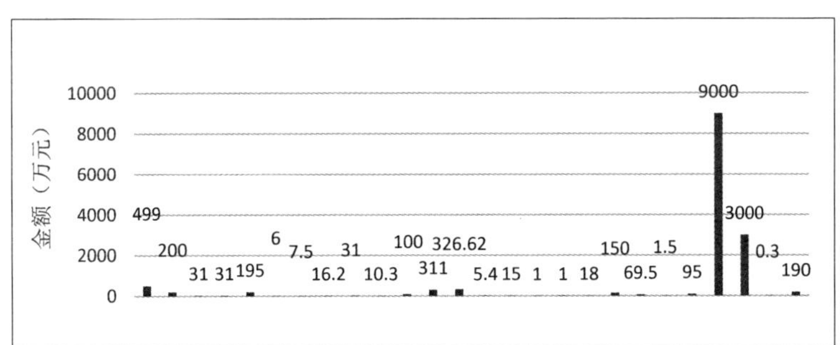

图4　短视频平台侵权类诉请数额

①《云南虫谷》案中原告诉请为9000万元，判赔数额为3200万元。《扫黑风暴》案中原告诉请为1亿元。

二是法院判赔数额（含合理开支）基本情况。元素侵权类中涉及背景音乐、文字旁白等判赔数额一般低于1万元（图5-1）；复制性侵权类的判赔数额一般在5万元左右，根据侵权情节个别案件达到50万元左右（图5-2）；平台侵权类的判赔数额差幅较大，几万元到上千万元不等（图5-3）。

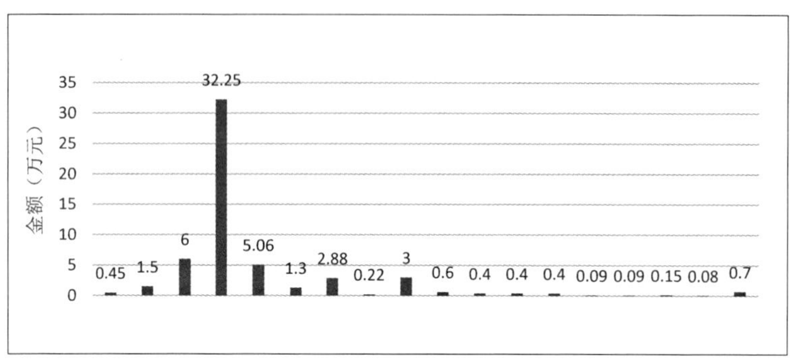

图5-1　法院元素侵权类判赔数额

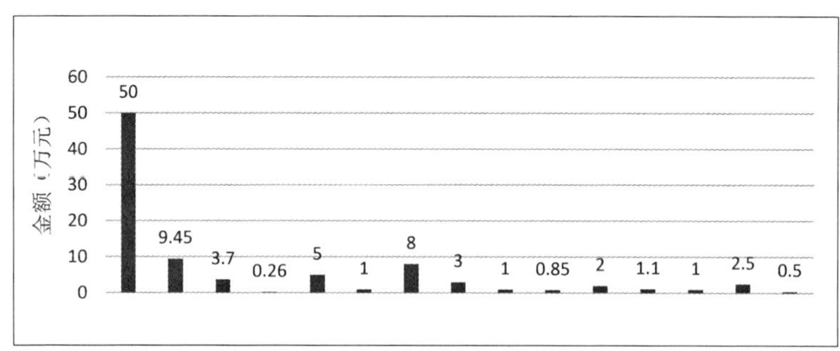

图5-2　法院复制性侵权类判赔数额

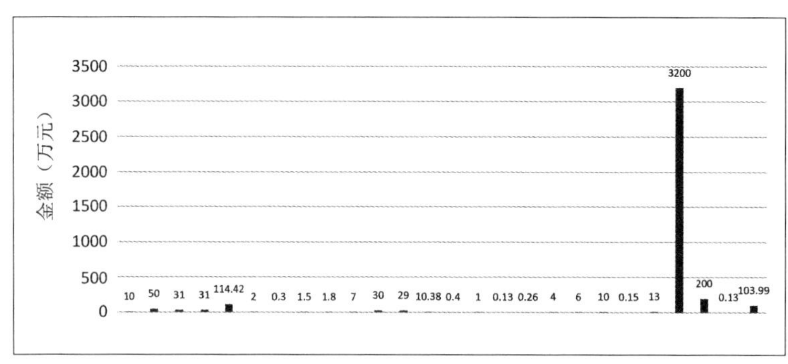

图5-3　法院平台侵权类判赔数额

三是从围绕赔偿数额的举证情况看。原告多无法举证或无法充分举证证明实际损失或违法所得，极少数权利人能够就会员费用、投资成本、广告收益等进行举证。

2. 短视频案件赔偿计算方法的特点

一是法定赔偿适用泛化。法院适用法定赔偿标准确定损害赔偿数额的比例很高，判决书中多表述为“关于赔偿损失，鉴于原告未举证证明其因被侵权所遭受的实际损失，亦未能举证证明被告因侵权行为所获得的利益，法院综合考虑涉案作品类型、知名度、侵权行为性质、被告主观过错程度等因素，酌定经济损失及合理开支”。除少数高判赔额的案件，大多数案件判决中对于赔偿数额的确定没有详细论证或计算过程。

二是类似案件赔偿数额存在显著差异。如在平台侵权类案件中，在《北上广依然相信爱情》案[①]中，法院判赔10万元；而在《云南虫谷》案[②]中，法院判赔每集200万元，总额超过3200万元。

三是突破法定上限的高判赔额案件出现。在《云南虫谷》案中，法院判赔每集200万元，总额超过3200万元，远超过法定500万元上限，也打破全国同类案件的判赔纪录。

四是原告诉请金额支持比例低。从样本看，原告诉请获得支持的比例较低，大多数案件在20%以下，少数案件会达到50%左右，得到全额支持的案件凤毛麟角。例如，《北上广依然相信爱情》案，支持比例为9%；《小康总》案，支持比例仅为3.16%。

（二）短视频案件赔偿数额的计算方法

1. 赔偿数额的一般性计算方法

著作权法明确损害赔偿数额包括权利人的实际损失或侵权人的违法所得、权利使用费、惩罚性赔偿以及法定赔偿。司法实践中还存在裁量性赔偿、约定赔偿等。

实际损失或违法所得的确定。实际损失是权利人因侵权行为所受到的损失，可根据权利人因侵权所造成预期利润的减少计算。违法所得通常依据侵权人因侵权行为获得的利润计算。将侵权所得视为权利人的损失，需要满足法律上的因果

① 参见杭州互联网法院（2021）浙0192民初10493号民事判决书。

② 参见陕西省西安市中级人民法院（2021）陕01知民初3078号民事判决书。

关系，不能简单地将侵权行为产生的所有收益都归于诉争作品。

权利使用费的确定。将许可使用费作为计算依据时，需要重点判断其合理性和可比性，如许可使用合同是否实际履行，是不是正常的商业许可费用，许可使用的方式、权利内容、范围、期限等，与被诉行为之间有无可比性，以及行业许可的通常标准。

裁量性赔偿属于对权利人的实际损失或侵权违法所得的概括计算，没有上限限制。虽然原告没有尽到相应的举证责任，但是在案证据可以初步证明实际损失或违法所得、权利使用费超过法定最高限度，只是具体数额难以确定，此时人民法院可以在法定限额以外确定合理的赔偿数额。

法定赔偿的适用。在前述方法均无法确定赔偿数额时，法院可以适用法定赔偿，法定赔偿数额一般应在法律限额内，需要综合考量作品类型、知名度和市场价值、被告主观过错、侵权行为性质、时间和范围等因素。

2. 短视频著作权侵权案件确定赔偿数额的困难

在短视频著作权侵权案件中存在损害赔偿举证难问题，一是知识产权具有无形性、价值弹性和侵权行为隐蔽性等特点，[①]导致实际损失或违法所得、权利使用费等难以确定。二是短视频属于新兴市场创作成果，准确衡量其市场价值存在困难。三是短视频许可市场尚未建立，如何获得授权，以何种对价获得授权，也悬而未决。四是当事人怠于举证，许多案件中原告会直接主张法定赔偿。[②]以上问题导致法院在判决时无法精确确定赔偿数额。

3. 短视频著作权侵权案件确定赔偿数额的常用方法

司法实践中，诉讼能力较强的权利人会提供会员费、广告收益、投资成本、流量等具体数据和计算方法来证明其所主张的赔偿数额。

（1）会员费法

在《云南虫谷》案中，腾讯公司主张以会员费和超前点播费作为依据计算其因侵权行为受到的经营损失。长视频平台以会员费为基础计算实际损失有一定合理性，当大量“切条”短视频的传播达到替代长视频的效果时，长视频平台势必会因此失去部分潜在会员，但权利作品通常仅为视频平台中海量会员节目之一，观看会员节目也仅是会员权益中的一项内容，不能将预期的会员收入损失全部归

---

① 宋健．精细差异化裁判方式解决知识产权损害赔偿确定难［C］// 中国知识产权法学研究会．中国知识产权法学研究会2015年年会论文集（中国知网）．2015：1059-1065.

② 蒋舸．知识产权法定赔偿向传统损害赔偿方式的回归［J］．法商研究，2019（2）：182-192.

于涉案作品。互联网内容传播迅速、信息海量，侵权短视频数量和播放量、长短视频之间的替代比例、潜在用户的流失数量难以确定。

（2）广告法

在《农村四哥》案中，字节公司、头条公司主张腾讯视频平台CPM[①] 收费标准作为被告获利的主要参考依据。适用此方法的主要障碍在于广告收益计算的准确性和合理性不足。一是各项基础数据如侵权播放量、侵权视频广告出现频率的科学性和准确性有待考察。二是短视频平台广告投放策略和变现模式复杂多样，权利人所主张的广告收益计算方式或与被诉侵权短视频不同。三是权利人难以就直接侵权用户的广告收益举证。广告收益难以直接作为违法所得被法院采纳，但可作为适用法定赔偿时的考量因素，如在刘某诉上海一条公司案中，一条公司将涉案视频用于品牌新款汽车广告，拒不提交收益证据，但依照其认可的广告报价，法院重点考量此因素最终按照法定赔偿最高限额进行判赔。

（3）投资成本法

在《云南虫谷》案中，腾讯提交了涉案作品的承制合同以证明权利许可费。但制作成本与权利使用费存在本质上的区别，权利使用费是侵权人未经许可擅自使用权利人的知识产权，应交而未交的许可费。[②]投资成本则是权利人对权利作品的制作、宣传等方面的投入。权利人提交的制作费等相关证据并不等同于网络传播权许可费，无法作为许可费用，但可作为法院适用法定赔偿时的考量因素。

（4）流量计算法

权利人主张通过流量计算侵权获益，但流量计算模式和收益组成较为复杂，权利人就相关计算依据和方法进行举证较为困难。围绕流量收益和平台流量分配机制可以作为法院适用法定赔偿的考量因素。如在《老九门》案中，法院在判定平台责任时认为，平台在利用流量获取高额经济利益的同时也要对流量来源尽到更高的注意义务。

---

① CPC、CPM、CPA是常见的广告计费模式。CPC是指点击计费，按照每次广告点击的价格计费。CPM是按照展示计费，广告每展现给一千个人所需花费的成本，也称千人展现成本。CPA是按行动付费，按照广告投放实际效果计费。

② 陈中山．知识产权损害赔偿中如何参照及确定合理许可使用费［EB/OL］.（2018-03-09）［2024-09-20］. https://mp.weixin.qq.com/s?__biz=MzA3NTI0NzYxNw==&mid=2651480793&idx=1&sn=8e920c184d5f2ac3e2c314eaff9c903f&chksm=848dbbb7b3fa32a18739f530351ebeee058a5c28a9f0648dade1f009e548b3a56f1c911b0b29&scene=27.

（三）合理确立赔偿数额的计算方法

确定赔偿数额时应当以短视频的市场价值导向，以能够弥补权利人因侵权而受到的损失为原则，同时遵循“补偿为主、惩罚为辅”的侵权损害司法认定机制。

1. 妥善运用裁量性赔偿和法定赔偿

法院应积极引导当事人举证，尽量采用实际损失或违法所得确定赔偿数额。对于当事人请求以实际损失或违法所得确定赔偿额的，法院不应简单地以“难以确定”为由直接适用法定赔偿，而应当积极引导当事人明确具体诉请数额、计算方法，并就因侵权行为而产生的损失、获利或许可费用等方面的事实进行举证。当无法计算数额，但在原告举证证明实际损失或违法所得的范围且明显超出法定限额时，法院应积极查明裁量数额的计算基础，科学依法裁量，使赔偿数额反映作品价值并具有说服力。

将法定赔偿作为确定赔偿额的方法是由著作侵权损害赔偿纠纷的内在属性决定的，不仅是处理著作权纠纷案件的实际需要，而且实质上恰恰是对客观现象的一种应有的尊重。[①]鉴于知识产权尤其是短视频的无形性，以及裁量性赔偿有更加严格的适用标准，法定赔偿仍然会是未来法院确定赔偿数额的主要方式。但应当注意，法定赔偿适用的前提应为实际损失或违法所得、权利使用费无法确定，在相关参数可以查明时，应当尽量采用裁量性方法，而不是直接适用法定赔偿。在适用法定赔偿时，虽然前述计算依据因缺乏合理性、关联性没有直接被法院采纳，但是也会作为确定赔偿数额的考量因素。同时应注意裁判一致性，综合考虑案件特点，合理确定赔偿数额。

2. 具体计算依据及考量因素

结合短视频侵权特点，法院适用法定赔偿时应当综合考虑如下因素：（1）权利作品类型、性质、知名度、权利种类；（2）侵权视频时长、侵权元素对侵权作品的贡献率；（3）侵权行为的性质、手段、方式、主观恶意；（4）侵权行为发生时间、持续时间、实施规模、侵权内容的数量及点击、下载、浏览量情况等；（5）侵权人的主观恶意；（6）平台侵权行为性质及过错的考量；（7）可能承受的损失、预期收益、可能获益等，如权利作品的投资制作成本、预期会员费用、侵

① 电视剧、体育赛事、综艺节目等播出的时效性对观众群和传播热度具有较大的影响，其价值在热播期间处于峰值，此时的预期损失或收益、许可费应当最高。参见尹西明．我国著作侵权损害赔偿额确定方法的制度重构［J］．河南财经政法大学学报，2017（5）：84-91.

权短视频广告收益、流量收益等。

七、加强短视频平台著作权保护的对策建议

（一）法院树立科学的审判理念

对注意义务的判断应该坚持个案分析的理念，综合考虑平台的性质、体量规模和识别能力、作品的性质和影响力、平台内重复侵权与规模化侵权的情况、平台介入传播的程度、权利人发出通知的情况等因素合理划分注意义务。特定的注意义务是由特定的行为和情况所引发，如直接获益引发的审查义务、知名作品引发的审查义务、重复侵权内容引发的审查义务。[①]平台采取了算法推荐技术，如果在接到有效通知后，仍然存在重复侵权、屡删屡传的情况则可以认定平台具有过错。针对具有一定影响力的作品，平台中出现规模化侵权，如存在多达数千条的侵权内容，在权利人发出过通知的情况下，也可以认定平台具有过错。对播放热度较高的侵权内容进行算法推荐，该侵权内容获得数万个点赞数或播放量，也可以认定平台具有过错。具备抽象识别能力、介入了侵权内容的传播与分发、从中获取经济利益加上相对有效的通知，各个因素叠加后形成了一个注意义务上的闭环。在有效版权通知或预警的情况下，应综合各方证据认定算法推荐平台是否具有过错。

（二）引导建立长短视频新型授权机制

短视频平台面临主体过多的权利人和分散化、规模化的被许可人之间授权许可效率不可调和的矛盾。著作权许可机制的失灵，源于互联网平台在许可效率和传播效率上的矛盾。[②]第一，要引导建立著作权确权机制。确权是授权的基础，授权的前提是短视频平台建立一套科学合理的著作权确权机制，能够将长视频确权给真正的权利人。第二，引导短视频平台成为版权集中者。短视频平台可以利用其规模效应通过获取集中授权解决版权饥荒。大型短视频平台加大版权的授权

① 王杰. 网络存储空间服务提供者的注意义务新解［J］. 法律科学（西北政法大学学报），2020（3）：100-113.

② 熊琦. “视频搬运”现象的著作权法应对［J］. 知识产权，2021（7）：39-49.

源头，获取更多的版权资源，构建平台版权素材库成为版权集中者，为短视频的二次创作提供资源性支撑。第三，推动长短视频平台合作。探索建立长视频平台一站式授权短视频平台的授权机制。长视频平台可以建立作品池，将作品池中的影视剧、综艺等打包一次性授权给短视频平台，再由短视频平台按照相应评估价值支付版权许可费。同时，短视频平台的日活人数、高浏览量也可以为长视频平台引流，为长视频平台中的影视剧宣传、发行提供流量支持。

（三）构建跨部门平台治理合作机制

法院应与版权管理、工信等多部门积极开展联合治理，进行源头预防、分流化解，协同构建知识产权"严保护、大保护、快保护、同保护"工作格局。第一，建立、健全信息共享机制，定期召开协同保护工作会议，建立信息快速通报机制，对出现的新情况新问题及时进行信息共享。第二，建立执法、司法标准会商机制，针对短视频侵权认定中较为突出的合理使用认定、平台责任认定、赔偿数额确定等问题，开展联合调研与讨论，共同提出对策。第三，协同开展短视频问题专项治理。第四，构建短视频平台纠纷多元化解模式。联合多个部门进行诉前化解，实现资源共享，开展在线诉调对接工作。

（四）加强行业自律，充分发挥行业协会等中介组织的作用

第一，发布行业规定，完善并落实短视频平台管理规范。对内容审核、平台管理、购买版权等领域出台相关平台管理规范。第二，鼓励成立短视频App行业协会，加强行业自律。制定专门的短视频作品保护规则，为侵权提供行业自律规则以及前置于司法审判的纠纷解决机制。引导各平台遵循自愿、平等、公平、诚实、守信的原则，遵守公认的商业道德。第三，平台之间联合开发相关技术，如视频比对技术、侵权识别技术，加强平台版权治理。

（五）培育短视频版权正版化文化氛围

社会公众普遍缺乏版权意识是短视频侵权行为频发的重要原因，增强短视频行业创作者、传播者乃至全民的版权意识，是减少侵权行为、加强短视频版权保护的根本之举。[①]一是要加强对短视频行业创作者、传播者的教育引导。二是要

---

① 索东汇．短视频版权保护难点与建议［EB/OL］.（2021-04-25）［2024-09-20］. https://app.gdj.gansu.gov.cn/home/news/detail/aid/27351.html.

加强宣传教育引导，提升全民版权保护意识。行政执法部门、法院等机关要创新版权普法形式和内容，发布典型案例，营造尊重版权的社会氛围，促进短视频行业健康有序发展。

课题组组长：耿小宁

课题组成员：刘震岩　张军强　朱弘　贾丽娜　蒋胜男

承担单位：天津市高级人民法院知识产权审判庭

独立视听作品在版权登记和确权中最小单元认定问题的研究

魏党军*

摘要： 微短视频业已成为广大人民群众文化生活的重要组成，其内容变现和产业循环有赖于内容的吸引力和独占性，版权保护是形成微短视频产业良性循环的关键点。当前，原创微短视频被大量搬运、盗用、抄袭，侵权盗版泛滥的趋势难以遏制。建立快速登记确权系统，在高价值短视频作品上线同步或较短时间内就由技术系统自动进行登记确权，大幅度提升登记确权效率。基于上述需求，本课题从“视听作品特征”和“最短时长”两个维度，研究定义独立视听作品在版权登记确权中的“最小单元”。一是通过对9个微短视频侵权案例司法判决书中关于“独立完成”“独创性”的分析和认定依据进行整理提炼，提出了判断视频内容独创性的“特征”。二是在“最短时长”方面，对各类微短视频类型，包括音乐电视片、商业视频广告、微短剧、短视频（狭义）的常规时长、具备商业价值时长及成因逐一分析、比较、验证，提出了5秒的“最短时长”建议。

关键词： 独立视听作品；微短视频；快速登记确权系统；内容独创性；最短时长；动态管理

一、加强微短视频版权保护的现实需求，是开展“独立视听作品在版权登记和确权中最小单元认定”课题研究的出发点和推动力

根据我国法律法规，只要是完整独立的视听作品，无论登记与否，都拥有法定的著作权，这一点是毋庸置疑的。但是不是所有的作品，都应进行版权登记呢？这就涉及版权登记的必要性以及可行性。其中，过于短小的作品，没有太大的传播价值，客观上很难通过版权获得经济收益，因而其版权保护的诉求也相对降低，加之版权登记机构的公共资源有限，对于这一类过于短小的作品进行登记确权的现实意义并不显著。但是，基于近阶段以及未来五到十年的时间段内行业发展的基本状况和趋势判断，须对版权登记的最小单元设定标准进行严谨务实的

---

* 魏党军，中国网络视听节目服务协会副会长、短视频和直播工作委员会理事长，本课题组组长。

研究论证。既要充分考虑现有版权登记公共资源的技术性承载能力，也要尽可能为视听行业的规范化发展以及版权交易的便利性创造条件。《中华人民共和国著作权法》第3条明确指出，作品是指文学、艺术和科学领域内具有独创性并能以一定形式表现的智力成果。著作权法依据作品的表现形式将其划分为文学作品、摄影作品等九类，其中第六类即为视听作品。著作权法在第17条将视听作品进一步划分为电影作品、电视剧作品和其他视听作品。其中，电影、电视剧等作为视听作品，在作品独创性表达和独立作品认定等方面已形成比较明确的共识，在司法实践中也极少歧义，再对此类影视作品“最小单元”标准进行界定无现实意义。而近年发展较为迅猛的微短视频，其中一部分具备独创性的内容，应属于著作权法视听作品的范畴。但是，什么样的微短视频可以构成作品，时长是否影响微短视频作品属性认定、达到哪些“标准”的微短视频作品应列入确权登记范畴等问题，在行业内和大众中都还没有形成共识，司法诉讼中往往是争议所在，在版权登记工作中是难以有效把控的难点。因此，本课题主要研究微短视频作品（而非全部视听作品）“最小单元”标准的相关问题。

本文所说的微短视频，包括了广义的微短视频和狭义的“短视频”。广义的微短视频泛指时长较短的各类视频内容，时长大多在5分钟以内，一般不超过10分钟，如电视/视频广告片、音乐电视片（MV）、微电影等是微短视频的主要形式。近两年来，微短剧的爆发又丰富了微短视频的节目类型。随着移动互联网的出现，以及智能手机的普及，以抖音、快手等平台为主要呈现载体的“短视频”迅速爆发，并形成了约定俗成的“短视频”狭义定义。狭义的“短视频”是指在各种新媒体平台上播放的、适合在移动状态和短时休闲状态下观看的视频内容，时长几秒到十几分钟不等。相对于电影、电视剧等“长视频”，狭义短视频除了时长较“短”，一般还具有移动性（用户主要在手机等移动终端使用）、社交性（主要通过社交类、交互类应用软件呈现）、个性化等特点，是一种基于互联网的、以视频作为信息表达形式的信息传播新方式。

尽管版权登记确权本身涉及诸多法律因素，但关于微短视频作品在版权登记确权中“最小单元”的划定，本质上并不是一个法律问题，而是一个与行业发展需求、版权交易目的、登记实务能力等密切相关的业务实操问题。因此，对于微短视频“最小单元”问题的认定研究，必须基于对微短视频行业的全面分析，以及对版权保护和登记确权先进技术的深度理解。确定一个得到普遍认可且具有高度可操作性的“最小单元”的标准，将有利于推进微短视频创作规范化、版权交易标准化，同时也将有利于提升版权登记的效率。

（一）迅猛发展的微短视频，业已成为广大人民群众文化生活的重要组成，成为新兴的文化产业

1. 微短视频行业的主要特征

与之前的传统视听行业（包括广电行业和互联网视频行业等）相比，微短视频行业具有以下几个显著特点。

（1）行业资源聚合

除了抖音、快手等头部短视频平台外，微信、微博、小红书等社交平台，爱奇艺、优酷、腾讯视频、B站等“中长”视频平台以及淘宝、京东、拼多多等电商平台都在微短视频的创作、应用、互动和融合等方面各有建树，进一步增强微短视频的渗透率，加速互联网内容视频化趋势的演进。

（2）激发全民创作热情

由于创作门槛的巨幅降低以及内容形式的丰富多样，微短视频行业带来了有史以来普通大众参与内容创作最为广泛、积极、活跃、高效的空前盛况。早期的短视频创作者大多来自普通大众，他们跨越了年龄、职业、教育背景和艺术修养的界限，无论身处何地，无论白天黑夜，都源源不断地创作出大量作品。虽然这些作品的质量参差不齐，但它们无疑为广泛的观众群体提供了一个自由表达、互动交流和自我娱乐的广阔空间。随着行业不断发展，一些具备专业素养的个人和机构逐步加入了短视频创作行列，大幅提升了短视频创作的质量，反过来也带动了普通百姓的审美水平和创作技巧的双向提升，推动了短视频创作的进一步繁荣。

（3）与新闻传播深度融合

微短视频与主流媒体双向赋能，成为舆论引导的重要阵地。微短视频的兴起，为主流媒体扩大传播影响力提供了新的“赛道”。各大传统媒体抓住微短视频这一难得的“后发”发展窗口，加深了与短视频平台在内容、技术、渠道上的合作，力求转型创新。截至2022年12月，主流媒体在抖音、快手平台拥有668个百万级及以上粉丝量的账号；主流媒体已开设并运维了740个活跃视频号，发布超百万条视频作品。[①]截至2022年上半年，新华社、中央广播电视总台、人民日

① 中国短视频发展研究报告（2023）［R］. 北京：广电总局发展研究中心，广电总局监管中心，中广联合会微视频短片委员会，2023.

报等8家主要央媒机构累计生产1.5万篇爆款短视频内容。[①]

2. 微短视频行业的发展现状

（1）微短视频内容数量质量齐升

微短视频内容的数量，在短短十年间迅速追上并以超乎想象的增长幅度远远超出了“长视频”。微短视频内容涉及的范围，既包括了新闻、艺术、娱乐、体育这些传统的视频内容领域，也涵盖了知识分享、公益教育、广告创意、产品推广、游戏攻略、幽默逗趣、模仿搞怪、潮流时尚、极限运动等主题，内容表达较“长视频”更为丰富和灵活。

在数量爆发的同时，微短视频内容质量也开始突破，主题主线短视频精品大量涌现，如《弄潮》《中国心愿》等微短视频精品力作。微短视频已经超越文字和图片，成为知识传播的主要媒介，越来越多的知识创作者和用户向短视频平台聚集，泛知识类微短视频内容生产不断拓展。抖音平台知识内容兴趣用户的总数超过2.5亿；在哔哩哔哩，泛知识类视频播放量占全平台视频播放量的44%。[②]

2022年以来，微短剧创作呈现井喷现象。2023年1月至7月，爱奇艺、优酷、腾讯视频、芒果TV、哔哩哔哩五大平台首播重点微短剧数量297部，超越上年全年首播数量。微短剧整体质量不断提升，创作题材日益多元。分账破千万元的短剧超过10部；豆瓣口碑破7分的，也有10部以上。[③]

（2）微短视频用户规模稳定增长

我国短视频用户规模已持续增长多年。根据中国互联网络信息中心《第52次中国互联网络发展状况统计报告》，截至2023年6月，短视频用户规模为10.26亿人，较2022年12月增长1454万人，占网民整体的95.2%。[④]

（3）微短视频人均单日使用时长在互联网应用中稳居首位

微短视频用户的人均单日使用时长为168分钟，遥遥领先于其他应用。各类用户群体对微短视频使用率均呈现上升态势，微短视频进一步向各类网民群体“渗透”。

---

① 第51次中国互联网络发展状况统计报告［R］. 北京：中国互联网络信息中心，2023.

② 中国短视频发展研究报告（2023）［R］. 北京：广电总局发展研究中心，广电总局监管中心，中广联合会微视频短片委员会，2023.

③ 中国短视频发展研究报告（2023）［R］. 北京：广电总局发展研究中心，广电总局监管中心，中广联合会微视频短片委员会，2023.

④ 第52次中国互联网络发展状况统计报告［R］. 北京：中国互联网络信息中心，2023.

3. 微短视频产业价值凸显

（1）微短视频行业的快速发展，带动了相应产业的发展，促进了网络经济的增长

微短视频行业收入主要来源于广告收入、电商佣金、直播和游戏分成等。微短视频内容与电商加速融合，将用户流量转化为商业价值。数据显示，在过去一年内，抖音电商GMV同比增长超80%，其中商城GMV同比增长277%。快手2023年第三季度财报显示，前三季度电商交易总额达7804亿元，月均买家数量接近1.2亿。“内容+电商”的种草变现模式已深度影响用户消费习惯。54.0%的用户还通过电商类平台的微短视频获得有用的消费信息。淘宝、京东、拼多多等电商平台也不断加大在直播、短视频领域的投入，小红书成为用户“生活指南”。

微短剧付费用户数量持续走高，市场空间被打开。艾媒咨询《2023—2024年中国微短剧市场研究报告》预测，中国网络微短剧市场规模为373.9亿元，同比增长267.65%。到2027年，规模将超1000亿元。[①]

（2）微短视频产业链横跨内容、媒体、广告、电商并带动电子设备、电信、云计算等延伸行业

微短视频的配套产业链主要包括上游内容生产端、中游平台发放端以及下游用户群体终端。上游内容生产方主要分为UGC（用户生产内容）、PGC（专业生产内容）和PUGC（网红/明星生产内容）三大类；中游内容分发方包括短视频平台、社交平台、新闻资讯平台、电商平台、垂直平台、直播平台和传统视频平台等。产业链参与主体还包括基础支持方（如服务器提供商、电信运营商、技术运营商等）、广告商等[②]。

微短视频上游内容生产方既包括电视台、广播电视节目制作公司、新闻媒体等传统的“长视频”内容制作方，也包括新兴的MCN公司、微短剧制作公司，以及万千自媒体作者。数据显示，2018—2022年，发布过自制微短视频的用户比例从28.2%攀升至46.9%，我国有近4.75亿微短视频用户不同程度参与了内容创作，同时，职业创作者群体不断壮大，获取收益的创作者连续三年稳定增长，职业创作者数量占创作者群体比重已近1/4。[③]

微短视频内容分发参与者包括短视频平台、资讯类平台和社交类应用。短视

① 2023—2024年中国微短剧市场研究报告［R］. 广州：艾媒咨询，2023.

② 2023年中国短视频行业全景图谱［R］. 北京：前瞻产业研究院，2023.

③ 2023年中国短视频研究报告［R］. 北京：华经产业研究院，2023.

频平台有综合短视频平台（如抖音、快手等）、主打特定领域的聚合类短视频平台（如梨视频、西瓜视频、好看视频等）和以视频剪辑功能为主的工具类短视频平台（FaceU、剪萌等）。资讯类平台如知乎、今日头条。社交类应用如微信、QQ、新浪微博、小红书。此外，传统视频平台也涵盖短视频内容分发，如央视频、腾讯视频、优酷视频、爱奇艺、哔哩哔哩等。

抖音和快手是微短视频领域的两大巨头。抖音日活数稳定在6亿以上；快手日活用户3.87亿。微短视频与直播的深度捆绑，不仅能够提供用户黏性，还能带来直接商业价值。主播能力、流量运营等均需要专业化管理，以孵化网红主播为主要业务的MCN机构得到快速发展。

微短视频基础支持方主要包括阿里云、腾讯云、华为云、百度智能云、中国联通、中国移动、中国电信和中国广电。微短视频对云存储、云计算的需求巨大，是云产业的重要用户之一。微短视频内容创作还是AI、视频处理等技术的应用大户。

从上述产业链分析可以得出结论，微短视频行业已经形成了千亿级别产值的巨量产业规模和百万级别的从业人员就业规模。如果加上微短视频产业关联的外围产业，产业规模和就业人员规模更为巨大。

（3）微短视频发展前景广阔

艾媒咨询发布的《2023年中国短视频行业市场运行状况监测报告》数据显示，中国短视频市场规模进入平稳增长阶段，2022年达到3765.2亿元，同比增长了83.6%。艾媒咨询分析师预计2025年中国微短视频行业市场规模会达到10,660.8亿元。[①]据前瞻产业研究院《2023—2028年中国短视频行业市场前景预测与投资战略规划分析报告》分析，短视频平台已普遍加入直播、电商等业务，并与其他内容创作者加深关系，开发新的功能加深创作者与用户的互动性。2024—2027年微短视频行业市场规模增速将保持16%的速度增长，2027年微短视频行业市场规模将有望达9624亿元[②]。

综上，微短视频所形成的巨大收入体量，表明其在数字经济中已经占据并将持续占据重要的位置，是满足人民群众精神文化生活、有效形成社会共识不可或缺的方式和手段。加强微短视频版权保护，是落实习近平总书记关于宣传思想文化工作的重要思想和版权工作的重要论述、稳固和扩大党的宣传阵地的重要举

① 2023年中国短视频行业市场运行状况监测报告［R］. 广州：艾媒咨询，2023.

② 2023年中国短视频行业全景图谱［R］. 北京：前瞻产业研究院，2023.

措；是激发大众创作的热情，保护微短视频产业生态平衡，从而推动经济转型、推动数字经济健康良性发展的有力手段。

（二）微短视频的价值主要体现在其版权资产上，版权保护是形成微短视频产业良性循环的关键点

1. 微短视频的资产价值主要体现为版权价值

微短视频属于精神产品，没有实物价值，其资产价值主要体现在凝结了作者的脑力劳动的版权价值上。创作者付出脑力劳动，投资者投入生产微短视频所需资金，以微短视频版权价值获取收益，以收益投入再创作，是微短视频产业的再生产发展逻辑。

2. 内容变现和产业循环有赖于内容的吸引力和独占性

微短视频的内容创作与生产遵循一种循环模式：投入资金和智力创作生产出短视频作品，吸引用户观看，产生流量，通过短视频平台以广告、电商等途径实现流量的商业变现。内容，是平台吸引用户的关键。因此，对内容独占性的保护，即版权保护，是微短视频产业生态循环的关键点。

3. 著作权法赋予微短视频内容版权价值

（1）三类微短视频内容的著作权权利

微短视频从著作权角度可定义为时长较短的连续视听画面。具有独创性的微短视频构成视听作品；不符合独创性要求的微短视频则属于录像制品。构成视听作品的微短视频，又细分为两类。2020年，著作权法将视听作品分为“电影作品、电视剧作品”及“其他视听作品”。“电影作品、电视剧作品”的著作权权利属于制作者；“其他视听作品”的著作权权利由当事人约定，没有约定或约定不明的属于制作者[①]。微短视频按照是否具有独创性和是否属于组织拍摄的内容分为电影电视剧作品、其他视听作品和录像制品。

录像制品与视听作品在著作权权利方面的区别。视听作品著作权人享有著作权法第10条规定的人身权和财产权：发表权、署名权、修改权、保护作品完整权、复制权、发行权、出租权、展览权、表演权、放映权、广播权、信息网络传播权、摄制权、改编权、翻译权、汇编权以及应当由著作权人享有的其他权利[②]。著作权法实施条例第5条规定，录像制品，是指电影作品和以类似摄制电影的方

① 参见《中华人民共和国著作权法》第17条第1款、第2款。

② 参见《中华人民共和国著作权法》第10条。

法创作的作品以外的任何有伴音或者无伴音的连续相关形象、图像的录制品。[①] 录像制品制作者享有复制、发行、出租及通过信息网络向公众传播的权利。

（2）符合要件的微短视频可以认定为作品

具备了独创性、符合著作权法关于作品定义，符合最高法相关司法解释关于作品认定要求的短视频可以认定为作品，各地法院已有众多判例对微短视听作品予以认定和保护。

讨论微短视频的作品属性，必然要涉及二创短视频。在法律意义上，二次创作行为是针对首次创作行为或原创行为而言，是指使用已有作品进行再次创作的行为。二创短视频，应当是指在利用他人作品的过程中付出创造性劳动形成的有别于已有作品的新的短视频作品。二创作品，就其自身的创作行为而言，具备一定的独创性，形成了作品。就其使用他人作品的行为而言，应当获得授权。

（三）当前微短视频版权保护还面临很多亟待研究和解决的问题

加强微短视频领域版权保护的重要性和必要性不言而喻。一是如此高价值和大体量的内容资产本身需要保护。二是微短视频作为新的经济增长点。通过版权保护提升广大创作者的积极性，促进产业发展，特别是在当前经济形势下，更加具有战略意义。三是在庞大的微短视频受众人群和长时间的微短视频观看时间加持下，微短视频已经在现代社会生活中占有重要地位，在广大受众中树立正确的版权保护价值观至关重要。当前微短视频版权保护面临的主要问题有以下几点。

1. 原创微短视频被大量搬运、盗用、抄袭

微短视频已经成为全民制作、参与、分享的文化现象，随之而来的跨平台"偷运"和抄袭事件屡见不鲜。搬运他人创作的微短视频牟利，甚至形成一个灰色产业链。以"视频搬运"为关键词在网上进行检索，可以得到大量搬运"教程"。不少自媒体博主打着"自媒体运营教学""搬运视频月入轻松过万"等噱头"吸粉"，在视频中传授各种规避平台审查的技巧；甚至还能搜索到专门服务于搬运的剪辑软件广告，卖点是"搬运神器""消重""防判搬"。电商平台上可以找到不少售卖微短视频剪辑素材的卖家，微短视频剪辑素材被分门别类进行汇集，包含了各种热门题材内容，售价在几元至几十元不等。违法行为屡禁不止的背后是高额利润的驱动，当自媒体通过"搬运"热门短视频吸引粉丝数量积累到一定

① 参见《中华人民共和国著作权法实施条例》第5条第3款。

规模后，可以通过接广告或直接卖号的方式快速变现。

搬运盗用行为同样损害短视频平台的利益。为了增强自身在内容方面的竞争优势，各短视频平台通过流量扶持等政策，与头部内容创作者签署独家内容合作协议，支持优质内容生产。此时平台的流量投放，也属于对头部内容的投入，这些优质内容恰恰也是“搬运”的主要对象，跨平台搬运的泛滥，使平台对头部内容的扶持“打了水漂”。

2. 微短视频领域侵权盗版泛滥的趋势难以遏制

相关管理部门每年都会开展专项行动集中打击侵权盗版行为。“剑网2022”专项行动明确提出对未经授权、超授权使用传播他人作品，未经授权对视听作品删减切条、改编合辑短视频进行专项整治，下架、查处了大批侵权盗版内容。但是，每次专项行动之后，盗版内容又重新滋生，打而不绝。

短视频平台在保护原创作品版权方面也采取了一系列措施。平台通过用户协议及社区规则等途径进行版权合规及注意义务的前置提示，上传者有义务确保其内容不侵犯他人版权。发现侵权情况平台会及时删除相应的视频，并对上传者进行惩罚，限制侵权账号在一定时间内上传内容、限制该账号的推广乃至永久封禁其账号。而盗版者搬运者也在不断升级其“防判搬”技术，根据平台的查重流程和判定指标对所搬运的短视频进行有针对性的修改，“查重”技术与“防判搬”技术形成了道高一尺魔高一丈的胶着对峙。只要搬运盗用的利益驱动力存在，就很难遏制搬运盗用行为。

3. 微短视频维权领域深层次问题的解决需要系统性措施

一是确权过程的复杂性使维权者望而却步。微短视频时长较短、体量有限，很多微短视频作品上都不标注创作主体信息，导致难以适用“署名推定规则”确定权利主体。在证据方面，由于管理部门对电影电视剧题材规划、生产制作、引进发行过程的审查审批管理，客观上形成了一系列比较权威的“属于我”证据，而微短视频创作过程决定了其不太可能援用长视频的经验。

二是微短视频作品及作品类型认定的专业性加深了维权者的畏难心态。微短视频侵权纠纷双方往往在微短视频是否属于作品的问题上发生争议。此外，2020年，著作权法将视听作品进一步划分为电影作品、电视剧作品和其他视听作品。在认定微短视频构成视听作品的情况下，微短视频作品属于电影电视剧类作品还是其他视听作品，决定了微短视频著作权的受保护主体是制片方还是作者。这些争议虽然可以以司法判决的方式予以解决，但往往要消耗创作者的大量精力自证，这在客观上增加了创作者维权的门槛。

三是在大众层面（包括创作者和观看者、分享者）对微短视频内容如何确权、是否有必要维权尚未形成社会共识。界定微短视频属于原创还是侵权，实践中有时存在一定难度。一些侵权并非“直接搬运”，而是以类似于微信公众号中“洗稿”的方式模仿原创作者的创意、脚本和文案。一些微短视频侵权作品的影响力比原作还要大，这些侵权者乃至观看者会认为“搬运”是帮原作做了推广。

四是微短视频价值的时效性与启动确权维权程序所需必要时间的矛盾迫使创作者放弃维权。

五是二创短视频的收益分配问题尚未完全解决，二创短视频作品维权问题复杂化。目前大部分长短视频平台已经就二创短视频对原创作品的使用签署了长视频使用合作协议。但是，合作涉及的长视频内容覆盖面不够广，长视频内容的使用方式还要受到长视频平台所拥有版权权利范围的限制，二创短视频与原创作品以何种比例、如何分享二创收益，在业内尚未形成共识。

微短视频著作权纠纷的解决，需要司法及行政机关、版权保护组织、长短视频平台、短视频创作者以及广大用户的共同参与，形成系统性解决方案；从普及社会认知、加强法律支撑、降低维权成本、平衡利益博弈的多个方面，从源头上减少侵权行为的发生，构建微短视频版权保护新机制。

二、建立微短视听作品快速登记确权机制是解决独立视听作品最小单元版权登记确权问题的基础和有效办法

（一）当前微短视频版权保护的主要途径

1. 司法途径

依照著作权法，微短视频作品享有著作权权利。采用司法途径对微短视频作品实施版权保护，属于版权保护体系中的基本保护，也是其他维权方式失效后的最后救济途径，不因其他途径的使用而失效。

原创微短视频内容通过诉讼维权的案件量并不高，通过判决文书网查到的微短视频判决案例中，真正属于微短视频原创作者维权的情况屈指可数，司法维权还限于个例、特例。一方面，侵权涉及的作品数量巨大，现有司法资源不可能承担大量维权的工作量；另一方面，单个微短视频价值低，有些甚至达不到诉讼所需的最低涉案金额。

2. 平台履行“通知—删除”义务

目前，微短视频原创作品发现被搬运盗用后，主要是向平台投诉维权。即平台依靠技术系统辅助核实投诉事项是否成立，对存在问题的内容履行“通知—删除”义务予以下架。创作者发现其作品被盗版搬运后，需要逐个平台去投诉，而每个平台都需要按工作流程对投诉视频进行核实，在某一平台的判定结果无法作用于其他平台，时间成本和经济成本都是原创作者无力承担的负担。

从搬运盗用的违规风险看，发现盗版搬运内容后，平台所能给予的处罚也只能是删除内容（禁止上传）以及对侵权账号限制功能、封禁账号等。平台方没有权力对侵权行为进行经济处罚和追加损害赔偿，对盗版者起不到大的震慑作用。相比于盗版所获得的较大的经济利益，内容下架或者不能上传对盗用者来说经济损失不大，盗版搬运已经成为一门有利可图的“生意”。

3. 现行作品登记制度

1994年国家版权局颁布的《作品自愿登记试行办法》明确，作品实行自愿登记。作品不论是否登记，作者或其他著作权人依法取得的著作权不受影响。

根据国家版权局的通报，2024年全国共完成作品著作权登记7,802,965件，同比增长21.39%。登记量最多的是美术作品4,285,495件，占登记总量的54.92%；第二是摄影作品2,478,666件，占登记总量的31.77%；第三是文字作品728,096件，占登记总量的9.33%；第四是影视作品136,345件，占登记总量的1.75%。[①] 登记制度应用于影视作品较少，微短视频作品的登记数量和占比更少，没有列入统计的类别范围。

（二）建立微短视听作品快速登记确权系统

微短视频侵权盗版的蔓延趋势倒逼各方另寻出路，建立新的微短视频作品快速登记确权机制势在必行。

1. 微短视听作品快速登记确权系统的主要特征

微短视频版权保护在实践层面面临的问题：一是效率要求，需要及时发现侵权行为，及时开展维权，及时阻止侵权行为的持续。二是经济性要求，需要以合适的成本维权，维权成本至少要低于或相当于所能获得的侵权赔偿。快速登记确权系统正是围绕这两方面的问题提出解决方案。

---

① 国家版权局关于公布2024年全国著作权登记情况的通知［EB/OL］.（2025-02-24）［2025-02-25］. https://www.gov.cn/zhengce/zhengceku/202503/content_7009747.htm.

（1）快速登记确权系统依托技术系统，充分运用图像识别、大数据处理、AI等技术，具备触发式自动登记、系统自动判别、快速生成发放电子标签等功能，有效提升登记确权数据处理的效率。

（2）快速登记确权系统采用分级处理方式，将微短视频内容依据其维权商业价值进行分级，按照优先级对微短视频作品采用相匹配的处理方式，对优先级最高的作品内容采取“触发式自动登记确权”，在短视频作品上线同步或较短时间内就由技术系统自动进行登记确权，大幅度提升登记确权效率；对次一级优先级的作品内容，采用“创作者主动登记、系统自动判别”的技术系统进行登记，尽可能提升登记确权效率；将少量作品属性存疑的内容，转入人工登记审核查遗补缺；内容价值较低的超短时长短视频和非作品短视频，不进入快速登记确权系统，但为其保留在通用登记系统自愿登记的权利。

（3）快速登记确权系统还将陆续建立侵权发现、留证、纠纷解决、二创授权等衔接处理系统，在微短视频作品完成快速登记确权后，可自愿使用登记后续的技术系统辅助维权。

2. 可进入快速登记确权系统的微短视频作品类型

（1）应用“触发式自动登记确权”范畴的微短视频类型

①平台签约短视频头部创作者（独家）创作发布的短视频作品。

②涉及购买了体育赛事、文艺演出、艺术活动、综艺/晚会节目等的转播权利的短视频。

③涉及产品发布、路透等有可能引发专有内容泄露的短视频。

④列入短视频平台当日热榜的短视频。

⑤在本平台粉丝较多的知识类创作者（知识类达人）以及各领域学者、专家上线的知识类短视频作品。

（2）应用“创作者主动登记、系统自动判别”范畴的微短视频类型

①平台签约的短视频作者（非独家）、MCN机构签约的创作者、具有一定知名度的个人创作者、传统媒体开设的短视频账号，上述创作者发布的短视频作品。

②二创短视频作品。

③音乐电视（MV）作品。

④视频广告片。

⑤微短剧。

⑥其他符合独立视听作品“最小单元”定义的微短视频作品。

3. 不必进入快速登记确权系统的微短视频类型

面对海量的微短视频内容，快速登记确权系统所依托的微短视频登记确权技术系统，需要巨大的数据处理能力，资源限制和经济成本都不容忽略。因此，在现行可行的技术手段、社会资源、管理资源下，需要寻求登记确权维权成本与内容价值的平衡。

（1）微短视频录像

微短视频中有一类数量巨大的类型，即录像性质的微短视频，主要包括家庭录像、个人录像、监控录像等，不属于微短视听作品快速登记确权的内容范畴。一方面，由于这类录像微短视频总体数量极大，纳入快速登记范畴所需的存储资源巨大。另一方面，这部分微短视频内容的录制是用于其他目的而非录制者的价值表达和情绪表达，与微短视频版权变现和产业良性循环再生产关联度不高，不是加强微短视频版权保护的重点。

（2）不符合独立视听作品“最小单元”定义的微短视频

本课题开展“独立视听作品在版权登记和确权中最小单元认定问题研究”的出发点、立足点和最终目标，就是研究应进入“微短视听作品快速登记确权系统”的微短视频特征。符合最小单元定义的，可进入微短视听作品快速登记确权系统；不符合“最小单元”定义的，包括属于微短视频作品但时长过短的内容，以及不具备独创性不构成作品的内容，不进入微短视听作品快速登记确权系统。

三、独立视听作品在版权登记确权中的“最小单元”如何界定

独立视听作品中的电影、电视剧、动漫、综艺等“长视频”作品，其“最小单元”的判断，经过多年司法实践已经形成社会共识，本文不再赘述。本课题关于“最小单元”的研究，主要是对微短视频作品的研究。本章主要对微短视频视听作品进行分析，包括两个维度：一是找出微短视频作为作品时所应具备的“要素”，提炼出一些“标志”，以便引导登记者在填报作品信息时，有针对性地提供能够彰显其作品特性的信息。二是找出一个“最短时长”的时间标准。通过对这两个维度的研究，本研究试图给出关于独立视听作品在版权登记确权中“最小单元”的可量化、可执行的标准，使数量庞大的微短视频内容中那些更能体现创作价值的、需要重点维权保护的内容能够进入微短视听作品快速登记确权系统的登记范围。

关于“最短时长”需要说明的问题。其一，现有法律没有对微短视听作品最

短时长的限定。根据现有法律规则（包括国际条约中通行的规则），视听作品的认定主要考察的是独创性表达，和作品时间长短无直接关联。现有法律法规等文件中并没有对受著作权法保护的视听作品时长的限定，版权登记的相关的登记规则中也未涉及时长要求。经查询《中华人民共和国著作权法》《信息网络传播权保护条例》《中华人民共和国著作权法实施条例》《北京市高级人民法院侵害著作权案件审理指南》《北京市高级人民法院关于侵害知识产权及不正当竞争案件确定损害赔偿的指导意见及法定赔偿的裁判标准》《最高人民法院关于审理著作权民事纠纷案件适用法律若干问题的解释（2020修正）》《北京市高级人民法院关于审理著作权纠纷案件若干问题的解答（1995）》《作品自愿登记试行办法》等与著作权确权和登记相关的法律法规、规章、文件，均未对作品时长设限。

涉及作品时长表述的，有2022年12月国家广播电视总局印发的《关于推动短剧创作繁荣发展的意见》，提出短剧包括采用单集时长15～30分钟的系列剧、集数在6集内的系列单元剧、20集内的连续剧、周播剧等多种形态。国家广播电视总局办公厅《关于进一步加强网络微短剧管理 实施创作提升计划有关工作的通知》明确网络微短剧包括单集时长从几十秒到15分钟左右、有着相对明确的主题和主线、较为连续和完整的故事情节的剧集。上述规范，只是对微短剧的时长做了适当界定。不影响现有法律法规没有对短视频最短时长设置限定的事实。

其二，本文确定最小单元与现行法律法规并无矛盾。本课题所讨论的“最短时长”，是指独立视听作品在版权快速登记确权中的“最短时长”，目的是将那些时长过于短小、维权价值较低的微短视频作品，暂时排除在微短视听作品快速登记确权系统之外。快速登记确权系统的运行维护需要成本，如果不对微短视听作品的时长等做适当要求，面对海量且每天每时都在大量更新的微短视频内容，再先进的技术系统也会很快不堪重负。本研究所讨论的最小单元，并不是指现有法律规则体系中的视听作品最小单元，而是微短视频快速登记确权便于处理，也有相对更高处理价值的微短视频作品，小于法律规则中最小单元的内涵。决定这个内涵边界的不是法律规则，而是价值权衡。

一方面，司法实践中对微短视频是否属于独立视听作品的判断，取决于其是否具有独创性，只要时长没有影响作品的独创性表达，时长不是决定微短视频是否属于作品的依据，这一点在众多微短视频纠纷案的司法判例中均有体现。例如，在北京快手科技有限公司诉广州华多网络科技有限公司PPAP视频一案中，北京市海淀区人民法院针对华多公司提出的涉案视频时间很短故不构成作品的辩称，明确指出，虽然时间长短的确可能限制作者的表达空间，但表达空间受限并不等于表达形式非常有限而成为思想范畴的产物；相反，在数十秒的时间内亦可以创作出体现一定主题，且结合文字、音乐、场景、特效等多种元素的内容表达。因此，华多公司此项抗辩意见缺乏事实依据。[①]

另一方面，本课题对"最短时长"的研究，与司法实践对独立视听作品的判断不以时长为标准，不矛盾。符合著作权法所规定的"独立视听作品"标准的微短视频作品，可以依托微短视听作品快速登记系统进行登记确权并进行后续维权；不愿意采用登记方式确权，或者不符合快速登记确权系统内容标准的作品，都不妨碍其依托司法途径进行确权维权。同时，快速登记确权系统有助于大量微短视频作品在被侵权初期就以"通知下架"等方式予以制止，有助于缩短微短视频作品侵权案件的审理时间。从全社会角度看，由于快速登记确权系统的协助，那些达不到快速登记确权系统内容标准的微短视频，也会因为大量作品已经以非司法诉讼的方式完成维权，而使这部分未登记微短视频作品的司法诉讼等维权行为变得更容易、用时更短。

综上，目前相关法律法规既没有对视听作品的最短时长做出具体规定，也没有限制在某些情况下设定"最短时长"。因此，在微短视听作品快速登记确权系统中准予登记作品时设定"最短时长"，既是必要的，也符合现行法律规定，并无相悖之处。

（一）独创性——作品的判断依据

著作权法第3条规定，作品，是指文学、艺术和科学领域内具有独创性并能以一定形式表现的智力成果。[②]著作权法实施条例第4条规定，电影作品和以类似摄制电影的方法创作的作品，是指摄制在一定介质上，由一系列有伴音或者无伴音的画面组成，并且借助适当装置放映或者以其他方式传播的作品。[③]根据《最高人民法院关于审理著作权民事纠纷案件适用法律若干问题的解释》第15条，由不同作者就同一题材创作的作品，作品的表达系独立完成并且有创作性的，应当认定作者各自享有独立著作权。[④]根据上述规定，内容具有独创性，应当具备两个要件：是否由作者独立完成；是否具备"创作性"，即创作者对表达的安排是

① 参见北京市海淀区人民法院（2017）京0108民初49079号民事判决书。

② 参见《中华人民共和国著作权法》第3条。

③ 参见《中华人民共和国著作权法实施条例》第4条。

④ 参见《最高人民法院关于审理著作权民事纠纷案件适用法律若干问题的解释》第15条。

否体现了作者的选择、判断。根据2018年《北京市高级人民法院侵害著作权案件审理指南》，审查原告主张著作权的客体是否构成作品，一般考虑如下因素：是否属于在文学、艺术和科学范围内自然人的创作；是否具有独创性；是否具有一定的表现形式；是否可复制。①

微短视频司法维权的案例显示，是否属于作品常常是原被告双方争议的一个重要问题。总体来看，法院对独创性的判断的依据，均来自最高法的司法解释第15条。本研究通过对9例短视频维权案件中各地司法判决关于“独创性”“独立完成”“创作性”等相关问题的阐述进行分析研究，试图找出司法审判时对“独立完成”和“创作性”进行认定时的分析角度和所把握的要素（表1）。

表1　9例短视频维权案件的基本情况

案例	涉案短视频名称	原被告	审理法院	案件号	事实认定
案例1	“我想对你说”	原告：北京微播视界科技有限公司 被告：百度在线网络技术（北京）有限公司、百度网讯科技有限公司	北京互联网法院	（2018）京0491民初1号	原告通过正规途径获得涉案视频的信息网络传播权，涉案视频构成类电作品。②
案例2	“女生节，为爱充电”短视频模板	原告：剪映App 被告：Tempo App	杭州互联网法院	（2020）浙0192民初8001号	“女生节，为爱充电”短视频模板属于类电作品。③
案例3	PPAP视频	原告：北京快手科技有限公司 被告：广州华多网络科技有限公司	北京市海淀区人民法院	（2017）京0108民初49079号	涉案视频属于类电影作品。原告系涉案视频的被授权人并有维权权利。④

① 参见《北京市高级人民法院侵害著作权案件审理指南》第二章第一节。

② 参见北京互联网法院（2018）京0491民初1号民事判决书。

③ 参见杭州互联网法院（2020）浙0192民初8001号民事判决书。

④ 参见北京市海淀区人民法院（2017）京0108民初49079号民事判决书。

续表

案例	涉案短视频名称	原被告	审理法院	案件号	事实认定
案例4	《卖油翁》短视频	原告：北京银河长兴影视文化传播股份有限公司 被告：北京微播视界科技有限公司、泰安市泰山区一品创客电子商务有限公司	北京互联网法院	（2019）京0491民初22266号	原告系涉案视频著作权人，涉案视频构成类电作品。①
案例5	快手账号：芯痧（无臂女生杨莉）	原告：杨莉 被告：北京微播视界科技有限公司、陈虹坡	北京互联网法院	（2021）京0491民初9831号	原告系涉案短视频作者，涉案短视频构成类电作品。②
案例6	“末那大叔”抖音账号视频	原告：北京微播视界科技有限公司 被告：北京快手科技有限公司	北京知识产权法院	（2021）京73民终4855号	二审支持一审判决。一审法院认定微播公司享有涉案视频的信息网络传播权，有权提起本案诉讼。③
案例7	《换个角度看重庆2019》	原告：彭俊 被告：重庆中渝物业发展有限公司	重庆自由贸易试验区人民法院	（2021）渝0192民初2914号	原告系涉案视频的著作权人。④
案例8	父子俩和七个硅胶娃娃的快乐生活	原告：上海新梨视网络科技有限公司 被告：上海聚力传媒技术有限公司	上海市杨浦区人民法院	（2017）沪0110民初22130号	原告享有涉案视频信息网络传播权，涉案视频系类电作品。⑤

① 参见北京互联网法院（2019）京0491民初22266号民事判决书。

② 参见北京互联网法院（2021）京0491民初9831号民事判决书。

③ 参见北京知识产权法院（2021）京73民终4855号民事裁判书。

④ 参见重庆自由贸易试验区人民法院（2021）渝0192民初2914号民事判决书。

⑤ 参见上海市杨浦区人民法院（2017）沪0110民初22130号民事判决书。

续表

案例	涉案短视频名称	原被告	审理法院	案件号	事实认定
案例9	奥迪Q5L视频、小鹏G3视频、领克02视频	原告：万胜腾图文化传播（天津）有限公司 被告：上海幻电信息科技有限公司、上海宽娱数码科技有限公司	天津市第一中级人民法院	（2019）津01民初851号	法院支持作品构成作品，原告系作品著作权人。[①]

1. 判断微短视频独创性的基本原则

北京互联网法院在“我想对你说”案判决书中，对短视频创作性标准进行了分析：关于创作性的标准，在形成和发展过程中始终与所处的社会环境、行业特点相联系，根据实际的社会环境、各种类型作品本身的特点进行发展和完善。短视频具有创作门槛低、录影时间短、主题明确、社交性和互动性强、便于传播等特点，是一种新型的视频形式。上述特点一般会使短视频制作过程简化，制作者以个人或小团队居多。对于短视频是否符合创作性要求进行判断之时，对于创作高度不宜苛求，只要能体现制作者的个性化表达，即可认定其有创作性。

北京互联网法院在“杨莉带货视频”案判决书中，对作品创作与录像制品录制的区别进行了分析：能够被认定为电影作品和以类似摄制电影的方法创作的作品，应在画面、声音的衔接等方面反映拍摄者的构思，表达出某种精神内容，具有一定程度的独创性。而以机械方式录制形成的录像制品，在录制过程中对机位的设置、场景的选择、镜头的切换等只进行了简单的调整，或在录制后只对画面、声音进行了简单的剪接等，即缺乏独创性，属于运用通常技能即可完成的成果。

北京高院在涉及体育赛事直播画面的“央视诉暴风”案、“新浪诉天盈九州”案的终审裁判，对独创性认定问题做了进一步阐述：作品的独创性源自作者的创作，根据著作权法实施条例第3条规定，创作特指“直接产生文学、艺术和科学作品的智力活动”，不包括“为他人创作进行组织工作，提供咨询意见、物质条件，或者进行其他辅助工作”。作品是否具有独创性与作者是否从事了创作，属

① 参见天津市第一中级人民法院（2019）津01民初851号民事判决书。

于同一问题的两个判断角度，而创作是一种事实行为，对于是否存在创作这一事实行为，只能定性，而无法定量；同理，对于作品的独创性判断，只能定性其独创性之有无，而无法定量其独创性之高低。因此，电影类作品与录像制品的划分标准应为有无独创性，而非独创性程度的高低。

北京互联网法院在其相关研究报告中对短视频独创性的认定标准进一步进行了阐述：短视频的独创性可以概括为，表达存在可识别的差异性。这个差异性也可以通俗地称为“个性化”。只要短视频具有一定的智力创作空间，能够体现作者的个性化选择和安排，相比于现有表达存在一定的增量因素，就应当认可其独创性。①

2. 认定“独立完成”的主要依据

北京互联网法院在“我想对你说”案的判决书中分析：本案中，制作者响应党媒平台和人民网的倡议，以“铭记劫难，致敬重生，以己之力，勇往直前”为主题，以党媒平台及人民网示范视频中的手势舞、伴音、明暗变化为基本元素，以网络下载图片为基础素材，结合软件技术制作了“我想对你说”短视频。故判断“我想对你说”短视频是否符合“独立完成”的要求，应以该短视频与上述示范视频、网络图片之间是否存在能够被客观识别的差异为条件，主题相同并不影响“我想对你说”短视频是否系独立完成的认定。党媒平台及人民网的示范视频和网络下载图片是原本没有任何关系的独立元素，“黑脸V”将上述元素结合制作出的“我想对你说”短视频，与前两者存在能够被客观识别的差异。

北京互联网法院在《卖油翁》短视频案判决书中分析：本案中，制作者按照传统故事卖油翁内容为主题，结合软件技术制作了《卖油翁》短视频，该短视频与传统故事之间是能够被客观识别的差异，主题相同并不影响《卖油翁》短视频是否系独立完成的认定。

关于独立完成的表述，司法关注点主要在以下方面：

（1）必须由作者独立创作完成，不能复制或剽窃他人作品。

（2）短视频与其所改编的原著（原故事、口头传说、文字作品等）之间，存在能够被客观识别的差异。

（3）没有证据证明，该短视频在发布前存在相同或近似的微短视频内容。

① 姜颖，张连勇，朱阁，等. 短视频著作权司法保护研究［R］. 北京：北京互联网法院课题组，2023.

3. 认定“创作性”的主要要素（表2）

表2　9例短视频维权案件中司法判决中关于“创作性”的表述

案例	涉案短视频名称	判决中关于“创作性”认定
案例1	“我想对你说”	“我想对你说”短视频体现出了创作性。该视频的制作者应党媒平台的倡议，在给定主题和素材的情形下，其创作空间受到一定的限制，体现出创作性难度较高。该短视频画面为一个蒙面黑脸帽衫男子站在灾后废墟中以手势舞方式进行祈福，手势舞将近结束时呈现生机勃勃景象，光线从阴沉灰暗变为阳光明媚，地面从沟壑不平到平整，电线杆从倾斜到立起，黑脸帽衫男子的衣袖也变为红色，最后做出比心的手势。该短视频构成了一个有机统一的视听整体，其中包含了制作者多方面的智力劳动，具有创作性。虽然该短视频是在已有素材的基础上进行创作，但其编排、选择及呈现给观众的效果，与其他用户的短视频完全不同，体现了制作者的个性化表达。“我想对你说”短视频唤起观众的共鸣。该短视频带给观众的精神享受亦是该短视频具有创作性的具体体现。抖音平台上其他用户对“我想对你说”短视频的分享行为，亦可作为该视频具有创作性的佐证。故本院认定“我想对你说”短视频符合创作性的要求。①
案例2	“女生节，为爱充电”短视频模板	涉案短视频模板在剧情安排和画面组合上，制作者根据要表达的“女生节表达爱意”为主题，寻找合适的背景音乐、图片，再根据音乐的节奏点搭配不同的贴纸、特效、滤镜、动画等元素，并结合主观需要协调多种元素的排列方式、大小、顺序和时间，塑造了女生面对追求从面临选择、作出决定、积累情感、恋爱达成后甜蜜温馨的情感故事，整个创作过程存在智力创作空间，具有独特的选择、安排与设计，体现了制作者的个性化表达，故而认定其属于类电作品。②

① 参见北京互联网法院（2018）京0491民初1号民事判决书。

② 参见杭州互联网法院（2020）浙0192民初8001号民事判决书。

续表

案例	涉案短视频名称	判决中关于“创作性”认定
案例3	PPAP视频	虽涉案视频存在对原曲视频的模仿因素，但比较两个视频可以发现，涉案视频的舞蹈动作幅度和变化速度快于原曲视频，其与音乐配合，产生了更为谐趣的表现力；另外，涉案视频除音乐和表演者自身的演唱和舞蹈动作之外，使用特效搭建了表演场景、制作了与歌词中出现的水果相对应的动画，并设计了表演者动作重影、千手观音式动作、地裂式退出等效果较原曲视频更为丰富和本土化，体现出了承载作者个性的安排和设计，故具有区别于原曲视频表达的独创性。①
案例4	《卖油翁》短视频	本案中《卖油翁》短视频构成了一个有机统一的视听整体，其中包含了制作者多方面的智力劳动，具有创作性。②
案例5	快手账号：芯痧（无臂女生杨莉）	根据杨莉主张权利的视频内容及制作过程来看，虽为带货视频，但并非固定拍摄角度、缺乏运镜剪辑的简单播报式带货，而是围绕相关主题进行了脚本设计，进行了一定的场景选取、运镜和剪辑，在此过程中对表达内容的编排、选取体现了视频制作者的个性化表达。③
案例6	“末那大叔”抖音账号视频	本案中，涉案短视频虽素材多来自日常生活，但其拍摄和剪辑系创作者独立制作而成，在此过程中对表达内容的编排、视频内容、拍摄角度、剪接、任务的安排和选取等，均体现了视频制作者的个性化表达，故涉案视频具备一定的独创性，构成作品。④
案例7	《换个角度看重庆2019》	原告彭俊以类似摄制电影方法创作的《换个角度看重庆2019》系原告以无人机航拍及地面移动延时拍摄的数万张高清照片，通过延时摄影的方式将重庆城市风光、标志性建筑物在较短时间内以视频形式展现，体现了作者在拍摄形式、场景选择、镜头位置与光线捕捉等方面的独创性劳动，属于《中华人民共和国著作权法》第3条第6项规定的作品。⑤

① 参见北京市海淀区人民法院（2017）京0108民初49079号民事判决书。

② 参见北京互联网法院（2019）京0491民初22266号民事判决书。

③ 参见北京互联网法院（2021）京0491民初9831号民事判决书。

④ 参见北京知识产权法院（2021）京73民终4855号民事裁判书。

⑤ 参见重庆自由贸易试验区人民法院（2021）渝0192民初2914号民事判决书。

续表

案例	涉案短视频名称	判决中关于“创作性”认定
案例8	父子俩和七个硅胶娃娃的快乐生活	视频选择某一社会事件，通过采访者与受访者的交流、谈话的画面，以及对生活场景不同画面、不同角度的选择、剪切、编辑，配以文字旁白制作而成，具有一定故事性，其中包含了制片者多方面的智力劳动，具有一定的独创性，属于以类似摄制电影的方法创作的作品。①
案例9	奥迪Q5L视频、小鹏G3视频、领克02视频	虽涉案视频存在时长较短、内容简单的情形，但涉案视频系根据作者事先的场景布置、拍摄中的角度选择、后期的剪辑拼接以及特效等手段制作，加之其与音乐配合，产生了较强表现力，该视频整体内容较为丰富，视角独特，体现出了承载作者个性的安排和设计及摄制，具有较强的独创性。②

关于微短视频创作性的认定要素，主要包括以下方面：

（1）拍摄前。拍摄角度的选取；表演者动作设计；场景布置与选取（包括使用特效搭建表演场景），故事脚本设计等。

（2）拍摄中。运镜，包括在拍摄形式、镜头位置与光线捕捉等。

（3）拍摄后。对画面的剪辑，包括不同画面、不同角度的选择，剪切、编辑，配以文字旁白等。

（4）微短视频制作素材的选择。背景音乐、插入图片等。

（5）视听特效的运用。贴纸、特效、滤镜、动画、配乐等的运用。

参考北京互联网法院在其研究报告中对创作性在不同作品中的体现所做的分析：微短视频的独创性应当体现在其最终表达，即微短视频的连续视听画面，短视频事前拍摄角度的选取以及事后对画面的剪辑是与最终呈现的连续画面最密切关联的要素③。

---

① 参见上海市杨浦区人民法院（2017）沪0110民初22130号民事判决书。

② 参见天津市第一中级人民法院（2019）津01民初851号民事判决书。

③ 姜颖，张连勇，朱阁，等．短视频著作权司法保护研究［R］．北京：北京互联网法院课题组，2023.

（二）最短时长——有价值的时间长度

1. 微短视频作品时长没有法律限制

著作权法、著作权实施条例及其他相关法规都没有规定视听作品必须具备的时长，司法判例的相关裁决也表明，时长不影响对微短视频是否属于作品的判断。

北京互联网法院在“我想对你说”案的判决中指出：视频的长短与创作性的判定没有必然联系。客观而言，视频时间过短，有可能很难形成独创性表达，但有些视频虽然不长，却能较为完整地表达制作者的思想感情，则具备成为作品的可能性。在此情形下，视频越短，其创作难度越高，具备创作性的可能性越大。

杭州互联网法院在“女生节，为爱充电”短视频模板案中指出：视频时间的长短与创作性有无的判定没有必然联系，涉案短视频模板能较为完整地表达制作者的思想感情，时长较短不影响创作性的判定。

2. 各类视听作品时长与商业价值探讨

（1）音乐电视

音乐电视（MV），又称音乐短片、“音乐录影带”，指与音乐（通常大部分是歌曲）搭配的短片。MV从音乐的角度创作画面，利用电视画面手段来补充音乐所无法涵盖的信息和内容，MV可以包括所有影片创作的形式，包含动画、真人动作影片、纪录片等。MV主要用于宣传歌曲和歌手。

MV时长，大约等于歌曲时长，一般3～5分钟。这个时间跟音乐的速度和结构有关，最常见的流行歌曲速度基本上中速都会在110~140BPM之间，以流行歌曲结构来举例，一段普通的前奏+主歌+副歌在1分半左右，为了加深印象会在间奏之后再重复一遍这个过程，一共就会在3分钟以上，如果多次重复副歌或者中间有乐器solo，则为4～5分钟。

（2）电视（视频）广告

早期商业（视频）广告的时长与电视台的播出技术和工作流程有关。为了培养观众的收视习惯，电视节目一般采用栏目化的编排方式，在每天固定时间播放固定栏目。为了编排时间安排方便，栏目时长一般也会固定化，30分钟、15分钟、5分钟等等，便于节目编排“搭积木”。广告则被安排在栏目之间，时长也比较固定，一般是30秒、15秒、5秒，同样是“搭积木”的编排方式。

有观点认为，从广告创作角度，60秒是理想的长度，30秒是标准的长度，15秒是可以接受的长度，5秒是没动感的标版（甚至可以说是不可以有动感的标版）。

（3）微电影

微电影指专门运用在各种新媒体平台上播放的、适合在移动状态和短时休闲状态下观看的、具有完整策划和系统制作体系支持的、具有完整故事情节的“微时”（1～40分钟）放映、“微周期制作（7～15天或数周）”和“微规模投资（几千～数千/万元每部）”的“类”电影短片。电影短片的时长，在我国以及新西兰等国家，一般认为应在15分钟以上，而在北美则认为20分钟之上，也有观点认为30分钟之内都可以称为微电影。对于时长下限（最短时长），普遍认为不能低于1分钟，否则很难实现电影或类电影审美标准下的完美表达。

（4）短视频（狭义）

关于短视频的时长，有人认为15秒最符合短视频定义的时长。也有观点认为，短视频的最佳时长应该在1分钟左右，竖屏的形式播放效果最佳，是当前最优创作模式。另有观点认为，4分钟是短视频最常见的时长，也是用户观感最佳的时长。从整体上来看，各大平台的推荐时长普遍在5分钟之内，在这个时长内，用户的新鲜感可以保持到视频末尾。

从运营角度看，有观点认为，做短视频特别是新手，时长不要超过15秒，在9～15秒为佳。这跟“完播率”有关。“完播率”是指能完整看完视频的用户数量跟所有观看视频的用户数量的百分比，完播率越高，系统推荐短视频进入下一个流量池的概率越大。内容一般的短视频可能会让用户看不下去、看到一半就刷走了，导致完播率很低；而15秒内的短视频，用户很可能会秉持着先瞧一瞧再说的心态看完，完播率会比较高。另一方面，为了追求完播率而时长太短，却有可能牺牲互动性，太短的短视频难以让用户给短视频点赞、讨论，互动量不足也会影响系统把短视频推送给更多人。

有观点认为，从运营角度拍摄应体现（1+3/7+5+8）法则。①封面1秒。通过这1秒给用户一个点开看的理由，也就是吸睛点。②点题3/7秒。横版视频黄金3秒，竖版视频黄金7秒。在这段时间里，要让用户知道这个视频到底在讲什么或者能帮他解决什么问题，让他产生观看下去的兴趣。直接用最简洁的语言或者情景设置将用户的痛点问题表达出来。③设置5秒“钩子”。为了让用户在观看视频的时候一直保持浓厚的兴趣，需要设置足够的“钩子”，也就是爆点内容，以提高视频的完播率和点赞量。④8秒引导转化。在视频最后设置转化环节，引导用户关注互动，实现用户的可持续增长。综合看，一个符合当下短视频平台推荐机制的短视频，至少应该在5～8秒。

（5）微短剧

微短剧指采用类似电影、电视剧的创作手法，单集时长从几十秒到15分钟左右、主要在短视频平台播放的，有相对明确主题和主线的网络剧集（表3）。

表3　各主要平台微短视频（广义）时长情况汇总

平台		常见时长	可交易内容的时长	
			平台要求时长	具备商业价值的时长
视频平台	YouTube	—	<15分钟	5秒
	Facebook	—	—	>60秒
	抖音	手机端<15分钟 PC端<30分钟	0~30分钟	5~30分钟
	快手	—	0~30分钟	—
其他	微短剧	几十秒到15分钟	—	微剧：3~5分钟/集 短剧：5~15分钟/集
	MV	3~5分钟	—	3~5分钟
	广告	5~30秒	—	5~30秒

3. 列入微短视听作品快速登记确权系统登记范围的微短视频“最短时长”建议

综上所述，目前未形成在法律层面或有权威认证的微短视频“最短时长”标准。但是，为了确保版权登记机构在作品登记后能够有效地采取技术手段进行侵权监测、取证维权等工作，确实需要设定一个微短视频时长标准。在确权维权过程中还要考虑降低确权登记成本，使维权方能够以较低代价依托技术系统对侵权行为予以发现、取证，降低全社会交易成本。登记确权工作需要在尽可能涵盖所有视听作品与降低维权成本之间取得平衡。综合短视频（狭义）、音乐电视（MV）、电视/视频广告、微电影以及微短剧的现状情况，建议微短视听作品快速登记确权系统准予登记的微短视频最短时长为5秒。

4.“最短时长”建议标准的验证情况

本课题对抖音和快手两大平台6天TOP50微短视频内容进行了抓取，与“最短时长”进行比对，全部符合“最短时长”登记要求，验证了“最短时长”设计的合理性（表4、表5）。

表4　抖音TOP50微短视频时长统计
（2023年12月27日—28日、2024年1月2日—5日）

时长	小于5秒	5~10秒	10~20秒	20~30秒	30~40秒	40~50秒	50~60秒	1~2分钟	大于2分钟	总计
数量	0	7	14	7	4	1	7	12	14	66
占比	0%	10.61%	21.21%	10.61%	6.06%	1.52%	10.61%	18.18%	21.21%	100.00%

表5　快手TOP50微短视频时长统计
（2023年12月27日—28日、2024年1月2日—5日）

时长	小于5秒	5~10秒	10~20秒	20~30秒	30~40秒	40~50秒	50~60秒	1~2分钟	大于2分钟	总计
数量	0	9	14	9	7	7	9	23	15	93
占比	0%	9.68%	15.05%	9.68%	7.53%	7.53%	9.68%	24.73%	16.13%	100.00%

（三）"最小单元"在微短视听作品快速登记确权系统中的具体运用

1. 各类微短视频作品独创性信息的具体表现——用于自动判别作品

为了便于引导登记者在填报登记信息过程中提供关于"作品"的证据，在登记时按照作品基本要素的呈现方式，把微短视频分为表演类、纪实类、虚拟生成类、二创类。在登记过程中引导登记者提供与独创性认定要素相关的信息。

（1）表演类微短视频。表演类微短视频指由组织者安排一定的场景，组织表演者按照一定的脚本进行表演而拍摄制作的微短视频。登记者应当提供表演者、表演组织者信息，表演场地、场景布置与选取（包括使用特效搭建表演场景）；表演者动作设计，故事脚本设计等。

（2）纪实类微短视频。指采用一定的拍摄方式，对现实事件、场景、景物等进行拍摄并采用剪辑、加配图片和字幕等方式进行编辑，表达一定思想的微短视频。纪实类微短视频作品应当对拍摄角度进行了选取，或者对所拍摄记录的视频流进行了编辑剪切等创作。登记者应当提供创作该视频所使用的设备型号、编码等，提供对选取拍摄角度、拍摄形式的采用以及对画面的剪辑等创作思路的阐述。

（3）虚拟生成类微短视频。指采用动画、AI等制作软件制作生成的微短视频。应当提供所使用的动画工具、AI软件等名称，还需提供创作视频所使用的设备型号、编码等。以文字使用AI软件生成视频，应填写使用AI软件生成视频所使用文字。

（4）二创类微短视频。指使用已有视听作品或者其他类型作品通过二次创作行为产生的微短视频。二创短视频登记者应当提供"二创"所使用的"原创"作品的情况，阐述二创的创作思路、创作手法，包括在剪辑过程中运用背景音乐、图片等，剪辑时视听特效的运用，包括贴纸、特效、滤镜、动画、配乐等的运用等。

（5）微短剧、微电影。微短剧、微电影由其制作机构按著作权法中电影作品电视剧作品类别进行登记。

2. 微短视频作品"最短时长"的动态管理

依据当前的技术条件、数据存储能力和算力能力，本课题建议列入微短视听作品快速登记确权范围的微短视频作品的最短时长设定为5秒，但这不意味着这个"最短时长"是固定不变的。在微短视频登记确权和辅助维权实践一段时间后，随着相关技术的发展和微短视频本身的业态变化、创作者的维权需求变化，需要针对这些有可能对微短视频登记确权最短时长产生影响的因素，适时对"最短时长"进行调整。

建议采取动态管理的方法，每1~2年对热点短视频内容的时长情况进行抽样统计，对版权保护理论发展、进入司法维权、科技发展及相应的短视频内容呈现动态、平台实施过程中的问题反馈等进行动态追踪，对微短视频登记确权实践中的状况和问题加以评估分析，根据新情况新数据对"最短时长"加以调整。

四、微短视听作品快速登记确权系统的设想

（一）微短视听作品快速登记确权系统的建立原则

1. 登记确权机构要具备一定的中立性和权威性

负责建立快速登记确权系统的机构，应当是具备相关职能的事业单位或社会组织等中立机构，这类机构才有能力有效平衡各方利益。

登记确权一旦成立，将会作用于多个平台，需要各个平台都能予以认可。例

如，签约在单一平台独家播出的内容被盗版搬运到其他平台，此时，登记确权机构的权威性就非常重要。

浙江作为数据知识产权保护先行区域，已由浙江省市场监督管理局等11个部门联合出台《浙江省数据知识产权登记办法（试行）》，由浙江省知识产权与服务研究中心具体承担数据知识产权的登记服务工作。这些地区政策的形成，可以作为微短视频登记确权工作的借鉴。

2. 微短视频的登记将一以贯之地坚持自愿原则

微短视频版权登记是为了给具有版权登记、版权保护、维权诉讼等明确目标的著作权人提供的公共服务，秉承自愿原则，不带有任何强制性。

3. 基本的作品登记功能要体现公共服务性质

可采取低收费方式，尽可能降低创作者在登记确权阶段的付出成本。但也不能不收费，低收费有助于防止使用者在不必要登记的情况下滥用公共资源，从而保证登记的严肃性。

4. 以登记补正机制提升快速登记确权系统的准确性

快速登记确权系统主要采用技术判别方式，力图以较高效率和较低成本完成登记确权过程，但也不可避免出现差错，建立补正机制十分必要。设立登记处置通道，提供权利人主张异议的路径；设置行政撤销通道，提供登记过程中申请文件瑕疵、申请人错误登记等解决途径；设立纠偏机制，根据司法诉讼形成的认定，对登记确权结果进行纠偏。

（二）微短视听作品确权登记系统的基本功能

1. 触发式自动登记功能

对于特定创作者或者特定内容的微短视频，在上传者或平台预先认可的情况下，在上线时或者达到某种传播度时，同时由系统自动触发登记功能，自动完成确权。

2. 自动判别功能

采用技术系统进行登记确权，登记者上传微短视频作品相关信息后系统能够对是否予以登记进行初步判断。通过对作品的相关要素进行拆解分类，设置成必填信息，使得系统可通过这些信息进行自动甄别。凡被系统甄别为不予登记的作品，登记者如果申请陈述，可链接人工判断程序，由人工介入登记工作。

3. 快速发签功能

技术系统在甄别完成之后，将自动给予微短视频作品“确权电子标签”，作为国家承认的确权证据。确权电子标签发布的同时，可利用区块链技术同步进行记账，使登记信息不再可被删除。这将是得到社会共同信任的维权依据。这个确权电子标签发放的时间可以在登记完成后几秒之内完成。标签发放后默认有一定时间（建议为7天）的公示期，在此期间其他权利人可以针对作品和登记信息提起反驳。反驳程序同样以技术系统判断为主，人工介入为辅。

4. 维权支持功能

技术系统支持作品在登记确权之后的维权工作，重点在于确权电子标签的权威性。登记系统必须具备维权功能，否则，单纯的登记系统很难吸引创作者前来登记。但确权电子标签要被社会广泛采信，需要政府背书，同时也需要积极广泛开展宣教。系统本身可以为广大律师事务所提供SAAS服务，提供确权证据。

（三）微短视听作品确权登记和维权技术系统的其他延展功能构想

1. 加强侵权识别技术的研究和应用，全面、精准识别盗版，实现侵权传播可溯源，向创作者提供溯源信息服务。音视频基因技术可为这项应用提供扎实的技术保障。

2. 构建正版微短视频作品影视库，加强事中版权管理，将登记系统与微短视频平台落实对侵权行为的“注意义务”的过滤系统相对接，开发对平台用户上传数字影视内容的事先版权鉴权过滤技术方案，助力平台主动规避版权风险。

3. 技术系统还应全面支持作品在登记确权之后的交易。交易是最积极的作品获利方式。登记者自愿登记的同时，也可自愿选择是否委托平台进行交易。系统会委托平台交易的作品自动提取作品的音视频基因，并结合区块链等技术，让全部交易在一个公开公平公正的前提下进行。同时音视频基因技术，将确保作品在约定范围内使用。一旦被授权人超越约定范围使用了作品，技术系统可以秒级速度进行反应。大幅提升版权保护的时效性和可操作性，也减少权利人调查取证的时间和经济成本。

课题组组长：魏党军

课题组成员：王扬斌　杨培红　刘宁子　毕莹　严波　王玉奇　柳进宇
汤建彬　史晶月　贾颖　迟殿凤

承担单位：中国网络视听节目服务协会

协作单位：杭州阜博科技有限公司

数字人版权确权与保护

刘宁子*

摘要： 本课题关注的核心问题是"在当前实践条件下，数字人版权如何进行确权与保护"。基于文献调研和专家访谈，本研究发现，就当前的司法实践而言，结合著作权法的相关规定进行保护得到了国际、司法界和学术界的认同，但不同类别的数字人、不同类别的数字人作品如何分类进行保护，数字人是否能够作为权利主体等话题仍然存在争议。本研究回应了当前数字人版权保护中存在的核心争议，并为后续研究的开展和规制办法的制定提供了理论支持。

关键词： 数字人；版权确权；版权保护；政策

随着技术的不断升级迭代，经济驱动下的数字人市场迅速扩张，新技术、新经济、新形势下的数字人版权研究既回应了现实的社会需求，又填补了数字版权及其相关法律规定的空缺，为迅猛发展的数字版权实践提供了极具价值的学理参考。虚拟数字人作为数字技术创造出来的、与人类形象接近的数字化人物形象，颠覆了过往大众对物质及其版权权属的认知。一方面，作为一种新兴的经济业态，据前瞻产业研究院等市场机构分析，2021年中国虚拟人产业市场规模达到62亿元，2022年市场规模超90亿元，预计到2028年市场体量或超过300亿元。强劲的市场驱动既为产业界带来了巨大的机遇也给当前的版权工作带来了一系列挑战，数字人版权的确权与保护成为一种现实的社会需求。另一方面，迅猛的版权实践与新兴的数字版权理论发展二者间的不同步使得研究数字人版权具有极高的学术价值，填补二者的空白、桥接二者的链路、弥合二者的鸿沟也成为本研究的主要目标。

当前，数字人版权摩擦纠纷与模糊地带等乱象亟待规范，以数字版权登记、管理、交易、服务等在内的一系列数字版权实践给现有框架下的版权确权与保护工作提出了新命题、新要求。因此，需要思考的相关问题包括：如何调整当前版权框架的适用性？新时期怎样开展卓有成效的数字人版权工作？本课题立足于新媒体时代，通过梳理学理、剖析案例，抽丝剥茧、深入挖掘，旨在为数字人版权确权及其保护工作的规范发展提供参考建议。

* 刘宁子，杭州新粒子文化科技有限公司总裁，本课题组组长。

一、数字人确权的现实必要性

随着虚拟数字人技术的快速演进，虚拟数字人的加速商业化已成定势。在互联网领域的电商、音乐、影视、游戏、金融等场景，虚拟数字人能否建立新的数字形象IP，或将成为未来数字世界的一种重要业务形态。虚拟数字人IP化，这是一个与数字经济知识产权直接相关的问题，它是指通过对“身体”和“灵魂”的建模，对由虚到实、虚实共生的“世界”渲染，并植入包含品牌、场景以及IP元素的“人设”，最终创设出可版权化的虚拟数字人。

与服务型虚拟数字人不同，身份型虚拟数字人一般为虚拟偶像或虚拟IP，也包括虚拟主播、虚拟UP主等。人设、外形和才艺水平被视为虚拟偶像最重要的三个元素，这类数字形象IP是能够真正转化为粉丝经济中具有版权收入、坐拥商业价值的品牌IP，因此也涉及文化产权保护问题。与身份型虚拟数字人相对应的，是元宇宙场景中各色各类服务型的NPC，从本质上区分，这类虚拟数字人就是“数字人”，一般无须内设IP或IP化。但是，在文旅、文博等应用场景中，预构知识产权法律规制保护就显得尤为重要。

如果虚拟数字人成为未来元宇宙虚实交互世界的法律主体之一，它（她/他/它们）不是仅仅代表一个虚拟形象与IP人设，而是意味着一个商业品牌、公司的一种数字资产。在不同的应用场景中，虚拟数字人的主体知识产权保护有时无法与名称权、肖像权、名誉权、继承权、隐私伦理等问题相剥离，甚至会引发刑事犯罪问题。鉴于虚拟数字人虽然外形上具有拟人化的形象设计，但其本质却是人工智能的创造、发明或智能化（交互/非交互）产品。因此，现有知识产权法律规定与保护的相关权利需经赋权、确权后才能由数字权利转向法定权利。

原生型虚拟数字人商业化作品属于受著作权保护的原创作品，且一些以虚拟数字人为基础的音乐歌曲、MV、短视频等作品，符合著作权法规定前提下的应获得法律确权保护。对于真人转化型虚拟数字人，如果视觉形象提取和使用了明星真人的重要特征，则不仅涉及著作权，更牵涉真人的肖像权、人格权的问题。如果虚拟形象出自文学作品、美术与摄影作品中已有的角色、人物，需要注意享有著作权作品的改编权，以及二次创作的IP授权的合法性。对于“虚拟数字人”的开发及归属，由该“数字资产”的运营方与合作方通过合同约定各自权属。目前，我国虚拟数字人的上中下产业链已初步形成，虚拟数字人行业正处于快速发展阶段，数字人著作权保护体系亟待完善。

随着人工智能、虚拟现实等技术的发展和融合，数字人正在以高度拟人化进入生产、生活各个领域，彰显数字经济发展的“新动能”，为Z时代新消费市场，以及产业数字化转型构筑巨大的想象空间和应用前景。同时，我们也不能忽略数字人的版权保护，更好地维护数字经济的发展。

二、数字人的法律问题

作为Web3.0元宇宙时代最具挑战性的权利（授权与受权）主体——数字人，在其占比最大的泛娱乐领域，如何将其纳入现行法律制度框架内加以调节与规制？在世界知识产权组织（WIPO）专业人士看来，“是法律去适应元宇宙，还是元宇宙去适应法律？现阶段最合适的应对方法是后者”[①]。无论云计算、区块链还是非同质化代币，甚至是虚拟数字人，依照现有的知识产权法以及产权保护的根基，除了有形财产，更在于对无形要素所有权制度的关切[②]。所以，对于“数字人”的版权问题，更聚焦于其无形要素所有权制度。

（一）法律重点

在知识产权法律规制与保护的语境下探讨数字人的法律问题，必须还原到元宇宙的场景中。《元宇宙改变一切》作者马修·鲍尔（Matthew Ball）认为，用户、开发者和消费者必须明白，我们对自己的未来有决定权，并有能力对现状进行“重置（Reset）”。换言之，当包括数据权利、数据安全、虚假信息和激进化、平台权利和监管、技术滥用和用户幸福感在内的尖锐的数字化难题呈现在我们面前时，数字人及其知识产权保护将何去何从？如果虚拟数字人将成为未来元宇宙虚实交互世界的法律主体之一，它（她/他/它们）不是仅仅代表一个虚拟形象与

① 安迪·拉莫斯．元宇宙、非同质化代币和知识产权权利：监管还是不监管？［EB/OL］．［2024-03-31］．https://www.wipo.int/wipo_magazine/zh/2022/02/article_0002.html?ref=dr-mark-van-rijmenam-csp-the-digital-speaker-strategic-futurist.

② 安迪·拉莫斯．元宇宙、非同质化代币和知识产权权利：监管还是不监管？［EB/OL］．［2024-03-31］．https://www.wipo.int/wipo_magazine/zh/2022/02/article_0002.html?ref=dr-mark-van-rijmenam-csp-the-digital-speaker-strategic-futurist.

人设，如洛天依、虚拟女团A-SOUL[①]等，而是意味着一个商业品牌，公司的一种数字资产，与虚拟主播相嵌套的“中之人”[②]等。在泛娱乐领域的不同应用场景中，数字人的主体知识产权保护有时无法与名称权、肖像权、名誉权、继承权、隐私伦理等问题相剥离，甚至也会引发刑事犯罪问题。

用户在元宇宙中创造的数字人“假身”，经常反映其肉体“真身”所难以实现的某种愿望和憧憬，该数字人的外貌往往在现实世界中有具体的参照主体，比如，用户所崇拜的某个明星、欣赏的某个人物或者暗恋的某个对象等，在这种情况下，极有可能侵犯被模仿者的肖像权等人格权[③]。以泛娱乐领域明星偶像的数字化虚拟形象保护为例，当年与周杰伦同台演唱、由DD3.0技术制作的邓丽君虚拟形象，短短210秒就花掉将近1亿元新台币。这项对已故明星的复活技术，其中包含了名誉权、肖像权、隐私权、著作权、署名权、保护作品完整权等，仅周杰伦获得对方家属的官方授权，其他复活穿越的虚拟“邓丽君”都不同程度地涉及IP侵权及其他民事侵权。虚拟数字人，一般存在数字分身或数字身份，具有IP权利及其他数字权利。在最新的司法实践中，如（2020）粤0192民初46388号案[④]，就已出现与视觉形象著作权相关的确权案例。

（二）法律难点

1. 数字人联名款商业活动中的权利界定与利益分配

2022年4月13日，国内鲜花生活方式品牌“花点时间”宣布签约虚拟偶像阿喜Angie为“2022年度虚拟代言人”，并在元宇宙开设第一家品牌花店[⑤]。这种创新的营销策略不仅展示了花点时间对年轻消费者群体的重视，也体现了品牌在追求创新和差异化方面的努力。此外，通过发布由阿喜出镜的芍药季概念短视频，

① A-SOUL，是指乐华娱乐2020年11月推出的首个虚拟偶像女团，由嘉然（Diana）、向晚（Ava）、贝拉（Bella）、珈乐（Carol）、乃琳（Eileen）五人组成，12月2日该团体首支单曲*quiet*上线。

② 中之人，来源日语“中の人”，指操纵虚拟主播进行直播的人，也泛指任何提供声音来源的工作者。

③ 李宗辉．元宇宙中用户身份型数字人及其版权实践的法律考量［J］．编辑之友，2022（10）：88-98.

④ 此案中，法院即认为展现“yoyo 鹿鸣”外观形象的作品“以线条、色彩及其组合呈现出富有美感的形象和艺术效果，体现了个性化的表达，作品具备独创性，同时也体现了一定的艺术美感，属于《中华人民共和国著作权法》意义上的美术作品”。

⑤ 创业最前线．牵手虚拟偶像阿喜，花点时间打动年轻人的新思路［EB/OL］．（2022-04-19）［2024-05-08］．https://user.guancha.cn/main/content?id=744434.

“花点时间”进一步加强了与消费者的互动和情感连接。此次合作还帮助阿喜这一虚拟IP形象得到了丰富和深化，使其性格特征和情感表达更加突出，从而更能满足消费者对虚拟偶像的情感化和情绪化需求。这种双赢的合作模式，不仅增强了阿喜的市场影响力，也为花点时间带来了新的营销机会和商业价值。虚拟偶像当元宇宙花点主理人，以邀请外部数字人代言、带货推广、定制联名产品等方式开展营销，在代言带货的过程中也将输出即时短视频（作品、广告等），孵化出新的品牌商品（商誉、商标或地理标志等），这些将会涉及权利的界定和权属利益分配。同样的案例还有百度与荣耀联合打造的国内首个虚拟偶像AIGC单曲《每分每秒每天》，该曲由度晓晓和龚俊两位虚拟数字人共同演唱，作词和编曲均由AI完成[①]，标志着AI在音乐创作领域的应用达到了新的高度。这首歌不仅是国内首次由AI参与作词编曲，还被制作成MV，是国内第一个虚拟偶像组合的作品[②]，展示了百度在AI交互和内容生成方面的强大能力，同时也推动了虚拟偶像和AI技术在娱乐产业中的应用。这类利用人工智能技术来生成内容的“创作”已经越来越多。技术开发方、投资方、运营方、品牌方、用户方是否能够通过合同或约定分享以数字人为基底的创作成果？这是元宇宙法律调整必须面对的现实问题。

2. 数字人社会服务的公共价值及其衡量

在数字人的创新力、传播影响力、社会力/公共价值已经开始呈现显性作用力时，尤其在泛娱乐领域，需立足中观或更宏观的层面对中国数字人的IP自主性、品牌主张达成、社会服务属性等虚拟数字人影响力指标体系的重要部分加以综合研判。在虚拟偶像元年后，A-SOUL成员珈乐宣布“直播休眠”、B站虚拟主播“柏凛Porin”发布不实视频国内虚拟偶像“塌房”事件也并不少见。根据现有的法律规定，任何数字作品的内容必须符合法律法规的强制性规范与社会主义核心价值观，不得违反公序良俗。这意味着，如果数字人生成的艺术作品包含违反公序良俗的内容，如涉黄、涉政、涉及宗教或其他敏感内容，那么这些作品应当受到相应法律的规制，并可能面临被下架或其他法律后果。但就目前而言，由于数字人既不是自然人也不是法人或非法人组织，其在民法典中的地位尚未明确，这使得其法律责任和权利难以界定。此外，虽然法律要求数字作品内容符合社会主

---

① 首个AI数字人唱作歌曲刷屏背后：百度App数字人度晓晓用AI陪伴亿万用户［EB/OL］.（2022-06-15）［2024-05-08］.https://finance.sina.com.cn/stock/enterprise/hk/2022-06-15/doc-imizmscu6962400.shtml.

② 虚拟偶像组合的首支MV，解锁荣耀的AI构想［EB/OL］.（2022-06-15）［2024-05-08］. https://new.qq.com/rain/a/20220615A04T8200.

义核心价值观，但实际操作中，由于技术的复杂性和跨境性，对数字人生成内容的监管变得更加困难。而解决当前问题的一个关键抓手或许在于理清数字人在知识产权方面的权属，继而通过现有的法律框架约束数字人这一新兴的内容形式，使其更好发挥公共价值，在知识产权法律保护的视域下，“虚拟数字人+”的行业细分及应用类场景将为泛娱乐领域IP社会服务增添更多正向的推动力量。

三、数字人版权保护面临的困境

根据2021年6月1日施行的《中华人民共和国著作权法》的规定，作品是指文学、艺术和科学领域内具有独创性并能以一定形式表现的智力成果。著作权的客体即作品。虽然著作权法认可了部分作品形态，但是随着数字技术的发展，符合“作品”定义的智力成果往往无法对应著作权法中的作品种类。在虚拟主播领域，这一现象更为突出，相关著作权客体的范围更加难以确定。主要从著作权法角度出发讨论虚拟主播主要涉及哪些著作权客体，并进一步提出相应的改进建议。

（一）版权客体问题

当下，人工智能技术的发展引起了广泛关注，其“可版权性”问题在学术界颇有争议。持肯定说的观点认为，虽然人工智能是机器输出结果，但也是遵循人工智能设计人员的意志创作而成，能够体现作品的基本要素，应当认可人工智能生成内容的可版权性。[①]持否定说的观点认为，人工智能生成内容是一系列算法、规则运行的结果，不能体现作者的独特个性和情感表达，所以应该否认人工智能生成内容的可版权性。[②]

数字人作为人工智能技术的一种类型，其法律地位比较模糊，由于其自身性质的特殊，其版权保护也是异常艰难。数字人是单纯的商品和虚拟主播是著作权法保护的作品，这种争论是主要观点。首先，作品必须是人类的智力成果。虽然数字人涉及虚拟形象的创作，但这个过程中还涉及角色设计师、中之人、公司

① 熊琦．人工智能生成内容的著作权认定［J］．知识产权，2017（3）：3-8.

② 王迁．论人工智能生成的内容在著作权法中的定性［J］．法律科学（西北政法大学学报），2017（5）：148-155.

等，其生成物不可避免地会体现每个用户的意志，因此不应该轻易把数字人排除在著作权法保护范围之外。其次，目前数字人的发展存在诸多分支，诸如人物模型、角色设定、生成作品等，这些领域都需要深入分析其是否在“文学、艺术和科学”领域内。由于数字人自身存在版权元素复合的特性，对该类作品的版权应当分类分析，进一步思考。

（二）数字人的模型设计

著作权，是指自然人、法人和其他组织所拥有的权利，数字人并不是法律意义上的具有人格的人，因此数字人本身不具有著作权。数字人主要委托外部的画师及专业的虚拟数字人制作公司进行创作。在实务操作过程中，数字人的开发流程通常会经过平面二维图像到三维建模开发流程。在平面二维图像的开发过程中，数字人公司会根据自身对数字人的审美要求，包括但不限于性别、体态、脸型、发型、线条、颜色等方面，委托外部画师创作数字人的平面二维图像。在二维图像创作完成后，再委托虚拟数字人制作公司，根据在先创作的数字人的二维原画及设计要求，对虚拟主播进行三维虚拟形象模型制作及UE4实时驱动构建，包括角色的骨骼绑定、表情制作以及基于UE4高品质实时渲染引擎等操作等。①

在其制作过程中，数字人的外观形象已经蕴含了人类具有独创性的艺术成果，其外观形象，包括数字人二维原画和三维图形，构成著作权法所规定的美术作品。《中华人民共和国著作权法实施条例》第4条将美术作品定义为“绘画、书法、雕塑等以线条、色彩或者其他方式构成的有审美意义的平面或者立体的造型艺术作品”。②虽然部分数字人有现实的人物模型基础，但每个模型都有自己的独特要素，如五官、服装、身材等。有些模型还会设置更加细致的表情和形态变化，这使得虚拟主播的形象具有一定的独创性，符合美术作品特征，可以作为美术作品保护。在司法实践中，虚拟角色作为美术作品保护为数字人模型的保护提供了借鉴。在深圳市盟世奇商贸有限公司与深圳市物资集团有限公司、赵三锋著作权权属、侵权纠纷一案中，深圳市罗湖区人民法院认定：虽然男性卡通人物随处可见，但美术作品“光头强”以男性形象为基础，通过独特的五官、别致的衣着及配饰、身体比例及线条走向，赋予该人物生动的形态和丰富的神情，使该人物具有独特的个性和不同的神韵，具备独创性，同时也体现了一定艺术美感，符

① 李禹佳. 虚拟主播产业著作权问题探析［J］. 西部学刊，2021（24）：79-82.

② 参见《中华人民共和国著作权法实施条例》第4条。

合《中华人民共和国著作权法实施条例》第2条、第4条第8项对美术作品独创性及艺术美感的要求，属于我国著作权法意义上的美术作品。侵权人并不能通过仅仅改变动漫形象的随机属性而获得新的著作权。对于虚拟主播模型来说，这一方法同样适用。

（三）数字人的角色形象

数字人的外观形象是根据真人形象而创作的。此种情况下，需要考虑与数字人外观形象相关的著作权和人身权。我国民法典第1018条规定：自然人享有肖像权，有权依法制作、使用、公开或者许可他人使用自己的肖像。因此，如果数字人的外观是根据真人形象创作而来的，则需要双方授权，一是画师的著作权授权或者著作权转让，二是真人的肖像权授权，且肖像授权在委托画师创作之前即需要取得，否则将会有构成肖像侵权的法律风险。同时，真人的姓名权同样受法律保护，民法典第1014条表明，任何组织或者个人不得以干涉、盗用、假冒等方式侵害他人的姓名权或者名称权。若使用了该真人的真实姓名、艺名、昵称，则该虚拟主播的开发运营主体在使用前同样应事先征得真人关于许可使用其姓名、艺名、昵称的书面同意。[①]

不同于其他形式的虚拟数字人，数字人具有极强的互动性。而角色的设定也影响了这类虚拟主播的命运，大部分成功的人设是虚拟主播在和观众互动的过程中创造的。然而，角色设定目前并不是我国著作权法所独立保护的对象。但是在数字人广泛存在的二次元文化中，正是因为合适的角色设定，才能吸引对应的消费者，从而发展壮大。在符号化消费兴起的当下，消费者的消费习惯已经逐渐形成，其消费可能基于对某个特定形象的认同。在日本、美国等二次元产业发达的国家，角色设定都作为独立的著作权客体受到法律保护。比如，美国对动漫角色采用了著作权的保护，在“尼科尔诉环球电影公司”案中，法官认为，著作权的保护不能只局限在作品的文本，而应当扩展到对作品中人物的保护，即Nichols标准。Nichols标准就是独特描述标准，对文学作品中涉及的角色或形象进行是否被侵权的判断，或者对某一个文学作品中的角色是否予以法律保护进行判断时就会运用到独特描述标准。[②]为了激发群众的创作热情，我国应该积极向世界各国借

---

① 张红．“以营利为目的”与肖像权侵权责任认定——以案例为基础的实证研究［J］．比较法研究，2012（3）：63-76.

② 李禹佳．虚拟主播产业著作权问题探析［J］．西部学刊，2021（24）：79-82.

鉴，不断完善著作权法的内容。

（四）数字人生产的视听作品

数字人形象参与的相关视频可以构成视听作品和录像制品。虚拟主播参与拍摄或作为角色出演，其行为、表演活动被记录下来并被摄制在一定介质上形成连续动态画面，该画面构成视听作品或录像制品。同真人主播一样，数字人在一定程度上可以拥有直播游戏画面的著作权。我国新修订的著作权法将“电影作品和类似摄制电影的方法创作的作品”修改为“视听作品”。如此，数字人直播所生成的画面满足了“视听作品”的要求，可以为著作权法所保护。但是数字人在直播过程中产生的视频文件往往涉及复杂的版权归属问题。例如，如何判断直播中游戏画面的著作权归属，是目前在学术界争议较大的问题。有学者认为，玩家在直播的过程中往往对游戏要素进行了具有个人的特色加工，因此一定程度上可以获得作者或者表演者的地位。若在前期创作阶段虚拟主播外观形象的著作财产权是归属虚拟主播公司的，则虚拟主播公司拥有该视听作品的财产性权利及录像制品的录像制作者权。所以针对视听作品的归属权需要具体问题具体分析。

（五）版权主体

著作权的主体即享有著作权权利和承担著作权义务的人。简言之，就是指作者。在虚拟主播产业中，著作权归属问题相对较为复杂。尽管我国司法目前并不承认人工智能是创作主体，但人工智能产生的“作品”却并非无主之物，其知识产权应当归属于提供算法和程序的具体的人或公司。同理，虚拟主播在平台上的活动内容如果符合作品的构成条件，其知识产权也应当根据其具体的运营模式，落实到背后的人或公司：若虚拟主播的作品是完全通过AI生成的，那么著作权应归属于提供算法和程序的开发者；若作品是依赖中之人表演而产生，那么相应著作权则应由中之人或其所属单位享有。

1. 算法程序开发者

虚拟形象多使用CG，即计算机图形学的技术，使用数学算法将二维或三维图形转化为计算机显示器的栅格形式。①虚拟偶像的制作有两种方式：一种是利用相关软件制作生成，另一种是画师设计。利用软件生成的人物模型的著作权应属

① 英海燕，李翔．计算机图形学的发展及应用［J］．现代情报，2004（1）：33-35.

于软件商，尽管软件商并未提供具体的形象，但具体形象的创作依靠的是软件预设的元素，因此独创性相对不高，软件的作用更加突出，所以著作权仍应归属于软件商。著作权法第10条将广播权规定为以有线或者无线方式公开传播或者转播作品，以及通过扩音器或者其他传送符号、声音、图像的类似工具向公众传播广播的作品的权利。[①]而虚拟主播的直播符合这一条的规定。所以，在虚拟主播直播之前，应当确保自己与著作权权利人达成有效的协议，明确自己的权属以防侵权。

2.“中之人”

“中之人”是指操纵虚拟主播进行直播的人，也泛指任何提供声音来源的工作者。具体来说，他们利用动作捕捉技术参与直播，利用人物模型的视觉呈现和自己的声音与观众进行互动。根据运营方式的不同，“中之人”可以分为“个人势”与“企业势”两种。个人势的虚拟主播即“中之人”自己负责运营直播等一系列活动，收益也完全归自己所有。对于个人势的“中之人”来说，其拥有的人物模型的著作权取决于和模型制作者的合同规定。对于企业的虚拟主播来说，“中之人”往往只负责直播，运营由公司的专门团队负责。一般而言，人物模型的著作权属于公司。表演者，即表演作品的自然人，是表演者的原始主体，享有法律上的表演者身份。但虚拟主播演出的过程并不同于人类表演的过程，它是没有生命的“人类”，按照著作权法的规定，它不能被认定为表演者，也没有表演者权。如果选择将“中之人”归为“表演者”，著作权法第39条中表演者“表明表演者身份”“保护表演形象不受歪曲”的权利归属及其行使规则，又与“中之人”不得泄露身份信息的行业惯例直接冲突。尽管虚拟主播缺乏固定的台本，但是中之人的想法又体现在了虚拟主播的行动当中，因此“中之人”的直播是否被看作一种表演，也要抽丝剥茧，按照著作权法规定进行分析。

3. 运营公司

从法律关系的角度，虚拟主播公司与受托的主体之间构成委托合同法律关系。

根据著作权法第19条，受委托创作的作品，著作权的归属由委托人和受托人通过合同约定。合同未作明确约定或者没有订立合同的，著作权属于受托人。[②]也即在委托创作法律关系中，关于版权的归属与约定有关。无约定的著作权归属

① 参见《中华人民共和国著作权法》第10条。
② 参见《中华人民共和国著作权法》第19条。

于受托方。因此，虚拟主播公司在委托外部画师及虚拟数字人制作公司时，应该对知识产权进行明确约定，确定其归属权。这样方可确保虚拟主播公司取得虚拟主播的全部著作财产权，防止在虚拟主播后续的开发运营过程中，因为虚拟主播的知识产权的归属面临法律风险，从而对虚拟主播后续的开发运营及维护管理造成障碍。

对于“企业势”的虚拟主播来说，受企业管理的中之人直播产生的直播视频等视听作品应当被看作职务作品。我国著作权法第18条第1款规定：“自然人为完成法人或者非法人组织工作任务所创作的作品是职务作品，除本条第二款的规定以外，著作权由作者享有，但法人或非法人组织有权在其业务范围内优先使用”。虚拟主播所产生的视听作品应该理解为著作权法第18条第2款规定的“报社、期刊社、通讯社、广播电台、电视台的工作人员创作的职务作品”，由法人或非法人组织享有职务作品的著作权，这样才能有效地推动虚拟主播产业著作权的实现。

对于新闻传媒里的虚拟主播来说，其生产出来的内容，由其所属新闻媒体作为著作权人，享有相应的著作权权利。实际应用中虚拟主播播报的内容情况多样，如果是由人工编辑、虚拟主播播报的，那么相关人群即作者，享有该作品的有关权利。如果虚拟主播作为媒体记者、主播、主持人承担相关任务，那么产生的作品属于职务作品。虚拟主播播报的消息、采访的内容，实质上属于新闻作品、一般作品或单纯事实消息。但是需要注意的是，虚拟主播播报的内容如果是由人主要创作完成的，且具有独创性，符合作品定义，则应当受到著作权法保护。那些纯粹由计算机创作完成，人没有实质性参与的，或者属于单纯的事实信息的，不属于作品，不受著作权法保护。

四、根据分类进行数字人确权

（一）“数字人”与真人的关系：数字原生与数字孪生

要进一步分析数字人与真人的关系，首先要厘清数字原生与数字孪生的含义与区别。数字孪生（Digital Twin）是指将物理世界复制出一个数字化的双胞胎版本，通过本体与孪生之间数据的双向流动来实现优化、预测、仿真、监控、分析等功能，在元宇宙中，数字孪生是构建基础单元的第一步。数字原生（Digital

Native）是指运用超级深度学习、多模态学习和人工智能生成内容等技术在数字世界中自主发现新的规律、新的联系、新的机会，实现数字世界和物理世界的无缝融合。

在数字人方面，数字孪生和数字原生主要聚焦在不同的数字人驱动方式上。按照此前的分类，更类人的真人驱动型数字人和半AI驱动型数字人属于数字孪生范畴，可以将其称为真人转化型数字人，而纯AI驱动型数字人则属于数字原生范畴，可以将其称为原生型数字人。

在数字孪生范畴内的真人转化型数字人存在两种情况，一种是真人驱动型数字人，一种是半AI驱动型数字人中属于身份型的一部分数字人。这两种数字人与真人的联系更为紧密，实际上是对真人某一方面的数字化呈现，由一部分生物性组成。而数字原生范畴内的数字人虽然与真人相像，但重在模仿真人的存在，本质不具备生物性。但从经济效益和人类心理学的角度考虑，数字原生范畴内的数字人依旧会做出贴近真人的选择，而并非利用数字世界构建新的规则，例如新的"人体"或者新的数字语言之类的违背或超过现实世界的情况。当然，在讨论数字人与真人的关系上，数字孪生范畴仍需进一步分析。

真人驱动型数字人存在几种不同的情况，一种是以数字人为本位的真人驱动型数字人，这类数字人多是虚拟表演者，"中之人"即幕后扮演者不仅要贡献声音源，还要操控进行数字人建模形象进行舞蹈、戏剧表演、与粉丝互动等行为，这些扮演者具有邻接权，例如，虚拟女团A-SOUL的幕后扮演者；再如，乙女游戏中的攻略角色的声音来源者（声优、CV）。值得注意的是，也有一种情况需要做关于知识产权上的区分，即采用一定量的真人的音源，利用各种AI语音技术生成以假乱真的效果，最终用AI配音成功替代真人CV的配音，如某配音演员因涉及经济纠纷，导致其参与的配音项目受到影响。而对于一些游戏项目而言，配音演员一旦无法参与工作，或者陷入业界俗称"塌房"的情况，对于不断更新剧情进度的游戏项目会造成巨大的经济损失。因此，米哈游采用了"逆熵AI"技术对该配音演员的声音进行模仿与学习，并完成了对配音演员的替代。与该配音演员真人参与配音的作品中游戏公司作为法人具有著作权和该配音演员本人具有邻接权不同的是，在由以其声音为学习材料的AI配制的作品中，该配音演员只具有对其声音的个人信息的权利。实际上这样因为配音演员"塌房"的情况导致更换CV、项目阻滞的情况近年来并不少见，利用AI配音取代真人配音可以提升商业项目的稳定性，在AI语音技术不断发展的趋势下，未来对应的案例也许会越来越多。

还有一种是以真人为本位的真人驱动型数字人，这类数字人以虚拟主播居多，他们也算在身份型数字人的类型中，但是内核依旧是真人而非算法。比起前一种真人驱动型数字人，这种数字人皮下的“中之人”并非为数字人服务，而是反过来，数字人的形象是为用户所使用的近乎“皮肤”般的存在，在以数字人为本位的数字人与真人的关系中，“中之人”不具备自我，他们的首要需求就是扮演好相应的数字人，披上数字人形象的这层皮，“中之人”就是数字人，他们合二为一，真人的一举一动都代表着数字人。但是以真人为本位的数字人仅仅是选择用数字人的皮肤作为自己在网络世界的虚拟形象，以起到遮掩真人形象或者彰显个性的作用，这也给一些对自己真人形象不满意的主播可以有面对观众和吸纳粉丝的可能性。当然，无论是以真人为主体还是以数字人为主体，在真人驱动型数字人中不过是选择的不同，界定并非绝对。

对一部分由AI驱动的身份型数字人来说，他们虽然不需要由对应的真人实时扮演“自己”，但是需要根据对应的真人的形象进行建模、采集相应的声音源、参照标志性动作等前期准备构建一个数字人的“数字肉体”。这些准备都需要取得对应真人用户的肖像权和人格权以及一些基本个人信息的授权，同时根据真人不同的身份，也会有不同的权利的牵涉。

（二）虚拟数字人的“主体性”

当前虚拟数字人不具有“主体性”。目前，AI技术水平尚未走出弱人工智能阶段。所谓的机器学习，例如卷积神经网络、对抗式生成网络、生成式预训练转换器等都未超出数算逻辑的范畴。它虽然外在行动与人类活动看似无异，但与人类意识活动有着云泥之别，只具有形式自主性，而不具有实质自主性。这种越发自主、智能的形式自主性虽然正无限趋近人类意识活动的实质自主性，但只要它尚未越过该“形”“实”之间的鸿沟，就不具备主体性可能。就目前而言，虚拟数字人虽然具备了形式自主性，但尚不具备权利和义务的承担能力，不具有主体性。

未来强AI驱动型虚拟数字人具有“主体性”可能。虚拟数字人的最终形态，即强AI或超AI驱动型虚拟数字人。这种人工智能体拥有类人智慧特征，具有自主性，能够自我运行、自我学习、推理结果并做出合理决策，就能够拥有主体资格或至少拥有有限主体资格。对于强AI或超AI属于何种法律主体，学界亦有争议。可行的路径是采信中间主体说。所谓中间主体，是指位于主体范畴之中，但处于物到人之间过渡阶段的新兴法律主体。对于该主体的称谓，目前学界尚未命名。

五、数字人确权与保护的对策措施

（一）数字人版权保护策略

目前，我国虚拟数字人的上中下产业链已初步形成。各级政府在支持数字人产业发展方面做出相应探索。腾讯、字节跳动、百度、网易等巨头牵头布局的内容制作类、工具类和IP策划类公司构成上游产业；以虚拟数字人厂商为代表的虚拟人孵化、设计、技术运维、运营等全链条，构成中游产业/服务方；企业服务、文娱等公司及用户构成下游产业。游戏、文娱、传媒等泛娱乐领域行业同金融、文旅、教育、消费品等行业开始纷纷探索。鉴于虚拟数字人行业正处于快速发展阶段，数字人著作权保护体系亟待完善。数字人知识产权保护将对相关企业的生存与发展起到关键作用，故提出以下应对策略。

1. 研究并加强对虚拟数字人主体权利与相关权益的知识产权行政保护

在现有知识产权法律制度保护的框架内，对于泛娱乐领域数字人涉及的法律问题，经由立法上的IP化赋权/授权，还需通过行政主管机关出台相关工作指引，研究并加强行政保护，对虚拟数字人生成内容归属中常有的争议点、软件和算法中的风险点等给予提醒与警示，才能帮助权利人增强风险防范意识，有助于虚拟数字人司法确权的顺利实现。目前来看，虚拟数字人的视觉形象、声音、表演等都可能涉及著作权保护，应加强对这些元素的版权注册和管理，确保创作者的合法权益得到保护。参考当前已有的虚拟数字人侵权案判例，进一步完善知识产权法律体系，明确虚拟数字人的知识产权归属、保护范围及侵权责任。

2. 根据数字人类型进行确权分类

数字人整体可以通过两个维度分为四类。

第一个维度是在形象来源上，可以分为“真人转化型”和“原生型”两大类，在确权时应根据其类型区分处理。真人转化型数字人，此类数字人基于真实人物建模，涉及肖像权、人格权和著作权。应当确保与真人授权人签署明确的肖像权许可合同，并在虚拟形象的二次创作或商业化过程中，确保原始权利人的合法权益不被侵犯。原生型数字人，这类数字人的形象设计往往涉及美术作品的创作。如果数字人的外观造型具有独特的艺术美感和创造性，其形象设计可以作为美术作品受到著作权法的保护。例如，精心设计的数字人角色形象，包括外貌特征、服装风格、色彩搭配等，都可能成为著作权保护的对象。

第二个维度是在驱动方式上，可以分为“真人驱动型”和“AI驱动型”，前者这类数字人的动作和表演可能构成著作权法意义上的表演作品。如果数字人通过特定的动作、表情和语言进行表演，并且这种表演具有一定的独创性，那么可以视为表演作品受到保护。而后者，即基于算法生成的AI驱动型数字人，其核心在于算法的版权和创作数据的所有权。开发方应通过著作权法登记算法、训练数据和生成模型，确保算法驱动的虚拟形象在技术层面的版权归属明晰，同时对基于AI的创作成果进行合理的知识产权分配。

3. 虚拟数字人版权保护与行业合规体系同步建设

最高人民法院发布的《民法典颁布后人格权司法保护典型民事案例》已认定人工智能软件擅自使用自然人形象创设虚拟人物构成侵权[①]，对虚拟数字人，特别是数字人版权保护提出法律规制的明确要求，涉及内容传播以及人工智能的虚拟数字人IP化开发、运营及生产，为实现AI驱动的数字人可用、可靠、可知、可控，需要在内容生态、隐私保护、数据安全等方面做好合规建设，更好践行“科技向善”理念，力求规避防范可能引发的社会伦理与法律风险。

进一步实现虚拟数字人版权保护与行业合规体系同步建设，首要是明确虚拟数字人的法律地位和版权归属问题。根据现有的法律框架，虚拟数字人可以被视为一种新型的创作物，其在真人的驱动下创作的艺术作品，如歌曲、舞蹈等，如果符合独创性要求，可以作为著作权法下的“作品”进行保护。此外，可以进一步建立和细化虚拟数字人的技术标准和评估方法，包括形象、语音、动作、交互处理等方面的具体要求，提升数字人产品质量，统一行业内的技术水平，减少侵权行为的发生。

4. 数字人版权侵权责任分层

数字人在不同平台上运营时，涉及的版权侵权责任复杂，尤其在多方参与的场景下。为规避版权纠纷，需分层明确各方责任。首先是平台责任。如前文提到的杭州互联网法院审理的虚拟数字人侵权案例，平台在虚拟人商业化使用中，既是传播者也是监管者，需承担内容审核义务。平台若对侵权行为未能及时采取行动，可能面临与内容制作者共同承担侵权责任的风险。其次是开发者与用户责

---

① 最高人民法院.《学法典读案例答问题》——人工智能软件擅自使用自然人形象创设虚拟人物构成侵权吗？［EB/OL］.（2022-08-30）［2024-03-31］. https://www.court.gov.cn/zixun/xiangqing/370321.html.

任。对于基于真人建模的数字人形象，开发者有义务获得足够的授权，用户在二次创作中如涉及改编，须依法获得权利人许可，确保符合法律规定。

5. 动态推进虚拟数字人的法律修订与立法

由于虚拟数字人产业发展充满不确定性，其法律规制也涉及知识产权、民事法律等多个领域，因此，可采用先修订法律再适时跟进立法的方式来构建法律制度框架。目前根据需要可对民法典、著作权法、广告法、刑法等条款进行修订，增加规制虚拟数字人的内容。例如，2022年6月出台的《网络主播行为规范》第一条注明“利用人工智能技术合成的虚拟主播及内容，参考本行为规范”，就是开放式立法的参照之一。2022年12月，最高人民法院发布《关于规范和加强人工智能司法应用的意见》，强调安全合法等原则将为虚拟数字人知识产权保护的政策法规制定提供引导。数字人相关法律的制定可以三个方面为着力点：一是对数字人作为版权保护对象的明确。二是对数字人作为权利主体的明确。如前文提到的虚拟数字人能否成为权利主体仍存在争议，建议法律明确数字人可享有与传统创作物同等的版权保护地位，确保数字创作者的利益不受侵犯。三是版权争议解决机制的建立：建立专门的版权争议仲裁机制，帮助快速解决数字人在使用过程中出现的侵权、确权纠纷，尤其是涉及多个国家的跨境纠纷时，提供更高效的解决方案。

6. 明确数字人侵权责任认定

对于数字人的侵权行为，首先需要构建数字人侵权规则原则，其次应当结合不同时代语境确定数字人侵权责任主体。归责原则是构建数字人侵权责任的基础。探讨数字人侵权责任的归责原则不应局限于某一种归责原则，应运用利益衡量理论进行价值判断，从而协调各方主体利益关系。数字人侵权责任归责原则应综合考虑以下两方面：其一，对数字人侵权应采用多样化的归责原则，即在不同的法律关系中分别采用过错原则、过错推定原则和无过错原则；其二，主要应以过错原则为主，以过错推定原则为辅。

在确定数字人侵权责任主体时，应当具体结合时代语境，即人工智能技术的强弱。弱人工智能时代数字人还是人类的工具，因此弱人工智能时代数字人侵权（包括形象、创作物侵权）的责任主体是制作数字人的公司或者自然人。强人工智能时代，数字人本质上是具有自我创作能力，届时法律上应当承认其具有法律主体资格，此问题本报告限于篇幅限制不再详述。强人工智能时代数字人侵权，应当区分是形象侵权还是创作物侵权。如果是形象侵权，应该由数字人的形象制作者承担责任；如果是数字人的创作物侵权，创作物的侵权关乎数字人的创作生成机制、机器学习、算法等等，主要是软件设计的问题，因此主要由数字人设计者承担责任。

7. 大力推动元宇宙新职业的知识产权法律与职业人才培养

虚拟数字人产业将催生"中之人"、技术美术、VuP等新职业，知识产权法律人才与知识产权师等专业人才、技术与文创结合的职业人才培养亟待加强。例如，深圳大学与腾讯公司校企合作的"虚拟数字人"微专业[①]采取了"课程合作"+"项目合作"+"IP共创"的培养模式，设置"虚拟IP运营"等主干课程。国内开设知识产权专业的各大院校正通过与律所、法院、检察院、互联网顶流公司等的合作，积极探索娱乐法、游戏法、元宇宙、ChatGPT（OpenAI）等新变化对泛娱乐领域知识产权人才培养的新挑战。

（二）相关部门、平台方和用户三个主体的具体措施

1. 相关部门

（1）推进以数字立法为首的确权工作

目前虚拟数字人领域的法律规制主要依赖《网络出版服务管理规定》《互联网视听节目服务业务分类目录（试行）》等信息网络监管和平台治理规范性文件，缺乏上位法统一、明确的规定。而当前数字人开发技术正处于爆炸式增长期，涉及愈加复杂的权利主体，与社会各界逐渐产生紧密联系，这就需要立法机关高度重视综合性立法工作，针对数字人技术及其产业特点形成体系化的法律建构。

立法过程中需要重点关注使用者的权利义务界定，根据用户与平台、程序员与运行程序的不同关系类别，算法技术的不同类型，数字人的不同类型等，分情况对使用者的权利义务进行清晰界定，为各类侵权纠纷的解决提供明确的依据。

完善"总—分"式立法体系。2021年4月21日，为了加强整个欧盟范围内对于人工智能的使用、投资和创新，欧盟委员会通过了《人工智能法》提案。提案提出一套人工智能领域的法律框架，以期对人工智能的应用进行规范和限制，保护人们日常生活和正当权利不受侵害。该法案以分析"特征—问题—目标—举措"的基本思路制定规则，引入了市场规制路径，并采取全链条的规制措施，推

① 林菲．深圳大学首创"虚拟数字人"微专业　培养创新型复合型人才［EB/OL］.（2023-03-02）［2024-03-31］. https://www.sznews.com/news/content/2023-03/02/content_30098969.htm.

行人工智能综合性立法[①]。但学界也对规制的有效性、人工智能界定和分类的合理性提出了质疑。

结合我国国情，综合性立法与具体场景立法相结合的“总—分”式立法体系有助于规范国内数字人产业版权保护。由于数字人产业的发展充满不确定性，其法律规制除了涉及知识产权，还包括民事法律等多个领域，动态推进数字人的法律修订和立法来构建法律制度框架是较为合理的策略。2023年6月初，国务院办公厅印发的《国务院2023年度立法工作计划》中，明确提及预备提请全国人大常委会审议人工智能法草案。8月，“全球治理话语竞赛下人工智能立法的中国方案”研讨会上，中国社会科学院法学研究所网络与信息法研究室副主任周辉正式发布《人工智能法（示范法）1.0》。9月，该课题组参照各方反馈与最新动态对文本进行了修订，发布《人工智能示范法1.1（专家建议稿）》。

随着数字技术的快速发展，仍然有涉及人工智能技术领域在法律上的立法空白，加快完成人工智能的综合性立法研究进程仍需高度重视。

（2）加快以登记数字版权为源的确权工作

数字人版权侵权的上游问题可以追溯到确权问题，以中国版权保护中心为牵头的有关部门应加快制定完善数字人版权登记制度，从源头上厘清版权归属、细化规章制度，有效减少后续版权纠纷。首先，将数字人版权纳入数字版权登记，完善登记指南，细化业务流程，如用户在何处即时提交DCI申领、DCI算法能力审查数字作品获得DCI的标准是否能够向用户披露以作参考、是否有专人负责数字版权登记等问题，这些常见的问题是否可以在中国版权保护中心官网以“用户帮助中心”“常见问题”的形式给有登记需求的用户更多的流程参考。其次，国家版权登记部门可以针对数字人版权登记、数字人版权保护与运营、数字版权的发展与保护等主题，开展专项业务培训，如“数字人版权登记与运用培训班”，并形成系列培训（第一期、第二期等），加强数字人版权业务的推广。最后，可以通过不定期开办数字人学术研讨会、数字人登记用户问卷反馈、数字人版权用户登记交流群等收集用户在数字版权登记上的难点与相关经验，提升服务效率，从源头上扫除确权难。

（3）完善以技术溯源为辅助的确权工作

应用区块链等技术辅助确权工作。数字时代侵权定责的难度较大，因此，在

① 曾雄，梁正，张辉．欧盟人工智能的规制路径及其对我国的启示：以《人工智能法案》为分析对象［J］．电子政务，2022（9）：63-72.

登记数字人版权时，可以利用区块链等技术，对登记人的关键技术与数据等进行电子留痕、电子签名，形成关键信息数据库。

(4) 提升数字确权与保护工作的服务水平

打通版权服务多方渠道。生成式人工智能技术创作的作品的版权争议焦点在于该类型工具前期的训练数据来源存在可能的侵权争议。一方面，以中国版权保护中心为首的相关管理部门可以设立对内、对外两套系统，如数字版权登记库（对内）与披露制度（对外），规范化训练数据的使用，对生成式人工智能研发过程中的“大数据投喂行为”进行规制和约束，以平衡生成式人工智能服务提供者、使用者与元数据享有者之间的权利义务关系。

另一方面，委托隶属于中国版权保护中心下的中华版权服务有限公司直接开展数字人版权查询与咨询服务，用户可以付费查库；清晰划定版权数据和开放使用数据的界限。此处之外，用条例等形式将相关规定披露在官网及其公众号，分享数字人版权登记案例、开办数字人版权登记答疑交流会等，给用户提供更具有导向性的服务。

2. 平台方

(1) 财产性保护

根据当前的法律条文和法律实践，数字人并不属于当前民法典中规定的自然人、法人或非法人组织，而是更具有美术作品和商业产品属性，版权的保护仍然适用于财产性权利的范畴。因此，当前平台方在保护数字人技术及相关产品时，重点是关注其财产性版权的保护，在面对侵权行为时及时寻求法律途径依法维权，保护自身商业利益。一方面，将数字资产及时向中国版权保护中心进行登记，在源头上厘清权利；另一方面，由专员负责数字人版权业务，及时反馈与跟进。

(2) 数据安全

在数字人开发过程中，公司也应当注意自身的数据安全。一方面是做好对自身的数据存储、数据加密保障，预防数据泄露问题，保障自身权益。另一方面是确保数据来源的正当性，不使用违法违规手段获得的数据，不侵犯用户隐私，依照数据安全法、网络安全法、个人信息保护法等，做好数据安全工作，避免侵权风险。

(3) 建立保护平台与裁决规则

区块链技术可以用于创建一个去中心化的版权数据库，确保数据的不可篡改性和透明性，实现数字内容的真实性验证和版权信息的自动记录。结合区块链技术、进一步完善的知识产权保护体系和细化的行业标准和规范，可以为数字人建立相应版权保护平台，提供合规审核、原创保护、身份备案、资产认定、实时监控和侵权预警等服务，进一步加强对数字人版权的保护。

除了保护平台，裁决规则的完善也至关重要。现实世界中有解决纠纷的程序规则和体系，元宇宙空间下也需要一套裁决规则。实体权利规则体系和法律的原则、精神以及法理要结合元宇宙空间的新技术，形成一个与现实法律世界平行的虚拟法律世界，并通过其沉浸式特性，发挥规则引导作用，在元宇宙空间实现计算机语言、行为和法律上默契，达到现实世界的纠纷解决目的。为尊重新兴产业发展规律，聚焦技术创新以推动数字人行业企业发展应当先行构建标准规范，推动数字人进入高质量发展轨道。行业自律与企业规范发展才是从根源上解决矛盾的手段。大力推动元宇宙新职业的知识产权法律与职业人才培养能够从长远上减少侵权行为的发生。

3. 用户

（1）重视可能的侵权风险行为

用户需要树立充分的风险意识，重视使用数字人过程中可能存在的侵权行为。例如不随意使用未经授权的数字人形象用于公开活动，在数字人形象设计过程中重视素材版权的归属，不在可能侵权的数字人平台进行数字人产品的使用等。

（2）重视平台协议

用户在数字人平台进行经济活动、创作活动、社交活动前，都应以高度的法律意识谨慎阅读平台协议，确认该协议完全代表自身的真实意思表示，明确平台协议对用户与平台的权利关系界定。如对协议出现异议，则需要及时与平台方沟通或寻求司法机关的帮助。用户需要慎重签署平台协议，以免未来产生侵权纠纷风险。

（三）数字人版权确权技术

1. 区块链技术

区块链技术以具去中心化、不可篡改等特性，为数字作品提供了可靠的权属证明，在数字人确权中可发挥至关重要的作用。

（1）区块链具有不可篡改特性

区块链技术通过其不可篡改的特性，为数字人版权信息提供了高度的真实性和可靠性保障。利用哈希算法和时间戳，数字人作品的版权信息被永久记录在区块链上，一旦记录，就无法篡改。这意味着版权的归属、创作时间等关键信息将被准确地保存下来，为版权的确权提供了坚实的证据基础。例如，中国版权保护中心推出的DCI标准联盟链体系，通过区块链技术推动版权产业的良性发展。在数字人版权领域，这种不可篡改的特性可以确保数字人作品的版权信息不会被恶意篡改或伪造，有效防止版权纠纷的发生。

（2）去中心化优势

区块链的去中心化优势极大地提高了版权确权的效率和公正性。在传统的版权确权体系中，往往需要依赖中心化的机构进行审核和认证，这一过程通常耗时较长，且容易受到人为因素的影响。而区块链技术则打破了这种中心化的模式，实现了分布式的存储和验证。数字人作品的版权信息可以由多个节点共同维护和验证，无须依赖单一的中心化机构。这不仅提高了确权的效率，还降低了确权的成本。同时，由于多个节点共同参与验证，版权确权的过程更加公正透明，减少了人为干预的可能性。例如，在数字人作品的创作完成后，创作者可以将作品的版权信息上传至区块链网络，通过智能合约自动实现版权的确权，无须经过烦琐的审核流程。

区块链技术可将数字人相关的图片、音乐和音视频等数字内容作品的“指纹”信息（包括但不限于数字内容的哈希值以及基于深度学习提取的数字指纹特征）、作者信息、创作时间信息等快速打包上链，利用分布式存储、时间戳、共识算法等技术实现上述信息不可篡改，起到版权归属明晰和证据固化作用，完成原创数字作品版权登记认证。

2. 数字水印技术

（1）鲁棒性水印

鲁棒性水印能够抵抗数字人内容的各种处理和攻击，为版权的确权提供了有力的支持。数字水印技术中的鲁棒性指的是数字水印在经过一定程度的攻击或变形后仍能被有效地检测出来的能力。对于数字人作品而言，可能会面临各种处理和攻击，如压缩、裁剪、旋转等。鲁棒性水印能够在这些情况下保持稳定，确保版权信息不被破坏。例如，在数字人视频作品中，嵌入鲁棒性水印后，即使视频被压缩或裁剪，水印仍然能够被检测出来，从而证明作品的版权归属。据研究表明，一些先进的数字水印算法能够在遭受多种攻击后，仍保持较高的检测准确率。

（2）自适应水印

自适应水印可以根据数字人的特点调整水印策略，提高版权确权的准确性和可靠性。不同类型的数字人作品具有不同的特点，如数字人图像、视频、音频等在内容、格式、分辨率等方面存在差异。自适应水印技术能够根据这些特点自动调整水印的嵌入方式和参数，以达到最佳的版权保护效果。例如，对于高分辨率的数字人图像，可以采用更复杂的水印嵌入算法，以提高水印的鲁棒性和不可见性；对于数字人音频作品，可以根据音频的频率特性选择合适的水印嵌入位置和强度。此外，自适应水印还可以根据数字人作品的使用场景和需求进行调整，如在数字人作品的在线播放、下载、复制等不同环节，采用不同的水印策略，以更好地保护版权。

3. 可信时间戳技术

可信时间戳，是中国科学院国家授时中心签发的用于证明数字作品在一个时间点是已经存在的、完整的、可验证的，具备法律效力的电子凭证。《最高人民法院关于互联网法院审理案件若干问题的规定》明确："当事人提交的电子数据，通过电子签名、可信时间戳、哈希值校验、区块链等证据收集、固定和防篡改的技术手段或者通过电子取证存证平台认证，能够证明其真实性的，互联网法院应当确认。"目前，可信时间戳广泛应用于版权登记存证场景。对于数字人来说，由其衍生的数字人视频、图片等数字内容，采用可信时间戳技术，可具备对其版权的归属确认，为后续的数字人版权保护提供基础条件。

4. 人工智能技术

人工智能技术在数字内容识别和保护方面具有广阔的应用前景。在数字人版权确权中，人工智能可以快速准确地处理大量数据和信息，大大提高确权的效率。例如，通过训练深度学习模型来识别侵权行为，使用神经网络来检测图像中的微小改动，以判断是否存在侵权行为。人工智能技术还可以实现对数字作品的自动分类、搜索和过滤，以识别和防止盗版行为。同时，人工智能可以为决策者提供数据和信息支持，帮助他们做出更加科学合理的版权保护决策。随着人工智能技术的不断发展，其在数字人版权确权中的应用将越来越广泛和深入。

5. 量子技术

在未来，量子技术在数字人版权确权中具有潜在的应用价值。量子信息隐藏技术利用量子系统的特性进行信息隐藏，具有高度的安全性和防伪性。例如，量子隐写术可以利用量子态的叠加性和纠缠性，将信息隐藏在量子态中，实现高安全性的信息隐藏。量子密钥分发也可以在版权确权中发挥作用，利用量子力学原理生成安全的密钥，实现加密和解密过程的安全性。虽然量子信息隐藏技术目前仍处于初级阶段，需要进一步研究和完善，但随着量子计算技术的发展，量子技术在版权确权领域的应用前景值得期待。未来，量子技术有望与区块链、人工智能等技术相结合，为数字人版权确权提供更加安全、高效的解决方案。

（四）数字人版权保护流程

1. 版权确权

将数字人作品（视频作品、图片作品等）的版权信息提交到区块链平台进行登记，是对数字人相关的视频、音频及图片等内容进行版权保护的关键环节。区块链技术的去中心化、不可篡改和透明性等特点，使得版权登记更加安全、可靠和高效。当数字人作品的版权信息被记录在区块链上后，就生成了不可篡改的版权记录。这个记录将永久保存，为数字人版权所有者提供了强有力的法律证据。

2. 作品加密、签名及水印

为了确保数字人作品的安全性和版权归属的明确性，加密技术和签名技术成为重要的保护手段。通过采用先进的加密算法，对数字人的视频及图片等数字内容进行加密处理，使得未经授权的用户无法轻易访问和篡改这些作品。同时，签名技术为作品添加了独特的数字标识，就如同为作品贴上了专属的标签，能够有效地证明作品的来源和所有权。这种加密和签名的组合措施，为数字人作品提供了第一道坚实的保护屏障。

同时，在数字人相关的视频及音频的生产分发阶段，可以采用数字水印技术为作品打上不可见但又难以去除的专属标记。这些水印不仅可以作为版权的标识，还能在作品被非法传播时，为追踪侵权行为提供有力的线索。例如，即使数字人作品被截屏、录制或二次传播，水印依然能够存在，帮助版权所有者快速定位侵权源头。

3. 数字基因提取

数字基因提取是一项创新性的技术手段，它通过对数字人视频等作品进行特征提取，生成独特的数字基因序列。这个数字基因序列就像是作品的指纹，能够准确地识别和区分不同的数字人作品。通过数字基因提取，可以为版权保护提供更加精准和可靠的依据。在发生版权纠纷时，可以通过比对数字基因序列来确定作品是否侵权。

4. 全网监测

全网监测即通过大数据分析、探针采集等技术实时监测网上数字内容的侵权行为，将监测到的内容与数字人相关数字作品进行基因特征分析和比对，若相似度达到阈值，则对侵权作品和侵权行为进行采集记录，包括收集相关侵权网页、网址、图片以及音视频线索，并将证据存储于数字版权区块链系统。

现有的全网监测技术能够覆盖各种网络平台和渠道，确保版权所有者能够第一时间掌握作品的使用情况。一旦发现侵权行为，可以迅速发出警报，为后续的侵权取证和保护措施提供及时的线索。

一般监测的过程可分为三个阶段，互联网数据采集与数字内容基因提取、版权内容库建立和内容识别。

（1）互联网数据采集与数字内容基因提取

数字基因可分为母本基因（母本）和样本基因（待鉴别）两类，采集渠道多元化，根据实际的使用场景，采用不同的采集方式。母本基因即数字人对应的视频、音频及图片等内容，通过基因提取工具进行特征的提取。样本基因的采集，分为两个步骤：第一步，借助智能网络探针，探测目标数据，进行下载，下载后的数字内容提交到基因提取模块进行基因的提取；第二步，基因提取引擎从文字、图像、视音频内容（包括媒体实时信息流、视音频媒体离线文件等）中提取基因。

（2）版权内容库建立

数字内容采集完成后，提取的基因文件与信息建立数字人数字内容基因库，提供基因的存储、检索等底层服务，以及完成上述服务所需的索引、队列、调度等机制。数字基因的提取不对原始文件做任何修改，不在原始文件中嵌入任何信息，并且提取的基因文件为不可逆，即通过基因文件，无法还原文件本体。基因文件提取后，不保留原始文件，即母本，对数字内容的比对识别服务只需通过基因文件即可实现精准的内容识别要求。

（3）内容识别

内容识别是将互联网上监测到的疑似侵权内容，通过基因比对分析技术进行精准的比对，包括数字人相关的图片和视音频。内容识别过程中，将任务中要求查询的样本基因与母本数据库中所有母本基因做对比，发现匹配度高的母本基因，然后根据该母本基因录入时附带的相关信息辨别该母本基因的内容，最后将按照系统规定的协议生成查询比对结果返回。

通过以上三个步骤，实现数字人相关的图片及视音频数字内容的全网监测。

5. 侵权认定

数字人的权利表现形式多样，包括其形象设计、声音、动作等，还包括由虚拟数字人产生的视频作品、音乐作品及美术作品等，如，虚拟数字人的形象可被视为美术作品，其独特的声音受到音乐作品的保护，而其在视频或直播中的表现可构成视听作品，以上不同形式的内容都有可能造成侵权现象。

（1）侵权行为的表现形式

一是未经授权使用数字人的形象、表演、视频、音频、图片等作品。这是最常见的侵权行为之一。例如，未经授权将数字人的形象用于商业广告、影视作品、游戏等领域，或者未经授权非法使用数字人相关的视频、音频及图片，或者未经授权播放数字人的表演作品。下文中针对数字版权保护技术的描述，主要针对数字人的这一类表现形式。

二是模仿数字人的形象和风格。如果他人模仿数字人的形象和风格，达到一定程度的相似性，可能构成侵权行为。例如，模仿数字人的外貌特征、服装风格、动作表演等，使消费者产生混淆。

三是篡改数字人的作品。对数字人的作品进行篡改，如修改数字人的形象、表演内容等，也可能构成侵权行为。例如，将数字人的形象进行恶意修改，用于不当的目的。

（2）侵权责任的认定原则

一是过错责任原则。在数字人版权侵权责任认定中，通常适用过错责任原则，即侵权人只有在主观上存在过错的情况下，才承担侵权责任。侵权人如果能够证明自己没有过错，如不知道也没有合理理由应当知道自己的行为构成侵权，则不承担侵权责任。

二是损害赔偿原则。如果侵权行为给数字人的版权所有者造成了损害，侵权人应当承担损害赔偿责任。损害赔偿的范围包括直接损失和间接损失，如版权所有者因侵权行为而遭受的经济损失、商誉损失等。

6. 侵权取证

取证工具技术依托区块链技术，基于数据追踪能力，叠加区块链技术的去中心化优势，上链信息无法篡改和删除，通过与其他平台API接口调用，解决数字人对应的数字内容在传播过程中的侵权数据的可信取证问题。通过引入国家授时中心、司法链、公证处等国家权力机构，可建立一套完整的、权威的全流程记录、全链路可信、全节点见证的证据链，可直接用于司法诉讼。

取证技术可分为网页取证、录屏取证、PC+App取证、App取证等方式，根据实际需要，可进行单条或者批量取证操作。

通过专业的取证服务平台，用户可根据需要选择网页取证、PC录屏取证、PC+App录屏取证、App录屏取证。取证管理系统获取操作人的取证意愿后，进行云端服务器分配。云端服务器分配完成后，云服务器开始对在云服务中进行的全程操作进行录像，同时开始云服务器进行自证清洁（此时用户无法进行操作）。云服务器自证清洁完成后，操作人通过云端服务器访问取证目标，直至完成取证。取证管理系统对操作记录视频进行存储。取证管理系统对于操作记录视频生产SHA256哈希值，并将哈希值进行上链。

取证全程处于云端服务器虚拟计算机之中，且每次取证操作使用全新虚拟计算机，加载云端服务器操作系统镜像。此云端服务器预装的云端服务器操作系统镜像经过公证处验收与备案，独立于操作人。取证过程中，操作人员无法对系统运行环境进行任何修改和配置，云端服务器内置安全管理软件，可对云端计算机运行环境进行清洁性检查、非常规操作监测以及非可信行为监听等工作，保证取证环境的清洁性以及网络连接真实可靠。

7. 版权维权

根据数字人版权确权信息、侵权记录信息及取证信息等，采取相应的版权保护措施是数字人版权保护的最后一道防线。如果侵权行为较为严重，数字人版权所有者可以选择通过法律诉讼来维护自己的合法权益。在诉讼过程中，不可篡改的版权记录和侵权记录将成为有力的证据，为胜诉提供保障。而对于一些轻微的侵权行为，也可采用协商解决的方式，通过与侵权方进行沟通和协商，达成和解协议，既可以保护版权所有者的权益，又可以避免烦琐的法律程序。一般来说，侵权责任的承担方式可以分为以下三类。

一是停止侵权行为。侵权人应当立即停止侵权行为，如停止使用数字人的形象、表演等作品，停止模仿和篡改数字人的作品。

二是赔偿损失。侵权人应当根据侵权行为的严重程度和给版权所有者造成的损失，承担相应的赔偿责任。赔偿金额可以根据版权所有者的实际损失、侵权人的违法所得等因素进行确定。

三是消除影响、赔礼道歉。如果侵权行为给数字人的版权所有者造成了不良影响，侵权人应当采取消除影响、赔礼道歉等方式，恢复版权所有者的名誉和声誉。

（五）数字人版权保护技术

1. 视频基因技术

视频基因技术是一种将数字作品的特征信息提取出来，生成唯一的数字基因序列，并可进行监测和追踪的技术。基因信息是从数字媒体中直接提取的，具有音视频内容“生物特征”的标识信息，不存在被篡改的可能。视音频基因技术的应用可极大地提升和保障内容信息传播过程的安全性和唯一性，基于“生物特征”可构筑保护视音频作品的影视基因鉴别防线。理想情况下，视频基因具有以下特征，这些特征适用于大量不同类型视频内容的指纹提取场景。

鲁棒性（Robustness）：在各种类型的处理、转换和操作（例如格式转换、转码和内容编辑）下，视频指纹对于相同的视频内容应该基本保持不变。

可辨别性：不同视频内容的视频指纹应该明显不同，指纹文件是和视觉严格相关的。

紧凑性：与原始视频内容的数据大小相比，视频指纹的数据大小应该很小。

低复杂性：提取视频指纹的算法应具有低计算复杂度，以便快速计算视频指纹。

高效的匹配和搜索：尽管有通用算法将所有指纹都视为一串比特来进行匹配和搜索，但良好的视频指纹设计应该便于逼近和优化，以提高匹配和搜索的效率。

基于视频基因以上的特点，在由数字人形成的视频及图片作品的版权保护中，视频基因技术可以快速准确地识别出互联网上传播的侵权作品。同时，视频基因技术还可以配合DRM数字版权保护技术和视频水印技术，更好地打击行业盗版。通过将视频DNA等关键信息上链，利用区块链技术实现多方透明共享、无法篡改和删除，进而构建拥有版权存证、侵权追溯和版权交易等能力的平台，重塑版权价值，并提供侵权监测、法律维权等相关服务，助力提升全社会的数字人版权意识。

2. 加密技术

加密技术在数字人版权保护中起着至关重要的作用。它通过对数字人形成的作品（如视频作品、图片作品等）进行加密处理，使得未经授权的用户无法访问和使用作品，从而有效地保护了版权所有者的权益。

（1）对称加密与非对称加密

对称加密是一种使用相同密钥进行加密和解密的加密方式。它的优点是算法简单、加解密速度快、效率高。例如，在数字人作品的传输过程中，使用对称加密可以快速地对大量数据进行加密，确保数据的机密性。常见的对称加密算法有AES等，AES可以使用128、192或256位密钥进行加密和解密，能够为数字人作品提供较高的安全性。然而，对称加密也存在一些缺点，主要是密钥的分发和管理不方便。如果密钥被泄露，那么加密的数据也将面临风险。非对称加密则是使用一对不同的密钥，即公钥和私钥。公钥可以公开，任何人都可以使用公钥对数据进行加密，但只有私钥的拥有者才能使用私钥对数据进行解密。非对称加密的优点在于解决了密钥分发问题，更加安全。例如，在数字人版权交易中，可以使用非对称加密技术，版权所有者将数字人作品用购买者的公钥进行加密，购买者只有使用自己的私钥才能解密并获得作品，确保了交易的安全性。但非对称加密的加密和解密过程会更加复杂和耗时。

（2）混合加密模式

为了兼顾速度和安全性，可以采用混合加密模式。混合加密结合了对称加密和非对称加密的优势。首先，使用非对称加密技术交换对称密钥，然后使用对称密钥对数字人作品进行加密和解密。这样既利用了对称加密的快速高效，又利用了非对称加密的安全可靠。例如，在数字人作品的在线销售平台上，可以采用混合加密模式，确保作品在传输和存储过程中的安全性。

3. 数字签名技术

数字签名是一种用于验证电子文档的完整性、认证发送者身份以及防止篡改的技术，是实现版权信息完整和可追溯的重要手段。通过使用非对称加密算法，为数字人作品生成数字签名。这个数字签名包含了版权所有者的身份信息、创作时间、版权声明等关键内容，能够确保版权信息的完整性和真实性。在数字人作品的创作过程中，可以使用私钥对作品进行数字签名，然后将数字签名和作品一起发布。当需要验证版权信息时，任何人都可以使用公钥对数字签名进行解密，获取版权信息，并与作品进行比对，以确定作品的版权归属。例如，在数字人版权交易平台上，购买者可以通过验证数字签名，确保所购买的数字人作品是正版的，并且版权信息完整无误。

在数字人版权保护中，数字签名具有重要的法律效力。数字签名的生成过程包括选择哈希算法，对原始数据进行哈希运算，得到哈希值，然后使用私钥对哈希值进行加密，得到数字签名。接收方可以使用公钥对数字签名进行解密，得到哈希值，并对原始数据进行哈希运算，得到另一个哈希值。通过比对两个哈希值，如果一致，则数字签名有效。数字签名能够为数字人作品提供不可抵赖性，发送者无法否认自己的签名行为，确保了通信的诚信性。同时，数字签名也可以作为版权纠纷中的重要证据，增强版权保护的可信度和可追溯性。

4. AI水印技术

AI水印技术能够在多个维度上对数字人作品进行版权保护，极大地提高了版权保护的全面性。通过AI算法，可以在数字人作品的时空域、频率域等多个维度上嵌入水印，确保版权信息的完整性和稳定性。例如，对于数字人视频作品，AI可以在视频的每一帧图像以及音频的不同频率段中嵌入水印，使得盗版者难以完全去除水印信息。这种多维度的保护方式使得数字人作品的版权信息更加难以被破坏，为版权所有者提供了更强大的保护。

在复杂的网络环境下，数字人作品容易受到各种干扰，如压缩、剪裁、噪声等。AI水印技术具有强大的抗干扰能力，能够确保版权信息在传播过程中的稳定性。AI水印技术可以通过不断学习和优化算法，适应不同的干扰情况，自动调整水印的嵌入方式和强度，以保证水印在各种干扰下仍能被有效检测。例如，当数字人视频作品被压缩时，AI水印技术可以自动调整水印的嵌入策略，使得水印在压缩后的视频中依然清晰可辨。同时，AI水印技术还可以抵抗一定程度的噪声干扰，确保版权信息不被噪声淹没。

在具体实现上，可以采用数字水印技术，将版权所有者的标识、版权声明等信息嵌入数字人作品的图像、音频或视频数据中。数字水印可以是可见的，也可以是不可见的，具体取决于版权保护的需求。对于数字人图像作品，可以采用鲁棒性水印和自适应水印相结合的方式。鲁棒性水印能够抵抗各种图像处理操作，如压缩、裁剪、旋转等，确保版权信息在图像被处理后仍然能够被检测到。自适应水印则可以根据图像的特点自动调整水印的嵌入方式和参数，提高水印的不可见性和鲁棒性。例如，对于高分辨率的数字人图像，可以采用更复杂的水印嵌入算法，以提高水印的鲁棒性和不可见性；对于数字人动画作品，可以根据动画的帧率和播放速度选择合适的水印嵌入位置和强度。对于数字人音频作品，可以采用音频水印技术，将版权信息嵌入音频数据中。音频水印可以是基于时域的，也可以是基于频域的。基于时域的音频水印技术通常将版权信息嵌入音频信号的幅度、相位等参数中，而基于频域的音频水印技术则将版权信息嵌入音频信号的频谱中。无论采用哪种方式，音频水印都应该具有良好的鲁棒性和不可感知性，确保在不影响音频质量的前提下，实现版权保护的目的。

5. 全网监测技术

AI全网监测技术在数字人盗版检测中发挥着重要作用，能够快速准确地识别盗版内容，为版权保护提供有力支持。

AI可以利用强大的算法和机器学习能力，对数字人作品进行相似度匹配，快速识别盗版内容。通过提取数字人作品的特征，如图像特征、音频特征等，AI可以将疑似盗版内容与原版内容进行对比，计算两者之间的相似度。当相似度超过一定阈值时，即可判断为盗版内容。例如，对于数字人图像作品，AI可以通过分析图像的颜色、纹理、形状等特征，快速判断是否存在盗版。同时，AI还可以不断学习和更新特征库，提高相似度匹配的准确性。

6. 智能分析与取证技术

AI技术不仅能够快速识别盗版内容，还可以对取证数据进行智能分析，为维权提供有力支持。当发现盗版行为时，AI可以自动收集和固定盗版行为的电子证据，如盗版作品的来源、传播路径、下载次数等。同时，AI还可以对这些证据进行智能分析，揭示盗版行为的规律和趋势，为打击盗版提供参考。例如，通过分析盗版作品的传播路径，版权所有者可以了解盗版的主要渠道，从而采取针对性的措施进行打击。

课题组组长：刘宁子
课题组成员：吴赟　孙梦如　毕莹　刘倩　叶芃　贾颖　蔺宏广　李晓雨
穆凯辉　陈沛康　龚佳俊
承担单位：杭州新粒子文化科技有限公司
协作单位：浙江大学传媒与国际文化学院

中国版权研究报告

2024

下卷

孙宝林　主编

中国版权保护中心

组织编写

中国青年出版社

目 录

CONTENTS

第三编 / 版权历史与文化

第三编

版权历史与文化

中国民间文学艺术作品版权保护问题研究

孙宝林*

摘要：在全球化背景下，民间文学艺术不仅是文化多样性的体现，也是经济发展的战略资源。然而，当前存在发达国家对发展中国家传统文化的无偿利用，导致了利益分配不均衡、不满情绪等一系列问题。为了应对这一问题，国际条约和发展中国家的法律也在尝试将民间文学艺术纳入知识产权保护范畴。中国作为一个文化大国，拥有丰富的民间文学艺术作品，但至今缺乏正式的法律文件来明确界定民间文学艺术作品。报告旨在分析国内外背景，明确民间文学艺术作品的认定标准、民间文学艺术作品权利主体、民间文学艺术作品版权保护的基本原则及其商业开发和合理使用规则，以期推动相关立法进程，确保民间文学艺术作品得到合理保护和利用。

关键词：民间文学艺术作品；权利主体；合理使用

一、导论：为什么要通过版权立法保护民间文学艺术作品

（一）国内背景

近年来，中央对于民间文学艺术越来越重视。2020年11月30日，习近平总书记在中共中央政治局第二十五次集体学习时强调，要“及时研究制定传统文化、传统知识等领域保护办法”，意味着构建具有中国特色民间文学艺术作品版权保护理论和制度的迫切性。2021年12月，由国家版权局印发的《版权工作“十四五”规划》设置了民间文艺版权保护与促进项目，表明国家正在努力激活民间文艺的版权价值，推动中华优秀传统文化创造性转化、创新性发展。

改革开放以来，人们逐渐意识到民间文学艺术作品保护的重要性，国内对传统知识法律保护的研究最早可以追溯到20世纪80年代制定版权法前后对民间文学艺术作品版权保护的讨论。1994—1995年，文化部资助学者专家进行民间文学艺术作品法律保护课题研究。中国社会科学院2002年“遗传基因、传统知识和民

* 孙宝林，全国政协委员，中国版权保护中心党委书记、主任，本课题组组长。

间文学艺术表达研讨会”再次提出传统知识与科技创新的问题。当时，周林教授提出对传统知识的保护就是对创新的源泉的保护，并认为这种保护会有利于改变发达国家与发展中国家在知识产权保护方面不平衡的状况。1990年颁布的《中华人民共和国著作权法》第6条明确规定：“民间文学艺术作品的著作权保护办法由国务院另行规定。”但是，30多年过去，著作权法已经过三次修改，该保护办法始终没有出台，以至于有学者建议废除该条款[①]。我国学界在著作权法颁布之后以及历次修改的过程中不断出现民间文学艺术作品版权保护的争论，并提出不同的法律保护方案。国家版权局于2014年9月发布《民间文学艺术作品著作权保护条例（征求意见稿）》（以下简称《意见稿》），由于争论的焦点问题太多，质疑的声音过大而暂时搁浅。虽是如此，但随着国际国内对于文化遗产保护越来越重视，传统文化以及民间文学艺术作为国家民族的文化基因重要组成部分，对于民间文学艺术版权的法律保护之趋势不可阻挡。

（二）国际背景

20世纪70年代以来，世界各国以及相关世界组织都在积极探索民间文学艺术的法律保护方式。1971年《保护文学和艺术作品伯尔尼公约》（以下简称《伯尔尼公约》）文本当中增加对“作者身份不明的未出版的作品”的保护的内容，这也是国际上承认各国民间文艺作品进入版权保护的直接依据。[②]1976年2月，世界知识产权组织（World Intellectual Property Organization，WIPO）和联合国教科文组织（United Nations Educational, Scientific and Cultural Organization，UNESCO）协调之下通过《发展中国家突尼斯版权示范法》（以下简称《突尼斯示范法》），是对民间文学艺术版权实行制度保护的积极示范。受此影响，1977年喀麦隆、刚果（布）等12个非洲国家签订了《关于建立非洲知识产权组织及修订〈建立非洲—马尔加什工业产权局协定〉的班吉协定》（以下简称“1977年班吉协定”），首次确立了区域性民间文学艺术版权保护制度。在此之后，UNESCO和WIPO还试图通过建立特别法的方式对民间文学艺术进行保护，以防止别有用心之人不正当利用民间文学艺术从而造成对民间文学艺术的损害，如1982年《保护民间文学艺术表现形式以防止不正当利用和其他损害性行为国内示范法》（以下简称

① 周婧. 质疑民间文学艺术著作权保护的合理性［J］. 知识产权，2010（1）：76.

② 保护文学和艺术作品伯尔尼公约指南［M］. 刘波林，译. 北京：中国人民大学出版社，2002：75，181.

"1982年《示范法》"），以及2000年成立的知识产权与遗传资源、传统知识和民间文艺政府间委员会（以下简称"政府间委员会"）一直致力于遗传资源、传统知识和民间文学艺术的特别法保护。UNESCO和WIPO将民间文学艺术作为"文化遗产"进行特别法保护并进行的实践，为世界各国民间文学艺术保护提供了创新性思路以及宝贵的可借鉴经验。此外，2022年1月1日，以东盟为主导和核心的《区域全面经济伙伴关系协定》正式生效，其第11章"知识产权"第53条在国际贸易项下规定遗传资源、传统知识和民间文学艺术保护。这是国际贸易协定知识产权章节首次设置这些议题，且可以明确，这里的民间文学艺术主要包括了大量"民间文学艺术作品"。

总而言之，民间文学艺术作品的版权保护是一个充满复杂性和多样性的议题。不同的利益追求、保护目标、政策选项、研究视角和方法论导致在国际和国内层面，政府与民间、学术界与实践领域之间对民间文学艺术的知识产权保护问题存在广泛的分歧。这种多样性使得任何关于民间文学艺术知识产权保护的观点都能找到支持者和批评者。这也是为何众多国际组织长期推动国际协调工作，却难以取得突破性进展的根本原因。同样，这也是我国自著作权法设立民间文学艺术版权保护授权条款以来，一直未能出台具体实施细则的重要原因。因此，深入且系统地研究民间文学艺术作品的版权保护，为构建相关保护制度提供坚实的理论基础，不仅是司法实践的迫切需求，也是保护非物质文化遗产、维护精神家园和国家文化安全的重要任务。

二、民间文学艺术作品认定标准

（一）"民间文学艺术"词源考

在汉语语境下，"民间文学艺术"可被拆分为"民间文艺"与"民间文学"。其中，关于"民间文艺"的记载可追溯到《礼记》，其《王制》篇提到："天子五年一巡守，……命太师陈诗以观民风。"[①]根据《汉典》，"民间艺术"指"劳动人民直接创造的或在劳动群众中广泛流传的艺术，包括音乐、舞蹈、造型艺术、工

① 段宝林．中国民间文学概要［M］．北京：北京大学出版社，1998：268.

艺美术等”。根据《辞海》,“民间文学”指“民间集体口头创作、口头流传,并在流传中不断有修改、加工的文字形式,包括民歌、民谣、神话、传说等形式。”将以上两个解释合并,应该说可初步构成汉语中民间文艺的通常含义。

在国际层面,与“民间文艺”对应的术语主要是“Folklore”。事实上,民间文艺进入法律视野的过程并非从我国开始,而是始自国际层面知识产权制度的发展,因此相关法律问题最早是围绕“Folklore”产生的,它最初是由一位名叫William J. Thoms的英国人于1846年提出,并于1864年使用该词以描述“源自古代的大众传统,或是大众文学”,其后,该术语迅速流传,被用于民族学或是研究原住民风俗习惯的学科。①“Folklore”一词最早由日本学者将其翻译为“民俗”,后来也为我国民俗学界所采用。②

虽然民俗学涉及传统文化和市民生活的方方面面,但自从民俗学学科诞生以来,民间文学艺术始终是各国民俗学的主要研究对象,在有些民俗学者那里甚至是唯一的研究对象。例如,美国权威词典中对于“Folklore”的定义为:“由一个民族共同保有的传统习俗、传说、谚语或艺术形式。”③随着这一术语使用语境的发展,它与汉语中的“民间文学艺术”的对应关系越来越突出。

(二)“民间文学艺术作品”的内涵界定

界定民间文学艺术概念的内涵和外延,是对民间文学艺术进行研究和实施法律保护的逻辑起点。由于不同的国家及民族的历史文化背景存在不同,以及针对民间文化艺术保护的利益追求不同,对“民间文学艺术作品”的使用及其含义的界定都有所不同。

1971年《伯尔尼公约》显然是考虑到在定义上存在困难,未使用“Folklore”或“Expressions of Folklore”。该公约第15条第4款关于“作者不明”作品的规定,④尽管未明确提及“民间文学艺术”或“民间文学艺术表达”,但其范围显然也包括了属于民间文学艺术的、未出版的、作者不明的作品,且这是迄今为止,

① UNESCO Committee of Experts on the Legal Protection of Folklore, Study of the Various Aspects Involved in the Protection of Folklore [R]. Paris: UNESCO, 1977: 2.

② 中国民间文艺研究会研究部编. 民间文学论丛 [M]. 北京:中国民间文艺出版社,1981:2.

③ Webster's Ninth New Collegiate Dictionary [Z]. Springfield: Merriam-Webster, Inc; 1984: 479.

④ 该款a项规定:“对作者的身份不明但有充分理由推定该作者是本同盟某一成员国国民的未出版的作品,该国法律得指定主管当局代表该作者并有权维护和行使作者在本同盟成员国内之权利。”

国际层面唯一可能被解释应用于民间文学艺术著作权保护的法律规范。[①]为满足保护民间文学艺术的需求，国际社会选择了一种新途径，即将民间文学艺术条款纳入不具备法律约束力的示范法之中。

1976年，WIPO和UNESCO协调之下通过《突尼斯示范法》，后又通过了1982年《示范法》。1982年《示范法》第2条将“民间文学艺术表现形式”定义为“由某社群或者反映了该社群愿望的个人创造或维护的成为其传统文化遗产特征要素的各种产物”。从术语上看，“民间文学艺术表现形式”这一用语本身就表明了它要与“民间文学艺术”和“民间文学艺术作品”划清界限：它既不是著作权法意义上的“作品”，也不等于民间文学艺术“本身”，它只是民间文学艺术的外在部分，是民间文学艺术的外部表现形式而已，不涉及民间文学艺术的内容、精神、思想等方面。[②]

2017年6月12日至16日，在日内瓦召开的政府间委员会第三十四届会议，通过了一份秘书处编拟的文件——《知识产权与遗传资源、传统知识和传统文化表现形式重要词语汇编》(以下简称《词语汇编》)。该汇编将“传统文化表现形式”定位为：传统知识和文化得到表现、沟通或表达的物质和非物质形式，包括传统音乐、表演、叙述、名称和符号、设计以及建筑形式。“传统文化表现形式”和“民间文学艺术表现形式”被当作同义词使用，可以互换，简称“传统文化表现形式”，英文常缩写为“TCE”。使用这些词语并不表示WIPO成员国之间就这些词或其他词的有效性和恰当性有协商一致，但亦不影响或限制国内法或区域法中使用其他词语。[③]综上所述，可以将民间文学艺术作品界定为“由特定社群的身份不明的作者所创作，通过口口相传或动作模仿等方式在民间传承的反映社群生活特征与文化特性的文学艺术作品”。

在外延上，民间文学艺术作品与非物质文化遗产存在区别。

首先，两者在内容上存在交叉，民间文学艺术作品指由特定的民族、族群或者社群内不特定个人或集体创作和世代传承和创作，并体现其传统观念和文化价值的文学艺术的表达，包括传统口头文字以及作为载体的语言、传统美术、书

---

① 唐广良，董炳和．知识产权的国际保护［M］．北京：知识产权出版社，2002：485.

② 廖冰冰．民间文学艺术表现形式概念及法例评析——以1982年《示范条款》为例［J］．广西民族大学学报（哲学社会科学版），2014（4）：154.

③ Intergovernmental Committee on Intellectual Property and Genetic Resources，Traditional Knowledge and Folklore（Thirty-Fifth Session）．［EB/OL］．［2024-09-20］．https://www.wipo.int/meetings/zh/details.jsp?meeting_id=46369.

法。而非物质文化遗产是指各族人民世代相传并视为其文化遗产组成部分的各种传统文化表现形式，以及与传统文化表现形式相关的实物和场所。根据《中华人民共和国非物质文化遗产法》，除了传统民间文学艺术之外，非物质文化遗产还包括传统技艺、医药、历法、体育、礼仪和节庆等民俗，此外还包括文物以及属于非物质文化遗产组成部分的实物和场所。而那些由官方创造和传承的非物质文化遗产，通常在官方的控制下进行传播，并不在民间自由流传，因此，这类官方项目不被归类为民间文学艺术作品。此外，部分民间文学艺术作品可能因历史局限而包含封建糟粕，这与非物质文化遗产保护的要求不符。

其次，就法律层面而言，民间文学艺术作品主要从知识产权的角度进行保护，涉及专有权问题，旨在为权利人提供经济利益的保障。相反，非物质文化遗产的保护则采取更宏观的视角，依赖公法，特别是行政法的介入，以实现其传承和发展，政府通过行政手段，将非物质文化遗产打造成地方特色，进而促进当地经济的增长，因此，非物质文化遗产的保护不仅关注法律层面的保护，还涉及文化政策和社会经济的多个方面。例如，传承人是从公法角度对“掌握其传承的非物质文化遗产”的人的身份认定，代表性传承人更是基于身份认定并负有一定社会责任的荣誉称号，为了使民间文艺传承下去而不至湮没，国家对民间文艺家采取“护养”措施，即保护与扶养，这种措施属于国家文化政策调整和财政支持的范畴。《中华人民共和国非物质文化遗产法》对“传承人”的保护，尽管也包含鼓励其创新的内容，但重在传承。

（三）“民间文学艺术作品”的认定标准

在民间文学艺术作品保护作为国际议题的几十年间，从1967年的斯德哥尔摩外交会议讨论修订《伯尔尼公约》、1976年《突尼斯示范法》、1982年《示范法》，一直到2017年政府间委员会第三十四届会议通过的《词语汇编》，“民间文学艺术作品”的认定尚未形成明确统一的标准，但在具体实践中，对于民间文学艺术作品的认定决定了其与其他一般作品的区别，从而决定了保护范围。具体而言包括以下几点。

第一，创作时间难以确定。部分民间文学艺术作品创作和发展时间较长，如龙的图形始于仰韶文化的鱼纹龙图案，后演变为周朝的蛇纹龙图案，随后又经过数千年的演变逐渐发展为今日的图案，其创作发展时间已达几千年。一些新创作的民间文学艺术作品出现时间相对较晚，如歌颂民族英雄刘永福的《草船打军舰》《猪笼阵》等就属于近代在广西钦州流传的民间文学艺术作品，其产生和发展时间仅有百年。

第二，可辨识、可复制性。从民间文学艺术作品中可清楚辨认出族群所特有的印记。这种艺术形式是群体智慧的集中体现，它将个体的智力成果融入集体的认同之中，并由群体共同保存和发扬。个体的创作，只要与群体的共同意志相契合，就会被集体所接纳，并在模仿、口头传授或其他形式的传承中得以保存和发展。随着时间的推移，这些作品在代代相传的过程中逐渐淡化了创作者个人的风格，而更多地展现了群体的共同特征。相比之下，传统作品则往往可以通过署名推演出作者身份，即使不是个人创作，也能通过合作作品的相关规定保护作者的权益。

第三，非争议性。如果某个民间文学艺术形式具备了上述两个标准，但是对其归属充满争议，将不被认定为受版权法保护的民间文学艺术作品。例如，民间传说“花木兰”，关于其原始起源，武汉黄陂、河南商丘、陕西延安等地争议不断，至今没有定论。在这种情况下，“花木兰”不被认定为在版权法意义上的“民间文学艺术作品”。

其他认定标准还有如民间文学艺术作品呈现的动态性和多变性。受不同社会环境的影响，民间文学艺术作品的内容和表现形式会随着时间和地域的变化而变化，从而赋予了它们独特的地域特色、民族特色、时代特色，以及某些情况下的国际特色和历史维度的复杂性，这使得确定作品的具体年代变得困难。另外，传播途径呈现非固定性，民间文学的传播特性也体现在其外在标识上。由于作品主要通过口头传播，作者往往无法在作品中署名，民间文学艺术作品常常缺乏明确的个人归属，即所谓的“匿名性”。在这一过程中，作品并非固定不变，它们不受单一个体的著作权限制，而是可以被任何人修改和演绎，这与作家个人创作的静态性和个体性形成鲜明对比。

三、民间文学艺术作品权利主体

（一）确认民间文学艺术作品权利主体的必要性

所有有价值的资源都应当归属于明确的主体，然而，在民间文学艺术版权保护领域，基于浪漫主义理念中的个人作者观念，权利主体的不确定性成为一个难题。在“千里走单骑”案中，尽管“安顺地戏”作为非物质文化遗产具有一定的社会认可和文化价值，但由于缺乏明确的法律保护，其精神权利未能得到维护，反映了现有著作权法在处理民间文学艺术作品时的局限性。这种局限性不仅使得创作者或传承群体难以从其文化贡献中获得应有的认可和利益，也削弱了他们保护和传承文化遗产的积极性。阿昌族的史诗《遮帕麻与遮咪麻》同样面临类似的挑战。这部史诗融合了创世神话、人类起源神话、英雄神话和洪水神话，是阿昌族文化的重要组成部分。然而，随着现代化和市场化的进程，这部史诗面临传承断层和文化消亡的风险。如果不能为这样的作品找到适应现代社会的生存和发展途径，它们最终可能沦为仅存于书本的“死去的”文字，失去了活生生的文化生命力。这种状况对民间文学艺术作品的创作者和传承者来说是一个双重打击：一方面，他们难以从自己的文化创作中获得经济上的回报和社会认可；另一方面，他们的文化作品在没有得到充分保护和激励的情况下，面临被边缘化甚至消失的风险。在认识到这一点后，《“十四五”国家知识产权保护和运用规划》要求制定传统文化、民间文艺、传统知识等领域保护办法和建立与非物质文化遗产相关的知识产权保护制度，其中，权利主体的确立至关重要。

（二）确定集体作为权利主体的地位

民间文学艺术的核心特性之一是其集体创作性，在国际文件和国内立法中，涉及民间文学艺术的保护时，创作主体一般被冠以“社群（Community）”的称呼。所谓“社群”，是指那些基于种族、血统、地理位置、宗教信仰、文化特征、历史传统以及生活习惯等自然和社会因素，长期共同生活并形成了相对稳固文化传统的个体集合。而群体在创作民间文学艺术作品的过程中，集体性也贯彻得淋漓尽致。起初，某个社群中的一个或多个未具名的创作者创作并传播了民间文学艺术作品的最初形态，随后，该作品经过多人之手，不断被修改、改编和续写，衍生多个版本。在这一世代相传的过程中，作品的形态和表现形式持续演变。因此，民间文学艺术作品不仅包括最初的版本，也包括所有后来的版本，在创作后续版本时，作者通常不会征得最初版本创作者的同意，这是由民间长期形成的习俗所决定的。这样一来，民间文学艺术作品的作者的确定，既涉及原始版本作者的确定，也涉及后续版本作者的确定。根据著作权法原理，社群中创作了有独创性的民间文学艺术作品原始版本和有独创性的后续版本的身份不明的自然人成员都应被确定为作者，可能是某社群中的数个成员，也可能是数十个成员，数量不确定。

目前国际条约及国家立法都规定了集体版权，国际条约如《突尼斯示范法》、1982年《示范法》、1977年班吉协定以及《太平洋地区示范法》均确认了集体权利，这可能体现为集体版权或集体特殊权利。国家立法中，巴拿马在《土著人民集体知识产权特别制度》中将权利主体设置在“巴拿马土著人民”及“当地土著社区”。[1]埃塞俄比亚在2006年《获得遗传资源和社群知识以及社群权利公告》中将权利主体设定为“当地社群（Local Community）”，即生活在埃塞俄比亚不同地理区域的人类人口，作为特定遗传资源的保管人或特定社区知识的创造者。[2]肯尼亚则在2016年《保护传统知识和文化表现法》中将权利主体限定在“社群”上，并对社群的范围进行规定：“社群是指具有同质性和自觉区别性的一群人，他们共享以下属性之一：共同的祖先；相似的文化或独特的生活方式、语言；地理空间；生态空间；或共同的利益。”尽管美国的立法和司法实践没有明确承认传统部落作为版权主体，但确实认可了印第安部落作为具有相对独立性的准主权实体，与美国政府之间形成了一种特殊的政府间关系，这在实质上承认了印第安部落作为集体权利法律主体的地位。[3]我国亦不例外，在《民间文学艺术作品著作权保护条例》[4]中规定：“民间文学艺术作品，是指由特定的民族、族群或者社群内不特定成员集体创作和世代传承，并体现其传统观念和文化价值的文学艺术的表达。”

确定集体享有权利的好处体现在多个方面。其一，它确立了创作者在法律上的地位。尽管原始创作者的身份可能已无从查证，但创作活动毕竟是人类特有的智力活动。因此，只要社群中有多位成员参与了作品的创作过程，他们就应当被认定为作品的创作者。其二，集体财产权有助于传统部族控制自己的文化遗产，减少对传统文化的损害。传统知识的集体主义知识产权模式不仅保存了传统知识，也保护了产生这些知识的历史文化背景。[5]其三，民间文学艺术作品的各个版本都包含了不同时期、不同创作者的独特贡献，反映了每位创作者的原创性，认可社群成员作为创作者的身份，不仅是对他们创作努力的认可，也有助于激发社群成员创作新作品的热情和动力。

在确认社群作为集体财产权主体时，需要从两方面加强实践中的操作性：其

---

① Traditional Knowledge Laws：Panama［EB/OL］.［2024-09-20］. https://www.wipo.int/tk/en/databases/tklaws/articles/article_0107.html.

② Traditional Knowledge Laws：Ethiopia［EB/OL］.［2024-09-20］. https://www.wipo.int/tk/en/databases/tklaws/articles/article_0009.html.

③ 吴汉东. 知识产权年刊［M］. 北京：北京大学出版社，2005：1.

④《民间文学艺术作品著作权保护条例》并非尽善尽美，但本文无意对它发表详细评论意见，而把重点放在标题限定的范围内。文中引述条例内容，也是用来解决“如何认定民间文学艺术作品”这个问题。

⑤ 张耕. 民间文学艺术的知识产权保护研究［D］. 重庆：西南政法大学，2007.

一，社群享有集体财产权的前提是作者系匿名，如果参与民间文学艺术作品创作的匿名作者公开了身份并能证明其创作的部分具有独创性，那么该作者就其创作的部分享有著作权。这部分作品的著作权应当受到期限限制，且权利行使时不得及于他人创作的部分。这样既尊重了民间文学艺术作品的归属现状，又符合著作权法原理，兼顾了社群和创作者之间的利益。其二，社群来源需要是可辨识的，即必须能够落实到特定或者具体的某个“民族、族群或者社群内”，不能是无法区分归属或者存在较大争议的群体或者个人。“特定”一词还隐含一层意思，即在具体的某个民间文艺作品的权属上没有争议。[①]在确定民间文学艺术作品的来源地社群时，一般可以查询各级非物质文化遗产名录数据库。有争议的，可以通过调查和邀请专业人士来鉴定。如果民间文学艺术作品由几个社群的成员共同创作和传承，创作源头难以确定，可以考虑由这几个社群共有。

另外，与财产权利的归属有所区别，民间文学艺术作品中的精神权利归属于作者，这些权利具有个人属性，既不能被转让也不可被剥夺。但是，由于实际创作者无法确认，精神利益可由集体维护。社群不仅维护着作者的精神权利，而且这种维护与社群的财产利益紧密相连。鉴于匿名作者难以亲自行使其精神权利，社群依据权利与义务相一致的原则，负有保护这些精神权利的责任。因此，法律应当规定社群承担起维护作者精神权利的职责。[②]

（三）集体权利主体的法定代理

由于民间文学艺术作品来源地的社群由多个自然人组成，单个社群成员不可能作为社群的代表行使权利，因此需要确定社群中行使和保护著作权的主体。关于民间文学艺术作品的权利归属问题，存在两种截然不同的观点。一种观点认为民间文学艺术作品的版权或特殊权利应直接归属于国家，由国家版权或文化行政机构负责具体的权利行使，而作品的原创群体则作为受益者或作品的持有者，而非权利的直接拥有者。另一种观点则主张民间文学艺术作品的版权或特殊权利应由原创群体所享有，并通过具有法人资格的信托公司、民间组织或其他形式的集体管理机构，依据委托授权的方式，代表原创群体行使和管理相关权利。但事实上，这两种做法均存在缺陷，民间文学艺术权利由国家享有则有可能削弱了原创

---

① 例如，“安顺地戏”中《战潼关》和《千里走单骑》表演属于安顺詹家屯传承人集体，而阿昌族史诗《遮帕麻与遮咪麻》目前所知有五位“活袍”尚能讲述，该五位“活袍”都有可能作为传承人。

② 胡开忠. 中国特色民间文学艺术作品著作权保护理论的构建［J］. 法学研究，2022（2）：142.

群体的私权，包括精神和经济利益，而信托代理模式在操作性和理论上存在障碍，特别是不适用于精神权利的诉求，且多数原创群体缺乏签订委托合同的能力。[①]

较为合理的方法是，法律在明确规定民间文学艺术作品的权利主体后，借鉴民事代理制度中的法定代理机制，以解决权利主体在行为能力上的限制。肯尼亚在2016年《保护传统知识和文化表现法》中就对权利持有者和权利所有者进行区分。前者是指在社群内部，根据该社群的习惯法和实践，被委托保管或保护传统知识和文化表达的个人或组织，后者则是指当地和传统社群，以及在这些社群内部，根据该社群的习惯法和实践，被委托保管或保护传统知识和文化表达的个人或组织。而依据我国宪法，国家各级政府负责管理中央和地方的教育、科学、文化等方面的工作，居民委员会或者村民委员会是基层群众性自治组织，它们分别代表各地人民的公共利益，故在实践中，可以指定国家各级政府的文化或版权行政部门作为法定代理机构，代表这些群体执行与民间文学艺术作品商业使用相关的合同签订、执行、仲裁和诉讼等权利，并承担相应的责任。

这种方法存在种种优势：首先，它确保了原创群体的私权利益得到充分保护，通过政府机构的法定代理，明确了原创群体为真正的权利人，保障了其精神权利的实现。其次，该制度与效益原则相符，利用现有政府机构进行权利管理，避免了重复设置新机构的社会成本。此外，法定代理制度的适度创新不存在不可逾越的制度障碍，为民间文学艺术来源群体提供了行为能力补充。

（四）区分集体权利主体与著作权法中的作者

民间文学艺术作品的繁荣和发展是在一个漫长的时间线上通过无数个人以及这些个人组成的集体不断传承及创造汇聚而成的活态过程，这些作品所遵循的传统文化表现形式需要得到这些个人和集体的所在群体在审美实践中加以认同，它与一般作品呈现的是源与流之间的关系。

以中国动画电影《大闹天宫》中的玉帝形象为例，该电影的美术设计由张光宇负责，他根据上海电影制片厂对玉帝角色“冷酷森严、深谋远虑的正统首领”的性格设定，既从家乡无锡纸马的传统艺术中汲取灵感，又融入现代动画美学理念，最终创造出既符合角色特征又令观众难忘的玉帝形象。无锡纸马是江苏无锡地区流传的一种传统民俗祭祀用的纸制神像，具有丰富的文化内涵和艺术价值，

① 张耕．民间文学艺术的知识产权保护研究［D］．重庆：西南政法大学，2007.

被江苏省列为首批省级非物质文化遗产。无锡纸马传承和发展，依赖一代代传承人的坚守和创新，其传承方式主要是以家庭作坊、店铺为依托的父子相传或师徒相授，这种传承方式保证了其艺术形式的连续性和稳定性。张光宇设计的玉帝形象（图1）虽在创作初期借鉴了无锡纸马中玉帝形象（图2）的符号化特征（如冠冕形制、服饰纹样），但在艺术风格上进行了显著创新：他弱化了纸马神像的平面装饰性，通过立体化造型强化人物威严感；同时突破传统纸马色彩的浓艳对比，采用低饱和度色调凸显角色“冷酷森严”的特质。它体现了个人艺术家的创意和上海电影制片厂的具体要求，具有明确的创作者和版权所属，可以依据著作权法相关规定享有精神权利及财产权利。相反，无锡纸马中的玉帝形象则是传统文化的体现，它源自中华民族对“天”“天帝”的崇拜和信仰，其形象和风格是经过长时间的历史沉淀和文化积累形成的，具有较强的集体创作特征。

图1　张光宇设计的玉帝形象

图2　无锡纸马

（五）区分集体权利主体与非物质文化遗产法中的传承人

民间文学艺术作品集体权利主体与非物质文化遗产法中规定的代表性传承人或传承人概念不同。从《中华人民共和国非物质文化遗产法》第2条将非物质文化遗产界定为“……各种传统文化表现形式，以及与传统文化表现形式相关的实物和场所”[①]来分析，传承人或者代表性传承人也就必然是掌握或熟练掌握其传承的传统文化表现形式的人，如果该作品同时属于民间文学艺术及非物质文化遗

① 参见《中华人民共和国非物质文化遗产法》第2条。

产，其传承人同时作为族群的成员（本源性传承人），在民间文学艺术的创作中发挥着创造性的作用。因此，本源性传承人在形成过程中也具有创作者的身份，从集体观的角度而言，当集体被视为权利主体时，个人权利被集体吸收，个人在诉讼中不具有权利主体资格，但可在集体行使权利后向集体主张利益。

以云南省纳西族羊毛披肩“七星毡”为例，其名称来源于披肩上间隔缝制7个刺绣圆盘“星星”，纳西语叫作“优扼”，是纳西族妇女披戴于肩背上的一种独特服饰（图3）。早在2009年，“纳西族服饰”项目就已经被列入云南省第二批非物质文化遗产保护名录。它一般用整块羊皮制成，剪裁为上方下圆，上部缝着6厘米宽的黑边，上方是一块肩宽般的梭织黑色布料，下面再缀上一字横排的七个彩绣的圆形布盘，代表北斗七星。七星披肩自古含有“披星戴月”之意，以此来颂扬纳西族妇女日出而作、日落而息的勤劳品质。七星作为纳西族妇女品质的象征并体现在服饰设计中形成传统文化表现形式是族群审美认同的结果，这种认同导致族群中的每一位接受这种审美的女性成员在日常生活或特定节庆仪式中将其穿戴在身，而族群中的传承人也在不断创作出符合这种审美特征又具有时代变化的七星服饰设计作品，应当属于民间文学艺术作品的保护对象。而对于那些在传承中添加的创造性劳动不多、不足以改变民间文学艺术核心本质的传承人，他们不被视为创作者，而是作为继承和发展民间文学艺术的主体，主要通过口头或表演形式发挥作用，类似于邻接权人。《民间文学艺术作品著作权保护条例（征求意见稿）》（以下简称《保护条例意见稿》）第8条第4款规定：“特定的民族、族群或者社群的成员基于传承目的以传统或者习惯方法使用本民族、族群或者社群的民间文学艺术作品，无需履行本条第一款程序。”①

图3　纳西族披肩“七星毡”设计

① 桂萌．我国民间文学艺术作品权利主体研究［D］．成都：四川大学，2021.

除了本源性传承人，还存在非族群成员的外源性传承人，其不具备免费利用民间文学艺术作品的资格，因为他们在作品的创作过程中没有贡献出创造性的智力劳动。以王洛宾为例，他对西部民歌的整理和改编工作，极大地推动了这些民歌的流传，并被誉为“西部歌王”。尽管王洛宾对西部民歌的传承和发展作出了显著贡献，但他并非西部民族的牧民，也不属于民歌的原创群体，因此不能被视作权利主体。与民间文学艺术的原创者不同，外源性传承人的角色在于作品的传播和推广，而原创者则关注作品的创作和权利的归属。

四、民间文学艺术作品版权保护基本原则

（一）利益平衡原则

利益平衡原则在法律中，尤其是在知识产权法中，主要表现为在保护知识产权人的权利与促进社会公共利益之间寻求平衡。这一原则确保了知识产权人能够获得合理的激励和回报，以鼓励创新和创作，同时也保障了社会公众对知识和信息的合理获取和使用，以促进知识的传播和文化的繁荣。

在民间文学艺术作品的版权保护领域，不同社会群体间的利益冲突是不可避免的。例如，在《乌苏里船歌》著作权纠纷案中，就存在改编者与民间文学艺术作品传创人之间的利益冲突。1999年11月，南宁市人民政府与中央电视台联合举办了民歌艺术节的开幕晚会，郭颂在该晚会中献唱了《乌苏里船歌》。随后，晚会被录制成VCD并发行。北辰购物中心所售的包含《乌苏里船歌》的音乐出版物均标注“作曲：汪云才、郭颂”。原告赫哲族乡人民政府指出，《乌苏里船歌》基于赫哲族民歌《想情郎》改编而成，这些民歌是赫哲族在长期的劳动和生活实践中所创，体现了赫哲族的民族特色、精神面貌和文化特性。因此，他们认为《乌苏里船歌》应被归类为著作权法所定义的“民间文学艺术作品”，并应受到我国著作权法的保护。原告进一步要求北辰购物中心停止销售所有未标明改编来源的《乌苏里船歌》音乐作品出版物。从该案中，不难发现民间文学艺术来源群体主要有两方面的利益诉求和期望：一方面，他们希望能够获得并行使知识产权，以支持自身的经济发展，并防止他人对其文化遗产和传统文化表现形式的滥用和商业化，包括文化上的攻击或贬损性使用；另一方面，他们对知识产权保护本身可能不感兴趣，但反对任何人未经同意而利用民间文学艺术并取得知识产权。这些

利益诉求是合理的，但同时也与社会组织和公众对自由传播、利用和消费传统文化的需求相冲突，从而产生紧张关系。

法律作为调节利益关系的工具，克洛德·阿德里安·爱尔维修（Claude Adrien Helvetius）、杰里米·边沁（Jeremy Bentham）、埃兹拉·庞德（Ezra Pound）等著名法学家均在法律的利益平衡目标上留下了许多研究成果。功利主义法学的代表爱尔维修认为，公共利益是绝大多数人的个人利益的总和，公共利益要成为一种真实的利益，必须满足和推动绝大多数人的生存和发展。在他看来，为了大多数人的公共利益，可以抑制个别人或个别集团的特殊利益，但是压制大多数人的利益却是不道德的。任何一种法律，要是它不利于公共利益的实现，人们就可依据公共利益对之加以改进。[①]边沁认为，社会利益是“组成社会的各个成员的利益之总和”，而政府的职责就是通过避苦求乐来增进社会的幸福。他说：“最大多数人的最大幸福是判断是非的标准。”他提倡个人利益第一，认为如果组成社会的个人是幸福和美满的，那么整个国家就是昌盛的。进入福利国家与社会国家时期，社会学法学批判功利主义法学太过强调个人利益，其代表庞德认为，个人利益、国家利益及公共利益的边界既存在重叠又存在冲突，法律应当在承认所有社会利益正当性的前提下，通过动态调整实现不同利益的共生平衡。[②]现如今，民间文学艺术的保护和利用中存在利益冲突，要求知识产权制度在不同利益之间寻找平衡点，构建一个精细的利益平衡机制。在处理民间文学艺术保护和利用的利益冲突时，不存在孤立的群体利益、个人利益或社会利益，任何一方利益的片面牺牲最终都会损害社会公共利益。因此，在设计协调利益冲突的法律制度时，必须公平地考虑各方利益，努力实现最佳的利益平衡，避免走向过度保护或完全不保护的两个极端。民间文学艺术知识产权制度中的利益平衡原则，应主要通过权利内容和权利限制的制度设计来实现。

（二）协调保护原则

民间文学艺术作品的保护原则——协调保护原则，强调在国际和国内层面上对民间文学艺术作品的保护应与对我国有约束力的国际条约和地区性文件保持一致，同时不侵犯人权保护文件所确立的具体权利和义务。《伯尔尼公约》第15条第4款为民间文学艺术作品的著作权保护提供了基本规则，将这些作品视为匿名

---

① 周要．略论爱尔维修的利益学说［J］．重庆社会科学，2005（7）：27-30.

② 吴高盛．公共利益的界定与法律规制研究［M］．北京：中国民主法制出版社，2009：14-18.

作品，并要求成员国指定主管当局代表作者维护其权利。我国在制定相关保护办法时，应参考并遵守《伯尔尼公约》等国际条约中关于著作权保护的基本规则。WIPO认为，民间文学艺术的保护应当尊重并与其他国际和地区性文件协调，不应影响依据生效的法律文件产生的具体权利义务，包括人权保护文件。《世界人权宣言》《经济、社会及文化权利国际公约》《公民权利和政治权利国际公约》以及联合国《土著人权利宣言草案》等文件都直接或间接保护了传统部族对民间文学艺术和其他传统知识的权利。因此，各国对民间文学艺术保护的立法不能与这些国际条约或文件相冲突，为通过知识产权制度保护民间文学艺术预留了空间。如果不承认民间文学艺术来源群体对传统文化的控制权，将与相关国际公约特别是人权保护文件冲突，损害国际法所保障的人权或缩小人权的保护范围。

协调保护原则不仅要求民间文学艺术作品相关立法不与国际法冲突，还要求不与国内其他法律制度冲突，比如非物质文化遗产保护法。事实上，非物质文化遗产与民间文学艺术作品在内容上存在很多重叠的部分，非物质文化遗产代表性传承人也有可能是民间文学艺术创作族群的一分子，在传承和创作的过程中贡献出自己的力量，在这种情形下，应该同时适用民间文学艺术作品保护立法的相关规定保护其权益。

（三）尊重传统原则

尊重传统原则是民间文学艺术作品保护的核心原则之一，它强调在法律框架内尊重并保护民间文学艺术作品来源地社群的传统使用习惯。在历史长河中，这些社群对其文学艺术作品的使用形成了特定的习俗，例如某些祭祀歌舞只能由特定的传承人以特定形式表演。例如，西南地区苗族、彝族、拉祜族所表演的芦笙舞，它源于“礼乐”，是中国传统礼制与乐舞相互融通的结晶。传说，苗族的祖先曾居住在黄河、长江中下游地区，芦笙为伏羲女娲所创。在处理因民间文学艺术作品利用而产生的纠纷时，若法律未作明确规定，应考虑适用作品来源地的习惯。我国在制定相关著作权保护办法时，也应充分考虑这些习惯，以《中华人民共和国民法典》第10条为依据，该条规定在法律无明确规定时，可以适用习惯，但不得违反公序良俗。

具体而言，民间文学艺术的保护不应妨碍相关群体根据其习惯法和惯例使用、开发、交流、传承和传播其民间文学艺术。如果创造和维系民间文学艺术的群体按照“传统的背景”和“习惯的背景”使用作品，并且该群体认可这种使用及其导致的对作品的修改，则不构成滥用或歪曲，这为界定合理使用行为提供了依据，平衡了族群、传承人和使用人之间的利益冲突。族群内部的习惯法不仅是界定合理使用行为、限制知识产权的依据，而且对判断族群是否享有受保护权利产生重要影响，有时甚至成为处理纠纷的依据，在一定程度上，族群的习惯法及其有关惯例构成了法律保护体系的有机组成部分。

五、民间文学艺术作品的商业开发和合理使用问题

（一）商业开发

UNESCO 和 WIPO 在阐述 1982 年《示范法》的重要性时明确提出：全球范围内的商业化利用正对民间文艺表达构成影响，这种利用往往未能给予原创社群应有的文化和经济上的尊重，同时也忽视了民族作为创作者应享有的分享利用所得收入的权利。在这一商业化趋势中，民间文学艺术表达常常遭到曲解。[①]因此，民间文学艺术作品的法律保护核心问题集中在对其商业开发的监管、利益分享，以及防止其精神权利受到侵犯。在过去几十年中，传统知识和文化遗产被“直接盗用”的情况日益增多。以美国好莱坞电影公司为例，他们以中国民间故事“花木兰”为蓝本，制作了动画电影《花木兰》，并在国际市场上获得了数亿美元的票房收入，而中国方面不仅未能从中获得任何收益，反而需要支付高额版权费用以获得该电影的发行权。

在民间文学艺术领域，创作者往往未能获得相应的利益回报，或者所得利益微乎其微，这种利益分配方式显得极度不公与不合理，现代民商法律体系以及整个现代法制体系的核心原则之一是确保利益创造者能够享有其创造的利益。从公正的角度来看，如果创造民间文学艺术价值的群体未能获得相应的利益，或者所得利益微不足道，这显然违背了分配正义中的平等与贡献原则。[②]知识产权的重要内容就是许可制度，唯有通过知识产权的保护机制，民间文学艺术作品的权利主体才能通过精心构建的制度获得其应得的利益，进而实现民间文学艺术创作

① The Secretariats of UNESCO and WIPO，Model Provisions for National Laws on the Protection of Expressions of Folklore Against Illicit Exploitation and Other Prejudicial Actions with a Commentary：Introductory Observations，UNESCO and WIPO，1985，para.2.

② 张耕. 民间文学艺术的知识产权保护研究［D］. 重庆：西南政法大学，2007.

者、传播者和使用者之间利益的公正分配。

目前多数国家规定对民间文学艺术的使用特别是商业使用，必须通过主管机关授权许可，其具体权利内容规定不一，如埃塞俄比亚在2006年的《获得遗传资源和社群知识，以及社群权利公告》中只规定了访问权、使用权、获益权，[①]喀麦隆在2000年《关于版权和相关权利法律》中规定："第三人为商业目的对民间文学艺术作品进行任何利用，都需由主管机关授权许可。"[②]此外，有些立法规定在未取得主管机关许可的情况下，禁止进口和发行在国外制作的国内民间文学艺术作品的复本，如安哥拉、刚果（布）、斯里兰卡、多哥等国家。通过对国际上关于民间文学艺术财产权的立法例进行审视，可以发现民间文学艺术财产权在立法层面的保护力度相对较弱，与一般版权中的财产权相比，其权利范围不够广泛，且在权利的转让和报酬获取方面也存在一定程度的限制。笔者认为，民间文学艺术作品版权内容中的财产权应与一般作品著作权人财产权利相同，这包括但不限于复制权、发行权、租赁权、展示权、表演权、放映权、广播权、信息网络传播权、摄制权、改编权、翻译权以及汇编权等。对于一些学者所产生的设置改编权的隐忧，认为民间文学艺术作品的著作权人可能不愿意他们的作品被随意更改，担心这会损害公众对原作的评价，对此，笔者认为可以通过著作权的限制与例外制度来妥善处理。通过这种方式，可以在保护著作权人合法权益的同时，促进作品的开发利用和文化传承。[③]

另外，由于民间文学艺术作品法律制度构建具有保护传统文化的目的，所以在商业开发及许可的过程中，需要在保障公众"文化获取"与激励衍生作品经营者"文化创新"之间找到平衡点。这意味着在开发过程中，要避免对权利的过度保护，以免侵蚀公众利益，同时也要防止将公有领域的内容不恰当地纳入著作权保护范围，从而阻碍民间文学艺术的传承与创新。另外，在使用民间文学艺术作品进行创作的过程中，使用者应当显著地标识出作品的原创群体，避免低俗或泛滥式的开发，损害民间文学艺术的完整性，以示对其精神权利的尊重。在保持传统传承的同时，应鼓励民间文学艺术作品的创新性发展和应用。通过技术革新和创意产品的开发，可以充分发掘民间文学艺术作品的内在潜力，使其在当代社会

---

① Traditional Knowledge Laws：Ethiopia［EB/OL］.［2024-09-20］. https://www.wipo.int/tk/en/databases/tklaws/articles/article_0009.html.

② Traditional Knowledge Laws：Cameroon［EB/OL］.［2024-09-20］. https://www.wipo.int/tk/en/databases/tklaws/articles/article_0040.html.

③ 胡开忠. 中国特色民间文学艺术作品著作权保护理论的构建［J］. 法学研究，2022（2）：142.

中获得新生和活力。这种创新和利用不仅能够为原创群体带来经济上的回报，还能够在文化层面上增强其价值和影响力。

（二）合理使用

所谓“合理使用”，是在特定的条件下，法律允许他人自由使用有著作权的作品，而不必征得权利人许可，不向其支付报酬的合法行为。这一制度的起源可以追溯到英国的早期判例法，并且随着时间的推移，已经成为全球版权法中的一个普遍接受的制度。在英美法系中，这一概念被称为“合理使用（Fair Use）”，而在大陆法系中则更多地被称为“著作权的限制和例外（Limitations and Exceptions）”，意大利和葡萄牙等国家则称之为“自由使用（Free Use）”。关于合理使用的性质，学术界主要存在三种观点：“权利限制”说、“侵权阻却”说和“使用者权利”说。前两种观点认为合理使用是对著作权的一种限制，而“使用者权利”说则认为合理使用是使用者享有的一种独立权利。

合理使用的界定是版权法中的一个复杂问题，它涉及如何平衡著作权人的利益与社会公众的合理需求。《伯尔尼公约》、TRIPS协定和《世界知识产权组织版权条约》虽然允许成员国对著作权规定限制和例外，但均以该规定只能在特殊情况下作出、与作品的正常利用不相冲突，以及没有不合理地损害权利人合法权益这三个条件为前提。这就是“三步检验标准（Three-Step Test）”。根据“三步检验标准”，各成员国不仅只能针对特定情形规定对“专有权利”的限制和例外，而且对相应条款的制定和解释应当适当、合理，不能导致影响作品正常利用和不合理地损害权利人合法权益的后果。

我国著作权法第24条列出了可构成“合理使用”的具体情形，包括个人使用、适当引用、新闻报道中的使用、对时事性文章的使用、对公众集会上讲话的使用、国家机关公务性使用、图书馆等对馆藏作品的特定复制和传播、免费表演、对公共场所艺术品以平面形式进行利用、制作少数民族语言文字版本、制作、提供无障碍格式版本以及法律、行政法规规定的其他情形。[①]在上述情况下使用作品，可以不经著作权人许可，不向其支付报酬，但应当指明作者姓名或者名称、作品名称，并且不得影响该作品的正常使用，也不得不合理地损害著作权人的合法权益。但这些规定并不完全适用于民间文学艺术版权保护，在制定构建

① 王迁．知识产权法教程［M］．北京：中国人民大学出版社，2021：285.

民间文学艺术作品的著作权限制制度时，要考虑民间文学艺术作品与普通作品的异同。最高人民法院发布的《关于充分发挥知识产权审判职能作用推动社会主义文化大发展大繁荣和促进经济自主协调发展若干问题的意见》第8条中提到："在促进技术创新和商业发展确有必要的特殊情形下，考虑作品使用行为的性质和目的、被使用作品的性质、被使用部分的数量和质量、使用对作品潜在市场或价值的影响等因素，如果该使用行为既不与作品的正常使用相冲突，也不至于不合理地损害作者的正当利益，可以认定为合理使用。"在保护传统文化资源的背景下，对民间文学艺术作品的合理使用可以被认为是维持传承以及促进商业开发确有必要的特殊情形。

国际上，1982年《示范法》列举了合理使用民间文学艺术形式的情形，包括教育目的使用、作品中说明问题的使用、创作新作品时借鉴民间文学艺术、附带性使用等。这些规定被多国立法采纳。阿塞拜疆在2013年修订的《关于民间文学艺术表达的法律》中也将合理使用分为两部分，第一部分为传统习惯性使用，包括民间文学艺术表达被用于创作原始作者（作者）作品，以及在方便使用的范围内，在原始作者（作者）作品中以插图的形式使用民间文学艺术表达；第二部分则是传统的合理使用，包括在时事中使用民间文学艺术表达，以便通过摄影、广播、录音的方式提供信息，前提是使用将在信息目的的必要范围内进行，以及在永久免费开放的地方的照片、电影或电视广播中包含民俗表达的主题描述来使用民间文学艺术作品。[①]基于此，在涉及民间文学艺术作品的合理使用时，可以采用"一般条款+具体列举"的模式。合理使用的一般条款可以规定为："在下列情况下使用民间文学艺术作品，可以不经著作权人许可，不向其支付报酬，但应当指明作品来源、作品名称，并且不得影响该作品的正常使用，也不得不合理地损害著作权人的合法权益。"[②]而具体列举的情形则包括以下几种。

1. 传统性使用。群体成员依据其传统和习俗实践对民间文学艺术的使用，被视为合理使用，无须获得著作权人的许可或支付任何费用。当民间文学艺术的表现形式在民族的常规使用中保持其原有的艺术形态时，即被认为是在"传统背景"下使用。例如，若一种仪式舞蹈在相应的仪式中表演，则表明其在"传统背景"中的运用。而"习惯背景"则指民间文学艺术作品的使用与民族的日常生活

① Legislative Implementation of Flexibilities-Azerbaijan [EB/OL]. [2024-09-20]. https://www.wipo.int/tk/en/databases/tklaws/articles/article_0142.html.

② 胡开忠. 中国特色民间文学艺术作品著作权保护理论的构建 [J]. 法学研究，2022 (2)：142.

紧密相连，如当地手工艺人出售民间艺术形式的实体复制品，这种背景的发展和变化可能比传统背景更为迅速。即便在“传统背景”和“习惯背景”中以营利为目的使用民间文学艺术，也被视为合理使用。这是因为民间文学艺术与原群体成员的日常生活密切相关，有时甚至是他们生计的来源。此外，这种在经济利益驱动下的传统和习惯使用，是民间文学艺术得以持续传承和发展的关键途径。如果不承认在“传统背景”和“习惯背景”中使用民间文学艺术为合理使用，可能会对原群体成员的生计和民间文学艺术的传承与发展造成严重影响。因此，将这些使用行为定性为合理使用，对于保护民间文学艺术的原群体成员的权益和促进民间文学艺术的繁荣至关重要。

2. 非营利性目的使用。在非营利性背景下，无论是民间文学艺术的原始群体成员还是非成员，若采用非传统和非习惯的方式使用这些艺术形式，并不会侵犯民间文学艺术权利人的相关权利。然而，使用者仍需遵循合理使用的准则，其中包括维护著作权人的个人权利，2003年斯里兰卡颁布的《知识产权法》第24（2）节规定民间文学艺术表达（Expression of Folklore）的相关豁免包括个人使用、报告时事、面对面教学、批评、评论和研究等用途。①结合1982年《示范法》以及其他国家立法，可以将非营利性目的的使用情形设置为如教学中的讲解、非商业的科研活动、个人研究、对时事的批评和评论、法律程序中的公务执行、档案保存、非商业目的的文化遗产目录编制，以及制作民间文学艺术的录音和复制品的附带使用等。

六、民间文学艺术作品版权保护机制

（一）思想上重视

民间文学艺术（Expression of Folklore），是指由在某一特定区域内的群体或群体成员创作，主要通过口头的方式世代流传，具有相对稳定的内容和精神内

① Traditional Knowledge Laws：Sri Lanka［EB/OL］.［2024-09-20］. https://www.wipo.int/tk/en/databases/tklaws/articles/article_0135.html.

核，并不断被创新发展。主要表现为民间故事、民间音乐或宗教仪式等。[①]现行著作权法使用的术语是“民间文学艺术作品”。民间文学艺术是中华民族文化艺术的瑰宝，在中华民族源远流长的历史长河中创造出《女娲补天》《花木兰》等浩如烟海、多姿多彩的民间文学艺术作品，不断丰富和发展着中华民族共有精神家园。尤其是在人工智能、算法、大数据等数字技术的加持下，民间文学艺术能够被广泛传播和分析，蕴藏着巨大的时代价值。

然而，当前我国民间文学艺术的保护正在面临“内忧外困”的窘境：一方面，很多优秀的民间传统文化正在田野里面、山坳中、深邃的民间悄无声息地消失；[②]另一方面，发达国家普遍认为民间文学艺术作品处于公共领域，从而拒绝对发展中国家的民间文学艺术给予版权保护。此种“浪漫主义”公共领域观，是西方发达国家在功利主义思想观念的指引下，为攫取他国文化资源运用的理论工具。[③]发达国家将人类知识产权所创造的原始资源，如民间故事、民间传说、民间文化等传统知识产权和传统遗传资源放置于公共领域以便掠夺，这显然侵害了发展中国家的合法利益。我国民间文学艺术在传播过程中出现了被外国企业或者个人随意开发利用乃至于被歪曲、篡改的情况。例如，我国民间小说《花木兰》是为了歌颂女性的“忠孝贤德”和集体主义精神，但是在1988年的迪士尼公司出品的动画电影《花木兰》中，却将花木兰塑造成为一个具有鲜明个人主义和女权主义色彩的形象，这完全曲解了中国的传统文化。[④]基于此，我国《知识产权强国建设纲要（2021—2035年）》明确提出：“加强遗传资源、传统知识、民间文艺等获取和惠益分享制度建设，加强非物质文化遗产的搜集整理和转化利用。”《“十四五”国家知识产权保护和运用规划》也提到要“制定传统文化、民间文艺、传统知识等领域保护办法。建立与非物质文化遗产相关的知识产权保护制度”。随着上述政策性文件的密集出台，可以窥见民间文学艺术作品在我国的保护得到日益重视和高度关注。

我国有数千年的历史文明，所积累的民间文学艺术资源的质量与数量都可谓冠绝全球。我国拥有丰富的民间文学艺术资源，在全球范围内应当属于对民间文学艺术具备强势利益的国家，因此我国应当充分发挥民间文学艺术作用的商业潜

① 易玲．表演者权视阈下民间文学艺术表达保护路径探析［J］．法律科学（西北政法大学学报），2022（4）：127.

② 冯骥才．抢救与普查：为什么做，做什么，怎么做?［J］．河南大学学报（社会科学版），2003（3）：2.

③ 黄汇．著作权法上公共领域理论的误读及其批判［J］．知识产权，2014（8）：39.

④ 于建凯．论《花木兰》与《功夫熊猫》的文化差异与误读［J］．电影文学，2010（5）：78.

能和文化功能。与此同时，亦应当重视坚守公共领域的基本价值指引，民间文学艺术作品作为公共领域的下位概念，其与公共领域之间的辩证关系便决定了建构起现代版权保护和特别保护机制的必要性。因此，对民间文学艺术进行具体范式设计时应当坚持公共领域理论的指引。为充分发挥民间文学艺术之上所凝聚的商业价值和财产价值，我国应当在公共领域的视野下明辨其与现代作品之间的关系，构建起特别版权机制对民间文学艺术予以充分保护。[①]

（二）制度上保障

法令者，民之命也，为治之本也。现代版权体系运行已经有300余年，从理论层面确定概念内涵到实践中立法司法的运行，已经构建起逻辑严密、运行有序的法律生态系统。部分学者提出，民间文学艺术与著作权客体多有相似之处，两者同属于文化创造，且都具有共同具体表达形式、一定程度的独创性，[②]采用著作权法的保护模式对民间文学艺术予以保护也是诸多的模式中最为便利的。[③]也有学者对此持有反对意见，提出该套生态系统和语义系统并不适用于民间文学艺术。究其根源在于民间文学艺术无论从主体、客体、保护目的、权利内容还是保护期限来看，运用著作权制度保护民间文学艺术都面临难以克服的障碍。[④]正因如此，民间文学艺术作品和现代作品之间存在上述相异之处，在公共领域视野下分析，两者之间的差异更是显而易见。基于此，对民间文学艺术保护采用混合模式成为不二之选，即将现代版权机制和特别版权保护机制相结合，从而能够发挥出两种机制的最大优势。下文将详述制度的建构内容。

首先，民间文学艺术作品版权保护机制的主体可以是土著社区。正如《世界人权宣言》第27条（2）之规定："人人对于由于他所创作的任何科学、文学或美术作品而产生的精神的和物质的利益，有享受保护的权利。"民间文学艺术作品的形成并非依靠单个社会成员的智能和灵感，而是通过其所在的群体在共同的生产生活实践的经验基础上总结完成。[⑤]民间文学艺术作品的概念是在"集体概念"中得到广泛的认可。著作权法作为私权，其中私权主体这一概念并不排斥集体的

① 黄汇，孙灏程．公共领域视野下民间文学艺术作品的版权保护机制［J］．中国版权，2022（6）：14.
② 张玉敏．民间文学艺术法律保护模式的选择［J］．法商研究，2007（4）：5.
③ 黄汇，郑家红．民间文学艺术保护模式论考［J］．经济与社会发展，2007（12）：133.
④ 易玲．民间文学艺术表达专有权的构建［J］．法律科学（西北政法大学学报），2024（6）：25.
⑤ 严永和．论传统知识的知识产权保护［M］．北京：法律出版社，2005：26.

存在。[①]因此，基于民间文学艺术作品创作的规律，赋予土著民族集体以权利主体资格更加符合民间文学艺术作品保护的需要。

其次，版权制度可以为民间文学艺术之人身权提供保护。在版权制度运行中，一旦不符合版权法保护的构成要件，即视为作者自动放弃权利，抑或因为不满足版权保护的条件将进入公共领域，且该行为具有不可撤回性。[②]因此，著作权法定保护期限为作品进入公共领域留足了空间。但民间文学艺术作品进入公共领域的时间不确定，并不存在清晰的法定期限，故而版权制度只能为民间文学艺术之人身权提供保护。具言之，民间文学艺术作品著作权人享有的人身权的内容主要包括如下部分：第一，对利用民间文学艺术作品创作的演绎作品享有发表权；第二，享有表明作品来源权。此外，对于民间文学艺术作品的作者所享有的署名权、修改权和保护作品完整权，作者所在的特定民族、族群或者社群应当予以保护。

再次，民间文学艺术作品财产利益保护制度的构建。当前数字传播技术迅猛发展，在有助于民间文学艺术作品传播的同时，也会使发达国家对发展中国家传统文化资源产生愈演愈烈的侵夺态势。故而，应当对国际上文化掠夺理论进行强烈批判，西方发达国家对公共领域理论产生误读，误以为发展中国家的传统文化资源属于不受任何人享有的公共资源，从而对其进行全方位的吞噬。此行为已经被"功能主义公共领域"所误导，通过窃取的方式获取发展中国家的民间文学艺术作品，并将其纳入本国的公共领域之内，经国内社会公众重新演绎和创作之后，再通过"浪漫主义作者观"为作品提供更为长期和周全之保护。长期在"功能主义公共领域""浪漫主义作者观"理念指引下，将导致来自某个传统社区的民间文学艺术作品的部分内容遗留在他国的私人领域中，[③]最终将导致发展中国家传统社区及其民间文学艺术作品变得更加岌岌可危，严重损害了发展中国家的合法利益。就民间文学艺术作品财产利益保护制度的具体构建而言，具体权利内容包括民间文学艺术持有者的使用权、知情同意权、惠益分享权。

最后，构建民间文学艺术数据库。除去上述依赖国家法律制度对民间文学艺术作品提供法律支撑，在对民间文学艺术作品进行保护的过程中还需要技术支

① 丁丽瑛. 传统知识保护的权利设计与制度构建——以知识产权为中心［M］. 北京：法律出版社，2009：311.

② 黄汇. 版权法上的公共领域研究［J］. 现代法学，2008（3）：46-55.

③ 黄汇. 著作权法上公共领域理论的误读及其批判［J］. 知识产权，2014（8）：39.

撑。若设立民间文学艺术数据库并对文艺作品予以登记，将便于行政机关管理的同时还能监管他国的文化掠夺行为。数据库的设立犹如数据基础设施，能够更为精准地登记民间文学艺术作品，并精准标记已经进入我国公共领域的民间文学艺术作品，防止不当落入他国主体的私人领域的范畴。

（三）执行上到位

尽管我国高度重视对民间文学艺术作品的保护，但是鉴于各种原因，导致我国对民间文学艺术作品的保护尚缺乏统一的规范性文件。其中涉及因素如下：第一，民间文学艺术作品的创作主体和所具备的群体性特征以及不确定性，将对权利的固化带来困难；第二，民间文学艺术一般是与民间艺术表达的社区或者群体的文化与利益密切相关，一般情况下不得让与、质押，或者对该项标的强制执行；第三，民间文学艺术作品还长期处于发展、演绎与变化之中，具备突出的流转性和传承性的特点。①由于这些不确定因素，尽管著作权法第6条规定民间文学艺术作品的保护办法交由国务院另行规定，且国家版权局于2014年发布了《保护条例征求意见稿》，但至今相关立法工作尚未取得实质性进展。

上述统一性法律规范付之阙如，导致实践中民间文学艺术的执行存在如下现实问题：第一，司法实践中对民间文学艺术作品保护不力。依据现行规则对当事人的合法权益保护不到位，执行不力。如部分法院以“国务院尚未出台正式的民间文学艺术作品的著作权保护办法，本院审理该类案件没有法律依据，而驳回原告起诉”②，部分审判案件对民间文学艺术作品的保护范围界定较为混乱，并未厘清保护对象和具体范围。③第二，当前我国对民间文学艺术作品的保护主要通过《中华人民共和国非物质文化遗产法》《传统工艺美术保护条例》等相关法律法规，但此类法律规制的范围有限，因此，部分地方早期的规范性文件由于位阶低下，适用范围地域性特征突出，缺乏专门统一的指导。地方性分散的模式不利于协同高效提升执行效率，同时也缺乏专门法统一指导，严重降低了我国对民间文学艺术作品的保护力度，降低行政机关执法效率。故而，亟须颁布统一的《民间文学艺术作品著作权保护条例》，为实践中的执法行为提供规范指引和行为指南。

---

① 易玲．民间文学艺术表达专有权的构建［J］．法律科学（西北政法大学学报），2024（6）：25.

② 参见江西省抚州地区（市）中级人民法院（2018）赣10民初97号民事裁定书。

③ 参见贵州省贵阳市中级人民法院（2015）筑知民初字第17号民事判决书；天津市高级人民法院（2021）津民终249号民事判决书；北京市高级人民法院（2002）高民终字第252号民事判决书。

（四）激励上合理

“功能主义”的公共领域理论观点是在19世纪泛大西洋地区的人们对待外国人尤其是欧洲人的作品时所采取的理论，即“任何人都不受限制地使用物质、信息和他人独创性作品的权利”[①]。在其看来，只要在物理上是可以获得的，则其就处于公共领域。然而，在实践中这种“公共领域”理论并不存在，它只能被视为“盗用”他人的版权或者合法权益的言辞工具。这样的“公共领域”理论观点并未达到著作权法所欲激励人们积极主动创造并增加社会整体财富的目的，反而成为培养“懒汉”的借口。与之相对，真正勤劳创造、保护、传承和发展传统文化的人们所形成的劳动则被窃取，明显背离罗尔斯（John Rawls）提出的法律应当具备的基本正义的价值标准。他指出：“某种法律或制度，不管它们如何有效益和有条理，只要它们不正义，就必须加以改造或废除。”[②]因此，此种旨在“盗取”他人知识财产所虚构出来的“公共领域”的理论，以侵犯他人合法权益、窃取他人劳动成果为目的，应当被唾弃。否则，将严重违背法律所追求的公平正义的基本价值理念。[③]长此以往，将导致公共领域理论对文化生产不再是正向激励，反而成为阻碍社会进步的负向激励，[④]显然背离自然理性。

（五）惩罚上适当

相对于传统民事权利而言，对他国民间文学艺术进行商业化利用，常常会因为国家间文化差异、精神内核不同而出现当地的民间文学艺术被他人歪曲、篡改，甚至诋毁、滥用的情形（如动画电影《花木兰》），从而导致外界对民间文学艺术的真实内涵产生误解，最终侵犯整个传统社群的整体利益。因此，损害赔偿并非对社群利益加以救济的最佳途径。相对而言，比如恢复名誉、赔礼道歉等为主的救济方式更为妥当。

尽管金钱损害赔偿并非最佳选择，但在市场经济运行的背景下，若民间文学

---

① Diane M. Zorich. “Why the Public Domain Is Not Just a Mickey Mouse Issue”, Comments prepared for the NINCH Copyright Town Meet ing on the Public Domain Held at the Chicago Historical Society [EB/OL]. (2000-01-11) [2024-09-20]. http: //www.ninch.org/copyright/townmeetings/chicagozorich.html.

② [美] 约翰·罗尔斯. 正义论 [M]. 何怀宏，何包钢，廖申白，译.北京：中国社会科学出版社，1988：3.

③ 张耕. 民间文学艺术知识产权正义论 [J]. 现代法学，2008（1）：34.

④ 黄汇. 著作权法上公共领域理论的误读及其批判 [J]. 知识产权，2014（8）：39.

艺术社区能够就遭受的损失获得有效赔偿，则对保护传承民间文学艺术的作用和意义巨大。由于实践中对民间文学艺术的侵害主要为精神利益，但是精神利益难以计算，因此，对民间文学艺术表达侵权的赔偿计算适宜参照同类或者近似类别的民间文学艺术表达合同约定的“利益分享标准”确定损害赔偿额。鉴于实践中对惩罚性赔偿的计算标准存在无法确定的难题，故对知识产权侵权案件的计算赔偿数额更多偏向于法定赔偿。考虑到民间文学艺术作品所具有的公共属性的特征，对其保护不力，赔偿不足，将最终损害一个社群甚至是一个国家的民族情感。司法作为维护公平正义的最后一道防线，应当对严重侵犯民间文学艺术作品的行为进行有效打击，并适度适用惩罚性赔偿制度，以期更好地保障各方主体的合法利益。

基于以上研究和分析，本课题组建议对《民间文学艺术作品著作权保护条例（征求意见稿）》做修改和完善，具体修改意见详见后附对比表。

课题组组长：孙宝林
课题组成员：范继红　李劼　周林　汤跃　龙文　付继存　李祯　王海霞
李冉　张若琳
课题承担单位：中国版权保护中心
协作单位：中国版权杂志社

附 件

《民间文学艺术作品著作权保护条例（征求意见稿）》修改内容对比表

2025年拟定版本修改 条款及内容	2014年国家版权局版本 条款及内容	拟定版本 修改原因
第一条（宗旨） 为保护民间文学艺术作品著作权，促进民间文学艺术作品的正当使用，鼓励民间文学艺术传承和发展，根据《中华人民共和国著作权法》第六条，制定本条例。	**第一条（宗旨）** 为保护民间文学艺术作品的著作权，保障民间文学艺术作品的有序使用，鼓励民间文学艺术传承和发展，根据《中华人民共和国著作权法》第六条，制定本条例。	将“有序使用”改为“正当使用”，理由：(1) 与著作权法的保护与传播并重的理念相一致；(2) 可以落实创造性转化与创新性发展的传统文化政策，以使用带动权益保障；(3) 强调使用的正当性，注重保护传统社群的习惯及禁忌。
第二条（定义） 本条例所称民间文学艺术作品，是指由特定的民族、族群或者社群内不特定成员集体创作和世代传承，并体现其传统观念和文化价值的传统文化表达。 （一）民间故事、传说、诗歌、歌谣、谚语等文字或口头作品； （二）民间歌曲、器乐等音乐作品； （三）民间舞蹈、歌舞、戏曲、曲艺等供舞台演出的作品； （四）民间绘画、图案、雕塑、造型、建筑等造型艺术作品；	**第二条（定义）** 本条例所称民间文学艺术作品，是指由特定的民族、族群或者社群内不特定成员集体创作和世代传承，并体现其传统观念和文化价值的文学艺术的表达。 民间文学艺术作品包括但不限于以下类型： （一）民间故事、传说、诗歌、歌谣、谚语等以言语或者文字形式表达的作品； （二）民间歌曲、器乐等以音乐形式表达的作品； （三）民间舞蹈、歌舞、戏曲、曲艺等以动作、姿势、表情等形式表达的作品；	新增“其他传统文化表达”兜底条款，扩大保护范围。

续表

2025年拟定版本修改 条款及内容	2014年国家版权局版本 条款及内容	拟定版本 修改原因
（五）符合民间文学艺术作品特征的其他传统文化表达。	（四）民间绘画、图案、雕塑、造型、建筑等以平面或者立体形式表达的作品。	
第三条（适用范围） 本条例适用于中国民间文学艺术作品。 外国民间文学艺术作品依据该国与中国签订的协议或者共同参加的国际条约，受本条例保护。	**第三条（适用范围）** 本条例适用于中国民间文学艺术作品。 外国民间文学艺术作品依据该国与中国签订的协议或者共同参加的国际条约，受本条例保护。	内容完全一致，无修改。
第四条（主管部门） 国家著作权主管部门主管全国民间文学艺术作品的著作权保护工作，相关部门在各自职责范围内负责相应工作。	**第四条（主管部门）** 国务院著作权行政管理部门主管全国民间文学艺术作品的著作权保护工作，国务院其他部门在各自职责范围内负责相应工作。	建议将“国务院著作权行政管理部门”修改为“国家著作权主管部门”。
第五条（传承人的认定及著作权归属） 民间文学艺术作品的著作权属于特定的民族、族群或者社群，由能够代表特定民族、族群或者社群的法人或非法人组织依法行使。 民间文学艺术作品传承人，可以在特定的民族、族群或者群体行使权利后，主张经济利益。 民间文学艺术作品传承人由特定民族、族群或者社群认定。对认定结果不服的，可以请求著作权主管机关调解或者向人民法院起诉。	**第五条（权利归属）** 民间文学艺术作品的著作权属于特定的民族、族群或者社群。	1. 新增权利行使主体，保障权利的落实； 2. 新增传承人的认定主体及途径； 3. 本源性传承人在形成过程中也具有创作者的身份。从集体观的角度而言，当集体被视为权利主体时，个人权利被集体吸收，个人在诉讼中不具有权利主体资格，但可在集体行使权利后向集体主张利益。因此，建议增加利益分配。

续表

2025年拟定版本修改 条款及内容	2014年国家版权局版本 条款及内容	拟定版本 修改原因
第六条（权利内容） 民间文学艺术作品的著作权人享有以下权利： （一）表明作品来源，即标明作品来源于特定社群的权利； （二）发表权，即决定是否公开利用民间文学艺术作品创作的演绎作品的权利； （三）使用权，即以复制、发行、表演、改编或者向公众传播等方式使用民间文学艺术作品的权利。 著作权人可以许可他人行使前款第三项的权利，并依照约定或者本法有关规定获得报酬。 著作权人可以将许可权及获取报酬权委托当地政府指定的专门机构代为行使。 民间文学艺术作品的作者所享有的署名权、修改权和保护作品完整权由作者所在的能够代表特定民族、族群或者社群的法人或非法人组织保护。	**第六条（权利内容）** 民间文学艺术作品的著作权人享有以下权利： （一）表明身份； （二）禁止对民间文学艺术作品进行歪曲或者篡改； （三）以复制、发行、表演、改编或者向公众传播等方式使用民间文学艺术作品。	1. 新增“惠益分享权”“知情同意权”，强化利益分配与控制权； 2. 细化“发表权”“来源权”，保护社群对作品的身份标识； 3. 新增委托专门机构行使权利的规定，提高执行效率。
第七条（保护期） 民间文学艺术作品的著作权的保护期不受时间限制。	**第七条（保护期）** 民间文学艺术作品的著作权的保护期不受时间限制。	内容完全一致，无修改。
第八条（授权机制） 使用民间文学艺术作品，应当取得著作权人的许可并支付合理报酬，或者向国家著作权主管部门指定的专门机构取得许可并支付合理报酬。	**第八条（授权机制）** 使用民间文学艺术作品，应当取得著作权人的许可并支付合理报酬，或者向国务院著作权行政管理部门指定的专门机构取得许可并支付合理报酬。	建议将“国务院著作权行政管理部门”修改为“国家著作权主管部门”。

续表

2025年拟定版本修改 条款及内容	2014年国家版权局版本 条款及内容	拟定版本 修改原因
使用者向专门机构申请许可的，应当说明其使用民间文学艺术作品的名称、数量、范围以及期限等信息。除非有特殊原因，专门机构不得拒绝授权。使用者支付的合理报酬一般按照其使用民间文学艺术作品的经营额的百分比计算，具体比例由专门机构根据实际情况确定。 民间文学艺术作品的著作权人或者专门机构不得向任何使用者授予专有使用权。 特定的民族、族群或者社群的成员基于传承目的以传统或者习惯方法使用本民族、族群或者社群的民间文学艺术作品，无需履行本条第一款程序。	使用者向专门机构申请许可的，应当说明其使用民间文学艺术作品的名称、数量、范围以及期限等信息。除非有特殊原因，专门机构不得拒绝授权。使用者支付的合理报酬一般按照其使用民间文学艺术作品的经营额的百分比计算，具体比例由专门机构根据实际情况确定。 民间文学艺术作品的著作权人或者专门机构不得向任何使用者授予专有使用权。 特定的民族、族群或者社群的成员基于传承目的以传统或者习惯方法使用本民族、族群或者社群的民间文学艺术作品，无需履行本条第一款程序。	
第九条（著作权备案及公示） 著作权人可以将其民间文学艺术作品向第八条规定的专门机构进行备案。经备案的民间文学艺术作品著作权文书是备案事项属实的初步证明。 民间文学艺术作品未进行备案的，不影响其著作权。 民间文学艺术作品的著作权备案办法由国家著作权主管部门另行规定，收费事宜由国家著作权主管部门会同国家价格主管部门制定。 专门机构应当根据有关备案信息建立数据库，并及时向社会公示备案的民间文学艺术作品信息。行政机关之间可以共享数据库信息。	**第九条（备案公示）** 著作权人可以将其民间文学艺术作品向第八条规定的专门机构进行备案。经备案的民间文学艺术作品著作权文书是备案事项属实的初步证明。专门机构应当及时向社会公示备案的民间文学艺术作品信息。 民间文学艺术作品未进行备案的，不影响其著作权。 民间文学艺术作品的著作权备案办法由国务院著作权行政管理部门另行规定，收费事宜由国务院著作权行政管理部门会同国务院价格主管部门制定。	1. 建议将“国务院著作权行政管理部门”修改为“国家著作权主管部门”。 2. 提出民间文艺传创人及继受著作权人等权利主体。 3. 细化著作权登记、备案及公示的处理机制。

续表

2025年拟定版本修改条款及内容	2014年国家版权局版本条款及内容	拟定版本修改原因
备案信息确有错误的，真正的著作权人可以请求专门机构及时更正。		
第十条（改编作品授权） 特定的民族、族群或者社群以外的使用者使用根据民间文学艺术作品改编的作品，除取得改编者授权外，应对其使用民间文学艺术作品的行为按照本条例第八条第一款规定取得许可并支付合理报酬。 前款使用者使用根据民间文学艺术作品改编的作品，符合《中华人民共和国著作权法》关于著作权法定许可的相关规定的，无需按照本条例第八条第一款取得许可，但应按照国家规定的法定许可报酬的适当比例向民间文学艺术作品的著作权人支付合理报酬。	**第十条（改编作品授权）** 特定的民族、族群或者社群以外的使用者使用根据民间文学艺术作品改编的作品，除取得改编者授权外，应对其使用民间文学艺术作品的行为按照本条例第八条第一款规定取得许可并支付合理报酬。 前款使用者使用根据民间文学艺术作品改编的作品，符合《中华人民共和国著作权法》关于著作权法定许可的相关规定的，无需按照本条例第八条第一款取得许可，但应按照国家规定的法定许可报酬的适当比例向民间文学艺术作品的著作权人支付合理报酬。	内容完全一致，无修改。
第十一条（利益分配） 国家著作权主管部门指定的专门机构应当将其收取的民间文学艺术作品著作权报酬及时分配给相应的民族、族群或者社群。 前款所述著作权报酬自收取后五年内因著作权人无法确认而不能分配的，由专门机构支配使用，专用作鼓励中国民间文学艺术的传承、弘扬和发展。 专门机构应当建立数据库，每年向社会公示民间文学艺术作品著作权报酬的收取和分配等相关情况。	**第十一条（利益分配）** 国务院著作权行政管理部门指定的专门机构应当将其收取的民间文学艺术作品著作权报酬及时分配给相应的民族、族群或者社群。 前款所述著作权报酬自收取后五年内因著作权人无法确认而不能分配的，用作鼓励中国民间文学艺术的传承、弘扬和发展。 专门机构应当建立数据库，每年向社会公示民间文学艺术作品著作权报酬的收取和分配等相关情况。	新增“专门机构支配使用”条款，增强资金使用灵活性。

续表

2025年拟定版本修改条款及内容	2014年国家版权局版本条款及内容	拟定版本修改原因
第十二条（口述人、表演者和记录者） 搜集、记录民间文学艺术作品的人为记录者。记录者在搜集、记录民间文学艺术作品时应指明口述人、表演者身份。记录者应当与口述人、表演者等就劳务报酬问题进行协商。 使用记录者搜集、记录的民间文学艺术作品，应当指明口述人、表演者和记录者身份。 违反本条第一款、第二款规定，未按照要求指明口述人、表演者、记录者的行为人，应当根据给口述人、表演者、记录者造成的损害或损失承担相应的法律责任。	**第十二条（口述人、表演者和记录者）** 搜集、记录民间文学艺术作品的人为记录者。记录者在搜集、记录民间文学艺术作品时应指明口述人、表演者身份。记录者应当与口述人、表演者等就劳务报酬问题进行协商。 使用记录者搜集、记录的民间文学艺术作品，应当指明口述人、表演者和记录者身份。	新增违反身份标明义务的法律责任条款，强化对记录者、口述人及表演者的权益保护。
第十三条（权利转让和权利负担） 民间文学艺术作品的著作权不得转让、设定质权或者作为强制执行的标的。	**第十三条（权利转让和权利负担）** 民间文学艺术作品的著作权不得转让、设定质权或者作为强制执行的标的。	内容完全一致，无修改。
第十四条（限制与例外） 在下列情况下使用已经公开的民间文学艺术作品，可以不经著作权人许可，不向其支付报酬，但必须指明来源，不得贬损著作权人，不得与民间文学艺术作品的正常利用相冲突，不得损害著作权人依法享有的其他合法权利： （一）为个人学习或者研究目的使用的；	**第十四条（限制与例外）** 在下列情况下使用已经公开的民间文学艺术作品，可以不经著作权人许可，不向其支付报酬，但必须指明来源，不得贬损著作权人，不得与民间文学艺术作品的正常利用相冲突，不得损害著作权人依法享有的其他合法权利： （一）为个人学习或者研究目的使用的；	1. 新增“学校课堂教学”“公共场所临摹”“无障碍传播”“传统性使用”例外，平衡保护与公共利益； 2. 删除“其他法律法规”兜底，明确为“行政法规”规定。

续表

2025年拟定版本修改 条款及内容	2014年国家版权局版本 条款及内容	拟定版本 修改原因
（二）为教育或者科研目的使用的； （三）为新闻报道或者介绍评论目的使用的； （四）图书馆、档案馆、纪念馆、博物馆或者美术馆等为记录或者保存目的使用的； （五）学校课堂教学或者科学研究使用少量民间文学艺术作品，供教学或者科研人员使用，但不得出版发行； （六）国家机关为执行公务目的使用的； （七）对设置或者陈列在公共场所的民间文学艺术作品进行临摹、绘画、摄影、录像； （八）以阅读障碍者能够感知的无障碍方式向其提供民间文学艺术作品； （九）传统性使用，即社群成员依据其传统和习俗实践民间文学艺术的使用； （十）法律、行政法规规定的其他情形。	（二）为教育或者科研目的使用的； （三）为新闻报道或者介绍评论目的使用的； （四）图书馆、档案馆、纪念馆、博物馆或者美术馆等为记录或者保存目的使用的； （五）国家机关为执行公务目的使用的； （六）其他法律法规有规定的。	
第十五条（民事责任） 实施下列侵权行为侵害民间文学艺术作品著作权的，应当依法承担停止侵害、消除影响、赔礼道歉或者赔偿损失等民事责任： （一）未经许可，使用民间文学艺术作品的； （二）歪曲、篡改民间文学艺术作品的； （三）剽窃民间文学艺术作品的；	**第十五条（民事责任）** 侵害民间文学艺术作品著作权的，应当依法承担停止侵害、消除影响、赔礼道歉或者赔偿损失等民事责任。 使用民间文学艺术作品发生纠纷的，著作权人的代表可以以著作权人的名义依法提起仲裁或者诉讼；国务院著作权行政管理部门指定的专门机构可以以自己的名义依法提起仲裁或者诉讼，并及时通知著作权人的代表。	1. 明确列举具体侵权行为类型（如剽窃、未付报酬）。 2. 建议将“国务院著作权行政管理部门”修改为“国家著作权主管部门”。

续表

2025年拟定版本修改条款及内容	2014年国家版权局版本条款及内容	拟定版本修改原因
（四）未经许可以展览、摄制视听作品等方式使用作品的； （五）未支付报酬的； （六）其他侵权行为。 使用民间文学艺术作品发生纠纷的，有关著作权人或其代表人可依法提起仲裁或者诉讼；国家著作权主管部门指定的专门机构可以以自己的名义依法提起仲裁或者诉讼，并及时通知著作权人或其代表人。		
第十六条（恶意侵权的惩罚性赔偿责任） 侵犯土著社群有关的权利的，侵权人应当按照权利人因此受到的实际损失或者侵权人的违法所得给予赔偿；权利人的实际损失或者侵权人的违法所得难以计算的，可以参照该权利使用费给予赔偿。对故意侵犯著作权或者与著作权有关的权利，情节严重的，可以在按照上述方法确定数额的一倍以上五倍以下给予赔偿。 权利人的实际损失、侵权人的违法所得、权利使用费难以计算的，由人民法院根据侵权行为的情节，判决给予五百元以上五百万元以下的赔偿。 赔偿数额还应当包括权利人为制止侵权行为所支付的合理开支。	无对应条款	新增惩罚性赔偿制度，提高侵权成本，与国际知识产权保护趋势接轨。

续表

2025年拟定版本修改 条款及内容	2014年国家版权局版本 条款及内容	拟定版本 修改原因
第十七条（免责条款） 使用者依照本条例第八条规定取得专门机构许可并支付合理报酬后使用民间文学艺术作品，对该民间文学艺术作品的著作权人提起诉讼的，使用者不承担赔偿责任。	**第十六条（免责条款）** 使用者依照本条例第八条规定取得专门机构许可并支付合理报酬后使用民间文学艺术作品，该民间文学艺术作品的著作权人提起诉讼的，使用者不承担赔偿责任。	内容完全一致，无修改。
第十八条（行政责任和刑事责任） 侵害民间文学艺术作品的著作权，同时损害公共利益的，可以由著作权主管部门责令停止侵权行为，予以警告，没收违法所得，没收、销毁侵权制品和复制件，违法经营额五万元以上的，可处违法经营额一倍以上五倍以下罚款，没有违法经营额、违法经营额难以计算或者违法经营额五万元以下的，可处二十五万元以下的罚款；情节严重的，可以没收主要用于制作侵权制品和复制品的材料、工具、设备等；构成犯罪的，依法追究刑事责任。	**第十七条（行政责任和刑事责任）** 侵害民间文学艺术作品的著作权，同时损害公共利益的，可以由著作权行政管理部门责令停止侵权行为，予以警告，没收违法所得，没收、销毁侵权制品和复制件，非法经营额五万元以上的，可处非法经营额一倍以上五倍以下罚款，没有非法经营额、非法经营额难以计算或者非法经营额五万元以下的，可处二十五万元以下的罚款；情节严重的，可以没收主要用于制作侵权制品和复制品的材料、工具、设备等；构成犯罪的，依法追究刑事责任。	1. 建议将“著作权行政管理部门”修改为“著作权主管部门”。 2.“非法”改为“违法”
第十九条（假冒条款） 有下列行为之一的，著作权主管部门可以依照本条例第十八条规定进行行政处罚： （一）未经认定，假冒民间文学艺术作品传承人，故意损害公共利益的； （二）制作、出售或者向公众传播假冒的民间文学艺术作品的。	**第十八条（假冒条款）** 制作、出售或者向公众传播假冒民间文学艺术作品的，著作权行政管理部门可以依照本条例第十七条规定的措施实施行政处罚。	扩大侵权行为认定的多重性质，细化侵权行为类型。

续表

2025年拟定版本修改条款及内容	2014年国家版权局版本条款及内容	拟定版本修改原因
第二十条（兜底条款） 对出版者、表演者、录音制作者以及广播电台电视台的权利的保护以及其他本条例未作规定的事项，适用《中华人民共和国著作权法》相关规定。	**第十九条（兜底条款）** 对出版者、表演者、录音制作者以及广播电台电视台的权利的保护以及其他本条例未作规定的事项，适用《中华人民共和国著作权法》相关规定。	内容完全一致，无修改。
第二十一条（衔接条款） 本条例施行前发生的使用民间文学艺术作品的行为，依照使用行为发生时的有关规定和政策处理。	**第二十条（衔接条款）** 本条例施行前发生的使用民间文学艺术作品的行为，依照使用行为发生时的有关规定和政策处理。	内容完全一致，无修改。
第二十二条（施行日期） 本条例自　年　月　日起施行。	**第二十一条（施行日期）** 本条例自　年　月　日起施行。	内容完全一致，无修改。

宋代政府出版管理及其版权保护

田建平*

摘要：宋代中央政府高度重视出版业，将出版业作为国家意识形态的重要组成部分来实施统一管理，形成了从中央到地方的层级管理体制与机制。宋代政府的出版管理方式大致可分为三种：行政管理、制度管理、法律（法规）管理，这三种管理是统一的。宋代书籍出版行政管理体制已经成为国家机器的一项重要职能。法制管理是最基本的管理方式，体现了国家书籍管理的严肃性及力度。宋代确立了全国范围内统一开展出版专项检查的管理模式，对口管理或所属部门管理是一种基本的管理制度。

宋代国家书籍管理政策呈现为极其显明的双重性：正面管理与负面管理，以正面管理为主。正面管理，即国家倡导“文治”，促进书籍生产业的发展与繁荣。负面管理，即实行“禁书”政策，禁止民间出版非法违制类书籍。负面管理其实是正面管理的一种特殊方式，根本目的在于保障书籍出版业的良性发展，而不是阻止书籍出版业的发展。

宋代版权问题的产生，归因于社会、政治、经济、文化、法制、科技、书籍生产等因素的全面发展，最直接原因在于雕版印刷术在宋代全社会的普遍应用以及由此而造成的书籍大量生产或社会化生产。宋代版权保护及其管理，属于宋代政府出版管理的一部分，因此必须将其置于宋代政府出版管理的体制中加以认识。

关键词：宋代政府；出版管理；版权保护；雕版印刷；法制

宋代是中国古代社会经济文化全面发展与繁荣的时代。在政治、经济、手工业、教育、文化及科技共同发展的基础上，出版文明一片灿烂，创造了“黄金时代”。政府出版、私家出版、民间商业出版、教育出版（书院出版）与宗教出版形成了五大出版系统，进而结为全国性出版系统。出版图书种类丰富、齐备，从国家严肃的政治图书，到基层识字的兔园册子，从传统的经史子集，到民间日用生活类图书，可谓应有尽有。不仅出版业分布在全国多地，而且形成了蜀浙闽三大出版强势特色区域。

* 田建平，河北大学新闻传播学院教授、博士生导师，本课题组组长。

宋代中央政府高度重视出版业，将出版业作为国家政治、国家意识形态的重要组成部分来实施统一管理。从中央到地方，各级政府相一致，形成了对出版业的层级管理体制与机制。

宋代民间商业出版发达，尤其能体现出版业发展的进步原理、经济原理、商业原理以及自由原理，不仅构成宋代出版业的基本经济主体，是宋代社会出版最具活力的主体，而且在发展中逐步形成了"近世"社会进步的出版思想、观念，形成了行业自觉自律的意识及规范。出版的商业性及营利性是整个宋代出版业显著进步的标志。从中央政府出版到民间商业出版，商业性贯穿于其中。宋代版权及其保护观念正是在如此社会文明的基础上得以产生。近代以来，史学界有"宋近世"一说，而宋代版权及其保护观念的产生，正是"宋近世"说最具实质性价值与意义的历史证明及象征。世界近代版权及其保护观念与宋代版权及其保护观念如出一辙，一脉相承，而宋代无疑是人类近代版权及其保护思想的主要先驱者之一。

一、宋代国家出版管理概述

宋代国家书籍管理政策呈现为极其鲜明的双重性：正面管理与负面管理，以正面管理为主。正面管理，即国家倡导"文治"，促进书籍生产业的发展与繁荣。对此，本研究前文已有论述。负面管理，即实行"禁书"政策，禁止民间出版非法违制类书籍。负面管理其实是正面管理的一种特殊方式，根本目的在于保障书籍出版业的良性发展，而不是阻止书籍出版业的发展，否则就很难对宋代禁书政策下书籍出版业取得巨大发展这一历史事实作出正确解释。

（一）管理体制

宋代国家行政体制即其书籍出版管理体制，从专制集权之皇权至地方县级政府，形成了一个书籍出版完整的管理体制。换言之，对书籍出版之管理，已被纳入宋代整个国家之行政体系之中。政府各级部门均被赋予了书籍出版管理的职能与权力。史料证明，宋代实际上对书籍出版实行行政管理体制已经成为国家机器的一项重要职能，明确体现于史书文本之中。

（二）管理方式

大致可分为三种：行政管理、制度管理、法律（法规）管理。诸多具体案件表明，这三种管理方式其实往往是统一的。这是一种行政层级管理体制。见于史料的具体管理者（部门或机构）有：皇帝（诏令）、秘书省、尚书省、礼部、国子监、开封府、诸路州军、州县监司、转运司、书坊地方所属部门及其教官、本州县委官、各州判等。对于造意（策划、创意）、编撰、雕印、销售、贩卖、引致者（中介）、传写、藏匿、书籍出版各环节实行全程管理，执法不力或懈怠官员甚至同罪。对于禁书出版，严肃惩处。

（三）专项检查制度

宋代确立了（定期与随机性结合的）全国范围内统一开展书籍出版专项检查（严治）工作模式。对口管理或所属部门管理是一种基本的管理制度。例如，教育类书籍管理大致由礼部、国子监、诸路学事司管理，涉及军事问题的书籍由枢密院等机构管理等。

宋朝书籍出版管理的主要客体是私人出版与民间出版。

宋朝政府继承了隋唐政府的一贯政策，首先防止的是易于被用来危及政权的谶纬数术类书籍。如建隆四年（963）颁布《宋刑统》，规定："诸玄象器物、天文图书、谶书、兵书、七曜历、太一雷公式，私家不得有，违者徒两年。"①宝元二年（1039），仁宗"因召司天监定合禁书名揭示之。复召学士院详定，请除《孙子》、历代史《天文律历五行志》，并《通典》说引诸家兵法外，余悉为禁书，奏可"，即命司天监制定一份禁书目录，颁发全国。②

（四）教育类书籍出版管理

宋庆元四年（1198）二月，国子监上言："福建麻沙书坊见刊雕《太学总新文体》，内丁巳太学春季私试都魁郭明卿《问定国是》《问京西屯田》《问圣孝风化》。本监寻将案籍拖照得，郭明卿去年春季策试即不曾中选，亦不曾有前项问目。及将程文披阅，多是撰造怪僻浮虚之语，又妄作祭酒以下批凿，似主张伪学，欺惑天下，深为不便。乞行下福建运司，追取印板，发赴国子监交纳。及已

---

① ［宋］窦仪，等．宋刑统［M］．台北：新宇出版社，1985：155.

② ［宋］李焘．续资治通鉴长编［M］．北京：中华书局，1992：2892-2893.

印未卖，并当官焚之。仍将雕行印卖人送狱根勘因依供申，取旨施行。从之。”[①]

（五）出版前审查书稿

宋朝诏令及法律（法规）明文规定，对民间书籍出版一律实行出版前书稿审查。如仁宗天圣五年（1027）二月乙亥，“诏民间摹印文字，并上有司，候委官看详，方定镂板”[②]。至和二年（1055），翰林学士欧阳修上书请求“今后如有不经官司详定，妄行雕印文集，并不得货卖。许书铺及诸色人陈告，支与赏钱二百贯文，以犯事人家财充。其雕版及货卖之人并行严断”[③]。元祐四年（1089），翰林学士苏辙上书请求：“惟是禁民不得擅开板印行文字，令民间每欲开板，先具本申所属州，为选有文学官二员，据文字多少立限看详定夺。不犯上件事节，方得开行。仍重立擅开及看详不实之禁，其今日前已开本，仍委官定夺，有涉上件事节，并令破板毁弃。如一集中有犯，只毁所犯之文，不必毁全集。看详不实，亦准前法。”[④]欧阳修、苏辙二文，可谓宋朝严格审查民间书籍出版的经典文本。它说明了宋代书籍出版前审查的基本原则：书稿（或选题报告、出版报告）出版前审查；书稿（或选题报告、出版报告）出版后审查，即追查（西方近代称之为追惩制）；全毁之原则；抽毁之原则（以往学者论及“全毁”“抽毁”，每以清朝修《四库全书》为例，此则宋朝已开先例）；政府官员审查失职者亦予追究、惩处。欧阳修上述建言，得以立法。这一立法确立了出版前审查、出版后审查及审查监督三者，并将三者构建为一个严密的审查体系。其后立法皆难脱此模式。

（六）管理及处置方式

基本管理方式：1. 书稿审查。2. 已出版书籍审查。3. 出版过程审查。4. 鼓励举报。5. 巡查、抓捕、侦查、密探。

主要处置方式：1. 责罚。2. 依法判刑。如杖刑、黥刑、编管、下狱、配刑、徒刑、流刑、死刑，乃至连坐，子孙亦论罪。3. 追取印版。4. 劈毁、焚毁书版。5. 版本焚毁。6. 焚毁书籍。已印未卖，当官焚之。7. 止绝书铺。8. 禁止销售。9. 雕版及货卖之人，并行严断。10. 罚款。11. 没收书籍。

---

① ［清］徐松．宋会要辑稿［M］．北京：中华书局，1957：6560.

② ［宋］李焘．续资治通鉴长编［M］．北京：中华书局，1992：2436.

③ ［宋］欧阳修．欧阳修全集［M］．李逸安，点校．北京：中华书局，2001：1637.

④ ［宋］苏辙．苏辙集［M］．北京：中华书局，1990：747.

如欧阳修《论雕印文字札子》（至和二年，1055），就是一篇集中反映宋朝政府书籍出版管理措施的典型文献。其中，管理部门、毁版、关闭书铺、政府审查原稿、严禁销售、允许举报、举报奖励、罚款、严厉惩罚雕版工人及销售者，一应俱全。

> 臣今欲乞明降指挥下开封府，访求板本焚毁，及止绝书铺，今后如有不经官司详定，妄行雕印文集，并不得货卖。许书铺及诸色人陈告，支与赏钱贰百贯文，以犯事人家财充。其雕板及货卖之人并行严断，所贵可以止绝者。取进止。①

（七）严禁利用公款出版个人著作

朱熹状告唐仲友一案即为典型。朱熹在《与杨教授书》中制止“同官用学粮钱刻己著之书”，指出其危害：“内则有朋友之谯责，外则有世俗之讥嘲，虽非本心，岂容自辩？又况孤危之踪，无故常招吻唇，今乃自作此事，使不相悦者得以为的而射之，不唯其啾喧呫嗫使人厌闻，甚或缉以成罪，亦非难事。政如顷年魏安行刻程尚书《论语》，乃至坐赃论，此不远之鉴。”②

另外，对无名诗、匿名诗、恶搞他人作品以诽谤罪严加管理。如皇祐四年（1052）二月四日，“诏开封府：比闻浮薄之徒作无名诗，玩侮大臣，毁訾朝士，及注释臣僚诗句以为戏笑。其严行捕察，有告者优与恩赏。”③

宋朝书籍管理的目的，不外有三：一是贯彻落实国家“文治”政策，保障书籍出版事业正常发展。二是严防泄露国家机密、政治机密、军事机密，维护国家安全，以及涉及宋辽、宋金、宋夏双边关系的敏感内容，以免引起双边政治、军事纠纷、冲突乃至战争。三是防止并钳制威胁专制政权的书籍内容，巩固封建专制主义政治体系。

---

①［宋］欧阳修．欧阳修全集［M］．李逸安，点校．北京：中华书局，2001：1637-1638.

②［宋］朱熹．朱熹集［M］．成都：四川教育出版社，1996：1091-1093.

③［清］徐松．宋会要辑稿［M］．北京：中华书局，1957：6510.

二、政府层级管理制度

宋朝政府体制即管理体制。从皇帝至县政府乃至地方基层公干人员，形成了一整套由上至下的政府层级管理体系。[①]

1. 皇帝管理（诏令管理）

如真宗大中祥符二年（1009）春正月，诏“读非圣之书及属辞浮靡者，皆严谴之。已镂板文集，令转运司择官看详，可者录奏”[②]。这是对个人文集出版实施行政管理的先声。一方面，以圣贤之理为统一标准，对“非圣之书及属辞浮靡者”加以“严谴”，类似今日之“严重警告”处分；另一方面，对当时既已出版的文集实行全面详细的统一检查，这是一种类似近代西方出版管理之“追惩制”的管理方法。“可者录奏”，一方面表明真宗读过已经出版的文集并从中发现了诸如“读非圣之书及属辞浮靡”等需要严加管理的问题，另一方面更表明真宗要在转运司检查的基础上对于“可者录奏”的文集再行至高无上的御查。崇宁二年（1103）四月，诏毁元祐党人苏黄等人文集，各种文献皆有记载。“毁《东坡文集》《唐鉴》《冯子才文集》《秦学士》《豫章》《三苏文集》《东斋记事》《豫章书简》《湘山录》《眉山集》《别集》《坡词》《刘贡父诗话》，晁、张、黄先生文集，《秦学士文》。”[③]“苏洵、苏轼、苏辙、黄庭坚、张耒、晁补之、秦观、马涓文集，范祖禹《唐鉴》，范镇《东斋记事》，刘攽《诗话》，僧文莹《湘山野录》等印板，悉行禁毁。”[④]

2. 两制（翰林学士，知制诰、中书舍人）管理

如景祐二年（1035）十月二十一日，臣僚上言：“驸马都尉柴宗庆印行《登庸集》中，词语僭越，乞毁印板，免至流传。诏付两制看详闻奏。翰林学士承旨章得象等看详《登庸集》，词语体制不合规宜，不应摹板传布。诏宗庆悉收众本，不得流传。”[⑤]

---

① 所列政府机构，主要以原文献记载列举，不一定完全按官制隶属排列。

② ［元］脱脱，等. 宋史［M］. 北京：中华书局，1977：140.

③ ［元］佚名. 宋史全文［M］. 长春：黑龙江人民出版社，2005：784.

④ ［清］徐乾学. 资治通鉴后编卷九十五［M］.《四库全书》文渊阁本.

⑤ ［清］徐松. 宋会要辑稿［M］. 北京：中华书局，1957：6506.

3. 礼部、秘书省、州县监司、国子监管理

如元祐五年（1090）七月二十五日，礼部言："凡议时政得失、边事军机文字，不得写录传布；本朝会要、实录，不得雕印，违者徒两年，告者赏缗钱十万。内国史、实录仍不得传写，即其它书籍欲雕印者，选官详定，有益于学者方许镂版。候印讫，送秘书省。如详定不当，取勘施行。诸戏亵之文，不得雕印，违者杖一百。委州县监司、国子监觉察。从之。""以翰林学士苏辙言奉使北界，见本朝民间印行文字多以流传在北，请立法故也。"①

4. 中书省、尚书省管理

如崇宁三年（1104）四月十九日，中书省、尚书省勘会："近据廉州张寿之缴到无图之辈撰造《佛说末劫经》，言涉讹妄，意要惑众，虽已降指挥，令荆湖南北路提点刑狱司根究印撰之人，取勘具案闻奏。其民间所收本，限十日赴所在州县镇寨缴纳焚讫，所在具数申尚书省。窃虑上件文字亦有散在诸路州军，使良民乱行传诵，深为未便，诏令刑部实封行下开封府界及诸路州军，子细告谕，民间如有上件文字，并仰依前项朝旨焚毁讫，具申尚书省。"②

5. 开封府管理

如政和三年（1113）八月十五日，臣僚言："军马敕诸教象法誊录传播者，杖一百。访闻比年以来，市民将教法并象法公然镂版印卖，伏望下开封府禁止。诏：印板并令禁毁，仍令刑部立法申枢密院。"③政和四年（1114）六月十九日，权发遣提举利州路学事黄潜善奏："比年以来，于时文中采摭陈言，区别事类，编次成集，便于剽窃，谓之决科机要。偷惰之士往往记诵，以欺有司。读之则似是，究之则不根，于经术本源之学，为害不细。臣愚欲望圣断，特行禁毁，庶使人知自励，以实学待选。诏立赏钱一百贯告捉。仍拘板毁弃。仰开封府限半月，外州县限一月。"④

6. 刑部、枢密院管理

如政和三年（1113）八月十五日，臣僚言："军马敕诸教象法誊录传播者杖一百。访闻比年以来，市民将教法并象法公然镂版印卖，伏望下开封府禁止。诏：印板并令禁毁，仍令刑部立法申枢密院。"⑤

---

① ［清］徐松．宋会要辑稿［M］．北京：中华书局，1957：6514.
② ［清］徐松．宋会要辑稿［M］．北京：中华书局，1957：6516-6517.
③ ［清］徐松．宋会要辑稿［M］．北京：中华书局，1957：6525.
④ ［清］徐松．宋会要辑稿［M］．北京：中华书局，1957：6526.
⑤ ［清］徐松．宋会要辑稿［M］．北京：中华书局，1957：6525.

7. 路郡府县政府管理

如庆历二年（1042）正月二十八日，杭州上报："知仁和县太子中舍翟昭应将《刑统律疏》正本改为《金科正义》，镂板印卖。诏转运司鞫罪，毁其板。"①

宣和五年（1123）七月十三日，中书省言："勘会福建等路，近印造苏轼、司马光文集等。诏令后举人传习元祐学术，以违制论。印造及出卖者与同罪，著为令。见印卖文集，在京令开封府，四川路、福建路令诸州军毁板。"②

8. 临安府管理

如绍兴九年（1139）十月辛酉，"徽猷阁直学士提举亳州明道宫刘岑降充徽猷阁待制。初，右迪功郎吴伸之上书请灭刘豫也，岑为秘书少监，以书誉之。至是有刻《吐金集》本者，实伸所上疏，而岑书在焉。秦桧奏伸书有斥圣躬之语，不可传播，恐流入外境，乃令临安府拘收。岑坐降职。"③

9. 国子监管理

如庆元二年（1196）六月十五日，国子监言："已降指挥，风谕士子，专以《语》《孟》为师，以六经子史为习，毋得复传语录，以滋盗名欺世之伪。所有进卷待遇集并近时妄传语录之类，并行毁板。其未尽伪书，并令国子监搜寻名件，具数闻奏。今搜寻到七先生《奥论发枢》《百炼真隐》，李元纲文字，刘子翚《十论》，潘浩然《子性理书》，江民表《心性说》，合行毁劈。乞许本监行下诸州及提举司，将上件内书板，当官劈毁。从之。"④

需要指明的是，实际管理中，正如上列文献记载，政府各级机构、部门及其官吏均是协同实施管理的，体现了系统的国家政治体制及管理体制。

三、政府法律与法制管理

法制管理是最基本的管理方式，体现了国家书籍管理的严肃性及力度。书籍管理之法制文本及其条文规定格外醒目。

① ［清］徐松. 宋会要辑稿［M］. 北京：中华书局，1957：6508.
② ［清］徐松. 宋会要辑稿［M］. 北京：中华书局，1957：6539.
③ ［宋］李心传. 建炎以来系年要录［M］. 台北：文海出版社，1980：4172.
④ ［清］徐松. 宋会要辑稿［M］. 北京：中华书局，1957：6559.

（一）主要法律法规

宋代版权保护的法律法规及其具体案例，主要体现在《宋会要辑稿·刑法》《庆元条法事类》之中。《宋刑统》中也有沿袭唐律的“禁玄象器物”“造妖书妖言”二条，都涉及对图书的管制。“禁玄象器物”条规定：“诸玄象器物、天文图书、谶书、兵书、七曜历、太乙雷公式，私家不得有，违者徒二年。其纬候及《论语谶》不在禁限。”“造妖书妖言”条规定：“诸造妖书及妖言者绞。传用以惑众者亦如之，其不满众者流三千里，言理无害者杖一百。即私有妖书，虽不行用，徒二年，言理无害者杖六十。”①

《宋会要辑稿·刑法》中尤为集中。《庆元条法事类》中专门设立了“雕印文书”一个专项。宋代民间出版业的发达同其法制管理的繁细呈现为吻合关系。出版新媒介塑造了新的出版管理体制、机制、内容及形式。书籍出版彰显了突出的政治意义、法律意义及社会意义。国家意识、民族意识及文明意识在书籍出版与法制管理合一的过程中得以塑造。

（二）法制条文及具体管理

《庆元条法事类》中书籍管理之法律条文十分醒目。具体管理案例如书肆出版《北征谠议》《治安药石》案。嘉定六年（1213）十月二十八日，臣僚言：“国朝令申，雕印言时政边机文书者，皆有罪。近日书肆有《北征谠议》《治安药石》等书，乃龚日章、华岳投进书札，所言间涉边机。乃笔之书，锓之木，鬻之市，泄之外夷。事若甚微，所关甚大。乞行下禁止。取私雕龚日章、华岳文字，尽行毁板。其有已印卖者，责书坊日下缴纳，当官毁坏。从之。”②

宋代书籍出版法制管理实际表明：法制管理高度行政化、体系化、官制化。整个政府——国家机器，即书籍出版管理机器。行政、法律、法制、管理四者合一。《庆元条法事类》中“止雕印月份大小及节气国忌者非”的条文，表明政府立法已认识到了历书出版的公益性，具有现代版权法中“合理使用”的意识，如此细致的立法意识，的确令人惊叹。

① ［宋］窦仪，等. 宋刑统［M］. 台北：新宇出版社，1985：155，289.

② ［清］徐松. 宋会要辑稿［M］. 北京：中华书局，1957：6564.

（三）具体法制管理办法

主要有：1. 收缴已出版书籍；2. 审案并治罪；3. 杖刑；4. 流放、刺配（黥刑）、徒刑；5. 焚毁已出书籍；6. 捉拿（逮捕）；7. 鼓励举报；8. 允许投案自首，从宽处理；9. 依铜钱出界法定罪；10. 禁令通告；11. 告发有赏；12. 焚毁已出书籍；13. 焚毁书稿；14. 劈毁书版；15. 焚毁书版；16. 封闭书铺（勒令关张）；17. 编管；18. 悬赏捉拿；19. 布告；20. 政府垄断出版；21. 羁管；22. 治罪官吏；23. 全国统一查禁；24. 下狱；25. 斩刑。

四、政府部门对书籍出版的版权保护

宋代版权问题的产生，归因于社会、政治、经济、文化、法制、科技、书籍生产等因素的全面发展，最直接的原因在于雕版印刷术在宋朝全社会的普遍应用以及由此而造成的书籍大量生产或社会化生产。宋朝的科技成就中，印刷术显然是最具有代表性的。宋代出版业的发达必然产生版权意识及版权保护行为。书籍生产新技术的应用与普及必然导致相应的法律规定。宋朝经济的发展，特别是封建城市经济及商品经济的发达，使人们充分认识到一般商品（包括书籍商品）的商品属性及商品交换过程中的货币功能，这正是宋朝版权问题产生的最根本的社会经济原因。宋朝法典的大量刊行提高了民众的法律意识，因此，宋朝关于版权保护方面的法律及法律实践也应视为宋朝法律建设的新的内容和新的进步。

考古实物表明，中国版权观念主要萌芽于封建社会私有商品经济之中。当然，一般意义上之私有观念也是版权观念产生的观念基础。

宋代书籍上一般都刻明作者、注疏者、编撰者、出版时间、出版者、出版地、字数、版数、定价等。不可否认的是，版权记录也应是一个十分重要的新因素。特别是对宋代民间商业出版而言，这种记录的版权意义显然是最为主要的意义。由于宋代书籍出版业具有普遍的商业性，所以这种记录的版权意义也具有一定的普遍性。宋代私有财产观念、商品观念均在书籍出版版权观念上明显体现出来。版权记录就是这一观念、权利的文本表现、标志。

（一）最早的版权保护声明

南宋史学家王称编纂的《东都事略》一书，光宗绍熙年间（1190—1194）由眉州眉山（今眉山市）初次出版。该书目录后边紧接着刻有一方刊记“眉山程舍人宅刊行#已申上司不许覆板”。这条刊记在版权史上十分重要，它是已知人类在正式出版的图书上专门用明确不二的语言表明版权保护意见的文字记录。学界对这条记录高度重视，认为它是人类版权史上的第一条版权保护声明。这条版权记录及版权保护声明，不仅高度集中地反映了宋代出版业的发展与繁荣，而且特别是明确反映了宋代对出版业知识产权原理的自觉认识，里面其实蕴含了版权的基本思想观念，蕴含了丰富的出版实践及其思想。

这条刊记虽然通俗易懂，十分简明，但要点突出，逻辑严密，义正词严，具有版权所有者威严的态度与气势，具有法律的威严气势。

上半句，首先标明了出版者，即由什么人初次正式出版。至于出版人前边加上地点，是为了区别其他地方可能有的同名者。“宅”字，尤其表明出版者程舍人的私人属性，亦即出版的私有属性，即此书由程舍人私家出版。“刊行”一词，这是宋元出版业的常用术语，意即出版发行。可见，刊记把出版者列为版权的最主要、最重要的要素，认为没有出版者就没有出版物，因而也就不会有版权，遑论其他。所以，所谓版权，即出版者的专有权利，而版权保护，亦即保护出版者及其专有权利。

下半句，重点在“不许覆板”四字。但是从语言结构上看，又可分为两层意思。第一层意思是强调“已申上司”，即已向上司申请、申报，或者登记备案。此处上司，应指眉山地方政府管理部门（抑或其他政府部门）。这个“申”字很关键，可以理解为主动按照宋代地方政府出版管理的行政程序以书面文字的形式作了申请报备抑或注册登记，从而预先取得了政府的管理保障，自觉将版权保护纳入了政府的管理程序之中。同时，也表明了版权保护必须主要依靠政府行政管理部门，要按照一定程序向政府提出申请，预先报备，也间接表明了宋代政府行政部门对版权保护的受理职责。既然版权保护必须依靠政府，那么若想保护版权就必须预先向政府提交申报。

第二层意思就是“不许覆板”，这既是“已申上司”的主要内容及主要目的，也是所谓“上司”依法依规加以保护的基本权利，亦即版权。“覆”是这里的一个关键字，意为翻，更进一步可以衍生为盗，所以“覆板”亦即翻版、翻刻，甚至盗版盗印。显然，“不许覆板”，就是不许依样翻刻的意思。这是仅从字面来解释，若从出版实践的层面理解，按照事理逻辑，还必然包含了保护著作权的含义。出版者程舍人宅既然出版该书，那么势必要取得原著者的同意抑或授权，即取得作者王称（或其代理人）的同意或授权，否则也属违法。因此，“不许覆板”一语，其实也必然在逻辑上涵盖了此书的著作权。否则，所谓出版以及覆板也就成了空洞之词。

总之，这条刊记表明：程舍人宅出版《东都事略》的版权，不许翻刻！

这条刊记也表明宋代出版业中违法违纪，违背行规，不讲职业道德，以至翻版翻印等恶意侵犯版权的现象是客观存在的，有时甚至十分恶劣。显然，此类侵权行为严重干扰并破坏了出版业的良性发展，必须加以惩治，以维护出版者正当而合法的权利，保障出版业良性发展。

可见最早的宋代版权保护声明产生于具有高级知识分子及朝廷要员身份背景的出版实践之中。无论“程舍人宅”版为私家出版还是商业出版，均可理解为非政府出版业中。

（二）政府版权保护的主要法规

宋代版权保护及其管理，属于宋代政府出版管理的一部分，因此必须将其置于宋代政府出版管理的体制中加以认识。

宋代国家行政体制即其出版管理体制。从专制集权之皇权至地方县级政府，形成了一个完整的出版管理体制。对出版业的管理，已被纳入宋代整个国家的行政体系之中。政府各级部门均被赋予了出版管理的职能与权力。史料证明，出版行政管理已经成为国家机器的一项重要职能。

宋代政府的出版管理方式，大致可分为三种：行政管理、制度管理、法律（法规）管理。诸多具体案件表明，这三种管理方式其实往往是统一的。宋代确立了全国范围内统一开展出版专项检查的管理模式。对口管理或所属部门管理是一种基本的管理制度。例如，教育类书籍管理大致由礼部、国子监、诸路学事司管理，涉及军事问题的书籍由枢密院等机构管理等。犯罪严重者，刑部也将参与。①

出版法制管理是最基本的管理方式，体现了国家出版管理的严肃性及力度。宋代版权保护的法律法规及其具体案例，主要体现在《宋会要辑稿・刑法》《庆

① 田建平. 宋代出版史（下册）[M]. 北京：人民出版社，2017：977-978.

元条法事类》之中。具体条文如下：

1．诸雕印御书、本朝会要及言时政边机文书者，杖八十，并许人告。即传写国史、实录者，罪亦如之。

2．诸私雕或盗印律敕令格式、刑统、续降条制、历日者，各杖一百（增添事件撰造大小本历日雕印贩卖者，准此，仍千里编管），许人告。即节略历日雕印者，杖八十（止雕印月份大小及节气国忌者非）。

3．诸举人程文辄雕印者，杖八十（诗赋经义论曾经所属详定者非）。事及敌情者流三千里（内试策事干边防及时务者准此），并许人告。

4．诸私雕印文书，不纳所属详定辄印卖者，杖一百，印而未卖减三等。

5．赏格。诸色人告获私雕印时政边机文书，钱五十贯；御书、本朝会要、国史、实录者，钱一百贯。告获私雕或盗印律敕令格式、刑统、续降条制、历日者，盗印，钱五十贯；私雕印（增添事件撰造大小本历日贩卖同），钱一百贯。告获辄雕印举人程文者，杖罪，钱三十贯；流罪，钱五十贯。[①]

宋代出版法制管理实际表明：法制管理高度行政化、体系化、官制化。整个政府国家机器，即出版管理机器。行政、法律、法制、管理四者合一。

显然，宋代出版管理体制及制度中，对于版权的保护及管理是最具进步价值与意义的一个文明象征。

（三）版权保护典型文本

基于宋代丰富的出版实践及政治与法制文明，宋代产生了详细而完整的版权保护文本及案例。《方舆胜览》《丛桂毛诗集解》二书就是其中的典型。

南宋学者祝穆编撰的《方舆胜览》一书后的两浙转运司《录白》完整表达了保护作品著作权、版权的思想及原因。版权保护建立在作者及出版者辛勤编辑及出版费用昂贵的现实基础之上。盗版手法多样，严重损害了作者及出版者的权利。保护程序是先由出版者向当地政府提出申请，继由地方政府发出专门榜文，

① ［宋］谢深甫，等. 庆元条法事类［M］. 台北：新文丰出版股份有限公司，1976：244-245.

张挂在出版区域，禁止翻版，并明示对翻版的具体惩处措施。

此书前边，专门列有“引用文集”，亦即现在的参考文献，并称参考过“数千篇”“若非表而出之，亦几明珠之暗投”①，从而表明对其他作品著作权的尊重。

南宋学者段昌武编撰的《丛桂毛诗集解》一书的“国子监禁止翻版公据”一文，原理及程序一样。行文中更加强调作者智力劳动的特殊性，以及盗版对原创作品的精神损害。

这两条政府保护公文，不仅首先明确了作品的著作权，强调作品的创作权利，而且对作者、出版者的经济权利同时加以强调。一个提请两浙转运司予以保护，一个提请中央政府部门国子监备案并下文两浙福建路运司予以保护，维权及保护的层次更高、力度更大。中央政府部门国子监，以及路级政府转运司管理版权保护，反映了宋代对版权保护的高度重视。

1. 祝穆《方舆胜览》。理宗嘉熙三年（1239）刊本。《序》后有嘉熙二年（1238）《两浙转运司录白》：

> 据祝太傅宅干人吴吉状：本宅见刊《方舆胜览》及《四六宝苑》《事文类聚》，凡数书，并系本宅贡士私自编辑，积岁辛勤，今来雕板，所费浩瀚。窃恐书市嗜利之徒辄将上件书版翻开，或改换名目，或以节略《舆地纪胜》等书为名，翻开搀夺，致本宅徒劳心力，枉费钱本，委实切害。照得雕书合经使台申明，乞行约束，庶绝翻板之患，乞给榜下衢、婺州雕书籍处张挂晓示，如有此色，容本宅陈告，乞追人毁板，断治施行。奉台判备榜，须至指挥。
>
> 右今出榜衢、婺州雕书籍去处张挂晓示，各令知悉。如有似此之人，仰经所属陈告，追究毁板施行，故榜。
>
> 嘉熙二年十二月　日榜。
>
> 衢、婺州雕书籍去处张挂
>
> 转运副使曾　　台押
>
> 福建路转运司状乞给榜约束所属不得翻开上件书板，并同前式，更不再录白。②

① ［宋］祝穆．宋本方舆胜览［M］．祝洙，补订．上海：上海古籍出版社，2012：27.

② ［宋］祝穆．方舆胜览（下）［M］．祝洙，增订，施和金，点校．北京：中华书局，2003：1242.

咸淳三年（1267）此书再版时，上刻咸淳二年（1266）《福建转运使司录白》。文中明确揭露翻版者“不能自出己见编辑，专一翻板”，从而表明原作品特有的智力劳动价值，指斥翻版者“有误学士大夫披阅，实为利害”，指明翻版者的社会危害并表示强烈愤慨。

据祝太博宅干人吴吉状称：本宅先隐士私编《事文类聚》《方舆胜览》《四六妙语》，本官思院续编朱子《四书附录》，进尘御览，并行于世。家有其书，乃是一生灯窗辛勤所就，非其它剽窃编类者比。当来累经两浙转运使司浙东提举司给榜，禁戢翻刊。近日书市有一等嗜利之徒，不能自出己见编辑，专一翻板。窃恐或改换名目，或节略文字，有误学士大夫披阅，实为利害。照得雕书合经使台申明，状乞给榜下麻沙书坊长平、熊屯刊书籍等处张挂晓示，仍乞帖嘉禾县严责知委，如有此色，容本宅陈告，追人毁板，断治施行，庶杜翻刊之患。奉运使判府节制，待制、修史中书侍郎台判给榜，须至晓示。

右令榜麻沙书坊张挂晓示，各仰通知，毋至违犯，故榜。

咸淳二年六月　日。

使　　台押。

两浙路转运司状乞给榜约束所属不得翻刊上件书板，并同前式，更不再录白。①

2. 段昌武《丛桂毛诗集解》。书前有《行在国子监禁止翻版公据》。

行在国子监据迪功郎新赣州会昌县丞段维清状：维清先叔朝奉昌武，以《诗经》而两魁秋贡，以累举而擢第春官，学者咸宗师之。卬山罗使君瀛尝遣其子侄来学，先叔以《毛氏诗》口讲指画，笔以成编，本之东莱《诗记》，参以晦庵《诗传》，以至近世诸儒，一话一言，苟足发明，率以录焉，名曰《丛桂毛诗集解》，独罗氏得其缮本，校雠最为精密，今其侄漕贡樾锓梓以广其传。维清窃惟先叔刻志穷经，平生精力，毕于此书，倘或其他书肆嗜利翻版，则必窜易首尾，增损音义，非唯有

① ［宋］祝穆. 宋本方舆胜览［M］. 祝洙，补订. 上海：上海古籍出版社，2012：601.

辜罗贡士锓梓之意，亦重为先叔明经之玷。今状披陈，乞备牒两浙福建路运司备词约束，乞给据付罗贡士为照。未敢自专，伏候台旨。呈奉台判牒，仍给本监，除已备牒两浙路福建路运司备词约束所属书肆，取责知委文状回申外，如有不遵约束违戾之人，仰执此经所属陈乞，追板辟毁，断罪施行。须至给据者。

右出给公据付罗贡士樾收执照应。淳祐八年七月　日给。①

这是一条宋代国子监保护著作人与出版人权利的典型个案。文中对原作品作者的精神劳动价值予以高度强调“平生精力，毕于此书”，对于原编辑的编辑劳动也予以强调“得其缮本，校雠最为精密”。著作人版权代理人是会昌县丞段维清，他通过自己的官方渠道请求国子监给予其先叔著作《丛桂毛诗集解》及此书出版者罗贡士以版权保护。国子监受理后，一方面发出公文（牒文），要求两浙路福建路转运司备词约束所属书肆，一方面开具公文（公据）授予出版者罗贡士作为版权保护官方证明。本书《丛桂毛诗集解》著作权代理人段维清的版权保护申请理由表述得十分明确，即“倘或其他书肆嗜利翻版”，“非唯有辜罗贡士锓梓之意，亦重为先叔明经之玷”。换言之，若书肆盗版，则既侵犯了出版者权利，又侵犯了著作者权利。史料表明，国子监乃至宋代整个政府系统对于此类版权保护案件已经形成了一套完整的行政执法规范，这也是宋代文官制度健全的一个具体体现。国子监在下发具有法律效力的公文中还明确了对盗版者的法治措施，即“追板辟毁，断罪施行”。

《方舆胜览》附两浙转运司《录白》（嘉熙三年，1239）：“本宅见雕诸郡志，名曰《方舆胜览》并《四六宝苑》两书，并系本宅进士私自编辑，数载辛勤。今来雕版，所费浩瀚。窃恐书市嗜利之徒，辄将上件书版翻开，或改换名目，或以节略《舆地纪胜》等书为名，翻开搀夺，致本宅徒劳心力，枉费本钱，委实切害。”②附福建转运使司《录白》（咸淳三年，1267）：“近日书市有一等嗜利之徒，不能自出己见编辑，专一翻板。窃恐或改换名目，或节略文字，有误学士大夫批阅，实为利害。”③

---

①［清］叶德辉．书林清话［M］．北京：中华书局，1957：37.

② 严绍璗．日藏汉籍善本书录（上册）［M］．北京：中华书局，2007：559．日本宫内厅书陵部藏。《录白》文字分别由叶德辉、严绍璗著录；中华书局2003年版《方舆胜览》与上海古籍出版社1991年版《宋本方舆胜览》互有差异，一者是版本差异，二者是传抄差异。

③［宋］祝穆．方舆胜览（下）［M］．祝洙，增订，施和金，点校．北京：中华书局，2003：1237.

这两份《录白》表明：1. 书籍出版业中出现了专门从事盗版的阶层。2. 书籍盗版已经成为全国性的普遍现象。3. 书籍盗版以两浙及福建地区为重灾区。4. 书籍盗版手法多种。5. 书籍盗版已造成严重危害。6. 书籍出版业界一致申请官方惩治盗版现象。7. 福建转运使司及两浙转运司联合行文明令禁止书籍盗版。8. 关于书籍盗版的基本认识及其界定已经成熟，即“不能自出己见”“专一翻版”，亦即并非原创，专门盗窃原创及正版书籍。9. 出现了代表政府法律意识的惩治书籍盗版的专门术语“禁戢翻刊”。

宋代典型的版权保护文本，所指图书均为具有独特学术价值，作者付出艰辛智力劳动的优秀作品。无论是《东都事略》，还是《方舆胜览》《丛桂毛诗集解》，都是带有明显个性色彩的高水平学术著作，以及辛勤编辑的重要类书。这是非常值得重视的，即宋代对优秀学术作品的保护十分重视。

宋朝书籍生产中最大最普遍的违法行为是盗窃书稿、假冒名作者及盗版行为，包括翻版、盗印、窜改等。如盗印皇帝作品。至和二年（1055）五月，“诏开封府自今有模刻御书字鬻卖者，重坐之”[①]。《庆元条法事类》卷一七《给纳印记·雕印文书杂敕》：“诸雕印御书、本朝会要及言时政边机文者，书杖捌拾，并许人告，即传写国史、实录者，罪亦如之。”由此可知皇帝作品遭遇盗版之普遍。又如盗窃书稿。这是最严重的侵犯作者权利的犯罪行为。全面侵犯了作者的精神权利与财产权利。皇祐四年（1052），李觏将其新作编为《皇祐续稿》八卷，《自序》中称：“觏庆历癸未秋，录所著文曰《退居类稿》十二卷。后三年复出百余首，不知阿谁盗去，刻印既甚差谬，且题《外集》，尤不韪。心常恶之，而未能正。”[②]

盗版行为主要发生在民间书坊。书坊不仅盗印著名作者的作品，也盗印涉及国家政治机密的文字作品。只要有利可图，书坊就有可能伸出盗版之手。据《宋会要辑稿·刑法》记载，绍熙四年（1193）六月十九日，臣僚言：“朝廷大臣之奏议，台谏之章疏，内外之封事，士子之程文，机谋密画，不可漏泄。今乃传播街市，书坊刊行，流布四远，事属未便，乞严切禁止。诏四川制司行下所属州军，并仰临安府、婺州、建宁府，照见年条法指挥，严行禁止。其书坊见刊板及已印者，并日下追取，当官焚毁，具已焚毁名件申枢密院。今后雕印文书，须经

① ［清］徐松．宋会要辑稿［M］．苗书梅，等点校，王云海，审订．郑州：河南大学出版社，2001：327.

② ［宋］李觏．李觏集［M］．北京：中华书局，1981：269.

本州委官看定，然后刊行，仍委各州通判，专切觉察，如或违戾，取旨责罚。”[①]

有盗版就有反盗版。宋朝书籍生产中严重的盗版行为直接促成了宋朝版权观念的意义及版权保护的法律行为。宋朝的版权保护客观上是由于盗版现象的严重而涉及了版权的几乎所有基本方面，既包括著作人的精神权利，也包括其财产权利。

五、版权保护的法制规范及案例

简论之，宋朝书籍生产中的版权保护，从权利主体角度考察，大概可以分为政府保护主体与民间保护主体二类，而后者为更具有版权意义的保护主体。

（一）政府保护权利主体

政府作为出版权利主体而应受到版权保护。宋朝对政府权利主体的版权保护，是宋朝整个出版政策及法治环境的一部分。宋朝自立国至灭亡，对书籍出版一直没有中断过必要的政策管理与法制管理。对政府权利主体的版权保护，正是其中具有新的生产意义及版权意义的突出篇章。例如，它同宋朝一直实行的禁书政策就存在内在的逻辑关系，盖禁书即为保护，保护中寓有禁止。

1.《三经新义》出版保护。此书出版后，马上出现了各种盗版版本，宋代政府于是严格“禁私印及鬻之者”，实施国家专有出版权保护，其中对商业利润的保护尤其值得关注。史载：“诏以新修《经义》付杭州、成都府路转运司镂板，所入钱封桩库半年一上中书。禁私印及鬻之者，杖一百，许人告，赏钱二百千。从中书礼房请也。初，进呈条贯，监司失觉察私印及鬻之者，当行朝典。上嫌其太重，命王安石改之，安石谢：‘诚如圣旨，乃臣鲁莽，不细看所奏之罪也。’《吕陶记闻》云：‘嘉祐、治平间，鬻书者为监本，字大难售，巾箱又字小，有不便，遂别刻一本，不大不小，谓之《中书五经》，读者竞买。其后王荆公用事，《新义》盛行，盖《中书五经》谶于先也。’”[②]

政和二年（1112）正月二十四日，臣僚言：“鬻书者以《三经新义》并庄、老、字说等作小册刊印，可置掌握，人竞求买，以备场屋检阅之用……伏望圣慈

① ［清］徐松. 宋会要辑稿［M］. 北京：中华书局，1957：6558.
② ［宋］李焘. 续资治通鉴长编［M］. 北京：中华书局，1990：6529.

申严怀挟之禁，增重巡铺纵容之责，印行小字《三经义》，亦乞严降睿旨，禁止施行。”[①]徽宗从之。

2.《九经》版权保护。五代时期政府采用雕版印刷术出版儒家《九经》，始于后唐明宗长兴三年（932），历后唐、后晋、后汉、后周，凡22年始成。《九经》出版后，中央政府明确保护其专有出版权，禁止擅自翻印。罗璧《罗氏识遗》卷一“成书得书难”条云：“后唐明宗长兴二年，宰相冯道、李愚，始令国子监田敏校六经板行之，世方知镌甚便。宋兴，治平以前，犹禁擅镌，必须申请国子监。熙宁后，方尽弛此禁，然则士生于后者，何其幸也！”[②]事实上，所谓弛禁，也是有限度的，主要是允许国子监之外的政府部门雕印。自《九经》成书至方弛此禁（954—1068），前后一百余年，《九经》的专有出版权一直受到政府的保护。对五代《九经》版权的保护是十分必要的。这部书是五代乱离中产生的中国历史上第一部印本《九经》，它同汉代熹平及其后的历代石本《九经》一样，均是封建中央政府专门出版的国家标准版本，旨在统一《九经》传播中出现的纰漏与差异。此种国颁版本，一般都是由其时著名的硕学鸿儒精心校勘的权威版本。所以，对《九经》版权的保护，岂止一个“版权”名词所能了得，其实是对《九经》文本质量的保护，是对《九经》的学术保护。

（二）民间保护权利主体

相对于政府而言，以著者个人身份及民间出版者身份而作为出版权保护主体者，即为民间保护权利主体。从现有文献来看，宋朝民间出版权利保护主体主要是著作人，其中又以著名的著作人为主，如前述朱熹、洪迈、范浚以及三苏等。正因为他们是著名的著作人（作者），所以才更易招致盗版，也才有更多的可能被历史文献记录下来。但是这种状况并不代表宋朝一般的或全部的民间版权保护历史，这是因为一般人物或出版者在历史上很难被记载下来，以致文献无征而已。

1. 民间版权主体申请保护举例

（1）王称《东都事略》一百三十卷。《目录》后有长方牌记云：“眉山程舍人宅刊行，已申上司，不许覆板。”[③]

① ［清］徐松．宋会要辑稿［M］．北京：中华书局，1957：4294.

② ［宋］罗璧．罗氏识遗［M］．北京：中华书局，1991：2.

③ 王称撰《东都事略》，宋绍熙年间（1190—1194）刊本，现藏台北故宫博物院。

寥寥数语，表明了出版者对专有出版权的保护。“已申上司，不许覆板”，表明其时政府受理此类版权保护申请已有一定之规，而且政府在版权保护上态度明确，坚决反对盗版盗印，并将出版权视为出版者的一种私权，决不允许盗版者侵犯。虽然是眉山程舍人一宅的版权声明，但它绝不是唯一的个案，而是当时坊间出版者普遍的版权保护内在要求。可以认为，此条版权声明反映了宋朝民间出版商普遍的版权保护意识，以及宋朝版权保护的一般状况。

（2）祝穆《方舆胜览》。《前集》四十三卷、《后集》七卷、《续集》十一卷、《拾遗》二卷、正集总目一卷、分类诗文目一卷。理宗嘉熙三年（1239）刊本。《序》后的嘉熙二年戊戌（1238）《两浙转运司录白》（见前文）是一条非常完整的版权保护史料，反映了宋朝一般的盗版手法、作者及出版商强烈的版权保护意识，政府受理版权保护申请及预防并处理盗版案件的整个过程。版权所有者经向政府申请并认定后，由政府部门出具一份具有法律效力的版权保护公文，并张贴在出版商聚集之地，如有违反者，即依法予以追惩。这一公文，其实就是宋朝政府版权保护的法律条文。它不仅保护著作者的权利，而且同时也保护出版者的权利。对于盗版者花样翻新的盗版行径，政府一律严予追究。作者和出版商在盗版威胁严重的环境中，只有借助政府的行政权力（包括司法权力）才有可能使其版权得到保护，有效防止盗版，并使盗版者受到法律的震慑与严惩。对于这样的政府榜文，出版者自然是奉若尚方宝剑。所以时隔20多年后，祝宅出版的这四部书上，仍刊有版权保护的官方文告。南宋咸淳二年（1266）六月，福建、浙江、江苏等地官府为保护祝宅出版的四部书，在所发布的榜文中称《方舆胜览》是著者“一坐灯窗辛勤所就，非其他剽窃编类者比”，已经“两浙转运使、浙东提举司给榜禁戢翻刊”，如有翻刊，允许祝宅“陈告、追人、断罪施刑，庶杜翻刊之患”。这样的保护力度，在当时的世界书籍业中恐怕也是最先进的。当然，宋朝版权保护中地方政府的颟顸行为也是客观存在的，朱熹对此即有严厉的批评。

南宋咸淳三年（1267）该书再版时，同样刊刻了咸淳二年（1266）《福建转运使司录白》。值得注意的是，书籍版面设计上，《跋》之后即为《录白》，形成互文效应，《跋》为《录白》提供了逻辑上及内容上的有力证据。

祝洙《跋》文有助于从此书出版史的角度进一步理解此书的版权意义，特别是祝穆“州郡风土，续抄小集，东南之景物略尽；中原吾能述之，图经不足证也”这句话，直接继承了孔子的编辑思想。朗吟陆放翁绝笔之诗“王师北定中原日，家祭无忘告乃翁”，表明了作者热爱国家，期盼收复中原。对此书版权的保护，就是保护作者这样优秀的出版思想。

先君子游戏翰墨，编辑《方舆胜览》，行于世者三十余年，学士大夫家有其书，每恨板老而字满尔。益部二星聚临闽分，文昌实堂先生吴公漕兼府事乃遣工新之，中书朔齐先生刘公府兼漕事又委官董之。厥书克成，两先生赐也。惟重整凡例，拾遗则各附其州，新增则各从其类，合为一帙，分为七十卷。本朝名贤不敢书其讳，依文选例，谨以字书之。此皆先君子欲更定之遗意。洙又尝记先君子易箦时语："州郡风土，续抄小集，东南之景物略尽；中原吾能述之，图经不足证也。"且朗吟陆放翁绝笔之诗曰："王师北定中原日，家祭无忘告乃翁。"堂堂忠愤之志，若合符节。厥今君王神武，江东将相又非久下人者，雪耻百王，除凶千古，洙泚笔以矣，大书特书不一书，铺张金瓯之全盛，于《胜览》有光云。咸淳丁卯季春清明，孤从政郎新差监行在文思院洙谨跋。①

祝穆在《自序》中详细交代了编写《方舆胜览》一书所付出的心血，这对于认识版权保护中作者的精神权利极富启示意义。

始，予游诸公间，强予以四六之作，不过依陶公样，初不能工也。其后稍识户牖，则酷好编辑郡志，如耆昌歜。予亦自莫晓其癖，所至辄借图经。积十余年，方舆风物收拾略尽，出以谂予友，乃见讥曰："还如食小鱼，所得不偿劳。"予怃然自失，益蒐猎古今记序诗文，与夫稗官小说之类，摘其要语以附入之。予友又啮曰："天吴与彩凤，颠倒在短褐。"予复愧其破碎断续，而首末之不贯也。又益取夫巨篇短章所不可阙者，悉载全文，大书以提其纲，附注以详其目，至三易稿而体统粗备。予友亦印可焉。予犹未敢以为然也，既又携以谒今御史吕公竹坡先生，幸不斥以狂僭，辱为之序，走不足以当也。嗟夫！昔者孔子尝曰："为命，裨谌草创之，世叔讨论之，行人子羽修饰之，东里子产润色之。"夫以一命令之出，犹更四贤之手，矧予陋闻谀见，徒以两耳目之所及，而欲该天下之事事物物，坎蛙窥天，其不量甚矣！虽然，世有扬

① [宋] 祝穆. 方舆胜览（下）[M]. 祝洙，增订，施和金，点校. 北京：中华书局，2003：1238.

子云，必知是编之不苛，岂直为四六设哉！若夫网罗遗逸，启发愚蒙，予方有望于博雅君子。嘉熙己亥仲冬既望，建安祝穆和父书。①

祝穆、祝洙父子之所以一贯强调保护《方舆胜览》的版权，主要是因为付出了艰辛的精神劳动、出版投入经费巨大，所以强烈要求保护版权之精神权利、经济权利。再者，制止盗版是一个直接原因，因为如果没有盗版的话，祝穆父子也就绝不会多此一举，事实上已经出现了盗版，盗版版本至今犹存。吕午《序》、祝穆《序》均强调了作者的辛勤劳动。吕《序》指出："学问不博，闻见不广，涉历不亲，而欲会集四海九州岛、山川、风俗、土产、景物、人材、文章、名数、沿革之详、特诬而已。"作者"尝往来闽、浙、江、淮、湖、广间，所至必穷登临。与予有旧，每相见必孜孜访风土事。经史子集、稗官野史、金石刻列、郡志，有可采摭，必昼夜抄录无倦色，盖为纪载张本也。""敢名以《方舆胜览》而锓梓，以广其传，庶人人得胜览也。"②作者《自序》："积十余年，方舆风物收拾略尽"；又"益搜猎古今记序诗文，与夫稗官小说之类，摘其要语以附入之"；又"益取夫巨篇短章所不可阙者，悉载全文，大书以提其纲，附注以详其目，至三易稿而体统粗备"③。正所谓"一生灯窗辛勤所就"，初版至祝洙修订版"行于世者三十余年"。

显然，就版权保护观念的明确性、保护理由的合法性、保护内容的具体性、保护行政的程序性、实施保护的针对性，以及申请保护者的坚定性、持久性而言，《方舆胜览》均在世界书籍史上写下了先进的一笔。当然，宋朝版权保护中地方政府的颟顸行为也是客观存在的，朱熹对此即有严厉的批评。

另，段昌武《丛桂毛诗集解》三十卷前有《行在国子监禁止翻版公据》，同属宋朝国子监保护著作人与出版人的史料。著作者版权代理人会昌县丞段维清请求国子监给予其先叔著作《丛桂毛诗集解》及此书出版者罗贡士以版权保护。国子监受理后，开具版权保护官方证明，还在下发具有法律效力的公文中明确了对盗版者的法治措施，即"追板辟毁，断罪施行"。这相当于《中华人民共和国著作权法》第54条中规定的"对主要用于制造侵权复制品的材料、工具、设备等，责令销毁"，甚至比著作权法之规定更为严厉。

---

① ［宋］祝穆. 方舆胜览（上）［M］. 祝洙，增订，施和金，点校. 北京：中华书局，2003：1238.

② ［宋］祝穆. 宋本方舆胜览［M］. 祝洙，补订. 上海：上海古籍出版社，1991：1-5.

③ ［宋］祝穆. 宋本方舆胜览［M］. 祝洙，补订. 上海：上海古籍出版社，1991：597-599.

2. 朱熹书稿多次遭遇盗版。朱熹在一封信中提到："某之谬说本未成书，往往为人窃出印卖，更加错误，殊不可读。不谓流传已到几间，更自不足观也。"[①]

朱熹《易经本义》一稿曾被人盗印。"然本义未能成书，而为人窃出，再行模印，有误观览"[②]。又，"程纠所编年谱……身后为人在广州镂版，方得见之，甚恨不得及早止之"[③]。又，"裒集程门诸公行事，顷年亦尝为之而未就，今邵武印本所谓《渊源录》者是也。当时编集未成，而为后生传出，致此流布，心甚恨之"[④]。朱熹的愤恨之情真是溢于言表。他坚决反对盗版，对地方政府惩治盗版之颟顸无能深表失望，只能通过自己的抗议及实际出版行为——编辑出版高质量正版书、出版预告、及时出版、抢占出版先机，反对盗版，维护版权，尽量减少盗版的危害。

结语

宋代产生了中国古代书籍生产与传播中比较显著的版权观念及相对成型的版权保护法制规范。可以认为，宋代是中国古代书籍著作者与生产者开始真正实现版权自觉的时代。

宋代版权问题是宋代商品经济与雕版书籍业发展的必然产物。不了解宋代历史，就不可能对宋代版权问题作出科学合理的解释。宋代版权问题是历史的客观存在。宋代版权保护只有在宋代历史背景上才有它的真实性及意义。至于宋代为何没有产生世界近代意义上的版权法以至知识产权法，这个问题本身就是一个十分荒谬的假设，因为宋代只能产生属于宋代的版权问题。1910年，清政府颁布了中国第一部具有近代意义的版权法——《大清著作权律》。一些学者从近现代欧洲版权立法的角度"生搬硬套"，否认宋代版权问题客观存在的观点，很可能犯了中国成语"削足适履"所寓意的历史的、逻辑的错误。

宋代施行"文治"政治，总体上书籍出版环境十分宽松，因而一直被称为中国古代书籍出版史上的"黄金时期"。虽然宋代并未制定专门的版权法，但是在

① ［宋］朱熹. 朱子全书［M］. 上海：上海古籍出版社，合肥：安徽教育出版社，2002：4965.
② ［宋］朱熹. 朱子全书［M］. 上海：上海古籍出版社，合肥：安徽教育出版社，2002：2886.
③ ［宋］朱熹. 朱子全书［M］. 上海：上海古籍出版社，合肥：安徽教育出版社，2002：2999.
④ ［宋］朱熹. 朱子全书［M］. 上海：上海古籍出版社，合肥：安徽教育出版社，2002：2836.

法律框架内已经运用国家政权、法律以及民间协调的力量对盗版等侵权行为进行治理。从政府到民间，关于版权保护的一般观念已经普遍产生。眉山程舍人宅出版书籍上的刊语“已申上司，不许覆板”，已是典型的版权保护语言、符号和象征。综上，我们认为宋代已经形成了从版权及版权保护观念、法律申诉、依法断案、判决与执行乃至民间协调等一系列的版权保护程序。

课题组组长：田建平

课题组成员：杨一帆

课题承担单位：河北大学

融媒体背景下我国版权文化建设研究

张凤杰*

摘要：版权文化支配人们的版权行为模式，是版权事业与版权产业繁荣发展的“文化底盘”。版权文化建设旨在构建良性的版权文化，通过提升相关从业人员的版权能力、增强社会公众的版权意识，为版权秩序改善、版权环境优化、版权价值实现奠定基础、提供条件，是国家创新体系建设的基本组成部分，对于经济社会高质量发展具有重要作用。长期以来，我国社会版权文化整体处于弱势，版权文化建设起步晚、基础差。融媒体背景下，我国版权文化建设既面临新的挑战，也迎来诸多新的机遇。在建设版权强国、文化强国的征程上，如何化危为机，利用融媒体加快我国版权文化建设，值得深入、细致研究。

关键词：融媒体；版权文化；文化建设；对外传播

一、研究背景、目的及意义

（一）背景

当前，世界百年变局加速演进，全球治理格局正在经历深刻调整，我国在摆脱贫困、全面建成小康社会的基础上，正在向建成富强、民主、文明、和谐、美丽的社会主义现代化强国迈进。在此背景下，全面提升版权创造、运用、保护、管理和服务水平，不断完善版权工作体系，推进版权治理体系和治理能力现代化，客观上要求社会公众具有鲜明的版权意识和高度的文化自觉。

2020年11月，习近平总书记在主持中央政治局第二十五次集体学习时特别强调，要加强知识产权保护宣传教育，增强全社会尊重和保护知识产权的意识。2021年，在建党百年的历史节点上，党和国家从政策层面对包括版权在内的知识产权文化建设作出了密集部署。当年9月，中共中央、国务院印发《知识产权强国建设纲要（2021—2035年）》，六次提及“知识产权文化”，两次提及“知识产权意识”，明确提出“塑造尊重知识、崇尚创新、诚信守法、公平竞争的知识产

* 张凤杰，学习强国学习平台有限责任公司法务部（董事会办公室）主任，编审，本课题组组长。

权文化理念”。同年10月，国务院印发《“十四五”国家知识产权保护和运用规划》，专门对知识产权文化建设进行系统部署，并提出实施“知识产权普及教育工程”。同年12月，国家版权局印发《版权工作“十四五”规划》，明确提出要“把贯彻落实党中央、国务院的战略决策部署作为版权宣传工作的着眼点，建设常态化、立体化和精准化的版权宣传机制”，强调要“综合运用多种媒体形态，不断提升版权宣传的生动性和有效性，及时准确回应社会关注、产业关切、群众关心的版权热点焦点问题，营造尊重版权的良好文化氛围，提高全社会版权意识”。

与此同时，随着相关技术设备的快速发展与不断普及，传统媒体数字化转型升级不断向纵深迈进，新旧形态的媒体由相加到相融，集多种媒介传播功能于一体的融媒体不断涌现，用户人数越来越多、用户黏度越来越高、社会影响力越来越强，一个全新的传媒历史阶段——融媒体时代已然来临。

一则，“一媒多端”现象已经相当普遍。据不完全统计，截至2023年3月，在人民网研究院所考察的1330家报纸中，除半数左右均自建网站、电子报、客户端外，还有65.1%入驻腾讯视频号、16.5%入驻B站、11.2%入驻知乎、10.8%入驻喜马拉雅FM平台。

二则，“多媒一屏”现象已经相当常见。相关融媒体平台通过自身板块、栏目、专区、专题等设计，以及借助支持外链接入、吸引自媒体号入驻等方式，不仅集纳了图书、报刊、广播、电视、网络等其他不同媒介的大量内容，而且把相关内容编排得浑然一体，相得益彰。

三则，融媒体形式的作品越来越走向日常。一方面，文字、图片、音频、视频等不同表现形式的内容素材可以融洽地共存于同一作品中。另一方面，不同形式素材之间能够相互转化。如今，越来越多的相关软硬件设备可以支持用户对内容呈现方式的自由选择。作品复制传播业态和相关技术环境的变革，导致版权创作理念、保护观念、运用目的、管理思想等发生系列明显变化。在此背景下，版权文化建设比以往任何时期都更为重要和迫切。

（二）目的

本课题研究目的主要有三：一是宏观层面，为国家版权主管部门以及有关单位组织开展和助推、参与版权文化建设提供参考，从版权研究者和相关从业人员角度助力我国版权制度实现与版权产业繁荣发展。二是中观层面，为版权文化这一新兴领域的研究贡献绵薄之力，尤其是从融媒体发展视角为有共同研究旨趣的学界同人提供有益参考和借鉴。三是微观层面，通过本课题研究带动课题组成员专业素养和业务水平提升，引领“学习强国”学习平台版权工作再上新台阶，助推这一超大型融媒体平台更好地参与版权文化建设，在优化自身管理、指导地方平台和强国号等关联媒体规范发展的同时，通过传播更多相关作品，为全社会版权文化建设、版权事业进步提供经验借鉴和资料参考。

（三）意义

本课题研究意义主要在于：在我国版权制度已基本健全完善、版权文化建设重要性日益凸显、但版权文化建设研究成果仍然较为少见的情况下，为业界和学术界呈上一份值得关注的研究成果；在媒体融合不断迈向纵深、融媒体版权工作和全社会版权文化建设错综复杂的新形势下，对版权文化建设的新特征、新需求进行分析、关注，对融媒体在版权文化建设中的地位、作用进行系统研究，为业界和学术界呈上一份可供借鉴的专题研究成果。

二、相关概念界定

（一）融媒体

融媒体是具有共同性、互补性的不同类型媒体，在全面整合基础上，跨越单一媒体形态，通过资源、内容、宣传、利益等诸方面的深度融合，所形成的高度融通的新型媒体。

融媒体可以节约传播成本、实现传播效能的最大化，是“媒介的最高级形态和最经济的组织方式”。融媒体是多媒体、富媒体发展的时代延伸，是传统媒体数字化转型升级、新旧媒体融合发展到一定程度的必然产物。

需要注意的是，融媒体与媒体融合过程密切相关，是媒体融合的产物，但并非媒体融合本身。

（二）融媒体时代

融媒体时代，简言之，即受融媒体发展影响较为显著的社会历史时期。这一时期无详细开始时间，在我国可从如下三个维度进行考察。

1. 网络维度。主要包括网络普及程度和三网融合两方面。此外，还包括网速以及大数据、云计算、人工智能等系列相关技术以及多媒体自适应、一站式服务、自然语言处理等众多底层支撑技术。网络维度是融媒体产生的先决条件，同时也为融媒体发展广度、深度和锐度提供了技术支撑。

2. 设备维度。主要是各种大容量、高性能计算机尤其智能手机的普及。以智能手机为代表，各种计算机设备以及其他相关终端的推广应用，为融媒体的产生和发展提供了有力的载体支撑。

3. 媒介维度。主要是媒体融合。传统媒体和新兴媒体从“你就是你，我就是我”到“你中有我，我中有你”，再到“你就是我，我就是你”。媒体融合为融媒体的产生和发展提供了直接的动力支持和重要的内容保障。

2018年12月，四川省首批启动的县级融媒体中心之一——成都市温江区融媒体中心挂牌成立。2022年8月，中央主要媒体完成创新转型，2585个县级融媒体中心建成运行。目前，我国已基本建立起中央级、省级、地市级、区县级四级融媒体中心的纵向发展链条。

可以认为，融媒体时代是受三网融合、媒体融合两大因素直接推动，在传统媒体数字化转型升级带动以及相关技术设备发展应用的加持下，于21世纪初期开始萌生、至2020年前后正式形成并在今后一定时间内不断强化的社会历史阶段。

（三）版权文化

版权文化又称著作权文化。鉴于权利行使起来才有价值，采用“版权文化”称谓，在某种程度上有利于凸显版权运用文化倡导著作财产权的行使与实现。

文化广义上涵盖物质、制度、精神等各个层面，版权文化同样涉及不同层面，有广义、中义、狭义之分。从狭义角度，所谓版权文化，是指人类在作品创作传播、应用过程中产生的，影响版权事务发生、发展的精神现象的总和，包括人们对版权及相关事务的认知、心态、评价、信念以及相应的行为方式（如风俗、习惯、礼仪）等。

版权文化与知识产权文化、法律文化、版权意识、版权观念等既有区别又有联系。除版权保护文化外，版权文化还包括版权创作文化、版权运用文化、版权管理文化和版权服务文化。此即版权文化的内容分类。除此之外，版权文化还可分为传统版权文化与数字版权文化，良性版权文化与劣性版权文化，本土版权文化与外来版权文化，等等。

版权文化有三个层次：第一层次是知晓，第二层次是转化，第三层次是升华。版权文化从最初了解版权概念，到理解其价值、有意识地加以运用和保护，最终在版权实现过程中，形成高度的文化自觉。

（四）版权文化建设

版权文化建设即通过版权宣传普及、理论研究、学校教育、职业培训、会展交流等各种工作，引导人们树立和加强良性版权文化，形成有关版权事务的正确认识、积极心态、中肯评价、坚强信念、崇高理想，营造有利于版权创作、运用、保护、管理和服务的良好社会氛围。版权宣传教育是版权文化建设的重要组成部分，但并不能指代全部的版权文化建设内容。

版权文化研究可以且有必要聚焦于精神这一核心层面，但版权文化建设研究绝不能局限于精神层面，一方面，版权文化建设需要借助宣传片、宣传手册、产品外包装、网络平台以及会场、讲台、桌椅、话筒、投影仪等相应物质传播资料、场地、设备得以开展，需要通过相应制度规范以及组织机构予以保障。另一方面，版权文化建设的最终成效也会通过相应产品、平台、场地、设备等物质层面以及相应法律规范、组织机构等制度层面得以展现。

三、我国版权文化建设的历史与现状梳理

在我国，版权文化建设的历史尽管可以追溯至遥远的古代，但是总体上长期处于零星、偶发状态，长效化、体系化的版权文化建设活动始自20世纪80年代，随着现代版权制度的最终确立与持续推行逐渐走向常态化。经过三四十年的艰苦努力，我国版权文化建设取得了长足进步，但与法治中国建设、创新型国家建设以及文化强国、知识产权强国建设的要求还存在一定差距，加强版权文化建设工作仍然是当前和今后一个时期的重要任务。

（一）历史脉络

1. 古代偶发的萌芽阶段

汉代戴圣所辑录的《礼记·曲礼》中有“毋剿说，毋雷同”，意即告诫人们著书立说不要剽窃他人作品，不要与他人作品雷同。这一著述和相关思想主张的提出距今均已有2000多年。南北朝时期，钟嵘《诗品》中记载了《行路难》版权之争，距今已有1500多年。南宋光宗绍熙年间印刷出版的《东都事略》一书有个类似于现代出版机构“版权声明”的牌记。从版权文化角度看，这些史例都可视

作我国古代版权文化建设的重要佐证。

尽管如此，由于古代农耕社会缺乏版权要素自由流通的市场环境，社会治理方面缺乏保护个人权利的法律传统，以及作为权利人主体构成的知识分子群体、作为传播者主体构成的书坊、剧社等总体上高度依附权贵、缺乏应有的独立性等诸多因素，我国古代本土既未能产生现代版权制度，也未能产生被普遍奉行的良性版权文化。

2. 近代自发的进步阶段

随着我国历史上第一部版权法《大清著作权律》的出台，我国版权文化建设迎来了第一个高潮。1899年，梁启超主编的《清议报》一方面编发日本《东洋经济新报》名为《论布版权制度于支那》的专论文章；另一方面，配发了回应文章——《读经济新报布版权于支那论》。1911年，秦瑞玠《著作权律释义》在上海商务印书馆出版发行。1928年，国民政府修订《著作权法》后，林环生、徐鸣之分别撰写《著作权法释义》，并于次年分别在世界书局、商务印书馆出版。这些都属于典型的版权文化建设活动。

然而，《大清著作权律》颁布后至新中国成立前的几十年中，我国战乱频仍，客观上缺乏现代版权制度落地实施的社会条件，持续、系统、规模化的版权文化建设更是奢谈，版权文化建设较之以往，虽然变得有些明显和频繁，但总体上仍然处于零星、偶发状态。

3. 新中国成立后至改革开放前的探索阶段

中华人民共和国成立后，在废除旧法统的同时，着手建立全新的版权制度。1950年，全国第一次出版工作会议形成的《关于改进和发展出版工作的决议》以及新华书店总管理处发布的《书稿报酬暂行办法草案》都提到了尊重版权。尤为难得的是，后者为切实保护作者权益，考虑到新中国成立初期物价变动频繁的不稳定因素，规定了以米、面、煤、布、油等生活用品折合成人民币计算稿酬的方式。1953年11月，出版总署《关于纠正任意翻印图书现象的规定》再次规定要尊重版权，这对于新中国良性版权文化的建构无疑具有奠基石的重要作用。

4. 改革开放初期的艰难起步与奠基阶段

改革开放初期，国人对版权的认知几乎处于完全空白的状态，国内几乎无人知道版权为何物，版权文化建设需要从头开始。这一时期，在国内开展版权文化建设工作面临多重困难。尽管如此，我国在版权文化建设方面，建立了国家版权局、中国版权保护中心、中国版权研究会等相关机构，开办了《中国版权》等一批报刊，出现一批早期的版权研究专家、版权理论著述，教育培训了一大批版权相关人才，核心版权产业领域骨干人员的版权意识开始确立，我国版权文化建设的社会根基和工作体系基本形成。

5. 加入世界贸易组织后的快速发展阶段

加入世界贸易组织后的20多年来，我国版权事业快速推进，包括版权文化建设在内的各项版权工作上升到国家战略层面，地市和县级版权行政机构、版权集体管理组织以及版权代理、诉讼维权等其他各类版权机构陆续建立，版权社会服务体系逐渐形成并不断健全完善，高校版权专业教育规模逐渐扩大，相关机构培训交流逐渐增多，关注版权事宜的媒体越来越多，版权文化建设体系架构和内容形式日渐丰富，版权文化建设参与主体、组织方式、宣传渠道、社会成效等全面拓展。

随着各种版权文化建设工作的持续深入开展，我国公众版权意识迅速提高。据调查，我国国民的版权认知度从2005年的60.6%已上升到2009年的74.6%。到2010年，我国18—70周岁国民版权认知率（了解“版权”概念的国民在被调查对象中所占比率）已达75%。与此同时，企事业单位，尤其是版权相关企事业单位的版权法治意识逐渐提高，版权经营理念逐渐树立，南通家纺、德化陶瓷、景德镇瓷器等一批优秀的版权产业发展示范点不断涌现，版权创造财富、版权保护有助于经济发展等逐渐成为社会共识。

（二）现实状况

1. 当前我国国民版权认知情况

总体而言，当前我国版权文化处于“知晓”层次，多数民众了解版权概念，知道国家出台有版权法律制度、版权包括人身权（精神权利）和财产权（经济权利）等相关内容。尽管对版权的专业具体内容尚不甚了解，但大部分民众已经有了一定的版权意识，并开始在版权相关行为中发挥积极作用。

《中国知识产权文化素养调查报告》显示，2015年，我国民众对版权客体的认知率为65.4%，其中：对文学作品的认知率高达84.0%，对摄影作品以及工程设计图、产品设计图、地图、示意图等图形作品和模型作品的认知率也均在60%以上。这表明，我国民众对版权的认知已经达到了一定水平。

尽管如此，目前我国版权文化总体上仍然比较薄弱，民众对版权具体知识的了解仍然较为欠缺，对数字网络环境下的版权认知率普遍较低，仍然会自觉、不自觉地购买盗版产品，且对版权经营和版权保护缺乏足够认同和支持。前述报告显示，2015年，我国民众对版权内容认知的完全正确率只有4.1%；仍然有接近

30%的民众对盗版表示理解，觉得无所谓甚至支持盗版；有超过10%的受访者认为在互联网上使用他人版权作品“可以不经著作权人的许可，且不需要付报酬”。

2. 版权文化建设情况

尽管改革开放后我国在版权文化建设方面做了大量工作，也取得了显著成效，但是客观来看，我国版权文化建设从宣传普及、职业培训、学校教育到理论研究等，还存在诸多不足：（1）宣传普及方面，针对性不强，缺乏长效性，缺乏主动性，社会参与度不高，海外宣传不足。（2）职业培训流于形式，对相关单位和人员实际业务水平和能力的提升作用有限。（3）学校教育局限于法律院系的法学尤其民商法学专业教育；版权教育与现实脱节的问题比较严重，培养出来的学生缺乏实际操作能力；在广大中小学尤其相关的中等专科学校和职业学校，缺乏版权知识的讲授和版权理念的传输。（4）版权理论研究方面，长期关注版权领域、专门从事版权理论研究的人员不多，相关理论研究跟不上社会实践的发展，无法适应我国版权工作的实际需要。

四、融媒体对版权文化建设的影响分析

较之此前单一的基础媒体形态，融媒体从作品表现形式到业务架构体系再到产业生态系统均发生了深刻变化。融媒体背景下，一方面，作品传播链条大大拉长，作品应用渠道更加多样，各种版权利益融合交织，相关版权矛盾容易叠加和扩散，版权文化建设工作面临系列新的困难和挑战；另一方面，作品传播“一媒多端”与“多媒一屏”相辅相成，媒体矩阵体系更加全备、传播功能更加强大、传播方式更加多样，版权文化建设也有了诸多新的依托和支撑。

（一）融媒体内容作品的特征

1. 表现形式更加综合化。融媒体内容作品既可能是单一形式的作品，也可能是复合形式的作品。时下最为常见的是，同一篇新闻报道中既有文字表述，又有照片配图，还有视频记录、电话访谈或音频播报等。

2. 素材来源更加多样化。融媒体内容作品所涉素材多种多样。通常情况下，融媒体既有自行创制的内容，也有面向社会征集的内容，还有外来授权的内容。而这些内容或其中的单一作品或其片段，在版权规则允许的情况下，都可能成为新的融媒体内容作品的素材。

3. 权利归属复杂化。在社会分工不断细化、权利意识日益强化的情况下，融媒体内容作品的版权归属于不同权利人的情况越来越常见。

4. 传播终端更加多元化。融媒体传播终端涉及微信端、微博端、手机端、电脑端、电视端等各种终端。5G时代万物互联，融媒体内容作品将会在更多终端尤其人工智能设备上传播应用。

5. 作品传播所涉的权项更加复杂化。融媒体内容作品在多个终端上的传播往往涉及复制权、发行权、广播权、信息网络传播权等多种权项。不仅如此，随着“媒介之间的边界由清晰变得模糊”。

（二）融媒体版权保护面临新挑战

1. 合理注意义务的要求更高。在集成多种表现形式、高度复合化的融媒体内容作品的传播应用过程中，无论是资源获取、版权审核抑或是信息标注环节，有关版权保护注意义务的要求都要明显高于表现形式相对单一的内容作品。

2. 权利主体难以确定。素材来源多样化以及权利归属多元化两种特征交织在一起，导致融媒体内容作品的权利关系更加复杂，融媒体内容作品的权利主体往往难以确定。

3. 权项种类难以限定。当前版权法律体系中的财产权项划分与传统的媒介分类以及传统的作品（媒介产品）使用方式息息相关。很多融媒体应用场景难以用某项或某几项著作财产权来精准表述。

4. 相关技术保护措施失灵。融媒体背景下，单一媒体类型模式下原本成熟的一些数字版权保护技术，随着文件格式、种类的变化而变得不再那么有效甚至可能完全失效。面对海量的内容资源以及日益复杂的版权链条，如果不能准确地进行标注和识别，就会导致版权管理、保护的瑕疵或混乱，进而导致融媒体运营的安全风险。

上述种种，一方面，容易导致融媒体自身版权工作难以开展甚至失序失范，另一方面，也容易使相关基础媒体版权工作的瑕疵、隐患暴露出来并且会随着融媒体背景下各种传播链条、渠道被不断放大。融媒体在发展应用过程中，如果不能加以有效管控，在版权保护方面面临较大风险。

（三）融媒体对版权文化建设的挑战

融媒体的快速发展，在为各类作品的传播、应用提供新平台、新方式的同时，也使媒体版权问题更加复杂，对版权文化建设提出了新课题。一方面，如前所述，融媒体版权保护面临巨大挑战，而在我国当前版权保护仍需继续加强的总体形势下，版权保护文化仍是整体版权文化建设的重中之重；另一方面，由于融媒体自身的特性，融媒体背景下，我国版权文化建设还面临如下特殊挑战。

1. 优质内容作品的版权价值显著提升。随着各类融媒体平台的不断出现以及传播能力的不断强大，围绕优质内容作品的市场竞争日趋激烈。在特定时期作品创作水平、供给能力相对不变的情况下，优质内容作品的版权价值无疑将显著提升。从版权文化角度而言，客观上需要对优质内容作品予以更多的尊重、更精准的管理和更严格的保护。

2. 版权管理与保护的难度急剧增加。融媒体背景下，一则，作品跨媒体传播的总体概率大大提高、间隔时间大幅缩短；二则，作品传播所涉版权权项复杂多样；三则，一些原本有效的数字版权保护技术，随着文件格式、种类变化以及碎片化处理等存在部分或全部失效可能。

3. 对版权人才素养的要求大大提高。融媒体环境下，呼唤熟悉融媒体传播样态与流程，了解融媒体传播规律与需求，深谙融媒体版权创作、运用、管理、保护和服务之道的“融合型”人才的出现。融媒体时代，面临“融版权”问题，需要“融版权人才”支撑。

4. 不同版权文化的短板制约更为凸显。融媒体很难保证各板块、各频道尤其外部相关联的各单位的版权文化水平是平衡的、一致的。按照“木桶理论”的观点，融媒体版权保护水平是由其架构体系中版权文化最羸弱的那块“短板”所决定的。实际上，在融媒体庞大的架构体系中，版权文化方面的“短板”“洼地”普遍存在，有关版权做法和要求很难对所有相关人员尤其有一定竞争关系的外部关联单位的人员进行传达和宣贯，即便传达、宣贯到位了，也很难保证短时间内全部落实到位。参差不齐的版权文化水平决定了版权文化建设的难度。

（四）融媒体给版权文化建设带来的机遇

当然，任何事物都有两个方面。融媒体较之单一的媒体形态，不仅不受版面、刊期、时长等限制，而且表达手段更为多样、内容形式更为丰富、传播渠道更为广泛。在自身版权风险得到适当防控的情况下，融媒体参与版权文化建设无疑具有诸多优势。

以“学习强国”学习平台为例，它是典型的融媒体。通过大量扎实有效的工作，平台在努力防控自身版权风险的同时，以地方平台、强国号、县级融媒号运营方等数千家深度合作机构为主体，构建了良性版权文化共同体，同时向众多合作方以及广大用户传递了相应版权知识。2022年12月28日，中国版权保护中心“元宇宙版权保护与未来文化产业发展论坛”在平台上直播，吸引大量关注，点赞人数超3.7万，取得了异乎寻常的良好效果。直播结束后，平台又将直播视频采编上线，变成了“永不落幕的论坛”，并参与报道直播活动。截至2023年10月28日，论坛直播视频点赞量已超4.5万人；《第十八届深圳文博会元宇宙版权论坛成功举办》单篇消息稿阅读量已超75.4万人次，点赞量达39,098人。不仅如此，预热稿《讲好版权文化故事》在学习平台上转发传播也取得了良好效果：截至2023年10月28日，阅读量已超435万人次，点赞量已超20万人。此外，该平台通过“每日答题”“挑战答题”“专项答题”“双人对战”“四人赛”等形式，以及支持各地方平台线下答题活动、引导线下空间设答题区等，广泛吸引公众参与，精准传播相关版权知识。

以上情形，均与版权文化建设直接相关。其所取得的传播效果，在传统媒体条件下，几乎是无法想象的。融媒体在版权文化建设方面的作用之强大由此可见一斑。实际上，融媒体之于版权文化建设，绝不仅是多了一种有力的媒体宣传手段。因为具有天然的集聚性，融媒体能够将有志于促进和支撑版权文化建设的媒体融汇到一起，从而使相关内容建设、新闻报道等更具规模性和协调性；与此同时，融媒体平台还可以发挥“头雁”的引领示范效应，在入驻、外链等各种合作中，通过协议约定、制度要求、标准推荐、政策引导等方式，将自身的良性版权文化之光辐射到所有合作单位及其用户，从而在社会层面产生重要影响。

五、近年来国外版权文化建设相关做法与启示

国外尤其欧美发达国家实施市场经济和现代版权制度的时间都比较早，私权文化和法治思想较为盛行，版权文化建设的手段也较为丰富。相关组织机构以世界知识产权组织为代表，也有很多颇为成熟且行之有效的做法，值得我国参考、借鉴。

（一）世界知识产权组织

近年来，世界知识产权组织（WIPO）借助世界知识产权日和相应奖励项目等，在推动各国知识产权文化建设方面不遗余力，做了大量工作。

1. 确立世界知识产权日。每年4月26日，定期举办活动来扩大知识产权影

响。此外，还为特定受众编写多种宣传材料，通过互联网、电视和报刊等各种媒体，或者通过举行活动、研讨会以及出版相应出版物等多种方式宣传知识产权相关知识。

2. 倡导成员国开展宣传活动。每年都会倡导成员国举行各种活动庆祝世界知识产权日、宣传知识产权知识，包括：举办音乐会或其他公开表演；针对不同的创造群体举办讲习班；举办当地知识产权相关展览，展示当地知识产权应用成果；根据当地情况，使用当地语言，针对具体对象，制作知识产权日宣传材料；在当地知识产权相关部门举行“开门办公日”活动；等等。

3. 设立奖励项目。与版权有关的奖励项目主要有四个：一是WIPO创意奖，二是WIPO用户奖，三是WIPO知识产权企业奖，四是WIPO学生奖。其中，WIPO创意奖目前已有近70个国家和地区加入其中。2008年，中国国家版权局与WIPO共同设立“世界知识产权组织版权金奖（中国）”即中国版权金奖，包括“作品奖”“推广运用奖”“保护奖”“管理奖”四个子项，每两年评选一次，是我国版权领域内评选的最高级别奖项。

4. 开展版权产业调研。2003年以来，WIPO采取多种举措助推各成员国开展版权产业调研活动：组织编写《版权产业的经济贡献调研指南》，为成员国实施版权产业调研提供科学的产业分类、产业指标体系指导以及相关数据、方法参照；与成员国有关部门联合开展版权产业调研项目，了解一个国家或地区特定时间内不同类型版权产业的行业增加值、商品出口总额和就业人数，证明版权在促进经济增长方面的重要作用，促使人们更加注重版权保护和相关产业的创新发展。

5. 确立并推广版权保护优秀案例示范点。2009年12月，南通成为全球首例WIPO版权保护优秀案例示范点。此后，WIPO又相继在福建德化、江苏吴江、江西景德镇启动了优秀案例示范点调研项目。微观调研以“解剖麻雀”的形式，对版权保护促进经济发展这一主题进行更加直观、生动的诠释，对于提升人们对版权价值的认识、树立版权经营意识、增强版权保护观念等具有重要示范作用。

6. 培养知识产权人才。2016年11月，与同济大学签署协议，约定双方面向全球招生，共同培养知识产权法硕士。这是与WIPO合作的第八所大学，此前WIPO已在其他七个国家与七所大学开展了知识产权法硕士培养项目合作。除此之外，WIPO还通过在成员国举办远程教育辅导教师培训班、WIPO知识产权服务体系有效运用培训研讨班等短期项目，以及接收成员国相关人员赴日内瓦培训等，帮助成员国培养各类知识产权人才。

（二）美欧国家和地区

1. 美国。美国在1787年开国宪法中就确立版权条款，1790年颁布专门的版权法。作为互联网诞生地，美国非常注重网络环境下的版权保护。虽然到1998年底，美国国内的互联网普及率只有18.6%，但当年10月，美国就率先出台《千禧年数字版权法案》（DMCA）。作为不成文法系国家，美国在网络时代尤其重视版权领域成文立法。

在版权文化建设方面，除在“世界知识产权日”举办论坛、研讨会、特别招待会等相关活动外，美国还通过大量近乎残酷的知识产权民事、刑事案件判决，向公众灌输知识产权文化意识。

此外，作为典型的判例法国家，美国特别注重相关裁判文书的说理性。“英美判决书为了解决一个法律问题，会采用各种法律解释和推理方法，其篇幅之长，论证之充分，往往不亚于一篇学术论文。”[①]

2. 英国。英国是现代版权制度的发祥地。1710年，英国颁布世界上第一部版权法《安娜法》。英国作为典型的不成文法系国家，版权立法却“一反常态”，极为详细，各种条文规定之详尽，甚至到了“冗长”“琐细”的地步。与此同时，英国版权立法和执法讲求针对性、协调性，注重文化理性，而不是贸然推进。种种做法背后，离不开版权运用文化与版权保护文化的有力支撑。从相互决定论的角度，这也必然会对版权执法人员以及相关从业人员的良性版权文化建构产生积极影响。

3. 法国。在法国，对思想和文化的尊崇早已浸润了人们的灵魂。法国先贤祠是永久纪念法国历史名人的文化圣殿，里面安葬着伏尔泰、卢梭、雨果等多位文化名人。法国还通过人物邮票、艺术邮票等来纪念伟大的作家、画家及其经典作品。其中，人物邮票发行已有60多年的历史，20世纪90年代初还分别推出了歌唱家、诗人、音乐家、作家等专题邮票。进入网络时代后，法国作为“三振出局”立法模式的先锋，执法过程中向互联网盗版用户发送警告信的做法在版权文化建设方面更具标杆意义。

为遏制日益猖獗的网络侵权盗版行为，法国在2009年版权立法中率先引入“三振出局”规定，向非法下载盗版作品的互联网用户发出警告信，强调网络用

① 王迁．国外版权案例翻译（1）［C］．北京：法律出版社，2013：前言1.

户需对其网络使用行为负责，第一封警告信更是明确指出“作为网络用户，您需承担网络使用的法律责任”，“您需确保在网络使用过程中，不进行侵犯版权行为，并采取预防措施防止侵权行为。违反此项法律义务者将受到法律制裁”，继而再次提醒用户“需要遵守知识产权法L336-3条款，谨慎使用网络”，并告诫用户“查阅、提供或复制受版权保护作品的行为，亦称‘盗版行为’，构成违法，须接受法律制裁。此类行为有损作品创作者的合法权益，且对艺术创作及文化产业发展构成威胁”；“若您不顾此次警告，再次使用网络进行违法行为，您将收到违法通知单。HADOPI将暂停您的网络使用，如有必要，将对您罚款”。警告信本身就是一份内容丰富的版权宣传教育文书。

4. 德国。德国非常注重相关人才培养和理论研究。德国从学校到企业普遍重视知识产权人才的培养，尤其注重理论与实践相结合，把实践活动作为人才培养的必经阶段，纳入人才培养计划。理论研究方面，马普知识产权研究所是国际首屈一指的知识产权研究中心，拥有世界上最大的知识产权图书馆和一流的图书资料，从全球聘请知识产权领域著名学者和实务界人士进行教学与研究工作。2005年7月，德国联邦总统克勒颁发给马普知识产权研究所所长约瑟夫·斯特劳斯教授大十字勋章（德国的最高国家荣誉），足见德国官方对知识产权领域研究工作的高度重视。

与重视人才培养与理论研究一脉相承，在德国，一旦被证实存在学术不端行为，则不为社会所容忍。学风（或版权作品创作）已成为衡量一个人道德品质的重要标尺，也成了政坛斗争的有力武器。近年来，多名德国政要因论文涉嫌抄袭仕途受阻。

5. 西班牙。西班牙是世界上最崇尚阅读的国家之一，已将版权文化建设纳入国民阅读体系。西班牙2007年《图书、阅读和图书馆法》将规范图书出版传播、协助作者保护知识产权列为重要内容。按照该法制定的西班牙第三次阅读推广计划（2017—2020）包括六条主线，“推广知识产权保护，提升人们的版权保护观念”是其中之一。此外，为纪念塞万提斯这位西班牙历史上最伟大的作家，西班牙在国内多座城市建立了纪念碑。作为版权文化建设的重要设施，纪念碑时刻发挥着宣传、展示、教育、体验等系列功能。

（三）亚洲国家和地区

1. 日本。2002年，日本颁布《日本知识产权战略大纲》，率先在国家层面出台知识产权战略纲领性文件，明确提出“知识产权立国”目标。2003年，日本成立知识产权战略本部，由时任首相小泉纯一郎担任本部部长。为确保知识产权战略的推进与落实，日本从2003年起每年都制订知识产权战略推进计划。

日本修正《学习指导要领》，将版权观念纳入初中、高中学习内容。为掌握版权教育是否达到预期效果，日本文化厅自2002年起，与国内多所学校合作，开展版权教育研究工作，并将在各学校所得的研究方法、研究经验编制成《著作权教育研究合作学校报告书》，供各界教育人士参考。

2. 韩国。韩国是成功进行知识产权法律移植的国家，也是明确提出“文化立国”战略并取得显著成效的国家。韩国《知识产权基本法》明确规定：“为提升国民对知识财产的意识，政府应制定相应推行政策加以推进，从而营造尊重知识财产的社会环境。”此外，该法第33—35条还分别就知识产权教育、知识产权专业人才培养以及知识产权研究机构建设作了相应规定。韩国《著作权法》第113条第5项将“开展著作权的研究、教育及提高社会的认识”列为韩国著作权委员会的法定职责之一，而且对其委员产生条件的第一项法律规定便是“在大学或者其他公认的研究机构中，担任或曾经担任副教授及以上职称，并且专业是有关著作权的人”（韩国《著作权法》第112条第2款第1项）。韩国版权文化建设内容一方面在其《著作权法》中作出明确规定，另一方面，连同其他知识产权文化建设内容，在《知识产权基本法》中作出明确、系统规定。这种做法在世界范围内并不多见。

3. 新加坡。新加坡虽然人口很少、国土面积很小，但其在知识产权文化建设尤其版权文化建设方面的经验值得我们关注和学习。新加坡政府开展了多种宣传活动，主要包括：反盗版追踪大赛；原创知识产权之旅概念车展；原创知识产权竞赛；知识产权冠军夏令营，制作《了解你的版权》漫画册发给全国中小学生。此外，新加坡还充分利用新兴媒体进行相关知识推广，包括推出网上承诺功能、开发“Iperkids”儿童知识产权活动网页、利用卡通人物“知识产权侦探”及其口头禅“好奇起来，调查知识产权”等等。这些做法形式新颖，贴合广大青少年以及儿童需求。

4. 印度。1994年，印度议会对版权法进行了彻底修订，对版权侵权行为规定了严厉的制裁措施。新法的实施，使印度的软件盗版率短期内下降了20%以上，大幅提高了印度本国企业的创新能力，同时也大大提高了跨国公司赴印投资设厂、建立软件研发机构的意愿。印度注重全社会包容性创新体系的建立和知识产权教育模式的创新，主要做法包括：举行学生创新思想年度国家竞赛；进行Agastya移动实验教育；开展知识产权挖掘行动；举办知识产权入门讲习班。上述做法及其背后所体现的多处着力、协调推进、共同提升的建设思想，尤其面向边远、贫困地区少年儿童的有关做法，值得我们学习和借鉴。

（四）其他国家和地区

1. 澳大利亚、新西兰。这两个国家的一般文娱产品上都标注有符号“©”，并注明其权利归属主体；图书版权页中的版权说明信息较为详尽，从文字作品、所附插图、照片以及封面设计等不同内容的权利归属到相应具体权项的有效期限，从允许、禁止的版权运用方式到所依据的法律文件名称甚至具体条款等均有所涵盖。相应文字说明往往占据版权页篇幅的三分之二以上。这种形式既能使他人合理、合法地使用本作品，又可以起到版权宣传教育、提升受众版权意识的作用，随着相关图书的大量发行而广泛传播，不啻为推广版权文化的有效途径。

2. 中国香港特别行政区。香港特区有关政府部门和民间机构推行的“正版正货承诺”计划、“我承诺”行动、公民保护知识产权意识调查等[①]，对于增进公众知识产权意识、促进商户依法经营、了解知识产权文化建设基础与成效具有重要作用。

六、融媒体背景下我国版权文化建设的对策与建议

版权文化建设是长期工程、系统工程，关乎社会各方面长远利益，需要全社会的共同努力。结合前文论述，以下从国家、行业组织、权利人、传播者、使用者等五个层面分别述之。

（一）国家层面

1. 核心层。（1）健全专门法律依据。参照国内外相关立法实践，在法律层面对版权文化建设事宜作出明确规定。（2）增强版权宣传普及工作的针对性、连续性、时效性。针对青少年学生、领导干部、新闻采编人员等特定群体，结合其版权认知状况和业务需要，开展专门的版权宣传普及活动；研究制定版权宣传普及（或版权文化建设）专项规划，积极构建融媒体时代版权宣传普及工作的常态化

① 张颖露，刘华．香港知识产权文化建设概况［J］．中国发明与专利，2013（12）：18-20.

机制。此外，还可制作相应海报借助融媒体渠道进行传播等。（3）抓好版权示范及政策配套工作。（4）支持版权文化建设相关研究。（5）支持版权专业教育和普及教育，促进版权培训提质增效。（6）组织开展版权文化建设相应评选并予以奖励。（7）借助全民阅读推广活动推进版权文化建设。（8）其他。主要包括：增强国家版权局等官方网站的海外传播力，在及时更新、不断丰富相关内容的同时，逐步开通法文、德文、日文等外文版（国家版权局网站英文版已开通）；以版权示范城市、版权示范单位、版权示范基地（园区）为试点，推行在服装、儿童玩具等相应版权产品的适当位置加注“©”符号；等等。

2. 相关层。（1）加大侵权盗版惩戒力度。与融媒体有关，将以营利为目的，明知或应知他人实施相应犯罪，而为其提供互联网接入、服务器托管、网络存储空间、通信传输通道、代收费、费用结算等服务，情节严重的行为，在刑法条文中加以专门、明确规定。（2）提高版权侵权案件判赔额度。避免权利人“赢了官司输了钱”、守法经营者“老实人吃亏”等怪异现象的出现。（3）增强司法裁判及相关文书的说理性。（4）开展版权产业经济贡献调研，使调研报告成为版权宣传普及的重要抓手，让社会各界人士充分认识到版权作为战略性、基础性资源的重要作用，为版权文化建设提供更有力的数据、资料支撑。（5）推进文化体制改革创新，建立适应全媒体生产传播的一体化组织架构，构建新型采编流程，形成集约高效的内容生产体系和传播链条。（6）完善相关人才评价机制和配套制度。破除“唯论文”论、重论文数量轻论文质量等问题。（7）其他。包括：实施项目带动战略，重点支持融媒体平台版权管理系统开发、融媒体版权保护技术研发、融媒体版权相关课题研究，引领、推动相关人才培养和技术升级；适度开展检查评估，对版权资产管理混乱、版权保护不力的融媒体运营单位，予以重点监控，问题严重者通报批评、限期整改、临时封禁直至关闭；择取相关高校、科研院所、品牌性融媒体平台，设立相关人才培训基地；等等。

（二）行业组织层面

针对部分相关行业组织存在“有名无实”“有将无兵”，在版权文化建设中难以发挥应有作用等问题，建议：一是坚持限制党政机关、事业单位在岗人员在协会等相关组织中任职数量，保证任职人员有足够的精力参与版权专业协会、相关行业组织事务；二是限制党政机关、事业单位人员在版权专业协会、相关行业组织的任职比例和位阶，确保会员代表的任职比例和位阶；三是强化面向相关行业组织及其工作人员的宣传培训，探索、推广各类版权中介服务行业标准；四是定期组织召开版权文化建设专题论坛，结集出版相关研究成果等；五是加大相关行业组织及其工作人员在版权文化建设方面的奖评力度，提高各类行业组织配合、参与乃至主动开展版权文化建设的积极性；等等。

融媒体背景下，建议相关行业组织制定并推行融媒体版权工作指南，为融媒体运营单位加强和改进版权工作提供参考和指导；同时，针对行业共性问题，组织不定期的融媒体版权工作研讨活动，促进融媒体平台之间、融媒体平台与律所、版权代理公司、版权集体管理组织等其他相关机构的合作与交流。

（三）权利人层面

1. 适时提高稿酬标准，减轻权利人税负。一方面，根据经济社会发展情况，适时调整权利人稿酬标准；另一方面，在稿酬所得减征一定比例（目前为30%）的基础上，上调稿酬个人所得税起征点，通过保证权利人实际稿酬收入水平，促进版权创新文化的持续、健康发展。

2. 引导权利人作简要版权声明。融媒体背景下，“先授权，后使用”版权规则的正统地位仍然需要维护，但不含转授权的“一对一”授权模式和碎片化授权（包括授权权限、地域、时间等非常有限）做法很难适应“一媒多端”以及不同形式内容相互转化、互融共存等新形势下的传播需求。为此，需要引导有意愿让自己作品广泛传播的权利人，通过自行声明的方式，或声明完全免费、自由使用，或明确授权条件、公布联系方式，破除他人使用的制度藩篱。有关政府部门、行业组织可以根据权利人不同需求，研究拟定多种版权声明范例，发布在相关网站及相关宣传培训材料上，供权利人自由选择。

3. 引导权利人树立正确的版权文化观念。融媒体背景下的版权文化建设，需要引导权利人以实现自己版权作品的及时、广泛传播为首要目的，适应免费、微利思维，在分段授权控制、硬件绑定等相应版权保护技术的支撑下，采用部分免费试读、超级分发、分章节销售等方式，进行相应版权作品的有偿传播。同时，引导权利人在一定程度上，允许自媒体及其他相关媒体以碎片化的方式摘录、重组、传播其版权作品的相应内容，并且鼓励相关权利人尤其是学术论著的创作者加入CC协议。

4. 激励版权创新，惩防剽窃抄袭。（1）鼓励各有关单位对其工作人员创作诗词书画、发表专业文章、出版相关论著等版权创新活动予以扶持、奖励，将其扶持、奖励情况作为精神文明评比、版权示范单位评选的重要条件；（2）在优秀成果评选、职称评审过程中，重视版权创新尤其是版权内容创新元素和相应指标值的设计，确保版权创新成果、版权创新人才能够在激烈的竞争中脱颖而出；（3）划清正当参考使用与剽窃抄袭的边界，通过立法或司法解释分门别类明确不同作品合理使用的数量、质量标准以及相应的形式规范，并及时予以传达、培训；（4）由版权行政管理部门组织，以作协、记协、文联等相关组织和版权专业协会为主体，针对特定创作群体进行专门的宣传培训；（5）在相关组织网站以及专业权威媒体网站上，开辟"剽窃抄袭曝光台"专栏，将已查实的有恶劣影响的剽窃抄袭人员的姓名、所涉作品名称、相关单位信息等公之于众；（6）实行黑名单制度，对于生效司法判决认定或本人公开承认剽窃抄袭的创作者，由相关行业组织倡议，要求中央和地方媒体分别在不同年限内不得使用传播其作品；（7）将创作中的不规范甚至故意违法行为与个人信用挂钩，在项目申报、经费补贴、晋级晋职等方面实施相应惩戒措施。

（四）传播者层面

1. 融媒体平台。融媒体平台各频道、板块以及各关联媒体（尤其是带有分平台性质的直属或深度关联媒体）之间建立版权联络员工作机制，选用有法律、行政管理、传媒或相关专业背景的人作为联络员，及时共享版权相关信息，以融媒体平台为依托、抓手，携手、联动推进版权文化建设，包括成立相关反盗版联盟（共同体、联合体等），遴选或邀请专家，开展专题沙龙、讲座、培训并进行直播、轮播，结合有关案例进行现场交流；以社会版权文化建设为己任，开设版权频道、专题、专栏，充分展示相关理论研究与实践创新成果，对版权文化建设优秀范例进行重点报道，对重点版权事件进行全方位集中报道；共同策划选题和相关产品、活动，尝试交叉许可、一揽子许可等新型授权模式，打破不同单位之间的版权壁垒，或在相关联盟中，按开放存取原则允许相关内容的相互抓取，等等，实现良性版权文化的同步展示、联动宣传。

2. 一般新闻媒体。（1）摒弃"新闻无版权"思想，择取新闻作品侵权典型案例，在"世界知识产权日""记者节"等相关节日及重要国际会议在我国举办期间进行重点宣传，营造新闻作品版权保护的良好氛围，增强新闻媒体从业人员的版权保护意识和侵权风险防范意识；（2）健全行业准入机制，将新闻作品版权管理制度纳入新闻单位行政许可的基本条件，不满足该类条件者不予许可，同时由申办单位负责人签署新闻作品版权保护承诺书，内容包括严格落实版权管理制度、定期对员工进行版权知识培训、有效保护新闻作品版权、积极参与和支持版权文化建设相关活动等，从新闻单位申办伊始即着手部署版权文化建设相关活动；(3) 建立专门培训机制，将新闻媒体从业人员尤其是新闻采编人员接受一定时间的版权培训且通过相应考核作为记者证发放、职称评审、职务晋升、特定岗位（如采编室主任等）任职的必要条件，促使媒体从业人员筑牢版权知识基础；(4) 健全归档管理和版权把关机制，支持有条件的单位建设本单位的新闻作品版权信息登记查询系统，加强对其所持有、传播的文字、图片、音频、视频等各种资源的版权管理；(5) 推动新闻作品版权信息标引等相关标准规范的研制与实施，以主流传统媒体和大型综合类新闻网站为引领，促进线上线下新闻作品版权信息标引的规范化，力争新闻作品在内容不违反版权法常识的同时，在形式上也都能向受众传递正确的版权讯号。

3. 其他传播者。其他传播者主要以版权作品使用者的身份而存在，但与普通的版权作品使用者不同，其具有信息传播功能，在与权利人的双方版权关系之外，还会对其受众群体产生相应影响。建议主要包括：(1) 更新现行《图书书名页》标准规范，在图书“版权页”上详细标注书中相应作品的版权信息，为相应版权作品再次运用提供便利的同时，将众多的图书“版权页”打造成版权宣传普及的面面旗帜，向读者传递严谨、丰富的版权讯息。(2) 健全完善法定许可制度并严格落实，一方面，将转载、摘编的法定许可范围从报刊之间扩大到数字网络相应领域（如，有网络出版资质单位的门户网站以及“两微一端”等新媒体间可以相互转载、摘编已公开发布的版权作品）。另一方面，敦促法定许可情形下各有关单位依法向权利人及其代表性集体管理组织（如中国文字著作权协会）支付相应报酬，定期进行核查、通报，并予以适当奖惩。(3) 鼓励有关新闻媒体尤其是行业新闻媒体推出版权文化建设相关栏目、专题。譬如，在《中国版权》上开辟版权文化建设专栏，在《中国新闻出版广电报》《中华读书报》等新闻出版相关报刊、网站上，设立版权文化周刊、专刊、专栏。

（五）使用者层面

1. 青少年。(1) 在校大学生。扩大大学生版权征文比赛活动参与度，提高征文比赛活动吸引力和影响力；逐年轮流在不同高校举办中国版权年会、国际版权论坛等版权界的重要研讨活动；举办“版权的力量”（或类似主题）大学校园巡讲活动；在全国范围内举办大学生版权知识竞赛；鼓励相关企事业单位在大学设立相应奖学金；等等。(2) 中专、中技、中师、职高等职教学生。除参照适用上述建议外，可考虑举行创意设计比赛，设置相应初赛、复赛、决赛等，择优予以表彰奖励，吸引相应的青少年群体广泛参与。(3) 普通学校中小学生。目前在小学阶段以动手实践为主，无须专门讲授版权专业知识；初中、高中阶段则可逐渐讲授版权的基本知识以及版权运用与保护的重要性，明确侵权盗版与偷盗、抢劫一样属于违法行为，严重者会构成犯罪，依法将受刑事制裁。此外，可组织开展绘画大赛、征文大赛等，择优予以免费的版权登记，发放相应证书。同时，可部署若干版权宣传教育巡回体验车，在中小学校尤其是老少边及欠发达地区学校展出，由中小学生现场创作，借助数字网络手段，进行虚拟作品登记和版权交易等，给中小学生带来系统、生动体验。（4）其他青少年群体。一方面，寻求、引导此类群体积极参与；另一方面，在其出现版权不当行为甚至违法行为时，首先予以警告，使其意识到问题所在，并给予其一定的自我矫正期。如若知错不改，甚或变本加厉，则予以严惩，令其深刻体验负强化的结果。

2. 中年。（1）核心版权产业从业人员。一是开展深入系统的版权宣传普及，全面切实提高其版权认知水平和版权运用能力。二是结合其版权作品创作、传播经历以及身边真实案例，教育引导该类人群不断增强版权保护意识以及侵权风险防范意识。三是注重对该类人群版权认知在实际行为过程中转化情况的摸排考察，通过对典型代表心理状况和相关行为的深度分析，挖掘研究其世界观、人生观、价值观发展变化情况，为调整优化版权文化建设相应工作方案奠定基础。（2）非核心版权产业从业人员。一是对相关数字设备生产、销售人员实行预装版权资源告知制度，要求在产品说明书之外提供相应预装作品名称、作者等相关信息，并以专项执法、暗访调查等方式进行抽样检查。二是择取相关行业案例，对制造、运输、销售等环节有关主管人员进行有针对性的专项培训。（3）其他从业人员。一是以特定区域特色产业、重点行业为先导，选择一批有代表性的企事业单位，编制相应宣传手册、宣传片并免费发放、播映。二是以相关行业组织为抓手，结合目标单位所处领域、环节特点，有针对性地进行版权知识讲座、版权消费行为问卷调查等。三是培养和挖掘优秀典型，建设相应数据库，建立固定联络机制，引导、鼓励相应人员深入本地其他相关单位、外地相关单位进行巡回宣传。（4）待业人员。一是通过书刊版权页、影视剧片头片尾版权信息、其他影视节目附属信息以及日常用品外包装及其附件的版权信息等，向各类人群传递版权文化建设相关讯息。二是倡导影视剧、相声、小品等流行文化创作多包含和触及版权话题，通过人们喜闻乐见的方式多多宣传相应版权知识。三是借助新媒体尤其是融媒体技术和大数据技术，进行议程设置、舆情监控和舆论引导，激发、引导广大网民进行线上讨论和表态。四是支持、奖励他们及时投诉、举报其所发现的疑似侵权盗版问题，筑牢版权保护的社会防控体系，为版权文化建设深入开展营造良好的社会环境。

3. 老年。(1) 以相关单位工会、社区工委为纽带，进行专项问卷调查，配套发放印有版权相关字样、标语的日常用品，了解老年人群体版权文化水平，强化老年人版权意识，听取老年人关于版权文化建设的意见和建议。(2) 鼓励有条件的单位工会、社区工委逐步提高本单位、本社区老年人文化福利水平，定期发放相应的文艺演出门票、书画展邀请函等，并将类似活动开展情况作为版权示范单位、示范社区的申报条件或优先考虑因素。(3) 开展"我的版权文化观""我看版权保护""我与著作权法""我教孩子识版权"等类似主题征文活动以及相应的书画比赛，选择优秀文稿予以发表、结集出版并在有关媒体尤其是融媒体及其各终端上进行宣传。(4) 充分发挥版权相关老领导、老专家、老艺术家的影响力、感召力，联系相关企事业单位、优秀表演艺术人才和适合老年人观摩的各种优秀作品，面向在上述活动中表现突出的单位工会、社区工委，举办专题茶话会、演艺会、作品巡展，邀请在征文活动、书画比赛中的优胜者欣赏、参观，等等。

课题组组长：张凤杰
课题组成员：马龙　何丽娟　岳文娟　孙瑞雯　王惠
课题承担单位：学习强国学习平台有限责任公司

出版学科专业共建背景下版权方向人才培养模式研究

杨金花*

摘要：版权作为文化基础资源、创新重要体现和国际竞争力核心要素，在加快构建新发展格局以及建设创新型国家和文化强国进程中发挥着不可替代的作用。本研究较为充分地调研了出版业版权人才需求类型以及当前版权人才培养的瓶颈，分析出当前出版专业版权方向人才培养瓶颈及其症结所在，在此基础上提出破解之道——在出版学科专业共建背景下，出版与版权人才培养工作统筹推进，贯通产学研用，快速壮大师资队伍和教研实力，并相应构建了人才培养模式：适应社会需求，系统化制定人才培养方案；明晰教学规划，交叉学科培养；教研一体，提升人才培养质量；产学研用深度融合，创新人才培养微观模式。

关键词：学科专业共建；版权人才；人才培养模式

版权作为文化基础资源、创新重要体现和国际竞争力核心要素，在加快构建新发展格局以及建设创新型国家和文化强国进程中发挥着不可替代的作用。现代出版业属于文化创意产业，高质量版权的创造、运用、保护、管理与服务已成为推动出版业良性发展的核心基础和内生动力，包括版权人才在内的出版人才成为出版业发展的第一资源和制约性因素。我国出版教育和出版人才培养在为出版业持续输入专门人才、助力出版事业和出版产业繁荣发展的同时，依然存在诸多短板，尤其是数智时代的到来，亟须培养大量既懂出版又懂版权的专门人才。

2022 年 7 月 24 日，全国出版学科共建工作会在北京大学召开，此次会议以“政产学研用”学科共建模式开启了出版教育人才培养模式新篇章。2023 年 12 月，中宣部、教育部联合印发《关于推进出版学科专业共建工作的实施意见》，指出“出版学科专业是出版领域一项打基础、利长远、管根本的工作”，并分别从教师和学生两方面对提升人才教育培养水平进行专门设计和安排。因此，探索出版高等教育版权方向人才培养模式，以期疏通建制化、规模化培养版权人才通路，不仅是深化落实出版学科专业共建工作的必然要求，也是服务出版强国乃至文化强

* 杨金花，河北大学新闻传播学院编辑出版学系主任、出版专硕点负责人，教授、博士生导师，本课题组组长。

国战略的必然行动。

一、探索版权方向人才培养模式的必要性和紧迫性

改革开放以来，我国版权工作伴随着出版业的高速发展，用三四十年的时间快速走过了西方发达国家三百多年的发展历程，来到一个非常态发展的历史节点，版权人才培养需要适应社会发展和出版生态变迁，加快人才培养节奏、提升人才培养质量。

（一）探索版权方向人才培养模式的必要性

1. 贯彻党中央、国务院决策部署

2021年以来，中共中央、国务院在宣传思想文化领域印发了系列专项规划和指导性文件，在为全面建设社会主义现代化国家提供强大思想保证、精神动力的同时，也明确了任务目标，《知识产权强国建设纲要（2021—2035年）》《版权工作"十四五"规划》明确了我国中长期知识产权和版权事业的发展方向与任务目标。"人才培养模式是学校为学生构建的知识、能力、素质结构，以及实现这种结构的方式，它从根本上规定了人才特征并集中地体现了教育思想和教育观念。"[①]具体到教育实践中，人才培养模式主要体现在专业人才培养方案中，涉及培养目标和规格、落实这一目标的课程体系、教学内容和教学方式，以及相应的管理和评估制度等，是实施人才培养过程的总和。可见，探索版权方向人才培养模式，是为社会主义文化强国和版权强国提供人才支撑与智力支持的系统化解决方案之一。

2. 回应时代之需、国家之需

2022年我国高等教育在学总规模达到4655万人，毛入学率达到59.6%，[②]已进入高等教育普及化阶段，自主培养高素质人才，实现高等教育高质量发展，为全面建设社会主义现代化国家提供智力支撑成为高等教育发展首要目标。新中国

① 关于印发《关于深化教学改革，培养适应21世纪需要的高质量人才的意见》等文件的通知［EB/OL］.（1998-04-10）［2024-09-15］. http://www. moe. gov. cn/srcsite/A08/s7056/199804/t19980410_162625.html.

② 2022年我国高等教育在学总规模达到4655万人［EB/OL］.（2023-03-23）［2024-09-15］. https://www.gov.cn/xinwen/2023-03/23/content_5747983.htm.

成立以来，我国出版教育发展虽然曲折，但整体建成了专科、本科、硕士研究生、博士研究生的教育体系，在为出版业持续输入专门人才、助力我国出版事业发展繁荣的同时，出版人才培养依然存在诸多短板，特别是版权人才培养“数量不能适应出版行业的快速发展”，“高层次、复合型版权人才培养基础薄弱”①。因此，探索出版专业版权方向人才培养模式，是服务国家战略、回应时代需求、落实出版教育内涵式发展的必经途径。

（二）探索版权方向人才培养模式的紧迫性

1. 出版业发展急需大量版权人才

作为版权核心产业的出版业在快速发展过程中，版权人才需求问题越发凸显：一方面因出版主体、载体和传播渠道多样化导致版权查证归属复杂化，企业数字版权资产管理维护困难，急需大量专门人才充实到相应岗位。另一方面，大量新型版权内容的创造和消费，正逐步形成新的产业链条，也急需大量高水平版权人才充实到行业相关部门和岗位，整体提升版权创造、运用、保护、管理和服务水平，但现实是高质量版权人才极其缺乏，具体表现就是当下出版业特别是传统出版业的发展困境不只是被侵权盗版所困扰，更为急迫的是缺乏系统性版权知识技能，导致版权资源管理战略性、策略性不足，版权开发缺乏前瞻性和可预期性。

2. 出版专业版权方向人才培养被紧急提上日程

目前出版行业的版权人才主要通过社招和出版机构内部培养，这种情况的出现，部分原因在于相关专业培养的毕业生数量有限，且难以有效满足实际工作要求。课程体系是落实人才培养的主要途径，以此衡量和预期法学相关专业人才培养成效，很难在短期内有大的改观，特别是满足出版业需求的改观。我国培养版权人才的学科专业主要涉及法学和出版学，从配合《研究生教育学科专业目录（2022年）》实施的知识产权专业学位类别内涵简介里也可以看出，其人才培养的知识体系主要是“知识产权与法学、管理学、经济学、理学、工学等学科门类交叉”，主要目标和发力点是知识产权三大领域中的专利权。培养出版专业版权方向的人才已成为出版业的迫切需要。在出版学科专业共建背景下，从当前出版业版权人才需求、高校版权人才培养实情角度，探明我国版权人才需求现状、现有

① 刘睿，欧剑．出版深度融合发展背景下版权人才培养的路径与方法［J］．中国编辑，2023（7）：76-80.

人才培养途径、存在的主要问题及其制约因素等，在此基础上统筹推进出版与版权教育工作，更新完善现有人才培养模式，加快人才培养节奏，提升人才培养层次和质量。

二、出版业版权人才需求与高校版权人才培养概况

数智时代，传统出版和新业态出版走向融合发展道路，需要大量高水平复合型创新型版权人才。

（一）出版业版权人才需求

调研接触过程中，虽然出版机构普遍认为急需版权人才，但对版权人才认知又普遍存在两种局限：一是认为版权主要是法律问题，例如针对花样翻新的侵权盗版问题进行专业化的维权，认为只有法律教育背景的才能胜任。二是认为这是内部业务问题，很难通过高校培养。通过半结构化深度访谈分析，出版业需要的是既懂版权又懂编辑出版业务的具备多样性认知能力的复合型人才。以编辑或产品经理为例，不是苛求其要像律师那样出庭打维权官司，而是要充分了解版权创造、运用、保护、管理相关知识。如果在大型机构工作，需要编辑或产品经理能够顺畅地与法务人员合作解决版权开发、运用中的新问题；如果在小型机构工作，需要自己快速判断解决版权开发、运用中遇到问题的性质与症结，提供初步解决方案，供领导判断决策。

结合上述调研，在出版融合发展态势下，出版业需求的版权人才主要涉及法务人员和一线业务人员。

1. 法务人员及其专业背景要求

出版机构的法务人员除了要保证本单位资产符合全部适用的法律法规和政策规定、出现法律纠纷时提供法律选择与裁定办法外，还要具体负责审核合同、投资等，并且与业务部门合作，保障相应合同中包含了所有涉及的法律要素，提前预防和规避法律风险，降低侵权和被侵权风险，在提升防护能力的同时，充分利用法律空间合法经营，提升经营管理效率和效益。如图书出版机构中，法务人员与图书编辑部门合作时涉及的内容和法律要素包括：作者授予的图书出版权是否专有以及该权利所涉及的文种、期限、出版与发行地域；关于作者独创性的明确声明，保护出版社（公司）的免责声明；书稿的提交方式、接收程序；出版权可

否转授权及转授权后所获利益的分配；作者是否同时授予电子版本出版权、信息网络传播权、翻译权、改编权等其他权利；对作者其他作品的优先出版权；作者审读校样的责任；出版者向作者支付报酬的方式、标准和时间节点；图书重印、再版的条件与报酬；作者样书的赠送办法与作者购书的优惠条件；合适的书名，以及出版社（公司）是否有权（按照合同）提供书名以及腰封内容等；出版社（公司）编辑书稿、推广作品和营销图书产品的责任；与出版社（公司）破产相关的问题，如将图书归类于绝版图书，版权是否由出版社（公司）转回作者；对发生纠纷时所用的解决方式的约定，一般应说明对仲裁机构的约定；双方认为需要约定的其他内容；对于多人合作创作的稿件，出版合同中一般应该明确说明作者的署名顺序。此外，法务人员的职责还包括与出版社（公司）外部顾问配合工作（特别是问题超出社内业务范围时），审查书稿内容，确保其中不含有诽谤毁誉、违禁等文字内容。如果出版社（公司）涉及海外业务，还要审核相关规定和政策是否与相关国家的法律相符合。在标准教育体系下培养的法律专业毕业生确实更能胜任此类岗位。

2. 一线业务人员及其专业背景要求

一线业务岗位包含的版权工作主要涉及营销发行和编辑（产品经理）岗位。

与营销发行有关的版权工作内容主要是发现本单位内容产品被大规模盗版时，营销发行人员需要与单位法务、外包的法律服务公司进行具体业务对接，例如联系提供证据材料、权属证明材料等，这种事务性的工作，法律教育背景的本科生即能胜任。

与编辑（产品经理）相关的版权工作内容主要涉及两大板块，一是因为缺乏实践经验需要多加防范的工作事项，例如美编和新媒体营销编辑很容易触发字体版权侵权问题，这与专业背景和学历关联度不高，通过相应培训和加强管理即可处理。二是版权开发、运用和管理，主要通过选题策划、组稿、编辑加工、渠道分发、版权资源管理与交易等体现和实现。此类版权人才是出版机构的重要人力资本，是典型的复合型人才，需要具备多样性认知能力。

由上可见，出版业的版权一线业务人员不再是狭义上的实务型版权代理服务人才或版权贸易人才，而是包括了广义上的版权内容创造、版权作品生产、版权产品的市场运营、版权代理服务和版权资产管理人才。版权是一线业务人员撬动市场竞争的杠杆和权益保障，因此他们日常不仅要熟练处理制式合同中涉及的具体版权问题，还要将其放在整体市场竞争角度思考与规划。以版权资产管理为例，中国版权保护中心业务介绍中对“版权资产管理”[①]界定的内容，在某种程度上来说就是出版专业要培养的理想型版权人才应该掌握的业务知识和技能：“版权资产管理，是指针对企业拥有或控制的、能以货币计量的并能为企业带来收益的版权资产，进行组织、协调、配置以求其保值、增值的管理过程。”“完整的版权资产管理体系囊括规划、开发、运用、管理、评估、保护等环节，覆盖企业版权资产全生命周期过程，可以科学引导企业对版权资源进行合理开发与配置。”即便是专职版权贸易人员，也要熟悉编辑出版业务，如英国著名版权经理人莱内特·欧文（Lynette Owen）曾提出版权贸易人员应该具备12项素质，其中包括能判断每个出版项目的销售潜力、增加并积累他们要销售的项目的具体信息、增进并保持对外国市场的了解、版权知识、熟悉整个出版流程等，这意味着版权人才要具备多样性认知能力和极高的综合素质。

显然，上述第一类编辑工作涉及的版权工作，主要是事务性工作，与专业背景关联度不高，通过相应培训和加强管理，相关专业本科生即可处理应对。第二类涉及版权工作的编辑（产品经理），正是需要出版学科专业培养的人才，是从版权角度将专业、经营、管理三种能力融会贯通的复合型人才，需要具备多样性认知能力和知识调用能力。

（二）高校版权人才培养概况

目前高校相关专业培养的毕业生数量有限，且难以有效满足实际工作要求。

1. 法学专业培养的毕业生难以快速融入出版业务岗位

如前所述，我国培养版权人才的学科专业主要涉及法学和出版学，二者都涉及实务型人才培养，并且都经历了从20世纪80年代的本科教育到如今研究生教育的快速发展。它们都面临专业知识与经营管理相结合的跨学科培养挑战，同时也都面临难以迅速适应社会快速发展需求的问题。面对这些挑战，两个学科的专家学者正在积极探索有效的改革路径和改进策略。例如，2020年11月28日，由中国人民大学国家版权贸易基地发起并启动的“中国版权英才计划”，采用“高等院校+龙头企业+法律实务部门+政府管理部门+相关机构”学科共建模式，主要联合高校法学院、知识产权学院，促进高等院校、法院、科研院所、头部企业等相关各方的融合互动，提升法学专业人才培养质量。

① 参见版权资产管理——中国版权保护中心官网https://www.ccopyright.com.cn。

课程体系是落实人才培养的主要途径，以此衡量法学培养的人才很难短期内有大的改观，特别是满足出版业需求的改观。目前法学专业课程开设受法学一级学科和职业资格考试制约，法学类下的知识产权专业主干课程主要包括专利法、商标法、著作权法和专利文献检索等，再根据师资力量进行微调，如增加互联网知识产权、跨境电子商务类课程等，就业方向主要涉及法律法务、知识产权代理、企业知识产权管理等，只有极少部分毕业生进入出版行业，且与出版行业的人才需求并不完全匹配。尤其是初入职场的毕业生，由于其缺乏编辑出版以及其他学科专业背景知识，难以快速融入出版业务岗位，发挥专业优势。另外，从《研究生教育学科专业目录（2022年）》实施的知识产权专业学位类别内涵简介里可以看出，其人才培养的知识体系主要是“知识产权与法学、管理学、经济学、理学、工学等学科门类交叉”。知识产权专业要解决自身发展困境的重点和手段仍是专利法、商标法与理工科的融合：“知识产权作为一门交叉复合型学科，知识内容涵盖法学、管理学、经济学、自然科学等诸多领域，这内在地要求知识产权高端人才的培养不能局限于法学，而应实现跨学科融合；多元化人才是高端知识产权人才培养的行业期许”，“未来趋势是建立工学、情报学、法学等各专业综合型的知识产权学院”[①]。

2. 出版专业培养的毕业生难以满足版权实践需求

中华人民共和国成立以来，我国出版教育发展虽然曲折，但整体建成了专科、本科、硕士研究生、博士研究生的教育体系。1949年设立的上海印刷学校（上海出版印刷高等专科学校的前身），标志着开启了新的专科层次出版人才培养模式。改革开放以来，从1978年设立北京印刷学院、1983年设置图书发行学本科专业、1984年设置编辑学本科专业，再到1998年教育部颁布的《普通高等学校本科专业目录》将这两个专业整合为编辑出版学专业，基本完成并相对稳定了本科层次的人才培养体系。2010年，国务院学位委员会批准设立出版硕士专业学位，2022年又批准设立出版专业博士学位，标志着出版人才培养和学位授予进入高层次和全层次的历史新阶段，形成了本、硕、博贯通的人才培养体系。在为出版业持续输入专门人才、助力我国出版事业发展繁荣的同时，出版教育和出版人才培养依然存在诸多短板，尤其是数智时代的到来，出版业受到数智技术的强力冲击，出版教育和人才培养模式亟待更新与完善。

① 谷睿智．高校图书馆知识产权服务体系建设［J］．江苏科技信息，2023（13）：19-22+45.

出版生态变迁导致人才需求标准不断提升，现有出版专业培养的毕业生难以满足版权实践需求。进入21世纪以来，在全球化、数字化浪潮推动下，出版业务模式和组织模式都快速经历了再造和重组，传统大众出版、教育出版和专业出版之间的领域知识发生了深刻变化。以高等教育出版为例，教材作为育人育才的重要依托，事关国家事权，需要出版机构在适应高等教育数字化转型需求的同时，与高等教育生态系统保持动态平衡，与高校一起从学科、专业、课程不同层面协同创新，构建文理学科交叉融合、思政与专业深度融合的立体化教学资源体系，这就需要出版机构整体进行数字业务转型升级与组织结构调整，才能从学科专业内容领域、基本业务与业务组合、市场营销与运营支撑体系、核心竞争力培养等方面进行全方位规划，才能通过技术将自身积累的版权资源和专门知识技能转化为高水平的服务能力，从版权资源整合与开发到具体产品内容选择、加工制作到分发交付等环节全面实现真正的数字化，这自然会导致其对人才需求标准的不断提升。[①]随着2023年人工智能技术进入AGI（通用人工智能）时代，多模态大模型被引入新兴出版领域，对出版人才的要求标准又一次被无形中拔高。在上述行业发展背景下，版权人才需要具备多样性认知能力和知识调用能力，是典型的复合型人才，这类版权人才需要在熟知出版领域知识的基础上，了解掌握版权本质和版权产业全链条服务工作内容，具备更加多样性地为出版业和版权产业服务的能力。出版专业培养的毕业生不但少，而且多年来得不到业界充分认可，具体表现就是出版机构招聘时，出版专业培养的毕业生多被限制在专业报名条件外。

究其原因，以现有出版专业人才培养方案来看，很少有高校专门设置版权培养方向。调研发现，出版专业硕士培养方案中，只有极少数高校设置了版权贸易方向，并且不稳定，有的高校已取消了这一方向，即使保留的高校，课程设置与其他方向开设的课程也无根本性区别。再从课程知识体系及其内容深度衡量，也可推断出毕业生的职业胜任力与业界要求还存在较大差距，不但相关课程少，如版权相关的法律类专门课程一般两门左右，而且与此密切相关的出版类课程内容较为陈旧。

① 杨金花．学科共建视域下出版专门人才培养模式探析［J］．出版广角，2023（4）：22-26+34.

三、出版专业版权方向人才培养瓶颈与破解之道

高校人才培养是系统性工程，出版专业版权方向人才培养离不开出版人才培养模式的支撑，因此需要我们在充分了解现有国内外出版人才培养模式基础上，找到问题症结及其关键所在，再进行创新探索。

（一）出版专业版权方向人才培养瓶颈分析

如上所述，由于出版专业很少专门设置版权培养方向，本研究通过调研国内外高校出版人才培养模式及其课程设置，再重点梳理其中的版权类课程，从而进一步分析其版权方向人才培养瓶颈及根源。

1. 国内出版与版权人才培养模式分析

国内出版专业人才培养主要依据教育部和国务院学位委员会颁布的《普通高等学校本科专业目录及专业介绍》《学位授权点申请基本条件》《学位授予和人才培养一级学科简介》《一级学科博士、硕士学位基本要求》等进行设定。本课题重点采集了国内65所设置出版类本科、专业硕士和学术型博士授权点高校的人才培养方案，基本情况如下。

（1）培养目标与培养规格

国内目前主要在新闻传播学、管理学、文学、教育学等学科专业下培养出版人才，涉及新闻传播学院、电视学院、信息管理学院、文学院、出版印刷与艺术设计学院、教育学院等教研机构。

培养目标。一般围绕专业简介中的目标，结合本校特色进行设定。如南京大学编辑出版学本科专业人才培养方案中，专业简介为：“编辑出版学专业培养理论基础扎实、知识面宽、实践能力强，从事书刊、音像制品、数字产品的编辑与制作、发行与营销、管理等工作，具备系统的编辑出版学理论知识与技能、宽广的文化与科学知识，能在书刊出版、多媒体宣传、文化教育等部门从事编辑与制作、发行与营销、管理等实务工作以及教学与科研工作的编辑出版学专门人才。”培养目标为：“在南京大学三元四维培养方案指导下，结合出版专业人才培养的具体内涵，发挥南京大学图书情报与档案管理及编辑出版学专业的学科、人才和平台优势，培养德、智、体、美、劳全面发展，掌握人文社科和自然科学基础知识，具备良好外语运用能力，具有扎实的编辑出版的理论与实践技能，在研究创

新能力、分析及应用创新能力和交叉领域融合与应用创新能力等方面具有特色的精英型人才。”再如，武汉大学的编辑出版学本科所在的信息管理学类培养目标为：“培养德、智、体、美、劳全面发展，具有历史使命感与社会责任心、富有创新精神和国际视野的信息管理类拔尖创新人才。培养具备坚实的现代信息管理学理论基础、扎实的信息技术与方法，具有适应当前社会需要和未来发展的综合素质与实践能力，面向宽广的信息领域，能在国民经济与社会各行业、各级管理部门从事图书情报与档案管理、信息管理与信息系统、编辑出版与数字出版、电子商务、数据管理与数据应用方面的研究型、复合型、引领型高级人才。”

出版专业硕士的培养目标与本科培养目标大同小异，基本是本科培养目标表述上的升级版，不同之处在于设置了具体研究培养方向，如河北大学出版专硕2021版培养方案分为出版经营与管理、编辑出版业务、数字出版三个方向，2023版增设了版权与版权文化方向。

学术型博士一般在管理学、新闻传播学、现当代文学下培养，培养目标普遍为“某一专业领域或研究方向具有独立从事学术研究和教学的高层次人才”。

培养规格。本硕博贯通培养。据南京大学张志强教授统计，目前国内开设编辑出版专业的本科院校有55所，数字出版专业的本科院校有23所；33所高校具有出版专业硕士授予权；16所高校开设了出版学博士研究生教育或方向。[①]本科一般学制四年，多授予文学学位；硕士一般二至三年，授予文学或管理学学位；博士三至四年，授予文学或管理学学位。

（2）课程体系

出版专业的课程体系设计，遵循通识教育与学科专业教育并重的原则。按照教育部规定，本科需修够140～165学分，课程类型一般包括通识教育课程（通识通修课、通识通选课）、学科基础课程（学科核心课、学科拓展课）、专业发展课程（专业核心课、专业拓展课），目的是拓展学生知识面、开阔学生视野，以适应未来社会发展和行业需求，整体架构设置合理。本科和专硕都规定了核心课程和实践教学环节。本科通识教育课程分为思想政治理论、大学体育、军事、大学英语、大学计算机基础、大学数学、大学语文、就业创业、艺术教育、心理健康教育、劳动教育网络课程，通识通选课包括人文科学与艺术、社会与行为科学、

① 张志强．中国特色出版教育与国际借鉴［J］．中国出版，2022（17）：13-16．需要说明的是：李德升等在《中国编辑》2024年第7期发表的《全国高校出版专业教育基本现状、存在问题与对策建议》，关于本科的统计数据略有出入，但不影响本文有关出版与版权人才培养情况的论断。

自然科学与技术、生命科学与医学、职业与就业创业等类别；学科基础课程主要根据所在学校学院办学条件，结合专业特色进行设置，包括专业前导类课程，如新闻传播学、社会学、心理学、政治学、经济管理学、文学、法学类基础课程；专业发展课程按照编辑出版史、编辑出版理论、编辑出版实务、研究方法论进行设置。

《出版硕士专业学位研究生指导性培养方案（试行）》（2017年修订）规定，专业硕士最低修读学分为39分，其中学位课23学分，非学位课12学分，实习实践活动不少于4学分。学位课分为公共必修课和公共选修课，非学位课分为公共通识和专业选修课，规定了出版学概论、出版物编辑与制作、出版物营销、数字出版及技术、出版企业经营与管理、出版法规等6门必修课，以及21门选修课。33所拥有出版硕士专业学位授予权的高校涉及版权相关的课程不多，主要包括出版法律法规、版权与版权贸易等内容，名称略有出入，诸如出版法规、版权与版权贸易、出版与法律、国际版权贸易、出版政策与法规研究、知识产权、版权研究、出版法治研究等。部分高校把出版法规列入必修课，版权与版权贸易列入选修课。如暨南大学开设出版法规、国际版权贸易和知识产权课程，其中第一门课程为专业学位课，后两门课程为非学位课；复旦大学开设出版法规、版权与版权贸易课程，其中第一门课程为学位专业课程，第二门课程为专业选修课。与版权相关的课程开设时间集中在第一、二学期，如广东财经大学在第一学期开设，复旦大学在第二学期开设，暨南大学在第一、二学期均有开设。

（3）培养方式

校企合作，注重实践教学。为提升学位点专业教学水平，培养适应现代出版业发展需要的高层次、复合型、应用型出版专门人才，国内高校积极寻求与企业开展合作。如南京师范大学出版硕士专业学位注重培养学生的实际应用能力和实践创新能力，南京师范大学出版社一直是该专业学位点的实习平台，并先后与江苏人民出版社、江苏凤凰科技出版社、江苏凤凰文艺出版社、江苏凤凰报刊公司等省内出版单位共建了一批实践基地及研究生工作站，十多位来自出版单位的经验丰富的专家受聘为行业导师。

双导师制，校外导师参与多个环节的指导工作。按照教育部和国务院学位委员会要求，出版专业硕士培养实行校内外双导师制，以校内导师指导为主，校外导师参与实践过程、项目研究、课程与论文等多个环节的指导工作，鼓励吸收不同学科领域的专家、学者和实践领域有丰富经验的专业人员，共同承担专业学位研究生的培养工作。如暨南大学采取导师指导与集体培养、学校导师和行业导师相结合的培养方式，培养计划须于学生进校后2个月内制订好，并导入研究生教育综合管理系统中，经导师确认后，再报学院批准备案。

（4）实践教学

按照国家规定，本科实验实践环节学分占毕业总学分比例≥20%，专业硕士实习实践要求不少于6个月。出版专硕对实习实践基地数量和使用率也有基本要求，并规定应在实践结束后撰写实习报告，考核合格后才能获得相应学分。出版专硕主要采用集中实践和分段实践相结合的方式，到出版行业（企业）开展实践活动，如上海理工大学出版专硕在学期间必须保证不少于0.5年的科研训练和专业实践，应届毕业生的科研训练和专业实践不少于1年。

2. 国外出版与版权人才培养模式分析

张志强教授团队在出版教育研究方面成果丰硕，为本课题研究提供了良好的基础。以此为线索，课题组进一步从人才培养模式角度进行了调研和探究。

（1）培养目标与培养规格

国外目前主要在“媒体、新闻和传播”“大众传媒和图书情报事业”“传播、新闻及相关专业”“创意写作与出版”等学科专业下培养出版人才，涉及高校、远程教育机构等人才培养机构。在张志强教授团队研究基础上，课题组重新采集统计了国外出版与版权人才培养信息与数据，重点采集了美国、英国、德国、俄罗斯、澳大利亚、日本等国高校出版与版权类课程开设情况。

培养目标。国外高校出版专业着力培养复合型人才，课程设置注重学生的理论知识、技术技能和管理能力等综合能力的培养。在学科理论的培养方面，除了出版专业和版权相关课程的理论学习，还注重跨学科专业知识学习。学生的专业技能培养方面，除为学生提供知识和学习框架的教学外，还为学生设置研讨课、实践工作坊、实地考察、参与线上线下的出版实践等，使学生可以将理论和实践更加紧密地结合在一起。国外还比较重视培养学生的出版商业化管理能力，为学生提供了包括撰写商业报告、参与项目研究、参与案例分析及角色演示等多种学习方式，让学生在实践经营中了解出版企业商业模式的设计与落地。如俄罗斯高校“出版事业”专业旨在培养纸质和数字出版物制作与发行领域的人才，毕业生应当掌握与出版相关的软硬件技术、经济、市场营销与管理等方面的知识，并且具备从事出版领域相关研究活动的能力。

培养规格。国外高校出版相关专业实施本、硕、博贯通的人才培养模式。培养方式多元，有全日制、非全日制、全日制+非全日制等方式，各个国家有所差异。美国出版教育本科全日制3年，非全日制4年，研究生教育1～2年，博士3～4年，出版学位以硕士为主，例如佩斯大学数十年专注硕士研究生培养，其出版学硕士为理学硕士学位。英国全日制本科学习时长为3年，非全日制学习时长最多为6年，学生完成学业后，将被授予文学（出版）学士学位，硕士一般1～2年，博士3~5年。德国图书学专业的教育方式主要为全日制，本科全日制一般为4年制，120ECTS学分，硕士全日制为2年，120ECTS学分，博士全日制为3年，以博士学习为目的的注册最长期限为四年。俄罗斯是开设出版事业专业较多的国家之一，本科教育全日制为4年，非全日制为5年，本科教育标准要求不少于240学分，其中理论课程不少于159学分，实践不少于21学分；硕士全日制为2年，函授为2.5年，硕士教育标准要求不少于120学分，理论课程不低于60学分，实践课程不低于30学分；博士全日制为3年。

（2）课程体系

借鉴王晓光等《北美出版高等教育课程体系调查研究》①、张志强等《国外出版专业本科教育的现状及启示》②中的课程内容分类，并结合最新统计数据，课题组将专业课程分为基础理论与方法论类、政策法规与版权类、产品设计与编排类、行业与产业类、经济与管理类、出版与媒体技术类、能力培养类、人文素养类，以及项目与实习等9种类别。其中，政策法规与版权类课程较为丰富，如书籍与法律，版权与版权法，版权、出版法律框架，应用纪律，知识产权，出版和版权的法律基础，图书版权贸易和管理，图书学者的版权，出版和媒体法，经济与法律基础，数字出版法律知识，并购、版权与产品，等等。从统计数据看，国外大部分高校在出版专业课程设置中都有版权类相关课程，具体分为三类：一是涉及版权的法律法规类基础课程，二是知识产权与版权类专门课程，三是出版综合性课程（课程名称中没有具体体现，但版权内容会根据出版工作实际出现在相关节点和课时）。

俄罗斯是出版专业下开设第一、第二类版权课程最多的国家。2023年，俄罗斯本科开设出版专业的高校有17所，其中有14所开设版权类课程，如俄罗斯新大学、奥伦堡国立大学、沃罗涅日国立大学、库班国立大学，开设版权、出版法律框架，法律，应用纪律；乌法科技大学、乌拉尔联邦大学，开设出版业的版权和知识产权课程。硕士阶段开设出版事业专业的高校有8所，其中，莫斯科理工

① 王晓光，凌宇翔，刘晶．北美出版高等教育课程体系调查研究［J］．出版发行研究，2017（4）：91-95.

② 张志强，乔晓鹏，代曼伦．国外出版专业本科教育的现状及启示［J］．出版发行研究，2020（5）：14-23.

大学开设出版业的知识产权课程。

德国本科开设的版权类课程，主要有给图书学者看的版权、出版和媒体法，图书版权贸易和管理等，硕士阶段如慕尼黑大学开设有经济与法律基础、出版和媒体法，图书版权贸易和管理，给图书学者看的版权、出版和媒体法。英国本科阶段开设的第一、第二类版权课程，如赫特福德大学开设新闻、法律与素养、图书贸易课程，南安普敦索伦特大学开设并购、版权与产品课程，伦敦艺术大学开设媒体版权研究，硕士阶段开设的版权类课程有出版法规、出版商务，杂志媒体法规，版权、销售与国际出版。

根据所调查到的数据看，目前国外主要在本科和硕士阶段设置版权类课程，博士培养阶段只有俄罗斯圣彼得堡国立文化研究院开设版权和出版法课程，美国波士顿大学开设专业伦理与法律问题课程。

（3）培养方式

校企合作，形成以服务产业为导向的人才培养链。国外大部分高校在出版人才培养过程中注重与企业合作，人才培养以产业为导向，让学生参与企业的活动，培养学生的实践能力和解决实际问题的能力。如澳大利亚高校出版课程设置紧扣行业实际、注重出版专业实践，在高校出版课程中，企业和行业占据很大的主动权，一般由企业、行业引入关键能力标准，确定需要何种技能，[①]再由教育机构在已有的课程基础上进行开发，课程设置紧扣行业所需，在课程开发前先咨询有关行业人士，确保教学内容真正符合业内需要，如悉尼大学与许多出版机构、媒体传播机构有密切的联系。日本多所高校出版教育搭建校企合作平台，采取项目式学习（Project Based Learning，PBL）型新媒体出版教育模式，观照企业需求，培养学生的内容编辑实务能力、团队合作能力、新媒体营销策划能力等全方位综合能力，目前参与PBL教育模式的企业包括日本朝日新闻社、线上书店fujisan、时尚杂志*Magazine house*、社交媒体Line等。[②]德国高校与行业联系密切，更有来自行业资深人士组成的咨询委员会，为学习出版的学生提供就业机会。

双导师制培养。英国出版硕士教育项目普遍采用聘用客座讲师授课或大师班的方式补充课堂教学，客座讲师和大师班讲师的遴选标准除需满足出版一线精英人士的基本条件外，学校对校外讲师团队的专业结构也有考量，要求讲师团队涵盖出版领域的各个细分专业与方向，如金士顿大学出版硕士教育项目聘有21位大

① 杨金荣．澳大利亚高等出版教育的定位、特点与启迪［J］．中国编辑，2007（4）：92-96.

② 陈雅赛．全媒体时代日本出版教育探索［J］．出版发行研究，2020（1）：91-92.

师班讲师，其中既有文字编辑、版权编辑、发行人、文学经纪人，也有出版企业的管理者，涉及学术出版、大众出版和数字出版等业务范围，学生能够了解更多的出版前沿知识，并保持与业界的连接。日本采取递进式的全媒体产学研培养模式，日本早稻田大学新闻学专业出版学方向的多位教授为出版社、杂志社、互联网出版公司的社长或高级管理层。

（4）实践教学

国外出版课程强调实践教学。除基本的课程学习外，引入了讲座、研讨会、工作坊、实地考察、项目工作、实习实践等多种培养方式，通过与出版业界相关专家的沟通、交流，提高学生实践技能。

澳大利亚除了在课程开发过程中以行业需求为导向，在具体课程传授中，也注重出版专业实践。莫纳什大学硕士研究生培养包括活动性课程，学生可以选取感兴趣的机构去实习，深入了解出版行业，以获取专业知识和技能。墨尔本皇家理工大学印刷专业特别重视技术传授，包括印前、印刷、印后各个阶段所必需的技术，同时不断引导学生进行跨学科、跨领域思考，如艺术学、经济学、电气工程学等，有助于学生综合素质的提升。

日本出版方向的学生大多进入大型出版社以及新媒体实习，重视培养与市场需求相契合的专业能力。学院为学生提供传统出版社、互联网新媒体（包括互联网内容生产媒体、互联网内容分发媒体等）的课外实践机会，且行业兼职教授带领学生以项目开发与课题研究的方式进行行业考察与调研，调研数据用于行业报告与学术论文等，实现学校与行业互惠互利、资源共享、优势互补。①

德国出版专业本科课程同样强调实践。在课程设置中涵盖多项实践项目，如创作实践、专业出版项目、出版专业实践、写作和出版自主学习、图书艺术自主学习实习研讨会、出版实习、编辑学习、开发写作项目等，这些课程有学分设置，让学生通过多种形式进行职业训练。短期实习通常为1～3个月，长期实习一般为半年。

俄罗斯实践课程贯穿整个教学阶段，分为教学实践、生产实践和毕业实践。教学实践开设在本科或硕士第一学年，主要活动包括参加公司的生产实践活动、多媒体出版物创作等，主要目的在于使学生获得初级知识与技能，加强学生的理论基础，培养研究能力。生产实践一般在第二学年或第三学年，实习根据学生的

① 陈雅赛．全媒体时代日本出版教育探索［J］．出版发行研究，2020（1）：91-92.

专业兴趣进行。毕业实践是毕业生必须完成的实践活动，学生可以在毕业实践中确定毕业论文主题，为研究搜集相关资料与数据，并将实践中获得的知识与技能运用于论文写作和未来就业中。

3. 师资不足制约我国出版教育发展与版权人才培养质量

综合比较和深入分析国内外出版与版权人才培养情况，可以看出，我国出版教育既有经验，也还存在明显不足。

（1）国内出版人才培养经验

我国出版教育在管理评价、培养规格、培养方式方面，与发达国家基本达到了同一水平，在开设院校、人才培养数量方面甚至超过了西方发达国家，整体人才培养质量不断提升，近年来没有出现在红牌和黄牌专业名单上，而且从各种第三方专业机构发布的应届毕业生和往届毕业生《培养质量评价报告》《中期发展与培养达成评价报告》看，各项就业指标基本处于文科就业中等偏上位置，这主要得益于从国家层面持续出台改革措施，办学规范性不断提升。

国家层面出台了一系列改革管理文件和措施。在管理规范方面，本科>硕士>博士，如《普通高等学校本科专业类教学质量国家标准》《普通高等学校本科专业认证标准》，“卓越人才教育培养计划”“双一流专业计划”“四新”建设。2020年以来，加强了专业学位管理，发布了系列管理文件，如《国务院学位委员会教育部关于进一步严格规范学位与研究生教育质量管理的若干意见》《学位授权点合格评估办法》《学位授权点合格评估基本条件》《学术/学位授权点抽评要素》《学位授权点自我评估指南》。2023年印发了《教育部关于深入推进学术学位与专业学位研究生教育分类发展的意见》，2024年修订颁布了《研究生教育学科专业简介及其学位基本要求》，标志着学科专业管理、规范研究生培养迈上新台阶。各省也相应公布了《学位授权点合格评估实施细则》，各高校也相应制定了《学位授权点周期性合格评估工作方案》。

在人才培养目标与课程体系建构方面，整体设计架构合理。调研到的国家一流本科专业建设点和出版专业硕士授权点单位，特别是同时办有出版本科、出版专硕、出版方向博士的高校，因其师资相对充足、稳定，开出的课程更加丰满和有特色；实践教学方面，在校内建有实训设施，按照规定签订了实习实训基地并不同程度地投入使用，带领学生定期或不定期地到企业参访，定期或不定期地聘请业界导师或相关人员进校开展讲座。

（2）国内出版与版权人才培养不足

出版专业教师教育背景多元，且相当比例的教师具有行业背景，天然具备了学科交叉、产学深度融合的前提条件，但因师资数量不足，已成为制约出版教育发展和版权人才培养的主要因素。

师资不足，导致课程体系难以有效支撑人才培养目标。课程体系中的知识体系与课程内容结构是否合理，决定了培养目标能否落实。深入调研后我们发现，由于缺乏师资，很多高校的出版专业开不出史、论、务、法等成体系性课程，即使参照国内外名校人才培养方案设置了相应课程，实际要么无师资开不成课，要么讲成“老课”“旧课”。即便办学数量最多的本科编辑出版学专业或专硕编辑出版实务方向，调研发现，不但相关课程数量不足，而且内容深度不够，如有些出版专硕授权点的教学大纲与本科教学大纲区分度不明显。

对比国外相关高校，发现西方发达国家不但在出版专业开设版权类课程，而且多开设写作类课程，并将之整体放入文化创意产业背景下提升学生能力，在这样的大视野下，创意写作不但是必修课程，而且与版权开发、运用、服务等内容知识有效融合，尽管课程数量不多，但内容深度较好地满足了行业需求。目前我国出版本科专业也有高校开设“基础写作”等课程，但一些高校的教材和课程内容陈旧，且融通性不足，最重要的是学生训练反馈不够。

出版专业课程体系尚且如此，版权方向课程难成体系也就可想而知。相关专家学者多次呼吁和强调“‘以产业运作方式实现社会文化构建之目的’培养出版专业化人才是学科交叉融合背景下出版教育和人才培养的‘正道’或‘根基’；更新教育理念、优化知识结构、强化业务技能和转变培养方式是学科交叉融合背景下出版教育和人才培养得以笃行致远的源泉”①，目前依然难以在多数高校落实，就在于师资力量缺乏。出版人才培养都难以实现交叉学科培养，更何况专业性要求更高的版权方向人才培养。

可见，我国出版专业培养的版权人才少且职业胜任力不足，不是高校认知不到位，而是缺乏师资支撑。即便现有出版专业的个别教师具备相关知识背景和培养能力，也多因教研实践中分身乏术，无暇兼顾；且由于高校评价体系所致，即便课程体系中引入本校相关学科专业师资授课，其也缺乏真正的学科专业融通动力。同时，由于缺乏师资力量，即使实行了双导师制，校内教师无法投入更多精力与校内外相关部门人员沟通协调，设计的课程体系也多难以落到实处。

师资不足还导致产学融合难以深入。相关调研显示，“毕业生和用人单位均

① 方卿．守正创新：学科交叉融合背景下的出版人才培养［J］．科技与出版，2023（1）：6-11.

认为需要加强实践环节的教学”①，实践教学在某种程度上已成为制约出版学科专业发展和人才培养质量的突出问题。早在2020年的调研走访中我们就发现，“有些校外实践基地形同虚设，利用率和使用质量不高”，“教师考核评价形式单一，导致其校外实践指导投入不足”。②四年后虽然情况有所好转，并未从根本上解决这一问题，问题的根源仍在于缺乏师资力量，如对2017年获批的9家出版硕士专业学位授权点核验工作反馈中，普遍存在的问题与建议就包括“加强师资队伍建设”。

（二）出版专业版权方向人才培养瓶颈破解之道

通过上述国内外出版人才培养模式调研，我们较为深入地了解了国内外出版高等教育情况，了解了为什么缺乏版权方向人才培养。

实践中出版是一项文化性的商业活动。从运营特点上来衡量，主要涉及三个方面——专业、经营和管理，因此，它不仅与一般产业有所区别，而且这三个领域本身在性质上和能力要求上存在不兼容性，使得在实际操作中难以有效实施。这里的专业并不只是学科专业知识，还包括编辑出版人员对创作的敏感度与应对的技艺，也就是品味鉴赏和评价的能力，要想获得这种专业能力很难，尤其是大众出版领域，难在对市场、对读者需求及其品味的把握。经营指的是将本求利或永续生存的策略与盘算，是比较有利、不利形势的战略性思考，它侧重考虑投入产出，与出版的专业特征天然具有冲突性，如内容价值判断背后还包含市场预测，即对读者需求的把握，越是创新越没有现成的市场成功案例可供参考，充满了不确定性。管理是决策，是对行为、做法加以规范，要求效率或效果，是专业特征与经营想法如何落实的问题，是在充满不确定性的世界里寻找确定性，从而提升成功的概率，但实践中人们往往不能客观地看待它，认为它是一种束缚。

出版专业培养的版权人才，是从版权角度将专业、经营、管理三种能力融会贯通的人才。这就需要版权人才培养与出版人才培养统筹推进，重点打通出版专业学位人才培养通道，探索本硕博分层次贯通培养机制，建制化、规模化培养，不仅可以以终为始，适应社会需求，整体提升人才培养质量，还可以同时破解现

① 邓香莲，左佳，张卫．新文科语境下出版学科人才培养现状及优化进路探讨——以华东师范大学为例［J］．出版广角，2022（17）：41-46.

② 刘燕飞，韩立新，杨金花．编辑出版专业校外实践基地建设新需求、瓶颈与调适［J］．出版发行研究，2020（12）：62-68.

有人才培养瓶颈——解决师资不足问题。乍看之下，这一方案看似悖论：现在培养出来的本科、硕士不能很好地适应行业需求，培养博士岂不是更加不接地气？高校本身就缺师资，如何培养？第一点质疑其实主要是目前学界业界认知分歧的问题，包含了更大范围内的出版人才需不需要由出版专业专门培养的问题；第二点质疑其实包含了对出版专业培养版权人才的肯定性看法，只是担心培养质量问题。

这也正是当下建强出版学科专业，强调共建——政产学研用协同创新的用意所在，短期内出版学难以列入一级学科、版权难以独立建成二级学科专业的情况下，在出版专业下重点打通专业学位培养通道，一方面可以逐步满足出版产业对版权人才学历层次和素质能力的要求，另一方面硕博人才培养及其评价对实务领域学理性要求本身，也能为版权学科专业积淀必要的基础理论和系统专门知识，同时为学界业界人才双向流动提供旋转门，螺旋式提升出版学科专业建设水平，为深入推进版权学术学位与专业学位研究生教育分类发展打下必要的基础。

1. 凝聚产学共识，协同创新发展①

首先分别从社会学和教育学视角辨析为何需要出版专业培养专门人才，其次指出业界认知偏差根源，从而打消业界疑虑。

社会是一个有机体，有机体的每个部分都是为了维护这个有机体的生存而存在。出版作为一种同时生产精神产品和物质产品的行业，从其产生的第一天起，就没有一个国家政权不对其施加影响，因为其作为主要的、早期甚至是唯一的系统化生产传播方式，通过传播知识、思想和情感对塑造社会共识、维护社会秩序起到了不可替代的作用。出版也就变成了一种权力，需要把关，这是一种给予或保留的文化传播权利，也常是思想文化产生冲突的地方。因此，需要专门人才充分认知，才能做好这样的研究和实践工作。

出版工作的职业化，决定了出版需要出版专业培养的专门人才。进入现代社会以来，专门从事出版职业的人首先是一种由社会所定义的身份，这种身份反过来又定义了这种职业及其人才的根本属性、社会预期和道德规范。早期这种职业身份的认知，除了与组织规则相联系的外部激励和约束，多由出版人员自身能力或自主性所决定，随着出版环境的错综复杂和出版生态变迁，当下出版企业已承担不起传统“自学成才”式人才成长或缓慢的师徒制人才培养所需的高昂成本，

① 杨金花. 学科共建视域下出版专门人才培养模式探析［J］. 出版广角，2023（4）：22-26+34.

更为重要的是，随着职业队伍的快速扩充，出版人员的职业意识和职业能力，不可能稳定地从实用的出版业务中自发产生出来并自觉地转化到每个人的职业行为和职业生涯中，需要专门的理论知识学习，认识和掌握其中的规律，当其遇到新情况、新问题时，才能按照出版规律做出适当分析和理解，找出相应对策和办法，避免盲目性和感情用事。这种职业化的出版人才是专门人才，需要接受出版专业知识培养和训练。

现代教育目的的价值取向中，最基本的问题就是如何协调人本位和社会本位之间的矛盾与冲突，不同学科专业一般根据自身特点，通过课程知识体系来解决这一难题。但由于时间有限，学生在学校所学课程知识，主要是前人积累下来的高度概括化、体系化的实践经验和认知成果，目的是培养良好的认知能力，以便将来更好地适应社会需求和自身发展，这同时也就意味着学校所教授的主要是理论知识——远离实际决策和实际行动层面的知识，与现实社会需求之间天然地具有一定差距。出版学是在出版实践基础上发展起来的一门新兴学科，经过两三代人的艰苦努力，已初步按照现代学科体系搭建出相对完整的史（出版史）、论（出版理论）、务（出版实务）、法（出版研究方法）知识体系，但出版学毕竟与那些基础学科不同，要解决的问题终究是实用性问题——出版行动的问题，即人们在什么状态下可以做得更好或更糟的问题，也就是它所提供的思维知识要真的有效，或者是这样做能引导到正确的结果，从而达到社会期望。以此衡量现有出版学科专业知识体系，确实还不够成熟，在某种程度上甚至还处于“前学科”状态。

可见，业界之所以对高校培养的出版专门人才不满意，除其自身认知问题（忽视了学校所学理论知识与社会行业岗位所需实践知识天然具有差距，企业内部需要完善引、用、育、留人才培养机制）与高绩效考核压力下不合理的人才能力预期外，主要还是现有高校出版学科专业整体发育不充分、人才培养层次不够导致的毕业生职业胜任力不足所致。保守估计，京津冀地区集聚了全国60%以上的出版机构和企业，截至2024年，出版专业本、硕（专业型、学术型）同时招生的高校只有三家，同时本、硕（专业型、学术型）、博（学术型）招生的高校只有两家，同时硕（学术型）、博（学术型）招生的不超过六家，不但招生指标少，而且在其他一级学科或二级学科方向下培养。

综上可以看出，学界业界产生分歧的根本原因，是学科专业发育不充分以及由此带来的教育资源支撑不足，导致当下出版专业培养的人才层次、数量与质量还不尽理想，但业界不能因此因果倒置，遮蔽对出版专门人才需要出版专业培养的认知，而是应该尽快形成共识，提升人才培养质量。

2. 本硕博分层次贯通培养，壮大师资队伍

出版专业的版权人才培养，应该在现有本、硕（专业型、学术型）、博（学术型）人才培养机制基础上，借助《研究生教育学科专业目录（2022年）》中出版可授予专业博士学位的契机，重点打通出版专业学位人才培养通道，强化特色发展与职业衔接，扩大出版专门人才培养规模，分层次培养一大批既具有国际视野、了解国情、深谙出版问题本质，又具备良好政治思想素质和职业道德素养、掌握出版与版权专业知识和技能、适应不同出版与版权领域实际岗位需求的专门人才。

显然，这样的人才需要交叉学科培养。学科交叉的建设发展既需要自下而上的自然涌现，也需要自上而下的有组织驱动[①]，“过去我国学科专业评价的主要目的是问责和分配资源”[②]，出版学不具备一级学科授予权，导致不但难以形成“稳定的本科、硕士、博士三级培养体系”[③]，培养的具备进入高校从事教研资格的博士生少之又少（每年三四十人，且有相当比例入学前有高校职位，出于提升学历层次的需求申请或考取出版方向博士，毕业回去后并不一定从事或并不主要从事出版教研工作），而且也难以吸引其他专业毕业的博士生进入出版专业从事教研工作。

出版学科专业共建，政产学研用协同创新发展，是快速壮大师资队伍的有效措施，特别是为了破除根深蒂固的传统影响，更需要政府层面“提供组织支持，利用行政权威破除制度壁垒”[④]，赋予出版专业版权方向人才培养的“合法性”，出版学科专业发展才能在更大范围内调动资源，快速壮大师资队伍，优先解决学科专业发展的瓶颈问题。

本硕博贯通培养，首先可以更好地调动学界业界积极性，双方通力合作，直接提供师资和培训现有师资。如河北大学出版专业与中国版权保护中心深入开展合作，共同培养版权方向的专业硕士研究生。河北大学为此专门打造了版权学术

---

① 张炜．研究型大学的学科交叉组织创新与实现路径［J］．人民论坛·学术前沿，2023（21）：24-31.

② 杨频萍，汪霞．“双一流”建设背景下我国学科专业评价创新研究［J］．高校教育管理，2018（6）：65-73.

③ 张志强．中国特色出版教育与国际借鉴［J］．中国出版，2022（17）：13-16.

④ 万安伦，鲁竞夫．贯通“政产学研用”，推进出版学科建设的路径探析［J］．出版广角，2022（17）：6-11+17.

前沿讲座课程，聘请中国版权保护中心的五位专家分别从版权文化与出版使命、媒体融合与出版业版权保护、版权产业概论、数字时代的版权保护、版权人才保护开发和成长路径入手，系统讲授出版专业急需的版权知识。在此基础上，又分别聘请大众出版领域和少儿出版领域的专家结合具体畅销书案例讲授版权开发与运用，本门课程由两位专职教师负责，全程参与策划和听课，提升学生培养质量的同时，也培育了师资。这种先立后破、在现有人才培养过程中改造升级的做法，增强了出版专业版权方向人才培养的可操作性。其次，通过提升出版学科专业地位，直接吸引现有其他专业的年轻教师和博士生。随着出版学科专业共建工作的影响越来越大，特别是2023年推出第二批省部共建出版学院（研究院），相关高校快速吸引并引入了其他专业的中青年教师和新毕业的博士生，甚至还引进了业界经验丰富的中青年专家，壮大了师资队伍。再次，自身培养的博士生补充到教师队伍。随着2025年出版专博开始招生，未来三四年内，一批出版专业培养的博士生除了到出版行业就业，也会补充到高校师资队伍中，壮大师资规模。

四、出版专业版权方向人才培养模式构建

由于出版学科专业本身具有较强的实践性，因此出版专业版权方向人才培养，无论是学术学位还是专业学位培养，都要以国家标准为指引，以生为本，以社会需求为导向，交叉学科培养，同时注重培养过程和运行机制保障，推进落实学位论文评价改革。

（一）适应社会需求，系统化制订人才培养方案

版权人才培养要与出版业发展需求相结合，围绕内容的版权开发、运用、保护和管理进行顶层设计，因此如何将社会需求落实在人才培养方案中是关键。

1. 人才培养目标合理、可落实

出版专业版权方向的人才培育，旨在培养具有版权内容创造、版权作品生产、版权产品市场运作、版权代理服务和版权资产管理等方面的基本理论、基础知识和基本技能，能够在出版企业、网络媒体、文化传媒公司等单位和部门从事选题策划、组稿、审稿与编辑加工、内容渠道分发、版权管理与交易的应用型、创新型、复合型人才。

专业人才培养目标合理性自评。人才培养目标制定得是否合理，除了最终靠

社会检验成果外，方案制定伊始先要进行自我评估。评估主要考虑以下因素：专业定位是否准确，目标是否明确，是否符合社会需求，是否符合学校办学目标和定位，考评方式是否合理。本硕博分层次培养有助于高校自我评估人才培养目标是否合理，避免形成纸面上的不切实际的过高目标。本科人才培养目标应该在主要培养出版专业知识和技能的基础上，再侧重版权基础知识和技能的培养；专业硕士人才培养目标，应该将出版专业知识技能与版权专业知识技能有效融通；专业博士人才培养，应该将学术性与实践性紧密结合，在出版与版权的更高维度（如经营战略管理）上融通培养。真正落实出版专业学位论文或实践成果考核方式的分类标准和多元化，本科、专硕真正落实专题研究类论文、调研报告、案例研究、专业作品等评价方式，专博在此基础上制定必要的学术标准；学硕、学博在保障理论知识创新贡献度的基础上，考察必要的综合解决实际问题的能力和水平。唯有如此，人才培养方案才能有效嵌入所在大学的办学目标和培养体系之中，夯实基础，借力发展，才能达成目标。

2. 课程体系科学、有效支撑培养目标

课程体系的调整，要根据社会发展、媒介变迁和出版业自身变化相应调整。课程体系中的知识体系与课程内容结构是否科学，决定了培养目标能否落实。除了要考虑国家相关文件要求和各类学分培养比例外，需要重点从人才培养方案知识体系和课程结构能否体现培养目标、课程设置能否反映社会需求和专业发展新变化，以及开设课程对培养目标和毕业要求实现的支撑度来评估。

出版与版权是一个多领域、多环节、多岗位合作的专业领域。版权方向的课程体系设计，需要出版与版权知识体系统筹规划，本硕博分层设计，本科是基础，本科课程体系扎实合理，硕博课程才能更科学、更深入，才能更好地借力发展。本科层次的出版与版权教育，需要通才教育与专才教育相结合的培养方案。专硕、专博培养中，就可以在此基础上收敛课程数量、加深课程内容，因为招收的其他专业生源可以通过辅修本科课程自行补充相关知识，或者教师在凝练压缩基础知识基础上再延伸授课广度和深度。

3. 加强实践环节教学，提升学生职业胜任力

出版业是对实践能力要求很强的行业，相应的出版学科专业的学生需要在学习过程中注重自身实践能力的培养和锻炼。为了提升学生的实践能力，需要在人才培养方案中设置相应比例的实践课程，培养职场工作所需要的各种能力，如动手优化能力、创新能力、组织能力、团队合作能力等。高校出版实践课程可以分为三类：一是理论课程的配套实践环节，二是单独的综合创作实践，三是专项调

查和毕业实习。版权方向的实践课程设计，同样需要本硕博分层设计，本科阶段的人才培养，实践动手能力更为重要和迫切，硕博实践教学环节主要是专项调查和毕业实习，以及理论课程的配套实践，有条件的高校还应该在学院内搭建学科专业实验室和科研型实践平台，提升实践档次和水平。

实践环节是否合理，除了必要的设置比例和学分要求，还需要从实践环节设计能否体现培养目标，是否有利于加强学生动手能力、创新能力和实践能力的培养，以及开设课程对培养目标和毕业要求实现的支撑度来衡量和评估。为了更好地让学生适应出版业的最新变化和人才需求，相关高校应定期遴选调整部分实习实践基地，并力图通过数字实践教学双平台建设，给学生提供更多实践机会，培养和锻炼学生综合运用所学基础理论、基本技能和专业知识，培养其独立分析和解决实际问题的能力，把理论和实践结合起来，总体提高实践动手能力。

（二）明晰教学规划，交叉学科培养

课程体系是否合理，还需要教学规划与教学内容来保障。随着出版生态变迁，版权方向的人才培养，需要自下而上的交叉学科培养，并且通过相关管理制度保障人才培养模式执行到位。

1. 明晰教学进程与计划，精细化培养

培养方案的教学进程是否合理，也是人才培养方案落实的关键，除了考察教学进程计划体系的完整性、周学时的适度性，还可以通过绘制课程地图，直观发现课程安排次序是否科学合理。教学进程计划体系的完善性，本科主要包括以下内容：有通识教育课程保障学生的政治素养及外语、人工智能相关能力的培养，有学科基础课保障学生具备学科专业基本素养，有专业发展课程保障学生的专业素养，还要有大量的学科、跨学科选修课和专业能力拓展选修课程供学生完善知识体系和深化专业技能。专业硕士研究生课程，不能只就版权讲版权，需要较为丰富的学位课程与非学位课程来提升学生对版权原理与本质的认知，特别是出版经营管理类核心课程和研究方法类课程，对规范培养学生的学术和实践能力至关重要。专业博士研究生最重要的是培养独立研究和实践动手优化能力，课程开设要少而精，经典文献阅读与研究方法类课程必不可少，为学生进入这一学术领域并且能够娴熟运用专业理论知识发现问题、解决问题搭建学术训练通路。

本科、研究生课程安排要有梯度和深度的区分，要精细化培养。出版专业版权方向的人才培养除了必要的法律与版权类课程，还要与时俱进地补充最新内容和开发新案例。在综合性大学，一般都设有法学专业，无论是引入法学专业教师授课还是教师自行在大型专业数据库检索论文、案例都不困难，真正的困难是法学专业的教师不愿投入更多精力在出版教学，主动融通出版专业知识，因此，出版专业要想培养出高水平版权方向的人才，出版专业的教师责无旁贷，需要主动融通版权相关学科专业知识。

2. 交叉学科培养，提升学生认知能力

如前所述，出版专业版权方向的人才培养，需要交叉学科知识培养，需要整合吸收本领域与政治经济学、管理学、认知心理学、传播学等学科相关成果，并本（侧重通用出版与版权知识+大众出版、少儿出版知识）、硕（侧重通用出版与版权知识+少儿出版、大众出版、教育出版知识）、博（侧重专业出版+战略经营管理+版权理论知识）分层次进阶式贯通培养，在现有师资和教材不足以支撑的情况下，更加需要出版专业的教师自下而上地主动进行课程融通性改造，建设、完善、丰富教学大纲、教案和讲义，特别是着力深化讲义中的原理性、底层逻辑性知识，时机成熟时再出版教材，为学生终身发展奠定专业素养与认知基础。

具体课程中，教师备课时要有机融合交叉学科知识，侧重构建出版与版权知识体系，注重各章节理论框架之间的逻辑关联性，在此基础上完善讲授体例和内容，理论知识讲授努力实现如下易于学生接受掌握的模式与流程：现象关注—问题实质—原理讲解—案例分析—对策建议—引申思考。努力做到：横向有广度，课程内容做到自包含，涵盖足够的出版范围和领域；纵向有梯度，课程内容难易程度、课堂知识密集度适度，从简到繁，由浅入深；关联有深度，做到不同课程之间相互关联但不简单重复，相互支撑且有效融通。研究生层面的教学，尽量采用出版理论教学+案例教学的方法，课前将章节知识要点、PPT、阅读材料发给学生，让学生有一定的阅读准备和掌控感；课堂梳理章节之间的内在逻辑关系，重点讲解原理和案例，加强师生互动，帮助学生理解；课后发给学生思考题或引申阅读材料，个别答疑，帮助学生理解掌握。

3. 保障人才培养模式的落实条件

制定好出版专业版权方向人才培养方案后，还需要在共享制度、技术手段基础上多争取资源给予保障。

用制度规范教学管理，保障人才培养质量。目前高校及其职能处室、学院都依据国家相关文件精神，制定了系列涵盖教学计划、教学运行、教学质量与评价、教学管理等教学全过程的规章制度，也都在学院层面成立教学指导委员会、学术委员会，对学科专业发展规划、人才培养模式、教学改革、课程建设等重大问题及时指导、咨询、建议和监管，并且在本科和研究生不同层面实施了督学制，多所学校建立校、院、系三级督学制度，本科层面还执行了院领导、系主任听课制度以及教师互听互评制度，确保教学监管常态化和制度化，较好地保障了教学秩序和质量，这也同样为版权人才培养提供了共享共用的制度性保障。

用信息化监测平台、专业报告监控和改进教学效果。大部分高校利用学校教学质量监测数据库系统和购买的第三方专业评估报告，作为总结、评价、反思、修正教学效果的重要手段，不断改进教学方法与教学内容，定期在本科层面、不定期在研究生层面举办教学研讨，针对出版生态变迁和出版融合趋势，依据高阶性、创新性、挑战度的“金课”标准，强化课程设计和资源整合，并通过鼓励教师参加信息化大赛、思政课大赛、申报各级各类教改项目、一流专业课建设培训等方式，改进和提升教学效果。版权方向的人才培养除了在此基础上提升人才培养质量外，还需要进一步整合资源，在现有评价标准下快速“露出”，从而获得更多关注和资源支持。

（三）教研一体，提升人才培养质量

除了有限的课堂教学时间，教师还要从学生终身发展角度，培养其阅读能力、自主学习能力和发现问题解决问题的能力。

1. 研发阅读书目，提升学生自主学习能力

针对现有教材知识体系陈旧，不足以支撑上述人才培养方案的问题，教师除了完善讲义内容，研发学科专业阅读书目也是提升人才培养质量的重要途径。读书是了解一个领域最快捷的方式和方法，特别是当我们选定一个新领域开展学习的时候。出版版权人才培养方向需要交叉学科背景知识的人才，而且无论学界业界，都鼓励跨专业背景的生源报考和申请出版硕博，但这也导致了人才培养过程中面临一个实际的问题：如何让跨专业的学生快速进入出版与版权话语系统，如何让本专业学生进一步深化学习，提升认知深度和版权思维能力？需要专业教师提前开发研制阅读书目，再根据不同培养方向要求和学生具体情况推荐相关图书。

研制版权阅读书目。阅读书目需要尽可能地囊括经典书目和最新书目，国内出版教育开展较好的高校一般都有正式或非正式的学科专业必读书目，版权人才培养可以借鉴这一优良传统。如河北大学出版专硕版权与版权文化方向设置伊始，以出版导师组为主构建的数字版权创新团队，首先围绕“数字出版与版权研究”主题，初步收集整理了一份数字出版研究书目和一份版权研究书目；其次经过教师平时的阅读积累、学生的网络调研和快速浏览，在此基础上指导学生围绕

“数字出版版权”主题凝练出一份交叉阅读书目，然后教师再指导学生细读；在此基础上筛选出重要且与教研直接相关的10本著作，让学生撰写内容摘要，既促进了学生的专业阅读，又锻炼了学生的写作概括能力。书单长期积累后，教师可以根据教学进程和论文指导需要提供给不同需求的学生。

阅读书目的推荐使用。阅读书目的推荐使用也有相应的要求和策略，并不是一次性全部发给学生了事，而是根据本硕博不同层次和具体教研需求推荐给学生，最大化地发挥其作用。可以借鉴国内外出版学科专业阅读书目使用方式：课上布置—课下阅读—课上讨论，以及定期或不定期召开读书会（师生阅读分享、领读/校内校外专题讲座等多种方式）。

2. 加强过程指导，形成教育闭环

要想提升版权人才培养质量，还需要任课教师投入更多时间精力，加强过程指导，在不同层面形成教育闭环。如本科教学过程中，教师可以通过布置阅读书目+选题策划作业+专家授课+教师点评提示+作业检查反馈+学生作业交流分享模式，使学生在一门课程内深入体会版权作用及其重要性；硕博层面的教学过程指导，应该在此基础上继续提升学生认知深度，可以结合已学相关课程、阅读书目，给学生限定研究对象，布置科研案例或教学案例形式的作业，然后择优分享、点评，在不同课程之间完成教育闭环，“提高学生运用理论要素分析和解决复杂实际问题的能力”[①]。

3. 教学相长，提升人才培养质量

要想提升学生的版权思维，还需要教师及时吸收国内外最新研究成果，将其中的主要观点和理论框架进行拆解，融入出版业发展问题中，升级改造现有课程，帮助学生更好地理解和吸收。

在教研实践中探索高质量版权人才培养模式。随着数智技术的发展，出版业不断涌现新的业态方式，同时每次新业态的兴起，经常会伴随大量侵权盗版的出现，传统出版企业对版权认知相对保守、对版权及其市场效能认知不充分，多局限于常规业务流程及其现有岗位常规工作，侧重被动性防护，对版权开发及其在市场竞争中的杠杆作用认知和运用不足；新兴数字出版企业对版权效能认知较为充分，但在发展过程中屡屡受到批评：从版权发展史及其合法性角度衡量，其中

① 教育部学位与研究生教育发展中心. 发挥案例育人作用　以案例建设服务实践创新人才培养［EB/OL］.（2023-12-09）［2024-04-18］. http://www.moe.gov.cn/fbh/live/2023/55658/dxjy/202312/t20231219_1095133.html.

一类批评是出版变迁中一直存在的旧批评，主要表现为野蛮生长，另一类是新批评，主要表现为改变了现有权益格局。如何将这样的认知有效教授给学生，特别是产业形态还不稳定、处于动态发展过程中？除了课堂讲解，学科专业教师还可以通过带领学生参与自身科研工作的方式共同发展，因为人才培养本就是科研产出的应有评价方式之一。尤其是一些新兴垂类细分领域，教师不只要面对研究领域陌生化的问题，还会面临年龄、知识结构等造成的心理畏难情绪等问题。学生是新领域的“原住民”，教师具有学理性知识储备，科研性论文的指导和合作撰写，是一种良好的教学相长式的人才培养模式，不但有助于培养学生的创新能力，也有助于教师知识体系的更新换代。

（四）产学深度融合，创新人才培养微观模式

要想提升出版专业版权方向的人才培养规模和数量，只有政府层面的支持和高校的努力还不够，还需要业界的深度参与，创新微观培养模式。

1. 校方：“请进来—走出去—走进去—走回来”模式

这种模式重点是学校方如何有效推进校企合作模式，保障产教深度融合。

请进来。业界专家进校园之所以效果不够好，主要是整体缺乏教学设计和精细化教学管理。过往之所以发生高校花费大量时间、精力和财力聘请业界专家进校园，但最终需要教师强制学生签到才能勉强坐满教室的尴尬场面，除了聘请的专家本身水平有限外，很重要的一点是相关负责人或授课教师缺乏把关，未将学术讲座与教学授课区分开。教学授课不同于学术讲座，不能简单用开阔视野、听听就比不听强来评价或塞责，需要授课教师根据课程体系和具体授课内容，提前与业界专家沟通授课内容和要求，遇到学生知识体系外的内容，教师要及时以适当形式给予互动、解读和补充，而不是专家讲完后简单客套性总结即可。这就要求高校专业负责人认真遴选进校园授课的业界专家，保障合作的长期性和稳定性，任课教师愿意花费时间与专家充分沟通交流，专家也才愿意按照高校教学大纲要求备课，并不断补充丰富内容和案例，而不是想讲什么就讲什么。

走出去。很多高校的实习实践基地形同虚设，是因为高校除了签订协议、聘任导师等双方领导主导的仪式性活动外，专业教师与企业具体业务人员缺乏联系和互动，一旦双方领导没有时间精力推进或督促，教师个人就难以主动联络对接、带领学生走出校门到企业参访。这就需要高校在规范管理的基础上精细化管理，帮助任课教师对接到企业具体业务负责人员，并形成常态化、机制化的行政资源和财务资源保障，任课教师才能按部就班、有条不紊地按照教学计划主动带

领学生定期走出校门，才能把实践实习工作落到实处。

走进去。虽然教研一体有利于调动教师的积极性和提升人才培养质量，但在实际人才培养工作中，专业负责人仍要注意把握其中的重点和区别。因为对教师的科研而言，需要不断了解新的业界实践经验和发现新现象，在企业参访中教师会有意无意地以满足自身调研需求或科研好奇心为主，把持提问互动内容和节奏，而且一旦搞清楚一家企业的基本情况后，短期内教师不会再带学生到该企业参访，这样的企业实习实践很容易变成教师的调研走访活动，使学生成为旁观者。企业也难以针对学生需求精心准备、系统化安排实习实训内容。出版实践教学要想真正走进企业，需要教师与自身调研参访适当区隔，以学生为中心，以重点实践教学内容为切入点，站在学生角度提前与企业沟通好，并且长期合作，企业才愿意投入人力物力准备和接待，学生才会更有收获。

走回来。学生到企业参访，特别是实习，要有教师指导，要有总结反馈，要回到课堂所学知识，形成不同层面的教育闭环，才能更好地保障学习效果。实习实践前需教师引导学生通过网站、公众号等了解参访实习企业的基本情况，体验其主要或代表性产品；实习实践中教师除了带队参与讲座或培训，还应组建社群引导学生主动交流分享，及时总结反思，并用专业知识帮助学生解读实践中的收获和困惑，鼓励其进一步观察、尝试与思考；实习后及时与对接企业负责人交流或回访，组织召开小型分享交流会，引导学生学会主动用所学知识分析、归纳收获与不足，加深其对所学专业知识的理解。

通过以上论述可以看出，要想真正落实好这种模式，保障人才培养效果，关键就在于高校要认真遴选合作企业，与合作企业稳定合作，探索更多样化的微观合作运营模式。这样校企双方也才能彼此投入更多时间精力深度沟通交流磨合，找到更适合的人才培养方式，学生才能更加受益。

2. 企业方：“走进去—引过来—留下来—送回去”模式

这种模式重点是企业方如何有效推进校企合作，解决自身人手和人才匮乏问题。新出版生态环境下，企业目前越来越把目光投向人才培养的上游，迫切需要高校能够“批量”培养具备版权潜能的人才，因为当下企业自己培养不但周期长、成本高，而且如果考核和激励机制不到位，或职业晋升空间不足，这样的人才也难以留住；并且更为现实的问题是企业通过现有招聘模式花费时间精力招进去的人，实际效果并不理想。

按照中国人民大学人力资源专家李育辉的总结提炼，现有招聘模型主要有四种：人—岗匹配模型、人—人匹配模型、角色匹配模型、潜力匹配模型。[①] 人—岗匹配模型是一种传统的招聘方式，是目前出版企业常用招聘模式，这种模式需要“识人”和“知岗”后才能做出合适的模型，但出版生态变迁环境下，企业很难清晰地描述和界定岗位，常常导致最终招进来的并不是真正懂出版与版权且热爱出版的合适人选。企业内推是人—人匹配模型的主要思路，它依据物以类聚、人以群分的朴素认知招聘人才，虽然招聘成本低，但也容易导致人才类型单一化，不利于出版企业人才需求的多样性要求。角色匹配虽然简化了招聘模型，招来的人经过简单培训马上就能上岗，但很可能缺乏发展潜力，特别是出版与版权这样需要创新能力的工作。潜力匹配模型是基于企业发展战略的人才招聘模式，即招进来的人不一定能马上产生绩效，但其具备终身学习能力，能较好地理解他人、与他人合作，且心智成熟，善于把别人的反馈和工作中的难题看作成长机会，这种模型的思路是基于企业发展战略做人才储备，需要企业做好当下与未来的平衡。

实践中怎样才能在不增加企业招聘成本和负担的情况下招聘到适合的人才呢？目前新的趋势是企业主动与高校合作，采用“走进去—引过来—留下来—送回去”模式，有效匹配，同时满足企业和高校诉求。所谓走进去就是企业根据自身发展需求，主动遴选具有出版版权方向培养资质的高校，然后根据自身发展对相关业务岗位人才需求的急迫程度，输出高水平业务人员作为师资，主动参与高校人才培养方案制定、课程内容设计与讲授，再通过具体项目或工作岗位，把学生引入真实的出版与版权工作现场，在实习和实践中培养发现真正适合的人才，然后努力将其留下来，不适合或不愿意留下来的学生，再送回学校。这种模式可以说是综合了上述招聘模型优点后的落地版。

目前一些企业开设的工作坊实际采用的就是这种模式。这些工作坊有稳定的专人负责，通过常规性项目设计，从容易入手的基础运营岗位到相对需要独立工作的策划性、拓展性岗位，在相对较短的周期内完成逐级培训和遴选工作，不但直接解决了人手缺乏问题，而且降低了人才招聘的成本和风险。高校之所以愿意参与和积极配合，主要在于不但可以在较短时间内使学生较为深入地了解和体验到出版与版权实际工作，学到课堂上没有的本地知识（这样的知识是指虽然不一定具有更大范围内的通用理论价值，但当下非常有用，缩短了学校所学理论知识

① 李育辉. 怎样才能找到最合适的人［Z］组织行为学. 得到App.

与社会行业岗位所需实践知识之间的天然差距），而且也部分满足了学生职业规划与就业指导的诉求，在保障实习实践效果的同时，相对减轻了高校教师在实践教学方面的时间精力投入。

通过以上论述可以看出，高校在合作企业遴选方面需要精心设计和严格把关。这样的合作是深度的交流合作，不但能发现大量的本地知识，而且还潜藏着大量发展变化中具有通用规律性的隐性知识，特别是在出版业态变迁的过程中，如何发现、确认和提炼这样规律性的知识，需要校内外导师教研素养支撑，防止适得其反的效果。因此，在版权人才培养过程中，合作的业界实习基地类型和导师的选择至关重要，特别是数智时代，传统出版企业处于转型过程中、新型民营出版企业对接人员不稳定的背景下，高校要想真正提升人才培养质量，需要跳出传统思路，认真遴选合作的业界机构。基于认知和合作基础，河北大学出版专业与中国版权保护中心建立了合作关系。中国版权保护中心作为数智时代版权问题集中处理与呈现的专业平台，拥有高水平专业团队支撑，输出的内容知识前沿而且相对集中系统，这使得与高校教学体系的对接更加顺畅，为教学提供了实质性支持。这种合作，可以开发一系列高质量的版权课程，并在教材和讲义方面实现系统性的突破（目前计划在3～5年内开发6部教材，涵盖版权史、版权理论和版权实务三大板块）。相应地，课程体系也有望实现内涵式的升级改造，从而提升人才培养的质量。

3. 做好实践教学平台建设机制研究保障

组织决策理论表明，一项新的政策或决策要想成功落地实施，首先要考虑不同主体、个体间利益和身份的不一致性，要在信念、信任、注意力等方面初步达成共识，其次才是如何策略地行动问题。[①]实践教学涉及校企双方，满足学校、企业中教师、学生、工作人员的共同利益诉求，才能调动起双方的积极性，才能真正将这一工作落到实处。而且按照经验学习理论，理解新事物的思路之一就是适应和结合：这一思路“假定存在某种过程，老元素相互结合产生新元素……组织研究中的经典例子是，规则、程序或实务从一个地方传播到另外一个地方，与那个地方已有的规则、程序和实物互相结合”[②]。从目前发展阶段看，数智出版主要涉及存量知识的重组开发与流程再造，以及在此过程中逐步推动企业进行战

① ［美］詹姆斯·G. 马奇．决策是如何产生的［M］. 王元歌，章爱民，译．北京：机械工业出版社，2021：81-85.

② ［美］詹姆斯·G. 马奇．经验的疆界［M］. 丁丹，译．北京：东方出版社，2017：107.

略升级与组织架构重构。因此，将数字实践教学作为版权方向人才培养的接触点，进行校内校外双平台机制建设、激励机制建设、平衡机制建设尤为重要和必要。

结语

本研究在较为充分地调研出版业版权人才需求类型以及当前版权人才培养瓶颈的基础上，分析出当前出版专业版权方向人才培养症结所在，在此基础上，提出破解之道——出版与版权人才培养统筹推进，贯通产学研用，快速壮大师资队伍和教研实力，并相应构建了人才培养模式：适应社会需求，系统化制定人才培养方案；明晰教学规划，交叉学科培养版权人才；教研一体，提升版权人才培养质量；产学深度融合，创新人才培养微观模式。

由于出版学科专业共建工作尚处于初步探索期，因此本课题重点侧重在如何解决师资不足，以及如何在现有条件限制下弹性适应与创新发展。未来需要在充分尊重学科专业发展规律与教育教学规律的基础上，构建出版与版权自主知识体系，持续探索分类培养高质量版权人才的途径和方式方法，提升人才培养层次和质量。条件相对成熟时，可以从如何在出版学一级学科下构建版权学二级学科入手，调动更多学界业界资源，推进版权理论体系和版权教育教学体系建设，增强出版学科专业话语权，培养出更多真正符合社会发展需求的版权人才。

课题组组长：杨金花

课题组成员：刘燕飞　毛清亮　孙小超　马梦瑶　袁海英　赵新民　王思琪
赵若琳　仲晴　高梓怡　武思然

课题承担单位：河北大学新闻传播学院

民间文艺版权人才培养和版权交易研究

刘德伟*

摘要：民间文艺版权人才培养和版权交易的研究对于加强版权保护、促进产业振兴、助力乡村振兴、传承与创新中华优秀传统文化具有重要价值。研究涵盖了版权应用与交易现状、机制、对策及人才培养等多方面，旨在为民间文艺的传承与发展提供理论与实践指导。通过系统分析，课题组揭示了民间文艺版权交易的特征、主要内容、版权认定方法及交易机构的角色，并通过案例研究展示了版权交易与文化探源项目的互动。针对现存问题，提出了一系列对策建议，如完善法律法规、强化版权登记认证、构建交易平台、增强市场意识与创新能力、优化交易市场环境及推动国际版权合作。此外，报告强调了版权保护与应用人才培养的重要性，提出通过立法政策支持、建立教育与培训体系、实施人才激励计划、完善职业认证体系、搭建专业培养平台及将人才培养纳入相关学科建设，以满足行业需求。报告不仅总结了当前民间文艺版权的应用与交易状况，还为行业的健康发展制定了前瞻性的策略与人才培养体系，对促进民间文艺的可持续发展具有重要意义。

关键词：民间文艺；版权交易；版权人才；人才培养机制

民间文艺源于农耕文明，属大众文化范畴，其版权人才的培养与交易广受关注。我国正处在新的历史起点上，贯彻新发展理念，构建新发展格局，通过版权制度深挖传统知识资源，对于传承和发展民间文化艺术，促进中华优秀传统文化创造性转化、创新性发展，提升民间文化艺术核心竞争力，提振民间文化艺术发展活力，意义重大。

党的十八大以来，我国在文化传承保护与活化利用方面，顶层制度设计不断强化，为非物质文化遗产及民间文艺的保护与传承构建了更加坚固的体系。源自传统文化底蕴的创意经济蓬勃发展，不仅赢得了市场的广泛青睐，也极大地促进了文化的大众传播与深度普及，收获了社会各界的积极反馈。在此进程中，版权作为连接文化价值与市场价值的核心桥梁，其作用日益凸显。版权不仅助力民间文艺实现了从文化资源到经济资产的转化，还促进了市场交易机制与资产管理模

---

* 刘德伟，中国文联民间文艺艺术中心研究员，中国起源地智库专家委员会主任，本课题组组长。

式的成熟，为民间文艺的商业化探索、品牌塑造及产业融合开辟了新径。[①]

一、民间文艺领域版权应用（交易）的特征、内容、认定与平台

民间文艺版权交易目前正处于发展的初级阶段，市场规模相对有限，亟须经历一个深入的市场培育过程以促进其健康成长。在这个领域内，交易活动主要围绕作品本身的权利转让以及基于作品衍生的各种文化创意产品的交易展开。然而，为了充分挖掘民间文艺的经济价值与文化潜力，当前应将战略重点聚焦于拓宽和深化民间文艺的版权交易层面。这不仅意味着要建立健全版权保护机制，确保创作者的合法权益得到妥善维护，还涉及提升公众对于版权价值的认知，营造尊重原创、鼓励创新的良好氛围。

（一）民间文艺版权交易特征

版权交易实际上是交易版权权利的单项或多项权利、使用地域范围、使用时间的年限、将使用的行业领域、是否独家授权等以及其他具体的约定内容。[②]例如，在文字作品领域，诸如小说、剧本或脚本等，复制权、发行权、信息网络传播权、改编权、汇编权等权利的交易较为频繁；而电影作品和以类似摄制电影的方法创作的作品，常见的有电影、电视剧、微电影、小视频、DV 录像等，其中，放映权的交易较为常见，其次是信息网络传播权、复制权、出租权、摄制权、改编权等权利。

民间文艺版权交易的特征主要体现在其版权属性的特殊性和交易方式的独特性。民间文艺的集体性、地域性、传承性和变异性是其显著特征，这些特性共同构成了民间文艺丰富多彩的文化生态和社会价值。

在版权交易特性方面，民间文艺版权交易的核心在于无形资产的买卖，即对作品著作权中特定权利的交易，这包括但不限于翻译权、出版发行权、重印权及信息网络传播权等。这种将复合型权利灵活拆分与组合的特性，赋予了民间文艺

---

① 河南省民间艺术人才考核评审办法［EB/OL］.（2022-12-12）［2024-09-25］. https://hrss.henan.gov.cn/2023/01-12/2672213.html.

② 杨宇萱. 浅谈数字音乐版权交易的困境与突破——从日本音乐著作权协会交易现状说起［J］. 音乐天地，2023（7）：54-60.

版权交易独一无二的形态，远超一般实体商品交易的范畴。例如，某传统民歌的版权交易可能单独出售其改编权给音乐制作人，同时保留原曲的表演权，展现了版权交易的高度灵活性和定制化特点。

交易模式上，民间文艺版权转移通过转让或授权许可等形式实施，每种方式均需精密的合同框架支撑，明确界定权利的可转授性、许可的排他性、时间限制及地理范围。如同手工艺品的精细雕琢，此类交易要求双方细致入微的条款设定，以确保权益清晰无误。如某地方戏剧团对剧本的使用权许可，既需限定演出地域，又得明确是否允许后续转授权，体现了交易中的高度谨慎与专业性。

至于支付结构，民间文艺版权交易往往采用一次性支付结合版税收入的混合模式，后者根据作品的实际使用情况（如销售量、播放次数）按比例分配利润。这种“收益共享”机制虽增添了收益的不确定性，却为创作者铺设了激励与回报并存的长远发展路径。例如，少数民族纹样设计师的设计一旦被用于时尚产品，除初期设计费外，还可按产品销售额提取版税，既激发了创新动力，又共享了市场成功的果实，展现了版权交易在激励创作与分享价值上的独特魅力。

此外，民间文艺版权保护存在权利主体的复杂性、保护期限的不确定性、客体指向的模糊性等理论困境，[①]也给民间文艺版权交易带来一定的困扰。由于民间文艺往往是集体智慧的结晶，历经多代人传承和演变，难以明确界定单一或几个具体的权利所有人。这种模糊的权利归属关系增加了版权交易的难度，潜在买家难以确定与谁进行授权谈判，可能导致交易成本增加，甚至交易无法达成。版权法一般对作品的保护期限有明确规定，但民间文艺往往历史悠久，难以追溯其确切的创作时间，从而使得保护期限难以界定。这种不确定性增加了投资者和使用者的风险评估难度，可能抑制他们投资和使用民间文艺作品的积极性。此外，民间文艺作品往往在传播过程中经过多次改编和再创作，作品的原始形态与后来的变体可能差异较大，导致版权客体的边界模糊。在交易过程中，明确区分受版权保护的内容和公有领域内容成为难题，这不仅影响交易的顺利进行，也可能引发版权纠纷。这些问题相互交织，共同阻碍了民间文艺版权交易市场的发展，限制了民间文艺的商业化和价值最大化潜力。因此，探索建立适应民间文艺特性的版权保护与管理制度，明确权利归属、合理设定保护期限、清晰界定客体范围，对于促进民间文艺的传承、创新与可持续发展至关重要。

---

① 徐家力，赵威. 我国民间文艺版权保护的理论困境与对策［J］. 中国出版，2022（1）：33-37.

（二）民间文艺版权交易的主要内容

中国民间文艺交易的核心范畴涵盖了丰富多彩的产品与艺术作品，诸如精巧的手工风筝、寓意吉祥的剪纸艺术品等，这些都是市场上常见的交易内容。然而，一个未被充分开发且蕴藏巨大潜力的领域是技艺本身的交易。尽管目前这类交易并不普遍。例如，对于编织、泥塑或刺绣等传统手工技艺的传授与学习，往往仍局限于师徒相承或家族内部的口头教学，但实际上，技艺与创意技能的交易拥有不可小觑的经济与文化价值。

评估这类非物质文化遗产的技艺价值是一项复杂挑战。与有形商品不同，技艺的价值不仅在于其直接创造的产品，更在于背后承载的历史、文化意义及创新潜能。评估非物质文化遗产的价值是保护工作的基石，其核心意图不在于划分高低优劣，而是通过深入分析其蕴含的多样价值，精准把握保护的方向与方法。① 一个可行的评估方法可能是结合民间文艺作品的历史与文化价值、技艺复杂度与独特性、市场潜力、可持续性与传承状况几个维度。历史与文化价值维度是考察技艺的历史渊源、在当地文化中的地位及其对社区认同的贡献。技艺复杂度与独特性维度是评估技艺的技术难度、独创性及难以被复制的程度。市场潜力维度是分析技艺转化成商品或服务后的市场需求、潜在客户群及盈利前景。可持续性与传承状况维度是考虑技艺传承的现状与未来可能性，以及年轻一代的参与度。以苏绣为例，②作为中国四大名绣之一，其技艺的传授若能以更开放的方式进行市场化交易，如通过工作坊、在线课程、技艺体验旅游等形式，就既能为传承人带来经济收益，又能有效推广这一文化遗产，吸引外部投资与合作，实现技艺的活态保护与创新发展。

---

① 有学者借鉴非物质文化遗产保护的理论框架，初步尝试从两个维度——非物质文化遗产的本质价值与特性、当前保护的实际情况，精心挑选了25项标准，以此为基础建立了一个全面评估非物质文化遗产价值的指标体系模型。在此基础上，这些研究进一步创新性地运用了特尔菲法与层次分析法，对各项指标进行量化评估与排序，科学地赋予每个指标相应的权重，旨在为非物质文化遗产的保护实践提供更为精确的指导依据。郑乐丹．非物质文化遗产资源价值评价指标体系构建研究［J］．文化遗产，2010（1）：6-10+85.

② 苏绣，作为苏州文化的一张璀璨名片，已经荣升为国家层面的非物质文化遗产珍宝。然而，面对版权保护的紧迫挑战，这一古老艺术的当代发展遭遇了制约瓶颈，不仅束缚了苏绣在创新设计上的活力，也削弱了其传统工艺品牌在市场中的竞争力。关于苏绣的版权保护问题可参见以下文献。毛矛，张梅．苏州刺绣产业版权保护研究［J］．中国版权，2011（4）：56-59；常云波，沈建洪．破解苏绣的版权危机［J］．中国版权，2011（2）：54-55+64.

在交易模式上，技艺交易应设计为非排他性的许可模式，而非一次性买断。这意味着，技艺持有者可以授权多人学习和使用其技能，同时保持对技艺核心知识的控制权，确保其不被滥用或失真。例如，通过签订长期合作协议，技艺传授者可以作为顾问持续参与到受教者的创作活动中，按期收取费用或按成果分成，这样既促进了技艺的广泛传播，又保障了传授者的经济利益和技艺的正统性。

（三）民间文艺版权的认定

1. 民间文艺不等同于民间文艺作品

对于民间文艺版权的认定，首先要认识什么是民间文艺，把民间文艺作品等同于民间文艺，是一个误区。民间文艺，作为一个生动鲜活的文化现象，其内涵远比单纯的艺术作品丰富得多。诚如万建中教授所言，民间文艺不等同于民间文艺作品，[①]这一观点揭示了民间文艺本质上的综合性与情境性。因此，要全面理解民间文艺，就必须超越静态的“作品”范畴，将其置于广阔的社会生活舞台中考察。这要求研究者采用综合的方法论，如民族志、参与观察、口述历史等，去捕捉那些在作品之外流动着的文化精髓。民间文艺的保护与传承，也应当注重维护其生态环境，确保这些活态的文化实践能够继续在社区中自然生长，与人们的生活紧密相连。

2. 民间文艺版权认定的难题

强化民间文艺的版权保护与积极发展，是实现中华优秀传统文化创造性转化与创新性发展的重要路径。民间文艺作为文化多样性的重要组成部分，承载着丰富的历史记忆与民族精神，其版权问题一直是法律、文化及社会学研究中的复杂议题。[②]民间文艺中很大一部分被视为特定社区或族群的集体智慧结晶，这些作品往往历经数代人的口耳相传，没有明确的个人创作者。因此，将其版权简单归于某个人或组织，既不现实也不公平。以藏族英雄史诗《格萨尔王传》、柯尔克孜族史诗《玛纳斯》和蒙古族英雄史诗《江格尔》为例，这三大史诗均有演唱者，但演唱者并非唯一，因此版权不能简单地归属于某一演唱者。这些史诗作为民族的文化瑰宝，其版权应被视为整个民族的财富。实践中，确认和维护这种集

① 万建中.“民间文学志”概念的提出及其学术意义［J］. 云南师范大学学报（哲学社会科学版），2015（6）：28-35.

② 于帆. 创新版权保护手段　护航民间文艺传承发展［N］. 中国文化报，2023-12-19.

体所有权面临多重困难：如何界定“社区”范围？如何确保收益公平分配？如何在无侵犯传统共享原则的前提下，防止外部滥用？解决这些问题需要创新的法律机制，比如建立特殊的集体管理组织，负责管理和分配因使用这些文艺作品而产生的经济利益，同时尊重并维护相关社区的文化自主权。

在建立民间文艺相关的集体管理组织方面，国外有相关经验可供借鉴。欧美及日本等音乐产业发达的市场，版权诉讼案件相对较少，这主要归功于其长达两百年的音乐版权集体管理制度。音乐词曲作者和唱片公司将版权统一转移至著作权集体管理组织，后者负责向音乐使用者集中授权许可，收取版税，并将所得版税分配给权利人。这种方式避免了力量分散和重复管理，提高了效率，防止了同行间的恶性竞争。大陆法系国家（如德国、法国）通常采用垄断型的集体管理方式，而英美法系国家（如美国、英国）则采取自由竞争型的管理模式。尽管模式存在差异，但共同点在于音乐版权的集体管理机构都是中立的第三方组织，且严格限制任何形式的版权垄断行为。例如，法国的SACEM（Société des auteurs, compositeurs et éditeurs de musique）是全球最大的版权管理组织之一，代表了超过14万名创作者和出版商。[①] 随着数字音乐市场的增长，版权集体管理组织开始利用大数据和区块链技术提高版权管理和收入分配的效率和透明度。例如，英国表演权协会PRS for Music与区块链初创公司合作，探索更准确地追踪音乐使用情况的方法。

此外，对于那些拥有明确传承人、记录者和表演者的民间文艺而言，版权归属的问题虽然相对较为清晰，但并不意味着可以忽视其中复杂的细节。为更好地保护各方权益，需要从以下几个方面着手。首先，确保每位贡献者的权益。由于记录者和传承人往往不是唯一的，制定一套公平合理的机制来确认每位贡献者的具体贡献，并确保他们获得相应的承认与保护，是至关重要的。这不仅可以防止内部矛盾的发生，还能增强团队合作的积极性。其次，平衡个人与集体的利益。在尊重个人创造性和劳动成果的同时，也必须考虑到作品所属社区或群体的整体利益。通过协商一致的原则，寻找一个既能激发个人创造力又能维护集体荣誉感的解决方案，是实现双赢的关键。有学者提出，部分民间文艺作品的媒体发布与展览版权应由创作群体和个体作者共享：群体拥有20%版权及署名权，体现文化

① 方燕，刘柱．数字音乐版权、独家授权和集体管理组织：一个简要的经济分析［J］．竞争政策研究，2018（2）：61-71.

传承价值；作者则拥有80%，肯定其创意劳动与财产权益。[①]最后，建立完善的记录与注册体系。构建一个全面、透明且易于操作的记录与注册系统，对于明确版权归属、提供法律支持以及未来的追溯和维权都至关重要。这样的体系不仅能有效减少版权争议，还能促进民间文艺资源的有效管理和利用。

总之，民间文艺的版权保护是一个涉及法律、文化政策、社区参与等多方面的系统工程。[②]需要在尊重传统文化传承规律的基础上，为民间文艺的可持续发展构建更为坚实的法律和社会基础。民间文艺版权的认定是一项复杂而细致的工作，需要对作品进行全面、系统的认识和分类把握。

（四）民间文艺版权交易机构

民间文艺版权交易机构是专门处理与民间文艺作品版权交易相关的机构。这些机构为版权所有者、创作者、投资者、出版商、制片公司等提供版权交易服务，确保版权交易的合法性和公平性。民间文艺版权交易的机构类型主要包括以下几种。

第一，版权代理机构。版权代理机构是专门帮助管理民间文艺作品版权，代表版权所有者进行版权交易的机构。这些机构通常与创作者或版权所有者建立关系，为他们提供版权咨询、作品登记、维权援助、纠纷调解等服务，并帮助寻找潜在的买家或合作伙伴，以及协助谈判交易条款。其典型代表是中华版权服务有限公司（原中华版权代理总公司），该公司成立于1988年，是中国首家综合性版权代理机构。至1992年，国家版权局陆续批准中央各有关部门及陕西、上海、广西等地成立17家版权代理公司，1999年增至24家。其中，19家主营图书版权代理，其余涉及音像影视作品，表现突出的有中华万达、上海、天津、黑龙江版权代理公司及九州音像版权贸易部、中国电视节目代理公司。[③]这类公司可为海内外作者和权利人提供版权保护策略与建议，代理版权转让与许可使用合同的谈判及签署；管理版权收益，代收代付酬金及版税；提供版权纠纷的代理诉讼服务；处理其他与版权转让或许可相关的事务。

第二，版权交易所或平台。民间文艺版权交易所或平台在促进文化艺术的传

① 胡开忠．中国民间文艺作品版权保护障碍及解决路径［J］．中国版权，2024（1）：3-11.

② 马芳．版权保护如何让民间文艺焕发新活力？［N］．内蒙古日报（汉），2023-06-02.

③ 吴呵融．走向发展 走向成熟——’99全国版权贸易工作座谈会传出的信息［J］．出版广角，1999（7）：24-27.

播与商业化方面发挥着重要作用，它们通过数字化手段，为创作者和市场之间搭建起一座桥梁。景德镇国家陶瓷版权交易中心是典型的民间文艺版权交易平台。2021年获批创建的景德镇国家陶瓷版权交易中心，是国家版权局同意设立的全国第一家面向特定行业的国家级版权交易中心，为全国第17家国家级版权交易中心（基地）。[①]此类平台专注于保护和推广中国非物质文化遗产及民间艺术的版权交易平台，不仅提供版权登记服务，还定期举办线上展览和线下交流活动，如“非遗文化节”，帮助传统手工艺人、民间艺术家与国内外的商家、收藏家建立联系，实现作品的授权、销售或合作开发。

第三，艺术机构。艺术机构，如画廊和艺术品拍卖行，在艺术品市场的生态系统中占据核心位置，它们不仅是艺术品实物交易的前沿阵地，也逐渐成为艺术品版权管理与交易的活跃场所。画廊可以协助民间文艺家与实体制造业品牌达成合作，授权使用其艺术作品的图案设计于家具等实物上。这不仅为艺术家带来了版权收入，也让其作品以新的形式进入大众生活空间，扩大了艺术家的影响力和市场认知度。艺术品拍卖行，如佳士得拍卖行在艺术品拍卖业务之外，也会举办专门的艺术版权拍卖会。在拍卖活动中，除了出售实体照片，还会尝试拍卖部分作品的独家展览权和限量复制权。买家在竞得版权后，获得在未来具体期限内在特定区域独家展出这些作品的权利，以及限量生产复制品并销售的许可。画廊和艺术品拍卖行正逐步拓展其业务边界，深入参与艺术品版权的交易与管理，这不仅丰富了艺术市场的交易形态，也为艺术家和投资者创造了多元化的价值实现方式，推动了文化艺术产业的全面发展与创新。

第四，文化产权交易所。文化产权交易所，是从事文化产权交易及相关投融资服务工作，促进文化产业要素跨行业、跨地域、跨所有制流动，推动文化产权交易、企业改制、资产重组、融资并购、创意成果转化，促进文化与资本、文化与市场、文化与科技的紧密衔接的综合服务平台。作为连接文化与资本的重要桥梁，文化产权交易所扮演着促进文化产业繁荣发展的关键角色。它们不仅限于版权等无形资产的交易，还涵盖了更广泛的文化物权、债权、股权等范畴，致力于打造一个多元化、专业化、市场化的交易平台。在中国，国家级的文化产权交易所包括上海文化产权交易所、深圳文化产权交易所，北京、天津、广东、浙江、江苏、山东等地也均成立了相应的文化产权交易平台机构。

---

① 洪玉华. 价值变现中提升经营者版权理念［N］. 中国新闻出版广电报，2021-09-09.

第五，版权集体管理组织。版权集体管理组织也可能提供民间文艺版权交易服务。这类组织通常作为非营利性机构，代表版权持有人的利益，进行版权的授权、收取使用费及分发给版权持有人等工作。随着国家对民间文艺版权保护的重视，以及相关政策和法律框架的完善，集体管理组织在民间文艺领域的角色越发重要。这些组织通常与政府机构、创作者和版权所有者合作，以确保版权得到妥善保护，并提供有关版权交易的建议和支持。例如，中国文字著作权协会作为中国大陆地区文字作品版权保护的主要机构，不仅致力于维护作家和出版者的版权权益，还搭建了版权交易平台，如全国作品版权交易会。

（五）民间文艺版权合同

民间文艺版权合同是保护此类作品交易中各方权益的关键法律文件。它不仅要遵循著作权法和合同法，还需考虑民间文艺的独特属性。合同的主要法律依据是《中华人民共和国著作权法》及相关法规，尤其是著作权法第6条关于民间文学艺术作品的保护办法。因此，签订合同时须遵守民法典及上述法规的强制性规定，确保合同合法有效。

为了减少纠纷并保障交易顺畅，合同应明确各方权利义务，涵盖版权归属、交易范围、期限、转让价格及支付方式，同时强调权利保证和违约责任。例如，合同应指出作品的原始版权持有者，详述交易后的版权转移；明确版权使用的地理范围、方式及时限；规定转让对价和支付方法；卖方需保证版权无瑕疵且合法。鉴于民间文艺的集体性、地域性和传承性，合同中还应考虑这些特性对版权归属的影响，平衡商业利益与文化传承，确保作品的可持续发展。对于国际版权交易，还需关注国际版权法律体系，确保交易符合国际规范。

二、民间文艺领域版权应用（交易）对策和建议

民间文艺是中华优秀传统文化的重要组成部分，加强民间文艺版权研究，将对推动民间文艺版权保护、激活民间文艺版权价值、促进中华文化更好地走向世界发挥积极作用。[①]在民间文艺领域，强化版权保护亟须构建完善的法规体系，

① 谢颖．探究民间文艺版权保护与运用的新路径［N］．人民政协报，2022-12-26.

该体系需全面考量文化传承、法律适用性及国际合作的多重挑战。制定并实施《民间文学艺术作品著作权保护条例》及其详细操作指南，旨在为创作者、传承者及使用者确立明确的法律框架，明晰权利与义务，以此推动民间文艺的妥善保护、活态传承与持续发展。

（一）民间文艺领域版权应用（交易）机制创新

民间文艺领域版权应用（交易）机制，指的是在民间文艺作品（如传统音乐、舞蹈、手工艺、故事、习俗等）的版权保护与利用过程中形成的一系列规则、平台和服务体系。这个机制旨在确保民间文艺的创造者、传承人以及相关社群能够从其创作和传承中获得经济利益，同时促进这些文化资源的合法传播和商业化使用。

1. 与乡村振兴相融合

乡村，作为民间文艺的沃土，蕴藏着丰富的非物质文化遗产和手工艺宝藏。为深度融入乡村振兴战略，试点区域应当积极探索民间工艺与品牌建设的有机结合，致力于将这些蕴含深厚文化底蕴的手工艺品，培育成代表当地特色的乡村振兴名片及消费市场的亮点品牌。[①]这一过程不仅能够提升乡村文化的知名度，还能有效拉动内需，促进乡村经济的多元化发展。在此基础上，版权交易机制的创新与完善成为关键一环。通过版权的有效管理和运用，可以为乡村文化产业的转型升级开辟新径。版权的清晰界定与保护能激励更多的创意与创新，促进手工艺产品的集群发展，形成规模效应；版权合作与授权机制的建立，可以促进不同地域、不同行业间的协同合作，比如结合现代设计与营销策略，让传统手艺与现代审美相结合，实现跨界融合；推动版权交易的平台化、线上化，不仅能拓宽销售渠道，还能提升交易效率，吸引更广泛的市场关注与投资，引领乡村文化产业向更高层次、更广领域拓展。简而言之，将民间文艺版权交易机制与乡村振兴战略深度融合，不仅能够激活乡村文化的内生动力，还能以外部市场的需求为导向，促进乡村产业升级，让传统文化成为驱动乡村经济社会发展的新引擎，实现文化传承与经济振兴的双赢局面。

在推进乡村振兴与文化繁荣的征途中，高度重视并深化本土文化资源的挖掘、应用与全球传播，是塑造地方特色文化软实力的关键步骤。[②]应积极将诸如

① 龚泽华. 乡村振兴背景下优秀乡土文化的保护与传承［J］. 文化产业，2023（36）：7-9.

② 龚泽华. 乡村振兴背景下优秀乡土文化的保护与传承［J］. 文化产业，2023（36）：7-9.

安徽富含生态智慧与生活美学的“竹文化”、福建精湛古老且绚烂多彩的“漆文化”，以及山东曹县复兴传统服饰潮流的“汉服”等，精心培育成为既有深厚民族根基又具备国际辨识度的民间工艺品牌。

通过系统性地整合地方文化研究、创意设计、品牌营销与版权管理等多方面资源，不仅要讲好每一个文化符号背后的故事，更要赋予其现代生活应用的新内涵，让这些传统工艺在保持原真韵味的同时，也能与当代审美和市场需求无缝对接。例如，可以利用数字技术对传统工艺进行创新性记录与展示，开发线上互动体验平台，拓宽国际交流渠道，参加世界级文化节庆与展览，从而提升这些品牌的国际知名度与影响力。[①]

2. 延伸价值链，加大跨界融合，提升产业层次

在推动民间文艺的现代化转型与价值提升中，重要的是要延伸并拓宽其价值链，通过版权战略的深入实施，促进与文化旅游、时尚设计、数字创意、智慧城市等多个新兴领域的深度融合，构建一个多维度、跨行业的协同发展格局。[②]这不仅要求我们将地方民间工艺品牌嵌到更广阔的文化产业链条中，更要创新性地打造以民间工艺为核心的“版权资产管理平台”，即“版权银行”[③]。该平台旨在通过一系列专业服务——包括但不限于民间工艺制作技艺的交易、原创作品的市场化流通、版权产权的高效转换，以及艺术授权合作等来重新定义和拓宽民间工艺的经济活动边界。通过这些服务，为民间艺人和小型手工艺企业提供一个展示与交易的舞台，促进传统工艺的现代表达与市场对接，激发整个行业的创新潜能，引导资本、技术和创意向民间工艺领域汇聚，进而转变传统的经济增长模式，使之从依赖单一销售转向多元增值的版权经济。尤为重要的是，这一模式的构建，旨在深度激活民间工艺所蕴含的丰富版权价值，通过版权的有效管理和运营，为民间艺术注入金融活水，推动产业升级，实现从“制造”向“智造”的飞跃，促进高质量发展，让民间工艺在新的时代背景下焕发勃勃生机与无限

---

① 毛巧晖．民间文艺赋能乡村建设：基于百年乡建学术史的反思［J］．百色学院学报，2022（4）：26-34.

② 冯卓婧，许洁．价值链视角下的数字文创产品价值构成研究［J］．出版广角，2024（6）：31-37.

③ 以视频领域的版权银行为例，其运营模式就是中文视频的版权权利人自愿将其拥有的视频版权交予版权银行进行存管，并由版权银行代为运营，版权权利人获取版权运营收益，并将其中一部分收益分配给版权银行运营方，是一种可以实现线上成交的版权集约化运营模式。方圆，李梦．版权存进银行　视频走向海外［N］．中国新闻出版报，2014-06-05.

商机。[①]

3. 建立民间文艺版权交易平台

建立民间文艺版权交易平台，正处于积极探索与实验性实践的阶段。以景德镇国家陶瓷版权交易中心为例，作为陶瓷艺术版权交易的先行者，其平台也尚处于初步发展阶段，面临市场培育的重任。[②]

民间文艺版权交易平台的构建，旨在形成一个版权产业的核心枢纽，其关键在于搭建一个既能作为授权试点又能作为交易中枢的平台，通过授权第三方实现商业化运营，从而激发版权登记的积极性，从根本上提升品牌资产的价值。这一过程中，鼓励作品登记至关重要，需要从源头进行认证，依托“中国起源地品牌通用评定标准”与“中国起源地特色产品通用评定标准”这两项国家标准，强化源头的标准化认证，确保作品的真实性和文化传承的纯正性。同时，强调版权登记与上述“双证”机制并行，即结合品牌认证与版权登记的双重保障，形成“双证护航”。这样不仅保护了民间文艺作品的原创性，还通过标准化、规范化的途径提升了作品的市场认可度和商业潜力。

（二）按照民间文艺自身规律建立健全法律法规

遵循民间文艺的内在逻辑与特性，建立健全相应的法律法规体系是维护文化多样性和民族特质的必然选择。

民间文艺作品的版权保护策略需兼顾私法与公法的双重维度，旨在达成个人权益与公共福祉的和谐统一，同时确保文化遗产的妥善保存。在这一过程中，必须妥善平衡创新与利用的互动，以及国内保护与国际规则的接轨。中国文联副主席潘鲁生曾提出的版权保护三级架构——国家、团体、个人层面的并重，为此提供了有益的思考方向。在此基础上，保护模式应倾向于避免赋予民间文艺永久性专属专利，确保任何集体或个人不得垄断，民间文艺应视为共有资源。版权交易应以不损害民间文艺的传承为前提，体现共享原则。诸如傣族歌舞等民间艺术，甲乙双方皆可记录，且表演随时间演化的特性意味着无绝对权威版本，版权交易不应限制其自由传播与演绎，以防碍于其生命力与发展的自然延展。简言之，民间文艺的版权保护机制设计应确保开放性，促进文化共享与创新，避免任何可能

① 黄浪，周薇，玉易. 关于广西音像资料数字化平台建设与应用的若干思考［J］. 视听，2023（6）：158-160.

② 朱丽娜. 版权“添把柴”让瓷都窑火越烧越旺［N］. 中国新闻出版广电报，2022-09-15.

抑制其传承与活力的排他性保护。

鉴于民间文艺往往源自集体智慧并世代相传，其版权归属常扩展至国家、族群而非局限于个人，部分国家已先行在法律框架内明确了对此类作品的保护，如非洲知识产权组织的《班吉协定》通过附件七第6条界定了民间文学作品并予以保护。我国自1990年著作权法颁布以来，已初步构建了民间文学艺术作品的保护框架，但具体实施条例的缺失凸显了细化立法的紧迫性，要求明确具体保护路径。因此，建议加速推进《民间文学艺术作品著作权保护条例》及其实施细则的出台，为版权保护提供清晰的法律坐标，具体涵盖民间文艺传承人的资格确认、设置灵活且可延期的保护时限，以及强化对传承人精神权利的尊重，确保民间文艺的法律保护不仅符合国际趋势，且深植于本土实践，促进传统文化的活态传承与创新发展。[①]此外，世界知识产权组织（WIPO）正积极推进制定针对民间文艺的国际条约，这显著反映出国际社会对民间文艺版权保护的关注与重视程度正在不断增强，标志着全球范围内对传统文化知识传承与创意表达的保护进入了新阶段。

加强地方行政立法工作，制定版权保护办法。在推进民间文艺的保护与创新进程中，强化地方行政立法工作显得尤为迫切，尤其是针对那些既难以开发利用又易于被复制的民间工艺，亟须出台专门的版权保护措施。[②]这些措施应精准聚焦，旨在构建一套既能激发民间艺术创造力，又能有效遏制非法抄袭的法律框架，确保民间文艺作为中华优秀传统文化瑰宝的合法权益不受侵害。我们强烈倡导加速推进针对民间文艺作品的著作权保护立法进程，通过法律的刚性力量，为传统文化的再生与革新铺设坚实的法治轨道。这不仅是对传统文化遗产的尊重，更是对创新精神的鼓励，旨在确保每一项民间艺术创新都能在法律的护航下自由生长，绽放光彩。在此基础上，强调维护地域性民间工艺生产者及民间工艺团体的品牌权益，是保持文化多样性与地域特色的核心。地方政府应积极推动构建一个全方位、多层次的版权保护与服务体系，不仅要加强官方版权公共服务平台的功能与效率，还要积极探索建立版权服务托管平台与国际贸易孵化平台，为民间艺术走向世界搭建桥梁。同时，鼓励和支持中介机构的发展，这些机构在版权保护、授权交易、法律咨询等方面扮演着不可或缺的角

① 邱运华．以版权保护助力民间文艺传承发展［N］．中国艺术报，2023-03-06.

② 赵新乐．加快国内立法进程，为民间文艺版权保护提供中国方案［N］．中国新闻出版广电报，2024-02-08.

色，能够有效促进原创设计市场的健康繁荣，为民间文艺的创作者与传承者提供有力的后盾。总而言之，以上措施旨在构建一个既尊重传统又鼓励创新，既保护个体又促进交流的民间文艺版权生态，让中华文化的璀璨之光，在全球舞台上更加耀眼夺目。[①]

（三）深入开展民间文艺版权登记和认证工作

深化民间文艺版权登记与认证的实践是维护与弘扬中华优秀传统文化不可忽视的环节。民间文艺作为文化血脉中的独特标识，承载着丰富的历史智慧与民族精神，是亟待珍视的文化瑰宝。国家版权局在多地启动的民间文艺版权保护试点项目，不仅为《民间文学艺术作品著作权保护条例》的立法铺路，也激荡起全社会版权保护的强烈共鸣。以江苏省扬州市为例，自2022年被选定为民间文艺版权保护与促进试点以来，秉持版权驱动创新的理念，上线扬州市民间文艺作品备案系统，成功登记超五万件作品，标志着版权保护迈出了坚实步伐。同步推出的《扬州市民间文艺版权保护指南》及《民间文学艺术作品著作权保护办法（扬州试点建议稿）》，积极探索“扬州模式”，为民间文艺版权保护与传承提供了鲜活案例。[②]这些实践证明，版权登记和认证不仅是维护民间文艺作品版权的有效盾牌，更激活了其传承与发展的内生动力，提升作品的市场潜力，引领相关产业的转型升级。

三、民间文艺领域人才培养与版权保护的关系

在民间文艺领域，版权人才培养与版权赋能相辅相成，深度融合。这不仅体现在民间文艺与版权法律实务的结合，更重要的是两领域知识体系的创新融合。尽管目前不乏精通民间文艺创作与版权管理的专业人士，但鲜有能将两者融会贯通者。因此，首要任务是构建一个以跨领域、跨学科知识深度融合的人才培养体系，旨在强化民间文艺创作者的版权意识，增强民间文艺传承者的社会地位与影响力。最终目标是通过版权机制有效提升民间文艺的保护与传承水平，推动其市场化，确证并提升其经济与文化价值，促进民间文艺的繁荣与发展。

---

① 朱丽娜．探索民间文艺立法保护的科学道路［N］．中国新闻出版广电报，2022-11-24.

② 赵新乐．江苏扬州：民间文艺版权保护的生动实践［N］．中国新闻出版广电报，2024-02-08.

专业人才培养确保版权保护工作的有效性。通过系统培养，专业人才能够更好地应对版权保护中的挑战，保护作品的原创性和市场价值。反之，强有力的版权保护亦为其提供展示的舞台，激发创作者的创新热情，相关权益得以保障，将吸引更多的投资和合作机会。完善的版权保护机制还促进了版权产业的发展，增加了对版权管理、法律咨询等专业人才的需求，形成良性的供需循环。此外，国际的版权合作交流活动还能拓宽人才视野，提升处理跨境问题的能力，助力民间文艺的全球传播。总之，版权保护不仅维护了民间文艺的合法权益，还促进了人才的成长与流动，推动民间文艺领域的创新与繁荣。①

第一，版权保护吸引人才投身民间文艺的挖掘、保护和创新工作。通过强化版权制度，确保创作者的劳动和创意获得公正的经济回报，形成了正向激励机制，吸引更多人才投身于民间文艺的挖掘、保护和创新。版权保护的提升减少了盗版和侵权现象，使作品的流通和传播更加有序，维护了创作者的合法权益，提高了作品的市场竞争力和文化影响力。这种正向循环促进了民间文艺的繁荣，使其在全球化背景下依然保持独特的文化魅力和历史价值，吸引着全世界的关注。例如，银川市拥有超过一千支民间文艺团队，其中130支活跃在各类文化活动中，1.3万名业余文艺爱好者积极参与。这些团队通过持续的艺术实践，提升了创作与表演质量，成为银川市文化构建的关键支柱和群众文化发展的主力军，展现了民间文艺版权人才对地域文化繁荣的重要贡献。②

第二，人才培养促进版权意识。培养专业人才不仅在于直接提升业务操作的效率与专业性，更在于通过他们的工作和推广显著增强全社会对民间文艺版权价值的认知与尊重。通过教育讲座、工作坊、媒体访谈、在线课程等形式，普及版权知识，增强全社会对民间文艺版权价值的认知与尊重。基于此，社会才能自发地支持正版、抵制盗版，这股来自民间的力量对版权的自我保护是巨大的。同时，这种广泛的公众认知也为版权法律保护创造了更好的实施环境，减少了侵权行为，增强了法律保护的实际效果。因此，培养专业人才是构建民间文艺版权保护体系的长远之策，既影响着行业的内部运作，也塑造外部保护生态。

第三，专业人才推动版权立法和实践。版权领域的专业人才，特别是法律专家与管理人才的参与，对民间文艺版权保护与发展的推动作用是不可或缺的。他

---

① 张朔．版权赋能年轻民间文艺创作人才自我成长的研究［J］．艺术管理（中英文），2022（4）：118-127.

② 季妍．民间文化团队建设研究——以银川为例［J］．上海文化，2014（2）：89-93.

们不仅为版权立法与政策制定提供专业意见，确保其科学性与可行性，还在管理实践中设计并实施有效的版权管理制度，提升民间文艺作品的管理效率与保护水平。同时，他们通过国际交流与合作，借鉴国际先进经验，推动国内版权法律体系与国际接轨，为民间文艺的国际传播提供法律基础。此外，他们还通过培训、讲座等形式，提升行业内的版权保护意识，形成良好的版权文化，进一步完善和强化民间文艺的法律保护环境。

第四，教育与培训增强创新能力。教育与培训在民间文艺版权保护与人才发展策略中扮演着双重角色：提升版权意识和增强创新能力。通过系统化的教育培训，不仅传授版权知识，提高创作者和传承人对版权保护意识，还激发他们的创造力，鼓励融合传统与现代，探索新的表现形式和内容，创作出既富含文化底蕴又具有市场潜力的版权作品。这不仅丰富了民间文艺的内涵，也为版权交易市场带来了新机遇，形成良性循环。通过工作坊、大师班、创意挑战赛等形式，激发灵感，让民间艺术家在尊重版权的基础上，敢于创新，勇于尝试，不断产出新颖且具有高度版权价值的艺术品，进而推动民间文艺的创新性发展与国际化传播。

第五，培养专业的版权服务人才是构建全面的版权服务体系的关键。该体系为民间文艺创作者提供一站式服务，涵盖版权登记、法律咨询、侵权监测、维权援助及版权交易撮合等，极大增强了创作者版权管理和利用的能力。通过专业的版权服务团队，创作者能更有效地将文化资源转化为经济效益，减少版权风险，提升市场竞争力。这一体系还促进版权信息的透明化与市场规范化，为民间文艺的传承与创新提供健康的生态土壤，进一步激发文化创作活力。因此，版权服务人才的培养和体系构建，是民间文艺版权保护与价值释放的强有力支撑，也是推动文化产业发展的重要一环。①

第六，产业发展与人才培养相结合。产业发展为人才提供实践平台和市场需求，人才培养则提升产业竞争力和创新能力。具体措施包括建立产学研合作模式，开设版权管理、国际贸易、数字版权等专业培训项目；鼓励产业内部的在职教育和专业进修，确保其版权知识与技能的更新；举办行业论坛、工作坊、国际交流活动，邀请国内外专家分享前沿理念与成功案例，拓宽人才的国际视

① 中国国际版权博览会是我国版权领域唯一的国际性、国家级版权专业博览会，自2008年创办以来，每两年举办一届。第九届中国国际版权博览会论坛同时举办“2023年民间文艺版权保护与促进试点工作启动仪式”。

野，扩大业内交流。这种双向促进的模式，确保了民间文艺产业在快速发展的同时，拥有一支专业、高效的版权保护与贸易人才队伍，为产业的健康、长远发展奠定坚实基础。①

四、民间文艺版权人才的分类与现状

2016年11月，习近平总书记在中国文联十大、中国作协九大开幕式上的重要讲话中指出："我国文艺事业要实现繁荣发展，就必须培养人才、发现人才、珍惜人才、凝聚人才。"2021年9月，习近平总书记在中央人才工作会议上再次强调："要培养造就大批哲学家、社会科学家、文学艺术家等各方面人才。"民间文艺作为党的文艺事业不可或缺的一环，承载着实现中华民族伟大复兴梦想的深厚内涵。它不仅是民族文化血脉的延续，也是守护与塑造文化身份的关键所在。面向未来，我们应致力于播撒文化传承的种子，培育兼具传承与创新能力的文艺人才，同时，不断完善民间文艺的学科体系、构建具有中国特色的话语体系和学术体系，为这一领域的发展奠定坚实的基础，开启民间文艺繁荣兴盛的新篇章。②

（一）民间文艺领域版权保护与应用人才的分类

民间文艺版权人才可以分为三类：民间文艺领域版权保护与应用人才、民间文艺版权业务专业人才、其他相关行业民间文艺版权保护与应用人才。

1. 民间文艺领域版权保护与应用人才

这类人才是兼具民间文艺技能与版权保护应用能力的复合型人才，他们不仅精通民间文艺内容与创作技巧，还擅长处理相关的版权业务。民间文艺领域版权保护与应用人才是版权保护的中坚力量，是民间文艺版权保护体系重要的制定者与维护者。他们凭借专业知识、法律洞察力和实践能力，在版权保护、管理与开发利用中举足轻重。这类人才参与版权法律政策制定，确保既体现国际标准又适应民间文艺保护需求。他们负责指导协助民间文艺版权创作者或持有者完成作品

---

① 求是网．加强版权保护 促进创新发展［EB/OL］.（2021-02-02）［2024-09-15］. www.ncac.gov.cn/chinacopyright/contents/12227/353590.shtml；孙宝林．推动构建版权文化学术话语体系［N］. 人民政协报，2023-12-04.

② 潘鲁生．传承民间文艺薪火 服务人民美好生活［N］. 中国艺术报，2021-07-30.

的版权登记，管理维护版权信息。因此，培养计划须聚焦于此类人才的民间文艺专业知识与实践能力。[①]

2. 民间文艺版权业务专业人才

这类人才是专业的民间文艺版权业务处理人才，他们专注于民间文艺的版权事务，具备深厚的专业知识和实践经验。他们熟悉国内外版权法律法规，尤其是针对非物质文化遗产和民间文学艺术作品的保护规定；能够进行版权登记，建立版权资产管理机制，确保作品版权状态透明可查；制定版权保护策略，包括长期的版权开发计划，最大化作品的经济和社会价值；具备版权许可和转让合同的谈判能力，确保合同条款公平、明确，既保障创作者权益，又促进作品传播；监测市场中的版权侵权行为，拥有法律维权知识，能指导或直接参与侵权案件的处理，如发送警告信、参与调解或诉讼等。

3. 其他相关行业民间文艺版权保护与应用人才

这类人才来自其他相关行业，他们为民间文艺版权的保护与发展提供了多元化的支持和保障。例如，从事民间文艺版权业务的法律专业人才。这部分人才不仅精通版权法，还熟悉国际版权条约和相关法律法规，能在复杂的法律框架下为民间文艺作品提供专业的版权保护策略和法律咨询。他们能有效处理版权侵权案件，为民间文艺的合法使用与传播保驾护航。[②]又如，从事民间文艺版权业务的教育与传播人才。他们通过教育和公众宣传提升全社会的版权意识，特别是针对民间文艺的独特性进行普及教育，是保护民间文艺版权不可或缺的一环。这类人才擅长组织培训、研讨会、公众讲座等活动，提高创作者、使用者及公众对于民间文艺版权保护的认识和尊重。

① 李劼．融媒体时代，传统出版如何实现版权价值最大化［N］．中国新闻出版广电报，2023-09-28.

② 于鸿，肖武．出版社：你有法律顾问吗？［J］．出版参考，2001（19）：8.

（二）民间文艺领域版权保护与应用人才培养现状分析

1. 民间文艺版权人才缺口较大

（1）全国部分地区民间文艺版权保护机构基本情况

表1　民间文艺版权保护机构统计情况

所在地域	民间文艺版权保护机构	基本情况
江西抚州	设立了首批10个民间文艺版权服务站	民间文艺工作者提供版权登记、维权咨询、交流合作、版权交易等服务，全市2023年版权登记数量达到11005件
山东菏泽	菏泽市民间文艺版权保护与促进试点工作专班，新建版权服务站点60余个	由菏泽市委宣传部、市文联、市文化和旅游局等13家单位共同成立
海南五指山	海南省民间文艺版权服务工作站（五指山站）	以探索建立一套工作机制、谋划打造一个服务平台、深入推动一批精品项目的“三个一”为抓手，努力培育形成可持续的民间民族文艺创作发展生态圈，奋力打造民族地区版权保护工作的典范
浙江温州	鹿城区瓯悦民间文艺版权服务中心（民办）	为民间手艺人提供版权咨询、作品登记、维权援助、纠纷调解等版权服务
山东菏泽	在寒亭、高密成立民间文艺版权工作站	服务当地民间文艺作品登记、维权、咨询等工作。开通版权服务企业“直通车”，为企业等提供法律法规咨询以及作品登记、举报投诉等服务
黑龙江佳木斯	在各县设立民间版权登记服务站	指导版权登记站优化服务流程，打通服务民间文艺创作者的“最后一米”
江苏扬州	民间文艺国际版权交易平台	展示和推广扬州丰富的民间文艺作品，为民间文艺作品的版权交易、保护和管理提供便利
内蒙古	内蒙古民间文艺版权服务工作站	采取有效措施保障传承活动可持续发展，研究确立科学的民间文艺价值评估机制，寻找构建民间文学艺术权利，流转制度保障体系，实现社会资源的最优化配置

续表

所在地域	民间文艺版权保护机构	基本情况
四川	四川省民间文艺版权交易平台联盟	让民间文艺作品通过数字化的方式“走出去”，让全国甚至是海外的朋友都能看到；促进民间文艺作品的交易和转换，为手工艺者提供增收的途径
云南	民间文艺版权工作服务站	为全省和本地区有需要的民间文艺创作、生产单位和个人提供民间文艺作品版权登记，作品版权保护与发展咨询等服务
贵州	国家民族民间文化版权贸易基地（西南）	探索民族民间文化版权转化路径，构建“版权+科技”的产业布局，并通过深挖民族民间文化艺术资源，促进对民族民间文化的保护传承、交易和创新利用，提升其经济附加值

从表1可以看出，全国各地在民间文艺版权保护方面已作出积极部署，设立了一系列版权服务站点和平台，这些举措反映出对民间文艺版权保护的重视及实践探索的多样性。同时，这些案例也揭示了民间文艺版权保护人才需求的几个关键点。

第一，专业化服务需求迫切。各服务站和平台提供的服务范围广泛，包括版权登记、维权咨询、交流合作、版权交易、纠纷调解等，这要求从业人员不仅具备法律知识，还需了解民间文艺特性、市场运作及数字技术应用，凸显对跨学科复合型人才的强烈需求。第二，地方特色与国际合作并重。如扬州的民间文艺国际版权交易平台、云南的民间文艺版权工作服务站以及贵州的国家民族民间文化版权贸易基地等，显示出在保护本土文化特色的同时，也在寻求国际化合作与交流，这需要既懂国际规则又了解本土文化的版权专业人才。第三，服务体系的建设和优化。多地提及优化服务流程、打通服务“最后一米”，表明在版权登记、管理和服务效率上仍有提升空间，需要更多具备版权管理和客户服务经验的人才。第四，创新机制与价值评估。内蒙古的民间文艺版权服务工作站提到建立价值评估机制和流转制度，四川和贵州则强调版权转化与创新利用，显示对版权价值挖掘、评估及商业化操作的专业人才需求。第五，技术支持与数字化转型。多个案例提及版权交易平台和数字化推广，意味着技术保护与数字化应用人才，特别是能够将民间文艺与现代信息技术结合的人才，将是未来的重要缺口。

（2）人才缺口情况分析

民间文艺版权人才的缺口主要体现在以下几个方面。第一，专业法律人才缺乏。熟悉国际版权法律、精通民间文艺特性的专业律师较少，难以满足日益增长的版权登记、维权、合同审核等专业服务需求。第二，管理与运营人才短缺。懂得民间文艺版权管理、市场运营的专业人士不多，影响了民间文艺作品的商业化进程和价值最大化。第三，跨学科复合型人才不足。民间文艺往往涉及文化、法律、经济等多个领域，但具备跨学科知识背景，能有效整合资源促进民间文艺保护与开发利用的人才较为稀缺。第四，教育与培训体系滞后。现有的教育体系中，针对民间文艺版权保护的专业课程和培训项目不多，导致人才供给不足，难以跟上行业发展的步伐。第五，鉴定与评估专家稀少。确定民间文艺作品的原创性、独特性及其市场价值需要专业知识，但具备这种能力的鉴定与评估专家数量有限。第六，技术保护与数字化人才匮乏。随着数字技术的发展，利用技术手段进行版权保护和内容数字化的需求增加，但掌握相关技术并了解民间文艺背景的人才供不应求。

总之，民间艺术的延续与振兴面临诸多挑战，如认知局限、人才短缺、创新能力不足、跨界融合不充分、支持体系薄弱及资源短缺等。如何破除这些障碍，激活民间艺术的内在活力，促进其创造性转化与创新性发展，持续发挥民间文艺在繁荣社会主义文化中的积极作用，成为亟须从理论探索和实践操作双角度深入研究的重大课题。[①]

2. 民间文艺版权人才要求

民间文艺版权人才之所以要求较高，门槛设定严格，对民间文艺版权人才的特殊要求主要有：

（1）对民间文艺版权工作性质的特殊性和复杂性的精准把握。第一，版权的跨学科性。民间文艺往往蕴含丰富的文化传统和民族特色，其版权保护不仅涉及法律专业知识，还需要深刻理解相关文化艺术背景，确保在尊重和保护传统文化的基础上进行合理合法的版权界定与管理。这种跨界要求专业人才具备法学与民俗学、艺术学等多领域的知识。第二，权利主体复杂性。民间文艺的权利主体认定复杂性在于，无论是民间文学还是民间艺术，它们的诞生与演进是一个历经数代、在土著社区或少数民族区域集体创作、传承并持续创新的过程，而非单一或

① 王宇翔．安阳市民间文艺发展及对策研究［J］．安阳工学院学报，2024（1）：107-111.

少数个体的创作成果。以“安顺地戏”为例，其起源可追溯至明朝初期随朱元璋军队进入贵州的“军傩”文化，随后在屯堡人聚居村落中经由集体传承与演变至今。版权法通常要求一个清晰可辨的作者作为权利主体，但民间文艺世代累积、集体传承且不断创新的特性，使得确定具体的创作者变得尤为困难，无法简单归因于某个人或组织。因此，民间文艺因缺乏明确的个体作者标识，与现行版权制度中对明确权利主体的基本要求存在冲突，这一理论上的困境直接引发了司法实践中的诸多疑难案例及立法上的争议，凸显了现有版权框架在适应民间文艺保护需求方面的局限性。①

（2）对民间文艺法律与政策的精准把握。民间文艺版权保护尚处于快速发展阶段，相关法律法规及政策不断更新和完善。版权人才需要紧跟政策动态，参与或影响立法进程，推动建立适应国情的版权保护体系。

（3）倚重创新与技术应用。在数字化时代，民间文艺的传播与利用方式多样化，版权保护技术如区块链、数字水印等的应用日益重要。版权人才需掌握现代信息技术，利用科技手段提升版权管理和维权效率。

（4）要求良好的沟通与传播能力。提升公众对民间文艺版权保护的意识也是关键任务之一。版权人才需具备良好的沟通与教育能力，能够有效普及版权知识，促进社会各界的理解与支持。

（5）国际法规适应性。随着全球化，民间文艺常面临跨国界的利用与侵权问题，要求版权人才熟悉国际版权公约、了解各国对民间文艺保护的差异，能够在全球化语境下有效维护我国民间文艺的版权利益。例如，1986年，得益于联合国教科文组织的赞助，中国民间文艺研究会与芬兰民俗艺术界携手，在广西三江地区实施了一项为期一个月的深度民间艺术探索任务。这次活动标志着新中国有史以来最为盛大的一次国际民间文化互动，也是中国首度与外国伙伴协同开展的民间文艺调研合作，具有里程碑意义。②

3. 民间文艺版权人才所需专业技能、技能水平及工作范围

民间文艺版权人才所需专业技能包括：第一，民间文艺版权人才应当具备扎实的法律基础知识，尤其是对民法典、著作权法、商标法、专利法等法律法规的理解与应用能力。第二，了解国际版权法及相关国际公约也十分必要，这有助于

① 徐家力，赵威．我国民间文艺版权保护的理论困境与对策［J］．中国出版，2022（1）：33-37.

② 陈昕．为中国民俗学在世界范围找到立足之地——钟敬文的国际视野与学术实践［N］．文艺报，2024-01-31.

在国际层面上有效保护民间文艺作品的权利。第三，该领域的专家需要拥有深厚的文化艺术背景，不仅限于对中国各民族传统艺术形式的认识、理解和鉴赏能力。他们应当能够辨别各种民间艺术作品的独特价值，并深入理解其背后的文化意义和社会影响。

民间文艺版权人才所需技能水平。除掌握必要的理论知识外，还必须能够在实践中灵活运用所学，针对复杂或特殊的版权问题提出有效的解决方案。他们应具备较强的实际操作能力，能够独立承担版权登记、维权等任务。同时，擅长与各方沟通协调，促进版权保护工作的顺利实施。鉴于版权领域是一个快速发展的行业，新的法律法规和技术不断涌现，持续学习新知识、跟踪行业发展动向对于版权人才而言尤为重要。

民间文艺版权人才的工作范围包括：负责民间文艺作品的版权登记，建立并完善版权档案管理系统，确保版权信息的安全与可靠性。主动监控市场动态，一旦发现侵权行为，即刻采取行动，包括通过法律途径解决问题，保护版权持有人的利益不受损害。同时，采用先进的数字技术手段，如数字水印和区块链，加大民间文艺作品的保护力度。此外，探索更多元化的传播渠道，增强作品的社会影响力。

五、民间文艺版权人才培养机制和路径

民间文艺版权保护与应用人才培养需结合职业教育与专业培训，涉及教育、法律、市场及国际版权合作等多方面。此机制旨在构建系统化培训框架，推动版权交易机构设立，促进作品保护和合理利用，提升国家文化软实力。同时，域外成功经验为我国提供了宝贵借鉴。

（一）通过版权保护赋能民间文艺人才成长

第一，版权教育与培训为民间文艺人才成长赋能。通过组织工作坊、讲座和在线课程，提升民间文艺人才对版权法律的认知，让他们了解如何注册版权、管理自己的版权资产，以及如何合法使用他人作品，避免侵权行为，从而保护自身权益。

第二，版权登记服务为民间文艺人才成长赋能。通过版权登记服务为民间文艺人才成长赋能，是一个促进创作保护、激发创新活力、提升市场竞争力的重要

途径。例如，内蒙古自治区版权局已在12个盟市部署了“民间文艺版权服务工作站”，为民间创作者等群体提供免费的版权注册服务，有效推动了作品的创造性转化。[①]通过建立一个用户友好、操作简便的在线版权登记平台，优化登记程序等相关举措，不仅为民间文艺作品提供了便捷的版权登记服务，还构建了一个全方位的版权保护体系，确保原创性得到充分尊重，激发创作者的创新热情，促进民间文艺的健康发展。

第三，版权交易平台建设为民间文艺人才成长赋能。构建高效的民间文艺版权交易平台，集信息发布、展示、交易、结算于一体，提供作品分类搜索、版权状态查询、在线预览、价格透明等功能，确保作品合法流通和商业化。平台对接版权登记系统，运用大数据和AI技术推荐作品，提供标准化合同模板和在线签约功能，并设立法律咨询服务。例如，景德镇国家陶瓷版权交易中心落成后，致力于为陶瓷艺术家及创作者提供全方位的服务，涵盖咨询指导、交易平台以及版权维护等，有效促进了经济效益的提升。[②]建议设立专责部门，加强政策保障，吸引人才投身民间艺术，推动文化传承与发展，提升艺术家社会地位，增强公众认知度和兴趣。

第四，版权立法与政策支持为民间文艺人才成长赋能。为民间文艺人才创造良好版权保护环境，有助于保护和传承民族文化，激励创新，促进文化产业繁荣。通过立法明确界定“民间文艺作品”的概念，包括但不限于传统音乐、舞蹈、戏剧、手工艺、民间故事、民俗艺术等形式，确保其得到与现代创作作品同等的法律保护。建立清晰的权利归属认定机制，解决民间文艺作品集体创作、世代传承特性下的版权归属问题。[③]同时，建立利益分享机制，确保创作者及其社群获得公平收益；鼓励数字化记录与传播，建立版权保护框架；提供法律援助服务，建立快速响应机制，打击侵权行为，保护创作者权益。

第五，版权服务体系建设为民间文艺人才成长赋能。通过版权服务体系建设，可以全方位、多层次地为民间文艺人才的成长提供支持，保障其合法权益，促进民间文艺作品的创作、传播与商业化，进而推动文化产业的繁荣发展。例

① 马芳．版权保护如何让民间文艺焕发新活力？［N］．内蒙古日报（汉），2023-06-02.

② 洪玉华．价值变现中提升经营者版权理念［N］．中国新闻出版广电报，2021-09-09.

③ 胡开忠．中国民间文艺作品版权保护障碍及解决路径［J］．中国版权，2024（1）：3-11.

如，建立全国性的民间文艺版权信息数据库，[①]收录各类民间文艺作品的基本信息、版权状态、权利人信息等，提供便捷的查询服务，便利版权确权、授权和交易；简化版权登记流程，采用线上线下相结合的方式，提供快速通道服务，特别是对民间艺人和小微企业实行费用减免或补贴，降低版权登记门槛；引入专业版权价值评估机构，为民间文艺作品提供客观、公正的价值评估服务，帮助权利人更好地理解作品的市场潜力，为授权和交易提供价格参考。

第六，国际版权合作为民间文艺人才成长赋能。加强国际版权合作，对于推动民间文艺作品"走出去"、提升其国际影响力至关重要。要遵守并推动国际版权规则的完善，为民间文艺作品的国际版权保护奠定坚实基础。与联合国教科文组织（UNESCO）、世界知识产权组织（WIPO）等国际组织合作，搭建民间文艺版权保护与交流的国际合作平台。举办国际论坛、研讨会，增进国际在民间文艺版权保护方面的对话与合作。与主要贸易伙伴和文化输出国签订双边或多边版权互认协议，简化版权跨境保护程序，确保民间文艺作品在海外也能得到有效保护，降低版权侵权风险。建立国际版权贸易促进机构，提供版权代理、市场分析、合同谈判等专业服务，帮助民间文艺人才和团体与国际出版社、影视公司、数字平台等建立合作关系，推动作品的海外授权与销售。同时，利用版权合作的契机，加强中国民间文艺品牌的国际宣传与推广，通过讲述中国故事、展现中国传统文化魅力，提升国家文化软实力和国际影响力。

第七，版权激励机制建设为民间文艺人才成长赋能。建立版权激励机制，旨在通过一系列积极的政策措施和奖励措施，激发民间文艺人才的创造力，促进高质量作品的产出，并确保创作者能够从其智力劳动中获得合理的回报。例如，设立专项基金，为有潜力的民间文艺项目提供启动资金或创作资助，尤其是对那些传承非物质文化遗产、具有地域特色或创新融合的作品给予优先支持；定期举办全国性或地方性的民间文艺作品评选活动，对获奖作品及其创作者给予荣誉表彰和奖金奖励，提高社会对民间文艺的关注度和认可度；建立公平透明的版权收益分配机制，确保创作者能够获得其作品版权使用、授权、销售等活动中产生的合

① 例如，中国记忆——中国传统文化艺术基础资源数据库（https://cefla.org.cn.）是文化和旅游部民族民间文艺发展中心主持建设的，以我国民族民间文化艺术为核心资源的专业性、学术性和开放性的数据库。该数据库规划内容包括文学、音乐、舞蹈、曲艺、戏曲等多个艺术门类的中国传统文化艺术资源，涉及文字、图片、声音、影像等各类介质。目前，该数据库的核心资源来源于《中国民族民间文艺集成志书》省卷及地方卷，兼及采集整编中国节日志、中国节日影像志、中国百部史诗等资源。

理比例收益。对于市场表现优异的作品，可额外设定分成奖励或版税提成。

第八，版权宣传与普及为民间文艺人才成长赋能。版权宣传与普及对于提升民间文艺人才的成长环境至关重要，它有助于形成尊重原创、支持正版的社会风气。具体措施包括：与电视台、广播电台、报纸杂志及网络新媒体合作，开设版权保护专题栏目或系列报道，深入挖掘民间文艺版权保护的重要性、成功案例及面临的挑战，提高公众认知度；利用社交媒体、视频网站、知识分享平台等互联网工具，发布民间文艺作品版权保护的短片、动画、图文教程等易于传播的内容，吸引年轻人关注，增加互动性和趣味性；在社区、学校、图书馆、文化中心等公共空间定期举办版权知识讲座、研讨会和工作坊，邀请版权专家、法律顾问、民间艺人等进行面对面交流，解答疑问，提升公众版权素养。

（二）优化民间文艺版权人才教育与培训机制

1. 优化培养内容

第一，版权法律教育。强化民间文艺版权保护与应用人才培养需加强版权法律法规教育，从基础教育到高等教育阶段全面覆盖版权意识培养。在职业教育中融入版权法律课程，设计全面深入的课程体系，采用案例教学，注重理论与实践结合，如模拟法庭、实地考察、实习项目等。借鉴欧美高校与版权行业合作模式，建设民间文艺版权人才的双轨制职业教育模式，聘请法律背景与了解民间文艺的专家担任讲师，并紧跟版权法最新动态进行教师培训，确保教学质量和内容前沿性。德国的"双轨制"教育体系值得借鉴。德国的一些技术学院与当地的文化创意产业合作，共同培养版权领域的专业人才。我们可以借鉴其经验建设民间文艺版权人才的双轨制职业教育模式。

第二，专业技能培训。强化民间文艺人才对传统艺术形式的精深理解和创新演绎能力，同时融入现代技术教育，是提升其在创作、传播及版权管理方面综合能力的关键。

对于专业技能培训，需组织深入的田野调查、大师工作坊、技艺传习班等，让学员亲身体验和学习传统民间艺术的核心技艺和文化内涵，如剪纸、刺绣、陶艺、民乐演奏等，确保传统艺术的原真性与纯粹性得以传承。同时，教授数字技术、互联网平台创作和传播技巧，鼓励传统艺术与现代科技融合的创新实践。项目实践应涵盖创意策划、技术实现、版权保护到市场推广全过程，以提升学员实际操作能力。

第三，国际视野培养。为促进民间文艺人才的国际化发展，可与国际法学院、版权机构合作开发国际版权法律课程，提升学员国际法律素养；参与跨国文化遗产保护项目、国际版权论坛等，提供国际合作平台；提供海外研修、实习机会，学习国际市场运作与版权管理；定期举办或参与国际艺术节、研讨会等活动，增进对国际趋势的理解；鼓励学习第二、第三语言，提高跨文化交流效率与深度。

第四，建立跨学科课程体系。为适应民间文艺领域版权保护与创新发展的复合型人才培养需求，高校与职业教育机构应积极创新教育模式，开设一系列跨学科融合课程，将法学领域的版权法、知识产权管理与民间文学艺术学、文化研究、信息技术等多学科知识紧密联结。通过精心设计的课程体系，传授基础理论并注重实践应用与创新能力培养；鼓励并引导学生跨越传统学科界限，选修跨学科课程组合，参与跨学科活动，拓宽视野，提升解决复杂问题的能力。同时，通过国际交流、行业实习及社会服务项目，将理论学习与社会实践结合，培养具有深厚专业知识、国际视野和社会责任感的高素质人才，为民间文艺传承与创新贡献力量。

2. 优化培养方法

第一，创新与实践结合。在职业教育和培训中，注重创新思维的培养，结合民间文艺的特色，旨在激发人才潜能，推动传统文化的创造性转化与创新性发展。

（1）创新思维培养。首先，注重开设跨界融合课程。设计课程体系时融入艺术设计、数字媒体、产品创新等跨学科内容，鼓励学员将传统艺术形式与现代科技、流行文化相结合，探索新颖的表达方式。例如，在“互联网+”时代背景下，花鼓灯舞蹈艺术领域的创作与表演人才培养体系已经融入了现代网络技术的力量，以此革新教育方法与手段。该体系旨在激发学生的自学主动性，通过构建特色化的在线花鼓灯舞蹈教程和互动平台，不仅定制教学内容以满足不同学习需求，而且着重培养学生持续学习的动力与潜能。[①]其次，开设创意工作坊。定期举办创意工作坊，邀请不同领域的艺术家、设计师、科技专家作为导师，通过头脑风暴、原型设计等活动，激发学员的创新思维。再次，注重案例分析与实践。分析国内外成功案例，特别是那些成功将传统艺术与现代元素融合的实例，鼓励学员在理解的基础上进行模仿与创新实践。

① 李夏．“互联网+”背景下花鼓灯舞蹈艺术创作和表演人才培养体系发展研究［J］．大众文艺，2023（11）：196-198.

（2）版权知识与技能教学。教授版权法律基础知识；详细介绍版权登记的流程、所需材料、费用及注意事项，通过模拟练习让学员掌握版权登记的实际操作；讲解版权侵权的常见形式，如何识别侵权行为，遭遇侵权后的应对措施；教授版权授权、转让、许可使用等基本知识，以及如何评估作品版权价值、谈判技巧、合同撰写与审查等，提升学员的版权交易能力。鉴于数字时代的特性，特别强调数字版权的管理，包括使用数字水印、区块链等技术进行版权保护和追踪，以及如何利用互联网平台进行版权作品的合法传播与营利。

（3）实践与国际合作。组织学员参与真实的版权保护与商业运营项目，如协助艺术家进行版权登记、参与版权交易谈判、处理版权纠纷等，通过实践巩固理论知识。鼓励学员参与国际版权论坛、艺术节、工作坊等，了解国际版权保护的最新趋势，学习国际先进经验，同时展示中国民间文艺的创新成果，促进国际合作与交流。

第二，产学研合作。为更有效地在民间文艺领域构建校企合作平台，促进学生对版权保护的深入理解和实践操作能力，需要加强教育与产业的深度融合，推动文化创新与保护的可持续发展。首先，建立多元化的合作模式。除了传统的实习、工作坊和项目合作外，还可以探索“导师制”合作，邀请行业专家作为校外导师，指导学生进行版权案例分析、模拟版权谈判等实战训练。同时，开展“驻校艺术家”项目，让民间艺术家进校园，与学生共同创作，实地传授版权保护的实践经验。其次，开发版权教育课程体系。结合民间文艺的特点，与企业合作开发版权法律法规、版权管理与运营、数字版权技术等系列课程。课程内容不仅要涵盖理论知识，还应包括国内外最新案例分析、版权登记流程、侵权监测与维权策略等实用技能。此外，还可以搭建版权保护模拟平台。利用信息技术建立一个虚拟的版权保护与管理平台，让学生在模拟环境中体验版权注册、授权许可、版权交易、侵权监测等全流程操作，增强实践操作能力和问题解决能力。

3. 优化师资力量

第一，专家咨询与研究。为深化民间文艺版权保护的理论探索与实践创新，可组建一个由法律专家、文化学者、行业领袖及资深从业者构成的高级别专家咨询委员会。该委员会将专注于前沿理论研究，分析国际国内版权保护动态，结合民间文艺特点，开展针对性强、实操导向的研究项目。其核心任务包括但不限于：为政府决策提供科学依据与战略建议，参与制定和完善相关法律法规；开发一系列既符合国际标准又贴近本土需求的版权保护培训教材与教学资源，覆盖从基础理论到案例分析，再到最佳实践操作的全方位内容。通过这一机制，不仅能够有效提升民间文艺版权保护工作的专业化水平，还将为相关职业教育与专业培训注入鲜活的实践智慧与深度的理论支撑，促进整个行业的健康可持续发展。

第二，师资力量的培养与引进。为不断提升民间文艺版权保护与应用教育的质量与影响力，必须重视并强化师资队伍的建设。这包括制订系统的师资培养计划，鼓励现有教师通过参加国内外高水平的专业培训、学术会议、工作坊等，不断更新专业知识，深化对版权法规、案例分析、技术创新等领域的理解与应用能力，确保教学内容紧跟时代脉搏，提升教学质量与教学方法的创新性。同时，积极引进具有深厚行业背景和高水平学术造诣的专家、学者加入教学团队，他们不仅能够带来最前沿的实践经验与研究成果，还能指导学生开展高水平的研究项目，参与复杂的版权保护实践，为学生提供宝贵的实战经验和深层次的学术指导。构建这样一支理论与实践并重、国际视野与本土情怀兼具的高水平师资队伍，可以有效激发学生的学习热情，培养出更多具备解决实际问题能力、适应行业发展需求的复合型人才，为民间文艺的版权保护与可持续发展奠定坚实的基础。

（三）优化民间文艺版权人才职业认证与评价选拔体系

1. 人才评价体系

构建一个既科学严谨又符合民间文艺领域特色的版权保护与应用人才评价体系至关重要。该体系应综合考量理论知识、实践能力、创新意识、职业道德等多个维度，采用定性与定量相结合的方式，确保评价的全面性和公正性。通过建立动态评估机制，定期跟踪人才的成长轨迹和工作成效，为个人职业发展规划提供精准反馈，同时为教育资源的优化配置提供依据。

2. 人才认证体系

建立民间文艺版权保护与应用领域内的职业认证体系，明确各级别认证标准，为人才提供清晰的职业晋升路径。创建跨行业、跨领域的合作平台，促进民间文艺版权保护人才与文化产业、法律服务、科技创新等行业的深度交流与合作，拓宽职业发展渠道。支持人才参与国际版权保护项目、国际组织交流、海外研修等，提升其国际视野和跨文化沟通能力，为人才提供全球范围内的职业发展机遇。为民间文艺领域版权保护与应用人才提供广阔的职业发展空间和晋升机会，鼓励其长期从事版权保护工作。同时，加强与产业界的合作，推动人才在产业界的实践和应用。

对于认证体系构建可设计初级、中级、高级三个或更多级别的专业资格认证，对应不同的知识深度与技能要求，从基础理论到高级策略应用，形成递进式的培养与考核体系。认证考核应涵盖理论知识、实践操作、案例分析、法律政策理解、伦理道德等多个维度，确保认证持有者具备全面的专业素养。例如，河南省修订完善了《河南省民间艺术人才职称评定办法》，其中就设计了初级民间艺术师、中级民间艺术师、高级民间艺术师等不同职称，以及相对应的不同的评审条件。[①]又如，2018年第三届广东省民间文化技艺大师评选活动，三批共评选55名民间文化技艺大师。[②]

为确保民间文艺领域版权保护与应用人才培养的认证体系有效，须做到：（1）认证内容与课程对接。与已有的培训课程体系紧密对接，确保认证考试内容与培训课程内容高度一致，便于学员通过系统学习达到认证标准。引入持续教育机制，要求持证人定期参加进修课程或相关活动，以维持并提升其专业能力，同时设定再认证周期，确保知识与技能的时效性。（2）行业与学术认可。邀请行业组织、知名企业、法律机构等参与认证标准的制定与考核，确保认证的行业适用性和权威性。与高等院校、研究机构合作，引入学术评估标准，增强认证的学术性和前瞻性。（3）国际认证对接。参考国际版权保护与管理的通行标准，如世界知识产权组织的相关认证，使国内认证具有一定的国际认可度，便于人才的国际交流与合作。（4）认证流程透明化。公开认证申请流程、考核内容、评分标准等信息，确保认证过程的透明公正，增加学员与社会的信任度。（5）考核与认证方式。采取笔试、实操考核、项目评审、面试答辩等多种考核方式，全面评估申请人的专业能力。利用区块链等技术，推出电子证书，方便查询验证，同时保护证书的唯一性和防伪性。

3. 人才选拔与推荐体系

不断创新并优化优秀人才的选拔与推荐体系是发现举荐人才的重要路径。可以通过举办相关的评选表彰活动进行人才举荐。例如，中国文学艺术界联合会持续致力于举办“全国中青年德艺双馨文艺工作者”评选表彰活动，以此激励行业典范。同时，深入推行全国中青年文艺人才海外研修项目及青年文艺人才专项培养计划，进一步强化中国文学艺术发展专项基金的扶持效能，专注于青年文艺人

① 河南省民间艺术人才考核评定办法（试行）[EB/OL].（2022-12-12）[2024-09-25]. https://hrss.henan.gov.cn/2023/01-12/2672213.html.

② 扎根岭南　礼敬传统　推动民间文艺在新时代高质量发展——广东省民协2017—2022工作巡礼[N]. 中国艺术报，2022-07-29.

才创作的激励措施，致力于营造一个有利于青年文艺骨干茁壮成长与才华施展的优越环境。这一系列举措旨在促进各艺术门类的代际传承，激发新星辈出，确保文化艺术领域的活力与繁荣。①

课题组组长：刘德伟

课题组成员：万建中　吴元新　赵香　李竞生　余志华　孙立新　刘炳强　田晓　李华东　陆景明　张凝　李文龙　曹莹　郑鑫　谢麟　唐磊

课题承担单位：起源地文化传播（北京）中心

协作单位：中国文联民间文艺艺术中心
中国民间文艺家协会中国起源地文化研究中心

① 吴华，张璐. 创新体制机制 培养优秀文艺人才——第十次全国文代会以来文联工作巡礼之四［N］. 中国艺术报，2021-11-29.

第四编

版权产业研究

我国版权资产证券化融资问题研究

孙凤毅[*]

摘要： 融资问题是制约版权产业发展的首要问题。破解资金困境离不开资本市场支持。本报告采用文献分析法等进行研究探讨。借助融资变现工具搭建版权产业与资本市场的直接融资平台，促进版权资产的流通转让与金融化发展，助力金融强国建设。详解融资变现工具运作机理，准确提出应对策略。研究认为，以版权资产ABS为代表的融资变现工具发展，有利于拥有国内众多版权资产的行业机构通过资本市场弥补财政资金投入不足与产业发展资金短缺问题，提升版权产业的金融能力，推动版权产业与金融业的深度融合，加快中国特色版权金融融资体系建设，推进中国式现代化版权产业高质量发展。

关键词： 版权资产；金融强国；版权资产支持证券；直接融资

金融是现代市场经济中的核心。任何产业崛起的背后都离不开金融市场支持，版权产业也是如此。2023年10月的中央金融工作会议首次提出“金融强国”概念，强调要“充分发挥资本市场的枢纽功能”[①]。版权产业要破解当前的资金困境需要借助金融手段，充分发挥资本市场力量，把版权金融作为“加速器”和“催化剂”，将版权资产转化成版权产业发展所需的资金，扭转版权相关企业的资金劣势，已经成为版权产业高质量发展的必然选择。金融强国的目标是构建现代金融体系，资本市场是现代金融的核心，而资产流动性创造是资本市场的核心功能，它通过资产支持证券化等方式让社会资产流动起来，以创造更高的效率。2024年1月16日，习近平总书记在省部级主要领导干部推动金融高质量发展专题研讨班开班式上强调“提高我国金融资源配置效率和能力”[②]。金融强国建设，不仅意味着要提供更好融资渠道，更好地发挥资本市场枢纽功能，更重要的是在理念上注重资源配置功能精准高效，为人民美好生活服务[③]。金融作为现代经济体系中承载资源流动与配置的关键功能体系和运作工具[④]，通过资本市场有效连

---

* 孙凤毅，中央财经大学文化与传媒学院副教授、硕士生导师，本课题组组长。

① 中央金融工作会议在北京举行［N］. 人民日报，2023-11-01.

② 习近平在省部级主要领导干部推动金融高质量发展专题研讨班开班式上发表重要讲话［N］. 人民日报，2024-01-17.

③ 王文，蔡彤娟. 建设金融强国：概念、定位与政策落点［J］. 金融经济学研究，2024（1）：150.

④ 易宪容. 构建适应经济增长新模式的现代金融服务体系［J］. 人民论坛·学术前沿，2020（22）：10.

接起版权产业与金融业，构建起版权金融的直接融资市场体系，运用融资变现工具激活版权资产，推动版权金融服务模式创新发展。

作为版权金融融资体系“皇冠上的明珠”，版权资产支持证券（Copyright Asset-Backed Securities，以下简称“版权资产ABS”）是一种全新的融资变现工具，具有创造资产流动性、降低融资成本、活跃资本市场的现实意义，可以说是版权金融融资体系的一个“牛鼻子”。版权资产作为一种可以用来进行融资的金融工具，是版权拥有者授权许可他人传播、使用以及由此获得经济利益的权利。由版权资产衍生而来的特许合同、特定授权许可费收益及著作权具体化商品销售合同等债权能够给版权著作权权利人带来一定的经济利益，由于这些经济利益达到一定规模时将能够产生支持证券发行的可预见的稳定的现金流，这便成为版权资产ABS融资变现的前提和基础。发展和做好版权资产ABS，不仅能够帮助版权企业充分发挥版权资产价值，实现从版权资产向金融资产的转化；而且由于其涉及版权金融体系的各个领域，还能有效地促进版权产业高效运行、版权资源合理流动与配置，挖掘版权资产金融潜力，提升版权产业金融能力；更能为社会提供更多投资渠道，引导社会闲散资金进入版权产业，推动版权产业与金融产业深度融合，活跃资本市场，推动中国特色版权金融融资体系现代化建设。

一、版权资产与版权资产证券化融资

（一）版权资产：明天的流动资金

1. 版权：经济学意义的“资产”

版权亦称“著作权”，指文学、艺术和自然科学、社会科学作品的作者及其相关主体依法对作品所享有的人身权利和财产权利。主体主要有自然人、法人、其他组织。根据我国著作权法规定，版权的内容既包括著作人身权，也包括著作财产权[①]，特别是版权的财产权利，可以使权利人以自用、转让或许可的方式获得可观的经济利益。经济上的可获利性也是版权的专有性特征。以上权利，著作权人可自己行使，也可授权他人行使，若他人想行使以上权利，须得到著作权人

① 严钧．我国著作权质押制度研究［D］．武汉：华中科技大学，2014.

的许可，否则构成侵权行为[①]。

著作人身权是指作者通过创作表现个人风格的作品而依法享有获得名誉、声望和维护作品完整性的权利。著作人身权包括发表、署名、修改、保护作品完整的权利。发表权顾名思义即为决定作品是否公布于众的权利；署名权是表明作者身份，在作品上署名的权利；修改权为作者自己修改或者授权他人修改作品的权利；保护作品完整权又被称为著作精神权利，是一种保护作品不受歪曲、篡改的权利，是一种作者对其作品所享有的各种与人身相联系或者密不可分而又无直接财产内容的权利。著作人身权具有专属性，由作者终身享有，不可转让、剥夺和限制。一般由其继承人或者法定机构在作者死后对该权利予以保护。

著作财产权是一种以物质利益为内容的权利，作者对其作品自行使用或被他人使用，从而享有收获的物质利益的权利。其主要体现在著作权法第10条第5至17款的规定中，根据定义可以将其划分为使用权、获得报酬权这两种权利。使用权指的是著作权人自己通过各种方式利用其作品，享有由此带来的经济收益的权利；获得报酬权指的是著作权人通过将自己作品的全部或者部分支配利用权转让给他人，或者直接授权他人使用，从而获得受让人或被许可人依约定或法律规定所支付的相应报酬的权利。我国对著作财产权的规定大致可以分为15项，主要可以划分为复制权、演绎权、传播权三大类。其中，复制权有狭义和广义之分，狭义的复制权一般指的是以同样的形式制作作品复制件的权利；广义的复制权除狭义复制权涵盖的内容之外，还包括以不同形式表现作品。从我国著作权法的有关规定可以看出，我国的著作权复制权是一种狭义的复制权。演绎权包括摄制权、改编权、翻译权。其中摄制权指的是以摄制电影或者以类似摄制电影的方法将作品固定在载体上的权利。改编权是以原作品为基础，通过变更其形式重新表现该作品内容，创作出具有独创性的新作品的权利。翻译权是一种对原作品进行派生或演绎的创作，将原有的作品通过其他文字、符号、语言来解释或表现的权利。发行、出租、展览、表演、播放、信息网络传播权等共同构成了传播权。发行权指的是向公众提供相当数量的作品的复制件的权利，主要包括出售、出租、散发图书作品、电影电视作品、录音录像、美术摄影作品、计算机软件等。出版是由复制和发行共同构成的，因此发行权的行使往往与复制权是联系在一起的。出租权是指有偿许可他人临时使用电影作品和以类似摄制电影的方法创作的作品、计

① 安晖．著作权质权问题研究［D］．太原：山西大学，2008.

算机软件的权利。展览权，是指将作品原件或复制件向公众展示的权利。表演权和播放权都可以由作者自己行使或者授权他人行使。表演权指的是向不特定的多数人公开表演作品的权利。播放权指通过电台、电视台的无线发射、有线发射或类似技术设备传播作品的权利。信息网络传播权是指以有线或者无线的方式向公众提供作品，公众可以在其个人选定的时间和地点获得作品的权利。

从版权产业发展的角度出发，本研究强调“版权”经济学属性，更注重于版权预期产生的经济价值，“在经济学中，版权是一种财产权，是对知识、信息和科技成果进行排他性使用、支配的一种权利……版权的价值和意义就在于它能激励社会有效地配置和使用知识、信息资源。”[①]经济学意义上的版权是一种能够带来收益的资产，是一种重要的无形资产，是版权产业发展的核心竞争力所在。从融资角度来说，版权价值的实现在于版权要进入市场交易流通与运作，“无形文化的流通服务可以带来很高的文化价值，而文化的一部分可以直接带来经济价值”[②]。当无形的版权成为一种产品进入金融活动中，此处的版权金融活动强调的是进行版权资源的开发、利用和经营等金融活动。[③]

2. 版权资产的经济学含义与分类

资产（Assets）是一个经济学领域的概念。资产是指特定权利主体拥有或控制的并能给特定权利主体带来经济利益的资源[④]。在经济学中的资产是指一切财产，即一定时点的财富总量，由一定数量的物质资料和权利构成。《国际评估准则》（International Valuation Standards）在讨论资产定义时强调资产的权利特征时认为：“在资产评估中，资产更多地被理解为是基于某项资产的各种权利的排列与组合。”版权是版权企业的核心资源，通过对版权内容的生产、管理、运营，形成了版权资产，既构成了版权企业的核心竞争力，也成为促进版权产业繁荣发展的核心要素。

版权资产当然属于“资产”范畴。版权资产的概念界定也应当从经济学角度来确定，其内涵更接近经济学中的资产，而其外延则包括内在经济价值以及市场交换价值的所有实物和无形的权利。当然，版权资产是在版权这一权利基础上形成的，如果版权这一权利本身不存在，则不会有后续的版权资产。因此，研究认

① 吴赟. 现代出版业发展的重要基石——版权的经济特质探论［J］. 大学出版，2009（1）.

② 王磊. “文化资本全要素生产率”的实证研究［D］. 北京：北京邮电大学，2009.

③ 谢婉若. “版权”与“金融”的第一次拼合——“版权金融”的内涵与对接路径［J］. 出版发行研究，2012（3）：24-27.

④ 2010年全国注册资产评估师考试用书对资产含义的界定。

为，版权资产是指依附版权而形成的、由某一特定主体因过去的交易或事项而获得或控制的、能给其带来可预期的未来经济利益的资源，具有可交易性、易转化性、可增值性和可抵押性等特征。在这里，特定主体既可以是国家机构，也可以是组织或者个人。主体可以通过已获得的排他性权利，使用能够以货币计量的版权资源并使其产生经济效益。特定主体并不一定总是对版权资源具有完全所有权权利。作为能够给经济主体（版权资源的拥有者或控制者）带来经济利益的资源，版权资产是一种战略性资产，体现为有形的物质载体和无形的精神资产。在经济学中的资产是指一切财产，即一定时点的财富总量，由一定数量的物质资料和权利构成。因此，版权资产既包括版权相关物的股权、债权、物权及版权等各种资产与权益，还包括为版权相关物的权益流转提供的服务。版权资产的核心是版权本身。作为一种典型的无形资产，版权资产表现为一系列的权利，来源于国家法律的明确规定，既有准物权性质的版权的各项权利、传播他人作品而添加的新权利，也有在版权贸易过程中依据合同享有的债权，这些权利从理论上均可以进行价值估定，属于可以为企业带来经济利益的资源。

目前，学界对“版权资产”界定比较有代表性观点包括：有学者将版权资产界定为“权利人所拥有或者掌握的、能够持续发挥作用并且预期能带来经济利益的版权的财产权益以及与版权权利相关的财产收益”①；有学者认为版权资产是指“企业拥有或者控制的、能够持续发挥作用并且预期能带来利益的著作权的财产权益和与著作权有关权利的财产权益”②；有学者认为版权资产是指“企业所拥有并且可以控制的，能够长期发挥作用同时带来预期经济收益的版权财产和与版权有关权利的财产”③；有学者认为“文化企业的版权资产是指文化企业所拥有或者控制的、能够持续发挥作用并且预期能带来经济利益的著作权的财产权利和与著作权有关的财产权利”④；有学者从会计学角度进行界定认为“版权资产是指版权企业通过投资开发、版权贸易或置换等经营手段获得版权对象所具有的账面价值，版权对象具有财务属性，可以进入企业的资产登记表，构成版权资产”⑤。这些对于版权资产的界定，更多的是从法律视角出发，各有特色；同时也有从资产评估学、会计学角度进行界定，这种视角的界定可能更有利于促进版

① 吴洁明，等．版权资产管理体系研究［J］．科技与出版，2015（12）：59.
② 王红英．版权资产管理［M］．上海：上海远东出版社，2023：26.
③ 陈潇婷．基于会计学公允价值的版权价值评估研究［D］．武汉：武汉大学，2019.
④ 王家新，刘萍，等．文化企业资产评估研究［M］．北京：中国财政经济出版社，2013：38.
⑤ 陈震，汪忠．文化企业版权资产的挖掘、运营与保护［M］．广州：南方日报出版社，2018：17.

权产业的发展。因此，研究认为，依据我国颁布的《企业会计准则——基本准则》及国际会计准则委员会制定并公布的《国际会计准则》（International Accounting Standards，IAS）等，版权资产的概念界定从经济学角度进行阐释为宜。作为版权产业的核心资源，版权资产需要进行有效的价值评估，并借助金融手段参与到经济活动中，通过市场交易行为将其转化为相应的版权产品，开发与运营，不断使其价值得以实现和增值。版权的产生就是版权相关企业的原创生产过程；版权的流转就是版权相关企业的经营开发过程；版权的开发收益是版权相关企业的主要现金流，因此，通过对版权内容的生产、管理、运营，形成了版权资产。[①]版权在参与经济活动过程中，主要通过其财产权利的转让和许可使用发挥作用，文化产品及服务也正是通过版权这种独特的价值载体，在生产和经营中与其他有形资产相结合，能够对企业的经济效益产生较强的叠加与放大效应，从而使版权的财富属性、产品属性和高附加值属性更加凸显，这些属性使它成为版权产业的重要生产要素和财富资源。

作为一种“轻资产”或者无形资产，版权主要通过其财产权利的转让和许可使用发挥作用；通过对版权内容的生产、管理、运营，形成了版权资产；[②]通过金融手段将版权资产的融资价值（如本身价值和附加价值）体现出来。[③]版权资产概念相当广泛、种类繁多，而恰当的版权资产选择则是探索版权金融融资变现工具的基础与前提。

借助资本市场运用版权金融融资工具将版权资产转化成产业发展所需的资金，扭转企业资金劣势，成为版权产业发展的必然选择。版权资产是一种财产权益，源自著作权的财产权[④]。版权金融融资变现工具——版权资产ABS的对象资产是能够在未来产生现金流的版权资产，大致可以划分为传播权、商业复制权和许可使用权；又可细分为发行权、展览权、放映权、信息网络使用权、电视转播权、广播转播权、新媒体转播权等（图1）。

① 黄玉波，等．版权资产的金融化——文化与科技融合的投融资政策体系构建探讨［J］．2014（6）：136．

② 杜颖，等．我国版权金融的发展路径与运行机制研究［J］．中国版权，2023（1）：24．

③ 金巍．版权金融机制、政策与创新实践简析［J］．中国版权，2022（1）：14．

④ 常夷．文化企业版权资产管理对策研究［J］．经济论坛，2019（4）：137．

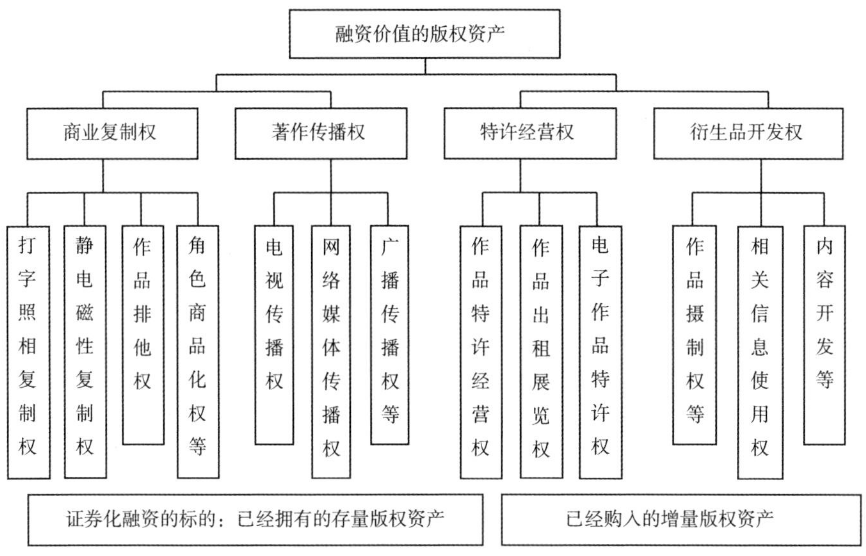

图1　融资价值的版权资产分类[①]

通过将这些版权资产未来所能产生的收益进行打包重组的方式发行证券，既可以为版权拥有者或机构筹措大量的资金，也可以使版权资产所有人在开发与运营中的风险分散开来，避免风险过于集中。版权资产ABS可以说是将版权资产的未来收益提前兑现，从一定角度来看，这实际上是为版权的未来收益买了一份“保险”，确保了版权的最低收益。[②]搭建版权产业与资本市场的直接融资平台，促进版权资产的流通转让与金融化发展，助力金融强国建设。

3. 作为证券化融资的版权资产

融资是资金的调剂融通行为，是指融资主体通过某种方式运用金融工具，从潜在投资者手中获得所需资金的过程。其目的主要是调剂资金余缺，并使之导入投资领域。作为融资的标的，融资的版权资产更接近经济学上的资产；[③]也比会计学中的版权资产的范围要宽。[④]美国学者弗兰克·J. 法博奇（Frank J. Fabozzi）认

① 本报告图表均由课题组绘制。

② Bruce Berman. From Ideas to Assets：Investing Wisely in Intellectual Property［M］. New York：Wiley，2002.

③［美］康芒斯. 制度经济学［M］. 北京：商务印书馆，1962：93.

④［日］古川令治，张明. 资产证券化手册［M］. 北京：中国金融出版社，2006：24.

为，证券化融资的资产可分为“现有的资产和应收款”与“未来将产生的资产和应收款”两种类型。[①]资产支持证券中的版权资产应从经济学定义出发进行界定。[②]任何能够产生现金流的版权资产都可以被称作证券化的资产。[③]证券化表面上是以资产为支持，但实际上是以资产所产生的现金流为支持。[④]版权资产证券化融资从性质上说应当属于资产证券化融资的一种，是一种特殊的资产支持证券。其特殊性主要应当归因于客体，即基础资产的特殊性。版权资产能否成功地进行证券化融资，关键在于被证券化融资的版权资产特性能否与资产证券化融资的特点很好地结合。可以进行证券化融资的基础资产必须是具备良好的历史记录和可以预测的稳定的未来现金流。这是版权资产证券化融资的首要条件。从表面上看，版权资产证券化融资是以版权资产为支撑，但实际上它却是以版权资产所产生的现金流为支撑，这是版权资产证券化融资的本质和精髓。只有满足了一定的条件的版权资产，才能成为版权资产证券化融资的基础资产。换句话说，版权资产证券化融资所“证券化”的不是资产本身，而是资产所产生的稳定的现金流。

版权资产证券化至今尚未形成一个统一的定义，作为沟通传统的直接融资和间接融资的一个有效通道，其本身正处在不断完善和深化的过程中。一般认为，版权资产证券化是指将缺乏流动性、但具有某种可预测现金收入属性的版权资产或版权资产组合，转换成为在资本市场上可出售变现的证券的过程。在现实金融活动中，并不是所有的版权资产都能作为被证券化的基础资产，拟进行证券化的基础资产必须符合基本要求，应具备以下属性。

一是满足法律方面的要求。即基础资产应是合法财产，必须符合法律法规，权属明确。这就要求基础资产需在法律上能够准确、清晰地予以界定，并可构成一项独立的财产或财产权利；而且权属明确，没有争议，能够合法、有效地转让。对于比较特殊的收益权类基础资产，需要关注基础资产在法律层面如何界定，是否有法律法规依据；关注形成该基础资产的法律要件是否已经具备，原始权益人是否可以据此合法转让基础资产等，以确保交易的基础是合法的，具体条款应很明确。2013年3月15日，中国证监会颁布的《证券公司资产证券化业务管理规定》（以下简称《管理规定》）第8条指出：“本规定所称基础资产，是指符合

① Frank J. Fabozzi. Capital Markets: Institutions And Instruments [M]. Englewood Cliffs, N.J. Prentice Hall, 1995. 北京：中国人民大学出版社（第4版），2015：92.

② 王家新，刘萍．文化企业资产价值评估［M］．北京：中国财政经济出版社，2013：38.

③ 黄嵩．资产证券化理论与案例［M］．北京：中国发展出版社，2007：104.

④ 何小锋．资本：资产证券化［M］．北京：中国发展出版社，2013：59.

法律法规，权属明确，可以产生独立、可预测的现金流的可特定化的财产权利或者财产。”第九条指出：“法律法规规定基础资产转让应当办理批准、登记手续的，应当依法办理。法律法规没有要求办理登记或者暂时不具备办理登记条件的，管理人应当采取有效措施，维护基础资产安全。基础资产为债权的，应当按照有关法律法规将债权转让事项通知债务人。”基础资产的法律瑕疵尽可能少，没有抵押或质押但权利限制情况存在，这是为了减少不必要的法律纠纷，提高证券化交易的效率。

二是可以产生独立的、可预测的现金流。即可以证券化的版权资产的历史统计资料应较完备，其现金流具有某种规律性，这意味着资产未来获取的现金流应该是可以计算出来的，资产的出售价格，证券品种设计和发行规模，都将区别取决于预期的现金流大小。现金流收入需由可以评估的要素组成，需有明确的计量方法、核对凭证等，需要关注基础资产现金流近年的历史记录、波动性，关注现金流预测的考量因素与依据等因素。

三是具有明显的信用特征，质量和信用等级能够被准确评估。被剥离出来的资产未来应具有可靠的现金流收入，并且这种资产权益相对独立，可以同其他资产形成现金流，这是可以被证券化的基础前提。在资产证券化过程中，几乎所有的资产证券化都包括某种形式的信用增级，由于证券投资者可能承担流动性风险，就需要通过信用增级来获得信用和流动性的支持，以降低发行人的成本。从国外来看，典型的资产证券化是把许多风险水平相近的资产捆绑在一起，组成一个资产池，通过信用评级机构的信用评级，以该资产为支持发行证券。在统计学意义上，如果被捆绑在一起的这些资产的坏账风险的数学期望和离散程度比较接近，则便于信用评级对资产的风险做出准确评估。

四是资产池的合理组合。资产池内资产的本息偿还要能分摊在整个证券的生命周期内，资产债务人具有多样性，这需要依赖资产证券化的资产组合机制。在构建资产池时，资产既要具有一定的分散性，即能够相互消除非系统性风险，又要有一定的规模性；规模越大，组合的效应就越明显，组合的现金流就越具有平稳性，并能通过分摊证券化过程中的固定费用，如法律费用、会计和承销费用而降低资产证券化的成本。

五是选择那些比较适合证券化的资产。如平均还款期至少一年，即可证券化资产的现金流收入至少是一年以后实现，资产证券化是为了提高资产的流动性，因此，一年以上的偿还期才可能促使发起人进行资产证券化运作；拖欠率和违约率低的资产，即资产获取偿付的拖欠率和违约率要维持在一个较低的水平，过高的拖欠率和违约率无疑会提高资产证券化的成本；完全分期偿还，即贷款本息的偿还分摊于整个资产的存续期间；清算值高，即要求证券化资产有较高的变现价值，或对于债务人的效用很高，以降低投资者的风险。

通常，具有以下属性的版权资产是难以进行证券化运作的：第一，资产池中的资产数量较少或金额最大的资产所占比例过高；第二，资产的收益属于本金到期一次偿还；第三，付款时间不确定或付款间隔期过长；第四，资产的债务人有修改合同条款的权利。[①]

（二）版权资产ABS：基于资产信用的融资变现工具

在庞大的版权资产和有限的版权金融规模之间存在供需背离问题，而如何将版权资产转化为版权产业发展所需资金，这就需要在版权资产基础上搭建起连接资本市场与版权产业一座桥梁，即版权金融融资变现工具——版权资产ABS。

版权资产ABS本质上是一种结构性融资，是以在未来能够产生现金流为支持的证券。关于证券化的内涵，无论是实业界还是学术界，都尚未形成统一的认识。“资产证券化”这一术语由美国投资银行家Lewis S. Ranieri于1977年在一次同《华尔街日报》记者讨论抵押贷款过手证券时首次使用，此后，“资产证券化（Asset Securitization）”一词在金融界逐步流行起来[②]。它由“Asset Securitization”或“Securitization”直译过来。其中，“资产”是证券化的对象和客体，“证券化”是将资产转换成为证券的过程。Steven L. Schwarcz认为“证券化”这一术语特别用于以资产产生的现金流作为支持发行证券[③]。借助证券化（Securitization）技术，将原始权益人不流通的存量资产或可预见的未来收入构造成和转变成为在资本市场上可销售与流通的金融产品的过程，称之为资产支持证券（Asset-Backed Securities，ABS）。

世界上最早的版权资产ABS实践是诞生于美国的大卫·鲍伊证券（Bowie Bonds），以音乐版权的未来收益为资产，标志着版权金融融资变现工具的出现，自此版权金融开始步入大众视野。此后，英国、日本、意大利等国家也相继开始版权资产ABS的探索，“证券化是一个精心构造的过程，贷款和其他应收账款被

---

① 藏天柱．投资银行运作理论与实务［M］．北京：经济管理出版社，2010：339.

② Leon T. Kendall，Michael J. Fishman. A Primer on Securitization. Massachusetts［M］. The MIT Press，1996：31.

③ Steven L. Schwarcz. The Alchemy of Asset Securitization［J］. Stanford Journal of Law Business & Finance. 1994（1）：133-135.

包装并以资产支持证券的形式出售”[1]。该项技术在短短40多年时间内超越其他融资工具，成为资本市场的“新宠”并风靡全球。版权资产虽然是一种无形资产，但是它可以通过资本市场的力量将版权资产的价值挖掘出来。资产支持证券（ABS）是版权资产融资变现工具的主要模式。研究表明，资产支持证券（ABS）可使发起人摆脱对金融媒介的依赖，通过资本市场实现低成本融资。[2]

版权资产ABS是指将版权作为一种资产进行融资，是以版权资产为基础资产发行融资的版权资产运营方式，着眼于未来预期收入，是现代技术创新与金融一体化的重要体现。具体指发起人以版权未来可产生的现金流（包括预期的版权许可费和已签署许可合同中保证支付的使用费等）作为基础资产，通过制度设定的组织结构安排，将风险与收益等要素进行分离与重组，并将其转移给特殊目的载体，由该载体发行可流通权利证券进行融资的整合过程（图2）。对于发起人来说，是一种新型、可供选择的融资变现工具，将未来收益提前实现，解决资金流动性难题。

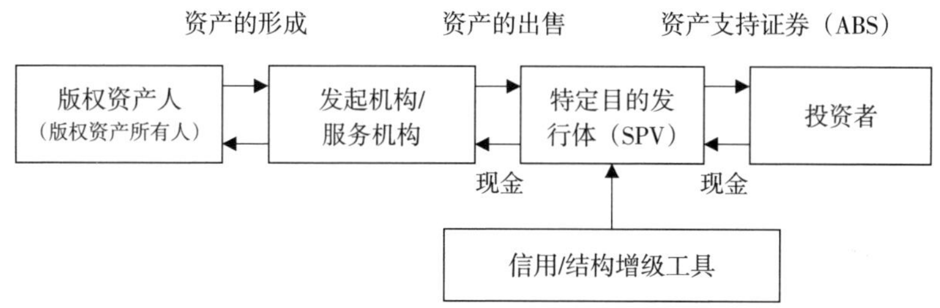

图2　版权资产ABS的基本结构流程

版权资产ABS主要有两种形式，一种是直接将既存的版权资产证券化，重点在于将既存的版权资产进行收益规划，又可以称为“收益型”版权资产证券化融资；另一种是将版权资产的未来许可使用收益（如传播权转让、许可权使用等）进行证券化融资，其主要目的在于募集资金用以开发版权资产，又称为“开发

① James A. Rosenthal，Juan M. Ocampo. Securitization of Credit：Inside the New Technology of Finance ［M］. New York: Wiley, 1988.

② Steven L. Schwarcz. The Alchemy of Asset Securitization ［J］. Stanford Journal of Law Business & Finance. 1994（1）: 133-135.

型"版权资产证券化。版权资产ABS由于可以允许版权资产所有人保留证券化资产的所有权，而只是将版权许可使用费的收益权作为担保进行融资，这对于那些拥有大量版权资产而又急需资金的机构单位来说，是非常具有吸引力的新型融资变现工具。[①]相对于通过银行贷款等间接融资方式，版权资产ABS融资可以减少融资者的信息成本、降低税收成本与交易成本、增加公司未来预期收入、提升融资效率，为大量资金的需求者提供了一种高效率、低成本的金融融资工具，有利于推动我国版权产业的可持续健康快速发展。

二、版权资产证券化融资的运作机理研究

（一）版权资产证券化融资的运作机理

美国是最早进行资产证券化，也是资产证券化最发达的国家。版权资产证券化的案例也是最先在美国出现的，即鲍伊证券的发行。除此之外，在专利权领域、商标权领域也都有证券化融资案例产生。我国资产证券化融资开始的时间并不长，版权资产证券化融资则刚刚起步。版权资产证券化融资的流程与其他资产证券化融资基本一致。与资产证券化融资的问题一样，版权资产证券化融资也存在一定的问题，如版权资产本身的特点使资产池的构建较难、版权资产的价值评估等。20世纪70年代以来，资产证券化在西方发达国家（地区）发展迅速，证券化的资产范围已经扩展到了租金、版权、专利费、公园门票收费等广泛领域。现如今，资产证券化已有十几年的发展历史，在实践中已经发展出一套较为详尽、完善的运作规程，为版权资产证券化融资提供了非常好的理论基础和现实依据。

版权资产证券化融资的主要特点：将原来不具有流动性的融资形式变成流动性的市场性融资。在证券信用阶段，融资活动以有价证券作为载体，有价证券把价值的储藏功能和价值的流通功能统一于一身，即意味着短期资金可以长期化，长期资金亦可短期化，从而更好地适应了我国版权产业快速发展而带来的对资金融通的要求。

---

① Bruce Berman. From Ideas to Assets: Investing Wisely in Intellectual Property［M］. New York: Wiley, 2002：50-70.

版权资产证券化融资的目的在于将缺少流动性的基础资产通过结构重组在证券市场上市，进而转化为流动性高的资产，盘活版权存量资产，提高资产使用效率，其创立的关键在于被证券化的资产能够产生可预见的、稳定的现金流。所以，表面上版权资产证券化融资似乎是以版权资产为支撑，但实际上却是以版权资产所产生的现金流为支撑的，这是版权资产证券化融资问题的本质和精髓。换句话说就是，版权资产证券化所证券化的不是版权资产本身，而是版权资产所产生的现金流。因此，基础资产的现金流分析也就成为版权资产证券化融资问题的核心。基础资产的现金流分析主要涉及三个方面的问题：版权资产的评估、版权资产的风险、版权资产的收益分析。版权资产的正确评估来自对基础资产的正确估价，否则，版权资产证券化融资将无从谈起。

版权资产的收益来源于资产所产生的现金流，为了获得收益，版权资产的所有者要承担相应的风险。把风险转让出去的同时，也必须把相应的收益权让渡给参与证券化融资的其他机构或个人，从而实现收益与风险的分离和重组。由此可见，版权资产证券化融资是对既存资源的重新配置，使参与证券化融资的各方都从中受益。版权资产的风险与收益分析则是从风险需得到补偿的角度出发，来计算某一种版权资产或版权资产组合的收益率，而这个收益率，从版权资产估价的角度来说，就是版权资产未来现金流的贴现率。因此说，版权资产的风险与收益分析模型在基础资产的现金流分析中的作用是用来确定证券化版权资产未来现金流的贴现率。如果不能对版权资产进行风险与收益分析，就无法用现金流贴现法来估价（具体方法在后文中详细分析）。

1. 基本原理

在可预期现金流的基础上，版权资产证券化还包含三大基本原理，即资产重组、风险隔离、信用增级原理（表1）。这三个基本原理其实是对基础资产现金流的进一步分析，是资产证券化融资核心原理的深入。任何一项成功的版权资产证券化融资，都必须对基础资产进行成功的重组以组成资产池，并实现资产池和其他资产的风险隔离；同时，还必须对资产池进行信用增级。

表1　版权资产证券化融资的三个基本原理

原　理	具体内容
资产重组原理	版权资产的所有者或支配者为了实现发行证券的目的，运用一定的方法和手段，对版权资产进行重新分配与组合的行为，在版权资产证券化融资过程中，主要是指通过资产的重新组合来实现收益的重新分割和重组，从而使资产证券化融资的过程达到最佳、最优、均衡和低成本的目标。 一般包括如下内容：（1）最佳化原理。通过资产重组使基础资产的收益达到最佳水平，从而使以资产为支持发行的证券价值达到最佳化。（2）均衡原理。资产重组应将版权资产的原始所有人、策略投资者以及将来的证券持有人的利益进行协调，以有利于证券的发行和未来的表现，并至少应该保持原有的均衡不被破坏。（3）成本最低原理。在版权资产证券化融资过程中，必须坚持低成本的策略，也就是说必须降低资产重组的操作成本。（4）优化配置原理。按照"边际收益递减"理论，在某一种资产连续追加投入的过程中，边际投入所能带来的边际收益总是递减的，当边际收益与边际成本趋于一致时，资产投入的效益就达到最优化的状态；通过对资产的不断调整与再重组实现社会资源配置最优化。
风险隔离原理	通过隔离基础资产的风险和其他资产的风险来提高资产运营效率并最大化版权资产证券化参与各方的收益。 实现风险隔离的过程：（1）证券化资产的真实出售：①当事人意图符合资产证券化目的；②发起人资产负债表已进行资产出售处理；③出售的资产一般不得附有追索权；④资产出售的价格不盯住贷款利率；⑤出售过的资产已经过"资产分离"处理。 （2）在交易中设立特别的目的结构（SPV）。SPV的存在使得资产与发起人之间在法律上完全隔离，从而避免了资产与发起人之间的连带关系。破产隔离从两个方面提高了资产运营的效率：①通过破产隔离，把基础资产原始所有人不愿或不能承担的风险转移到愿意而且能够承担的人那里去；②通过破产隔离，投资者能够只承担他们愿意承担的风险，而不是资产原始所有人其他资产的风险。
信用增级原理	为使证券化产品能够吸引更多的投资者参与，并有效地降低票面利率和发行成本，SPV一般都对证券化产品进行信用增级，利用第三方提供的信用担保或利用基础资产所产生的现金流来实现自我担保，即外部增级和内部增级，以提高所发行证券的信用级别，从而提高资产的售价。

2. 交易结构

根据版权资产证券化融资的三大基本原理，版权资产证券化融资形成了自己独特的交易结构与运作流程（图3）。简单地讲，版权资产证券化融资运作的交易过程是：发起人或者原始权益人（Originators）将拟证券化资产出售给一个特殊目的机构（Special Purpose Vehicle，SPV），汇集成一个资产池，SPV以资产池所产生的现金流为支撑，设计各种各样的有价证券公开发行融资，然后用资产池产生的现金流来清偿所发行的有价证券。其中，信用增级机构、信用评级机构、担保机构、证券承销商、附属便利提供机构和服务商等为整个版权资产证券化融资运作提供各种服务。在版权资产证券化融资运作中，有两样事情关系版权资产证券化融资运作的成败：一是SPV，二是资产池所产生的现金流。SPV具有一种特殊的组织形态，并具有不可替代的特殊作用，它既起着风险隔离的作用，也隐藏一些容易被忽视的风险。而资产池所产生的现金流，是最后清偿所发行的有价证券的资金来源，是决定能否开展版权资产证券化融资运作的必要条件。

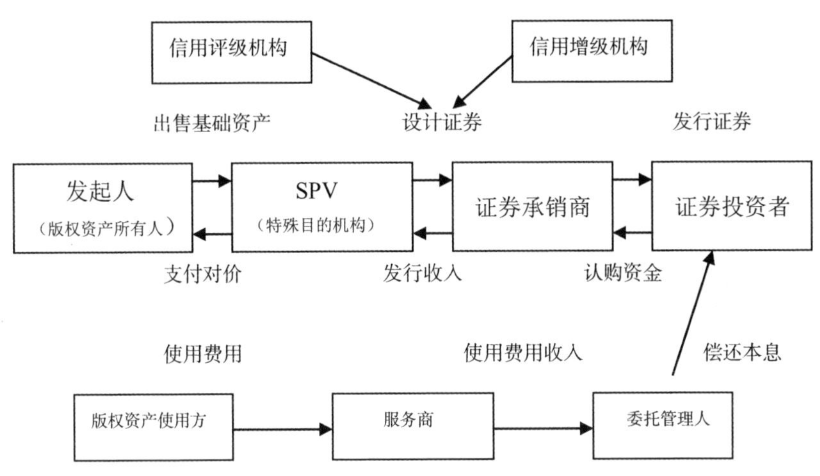

图3　版权资产证券化融资的运作流程图

3. 基本步骤

版权资产证券化融资相对于其他融资方式有更为优越的分散风险、配置资源的功能，这主要得益于其自身精巧的结构。如果说一系列的合同安排构成了静态的版权资产证券化融资的交易结构图，那么版权资产证券化融资的运作流程则从动态的角度演示了它的基本原理。一个完整的版权资产证券化融资过程包括了如下步骤（表2）。

表2　版权资产证券化融资的基本操作步骤

步骤	实施的具体方法
1. 确定证券化资产并组建资产池	资产证券化的发起人（版权资产的原始权益人）在分析自身融资需求的基础上，通过发起程序确定用来进行证券化的资产，确定资产证券化的融资目标，组成特定的资产组合，即资产池。
2. 设立特殊目的机构	特殊目的机构（SPV）是专门为版权资产证券化设立的一个特殊实体，它是资产证券化运行的关键性主体。组建SPV的目的是最大限度地降低发行人的破产风险对证券化的影响，即实现被证券化资产与原始权益人（发起人）其他资产之间的"风险隔离"。SPV被称为没有破产风险的实体：一是指SPV本身的不易破产性；二是指将证券化资产从原始权益人那里真实出售给SPV，从而实现了破产隔离。为达到"破产隔离"的目的，在组建SPV时应该遵循以下要求：债务限制；设立独立董事；保持分立性；满足禁止性要求。
3. 实现项目资产的真实出售	证券化资产从原始权益人向SPV的转移是证券化运行流程中非常重要的一个环节。SPV成立后，与发起人签订买卖合同，发起人将资产池中的资产出售给SPV。这一交易必须以真实出售的方式进行，即出售后的资产在发起人破产时不作为法定财产参与清算，资产池不列入清算范围，从而达到"破产隔离"的目的。破产隔离使得资产池的质量与发起人自身的信用水平分离开来，投资者就不会再受到发起人的信用风险影响，即原始权益人的其他债权人在其破产时对已证券化的资产没有追索权，实现了证券化资产与原始权益人之间的破产隔离。
4. 完善交易结构，进行信用增级	为吸引投资者，改善发行条件并降低融资成本，SPV必须进行信用增级，以提高所发行证券的信用级别，使投资者的利益能得到有效的保护和实现。信用增级的水平是资产证券化成功与否的关键之一。信用增级手段主要分为内部信用增级和外部信用增级，内部信用增级包括划分优先/次级结构、建立利差账户、开立信用证、进行超额抵押等，外部信用增级主要通过金融担保来实现。
5. 进行信用评级，为投资者提供证券选择的依据	在版权资产证券化交易中，信用评级机构通常要进行两次评级：初评和发行评级。初评的目的是确定为了达到所需要的信用级别进行的信用增级水平。在按评级机构的要求进行完信用增级后，评级机构将进行正式的发行评级，并向投资者公布最终评级结果。信用等级越高，表明证券的风险越低，从而使发行证券筹集资金的成本越低。由于出售的资产都经过了信用增级，一般地，资产支持证券的信用级别会高于发起人的信用级别。
6. 发行证券，向发起人支付资产购买价款	信用评级完成并公布结果后，SPV将经过信用评级的证券交给证券承销商去承销，向投资者销售资产支持证券，可采取公募或私募的方式来进行。由于这些证券一般具有高收益、低风险的特征，主要由保险公司、投资基金和银行机构等机构投资者购买。SPV从证券承销商那里获得发行现金收入，然后按事先约定的价格向发起人支付购买证券化资产的价款，此时要优先向其聘请的各专业机构支付相关费用。

续表

步骤	实施的具体方法
7. 实施资产管理与服务工作	证券挂牌上市交易后，SPV要聘请专门的服务机构来对资产池进行管理。服务机构的作用主要包括：收取债务人每月偿还的本息；将收集的现金存入SPV在受托人处设立的特定账户；对债务人履行协议的情况进行监督；管理相关的税务和保险事宜；在债务人违约的情况下实施有关补救措施。
8. 清偿证券	按照证券发行说明书约定，在证券偿付日，托管银行按约定期限，将收款交给SPV，由SPV对积累金进行资产管理，以便到期时对投资者还本付息，待资产到期后，向聘用中介机构付费。当证券全部被偿付后，如果资产池产生的现金流还有剩余，那么这些剩余的现金流将被返还给交易发起人，资产证券化交易过程也随即结束。

上述版权资产证券化融资的步骤一般可以简化处理为以下程序进行运作（图4）。

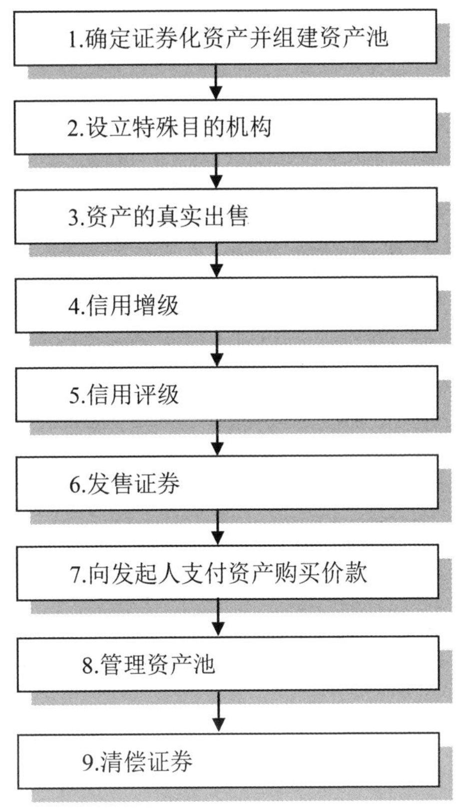

图4 版权资产证券化融资的基本运作流程图

从实践来看，对于版权资产证券化融资的具体操作流程与运作机制如下：

（1）基础资产的选择，即构建资产池

作为资产证券化的基础，资产池中基础资产的选择往往决定了证券化的成败。如前所述，根据国外资产证券化多年的经验，产权清晰且商业化用途多元的版权资产适宜进行资产证券化。作为版权资产证券化融资的探索期，应当选择版权清晰而明确的资产作为基础资产。目前，我国知识产权交易发展迅速，交易量和交易额也有较高的增长率，中介机构在专利使用权价值评估和风险测量方面也有着丰富的经验。这些都为版权资产证券化融资的实践提供了良好的基础。在选择以版权作为基础资产时，需要注意以下几点：一是这类资产必须是合法和有效的版权资产，二是这类版权资产产权的权利归属要清晰，三是证券的存续期必须少于版权受保护的剩余年限。

（2）SPV的构造

版权资产证券化融资结构的核心是风险隔离机制的设计，其中重要的一环是特殊目的机构（SPV）的设立。SPV为破产隔离机构：一是SPV的业务范围受到严格限制，使SPV远离破产风险；二是SPV独立于发起人、服务商等实体，使SPV不受这些实体破产与否的影响。SPV在版权资产证券化中扮演着十分重要的角色。SPV的组建形式可以分为以下几种。

信托型SPV：也被称为特设目的信托（Special Purpose Trust，SPT）。以信托方式设立SPV是指发起人将标的资产（基础资产）转让给SPV，成立信托关系，由SPV作为证券的发行人，发行基于标的资产的信托收益证书。在此信托关系中委托人为发起人（原始权益人），受托人为SPV，信托财产为证券化资产组合，受益人则为信托收益证书的持有人。

公司型SPV：也被称为特设目的公司（Special Purpose Company，SPC）。其特点是把一个或一组发起人的基础资产加以证券化，而不管这些资产是否彼此相关，且这些证券化交易可以依次进行也可以同时进行；能够极大地扩大资产池的规模，从而摊薄证券化交易较高的初始发行费用。

合伙型SPV：也被称为特设目的合伙（Special Purpose Partnership，SPP）。在合伙经营形式中，由合伙人分别按各自的所得纳税，合伙企业本身不缴纳所得税，因而合伙型SPV可以避免双重征税的问题。合伙型SPV主要向其成员即合伙人购买标的资产，主要为其成员进行资产证券化融资服务。合伙人须对合伙企业的债务承担无限责任；一般采取有限合伙形式。

从各国的实践来看，公司式SPV与信托式SPV之间的区别在于前者的核心是基础资产"出售"给受托机构，后者的关键是基础资产被"信托"给受托机构，二者都实现了所有权的转移和风险的隔离，是实质上的"真实出售"。从大的方向看，SPV由SPT向SPC演进，SPP逐渐消失，主要原因在于SPC发行证券多样化，而SPP无法实现破产隔离。

目前，我国资产证券化融资实践中有两种SPV，分别为信托公司的特殊目的信托和证券公司的专项资产管理计划。前者由于有信托法的规则，天然地能够实现破产隔离；而后者的法律关系依托投资者与证券公司之间的委托代理关系，并不能真正实现破产隔离。不同的法律关系下，投资者面临的风险类别明显不同。我国相关法律规定对公司制企业发行股票和债券都有较高的注册资本和盈利门槛要求，这无疑会增加企业的融资成本，甚至将许多中小企业拒之门外。而SPT这类模式，根据我国信托法，为SPT的设立提供了法律依据，并且这种形式成本低，手续简单，税收方面有优势。因此，在SPV设立形式上，SPT这种信托式特设目的机构更符合版权资产证券化的要求。

（3）有效的基础资产评估

版权资产证券化融资首先要实现基础资产的真实出售，即将一定期限的使用收益权以契约的形式出售给SPV。实现出售的关键在于通过专业的资产评估机构预测该基础资产所产生的预期现金流，从而进行价值评估和评级。定价问题是金融问题的核心问题，从版权资产证券化融资的流程可以看出，只有给资产池确定一个合理的价格，才能保证资产的真实出售和各参与方的利益均衡，防止内幕交易；为此，应当对作为基础资产的版权资产进行评估。评估的真实有效十分关键，此后的证券化产品设计都需要围绕这一估值进行。

版权资产证券化融资的对象不是版权资产本身，而是版权资产所产生的现金流。因此，基础资产的现金流分析成为版权资产证券化的核心内容。现金流之于证券化的基础作用还体现在：证券清偿所需资金完全来源于证券化资产所产生的现金流，即资产证券化具有"自身清偿"特征。基础资产所产生的现金流在期限和流量上的不同特征会直接影响以其为支付的证券的期限和本息偿付特征。所以，在设计版权资产证券化融资产品时，必须首先对基础资产的现金流进行分析，在此基础上才能设计出既符合基础资产的现金流特征，又满足市场投资者需求的产品。SPV作为证券发行方对基础资产所产生的现金流进行重新安排和分配，设计出风险、收益和期限不同的证券。

（4）以外部增级作为主要的增级方式

根据《信贷资产证券化试点管理办法》规定，资产证券化可以通过内部或外部信用增级方式提升信用等级。内部信用增级指的是依靠资产自身为防范信用损失提供保证。其基本原理是，以增加抵押物或在各种交易档次间调剂风险的方式达成信用提升。例如，将发行的证券划分不同偿付等级。外部信用增级主要通过第三方提供信用增级工具，如提供保险、金融担保等，增加证券的信用等级，降低融资成本。考虑到版权资产证券化刚刚起步，社会对版权资产产权价值的认识还需要一个过程，版权资产证券化融资在内部增级之外，还需要通过第三方提供担保和保险等外部信用增级工具，增加资产的信用等级。

（5）以渐进式的政府为主导的发展模式

美国的版权资产证券化是在金融机构自发创新和政府的推动下发展起来的，直到金融危机后才明确对贷款信用审查和资产支持证券自持比例提出限制要求，但总体监管环境仍宽松。中国资产证券化遵循先管制后发展的思路，发展之初就制定了配套法律法规，分阶段试点、参与机构审批制、发行额度限制等措施。

版权资产证券化融资在我国还属于新生事物，相关的法律、税收制度、中介机构都还有待建立和完善，因此在初始阶段适宜采用政府主导型的发展模式，不急于将版权资产证券化融资的发展完全交由市场力量主导。金融完全自由化的粗放模式不适用于发展中国家金融市场的客观条件，中国渐进式的在政府指导下的发展方向在防范风险上有其优越性。

（二）版权资产证券化融资的操作模式

目前，我国版权资产证券化融资产品主要有四种模式，包括供应链模式、融资租赁模式、二次许可模式和质押贷款模式，主要差别在于基础资产和交易结构的不同。①

1. 供应链模式

该模式供应商因向核心企业提供版权服务等而对核心债务人享有应收账款债权。原始权益人与供应商签订《保理合同》，就其对核心企业享有的应收账款债权提供保理服务，并受让等额的应收账款债权。保理公司将其对核心企业的保理债权转让至专项计划进行融资，可以达到减少核心企业短期资金占用、实现对供应商的即期支付。2018年12月，“奇艺世纪知识产权供应链金融资产支持专项计划”作为首单供应链模式知识产权ABS发行，该产品基础资产为核心债务人的供

① 惠思理．科创企业知识产权类ABS的市场现状与发展前景［J］．清华金融评论，2023（11）：34.

应链金融应收账款保理债权，而此类应收账款底层为爱奇艺所涉及的影视著作权。

2. 质押贷款模式

质押贷款模式是借款人将其持有的版权资产质押给放款人（如银行、贷款公司等）获得贷款，放款机构取得对借款人的质押贷款债权，并将质押贷款债权作为基础资产发起ABS产品。2019年12月，“平安证券—高新投知识产权1号资产支持专项计划”在深圳证券交易所发行，发行规模为1.24亿元。该产品以知识产权质押贷款债权为基础资产，服务深圳15家民营企业融资，也是我国首单质押贷款模式下知识产权ABS的实践。

3. 二次许可模式

二次许可模式下，版权客户将其已取得的版权以独占许可的方式授予原始权益人，原始权益人再以许可版权的方式，将特定版权授予版权客户作为被许可方实施版权交易，版权客户根据合同约定向原始权益人支付许可使用费，进而形成版权许可使用费债权。原始权益人可以将其对版权客户的版权许可使用费债权转让至专项计划进行证券化融资。2019年9月，“兴业圆融—广州开发区专利许可资产支持专项计划”在深圳证券交易所成功发行，规模合计3.01亿元。该产品首次采用了二次许可模式，底层无形资产为多家科技型中小民营企业的专利权许可费用，涉及约103项发明专利和37项实用新型专利。由于专利权不属于版权资产范畴，在此仅作为一种广义的版权资产证券化融资简单介绍。

4. 融资租赁模式

融资租赁模式建立在版权企业将自有版权资产通过出售后再回租的形式进行融资的基础上。具体而言，承租人将版权资产出售给租赁公司，获得租赁公司支付的版权购买费用，达到融资目的；承租人再以租赁的方式继续获得该版权的使用权，并按合同约定分期支付版权资产租赁租金。融资租赁公司则可以用版权资产租赁债权作为基础资产进行证券化融资。

以版权资产作为标的进行融资租赁存在政策限制，此种模式产品仅在个别省市有发行成功案例。2019年3月，“第一创业—文科租赁一期资产支持专项计划”在深圳证券交易所设立，该产品的底层资产标的物为发明专利、著作权等51项知识产权，基础资产是以前述51项知识产权未来经营现金流为基础形成的融资租赁应收债权。

（三）版权资产证券化融资的发展方向

1. 创新基础资产构建模式

现有版权资产证券化产品的四种基础资产构建模式均具有其可行的发展空间，同时我们应进一步探索更多的基础资产构建模式，以尝试更灵活的版权资产证券化操作。可探索的方向包括：一是构造版权相关债权或类债权，比如可探索版权资产融资租赁的直租模式，服务高校和科研院所科技成果转化，再比如可探索版权资产作价入股+许可模式，这样可规避前期资金垫付问题；二是探索版权资产直接收益权模式，这方面可参考国外的版权资产证券化成熟案例。

2. 创新增信模式

增信模式是版权资产证券化探索的重中之重，创新增信模式可从两方面考虑：一是探索更多的市场化增信模式，比如由金融机构创设信用风险缓释凭证、由保险公司设立偿付保证保险等方式；二是加大对版权资产信用的研究力度，深度挖掘高价值版权，推动各类型资本主体对版权资产价值有更深入的认识和更高的接受程度，力争发挥版权资产本身的内部增信作用。[①]

三、我国版权资产证券化融资的典型案例分析——以体育赛事版权资产为例

（一）版权资产ABS的主要交易流程分析

目前，版权资产融资变现工具运用最为充分、最为成功的，当数体育赛事版权资产支持证券（体育赛事版权资产ABS）。英国、意大利等欧洲国家借助证券化技术将体育赛事版权资产转换成金融资产，从资本市场上获得了体育产业发展的强大资金支持，比如英超阿森纳队等足球俱乐部的版权资产证券化。[②]证券化融资的许多革新性的运作案例都是发生在英国，因此英国被称为证券化的世界实验室。[③]在

① 马新明．我国知识产权证券化探索前沿［J］．清华金融评论，2023（11）：39.

② Ivan Davies. Secured Financing of Intellectual Property Assets and the Reform of English Personal Property Security Law［J］. Oxford Journal of Legal Studies，2006，Autumn Issue.

③ Securitization Markets in United Kingdom［EB/OL］. http://www.vinodkothari.com/secuk. htm.

版权资产对社会经济的重要性和影响力日益增大、金融工程技术日益发展的背景下，版权资产ABS前景广阔，意义重大。以版权资产的未来收益权为支撑发行资产证券进行融资的方式，具有成本低、风险小、实施难度低的特性，而且不会影响赛事版权资产的归属权，相对于其他融资方式有更为优越的分散风险、配置资源的功能。以阿森纳足球俱乐部为例的版权资产ABS完整过程包括了如下步骤（图5）。

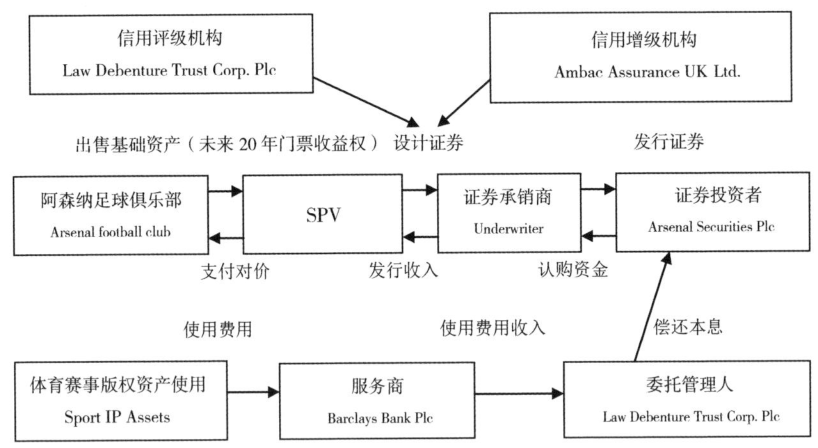

图5　阿森纳足球俱乐部版权资产ABS的运作流程图

1. 确定证券化融资的基础资产，即构建资产池

资产池中基础资产的选择往往决定了证券化融资成败。在版权资产ABS融资过程中，阿森纳足球俱乐部选择利用赛事门票销售权作为基础资产发行债券，原始权益人即融资企业——阿森纳足球俱乐部，根据需求将自己拥有完整所有权的能够产生未来现金流入的赛事版权资产（未来20年的门票收益权）组成资产池。阿森纳俱乐部选择门票收益权作为基础资产，原因在于在欧洲职业足球俱乐部的主要收入来源中，赛事比赛门票收入占首位，其次为比赛电视转播收入和商品商务开发收入；阿森纳足球俱乐部的未来现金流量稳定、预期收益良好；在竞技场上的成绩稳定性比较强，排名一直处于英超联赛的前列。

2. SPV的构造：设立特殊目的载体

阿森纳俱乐部的版权资产ABS融资结构的核心是风险隔离机制的设计，其中重要的一环是特殊目的机构（SPV）的设立。阿森纳俱乐部是以未来20年的门票收益权为资产进行证券化融资，使其从整体资产中“剥离”出来，并出售给SPV

（阿森纳投资有限公司），从而实现风险转移。此次，阿森纳俱乐部版权资产ABS融资组建SPV采用信托型形式。信托型SPV，也被称为特设目的信托（SPT）。在此信托关系中委托人为发起人（原始权益人），受托人为SPV，信托财产为证券化资产组合，受益人则为信托收益证书的持有人。

3. 基础资产的有效评估

为吸引投资者，SPV必须将拟发行的证券进行有效评估，聘请专业评级机构对既存的交易结构和证券进行内部评级，由评级机构给出内部评级结果，并根据这一结果决定所需的信用增级幅度。在此基础上才能设计出既符合基础资产的现金流特征，又满足市场投资者需求的产品。SPV作为证券发行方对基础资产所产生的现金流进行重新安排和分配，设计出风险、收益和期限不同的证券。

4. 以外部增级作为主要的增级方式

通过附加衍生信用来提高版权资产证券（ABS）融资的信用级别。阿森纳俱乐部体育赛事版权资产证券化融资计划采用了设置内部信用增级机制和外部信用增级机制的双重保障增级机制。外部信用增级主要是通过第三方提供担保和保险等外部信用增级工具，增加资产的信用等级。随后，SPV与证券商签订证券承销协议，由后者将证券向投资者进行销售。

5. 证券的发售和资产转让支付

经过信用评级和信用增级后，SPV将证券交给证券承销商发行。证券承销商通过向投资者出售证券，SPV（通常由特殊目的公司SPC或特殊目的信托机构SPT来承担）从证券承销机构处获取证券发行收入，然后按照事先约定的价格向发起人（阿森纳足球俱乐部）支付购买证券化资产的价款。经过SPV，实现阿森纳足球俱乐部发展的融资需求，实现版权资产证券化融资。

6. 资产售后管理和服务

证券挂牌上市交易后，服务机构对资产池进行管理，负责收取、记录由资金池所产生的现金收入，并将这些收款全部存入托管银行的收款专户。托管机构主要负责将从版权资产使用方收取使用费，并将其作为本息偿付给证券投资者，将剩余收益返还SPV，并提供资金和账户的委托管理。由资产池所产生的收入在还本付息、支付各项费用之后，若有剩余，按协议规定在原始权益人与SPV之间进行分配。至此，整个版权资产ABS融资过程即告结束。阿森纳俱乐部以自己未来的门票收益权为资产支持作为抵押进行的版权资产ABS融资，成功地从社会筹集雄厚资金，从而为俱乐部发展打下了坚实基础。

以上只是版权资产ABS融资运作的最一般或者最规范的流程，实践中交易过程会有差异。这种运作流程的设计使得版权资产的发起人、特殊目的机构（SPV）、托管机构、服务商之间形成了一种相互监督、相互制衡的机制，从而降低了各方的违约风险。而各种版权资产所有者拥有或控制的资产通过证券化的形式，重新分割和组合，资产的流动性、收益及风险进行了重新的组合和匹配。

（二）版权资产ABS的关键环节设计

1. 可证券化的基础资产选择

作为资产支持证券（ABS）融资的基础，资产池中基础资产的选择往往决定了证券化融资的成败。我国版权资产可以进行证券化融资的基础资产大致有：收益权类资产，如体育赛事电视转播权收入、体育赛事新媒体转播权收入、体育赛事场馆租金收入、体育赛事活动衍生品授权许可使用费、体育赛事的门票收入、体育俱乐部会费收入等；少数民族体育赛事表演门票收入、体育基础设施设备运营收入等。其中，著作财产权的使用与开发所形成的财产权利，如复制权、出租权、展览权、特许经营权、摄制权、信息网络传播权等。债权类资产，如应收账款、租赁费等。目前，体育赛事场馆门票、大型体育赛事衍生品授权经营权、体育赛事电视转播权、体育赛事新媒体转播权等，可以成为先行进行版权资产证券化融资的尝试。无论具体类型如何，最适宜的基础资产都应当符合三个最重要的证券化条件：一是能够产生独立的未来可预测的稳定的现金流；二是持续的低违约率；三是产权清晰明确，符合国家法律法规。

2. SPV模式组建的路径选择

版权资产ABS是一项较为复杂的运行机制，且涉及的法律主体多、法律关系复杂，要使其顺利开展、进行，与之协调运行、结构合理的制度安排必不可少。在所有的制度安排中，风险隔离机制是保障版权资产ABS成功的核心机制。一个有效的SPV模式设立成为实现风险隔离机制的关键环节，成为控制版权资产证券化结构风险的前提，是版权资产ABS融资的关键。目前，我国对于版权资产ABS融资的SPV组建模式有如下三种选择路径。

信托型SPV，即特设目的信托（SPT）。在版权资产ABS融资的操作流程中，SPV作为发起人与投资者之间的中介，是证券化交易结构的核心。在这一交易结构中原始权益人将资产向特设机构转移，同时将资产池中的资产偿付能力与原始权益人的资信能力分割开来，从而实现处置的财产与企业其他资产隔离。从可操作的法律制度来看，一般只有信托制度的融资功能和破产隔离制度能够达到资产证券化的类似效果。

公司型SPV，即特设目的公司（SPC）。与我国目前实行的证券公司专项资产管理计划（SAMP）相类似。版权资产证券化融资模式可以选择以“专项资产管理计划（Specific Asset Management Plan，SAMP）”的方式实现。例如“奇艺世纪知识产权供应链金融资产支持专项计划”（2018）“罗湖区—平安证券—高新投版权资产支持专项计划”（2021）等。

ABN模式，即由中国银行间市场交易商协会主管的资产支持票据（Asset-Backed Medium-term Notes，ABN）。实质上，资产支持票据是一种债务融资工具，该票据由特定资产所产生的可预测现金流作为还款支持，并约定在一定期限内还本付息。[①]资产支持票据在国外发展比较成熟，20世纪80年代以来，资产支持票据已经成为私募中一个日益重要的组成部分。ABN模式由于不强制要求设立SPV，可以不进行真实出售和破产隔离，对于版权资产ABS来说可能更为适合。

总之，在SPV模式选择上，SPT这种信托式特设目的机构更符合版权资产证券化的要求。企业ABS与ABN是针对当前国内实际情况设计的两种交易结构，尽管还存在着不足，但是比较适合我国国情。企业ABS以专项资产管理计划为SPV，一般来说，专项计划都有商业银行或者关联企业担保。ABN并未要求设立SPV，仅通过资金监管账户实现现金流的隔离，因此对于有着强烈融资变现需求的机构单位，版权资产ABS不失为一种理想选择。

四、我国版权资产证券化融资过程中应当注意的问题

（一）版权资产ABS融资过程面临的风险

由于版权资产ABS融资的复杂性，牵涉环节众多，相关风险也随之增多，不管是基础资产本身蕴含的风险，还是由于证券设计带来的风险，都会进入并通过交易结构传导、放大，最终由处在产品链末端的投资者承担。作为一种创新性金融融资工具，降低融资成本，为其发起人带来了流动性，使参与其中的各服务机构获得服务费收入，也丰富了市场上的投资品种。然而，由于其自身结构的复杂性，在实施版权资产ABS融资过程中，需要防范结构设计伴随的风险，主要表现

① 魏玉山. 版权金融政策与服务模式研究［M］. 北京：中国书籍出版社，2021：96-97.

在以下几个环节。

1. 基础资产的法律风险

版权资产ABS必须以能够产生可预期现金流的基础资产为支撑，一旦版权资产的原始债务人出现违约的情况，资产支持证券就无法兑付，投资者也会因此受损。所以，具有资质稳定的基础资产对版权资产ABS十分重要。目前，我国资产证券化融资实践中有两种SPV，即信托公司的特殊目的信托和证券公司的专项资产管理计划；而在专项资产管理计划中，基础资产作为专项计划中现金流产生的基础，其法律风险不容忽视。在当前配套法律法规不完善的情况下，有法律瑕疵的基础资产将影响整个专项计划的合法性，较难实现破产隔离，对专项计划的运作产生较大影响。从基本要求来看，根据《证券公司资产证券化业务管理规定》①，基础资产首先必须符合法律法规、权属明确，即可以在法律上准确、清晰地予以界定，并可构成一项独立的财产或者财产权利；其次权属明确，能够有效、合法地转让。目前，应收债权类基础资产的法律要件较为完备，只要合同真实有效，一般不会存在法律障碍；但对于收益权类基础资产，法律界定较为模糊，②适用法规层次较低，是否可转让存疑。③其次，《管理规定》要求基础资产不得附带抵质押等担保负担或者其他权利限制。如果基础资产存在权利限制，则无法保证资产支持证券投资人对于基础资产的合法权利。

2. 发起人的道德风险

发起人是基础资产的原始版权资产拥有者，较投资者对原始资产质量的掌握更为真实、信息更全面。一旦发起人在选取基础资产时“以次充好”，欺瞒投资者，就会对投资者的利益造成巨大损害。国内资产证券化的过程中发起人和服务商往往由同一机构担任，可能引发一系列的利益冲突。例如，某银行拥有A公司的两笔贷款，银行将其中的一笔证券化后发售给投资者，并在该过程中扮演服务商的角色；另一笔继续以贷款的形式留存在银行。当A公司清偿部分贷款的时候，

---

① 2013年3月，《证券公司资产证券化业务管理规定》发布，在基础资产范围、投资者范围、交易场所和转让等多方面皆比《信贷资产证券化试点管理办法》有较大程度放松，尤其是在基础资产方面，该规定几乎涵盖了所有能够证券化的资产。

② 比如将公园门票收入进行证券化，首先，要关注经营公园的企业是否持有项目建设及验收文件，是否拥有合法使用土地的权利；其次，其基础资产应界定为可产生销售收入的权利凭证（门票），而不是门票收入，因为基础资产是财产或财产权利，而不是现金流本身，现金流本身不具有法律意义。

③ 比如，我国政府特许收费权不能转让，只能变相地转让收费收益权。如莞深高速、宁建收益计划转让的不是收费权，而是收费收益权。

银行就很有可能将本应以服务商身份回收的应收款以清偿银行贷款的方式收入囊中。因此，投资者在投资版权资产证券的时候也需要留意发起人及服务商的信用情况。但是，我国目前版权资产证券化的发起人大多为政策性银行、国有商业银行及股份制商业银行等信用资质较高、股东背景雄厚的机构，考虑到国内政策因素及这些机构的后续融资能力，即使逻辑上存在利益冲突，实际发生侵害版权资产支持证券投资者的可能性仍然很小。

3. 特殊目的载体（SPV）的风险

作为版权资产ABS融资过程中最重要的参与者，特殊目的载体（SPV）起到了风险隔离的作用。从当前国际上的证券化实践看，SPV主要有三种形式：公司型（SPC）和信托型（SPT）以及专项资产管理计划。目前，我国资产证券化过程中的特殊目的载体以SPT居多，SPT同时担任受托人的角色。以信托的方式设立SPT，是指发起人将证券化资产转让给SPT，成立信托关系，由SPT作为资产担保类证券的发行人来发行代表对证券化资产享有按份权利的信托收益证书。发起人将证券化资产信托于SPT后，发起人就不能再对该资产享有权利，从而实现了风险隔离。由于在信托模式中，信托公司接受委托人的委托，向投资者转让信托权益，所以避免了证券法中发行证券所需的各种烦琐条件和程序，也避免了信托公司不能发行信托凭证的限制性规定。然而，以信托模式发展信贷资产支持证券是以信托产品形式存在的，而我国信托产品的二级市场还处于起步阶段，参与者不多，限制了资产支持证券二级市场的流通性。

4. 服务商、受托人与信用增级的风险

除了以上主要关系方，版权资产ABS融资过程还需要有服务商、受托人、信用增级机构等众多服务机构的参与。虽然服务商与受托人的自身经营状况不直接影响由基础资产及其所产生现金流的风险，但他们却在很大程度上决定基础资产与现金流的安全性及转给投资者的及时性。所以，服务商与受托人的信用资质成为另一个潜在风险。理论上，当服务商与发起人有较密切的关系时，能够帮助服务商更好地了解基础资产的相关情况，为其将现金流及时地传递给投资者带来便利，但这种便利给版权资产支持证券最根本的目的——风险隔离带来变数。国内目前服务商大多为发起人，但是由于发起人本身信用资质好，违约风险低，使得“发起人—服务商—投资者”之间利益冲突的风险有效降低。理论上，资产支持证券的信用增级分为内部增级与外部增级。目前国内市场上大多数产品均同时有内部与外部增级。从内部增级来看，国内已发行的资产支持证券均存在现金流再分配的优先劣后关系，这使处于较高优先等级的现金流对应证券的等级得到增强，除此之外也有部分券种利用超额利差的方式进行内部增级。外部增级层面，部分资产支持证券以外部担保、信托储蓄账户等方式进行信用增级。受交易主体动机、基础资产评级、交易及结算方式等影响，每一环节的发展都具有信用风险，信用风险渗透并贯穿整个过程。

5. 政策风险

专项资产管理计划的基础资产较为多样，往往涉及某一具体行业，如版权产业基础设施、版权资产融资租赁、行政特许经营权等，相关行业政策的变化可能会对现金流带来较大影响。以深圳华侨城01-05计划为例，入园凭证收费是三地欢乐谷的经营性收入，如果国家对旅游行业和主题公园的政策导向出现变化，则入园凭证的收费模式或金额可能会改变，这将直接影响受评证券的本金和收益。另外，作为证券市场的创新产品，与专项资产管理计划运作相关的政策法律制度还有待完善，而且当前适用的法律依据效力层次较低，如果有关政策、法律发生变化，可能会对专项资产管理计划产生不利影响。

（二）版权资产ABS融资过程中存在的主要问题

1. 相关法律法规仍不健全

我国现有法律体系关于版权资产ABS融资的规定尚不明确，虽然政策层面较为支持，但在立法上仍有欠缺。第一，版权资产ABS融资缺乏统一的专门法律，仅在政策上对其存在和发展进行了认可。第二，版权资产质押融资的相关法律体系仍有需要完善之处。根据民法典第440条，著作权等知识产权中的财产权可以用于出质，但是集成电路布图设计作为质押物的实践仍在探索之中；同时，质押过程中的价值变动处理，法律规定尚不明确。第三，对于版权资产ABS，我国尚未出台专门的法律法规进行指引，主要依靠证监会于2014年制定的《证券公司及基金管理公司子公司资产证券化业务管理规定》（证监会公告〔2014〕49号）以及证券交易所对资产证券化的相关解释，缺乏具体规定。第四，版权资产信托、版权资产融资租赁等新兴融资方式领域的法律仍然空白，限制了相关业务的发展。如，版权资产信托仅可参考信托法，其余相关法规空白；而版权资产是否可以作为融资租赁标的，法律尚无明确规定。

2. 版权资产价值评估难，金融机构面临的风险难以测度

版权作为一类无形资产，价值评估难度较大。一方面，版权资产价值本身具有不稳定性特征，受到社会经济环境、技术发展、市场变化等多重因素的影响。在所有权存续期内，以上任何一个因素的变动都会导致版权资产预期经济收入的

变化，带来其评估价值的变动。另一方面，我国版权评估行业规范和评估标准不统一，专业人员匮乏，导致不同评估机构对同一知识产权的估值差异较大，评估价值缺乏权威性。版权资产ABS融资以其可以带来的经济价值为基础，交易金额往往参考评估价值。融资双方交易价格设定得是否合理、金融机构的风险敞口大小，都取决于版权资产价值评估的准确性。价值评估难导致金融机构无法测度投资活动中面临的风险，也成为相关业务发展的一大制约因素。

3. 风险分担机制仍不健全，版权资产ABS外部增信方式单一

在版权资产质押融资当中，违约风险通常主要由金融机构和政府承担，市场化的担保机构和保险等其他类型金融机构参与程度较低，风险分担机制仍不健全。在版权资产ABS融资过程中，由于融资人中小企业信用评级低，往往需要进行信用增级。目前我国发行的版权资产ABS产品的增信主要依靠外部高信用评级主体的差额支付承诺、对证券化产品提供的保证担保、对债务人的维好承诺。由于这些方式成本偏高，现有案例中大多是政府、国有企业或产品发行人关联公司在提供承诺和担保，较少有其他市场主体提供外部增信，主体和方式都较为单一。

4. 融资流程烦琐，存在成本高、期限短的问题

目前我国开展的版权资产质押融资运营模式中，少则涉及三个主体，多则涉及五个主体，不仅流程和手续烦琐，影响企业贷款效率，更抬高了版权企业融资成本，加重科技型中小版权企业经营负担。另外，版权资产质押融资和证券化资金期限以一年期为主，融资期限较短，不能有效解决科技类版权企业投入研发所需中长期资金的问题。

五、我国版权资产证券化融资过程中存在问题的解决对策

2024年1月16日，习近平总书记强调指出："中国特色金融发展之路既遵循现代金融发展的客观规律，更具有适合我国国情的鲜明特色。"[①]版权资产ABS在未来肯定会成为资产证券化领域的主力军。[②]从国外的实践来看，版权资产ABS

① 习近平在省部级主要领导干部推动金融高质量发展专题研讨班开班式上发表重要讲话［N］. 人民日报，2024-01-17.

② Gordon V. Smith And Russell L. Parr. Valuation of Intellectual Property and Intangible Assets［M］. third edition，John Wiley & Sons，Inc.，2020.

是一种资产收入导向型的融资方式，突破了传统融资方式的限制，破解了融资难问题，已经成为风靡欧美的一种新型且非常有效的融资变现工具。财政部办公厅、国家知识产权局办公室在《关于做好2020年知识产权运营服务体系建设工作的通知》中提出，要“依法依规推进知识产权证券化”。然而，在实施版权资产ABS初期，为了保证我国版权资产ABS融资的顺利开展，应该在借鉴其他国家成熟法律经验的基础上，对我国版权资产ABS的交易结构中可能遇到的各种可能风险作出明确的规定，以减少在实践中可能发生的风险阻碍，加快其推行速度，大致应当从以下路径进行探索。

（一）完善相关法律法规与制度体系

完善的法律制度是版权资产ABS发展的必要前提。版权资产ABS交易结构中的SPV、真实出售、破产隔离等重要核心环节均须得到法律的支持。为扫除SPV成立的法律障碍，推动我国版权资产ABS的发展，有必要对现行法律进行修改完善。首先，改变信托的私募限制，增加收益凭证的流动性；其次，对于公司模式的SPV，由于SPV的载体属性要求其设立程序简单、管理便利、资本金不高，因此，应按照公司法中的分类，把SPV规定为有限责任公司，划定一个较低的资本金标准并简化其经营管理。考虑版权资产ABS资产信用融资的特性，宜突破公司法的规定，赋予具有有限责任公司性质的SPV以证券发行资格，不受其存续年限和盈利状况的限制。当然，为监管目的，设立SPV应将相关事项报有关主管部门审核。此外，还应当完善以下相关法律法规与制度体系。

1. 完善相关的税收制度

我国现行税收制度不利于版权资产支持证券的推行。按照现行的税法规定，特设机构将缴纳所得税、营业税和印花税；虽然现行的营业税税率仅为5%，印花税税率也仅为0.3‰~0.5‰，[①]但资产证券化（ABS）往往涉及上亿元甚至几十亿元的交易额，如果按此纳税，税金总额将侵蚀大部分利润，证券化将失去其经济价值。因此，可以采取国外一些发达国家的通行做法，给予特设交易机构以及证券投资人一定的税收优惠，如免除证券发行、交易过程中的印花税，降低或免除利息收入中应缴纳的营业税等，从而降低证券化融资成本，推动版权资产ABS融资的顺利展开。

① 朱少平．融资变现工具：资产证券化［M］．北京：中国民主法制出版社，2020：213.

2. 完善相关会计准则

在版权资产ABS过程中，相应的会计处理直接关系证券资产的合法性、流动性和盈利性，关系每一位参与者的切身利益，这是版权资产ABS融资成功的关键环节。虽然我国财政部目前已经颁布了《信贷资产证券化试点会计处理规定》，但这仅仅为信贷资产证券化参与机构的会计处理规范问题扫清了障碍，而针对版权资产ABS融资业务的会计制度仍是一片空白，在企业资产证券化业务的确认、计量和报告方面尚没有一个可以遵循的依据，不同的处理方式导致不同的结果进而对各方面产生不同的影响，必然导致版权企事业单位在会计处理实务中的混乱，影响版权资产ABS运行的效率。目前，西方发达国家已经建立比较完善的版权资产ABS融资的会计制度，可资借鉴。

3. 加强金融监管机制建设

任何金融业务都蕴含各种风险，版权资产ABS融资是以版权资产产权的未来收益权为证券化对象的融资模式创新，其中蕴含的风险更为复杂隐蔽，因此需要更为完善的监管机制；鉴于版权资产产权权利关系的复杂性，资产、权利以及附带的风险在版权资产ABS融资的过程中发生了多次转移，同时，版权资产ABS融资过程中大量使用了信用交易，在具体操作过程中包含很大的风险。因此，对于版权资产ABS的监管必须更加认真细致，这就要求我国的金融监管机制紧跟业务创新的步伐进行适当的修订和变革，以防止版权资产ABS所带来的风险。[①]

4. 培育适合融资的交易体系

版权资产产权证券的弱流动性源于版权资产产权自身的弱流动性，这种发行方式使得版权资产ABS融资的社会影响力小，从而对投资者的吸引力不强，因此，应当避免这种定向发行方式，及早培育适合版权资产ABS融资的交易体系。就我国目前的状况而言，一方面应尽快改变资产证券化市场人为割裂的现象，建立统一且富有流动性的证券化产品交易市场；另一方面，应大力发展版权资产产权交易市场，通过促进版权资产产权的流动性来带动版权资产ABS二级市场的建立与发展。加大市场培育力度，组织相关监管部门、文化产权交易所、有关专家和创新类券商对版权资产ABS融资相关问题进行专项研讨；向上市公司推介版权资产证券化形式的融资模式；发挥体育文化市场组织者在文化市场培育中的作用。

① 陈磊. 知识产权金融［M］. 北京：法律出版社，2021：86.

5. 完善信用评级与增级体系

在版权资产ABS融资业务发展过程中，应当完善信用评级的规范化，应当要求信用评级机构公布评级标准，增强产品信用评级结果的客观性、可预见性。此外，应当拓宽信用增级途径，以减少对银行担保的依赖。第一，探索以保险公司、担保公司、财务公司或大型版权资产管理集团公司等高信用等级机构作为担保方；第二，探索银行授信和银行担保结合的外部信用增级模式，在外部信用增级的结构中，引入银行对企业的专项授信，降低获取担保的难度；第三，鼓励证券公司在产品设计中运用内部信用增级手段，提高证券公司的产品设计能力；探索信用置换等内部信用增级手段，减少对外部信用增级的依赖。

（二）加强版权资产ABS融资过程的风险防控

版权资产证券化融资涉及发起人、债务人、SPV、保证人或信用增级机构、受托管理人、投资者等多个参与者，从而将传统的贷款功能分散给几个有限责任的承受者，这就使版权资产证券化融资过程中的风险呈现连续性和复杂性，也使证券化风险的控制变得十分棘手，因此，应重点从以下环节对其风险进行防控。

1. 资产重组。通过资产重组，SPV可以根据资产的历史数据，利用各种模型来推算资产组合中资产的违约率，然后根据违约率来对风险进行定价，从而使风险更容易被测算，以利于控制风险，这是资产证券化风险控制的第一道防线。

2. 风险隔离机制。风险隔离机制是指在构造版权资产证券化的交易结构时，证券化结构应能保证发起人的破产不会影响证券化融资交易的正常运营，不会影响对资产担保证券持有人的按时偿付。风险隔离机制包括两个方面：真实销售和建立特殊目的实体SPV。版权资产从发起人向买方SPV的转移必须构成一项“真实销售”。判断真实销售的主要标准是出售后的文化资产在原始权益人破产时不作为法定财产参与清算，SPV是一个特殊目的实体。如果SPV是一个单一从事资产证券化业务的机构，其资本化程度必须很低，资金全部来源于发行证券的收入。作为单一从事资产证券化业务机构的SPV，其活动在法律上受到严格的限制。

3. 信用增级机制。信用增级是用于确保发行人按时支付投资收益的各种有效手段和金融工具的总称，它可以使投资者不能获得偿付的可能性达到最小。在实际操作过程中，基本要求为：一是信用增级机构必须具有较高的信用等级，从而使资产担保证券获得高信用等级；二是必须保证信用增级机构与发行人达成的信用增级协议以及发行人自行提供的信用增级形式的有效性。

4. 责任追究机制。通过构建多样化的版权资产池，实现风险分散，保证现金流的稳定性。创新版权资产评估方法，引入第三方尽职调查，明确权利归属，评估权利价值。采用适宜的SPV模式，结合信用增级措施，如资产分层与外部担保，吸引投资者。此外，建立全面的信息披露制度，确保透明度和市场公平性。同时，利用现代技术如区块链，加强数字版权管理，保障权利基础。构建版权产品税池，减轻投资风险。发展政府主导的SPV模式，提供信息支持和信用背书。完善信用评级体系，结合政府与商业评级，实现版权证券化目标。构建版权登记公示制度，降低信息不对称风险。最后，确立破产隔离制度，确保资产转移的合法性与有效性。这些措施将优化风险责任追究机制，增强市场信心，推动版权资产证券化融资的稳健发展。

5. 金融安全保障机制。为构筑版权资产证券化融资的金融安全保障屏障机制，必须在宏观政策层面进行周密设计，确保知识产权法律体系的完善性。建立一套科学的版权资产评估体系，以精准量化版权资产的价值。此外，成立专业的版权资产管理和担保机构，为版权相关企业提供全面的服务，包括资产运营、信息披露等，从而降低融资风险。通过设立特殊目的机构（SPV）实现风险隔离，确保资产池的独立性。进一步完善信息披露机制，确保所有关键信息的透明度，以增强市场参与者的信心。最后，鼓励金融机构在版权领域进行创新，开发多样化的融资工具，如版权质押贷款等，以促进版权资产的资本化和金融市场的繁荣发展。

（三）创新运用基于证券化融资的版权资产评估方法

从版权资产ABS融资的过程可以看出，版权资产价值评估的准确与否是关系资产池构建以及整个版权资产证券化交易行为能否顺利实施的关键。目前，我国对版权资产价值进行评估主要采用收益法、成本法及市场法等评估方法。虽然这三种方法是版权资产评估界最为传统且理论最为成熟的三种评估方法，但各有其弊端。成本法未考虑资产的未来使用价值，忽视了资产所有者的正常利润；收益法因使用者的立场不同而选择不同的折现率，资产所有者选择反映消费偏好的等值折现率，资产购买者选择含有风险的投资报酬率，双方意愿不一致产生截然不同的现值结果；市场法的使用取决于市场提供的交易信息，评估结果还需考察市场本身是否活跃。因此，评估结果并不公允。

版权资产证券化定价的核心问题就是要根据版权资产（基础资产）的未来现金流来确定一个投资人和原始权益人都可以接受的价格，而问题的关键就是对版权资产真实价值的评价。资产的正确评估来自对基础资产的正确估价，否则，版权资产证券化融资将无从谈起。版权资产证券化定价主要考虑两个关键性问题：一是现金流量预测分析；二是各期利率的确定。由此形成了不同的评估方法或模式。版权资产化产品的定价思路与一般固定收益产品相似：获得每期的现金流量；选择合适的利率曲线；计算利差；最后根据计算得到的利差判断该证券化产品的价值如何。在国外，由于资产证券化的发展已经走过30多年的历程，资产证券化的规模在金融资产总量中已经占到相当比重，对资产证券化的定价也进行了一系列研究，构建了各具特色的有关评估方法。比较常见的有下面几种。

1. 现金流贴现估价法。通过计算一项资产预期在未来所产生的全部现金流的现值总和来得到资产的价值，它的基石是现值规律，即任何资产的价值都等于预期未来现金流的现值总和。当被估价资产当前的现金流为正，并且可以比较可靠地预计未来现金流的发生时间，同时根据现金流的风险特性又能确定出恰当的贴现率，版权企业资产证券化可以采取这种估价方法。

2. 相对估价法。根据某一变量，如收益、现金流、账面价值或销售额等，考察同类可比资产的价值，借以对某一项新资产进行评估。相对估价法应用相当广泛，尤其是在实体类版权资产证券化中。应该说，绝大部分实体类版权资产在证券化前都是通过相对估价法来确定价值的。同时，由于相对估价法简单易行，也常常被用来作为辅助的估价方法。

3. 期权估价法。使用期权定价模型来估计有期权特征的资产的价值，是一种基于期权的定价方法。由于现金流贴现估价法和相对估价法等传统定价方法采用孤立静止地看待基础资产的未来现金流，实际应用时的局限性已经越来越明显，特别是在外部经营环境日益不确定的情况下，传统定价方法应用在版权资产证券化交易中的缺陷表现得越来越明显，而期权理论的引入能够很好地解决这一问题。很多证券资产本身就是期权产品，所以可以直接用期权的定价模型来估价。版权可以被认为是产品的看涨期权，用于获取版权资产的投资支出为执行价格，版权失效日为期权的到期时间。对具有期权特性的版权资产进行证券化融资时，期权估价法无疑是一个最为重要也最为常用的方法。[①]应当说明的是，以上三种方法的运用不是互相排斥的，而是互相补充的。

---

① 葛培健. 企业资产证券化操作实务［M］. 上海：复旦大学出版社，2013：17-19.

结语

我国的版权资产ABS起步较晚，因此有必要借鉴相关融资理论和国外发达国家版权资产证券化融资经验，总结版权资产特性及其规律，不断摸索我国版权资产ABS融资的发展思路与具体措施，为我国版权产业发展提供创新的融资模式。在进行版权资产ABS过程中，应当认真研究版权资产的风险及控制对策，并理性面对版权资产ABS融资发展中所遇到的瓶颈问题，如版权资产出售者及证券购买者范围过小、证券化标的利益不足、版权资产价值评估问题等等。通过不断尝试探索，我们有理由相信：这项在国外已经成熟的版权资产ABS融资变现工具必将推动我国版权资产市场的快速发展，也将为版权行业健康发展创造更多证券化融资机会与市场，为版权产业健康发展提供更多的资金需求，推进中国式现代化版权产业高质量发展。

课题组组长：孙凤毅
课题组成员：乔志敏　王玉霞　高宏存
课题承担单位：中央财经大学

版权对经济高质量发展的影响研究
——基于中国区域经济与核心版权产业的实证考察

李方丽*

摘要：版权影响经济发展的底层逻辑强调版权作为一种重要的财产权，通过激励创新、促进文化产业发展和优化产业结构，推动经济发展。通过实证考察版权对中国区域经济与核心版权产业的影响发现，随着区域经济的不断发展和市场需求的多样化，版权保护需求在“质”与“量”上都呈现复杂多变的特点，版权不仅支持了创新活动，还促进了高价值文化产品的创造与流通。而中国音乐产业版权保护由乱到治的变化过程涵盖了静态的版权法律制度设计和动态的版权行政执法和司法保护，客观地反映了版权保护对产业发展的影响。为实现版权对经济发展的全面推动，应以经济高质量发展为导向的版权战略选择，构建有效市场与有为政府间的良性互动，在创新、协调、绿色、开放、共享的新发展理念下推动版权深度融入国家发展战略，设计并实施适应性强的版权制度和评价体系。

关键词：版权激励；经济高质量发展；新质生产力；版权战略；版权评价体系

一、问题的提出

当前，我国正处于经济高质量发展的关键阶段，推动新质生产力的发展已成为实现这一目标的核心路径。近年来，我国版权产业在增强文化创新能力、提供就业机会、提升国际竞争力等方面发挥了积极作用，逐渐成为推动社会经济全面发展的重要力量。然而，版权保护在激发创新和促进经济发展的同时，也面临一些具体问题：第一，版权保护水平不足，市场竞争失衡。在一些领域，版权保护过于集中于少数大型企业或平台，导致市场垄断，抬高了新进入者的市场门槛，限制了中小企业和创新主体的参与机会。这种集中导致市场竞争不足，不利于形成多元化的市场环境，阻碍了创新活力的全面释放。第二，版权授权和许可机制不完善，交易成本高。版权授权机制的复杂性和不透明性尤其体现在数字内容领域，版权集体管理

* 李方丽，中国人民大学国家版权贸易基地副主任，高级知识产权师，本课题组组长。

组织尚不健全，难以发挥应有的作用，导致权利人和使用者之间的利益协调困难，影响了版权作品的流通和使用效率。这种机制缺陷增加了创新成本，阻碍了版权作品的市场化运作。第三，版权产业集群效应不明显，区域发展不均衡。版权产业的发展水平存在明显的区域差异，虽然上海、杭州、苏州等地的版权产业发展较快，但其他地区尤其是中西部地区的版权产业仍处于初级阶段，集群效应不明显。区域间版权保护力度、市场环境、产业政策等的差异，导致版权产业的经济贡献不均衡，未能充分发挥版权产业对全国经济发展的推动作用。第四，技术与版权制度的适配性不足，创新受限。大数据、算法、人工智能等新质生产力对版权制度提出了新的挑战。然而，现有版权制度未能完全适应这些技术变革，尤其是在版权确权、监测、维权等方面，技术与法律之间的协调不足，导致版权保护和管理的效率低下。这种适配性不足不仅影响了新技术的应用，也制约了新兴产业的创新活力。在全球化和数字化的背景下，版权制度不仅是经济高质量发展的保障，也是文化产业国际化的重要支撑。在现代经济体系中，版权对创新驱动和产业升级的重要作用越发显著。本研究试图通过对中国区域经济与核心版权产业的实证考察，深入分析版权制度如何促进创新和经济发展。通过科学评估和战略规划，版权制度将在推动我国经济高质量发展的进程中发挥更为关键的作用。

二、版权影响经济发展的底层逻辑

版权不仅是创新的激励机制，也是规模经济下文化生产的法律保障，从多个层面影响着经济发展。版权作为一项“财产”所具有的非物质耗损性，以及基于版权所具有的部分公共物品的属性与边际成本低的特征所引发的规模经济和范围经济是其影响经济发展的关键因素。通过对信息的赋权提高信息生产者的私人收益率，改善信息的市场供给，是版权制度的经济基础。然而，版权制度的负外部性使过度的版权保护可能影响市场公平竞争与限制经济发展。为深入探究版权如何影响经济高质量发展，应首先厘清版权影响经济发展的底层逻辑。

（一）版权影响经济发展的一般机理

1. 版权激励创新，为经济增长提供内生动力

19世纪后半叶，熊彼得（Joseph Alois Schumpeter）提出的创新经济增长理论，即内生经济增长理论，首次将经济增长的源头完全内生化，解释了长期经济

增长机制。该理论认为经济增长源自经济体内部力量，而非外部因素，知识或技术进步与劳动、资本一样是生产要素且是“内生的”，即罗默所称的经济系统的内生变量。[①]新知识以两种方式进入生产：一是技术用于中间产品，通过中间产品数量和种类的增长提高最终产品产出；二是技术增加总的知识量，通过外溢效应提高研究部门的人力资本生产率，实现经济的长期增长。内生经济增长模型揭示了知识外部性的宏观经济意义。

基于创新经济增长理论，现有研究普遍认为，版权保护对经济增长具有直接和间接效应。一方面，版权直接推动经济增长，从社会经济产出与投入层面来看，版权作为生产投入要素参与社会生产，促进文化、教育、旅游等多产业发展，在文化产业的生产、流通和消费环节产生价值增值，推进社会经济增长。另一方面，版权通过技术外溢，间接推动经济增长。版权的创新性是促进经济增长的内在动力，通过创新提高全要素生产率，增加经济产出总量，这是经济增长最有效的选择路径。[②]

此外，版权的创新扩散对经济活动产生了重要的积极影响。创新扩散是指新的想法、产品、技术或行为在社会中被接受和采纳的过程。[③]具体到版权领域，创新扩散表现为两方面：第一，版权对象的扩大。随着科技发展，版权不仅涵盖传统的文学、艺术、科学作品，还包括计算机软件、数字作品等新型创意产物。第二，版权形式的多样化。随着传播技术的革新，版权不仅涉及有形载体的作品，还涉及电子形式的作品，如电子书、网络音乐、数字电影等。[④]

在版权产业中，创新主要表现为产品创新和工艺创新。微观经济学家认为，创新可以通过提高销售或降低成本的方式提升企业价值。版权的创新扩散可以为创作者带来更多收益，从而激励更多创作，推动文化和科技的发展，带来社会福利。然而，版权的创新扩散也可能导致作品价格上升，增加消费者的消费成本，限制他们获取和使用作品的机会。由于创新存在外部性，当企业无法从消费者或其他企业对创新使用产生的溢出效益中获得回报时，就会导致创新不足。

① ［英］克里斯汀·格林哈尔希，马克·罗格．创新、知识产权与经济增长［M］．刘劭君，李维光，译．北京：知识产权出版社，2019.

② 陈能军，史占中．版权保护、全要素生产率与经济增长——基于2005—2018年中国省际面板数据的实证研究［J］．江淮论坛，2020（5）：59.

③ ［美］埃弗雷特·M．罗杰斯．创新的扩散［M］．辛欣，译．北京：中央编译出版社，2002.

④ 陈能军，史占中．版权保护、全要素生产率与经济增长——基于2005—2018年中国省际面板数据的实证研究［J］．江淮论坛，2020（5）：58-64.

2. 促进大规模文化生产，为规模经济提供法律保障

版权制度产生的最直接动因，是给大规模销售的版权商品的投资在法律层面提供最低限度的安全。[①]版权有助于创作者实现其作品的市场价值，版权制度的主要作用是为文化大规模商品化提供法律保障。道格拉斯·诺思（Douglass C. North）指出，创新表明，个体创造力受产权保护的影响不大，但缺乏有效产权结构会阻碍创作向规模化市场的转化。传统文化领域，如图书出版、音乐唱片和电影放映，其主流模式是销售包含版权内容的商品或服务，版权制度在其中起到了保障和促进商品大规模生产与销售的重要作用，保障投资者收益并维护市场秩序。[②]帕特森（Lyyman Ray Patterson）指出，没有版权提供有效秩序，盗版的低成本会使出版商的前期投资蒙受巨大损失。[③]因此，版权制度授予出版商一定时间内的排他性合法垄断，以补偿其为知识文化规模经济投入的大量资金与成本。

3. 创新激励与公共福祉间的动态平衡

版权作为知识产权的重要组成部分，在经济发展中扮演着至关重要的角色。如前所述，版权作为一种产权机制，其目的在于形成市场，以便让任何需要利用该作品的主体知道应该跟谁联系，并且为其使用向谁付费。[④]由于版权制度兼具正外部性和负外部性，保护版权并不等同于鼓励创作和促进文化繁荣，制度制定者需通过立法、政策颁布及行政保护等手段实现恰当的平衡。版权制度应找到能够实现帕累托最优的权利边界与保护期限，而这并不能通过不断加大保护力度实现。

版权制度通过保护创作者的权益，提供创新激励，鼓励更多创造性劳动，促进知识和文化产品的丰富和发展。然而，过度的版权保护可能限制知识的自由流通和公共福祉，如教育和研究，反而抑制创新和经济增长。因此，版权制度需要找到适度平衡点，既能提供足够创新激励，又不会过度限制知识共享和利用。实证研究表明，版权保护与经济增长、相关产业发展之间存在复杂且不确定的关系，甚至表现为U型关系。一些研究发现，中等收入国家的知识产权保护对经济

---

① Bettig R V. Copyrighting Culture：The Political Economy of Intellectual Property［M］. Colorado：Westview Press，1996：103-104.

② North D C. Institutions，Institutional Change and Economic Performance［M］. Cambridge：Cambridge University Press，1990.

③ Patterson L R. Copyright in Historical Perspective［M］. Nashville：Vanderbilt University Press，1968.

④［美］罗伯特·P. 莫杰思. 知识产权正当性解释［M］. 金海军，等译. 北京：商务印书馆，2019：369.

增长的作用不明显甚至负相关，而在高收入和低收入国家，知识产权保护对经济增长的促进作用较为明显。[①]国内学者利用中国省际面板数据分析了知识产权保护对经济增长的影响，结果显示，知识产权保护对经济增长的促进作用将在未来的发展阶段显著体现，且我国知识产权保护尚未达到最优水平。[②]

可见，版权保护的强度和范围也是一个复杂的议题。一方面，过度的保护可能会抑制创新，限制知识和信息的自由流动，从而对经济发展产生负面影响。另一方面，保护不足可能会导致创作激励的减少，因为创作者可能无法从他们的劳动中获得足够的经济回报。因此，寻找一个平衡点，既能保护创作者的权益，又不阻碍知识的传播和利用，是版权法律经济学研究的关键。

（二）版权影响经济发展的具体表现

版权影响经济发展的作用机制，即激励创新，为规模经济提供法律保障以及动态平衡创新激励与公共福祉，在实践中从宏观、中观以及微观三个层面得以具体体现。

1. 宏观层面：激发经济活力抑或阻碍市场竞争

版权是创新的驱动力，为创新产出提供保护，进而促进市场成熟与发展。[③]从国际层面来看，版权产业与全球创新指数之间存在紧密的正相关关系，包括经济体的创新能力、竞争能力与政府机构效能。2021年，我国在全球创新指数排名中取得显著进步，知识产权组织全球创新指数（GII）显示，瑞士、瑞典、美国和新加坡是2023年全球最具创新力的经济体，而中国在GII前30名中是唯一的中等收入经济体，排名第12位。我国创新指数的上升意味着版权激励了更多创新活动，版权产业是创新产出的重要组成部分，创新产出的提高表明版权产业正在发展壮大。此外，健全的版权体系有助于提高市场成熟度。2022年，中国版权产业的行业增加值为8.97万亿元人民币，同比增长5.83%，占GDP的比重为7.41%。版权产业逐步成为激发全民族文化创新创造活力、建设文化强国的重要力量。版权制度通过激励创新和促进知识流通，可以为经济发展提供强大的动力和资源。

---

① Bettig R V. Copyrighting Culture：The Political Economy of Intellectual Property ［M］. Colorado：Westview Press，1996：103-104.

② 张先锋，陈琦．知识产权保护的双重效应与区域经济增长［J］．中国科技论坛，2012（9）：105-111.

③ Landes W M，Posner R A. The Economic Structure of Intellectual Property Law ［M］. Cambridge：Harvard University Press，2003.

版权产业也能够带动相关产业的发展，形成良好的产业链条和集群效应。不仅如此，版权产业的发展推动了文化产品的生产与分发，为大众提供了丰富多样的文化产品，有利于提高人民生活水平和文化素养，满足人民日益增长的精神文化需求。

版权保护的初衷是促进创作与创新，同时确保创作者的权利得到合法保障。但若版权保护过于强化可能会引发诸多社会问题，尤其是集约性的市场垄断。具体来说，少数行业巨头通过控制大量版权资源在市场上占据支配地位，提高新进入者的市场门槛、限制竞争，进而形成集约垄断。例如，在音乐流媒体行业，版权资源的集中加之网络效应的放大，进一步增加了市场的集中度，加剧了音乐资源获取的难度及用户切换的成本。2021年，国家市场监督管理总局发布的对腾讯音乐的反垄断处罚说明，腾讯音乐在完成业务集中后，其独占的曲库资源超过80%，可能使其推动上游的版权方进行独家授权或通过支付高额预付款来抬高市场进入门槛。相关部门要求腾讯取消独家版权等措施，旨在恢复市场竞争的秩序，确保消费者的选择权利，从而保障消费者利益。

2. 中观层面：促进产业结构升级抑或提高创新成本

版权在现代经济体系中扮演着至关重要的角色，不仅直接推动了经济增长，还是推动产业结构升级和促进文化与实体经济融合的关键因素。产权理论认为，明确和可执行的产权是市场经济高效运作的基础。[①]在这一框架下，版权为创作提供了明确的产权保护，确保创作者可以从其创意和劳动中获得适当的回报。这种保护不仅激励个人投入创新和创造性活动中，还吸引资本投向创新驱动的产业，从而促进产业结构向更高附加值、更高技术含量的方向发展。版权制度通过促进创新和知识的积累，加速了技术进步，推动了经济结构的优化和升级。同时，版权促进文化产业发展也成为新的经济增长点，有助于实现经济的多元化发展。[②]

版权不仅推动了软件、文化娱乐等行业成为国民经济的重要组成部分，还促进其产业结构向高技术方向转型。版权保护提高了创新型产业的盈利预期，吸引了更多的投资，促进了资本向更具创新性和高附加值的产业集聚，有助于优化资源配置，推动产业结构升级。此外，版权所激励的创新还带动了上下游产业链的延伸和升级，形成了更为完善和高效的产业生态。例如，版权保护不仅激励了电

① ［美］道格拉斯·C. 诺思. 制度、制度变迁与经济绩效［M］. 杭行，译. 上海：格致出版社，2008.
② ［澳］戴维·索罗斯比. 经济学与文化［M］. 王志标，张峥嵘，译. 北京：中国人民大学出版社，2015.

影制作的创新，提升了电影产业的技术水平，还促进了旅游、商品销售等相关产业的发展；版权保护提升了软件产业本身的技术水平和市场竞争力，还促进了其他产业的数字化转型，包括制造业的智能化改造、服务业的在线化转型等，推动整个产业结构的升级。

版权对经济的消极影响在中观层面主要表现为资源配置不均引发创新成本增加。[①]版权保护的集中和区域保护力度不均衡往往会导致资源配置不均，增加版权创新成本，从而阻碍产业结构优化升级。根据经济学的“资源配置效率”理论，市场中资源应配置到最具生产力和创新能力的领域。然而，在实际操作中，版权资源往往集中在少数大企业手中。这些企业通过资本优势和市场控制力，获取大量版权资产，形成垄断地位。例如，全球音乐产业中的版权集中现象尤为明显，几大音乐公司控制着大部分音乐版权，使得中小型音乐公司和独立音乐人难以获得市场准入和发展机会。这种资源配置不均不仅抑制了音乐产业的多样性和创新能力，还导致了市场竞争的扭曲和效率的下降。

3. 微观层面：推动产品创新抑或导致权利滥用

版权创新在微观层面对经济的促进主要表现为产品、生产模式以及企业经营过程中任何可以创造“价值”的活动。在版权产业中，创新则主要表现为产品创新和工艺创新。版权创新可以推动新产品、新服务的开发，提高企业竞争力，促进企业经济效益。除了鼓励企业创新创造，版权推动文化资源跨产业链的流通，如以中华文化为基础的影视、动漫、游戏等原创作品，一旦获得版权保护，就可以通过授权、合作等方式，在国际上进行多元化的商业开发。版权作为文化“出海”的重要支撑，促进了我国文化的国际交流和合作。版权在推动文化“出海”、成为对外贸易新增长极以及提升中华文化国际竞争力方面也发挥着至关重要的作用。[②]通过保护和激励创意产业，版权制度不仅促进了文化产品的国际流通，还增强了文化产业的全球影响力，进而为中华文化的国际传播和竞争力提升奠定了坚实的基础。

版权保护的初衷是促进创作与创新，同时确保创作者的权利得到合法保障。但若滥用权利则可能引发诸多社会问题，版权人通过法律诉讼进行“碰瓷式维权”，会导致社会资源的错配，增加其他企业和个人的法律风险，进而抑制创新

① [美] 劳伦斯·莱斯格. 免费文化——创意产业的未来 [M]. 王师，译. 北京：中信出版社，2009.
② 李东. 中国文化产业的国际化战略与路径 [M]. 北京：清华大学出版社，2015.

活动和经济发展。[①]例如，“视觉中国”在黑洞图片版权事件中的行为反映出一个广泛存在的问题，即利用版权作为牟取非正当收益的工具，将诉讼变成一种获利手段。此种做法通过普遍地对版权提出过分索赔，阻碍了信息自由流动和社会知识的累积，导致版权保护被扭曲为权利滥用的工具。

（三）考察版权对区域经济与产业发展影响的必要性

从宏观到微观层面梳理、归纳版权对经济发展影响的具体表现，有助于我们从多角度全面理解版权在经济社会发展中发挥的作用。但其在实际应用中亦存在局限性，尤其在区域、相关产业的政策制定和执行中，不同层面的分析可能导致相互矛盾的政策建议，使制定统一的政策框架变得复杂。鉴于此，选择区域经济和核心版权产业作为考察对象能提供更为深刻的洞见和更具可操作性的建议，可以更细致地分析版权政策在具体环境中的效应及其对经济结构、文化产业发展和国际化进程的具体影响，能帮助政策制定者根据不同地区的经济发展阶段和文化产业的特点，设计更为适宜和高效的版权政策，从而实现版权保护与经济社会发展之间的最佳平衡。具言之，考察版权对区域经济与产业发展影响的必要性主要体现在以下四个方面。

其一，区域经济的特征具有差异性。不同省份和城市在经济发展水平、产业结构、文化背景和政策环境等方面存在显著差异。这些差异影响了版权制度的执行效果与相关产业发展。通过对特定区域内版权影响经济发展的现实表现进行深入考察，可以更准确地评估版权政策和制度对本地经济活动的具体影响，从而为制定更加针对性的策略提供依据。

其二，版权产业具有典型性与代表性。特定的版权产业如音乐、电影、软件等，由于其商业模式、产业结构及市场秩序依赖知识产权保护，版权制度的变迁与版权产业发展密切相关，这使得特定版权产业成为研究版权影响的理想选择。相关产业的发展状况可直观反映版权制度的保护效果和激励创新的能力，是分析、评估版权经济效应的关键抓手。

其三，经济高质量发展的需求。随着我国经济转型和升级，高质量发展成为主要目标。版权作为知识产权的重要组成部分，对创新驱动和文化产业发展具有基础性作用。研究版权如何在区域和产业层面推动高质量发展，有助于理解和利

---

① 张维．版权滥用与创新抑制问题研究［M］．北京：知识产权出版社，2021.

用版权驱动经济增长和结构优化的潜力。

其四，政策实施的具体性。通过聚焦具体地区和产业，研究可以提供更实际的政策建议，帮助地方政府根据自身实际情况制定或调整版权相关政策。此种地区和产业的具体分析有助于构建更有效的版权保护框架，促进地方经济和文化的繁荣发展。

此外，区域和版权产业的相关数据相对完整、可追踪，有利于进行定量分析和趋势预测。可见，选择区域经济和具体版权产业作为考察对象，可以更细致、深入地分析版权政策、制度的效果，提供更为具体和实用的策略建议，更准确地理解版权在促进经济和文化发展中的角色。

三、版权对区域经济发展的影响——以中国上海为考察对象

（一）为建设国际版权创新高地，上海市出台系列政策法规

上海作为中国经济文化中心，高度重视知识产权保护与运用，出台了一系列政策法规推动知识产权高质量发展。上海市在版权保护和创新方面采取了前瞻性规划，旨在构建创新驱动、强化保护、利用高效和服务全面的版权环境。根据《上海市知识产权保护和运用“十四五”规划》（以下简称《规划》）和《上海市知识产权强市建设纲要（2021—2035年）》（以下简称《纲要》），上海力求在2025年成为国际知识产权保护的高地，并在2035年发展为具备全球竞争力的国际知识产权中心。

在版权创造方面，上海市不仅鼓励创新提升版权质量，还致力于打造有利于创作的文化环境。作品版权年登记量从“十二五”期末的2.36万件增长到31.89万件，反映了其创新生态的活力。上海市通过强化重点领域版权的长效保护机制，建立网络版权保护快速反应机制及纠纷快速调解机制，显示了其高水平保护的追求。2021年，浦东新区被批准建设国家版权创新发展基地，并出台若干措施支持其进行版权领域的先导式创新。2022年，上海市版权局修订了《上海版权示范单位和示范园区（基地）认定办法》，规范版权示范单位认定流程，提升版权服务产业能级，推动版权服务产业的高质量发展。

在版权运用方面，上海市通过《规划》《纲要》强调企业知识产权运用水平的提升，打造高效的知识产权市场。通过改进《上海市著作权合同备案办法》，

提高著作权交易透明度和安全性，加强版权公共服务供给，提升版权工作站信息服务能力。

在版权保护方面，上海市高级人民法院印发《关于加强新时代知识产权审判工作为知识产权强市建设提供有力司法服务和保障的意见》，加大司法保护力度，公正高效地审理知识产权案件。2023年底，上海市相关部门发布《企业数字版权技术措施保护与合规指引》，建议企业采取技术措施防止未经许可的数字化作品浏览和传播，并通过市场监测及时收集证据。

（二）上海市版权服务与保护机制改革创新

1. 版权登记机制改革创新

上海市在版权服务体系建设上多措并举，一方面改革版权登记机制，另一方面不断搭建版权服务平台，不断提高城市的版权服务能级，在城市的创新能力、文化影响力和经济发展方面发挥着重要作用。版权登记的机制改革创新目的在于显著提升版权确权、用权、维权的全链条保护效率，激励创新和创意产业发展、吸引更多创意产业的投资，进而促进经济发展。2019年，上海在其自由贸易试验区设立版权服务中心，引入版权快速登记服务。2021年，浦东新区率先进行跨地域作品登记制度的改革探索；[①]上海市版权局重构内部审批流程，图书出版和复制境外音像制品著作权授权合同登记项目办结时限从15个工作日缩短至2个工作日，作品版权登记受理从全市单一窗口扩展到全域通办。[②]上海市的版权登记制度改革是对现有法律和管理框架的重要补充，通过提升版权登记和保护的效率，有效支持了创新和经济发展，强化了上海市在全球创意和创新产业中的领导地位。

2. 版权服务平台建设向细分领域发展

上海市在版权服务体系建设上十分具有创新性与前瞻性，开创了多项全国“首例”，通过搭建版权服务平台，不仅可以促进版权快速、高效地登记和保护，推动本市创意设计和文化产业发展，还可以整合区域资源，促进区域经济一体化。如上所述，中国（上海）自由贸易试验区版权服务中心是全国首个在自贸试验区内设立的版权专业服务平台，形成了一系列“开创性”的举措。2023年，上

① 浦东发布．自贸区十周年丨发挥上海自贸试验区版权服务中心作用，擦亮知识产权保护“金名片”［EB/OL］.（2023-10-03）［2024-10-05］. https://news.xinmin.cn/2023/10/03/32487770.html.

② 上海市知识产权局．2022年上海知识产权白皮书［R］. 上海：上海市知识产权局，2022.

海市宝山区著作权（版权）服务专窗在区政务服务中心设立，成为全市首家在政务服务中心设立的版权服务专窗，为便利园区、企业及个人，为其提供版权登记、版权服务乃至纠纷处理的平台和渠道。[①]杨浦版权工作站相继开展一系列面向企业的版权知识培训，建立专家咨询机制，开展版权调解工作，协助字体使用单位合理购买正版字库，并以此为切入点，帮助企业认识互联网环境下的侵权风险、合规要点和应对方法。[②]上海市版权服务行业发展迅速，截至2024年4月，上海市共设立19家版权服务工作站。

在推进综合性版权服务中心的同时，上海市探索设立特定行业和领域的服务中心，提升版权服务效率和质量，促进相关行业发展。2021年，上海市版权局在东华大学设立国内首个汉服版权服务平台，负责汉服版权维护、资源整合、IP创新和文化产业发展。此类特定领域版权服务中心有助于保护并促进本地文化资产的合法利用和商业化，推动文化和创意产业发展，推广中华传统文化的现代应用和国际传播。[③]

创新技术被应用于细分行业的版权服务中，提高了版权登记、监控和执行的透明度和安全性，旨在提升原创内容的保护和创作激励。例如，长三角音乐版权服务平台在上海音乐谷设立，基于区块链和人工智能等技术，整合资源，对作品进行存证、确权、监测，并为原创音乐人提供维权便利。[④]该平台不仅提高了音乐版权管理效率和透明度，还推动了技术与音乐产业的融合，促进区域经济多元化和现代化。通过提供专业和国际化的版权服务，吸引更多国际投资和合作，提高长三角地区的全球竞争力，增强各城市间的经济和文化联系，推动更深层次的经济一体化。

相对于综合性版权服务中心，细分行业版权服务平台更具针对性，资源整合能力和市场适应性更强。它针对特定行业的需求，提供深入的专业知识和定制化解决方案。细分行业中心更容易吸引特定行业的技术，实现高效协同，且在适应

---

① 李桃，袁国良．宝山设立全市首家版权服务专窗 为著作权人提供“一站式”服务［EB/OL］.（2023-04-27）［2024-10-05］. https://www.shbsq.gov.cn/shbs/bsdt/20230427/362187.html.

② 国家版权局．2023上海版权宣传周启动，这些版权优质项目你知道吗？［EB/OL］.（2023-04-27）［2024-10-05］. https://www.ncac.gov.cn/chinacopyright/2023xcz/12792/357913.shtml.

③ 上海国际时尚科创中心．中华传统服饰版权综合服务平台——上海汉服版权中心揭牌成立［EB/OL］.（2021-09-21）［2024-10-05］. https://news.dhu.edu.cn/2021/0917/c542a406753/page.htm.

④ 郑钧天，李子格．长三角（中国）音乐版权服务平台在上海揭牌［EB/OL］.（2021-05-15）［2024-10-05］. https://m.gmw.cn/2021-05/15/content_1302295350.htm.

快速变化的市场需求方面更为灵活和迅速。

3. 不断完善司法保护体系与创新纠纷多元化解路径

上海市版权保护和纠纷解决体系的完善和改革展现出一条全面、综合和高效的知识产权保护路径，不仅提升了版权保护的实效性，也加强了版权管理和纠纷解决的专业性。版权保护机制的完善方面，上海市通过签署版权保护合作备忘录和建立版权维权联络点的措施，显著增强了地方政府和司法部门在版权保护方面的合作。2022年，嘉定区委宣传部与区检察院共同签署《加强版权保护合作备忘录》，不仅增强了版权保护的专业性，还提升了处理版权问题的效率。嘉定工业区内首个区级版权维权联络点的设立，为企业提供了版权管理制度的完善、维权指导和纠纷化解等法律服务，这些举措为企业创造了一个更加安全和稳定的商业环境。①

上海市在版权纠纷解决方面的改革体现在多元化纠纷解决机制上。2022年，宝山区成立区级专业性知识产权纠纷调解平台，此举不仅减轻了法院的负担，还提供了一种更快、更经济的纠纷解决方式。此外，浦东新区张江地区检察院成为全国首家实现知识产权刑事、民事、行政、公益诉讼检察职能“四合一”的基层派出检察院，这一措施极大地增强了版权保护的全面性和一体性，提高了法律执行的效率。②

4. 积极开展版权示范梯度培育工作

上海市通过建设版权示范单位和园区，旨在提升全市版权创造、运用、保护和管理的水平。这些措施不仅强化了企业的版权工作能力，也促进了版权服务的专业化和系统化。上海市版权局致力于推进版权示范梯度培育工作和版权公共服务体系建设，以此为双翼推动版权产业的高质量发展。上海建立多个版权产业基地，如张江国家数字出版基地、国家音乐产业园、中国（上海）网络视听产业基地等，均明确了其产业定位和功能，促进了相关行业的集聚和专业化发展。2023年11月，上海市版权局组织多家国家级、市级版权示范单位参加“第九届中国国

① 上海市检察院微信公众号．上海：形成版权保护合力，加强版权保护合作［EB/OL］.（2022-09-13）［2024-10-05］. https://www.spp.gov.cn/spp/zdgz/202209/t20220913_577203.shtml.

② 上海检察．上海检察知识产权司法保护系列新闻发布会，首场聚焦这个关键词［EB/OL］.（2023-04-12）［2024-10-05］. https://mp.weixin.qq.com/s?__biz=MzA4MjY5MDIyMA==&mid=2652038635&idx=1&sn=acb60dfb2ec332678e20e7988f58370f.

际版权博览会”，有效搭建了版权应用转化平台，推广了上海的版权成果。[①]

版权示范培育工作的实施显著推动了上海的经济和文化发展。通过强化版权保护和优化版权管理，上海成功吸引并培育了一大批版权相关企业和创意人才。版权产业的繁荣，特别是在数字出版、音乐、动漫游戏等领域的发展，直接促进了就业，增加了经济活动，同时提升了上海文化产品的市场竞争力和国际影响力。版权示范培育工作的开展提升了版权行业的整体服务水平和管理效率。上海的版权基地和示范单位如波克科技、上海交宅科技等，不仅提升了自身的版权管理和创新能力，也为整个区域的科技和文化产业创造了更多增长机会。此外，上海市版权优势园区（基地）的评选和表彰进一步激发了各单位在版权保护和应用上的积极性。

（三）浦东新区：版权保护先行示范与实施举措

浦东新区作为综合改革试点和上海市版权保护的先锋，2021年，上海市人民代表大会常务委员会制定了《上海市浦东新区建立高水平知识产权保护制度若干规定》，旨在强化全链条保护，构建完善的国际知识产权保护高地。该规定设立高标准的侵权惩罚性赔偿制度，将著作权举证责任从民事诉讼扩展到行政执法程序，提高了行政执法保护效率。为深入实施知识产权强国建设，2023年，浦东新区发布《上海市浦东新区国家知识产权保护示范区建设方案（2023—2025年）》，通过建设保护示范区，落实重点改革，开展重大专项行动，培育重要平台载体，持续优化创新和营商环境。

对于版权登记，浦东新区先行先试，发挥现代化建设引领作用，积极探索版权登记创新举措，旨在通过提高版权登记的速度和效率，更好地服务于快速发展的经济和创新需求。快速登记系统的引入，为企业和创作者提供更快捷的版权确权服务。2014年，国家版权贸易基地（上海）由国家版权局授牌成立，依托上海自贸区制度创新与政策开放的优势，积极探索创新与国际市场相接轨的版权贸易方式和服务举措，成为长三角区域第一家国家级的版权贸易基地。[②]2021年，国家版权创新发展基地在浦东设立后，浦东新区改革跨地域作品登记制度，允许与

① 第九届中国国际版权博览会．讲好版权新故事，塑造上海新生活［EB/OL］.（2023-11-23）［2024-10-05］. https://m.thepaper.cn/baijiahao_25399994.

② 第九届中国国际版权博览会．讲好版权新故事，塑造上海新生活［EB/OL］.（2023-11-23）［2024-10-05］. https://m.thepaper.cn/baijiahao_25399994.

浦东相关的作品在上海登记，享受市民待遇及全链条服务。帮助外地艺术家在上海进行版权登记，有效满足企业需求，助力业务发展，提供良好版权保护环境。2016年至2022年，浦东新区作品登记从5726件增至260,417件，增长超45倍，软件著作权登记实现5倍增长，登记企业超过2200家。[①]

综上，上海市的实践表明版权不仅支持了创新活动，还促进了高价值文化产品的创造与流通。版权赋能区域经济发展的具体实现路径，包括制定适应性强的政策法规以及强化这些政策的执行力度，确保法规既能促进版权保护也能激发创新。上海市通过创新版权服务体系，针对不同行业特性建设专门化服务平台以支持具体行业的发展需要。上海的经验也表明，完善版权保护体系并探索多元纠纷解决路径对维护一个健康的创新环境至关重要。

四、版权对产业发展的影响——以中国音乐产业为考察对象

（一）版权行政执法规范音乐市场秩序

实体唱片时代，音乐作品版权保护主要包括两方面：一是确认版权及权利归属，消费者需付费购买唱片以享受正版音乐，这相当于在唱片上加收版权许可费；二是规制侵犯版权行为，主要针对盗版。盗版行为主要是制作盗版光碟，盗版成本包括制作材料费和被处罚的罚金与侵权赔偿金。第二类成本受版权保护政策的严格程度影响，政策越严格，行政执法力度和赔偿金额越高，盗版威慑力也越大。总体而言，版权保护制度主要通过规制盗版的后果来影响音乐产业发展，呈现事后“消极”保护的状态。

互联网迅速普及带来了实体唱片向数字音乐的转变。数字音乐克服了实体唱片的载体限制，便捷可得，复制和传播成本几乎为零，为消费者所喜闻乐见。旺盛的市场需求可以带动实体唱片向数字音乐的载体转型快速完成，但无法实现版权保护制度的同步更新。受到中国音乐产业在实体唱片时代的版权保护主要取决于政策（尤其是版权行政执法）的惯性影响，数字音乐产业的版权保护也呈现典型的政策导向特征。具体而言，国家版权局在网络版权治理领域发起的“剑网”

---

① 浦东发布．自贸区十周年｜发挥上海自贸试验区版权服务中心作用，擦亮知识产权保护“金名片”［EB/OL］.（2023-10-03）［2024-10-05］. https://news.xinmin.cn/2023/10/03/32487770.html.

执法活动[①]较早，持续地关注数字音乐版权保护话题。

国家版权局“剑网2015”专项行动的第一项重点任务便是开展规范网络音乐版权专项整治行动，加大对音乐网站的版权执法力度，严厉打击未经许可传播音乐作品的侵权盗版行为。[②]此次专项行动对于数字音乐版权侵权盗版打击效果明显，改变了此前盗版数字音乐泛滥的局面，因此2015年也被称为中国数字音乐正版化元年。[③]随后，在每年的“剑网”专项行动中，数字音乐市场侵权行为也一直受到重点关注。

（二）全面激励中国音乐产业持续创新

实体唱片和数字音乐的版权保护均体现了明显的政策导向，这是中国音乐产业数字化转型中的重要特点。在这一过程中，盗版和侵权往往走在版权法规则之前，类似于互联网“非法兴起”的过程，产业实践领先，法律滞后，影响了创作者的合法权益。行政执法效率在特定时期内发挥了重要作用，保护了创作者的合法权益。明确版权归属、权利内容和救济方式是保护创作者权益的重要措施。著作权法及其实施条例明确了音乐作品的著作权归属，包括作词、作曲和表演者的权利，确保创作者能从授权使用和商业化中获得经济利益，并赋予其对侵权行为提起诉讼的权利。这种保护鼓励了投资进入音乐产业，支持了音乐创作、制作和发行，推动了行业繁荣。

然而，中国音乐产业的版权法存在滞后问题。例如，“信息网络传播权”来得较晚，且其内涵不全面。信息网络传播权仅调整用户在个人选定的时间和地点获得作品的交互式传播行为，无法涵盖网络直播等非交互式传播行为。这导致流媒体业务需要使用兜底条款，直到2020年著作权法第三次修订才通过纳入广播权的方式解决。此外，信息网络传播权的立法模式切断了网络传播与非网络传播两种权利体系的关联，使得前互联网时代的利益分配机制在互联网环境下失效，围绕数字化传播的商业模式完全依赖独立的信息网络传播权展开，不利于权利体系的整体协调。

---

① 中央网信办．十年“剑网行动”，连创佳绩；网络版权执法，再谱新篇［EB/OL］．（2015-06-16）［2024-04-06］．https://www.cac.gov.cn/2015-06/16/c_1115679708.htm.

② 国家版权局．关于开展打击网络侵权盗版“剑网2015”专项行动的通知［EB/OL］．（2015-06-10）［2024-10-05］．https://www.ncac.gov.cn/chinacopyright/contents/12228/346320.shtml.

③ 国家版权局网络版权产业研究基地．中国网络版权产业发展报告（2021）［R］．北京：国家版权局，2021.

司法实践中，为了持续激励数字音乐产业原创，在纠纷解决中应当采取“最低限度的独创性”标准。[①]最低限度的创造性标准不仅意味着数字音乐版权保护的门槛并不高，也意味着数字音乐版权保护有灵活的酌定空间，为实践中出现的新业态的法律预留了空间。质言之，与数字作品的独创性标准问题，要以既符合版权法传统原则又符合经济上合理做法的方式来解决。

产业层面，为了鼓励原创，大量数字音乐平台推出了各色原创音乐人扶持计划。音乐人尤其是原创音乐人作为音乐行业的核心生产力，其创作的类型、数量和水平，对我国数字音乐行业的持续发展至关重要。针对目前音乐人群体在我国的生存环境未得到充分改善，兼职人数占比高、收入满意度低、社会认同感缺失、维权难度大等问题，[②]主流音乐平台近年来均加大了对原创音乐人的扶持力度，试图通过解决创作者的痛点以获取竞争优势。例如，腾讯音乐曾多次推出围绕音乐人和原创歌曲的培养计划，如亿元激励计划4.0、与Billboard合作的“中国音乐引力计划”等。[③]

与此同时，严厉打击盗版行为为创作者提供了充分的法律救济。著作权法对音乐作品盗版行为的制裁减少了非法复制和分销，维护了市场秩序。中国音乐产业以“盗版”的方式被动完成了“全面数字化”，经历了“盗版且免费”（2001—2010年）、“正版且免费”（2011—2016年）和“正版且付费”（2017—2021年）三个阶段[④]，这与版权法规则滞后有关。2001年修订前的著作权法没有涉及互联网传播的规则，首次修订后新增了“信息网络传播权”，但直到2006年《信息网络传播权保护条例》发布才完善。[⑤]随着著作权行政管理部门介入，行政手段扭转了数字音乐非法传播，作品授权许可逐步规范化，但版权法规则体系和逻辑架构仍未厘清。在数字音乐产业向社交化和流媒体转型过程中，产业主体与行政管理部门在

---

① “独创性”是作品的核心。从比较法上看，无论是作者权体系将独创性阐释为“智力创造”，还是版权体系将独创性解释为“最低限度的创造性”，在实践中均适用了最低限度的创造性标准。我国法院将“独创性”解释为“区别特征”，亦是对最低限度创造性标准的重述。Feng S，Fang F. Live Broadcasting of Sporting Events：A Trigger to the Revolutionary Reform of Chinese Copyright Law by Transforming the Condition of Originality［J］. Queen Mary Journal of Intellectual Property，2022（3）：303-325.

② 中国传媒大学. 音乐人生存现状与版权认知状况调查研究报告［R］. 北京：中国传媒大学，2021.

③ 小鹿角编辑部. 腾讯音乐人“放大招”：说唱、乐队、流行三大赛道齐发，发掘潜力音乐人［EB/OL］.（2023-06-16）［2024-10-05］. https://mp.weixin.qq.com/s/JwLTQh5eb0XR3CHlE97J8w.

④ 熊琦. 音乐产业“全面数字化”与中国著作权法三十年［J］. 法学评论，2023（1）：130-141.

⑤ 熊琦. 音乐产业“全面数字化”与中国著作权法三十年［J］. 法学评论，2023（1）：130-141.

许可制度变革方向上的分歧加深，行政“约谈”和反垄断规制反映了著作权法的深层问题。经历“盗版危机”后，合法传播渠道被网络非法传播取代，音乐产业被迫以“全面数字化”重新起步，形成互联网产业主导的格局。全面理解这一格局，需要理性探讨平台发展和竞争模式。

（三）版权“质”和“量”成为平台竞争的核心

由于中国音乐产业数字化转型的正版化过程是由音乐平台向版权人付费完成的，网络用户在数字音乐产生初期便养成了免费获取的惯性。音乐平台之所以愿意向版权人付费并免费提供给网络用户，是因为网络用户提供了平台竞争的核心要素——流量。由此可见，中国音乐市场的版权保护始终以音乐平台，而非网络用户（消费者）为主体。近年来数字音乐版权保护的规则变迁说明了这一道理，未来数字音乐版权保护规则的发展方向，也将会取决于数字音乐平台之间的竞争状况，呈现行业驱动的特点。

数字音乐平台的版权竞争在2015年至2021年日趋白热化，逐渐形成“一超一强”市场格局。腾讯音乐（旗下数字音乐平台包括QQ音乐、酷狗音乐、酷我音乐等）与网易云音乐激烈争夺独家音乐版权资源，二者占据了93%以上的市场份额。同时，歌手直播服务等音乐衍生娱乐市场受上游音乐独家版权市场格局影响，被腾讯音乐与网易云音乐垄断，77%的市场份额为二者享有。[①]2022年，腾讯音乐全年营收283.4亿元，其中在线音乐订阅收入增长23.5亿元，同比增长20.6%；网易云音乐全年净收入90亿元，在线音乐服务收入36.99亿元，同比增长12.4%。[②]数字音乐平台“一超一强”的竞争格局决定了，此时版权保护的重点是反垄断——维护音乐平台之间公平竞争的环境。

2021年7月24日，国家市场监督管理总局依法对腾讯控股有限公司收购中国音乐集团股权违法实施经营者集中案作出行政处罚决定书，对腾讯音乐处罚50万元，并责令其解除独家音乐版权、恢复相关市场竞争状态。[③]至此，我国数字音乐行业正式进入“非独家版权时代”。“非独家版权时代”的到来尽管在一定程度上恢复了我国数字音乐市场的竞争秩序，但也引发了新一轮的问题和更深层次的

---

① 网易云音乐与腾讯音乐再起争执，在线音乐路在何方？［EB/OL］.（2022-05-11）［2024-10-05］. https://m.thepaper.cn/newsDetail_forward_18021856.

② 数字音乐前沿智库. 2022数字音乐行业资讯年度报告［R］. 北京：数字音乐前沿智库，2022.

③ 参见行政处罚决定书（国市监处〔2021〕67号）。

困境。比如，取消独家版权之后，音乐人的作品流量和收入会普遍下降，但维权成本却随之提升。[①]在独家版权时代，平台为了避免竞争对手抢占先机，往往会对作品支付一定的“溢价”；而在取消独家版权后，作品收益不确定性的风险通常会被转嫁到音乐人身上，他们也就失去了让大笔预付金落袋为安的机会。

数字音乐版权反垄断虽已告一段落，但实践中仍存在不少音乐人选择用“独家音乐人合同”取代“独家版权合同”。该现象一方面让平台方承担了更多孵化优秀音乐人的职责，另一方面也可能形成新一轮的版权集聚和垄断效应。随着网络直播、短视频的兴起，一大批短视频平台和新兴音乐平台开始涉足数字音乐市场的竞争，数字音乐平台正受到短视频等多类娱乐形式的冲击。一方面，短视频平台加入音乐用户争夺战，甚至在多项指标上实现对传统数字音乐平台的反超。另一方面，汽水音乐、波点音乐等新兴平台异军突起，深受年轻用户青睐。其中，汽水音乐首创“独家首发模式”，即向音乐人支付数额可观的费用，但仅换取一段时间内的“网络首发权”，而不再苛求达成独家授权。[②]网络用户在数字音乐平台间的竞争中发挥的影响作用呈现提升趋势，数字音乐版权保护要考虑的利益平衡格局趋于复杂。

综上所述，中国音乐市场的版权保护始终以音乐平台为主体，音乐平台获得版权人授权的数字音乐版权数量和质量成为平台间竞争的核心，典型地体现在腾讯音乐集团和网易云音乐的较量中。未来，数字音乐版权保护规则的发展方向会继续贴合行业驱动的路径，围绕版权竞争的核心展开。

五、版权与经济高质量发展的互动关系

版权制度不仅奠定了文化产业的经济基础，还激发了创新的内生动力，为经济增长提供了源头活水。为进一步探索版权与经济高质量发展之间的互动关系，有必要结合理论与实践深入理解经济高质量发展的内涵要义以及新质生产力在推动经济高质量发展中的基本要求，进而明确版权在我国经济高质量发展阶段可发

---

① 《财经》商业治理研究院．2021—2022年度数字音乐规则报告［R］．北京：《财经》商业治理研究院，2022.

② 纳豆．中国数字音乐版权：从“独家”时代，进入“独家首发”时代？［EB/OL］．(2023-03-27)［2024-10-05］．https://baijiahao.baidu.com/s?id=1761510563338661472&wfr=spider&for=pc.

挥哪些作用，同时也为现代版权制度体系之建设完善明确方向。

（一）经济高质量发展的内涵要义

高质量发展是新时代中国经济发展的关键战略，它不仅代表了对经济发展新阶段的认识深化，也标志着中国发展理念的重大转变，旨在推动经济由高速增长转向高质量发展。党的二十大报告提出，高质量发展是全面建设社会主义现代化国家的首要任务。在我国经济发展进入新常态的大背景下，2017年10月，习近平总书记首次提出我国经济已由高速增长阶段转向高质量发展阶段，自此高质量发展的观念在我国经济工作中被不断贯彻落实。

1. 以“质的提升”与“效率优化”为核心的新发展模式

从理论内涵来看，高质量发展的关键在于经济发展质量的提升。高质量发展超越了传统的以GDP增速作为主要衡量标准的发展模式，不仅涵盖了经济增长的速度和效率，也包括了结构的优化、创新的动力、生态的友好和民生的改善。这一转变的核心在于质的提升和效率的优化，而不再是过去追求速度和数量的增长模式。[①]随着我国经济发展阶段和全球经济环境的变化，为应对未来发展中的潜在挑战，我国提出高质量发展概念，反映了对经济发展规律的深入理解，体现了我国经济发展战略的新调整和新定位。

经济发展不同于经济增长。经济增长是量的增加，主要是指一个时间跨度内，一个国家人均产出水平的持续增加，可以用绝对增长数量或相对增长比率来衡量。经济发展是指量的增长和质的提升，是量和质的有机统一。[②]“质”通常是指经济发展的结构、效益，“量”通常是指经济发展的规模、速度。质的提升为量的增长提供持续动力，量的增长为质的提升提供重要基础，二者相辅相成。

在实践层面，高质量发展要求经济增长动力转换，从过去依赖资源消耗和廉价劳动力的粗放式增长，转向依靠科技创新、产业升级、品牌建设和服务优化的集约式增长。同时，要实现产业结构的优化升级，推动传统产业改造和新兴产业发展，并通过深化改革和扩大开放，提高经济系统的整体效率和竞争力。

① 蒲实．实现质的有效提升和量的合理增长［N］．学习时报，2022-11-11；刘世锦．推动经济发展质量变革、效率变革、动力变革［J］．求是，2017（1）：10-15.

② 潘洁．更好统筹经济质的有效提升和量的合理增长——学习领会“六个更好统筹”之二［EB/OL］．（2022-12-23）［2024-10-05］．https://www.gov.cn/xinwen/2022-12/23/content_5733327.htm.

2. 创新、协调、绿色、开放、共享的新发展理念

党的十九届六中全会审议通过的《中共中央关于党的百年奋斗重大成就和历史经验的决议》提出："不能简单以生产总值增长率论英雄，必须实现创新成为第一动力、协调成为内生特点、绿色成为普遍形态、开放成为必由之路、共享成为根本目的的高质量发展。"经济高质量发展应坚持创新、协调、绿色、开放、共享五大理念，以推动质量变革、效率变革、动力变革，进而满足人民日益增长的美好生活需要。

具言之，"创新"被视为推动高质量发展的核心动力。它不仅关乎技术和产品的革新，还包括理念、制度、管理等多方面的创新，目的是促进经济结构优化、效率提升和动力转换，实现持续和健康的经济发展。"协调"强调经济发展的各个方面、各个行业和区域之间应该相互支持、相互促进，避免发展不平衡的问题。这涉及区域协调、产业协调以及社会协调，目的是形成全面均衡发展的新格局。"绿色"指导我们向环境友好型经济转型，强调可持续发展，重视生态保护，倡导资源节约和环境友好的生产消费模式。绿色发展不仅是应对生态危机的需要，也是实现经济长期稳定发展的内在要求。"开放"倡导加强国际交流合作，扩大对外开放，参与全球经济治理，通过"引进来"和"走出去"促进自身发展和国际竞争力提升。开放不仅有利于经济发展，也有助于国内改革和创新。"共享"强调经济发展的成果应当由全社会共享，促进社会公平与正义，提高人民生活质量。共享发展是确保社会长期稳定和谐的基础，关系经济发展的广泛性和持续性。[①]新发展理念相互关联、相互促进，构成了高质量发展的理论框架和实践路径，反映了新时代中国经济发展的新要求，旨在推动中国经济实现更加全面、均衡、可持续的发展。

3. 以"五个必须"作为经济高质量发展的行动指南

在中央经济工作会议上，习近平总书记明确提出"五个必须"，对做好新时代经济工作、以高质量发展全面推进中国式现代化建设具有重大而深远的指导意义。他指出，第一，必须把坚持高质量发展作为新时代的硬道理。只有持续提升经济发展质量，才能满足人民日益增长的美好生活需要，才能彰显中国特色社会

---

① 林江．深刻把握经济高质量发展的内涵要义［N］．经济日报，（2023-09-20）［2024-10-05］．http://theory.people.com.cn/n1/2023/0920/c40531-40081356.html；权衡．高质量发展：全面建设社会主义现代化国家的首要任务［N］．解放日报，（2022-10-31）［2024-10-05］．http://theory.people.com.cn/n1/2022/1031/c40531-32555578.html.

主义制度优势，在世界百年变局加速演进中牢牢把握战略主动。第二，必须坚持深化供给侧结构性改革和着力扩大有效需求协同发力。这是推动高质量发展的重要手段。通过改革开放更好地调整经济结构，提高供给质量，满足有效需求。第三，必须坚持依靠改革开放增强发展内生动力。这是推动高质量发展的重要途径。通过深化改革完善社会主义市场经济体制，增强经济发展的内生动力。第四，必须坚持高质量发展和高水平安全良性互动。安全是发展的前提，发展是安全的保障。在推动经济高质量发展的同时，注重保障国家的安全，两者相辅相成。第五，必须把推进中国式现代化作为最大的政治。通过推动经济高质量发展更好地推进中国式现代化，最终才能实现中华民族伟大复兴。[①]“五个必须”构成了推动高质量发展的战略框架和行动指南。

（二）新质生产力推动下经济高质量发展的基本要求

习近平总书记在中共中央政治局第十一次集体学习时强调“发展新质生产力是推动高质量发展的内在要求和重要着力点”，“新质生产力已经在实践中形成并展示出对高质量发展的强劲推动力、支撑力”。2024年3月5日，国务院向十四届全国人大二次会议所作的《政府工作报告》把“大力推进现代化产业体系建设，加快发展新质生产力”列为本年度国民经济和社会发展计划的首要任务。概括来说，新质生产力是指创新起主导作用，摆脱传统经济增长方式、生产力发展路径，具有高科技、高效能、高质量特征，符合新发展理念的先进生产力质态。它由技术革命性突破、生产要素创新性配置、产业深度转型升级而催生，以劳动者、劳动资料、劳动对象及其优化组合的跃升为基本内涵，以全要素生产率大幅提升为核心标志，特点是创新，关键在质优，本质是先进生产力。[②]

1. 准确把握经济发展规律与我国发展阶段

世界各国发展规律与经济学实证研究均表明，从中等收入国家迈向高收入国

① 中共国家发展和改革委员会党组．深入学习贯彻中央经济工作会议精神 狠抓落实推动高质量发展［J］．中国产经，2024（5）：98-105；确保同向发力、形成合力——从中央经济工作会议看2024年中国经济高质量发展［EB/OL］．（2023-12-13）［2024-01-05］．https://www.gov.cn/yaowen/liebiao/202312/content_6919861.htm；五个必须：新时代做好经济工作的规律性认识［EB/OL］．（2024-01-11）［2024-01-12］．http://www.qstheory.cn/laigao/ycjx/2024-01/11/c_1130057730.htm.

② 习近平在中共中央政治局第十一次集体学习时强调 加快发展新质生产力 扎实推进高质量发展［EB/OL］．（2024-02-02）［2024-02-05］．http://politics.people.com.cn/n1/2024/0202/c1024-40171402.html.

家，都要经历从追求速度到追求质量的整体性转变。世界上大多数经济体的发展经历了或即将经历“结构性增速”和“结构性减速”两个过程。[①]新时代以来，我国经济已进入“结构性减速”，劳动参与率下降，资本报酬递减导致资本投入增速亦呈下降之势，第二产业的技术创新面临瓶颈，第三产业的技术创新以及传统行业的效率提高都面临动力不足的挑战。经济发展中“量”积累达到一定程度后，就必须转向“质”的提升。

党的十八大以来，以习近平同志为核心的党中央依据我国经济发展面临的新形势新问题新挑战，作出了我国经济发展正处于增长速度换挡期、结构调整阵痛期、前期刺激政策消化期“三期叠加”阶段的重要判断，并在此基础上进一步作出我国经济发展进入新常态的判断。[②]在当前的世界格局与国际形势下，必须把发展立足点放在国内，更多依靠国内市场实现经济发展。我国是一个超大规模经济体，而超大规模经济体可以也必须内部可循环。未来一个时期，我国国内市场主导经济循环的特征会更加明显，经济增长的内需潜力会不断释放。

充分遵循经济发展规律且基于我国当前发展阶段下提出的新质生产力，是在实践中形成并展示出对高质量发展的强劲推动力、支撑力，代表先进生产力的演进方向，是由技术革命性突破、生产要素创新性配置、产业深度转型升级而催生的先进生产力质态。新质生产力以劳动者、劳动资料、劳动对象及其优化组合的跃升为基本内涵，具有强大发展动能，能够引领创造新的社会生产时代。

2. 动态平衡新供需，因地制宜发展新质生产力

新质生产力以新供给与新需求高水平动态平衡为落脚点，形成高质量的生产力。供需有效匹配是社会大生产良性循环的重要标志。[③]基于我国大部分领域的发展现状，客观上要求形成需求牵引供给、供给创造需求的新平衡。高水平的动态平衡新供给与新需求是指在新质生产力发展过程中，供给侧和需求侧能够相互适应、相互促进，实现经济结构的优化和升级。这种平衡不是静态的，而是在不

① 深刻把握经济高质量发展的内涵要义［N］. 经济日报，(2023-09-20)［2023-10-05］. http://theory.people.com.cn/n1/2023/0920/c40531-40081356.html；客观看待中国经济面临的结构性问题［N］. 经济日报，(2024-03-02)［2024-03-05］. http://finance.people.com.cn/n1/2024/0302/c1004-40187385.html.

② 深入认识经济发展新常态［EB/OL］.（2018-01-03）［2024-10-05］. http://theory.people.com.cn/n1/2018/0103/c416126-29743053.html.

③ 习近平经济思想研究中心. 新质生产力的内涵特征和发展重点（深入学习贯彻习近平新时代中国特色社会主义思想）［EB/OL］.（2024-03-01）［2024-03-05］. http://opinion.people.com.cn/n1/2024/0301/c1003-40186428.html.

断的变化和调整中实现的，需要政策的引导、市场的调节和社会的适应。新供给与新需求的动态平衡要求提升供给体系的质量和效率，以适应和引领新需求的形成。

我国著名经济学家林毅夫教授及其团队在总结中国本土及其他发展中国家发展经验与教训的基础上，研究形成新结构经济学。[①]该理论强调，从发展中经济体的经验出发，总结其自身经济发展规律，根据发展中经济体的要素禀赋及结构，按照比较优势将当前能做好的产业做大做强，渐进式实现追赶与发展。[②]新结构经济学认为，经济发展的本质是产业、技术、基础设施和制度环境等结构不断升级的过程。其创新理论从要素禀赋结构的角度讨论总量创新水平与创新结构及其变迁，认为创新结构内生于要素禀赋结构与产业结构。不同的创新结构需要不同的要素禀赋结构，在不同的产业结构下其作用也不同。一个经济体的要素禀赋结构决定了最优产业结构，产业结构水平决定了与世界前沿技术水平的距离，技术差距决定了该经济体的最优创新结构。[③]

新结构经济学视角下，高水平的供给侧结构性改革不仅是增加供给数量，更重要的是提升供给质量，包括技术创新、产业升级和效率提高。同时，新需求的创造和满足不仅依赖市场机制，还需要政府引导和支持，如通过政策促进新兴产业的发展，激发消费潜力等。此外，发展新质生产力需各地区根据自身资源禀赋、技术水平、人力资本和市场条件等，发展最适合的产业和技术。这种因地制宜的策略有助于形成多元化的发展模式，促进区域经济均衡发展，并提升全国经济的整体质量与竞争力。总之，新供给和新需求的高水平动态平衡需要依据地区具体情况设计和实施，与因地制宜发展新质生产力的策略相互补充。地区差异化策略为新供给创造条件，同时新供给的提升也能促进地区特色经济的发展。

3. 协调新质生产力与传统生产关系，实现高质量发展

在准确把握我国发展阶段、因地制宜发展新质生产力的前提下，为实现高质量发展目标，还需处理好因新质生产力发展而产生的新型生产力与生产关系间的

① 林毅夫，付才辉. 新结构经济学导论［M］. 北京：高等教育出版社，2019.

② 唐恒，王勇. 新结构经济学视角下的中国知识产权战略：理论与案例［M］. 北京：北京大学出版社，2022：25-28.

③ 唐恒，王勇. 新结构经济学视角下的中国知识产权战略：理论与案例［M］. 北京：北京大学出版社，2022：38-45.

关系。生产力是生产的物质基础，包括劳动者、生产工具、劳动对象等因素。[①]而生产关系则是人们在生产过程中所建立的相互关系，包括所有制关系、劳动者在生产中的地位以及产品分配方式等，反映了市场机制，决定了资源的配置效率。新质生产力，包括人工智能、大数据、云计算、区块链及物联网等在科技进步和创新驱动下新兴起的、能够显著提升经济效率，在带来前所未有的发展机遇的同时，也对传统的生产关系和经济结构提出了新的挑战。相比于传统生产力，新质生产力的高科技、高效能、高质量特征明显，高度依赖知识、信息及数据，迭代创新更加快速，生产方式灵活多样。它要求相应的生产关系更加灵活高效，以促进资源优化配置。当前，随着新质生产力的快速发展，数字产品的版权困境对传统产权结构提出挑战，网络自由职业者增多使得劳动关系发生变化，网络化管理下企业组织结构和管理模式也处于变革之中。

（三）版权与经济高质量发展相互作用

1. 版权激励：经济发展的内在要求与驱动力

在经济高质量发展的内涵中，创新被认为是推动高质量发展的核心驱动力。版权作为一种创新成果的主要法律保护形式，对经济增长兼具直接效应与间接效应。一方面，版权保护为创作者和研发者提供了持续创新的经济激励，通过保障创新成果的可预期经济回报以激发个人和企业持续投入创新活动的积极性。另一方面，它还促进了知识的积累和技术的扩散，知识和技术作为经济增长的内生变量，创新可提高人力资本和全要素生产率，为经济结构的优化和效率的提升奠定基础。需注意的是，在激励创新的同时，我们应当处理好自主创新与开放创新之间的关系。

当前，我国应坚持自主创新与开放创新协同共进。通过自主创新构建、强化国家及企业的核心竞争力，同时，通过开放创新可加强国际交流与合作，获取外部资源和知识，利用全球创新资源，加快建设具有全球竞争力的开放创新生态。具体到版权领域，其意味着既要保护创作者权益、激励自主创新，又要促进合理的知识共享、推动开放创新。新结构经济学认为，创新不仅是技术上的创新，还包括制度、管理以及业务模式等方面的创新。在以新质生产力为指导的经济高质量发展过程中，各地区还需结合自身实际，因地制宜地创新版权发展策略和模

① 简新华：新质生产力是实现中国式现代化和高质量发展的重要基础［N］. 光明日报，（2023-10-17）［2023-10-25］. http://theory.people.com.cn/n1/2023/1017/c40531-40096756.html.

式，促进传统版权产业的升级和新兴版权产业的成长。由于创新的扩散效应，版权鼓励跨行业、跨领域的合作与共享，加速新技术、新产品的市场化进程，从而推动经济的持续健康发展。

2. 版权产业战略重塑：经济高质量发展的重要路径

高质量发展超越了以GDP增速为主要衡量的传统阶段，我国现已转向以“质的提升”与“效率优化”为核心的发展模式。新结构经济学认为，经济发展的本质是产业、技术、基础设施及制度环境的不断升级。因此，经济高质量发展不仅体现在GDP和行业增加值的增长上，还要求产业结构的优化升级。版权产业作为知识密集型产业的代表，是实现这一目标的重要途径。深化供给侧结构性改革和扩大有效需求协同发力，是推动高质量发展的关键手段。通过优化版权产业结构，提高供给质量和效率，以促进消费，推动经济转型升级。

优化资源配置在版权产业高质量发展中发挥关键作用。首先，将更多资本和先进技术投入版权产业，特别是高增长潜力和创新能力强的版权行业、企业及项目，推动产业结构优化升级。其次，根据市场需求和发展趋势优化资源配置，帮助版权产业更好适应市场变化，发现和培育新增长点，如数字内容消费和多元化商业模式。最后，通过引进和培养具有国际视野和创新能力的版权专业人才，提升版权产业的整体竞争力，促进产业向更高端、更具创新性的方向发展。

版权产业的高质量发展要求资源配置注重效率和效益，避免资源浪费和错配，提高整体经济效益。版权产业结构的优化升级可以吸引更多资源流向高增长、高附加值的版权领域。随着版权金融和版权赋能实体经济的发展，版权产业可成为吸引投资、技术和人才的新磁场。资源配置的优化为产业结构的持续升级提供动力和条件。发展版权密集型产业可有效提高经济增长的质量和效率，不仅提升全要素生产率，还通过创造高附加值的产品和服务，推动经济向更高端的价值链发展。通过优化版权产业结构，促进新旧动能转换，为传统产业的改造升级提供强有力的支撑，推动经济结构的整体优化和升级。

3. 以现代化版权制度体系为新质生产力发展蓄势赋能

版权制度具有外部性，其核心目的是平衡创新激励与公共福祉。版权制度需确保知识和文化产品的广泛传播与利用，促进社会文化进步和经济发展。随着信息技术、互联网、人工智能等技术的快速发展，版权制度需要不断调整和完善，以应对新挑战。我国新质生产力的发展要求经济体不仅适应技术变革和产业升级，还要预见未来发展方向，持续提供创新动力。现代化版权制度在其中发挥着关键作用，需要适应数字经济、人工智能、大数据等新技术对知识产权保护的新要求，并通过制度创新促进新质生产力的健康发展。推动版权制度体系不断优化，通过确保创新成果得到合理回报，激励更多个人和企业投身创新活动；合理限制版权的行使，促进知识共享和再创造，加速新技术、新产品的开发和应用；健全现代化版权制度体系，提升国内产业的创新能力和竞争力，增强我国在全球知识经济中的地位和影响力。

新质生产力的发展是推动高质量发展的内在要求和重要着力点，而现代化版权制度体系是新质生产力发展的重要保障。随着新技术革命的深入，人工智能、大数据、云计算等新质生产力成为经济发展的新动力。构建与之相适应的版权制度体系，不仅保护技术创新和文化创意成果，还促进这些成果的有效流通和应用，提高生产效率和经济效益。因此，完善版权法律框架、加大执法力度、增强全社会版权保护意识，对于激发新质生产力活力、实现经济高质量发展具有重要意义。

综上，版权与经济高质量发展之间存在紧密的内在联系。版权激励创新是推动高质量发展的主要动力之一，版权产业的结构优化升级是实现经济高质量发展的重要路径，而现代化版权制度体系的建立则为新质生产力发展提供了强有力的支撑。因此，加强版权保护、发展版权产业、完善版权制度，对于推动中国经济高质量发展具有重要的战略意义。

六、以经济高质量发展为导向的版权战略选择

创新是引领发展的第一动力，知识产权作为国家发展战略性资源和国际竞争力核心要素的作用更加凸显。《知识产权强国建设纲要（2021—2035年）》对版权产业提出了发展要求和期望，预计到2025年，版权产业增加值占GDP比重达到7.5%。推动版权融入产业创新发展，实施版权创新发展工程，打造版权产业集群，强化版权发展技术支撑。在知识产权强国和创新驱动的背景下，实施版权战略对于激发创新活力、提高国际竞争力、优化营商环境、支持建设现代化经济体系以及满足人民美好生活需要具有重要意义，是实现高质量发展的关键路径选择。版权战略的实施有助于版权产业快速实现战略重塑，应全面把握不同产业创新发展的实际需求，使产业发展动能在国家整体层面及各区域都能顺畅转化。

（一）理论基础：构建有效市场与有为政府间的良性互动

经济发展是作为经济基础的产业结构、技术结构不断升级，以及作为上层建

筑的制度安排不断完善的结构变迁过程。新结构经济学指出，经济发展的过程中既需要“有效市场”在资源配置上起决定性作用，也需要“有为政府”来克服结构变迁过程中必然存在的市场失灵，弥补市场发育不足的缺陷。有效市场的重要性在于引导企业按照要素禀赋的比较优势选择技术和产业，以使其生产出的产品相比于市场中其他同类产品有更低的要素生产成本和更强的竞争能力。只有企业能获得更多利润，整个经济才有机会创造更多剩余和资本积累，为现有产业、技术升级到资本更为密集、附加值更高的新产业、新技术提供物质基础。市场有效运行、企业为利润和竞争力按照要素禀赋所决定的比较优势选择合适的技术和产业，其前提是反映各种要素相对稀缺性的价格体系的存在，而此种价格体系只存在于充分竞争的市场中。

版权制度作为知识产权制度的重要组成部分，是市场经济的产物。从历史的角度来看，我国版权事业在政府主导下发展起来。但随着知识产权大国地位的确立以及知识产权强国战略的实施，我国版权产业转型对于版权制度的市场化运作环境和能力提出了更高要求，政府和市场的关系亟须优化。鉴于此，一方面，政府需要在不同的经济发展阶段根据不同的经济结构特征，克服相应的市场缺陷，干预、增进和补充市场。另一方面，政府机构与职能本身需要随着经济结构与发展阶段的变化，及时主动地进行改革，包括简政放权、取消干预与管制等。[①]

（二）总体布局：推动版权深度融入国家发展战略

推动版权深度融入国家发展战略非常重要。2008年国务院发布《国家知识产权战略纲要》以来，版权工作在法律法规完善、版权保护、合理利用、市场培育、国际合作和公共意识提升等方面取得了显著成效。到2020年，国家知识产权事业取得了巨大成就。随着《知识产权强国建设纲要（2021—2035年）》《“十四五”国家知识产权保护和运用规划》等文件的出台，中央加快了创新驱动发展战略的实施，提升版权创造、运用、保护、管理和服务水平，推进版权治理现代化。[②]

现有研究表明，中国目前处于知识产权保护的过渡阶段，需进一步加强保护。最优的知识产权保护水平与一国的创新水平存在非线性关系，当前中国的保

① 王勇，华秀萍. 详论新结构经济学中“有为政府”的内涵——兼对田国强教授批评的回复［J］. 经济评论，2017（3）：35-42.

② 国家版权局. 关于印发《版权工作“十四五”规划》的通知［EB/OL］.（2021-11-05）［2024-10-05］. https://www.ncac.gov.cn/chinacopyright/contents/12228/355734.shtml.

护水平仍低于最优水平。[①]因此，明确版权战略实施的总体布局十分重要。推动版权深度融入国家发展战略，通过强化版权保护与运用，促进版权与社会经济深度融合发展，是当前的重点。当前我国版权工作的总体布局与顶层设计应主要包括以下方面。

第一，强化版权与新质生产力的融合发展，鼓励在版权保护、管理与服务中应用新兴技术，支持数字内容、生成式人工智能等领域的创新与发展，培育经济新增长点。第二，提升版权制度的系统性与协同性，修订完善版权相关法律法规，形成适应社会经济发展的完备版权制度，并健全版权保护协同机制，加强跨部门、跨地区的合作。第三，优化版权经济发展环境，激发市场活动，优化营商环境，提升版权创新创造质量和运用效益，打造优质版权产业集群，拓展国际合作与宣传渠道，提升全球影响力。第四，强化版权公共服务体系建设，政府部门需转变职能，通过优化审批程序、构建多元化版权服务平台、提升服务质量，满足高质量版权服务需求，建设良好的版权创新生态。第五，培育版权文化和提升公众版权意识，鼓励创作与传播优质版权文化作品，加强版权宣传教育，增强公众版权意识，营造尊重知识、尊重创新的社会氛围。

（三）实施机制："区域横向+产业纵向"全面细化版权战略

版权战略的建设和实施机制需要有效市场与有为政府之间的协同作用，以实现经济高质量发展目标。政府应根据版权经济发展阶段明确版权战略的总体定位、重点任务和举措，根据不同区域和产业的禀赋结构制定相应的配套政策，为经济转型和产业升级营造良好的制度环境，推动不同产业利用适当的版权制度培育新的竞争优势并实现价值链攀升。[②]

1. 区域经济层面：增强政策适应性与执行性，创新版权服务体系

有效市场与有为政府的理论提供了一种理解和制定区域经济发展策略的有力工具，尤其是在版权保护和利用方面。以高质量发展为导向的版权战略的实施是推动文化和技术创新、增强国际竞争力的关键。上文对上海市相关实践的考察显示，通过有效市场与有为政府的策略可实现版权机制对区域经济发展的深度赋

① 陈凤仙，王琛伟．从模仿到创新——中国创新型国家建设中的最优知识产权保护［J］．财贸经济，2015（1）：38-45；龙小宁．如何评价并应对TPP下的知识产权条款［J］．知识产权，2018（3）：12-19；龙小宁，林菡馨．专利执行保险的创新激励效应［J］．中国工业经济，2018（3）：23-35.

② 唐恒，王勇．新结构经济学视角下的中国知识产权战略：理论与案例［M］．北京：北京大学出版社，2022：47-68.

能。保障政策制定的适应性和系统性，确保版权战略与经济高质量发展的目标相契合。

在细化版权战略实施方面，首先，地方政府应注重政策法规的适应性与可执行性，制定符合地方特色和实际需求的版权政策，并随经济和技术的变化不断调整和完善。其次，版权服务的创新和多样化是关键。地方政府可以建立特定行业的版权服务平台，提供一站式版权登记、交易、监测和维权服务。例如，上海的数字出版基地和音乐产业园有效促进了相关行业的集聚和发展，增强了地区竞争力。此外，地方政府应加强版权保护的系统性和协同性，构建综合性版权保护体系，强化司法保护，优化行政监管，推广多元化纠纷解决机制，如调解、仲裁和在线争议解决，提供更多非诉讼选择。最后，政府应通过教育、公共活动和媒体等多渠道提升公众版权意识，特别是在学校和企业中开展版权教育，形成尊重知识和创新的社会氛围。

2. 版权产业层面：破解版权制度困境，技术赋能版权治理

人工智能、大数据、区块链等在科技进步和创新驱动下新兴起的、能够显著提升经济效率的新质生产力，在带来前所未有的发展机遇的同时，也对传统的生产关系和经济结构提出了新的挑战。由此，以音乐产业为代表的版权产业也同样面临发展机遇与版权制度挑战。这要求建立一个更有效的市场机制和有为的政府干预，以优化版权保护的法律和行政框架，促进音乐产业的创新和繁荣。从促进版权产业高质量发展的层面来看，首先应完善、创新相关版权制度和政策。具言之，为适应数字化时代的需要，我国音乐产业的版权保护必须调整和完善授权许可规则。当前，音乐产业的版权保护应从过度依赖独家授权向更加开放和灵活的许可机制转变。这包括重新定义法定许可的范围，特别是将数字音乐流媒体服务纳入法定许可的框架内，以减少市场垄断现象并促进公平竞争。其次，应加强国际合作与涉外版权保护。随着中国音乐产业的国际化发展，加强涉外版权法治建设变得尤为重要。这不仅涉及保护中国音乐产业在海外市场的版权利益，也包括推动国际版权合作和交流。通过与国际组织和其他国家的合作，可以促进版权保护标准的国际统一，增强中国版权产业在全球市场的竞争力。最后，构建健全的版权文化和增强公众版权意识仍是长远发展的关键。通过教育和宣传活动，提升公众尊重知识产权的意识，同时鼓励创作和传播积极向上的音乐文化，为版权保护营造良好的社会氛围。通过以上实施机制，版权制度的完善不仅促进了版权产业的健康发展，也加强了创新动力，为实现经济高质量发展提供了重要支撑。

（四）以经济高质量发展为目标构建版权评价体系

为推动版权深度融入国家发展战略，对“以经济高质量发展为导向的版权战略”这一总体布局的贯彻以及战略的实施机制进行客观评估，本研究认为有必要构建“以经济高质量发展为目标构建版权评价体系”。通过一个全面的评价体系，可以监测版权政策的实施效果，确保版权保护措施能够与经济发展需求相匹配，及时调整策略以应对新的挑战和机遇。版权不仅是文化创新的重要驱动力，也是经济增长的关键因素。因此，一个有效的评价体系能够帮助理解版权对经济质量和结构的具体贡献，推动版权与其他经济部门的协同增效，可为政策制定者提供关键数据和分析，帮助他们更好地理解版权产业的发展状况和趋势，从而制定更为有效的政策，优化资源配置，支持版权密集型产业的创新与发展。在全球化的经济背景下，一个科学的版权评价体系能够帮助我国在国际舞台上更好地展示版权保护与创新的成就，增强国际交流与合作，提升国家形象和竞争力。

1. 以经济高质量发展为目标的版权评价体系设计

现有研究普遍认为，经济高质量发展的评价体系需要超越单一的GDP增长指标，包括多个维度如经济效率、创新能力、环境保护、社会福利等。通过分析、梳理相关现有研究发现，我国高质量发展评价体系强调创新驱动、协调发展、绿色低碳、开放合作和共享经济五个维度，旨在形成更全面的经济发展评估。评价体系中通常包括研发投入、技术创新应用等指标。研究显示，高质量的经济增长与一个国家或地区的创新能力密切相关，评价体系越来越注重科技创新的贡献。此外，现有研究通过实证研究和案例分析来测试和优化评价体系。①因此，本研究在前文实证考察、个案分析的基础上，构建了版权高质量发展的指标体系，围绕创新、协调、绿色、开放、共享的高质量发展理念，从这五个维度出发进行细化形成具体指标（表1）。

① 顾金霞，梅术文．版权产业高质量发展评价与测度［J］．中国出版，2022（22）：78-83；刘亚雪，田成诗．世界经济高质量发展水平的测度及比较［J］．经济学家，2020（5）：45-53；宋帅．数字经济赋能长江经济带高质量发展研究［J］．西南政法大学学报，2023（6）：12-21；刘琳轲，梁流涛．黄河流域生态保护与高质量发展的耦合关系及交互响应［J］．自然资源学报，2021（1）：45-55.

表1　以经济高质量发展为目标的版权评价体系

维度	一级指标	二级指标
创新	创作数量与质量	1. 作品数量：每年新登记的作品数量 2. 获奖作品比例：在国内外重要奖项中获奖作品占新作品的比例 3. 市场反馈评分：消费者和专业评审对新版权作品的平均评分
	技术创新与应用	1. 新技术采用率：版权管理和保护中采用新技术的企业或项目比例 2. 技术研发投入：版权相关技术研发的年度投资总额
	政策支持与创新生态	1. 公私部门投资总额：公私部门对版权保护和创新领域的年度总投资 2. 支持项目总数：接受公共资金支持的版权创新项目数量
协调	区域发展平衡	1. 地区GDP中版权产业比重：各地区版权产业产值占GDP比例 2. 版权产业增长率比较：不同地区版权产业年增长率对比
	产业合作协调	1. 跨行业合作项目数：版权产业与其他行业合作的项目数量 2. 细分行业增长协调性：版权产业内部细分行业年增长率的标准差
	政策支持与法律环境	1. 版权保护政策指数：根据政策完善度和实施效果综合评定指数 2. 法律纠纷处理效率：版权法律纠纷平均解决周期
绿色	环境友好的创作与传播	1. 数字产品比率：数字化版权产品与总版权产品的比例 2. 环境效益评估分数：评估版权产业在创作、传播等环节的综合环境影响
	节能减排	版权相关产业在节能减排方面的表现和改进
	绿色创新	鼓励版权产业中的绿色创新实践
开放	国际合作与交流	1. 国际版权合作与交流：参与版权国际公约与国际交流合作项目情况 2. 国际版权贸易：版权国际贸易数量与版权产品对外贸易金额
	市场准入与贸易壁垒	进口版权产品比例：进口版权产品占国内版权产品市场总数的比例
	知识共享与传播	1. 开放获取资源数量：提供给公众免费使用的版权资源数量 2. 共享平台用户活跃度：共享平台的月均活跃用户数量
共享	版权服务平台	1. 平台访问量：版权信息共享平台的年访问次数 2. 交易量：通过共享平台完成的版权交易量
	公众参与	公众版权意识调查：通过调查评估的公众版权保护意识得分
	利益分配机制	1. 收益分配公平度：利益相关方对版权收益分配公平性的满意度评分 2. 创作者收益比率：创作者从版权收益中获得的比例

通过以上综合性的评价体系，不仅能够全面地衡量版权对经济高质量发展的贡献，还能指导政策制定，推动版权产业与国家经济社会发展的深度融合。该评价体系的设计旨在通过明确具体的发展目标和评价标准，引导和激励各级政府和市场主体共同推动版权产业的持续健康发展。

2. 版权评价体系评分标准设计

为确保以经济高质量发展为目标的版权评价体系的科学性、客观性及有效性，本研究运用定量和定性方法，再结合权重分配以确保各个指标按其重要性准确体现，设计出以下评分标准，以确保版权影响经济发展的各个维度都得到评估。通过设置具体的基线值、年度目标和行业平均值作为参照，使得评分过程客观且可操作。

通过对版权评价体系中明确的数据标准进行定量指标评估，根据“创新、协调、绿色、开放、共享”五个维度对于版权高质量发展整体目标的贡献和重要性设置相应权重（表2）。对于难以量化的指标包括政策支持度、满意度，收益分配公平度评分等则可通过专家评审或公众调查进行评分，使用Likert量表[①]转化为数值分数。

将各指标的得分乘以其权重，再将所有得分加总得到最终评分。该评分体系能够综合、全面反映版权对经济高质量发展的影响与贡献，帮助评估和指导版权产业的高质量发展，同时也能为政策制定者、理论研究者提供参考。建立定期评估机制，收集和分析上述指标的数据，可检验版权工作趋势和政策效果；通过数据分析，管理和预测版权产业的未来发展。根据评价结果调整、优化相关政策，以强化版权产业的创新能力和国际竞争力。推动协调发展，缩小地区和行业间的发展差距，促进版权资源的平衡分配。

表2　版权评价定量指标评分标准设计

维度	权重	具体指标	评分标准
创新	30%	作品数量	设置基线值（比如年度平均增长率）。如超过基线的10%，则满分100分；基线以下10%则为0分，其余按比例计算。

① Likert量表是一种广泛使用的调查工具，用于测量人们对特定问题或陈述的态度或感受，使研究者能够量化主观的情感和态度，为统计分析提供基础，主要用于满意度调查、客户服务反馈、教育评估及社会科学研究领域。

续表

维度	权重	具体指标	评分标准
		获奖作品比例	如超过行业平均10%，则给予额外20分；低于平均则减分
		市场反馈评分	按1到5级评级，5级给100分，每降一级减20分
		新技术采用率	每增加10%给20分，最高100分
		技术研发投入	与行业平均比，超过25%则100分，未达到则按比例减分
		投资总额与支持项目数	设定年度目标，满足目标100分，未达到按比例减分
协调	20%	版权产业GDP比重	每增长0.1%给予10分，最高100分
		增长率比较	使用平均增长率为基准，超过基准的给满分100分，未达到基准的按比例减分
		合作项目数与子行业增长协调性	按实际数量和差异程度评分，满足目标给100分，未满足按比例减分
绿色	15%	数字产品比率	超过80%给100分，每减少10%减20分
		节能减排指标	设置年度减排目标，达到或超过目标给100分，未达到按比例减分
		绿色创新	设定年度绿色创新目标，满足目标100分，未达到按比例减分
开放	20%	国际合作与交流	设定目标值，满足给100分，未满足按比例减分
		市场准入与贸易壁垒	高开放度给100分，低开放度减少分数
		知识共享与传播	设定用户活跃度和资源数量目标，满足目标100分，未达到按比例减少
共享	15%	平台访问量与交易量	设定年度目标，达到给100分，未达到按比例减少
		公众参与和版权意识	通过满意度调查，超过75%满意度给100分，以下按比例减分

结论

通过对中国区域经济与核心版权产业的实证考察，本研究深入分析了版权对经济高质量发展的影响。版权作为创新的激励机制和文化生产的法律保障，从宏观、中观和微观层面对经济发展产生了深远影响。在宏观层面，版权激发了经济活力，但过度保护可能妨碍市场竞争；在中观层面，版权促进了产业结构优化升级，但资源配置不均可能增加创新成本；在微观层面，版权推动了产品创新和文化“出海”，但权利滥用也带来了社会资源错配的问题。以上海市和中国音乐产业为例，研究揭示了版权在区域经济和特定产业发展中的实际表现和战略意义。上海市通过前瞻性政策和创新服务体系，实现了版权对区域经济的强力推动；中国音乐产业的版权保护虽规范了市场秩序，但仍需解决授权许可和市场垄断等问题。为促进经济高质量发展，研究提出了构建以新发展理念为核心的版权评价体系，强调在理论和实践中应实现有效市场与有为政府的良性互动，推动版权深度融入国家发展的战略布局，并全面细化“区域横向+产业纵向”的版权战略实施。版权制度的完善应以激励创新、保障公共福祉为目标，为实现经济高质量发展提供强有力的支撑。

课题组组长：李方丽

课题组成员：金海军　吴琦　方芳　章凯业　孙晔　潘伯华　董子旖　林悦阳

课题承担单位：北京人大文化科技园建设发展有限公司（中国人民大学国家版权贸易基地运营主体）

协作单位：中国人民大学知识产权学院

我国版权服务业高质量发展研究综述以及竞争情报视野下的再认识与新思考

彭俊玲*

摘要： 本文首先探析了“高质量发展”的内涵要义、与版权服务之间的关系，梳理版权服务高质量发展的相关维度，然后运用图书情报学方法开展文献调研分析统计及文献综述，了解最近十年间版权界研究高质量发展的现状和态势，选取若干重点问题进行了专题研究思考。最后重点开展了跨学科研究，运用竞争情报的研究范式对基于竞争情报能力提升的我国版权服务高质量发展提出了研究思路和建议。这是国内版权研究界首次开展情报学学科交叉研究的尝试。将情报学研究范式与方法运用到版权问题研究，为版权管理的战略宏观设计及中观层面的管理工作、版权服务工作等方面探索新的维度和方法，从文化安全及竞争力建设角度来研究版权服务业的高质量发展。

关键词： 版权；版权服务业；高质量发展；竞争情报

2021年12月，国家版权局印发《版权工作“十四五”规划》（以下简称《规划》），为全面贯彻落实党中央关于知识产权工作重大部署、建设创新型国家和文化强国、知识产权强国提供了重要版权支撑。《规划》的任务是不断完善版权工作体制机制，强化版权全链条保护，积极促进版权创造和运用，有效应对版权新问题、新挑战，持续提升全社会版权意识，推进版权治理体系和治理能力现代化，推动版权事业和产业高质量发展。《规划》的原则是坚持守正创新、坚持全面保护、坚持质量优先、坚持开放合作、坚持统筹协调。这些都表明，国家对版权事业和产业高质量发展提出了更高要求，是我国版权工作“十四五”发展时期的主要目标。

版权服务是一个内涵丰富的业态体系。版权服务的内容主要包括如下方面：版权登记、版权贸易、版权合同、纠纷处理、版权产业研究、版权资产管理、版权金融服务等等。版权服务工作贯穿版权事业和版权产业之中，既包括政府层面的管理工作，又包括产业运营层面的经营服务。

思考版权服务的高质量发展，需要依循“高质量发展”的本义。在党的十九

* 彭俊玲，北京印刷学院图书馆研究馆员、硕士生导师，本课题组组长。

大报告中，习近平总书记提出了“高质量发展”这一理念，强调经济发展要追求质量而非速度，注重提升创新能力、提高产业水平、加强生态文明建设等方面的综合发展。高质量发展是指在经济增长的基础上，提高经济效益、社会效益和生态效益，优化经济结构，提高人民生活质量，促进可持续发展的一种发展模式。其内涵主要包括：经济增长方式的转变、结构优化升级、创新驱动发展、绿色发展和可持续发展及人民生活质量的提高几个方面。高质量发展的要求主要包括提高全要素生产率、优化资源配置、促进产业升级、保护生态环境及提高人民生活质量几个宏观方面。

版权服务的高质量与版权业及经济社会高质量发展是相辅相成、相互依赖的关系。版权是非常重要的一项权益，是每件作品的“身份证”，我国致力于维护版权所有者权利不受到侵犯。高质量发展则是指在经济增长的基础上，提高经济效益、社会效益和生态效益，优化经济结构，提高人民生活质量，促进可持续发展的一种发展模式。

版权服务与高质量发展之间存在密切相关的关系。版权服务对权利人作品进行了赋能与加持，发挥作品特色、拉动当地产值，促进了版权经济的发展。版权服务高质量发展是推动版权产业向高质量阶段迈进的重要力量，促进版权服务高质量发展不仅有助于促进登记机制的创新，确保每一项作品都能有效登记，还能完成每项作品的身份认证，为作品提供坚实的保护。作为知识产权的核心部分，版权的发展对国家经济的影响深远，版权服务的进步也对我国经济的高质量发展至关重要。版权服务赋能城市创新活力，增强城市发展动力，促进经济增长，实现价值的转化，为城市发展带来新的活力。

一、近十年国内版权服务高质量发展的相关研究现状

鉴于“高质量发展”是一个由各种指标构成的多维度的判断标准体系，本研究分别选取“版权产业”“版权服务”“版权保护”“版权高质量发展”四个关键词在中国知网进行检索，从中识读和了解版权研究界对版权服务高质量发展的关注度和关联度，以及研究动态。根据检索数据显示，2014—2023年相关主题公开发表的文章共有1992篇，其中，少数被发表在核心期刊上，而大多数则源自一般性的报刊。文献的分布情况为“版权保护”1780篇，“版权产业”123篇，“版权服务”50篇，“版权高质量发展”44篇。

（一）“版权服务”相关研究概述

国内对于版权服务的研究起源于2006年，从2014—2023年以版权服务为主题的文献研究数量可以看出，近十年来关于版权服务的相关文献篇数并不是很多，并且还具有大幅度的起伏状况。在2014—2016年呈现不断增长的状态，并在2016年达到高峰，自2016年以后呈现波浪式下降状态（图1）。

通过对“版权服务”相关的主要主题及次要主题统计分析，主要主题中，“版权服务”居首位，图书馆类版权服务次之（图2）。次要主题中，排名前三的分别是“中国版权保护中心”“版权保护”“版权问题”（图3）。

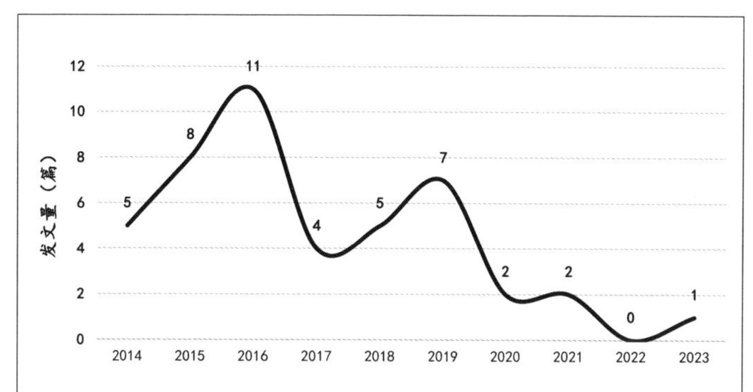

图1　版权服务相关文献发表趋势（2014—2023年）

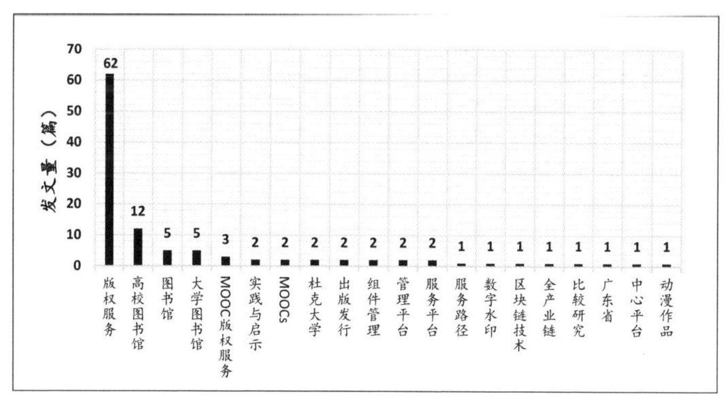

图2　版权服务相关研究的主要主题分布情况（2014—2023年）①

① 本报告数据来源：CNKI中国知网。

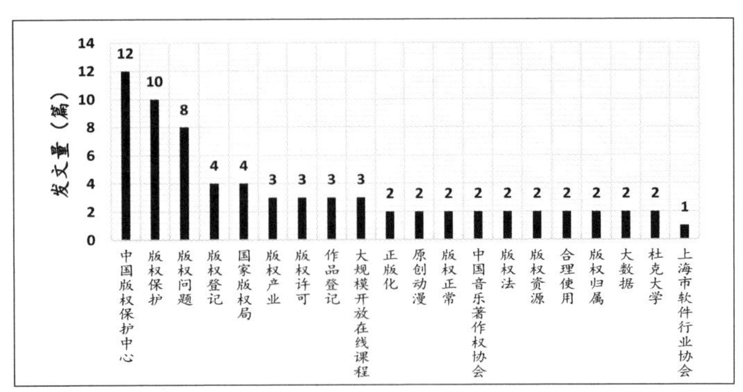

图3　版权服务相关研究的次要主题分布情况（2014—2023年）

由图1可以看出，国内学者对版权服务方面的关注较少，这主要是由两个原因引起的：第一，版权服务是一个宽泛的概念。近年来，研究者开始对版权服务的具体内容进行深入细化，专注于更加细微的领域，从版权贸易、版权保护、版权登记以及立法的角度展开研究，因而将立足点置于版权服务这个宏观方面的文献相对较少。第二，研究焦点的转移。版权作为知识产权的重要组成部分，研究者的兴趣可能正逐渐从传统的版权议题逐步转向其他相关领域，如产品的专利、商标等。这些领域可能被认为具有更大的商业价值或法律复杂性，从而吸引了更多的研究资源和注意力。

版权服务相关研究较具有代表性的观点如付丽霞、张洪波①提出了在“十四五”时期要构建更加智能化、网络化、全面化、亲民化的版权公共服务平台，为建设高质量出版强国提供版权服务支撑。王睿君②报道了甘肃将通过区块链技术，提供版权确权、版权监测、版权维权、版权交易的一站式版权保护综合服务平台。来小鹏③则指出了当前我国版权公共服务面临的主要问题，并给予了改善的建议。李文丽等④指出运用版权服务提升数字出版全产业链的IP价值，实现版权价值的最大化，强化版权服务信息化建设。陈雨佳⑤主要从实际操作方面讲解了

① 付丽霞，张洪波．“十四五”时期构建便民利民版权公共服务体系的实践、目标与愿景［J］．出版广角，2022（13）：6-12.

② 王睿君．搭建版权服务平台 激发媒体创新活力［N］．甘肃日报，2022-04-26.

③ 来小鹏．“十四五”时期着力完善我国版权公共服务体系的思考与建议［J］．中国出版，2022（3）：27-30.

④ 李文丽，陈少志，潘逸尘．运用版权服务提升数字出版全产业链IP价值［J］．中国编辑，2018（10）：28-32.

⑤ 陈雨佳．版权服务对接文化金融［J］．人文天下，2017（19）：16-19.

版权资产管理的重要性、版权服务与文化企业融资存在的问题和建议。

(二)“版权保护”相关研究概述

“版权保护”这一关键词最早出现在文献中的时间是20世纪80年代，比版权服务早20年。由此可以看出，版权的保护问题是相对比较早地进入国内研究者的视野里，且此后每年关于版权保护的发文量都在不断上涨。版权保护近十年的总发文量近2000篇，远超版权服务的相关研究，并且每年的发文量都不少于150篇，由以上数据可以看到，版权的保护问题变得越来越重要，而国内学者也意识到版权保护的重要性，近年来频发此类文章。

版权保护的发文量远远高于其他主题，版权的保护问题是版权服务高质量发展的基础，因此发文量最高也在情理之中。次要主题涉及较多的是版权法、国家版权局以及数字水印等，也是针对版权的保护问题国家法律及版权局对此进行的加持（图4、图5、图6）。

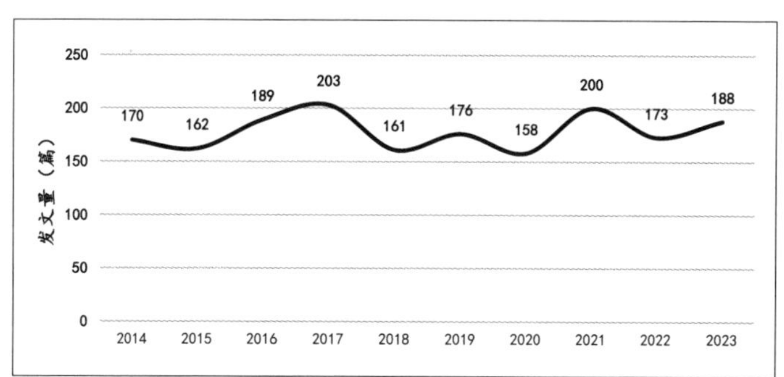

图4　版权保护相关文献发表趋势（2014—2023年）

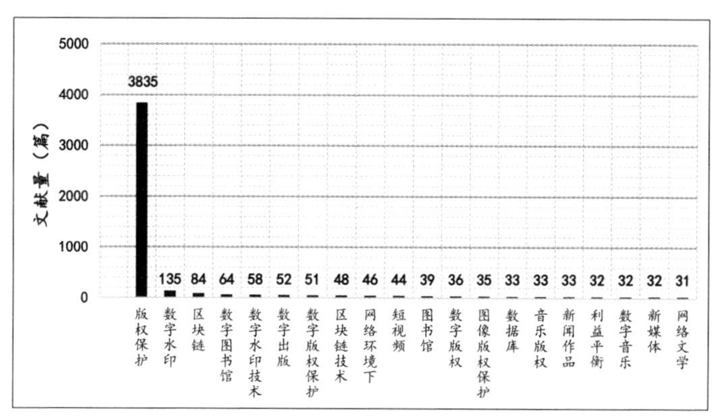

图5　版权保护相关研究的主要主题分布情况（2014—2023年）

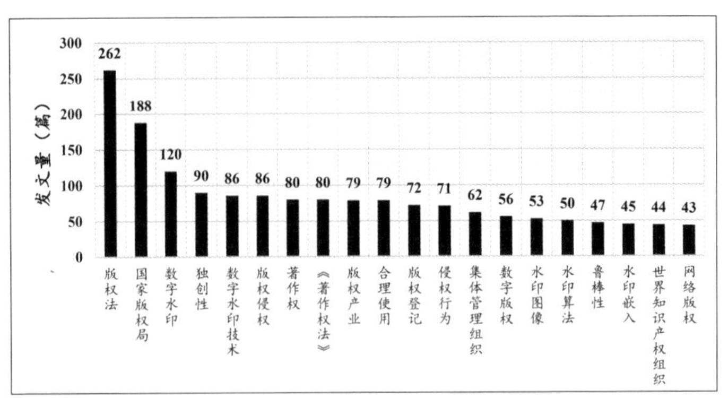

图6　版权保护相关研究的次要主题分布情况（2014—2023年）

胡雨莹[①]从解释网络版权的概念入手，分析网络版权的新特点，探讨传统版权保护所面临的困境。赵福禄[②]详细探讨了电竞赛事直播版权保护的现实困境与解决路径。宋伟、刘婧[③]则是在数字经济时代，探究了短视频版权保护面临的法律困境以及NFT在短视频版权治理发挥的现实作用。锁福涛、潘政皓[④]两位作者也将NFT数字藏品的版权问题作为研究方向，分析了数字藏品版权保护存在的风险并提出了解决路径。方夜晗[⑤]将国内外人工智能生成物版权保护做了一个比较研究，并对我国今后版权的发展提出了建议。当前，侵犯学术期刊数字版权的问题日益严重，刘普、孙婉婷[⑥]对此进行了研究，提出要协调好作者、期刊、平台、读者四方利益，推动中国学术期刊数字化的高质量发展。储翔、陈倚天[⑦]探讨了影视短视频二次创作合理使用相关问题，为当前版权保护困境破局。张辉、王柳[⑧]从网络文学的版权问题入手进行深入讨论。

虽然版权保护的相关研究取得了显著的进展，研究的视角也比较全面，但在某些方面仍存在一些不足。首先，从法律层面来看，尽管有版权法等相关法律对版权进行保护，但随着科技的快速发展，尤其是网络技术的日新月异，现行的法

① 胡雨莹．网络环境下版权保护新特点研究［J］．新闻研究导刊，2023，14（22）：73-75.
② 赵福禄．电竞赛事直播版权保护的现实困境与路径探索［J］．传播与版权，2023（13）：119-121.
③ 宋伟，刘婧．“NFT+短视频”的版权保护路径探析［J］．时代法学，2023（3）：23-34.
④ 锁福涛，潘政皓．元宇宙视野下NFT数字藏品版权保护问题［J］．中国出版，2022（18）：6-10.
⑤ 方夜晗．人工智能生成物版权保护国际比较研究［D］．上海：华东政法大学，2023.
⑥ 刘普，孙婉婷．利益共同体视角下的学术期刊数字版权保护研究［J］．出版广角，2023（6）：10-14.
⑦ 储翔，陈倚天．影视二次创作短视频版权保护及协同治理［J］．中国出版，2022（6）：67-70.
⑧ 张辉，王柳．区块链下网络文学版权保护问题研究［J］．法学论坛，2021（6）：114-120.

律框架在某些方面已显得捉襟见肘。其次，技术层面的问题也不容忽视。尽管技术手段在版权保护中发挥着越来越重要的作用，但现有的技术手段仍无法完全解决版权保护的问题。最后，认知层面的问题也不容忽视。在当前的社会环境中，一些人对于版权保护的重要性认识不足，甚至存在误解和偏见。这些问题还需要进一步探讨和完善。

（三）“版权产业”相关研究概述

国内研究者对版权产业的研究最早是在20世纪90年代末，此后便开始阶梯式增长，直到2010年后开始出现波动式缓慢增长（图7）。2014—2023年，共计发文123篇。其中，以“版权产业”为主题的研究数量最多。以“版权保护”为主题的文章80篇，虽然数量上不及“版权产业”，但在相关领域中也排名第一。这一数

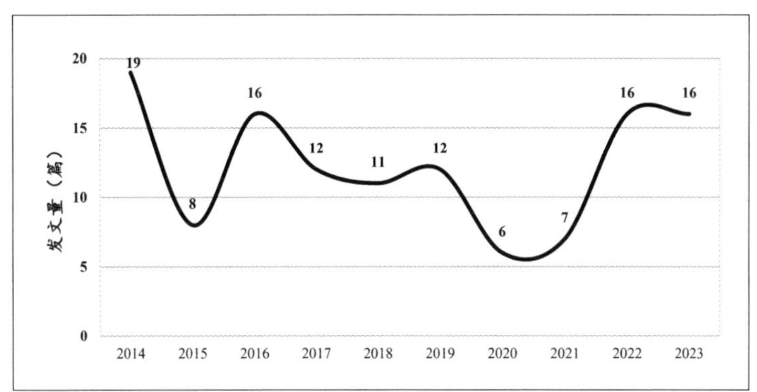

图7 版权产业相关文献发表趋势（2014—2023年）

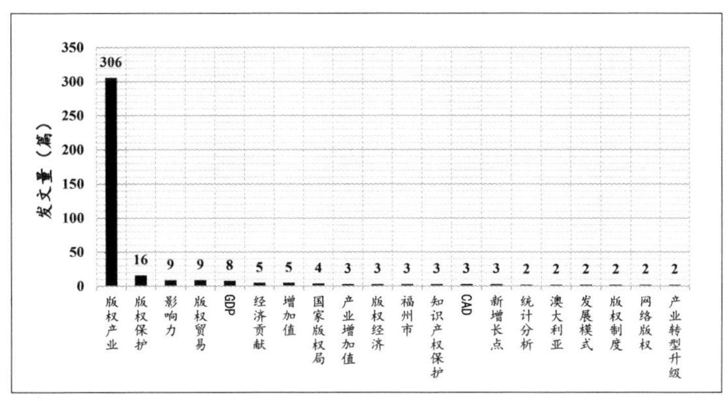

图8 版权产业相关研究论文主要主题分布情况（2014—2023年）

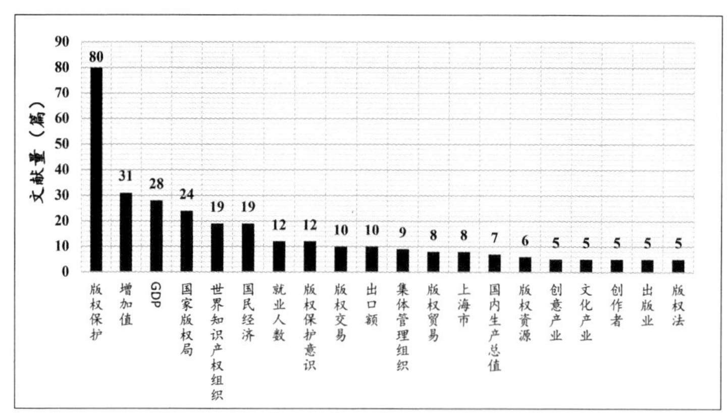

图9　版权产业相关研究论文次要主题分布情况（2014—2023年）

据表明，版权保护在推动版权产业发展中扮演着至关重要的角色（图8、图9）。

随着数字化和网络化的发展，版权产业的文献研究日益关注数字版权问题。版权产业的文献研究呈现跨学科的特点。不仅涉及出版领域，还涵盖新闻与传播、计算机等多个学科。这种跨学科的研究趋势有助于更全面、深入地理解版权产业的各个方面，并推动相关领域的创新和发展。版权产业具备数字化天然优势，正在释放巨大的数字衍生价值。张颖、毛昊①分析了中国版权数字化转型所面临的机遇和挑战，并提出了对策。田小军、张钦坤②从我国网络版权产业发展态势与挑战入手，讲述了网络版权产业的重要性，并提出我国网络版权产业迎来新的技术窗口与颠覆机遇，亟须相关各方的审慎应对。孙鹏③则对我国当前博物馆版权产业发展的问题进行了探索和思考，提出建设版权强国的同时，也要建设博物馆版权产业发展强国，使其与我国的文化地位相匹配。影响我国版权产业发展的因素有很多，朱喆琳④提出作为版权法律体系中的一项重要原则，发行权穷竭理论也对我国版权产业造成了极大的影响。版权产业的快速发展也离不开版权人才，秦宗财、方影⑤就对美国的版权人才培养体系进行了分析，其对美国经验的借鉴，促进我国建设高质量的文化产业人才培养体系。范军等⑥三位学者详细

① 张颖，毛昊．中国版权产业数字化转型：机遇、挑战与对策［J］．中国软科学，2022（1）：20-30.
② 田小军，张钦坤．我国网络版权产业发展态势与挑战应对［J］．出版发行研究，2017（11）：31-33.
③ 孙鹏．我国博物馆版权产业的探索与思考［J］．中国博物馆，2019（4）：106-111.
④ 朱喆琳．“发行权穷竭”理论对我国版权产业影响研究［J］．科技与出版，2018（1）：61-66.
⑤ 秦宗财，方影．美国版权产业人才培养及启示［J］．出版发行研究，2016（6）：77-80.
⑥ 范军，赵冰，杨昆．十八大以来我国版权产业发展的三大贡献［J］．出版参考，2020（2）：28-31.

描述了党的十八大以来版权产业发展对国民经济、促进社会就业、商品出口三大方面的贡献。

（四）“版权高质量发展”相关文献研究

2017年习近平总书记提出“高质量发展”理念后，中国的经济更加追求高质量发展，版权作为经济增长的一个重要环节，众多作品的作者及城市的建设者也开始重视版权服务的高质量发展。2017年以来，版权高质量发展的相关文献逐年增多（图10）。

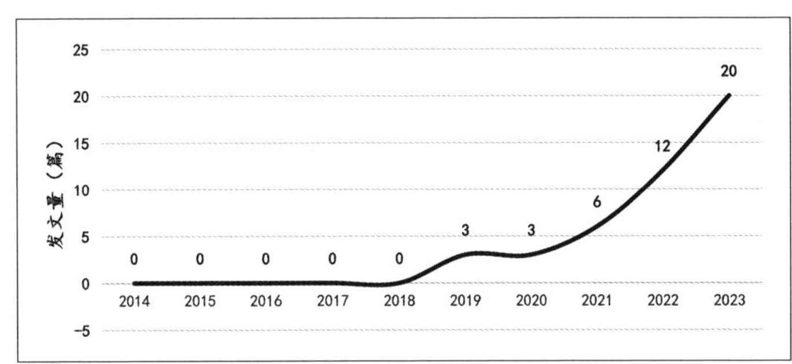

图10　版权高质量发展相关文献发表趋势（2014—2023年）

对中国知网有关版权高质量发展的数据进行分析，发现“版权保护”“高质量发展”两个关键主题占比最高，说明版权的高质量发展也是围绕版权保护问题展开的，促进版权服务的高质量发展还是要从版权的保护问题入手，进而推动中国经济的发展。

国内第一篇关于“版权”与“高质量发展”的论文是曾伯林①的《加强版权创新和保护　助力海南高质量发展》，发表时间是2019年，作者从版权产业升级、版权贸易平台、加大版权产业的政策扶持以及打击侵权盗版行为为海南的高质量发展提出了措施。同年，那玲②从版权资产管理助推文化产业高质量发展方面进行了详细的研究。周琳等③详细研究了知识产权对江西省产业高质量发展的促进作用，提出“江西要实现全省产业的高质量发展，知识产权的基础支撑作用至关

① 曾伯林. 加强版权创新和保护　助力海南高质量发展［J］. 今日海南，2019（10）：47-48.

② 那玲. 以版权资产管理助推文化企业高质量发展［J］. 现代商业，2019（30）：47-48.

③ 周琳，张祥志，王玉江，等. 知识产权促进江西省产业高质量发展研究［J］. 质量探索，2020（S1）：60-73.

重要”，指出了版权高质量发展的重要性。此外，罗君名[①]从版权贸易入手，详尽探究了版权贸易促进文化产业高质量发展的内在机理和提升策略。黄鹏等[②]立足于粤港澳大湾区，探讨版权保护与贸易的问题。

2022—2023年，版权产业高质量发展的文章较前几年翻倍增长，研究角度也逐渐细致和全面。杜伟岸、王凯博[③]通过对31个省（自治区、直辖市）的实证检验，揭示了知识产权运用、产业转型升级与经济高质量发展之间的作用机理。仇金[④]从理念、制度、配套三个方面提出优化网络司法服务保障网络版权发展的路径，实现网络版权高质量发展。

顾金霞、梅术文[⑤]两位作者提出了版权产业高质量发展评价的指标、测度和验证，这是正面集中探讨版权业高质量发展研究的代表性论文。通过对2012—2020年江苏省版权产业构建经济贡献度、价值实现度、保护强度、文化认同度等指标为样本数据进行研究，测算版权产业高质量发展指数，得出版权产业高质量发展指数呈上升趋势。版权产业高质量发展是版权强国建设的基础和保障。版权创造、运用、保护、管理服务在版权产业高质量发展中始终发挥着重要作用。新发展阶段，我国必须持续推动版权产业创新链、产业链、价值链的有机结合。张洪波[⑥]提出了把版权强国建设主动融入中国式现代化新征程，贯彻新发展理念，以中国式现代化推动版权产业高质量发展，这也是深入研究版权业高质量发展的站位高的代表性论文。

此外，《中国新闻出版广电报》发表了系列文章，深入探讨了山东、云南、四川、浙江、宁夏等多个省份的版权保护议题。这些文章从多个维度分析问题，不仅涉及版权如何推动非物质文化遗产产品的创新与创业（“双创”），还探讨了版权如何助力城市发展，揭示中国各省份版权产业高质量发展的关键因素。

---

① 罗君名. 版权贸易视角下文化产业高质量发展研究［J］. 边疆经济与文化，2020（8）：19-22.

② 黄鹏，李燕萍，李启华，等. 高质量发展视阈下粤港澳大湾区版权保护与贸易研究［J］. 中国高校科技，2021（3）：86-89.

③ 杜伟岸，王凯博. 知识产权运用、产业转型升级与经济高质量发展［J］. 武汉理工大学学报（社会科学版），2023（2）：80-91.

④ 仇金. 网络司法服务保障网络版权高质量发展的路径优化［J］. 传媒，2023（12）：74-76.

⑤ 顾金霞，梅术文. 版权产业高质量发展评价与测度［J］. 中国出版，2022（22）：66-70.

⑥ 张洪波. 加强保护和创新，以中国式现代化推动版权产业高质量发展［J］. 出版广角，2023（2）：20-28+46.

二、我国版权服务高质量发展的现状特点

通过调研学界业界近十年的研究成果，可以看出我国当前版权服务高质量发展存在以下特征。

（一）版权法律法规有待完善

推动版权产业高质量发展，离不开严格的版权保护。近年来，国家越来越注重文化自信及文化产业，从研究文献的数量来看，国内学者对版权产业尤为重视，其中多次提到了版权的立法及监管问题。刘普、孙婉婷[①]认为当前我国版权保护方面出现了很多新情况、新问题，现有的著作权法规无法覆盖，倡议可考虑修改著作权法的相关规定。贺银花、刘显[②]强调应加大我国的行政执法力度，加大对侵权行为的打击力度，从而科学合理地对我国法律制度作出调整。储翔、陈倚天[③]认为版权监管部门应发挥自己的审核监管权力，倒逼相关主体和平台提高版权保护意识，增强版权服务能力。陶乾[④]强调在民间文学艺术保护制度层面，需加快推进“民间文学艺术保护条例”的立法工作。为版权服务高质量发展体系建设保驾护航必须建立和完善政府引导，加大执法力度，实现专项整治与日常监管相结合，防止侵权盗版事件发生。同时强化版权意识，利用各种传播方式进行宣传，提升全社会版权认知度，增强社会影响。

（二）坚持创新驱动发展战略

推动版权服务高质量发展，坚持创新驱动发展战略是关键，利用版权推动中华优秀传统文化创造性转化、创新性发展。习近平总书记强调，创新是引领发展的第一动力，保护知识产权就是保护创新。进入新发展阶段，我们应该摒弃旧有

① 刘普，孙婉婷．利益共同体视角下的学术期刊数字版权保护研究［J］．出版广角，2023（6）：10-14.

② 贺银花，刘显．新文创时代背景下网络文学的版权保护路径［J］．宜春学院学报，2022（5）：24-29.

③ 储翔，陈倚天．影视二次创作短视频版权保护及协同治理［J］．中国出版，2022（6）：67-70.

④ 陶乾．民间文学艺术作品的分层保护——民间文学艺术专门立法的实现路径［J］．知识产权，2023（8）：74-90.

的思维模式，把完整、准确、全面贯彻创新、协调、绿色、开放、共享的新发展理念，构建新发展格局，推动高质量发展的要求，贯穿到版权事业和版权产业发展的全过程、各环节，高质量推进版权运用与价值转化。

范继红[①]认为，创新是产业发展中发挥引领作用的第一动力，而版权是贯穿产业链中各种创新成果的内核及价值呈现，保护版权就是保护创新，版权保护与产业创新和高质量发展有着内在的紧密联系和相互作用。版权产业实现可持续发展要重视创新的力量，版权服务效率的提升与文化产业的发展紧密联系，不仅能促进中华优秀传统文化的传承与转化，也能让大家直观感受到文化传承和发展中的版权力量。当前，版权保护和传统文化结合，发展前景良好，数字化技术为中华优秀传统文化的版权保护提供了精确高效的版权保护工具[②]。同时创新也给版权服务高质量发展体系的建设提供了新思路，注入了新能量。未来版权的发展可以与数字技术相结合，融入新媒体，满足更多人的个性化需求。

（三）注重市场化与产业化发展

随着市场经济的深入推进，版权服务逐渐从政府主导转向市场主导，市场在资源配置中发挥着决定性作用。企业作为市场主体，更加积极地参与版权服务的供给与创新，推动了版权服务市场的繁荣与发展。版权服务产业化的步伐不断加快。版权服务逐渐形成了完整的产业链条，包括版权登记、版权交易、版权保护、版权运营等多个环节，各环节之间形成了紧密的协作关系。与其他相关产业的融合也在不断加深，如与文化创意产业、信息技术产业等的融合，形成了新的产业增长点。王守龙等[③]认为版权是作者基于特定条件下所创造出的一种资产，具有显著的经济价值。分析了版权资产市场化运用面临的问题，并提出了相应措施，希望打造版权产业链，利用新技术，拓展版权的创新空间。汪启明等[④]介绍了新时代版权经济的特点和趋势，指出版权贸易逐渐向多元化、市场化、数字化方向发展，今后也将由单向输出向深度合作发展。市场化与产业化的发展提高了

---

① 范继红．版权保护与产业创新——为高质量发展赋能［J］．中国版权，2023（3）：56-59.

② 赵新乐，朱丽娜．版权赋能，中华优秀传统文化“双创”熠熠生辉［N］．中国新闻出版广电报，2023-10-12.

③ 王守龙，陈宇明，王智源．版权资产价值评估基本方法及其市场化运用［J］．出版发行研究，2015（5）：20-22.

④ 汪启明，郑源，崔颖．版权发展论：版权产业化进程中的国家意志——版权经济学论纲（四）［J］．科技与出版，2014（4）：41-44.

版权服务的效率和质量，也为版权产业的快速发展提供了有力支撑。通过市场化运作，版权服务能够更好地满足市场需求，促进版权作品的传播和利用。通过产业化发展，版权服务能够形成规模效应和集聚效应，提高整个产业的竞争力和影响力。

（四）加快国际化与合作发展

随着对外开放的不断扩大，我国版权服务逐渐融入全球版权服务市场，与国际接轨的步伐不断加快。我国积极参与国际版权交流与合作，加入了一系列国际版权组织和公约，与其他国家在版权保护、版权交易等方面开展广泛的合作。这不仅有助于提升我国在国际版权领域的话语权和影响力，也为我国版权服务市场的拓展提供了广阔的空间。李菊丹[①]对“一带一路”国家版权保护的国际化及地域性问题进行了详细研究。郝婷[②]对中亚国家版权制度的国际化发展及版权保护地域性问题进行研究，从微观、中观、宏观的角度为我国出版业版权资源在中亚国家进行国际化保护提出了构建策略。常青、宗俊峰[③]针对“品牌化”“国际化”战略的实施，建议以版权贸易走出去、引进来，带动国际化发展，促进提高版权使用的深度与广度。一些具有实力的版权服务企业开始走出国门，在海外设立分支机构或开展合作项目，为国际用户提供优质的版权服务。丛立先、谢轶[④]认为推进和完善版权国际合作机制不仅是我国经济发展的需要，更是我国深度参与全球版权治理的关键环节。国内版权服务市场也吸引了越来越多的国际企业参与竞争与合作，形成了互利共赢的局面。通过加强与国际同行的交流与合作，我国版权服务能够借鉴国际先进经验和技术，推动自身不断创新和发展。

① 李菊丹．“一带一路”倡议下保加利亚知识产权保护制度研究［J］．法学杂志，2018（12）：97-108.

② 郝婷．论中亚五国版权制度的国际化及版权保护的地域性［J］．出版科学，2017（6）：97-101.

③ 常青，宗俊峰．以版权贸易促进“品牌化”、“国际化”战略的实施［J］．中国版权，2014（5）：18-21.

④ 丛立先，谢轶．知识产权强国建设中的版权国际合作机制推进与完善［J］．中国出版，2022（3）：21-26.

三、问题及思考

（一）当前存在问题：研究视野和研究方法有待扩展

虽然近年来针对版权服务高质量发展的问题国内有不少学者发表了自己的研究成果，但是就目前来看关于版权服务高质量发展的相关研究和发展还存在一定的问题。

首先，研究的角度存在局限性。基于现有版权文献的研究发现，目前版权的研究问题还是集中在版权保护、版权产业、版权服务等研究领域，缺乏对整个版权产业链的研究分析。目前，专门聚焦于版权服务高质量发展领域的研究文献仅有3篇，与版权服务整体研究相比，数量上存在巨大差距。尽管版权高质量发展对于我国构建高质量的版权服务体系具有重要的建设性作用，但现有文献的数量和深度都远远不足以提供充分的参考价值。

其次，缺乏跨学科研究成果。运用文献研究法针对“版权”相关的四个关键词进行分析，可以看出这几个关键词主要涉及的学科有民商法、出版、经济等几个学科，但是版权的相关研究并不局限于这几个学科领域，比如文化安全、竞争力及信息资源管理等领域与版权之间的关系研究还显薄弱。

最后，研究成果更新的速度滞后。2017年，习近平总书记首次提出中国经济“高质量发展”一词，随后的几年，无论是国家的文化还是经济，都围绕“高质量发展”对相关发展政策进行相关调整，但是明显发现，版权服务高质量发展方面的研究是比较缓慢的。虽然近三年的文献正在逐步增多，版权服务的高质量发展问题逐渐引起国内研究学者的关注，不过其研究成果还是无法完全反映当前行业发展的现实需求。其研究内容的更新速度滞后，导致其对当前行业的发展及实践的指导作用十分有限。

（二）关于改进研究的建议：引入跨学科研究范式

首先，要拓宽研究视角。目前研究角度主要集中在版权保护、版权产业等方面，应扩展研究视角，增加版权高质量发展、版权服务等方面的研究，贯穿版权服务的产业链，全面梳理并落实到版权服务产业链的各个环节，深入探讨版权高质量发展的内在联系。

其次，要加强跨学科研究。版权的发展涉及多个学科，版权的范畴也包含文字作品、计算机软件等九大类。今后版权的发展应发挥多学科优势，加强学科之间的交叉融合，进而深入挖掘版权服务高质量发展的内涵和规律。

最后，加快研究更新速度。建议注入更多的基金与精力在版权服务高质量发展的问题上，鼓励国内研究学者关注版权领域，从创新的角度出发，关注产业发展新动态，针对版权发展的缺口，及时填充相关领域的研究缺口，更新研究内容，为今后版权领域的实践提供有力支持。

版权服务高质量的发展是促进我国经济快速发展的一股重要的力量，也是实现知识产权强国战略的重要内容。版权的高质量发展要有创新与激励，也不能忽视保护的作用。未来版权服务高质量发展的方向应多注重以下几个方面。

第一，针对版权保护问题，未来应进一步加大对侵权及盗版行为的打击力度，完善相关法律法规，加大执法力度。同时也不能忽略公众的力量，要增强公众的版权意识，提升公众版权素养，营造尊重原创的环境。第二，促进版权的创新发展，使版权与人工智能、大数据相结合，促进版权行业数字化转型，更新发展模式。版权行业快速发展的同时，也要注重版权行业人才的培养，优化版权人才培养的策略，提升版权人才工作能力，为未来构建版权服务高质量发展体系提供保障。第三，注入国际化视野，促进国内版权行业走出国门，与国际接轨，推动我国版权产业国际化。未来版权的发展方向应在这些方面持续发力，让更多人了解、理解并尊重版权，增强公众版权意识，营造良好的版权服务环境，让中国的版权行业更迅速地走向国际，使我国在最短的时间内推动版权实现高质量发展。

四、跨学科研究：竞争情报视野下的版权服务业高质量发展再认识

（一）从竞争情报视角看中国版权服务工作

1. 竞争情报及产业竞争情报的产生与应用

竞争情报（Competitive Intelligence，CI）并不是一个新鲜事物，早在2000多年前中国古代军事理论学家孙子，用简朴的语言解释了情报的基本原理，“知己知彼者，百战不殆。不知彼而知己，一胜一负。不知彼，不知己，每战必殆”，“故明君贤将，所以动而胜人，成功出于众者，先知者”。

现代竞争情报出现于20世纪50年代，发展于80年代，以1986年SCIP竞争情报从业者协会（Society of Competitive Intelligence Professionals）在美国的成立为标志，30多年来在欧美等经济发达国家的高等院校教育、研究机构、政府部门、产业、企业等领域中得到了广泛的普及和成功的应用。

SCIP战略与竞争情报协会（Strategic and Competitive Intelligence Professionals）对“竞争情报”的定义：竞争情报是一种过程，在此过程中人们用合乎职业伦理的方式收集、分析、传播有关经营环境、竞争者和组织本身的准确、相关、具体、及时、前瞻性以及可操作的情报。

1990年起，中国图书情报学界便着手开展竞争情报的研究与应用工作。在过去30年的发展中，竞争情报已成为图书情报学领域的一个重要研究方向。

我国著名情报研究专家、中国竞争情报事业开创者包昌火将其定义为：竞争情报是关于竞争环境、竞争对手和竞争策略的信息和研究，它既是一种过程——对竞争情报的收集和分析，又是一种产品——分析形成的情报或策略。[①]

2000年后，竞争情报理论研究进入成熟阶段，竞争情报在中国高等院校教育、研究机构、政府部门、产业、企业的应用和实践开始普及。结合我国宏观经济运行模式以及本土产业、企业集团的发展中对情报支撑的实际需求，国内竞争情报领域相关专家学者提出了产业竞争情报（Industrial Competitive Intelligence，ICI）理论。以湖南省竞争情报中心、乌鲁木齐市科技局科技信息服务中心，以及北京地区的竞争情报研究院为代表的竞争情报研究、服务机构开展了大量的面向各省市区域的多项产业竞争情报研究和实践应用。

中国科技情报研究所研究员陈峰对产业竞争情报的定义是：竞争情报领域的分支之一，是围绕一个特定区域内特定产业整体获取竞争优势开展的竞争情报理论方法研究及其实践应用工作的总和。[②]

2. 竞争情报导入版权服务领域的思考

版权是一种文化资源要素，是国家发展的战略性资源和国际竞争力核心要素。“版权作为知识产权的组成部分、文化的基础资源、创新的重要体现和国民经济的支柱产业，在加快构建新发展格局以及建设创新型国家和文化强国、知识产权强国进程中，地位越来越重要、作用越来越显著。”[③]版权服务是一个内涵丰

① 包昌火，等. 信息分析和竞争情报案例［M］. 北京：清华大学出版社，2012.

② 陈峰. 竞争情报理论方法与应用案例［M］. 北京：科学技术文献出版社，2014.

③ 范继红. 中华文明视域中的版权历史文化［J］. 中国版权，2023（4）：36-42.

富的范畴体系，版权服务的内容主要包括如下方面：版权登记、版权贸易、版权合同、纠纷处理、版权产业研究、版权资产管理、版权金融服务等。在打造版权保护服务体系、创新版权服务机制方式并推动版权贸易高质量开展等方面，本研究认为，有必要引进竞争情报的理论与方法来进行新的视角与维度的管理和研究。

以版权服务产业链环节中的版权贸易为例，其涉及各国家和地区的政治、经济、文化、科技等各领域，是国家贸易中不可或缺的内容，其可持续的健康发展，对国家经济贸易发展、本国民族文化传播和国家综合竞争力的提升都具有重要作用。在国际版权贸易领域，竞争情报的重要性日益凸显，已成为不可忽视的关键工作。

2017年特朗普政府执政以来，中美关系经历了显著变化，美国对华采取了更为强硬的国家战略。2021年拜登政府继任后，继续执行了特朗普时期的对华政策，对中国的遏制和打压态势未见减弱。在2017年至今的中美国家竞争战略中，除了商品贸易和产业链的脱钩等物质层面的措施外，以知识产权为核心的智力脱钩和断链战略也逐渐明朗化。2018年8月14日，美国针对所谓的“中国不公平贸易行为”，特别是中国在技术转让和知识产权领域的所谓不公平做法展开调查。2018年3月22日，美国贸易代表办公室公布了调查结果，声称中国在技术转让和知识产权领域的做法对美国构成“不公平”。随后，时任美国总统特朗普根据这些所谓的调查结果，正式签署了对中国进行贸易制裁的法案。

2021年美国国会推出《美国2021年创新与竞争法案》①。在《美国2021年创新与竞争法案》基础上修改通过的《2022年芯片与科学法案》于2022年经美国总统签署形成正式法律文件。2023年1月5日，美国总统拜登签署了《2022年保护美国知识产权法案》（*Protecting American Intellectual Property Act of 2022*，PAIPA法案）。这一系列重大战略举措表明，以立法形式形成美国对华竞争的国家意志，试图通过知识智慧竞争在中美群体斗智中彻底战胜中国的美国对华竞争战略核心思想已经展露无遗。

在美国聚焦知识活动领域对中国进行根源性遏制打压的新形势下，中国的版权服务不再是知识产权事务序列中无足轻重的边缘性事务，而是致力于动员激发集成中国文化研究与智力产品生产的、管理引导中国文化研究与智力产品生产活

① 陈峰.《美国2021年创新与竞争法案》带给中国的竞争情报命题［J］. 情报杂志，2022（6）：1-6.

动高质量发展的社会职能行为，是支撑新形势新环境下中国文化安全与发展、应对国外对华遏制打压之群体斗智竞争制胜的根源性战略性工作，是中国文化研究与智力产品生产领域最核心、最基础、最重要的社会活动领域。

（二）竞争情报视角的中国版权服务高质量发展内涵与判据

“高质量发展”最早出现在经济领域。在众多致力于推动高质量发展的中国省区市中，北京市不仅在提出高质量发展政策上走在前列，而且成效显著，影响力广泛。政府主导系统谋划统筹实施持续滚动优化调整是北京市推进高质量发展的显著特点，北京市的高质量发展在全国具有引领示范标杆意义。当前，百年未有之大变局的态势已经出现，国内外形势发生了重大变化，“高质量发展”成为中国国内，包括北京在内的多个省区市、多个行业、多个社会生产服务活动领域的共同追求。对“高质量发展”相关的文献研究表明，“高质量发展”在不同省区市、不同行业、不同社会生产服务活动领域的具体内涵、标准、判据、评价参数明显不同[①]。具体到版权产业领域，已经有学者围绕版权产业高质量发展问题开展了研究，并取得一批研究成果，代表性成果包括论文《版权产业高质量发展评价与测度》等[②]。

当前，虽然已有学者围绕版权产业高质量发展开展研究并取得了一定成果，但从支撑新形势下中国文化安全与发展、应对国外对华遏制打压的战略层面，特别是从竞争情报的角度来审视版权服务高质量发展的相关研究仍然比较缺乏。

站在支撑中国文化安全与发展、应对国外对华文化知识产品生产活动遏制打压的战略高度，从竞争情报视角重新审视中国的版权服务问题，本研究认为中国版权服务业的“高质量”需要包括以下内涵和判据。

（1）中国版权服务业的国际竞争力显著提高——国际竞争力高。

（2）中国文化和知识产品国际影响力显著提高——国际影响力高。

---

① 方力，贾品荣，姜宛贝，等．北京高质量发展蓝皮书：北京高质量发展报告（2022）[R]．北京：社会科学文献出版社，2022.

② 翟万江．推动知识产权高质量发展 激活全社会创新创造活力——国家知识产权局印发《推动知识产权高质量发展年度工作指引（2022）》[J]．中国科技产业，2022（5）：19-21；顾金霞，梅术文．版权产业高质量发展评价与测度 [J]．中国出版，2022（22）：66-70；张洪波．加强保护和创新，以中国式现代化推动版权产业高质量发展 [J]．出版广角，2023（2）：20-28+46；罗君名．版权贸易视角下文化产业高质量发展研究 [J]．边疆经济与文化，2020（8）：19-22；仇金．网络司法服务保障网络版权高质量发展的路径优化 [J]．传媒，2023（12）：74-76.

（3）中国文化和知识产品出口贸易份额显著提高——国外购买中国文化和知识产品总值的份额占比高。

（4）中国原创性文化和知识产品产业体量显著提高——中国原创性文化和知识产品在整个文化和知识产品产业中的份额占比高。

（5）中国文化和知识产品生产领域的国际交流合作环境优越度显著提高——国外与中国文化和知识生产活动的合作程度高、对中国文化和知识生产从业者的接受度和欢迎度赞誉度高。

以上指标维度的提出，是从竞争情报视野角度、结合高质量发展的基本内涵属性而对版权服务业高质量发展内涵与判据的先导性思考，同时也是从图书情报学科的竞争情报专业角度，对我国版权服务工作中导入竞争情报这一新的视角和维度进行了初步思考分析，结合我国版权服务业高质量发展的若干指标维度，从竞争情报视角提出相应的指标内涵和判据。在接下来的系统深入思考研究中，本文将进行进一步的挖掘和阐释，大胆设想，小心求证，努力运用交叉科学研究方法，对我国版权服务业高质量发展献计献策。

五、基于竞争情报能力提升的中国版权服务业高质量发展体系建设研究：中国版权服务业竞争情报系统构建

（一）中国版权服务业竞争情报系统建设的必要性与可行性

竞争情报是关于竞争环境、竞争对手和竞争策略的信息和研究，它既是一种过程——对竞争情报的收集和分析，又是一种产品——分析形成的情报或策略。[①] 产业竞争情报是竞争情报领域的分支之一，是围绕一个特定区域内特定产业整体获取竞争优势而开展的竞争情报理论方法研究及其实践应用工作的总和。[②]

人类的情报活动自产生以来，便沿着两条主线演进发展，一条主线是军事与安全领域（军口），另一条是经济科技文化社会领域（民口）。人类历史上，军事和安全领域一直是群体斗智活动最活跃、群体斗智强度最高的领域，情报工作对于军事与安全领域的重要性也广为人知。第二次世界大战之后，经济科技领域的

① 包昌火，等：信息分析和竞争情报案例［M］. 北京：清华大学出版社，2012.

② 陈峰. 竞争情报理论方法与应用案例［M］. 北京：科学技术文献出版社，2014.

群体斗智活动量空前扩大，经济科技领域的群体斗智强度日益增加，竞争情报（民口情报）的重要性也被越来越多的人所认知，民口政府部门、企业、科研院所、中介服务机构、社团等对竞争情报工作的重视程度越来越高。[①]中国科学技术情报学会竞争情报分会（SCIC）是我国推动竞争情报研究与应用的国家级社团，该社团1994年成立，成立至今已经29年。在该社团的引领推动下，我国于2000年开始进入竞争情报大规模应用阶段，到目前为止，我国已经涌现出上海宝钢、中国一汽、南方电网等一批竞争情报最佳实践企业，产生了一批竞争情报专业人员队伍，出现了一批专门从事竞争情报系统建设一揽子业务解决方案提供商。每年的中国竞争情报年会暨展览会，都有多家竞争情报软件工具开展商参会展览，向参会者展示最新的竞争情报软件工具开发和应用进展。

第二十九届中国竞争情报年会于2023年9月21日至22日在广西柳州举行，国家能源集团技术经济研究院专家介绍了该公司基于煤炭能源产业开发的企业竞争情报系统开发应用进展，中国化工信息中心有限公司演示了基于人工智能的企业竞争情报系统开发应用进展，并展示提供了“中国化信竞争情报系统”“中国化信知识产权解决方案”等系列业务宣传资料。

版权是文化事业和文化产业的重要资源要素，是国家综合实力的重要指标，是国际竞争的核心要素。[②]聚焦中国版权服务业高端用户群体需求，以国际竞争背景下的中国版权服务为应用场景，构建中国版权服务产业竞争情报系统切实可行。

中国的版权服务是支撑中国文化研究与智力产品生产的基础与核心领域，与钢铁电器等有形物品生产领域相比，中国版权服务业导入竞争情报，以建设中国版权服务产业竞争情报系统为抓手提升竞争情报能力更加具有必要性。

首先，“打铁必须自身硬”，引领推动中国版权服务高质量发展，国家版权事务管理决策部门自身需要在管辖范围内拥有超越任何单体企事业单位的竞争情报能力，能够站位到支撑新形势新环境下中国文化安全与发展、应对国外对华文化知识产品生产活动遏制打压的战略高度，进行高水平战略决策管理，并能为全行业提供高水平服务特别是有关国外版权业务的服务，发挥全国版权服务全行业高

① 中国科学技术情报学会竞争情报分会．分会大事记［EB/OL］．［2024-04-15］．http://www.scic.org.cn/time—line?field_year_target_id=56；曾忠禄．企业竞争情报管理——战胜竞争对手的秘密武器［M］．广州：暨南大学出版社，2004.

② 赵香．新形势下中国版权人才培养研究［J］．中国版权，2023（4）：20-26.

质量发展的“耳目、尖兵、参谋、引领”作用。当今社会，信息过载日益严重，竞争情报越发稀缺。新的信息环境下，支撑高水平战略决策管理与服务功能，特别是面向国际竞争的高水平战略决策管理与服务，有必要建立高水平的版权服务产业竞争情报系统。

其次，国内知识产权层面的竞争情报系统建设扩展深化迫切需要版权服务层面的竞争情报系统建设同步跟进、相互支撑、互动耦合。近年来，产业竞争情报系统覆盖的业务领域从专利向商标、版权等知识产权形态拓展的态势日益凸显。2023年9月21日开幕的第二十九届中国竞争情报年会上，中国化工信息中心有限公司发布名为“中国化信知识产权解决方案”的知识产权产业竞争情报系统建设服务产品。据该企业相关负责人介绍，以中石油、中石化、中国中化、延长石油、国家电网、南方电网、中国华电、金风科技为代表的用户群体，对包括专利、商标、版权在内的全链条知识产权竞争情报服务需求旺盛。新的用户需求变化形势下，以版权服务为核心业务建立版权服务产业竞争情报系统是补足短板、与时俱进、有效支撑版权服务高质量发展的必然需要。

（二）中国版权服务产业竞争情报系统构建的关键问题

竞争情报系统构建的步骤流程有普遍遵循的共性理论方法，但针对不同组织机构、不同产业领域和不同应用场景开展竞争情报系统的具体事项有明显的差异性。具体到中国版权服务产业竞争情报系统构建，考虑具体的约束条件和应用场景，需要重点研究决定的关键问题事项有以下几个方面。

1. 中国版权服务产业竞争情报系统的目标用户、需求和功能设定

竞争情报系统不是组织机构内面向所有人服务的办公系统，而是面向特定组织群体提供竞争情报产品和服务的信息增值服务系统，竞争情报系统的用户一般为组织的高层领导或面向行业提供管理决策咨询的群体。根据中国版权服务事务管理决策机构引领推动中国版权服务高质量发展体系建设的实际需要，中国版权服务产业竞争情报系统的目标用户可设定为包括中国版权保护中心、国家版权局、国家知识产权局、文化和旅游部、国家新闻出版署等主管版权事务、文化事务决策层面的管理者，以及使用端的从事面向版权行业提供管理决策咨询的专业群体，如中国版权保护中心产业促进部。中国版权服务产业竞争情报系统的需求，围绕这些目标用户群体引领推动中国版权服务高质量发展体系建设的业务需求框定规划。

总体而言，竞争情报系统的目标功能包括环境监视、风险预警、决策支持、

竞争对手跟踪、定标比超（Benchmaking，中文也翻译为标杆学习、基准分析、标杆瞄准等）、商业秘密保护、创新引领等。按照有限支持条件、优先目标设定的普遍原则，根据中国版权服务事务管理决策机构引领推动中国版权服务高质量发展体系建设的实际需要，中国版权服务产业竞争情报系统可将业务中心聚焦在版权进出口贸易领域，将目标功能设定为国外出版行业环境监视、涉外版权事务重大战略决策支持、文化与知识产品进出口合规研究与预警、文化与知识产品生产国际市场培育开拓研究支持等。

2. 中国版权服务产业竞争情报系统的组织结构和人员设置

根据国内产业竞争情报系统运行的普遍做法，中国版权服务产业竞争情报系统的组织机构应按照首席竞争情报官、项目经理、信息分析师、信息资料员、技术支持人员等岗位配备专业人员。首席竞争情报官可参照央企首席合规官的要求设置。[①]信息分析师要求既具备版权事务专业知识技能也具备竞争情报专业知识技能。项目经理要求具备信息分析师的知识技能外，还需要具备管理专业知识技能。

3. 中国版权服务产业竞争情报系统的竞争情报服务产品流程设计

从输入端看，中国版权服务产业竞争情报系统的信息源应包括外部公开数据信息资源网、专业数据信息资源网（专业数据库）和内部专用数据信息资源网（内部信息网）三个信息网络。外部公开数据信息资源网链接尽可能广泛地公开信息源，如公共搜索引擎、新闻网站、国内外图书网站与数据库、国内外政策法律网站与数据库、国家公共财政经费资助的各级各类基金项目网和数据库等。专业数据信息资源网包括按照行业和专门业务类别提供服务、通常是需要付费获得服务的网站与数据库，如科学技术工程专业领域网站与数据库、期刊论文数据库、专利数据库、商标数据库、海关贸易数据库、知识产权服务贸易数据库等。内部专用数据信息资源网是链接版权服务系统内部办公系统中的、基于遴选人员人际交流网络的、对访问使用权限进行了分级设置的内部网络。遴选的人员包括中国版权服务产业竞争情报系统的目标用户群体、版权事务专家学者、涉外律师、文化领域外交人员、企业家等。

输入的信息经过信息分析师、项目经理、首席竞争情报官等专业人员的分析增值形成系列竞争情报产品。中国版权服务产业竞争情报系统的专职人员与相当

① 陈峰. 融合竞争情报系统的企业合规管理体系建设模式［J］. 情报杂志，2023（9）：19-23+5.

数量的外部专家群体建立制度性的工作协作机制，使竞争情报服务产品生产过程可在高质量产出的基础上可持续进行并可持续优化改进。形成的产业竞争情报系列产品包括本底情报、动态情报、自选题专题研究报告、接受用户委托的顶替研究报告、提升竞争情报能力服务等。

4. 中国版权服务产业竞争情报系统的信息技术支持选择

构建中国版权服务产业竞争情报系统的技术支持平台既可以自主开发，也可以外包给外部专业竞争情报系统解决方案一揽子服务提供商。由于当前面向社会市场经营的专业竞争情报系统建设服务业务发达而成熟，构建中国版权服务产业竞争情报系统的技术支持平台采取外包给外部专业竞争情报系统解决方案一揽子服务提供商是可以优先考虑的选项。目前中国市场开展竞争情报系统构建解决方案一揽子服务提供商有万方数据、清华同方、航天科技、淘数科技、惠普中国等。

近年来，国内掀起“产业大脑”建设热潮。随着产业大脑建设热潮的兴起，国内出现了以火石创造[①]、赛迪为代表的产业大脑建设专业服务提供商。这些机构在产业竞争情报系统建设与运营方面拥有相当高的专业水平。[②]中国版权服务产业竞争情报系统技术支持平台建设遴选外部专业服务商，也可以从这些代表性产业大脑建设专业服务提供商中选择。

无论是竞争情报系统构建解决方案一揽子服务提供商还是产业大脑建设专业服务提供商，在竞争情报系统技术支持平台建设方面都有相当高的专业水准，都能将最新的信息技术运用于中国版权服务产业竞争情报系统的建设与运行。这些信息技术包括最先进的人工智能技术（AI）、互联网技术、文本处理技术、大数据技术、云计算技术、虚拟现实技术、区块链技术、物联网技术等。依托这些最先进的信息技术综合集成，中国版权服务产业竞争情报系统可以实现自动化的数据采集、数据加工处理、数据挖掘与发现、情报服务等功能。按照中国版权服务产业竞争情报系统设定的功能和用户需求规划，提供系列定制化的竞争情报服务，辅助产出系列竞争情报服务产品，并依托系统形成面向中国版权服务高质量发展体系建设需要的全组织机构系统范围内的竞争情报能力提升平台。

良好的运行机制是中国版权服务产业竞争情报系统能够充分发挥作用的基本

---

① 火石创造科技有限公司．火石创造产业大脑介绍［EB/OL］.［2025-03-21］. https://www.hsmap.com/industryInsight.

② 陈峰．“产业大脑”的竞争情报服务模式分析［J］. 情报杂志，2023（6）：73-79+118.

保障。中国版权服务产业竞争情报系统的运行机制包括决策机制、组织机制、业务机制、激励机制、反馈机制等。由于每一个竞争情报系统的建设与运行都受限于特定组织机构的支持和约束条件，不同组织机构的竞争情报系统运行机制之间呈现明显的差异性。中国版权服务产业竞争情报系统建立良好的运行机制，既需要本系统设定岗位专业人员自身的学习提高，也需要借鉴国内外竞争情报界已有的经验，向国内竞争情报界特别是竞争情报最佳实践企事业单位学习。国内的竞争情报最佳实践企事业单位包括上海宝钢、长春一汽、航天科技、中国电科、中国航空工业发展研究中心、中船信息、中电海康、陕西科学技术情报研究院等。通过交流学习不断提高专业水平，按照竞争情报最佳实践机构建设的目标，不断学习提高，围绕中国版权服务高质量发展体系建设需要，形成中国版权服务产业竞争情报系统良好的运行机制。

（三）基于竞争情报能力提升的中国版权服务高质量发展体系建设路径

1. 围绕中国版权服务高质量发展的要义和需求确定关键竞争情报事项

对企业而言，并非所有的问题都是竞争情报工作和问题，只有符合竞争情报要义和判据的、被业内人士称为关键竞争情报课题（Key Intelligence Topics，KITs）的事项才是需要专业人员完成的竞争情报工作和问题。对中国版权服务高质量发展而言，也不是所有的问题都是竞争情报问题，只有按照关键情报课题识别凝练的关键竞争情报事项才是需要通过专项工作承接完成的竞争情报工作。围绕中国版权服务高质量发展的要义和需求确定关键竞争情报课题（KITs）包括但不限于以下内容。

（1）中国版权服务业国际竞争力研究、评价、标杆对比、缺口分析等。

（2）总体层次国外对中国文化产品的接受度、好感度、美誉度及其变化调研，分国别特定目标国家和地区对中国文化产品的接受度、好感度、美誉度及其变化调研，国外特定群体对中国文化产品的接受度、好感度、美誉度及其变化调研等。

（3）中国文化产品出口贸易监测与影响评价、中国原创文化产品出口贸易监测与影响评价。

（4）中国文化产品生产传播的国际合作伙伴选择、联盟构建，特定国家和地区的中国文化产品市场开发拓展，国外特定用户和受众的中国文化产品市场开发拓展等。

（5）与国外合作交流中的文化安全保障、风险防范、合规研究等。

按照确定关键竞争情报事项开展竞争情报工作，使中国版权服务产业的竞争情报工作重心明确、有的放矢、事半功倍、持续优化。

2. 嵌入中国版权服务高质量发展全过程充分实现竞争情报价值

“信息（Information）花钱、情报（Intelligence）挣钱”，这是流传在国内外竞争情报从业者群体中的一句名言。在咨询公司、智库从业者为代表的竞争情报专业人员看来，数据信息资源只是投入和成本，而经过面向用户特定需求定向聚焦智力增值形成的竞争情报产品才能价值倍增。

对用户而言，竞争情报的价值体现在两个层面。第一个层面是具体业务层次的可测度量化价值，包括节省了时间、节省了成本、避免了损失、增加了销售收入、增加了利润、扩大了市场份额、提高了组织机构（例如出版社、版权服务中介机构等企事业单位）的资产估值等。第二个层面是提升组织群体的非量化价值，包括提升了组织机构的机会识别与捕捉能力、学习与创新能力、风险防控能力、相对于国外竞争对手的竞争优势、在国外目标国家和地区的影响力和美誉度、版权进出口业务中的安全与合规能力。

在版权业务特别是版权进出口贸易业务中实现竞争情报的以上价值，需要使竞争情报嵌入中国版权服务高质量发展全过程，包括组织群体的决策过程，也包括组织群体具体版权业务过程，如进出口出版物遴选、版权登记与服务、竞争对手行为研究、价值评估与谈判、招投标的标的估值报价、合同签订、产品影响与销售等。

只有将竞争情报嵌入中国版权服务高质量发展全过程，才能充分实现竞争情报价值，实现竞争情报工作与版权服务工作相互支撑、互动耦合、共同跃升，使提升竞争情报能力成为中国版权服务高质量发展不可或缺的关键成功因素。

3. 以版权保护执法、国内外版权保护合规为典型领域推动竞争情报理论方法研究与版权服务业务实践交互促进

通过法律法规开展版权保护是国内外版权产业界的共同做法。一方面，执法过程是版权产业典型的竞争情报应用工作领域。法律法规制定、执行、执法情况反馈评估、法律法规根据内外环境变化修订调整高度倚重竞争情报能力的跟进支撑。另一方面，版权产业链中的执法和服务是版权事务看似对立实质上又高度相互依托、耦合共生，是一个硬币的正反两面。没有相应的竞争情报能力，难以支撑高度专业化的执法工作，也难以提供高度专业化的版权服务工作。律师群体是事实上的竞争情报高手，围绕版权执法与服务，律师通常开展公开资料收集分析、一轮或多轮的当事人询问、专项调查、现场调查取证、搜集实物样品、取

证、咨询业内专家等，都是典型的、高度专业的竞争情报方法应用和技能体现。从国内版权执法与服务的工作需要不难看出，高水平的竞争情报能力是做好版权执法与服务工作、推动版权服务工作高质量发展的必然要求。

从版权国际贸易与进出口业务的国际交流视角看，跨国版权业务必然要遵循所有业务关联国家和地区版权相关的政策法规。无论是做好国内外已有版权法律法规的合规工作、国内外版权法律法规纠纷争议解决，还是围绕版权工作新情况新领域做好新适用法律法规的协商工作，高水平的竞争情报工作都是推动跨国版权业务顺利运行、保护我国版权产业从业者利益的必然需要。

竞争情报理论方法有两个层次，一类是通用层次的理论方法，另一类是深入具体组织机构特定约束条件下的理论方法。版权保护执法、国内外版权保护合规为代表的典型领域，既需要通用层次的竞争情报理论方法，也需要结合版权保护执法、国内外版权保护合规的具体业务，研究总结适用于指导具体业务操作的竞争情报理论方法，理论方法研究与实践相结合相互促进，带动竞争情报理论方法在版权服务工作领域落地生根、发展壮大，确保竞争情报理论方法嵌到版权服务的具体业务、嵌到中国版权服务高质量发展的全过程，成为中国版权服务高质量发展的推进器和倍增器。

4. 将竞争情报工作融入调查研究、智库建设、国家文化安全保障等典型应用场景，采取形式多样切实有效的方法提升中国版权服务从业者的竞争情报能力

识别凝练关键竞争情报课题（KITs）是版权服务领域竞争情报工作有的放矢的基本参照。围绕关键竞争情报课题开展竞争情报工作是版权服务高质量发展的基本依托。有国内学者曾研究介绍我国出版界关于国外图书《谁动了我的奶酪》的版权引进与翻译出版案例。案例大意是说，《谁动了我的奶酪》一书在国外出版面世伊始便受到各界追捧，市场销售火爆。我国出版界在三年之后才确定版权引进与翻译出版事项，当时该书在国外的热度已经退潮，在中国翻译出版后读者反响和市场销售远不及预期。①这个案例是国内出版界不能快速反应决策的案例，也是竞争情报能力不足难以支撑高质量发展的典型例子。

关键竞争情报课题（KITs）涉及的工作是版权服务领域组织机构竞争情报工作的核心领域，《谁动了我的奶酪》案例涉及的工作领域与竞争情报工作的强关联性很容易被人们接受和重视，但也有一些看似与竞争情报无关的工作领域容易

① 沈荣荣. 中国版权贸易的简况及发展对策［J］. 戏剧之家，2019（34）：226-227.

被忽视，如调查研究、智库建设、国家文化安全保障等。调查研究、智库建设、国家文化安全保障等领域实质上是与竞争情报高度相关的工作，都是典型的竞争情报工作应用场景。

“没有调查就没有发言权，没有调查就没有决策权。”2023年3月，中共中央办公厅印发《关于在全党大兴调查研究的工作方案》，号召大力加强调查研究工作。国家版权服务系统响应中央号召，结合版权服务的实际业务，将加强调查研究作为本系统本单位的长期重要工作。调查研究与竞争情报关系密切，旨在了解事实真相、了解存在的问题，要求信息收集与分析工作充分体现高度相关、真实、及时、可据此采取行动的原则。从情报学与情报工作专业视角来看，调查研究就是地地道道的竞争情报工作，是竞争情报的典型应用场景。

2015年1月20日，中共中央办公厅、国务院办公厅印发《关于加强中国特色新型智库建设的意见》。该文件发布以来，国家文化领域、知识产权领域智库建设工作持续推进。从情报学与情报工作专业角度来看，情报工作是智库机构的基本工作，智库为用户提供的决策咨询、思想智慧是高级形态的竞争情报服务产品。中国特色新型智库建设必然需要版权服务产业特别是涉及跨国版权贸易、版权进出口业务与合规方面的专业智库同步推进，而符合新形势新环境下中国版权服务高质量发展，必然需要具有高水平竞争情报能力支撑的高水平专业领域智库支撑。可以看出，版权服务产业内的智库建设也是竞争情报的典型场景。

2017年以来，国内外形势发生重大变化，保障国家安全成为各系统各行业的重要任务。文化安全是国家安全的重要内容，保障国家文化安全是国家文化系统、版权服务产业的重要任务。保障组织安全是情报工作的标志性功能定位。对于版权服务领域来说，结合本系统本单位工作的国家文化安全保障还是典型的竞争情报应用领域。

将竞争情报工作融入调查研究、中国特色新型智库建设、国家文化安全保障等典型应用场景，结合工作需要的调查研究、版权服务专业智库建设、走基层、每年的国家安全宣传日系列活动等，采取形式多样、切实有效的方法，提升中国版权服务从业者的竞争情报能力，为中国版权服务高质量发展提供坚实支撑。

5. 大力宣传科学的情报文化观，为版权服务产业界竞争情报能力整体提升打造良好的社会环境

人类社会自从有了组织便产生了情报行为，系统的、有条件保障的、专业化的情报行为体现为情报工作。情报工作的行为方式与专业化程度从根本上取决于组织群体的情报文化。相应地，高水平的竞争情报工作需要适宜的竞争情报文化

作为基本的支持保障。①

具体到我国版权服务界，需要大力宣传科学的情报文化观，推动版权服务系统、知识产权系统乃至社会各界，树立科学合理的竞争情报观，营造适宜开展竞争情报工作的情报文化社会环境。②

改革开放初期，我国的一些企事业单位甚至政府部门由于缺乏基本的竞争情报能力，在吸引外资、开拓国外市场、与国外经济商贸交流中发生过多起吃亏上当的事情。中国加入世贸组织之后，对竞争情报的巨大需求带动了全社会研究宣传推介竞争情报的热潮。2017年之后，中国的国际环境发生重大变化，对竞争情报的需求更加强烈。但对竞争情报存在错误认知和偏见的不乏其人，特别是当今社会存在过度强调安全保密，对竞争情报工作理解存在偏差，影响了竞争情报工作的开展，这种情况已经到了需要纠正的时候。

坚定不移推进改革开放是我国的大政方针，在百年未有之大变局的总体形势下，高质量的竞争情报工作需要良好的社会文化生态环境。无论是支撑新形势新环境下中国文化安全与发展，还是支撑新形势新环境下中国版权服务高质量发展，中国版权服务界都需要带头大力宣传科学的情报文化观，培育营造适宜竞争情报工作的社会文化环境，使竞争情报推动中国版权服务高质量发展的最佳实践案例不断涌现。

构成国家竞争优势的核心要素大致可分为自然资源禀赋和智力资源开发利用能力，人类社会国家之间国际竞争优势转换的历史表明，智力资源开发利用能力是现代社会构建国家竞争优势的关键。知识产权已经成为大国之间国际竞争的焦点，知识产权不仅包括专利、发明、工业设计，也包括版权，从更宽广的视野来看，版权的国际竞争力更能代表一个国家的智力资源开发利用能力。人类的情报行为本质上是群体斗智行为，基于竞争情报能力提升建设我国版权服务高质量发展体系不仅是中国版权服务界创新发展、有为有位的必然要求，也是以版权服务为支点撬动我国文化事业高质量发展的新契机，还是促进我国人力资源开发利用能力国际竞争力提升的战略抓手。

---

① 丁璐璐，徐恺英. 国际体系文化对国家竞争情报文化的建构作用研究［J］. 情报杂志，2017（2）：40-47；郭永建. 论竞争情报文化对竞争情报收集的影响［J］. 科技咨询导报，2007（13）：113；陈飏. 从TCL败走麦城说企业情报文化［J］. 软件工程师，2008（1）：52-54.

② 宋柳平. 知识产权战略与企业创新——中国的现状和挑战［J］. 时代法学，2023（2）：33-39；苏鹏，王延飞. 国家安全情报的教育生态研究——基于IAFIE的分析［J］. 图书与情报，2022（1）：24-31.

结语

本报告选取我国版权服务高质量发展为研究主题，探析“高质量发展”的内涵要义、与版权服务之间的关系，梳理版权服务高质量发展的相关维度，运用图书情报学方法开展文献调研分析统计及文献综述，了解最近十年间版权界研究高质量发展的现状和态势。进而针对目前存在的问题及研究现状，开展跨学科研究，引入情报学的竞争情报研究视野，运用竞争情报的研究范式对基于竞争情报能力提升的我国版权服务业高质量发展研究提出了一揽子解决思路和建议。这是国内版权研究界首次开展版权业与情报学学科交叉研究的尝试。将情报学研究范式与方法运用到版权问题研究，为版权管理的战略宏观设计及中观层面的管理工作探索新的维度和方法，从文化安全及竞争力建设角度来研究版权服务高质量发展建设。

课题组组长：彭俊玲
课题组成员：杨雯　陈峰　张玉霞
课题承担单位：北京印刷学院

数字产权与大数据商业模式研究

陈少峰*

摘要：数字产权涵盖版权、平台、内容等方面，而大数据则是数字产权的重要组成部分。两者在商业模式上紧密相连，相互促进，共同推动数字经济的高质量发展。随着中国进入“双循环”经济新阶段，数字经济已成为驱动国家经济社会发展的核心力量。尤其是在文化艺术领域的数字化转型中，数字产权扮演了关键角色，其发展水平直接影响数字经济的质量和经济效益的提升。本研究强调，构建完善的数字产权制度保障机制，提升版权保护水平，是确保中国数字产业健康发展的重要举措。数字版权保护体系包括技术提供方、平台服务商、内容创作者、消费者等多个层面，构成了一个完整的产业价值链。为推动数字经济的持续发展，必须通过法律和政策层面的支持，建立数字产权与大数据商业模式的标准化体系，为产业创新奠定基础。

关键词：数字产权；大数据；商业模式；数字经济

一、大数据核心数字产权的确权及方案

数字产权的确权对推动数字经济发展、保护个人和企业合法权益至关重要。确立数据产权有助于数据的高效流通和使用，确保数据安全及隐私，保护创作者与消费者的权益。随着技术进步和数字经济的兴起，数字产权和法律框架也在不断演进和完善。

（一）数字产权的解读

1. 数字产权的概念

数字产权是一个比传统版权或知识产权更广泛的概念，涵盖了与数字产品和服务相关的多种无形资产，包括软件、硬件以及各种虚拟权益、经营权、使用权、资源和影响力等。这些无形资产可以体现在例如App上的粉丝数量、品牌价值等方面。数字产权的重要性在于它涉及对这些无形资产的确认和保护，推动数

* 陈少峰，北京大学哲学系教授、博士生导师，文化产业研究院学术委员会主任，本课题组组长。

字经济的持续发展。

数字产权中包含的部分资产可以分为存量和增量。例如，一个人在App中拥有的小程序，既具有原始存量的价值，也有通过持续投资和改进所产生的增量价值。然而，目前在国内，这些存量资产缺乏确权和合理估值的机制，导致很多数字资产无法得到法律上的正式保护。因此，经营者的数字资产价值，往往只能通过存量和增量的变化来体现，而没有被合法确权。

从数字产权角度看，版权和大数据是当前关注的重点，特别是在数据商业应用和商业模式方面。数字产权的商业模式并不总是直接盈利，许多公司虽拥有大量数字资产，但未产生直接收入或利润，然而估值和市场价值仍不断提升。数字产权涉及数字产品、服务和信息相关的所有权、使用权、控制权和收益权等多项权利。数字产权涉及以下几个主要领域。

数字内容产权。包括对音乐、电影、书籍、软件等数字内容的版权保护。

网络账号和虚拟资产。例如社交媒体账号、游戏内物品、虚拟货币等的所有权和使用权。

数据产权。涉及个人、企业以及国家数据的所有权、使用权和控制权。

知识产权。包括商标、专利和版权，在数字化环境中同样适用。

数字产品产权。指消费者对所购买的数字产品（如电子书、音乐下载、软件应用等）的所有权和使用权。

数字产权的确立和保护对于数字经济的发展、企业价值提升以及个人权益保障都具有重要意义。

2. 数字产权的一种结构是“大数据”

数字产权主要涉及与文旅产业相关的数字资产及大数据领域。在此之前，曾经开展过关于数字产权和NFT的研究，而此次研究更侧重于商业模式研究。因此，课题命名为“数字产权与大数据的商业模式”，是因为大数据作为数字产权的一部分，是一种重要的内容和技术。大数据与数字产权一样，都是由软硬件共同构成的系统，但其特定的经营条件与数据的结构密切相关。换句话说，大数据是数字产权的一种形式。在各省份，大数据集团负责经营数字化相关的产业，因此，本研究特别提出大数据的商业模式，希望能与相关集团探讨如何经营及与数字产权的关系应如何构建。大数据的作用不仅体现在技术支持上，也对数字产权的管理与运作产生深远影响。

数字产权（或称为数字版权）是指在数字时代对数字内容（如音乐、视频、软件、电子书等）的知识产权保护。大数据则是通过收集、存储、管理、分析和解释海量数据来发现模式、趋势及相关性的过程。通过结合大数据，数字产权的保护和管理可以更加高效与智能化。

数字产权的一种实现方式是通过大数据技术，具体的应用包括：

版权识别与追踪。大数据技术可用于数字内容的版权识别和追踪，确保版权得到合法使用。

用户行为分析。通过对用户使用数字内容的行为进行分析，帮助更好地理解用户需求，优化版权管理策略。

版权交易与授权。大数据技术可以促进版权所有者与使用者之间更高效地进行版权交易和授权管理。

侵权检测。借助大数据，可以迅速发现侵权行为并及时采取相应措施。

市场趋势分析。通过大数据分析，了解市场趋势和用户偏好，帮助版权所有者制定更加合理的版权策略。

个性化推荐。根据用户的历史行为和偏好，大数据技术可以实现内容的个性化推荐，增加内容的曝光率和合规使用。

内容保护技术。结合大数据，可以开发更加先进的内容保护技术，如数字水印和加密技术，以防止未经授权的复制和分发。

版权政策制定。通过大数据分析，为政策制定者提供信息支持，以制定符合数字时代需求的版权政策。

数字产权的保护和管理是一个复杂的过程，通过大数据技术的运用，可以提升管理效率，加大版权保护力度，并为版权所有者和使用者提供更为便利的工具和支持。这种结合不仅推动了数字经济的发展，也有助于维护各方的合法权益。

3. 数字产权的核心部分将演变为“数智产权”

当前我国一些互联网平台，如抖音，是由多个相关App组合而成的系统，称为平台公司。这类平台公司主要依托人工智能之前开发的部分智能化、数字化技术，未来随着人工智能的发展，可能会以大模型为核心，构建新的数字化平台体系。新平台呈现的数字产权，可称为数智产权，即在数字产权基础上融合智能化特征，形成数字化与智能化结合的产权结构。

从现有情况来看，数字产权与App有着密切联系，许多数字版权内容的传播依托App，表明数字产权的构建与App的内容和技术紧密相关。数字产权作为数字经济时代的重要制度和技术支撑，是新型生产要素、生产方式及组织形式的重要基础，其核心在于数据的保护和利用。随着数字经济的不断推进，产权市场正在探索以数字产权为核心的新生态构建，涉及数据产权的信息化、数字化管理，并通过确立规则实现权益确权，最终形成新的权益形态。

数智产权则更强调数据与智能技术的深度融合，在数字产权的基础上引入人工智能、大数据等先进技术，以提升数据的利用效率和创新应用能力。黄灿教授在知识产权论坛上提出了数字网络空间知识产权治理体系的构建，这也为数智产权的概念提供了理论支持。数智产权的构建还需关注数据知识产权保护机制的完善。知识产权制度应通过保护和合理利用数据，激励企业在数据开发与创新方面投入更多资源。数字产权向数智产权的演变，是涉及数据保护、智能技术融合、权益确权和创新激励等多方面的复杂过程。这一演变需要政策制定者、学术界、行业专家和市场参与者共同努力，构建出符合数字经济与智能技术发展的新产权制度，推动数字时代的持续创新。

4. 数字产权的结构是一种生态结构

数字产权的结构可视为一种生态系统，由多个相互作用的组成部分构成，推动数字资产的创造、使用和管理。该生态系统的复杂性体现在各要素间的依存与协同，确保其健康运作与发展。以下是数字产权生态结构的关键要素。

法律框架。版权法、专利法、商标法等构成生态的基础，为数字产权提供法律保护，保障创作者的合法权益。

技术保护措施。通过数字水印、加密技术、数字签名等技术手段，防止未经授权的使用或复制，增强数字资产的保护能力。

市场机制。包括交易、定价、分销等，通过合理的市场机制，实现数字资产的商业化与有效利用，激励内容创造者创新。

用户行为。用户的行为和偏好直接影响数字资产的需求与市场价值，用户的参与度决定了生态系统的活跃与繁荣。

内容创造者。作为数字产权生态的核心生产者，内容创造者通过持续创作，为生态系统注入活力，推动其持续发展。

服务提供商。平台提供商、存储和分发服务提供商等为数字产权生态提供必要的技术和服务支持，确保其正常运转。

监管机构。政府及相关监管机构通过制定政策与实施监管，确保数字产权的合理使用，维护创作者权益与公共利益间的平衡，促进生态系统健康发展。

标准与协议。行业标准和协议（如开放标准、版权协议等）在生态中起协调作用，帮助参与者互动与合作，确保生态系统的规范性和统一性。

社会文化因素。公众对知识产权的理解和尊重对生态系统有重要影响。增强知识产权保护意识有助于形成良好的数字生态，保障内容创造者的利益。

国际合作。在全球化背景下，跨国数字产权保护变得尤为重要。通过国际合作，可以解决跨国数字产权问题，统一标准和相关制度，保障数字资产的全球权益。

总之，数字产权生态系统由法律、技术、市场、用户行为、创造者、服务提供商等多方要素共同构成，各要素协同作用，推动数字资产的创造与使用，确保生态系统的健康与可持续发展。数字产权生态系统需要各要素的协调与平衡，确保数字资产的持续创造与利用，并保护创作者权益。数字产权与App及硬件设施紧密结合，构成完整的生态系统，App既有独立价值，也具备整体生态价值。以抖音为例，其不仅是社交娱乐工具，更通过用户账号、粉丝经济、电商直播等业务构建了商业生态系统。网红、商家、供应基地等角色协作推动平台发展，表明数字产权不仅涉及内容生产与发布，还包括生态内各角色和资源的协同，形成复杂网络。在App生态发展中，内容创造者、用户和平台共同作用，形成存量与增量结合的体系。存量是现有内容和用户价值，增量则来自技术进步和市场扩展。生态化发展需有效管理现有资源，同时发掘未来潜力，应对挑战以提升价值。

5. 数字产权是一种“权益及其价值”形态的产权

数字产权是数字时代对数字资产的所有、使用、处分及收益等权利的确认与保护，涵盖传统版权、专利、商标及新兴的产权形式，如数据产权和网络域名权。数字产权的保护对个人、企业乃至社会的创新和经济发展至关重要。然而，当前面临政策不完善与法律缺失的挑战，导致数字权益常受侵害。建立全球范围内完善的数字产权保护体系是推动数字经济健康发展的关键。为适应这一需求，各国正逐步完善法律法规，确保数字资产的合法权益得到有效保障。

数字产权涵盖数字货币、数字版权、数字身份和数字证书等多种数字资产形式，其确立与保护对推动数字经济发展、维护网络秩序和保障合法权益至关重要。数字产权的独特性包括无形性、可复制性、可编程性和全球性。数字资产以数据形式存在，易被复制传播，增加了保护难度。其可编程性为管理提供新方式，而全球流通性要求各国合作应对保护挑战。完善法律体系以适应数字经济的变化需求，是保障数字产权的关键。

数字产权的保护与管理涵盖多个领域，如数字作品版权、隐私保护、知识产权保护、交易安全和数据安全，确保创作者、用户及企业的合法权益不受侵害。随着技术进步和法律完善，数字产权保护日益重要和复杂，不仅为个人和企业权益提供保障，也为数字时代的创新与发展奠定基础。

（二）核心数字产权的确权

1. 权益被否定被侵权的根源，有可能是政策带来的风险

政策风险表现多样，政府政策可能正确，但实施偏差可能存在问题。例如，微信因用户拉群行为拉黑其账号，缺乏明确法律依据，却由平台政策执行。这类似学校因作弊开除学生，未必符合国家政策或宪法精神。数字产权面临双重政策风险：一是政策任意性或未依法行政，二是企业为自身利益加码。这些行为虽未必构成侵权，但实际损害了个人或企业权益，如某App下架导致相关账户被取消，造成巨额经济损失，凸显数字资产保护与数字化战略紧密相关。

政策风险指因政府政策变动或不确定性导致个人或企业潜在损失，如土地政策变动影响所有者权益或新监管政策对企业经营的负面影响。权益受损往往与政策风险相关，处理时需了解政策背景，分析其影响并寻求法律途径维护权益。《中华人民共和国民法典》明确侵权责任和赔偿条款，为受损个人或企业提供法律保障。管理和预防政策风险尤为重要，个人和企业应关注政策变化、参与制定、评估风险并制定应对策略，通过与政府沟通协商获取调整或补偿，以减少数字产权等领域的风险。

2. 数字产权保护与经营是国家数字化战略及数字经济的核心

数字产权的保护与经营是国家数字化战略及数字经济发展的关键环节，涉及数据作为生产要素的有效利用、数字经济的可持续发展以及国家在全球竞争中的地位。因此，数据产权的保护和经营需要受到高度重视和有效管理。一个App的下架可能导致几万亿元乃至几十万亿元的经济损失，这凸显了完善政策和立法体系的重要性。在这一过程中，必须深入研究和关注产权保护的必要性、创新促进、数字经济发展、国际合作、消费者权益、法律与政策支持、技术进步以及社会影响等诸多议题。

随着数字经济的迅猛发展，数据已成为关键的生产要素，具备重要的经济和价值属性。为确保数字经济的稳定、繁荣发展，必须建立健全数据产权制度，提供系统化的法治保障。这不仅包括明确数据的所有权、占有权、支配权、使用权、收益权和处置权，还涉及网络用户与服务提供者之间的数据权属关系的明晰化。通过建立有效的数据产权制度，可以保证不同主体之间的权属关系，推动数据产业的健康有序发展。

数据产权制度是数字经济发展的基础，通过完善的产权体系，可以激发数据的经济潜力，优化数据资源的配置效率，进而推动数字经济的发展。在《“十四

五”数字经济发展规划》中，国家强调了数据要素市场化建设的重要性，包括数据确权、定价、交易的有序推进，以及建立与数据价值贡献相适应的收入分配机制。这些措施旨在激发市场主体的创新活力，确保数字产权的保护与经营能够为数字经济提供坚实的制度保障，推动数字经济的高质量发展。

（三）数字产权的研究方案

1. 数字产权的产业规模

如果数字产权能够得到确权、估值和交易，预计全国每年可产生超过50万亿元的营业收入。这是因为大多数个人和机构资产都存在于数字技术平台上，受到数字技术及相关行政管理和决策的影响。然而，这些数字产权，尤其是数字文化产权，多数尚未真正完成确权。例如：一个抖音账号若拥有3000万粉丝，其价值应如何评估？封号后是否存在申诉机制？若一个市值上万亿元的App被下架，应如何处理？数字经济是全球经济中增长最快的领域，其核心在于数字产权（包括数字版权）的保护，以及数字产权的交易、保值和增值。

数字产权包括所有机构和个人在数字技术、数字内容、数字设备、商业模式、平台账号等领域的使用权益和资产的确权、评估、保值、增值与交易。涉及的平台包括App、微信公众号、小程序，以及购物网站的社群和交流区等新媒体平台。在元宇宙相关技术产业发展后，数字产权的综合价值预计将进一步提升，且五年内数字资产（包括未确权资产）的总额可能超过实物资产。

数字产权可分为一级产权和二级产权，涵盖整体的所有权与使用权，以及部分所有权与使用权。例如，微信App的产权为整体所有权，而其微信公众号仅具备部分所有权和使用权。随着元宇宙的发展，数字产权的范围进一步扩大，包括NFT、数字人、数字孪生、数字藏品、元宇宙微电影、裸眼3D等领域，甚至涵盖新增的数字化游戏、文化科技体验园、机器人及数字化形象IP等。这些新兴领域将成为数字产权保护的重要环节，也是未来数字经济发展的重点。例如，抖音的价值不仅体现在其本体App上，还包括粉丝、账号、网红及其影响力、与外部的合作关系、传播与变现能力（如电商、授课）等方面。如果这些数字产权能够在法律与行政上得到确权并进行估值，其综合价值将显著增加。数字产权的确立与保护，是推动中国数字经济发展的核心，需要引起高度重视。

目前，数字产权法律立法的速度可能相对较慢，因此建议优先出台行政法规，并采取相应保护措施。例如：对于某项数字产权的行政处罚或具有负面影响的决定，是否应建立一套合理合法的程序，以确保产权得到公正保护？保护数字产权即保护中国数字经济的竞争力，确保其在全球竞争中占据优势地位。

2. 数字产权的商业模式有待进一步开发

在实践中，数字产权的若干商业模式尚未得到充分挖掘，反而一些缺乏商业模式的领域，如一般数据交易，却受到更多重视。然而，一般领域的数据往往无法有效交易，原因在于几类数据的特性：专业数据涉及安全，如金融领域的数据，公开可能引发严重后果，需安全管控，因此不可交易；行为数据，如阿里、百度的用户行为数据，属于企业核心资产，不会交易；此外，网上一般数据因常常存在虚假成分，价值有限。

文化大数据领域也面临挑战。尽管文化元素和艺术资源的数字化采集工作量巨大，若市场需求不足，难以实现盈利目标，也难以形成商业模式。集团公司或许能达成商业目标，但具体参与者往往难以实现其投入的商业回报。例如，博物馆数据的数字化在交易和使用上缺乏实际价值。

大数据集团的经营需分为两部分：一是以安全保护为主，二是通过在数字产权中的专业领域寻求商业模式，方能实现有效经营。

3. 完善商业模式，提升企业自身竞争力

央企和国企的传媒集团及大数据集团可以结合数字产权的商业模式，推动自身发展与创新。

传媒集团可以通过数字产权的确立，更有效地管理其版权内容，包括视频、音频、文字等；通过数字产权保护，确保内容不被非法复制和传播，维护合法权益。此外，数字产权的授权和交易可实现内容的商业化运营，例如与第三方平台合作授权使用，从而获取版权收益。

大数据集团在数据要素市场中具有重要作用。通过构建数据产权制度，明确数据权属，促进数据的共享、流通和交易，推动数据资源开发。通过数据公证、登记等制度，确保数据合法合规使用，并基于此开发数据产品或服务，实现其商业价值。此外，数据产权确立后，大数据集团可参与数据要素市场的投资与孵化，推动市场化配置改革，构建数据产业生态。

本研究认为，数字产权相关工作可交由央企和国企传媒集团与大数据集团，结合数字产权模式深入发展，不仅提升企业竞争力，还为国家数字经济、文旅产业及文化建设作出重要贡献。

二、文旅产业相关的数字产权及商业模式

在文旅产业领域，数字产权问题伴随数字技术的发展而出现，如数字版权保护和数据共享等。数字化带来机遇的同时，也带来了版权治理等新挑战。应积极应对这些变化，推动文旅产业数字化升级与持续发展。

（一）文旅产业相关的数字产权

1. 文旅产业领域的数字产权问题是与数字技术相关的问题

文旅产业的数字产权与数字技术密切相关，尤其是在文旅科技一体化与人工智能应用方面。随着数字经济发展，数字技术推动文旅产业变革，元宇宙和人工智能技术的进步将带来更多挑战和机遇，也促使多样化的新商业模式产生。

人工智能应用及大模型平台的兴起，使文旅产业的数字产权逐渐形成生态系统。数字产权的保护和利用是文旅产业数字化升级的重要内容，涉及以下方面。

版权保护，创意内容、艺术作品等需要版权保护，以保障创作者合法权益；数据资产化，合理保护和利用数据资源，实现数据的量化和交易价值；数字身份与隐私保护，确保用户数据的安全和隐私不被滥用；技术标准与规范，制定技术标准以保证数字文旅产品和服务的质量；数字产品与服务创新，不断开发新技术和产品，推动产业创新。

解决这些问题需要完善法律法规，建立合理的数据管理机制，加强版权保护与公众教育，并推动技术合作与创新。通过有效的产权保护，文旅产业可充分利用数字化带来的新机遇，助力产业升级和数字经济发展。

2. 人工智能的文旅应用将成为文旅数字产权的核心

人工智能与文旅融合是新质生产力的重要组成部分，展现巨大潜力。其商业模式侧重平台化和生态化发展，未来中国文旅有望形成约100个平台化生态系统，融合线上内容与线下体验，推动传统文化与人工智能深度结合，构建新文旅产业生态。人工智能逐渐成为文旅数字产权的核心，线上平台和线下连锁经营推动产业转型升级。

人工智能生成内容（AIGC）是文旅变革的关键，通过社交媒体、虚拟现实（VR）、增强现实（AR）等新媒体改变文化传播方式，提升大众文化体验。例如，腾讯文旅与默林娱乐集团合作，利用大模型和全真互联技术打造智能化中国乐高

乐园，探索行业未来趋势。AIGC还带来了智能导游和推荐系统等新市场机会，提升旅游体验，推动服务质量和多样性。AIGC如同一场新工业革命，既是内容生成器又是效率加速器，助力个性化服务与旅游体验提升。

人工智能在文旅中的应用推动了内容创作与传播的变革，提升游客体验和创新水平，促进文旅产业数字化、平台化升级，使其在未来更具竞争力与创新力。

（二）文旅产业大数据面临的问题

1. 传统文旅产业面临机遇和挑战

人工智能在文旅数字产业中的应用远不止于数字化，而是结合产业生态与具体商业模式的深度融合。随着科技发展，传统文旅产业面临机遇与挑战。一方面，企业需要完成数字化升级和体制转型；另一方面，人工智能与文旅的融合将赋能传统产业，探索更高级的数字产权商业模式。

人工智能带给文旅产业多方面的机遇。首先，它能通过分析游客偏好和行为，提供个性化的体验和智能导览，丰富互动，提升服务精准度。其次，在后台管理中，自动化预订和智能客服等提高运营效率，降低成本。数据分析能力帮助文旅企业把握市场趋势，优化决策。人工智能在安全监控和紧急响应中的应用也有助于提高旅游目的地的安全性。然而，人工智能的应用也伴随挑战。过度依赖人工智能可能减少人工服务岗位，带来就业压力。另外，数据收集涉及隐私保护问题，需要妥善处理以避免滥用。快速的技术迭代要求文旅企业持续投入资源，以跟上进步步伐。人工智能系统还需要适应不同文化，确保服务适宜和敏感，同时避免在决策过程中产生算法偏见，维护公平性。

人工智能推动了文旅产业的数字化转型，通过个性化服务、智能管理与安全优化带来了显著发展机遇。然而，其应用也要求企业面对隐私、就业和伦理等多重挑战。文旅产业需要在不断创新中合理应对这些问题，才能充分利用人工智能技术，推动行业高质量发展，实现文化、科技与经济的协同进步。

2. 人工智能与文旅融合的产业涉及的问题及应对

人工智能与文旅产业的融合涉及伦理和安全问题，各国因技术水平不同而承担的风险责任不同，技术领先的国家，如美国，应承担更多责任。我们需积极参与国际治理，但在技术未赶超时，不应轻易限制人工智能创新，应基于他国实践作为治理依据，推动发展。伦理问题当前尚未成为现实挑战，未来或涉及如机器人自我复制等风险。人工智能研究中，责任归属不明，尤其在技术失误和经济损失时，技术领先者应负责确保安全发展。总之，应推动国际合作，要求领先国家承担责任，同时避免过早限制人工智能应用，保持治理灵活性，定期评估技术对国家的影响，确保其发展符合国家利益。

三、人工智能为主的数字产权的相关商业模式

人工智能是数字产权的核心驱动力，推动着未来科技、社会和人类生活方式的变革，并加速商业模式的创新。人工智能与数字产权的结合正助力经济的数字化转型，创造新的商业价值和竞争优势。随着技术的不断进步，这些商业模式也将不断演变和创新，进一步拓展人工智能的应用领域和影响力，推动整体社会经济向更高水平发展。

（一）人工智能的基本商业模式概念

1. 人工智能的基本商业模式是技术服务

人工智能被视为当前数字产权中的核心技术和系统，其商业模式主要体现在技术服务和系统应用中。例如，人工智能大模型可为会员提供生成内容的技术服务，会员可利用平台进行内容创作与传播。此外，人工智能还应用于医疗数据处理、诊断和健康管理等领域，具备多样化的应用潜力。

人工智能的商业模式涵盖多种盈利方式和业务类型，以下是主要模式。技术服务：提供定制化AI解决方案，帮助企业解决特定技术问题；软件即服务（SaaS）：通过云平台提供AI软件服务，用户按需订阅；平台即服务（PaaS）：提供AI开发平台，支持开发者构建AI应用；基础设施即服务（IaaS）：提供计算资源供AI应用运行；数据即服务（DaaS）：提供数据采集、处理和分析服务，助力数据利用；产品销售：开发并销售具AI功能的硬件产品，如智能家居设备；广告和营销：利用AI进行精准营销与个性化广告推荐；咨询与分析：提供AI咨询服务，帮助企业优化业务流程；合作与联盟：与企业合作开发AI产品，共享收益；知识产权：通过专利与版权从AI技术中获得收益；教育和培训：提供AI教育与培训，培养AI人才；研究与开发：专注于AI技术研发，通过技术转让获取收益。

每种商业模式具有特定的目标市场、收入来源和运营方式。企业需依据自身优势和市场需求，选择合适的商业模式以推动其发展。

2. 大数据服务，不是一般意义上的大数据交易

大数据服务利用大数据技术为企业或个人提供数据收集、存储、处理、分析

和可视化等服务，旨在通过数据分析帮助企业优化决策、提高效率、改进产品和服务，从而增强竞争力。与传统的数据交易不同，大数据服务更关注数据的应用，而非简单的数据买卖。大数据服务为企业提供增值方式，使其从数据中获得洞察力，实现数据的价值最大化。这些服务包括借助机器学习、数据挖掘和预测分析等工具，帮助企业从数据中提取有意义的信息。企业可以自行开发数据分析能力，或与专业大数据服务提供商合作。随着技术的不断发展，大数据服务越来越易于获取且具有成本效益，适用于各类企业。大数据服务通常包括以下方面。

数据收集：从社交媒体、传感器等多种来源收集数据；数据存储：利用数据库和数据湖存储海量数据；数据处理：通过清洗和转换等方法预处理数据；数据分析：利用统计学和机器学习等技术进行深入分析；数据可视化：将分析结果通过图表等方式直观呈现，便于理解；数据安全：确保数据处理中的安全性和隐私性；数据咨询服务：提供专业的数据分析建议与解决方案。

大数据服务帮助客户理解并利用数据资源，不是单纯的数据交易，而是提供与数据相关的增值解决方案，确保数据的有效利用和价值最大化，为企业在市场竞争中提供优势。

（二）人工智能的基本商业模式

1. 人工智能大模型生态链（专业平台）的商业模式

人工智能大模型生态链涵盖基础硬件、软件平台、模型研发及行业应用等环节，专业平台在这一生态中起着关键作用。它们通过提供工具和服务，支持大模型的开发、部署与应用。主要组成部分包括硬件平台、软件框架、云服务平台、模型研发、行业应用、数据管理、安全与伦理、合作共享以及监管与标准。

专业平台整合各环节资源，为开发者和企业提供完整生态系统，支持大模型的创新与应用。这些平台还提供社区支持、教育资源和市场接入，促进行业发展。

大模型在特定行业中的应用形成了对应的专业平台，例如在影视、音乐、旅游或体育等领域。这种专业平台的商业模式延续了传统平台模式，但针对特定行业进行深化，形成专属行业的生态系统。

2. 硬件与软件一体化的产品销售商业模式

硬件与软件一体化的商业模式通过结合硬件设备与软件服务，提供完整高效的解决方案，广泛应用于智能手机、个人电脑和智能家居等领域，带来提升用户体验、增强竞争力、增加盈利和建立长期客户关系的优势。例如，苹果公司推出集成人工智能功能的设备，预示未来发展趋势。

硬件与软件一体化的商业模式可以概括为以下几种。

（1）捆绑销售。将硬件与软件捆绑为一套产品销售，消费者在购买硬件的同时获得软件的使用权，从而提高产品的整体价值与用户体验。订阅服务：用户购买硬件后，可以选择订阅软件服务，按月或按年支付费用，以享受软件更新和技术支持。这种方式通过持续性收费来维持与客户的长期联系。增值服务：在基本硬件和软件的基础上，提供额外的增值服务，如高级功能、个性化定制或云服务，以实现附加收入。免费+付费模式：提供免费基础版本的硬件和软件，但高级功能或附加服务需付费解锁。这种模式吸引用户广泛使用基础产品，从而扩大市场规模，并通过增值服务实现盈利。按使用付费：根据用户的实际使用情况收费，例如按数据流量、使用时间或交易量计费。这种模式使用户能够根据实际需求灵活支付费用，降低了初始门槛。

（2）硬件租赁。通过提供硬件租赁服务，用户可以按租赁时间支付费用，同时获得配套的软件服务。这种模式为用户提供了硬件使用的灵活性，尤其适用于中小企业或短期项目。产品生态：构建硬件与软件协同的生态系统，通过硬件和软件相互促进，借助平台效应吸引更多用户和开发者，形成网络效应，扩大市场占有率。例如，苹果的iOS系统和设备生态通过硬件和软件的互补性，打造了强大的用户群和开发者生态。数据驱动：通过硬件收集用户数据，并通过软件进行数据分析，以提供个性化服务或广告。这种数据驱动的模式帮助企业实现额外的收入来源，同时提高了用户体验的针对性和满意度。合作伙伴模式：与第三方企业合作，共同开发硬件与软件产品，并共享收益。这种模式通过资源整合与风险共担，推动创新与市场拓展。

（3）品牌授权。品牌公司将其品牌和软件授权给其他公司使用，生产和销售硬件产品。此举不仅能扩大品牌影响力，还能通过授权费实现额外收入。

硬件与软件一体化的商业模式通过多样化收入和业务模式，促进市场扩展与竞争力提升。捆绑销售、订阅服务等方式提高用户黏性并建立长期客户关系，增值服务和按使用付费等模式增加盈利灵活性。产品生态和合作伙伴模式形成平台效应，吸引用户和开发者，实现网络化扩展。此外，品牌授权与硬件租赁提供了灵活的业务拓展路径。总体而言，该模式涵盖从产品销售到服务增值的全方位策略，助力企业在竞争中取得成功。

3. 人工智能内容自动生产的维权服务商业模式

人工智能内容自动生产的维权服务商业模式涵盖技术、法律和市场策略等多个方面，以应对因侵权而带来的挑战。以下是一些潜在的商业模式。

技术保护与监测服务：该服务提供技术解决方案，帮助内容创作者和版权拥有者监测及识别未经授权使用其作品的情况。这可通过采用区块链技术来追踪作品的使用和分发，确保透明度和可追溯性，提高版权保护的效率。法律咨询与代理：专业的法律咨询服务是此商业模式的重要组成部分，旨在帮助版权所有者理解他们的法律权利。在侵权事件发生时，提供法律代理服务，包括诉讼和和解谈判，确保创作者的权益得到充分维护。集体管理组织：类似于传统的版权集体管理组织，专门为人工智能生成内容的版权所有者提供集中版权管理与授权服务。这种组织帮助创作者更有效地行使其权利，并从其作品中获取收益，降低个体创作者的维权成本。保险服务：为应对因侵权行为可能带来的经济损失，开发针对人工智能内容生成的保险产品。这类保险为创作者和企业提供保护，减轻其因侵权而遭受的财务风险。版权交易平台：建立一个专门的平台，使版权所有者能够授权或出售其作品的使用权。该平台确保所有交易的合法性与透明性，为创作者与使用者之间的交易提供便利，促进版权经济的发展。内容认证与标记：开发认证与标记系统，帮助内容创作者对其作品进行验证，以便于识别和追踪合法使用。这种方式可以增强版权保护意识，提高社会对版权问题的关注度。合理使用与授权机制：建立合理使用和授权机制，允许在特定条件下合法使用人工智能生成内容，同时保护创作者的权益。这种机制将为内容的合理利用提供法律依据，促进创作与分享的平衡。

综合来看，人工智能内容自动生产的维权服务商业模式提供了一种多维度的解决方案，以应对内容创作中的版权侵权问题。通过技术手段、法律支持和市场机制的结合，确保创作者的权益得以保护，并推动内容产业的可持续发展。随着人工智能技术的不断发展，这些商业模式将不断演化，为内容创作者和使用者之间的权益平衡提供更为有效的保障。

4. 各种专业服务（数智化系列微视频IP+文创电商）的商业模式

数智化系列微视频IP结合文旅电商的商业模式是一种创新策略，利用数字化和智能化技术，将文化、旅游、娱乐与电子商务紧密结合，创造全新的消费体验和商业价值。成功实施这一模式需要企业具备创新思维、技术实力和市场洞察力，同时也需要政策支持、资本投入和资源整合。

通过数智化系列微视频IP与文创电商的结合，企业可以拓展市场空间，实现品牌与收益的双重增长。例如，数字人直播带货、数字人娱乐和数字人脱口秀等专业服务，能够将数字人打造成系列微视频IP。利用这些数字人，企业可以开展文创电商，推出衍生品，进一步丰富产品线和增加销售渠道。这种模式不仅提升了用户的参与感，还为企业带来了可观的经济效益。

5. 人工智能与文旅体验（元宇宙文旅体验）即“灵境”的商业模式

人工智能与文旅体验的结合催生了灵境项目，这是一种体验型、交互型、沉浸式的旅游新模式，成为文旅产业发展的新动力。通过AI技术，灵境创新了旅游体验，提升服务质量，增强营销效果，丰富旅游产品，为游客带来个性化、智能化的沉浸式体验。这种模式展示了AI如何与文旅融合，创造新商业机会并改善游客体验。随着技术进步，AI在文旅领域的应用将更加深入，满足不断增长的个性化旅游需求。

以下是几种主要的人工智能与文旅体验的商业模式。

智能旅游导游服务。通过人工智能技术，提供个性化的导游服务。智能导游能够根据游客的兴趣和偏好，推荐合适的景点、路线和活动，提供实时导览、语音讲解及互动问答等功能，从而显著提升游客的旅游体验。

定制化旅游规划。利用人工智能算法，根据游客的需求和偏好，定制个性化的旅游规划。这包括景点选择、行程安排、交通方式和住宿预订等方面。智能旅游规划使游客能够更加便捷地制订旅行计划，并享受符合个人喜好的旅游体验。

智慧景区管理。运用人工智能技术，实现景区的智能化管理。智慧景区管理涵盖游客流量监控、安全管理和环境保护等方面，通过实时数据分析，景区管理者能够精准预测游客流量，优化资源配置，提高运营效率，同时提升游客的安全性和满意度。

虚拟旅游体验。利用VR和AR技术，为游客提供沉浸式的虚拟旅游体验。通过虚拟旅游，游客能够在不亲临现场的情况下，体验不同地区的文化和风景，拓展了旅游的可能性和范围。

人工智能与文旅体验的结合，正通过以上模式不断创新与发展，回应市场对个性化和智能化旅游的需求。这一进程将进一步推动文旅产业的转型升级，创造出更多元化的旅游产品与服务，提升整个行业的竞争力。随着技术的不断进步，未来AI在文旅领域的应用将更加深入，促使游客享受更优质的旅游体验。

6. 灵境连锁经营（灵境复制）的商业模式

灵境项目可以采用单一或连锁经营的商业模式，预计将逐步发展为室内体验项目，在文旅市场中占据重要地位。灵境结合VR和AR技术，提供沉浸式体验，随着技术进步，其优势日益明显。

首先，VR和AR技术的发展提升了灵境体验的真实感和吸引力，提供丰富的互动体验。其次，室内化灵境减少对外部环境的依赖，降低运营成本，提供可控的体验环境，提升游客参与感。安全性方面，室内环境使得安全因素更易控制，确保游客安全。此外，灵境体验可根据文化和历史主题定制，提供独特的文化体验，甚至可应用于教育和培训，增强学习效果。品牌延伸方面，文旅项目可与知名品牌合作，通过灵境体验传播品牌故事，提升品牌知名度并推动可持续发展。通过灵境，品牌与消费者建立情感连接，增强市场竞争力。

总之，灵境项目的室内化发展将推动文旅产业的转型，提供多样化的旅游选择，结合先进技术与文化内容，为游客带来全新的沉浸式体验，为文旅行业的创新与可持续发展注入活力。

7. 机器人（数智人）IP打造及经纪服务的商业模式

机器人IP打造的商业模式涉及多个方面，包括技术创新、产品开发、品牌合作和市场定位等。

技术创新。技术是机器人IP打造的基础。企业需持续进行研发，以提升机器人的硬件性能和软件智能化水平。例如，乐森机器人通过十余年的技术积累，形成了四大核心技术，增强了产品的竞争力。

产品开发。成功的机器人产品通常结合变形设计和IP元素，以区分市场上其他同类产品。乐森机器人推出的产品具备自动变形和移动能力，并具有教育编程功能，使其在市场中具备独特的吸引力。

品牌合作。与知名IP的合作是快速扩大市场影响力的有效途径。乐森机器人与孩之宝等顶级IP厂商合作，推出结合流行IP的机器人产品，从而提升了产品的知名度和市场接受度。

市场定位。明确产品的目标市场和用户群体至关重要。乐森机器人主要面向儿童市场，同时计划向便携式消费电子类机器人扩展，并最终进入家用机器人领域，以适应更广泛的用户需求。

商业模式多样化。机器人行业的商业模式丰富多样，涵盖产品销售、服务提供、平台运营等多种形式。企业可以根据自身特点和市场需求选择适合的商业模式，以实现盈利和市场拓展。

内容力与人格化。成功的IP需要具备持续产生差异化内容的能力，以及独特鲜明的人设与性格。这种内容力有助于与消费者建立情感连接，增强品牌忠诚度，提升用户黏性。

IP价值链构建。构建完整的IP价值链，包括故事内容、角色设定、普适元素和价值观等，以实现跨媒介的内容运营和商业化。这样的价值链能够增强IP的整体市场竞争力，并扩大其应用范围。

持续创新。在产品迭代和市场策略上持续创新是应对不断变化的市场需求和技术进步的关键。这种创新不仅体现在产品功能的提升，还包括市场推广策略和用户体验的改进。

随着互联网和数字技术的发展，经济服务的商业模式也在不断演进和创新。其中一种新的商业模式是MCN（多频道网络）网红经济服务，未来的经济服务对象不仅限于真人网红，还包括虚拟人物网红。这些虚拟网红包括线上数字人和线下机器人，通过打造机器人数字人的IP，为用户提供更丰富的互动体验和服务。

综上所述，机器人IP商业模式的成功实施不仅依赖技术和产品本身，还需要在品牌合作、市场定位和内容创造等多个方面进行战略布局，以适应快速变化的市场环境和不断增长的用户需求。这将推动机器人产业的持续发展和创新，为企业带来新的商业机会和竞争优势。

8. 文创机器人的商业模式

文创机器人的商业模式多样化，主要包括以下几种。

产品销售模式。这是文创机器人最基本的商业模式，企业通过研发和生产智能机器人产品，将其销售给终端用户或集成商。在此模式下，企业需要具备强大的研发能力和市场推广能力，以确保产品的成功上市。

服务租赁模式。企业不直接销售机器人，而是提供租赁服务，允许客户按需租用机器人。这一模式降低了客户的初始投资成本，使其能够根据实际需求灵活调整使用规模。

集成开发模式。文创机器人企业可以根据客户的具体需求，提供定制化的解决方案，开发特定的机器人应用，以满足文化创意产业的特定需求。

众包众筹模式。通过网络平台，吸引创意人和设计师参与机器人的设计与开发，利用社区力量推动产品创新。这种模式能够聚集多方智慧，提高产品的创新性和市场适应性。

线上到线下（O2O）模式。结合线上平台和线下体验，提供线上线下相结合的服务。线上进行产品展示、预订和销售，线下提供体验中心，增强用户体验。

产业链整合模式。文创机器人企业可以整合上下游产业链资源，形成从设计、研发、生产到销售和服务的完整产业链，从而提高整体竞争力。

价值生态链商业模式。构建以机器人为核心的价值生态链，邀请上下游企业、中间制造企业、销售渠道商和行业服务商等入驻平台，共同创造价值。

“机器人+”应用行动。推动机器人与不同领域的结合，如“机器人+制造”“机器人+服务”“机器人+教育”等，打造多样化的应用场景，拓宽机器人应用的领域。

商业模式创新工程。提出培育新模式，如机器人产业的众包众筹、融资租赁等，以创新的商业模式推动产业发展。

文化旅游领域的应用。服务机器人在文化旅游及相关领域的应用，如迎宾、导览、讲解引导、餐饮和酒店服务等，提升了客户体验并推动了行业的现代化。

综上所述，文创机器人的商业模式不仅丰富了行业的发展路径，还为企业提供了多种选择，以适应不断变化的市场需求和技术进步。

四、大数据的核心数字产权标准化建设

文旅数字产权的核心在于基于互联网平台产业链实现价值，其本质为技术驱动型的价值实现。它不仅涉及技术与应用，还涵盖技术经验和平台运营的综合价值。与传统知识产权（如版权和专利）不同，文旅数字产权具有平台型和应用型的综合特性，包含经验和影响力等多维度的产权属性，是一种多层次的综合产权。这种产权不仅体现在具体技术上，还包括互联网平台产业链上的系统性价值和影响力，是一种更为复杂和广泛的产权形式。

（一）数字产权的法律服务和经济服务

1. 数字产权的确权和估值是一种商业模式

文旅数字产权的核心在于基于互联网平台产业链的价值实现，是一种技术驱动型的价值实现，其涉及技术（如专利）及其应用经验的综合产权。这种数字产权的确权与估值是其商业模式的重要组成部分。

（1）数字产权确权。确权是指明确数字资产的所有权归属，确保其合法性和权利清晰。在数字领域，确权通常涵盖版权、专利、商标等知识产权，以及域名、虚拟商品和数字艺术品等数字资产的所有权确认。确权的主要目的是保护创作者和所有者权益、防止侵权，并为交易和流通提供法律基础。

（2）数字产权估值。估值是对数字资产的价值进行评估，确定其市场或内在价值。估值的过程涉及资产的独特性、稀缺性、市场需求及法律保护等多方面因素。估值对于资产交易、投资决策和保险定价至关重要。

将数字产权的确权和估值纳入商业模式，为企业和个人在创新保护、资产交易、透明度增加及投资决策方面提供支持。由于民营企业难以进行确权，因此需由权威机构负责。此外，数字产权不仅需要确权，还需进一步进行估值，确权与

估值的综合应用形成了一种重要的商业模式。

2. 数字产权的监管措施要有尺度

数字产权的监管措施需在保障创新与促进数字经济发展的同时，确保其合理性与有效性，以实现健康的数字经济发展。监管措施既要保护创新，又要确保政策合理，避免阻碍数字经济的发展。由于无法在政策上追溯，只能从具体经营中的商业模式出发，制定切实可行的监管方案。多数数字产权工作涉及具体的监管措施，特别是网信办的工作与意识形态方面的内容，因此建议避免过度严格的监管，以免影响数字经济的活力。

若需更严格的监管，可考虑由国有或央企的大数据集团、传媒集团与网信办共同制定细则，由国有企业控股，以解决敏感性问题，确保安全和尺度把控。全国政协委员、中国版权保护中心主任孙宝林指出，数字资产不仅包括数字版权，数字经济的重要性日益显著。尽管我国尚未追赶上美国企业，但不应过度限制发展，应在合理权利范围内保障创新，避免自设障碍。未来若成为全球领先者，也需承担相应的责任，这符合经济和外交逻辑。

3. 建立监管机制保护企业权益

在人工智能时代，大模型的内容创作难免可能存在错误，对此应以整改为主，而非直接下架。随着人工智能智能化水平的提升，其生成的内容可能不完全受控。如果因一句不妥当的言辞就下架整个App，受影响的不仅是该App，还包括其背后的所有关联企业。因此，需建立完善的监管机制，保障企业权益，并与国有传媒集团合作，以实现合规监管与权益保护的平衡。

首先，制定明确的法律法规，规范企业在合法框架内的经营行为。设立专门的监管机构以监督企业活动，确保法律的严格执行。同时，应提高企业运营的透明度，增强公众信任，减少不当行为的发生。定期对企业进行审计与评估，确保其遵守法规，并及时纠正违规行为。其次，建立信息共享机制，让监管机构能够有效获取企业相关信息，从而提高监管效率。在全球化背景下，应加强国际合作，共同应对跨国违规行为。此外，还需对企业和监管人员进行教育和培训，增强对法律法规的理解和遵守能力。

通过上述措施，可以建立有效的监管机制，既保护企业合法权益，又维护市场秩序与社会公共利益。

4. 做相关的数字产权的综合保护工作

数字产权的综合保护是一项复杂而重要的任务，各省、自治区、直辖市的大数据集团可承担相应责任，获得经济利益。如果无人负责数字产权的综合保护，将不利于数字经济的发展。政策虽可提出要求，但不可能涵盖所有者的经济利益。国有传媒集团和大数据集团在此平衡中可发挥重要作用，形成有效的商业模式，既落实政策监管要求，又为产权方维权，处理一些不敏感但难以解决的问题。

应鼓励和支持创作者进行版权登记，以便在发生侵权行为时提供法律证据。同时，开发和应用数字水印、加密技术、访问控制等技术保护措施，以防止数字作品被非法复制和传播。其次，需要建立有效的监测系统，及时发现和打击侵权行为，并加强对网络平台和服务商的监管。此外，建立快速、有效的纠纷解决机制，为权利人提供便捷的法律途径以维护合法权益。政府、企业、学术界和非政府组织之间需跨部门协作，共同构建健康、有序的数字产权保护环境。通过这些措施，可有效保障数字产权，促进数字经济的持续发展。

（二）数字产权的确权和伦理风险

在数字经济的新时代背景下，数字产权不仅包括传统的知识产权范畴（如版权、专利、商标等），还涉及数字化内容、数据资产、虚拟物品、社交平台资源等多维度的无形资产。随着数字化转型和大数据应用的加速，数字产权的确权成为推动经济发展、保护创作者及消费者权益的关键步骤。然而，数字产权的确权问题在法律、技术及伦理层面面临多重挑战，需要在全球化竞争日益激烈的环境中采取创新性的解决方案。

1. 数字产权的确权：从法律框架到技术保障

数字产权的确权是确保数字资产所有权、使用权、收益权等权利明确的过程，是数字经济顺利运行的基础。随着大数据、云计算、人工智能等新兴技术的发展，数字资产的形式和管理方式日益复杂，传统的知识产权保护框架和技术手段难以完全适应这一变化。因此，数字产权的确权不仅涉及法律制度的创新，还需要借助前沿技术手段保障权利的透明度和不可篡改性。

（1）数字产权的法律框架

数字产权的确权首先需要依赖完善的法律框架。在全球范围内，知识产权法已经逐步扩展到包括虚拟商品、数字服务和个人数据的保护。例如，数字版权法针对互联网平台、社交媒体、云服务提供商等产生的内容进行了明确的规定，确保数字创作者和平台用户的权益得到保障。然而，传统知识产权法的适应性仍面临挑战，尤其是在处理虚拟资产、数据资源的所有权和使用权时，相关法律仍显得不够成熟。为此，各国正在逐步出台更加细致的法规，如《欧盟版权指令》和《中华人民共和国个人信息保护法》，为数字产权提供法律保障。

（2）技术保障与创新

除了法律框架，技术手段在数字产权确权中也起着至关重要的作用。区块链技术的引入为数字资产提供了安全、透明的确权和流通平台。通过区块链技术，数字资产的所有权和交易历史可以被公开验证和追踪，极大降低了版权纠纷和数据滥用的风险。此外，数字水印、加密技术和数字签名等技术手段也被广泛应用于数字作品的保护中，确保创作者的权益在传播过程中不被侵犯。

（3）估值与交易机制

数字产权的确权不仅是对所有权的确认，还涉及数字资产的估值和市场交易机制的建立。例如，社交媒体账号、虚拟货币、数字化艺术品等资产的价值通常由市场需求、平台用户数量及其增长潜力等因素决定。然而，当前多数数字资产缺乏统一的估值标准和交易规则，这使得其价值往往无法精准评估，影响了数字产权的流通和变现。因此，如何建立一个标准化、透明的数字资产交易体系，是未来数字产权确权领域的重要课题。

2. 数字产权的伦理风险：隐私保护与技术滥用

数字产权的确权问题不仅关乎法律和市场规则，也涉及一系列伦理风险。这些风险主要集中在数据隐私保护、技术滥用和权力集中等方面，随着数字化技术的不断进步，这些问题将变得愈加复杂。

（1）数据隐私与个人信息保护

在数字经济中，数据已经成为最重要的生产要素之一，数据的采集、存储和使用直接影响到个人隐私和社会安全。数字产权的确权不仅是对数字资产所有权的确认，更是对数据使用权和隐私权的保护。随着大数据和人工智能的应用，个人数据和隐私的泄露风险愈加严重。例如，社交平台和电商平台通过用户行为分析获取大量个人数据，而这些数据的未经授权使用可能导致用户隐私的侵犯。在这种背景下，如何在确保数据流通和创新的同时，保护个人数据和隐私，成为数字产权伦理风险的核心问题。

（2）技术滥用与市场垄断

数字技术的滥用，特别是人工智能、大数据技术的滥用，可能导致市场的不公平竞争和资源的不合理分配。随着科技巨头在全球范围内积累大量数据资源，他们的市场地位日益强大，可能通过技术手段操控市场、限制竞争，甚至侵犯消费者的基本权益。例如，某些平台可能通过算法推荐和用户数据分析，精准定位并操控用户消费行为，从而实现对市场的垄断。这种现象不仅影响消费者选择权，也对中小企业的生存环境造成威胁。因此，如何通过技术监管和政策干预，防止数字平台滥用技术资源，是确保数字产权健康发展的重要保障。

（3）跨境数据流动与法律冲突

随着全球化进程的加速，跨境数据流动和数字产权的国际化问题愈加凸显。

不同国家和地区对数据隐私保护的法律规定差异较大，如何在全球范围内建立统一的数字产权保护标准，成为数字经济亟须解决的问题。欧洲的《通用数据保护条例》（GDPR）和《中华人民共和国个人信息保护法》都为数据隐私提供了法律保障，但在跨国数据流动中，如何平衡各国的数据保护政策，避免数据主权冲突和法律适用冲突，是全球数字产权管理面临的重要挑战。

（4）人工智能与知识产权的伦理问题

人工智能的发展使机器在创作、决策和执行任务等方面拥有了越来越多的能

力，进而引发了人工智能与数字产权的伦理争议。例如，若人工智能生成的艺术作品、文本或音乐等成果涉及版权问题，应该由谁来承担责任？人工智能的"作者"身份和著作权归属问题尚未明确，这为数字产权的确权带来了新的复杂性。此外，随着人工智能技术的发展，其可能会超越人类创造力和控制能力，如何在技术不断进步的同时，确保伦理和法律框架的完善，防止人工智能带来的社会风险，是未来数字产权保护体系需要重点考虑的问题。

3. 未来展望：数字产权的创新与可持续发展

数字产权的确权与伦理风险问题是数字经济发展中的重要课题。未来，数字产权保护将不仅依赖传统的法律法规，还需要结合新兴技术、国际合作以及伦理考量来进行系统化的构建。为了应对快速发展的技术变革，全球范围内的数字产权保护体系亟须进行更新和完善。同时，随着数字化转型的深入，数据和人工智能等技术的伦理问题将成为不可忽视的挑战，如何在创新和监管之间找到平衡，将决定数字经济的未来发展方向。

五、人工智能的管理哲学与伦理趋势

人工智能的管理哲学是指如何利用人工智能造福人类，以及如何对人工智能即将出现的问题进行前瞻性预判，思考相关的对策。人工智能的伦理问题多数不是直截了当的问题，比如不是机器人控制人类的问题，而是得失问题和利益冲突问题。人工智能的伦理问题将依次出现，为了避免出现伦理问题或者解决伦理问题，我们只能靠分析问题，寻找解决问题的具体方法。

1. 研究人工智能的管理哲学视角

管理哲学作为方法论，可用于解决企业决策及政府干预企业的伦理后果等问题。从管理哲学视角研究人工智能，首先侧重于民生问题的重视和提高生活质量的思考。其次，管理哲学研究常涉及跨界和混搭问题，包括政策、企业、技术与伦理的多方利益平衡。最后，管理哲学关注趋势分析与预判，以探讨技术演进可能带来的实践问题。

人工智能被视为高智能化、软硬件结合、技术持续发展的综合系统，即通用人工智能（AGI），具有模仿、学习与创新能力。机器人发展经历四个阶段：编程控制机器人、内容生产机器人、陪伴机器人和伙伴机器人。随着人工智能的发展，机器人或将超越人类，甚至具备创造机器人的能力，这将导致伦理关系的重塑。因此，从管理哲学的角度来看，能否正确预判人工智能的影响、做出合理取舍与决策，并改进预判的责任机制，是研究人工智能的核心议题。

2. 发展人工智能的管理原则

面对人工智能的快速发展及其带来的伦理问题，我们需要从管理哲学角度明确人工智能发展中的三个主要行为主体：企业、技术研究人员和政府。针对这三者，需关注三方面的管理问题。首先是行为主体的权责划分，明确各自的伦理责任，有助于处理人工智能引发的复杂责任归属问题。其次，企业、研究人员与政府之间的协调关系对整体行动效率至关重要。最后是政策及其不确定性的问题，需平衡人工智能发展中的安全风险与产业效率。

在应对这些管理问题时，传统思路倾向于“防患于未然”，即通过提前制定方案遏制问题。然而，人工智能的治理难以采取这种原则，原因在于：其一，人工智能的伦理问题逐步显现，在问题出现前难以形成共识；其二，暂停研发会导致投资和收入损失，可能使暂停措施失效；其三，联合国在人工智能治理上的集体行动难以发挥作用；其四，人工智能实验通常不涉及人体，因此难以通过生命保护的理由进行严格限制。

相较于防患于未然的原则，应该允许人工智能在一定范围内充分发展与创新，而加强对科技主导方和优势方的监督与管理。在科技领域，领先方应当承担起更大的伦理责任，而相对落后的一方则应获得充分竞争和发展的机会。我国在积极参与国际人工智能治理的同时，也应推动美国承担更多的责任。在未赶超技术领先国家时，不应轻易限制人工智能创新，可以通过观察其他国家的应用来为我国的治理提供参考。

3. 人工智能的应用管理模式

人工智能的管理应基于其商业模式，结合发展现状与趋势，可探索十种有前景的应用管理模式。第一是人工智能的基本商业模式，如大模型的技术服务，会员制服务允许用户利用大模型进行内容创作和传播；第二是基于大模型生态链的专业平台，一个大模型可应用于影视、音乐、旅游等特定领域，形成专业合作关系；第三是大数据服务模式，如文化大数据的采集、销售与机器训练应用；第四是软硬件一体化的销售模式，例如人工智能手机与相应软件的销售；第五是人工智能内容自动生产的维权服务商业模式；第六是专业娱乐与销售服务，如虚拟数智人直播带货和娱乐；第七是人工智能与文旅体验结合的模式，即元宇宙文旅体验，这是一种沉浸式、交互型的文化旅游体验项目；第八是灵境连锁经营的复制模式；第九是机器人（数智人）IP打造及经纪服务模式，包括线上虚拟人物和线下机器人网红；最后是文创机器人的模式，包括数智文创机器人及数智宠物机器人的研发与销售。

4. 对人工智能相关伦理问题的预判

人工智能的发展现状与应用场景广泛，涉及经济、社会、科技发展、军事国防等多个领域，预计未来10年内70%的产业都将与人工智能密切相关。其发展不仅推动了各行业的技术进步，同时也带来了机器训练的管控和意识形态方面的挑战。人工智能作为前沿科技，与大国冲突及国防安全息息相关，其发展过程伴随着一系列伦理问题。

其一，人工智能实验的可持续性，尤其是涉及人体实验（如脑机接口）时带来的伦理风险；其二，人工智能应用于医学领域，例如手术中的自主性与人类指令间的矛盾，也带来了医学伦理问题；其三，数据泄露可能带来严重后果，影响公民隐私和国家安全；其四，人工智能提供充足劳动力的情况下，人类如何处理就业和生活定位的问题；其五，人的记忆植入机器人所引发的“数字永生”问题；其六，人工智能对传统文化的挑战以及未来可能出现的人机共存社会；其七，人工智能机器人的价值地位，如是否需标明身份、机器人使用的纳税义务及对机器人的歧视问题；其八，人工智能在军事中的应用，例如“人工智能+无人机”对反导系统的影响；最后，人工智能行为的责任主体问题，如机器人执行任务时，因无法理解场景带来破坏性后果时应由谁承担责任。

这些问题凸显了人工智能在迅速发展中的伦理和管理挑战，必须以严谨的态度和政策体系予以应对。

5. 对人工智能相关伦理问题的对策建议

应对人工智能带来的伦理问题，首先应明确优先事项，优先发展人工智能技术，确保技术领先地位。同时，应针对性地进行管控，平衡发展与监管的内在矛盾，特别是在应用层面上不应落后。此外，技术领先者和获利者应承担更多伦理责任，以防止技术失控。不仅需关注伦理问题，还应结合国家战略进行综合分析，警惕机器人制造机器人及生物性人类等潜在风险。联合国在管控人工智能方面的局限性需要充分认识，不应依赖其解决所有问题，而应合理划分大国责任，特别是让先发国家承担更多责任。

我国应以经济发展为重心，推动以企业及国防为核心的人工智能应用。需区分“进攻型”与“防守型”发展领域，对前者应积极制定政策和立法，并发挥专业人士的作用。同时把握新质生产力理念，平衡人工智能对就业的影响，确保合理的技术发展速度。

总结

本次研究聚焦于数字产权和大数据的商业模式，强调数字产权在推动数字经济发展中的关键作用。数字产权不仅包括传统的版权，还涉及平台、内容、数据等无形资产，是数字经济时代的重要生产要素。在文旅产业中，数字产权与大数据紧密结合，借助人工智能技术，进一步丰富了应用场景，推动了文旅体验和元宇宙等新型业态的发展。研究指出，数字产权的确权、估值和交易是推动数字产业标准化和规范化的重要路径，旨在保障创新和市场秩序，促进数字经济健康发展。同时，人工智能技术被视为数字产权商业模式中的核心驱动力，在文旅领域，新型的文旅科技融合模式如元宇宙、虚拟现实和沉浸式体验，为提升游客体验和文旅产品的市场竞争力提供了新方向。

综上所述，本次研究为数字产权的确权、估值和交易提供了可行的路径，并强调了数字产权与大数据在商业模式中的协同作用，从而为推动我国数字经济的高质量发展奠定了理论基础和实践框架。

课题组组长：陈少峰

课题组成员：周庆山　刘德伟　王国华　何文义　邓丽丽　李竞生　曹莹　唐磊

课题承担单位：华云汇文化科技（北京）有限公司

协作单位：北京大学文化产业研究院学术委员会

第五编

版权基础理论研究

版权纠纷专业调解机制建设研究

孙宝林*

摘要： 为落实习近平总书记“坚持好、发展好新时代‘枫桥经验’”的指示精神，中国版权保护中心聚焦版权纠纷数量激增与解纷资源不足的显著矛盾，首倡版权纠纷专业调解机制，着力探索化解版权纠纷新路径。本报告立足于我国版权纠纷调解实践，对版权纠纷专业调解机制的基本概念、理论基础和价值意义进行总结研究，指出当前的版权纠纷专业调解机制尚存在总体运行效果不佳、理论供给不足、制度规范不够、工作范式不优等方面问题，从理论层面提出改进顶层设计、整合理论资源、完善配套规制的建设方向，从实践层面提出优化工作范式、培育共治场域、加强司法联动、促进联合发展的建设方法。全国政协委员、中国版权保护中心党委书记孙宝林带领团队创建的版权纠纷专业调解机制具有鲜明的政治性、法治性、社会性和文化性。机制四性合一所发挥的功能和效用，将与版权纠纷的诉讼机制互为补充、相得益彰，更好地体现版权工作与和谐社会的有机关系，是版权领域“枫桥经验”的生动实践。

关键词： 版权纠纷专业调解机制；多元化纠纷解决；“枫桥经验”；诉调衔接；司法确认

版权是创新激励机制的底层支撑要素，保护版权是保护文化生态安全、有序、可持续发展的重要举措。随着人工智能、大数据等新兴领域的研究与应用快速成熟，数智时代的版权纠纷呈现矛盾多元化、纠纷数量多、化解难度大的新特点，版权纠纷层出不穷，法院诉讼案件严重“超载”而司法力量显著不足，当事双方忌惮“诉累”而调解维权“难调难解”，调解机构方兴未艾而调解效果未尽人意。在此背景下，为解决数智时代的版权纠纷，版权纠纷专业调解模式应运而生，成为人民调解、行政调解、司法调解等调解方式外的重要纠纷解决路径。

版权纠纷专业调解机制建设是贯彻落实习近平总书记“把非诉纠纷解决机制挺在前面”的必要之举。从理论层面来说，版权纠纷专业调解机制建设是培塑中国特色版权保护范式的必然选择，彰显了中国法治智慧。从实践角度来看，版权纠纷专业调解机制建设是坚持和发展新时代“枫桥经验”的生动实践，体现了高

* 孙宝林，全国政协委员，中国版权保护中心党委书记、主任，本课题组组长。

度的群众自治精神，将矛盾化解在基层，是新时代“枫桥经验”的智慧结晶。但整体来看，当前我国版权纠纷专业调解缺乏充分的理论支持，实务发展迟滞，亟须系统性构建凸显整体功能和细节操作的理论机制。版权纠纷专业调解机制的建设可谓正当其时。

中国版权保护中心（以下简称“版权中心”）与对外经济贸易大学法学院徐美玲团队联合开展本研究工作，旨在改善当前我国版权领域纠纷解决存在的机制问题、相关研究极度匮乏的情况。本报告以问题意识为导向，突出理论创新性与实践可行性，从版权纠纷专业调解机制的基本概念、现实问题、解决方法等三个方面展开系统深入的研究，为版权纠纷专业调解建设提供研究参照和解决方案。在基本概念上，明确了版权纠纷专业调解机制的定义，总结其特点和功能，探析其理论基础和当代价值。在现实问题上，结合实例，系统、全面、深刻地梳理了版权纠纷专业调解机制存在的现有问题，并讨论问题解决的瓶颈所在。在解决方法上，从体制机制的理论视角和实务建设的实践层面，针对已有的问题提出切实可行的建设性思路和创新措施。

一、版权纠纷专业调解机制概述

（一）版权纠纷专业调解机制的基本概念

1. 版权纠纷专业调解机制的定义

调解是在中立第三方协助下进行的、当事人自主协商性的纠纷解决活动。①从调解的性质看，调解是由纠纷主体外的中立第三方协助进行的纠纷化解行为；从调解的功能看，调解致力于以非强制性的方式解决矛盾，化解纠纷。

专业调解，是指当事人之间发生于某一特定领域的经济或民事纠纷，无法通过自行协商的方式解决，而自愿提交专业的调解组织或者调解人员，由其提供的促成以和解方式解决纠纷的专业服务。②

版权纠纷专业调解是指中立第三方综合运用版权、法律等专业知识，协助当事人达成协议、快速解纷的版权专业领域调解活动。

---

① 范愉. 非诉讼程序（ADR）教程［M］. 北京：中国人民大学出版社，2012：105.

② 魏庆阳. 中国国际商会调解中心的专业调解［M］. 北京：中国对外贸易出版社，2001：28.

版权纠纷专业调解机制，是为实施版权纠纷专业调解而建立的相关制度安排、组织架构和运行规则的总称。该机制由专业的调解组织或调解员参与，通过提供专业的、中立的版权纠纷调解服务，促进当事人达成和解，以化解版权纠纷，维护权利人的合法权益。

2. 版权纠纷专业调解机制的特点

版权纠纷专业调解机制的特殊性主要体现在调解主体方面、调解行为方面、调解程序方面。

在调解主体方面，专业调解对调解员的专业知识和调解经验等方面具有较高要求。调解员既要了解版权专业知识，又要熟知法律规范制度，还要具备调解实践经验。在调解中，调解员由当事人自行选择，而在诉讼中，法官的选任则是由法律明确规定的资质和任命程序确定。

在调解行为方面，专业调解以当事人自愿选择适用为前提。调解方式的适用、调解人员的选定、调解程序的推进、调解结果的履行等事项都取决于双方当事人的共同意愿，调解人员不能强制要求纠纷当事人做出决定。[①]相反，诉讼则是依照法律规定和法院安排，法院受案范围、审判主体、审理程序、裁判结果的执行等事项都是法律明确规定的，当事人没有自主选择空间。

在调解程序方面，专业调解以灵活性、便利性为原则推进版权纠纷化解程序。调解没有明确规定具体环节，也没有明确规定时间节点，调解过程由调解员根据纠纷当事人的协商状态把握调解进度。在诉讼中，法院审理案件的程序是由诉讼法明确规定的，起诉、立案、审理、裁判等环节都有明确的时间节点限制，由法官而非当事人把控诉讼进程。

3. 版权纠纷专业调解机制的功能

作为中国特色多元化纠纷解决机制的重要社会实践，版权纠纷专业调解机制具备下列功能。

其一是政治功能。版权纠纷专业调解机制是宣传党的政策、法律法规的过程，有助于增强公众的法律意识和政策认同，促进党的路线方针政策在基层的贯彻落实。版权纠纷专业调解机制践行群众路线，依靠群众力量处理矛盾，直击版权纠纷源头，将纠纷化解在基层、化解在萌芽状态，预防版权纠纷后续再次发生。

---

① What is Mediation? [EB/OL]. [2024-03-03]. https://www.wipo.int/amc/en/mediation/what-mediation.html.

其二是法治功能。建设版权纠纷专业调解机制在法治建设中发挥着重要作用。版权纠纷专业调解机制能够推动版权纠纷多元化解机制建设，构建多元纠纷化解体系，有利于减少法院案件堆积数量，疏解司法审判压力，促使版权纠纷化解在司法前端，有助于高效低成本地解决版权纠纷。通过法院与调解组织诉调衔接联动机制的建设，版权纠纷专业调解机制还能增强调解协议的权威性和执行力，加强调解机制的法律效力。

其三是社会功能。加强版权纠纷专业调解机制的建设有利于社会治理体系的完善。专业调解机制不仅可以有效化解版权纠纷，还能够有效降低社会治理成本，维护创作者合法权益，激发创新活力，有助于减少社会矛盾，维护社会的和谐稳定。此外，版权纠纷专业调解工作蕴含了版权法律法规的宣传机制，能够切实增强公众的版权意识，营造版权保护整体氛围，使群众了解到版权保护的重要性和维权路径，进而促进版权纠纷专业调解机制的良好运转，形成社会治理的良性循环。

其四是文化功能。加强版权纠纷专业调解机制的建设有利于弘扬中华优秀传统文化，促进和谐社会建设。版权纠纷专业调解机制有助于引导公众在创作、传播和使用作品时，自觉遵守版权法规，尊重他人的智力成果，形成良好的文化环境。通过版权纠纷专业调解的宣传教育，引导社会成员树立正确的价值观和行为准则，有助于提升整个社会的版权保护意识，推动版权文化的繁荣发展。

版权纠纷专业调解机制具备政治、法治、社会和文化的“四合一”功能，与版权纠纷的诉讼机制互为补充，相得益彰。

（二）版权纠纷专业调解机制的理论基础

1. 版权纠纷专业调解机制的历史文化基础

其一，自上而下的仁爱忠厚。“无讼”被视为中国传统法律文化价值的应然取向。孔子将“无讼”作为施政宗旨，强调道德和礼仪的重要性。[①]在“无讼”观念影响下，调解成为解决邻里纠纷的主要方式。调解在中国的历史源远流长，最早可以追溯到西周时期，在秦汉得到较大发展，在宋朝时期体现出制度化倾向。至元明清时期，调解制度逐渐成熟。[②]在家庭层面，家族长者具有调解家庭

---

① 游志强．“无讼”思想对中国古代法制的影响与当代启示［J］．华侨大学学报（哲学社会科学版），2019（4）：129-138.

② 张晋藩．中国法律的传统与近代转型［M］．北京：法律出版社，1997：283.

纠纷的权力，以其权威性保证调解效力；在社会层面，宣传儒家的“仁恕”文化，提倡和谐与宽容仁义；在制度层面，发展了乡村、宗族间的调解机制。[①]这些以“无讼”为目的的措施在缓解社会矛盾、维护社会秩序方面起到了重要作用。

其二，自下而上的中庸之道。孔子的“中庸”思想强调适度和因时制宜。针对民间纠纷，中庸之道主张采取调解的方式化解。在中庸之道的影响下，统治者对于一般的纠纷行为主要以儒家的伦理纲常为原则约束民众行为，使民众自愿遵守儒家伦理规范的要求。民众在面对民间纠纷时，倾向于通过调解而非诉讼来解决问题。调解作为“中庸”思想的产物，能综合考虑纠纷各方的立场和利益所在，在纠纷解决中发挥了重要作用。

其三，平等向度的以和为贵。古代调解制度的发展突出了“以和为贵”的社会风尚。中国古代以熟人社会为主，诉讼对熟人社会中的人际关系具有较强的破坏可能性，调解更容易被民众所接纳。

2. 版权纠纷专业调解机制的法治思想基础

其一，发展“枫桥经验”，化解基层矛盾。“‘枫桥经验’是党带领人民群众创造的关于基层社会治理的宝贵经验。”[②]在新时代，“枫桥经验”以其与时俱进的品质继续发挥着重要作用，对包括版权治理领域在内的文化产业产生了持续而深刻的影响，对建设版权纠纷专业调解机制同样具有重要的指导意义。在版权纠纷专业调解机制建设中借鉴“枫桥经验”，坚持将矛盾化解在基层、化解在萌芽状态，提高纠纷解决效率，创新社会治理形式，是丰富和发展新时代“枫桥经验”的重要举措。

其二，贯彻群众路线，站稳人民立场。版权纠纷专业调解机制建设以人民群众的核心诉求为导向，强调把保障人民群众的利益看成经济社会发展的根本目的。建设版权纠纷专业调解机制始终要贯彻群众路线，依靠群众、发动群众，坚决维护人民群众的利益，建立真正利好群众的版权纠纷专业调解机制，提高版权协同保护水平，助力社会经济健康发展。

其三，迈向良法善治，擘画和谐蓝图。良法善治是国家治理的价值基础和实

① 阎永亮．古代无讼法律思想对当今中国法制建设的影响［J］．法制与社会，2016（19）：11–12．

② 姚海涛．新时代“枫桥经验”在市域治理中的司法实践与创新路径［J］．中国应用法学，2023（2）：127–136．

施原则，善治是社会治理方式的一种，是公共利益最大化的管理过程，[①]强调社会治理要以最大化的公共利益为目标，建立“柔性管理为主，硬性管理为辅”的社会治理模式。推进调解制度发展，是实现良法善治的路径之一。版权纠纷专业调解机制建设注重寻求双方共同利益，以共同利益为切入点展开调解，寻求版权纠纷解决的最优路径，对维系纠纷双方的良好关系、促进和谐社会建设具有不可替代的作用。

（三）版权纠纷专业调解机制的当代价值

1. 彰显社会主义核心价值观的必然要求

其一，版权纠纷专业调解机制彰显文明和谐之价值。社会主义核心价值观在国家层面倡导“富强、民主、文明、和谐”的价值理念，而版权纠纷专业调解所蕴含的“无讼”“贵和”等思想，与“文明”“和谐”的价值理念完全一致。首先，版权纠纷专业调解机制首先是对“文明”价值的诠释。“文明”的特征是人性化、社会化、多元化，版权纠纷专业调解机制观照人的个性化需求，持续、稳定地发挥纠纷化解作用，机制程序灵活。其次，版权纠纷专业调解机制彰显了“和谐”的价值。“和谐”的精髓在于“中庸”，中庸之道在于平衡。一是平衡版权纠纷中权利人与侵权人的“期待值”，二是平衡版权纠纷中个性需求与共性要求的“比例值”，三是平衡版权纠纷中版权交易与版权保护的“市场值”。以中庸之道消解矛盾纠纷，实现利益的最大化。

其二，版权纠纷专业调解机制彰显公正、法治之价值。社会主义核心价值观在社会层面倡导“自由、平等、公正、法治”的价值理念，版权纠纷专业调解机制作为一种法律规制手段，正是以“公正、法治”为价值导向。一方面，版权纠纷专业调解机制中调解主体、调解对象等内容和调解程序的诸多要素是由法律法规、司法解释等直接规定的，这是公正法治价值“内容法定性、程序正当性”的直接体现。另一方面，在版权纠纷专业调解机制下，调解组织依照国家法律政策进行调解活动，且调解方式遵循当事人自愿选择适用的原则，基于当事人的共同认可从而达成调解协议，这是公正法治价值“兼顾合法性、合理性”的充分体现。

其三，版权纠纷专业调解机制彰显诚信、友善之价值。社会主义核心价值观

---

① 何哲．“善治”概念的核心要素分析——一种经济方法的比较观点［J］．理论与改革，2011（5）：20-23.

在公民层面倡导“爱国、敬业、诚信、友善”的价值理念，版权纠纷专业调解机制以“诚信”的“契约精神”与“和气生财”的“友善”为价值导向。一方面，版权纠纷专业调解机制依托当事人的诚信、友善品质有序运行，调解协议达成后协议的执行效果也与当事人的诚实信用品质呈正比例关系。另一方面，版权纠纷专业调解追求双赢效果和利益均衡，不仅致力于解决当下的纠纷，还着眼于未来的长远合作与利益的实现，追求创设新的合作关系可能性。在版权纠纷专业调解机制的运行过程中，营造了良好的法治氛围和市场环境，彰显了诚信、友善的价值观念。

2. 完善国家治理体系的必然选择

其一，版权纠纷专业调解机制建设有利于发挥制度优势。版权纠纷专业调解机制具有规范性、体系性和长效性优势。在规范性方面，版权纠纷专业调解机制的运转遵循特定的规则、标准和程序，以确保公平、公正、透明、有效。调解员的选拔、调解程序、调解协议的内容及格式等都具备规范性。在体系性方面，版权纠纷专业调解机制具备完整的框架和系统要素，各部分之间相互关联和支持，共同构成有机整体。调解制度的内容构成、调解组织的交流合作、调解人员的丰富配置、调解服务的各个环节等都具备体系性。在长效性方面，版权纠纷专业调解机制能够持续有效地发挥纠纷化解作用，改善版权侵权现状，促进版权保护。调解机制在社会生活中的认可度不断提升，调解机制与诉讼机制的衔接更加有序有效，增强了调解协议的法律效力。

其二，版权纠纷专业调解机制建设有利于提升治理效能。在主体要素方面，版权纠纷专业调解机制以“多元协调共治”为依托。调解机制将各方连接起来，促进调解机构、纠纷当事人、法院等相关主体协调联动，构建多方参与、共同治理的格局。在过程要素方面，版权纠纷专业调解机制以“诉求表达通畅”为基准。当事人可以在调解过程中畅通地表达意见与诉求，寻找共同的解决办法。调解机制帮助各方寻求利益平衡点，增强和解的可能性，最终减少纠纷复发和再次诉讼的可能性，提升治理效能。在结果要素方面，版权纠纷专业调解机制以“红利共享保障”为导向。纠纷当事人在调解过程中获得的利益与成果能得到充分的保护，同时调解协议为当事人在未来的合作中提供便利和支持，形成互利共赢的局面，有利于保护当事人的创新动力和竞争实力，推动行业进步，实现红利共享。

其三，版权纠纷专业调解机制建设有利于强化技术赋能。版权纠纷专业调解机制在数字新时代中孕育而生，依托新质生产力，天然具有信息化、数字化的技术空间。版权纠纷专业调解机制可以建立信息查询系统，为调解员和当事人提供快速、便捷的信息查询服务，提供相关的法律文件、案例、调解记录等信息，促进不同部门和机构之间的信息交流和协作，帮助调解员和当事人更好地了解案件情况。此外，调解员还可以通过网络视频和线上调解等方式进行调解，便利人民群众表达诉求的渠道。版权纠纷专业调解机制还具有丰富的数字化空间。通过专门的线上大数据平台，收集、整理、分析和存储与版权纠纷相关的数据，集成案件数据、调解数据、法律文件等各种数据来源，形成完整的数据体系实现数据共享，通过数据挖掘和分析为调解工作提供准确、全面的技术支持。

3. 健全中国特色社会主义法治体系的必然途径

其一，版权纠纷专业调解机制保障调解主体的专门性。主要表现在建立专业调解团队和完善调解监督管理两方面。一方面，版权纠纷专业调解机制的调解主体是专业调解员队伍。调解员分为兼职调解员和专职调解员，包括具有版权知识和调解经验的专家、律师及基层社会组织工作人员等。另一方面，特定的版权纠纷专业调解组织应根据版权纠纷专业调解的监督机制，对调解工作进行监督和评估，确保调解工作依法进行，及时发现和纠正专业调解中存在的问题。

其二，版权纠纷专业调解机制保障调解行为的连贯性。主要从调解行为的系统性和调解行为的衔接性两个方面加强对调解行为连贯性的保障。版权纠纷专业调解机制对调解资源进行整合，构建由点及线、由线到面的版权系统性调解格局。此外，版权纠纷专业调解机制规定了诉调衔接的流程和标准，确保调解工作的规范性，促进调解组织与法院及关联部门的沟通协作，建立信息共享和合作机制，确保调解与诉讼的顺畅衔接。

其三，版权纠纷专业调解机制保障调解程序的正当性。程序正当原则关联两项具体制度：一是回避制度，二是听证制度。版权纠纷专业调解机制完全符合程序正当原则的要求。版权纠纷专业调解中调解员不得与纠纷当事人存在法律上的利害关系，这一机制即与回避制度的“中立性”要求相契合。在版权纠纷专业调解中，纠纷当事人平等享有陈述观点、提出诉求的权利，各方在自愿基础上发表意见，其“话语权”是无法被剥夺的，这一机制即与听证制度的“公平性”要求相契合。程序正义和实质正义、形式正义等同样重要，甚至是更重要的法律正义之组成部分。[①]版权纠纷专业调解机制有利于保障调解程序的正当性。

① 张慧平．法治社会背景下人民调解与程序正义的契合［J］．晋阳学刊，2021（3）：106-113.

二、版权纠纷专业调解机制的现实问题

（一）版权纠纷专业调解机制的现状

当前我国版权纠纷呈现矛盾多元化、纠纷数量多、化解难度大的特点。“当前，我国经济发展进入新常态，改革进入攻坚期和深水区，社会结构深刻变动，利益关系深刻调整，各种矛盾凸显叠加，特别是一些行业、专业领域矛盾纠纷易发多发，这类矛盾纠纷行业特征明显，专业性强，涉及主体多，影响面大，必须及时有效化解。”[①]而相较于起步早、发展快、成熟度高的人民调解机制，我国当下的版权纠纷专业调解机制尚未能与版权纠纷矛盾的化解需求相匹配。

近年来，立足于社会经济快速发展所呈现的新需求，国家高度重视版权纠纷调解工作，北京版权调解中心、江苏版权纠纷调解中心等各级调解机构组建而成。然而各地的各级调解机构在组织运作、调解成效等方面的情况千差万别，亟须理论机制的统筹研究，版权纠纷专业调解机制的建设迫在眉睫。

相较于版权纠纷调解机构，版权纠纷专业调解机制的建设起步更晚，尚处于起步发展阶段。2024年，中央宣传部（国家版权局）与最高人民法院联合发布《关于建立版权纠纷“总对总”在线诉调对接机制的通知》，共同推动建立健全版权纠纷诉源治理和多元化解机制。该通知要求各级版权管理部门同本级人民法院开展合作，协调版权调解组织和调解员入驻人民法院调解平台，开展案件委派委托、调解协议司法确认等工作，为版权纠纷调解提供了政策指导和制度保障。地方上也开始陆续出台相应的实施意见，如宁夏回族自治区高级人民法院与自治区党委宣传部联合出台的《关于建立版权纠纷“总对总”在线诉调对接机制的实施意见》，探索版权纠纷专业调解工作机制的建设。

但从总体情况来看，版权纠纷专业调解机制仍有极大的发展空间，缺乏系统、全面的理论研究和实务指南，存在诸多现实问题和发展困境，只有厘清发展的痛点和淤点，才能有的放矢，推进版权纠纷专业调解机制的实质性建设。

① 司法部 中央综治办 最高人民法院 民政部关于推进行业性专业性人民调解工作的指导意见［EB/OL］（2016-01-19）［2024-09-20］. https://www.moj.gov.cn/policyManager/policy_index.html?showMenu=false&showFileType=2&pkid=d232bed691fd49a1a88cca0394769626.

（二）版权纠纷专业调解机制的现实问题

1. 版权纠纷专业调解机制的总体效果不佳

（1）事前版权纠纷专业调解机制的定位模糊

2019年，最高人民法院《关于建设一站式多元解纷机制一站式诉讼服务中心的意见》第八条规定："促进建立调解前置机制，发挥人民调解、行政调解、律师调解、行业调解、专业调解、商会调解等诉前解纷作用。"从字义上理解，专业调解应当是与人民调解、行政调解等方式并列的诉前调解类型。实际上，版权纠纷专业调解机制发展至今，仍然存在内部的概念模糊以及外部的边界模糊问题。源头上的定位模糊，严重影响版权纠纷专业调解机制的有序运行。

其一，版权纠纷专业调解机制的核心概念模糊。"专业调解"这一表述虽广泛出现于行政法规、部门规章和司法解释中，但法律并未对其做出明确的概念界定，学界也少有对其概念的系统梳理。容易引发版权纠纷专业调解机制在学术研究和法律适用中的争议。

其二，版权纠纷专业调解与人民调解的边界不明确。专业调解与传统的人民调解在设立形式、调解员资质、收费机制等方面都存在较大差别。但是，目前版权纠纷专业调解常常与人民调解混为一谈，常见的版权纠纷调解机构的名称包括"调解委员会""调解中心""人民调解委员会"等。更有学者认为，版权纠纷专业调解是适应市场经济条件下版权纠纷解决的专业性、技术性和复杂性要求而发展起来的一种群众自治性调解，可以纳入人民调解范畴。[①]版权纠纷专业调解与人民调解的边界不明确，导致版权纠纷专业调解机制的发展受制于人民调解法的固有规定，难以取得突破。

其三，版权纠纷专业调解与版权行政管理部门主导下的行政调解边界不清晰。版权纠纷专业调解具有"半官方性"，从调解组织的建立到调解员的选用、监督都有公权力主体的介入。很多调解组织是由版权行政管理部门牵头组建、引导和扶持的，在成员任命、经费资助、搭建平台开展对外合作等事项上都有政府管理部门参与。[②]实践中，版权行政管理部门设立的调解组织（例如，北京版权

① 张舒琳，张立平．著作权纠纷专业调解机制的法律定位及完善［J］．湘潭大学学报（哲学社会科学版），2018（3）：39-44.

② 倪静，陈秋晔．公共行政服务语境下版权纠纷调解机制的建设［J］．知识产权，2015（4）：124-128.

调解中心）往往杂糅了行政调解的被动形式和专业调解的主动形式，模糊了版权调解中心的独立性质。[①]

其四，版权纠纷专业调解相对于法院司法调解的边界不确定。司法调解是由法院主持的调解，版权纠纷专业调解是由专门的调解组织主持的调解，二者的主体、适用时间段、操作步骤等诸多方面存在不同。实践中，法院经常通过“委托调解”将版权纠纷先行委托给专业调解组织进行调解。例如，上海市《关于开展著作权纠纷委托调解工作的意见（试行）》第三条规定，在人民法院收到起诉状之后、正式立案前（以下简称“诉前”）或者立案后、开庭审理前（以下简称“审前”）或者开庭审理后、法院判决前（以下简称“判前”），经双方当事人同意，上海知识产权法院都可以将版权纠纷委托给上海版权纠纷调解中心进行非诉调解。由此，准确划分版权纠纷专业调解与司法调解的边界，有利于明确专业调解的自身定位，也有利于促进“诉调衔接”机制的功效发挥。

其五，版权纠纷专业调解适用环节未定。调解大体可以分为诉前调解和诉中调解，广义的诉前调解包括起诉前的调解、起诉后立案前的调解、立案后开庭前的调解；诉中调解是从诉讼开始之后一直到判决下达之前的调解，已被明确列入我国民事诉讼法，成为普遍运用的调解方式。[②]目前，版权纠纷专业调解属于诉前调解还是诉中调解尚无定论。

（2）事中版权纠纷专业调解机制的实效甚低

现阶段，我国版权纠纷专业调解的成功率普遍较低。例如，首都版权协会的调解成功率年平均值为25%～30%，广州知识产权法院2023年前三季度的调解成功率为25.4%，北京市海淀区人民法院2023年前十个月的调解成功率在10%左右。同时，版权纠纷专业调解与其他类型纠纷调解的成功率相对比也相对较低，2022年，北京市各知识产权纠纷人民调解委员会调解成功率约为60%，[③]北京市延庆法院非专业性普通民事纠纷诉前调解成功率为39.15%，[④]福建省平潭综合实验区人民

① 刘浩田．我国版权纠纷调解机制现状考察及调适［J］．法制博览，2019（2）：190.

② 徐炳煊，庄治国．调解前置：多元化纠纷解决机制的优化路径选择［J］．延边大学学报（社会科学版），2017（5）：79.

③ 刘阳子．知识产权纠纷调解“北京经验”再升级［N］．中国知识产权报，2023-06-07.

④ 万人起诉率两年下降7成！延庆法院“九宫格”诉源治理工作矩阵成效显著［EB/OL］．（2023-09-22）［2024-09-20］．https://news.qq.com/rain/a/20230922A0AIAK00.

法院商标纠纷调解成功率达到70%以上，[①]中国国际贸易促进委员会重庆调解中心自成立以来涉外商事纠纷案件调解成功率达到72%。[②]

版权纠纷专业调解的成功率较低，是多方因素综合造成的：一是调解组织缺乏资金和人员保障。调解组织收入来源不稳定且经费不足，对调解员激励手段的匮乏阻碍了调解员队伍的专业化建设。二是纠纷当事人对赔付金额的心理预期差距大，难以达成调解协议。三是侵权方难以兑现赔付金额。和侵权方取得联系较为困难，即使找到侵权方，但由于侵权方财力不足，也常常难以兑现赔付金额。

（3）事后版权纠纷专业调解机制的保障欠缺

版权纠纷专业调解机制建设，重中之重的一环是调解协议的执行。调解协议是纠纷当事人自愿达成的，但是在执行过程中会出现当事人反悔、不予执行调解协议的情形，调解协议的执行缺乏强有力的保障措施。版权纠纷调解协议只有经过司法确认后，其效力才能从协议双方之间的约束力升级到法律上的强制执行力。而向法院申请司法确认，需要纠纷当事人共同向法院申请。一方当事人不予配合申请司法确认，现行法律并没有明确规定惩戒措施。版权纠纷当事人达成的调解协议未向法院申请司法确认的，仅能依靠当事人的“契约精神”予以执行，执行效果大打折扣。

2. 版权纠纷专业调解机制的理论供给不足

（1）版权纠纷专业调解机制的法理基础薄弱

版权纠纷专业调解机制的法理基础薄弱，主要是指针对版权纠纷专业调解机制自身发展的理论研究薄弱。

其一，专业调解机制在各类调解机制中的研究基础薄弱。我国已经形成了人民调解、行政调解、行业性专业性调解、司法调解优势互补、有机衔接、协调联动的大调解工作格局，然而各调解机制的法理基础却仍存在较大差别。在针对调解机制的研究中，对人民调解机制的研究占据了主要篇幅，而专业调解的研究比重很小。版权纠纷专业调解作为专业调解的一部分内容，其理论研究更是寥寥可数。

其二，专业调解机制的规范性不够。有效的调解机制需要一套规范化和制度化

---

① 万人成讼率同比下降！平潭法院做对了什么？［EB/OL］.（2023-07-10）［2024-09-20］. https://www.chinacourt.org/article/detail/2023/07/id/7388627.shtml.

② 领先创优 | 多元解纷，重知法庭1篇调解案例获评年度优秀！［EB/OL］.（2024-01-04）［2024-09-20］. https://mp.weixin.com/s/n8BV7quLBbL13Jtfv765zA.

的规章制度作为保障。我国政府倡导“小政府大社会”理念，提倡充分发挥社会自治力量的能动性。[①]法治社会的建设与调解制度的发展在指向上具有相通性，即规范社会秩序，这为版权纠纷专业调解机制提供了重要基础。但是在此基础上还未生成能够指导实务的规范化理论成果，导致各方对专业调解机制的理论和程序尚未统一，在调解流程上缺乏规范性，没有制度化的法理基础来提供充分的保障。

其三，专业调解法理的公众接受度较低。调解的法律效力往往不如法院判决那样具有强制执行力，公众接受程度仍然有限，导致公众对专业调解的认知与信任度都较低。公众基础的薄弱又进一步限制了调解协议的法律效力，影响了专业调解机制的法理基础建设。

（2）版权纠纷专业调解机制的适用方法未定

现阶段我国并没有法律明确规定版权纠纷专业调解的机构性质、工作流程、结果执行等基本事项，引发理论和实务界对版权纠纷专业调解机制适用方法的争议。

其一，诉前调解、先行调解、调解前置的适用存在争议。针对诉前调解，有学者认为，可以按照起诉、立案、开庭分别进行阶段性划分，包括起诉后到立案前的调解、立案后到开庭前的调解。[②]针对现行调解，有学者认为，先行调解是起诉到法院后、立案前的调解；[③]还有学者认为，先行调解是法院立案后、开庭前所进行的调解；[④]司法实务部门更多地从司法调解的角度，将先行调解界定为从立案前起涵盖整个诉讼过程的调解；[⑤]司法部则认为，有关文件明确了“包括婚姻家庭、小额贷款、交通事故在内的几种纠纷，可以探索先行调解”，因此，先行调解并非一个独立程序，而是针对特定类型纠纷适用的纠纷化解方式。针对调解前置，有学者认为，是指起诉前的调解，也即案件在尚未进入法院之时便进行的调解程序。[⑥]可见，因为版权纠纷专业调解的适用方法未定，诉前调解、先行调解、调解前置都有可能属于专业调解的适用方法，而三个概念

---

① 曲广娣．调解纳入法治路径的法理探析［J］．社会科学论坛，2021（1）：22.

② 徐炳煊，庄治国．调解前置：多元化纠纷解决机制的优化路径选择［J］．延边大学学报（社会科学版），2017（5）：79.

③ 赵钢．关于“先行调解”的几个问题［J］．法学评论，2013（3）：29-36；范愉．委托调解比较研究——兼论先行调解［J］．清华法学，2013（3）：57-74.

④ 张艳丽．如何落实“调解优先，调判结合”——对新《民事诉讼法》有关“审前调解”的理解与适用［J］．民事程序法研究，2013（6）：97-111.

⑤ 梁蕾．多元化纠纷解决机制中的先行调解制度［J］．山东法官培训学院学报，2018（3）：91.

⑥ 徐炳煊，庄治国．调解前置：多元化纠纷解决机制的优化路径选择［J］．延边大学学报（社会科学版），2017（5）：79.

存在内涵上的混淆性、时间上的交叉性，形成了版权纠纷专业调解机制理论研究的堵点。

其二，调解的自愿适用与强制适用存在争议。2009年最高人民法院发布《关于建立健全诉讼与非诉讼相衔接的矛盾纠纷解决机制的若干意见》，第十四条规定，对属于人民法院受理民事诉讼的范围和受诉人民法院管辖的案件，人民法院在收到起诉状或者口头起诉之后、正式立案之前，可以依职权或者经当事人申请后，委派行政机关、人民调解组织、商事调解组织、行业调解组织或者其他具有调解职能的组织进行调解。当事人不同意调解或者在商定、指定时间内不能达成调解协议的，人民法院应当依法及时立案。2024年1月1日生效的民事诉讼法第一百二十五条规定，当事人起诉到人民法院的民事纠纷，适宜调解的，先行调解，但当事人拒绝调解的除外。根据规定，调解的适用是当事人自愿选择的，但是实践中，法院往往将收到的案件先委派给调解组织进行调解，调解不成的再予立案，法官将“先行调解”作为不成文的、依职权启动的前置性工作程序，先行调解成为一种柔性的强制制度。[①]调解的自愿适用与强制适用之间的逻辑关系没有梳理清楚，成为版权纠纷专业调解机制理论研究的另一个堵点。

其三，诉调衔接机制的适用存在争议。诉讼与调解衔接机制主要适用于以下几种情形：一是矛盾纠纷尚未起诉到法院而选择调解组织先进行调解时，由法院指导调解组织进行调解，谓之“诉讼前”的诉调衔接；二是矛盾纠纷起诉至法院，法院在立案前征得当事人同意后，将纠纷委派给调解组织调解，谓之“立案前”的诉调衔接；三是法院立案后，通过调解组织成功调解的矛盾纠纷，根据当事人申请由法院予以司法确认。[②]如此一来，诉调衔接机制包括立案前的“先行调解”、立案后移送审判庭之前的“立案调解”、移送审判庭之后开庭审理前的“审前调解”、审理过程中的“庭审调解”、辩论终结后判决作出前的“判前调解”，[③]调解组织与法院的工作衔接如何进行，未有法律明确规定，理论层面也尚未展开较为细致的研究，使诉调衔接机制的适用较为混乱。

（3）版权纠纷专业调解机制的术语使用混乱

术语是在特定学科领域用来表示概念的称谓的集合，特定学科领域的术语规范性、体系性，能够促进学科领域中理论研究的深入和实践经验的积累。在法律

---

① 王栗．关于我国非诉讼纠纷解决机制的思考［J］．法制与社会，2020（11）：13.
② 丁亚琦．诉源治理视域下诉调衔接机制的完善［J］．人民论坛，2022（3）：83.
③ 梁蕾．多元化纠纷解决机制中的先行调解制度［J］．山东法官培训学院学报，2018（3）：92.

学科的发展过程中，法律术语的混乱是不可避免的现象，这种混乱反映了中国从封建社会律法时期逐步向现代法治国家转变的复杂历程。[①]术语的庞杂混乱同样体现在版权纠纷专业调解机制中，主要表现在以下维度。

其一，在空间维度，版权纠纷专业调解机制的术语存在国内与国外、国际的“不兼容”情形。中国版权法律术语除了从国际公约、国外立法借用术语之外，一些中国特色的版权法律术语通常带有很强的区域性社会、文化、习俗制度特征，这种特点常使目的语中概念和词汇缺项，或者词义失衡和亏损等。[②]以版权法律所保护的客体之一“曲艺”为例，作为中国传统艺术形式，“曲艺”是中国特有的版权保护客体，成为中国版权法律规范中特有的法律术语，在国际版权法规定的术语中没有对应权项。

其二，在时间维度，版权纠纷专业调解机制的术语存在过去与现在、未来的“不兼容”情形。以我国数字作品的发展为例，随着我国信息技术的快速发展，数字作品成为版权法律规制的重要对象，随之而来的是大量新的术语混淆使用。例如，数字作品与作品数字化、数字版权与数据版权、信息化与数字化等诸多概念的混用。

其三，在实践维度，版权纠纷专业调解机制相关文件中的术语存在适用混乱情形。以“行业性专业性调解”与“专业调解”这一组概念为例，《关于加强知识产权纠纷调解工作的意见》中的表述为“拓展知识产权纠纷行业性、专业性调解”；最高人民法院《关于建设一站式多元解纷机制一站式诉讼服务中心的意见》中的表述为“促进建立调解前置机制，发挥人民调解、行政调解、律师调解、行业调解、专业调解、商会调解等诉前解纷作用”，二者的概念适用和具体范畴尚未规范统一。

版权纠纷专业调解机制的健全与完善，以统一、规范的术语使用为前提，但现阶段并无统一的版权纠纷专业调解规范用语体系，各调解机构之间可能会存在不同的法律术语适用情形，可能导致民众理解困难和对调解的公平性、专业性的质疑。

① 赵心．论当代中国法律术语的规范化进程［J］．中国科技术语，2020（4）：5-11.

② 宋雷．从“翻译法律”到“法律翻译”——法律翻译主体“适格”论［J］．四川外语学院学报，2007（5）：106-111.

3. 版权纠纷专业调解机制的制度规范不够

（1）版权纠纷专业调解机制的规范整合不全

我国目前尚没有专门对版权纠纷专业调解进行规定的法律，专业调解相关的规定仅存在于规章和规范性文件中，缺乏相关规范的整合。专业调解机制的政策背景最早可以追溯到2012年的司法体制改革。2015年，中共中央办公厅和国务院办公厅联合印发《关于完善矛盾纠纷多元化解机制的意见》，这是迄今为止关于专业调解最重要的顶层设计文件。该文件明确提出，要“建立知识产权纠纷多元解决机制，加强知识产权仲裁机构和纠纷调解机构建设”，并要求“健全知识产权纠纷的争议仲裁和快速调解制度，充分发挥行业组织的自律作用，引导企业强化主体责任，深化知识产权保护的区域协作和国际合作”。2016年，最高人民法院发布《关于人民法院进一步深化多元化纠纷解决机制改革的意见》，这是国内第一份正式且专门针对纠纷调解的文件。文件中提到要“加强与商事调解组织、行业调解组织的对接，积极推动设立商事调解组织、行业调解组织，在知识产权领域提供商事调解服务或者行业调解服务，完善调解规则和对接程序，发挥商事调解组织、行业调解组织专业化、职业化优势”。该文件尽管对民事纠纷诉调对接等程序作出了一些原则性规定，但并未明确规定版权纠纷专业调解基本程序制度和具体调解流程。

（2）版权纠纷专业调解机制的规范层级不高

没有法律层级在全国统一适用的规范。我国版权纠纷专业调解机制的规范主要是中央政策性文件、司法解释性质文件、地方性法规等。例如，中央政策性文件层面，有2015年中共中央办公厅、国务院办公厅印发的《关于完善矛盾纠纷多元化解机制的意见》作为纲领性指导；司法解释性质文件层面，2021年12月22日正式实施的《最高人民法院关于进一步推进行政争议多元化解工作的意见》，是最新的司法解释性质文件；地方性法规层面，2024年1月1日起正式实施的《黑龙江省调解条例》，是全国首部全面规范人民调解、行政调解、司法调解、行业性专业性调解的地方性法规，此前的地方性法规主要是对人民调解或者行政调解的单独规范。而针对版权纠纷专业调解，尚无在高层级统一适用的规范文件。

（3）版权纠纷专业调解机制的规范数量不多

其一，具体操作流程、标准的细节性规范不足。例如，最高人民法院《关于人民法院进一步深化多元化纠纷解决机制改革的意见》中，对民事纠纷诉调对接程序仅作了一些原则性规定，但并未明确规定包括版权在内的知识产权诉调对接的基本程序制度。其二，调解主体要素相关的体系性规范不足。例如，对于如何选择调解员、如何推进调解步骤、如何保证调解结果的公平性等问题，现行的法律法规和政策并没有给出明确的规定。其三，针对不同调解对象的特殊性规范不足。现行的法律法规和政策并没有对不同的具体场景进行针对性的规范。其四，专业调解机制与其他纠纷解决机制的衔接性规范不足。在实际操作中，专业调解机制如何与其他机制进行有效衔接仍然悬而未决。

整体来看，我国的版权纠纷专业调解机制没有形成全国统一的规范体系。关于调解的定位、调解程序的启动、调解协议的性质、调解协议效力的司法确认等方面内容，并没有形成全国统一的规定。部分版权纠纷专业调解组织制定了自己的章程和调解规则，例如《郑州版权纠纷调解中心调解规则（试行）》、首都版权协会内部的调解规则等。虽然这些章程和规则是各个版权调解机构珍贵的实践经验总结，但是由于机构之间缺乏统一的调解程序规范，调解水平亦参差不齐，容易导致在实际操作中，不同机构对同一问题存在不同理解和处理方式，影响调解结果的公平性。

4. 版权纠纷专业调解机制的工作范式不优

（1）版权纠纷专业调解机制的机构“有而不强”

自2010年我国第一个版权纠纷调解机构——上海版权纠纷调解中心成立后，[①]全国各地陆续成立多家版权纠纷调解机构（表1）。全国主要版权调解机构的确立标准注重调解机构的合法性、专业性以及资质、调解经验等方面。

表1　全国主要版权纠纷调解机构成立时间表

调解机构	成立时间
上海版权纠纷调解中心	2010年5月
深圳市版权纠纷人民调解委员会	2014年9月
佛山市版权纠纷人民调解委员会	2014年12月
北京阳光知识产权调解中心	2017年12月
江苏版权纠纷调解中心	2019年4月
郑州版权纠纷调解中心	2019年4月

① 金鑫. 上海版权服务中心和版权纠纷调解中心挂牌［N］. 中国新闻出版报，2010-02-12.

续表

调解机构	成立时间
北京版权调解中心	2020年3月
杭州市知识产权纠纷人民调解委员会	2021年4月
陕西省版权协会版权纠纷调解专业委员会	2023年12月

整体而言，现阶段我国版权纠纷调解机构运营情况不容乐观，机构生存艰难，呈现“有而不强”态势。掣肘版权纠纷调解机构发展的主要原因在于调解机构收入情况较差，绝大多数的版权纠纷调解机构处于亏损运营状态。究其根源，主要在于：一是财政拨款少。版权纠纷调解机构的主要收入来源是法院拨款，即财政拨款。近年来由于经费的紧张，许多调解机构的收入也进一步降低。二是收入来源少。除财政拨款外，调解机构还有少部分收入来源于自主收费案件。由于法律并未明确规定调解案件的自主收费标准，调解机构需要与法院协商一致，这导致自主收费案件的收费空间实际上很有限，调解机构无法通过市场化运营提高收入。三是规模效应差。专业调解组织处于各自分散发展的碎片化状态，不利于纠纷的社会性解决与系统性效益的发挥。①

（2）版权纠纷专业调解机制的人员“散而不精”

调解员是调解活动的核心主体，然而，实务中，调解员的专业素养不够、资质水平较低的问题较为明显，主要原因在于对调解员缺乏统一的培训机制，调解员专业素养不足，调解员晋升渠道模糊。且除了少数版权纠纷调解机构以外，大多数机构的调解员队伍主要是由兼职调解员组成。

（3）版权纠纷专业调解机制的过程“调而不解”

版权纠纷专业调解的过程常常受外界因素的影响，出现“调而不解”的情况，调解协议中的赔付金额难以弥补被侵权人损失或者难以兑现。常见的两类外界因素来自法院版权保护力度的风向变化，以及纠纷当事人经营状况的变化。

其一，法院版权保护力度会随着经济发展态势而变化。现阶段，版权案件的判赔额一般较低，甚至有些案件不判赔。2018年以前，法院对于一张图片版权侵权案的最高判赔额为8000元，平均判赔额在1500元至2000元之间。受国内国际

① 张舒琳，张立平．著作权纠纷专业调解机制的法律定位及完善［J］．湘潭大学学报（哲学社会科学版），2018（3）：42.

经济大环境影响，从2020年开始，法院判赔额度标准降低，当事人侵权成本甚至低于授权使用的成本。因此，当事人更倾向于将纠纷诉诸法院审判，或者即使选择调解，也不愿赔偿权利人更高的金钱数额。此种情境之下，版权纠纷专业调解难以真正起到化解纠纷的作用。例如，根据北大法宝数据库中的公开案例资料分析（图1），图片版权侵权案件中平均一张图片版权侵权的判赔额处于浮动状态，但整体呈现下降趋势。

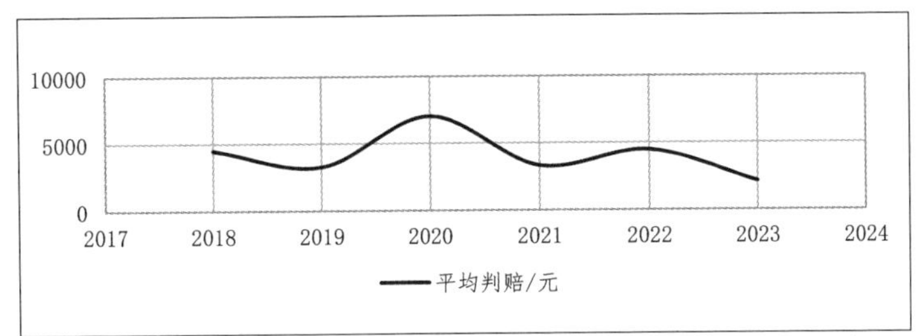

图1　美术作品著作权侵权平均判赔额变化

其二，侵权主体的资金赔付能力会随着自身财务状况而变化。例如，经营不善的公司作为侵权主体时，更愿意通过诉讼途径解决纠纷，因为法院判决后公司可以继续拖延时间，且法院判决后的执行程序具有强制性，公司审计容易申请到钱款。相反，由于调解协议没有强制执行力，公司审计不好通过，尤其对于上市公司而言，调解后赔付的资金会令其财务报告“不好看”。此外，调解协议中的赔付金额是否能兑现，也与调解时机有关。各大公司法务部掌管赔付金额的费用，年初公司账户资金富裕，而年底预算减少或财务封账无法拨款，所以一年当中12月份的案子常常是最不好调的，因为它涉及跨越年度财务事项。

既然版权纠纷专业调解的结果与市场经济发展情况紧密联系，构建版权纠纷专业调解机制的新发展格局，必须结合当下市场发展实际与需求，关注调解形式的灵活性与社会性，不能用一元化的传统思维模式抹杀调解制度自身存在的多元生命力。[①]优化我国的版权纠纷专业调解机制，需要针对不同调解机制的理论特性与实务特点，走差异化的发展道路。[②]在坚持版权纠纷专业调解公益性的同时，

① 廖永安，王聪．人民调解泛化现象的反思与社会调解体系的重塑［J］．财经法学，2019（5）：79页．

② 廖永安，蒋凤鸣．新时代发展我国社会调解的新思路［N］．中国社会科学报，2018-01-18．

适当鼓励和支持专业调解进行市场化模式的探索。

三、版权纠纷专业调解机制的理论建构

解决版权纠纷专业调解的现实问题、建立完善的版权纠纷专业调解机制需要从理论和实践两个层面展开。理论建构是版权纠纷专业调解机制建设的重要基础。先进有效、合理规范的理论机制是调解工作的创新诉求，也是推动调解实务发展完善的助力引擎。当下版权纠纷专业调解机制的理论建设应当从顶层设计、理论资源和配套规制入手，梳理版权纠纷专业调解的构建路径。

（一）改进版权纠纷专业调解机制的顶层设计

1. 明确版权纠纷专业调解机制的整体定位

加强新时代版权纠纷专业调解机制建设，首要任务是根据国情实际，走中国特色版权纠纷专业调解道路。我国的专业调解具备专业性较强、调解尺度把握更妥当等优势，但其独立属性不突出，专业调解员数量不足，部分当事人信任程度不高。综合上述优缺点，要加强版权纠纷专业调解机制建设，应当遵循以下三个方面的目标定位。

其一，版权纠纷专业调解是独立的纠纷解决机制。一方面，要从法律层面明确专业调解的独立属性，在民事诉讼法、仲裁法、人民调解法等专门法律之外，明确规定专业调解在法律上的独立地位，明确规定专业调解的组织名称、人员资质、活动规则等事项。另一方面，要预防版权行政管理部门过度介入版权纠纷专业调解的具体活动，充分发挥调解组织在专业能力、独立第三方调解等方面的优势，以市场化、社会化趋势驱动专业调解的发展。此外，司法调解属于诉讼内调解，不宜以“委托调解”的形式将司法调解转变为“非诉调解”，强行改变版权纠纷解决的法律渠道及其约束力，要将“法庭调解”与“专业调解”的边界清晰划定，优化“调审分离”制度，确保专业调解的独立性。

其二，版权纠纷专业调解是将社会效益与经济效益相结合的机制。在社会效益方面，专业调解既能缓和大量案件对司法审判的冲击力，分担诉讼和仲裁的压力，实现对特定版权纠纷案件的合理分流，也能为纠纷当事人减轻诉讼负累，增大当事人之间的协商空间，实现个人利益最大化。在经济效益方面，调解组织采用市场化运作的方式经营，根据案件类型提供有偿服务。这种市场化运作模式可

以促使调解组织健康发展，保持其长远的发展活力和竞争力。世界知识产权组织（WIPO）在《企业对企业数字版权及内容相关争议的替代性争议解决机制的调查报告》[①]中指出，受访企业在选择版权纠纷解决机制时，最先考虑解决纠纷的成本和速度，其次是结果的质量和可执行性。调解具有时间短、成本低、协商性强的特点，在多元纠纷解决机制中有独特优势（图2）。

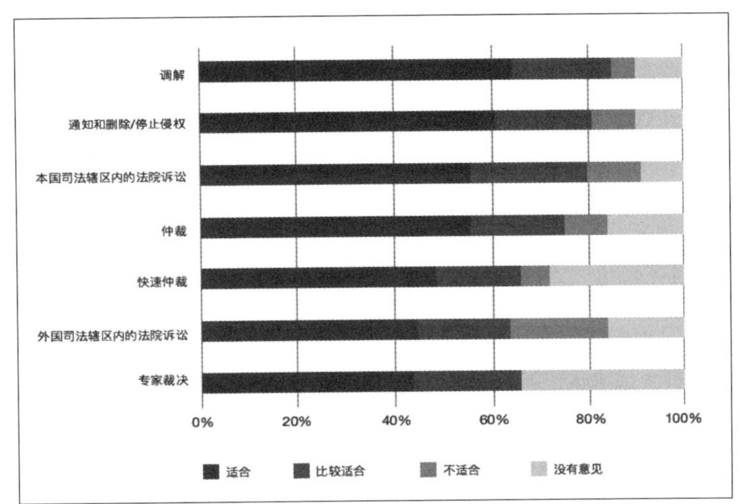

图2　WIPO调查报告中受访对象对各争议解决机制的态度

其三，版权纠纷专业调解机制是“服务型”而非“管理型”调解。版权纠纷专业调解机制的核心特质在于，在充分尊重当事人意思自治的前提下实现纠纷的合理解决，当事人始终是调解机制中的主人翁。版权纠纷专业调解与行政调解、司法调解等公权力主导的调解机制相比，更注重调解员通过引导积极促成纠纷当事人和解的服务作用，凸显调解组织的公共服务性质。为保障调解组织履行公共服务职能，版权行政管理部门要为版权纠纷调解的公共服务补缺，通过政府采购、财政补贴等方式保障版权纠纷专业调解组织运作畅达，完善调解员编制和工资待遇规定。同时，版权纠纷专业调解组织要不断完善内在结构和工作机制，加强与司法机关、科研单位等主体的合作，强化版权纠纷专业调解的公信力和科学性。

① World Intellectual Property Organization. Alternative Dispute Resolution Mechanisms for Business-to-Business Digital Copyright and Content-Related Disputes［EB/OL］.（2024-01-24）［2024-09-20］. https://www.wipo.int/publications/en/details.jsp?id=4558.

2. 增加版权纠纷专业调解机制的激励制度

当前，专业调解机构存在市场定位不明确、财政补贴标准严苛、调解员收入微薄、人员流动性较大等问题。根据首都版权协会的介绍，与其合作的北京部分法院调解100个串案仅补贴3000元，而调解100个案件却需要消耗调解员大量的精力和时间。为促进版权纠纷专业调解机制的良性发展，应当增加对调解组织和调解员的激励制度。

其一，确立资金奖励的激励制度。在调解组织方面，允许调解组织探索有偿调解机制，调解组织可以依托线上纠纷多元化解平台引入有偿调解服务。线上平台便于监管，有偿调解能够激发版权纠纷专业调解机制内生活力，缓解调解组织经费不足的窘境。在纠纷当事人方面，为了激励当事人选择适用调解化解纠纷的方式，在调解收费标准设置上遵循三个原则：（1）低价原则，例如，规定调解收费不能超过诉讼费标准的50%；（2）协商原则，在规定的调解收费区间内，允许调解组织与当事人根据案件具体情况具体协商调解费用；（3）先调后付原则，在征得当事人同意的情况下开始调解，调解不成功不收费，通过“先调后付”增强当事人的信任。在调解员方面，允许调解员从成功调解收取的调解费中获得一定比例的酬劳提成，相当于调解员的收入包括三个部分：（1）法院的财政补贴；（2）调解组织发放的工资；（3）成功调解收取的调解费中一定比例的酬劳提成。环环相扣的资金奖励，既能增加调解组织的收入，又能提升纠纷当事人选择专业调解方式化解纠纷的意愿，还能增强调解员努力使当事人达成调解协议的积极性。

其二，确立考核奖励的激励制度。从事版权纠纷专业调解工作的调解员包括专职调解员和兼职调解员两类，应当分别适用不同的考核奖励制度。对于专职调解员，以调解案件数量、调解案件成功率、调解案件影响力三个方面为主要考核内容，根据考核结果设置体系性的职级晋升机制，不同的职级对应不同的工资待遇。对于兼职调解员，将成功调解的案件数量作为考核标准，数量越高，后续能够分配到的调解案件就越多，数量越低，后续能够分配到的调解案件就越少，让兼职调解员面对“马太效应”的制度设计原理形成调解自驱力。

其三，确立精神奖励的激励制度。精神奖励一般是采取会议表彰、证书表彰等方式进行。对于调解成果显著的调解员，版权行政管理部门、法院、调解组织、兼职调解员所属原单位等主体可以进行会议通报表扬，颁发荣誉证书。

3. 强化版权纠纷专业调解机制的保障措施

强化版权纠纷专业调解机制建设，重点在于解决专业调解的“三效”问题，即调解协议的效力、调解程序的效率和调解费用的效能。版权纠纷专业调解机制是否能够被群众认可，实现可持续发展，关键在于调解协议是否能够得到切实执行。对此应当适用差异化原则，区分不同情形采取措施，提升版权纠纷调解协议执行的稳定性。

其一，加强法院、司法行政部门等对调解组织的指导、管理，提高调解人员的业务素质，提升调解协议的可行性。例如，法院可以进一步建立法官轮值制度，对调解员在调解过程中的疑难问题给予专业解答，强化个案调解精准指导，持续聚焦调解组织中人员能力素质提升。同时，强化法院工作人员和调解组织的配合协作，对涉及人数较多、涉案金额较大、有一定调解难度的关联案件，由法院工作人员、业务指导小组成员及时介入参与调解，对当事人进行释法说理，增强纠纷当事人之间的信任度，释放调解组织潜能，充分保障版权纠纷专业调解机制的稳定性。例如，广州知识产权法院联合广东省市场监督管理局和广东省知识产权保护中心建立广东知识产权纠纷调解中心，采用了“平台委派+特邀调解+司法确认”的模式，拓展“法院+”的纠纷化解体系。针对粤东、粤西到广州不方便的情形，广州知识产权法院还在粤东、粤西当地建立巡回审判法庭，并配套建立调解组织体系，积极为调解协议的公信力背书。在德国，协商结果通常会被立即履行，无须作出执行依据。在确有必要时，当事人也可以提起诉讼，请求对方履行合同。为进一步加强调解协议的可执行性，上述协议中明确的给付义务也可以经过公证员公证，或采取具有执行力的律师和解协议形式。①相较于公益性的人民调解和有公权力保障的诉讼，版权纠纷专业调解机制的发展需要政策的支持，以提高其认可度与首选率。

其二，明确规定经合法调解组织调解达成的调解协议，具有准司法文书的法律效力，违反调解协议者将自行承担法律后果。调解协议是在合法调解组织的主持下由纠纷当事人自愿达成的，只要调解协议的内容不违背公序良俗、不违反法律法规的强制性规定，就应当具有准司法文书的法律效力。调解协议一旦生效，任何一方都不得就相同事实再次起诉，以此维护调解协议内容的稳定性。如果纠纷当事人都对协议内容存在较大争议，并且主动申请法院审查协议内容，法院可以适当考虑对调解内容进行实质审查，从而保证协议内容的准确性和可行性。当然，这就必然要求行政管理部门在调解组织的资质认定方面进行严格把关。

---

① ［德］彼得·哥特瓦尔德，曹志勋. 德国调解制度的新发展［J］. 经贸法律评论，2020（3）：144-158.

（二）整合版权纠纷专业调解机制的理论资源

1. 梳理版权纠纷专业调解机制的关联性文本

当下，我国法律法规对版权纠纷专业调解的相关规定尚不充分，存在规范整合不够全、规范数量不够多、规范层级不够高等问题。针对行业性调解、专业性调解、商事调解等调解手段，主要由司法解释性质文件、行业性标准等法律位阶较低的文件进行规范。

目前，指导版权纠纷专业调解工作的仅有《关于加强知识产权纠纷调解工作的意见》《关于充分发挥人民调解基础性作用推进诉源治理的意见》等源头性文件。这些文件对版权纠纷专业调解的工作规范、组织领导，以及相关部门的职责要求作出了原则性规定，但并未明确建立版权纠纷专业调解机制的具体制度和程序。据了解，司法部《商事调解条例》（以下简称《条例》）已经纳入2024年国务院立法计划，现已形成初步立法框架。《条例》将明确规定，商业组织调解商事纠纷可以收取费用，暂不对收费标准作统一限定，调解机构可以根据自身情况或者参照法院诉讼费收费标准等方式自行设定收费标准。版权纠纷是商事争议的重要类型，《条例》规定的工作规范或可为版权纠纷专业调解机制建设提供有益参照。

2. 补足版权纠纷专业调解机制的必要性文本

目前，我国版权纠纷专业调解面临上位法规定不充分、下位法效力不够高的问题，需要从以下几个方面进行加强。

其一，在本体上，要从立法上明确版权纠纷专业调解的法律地位。通过出台具体的制度规范，对专业调解组织的机构职能、调解原则与程序、调解员的任职和资质水平、调解协议的效力与执行等问题作出具体规定，以补足专业调解机制在法律规定上的空缺，为版权纠纷行业性、专业性调解的发展提供制度保障。

其二，在版权法范畴内，促使版权纠纷专业调解规范与版权立法相衔接。在没有统一的专业调解立法的情况下，需要在版权法中设置衔接性条文，以提高当事人在面临相关纠纷时应用专业调解化解利益冲突的法律意识。[①]通过单行法中明确的条文为当事人适用专业调解提供专门依据，会向当事人发出立法者鼓励适用专业调解的信号。

---

① 李宗辉．论知识产权案件的替代性纠纷解决机制［J］．暨南学报（哲学社会科学版），2015（2）：89.

其三，在多元化纠纷解决机制中，要加强不同的版权纠纷调解机制之间的有机衔接。①伴随知识经济产业的纵深发展，单一的纠纷解决途径已无法满足版权保护的实际需求。在此情况下，有必要进一步衔接版权领域的诉讼、仲裁、调解等多元化纠纷解决机制，通过整合、补足相关法律文本，为版权纠纷的多元解决方式建立一套体系性、专业性的制度。

3. 借鉴版权纠纷专业调解机制的国际性文本

在版权法律制度成熟的国家，调解机制已成为灵活化解矛盾纠纷的关键性途径，②在国际上得到了广泛的认可与推崇，国际上关于版权纠纷调解的有益经验也为我国版权纠纷专业调解机制的建设提供了借鉴。

其一，涉外版权纠纷规则可参照涉外商事调解规则。例如《新加坡调解公约》（以下简称《公约》）赋予调解协议得以在域外执行的效力，相比于国内通过法院、仲裁机构确认调解协议的效力，《公约》进一步提升了调解协议的可执行性。

其二，涉外版权纠纷规则可参照国际调解规则。它对调解第三方的组织形式没有硬性要求，允许个人调解，无须成立专门的调解组织。同时承认调解的收费权限，允许调解组织运用市场机制实现高收益。

其三，建立与国际接轨的诉前化解纠纷合作机制。例如，首都版权协会与WIPO中国办事处协商建立涉外案件的移转机制，广州知识产权法院推动粤港澳大湾区在知识产权纠纷化解机制方面的合作对接等。

（三）完善版权纠纷专业调解机制的配套规制

1. 夯实版权纠纷专业调解机制的法理基础

其一，版权纠纷专业调解机制兼具自治性与管治性。一方面，版权纠纷专业调解机制是自治性的，根据“自治—调解—裁判”的纠纷解决递进规律，发挥社会主体的自主性，尊重当事人意思自治。③调解进程靠调解员和当事人自主把握，调解员不需要查明案件的全部事实和情节，不需要像诉讼一样向庭长和院长汇

① 黄国群，徐丽红．知识产权领域的“新枫桥经验”：典型案例与启发［J］．科学学与科学技术管理，2023（8）：89.

② 陈立风．论我国版权争议调解机制的基本模式及其治理路径［J］．现代法学，2014（1）：56.

③ 龙飞．多元化纠纷解决机制立法的定位与路径思考——以四个地方条例的比较为视角［J］．华东政法大学学报，2018（3）：60.

报，不需要向上级请示，调解协议签字即生效，不需要待上诉期届满。[①]另一方面，版权纠纷专业调解机制是管治性的，管治是通过不同利益主体的对话、协调、合作以达到最大程度利用资源实现价值的统治方式，当事人在调解员的牵引下最终达成调解协议，在法院、行政部门的作用下执行调解协议，本身就是一个不断妥协诉求、不断中和利益的过程。

其二，版权纠纷专业调解机制兼具公益性与有偿性。一方面，版权纠纷专业调解机制是公益性的，调解组织一般是由版权行政管理部门、司法行政部门等具有公权力属性的主体主管或者监督的，调解组织履职目的主要是服务社会，实现公共利益。另一方面，版权纠纷专业调解机制是有偿性的，调解组织需要经费支持才能维持其正常运转，全靠财政解决是不现实的，当事人也应分担一定的纠纷解决成本，因此收取适当的调解费是有必要的。

其三，版权纠纷专业调解机制兼具技术性与常规性。一方面，版权纠纷专业调解机制具有技术性，尤其在数字版权纠纷中，存在网络用户主体的虚拟性致使直接侵权主体相对模糊、网络主体的多样性导致数字版权纠纷争讼主体复杂、证据的隐匿性与难获得性引发侵权认定存在困难等技术性、复杂性问题。[②]另一方面，版权纠纷专业调解机制具有常规性，伴随着大数据、云计算、区块链、人工智能等信息技术有关的版权纠纷逐渐渗透人们日常生活的方方面面，版权纠纷专业调解对大众而言也会变成一种常态化的调解活动。

2. 厘清版权纠纷专业调解机制的适用方法

在《版权工作“十四五”规划》中，明确强调了“在案件多发地区探索建立仲裁、调解优先推荐机制”，但是没有进一步明确版权纠纷专业调解机制的适用情形。应然层面，版权纠纷专业调解机制的适用，需要明确下列内容。

其一，区别“作为制度的调解”和“作为方法的调解”。作为制度的调解，是指通过专门的法律条文或文件来予以确定的一种法律制度，如人民调解制度。作为方法的调解，是指解决各种类型纠纷的一种法律方法。在实践中，作为方法的调解更具有应用上的广泛性。在版权纠纷专业调解机制的理论构建中，不仅要确立相应的版权纠纷专业调解制度，也要发展好司法实践中的版权纠纷专业调解机制。

其二，区别“专业调解”与“行业调解”。专业调解是社会团体或者其他组

① 宋朝武，黄海涛．从过程分析的进路解读法院调解的困境［J］．法律适用，2006（12）：3.
② 张润，李晨曦．数字版权纠纷的新发展及其解决机制的转型［J］．出版发行研究，2023（12）：61.

织设立的行业性、专业性调解组织主持的调解活动，其调解员队伍具有较高的专业性，适用范围是文学、艺术、科学领域的版权纠纷。在我国相关官方文件中曾出现过“行业性专业性调解”“行业性、专业性调解”或者“行业性调解”的表述，导致专业调解和行业调解常常混同使用。专业调解和行业调解二者相互关联，互有影响，是对版权纠纷调解在不同维度的表达，专业调解着眼于具体的专业板块，例如版权相关的专业知识；行业调解侧重于专业知识所使用的具体领域，例如与版权专业相关的文化、艺术、金融、科技等细分行业。

其三，界定版权纠纷专业调解属于诉前调解、诉中调解（立案前的委派调解和诉讼中的委托调解）还是全过程调解。关于版权纠纷专业调解的适用环节，目前仍有待达成共识。整体来看，为了最大化发挥版权纠纷专业调解的效能，在版权纠纷解决的全过程、全环节，专业调解均可争取切入，但需要理顺专业调解与行政调解、司法调解等其他调解方式的衔接机制。

其四，版权纠纷专业调解作为一种调解前置程序，具有正当性。实践中，法院可以通过“委托调解”将版权纠纷先行委托给专业组织进行调解，但调解前置只是对当事人参与调解程序的强制，调解结果完全由当事人决定，它不但没有剥夺当事人的起诉权、裁判请求权等诉权，还扩大了当事人实现诉求的途径。

其五，版权纠纷专业调解的适用需遵循“差异化原则”和“诉讼时效中断原则”。一方面，法院要将可以先行调解的案件进行分流，确定不同类型纠纷的调解适用方法，提升纠纷分流效果，释放改革红利。另一方面，调解前置程序启动后，极有可能在很长时间内无法达成调解协议，若此时再向法院提起诉讼，很有可能已经过了诉讼时效。为避免当事人故意采用调解前置程序实施“拖延战术”，应当通过法律明确规定调解前置程序开始后适用“诉讼时效中断原则”。①

版权纠纷专业调解机制的适用，需要处理好法院强制性、调解组织专业性、当事人自愿性三者间的关系，需要处理好调解与起诉、立案、审理、判决之间的衔接关系，具体适用方法可参见下图（图4）。

---

① 徐炳煊，庄治国．调解前置：多元化纠纷解决机制的优化路径选择［J］．延边大学学报（社会科学版），2017（5）：84.

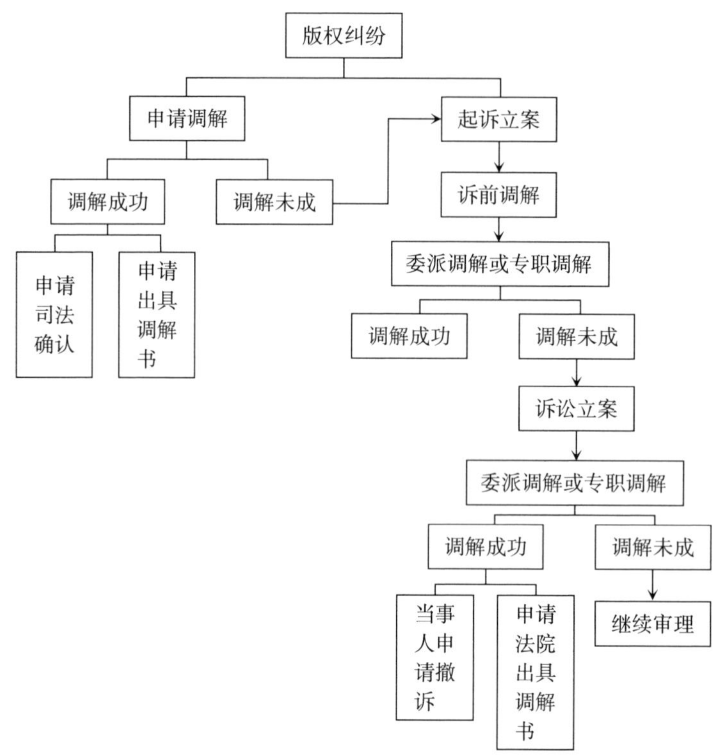

图4　版权纠纷专业调解机制适用流程

3. 建立版权纠纷专业调解机制的术语体系

在版权纠纷专业调解机制的理论建构过程中，需要明确相关术语的内涵和外延，在内涵与范围上明确界定，逐步完善版权纠纷专业调解领域话语体系，同时也应在实践层面大力推广版权纠纷专业调解术语体系的使用规范。例如，通过全国编辑出版学名词审定委员会，将“版权纠纷专业调解”纳入特定专有名词范畴。与此同时，可向司法部门、最高人民法院等相关部门提出建议，将“版权纠纷专业调解”纳入司法专有名词，以便搭建统一的对话基础和交流平台，并逐步丰富版权纠纷专业调解机制的术语体系。

四、版权纠纷专业调解机制的实践路径

基于版权纠纷专业调解工作所面临的现实问题和总结而生的运行经验，我们应当从实践层面探索挖掘版权纠纷专业调解机制困境的具体方法。依据大量实践经验，优化调解工作的整体流程、建立高效系统的工作范式，是实践层面的主体以及重中之重。此外，还应尝试构建包括诉讼、仲裁、调解、社会监督、行业自律等多元化纠纷解决机制在内的版权保护新格局，引导专业力量与社会力量共同助力版权纠纷解决，探索完善市场化调解新路径，打造立足中国本土的版权文化体系。

（一）优化版权纠纷专业调解机制的工作范式

1. 明确版权纠纷专业调解机制的机构设置

我国现有版权纠纷专业调解机制的机构设置主要以调解机构为主、法院派驻为辅，除专职与兼职调解员外，部分机构还会配备一定的行政工作人员。在现有结构基础上，需要明确以下事项。

其一，版权纠纷专业调解机构是一个独立的行使调解职能的专业组织，由版权管理机构或相关政府部门提供指导和支持。同时，在版权调解过程中，调解机构始终保持中立性，在充分尊重当事人自主意愿的前提下，调解协议具有正当性并对当事人具有约束力。

其二，有必要设置相关的监督机制。加强司法行政机关等主管部门的监督与支持。在调解机构建立高效稳定的内部监督，对调解员及调解组织的调解工作、规章制度与日常管理形成监督机制。加强媒体、群众等渠道的外部监督，以此提升调解过程的公开性和专业性，确保调解结果的公平性和合理性。

其三，有必要设立相关的行政和宣传机构。一方面，除调解员队伍之外，调解组织的日常运行需要行政人员予以维护。例如，在法院进行诉调对接时，行政人员作为调解组织与法院的联络桥梁，负责收案、退案、整卷、退卷、核对相关材料等程序性事项。另一方面，调解组织的日常工作流程需向公众进行介绍宣传，设置宣传机构，增强公众对版权纠纷专业调解的认识和理解，以增强公众的维权意识和版权纠纷调解意识。

2. 加强版权纠纷专业调解机制的队伍建设

我国多数调解员以兼职为主，兼有部分专职调解员。整体来看，我国版权纠纷专业调解尚未形成统一、规范的队伍，可从以下方面加强队伍建设。

其一，在人员组成上，鼓励律师作为中立的第三方参与到多元纠纷解决机制工作中。[①]不仅应广泛地吸纳律师、法务人员等一线法律实务工作者，同时也包括来自科研机构、高校、版权管理部门、社会团体等的专家学者。[②]作为版权纠纷专业调解员，应对版权行业的基本情况有所认知，并具备较高的法律职业素养，这是专业调解相较于人民调解、行政调解等其他调解机制的突出优势。

其二，在人员资质上，要对专业调解员设立相应的准入、考核与定期培训机制。为提高调解服务的多元化和规范化水平，版权纠纷专业调解机构应对调解员进行分级管理。针对专职与兼职调解员，分别设立不同的准入、培训与考核标准，制定不同的工作守则，并建立调解员的定期培训机制。例如，对专职调解员应赋予更高的监督标准，每年接受新增知识培训，而针对仅将调解作为爱好或业余社会活动的兼职调解员，则不应采取和专职调解员同等严格的标准。系统的培训机制规范不仅有助于优化调解员队伍的管理，也将有助于专职调解员成为独立职业从而发挥更大的社会作用。比如首都版权协会的调解员资质准入和培训机制就比较有参考性。该协会规定，调解员每年需完成一定学时的公开课程，通过后获得证书方可参与调解工作。在准入后的标准上，协会有后期的动态考核和退出机制，考核内容由协会自主确定。在履职过程中，协会定期开展调解经验交流会，定期组织调解员的专题培训，包括线上培训、线下培训和培训考核。

其三，对于专业素养高、实务经验足的调解员，可以将其认定为版权纠纷专业调解师，授予相应的资质证明与荣誉称号。版权纠纷专业调解师的设立不仅有助于进一步规范、明晰版权纠纷专业调解员的职业发展路径，激发调解员的工作积极性，加强职业荣誉感，同时也有助于扩大版权纠纷专业调解的社会影响力，提升人民群众对专业调解员的认可度与信赖度。

3. 调整版权纠纷专业调解机制的业务模式

版权纠纷专业调解机制主要存在两条发展路径。一是公益化道路，借鉴人民调解组织的发展模式，其经费保障主要来源于政府支持。有学者指出，版权纠纷调解组织的业务收入模式可参考韩国模式，即经费来源大部分由政府拨款，少部

---

① 孙晓芳．多元化纠纷解决机制地方实践研究［J］．法制博览，2022（36）：153.

② 倪静，陈秋晔．公共行政服务语境下版权纠纷调解机制的建设［J］．知识产权，2015（4）：128.

分由当事人缴纳，缴费比例由政府制定。[①]二是市场化道路，借鉴商事调解组织的发展模式，其经费保障主要来源于市场化经营与收费，重点把握调解组织的商业化管理、调解职业培训的市场化运作两个方面的内容。[②]在落实市场化道路中，在案件来源上，除了和司法对接之外，还应开阔自收案件渠道，切实在矛盾纠纷源头进行疏导。在进行调解市场化、职业化改革中，既要明确市场准入标准，也要制定相关规定明确市场化收费标准，还要加强对调解过程的监控和管理，以防止一些调解组织钻漏洞，影响案件调解结果的公平、公正。

鉴于版权纠纷的当事人多为版权领域从业者，具有一定的经济能力，且对调解的专业性要求较高，设置合理的收费标准不仅不会阻碍当事人选择专业调解机构，反而有助于建立版权调解专业性强的良好印象，鼓励有需求的利害关系人选择专业调解作为版权纠纷的解决途径。此外，确立版权纠纷调解部分市场化的业务模式，也有助于减轻国家财政对调解工作的财政负担，激发市场主体运行活力。

（二）培育版权纠纷专业调解的共治场域

1. 扩大版权纠纷专业调解机制的宣传工作

做好版权纠纷专业调解机制的宣传工作，要积极创新宣传方式方法，合理利用新媒体、杂志报纸、公共社区宣传栏等媒介，营造鼓励调解、支持调解的良好社会氛围。例如，借助新媒体平台，向社会公众发布版权纠纷专业调解典型案例等信息，制作公益宣传短视频或宣传片。也可以借鉴江西的“金牌调解”、北京的“第三调解室”、山东的“有话好好说”、福建的“调解有一套”等电视调解栏目，[③]以电视媒体的形式生动、直观地展示专业调解机构的工作模式和调解员队伍形象，进一步扩大版权纠纷专业调解机制的公众认知和社会影响。

2. 设立版权纠纷专业调解专家库

近年来，调解专家库工作机制在多地迅速铺开，涉及领域广泛，实践效果良好，成为深化非诉讼纠纷解决机制建设的重要举措。首先，应打造由退休法官、仲裁员、律师、学者等专家人才组成的版权纠纷专业调解专家库，有效整合、共享版权纠纷专业调解的人才资源。其次，应建立人才数据库线上平台，以实现人

① 倪静，陈秋晔．公共行政服务语境下版权纠纷调解机制的建设［J］．知识产权，2015（4）：128.

② 周建平．论调解的市场化运作［J］．兰州学刊，2016（4）：132.

③ 本刊评论员．加强调解宣传工作　扩大调解工作社会影响［J］．人民调解，2023（6）：1.

才信息资源的持续更新与丰富。最后，应面向社会建立调解专家库的信息反馈渠道，提高调解组织运行的透明度和公开度，对专家调解员名册应当予以公示并定期更新，参考社会反馈意见进行调整，以便于当事人更好地选择专业调解作为版权纠纷的解决方式。

3. 调动版权纠纷专业调解机制的社会力量

新时代“枫桥经验”强调，处理版权领域问题时要注重发挥来自基层、行业性和专业性人才的作用，汇聚更多社会力量参与版权保护与治理，把矛盾纠纷化解在基层、化解在萌芽状态。从版权治理机制的层面观之，只有充分考虑基层社会群体的普遍诉求和利益关切，才能建成既能激励创新又能实现高效治理的版权纠纷专业调解机制。从版权治理实务的层面观之，除国家行政机关介入的授权纠纷、专利和商标审查纠纷外，司法实践中，大多数版权纠纷可由当事人自主选择纠纷解决方式，尤其是涉及高度专业性和技术性的版权纠纷，传统的诉讼审判模式不足以解决其中的技术纠纷，需要来自相关行业的技术人员及其他从业者参与纠纷解决，[①]方能实现当事各方利益的合理分置与调和。

（三）加强法院与版权纠纷专业调解机构的司法联动

1. 构建联合调解的工作格局

构建联合调解的工作格局，需要逐步以立法形式确立版权纠纷联合调解的工作原则、规则与基本程序，为多机构、多部门之间的联合调解工作提供规范指引。现阶段，我国司法机关与调解组织的联合调解制度处于试行阶段，尚未形成统一的联合调解规范，但由司法机关委托调解组织所形成的调审人员分离模式，已成为回应强制调解等争议议题的开端。[②]规范法院与调解机构的联合调解机制，将进一步促进司法、行政与社会调解的合作互通。

2. 厘清协助调解的共同规范

版权纠纷专业调解需要遵循中立性原则。对于委托法院而言，在案件由诉讼转入调解的过程中，需始终保持中立立场，对于调解组织的选择应充分尊重当事人的自主意愿，当事人协商不成的再由法院指定。同时，版权纠纷诉调对接的案件需要符合特定甄选标准。通过当事人的身份地位、案件事实复杂程度、义务人

---

① 黄国群，徐丽红．知识产权领域的“新枫桥经验”：典型案例与启发［J］. 科学学与科学技术管理，2023（8）：82.

② 李浩．调解归调解，审判归审判：民事审判中的调审分离［J］. 中国法学，2013（3）：9-11.

的履行能力等因素判断有关版权纠纷是否适用于调解，从而在实践中逐步形成相对稳定、可操作性强的调解案件分流规范。

3. 优化诉调衔接的动态机制

现阶段法院与版权纠纷专业调解组织的诉调衔接机制，主要表现为图5所示的动态运转流程。

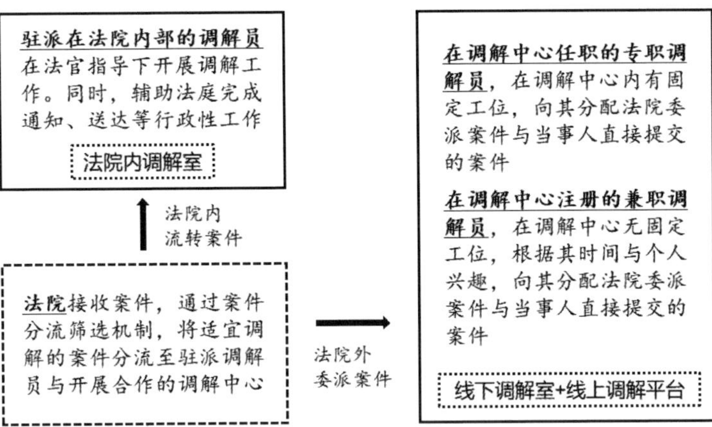

图5　当前法院与调解中心的诉调衔接机制布局

从制度层面看，现阶段我国法院与版权纠纷专业调解机构的诉调衔接机制尚未形成统一规范，不同地区、不同级别的法院与调解组织之间的合作运行机制均有所不同，具有普适性的合作机制尚在探索当中。从实务层面看，北京市海淀区人民法院积极推进版权纠纷“多元调解+速裁”机制，将审判团队分为前后两个端口进行案件的繁简分流，对于案情简单、争议不大的案件，充分发挥调解员作用，适当加大诉前调解的力度，形成了较为稳定、高效的诉调对接范式。

（四）推进版权纠纷调解机构间联合发展的格局建设

1. 构建版权纠纷调解机构的联合发展格局

首先，应充分发挥版权公共服务机构、版权代理机构等相关机构的协调作用，推动版权纠纷专业调解的规范化与专业化，在版权领域形成良好的纠纷解决联动效应。其次，纳入律师调解、商事调解等组织机构，共促矛盾纠纷多元化解。最高人民法院、司法部2017年出台的《关于开展律师调解试点工作的意见》开启了律师调解服务市场化的初步探索，在版权纠纷调解机构的联合发展格局中纳入律师调解、商事调解，充分参考其体系性、规范性的调解工作机制。例如，广州知识产权法院与广州市司法局、广州市律师协会合作建设的“律师调解工作室”（图6）即这一领域的先行实践。

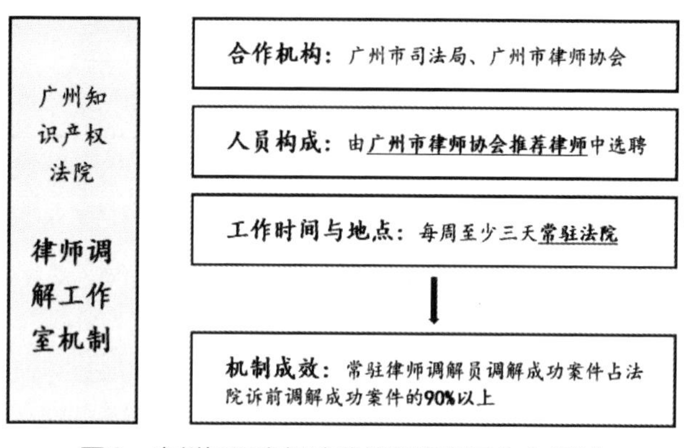

图6　广州知识产权法院律师调解工作室机制

2. 加强版权纠纷调解机构的业务培训交流

版权纠纷调解具有一定的专业门槛，机构中的专职调解员必须经过专门的调解培训。参考法国调解组织对调解员安排的基础培训、专业培训、理论课程和实践课程等培训要求，我国调解机构应对调解员进行体系化的调解培训。[①]在成为调解员前，可对相关人员进行调解基本规范、调解时间技巧、职业伦理等岗前培训；在成为调解员后，也可以对专业调解员进行阶段性培训，加强不同调解员之间的经验交流。

3. 建立版权纠纷调解机构的智慧治理平台

“近年来，有着全方位、立体化、开放化、模块化、一体化特点的在线纠纷解决平台逐步完善”。[②]2021年最高人民法院印发的《关于深化人民法院一站式多元解纷机制建设推动矛盾纠纷源头化解的实施意见》指出，要“提升在线多元化解质效”，同时要“加强信息化保障”，积极运用大数据、人工智能等信息化手段，实现诉源治理工作数据化、可视化，促进调解体系和调解能力现代化，为科学决策提供技术支持。

① 廖永安，等. 中国调解的理念创新与机制重塑［M］. 北京：中国人民大学出版社，2019：264.

② 李麒，杨世宁. 新时代多元化纠纷解决机制的观念与实践［M］. 太原：山西人民出版社，2021：77.

以广州知识产权法院为例。广州知识产权法院充分应用信息化手段，实现调解“指尖办”。如图7所示，通过在线调解平台开展远程视频调解、发送短信、记录调解过程、统计调解数据、诉调转换等活动，实现调解案件全程跟踪、全程留痕、全程管理，目前，调解案件全部在线办理，在线督办。对于线上调解的效力问题，广州知识产权法院建立相应的督查机制，通过调解平台设置调解员必须联系当事人三次以上的标准，并要求法院工作人员在调解结案前审核、检查在线视频调解情况，强化调解实效。①

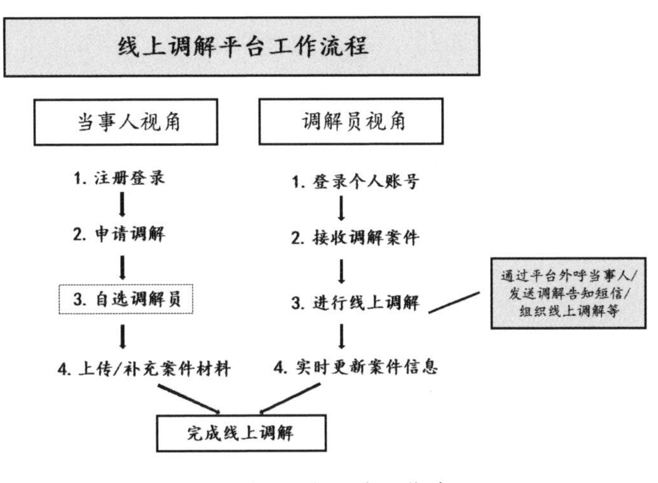

图7　线上调解平台工作流程

此外，版权纠纷智能调解通过接入人工智能技术，可建立案件预测与类案分析功能，通过建立版权纠纷智能调解平台，当事人的自主、自治能力也将进一步得到发展。探索建立版权纠纷智能调解机制是新时期顺应全球技术浪潮的时代之需，也是推动行业革新的应用之策。版权纠纷专业调解平台应参考现有的成功经验，利用新技术实现高效、便捷、易于接受的平台创新建设。

① 参见广州知识产权法院《关于知识产权纠纷多元化解工作情况报告》。

结语

版权纠纷专业调解机制是在习近平总书记“坚持好、发展好新时代‘枫桥经验’”指示精神的启迪下，针对数字时代版权纠纷的新特点，立足我国版权工作实际，基于现有调解工作理论与实践经验而提出的创新理论。其内在机理根植于我国的文化土壤，亦高度契合新时代的价值理念；其外在路径适用于当下的版权纠纷调解工作实际，更能满足当代司法实践的需求。

雄关漫道真如铁。作为“新生”的理论，我国版权纠纷专业调解机制尚面临较大的发展困境，在制度支撑、理论供给、工作流程、运行机制和资源保障等层面都存在一定的问题：一是总体效果不佳，事前对机制的定位模糊，事中运作效率低，事后调解协议执行难；二是理论供给不足，相关工作术语和理论概念使用混乱，法理基础较为薄弱，适用方法存在一定的不确定性；三是制度规范不够，版权纠纷专业调解的相关制度规范缺乏深度整合，现有的部分规范层级不高，配套的规范数量不够；四是工作范式不优，表现为调解机构的组织架构、调解工作人员的培育管理和调解流程的运行设置都有待完善。

针对版权纠纷专业调解机制的诸多锚点，本文从理论和实践两个层面逐一提出了对应的切实可行的解决方案。在理论建构层面：一是改进顶层设计，明确版权纠纷专业调解机制的整体定位，增加调解机制的激励制度，强化对调解机构和调解员的制度保障；二是整合理论资源，梳理版权纠纷专业调解的关联性文本，补充缺失的必要性理论支撑，参考借鉴域外相关领域的理论资源和发展经验；三是完善配套规制，夯实法理基础，厘清适用方法，删繁就简，建立全面系统、实用有效的版权纠纷专业调解术语体系。在实践路径层面：一是优化工作范式，明确版权纠纷专业调解机制配套的相应机构设置，加强专业调解队伍建设和人才培养，调整优化工作流程和业务模式；二是培育共治场域，扩大对版权纠纷专业调解的宣传工作，设立专家库，调动社会力量形成版权纠纷的共治场域；三是加强司法联动，构建联合调解的工作格局，梳理相关工作主体联合联动的制度规范，优化诉调衔接的动态机制；四是推进联合发展，构建版权纠纷专业调解机构的联合发展格局，加强业务培训交流，运用新技术建设智慧治理平台。为推进版权纠纷专业调解机制的长远发展，从宏观理论与微观方法的层面提出了系统的建设构想。

而今迈步从头越。版权纠纷专业调解机制建设研究并不是版权纠纷专业调解研究的终点，而是后续一系列深入研究与配套机制实践的起点。理论的构想首先要绘制成蓝图，而宏伟的蓝图有可行的方案才能实现其价值。为持续推进版权纠纷专业调解机制的理论研究与实践应用，中国版权保护中心已然着手开展版权纠纷专业调解工作指南的编写工作。该指南既是对版权纠纷专业调解机制建设研究的应用，也是对相关理论的延展和补充，将填补版权纠纷专业调解实务领域的空白，为未来系统构建版权纠纷专业调解工作体系奠定基础。

课题组组长：孙宝林

课题组成员：高烨　那玲　雍婷婷　罗佳　史一辉　徐美玲　冯清　李梓潼　张彤彤

课题承担单位：中国版权保护中心　对外经济贸易大学

作品独创性研究

李　扬*

摘要：作品独创性属于著作权法上基本概念的范畴，具有维护著作权法公共领域的理论价值以及作为著作权侵权比对基准的实践价值。作品独创性由“独”与“创”构成：“独”是指作品系由作者独立完成而非复制、抄袭现有作品；“创”不能再以个性、最低限度创造性、创作高度界定，而应将其理解为“创作性”，即与现有表达存在差异，而现有表达包括公有领域的表达和尚在著作权保护期内的表达。创作性的判断，应抛弃“高低说”而坚持“有无说”，创作性与专利法上的新颖性与创造性应予以区分，且与艺术水准、学术质量、表达篇幅、经济价值等无必然联系。作品独创性的判断标准既具有抽象性，即不同类型作品的独创性判断标准是统一的，又具有场景性，即在判断不同类型作品的独创性时应考虑相应类型作品的创作要素、创作特征等以表述其独创性的来源与体现。在著作权侵权诉讼中，作品独创性的认定应遵循“独创性推定规则”，即权利人通过诉讼等手段主张权利时，无须就其作品的独创性提出主张，更无须在起诉状和第一阶段举证环节就其作品独创性提供证据进行证明，但被诉侵权行为人否定权利人作品独创性的，应当举出反证证明；仅在被诉侵权行为人提出相反证据推翻独创性推定时，权利人方才需就作品中独创性的表达部分进行举证。基于民事诉讼中的当事人主义与诉讼经济之考量，法院不能在被诉侵权行为人未反驳、未举证的情形下主动审查作品独创性。在人工智能时代，人工智能作为创作工具并未灭杀人类创作者的独创性空间，人工智能对其生成物的贡献比并不影响用户独创性贡献的认定，提示词可以在最终形成人工智能生成画面的独创性判断中起到证据性的作用。此外，作品独创性理论足以回应人工智能时代下对作品与著作权井喷的担忧。

关键词：作品独创性；著作权；人工智能

独创性是作品的核心构成要件，也是著作权法上的基本性概念之一。但是，自我国著作权法制定实施以来，由于对不同域外经验采取“拿来主义”，以及新技术、新业态给著作权法及其适用造成的挑战层出不穷，我国对于作品独创性理

---

*　李扬，中国政法大学民商经济法学院教授、博士生导师，本课题组组长。

论的诸多问题始终没有达成共识进而未形成自主观点与自主体系。

具体而言：第一，作品独创性在理论上与实践中有何价值，其价值实现的内在机制如何，其在我国司法实务中的表现如何？第二，作品独创性的构成，是否包含“独”这一要素，其中的“创”是否必要以及所谓何指（最低限度创造性、个性抑或创作高度）；作品独创性与专利法上的新颖性、创造性，与艺术水准、市场价值、表达篇幅等有何关系？第三，不同类型作品是否要求不同的独创性；近年来富有争议的典型作品的独创性的来源与体现如何？第四，在著作权侵权诉讼中，就作品独创性而言，著作权人与被诉侵权行为人分别应承担何种举证责任；法院能否依职权主动审查作品独创性，若能，其审查范围有多大、应在诉讼的哪一阶段进行审查？第五，人工智能技术的突破性变革使得传统的人类创作作品的方式面临颠覆性的挑战，在人工智能时代下，作品独创性理论面临的新课题有哪些，又如何以著作权法回应之？例如，人工智能生成物的独创性体现、人工智能技术是否会造成作品与著作权井喷等。

为解决上述问题，基于体系化的思维，本研究从以下五个方面对作品独创性理论展开研究：一是作品独创性的理论与实践价值探寻；二是作品独创性的基本内涵与判断标准；三是作品独创性与作品类型之间的关系；四是侵权诉讼中作品独创性的司法认定；五是人工智能时代下作品独创性的新课题及其回应。

一、作品独创性的理论与实践价值探寻

（一）维护著作权法公共领域的价值

1. 独创性维护公共领域的理论机制

独创性划分了著作权法上的公共领域与私有领域，而公共领域的概念又有助于解读独创性这一概念，增加其明确性。除整体不满足独创性要求的表达属于公共领域外，即使是符合作品所有要件的表达，也并非其所有内容均被划为私有。有学者还将公共领域这一概念本身定义为“包括版权作品中版权不保护的方面的公共区域”。[①]创作作品的过程亦即站在前人的基础上继续创作的过程，著作权仅

① Litman J. The public domain [J]. Emory Lj, 1990 (39): 965.

及于作品中实际原创部分，需要公共领域的帮助。[①]

从著作权立法的历史沿革来看，过去主要根据作品类型给予相应的保护水平。在近代，由于科学技术水平所限，著作权法保护仅局限于文字作品、音乐作品、美术作品等传统作品类型。[②]而在人工智能技术蓬勃发展的今天，即使是文字作品、美术作品等传统作品类型也能在极快的时间内按照用户的指示生成。如此一来，单按作品类型给予保护水平的区分的做法变得越来越不可行。相关讨论最终的着眼点之一，还是落到了作为作品构成基本要件之一的独创性之上。仍以人工智能生成物为例，人工智能大模型接收用户所发出的指令，从而生成的各种表达如果能够满足作品独创性的要求，则足以使得人工智能生成物获得著作权法的保护，反之则该部分表达当归属于著作权法公共领域。由此可见，独创性维护著作权法公共领域的价值便在此显现。

2. 独创性维护公共领域的实践表现

在实务中，独创性理论屡次被运用以防止公共领域被侵蚀。这体现为法院认定权利人主张权利的表达整体或与被告实质性相似的部分不具有独创性，进而判定权利人败诉。作为表达整体属于公共领域而不受保护的实例，最高人民法院曾认定隶属印章样式的“超群”标志不具有独创性。[③]作为前文所述的作品整体可受保护但其中公共领域的部分不受保护的实例，在“朱志强诉（美国）耐克公司等著作权侵权纠纷”案（以下简称“火柴棍小人与黑棍小人”案）中，法院认为原告的火柴棍小人是在公共领域既有火柴棍小人形象这一表达上的再创作，被告与原告作品的相似之处正是存在于公共领域部分，进而本案原告败诉。[④]在日本有关独创性的著名案例“江差追分事件”中，法院指出，即使被告作品的一部分与原告作品的一部分实质性相似，但如果这部分是思想、感情或单纯的事实、事件，也不能认定被告侵权。[⑤]前述区分能够更好地激励公众利用公共领域内的既有元素进行创作，更好地达到著作权法促进文化事业繁荣与发展的目的。可以说，著作权法所保护领域的扩大能够激励作者不断创作，与此同时，由独创性所维护的公共领域的划分也激励着作者勇于基于前人的成果合法创作。

---

① 冯晓青．著作权法中的公共领域理论［J］．湘潭大学学报（哲学社会科学版），2006（1）：146-147.

② ［日］中山信弘．著作权法（第3版）［M］．东京：有斐阁，2022：68.

③ 参见最高人民法院（2012）知行字第38号行政裁定书。

④ 参见北京市高级人民法院（2005）高民终字第538号民事判决书。

⑤ 参见［日］最小一判平成13年6月28日（受）第922号，民集55卷4号837页。

总结而言，不具有独创性的表达必然属于公有领域范畴。从这一意义而言，独创性在理论上对于维护著作权法公共领域具有重大意义。这也是本研究定义“创作性”时采取反面排除的定义方式并引入“公共领域表达”的理论意蕴所在。

（二）作为侵权判定比对基准的价值

从认识论的角度来看，整个著作权制度呈现字典排布式的“客体—主体—内容—限制—救济”的精准结构。“独创性”位于客体环节，决定了著作权的保护基础；“接触+实质性相似”作为当前公认的侵权判断标准，置于救济环节。但作为一个精确构建的系统，著作权法的每个环节都存在内在的张力。“独创性”在侵权判定中依然发挥着不可替代作用。

1. 独创性限定相似性判断的范围

从最底层的逻辑来说，独创性作为整个著作权法发动的前提，同样构成侵权中判定“实质性相似”最根本的前置条件。所谓实质性相似，系以权利人主张权利的作品与被诉侵权作品进行对比，以判断后者是否落于前者的权利范围内。而一个作品中并非所有内容皆来自该作者的贡献，势必包含了大量不属于表达的抽象思想、源于公有领域的惯常表达，甚至来自其他作品的素材和信息。这些内容并非由该作品的作者创造、贡献，自然不应归于权利人的权利范围，进而在实质性相似的比对中予以考量。实践中，对于实质性相似的判断方法，往往采取两阶段测试法或者过滤法，前者需要首先抽取原告作品中的独创性表达，再比对被告作品是否再现了该独创性内容，后者则先提取两方作品中的相似性部分，再判断是否属于原告的独创性表达。[①]但无论选取何种方式进行实操，最终被认定为“相似”，定性为侵权的内容剩余必须经过独创性要件的验证，从而明确属于原告独创性贡献，体现了独创性在侵权判断过程中的重要基准作用。这一点也为学术界、实务界所共识。[②]

2. 独创性要求侵权比对的精细化

独创性划定了著作权的保护范围，也因此精准圈定了侵权认定的可比对范围。在进行实质性相似比对时，法院被要求尽可能地将所有不独创于原告的内容

① 李扬．著作权法基本原理［M］．北京：知识产权出版社，2019：318.

② 相同观点参见梁志文．版权法上实质性相似的判断［J］．法学家，2015（6）：37；陈锦川．论计算机软件著作权侵权判定中实质性相似的认定——从最高人民法院相关案例出发［J］．中国版权，2023（1）：67-75；王迁．知识产权法教程（第七版）［M］．北京：中国人民大学出版社，2021：78. 相关判决参见最高人民法院（2019）最高法民申6322号民事判决书。

排除出去，这意味着法官不能只是粗略地整体估算作品之间的相似性，而必须进行层层筛选，精准比对。具体而言，这种精确性体现在如下内容：第一，实质性相似的比对应当剔除所有属于抽象“思想”的内容，严格坚持思想/表达二分法。第二，当特定的思想、情感具有唯一或者有限的表达时，也应当基于场景原则，将之剔除。第三，实质性相似的比对应当剔除公有领域的惯常表达。但创作的累积性决定了这种精细化的筛选和比对在具体个案中适用往往是十分困难的。

将独创性作为侵权判定比对基准，从而要求精细化地筛选、比对不仅是基础著作权法理推导的结果，更凝聚着对在后创作、文化繁荣的深刻关切。独创性把控着著作权保护的最原点，防止著作权人垄断本应该属于公有领域的信息和表达，从而阻碍后续的创作，这种控制性应当在著作权制度的各个环节一以贯之。整体观感或可以成为实践中进行实质性相似比对时的心证锚点，但不应该成为结论的唯一依据。尤其计算机软件这类保护边界更难以界定、更不容易形成整体观感的侵权领域，更应该坚持“抽象—过滤—比较”①的精细审查。

3. 独创性限制相似性的跨类比对

独创性同样可能对实质性相似比对提出限定要求。一般来说，不同类型的作品，其独创性表达形式和角度都有所不同，在进行侵权比对时，难以直接跨类进行实质性相似判断，而需要对作品类型进行还原，即应以原告所主张的作品类型为基准，将被告的作品还原成原告的作品类型，再行比对。

二、作品独创性的基本内涵与判断标准

（一）作品独创性的基本内涵

我国著作权法一直未明确独创性的含义。30余年来，国内对独创性基本内涵的认识，主要来源于理论界与实务界的探讨。在此过程中，英、美、德、日等国家关于独创性的学说与案例对我国就独创性的认识产生了一定的影响。

---

① See Computer Associates International, Inc. v. Altai, Inc.,982 F.2d 693 (2d Cir. 1992).

1. 作品独创性基本内涵的比较考察

（1）我国学界对作品独创性基本内涵的界定

总的来说，我国学界对作品独创性的界定存在四种观点。第一，借鉴世界知识产权组织对独创性的解释，即一件作品的独创性指它是作者自己的创作，完全不是或基本上不是从另一作品抄袭来的。[①]第二，借鉴美国最高法院在“Feist”案的定义，即独创性是指独立创作并且创作成果具有最低限度的创造性。[②]第三，借鉴作者权体系对独创性的解释。首先，借鉴法国的“个性说”，即独创性是指“表现在作者所创作作品上的反映作者个性的标记”。[③]其次，借鉴德国的“创作高度说”，即独创性不仅指作品要反映作者的个性，还要求达到一定的创作高度。[④]第四，对两大法系相关定义进行综合、改造。首先，“独”+“创造性”。刘春田认为，独创性是指作品系作者独立完成，不是抄袭而来，并且具有一定的创造性。[⑤]其次，“独”+“个性”。也即独创性包括两个方面内容：一是从形成过程看是由作者独立完成，二是从外在表现看体现作者的个性。[⑥]

（2）外国对作品独创性基本内涵的理解

英国早期分散的版权立法对作品并无普遍的独创性要求，司法实践中对独创性的要求非常低。英国法院认为，作品只要具备“技能与劳动标准”即受版权保护。同时，英国法院并不是不关注劳动或技能在“量”上的投入。在“Macmillan”案[⑦]中，法官要求这些投入应该是足够的。在“Cramp v. Smythson”案[⑧]中，上议院法官提出了“不可忽略”的要求。

美国1976年版权法第一次在成文法中明确将“独创性”作为作品受保护的要件，但该法并未对此进行定义。在判例法上，独创性的概念最早可以追溯至1845

① 黄薇，王雷鸣．中华人民共和国著作权法导读与释义［M］．北京：中国民主法制出版社，2022：51；吴汉东．知识产权法学（第七版）［M］．北京：北京大学出版社，2019：64.

② 李明德，许超．著作权法（第二版）［M］．北京：法律出版社，2009：28；崔国斌．著作权法：原理与案例［M］．北京：北京大学出版社，2014：69.

③ 费安玲．著作权法教程［M］．北京：知识产权出版社，2003：45；韦之．著作权法原理［M］．北京：北京大学出版社，1998：16.

④ 王迁．知识产权法教程（第七版）［M］．北京：中国人民大学出版社，2021：59.

⑤ 刘春田．知识产权法学［M］．北京：高等教育出版社，2015：56-57.

⑥ 冯晓青．著作权法［M］．北京：法律出版社，2022：50-51；张今．著作权法［M］．北京：北京大学出版社，2020：16-17.

⑦ See Macmillan Co Ltd v. K. J. Cooper，〔1923〕40 TLR 186.

⑧ See Cramp & Sons，Ltd. v. Smythson，Ltd.（H. L.）［1944］A. C. 829.

年的“Emerson v. Davies”案。1922年的“Jeweler's Circular Publishing Co. v. Keystone Publishing Co.”案最早将“额头流汗”理论用于汇编作品。此后，“额头流汗标准”一度在美国司法实践中盛行。而在1991年的“Feist”案[①]中则明确抛弃了该标准，并且提出“最低限度的创造性”标准。该案法院认为对于创造性的水平要求非常低，甚至只要达到微不足道的程度就足够了。

德国《著作权及相关权法》第2条第2款对作品规定了三个要求：一是，作品必须来自作为作者的人，并且是根据自己的想象力创作的；二是，它必须是个人创作；三是，创造必须具有精神内容，即传达一种思想、一种形而上学的陈述。除立法所明确的三个要件之外，德国学者Lukas Mezger指出，著作权法必须有一个下限，也即除法条所明确的三个要件之外，应当存在第四个要件，以便更加清晰需要保护和值得著作权法保护的内容。这一要件只能从法律的措辞中间接解读获得。具体而言，第四个要件为作品要获得著作权保护所必须具备的个性，考察作品在多大程度上体现了作者的个性以及在多大程度上获得了创作的独特性。[②]作品仅仅有个性还不够，还必须达到一定的个性。[③]1911年，帝国法院在“Schulfraktur”判决中裁定，通过对艺术品的审美概念明确了著作权的获得需要具有一定的创作高度。具体而言，对于美术作品而言需要“审美过度（ästhetischen Überschusses）”[④]，根据该判例法，与纯艺术相比，实用艺术作品必须具有特殊程度的艺术个性的，才可获得版权保护。[⑤]

日本对“创作性”的理解与判断，存在个性理论和选择范围理论两种观点。第一，个性理论。东京高等法院指出，“所谓‘创作性地表现出来’，严格意义上讲并非要求独创性或别无类作，只要作者的个性以某种形式在思想或感情的外在表现中体现出来即可。”[⑥]第二，选择范围理论。酒井麻千子指出，选择范围理论可以通过创作法和竞争法上两个角度进行解释。就前者而言，创作性即作者在多种选择中确定一种表现的智力活动。如果选项很少，那么作者便没有进行选择的余地。从这一角度而言，“确定一种表现”亦体现了作者的个性，可以说是从另

---

① See Feist Publications no v Rural Telephone Service Co，111 S Ct1282，at 1288（1991）.

② Mezger L. Die Schutzschwelle für Werke der angewandten Kunst nach deutschem und europäischem Recht［M］. V&R unipress GmbH，2017.

③ Schricker/Loewenheim 4. Aufl.，Einl. Rn 29.

④ RGZ 76，339，344-Schulfraktur.

⑤ RGZ 76，339-Schulfraktur.

⑥ 参见日本东京高等裁判所1987年2月19日判决，判例タイムズ629号221页。

一个角度解释了个性理论。而竞争法上的选择范围理论则是从其他创作者的角度而言的，即作者留给其他创作者的创作的余地还有多少。如所留创作余地还多，则肯定原作者作品的创作性。[①]

2. 作品独创性基本内涵的理论界定

本研究认为，对“独创性”进行定义时要综合考虑著作权的正当化依据、著作权法的目的以及独创性要件的功能，故将其分为两个要素，即“独”+“创”。

首先，“独”是指作品由作者独立完成，而不是对现有作品的复制。这个要求实际上是劳动作为知识产权正当化消极依据在著作权领域的体现。也就是说，虽然并非所有思想或者情感的表达都构成受著作权保护的作品，但如对思想或者情感未进行过独立表达，则无所谓作品的存在。同时，从竞争法角度看，对思想或者情感未进行独立表达，直接复制现有作品，将节省时间、资金和劳动，处于有利竞争地位，减杀在先者创作的动力，有违著作权法的立法目的。“独”的规范意义在于，不同主体对思想或者情感的表达尽管偶然相同，但如系各自独立完成，且都有创作性，则均享有独立的著作权，互不构成侵权。因此，完全否定“独”作为独创性的要素的观点显得过于激进。

其次，“创”是指“创作性”，即对思想或者情感的表达与现有表达不一样，现有表达包括公有领域的表达和尚在著作权保护期内的表达。要求作品具备创作性，与其说它是一个认定思想或者情感表达受著作权保护的积极要件，还不如说是一道让法院排除思想或者情感的表达不是作品，进而保护著作权法公有领域不被吞噬的门槛。简言之，法院可以依据创作性排除某些表达的作品性，从而防止公有领域的某些表达被私人吞噬。从对思想或者情感的表达与现有表达是否相同的角度理解创作性，并不意味着创作性是数学上的0和1的区别，或者说是无和有的区别。创作都是站在前人肩膀上进行的，对思想或者情感的表达与现有表达是否相同的判断，不同主体的认知也可能存在一定差别。从0到1、从无到有，存在中间过渡地带。只要过渡到能够让人判断出，对思想或者情感的表达与现有表达存在不一样之处，就应承认该表达具有了创作性。

（二）作品独创性的判断标准

我国学界对“独创性”含义的分歧，集中体现为对“创”具有不同的理解。

---

① ［日］酒井麻千子. 关于著作权法中的“创造性”概念的一个考察［J］. 信息处理学会研究报告，2012（7）：2-4.

因此，明确独创性的判断标准关键在于明确"创"的判断标准。

"创"的判断标准可以从抽象和具体两个层面进行分析。从抽象层面来看，主要涉及是否需要具备一定"创作高度"的问题，即创作性应采"有无"还是"高低"标准；从具体层面而言，主要涉及"创作性"与艺术水准、学术质量、市场价值、表达篇幅以及专利法上的新颖性、创造性等具体参照物的关系。对这两个角度所涉及的问题进行回应，能够全面地呈现作品独创性的判断标准。

1."创作高度"要件之批驳

我国对于"创"的判断标准的最大分歧在于，是否需要达到一定的"创作高度"。对此，在我国较早司法实践之中已然存在争论。在我国司法实践中，部分判决以"创作高度"标准来排除某些特定种类作品的可版权性，或者区分作品与制品。但是，亦有法院在相类似案件中明确指出，独创性的判断仅涉及"有无"而不涉及"高低"。这在体育赛事直播①、实用艺术品②等领域中呈现越发突出之势。支持"创作高度说"的观点认为，作品应能够体现作者独特的智力判断与选择、展示作者的个性并达到一定创作高度要求；③而反对"创作高度说"的观点认为，作品的独创性并不要求具有相当的创作高度或者是一种前所未有的状态。④本研究认为，"创作高度说"的诸多理由存在可质疑的空间，说服力较弱。

(1)"创作高度说"比较法依据存在不足

提倡创作高度说的学者认为，从比较法的角度来看，在我国的著作权立法进程中，曾参考过德国的著作权法，部分立法理念与德国立法者一致，故以德国的作品独创性标准作为参考更加合理。⑤但整体而言，我国著作权法虽然在立法过程中参考了德国法的部分经验，但也同样参考了美国等其他国家的立法。在我国著作权立法同时受到版权体系与作者权体系双重影响的前提下，基于著作权法所涉及的内容繁杂，立法者参考了哪些条文，又在多大程度上接受了相关条文的内容，甚至如何理解这些内容都常常难以查考。基于此，仅因我国的著作权法体例

---

① 一审判决，参见北京市朝阳区人民法院（2014）朝民（知）初字第40334号民事判决书；二审判决，参见北京知识产权法院（2015）京知民终字第1818号民事判决书；再审判决，参见北京市高级人民法院（2020）京民再128号民事判决书。

② 相关判决参见最高人民法院（2018）最高法民申6061号民事判决书；北京市高级人民法院（2002）高民终字第279号民事判决书；陕西省高级人民法院（2020）陕民终1037号民事判决书。

③ 王迁．知识产权法教程（第七版）[M]．北京：中国人民大学出版社，2021：66.

④ 卢海君．著作权法语境中的"创作高度"批判 [J]．社会科学，2017（8）：95.

⑤ 张媛媛．体育赛事节目可版权性证成——对创作高度标准的反思 [J]．河南财经政法大学学报，2021（4）：161.

与德国近似，就意图借鉴其独创性标准，从而认为应当具有一定创作高度方可满足独创性要件的主张，尚需斟酌。

关于德国的考察。第一，德国著作权法本身并未规定“创作高度”这一概念，只是在部分理论著作中，“创作高度”才被视为作品应受版权保护的前提条件之一，这种理论观点又影响到德国司法实践。第二，德国国内对创作高度也存在不同理解。德国目前对这个词的理解，主要存在两种观点：一种将创造力的水平理解为“个体性的程度”，即这种抽象特征的基本量化。[①]另一种观点继续在创作的层面上看到一定程度的个体性，即存在著作权保护的层面。[②]前者只是评价单部作品个性量的概念，并不直接决定该作品是否受到保护。后者是规定同类作品获得著作权保护所需个性量的概念。第三，德国实践中逐渐降低了独创性标准。德国通过“小硬币理论”，将更多的创作内容纳入著作权的保护范围。[③]

关于英美的考察。英美法系因受重商主义的影响，不要求具有独创性高度，体现的是一种经济价值观，也即一件作品只要能够与其他人的作品区分开来，区分出作品中的经济利益归属即可，版权的原创性标准对于满足版权条款的创作动机完全取决于甚至主要取决于经济动机的作品的目标。[④]

（2）“创作高度说”维护公共利益之幻想

提倡创作高度说的学者认为，从公共利益的角度来看，“创作高度说”有助于防止著作权保护范围泛化从而挤压后来创作者的创作空间，提升作品质量并促进作品传播，最终维护社会公共利益。[⑤]

但“创作高度说”忽略了一个问题，即提升独创性标准的实质是对创作内容进行了筛选，由此产生的作品数量也会因此减少。这将导致在一个行业领域内，

---

① Wandtke/Bullinger 4. Aufl.，§ 2 Rn 23；Schricker/Loewenheim 4. Aufl.，§ 2 Rn 24f.；Loewenheim GRUR 1987，761，766；Loewenheim Handbuch des Urheberrechts，2. Aufl. ，§ 6 Rn 59；wohl auch Möhring/Nicolini/Ahlberg 3. Aufl.，§ 2 Rn 60；von Pilgrim Der urheberrechtliche Schutz der angewandten Formgestaltung，S.47，49；Rehbinder/Peukert 17. Aufl.，Rn 221f.；Kriesel Einheitlicher europäischer Werkbegriff，S.17.

② 74 Dreier/G. Schulze 5. Aufl.，§ 2 Rn 20；Rehbinder 16. Aufl.，Rn 152；Wandtke/Wöhrn Urheberrecht，4. Aufl.，II Rn 7；Zentek WRP 2010，73；wohl auch Schack Urheberrecht，7. Aufl. ，Rn 182；Fromm/Nordemann/A. Nordemann 11. Aufl.，§ 2 Rn 30；vgl. aber A. Nordemann FS Bornkamm S. 895，896.

③ ［德］M.雷炳德．著作权法［M］．张恩民，译．北京：法律出版社，2005：50-51.

④ KWALL R. R. originAlity in Context［J］. Hous. L. Rev.，2007（44）：871.

⑤ 孙山．短视频的独创性与著作权法保护的路径［J］．知识产权，2019（4）：47.

可能只有少数人的技艺水平能够达到一定的创作高度，从而使其作品获得保护。故这种标准会忽视其他创作者在作品中的个性和人格表达的重要性，无法实现产权制度对创新激励的立法初衷。[①]作品是通过人的创作将各种资源整合，并以一定的形式表达出来的成果。因此，在生产市场激励不足的情况下，即使公共领域拥有众多可以利用的资源，最终能够产出的创新成果也同样受限，无法满足公众获取信息的需求，更无法实现文化的创新与繁荣，对公共利益造成影响。故维护公共利益与提高创造性标准之间并非简单的正相关关系，它们之间的关系要复杂得多，为更多原创作品提供更大的回报并不一定会产生更多对社会有益的作品或裁决。[②]并且，从更高的利益层面来看，宪法规定了公民享有言论自由。言论自由是公民的一项基本权利，而如果为独创性设定含混不清的“创作高度”判断标准，极为容易导致剥夺言论自由的结果。[③]也即，即使认为“创作高度”判断标准能够在一定程度上维护公共利益，这种判断标准也将违反基本人权。而基本人权相较于其所维护的公共利益而言，处于更加根本的地位，故适用“创作高度”标准维护公共利益可能有“捡了芝麻，丢了西瓜”之嫌。

（3）“创作高度说”制度协调功能之质疑

提倡创作高度说的学者认为，从制度协调的角度来看，“创作高度说”可以妥善区分著作权制度中的作品与制品之间的关系、著作权制度与外观设计专利制度的关系。由于我国适用作品与制品二分体例，对于作品与制品的区分就需要一个合理的标准，而创作高度正好充当了区分的边界。而在实用艺术品领域，涉及著作权与外观设计权的交叉，需要考虑两种制度之间的协调问题。“创作高度说”通过要求实用艺术作品具备创作高度，提高实用艺术作品受著作权保护的门槛，既能有效避免大量日常生活产品受到著作权法保护，避免著作权法的保护对象显得杂乱无章，又能促进外观设计专利制度发挥其应有作用，以起到协调著作权制度与外观设计专利制度的作用。

“创作高度说”协调制度运行的效果存在理想化倾向：第一，从制度目的来看，邻接权制度的功能在于保护著作权产业领域里的投资成果，其所注重的是保

---

① 曾春宇. 无形财产权体系下传统手工艺权的构建［J］. 财经理论与实践，2023（5）：147.

② Lavik E，Van Gompel S. On the prospects of raising the originality requirement in copyright law：Perspectives from the Humanities［J］. J. Copyright Soc'y USA，2012（60）：387.

③ 李扬. 著作权法基本原理［M］. 北京：知识产权出版社，2019：33.

证相关投资者的利益获取，从而弥补作者权理论所留下的保护缝隙。[①]因此，邻接权是一种与文化传播相关的权利，独立于狭义著作权制度之外，是对狭义著作权制度的一种补充。因此，邻接权可能并不关注传播内容的独创性，传播内容独创性的高低对邻接权的保护并不产生影响。第二，从二分体例看，对于著作权与邻接权的二分标准，并不唯一。至少以最低限度创造性与无独创性为标准同样可以实现对著作权与邻接权的二分。即便如此，以最低限度创造性标准来限定著作权，以无独创性标准限定邻接权，相较于独创性高低标准也更契合邻接权不关注传播内容独创性的本质以及对著作权的补充功能。第三，从协调著作权制度与外观设计制度的角度看，"创作高度"标准也同样没有发挥作用。首先，给予实用艺术作品以著作权保护，并不影响其对于外观设计权的申请。在能够获得双重保护的激励下，外观设计制度被架空的可能性将大幅降低。其次，外观设计制度相较于著作权制度而言享有较强的排他性，这种优势将在一定程度上弥补程序成本的不足。同时，著作权对于实用艺术品的保护，需要考量实用性与艺术性的分离。分离原则，从事实上提高了实用艺术品获得著作权保护的难度，也成为司法实践中诸多实用艺术品难以获得著作权保护的关键障碍。因此，即使没有"创作高度"标准，分离原则所设置的门槛也将限制著作权法的适用，从而避免对外观设计制度的架空。而"创作高度"标准，只是在原有的基础上进一步限制了著作权法的适用，故其实际发挥的协调作用可能非常有限。

综上，"创作高度说"存在许多缺陷，从"创作高度"的角度理解创作性，并不符合我国著作权法的发展需求，甚至会造成不良的社会与法律效果。

2. 创作性判断与参照物的关系

在创作性的具体认定上，学者也提出各式各样的标准，如艺术美感、作品篇幅等。厘清创作性与这些标准的关系，有助于明确对创作性的判断。

（1）创作性与艺术水准、学术质量并无必然关系

艺术水准或学术质量是对创作内容设定的一种高度，也即达到某种高度的创作内容将被认为具备特定的艺术水准或学术质量。但是，艺术水准、学术质量等评价会随着个人喜好的不同而不同。正如"美学无歧视"原则所言，如果只受过法律训练的人在最狭窄和最明显的限度之外，对绘画插图的价值作出最终评判，

① 王超政. 著作邻接权制度功能的历史探源与现代构造［J］. 华中科技大学学报（社会科学版），2020（4）：100.

这将是一项危险的工作。[①]从法政策学的视角看，著作权法不能实现对市场判断的简单替代，因此应当将需要市场做出判断的内容留给市场，避免法律对市场的过度干预。以艺术水准、学术质量等标准判断作品独创性，无疑会造成法律对市场的过度干涉。如果认为创作性需要在学术上、艺术上取得某种成就的话，将很难排除好事者将没有艺术、学术价值的表达形式随意利用，导致纠纷发生而徒增司法成本。[②]据此，创作性的判断应当与艺术水准、学术质量等标准并无必然关系。

（2）创作性与市场价值并无必然关系

一种观点认为，对独创性的判断可以从经济分析的角度考量作品的市场价值、社会贡献等。本研究认为，此种判断方式实质上是通过市场价值来判断是否构成创作性，其关注重点在于作品能够为社会带来的经济价值。此种判断方式存在两点问题：第一，市场价值的影响因素是多元化的，其因素包括但不限于需求关系的影响、作者的知名度等。第二，以“市场价值”作为创作性的判断标准，至少会导致许多应受保护但市场价值较低的作品可能无法获得保护，同时部分不应该受到保护但市场价值较高的内容反而可能获得保护。这些可能出现的不良后果，容易削弱创作者的创新热情，与著作权鼓励文化创新、实现文化繁荣的目标背道而驰。因此，创作性同样与“市场价值”也并无必然关系。

（3）创作性与表达篇幅并无必然关系

有观点认为，如果要满足独创性的要求，必须具有起码的表达量；标题、短语等缺乏必要的表达量，故不具有独创性、不构成作品。[③]在我国司法实践中，体现上述观点的案例不在少数。[④]但是，表达篇幅的长短与创作性的判断并无必然关系。具言之，首先，短小篇幅的内容受著作权保护的关键正在于是否能够表达出内容的创作性。表达篇幅较短的内容如果能够呈现出创作性，且不属于“有限表达”，仍然可以受到著作权法的保护。其次，从比较法的角度来看，多国著作权立法和司法实践并未对作品的长度作出限制。我国亦有诸多法院判决主张创

---

① See Bleistein v. Donaldson Lithographing co.，188 U. S. 239，251（U. S. 1903）.

② 李扬．著作权法基本原理［M］．北京：知识产权出版社，2019：33.

③ 李明德，许超．著作权法（第二版）［M］．北京：法律出版社，2009：29；王迁．知识产权法教程（第七版）［M］．北京：中国人民大学出版社，2021：73-74.

④ 参见云南省高级人民法院（2003）云高民三终字第16号民事判决书；北京市东城区人民法院（2012）东民初字09636号民事判决书。

作性与表达篇幅并无必然关系。[①]

（4）创作性区别于新颖性、创造性

新颖性标准在著作权法领域可能并非适当的标准。[②]首先，从语义角度看，独创性与新颖性和创造性均有所不同。专利法中的新颖性与创造性，要求技术方案公开前，在全世界各地并不属于现有技术且不构成抵触申请，且该技术方案要达到非显而易见的程度或者与现有技术相比具有（突出的）实质性特点与（显著的）进步，但创作性没有这些要求。[③]其次，从立法目的的角度来看，专利法的目的在于促进科学技术进步和经济社会发展，而著作权法的目的在于促进文化和科学事业的发展与繁荣，创作性的标准低于新颖性、创造性的标准，反而更有利于实现文化和科学事业繁荣的目标。最后，从经济成本的角度来看，引入新颖性、创造性标准将导致需要构建与之配套的机制，更需要配备相应的人力、物力资源，将导致大量制度成本的产生。故创作性标准应低于新颖性、创造性。

结合前述抽象层面的分析与具体层面的分析，创作性的判断标准相对比较明朗。创作性无须达到一定“创作高度”，且创作性与艺术美感、学术质量、商业价值、表达篇幅以及专利法上的新颖性、创造性都无必然关系，故这些概念并非最低程度创造性的衡量指标。本研究认为，独创性的判断标准可以表述为两点：第一，是否独立完成创作；第二，是否能够让人感知、判断出创作内容中所涉及的表达与已有表达存在差异。这种判断标准与具有个性的判断标准既有联系，又有区别。二者的联系在于，创作内容如果能够体现个性，基本能够推断出其与已有表达存在一定差异。二者的区别在于对于一些特殊类型作品的创作性判断。如计算机软件、数据库等作品，很难认为是思想或者情感的表达，可能无法体现为个性化的结果。[④]对于这类作品，具有个性的判断方法可能会陷入难以适用的困境，但是能够通过是否与已有表达存在差异来判断是否具有创作性。因此，本文提出的“与现有表达存在一定差异”的判断标准的适用范围更广，更具普适性。

---

① 参见北京互联网法院（2018）京0491民初第1号民事判决书；北京市高级人民法院（2003）高民终字第114号民事判决书。

② 卢海君. 版权客体论［M］. 北京：知识产权出版社，2011：189-190.

③ 李扬. 著作权法基本原理［M］. 北京：知识产权出版社，2019：34.

④［日］中山信弘. 著作权法（第3版）［M］. 东京：有斐阁，2022：68-70.

三、作品独创性与作品类型之间的关系

作品独创性与作品类型的关系，主要涉及两个问题：第一，不同类型作品是否要求不同的独创性，即独创性判断标准是否具有普适性？第二，对于近几年热门案例中有争议的几类典型作品，其独创性体现为何，应如何界定？

（一）不同类型作品是否要求不同独创性

1. 肯定说的理由

有一种观点认为，不同作品应当具有不同的独创性。[①]其核心逻辑在于，不同类型作品的表现形式、创作空间都有区别，适用同一种独创性标准，可能会产生许多问题。部分地方法院也表明了对不同作品适用不同独创性标准的态度。[②]对此，最高人民法院的态度暧昧不清，一方面在司法政策文件中提倡应统一独创性标准，另一方面又在案件判决中认为不存在统一的独创性判断标准，又以“创作高度说”为依据主张灵活把握不同类型作品的“创作高度”，[③]可谓自相矛盾。

2. 否定说之提倡

独创性判断标准具有抽象性，可以统摄并普适于所有类型作品。认为不同类型作品应采用不同独创性判断标准的观点，值得商榷。首先，作品类型众多，逐个设置独创性标准，缺乏实践上的可行性，导致社会成本的迅速增长。其次，即使存在一个共同的独创性判断标准，也并不影响不同类型作品差异化地体现这一标准。进言之，所有类型作品的共同独创性判断标准为独立创作且能够感知到与已有表达不同。再次，在双重保护的框架制度下，对于一项权利的获取并不阻碍权利人对另一项权利的申请。同时，著作权的较弱排他性以及分离原则的高认定难度，也为外观设计制度的适用创造了条件。最后，新兴作品的出现，可能对不同类型作品适用同一种独创性标准造成冲击。但是采取本研究提倡的“能够感知

---

① 赵锐. 作品独创性标准的反思与认知——以作品概念的科学构建为分析起点［J］. 知识产权，2011（9）：58；许波. 著作权保护范围的确定及实质性相似的判断——以历史剧本类文字作品为视角［J］. 知识产权，2012（2）：31.

② 参见上海知识产权法院（2018）沪73民终220号民事判决书；湖北省高级人民法院（2022）鄂知民终81号民事判决书；浙江省宁波市鄞州区人民法院（2022）浙0212民初2862号民事判决书。

③ 参见最高人民法院（2013）民申字第1350号民事裁定书。

到与已有表达存在差异”标准，便能对新兴作品的独创性进行判断，同样能够将这些作品纳入著作权法的保护范围之中。“能够感知到与已有表达存在差异”标准，既具有抽象性，存在较大的解释空间，也具有具体性，其适用会因不同类型作品的创作而呈现场景化的特点，从而因应技术发展与社会生活的变化。

（二）有争议的典型作品的独创性之体现

如上文所述，“独创性”作为著作权客体的门槛要件，本身已经具有高度抽象的特质。不同作品类型由于创作方式、所属领域等不同，在独创性的呈现方式上存在差异。本研究依托近年来的热点案件，探讨下列有争议的作品的独创性。

1. 舞蹈作品

关于何为舞蹈作品独创性的体现，我国实务界和学界大致存在两种相对立的观点：一种观点认为舞蹈作品实质上为动作作品，其独创性只能通过连续的动作得以体现；[①]另一种观点则在吸纳舞蹈学理论的基础上，认为舞蹈作品是一门综合类艺术，除连续的舞蹈动作外，舞美、服装、音乐等亦在体现舞蹈作品独创性方面具有重要价值。[②]关于舞蹈作品的独创性体现，可以从“月光舞蹈”案中窥得司法实务界的观点交锋。本研究认为，该案一审和再审裁定的观点值得商榷，舞蹈作品的独创性应限定为连续的动作设计为宜，单独的舞蹈动作也好，灯光、舞美、服装、造型、音乐等辅助因素也罢，都不是舞蹈作品独创性的体现。

首先，单个舞蹈动作不应纳入舞蹈作品的保护范围。第一，单个舞蹈作品数量有限，不能受到版权法的保护，正如单个文字、数字、标记、颜色、形状不被保护，两者并无本质上的区别。[③]第二，我国现行的著作权法实施条例对于舞蹈作品的定义中，已经通过“连续”的限定明确排除了独立的舞蹈动作构成舞蹈作品的可能性。

---

① 这一观点以王迁、冯晓青、何敏、张云等学者为代表，参见王迁．知识产权教程（第七版）［M］．北京：中国人民大学出版社，2021：108；何敏，吴梓茗．舞蹈作品侵权认定的误区与匡正——兼评我国首例“静态手段侵犯舞蹈作品版权”案［J］．贵州师范大学学报（社会科学版），2022（2）：125；张云．舞蹈作品的版权保护［J］．知识产权，2007（3）：87.

② 这一观点的代表人物有刘春田、杨华权、刘洁等，参见：刘春田．知识产权法［M］．北京：中国人民大学出版社，2020：63-64；杨华权．论舞蹈作品独创性的法律认定［J］．北京舞蹈学院学报，2019（4）：24；刘洁．基于学科交叉视角的舞蹈作品独创性［J］．北京舞蹈学院学报，2022（5）：36.

③ See U. S. Copyright Office，Compendium Of U. S. Copyright Office Practices § 805. 4（D）（3ded. 2014）.

其次，灯光、舞美、服化道等动作之外的元素也不应纳入舞蹈作品的保护范围。第一，从文义解读的角度出发，“舞蹈作品”的核心要素为“设计、编排步伐与动作”[①]，而非服化道、舞美等其他元素。第二，对舞蹈作品定义中的“等”字理解，依据法律解释的惯例，应与“等”之前的示例具有同等性，但灯光、舞美、服化道等辅助元素与示例内容显然性质相异。第三，就舞蹈作品而言，其侵权判断最关键的是看动作和姿势是否实质性相似，配合动作和姿势的灯光、舞美、服化道设计等只是辅助而非决定性因素。从比较法的视角出发，在进行舞蹈作品实质性对比时以舞蹈动作为核心几乎是各国的共识。在“Myers v. Harold”案[②]以及“Godspell”案[③]中，都体现出这一观点。

2. 摄影作品

对于摄影作品，目前通说倾向于以拍摄技术的创造性来判断摄影作品的独创性，主要体现为拍摄者对拍摄对象、手法、时机等方面的选择。

本研究认为，作品只要是作者独立完成，且能够被感知、判断出与现有表达不同即可认为具有独创性，与其艺术水准无关。具体到摄影作品，如果照片在景物、构图、拍摄角度、曝光时间、明暗度等方面的选择以及底片的修改等方面反映出摄影者的审美眼光和艺术视角，即可满足摄影作品的独创性要求，无需考虑最后成片的艺术审美及其高低，也无需人为地提高摄影作品的独创性标准。

3. 视听作品

视听作品的本质是有伴音或无伴音的连续画面。通说认为，视听作品的独创性源于连续画面整体的选择、衔接和编排。[④]但近年来，涉及体育赛事直播画面、网络游戏画面及其规则的纠纷案件层出不穷，由此引发学界与实务界对视听作品的热烈讨论。鉴于篇幅原因，本研究仅以网络游戏画面及其规则保护为例展开分析。

---

① 《牛津英汉高阶英汉词典》（第七版 · 大字本）[Z]. 北京：商务印书馆，2009：338. 原文表述为“the art of designing and arranging the steps and movements in dances，especially in ballet”。

② See Myers v. Harold，279 F. Supp. 3d 778，800.

③ See GRUR 1979，852.

④ 徐小奔. 论体育赛事节目独创性之所在——兼评“新浪诉凤凰网体育赛事转播案”[J]. 中国版权，2016（3）：48；王迁. 知识产权教材 [M]. 北京：中国人民大学出版社，2021：126；严波. 论春晚的影视作品性质 [J]. 现代传播（中国传媒大学学报），2015（6）：97；陈锦川，著作权审判：原理解读与实务指导 [M]. 北京：法律出版社，2013：41；崔国斌. 视听作品画面与内容的二分思路 [J]. 知识产权，2020（5）：27.

（1）网络游戏规则可版权性之证成

就网络游戏规则是否具有可版权性的问题，理论界和实务界争论良久，仍未达成共识，目前大致存在两种针锋相对的观点：一是否定说，[①]主要是从“思想—表达”二分的著作权法基本原理、功能性原则和游戏行业的发展趋势等方面入手。司法实践中，有不少法院也秉持着类似观点，例如，在“《泡泡堂》诉《QQ堂》”案[②]、“《炉石传说》诉《卧龙传说》”案[③]中，法院都倾向于将游戏规则全盘认定为思想，从而拒绝为其提供著作权法上的保护。二是肯定说，[④]主要通过类比文字作品中的故事情节，认为游戏设计具有受著作权法保护的可能。

本研究认为，具体到一定程度的游戏规则可以构成著作权法意义上的表达。首先，作为凝聚着开发者构思和设计的智力成果，游戏规则中存在一条从“量变”迈向“质变”的分界线，界线以上是属于公有领域、公众可以自由使用的思想，界线以下则是具有可版权性的独创性表达。其次，游戏规则是一款游戏的核

① 张伟君．呈现于视听作品中的游戏规则依然是思想而并非表达——对若干游戏著作权侵权纠纷案判决的评述［J］．电子知识产权，2021（5）：67-72；崔国斌．认真对待游戏著作权［J］．知识产权，2016（2）：8；冯晓青，孟雅丹．手机游戏著作权保护研究［J］．中国版权，2014（6）：35；张书青．网络游戏著作权法保护的路径选择与模式优化——评《蓝月传奇》案［J］．电子知识产权，2020（7）：98；谢永江，王云云．网络游戏的著作权侵权分析［J］．北京工业大学学报（社会科学版），2018（4）：74-80；郝敏．网络游戏要素的知识产权保护［J］．知识产权，2016（1）：71-72；李忠诚．论网络游戏规则不具有可版权性［J］．苏州大学学报（法学版），2020（1）：99-104；王迁，郑涵睿．“游戏作品”著作权保护之商榷——评《率土之滨》诉《三国志・战略版》案［EB/OL］．（2023-07-04）［2024-09-20］．https://mp. weixin. qq.com/s/tAn6d7A1nPR7jdJdr66hjg.

② 参见北京市第一中级人民法院（2006）一中民初字第8564号判决书。

③ 在《炉石传说》诉《卧龙传说》案中，法院认为原告所主张的卡牌和套牌的组合，其实质是游戏的规则和玩法，属于思想本身，不属于著作权法保护范畴，参见上海市第一中级人民法院（2014）沪一中民五（知）初字第23号民事判决书。

④ 吴汉东．游戏规则的商业价值和法律保护逻辑［EB/OL］．（2022-07-14）［2024-09-20］．https://mp.weixin.qq.com/s/RuZAg2VfV0XIszN0Cr4Qgg；李扬．认真对待“网络游戏规则”的法律保护［EB/OL］．（2022-07-08）［2024-09-20］．https://mp.weixin. qq. com/s/4s5TBgCjnhPSOj0FUR7e8A；蒋舸．作为非典型作品的游戏规则［EB/OL］．（2022-07-21）．https://mp. weixin. qq. com/s/30JipDK-BfG6HAngGk3D0Jw；熊文聪．游戏玩法规则：一个客观的实在［EB/OL］．（2022-07-11）［2024-09-20］．https://mp.weixin.qq.com/s/WhxluAjU81VmksGsVW9quw；卢海君．网络游戏规则的著作权法地位［J］．经贸法律评论，2020（1）：137-140；何培育，李源信．“换皮游戏”司法规制的困境及对策探析［J］．电子知识产权，2020（9）：23-25；焦海洋．论手游玩法规则构成作品与否的认定标准［J］．电子知识产权，2019（2）：16-19；曾晰，关永红．网络游戏规则的著作权保护及其路径探微［J］．知识产权，2017（6）：69-70；朱艺浩．论网络游戏规则的著作权法保护［J］．知识产权，2018（2）：70-72；董瀚月．网络游戏规则的著作权法保护［J］．上海政法学院学报（法治论丛），2016（3）：103-105.

心和灵魂之所在，倾注了游戏开发者的无数心血。若此时一味固守游戏规则不具有可版权性的观点，将对上述情况束手无措，结果是“换皮游戏”大行其道，这将极大地打击在先游戏设计者的积极性。

（2）网络游戏及游戏规则的保护路径选择和独创性体现

将网络游戏认定为新作品类型的做法存在严重的逻辑问题。首先，表现形式是作品分类的基础因素。[①]就网络游戏而言，它虽然包括规则、程序和素材三个方面，但最终呈现出来、被观众或玩家所感知到的仍然是连续的游戏画面。从这一角度来说，将其归入视听作品顺理成章。其次，游戏画面实际上是玩家在游戏规则的指引下，调动各项游戏要素而形成，虽然可能因为不同玩家在具体、细微操作上的差异导致最终画面呈现上并不完全相同，但这种画面上的差异并未超出游戏开发者的预设。换言之，在网络游戏开发者事先设定好了游戏素材和游戏规则的情况下，游戏画面与玩家的一系列操作指令形成稳定的映射关系，玩家操作而形成游戏画面的过程实际上是对开发者预设的游戏画面的再现，玩家并没有对画面的独创性作出任何实质性的贡献。[②]

由于视听作品的独创性来源于连续的动态画面，本研究认为，将网络游戏规则作为文字作品保护其实是更为妥当的做法。游戏规则与网络游戏的关系，和剧本与电影作品的关系类似，虽然电影画面固定了情节等剧本内容，但剧本本身仍然可以通过文字作品主张保护，游戏规则也是一样。事实上，虽然游戏规则最终通过游戏画面得以呈现，但画面只是游戏规则被观众或用户感知的中介或载体，并不是其真正的表现形式。在游戏画面形成之前，游戏规则就已然存在，各大网游公司在开发电子游戏时，事先就已经设计出了诸如角色设置、操作方式等规则设计，并通过文字、符号等形式表现出来，这符合文字作品的特征，因此将游戏规则认定为文字作品并无不妥。

4. 图形作品

图形作品和美术作品都以图形为表现形式，两者是著作权法上界限相对模糊的一组概念，因此对图形作品独创性的讨论也在与美术作品的对比中进行。尤其是近年来，游戏地图纠纷案件频发，不少法官在处理游戏地图的版权性问题上，从游戏地图画面呈现的复杂程度入手，倾向于认为画面较为复杂的游戏场景图等

---

① 陈锦川．网络游戏是一种独立于其他作品的新的作品类型吗？——从网络游戏借以表现的形式说起［EB/OL］.（2023-06-07）［2024-09-20］. https://mp.weixin.qq.com/s/2j5jaHxtz3LXCX2IJ17x_A.

② 李扬．网络游戏直播中的著作权问题［J］. 知识产权，2017（1）：17-18.

具有审美意义，构成美术作品，而较为简洁的缩略图等，则构成图形作品。[①]

上述观点值得商榷。首先，图形线条的多少与复杂程度、色彩的运用等元素，并不是美术作品与图形作品区分的关键。有线条简单、用色单一的美术作品，也有构图和色彩复杂的图形作品，上述要素并不是图形作品单独作为一项作品类型受保护的原因。其次，图形作品作为科学领域的作品类型，虽然同样以线条、形状及色彩等表达美感，但其立足于客观存在的事实性信息，通过对上述信息进行选择、取舍和编排并图形化，从而展现科学之美，这也正是图形作品真正的独创性之所在。上述结论在域内外司法实践中也得到了佐证。[②]在“Mason”案中，法官明确地图的独创性源于作者对客观地理信息的创作性选择、协调和编排。[③]在“四维地图诉百度地图”案[④]中，一审和二审法院都认可电子地图的独创性体现在制图者对地理信息要素的选择、取舍和编排，以及图形化表达之上。

四、侵权诉讼中作品独创性的司法认定

（一）作品独创性推定规则之证立

1. 作品独创性推定规则之提出

独创性推定规则，是指在著作权侵权或权属诉讼中，原告无须就其作品独创性提出主张，更无须在起诉状和第一阶段举证环节就其作品独创性提供证据进行证明。若被告否定独创性的，应当举出反证证明，否则即应推定原告所主张的客体具有独创性。被告若提出反驳，则可以从原告主张的作品是否属于同类作品领域中司空见惯的表达角度入手，推翻对作品独创性的推定。

我国2020年修订的著作权法第12条以及最高人民法院《关于加强著作权和

① 参见上海市浦东新区人民法院（2015）浦民三（知）初字第529号民事判决书；上海知识产权法院（2016）沪73民终190号民事判决书；广东知识产权法院（2020）粤73民终5293号民事判决书。

② 熊琦．电子地图中的著作权客体类型与认定［EB/OL］．（2020-07-08）［2024-12-20］．https://mp.weixin.qq.com/s/HoPqwz5W3BnITxe7D6HLQw；许超．浅议地图的著作权保护［EB/OL］．（2020-06-04）［2024-09-20］．https://mp.weixin.qq.com/s/KqBgBe2qW-HdG5-RE6vPYg.

③ See Mason v. Montgomery Data Inc.，967 F. 2d 135（5th Cir. 1992）.

④ 一审判决参见北京知识产权法院（2017）京73民初1914号民事判决书；二审判决参见北京市高级人民法院（2021）京民终421号民事判决书。

与著作权有关的权利保护的意见》第3条共同形成了三项推定规则，即“作者身份推定”“权利存在推定”和“权利归属推定”。[①]其中，“权利存在推定”规则中又暗含了“作品存在推定”以及“独创性推定”的内容。因为客体上存在著作权，则显然是将其视为作品，著作权法意义上作品的成立又是以符合作品构成要件为基础的，这也自然可以从权利存在推断出客体具有作品核心构成要件即独创性。简言之，如果诉讼争议客体并非具有独创性的表达形式，连作品都不是，又何谈享有著作权呢？

2. 作品独创性推定规则的正当性

在著作权诉讼中，确立作品独创性推定规则，具有实现诉讼效率和正义的积极作用，也是我国履行国际条约义务的要求。

第一，正义视角的正当性。程序正义不仅是形式上的正义，更应当是实质上的正义。不同于专利法和商标法采取注册取得制，是否成为受著作权法保护的作品并不经过权威机关的授权审查程序。虽然自动取得原则下也存在作品登记制度，但此种作品登记不具有权威性，有权机关并不对其著作权做事先实质性审查，这使得被告可以在侵害著作权纠纷案件的诉讼过程中以诉争作品不符合独创性要件为由直接提出抗辩。证明责任的分配需要以达到公平合理地分配证明责任为目标，如果在此情形下一味加重原告的证明责任，则会在程序法上产生不公正进而导致在实体权利的认定上引发不正义的结果。

第二，效率视角的正当性。首先，相较于原告，被告只需找到原告主张权利客体与现有表达之一构成实质性相似即可推翻原告的所有诉讼请求，由此可见，通过设置独创性推定规则对相关事实加以确定，可以切实节省调查取证的资源付出，以实现诉讼经济原则。其次，作品独创性推定规则，不仅可以用于应对当下相关权利人举证困难的问题，同时也减轻法院的审理压力，提高司法审判效率：一方面，独创性推定规则可以使法院摆脱是否主动审查的困境，不考虑独创性的正面举证困难问题，回归自身的中立和被动的诉讼地位。另一方面，独创性推定规则在减轻原告举证责任的前提下，可以有效避免原告受困于初始举证不足，向人民法院提出延长申请，进而导致案件审理陷入停滞状态的现象大量发生。

第三，国际视角的正当性。作品独创性推定规则的形成也是我国契合国际条

① 王迁. 论《著作权法》中“署名推定”的适用［J］. 法学，2023（5）：94-109.

约义务的要求。[①]2020年中美贸易谈判代表签署的第一阶段《中华人民共和国政府和美利坚合众国政府经济贸易协议》中第1.29.1（a）项规定，两国应建立如下推定规则："著作权或相关权利存在于上述作品、表演、录音制品中。"该规则内容与我国署名推定条款中的"存在相应权利"内涵相合。正如上文所言，"存在相应权利"作为权利存在推定规则，其暗含独创性存在推定规则。而美国之所以要求两国建立独创性推定规则，与美国和我国对作品独创性的要求不同有关。美国仅要求作品独立完成并具有最低限度的创造性，而我国一些法院仍要求作品具有独创性高度。按照我国某些法院对独创性的要求，美国人的很多作品在我国可能得不到保护。要求我国建立独创性推定规则，很大程度上可以防止这个问题的出现。

（二）作品独创性的举证责任分配

从举证结果责任的视角来看，举证责任分配足以影响案件判决结果。具言之，由原被告中的哪一方当事人承担举证责任以及举证责任应当达到何种程度，需要进行明确划分从而使得当事人在实体法与程序法上达到利益平衡。

1. 传统司法实践中独创性的举证责任分配

在我国以往的司法实务中，如何划分独创性的举证责任存在争议。以"京剧脸谱系列案"为例，司法实践上出现了原告的举证责任需要对独创性达到穷尽所有举证手段的完全举证责任分配，[②]部分学者也持类似观点。[③]同时，也有法院认为，原告就独创性所提供的证据仅需达到初步证明的程度即可。[④]

在比较法上，作品独创性的证明责任一般由原告承担。美国最高法院在Feist案中提出的版权侵权证明的两步法，确定了版权侵权证明责任的基本框架。在版权侵权诉讼中，原告首先需要证明自己拥有有效的版权，同时需要指出被告侵权部分是原告作品中具有独创性的部分。[⑤]系统分析美国版权侵权案件中原被告的

---

① 覃楚翔. 多维证成与解读：我国作品署名推定条款的变革［J］. 科技与法律（中英文），2023（3）：87-96.

② 参见湖南省长沙市中级人民法院（2006）长中民三初字第0399号民事判决书。

③ 林秀芹，曾斯平. 论民间文学艺术衍生作品独创性的认定——以赵梦林京剧脸谱系列案为例［J］. 湖南社会科学，2013（6）：60-63.

④ 参见北京市海淀区人民法院（2010）海民初字第15492号民事判决书；重庆市高级人民法院（2011）渝高法民终字第188号民事判决书。

⑤ See 17 U. S. C. § 501（a）-（b）.

举证责任，可以将上述两步法按照事实与法律进一步细化为版权所有权证明、版权有效性证明、被告复制证明以及不当挪用证明。其中，独创性证明分别存在于版权有效性证明与不当挪用证明中。具言之，独创性是作品上存在有效版权的前提，而在证明被告抄袭这一事实后，原告还需要证明被告复制的部分是原告作品中具有独创性的部分。

2. 独创性推定规则下举证责任的具体分配

（1）原告仅就权利存在推定履行初步举证责任

独创性推定规则作为权利存在推定规则的当然延伸，在推定的分类上属于一种法律推定。法律推定旨在减轻主张积极事实存在一方当事人的举证责任，只需要举证证明相对容易证明的基础事实即可。基于法律推定的要求，在著作权侵权诉讼中，就权利存在推定而言，原告就权属关系是否存在需要履行初步证明责任是毋庸置疑的。本研究认为，该初步举证责任指向的证明对象即原告作品之间存在权属关系。例如，原告在合法出版物上的作者署名、著作权登记证书中记载的作者信息、著作权许可合同中许可人或被许可人的姓名等。

但就作品独创性推定而言，是否也应当要求原告特别就另外的基础事实进行举证，即原告是否就独创性部分承担初步证明责任，则需要进一步讨论。正如前文所述，权利存在推定规则的目的是减轻著作权人的举证难问题，故权利一经推定成立，则应当跳过对独创性成立的基础事实进行的充分说明或初步证明，直接得出“原告主张著作权保护的客体具有独创性”这一结论。这种认识才更能与其减轻著作权人举证责任的制度目的相契合。对推定事实的质疑应当服务于当事人的诉讼主张，如果被告没有就作品独创性不成立提出相应主张，此时建立在权利存在推定规则下的独创性推定规则仍应适用。如下文所述，即使要求权利人就作品独创性承担举证责任，也应当是诉讼程序进入后续的举证质证阶段所要考虑的问题。

总之，在起诉阶段和第一阶段举证环节，原告无须就作品独创性提供相关证据并进行初步证明或充分说明，而只需要举证证明涉及权利存在推定的基础事实成立，即原告与其主张著作权保护的客体之间存在权属关系。

（2）举证责任转移规则下的说明或证明义务

举证质证是一个较为复杂的过程，其中涉及举证责任转移。在权利存在推定规则下，原告对该推定的基础事实进行初步证明后，如果在诉讼过程中，被告的诉讼策略为否定原告主张的作品属性的，可以提出推翻作品的独创性的相反证据，此时，原告为了反驳侵权行为人的主张，则需要就其作品中的独创性表达部分做进一步的说明，并提供相应证据，才能够认为其完成相应的举证义务。换言之，独创性推定规则并不意味着权利人在整个诉讼过程中，不负担任何举证责任，当被告提出证据足以反驳其作品独创性时，基于举证责任转移规则，原告应当就作品独创性负有提供证据并充分说明的举证责任。

此外，举证能力不同这一因素会在后续的举证责任分配中产生影响。在特定的、小众的文化领域下进行创作的权利人，在本领域进行作品创作活动多年，作为该领域下的专家，举证加以证明自己的作品具有不同于现有作品表达的独创性不一定属于较为困难的事情。因此，对比当事人的举证能力，将独创性的举证责任较多地分配给占有或者接近证据材料、有条件并有能力收集证据的一方当事人或更为合理。

（三）法院主动审查独创性之证伪

1. 法院主动审查作品独创性之实践考察

在司法实践中，我国法院既有主动审查①的情况，又有被动审查②的情况。北京市高级人民法院则通过《北京市高级人民法院侵害著作权案件审理指南》（以下简称《指南》）明确赞成主动审查。《指南》第2.1条第1款规定："审理侵害著作权案件，需要主动审查原告主张著作权的客体是否构成作品，不能仅根据被告的认可即认定构成作品。"《指南》除规定法院应当主动审查原告主张著作权的客体是否构成作品外，第7.2条还规定即使被告不主张原告所主张的权利客体是否属于著作权法第五条所规定的情形、是否超过法定保护期，法院也应当主动审查。在对第五条的审查中，对是否属于单纯事实消息及通用数表等的审查亦包括对独创性的审查。

2. 法院主动审查作品独创性之理论证伪

诚然，独创性是划分私有领域与公共领域的分水岭之一。法院在审理侵害著作权案件中主动审查权利人主张著作权的客体是否具有独创性，似乎具有维护著作权公共领域的作用，可以防止不满足独创性要求的表达被私人所有进而侵蚀公共领域；同时，对于知识储备或准备不足的被告而言，法院的该做法似乎也可以保护被告对应的利益以实现实体正义。

然而，本研究认为，法院主动审查作品的独创性甚为不妥。理由在于：一是

① 参见最高人民法院（2013）民申字第1345号民事判决书。

② 参见最高人民法院（2014）知行字第109号行政裁定书。

违背民事诉讼的当事人主义，是一种法律父爱主义；二是有违诉讼经济原则，与“知识产权快保护”的政策导向不符，并将释放负面的激励效应。

第一，在当事人主义的民事诉讼模式下，根据独创性推定规则，原则上应由被告就独创性问题承担举证责任。若认可法院能主动审查独创性，需要追问的是：法院的此种权力源自何处，以使其突破民事诉讼中当事人主义的限制？在此，可以根据本研究对独创性内涵中关于“现有表达”的界定与范围进行分类讨论。首先，对于尚在著作权保护期的表达。即使原告主张的表达与他人尚在著作权保护期的表达不存在差异，也即被告实质上侵犯的是第三人的著作权而未侵犯此案原告的著作权，但若被告并未搜集到相关证据从而反驳原告作品的独创性，那也应属于被告自身在此案中的疏漏，被告日后若发现新证据，完全可以申请再审从而取回原告在本案中的不当得利。因此，在此种情形下，法官主动审查作品独创性毫无依据，且与其中立裁判者的地位严重不符，是一种法律父爱主义的体现。其次，对于处于公共领域的表达。有观点或许会从民事诉讼法对自认的限制出发，认为维护著作权法公共领域属于“社会公共利益”的范畴，从而认为法院能依职权对涉案表达是否属于公共领域的表达进行主动审查。但是，仔细考究公共领域表达的范畴就会发现，上述想法先验地认为法官在每一个具体的案件中完全有能力检索出公共领域的表达进而实现比对，完全深知不同创作领域的特征（创作手法、创作元素等），这种幻想和我国知识产权案件法官审理水平参差、知识结构各异、检索能力有限的现状并不相符。

第二，法院主动审查作品独创性，不仅对法官自身造成巨大的负担、延长著作权侵权诉讼的周期从而降低诉讼效率，还会给侵权人造成负面的激励效应。首先，无论是尚在著作权保护期的表达，还是已过著作权保护期的表达，因其体量巨大，在被告不反驳、不举证的情况下，要求法官主动检索并比对，无疑是一项沉重的任务。判断涉案表达是否司空见惯的表达，也并不是如某些学者想象中那般简单。一个想要“主动而为”的法官必然是谨慎的，必须去深入了解涉案表达的相关创作领域，才能在没有被告反驳以及相关证据的前提下，说服自己与原告涉案表达是司空见惯的。但这显然要花费大量的时间与精力。以上不仅陡增法官自身的负担，而且必然会延长案件的审理周期。其次，从激励效应来看，就作品独创性的认定而言，若任凭被诉侵权行为人躺在法院的怀抱中无所作为而将本应由其承担的举证责任转变为法官的职责，使其无须付出任何成本便可获得诉讼优势乃至最后的胜诉结果，那么将为日后的、潜在的被诉侵权行为人提供一种激励，即鼓励其在独创性抗辩上默不作声，或者仅提出反驳独创性的主张从而要求法官依法履行“维护公共领域”的职责，即要求法官去判断涉案表达是否落入公共领域。这会传达极为负面的司法政策导向。

应当特别指出的是，担忧法院不主动审查涉案表达是否属于公共领域的表达会造成公共领域被侵蚀，是过分夸大了个案效力。这是因为，即使在某一案件中法院在未对独创性问题作任何审理下便判决被告侵害了原告的著作权，在同样的权利客体在不同被告的另一起案件中被再次主张权利时，也不妨碍该起案件的另一被告提出独创性的抗辩。也就是说，此案被告默不作声导致原告主张的本属于公共领域的表达受到保护，但其效果也仅限于此案被告自己败诉，并不意味着彼案被告以及社会公众使用相关公共领域表达的行为自由就因此案而被剥夺，而被专有权范围所吞噬。

五、人工智能时代下作品独创性的新课题及其回应

毋庸置疑，人工智能对文化创作的影响是颠覆式的，但这不意味着传统著作权理论在人工智能创作时代的必然失灵。如果将人机协作中人的介入程度看成0—100的数轴，我们将意外发现，传统的著作权理论已然可以应对绝大部分的人工智能创作场景。以近期引发社会关注的人工智能生成物的可版权性问题为例，大部分情形实际都可以在传统独创性理论的解释框架内得到妥善解决。

（一）探讨前提：人工智能生成物具有可版权性

在否定人工智能生成物可版权性的观点中，最坚实的底层逻辑来自对独创性必须来源于人类的坚守。但这种观点未认识到人工智能的工具性，无论技术发展到何种阶段，人工智能也只是人类创作的辅助工具，因此人工智能生成物中并不缺乏“人”的因素。

一方面，康德哲学充分说明，在人和物的关系上，物只是手段，而人才是目的。人工智能哪怕具有再强的技术实力和创作可能性，在其与人的关系中也不应该脱离康德哲学的上述命题，只能作为客体、工具存在。[①]主客体之间的转换涉及人格尊严等本质命题，应当极尽谨慎；在技术时代，更应该坚持人的尊严和主

① 李扬，李晓宇．康德哲学视点下人工智能生成物的著作权问题探讨［J］．法学杂志，2018，39（9）：45.

导性。主体与客体之间不能置换是法律最基本的原理，客体只能是主体的支配对象。因此应当坚持“人工智能创作工具说”，认为人对人工智能生成物的产生过程进行了任何形式的干预而对作品创作做出了实质性贡献，自然无须再追逐虚无缥缈的作者人格，而可以转向生成物本身的独创性判断。

另一方面，低预测性和控制性不影响可版权性。哪怕在最原始、传统的创作时代，人类也从未实现过对创作结果百分之百的预测和控制。这种不确定性可能来自创作中非人所能决定的因素。既然人工智能的创作处于黑箱而难为包括设计者、使用者在内的任何人精准预测，那何妨将其看作与落下的墨点一样由“天时地利人和”决定的不确定性——当使用者具有相当介入程度时，不必苛责创作者对于人工智能百分之百的控制，人工智能仍能被视为使用者的创作工具。

因此，应当认为，人工智能仅为人类作者创作的辅助工具，其强大的生成能力，以及用户对其的低控制性和低预见性都不影响其工具性的成立，其中仍存在人类贡献的空间，不影响独创性的判断，亦不影响可版权性的认定。

（二）利用人工智能进行创作仍有独创性的空间

人工智能生成物生成过程中的人类创作者的独创性空间和形式为何这一问题紧随人工智能创作物可版权性而来。对此，2023年北京互联网在李某某诉刘某某侵害作品署名权、信息网络传播权纠纷案（以下简称《春风送来了温柔》案）[①]对该问题提供了一个可供参考的回答。在该案中，原告进行了多处的选择和安排，“比如设计人物的呈现方式、选择提示词、安排提示词的顺序、设置相关的参数、选定哪个图片符合预期等”。当其中的选择次数足够多、调试内容足够细节时，除了创作形式变得更为简洁、方便，用户不断发挥创造力，进行个性化选择的抽象状态与传统的创作模式是完全一致的。[②]人工智能生成物的生成过程给用户提供了充分的选择空间。正如古代园林艺术往往就是在自然环境中挑选，艺术家其实没有改变任何山、水、树木的布局，但在没有挑选前自然仍是自然，挑选后自然就变成了艺术。生成式人工智能技术的出现，使得创造者不必再纠结于技艺本身，而可以直接与想象力对话，无论是输入提示词还是在不同的图片中进行选择，只要有选择的空间，只要用户实际上做出了选择——这就是创作——没有必要纠结于选择的具体形式。

---

① 参见北京互联网法院（2023）京0491民初11279号民事判决书。

② 崔国斌. 人工智能生成物中用户的独创性贡献［J］. 中国版权，2023（6）：15-23.

（三）机器贡献比增加不影响用户独创性贡献的认定

无论是对生成内容的选取，抑或对提示词的优化，都是用户进行个性化选择，发挥独创性的表现形式。对此，有一种反对观点是，尽管用户有所贡献，但机器的贡献占比更大，因此无法对其中的人类贡献进行认定。例如，在“太空歌剧院”案中，美国版权局强调之所以该作品无法享有版权，系因其中蕴含的人工智能生成部分已经超过最低限度，[①]换言之，其着眼点并非人类贡献的绝对值，而是与其他内容相比的相对值，内蕴的预设在于——作品应当是几乎纯粹的作者专属之物，而不容过多掺杂其他贡献。之所以会因为机器的介入程度更高而否认独创性，强调作者在贡献中的相对值百分比而非绝对值，其底层预设在于，作品应该是独属于该作者的产物——这种认知有着深邃的浪漫主义色彩。但这种观点具有时代性，且无法适应技术时代。

1. 创作个人主义解构：作者有限的贡献比

这种对于作者天才之姿的推崇和创作个人主义的强调，曾在著作权法刚诞生的文艺复兴时期及其后的浪漫主义文学时期颇有市场。在那个无限推崇“人”的解放的时代，创作者的能力被认为是一种“天赋”的神性。随着18世纪末兴起的浪漫主义文学，作品是作者天才之体现的观念更加深入人心。[②]通过浪漫主义的解说，作品被认为是作者“神性”的延续，无作者之灵性，便无作品产生之可能。这种将作品视为纯粹的作者个人所有物的观点，与人工智能话题下的反对观点相互映照，自然延伸出独创性的相对性标准，即强调作者对于创作的绝对控制，并要求其贡献的相对占比，以排斥其他贡献的加入。

就同文艺复兴、浪漫主义在历史上总是招致的过度夸大“人”的批评一般，创作个人主义作为浪漫主义的遗产，显然高估了个人作为创作者的能力。[③]从后现代主义视角来看，这个世界早已不存在所谓的“原创”，所有创造其实都只是对已有内容的重新组合。作者从来都不是以一己之力完成创作，所有作品都离不开对在先表达的借鉴和传承，认为作者是一个孤独的创造者，凭借他们独特的能

---

① Kasunic R J. Re：Zarya of the Dawn（Registration VAu001480196）［J］. Washington，DC，United States：United States Copyright Office，2023.

② 郑熙青. 中国网络文学创作中的原创性和著作权问题［J］. 文艺研究，2023（7）：74.

③［澳］布拉德·谢尔曼，［英］莱昂内尔·本特利. 现代知识产权法的演进：英国的历程（1760—1911）［M］. 金海军，译. 北京：北京大学出版社，2012：43.

力，正在创造原创的奇迹，是不现实的和错误的。[①]而人工智能的出现给创作个人主义致命一击——人工智能从未进行过，如浪漫主义文学家所想象的，从生活和自然中进行采风，它的创作完全基于输入的在先作品，并提取文本的概率分布进行表达，但就算如此，它的表达仍是不相似的、被认为是有独创性的，甚至在一定场合下被认为是优于人类自身的作品。从创新活动的连续性来看，绝大部分创新都是对既有范式的微小拓展。[②]这也是为什么，独创性关注的从来都是作者贡献的绝对值是否达到了"最低程度的创造性"。

2. 人工智能时代下人类创作贡献比的让渡

技术时代的人机协作必然是一个人类作者不断让渡贡献比的过程，人工智能时代的协作模式符合文学创作技术化的整体趋势。在当下的摄影技术条件下，按下快门的动作（劳动）即可轻易实现对所见事物的完美再现，但在纸笔时代对所见内容的精准再现活动（写实主义）却是证成画家作者身份的传统表达要素。在数码相机出现前，不同的曝光方法、冲洗手法都可能导致不同的照片效果，因此纯粹技艺的曝光、对焦、冲洗可能也是所谓构成"传统表达因素"的创作形式。因此，所谓的"作品中作者身份的传统元素"其实是一个极具时代性和弹性的概念，上一个时代的传统表达要素在新的技术环境下可能就矮化为了纯粹的劳动。现在被看作技艺的步骤可能已经是将表达性要素转交给机器构思、执行后的结果。

据此，独创性的传统理论在人工智能时代仍有生命力。人工智能生成物的可版权性应当聚焦人类作者在其中贡献的绝对值是否跨越了独创性的门槛，而无须介意机器贡献比例较传统时代的增加，亦无须过度关注作者身份。[③]

（四）独创性理论足以回应对著作权井喷的担忧

在人工智能的话题讨论下，始终有一种声音在担忧人工智能强大的生产力是否会产生对公众不利的反公地悲剧或权利井喷现象。可以理解在技术发展的初期公众对其的担忧和恐惧，但这种情况实质可以在独创性理论下被良好化解。

首先，人工智能生成物的排他权可能十分有限。这种排他性类似于汇编作

① Craig C J. Copyright，communication and culture：Towards a relational theory of copyright law [M]. Edward Elgar Publishing，2011：12-13.

② 蒋舸. 著作权法与专利法中"惩罚性赔偿"之非惩罚性 [J]. 法学研究，2015（6）：82.

③ 李扬，涂藤. 论人工智能生成内容的可版权性标准 [J]. 知识产权，2024（1）：68.

品，仅延及最终的表达结果，而不涉及创作过程中的提示词，其他使用者只要对提示词进行稍微改变，人工智能生成结果便不会实质性相似，继而不会引发侵权。[①]

其次，反公地悲剧和权利井喷的核心问题在于，特定客体上存在重叠的权利主体，从而极大程度提高该客体流转的交易成本和相关公众行为自由的注意义务。但这一问题在人工智能时代未必成立。一方面，毋庸置疑人工智能的生产力惊人，但若将其与人类群体的生产力作整体性对比，其实难较高下，世界每一分一秒都有数量惊人的作品正在产生。另一方面，人工智能的出现并未改变其生成物已然构成小概率产品的信息本质，纠纷产生概率依旧可控。

最后，是否容易在同样的作品上形成多重权利，在当前的话题下与其说是个法律问题，不如说是个技术问题。从技术发展情况来看，增加随机性，避免结果的相似性将是人工智能产业在很长一个时期内的技术目标，当前的技术条件也已然能在很大程度上做到这一点，多重权利所依赖的事实在人工智能时代并不一定存在。

结论

作品独创性的理论价值在于，维护著作权法上的公共领域。不具有独创性的表达一定属于公共领域，故独创性是著作权法上公共领域与私有领域的分水岭之一。作品独创性的实践价值在于作为著作权侵权比对的基准，这体现为：其一，独创性限定相似性判断的范围，即非独创性部分不应纳入实质性相似的比对范围；其二，独创性要求侵权比对的精细化，即应以“抽象—过滤—比对法”与“两阶段测试法”为主要方法，谨慎适用“整体感官法”；其三，独创性限制相似性的跨类比对，即应以原告作品类型为基础，将被告作品还原成原告作品类型进行比对。

作品不仅应当是思想或者情感的表达，而且应当是思想或者情感的独创性表达。独创性包括两个方面的含义：一是独立完成，即不是对现有作品的复制、抄袭；二是“创作性”，即对思想或者情感的表达与现有表达不同，现有表达包括

---

① 李扬，涂藤．论人工智能生成内容的可版权性标准［J］．知识产权，2024（1）：83.

公有领域的表达和尚在著作权保护期内的表达。就创作性而言，其判断标准为：只要过渡到能够让人感知与判断出，对思想或者情感的表达与现有表达存在不一样之处，就应承认该表达具有了创作性。创作性的判断应摈弃“高低说”而坚持“有无说”，创作性区别于专利法上的新颖性与创造性，并与艺术水准、学术质量、市场价值、表达篇幅无必然关系。

作品独创性的判断既具有抽象性，又具有场景性。一方面，作品独创性的判断标准属于抽象范畴而统摄所有类型的作品，故判断不同类型作品独创性的标准应是统一的。另一方面，不同类型作品基于其创作方式、创作元素等方面的不同，其独创性的来源确实存在差异，故在个案中应以该类型作品及其创作特征为具体场景，判断其独创性是否成立并表述其独创性的体现。

在著作权侵权诉讼中，应以独创性推定规则认定作品独创性。独创性推定规则，仅指权利人通过诉讼等手段主张权利时，无须就其作品的独创性提出主张，更无须在起诉状和第一阶段举证环节就其作品独创性提供证据进行证明。被诉侵权行为人否定权利人作品独创性的，应当举出反证证明。被诉侵权行为人可以从权利人的作品是否属于同类作品领域中司空见惯的表达角度入手，推翻权利人作品的独创性。独创性推定规则并不意味着权利人在整个诉讼过程中，不负担任何举证责任。举证质证是一个复杂的过程。在被诉侵权行为人提出推翻作品独创性的相反证据时，权利人为了反驳其主张，仍需就其作品中的独创性表达部分进行说明，并提供相应证据。基于民事诉讼中的当事人主义与诉讼经济之考量，法院不能在被告未反驳、未举证的情形下主动审查作品独创性。否则，将模糊民事诉讼对抗的两造，使自身偏离中立裁判者的地位，使得当事人在程序法上权利义务的失衡；还会增加法官工作负担、延长诉讼周期、增加著作权人的维权成本，从而降低诉讼效率，并且传达极为负面的激励效应。当然，对于涉案表达是否司空见惯，法官若有此怀疑，可以行使释明权，督促被告反驳并举证。

无论人工智能技术发展到何种阶段，在著作权法意义上，它仅能作为人类创作的工具。以作者身份、不可预测与控制否定人工智能的创作工具属性、否定人工智能生成物的作品属性，存在诸多论证困境。实际上，人工智能技术已经将著作权法创设的稀缺性与激励机制从客观的表达形式转移至其背后的智力劳动上，即对提示词不断进行选择、安排、调试与修正，使生成内容不断向人类预期的方向改进，而这正是人工智能生成物的独创性来源。据此，人类在人工智能时代下的创作空间并未被压缩乃至扼杀，而是也被转移至上述智力劳动中，这反而使得人类加速走向一个去精英化的、更加多元的创作时代，从而符合大众表达的时代需求。值得注意的是，明确人工智能生成物的可版权性，并不会造成作品与著作权井喷从而引发反公地悲剧。这是因为，人工智能生成物的排他权可能十分有限，仅延及表达结果而不涉及创作过程中的提示词，且并非所有人工智能生成物均能构成作品、享有著作权，即我们可以充分利用独创性理论将诸多基于司空见惯的、非常简短的提示词而生成的内容排除在著作权保护的门槛之外。

课题组组长：李扬
课题组成员：陈天佑　谭梦溪　胡迪菲　洪雨婷　苏艺　蒲柯洁　汪彬
课题承担单位：中国政法大学

版权过滤机制的本土规制体系研究

熊　琦*

摘要： 作为算法时代应对大规模线上版权侵权的治理方案，版权过滤机制在我国以长短视频冲突为代表的司法实践中长期处于争议状态，并因算法技术能力判定标准不明形成了所谓“法定化困境”。然而，通过梳理版权过滤机制的创制历史可以发现，版权过滤并非法定义务，而是产业主体博弈的结果，既是体现着权利人寻求“避风港规则”优化的策略实践，也契合了平台降低诉讼成本和获取新兴商业利益的诉求，更隐含私人自治的秩序价值转向。“推崇过滤法定化”的认知误区一则源自本土实践样本匮乏，二则现今互联网治理过度依赖算法技术效果，最终导致对版权过滤机制的讨论禁锢于“技术水平—责任水平”循环往复的比较之中。对典型的版权过滤机制运作过程进行整体性分析后发现，“版权过滤措施”仅仅是版权过滤机制中的一个技术方案和流程环节，而该机制的根本特征与依据则在于私人主体之间自主达成的版权治理合作协议。故而，将“版权过滤义务”解释为“避风港规则”中“必要措施”所包含或以其他方式对网络服务提供者施加法定版权过滤义务、强制推进过滤义务的法定化，不但有悖版权过滤机制的本质属性，更将割裂权利人与平台之间根据市场情势自主选择侵权处理策略的互利关系。现阶段，为尊重我国产业界正在形成的“互联网和版权产业融合”的独特业态，我国“避风港规则”的合理变革趋势，应以互联网平台为核心，实现对过滤机制私人实践的引导：试置“标准异议程序”保障用户异议权并适用格式合同规范维护权利义务之法律关系平衡，明确错误过滤的违约责任，以“通知—必要措施”规则为后盾保障私力转公力救济的渠道衔接。在承认转授权合法性的基础上，只有充分尊重产业实践选择，才能为最终化解版权领域合作障碍提供助力。

关键词： 版权过滤机制；互联网产业；避风港规则；“通知—删除”规则

* 熊琦，华中科技大学法学院副院长、教授、博士生导师，本课题组组长。

一、实施困境：版权过滤机制的争议梳理

随着“用户创造内容（UGC）”和“人工智能生成内容（AIGC）”的叠加，全球网络侵权态势呈现出规模化和反复性特点，形成于互联网产业发展初期的“避风港规则”被认为已难以适应实况，版权产业界也因此对网络服务提供者的责任提出更高的要求，具体包括扩张责任外延、责任履行方式主动化、责任履行时间提前等思考方案。[①]在这一情势下，长期存于私人实践领域的版权过滤机制开始受到追捧，为使其优势在版权市场中持续转化，部分研究者试图以设立新法的方式加以固定，因而其附随的执行成本、防治效果和对公共领域的潜在侵蚀风险也备受关注。版权过滤机制究竟应该作为产业主体之间的私立规则，还是应该归入法定规则体系的必要措施，这直接决定着现今互联网产业商业模式的合法性，更影响着网络服务提供者的注意义务标准认定。[②]

1998年，“避风港规则”由《数字千年版权法》（Digital Millennium Copyright Act，DMCA）第512条设立后，迅速成为世界各国互联网版权侵权责任配置的立法蓝本。[③]通过确立网络服务提供者责任规范体系，DMCA提供了一个以“通知—删除”程序为核心解决在线侵权问题的法律方案，即平台在接到权利人通知后可通过迅速采取删除或屏蔽手段换取赔偿责任豁免。彼时无人知晓科技蓝图会以无法预估的速度铺展开，随着算法技术的不断发展，“避风港规则”对各方行为的激励大幅偏离预期，算法化的“通知—删除”步骤执行逐渐替代了人工审查并导致了规则的失灵[④]：一方面，用户创造内容（UGC）的兴起对侵权和合理使用判定形成了全面挑战，[⑤]为应对大规模侵权，通知率激增而错报率随之增长，权利人和平台处理重复侵权的成本居高不下；[⑥]另一方面，用户缺乏寻求救济的经济动因，反通知程序甚少被使用，算法参与拉大了权利人与用户的力量差距，

---

① 崔国斌．论网络服务商版权内容过滤义务［J］．中国法学，2017（2）：215-237.

② 熊琦．版权过滤机制的多元属性与本土生成［J］．法学，2023（7）：121-133.

③ Reese R A. The Relationship Between the ISP Safe Harbors and the Ordinary Rules of Copyright Liability［J］. Colum. J. L. & Arts，2008（4）：427-428.

④ 万勇．人工智能时代的版权法通知—移除制度［J］．中外法学，2019（5）：1254-1269.

⑤ 熊琦．“用户创造内容”与作品转换性使用认定［J］．法学评论，2017（3）：64-74.

⑥ 崔国斌．论网络服务商版权内容过滤义务［J］．中国法学，2017（2）：215-237.

进一步削弱了反通知程序的救济力量。[①]在此种技术背景下，各方均未顺应法律的引导展开预期的侵权治理合作而是相互角力。

其一为平台—权利人角力。作为私人主体，权利人和平台向来都对“避风港规则”的实质内容做符合各自利益追求的解释并以此指导行动，而算法时代的到来显化了双方的分歧：一方面，大规模数字侵权增加了识别具体侵权人的难度，权利人唯有不断发出通知并依赖平台对侵权行为做出有效反应，相较于侵权带来的损害，错误通知的法律后果反而更易承受。[②]权利人不得不滥用通知，却又因此饱受诟病，为向平台转移侵权审查的负担，权利人具有过度索赔的倾向和提高平台注意义务标准的强烈要求。另一方面，平台无须承担一般性的主动监管义务一直是“避风港规则”所坚持的原则与立场，这一立场在算法时代也暂未发生根本变化——只有主观上“知道具体可识别的侵权行为（除非侵权行为像红旗一样明显）”，[③]平台才有可能承担侵权责任。更何况，辅助权利人防治侵权于平台似乎无利可图，放任侵权内容传播却可能获得意外的收益，故平台倾向于严守注意义务的边界并警惕其扩张，使出十足力气回避对侵权的“知情”与审查才是自然之举。可见，“避风港规则”本欲督促互联网产业在无碍自身发展的基础上尽可能地配合权利人的版权主张，而实践显然与此相左：平台以规避法律风险为首要目标仅机械地响应“通知”而“删除”，而“通知—删除”程序无论顺利与否，代价（识别与通知成本/侵权损害）都交由权利人承担。平台技术控制力日趋强劲而权利人维权日艰，这将给后者带来不成比例的负担。[④]“避风港规则”为双方配置的权利义务关系正在“通知—删除”自动化这一砝码的作用下逐渐失衡。

其二为权利人—用户角力。在权利人与平台僵持不下之时，用户利益也暴露在了无人管领之地，“避风港规则”之反通知程序难以起到救济用户的实际作用。用户救济效果的不足，与维权动力的缺失有很大关系。为了维护无甚收益的合法使用，用户需要付出的代价可能不单是时间与金钱，还有网络匿名的安全感，不以经济利益为创作动机的部分用户则根本缺乏维权的动机。在权利人广泛打击侵权的治理策略下，用户失去了行动自由和成果预期，创新活力受到抑制。立法原为权利人与用户分别赋予版权和合理使用权以保持私益与公益的平衡、实现创造

---

① Hilty R M，Moscon V，Li T. Position Statement of the Max Planck Institute for Innovation and Competition on the Proposed Modernisation of European Copyright Rules［R］. 2017.

② See Rossi v. Motion Picture Ass'n of America，391 F. 3d 1000（9th Cir. 2004）.

③ See Viacom Int'l，Inc. v. YouTube，Inc.，676 F. 3d 19（2d Cir. 2012）.

④ U. S. Copyright Office. Section 512 of Title 17：A Report of the Register of Copyrights［R］. May 2020.

与再创造的良性循环，但是当算法参与“通知—删除”步骤的执行后，内容发布与否实际上不再受法律的实质要求管控而取决于“用户想要发布内容的意愿和权利人想要删除内容的意愿之间的相互作用”，[①]这意味着，私人意志在一定程度上取代了法律判断，由此，经济话语可能截断文化表达，法定权利无法在“通知—删除”程序中发挥应有的效能，进而无法实现其背后的价值取舍与追求。

在理论层面的讨论，学术界分别持有三类倾向性观点：其一出于对制度绩效和“算法执法”的怀疑否定“过滤义务”的本土化；[②]其二主张在不改变现有制度框架的前提下弹性解释“必要措施”，从而将版权过滤义务纳入“避风港规则”框架下的平台注意义务范畴；[③]其三则倡导自治型版权过滤机制，主张保留各方产业主体自主使用版权过滤措施的选择权。[④]

对现有研究进行综合比较后发现，相较于全然否定版权过滤机制与倡导版权过滤自治的观点，本土法学界更加倾向于“版权过滤的强制化”并为此提出了一系列细化与落实的方案：尽管抵制不加区分的一般性过滤义务仍是基本立场，[⑤]但支持者显然对施加给特定类型网络服务提供者过滤义务的“事先性”与“强制性”给予了肯定。至于由此可能产生的不利影响，包括平台可能承受的执行负担、算法审查对言论自由的损害等等，研究则认为可以通过在提高算法技术精度、公开算法技术设计并进行评估审查、完善技术配套措施与过滤义务责任实施细则、建立平台“过滤义务承担认证体系”等方面同步发力加以解决。[⑥]

相关实践也与版权过滤强制化的理论倾向形成了一定程度上的呼应。一方面，行政实践似乎更为明确地声援过滤义务的法定化。2015年、2016年国家版权局发布的有关网盘服务、网络文学的通知均对平台提出了采用类似过滤技术的要

---

① U. S. Copyright Office. Section 512 of Title 17：A Report of the Register of Copyrights［R］. Washington，D. C.：U. S. Copyright Office，May 2020.

② 谭洋. 在线内容分享服务提供商的一般过滤义务——基于《欧盟数字化单一市场版权指令》［J］. 知识产权，2019（6）：66-80.

③ 李扬，陈铄. “通知删除”规则的再检讨［J］. 知识产权，2020（1）：25-38.

④ 熊琦. 著作权法“通知-必要措施”义务的比较经验与本土特色［J］. 苏州大学学报（法学版），2022（1）：97-109.

⑤ 万勇. 人工智能时代的版权法通知—移除制度［J］. 中外法学，2019（5）：1254-1269.

⑥ 刘文杰. “通知—移除”抑或“通知—拦截”：算法时代的选择［J］. 新闻与传播研究，2020（12）：21-39+126-127；崔国斌. 论网络服务商版权内容过滤义务［J］. 中国法学，2017（2）：215-237；张晓君，上官鹏. 中国在线内容分享平台版权责任的配置路径——兼评《数字化单一市场版权指令》第17条平台承担“过滤义务”的观照［J］. 出版发行研究，2021（7）：70-75.

求；[①]与此同时，行业实践中由个别大型网络平台自行建立的版权过滤系统也被视为现今平台已能够自觉履行超越法律要求的算法过滤之例证：如“百度文库”的“DNA反盗版文档识别系统”、今日头条于2017年引入的Content ID系统[②]等。

二、版权过滤机制的法律属性

（一）版权过滤规则生成的自主性

版权过滤机制应属法定或保留意定之争，现有研究大多跳过了法律属性的应然判断。为最大限度固定版权过滤机制防治侵权的益处并扩大其积极影响，法定化实施路径对市场的全面覆盖似乎更为积极和彻底。然而，要厘清版权过滤机制的未来进路，就要正面回应以下两个问题：版权过滤机制天然属性为何？何种法律属性更有利于版权过滤机制？对这两个问题的回答是一脉相承的，版权过滤机制如何应运而生，其属性就当属发挥机制优势的应然选择。

历史上版权制度的变革来自不同利益集团之间的造法博弈，[③]产业主体对规则制定权的争夺在信息时代更加突出。“避风港规则”即一个典型的例证，其诞生并非一蹴而就。1995年，美国政府曾发布《知识产权与国家信息技术设施》工作报告，却未能将其成功转化为法律——其缘由就在于该白皮书以回应权利人单方诉求为目的、以平台为用户行为承担责任为结论，可能导致产业间发展利益的不均衡，无豁免条件的责任高压将抑制对新生互联网产业的投资——直到DMCA第512条为平台提供了一条更为可靠的途径限制责任的承担。[④]虽然第512条之（C）款在将具有“存储”这一核心特征的平台纳入免责主体范畴导致大量平台得以进入避风港这一点上仍受争议，但总的来说，避风港设置之初以保障互联网产业发展需求为依据，“不会强迫平台以特定方式行动”是其基本特征之一，由此

① 国家版权局《关于规范网盘服务版权秩序的通知》（2015）第2条；国家版权局《关于加强网络文学作品版权管理的通知》（2016）第10条。

② 今日头条引入Content ID版权保护系统［EB/OL］.（2017-01-09）［2022-08-28］. http://www.enet.com.cn/article/2017/0109/A20170109025035.html.

③ 熊琦．著作权激励机制的法律构造［M］. 北京：中国人民大学出版社，2011.

④ Sag M. Internet Safe Harbors and the Transformation of Copyright Law［J］. Notre Dame Law Review，2018（1）：1-45.

既免受宪法的责难、消除了立法阻力，也产生了强大的经济激励。[①]可见利益集团间的妥协最终以法规范的形式完成了外化。

产业间的博弈是一贯的，也是因时而变的。对于权利人而言，倡导版权过滤机制的直接目的在于有效应对侵权问题。面对模拟时代的低劣复制向数字时代同步而精准的复制效果转变，权利人打击侵权的最佳策略也转化为打击“中间人”。然而，随着产业力量的此消彼长，打击“中间人”的防范策略也逐渐难以奏效。在侵权的温床不断扩展的同时，“避风港规则”促生了一个追求“自由表达”的系统，而“自由的代价”则持续由权利人承担。这一点在一系列判例中被显化和激化，法院不断“用一种更加不平衡的方式解释一个已经不平衡的条款”，不论平台规模、数量和利润驱动动机差异而无差别给予保护的“避风港规则”持续向平台倾斜，[②]许多平台据此巩固了自己的市场地位。当权利人意识到法律原本设计的平衡已不复存在，他们向平台问责的意识变得更强。

显然，“提升平台的法定责任”成为权利人的第一套自救方案，权利人致力于变革“避风港规则”，由此和平台展开了正面对抗。然而自DMCA确立以来，对于调整平台责任，尽管提出了许多建议、讨论和立法，但没有一个重要的方案获得通过。典型如2011年，美国国会对权利人表现出了关切，通过了《禁止网络盗版法案》（SOPA）和《保护知识产权法案》（PIPA）两部法案，[③]允许对为侵权人提供服务的“广告商、支付处理商和平台”发布“禁令”。对此，平台却假借社会公众之口发出了极为强硬的抗议：2012年1月18日，谷歌（Google）、维基百科（Wikipedia）等超过11.5万个网站联合停运一天，[④]民众怨声载道，广泛的反对和持续的负面影响让法案最终退出了平台责任规制的舞台。可以说，平台成功压制了修改或重新解释避风港的改革，权利人通过立法获得充分救济的想法落空了。

这实际上也意味着通过财产规则实现权利人救济的制度方法开始失灵。根据

① 熊琦. 著作权激励机制的法律构造［M］. 北京：中国人民大学出版社，2011.

② See Authors Guild v. Google，Inc.，804 F. 3d 202（2d Cir. 2015）.

③ Temple KA. Beyond Whack-a-Mole：Content Protection in the Age of Platform Accountability［J］. Colum. J. L. & Arts，2022（2）.

④ Wortham J. Public Outcry Over Antipiracy Bills Began as Grass Roots Grumbling［N］. N. Y. TIMES，2012-01-19；Menell PS. This American Copyright Life：Reflections on Re-Equilibrating Copyright for the Internet Age［J］. J. Copyright Soc'y of the U. S. A，2014（61）：235-236.

卡拉布雷西（Guido Calabresi）等学者的区分理论，[①]既有的“通知—删除”规则是一个非常典型的财产规则，这项规则要求权利人法定权利之让渡必须建立在各方自愿交换的基础上，而在用户违背这一规则上传涉嫌侵权的内容时，权利人通过通知平台进行“删除”实际上“获得了直接禁止用户内容传播的财产规则的保护”。[②]“避风港规则”预期是美好的，而实际情况却不尽如人意，在持续监控并识别大规模侵权的压力下，权利人既要保证通知适格，又需要面对重复侵权不断发出通知，维权成本不断攀升。面对难以撼动的规则所带来的过高成本，具有逐利性的商业主体势必寻求能够“降低成本的理性选择和制度替代”。[③]

从经济分析视角对权利人的诉求进行观察，在微观层面，权利人倡导版权过滤（无论是法定措施还是自愿措施）的直接目标是在有效防范侵权的基础上完成侵权治理成本的分摊，若平台如愿执行过滤动作就意味着权利人监控与识别成本的成功转移、拦截效率的提升以及“及时止损”；而在宏观层面，这涉及的问题是，侵权行为是否实质危殆权利人意图保护的法益，以权利人效益最大化为出发点，停止侵权行为是不是最有效率的路径。如若进行合法性判断，权利人“引诱侵权”当然会被予以否定评价，但“引诱侵权”的出现，恰恰说明了权利人对“侵权”现象的可获利性，这与权利人消极放任侵权时有着相似的内在逻辑，即此举一方面能够降低权利人的交易成本——权利人得以通过侵权行为发现市场、扩张市场；另一方面能够帮助权利人获取收益——当维权成本高于放任侵权的损失，权利人通过对侵权事实的“固定”而增加了赢得事后要价（获得赔偿）的筹码，这是相较于面向不特定用户兜售事前许可更具有优势的利益收取通道，这恰恰是责任规则的逻辑。

然而以赔偿损失的方式取代市场交易，既有法定责任规则的实施效果仍然不够理想，[④]法律可采取的举措不外乎提高平台责任、增加惩罚性赔偿，此种以加重违法成本为方向的治理策略最终仍会将权利人与平台、用户引向对立。域外研究显示，无论是WIPO早期对数字版权管理（DRM）技术的重点规划，还是欧盟

---

① Calabresi G，Melamed A D. Property Rules，Liability Rules，and Inalienability：One View of the Cathedral［J］. Harvard Law Review，1972（1）：1089-1128.

② 黄炜杰．“屏蔽或变现”：一种著作权的再配置机制［J］．知识产权，2019（1）：35-44.

③ 谢晓尧，林良倩．权利何以通约——华盖公司作品维权的标本意义［J］．学术研究，2012（8）：43-49+159.

④ 谢晓尧，林良倩．权利何以通约——华盖公司作品维权的标本意义［J］．学术研究，2012（8）：43-49+159.

各国采取的“针对非法来源的法律行动”（典型如法国HADOPI法案），各类版权执法措施的有效性都“值得怀疑”，尤其是在“执法措施未能转化为额外收入”的情况下。[①]研究者指出：“侵权打击效果多是暂时的，直到消费者找到侵权内容的替代供应商为止”。[②]

那么在法定规则之外，倘若有某种机制能够顺利将侵权防治成本转化为产品传播效益和经济收益，权利人当然乐见其成，这就必须获得与用户直接接触并对侵权内容拥有实际控制力的平台方的支持。巧合的是，对平台而言，帮助权利人进行版权过滤的合作方案同样是值得期待的，私人创制的版权过滤机制因此应运而生。

实际上，YouTube早在2007年就开始采用Content ID系统，用以匹配和识别涉嫌侵权的上传内容。尽管拥有避风港的庇护，许多大型平台也在主动实施过滤措施，包括Scribd、4shared、Dropbox、Facebook、SoundCloud、Twitch、TuneCore、Tumblr、Veoh和Vimeo等。[③]但需要说明的是，平台与权利人并非一拍即合。如若不是有着“诉讼或诉讼威胁的存在，除非迫于压力，平台才会坐到谈判桌前，做出实际的、具体的、有效的改变”。[④] YouTube的Content ID系统向来被研究者标榜为主动履行“过滤义务”的典范，然而其设置的时机非常微妙。同样是在2007年，在维亚康姆（Viacom）的权利主张下，YouTube遭遇了一场巨额诉讼，[⑤]虽然原告没能说服法院对避风港做出符合其偏好的解释，但此后YouTube提出设计Content ID系统作为侵权的解决方案仍然可以视为原告的胜利。

该个案集中反映了平台在技术不断发展的未来很可能要面对的诉讼压力，但对于平台而言，版权过滤机制的设置还有着超越个案解决的价值。如前文所述，

---

① Quintais J P, Poort J. The Decline of Online Piracy: How Markets-Not Enforcement-Drive Down Copyright Infringement [J]. Am. U. Int'l L. Rev., 2019 (34).

② Poort J, Quintais J, Ende M, et al. Global Online Piracy Study-Annexes-IViR&Ecorys [R]. Amsterdam Law School Research Paper, 2018.

③ See Jay Rosenthal & Steven Metalitz, Mitchell Silberberg & Knupp LLP, Reply Comments of American Association of Independent Music et al. in Response to Section 512 Study: Notice and Request for Public Comment at 29 , Apr. 1, 2016.

④ See Copyright and the Internet in 2020: Reactions To the Copyright Office's Report on the Efficacy of 17 U.S.C.§ 512 After Two Decades: Hearing Before the H. Comm. on the Judiciary, 116th Cong (2020).

⑤ See Viacom Int'l, Inc. v. YouTube, Inc., 676 F. 3d 19 (2d Cir. 2012), Capitol Records, LLC *v.* Vimeo, LLC, 972 F. Supp. 2d 500 (S. D. N. Y. 2013).

尽管《禁止网络盗版法案》（SOPA）和《保护知识产权法案》（PIPA）最终未能成行，平台却已经充分感受到了权利人执着于破坏避风港的威胁。作为矛盾的缓解方案，提供版权过滤服务是平台做出的退让，而从更长远的眼光来看，版权过滤机制乃是平台“防止避风港结构根本改变”的重要战略。一旦权利人找到了充分的依据重塑避风港，平台可能受到的打击难以预料，更何况，这样的妥协并非无他利可图，版权过滤机制能够给平台带来新的增值。很显然，如果用户没有了创作的动机，平台就将失去盈利：2006年，YouTube被Google公司收购时尚且难以盈利，而到了2016年，Google公司出具报告显示：“用户创作内容平均获得的浏览量是职业创作者作品的10倍”，并且它们为YouTube广告收入年度大幅增长作出了主要贡献，[①]这都归因于YouTube的Content ID系统为获取权利人授权进而通过用户创作盈利提供了保障。[②]另有研究认为，Content ID还帮助Google完成了在YouTube上销售广告的愿望。[③]由此可见，对平台而言，只要能够完成对过滤系统的开发、承担相应的维护成本，作为新型商业模式抓手的“过滤机制”不仅能帮助其夺回对版权纠纷的控制权，还在未来相当一段时间内维系“避风港规则”架构的存续。

（二）版权过滤运行依据的基本协议

在我国著作权法完成第三次修改后，关于“用户创造内容（UGC）”的讨论仍在继续，UGC具有以下特征：创造主体非职业性、传播方式网络性、创作动机非商业性、内容含创造性，[④]正是权利人与用户争夺权利边界的地带。身为居中门户的管理者，平台被部分研究者寄予厚望，盼其能使用算法过滤技术，消解侵权防治的压力、版权保护需求与合理使用制度间的张力。而作为域外UGC平台经济产业意义上的模范代表，YouTube为应对前述问题所配置的Content ID系统自然也成了学界与产业界重点关注的对象。2017年，今日头条宣布启动“原创倍

---

① Worldwide gross revenue of YouTube in 2016 and 2018（in billion US dollars）.［EB/OL］（2022-08-10）［2023-10-14］. https://www. statista. com/statistics/289657/youtube-global-gross-advertising-revenues/.

② Soha M，Mcdowell Z J. Monetizing a Meme：YouTube，Content ID，and the Harlem Shake［J］. Soc. Media Soc.，2016（1）.

③ Sag M. Internet Safe Harbors and the Transformation of Copyright Law［J］. Notre Dame Law Rev.，2018.

④ 陈颖. 用户创造内容的著作权保护：定位、困境及出路——以《著作权法》第三次修改为切入点［J］. 湖南社会科学，2022（1）：97-104.

增”计划并启用“Content ID”视频版权保护系统，[①]其“AI处理+人工审查”的基本过滤方法、“版权人选择下架或分享收益”的基本处理策略就与YouTube的过滤机制有着高度相似性。

现有研究对YouTube的系统实施效果大多持积极评价，认为其与我国互联网产业发展的实际需求相契合，但对于其实际运行模式的挖掘和分析仍有疏略之处。下文将以YouTube为例，[②]具体阐释域外版权过滤机制的运行细节，在此基础上重新凝练过滤机制的内核，发现其赖以运行的真正依据。

YouTube的Content ID系统可以概括为“过滤—处置—异议”三个主要环节，其运行的特征有二：第一，所有环节本质上都由私人意志触发；第二，“版权过滤”只是“过滤系统”的局部举措，远非“过滤机制”的全部内容。

就第一个特征而言，过滤系统是权利人、平台、用户三方私人意志的集中体现。

首先，在“过滤”环节中，“过滤”的启动实质上取决于权利人授权。“过滤”的目的是确认版权内容与用户上传内容之间的相关度与重叠度，通过设计算法完成独创性构成的事实比较。Content ID实现“过滤”的技术核心是通过数字指纹技术逐帧拆解用户上传的文件，将其内容信息转换为相应的热图（Heat Map）信息进行采样，据以形成参数并完成多次的“对比”与“匹配”，故平台在“过滤”之前必须先行获取权利人作品之“参考文件（Reference Files）”。[③]与此同时，权利人需要通过申请平台账号完成身份的“特定化”，只有将应获保护的版权内容资料（参考文件）率先“提交”到Content ID内部，“过滤”才有现实执行的可能。由此可见，Content ID实际上是YouTube平台为特定版权人提供的一项识别、标记与处理涉侵权内容的服务，“过滤”连同其他基础服务项目一并构成了平台与权利人间的新型服务协议。

“过滤”有别于其他服务项目的关键在于，其打造了服务协议的“双层结构”，将授权许可协议嵌入信息服务协议之中，许可效力将通过过滤系统的实际运行得到确认和呈现。需要注意的是，平台与权利人的服务协议仅意味着就“授

① 今日头条引入Content ID版权保护系统［EB/OL］.（2017-01-19）［2022-08-28］. http://www.enet.com.cn/article/2017/0109/A20170109025035.html.

② How Content ID Works，YOUTUBE［EB/OL］.（2022-08-28）［2023-10-14］. https://support.google.com/youtube/answer/2797370?-hl=en-GB.

③ Stone B，Helft M. New Weapon in Web War over Piracy［EB/OL］.（2007-02-19）［2022-09-02］. http://www.banderasnews.com/0702/nt-waroverpiracy.htm.

权方式”达成了一致，但尚未达成“授权”的合意，注册平台账户并不等同于版权人实施了概括的授权。以Content ID持续向潜在权利人开放为标志，平台将始终保持积极征求授权的姿态，唯有当权利人向平台“提交”版权材料时才意味着授权合意的达成。换言之，权利人许可客体之范畴严格以其向平台提供的版权材料为限，对于未能获得授权的版权材料，平台既无法满足技术上实现过滤的前置条件即形成信息热图，亦无权采集和使用版权材料进行匹配。“过滤”赖以运行的授权许可以“复制权”为核心，对于权利人上传的文字、影音等版权材料，平台运用算法形成数值矩阵完成可视化分析，先后实现“数值化”与“图像化”，最终得出匹配度结论。前述过程仅是“复制”行为在算法时代下的新型表达，故版权过滤所涉许可，并不当然包括授予平台主动发布、传播、改编权利人提供的版权材料之权利。

其次，在“处置”环节中，“处置”的结果遵照权利人与平台事先的合意发生。在Content ID系统中，“处置”是平台对用户上传内容进行“过滤”后的下一步行动，亦是用户上传内容将会被动承受的结果。当权利人向平台提交版权材料时，权属证明与权利主张应一并送达平台处，此过程中双方可就“过滤”后的处理策略达成合意。随后，YouTube的Content ID系统对用户上传内容进行“过滤”匹配并向用户发送版权主张，同时适用权利人预选的“匹配策略（Match Policies）”。具体而言，YouTube为权利人提供了以下四种选择：（1）（局部）屏蔽（Block）策略：针对含有侵权音频元素的内容，系统将对其进行静音处理后允许内容上传（此种情况下，YouTube还将另行提供已获许可的音频作品替换供用户替换被屏蔽的音频文件），针对其他未经授权使用版权作品的内容，系统将限制其传播范围或观众区域；（2）（全部）屏蔽（Block）策略：系统将完全阻止经匹配的视频内容上传；（3）变现（Monetization）策略：系统将在该内容中添加广告后允许其继续上传，并计算内容的播放次数代权利人向广告商收取费用，或通过分享用户视频收益，为权利人完成上传内容的“货币化”；（4）追踪（Track）策略：系统将跟踪统计被匹配内容的收视率数据并向权利人报送。[①]

最后，YouTube的版权过滤还设有纠错程序即“异议”环节，其同样是私人意志的产物，在风险预防和权利救济的问题上发挥着独特作用。对YouTube的过滤系统进行观察后发现，对Content ID按照权利人主张完成处理的结论不满的用

① Lauren, D, Shinn. YouTube's Content Id is as a case Study of Private Copyright Enforcement Systems [J]. Aipla Quarterly Journal, 2015.

户，可以在线填写并提交一个网络表单表明“异议”，可采用的理由包括：第一，用户使用的内容已经获得权利人许可；第二，用户使用的内容属于合理使用范畴；第三，系统错误地进行了识别匹配。此后，ID系统会将前述情况反馈给权利人，根据权利人应对方式的不同将产生三种不同的结果：在系统内部，若权利人未能在30天内作出回应或权利人选择放弃其权利主张，则此次处理到期失效；在系统外部，权利人可以转而选择提交避风港之删除通知以要求平台移除据称侵权内容。此外，若权利人选择维持其权利主张，则用户有权在规定时间内向法院提起诉讼。

就第二个特征而言，Content ID的“过滤”措施仅仅是“过滤系统”的一个环节，进一步看，“过滤系统”也只是“过滤机制”下的局部举措。

除了在内部创建的Content ID这一过滤系统外，YouTube的“过滤机制”还包含了其他配套措施。与专供特定持有大量作品库权利人使用的过滤系统不同，“版权移除警示（Copyright strike）”将对YouTube上的所有用户开放。移除警示的发出方式基本遵照“避风港规则”，由自行识别到侵权内容的权利人提出单个申请，但警示发出的结果却有所不同——用户可能受到较“避风港规则”更为严厉的惩罚——当用户上传的内容首次收到移除警示时，用户除了需要在YouTube的线上“版权学校”中强制学习包括版权、合理使用和DMCA规则在内的视频课程，还有可能因此失去凭借该内容创收的资格或被限制访问；当受到移除警示数量达到三次时，用户可能受到“删除已上传的所有视频”和“终止账户”等严重的“制裁”。当然，用户也有机会通过以下方式解除版权移除警示的威胁：（1）对于首次和第二次发出的警示通知，用户完全可以等待其在90天后过期失效；（2）用户可以直接请求权利人撤销警示；（3）若用户对警示存在异议，则可以以“错误移除”或“合理使用”为由提交抗辩通知，转入“异议”程序，完成内部的“申诉”。此外，考虑版权知识的专业性与系统运行的复杂性，YouTube还为用户设计了“版权保护告知机制”，所有用户都能够在YouTube网站获知详细的版权保护知识。因此，在版权过滤机制中，“算法过滤”从来就不是一个孤立的步骤，过滤机制的运行还需要以平台集中过滤和权利人侵权自查互为补充，并配合其他措施发挥综合效用。

从内部纵深跟踪过滤机制的运行环节，可以看到在算法过滤现象背后，起到支撑作用的并不是对平台义务的单方强化，而是多方合意的机制架构。基于合意，版权过滤机制呈现下述三项法律特征：第一，非事先性。“过滤”发生在“侵权后果”之前，但依赖确权与授权环节完成在先。第二，非单方性。“过滤”

是一项系统性工程，与权利人联合实施，兼有用户参与，并非平台独立完成的单方义务。第三，非强制性。版权过滤机制的整体创制即意思自治的结果而无法被固定程式所取代。

从UGC平台过滤范式YouTube的Content ID运行中可以看到，平台的版权过滤需要来自权利人的配合。没有权利人的授权，平台就无法获得用于比对和完成过滤的材料，同时，“过滤”仅是版权过滤机制下权利人的可用方法选择之一，亦仅是平台方的可用执行方案之一。版权过滤机制的运行现实与要求平台承担“主动过滤义务”存在根本的不同在于：后者的“过滤”旨在追求屏蔽或禁止的唯一性效果，前者的“过滤”在狭义上描述算法匹配与策略执行的局部环节，在广义上其实指代着以版权多元处理程序为支撑的整个私人治理系统。因而UGC平台的过滤机制完全是由私人触发并选择结果的，与权利人达成过滤合意是平台的权利，而过滤的结果也不再是“有或无”“0或1”，而是“1或2、3、4”。概言之，版权过滤以私人协议为依托是其存在于实践中的原本样态，亦是其突出的法律特征。法定版权过滤义务的强制性、前置性与主动性要求，是片面复刻版权过滤机制个中环节的结果，而仅以算法技术发展为依据强化平台单方义务实则难以实现版权过滤机制的预期效果，从上述事实向规范层面进发，版权过滤机制的配置必须从机制实际运行的全过程中寻找答案，立法应转而就优化核心授权环节进行思考并着力落实。

三、实施模式：版权过滤机制实施的域外经验考量

关于版权过滤机制的域外立法，现有研究的主要样本是美国修法意见和欧盟新修立法例。

美国在2015年启动了关于DMCA第512条的研究项目，征求公众意见，多次召开圆桌会议并讨论是否要废弃“通知—删除”规则而设立版权过滤义务，对此各方分歧严重，项目进展缓慢。算法过滤本质上是一种事先性的技术措施，若非事先审查就达不到“过滤”的效果，而要求平台进行事先审查，又显然突破了避风港基于平台中立原则设置的规则框架。最终，在2020年召开的听证会上，有关负责人发布项目结论称：目前“避风港规则”所需要的调整并非进行一种结构性

修改。[①]

相较之下，欧盟的态度更加果敢，其《数字化单一市场版权指令》（DSM）（以下简称《指令》）[②]之第17条历经了几次文本上的变化，明显提高了“在线的内容分享服务提供者”的注意义务。早在其2016年草案的初始规定中，第13条第1款就提出了“采取措施（包括‘有效的内容识别技术’）”的要求，其附带的《影响评估报告》提及了“指纹识别技术”和“水印技术”两种技术，[③]也试举例了使用类似技术的互联网平台。为平息可能来自用户的抗议，后来的修改草案不仅增加了新的例外条款与公共领域的有关规定，还限制了条款适用的主体，[④]并以平台应“尽最大努力取得授权”“尽最大努力防止重复侵权”的表述替代了直接采用过滤技术的要求。[⑤]与此同时，欧盟《指令》中，第17条第8款明确规定：“本条的适用不应导致一般监控义务”，这至少意味着不能将“最大努力”泛泛理解为“要求平台履行一般监控义务”。

要理解欧美的立法选择，不容忽略的当属其各自服务的产业情况。美国DMCA的诞生即互联网产业和版权产业充分博弈的力证，自那以来，产业间力量也保持着均衡，故其才能在“避风港规则”的变革方向上充分提出己方意见，是以新规迟迟未能成型；欧盟相对激进的立法则反映出其自Web1.0时代遗留的法律框架设计问题，为“克服在正常运行的单一市场中的法律碎片化与冲突”，这是欧盟独有的政策目的，故欧盟委员会对既有规则不利于“价值的公平分配”的评价，[⑥]在学习借鉴时应更加谨慎对待。考虑强势的传统版权业是因属于本土产业才能在发声时拥有如此底气，“价值差”的本来面目可能不仅是产业间盈利规模的差异，而更多是利润流向的国界分歧。由此形成的《指令》在利益平衡功能上的不均衡可谓是当然的结果。因而，在借鉴域外版权过滤机制的立法经验时，必

① See U. S. Copyright Office. Section 512 of Title 17：A Report of the Register of Copyrights［R］. May 2020.

② See Article 17 of Directive 2019/790.

③ 二者工作原理类似，即用于将上传文件与数据库文件进行比对。See Commission Staff Working Document. Impact Assessment on the Modernisation of EU Copyright Rules［R］. SWD（2016）301 Final，2016-09-14. Part 3/3，Annex 12A，pp. 164-165.

④《欧盟版权指令》序言第62段将下列服务排除在第17条所涉“在线服务”范围之外：主要目的不是通过从用户上传和分享大量受版权保护内容而进行盈利的服务。另外，《欧盟版权指令》第17条第6款允许成员国对符合一定条件的在线内容分享服务提供者不强制性要求实施过滤机制。

⑤ 参见《欧盟版权指令》第17条第4款（b）（c）项。

⑥ See European Commission，Commission Proposal for a Directive of the European. At EUR-Lex-52022PC0143-EN-EUR-Lex（europa. eu）（Last visited on Apr. 7 2023）.

须结合欧美修法意在实现的立法目的与效果，而不是以其包含各自价值判断的对“过滤”的具体安排之损益断定版权过滤机制本身的效用。

可以看到，作为考察窗口的域外先行立法者美国和欧盟与域内在设置版权过滤义务的问题上其实持有不同意见，有鉴于此，我国本土在考虑版权过滤机制的实施路径问题时也应在相应层面再审慎斟酌。

第一，域外立法例对既有规则体系的态度不同。无论从美国对“避风港规则”基本结构的坚持来看，还是从欧盟对“一般监控义务”的排斥来看，域外立法例都无意利用版权过滤机制冲击乃至推翻“避风港规则”。看似大刀阔斧出台的新规范经由立法者的限缩解释与在先上位法的约束，最终不会对实践产生颠覆。换言之，在版权过滤义务问题上，域外策略整体趋于保守。而对比之下，目前我国学界与实践意图推进的过滤义务法定化进程则较为激进。随着我国民法典的出台，网络服务提供者责任认定规范完成了从“通知—删除”到“通知—必要措施”的转型，实现过滤义务法定化的逻辑进路就在于通过弹性解释“必要措施”扩张平台注意义务的边界。形式上看，这似乎仅是将“过滤”嵌入了既有的“避风港规则”之中，实质上，此举将对“避风港规则”进行重构——侵权后的行动要求转变为主动搜索和发现的行动要求，这全然逆转了“先通知、再应对”的治理框架，因必要措施范畴大幅延伸所提升的执法灵活度或许能够体现在司法裁量中，但网络服务提供者的行为自由却大幅降低，实质性的义务明确增加而基于网络服务提供者的类型化而设置的注意义务履行分层趋于淡化。为防止上述不利后果的出现，在短期内，版权过滤机制应打造更加容忍自治的路径加以缓和。

第二，域外立法例对版权过滤机制的认知视角存在差异。对于版权过滤有关的主体互动实践，域外早在10余年前就已经开始了探索。美国第512条研究报告与欧盟《指令》皆非对该问题的首次正式回应。域外以实践带动立法研究，而域内则长期以立法研究推动实践落成，这也正是导致我国在讨论版权过滤义务时存在认识盲区的重要原因。为此，我国应善用域外从实践提炼规范、以规范服务实践的版权过滤设计策略，把握好制度续造的基本视角：第一，经验视角。许多从第512条研究报告和《指令》第17条中提炼的“域外立法启示”是孤立的、静止的，如若不能结合域外产业实践的发展阶段与形态特征对规范进行解读，就难以破解域外立法愿意，更将遗漏适用环境对立法选择的影响。域外实践长期将版权过滤保留在私人领域，而我国亦需培育这种本土实践，否则难以完成对照分析。第二，整体视角。版权过滤机制不止“过滤”。同样由于实践依据较为缺乏，本土研究对为实现过滤所需要的技术方案与流程环节了解不足，论证重点才偏移到过滤义务法定化之优劣势的评说与规制上。故而，必须坚持从实践中提炼版权过滤机制的基本法律属性作为基本立场，才能保证机制移植与续造后持续创造经济效能。

四、本土安排：版权过滤机制实施的规范路径

（一）版权过滤机制与“避风港规则”的协调

前章阐明了保留版权过滤机制的法律属性，有鉴于域外的实践适用经验，本土建设版权过滤机制首先需要从以下两个方面着手与现有版权治理规范进行衔接：一方面，版权过滤机制旨在通过权力与责任的再分配实现对“避风港规则”下的利益平衡关系的重构，因此在续造本土版权过滤机制之前，首先应当深入理解避风港和过滤机制之间的关系；另一方面，要以产业自治实践疏导强制规则与版权市场发展需求不相适应的问题，需要具备能够实际建构起有效私人过滤机制的制度土壤，而这建立在对平台转授权行为之合法性做出正确认定的基础之上。

1. 版权过滤与“避风港规则”的适用关系

从本质上看，版权过滤机制跟“避风港规则”本不存在冲突。在秩序的视角下，版权过滤机制并未颠覆或是替代避风港，而是增设了新的私人秩序层。此外，前文也明晰了作为典型法定规范体系的“避风港规则”和过滤机制本质上遵循一致的责任认知理念，在这个意义上，“避风港规则”其实同版权过滤机制一样，也本就包含允许当事人自治的空间。

早在DMCA颁布之前，实践中就已有“通知—删除”的原型，所以法案的颁布其实是将“通知—移除”从基于合同或道德使命进行的私人规制转化为基于法律授权进行的私人规制。①在私人协议的属性上，版权过滤机制与法定避风港的实践前身是一致的，关键的区别在于“自治程度”。与DMCA“避风港规则”相较，过滤机制的法律特征与法律效果产生了如下转变。

一方面，“合作参数”的设定权由立法转向私人。DMCA“避风港规则”立法

① 胡斌. 私人规制的行政法治逻辑：理念与路径［J］. 法制与社会发展，2017（1）：157-178.

意愿也在于实现权利人和平台的合作，只是这一“合作协议”通过立法被最大限度地固定了下来：在主体方面，“避风港规则”以次要侵权责任为基础限定了参与“合作”主体范围；在内容方面，立法以财产免责为条件代替权利人向平台换取了有限的援助，只要特定网络服务提供者遵守DMCA避风港的适用条件，为权利人提供特定的侵权治理协助，就能免受金钱损失索赔，双方的行为依据是立法明文；在程序与效力方面，一旦权利人发出通知，所有法律效果都将遵循DMCA程序的决定出现——合格通知对应着“删除”，“虚假陈述”对应着赔偿，用户作为“第三人”的异议借由反通知表达后则可能让内容“恢复”。相反，“过滤机制”却允许任何侵权治理行动的发生都由权利人和平台基于自身需求商定，并具有包容各方主体修改、解除的灵活性。具体则表现为多样的侵权处理策略：无论事前拦截还是事后删除，甚至完成“货币化”和数据监控，合作与否、如何合作的参数全权由私人设定。

另一方面，“技术参数”的设定权由单方转向双方。在实践中，合作情况通过算法匹配的技术参数加以体现。在DMCA规则下，发现和识别侵权的责任主体是权利人，技术初始匹配实际上发生在权利人端，对怎样的内容进行“移除”处理，平台无权干涉；而在过滤机制中，用于匹配的资源由权利人提供，而匹配的执行实质上由平台完成，预先设定的技术参数是匹配执行效率的保证，而参数的设定取决于权利人和平台事先的谈判结果。与此同时，由于处理方案得以嵌入平台端的算法，过滤机制的自动化程度实则较DMCA规则更高，几乎没有了人工干预的痕迹。

由此重申，版权过滤机制之于“避风港规则”应为补充而非对抗关系。版权过滤机制作为一项私人协议，还原了各主体在合作中的高度自治，给予了权利义务关系可变性。基于此种关系，前者有待后者予以规范，而非压制或被取缔：版权过滤机制的出现是权利人诉求法定化不能的结果，故而无法也不应再追求对其进行全然法定化之改造。倘若再次通过立法对过滤机制进行一个通盘规定，将其固化为新的法定标准，版权过滤机制很快将成为下一个无法避风的“避风港”。当规则不当抑制了私人主体创设过滤机制的自由，无疑将阻塞各方主体有策略地实现多元利益的通道。版权过滤机制与“避风港规则”的理想关系是利用前者的自主性矫正后者的失灵状态，从而保障我国“避风港规则”的制度框架在相关产业格局发生实质性变革之前稳定存续，共同维护版权治理秩序的稳定。

2. 版权过滤与“避风港规则”的接续：“转授权”的合法性确认

以2021—2023年间长短视频领域头部版权产业与互联网平台合作的进展来

看，我国算法过滤的产业实践成效尚微，更远未形成惯例与规模，随着互联网平台在产业链中的位置上移并逐渐加深对内容创作的参与，权利人与平台间存在的竞争关系有可能使合作趋于停滞，要化解过滤合作的法律障碍，“权利人—平台—用户”在版权过滤机制中的法律关系应当得到厘清。如果说“权利人授权”是算法过滤的开端与私人创制过滤机制的核心要素，“转授权”就是过滤完成后平台实际执行权利人预定策略的关键。因此，对平台转授权行为之合法性做出正确认定非常关键。

在比对用户上传内容与版权内容时，算法只能通过各种可量化标准（如重合率、单位时间内的重合帧数、画面占幅等）进行比较取舍而无法检验合理使用，因而不同于“屏蔽”，“跟踪、货币化”等策略的选择往往针对经量化标准核验后处于侵权与合理使用模糊地带的用户上传内容。为执行“追踪”“货币化”策略，收集供市场分析的数据信息或参与流量收益分成，权利人必须允许用户视频实际上传并在平台上传播。若未获在先授权，用户的上传行为将面临违法风险，同样，为明知其未经授权而具有侵权风险的内容提供网络传播服务，平台亦需承担侵权责任。因此，为避免在法律上出现运行障碍，平台有必要作为上述情况的第一接触人完成合法性衔接，即代权利人向特定用户进行授权或提前为不特定用户向权利人获取授权许可。然而，有关司法实践显示，私人主体为相当数量权利人提供转授权、代理版权诉讼等服务行为存在被认定为“非法集体管理”的可能，[①]作为中介的网络服务提供者大批量为权利人向用户授权恐遭到类似质疑。

现今立法及法律解释、司法判决都尚未给出系统明晰的论断，要理解平台转授权行为与集体管理行为的分别，为私人过滤与措施执行之合法性正名，还得将目光重新放回到过滤机制实际的运行特征与天然的规则属性上。

集体管理状态下，“用户”（作品使用者）只要每年向集体管理组织上交特定比例自身作品的使用收益，就能够享有任意使用集体管理组织有权利代表的所有的版权作品。[②]在我国，集体管理组织具有“全国性”“唯一性”，不允许私人设立，但倘若私人主体能从事上述服务，将类似一个“素材库”运营商。但在私人过滤机制中，平台并不会为“主动向用户提供作品”而收集权利人版权内容形成作品库，换言之，平台并不是用户创作的“素材库”，而只是一个“作品池”，其

① 参见江苏省高级人民法院（2015）苏知民终字第100号民事判决书；上海知识产权法院（2016）沪73民终144号民事裁定书。

② See v. Am. Soc. of Composers，400 F. Supp. 737（S. D. N. Y. 1975）.

大量获取版权内容是为了应权利人要求完成算法比对。

由此从法律效果上看，集体管理组织是以自己名义向不特定使用者提供概括许可，对权利人而言，将权利分授不同主体将会受到限制，对使用人而言，获权的对象是集体管理组织本身。同时，集体管理组织以集中许可的方式行使权利、管理批量权利人作品，以自己名义面向使用人，故组织行为法律效果并不直接归属各个分散权利人。集体管理组织之所以采用标准化计算方式完成管理费收费和收益分配，也和集体管理组织并不直接利用作品牟利有关，而平台一旦因建构过滤机制而要求掌握作品全部使用权，利用其市场情报和传播技术与资本支持，将对用户创造形成挤压，同时其议价地位再度提升，对权利人将有失公允。因此在过滤机制建构中，平台所掌握的权利应以“为权利人和用户打通授权渠道”为限，这也恰恰构成了其与集体管理行为形成有效区分的部分。

平台对用户进行转授权的过程，并非基于一个概括的在先许可①——由平台代不特定用户向权利人签订，授权效果及于全部用户；而是通过“权利人—平台”+“平台—用户”两对法律关系联动加以实现。

详言之，法律关系一：权利人与平台之间事先达成的授权协议。（1）权利人向平台提供“过滤”环节所需要的权利许可，以“复制权”为核心，供平台运用算法形成数值矩阵完成可视化分析与匹配度结论，而不包括授予平台主动发布、传播、改编权利人提供的版权材料之权利；（2）对于特定版权内容，在特定条件下（权利人对匹配结果制定的不同过滤策略），权利人允许平台上传用户内容和传播，并授权平台向符合要求的用户开放许可，即“转授权”。

法律关系二：平台与用户之间的服务协议。（1）平台为用户提供对应类别的网络服务并接受平台的管理与内容审核；（2）在上传内容经审核落入权利人处理范畴时，配合平台执行相关策略（包括从平台处获取权利人授权）或进行系统申诉。

由此观之，权利人并非给予了平台使用作品的概括授权，而是一面为实现过滤而提供作品，供平台复制比对；一面做出了在特定条件下进行授权和允许转授权的意思表示，前者稳定地存续在权利人和平台之间，后者则表现为无数次单独的一次性授权行为，通过对即将发生的用户行为、即将上传的用户内容及时地授

---

① 较早几年有研究者分析认为以YouTube为主的音视频内容分享平台采取了“在先许可”模式展开合作，有关分析参见何天翔：《音视频分享网站的版权在先许可研究——以美国YouTube的新版权商业模式为例》，载《知识产权》2012年第10期，第90—96页。

权，使其免受合法性质疑。平台在获得后者授权后并不能像通常那样获得使用作品的权利，也可以理解为平台所获授权在使用方式与许可范畴上被极大地限缩了。

在过滤机制中，平台围绕权利人各自的治理方案“为其行动”，机制运行特征决定了平台行为与集体管理的性质差异，平台既非集体管理，又确实地获得了权利人实体授权，应当是实施转授权的适格主体。总的来看，“转授权”更近似版权领域的委托代理。在民事代理行为中，代理人以被代理人名义行动，法律效果归于被代理人，尽管用户在使用平台服务时不会认识到所处协议中存在特定“第三方”、不会认定自己进入了一份“三方协议”，但用户可能已经和平台建立法律关系，通过版权主张和平台说明，用户可以认识到权利人与平台之间存在的委托关系，一旦转授权发生，授权许可将直接约束用户与权利人，权利人不得对接受平台处理的用户另行追究法律责任。

在本土制度环境下培育和维护算法过滤机制意定规则的法律定位亟须在“促进权利人授权”与“认可平台转授权”的问题上形成规范支撑。历史上，从分散的私人授权到设立集体管理组织，消解磋商与交易成本是首要目标，但在我国实践中，集体管理组织趋于垄断的地位和缺乏广泛代表性的冲突使得集体管理制度绩效不佳，反观平台，无论从现状还是预期来判断，都已成为实施大规模版权许可的实质中介。认可“转授权”的合法性，不再让非法集体管理的质疑成为过滤机制的推广障碍，亦是在制度规范层面助力平台向中介身份回归。

（二）本土版权过滤机制的续造方案

1. 本土创制版权过滤的价值定位

本土版权过滤机制的实施首先依托明晰的制度价值定位：契合我国版权相关产业现今的发展格局，版权过滤机制应保留在自治领域，意义有二：一面是为保障机制经济优势的发挥，一面是为避免过滤义务强制化改革导致更大的利益失衡，具体阐述如下。

其一，结合理论与实践，私人过滤机制创制实践的目标在于以自治激发经济效能，至少在现阶段，本土落实版权过滤应中止法定化的思路，承继与贯彻其作为意定规则的初衷。

有别于欧美版权立法，我国《信息网络传播权保护条例》等互联网制度规制的出台相对滞后于产业发展。20世纪90年代到2010年，互联网产业长势迅猛，而版权产业市场化时间晚、程度低，难以进行充分竞争。现实生活很快被网络世界侵蚀，国民的消费观念与习惯被彻底改变，线上线下市场的此消彼长更进一步拉开了产业间的发展差距，这决定了我国互联网产业一度并将长期居于市场主导地位。由此可见，以传播效率为导向的市场走势同“全面借鉴”时期版权立法“施压平台以打击侵权”的惯性思维之间始终存在价值分歧，这无疑为避风港制度的长效运行埋下了隐患。随着网络服务提供者开始将服务领域延伸至内容提供，内容市场迎来了互联网产业与版权产业的直接对抗，不仅体现在“通知—删除”程序的成本超幅和效果失控，更衍生长短视频之争等新热点问题，加剧了司法判定的负担。当矛盾以经济利益减损的方式呈现时，旧有制度就不得不回应迫切的变革诉求。

利用“成本—收益”的分析方法挖掘“过滤机制”运行模式的经济优势可以看到：一方面，以算法技术为依托，诸如Content ID等数字过滤系统在侵权内容识别的环节上发挥了重要作用，该系统激发了平台在侵权防治时的积极性，实现了治理成本在平台与权利人之间的分摊，将权利人从单方持续监控和识别侵权的成本枷锁中解放出来，客观上也有助于缓解DMCA通知的滥用、破除通知率与错删率不断走高的恶性循环，阻止各方无序争利。例如，据YouTube公布的数据显示，截至2015年7月，已有超过8000个权利人与其合作使用ID系统，包括主要的广播组织、电影公司、唱片公司等在内的权利人对超过4亿个视频内容提出权利主张；系统内被激活的比对文档超过3500万，[①]合作情势高涨。另一方面，以“侵权的货币化”为亮点的多元侵权应对策略让“侵权事实”具备了直接转化为“新的货币资本”的可能，这正是权利人与平台共赢的机会：对权利人而言，要想将侵权防治成本转化为产品传播效益和经济收益，仅利用“通知—删除”规则是难以实现的。创制“过滤系统”将化解权利人在互联网时代法定维权方式依旧单一所导致的投资效益转化率低的问题，最大限度地满足其收益需求；对平台而言，前述的效益预期“给予了权利人强烈的接受回报”的刺激，[②]同时也构成了平台有力的谈判筹码，便于其与权利人达成更广泛的许可协议，“过滤系统”的创制简化了合意过程而提升了合意效率。此外，协调解决方案越规范有效，争议越不易发酵，减轻了高昂的诉讼成本压力，平台就能以更丰富而稳定的内容资源吸引更多的用户流量，长此以往将促进“用户创造内容”的新型商业模式持续发

① Statistics. YouTube［EB/OL］.［2022-08-28］. http://www.youtube.com /yt/ press/ statistics. html.

② How Content ID Works-YouTube Help［EB/OL］.［2022-08-28］. https://support. google.com/ youtube/ answer/2797370?- hl=en-GB.

展。如YouTube声称，2016年，其系统已能够对平台98%的版权进行管理，同时已向权利人支付了共计超过20亿美元，[①]可见私人过滤机制已经给合作双方都带来了可观的收入。这充分印证了机制自治性带来的经济优势。

其二，为有效减轻制度失灵给版权人及平台带来的负效应，应将过滤机制置于私人自治领域以调和避风港制度框架下专有版权人与合理使用者之间的利益平衡关系。

一方面，“通知—删除”规则在现阶段遭到强烈质疑的原因，除了“通知者”与“删除者”均难以通过该项规则程序实现产业效益优化外，还在于用户不断“创造内容”后，算法将因判断合理使用承担更重负担。这一点在版权过滤义务法定化后看似能够缓解，实则愈演愈烈。这是因为一直以来研究普遍认为侵权情势恶化在于侵权治理不佳，而治理策略即“通知—删除”运转不力多因权利人与平台相互推诿，因此立法若能将过滤义务固定分配即可跨越上述障碍。但实际上，将法定过滤义务纳入“必要措施”本身并没有为算法执行“通知—删除”提供新的更有效的合理使用判定的方案，同时，“无法期待算法在严格标准下正确判断合理使用”，仍是对现阶段技术水平的客观陈述。故“过滤义务”法定化后，由于缺乏过滤标准的统一规范指引，各平台执行过滤效果恐难以达到预期。反之，私人过滤机制更可能富有实效地摆脱当前合理使用的判定困境——在私人过滤机制内，版权内容的使用方式与边界因合意而重新确立，用户实际可进行“合理使用”的范畴虽然不会等同于立法规定与司法认定结果，但只要能够确保用户平等参与机制创制，当权利人为拓展盈利渠道而释放更广泛的概括授权空间时，可供用户“合理使用”的作品内容也将极大丰富。事实上，在当前的立法模式下，在完成合理使用判定的司法程序之前，任何用户都不具备对于“合法二次创作”的清晰预判，而私人过滤机制的一大特色就在于其能够通过私人协议实现不同商业主体在趋利性状态下的认知同频，弥合事实判断与法律判断的鸿沟，将“合理使用”的判断争议提前到事先合意中予以消解，从而与合理使用判定边界保持距离，最终将大幅提高互联网版权领域的侵权治理效率。

另一方面，从潜在利益关系失衡的风险比对出发，私人过滤机制是相较于法定过滤义务的优选方案。任何一项制度变革都需要对其自身正当性加以充分论证并权衡潜在风险。在法定过滤义务的规范体系下，适用主体的范围必须得到限

---

① Lauren, D, Shinn. YouTube's Content Id is as a case Study of Private Copyright Enforcement Systems [J]. Aipla Quarterly Journal, 2015.

制，方不至于对事实上不具备相应技术能力的平台施加过重负担，不当加筑产业准入门槛。故提倡“小企业过滤义务豁免”或“分级实施过滤”是相关立法方案贯彻“责任能力与责任水平相适应”理念的体现。然而，“小企业豁免”思路的正当性论证还有不充分之处，主要在于界分平台技术层级的标准并不明确，随着企业的成长，技术优化是必须之举。然而企业越成长，法律越严苛，“能力不足却可责任留步”，那“法定过滤义务”不免会对相关产业产生一种逆向的激励：引导技术故步自封从而降低法律风险。此外，同一技术层级内部的不同平台仍有处理模式、技术绩效上的差异，若讲求公平，也应逐一区别对待或将这些因素一并纳入义务主体边界制认定的考量之中。由此以技术效果为指向引领制度变革，制度规范是否能够定期更新，又通过何种方式完成更新呢？立法大抵难以追上技术不断切换形态的速度，而“法定过滤义务”却需要匹配技术特征与水平在各个方面设立统一的规范配套实施方能有序实施，二者犹如尺寸不齐的齿轮一般，咬合再次紊乱也只是时间问题。算法过滤交由私人创制后，过滤行为与处理结果依权利人合法在先授权发生，而合理使用面临诉争时的裁量权仍由司法机关保有，不至于将平台置于“保留内容有悖过滤义务”“删除内容破坏合理使用”的两难境地，不同类型、规模、商业模式之平台可装配与自身发展相适应的私人过滤机制，这有利于最大限度维持技术瞬息万变的互联网时代下的利益平衡格局。

法定过滤义务的立法逻辑凸显了全面借鉴域外立法形成网络服务提供者责任规范及其补充的立法惯性，这也导致了我国立法在该领域内对强制规则形成了路径依赖。根据前文论述可知，这是因为域内外产业环境与制度体系的匹配度根本不相一致，本土制度移植和效仿自然难以出现域外法治理的效果。

要转而确立适应本土产业发展模式的制度变革方式，就要从过滤机制的价值定位开始，抑制对治理末端加码的倾向。强制规则的思路是将授权层面难以解决的问题延迟到侵权治理层面来解决，通过不断给平台注意义务加码、扩充实质责任范畴而起到为“授权不力—侵权频发”兜底的作用，以往权利人意图控制作品使用渠道、限制作品使用群体，目的也是通过控制许可将作品传播效益加载到自己身上，所以“许可”和“传播”本身并不是对立的，但滞后的许可将会成为传播的障碍，如今作品通过传播增值的幅度与效率大大提高，一旦授权过程阻碍传播效率，其潜在损失难以通过侵权赔偿获得弥补。所谓的侵权之争，“过滤”“删除”等禁用型措施并不能直接服务于权利人参与传播效益分配的目标，通过打击侵权迂回刺激授权远不如直接促进许可效率提升。换言之，尊重过滤机制的私人创制可以视为对提升许可效率的制度生成阶段所需要的产业博弈环节的还原，前文已经分析过，过滤机制的效果根源于充分完备的事先授权与治理策略合意，“不再将交易成本强制性地分配给网络服务提供者，而是根据产业发展的阶段和具体的交易关系来确定”①，尽管是以责任规则的逻辑取代财产规则的策略，但根源上化解的却是授权环节的障碍。因此，在我国当前产业阶段，只有维持版权过滤机制的私人创制，运用产业主体智慧疏导制度中存在的价值冲突症结，以意定规则辅助市场自我调节，才能为内容产业链留存发育空间，静待市场成熟至与我国中介责任整体制度设计理想相匹配。

2. 本土创制版权过滤的审查与救济

明确了版权过滤机制自治性定位，就必须考虑允许私人创制过滤的风险规制问题。有待规制的主要风险源自算法技术固有局限与主体趋利性导致的缔约不公，前者引发错误过滤，后者的权利滥用则可能同时对权利人利益与公共领域造成侵蚀。如平台可能利用技术优势向权利人施压，权利人也可能利用事先议价机会不当限缩用户合理使用的权益。与此同时，“避风港规则”旨在实现“保障智力成果与投入”之私权利与“文化传播与再利用”等公共利益的平衡原理在版权过滤机制的运作下可能发生巨大的变化，由于算法过滤程序中前置了“处置”措施，将争议控制在私人秩序中进行解决，没有“通知”的发生，自然也没有“反通知”的抗衡，反通知权的架空是对公众救济保障的巨大削弱。这从支付系统运营商的过滤倡议实践中可以窥见一斑：倡议中提及的“适当的补救措施”缺乏具体说明，不同于宽带服务提供者的“分级响应机制”和“UGC平台的主动内容过滤机制”，支付系统运营商的倡议并未制定由支付平台或第三方机构纠正审查错误的程序，支付平台所采取的制裁不会因用户存在异议而“暂缓”，故“终止”用户账户通常将作为实践中的制裁结果出现。面对可能实施错误制裁的风险，倡议将其以赔偿责任的形式转移至通知发出者即权利人处——只要权利人愿意承担其由此产生的一切法律赔偿责任，“终止”用户的处理程序就可以得到强制执行。在这种情况下，支付平台自愿打击侵权的措施完全是由权利人决定的。

有鉴于此，本土在实施版权过滤机制时，应以立法为机制的创设提供基本指导并进行有限规制，包括设立统一标准进行机制合理性审查并提供底线救济，具体可以从以下方面进行考虑。

其一，以算法规制应对技术风险。算法过滤的效果客观上取决于过滤标准的

① 熊琦．版权过滤机制的多元属性与本土生成［J］．法学，2023（7）：121-133.

设定，算法技术既是人为设计的，就具有可控性，纵然无法彻底消除算法的固有局限，也不意味着放弃在算法规制上的努力。在人工缺位的情况下，无论采取何种算法，都无法保证合理使用的判断准确，故从目的上看，防止“错误过滤”应以控制错误认定率为规制目标，由此，以往“因权利人错误通知而产生的赔偿责任”将以“算法设计的合理性”为“过错”标准，赔偿责任将由协商设计算法的权利人与平台共同分担。从手段上看，审查“算法设计合理性”之重要判断要素在于“是否以适当方式提高了算法的可信度”，在有限的范围内尝试部署而将“合理使用”纳入了算法基本设计中。①这可以类比“避风港规则”中对“善意”网络服务提供者的理解，即私人主体之间是否设计并采用了“善意”的算法将成为司法认定“合理算法”的重要参考指标。

在算法设计合理的基础上，“事先标记+人工审查”应当作为过滤机制补充范式。即平台应允许用户主动为其拟上传的“合法内容”进行“标记”，若用户自身已获授权、版权内容保护期届满或用户主张合理使用，附加证明材料即可转入人工审查程序，在降低算法错判率的同时，防止因“严重的成本不对称，算法删除决策很少受到挑战”②的情况出现。进而，对于已标记为属于版权例外的内容不再适用过滤机制，平台也不得拒绝其他用户再次上传。

其二，适用格式合同规范并厘清“主要义务”“主要权利”之实际意涵。在过滤机制中，用户参与事先算法创制是不现实的，而只能以接受“用户协议”这一平台格式合同的方式获取服务。对此，依照民法典第497条第2款的有关规定，平台应特别注意其因提供格式合同而带来的约束——必须保证其不会不合理地免除、减轻自身责任，加重用户的责任或限制其主要权利。

具体要求包括“事前知悉”与“事后救济”两个指向：

（1）平台应积极履行对用户的说明、告知和提示义务。对用户而言，版权过滤机制可能损害其合理使用的权利，原因之一在于平台缺乏积极区分合理使用与否的动机。版权过滤机制不再会像传统“避风港规则”一样让平台面临被追责至少是卷入追责纠纷的潜在风险，在解决网络侵权的问题上，平台反而会利用对用户的控制力尽力满足权利人的期待。故平台应当就事关用户的各项格式合同设定及相应救济渠道进行清晰说明，包括明确告知用户过滤机制的运行方式及申诉渠道、用户可以进行事前标记的义务、用户享有合理使用的权利等。即使过滤协议

---

① Yu P K. Can Algorithms Promote Fair Use? [J]. Fla. Int'l U. L. Rev., 2020, 14 (2): 14.

② Burk DL. Algorithmic Fair Use [J]. U. Chi. L. Rev., 2019, 86: 2.

未对有关义务进行明确，对于采用私人过滤机制的平台，“对用户进行教育、引导”并为防止用户在其他平台不当使用由本平台获得的作品内容而采取“技术措施”等亦可解释为法定“必要措施”所包含之内容。

（2）平台应努力完善系统内申诉程序。实践中，尽管一些版权过滤机制内置了“上诉”程序，但面对“上诉”失败的严重制裁、审议不透明和一些与避风港反通知规则下同样存在的泄露个人信息、高昂的诉讼成本、证明能力不足等问题，内置的救济程序难以达到预期效果，用户的异议之路仍然复杂艰辛。为此，立法可对版权过滤机制进行局部强制化，类似“标准技术措施”一般，设立“标准异议程序”，对用户异议权进行专门规定。一方面，“标准程序”较“标准技术”更易统一，用于保障用户权益更为实际可行；另一方面，此举不干涉过滤机制核心部分的自治，不会因法定化而影响机制设立的目的与效果。

其三，衔接“私人过滤”与“避风港规则”并明确错误过滤之违约责任。私人创制过滤机制的属性决定了“过滤通知”与避风港的“法定通知”并不同一而需加以区分，前者依照私人协议触发多元处置策略，后者依照法律规定引发履行必要措施之义务。如若二者截然二分则意味着，理论上，在极端情况下，过滤协议甚至能够完全取代法律的全部要求。如此一来，市场中的过滤效果就将参差不齐，最终会导致实践中的侵权认定标准混乱。因而，“过滤机制”的责任要求只能基于法定责任要求向上延伸，这说明自愿采用“过滤机制”的平台仍有适用法定“必要措施”的可能，避风港和“私人过滤机制”在适用上并不冲突。换言之，私人过滤协议将优先适用于权利人、平台、用户三方之间但不得据此免除平台的法定义务。

相反，“避风港规则”应作为过滤机制的有益补充与兜底约束。在私人过滤前置的情况下，没有“法定通知”的发出，“反通知”也无从提起，反通知权的架空是对公众救济保障的巨大削弱。在私人过滤出现内部申诉无法解决的分歧时，要保障用户能够顺利接入法定救济轨道，就要确保权利人已在不增加额外成本的前提下发出了“法定通知”。因此，宜要求“过滤通知”与“法定通知”的要件相一致，由平台代为发出，视权利人对用户上传内容提出主张之“过滤通知”为由平台代为发出的“法定通知”，进而用户可选择以内部申诉（意定规则）或反通知及诉讼（法定规则）实现权益救济，且内部申诉失败不影响用户另行提起诉讼。

此外，在法定救济的完善问题上，域外学者还提出“合理使用报价”制度，旨在于授权和制定侵权处理策略的环节，同时划定“非侵权使用”范围和收费标准，由此保留适当的合理使用的“机会份额”，即在机制构建协议中完成“合理使用报价”，明确允许并引导用户合理使用。但考虑到用户始终无法参与包括“合理使用”报价的“过滤机制”之初始设定，为避免机制设计过度倾向权利人一方，本文认为应当将“报价”区间或标准构成要素一并纳入前述“标准异议程序”，用户可通过该程序向平台进行反馈，平台在超过一定数量的用户均提出异议后可同权利人协商调整，此时平台履行类似“转通知”的事后注意义务。通过“标准异议程序”无法实现诉求的用户，仍然可通过诉讼获得救济，平台在未尽到前述注意义务的限度内承担法定责任。

课题组组长：熊琦
课题组成员：张芷菡　雷征伟　毛铭浩
课题承担单位：华中科技大学

版权滥用行为的法律规制研究

宋智慧*

摘要： 版权滥用是权利人行使权利超出法律设定的范围，违背著作权法或反垄断法的立法宗旨，并会对他人利益、作品传播或市场竞争秩序造成损害的行为，与正当维权、版权垄断和无权行为有本质区别。版权滥用行为的主要表现为违背立法宗旨的版权滥用行为、涉及维权和诉讼的版权滥用行为，以及排除、限制竞争的版权滥用行为。实践中对版权滥用的行政处罚在一定程度上限制了排除、限制竞争的行为的继续，但法院在处理版权滥用案件时态度较为模糊，未能在审理中对版权滥用行为进行详细的审查及说理。版权制度蕴含的利益平衡理论和关于正义的理论，以及民法的诚实信用原则、禁止权利滥用原则都可以作为版权规制的理论基础。在对版权滥用行为进行规制时，应有效发挥著作权法和反垄断法的治理合力。在具体措施层面，让侵权赔偿计算回归理性，发挥好集体管理组织的作用；在反垄断法规制中，敦促版权人履行作品开放义务；在司法实践中，引入版权滥用抗辩制度，同时类型化应对版权滥用案件；通过完善检察监督和公益诉讼制度，让检察机关积极发挥维护公共利益的作用。

关键词： 版权滥用；版权垄断；版权蟑螂；权利滥用；诚实信用

随着知识产权强国建设的推进，知识产权在社会经济生活中的地位不断上升。在此背景下，版权人在市场中的地位逐渐升高、话语权逐渐增大，并且希望能够从知识产品中获得更多收益。在利益驱使下，版权滥用的现象开始出现，一些权利人将版权作为逐利的工具，通过表面合法的权利行使行为牟取非法利益，给版权制度的正常运行造成较大冲击。本研究报告拟针对版权滥用问题进行系统研究，从行为界定和规制的理论基础出发，分析版权滥用行为的成因和制度困境，并对版权滥用行为的法律规制提出完善建议。

* 宋智慧，辽宁大学法学院教授、博士生导师，本课题组组长。

一、版权滥用的界定

整体来看，我国学界对权利滥用的判断更倾向于从权利行使的客观行为出发，判断该行为是否违反立法目的，而以主观状态进一步辅助证明行为的违法性。下文将逐一分析版权滥用与相关概念，包括正当维权、版权垄断和无权行为之间的关系，以合理界定版权滥用行为。

（一）版权滥用概念的界定

鉴于学界对版权滥用的概念未达成一致，本部分将从版权滥用的上位概念，即知识产权滥用入手，对版权滥用的概念进行分析。受到规制知识产权滥用相关法律法规的影响，对知识产权滥用的定义分为反垄断法视角和民法视角。

我国对于知识产权滥用规制主要集中在反垄断法领域，与此相对应，对知识产权滥用概念的讨论大部分集中在反垄断法视角下。[①]一种观点认为，知识产权滥用是权利人滥用其市场支配地位，不许可或者在许可时附加不正当的限制条件以及采取不公平的交易方法的行为。[②]有的学者基于知识产权是一种合法垄断性权利，将知识产权的行使行为分为正当性垄断行为和非正当性垄断行为，只有后者才构成知识产权垄断。[③]上述从反垄断法视角进行概念界定，固然揭示了知识产权滥用与垄断行为之间的关系，但这种定义方式忽视了反垄断法规制之外的知识产权滥用行为，如不适当延长知识产权保护期限的行为和涉及维权诉讼的滥用行为，进而限制了理论研究的展开和规制体系的完善。

部分学者认识到了反垄断法视角的局限性，转而从民法的禁止权利滥用理论进行推演，认为知识产权滥用是违背了法律赋予权利的目的。[④]也有学者通过对知识产权滥用制度起源的考察,将知识产权滥用定义为：权利人行使权利的行为违背了法律赋予知识产权保护的经济与社会目的。[⑤]也即权利的行使阻碍创新和有损公共利益。以上观点都是基于知识产权的私权属性，主张在法律正义的基础上

① 戴芳芳. 知识产权滥用规制的理论基础及制度完善［J］. 知识产权，2022（3）：101-126.

② 陈丽苹. 论专利权滥用行为的法律规制［J］. 法学论坛，2005（2）：78-85.

③ 费安玲. 论防止知识产权滥用的制度理念［J］. 知识产权，2008（3）：3-10.

④ 郭禾. 关于滥用知识产权问题的法律逻辑推演［J］. 知识产权，2013（5）：3-6+2.

⑤ 费安玲. 防止知识产权滥用法律机制研究［M］. 北京：中国政法大学出版社，2009.

规制滥用问题，强调知识产权的社会功能。但这种定义方式与我国目前的知识产权滥用规制体系并不契合。《中华人民共和国反垄断法》第68条、《关于禁止滥用知识产权排除、限制竞争行为的规定》和《国务院反垄断委员会关于知识产权领域的反垄断指南》，都有“防止知识产权滥用”的表述。[①]所以，如果仅按照违背设权目的来理解知识产权滥用或版权滥用，会导致制度解释上的困难。

从上述分析来看，无论是在反垄断法领域内界定知识产权滥用，还是从民法原则中推演，都无法非常周延地涵盖所有的知识产权滥用或是版权滥用行为，因此，不应当纠结于是从知识产权滥用的视角抑或从反垄断法的视角对版权滥用行为进行定义，应当综合性地理解版权滥用，可将其界定为：权利人行使权利超出法律设定的范围，违背著作权法或反垄断法的立法宗旨，对他人利益、作品传播或市场竞争秩序造成损害的行为。该定义外延具有更强的周延性，可以涵盖超出著作权法规定范围行使权利的行为、利用版权排除、限制竞争的垄断行为和涉及维权诉讼的滥用诉权行为，更符合我国目前的版权滥用规制体系。

（二）版权滥用与相关概念之辨析

明确了版权滥用的概念内涵，还需将其与正当维权、版权垄断和无权行为之间的关系准确界分，避免概念间的混淆和误用，以合理界定版权滥用行为。

1. 版权滥用与正当维权

现实生活中，版权滥用行为会披着正当维权的外衣，典型代表是“版权蟑螂”，即权利人以诉讼或者以诉讼相威胁的方式进行版权运营，以赔偿金或者和解金的方式获益。关于这一行为构成版权滥用，目前已经基本没有争议，关键在于通过何种标准将其与正当维权进行区分。

二者区分的关键在于是否违反了版权的设权目的。法律对版权进行保护，一方面保护权利人在一定范围内排他性地行使权利，保障版权人能够从创作中取得收益；另一方面为公众预留合理的创作空间，保障公众可以利用公共领域的资源进行自由创作。而“版权蟑螂”行为看似是在维权，但其本质上超越了权利行使的内在界限，最终目的是通过大量维权诉讼获得赔偿金并以此作为一种营收方式。上述行为实施主体的目的是牟利，而不是保护作品的价值或是促进作品的传

① 关于禁止滥用知识产权排除、限制竞争行为的规定参见国家市场监督管理总局令第79号，（2023-6-25）第2条第2款；国务院反垄断委员会关于知识产权领域的反垄断指南，国反垄发〔2019〕2号，（2020-9-18）第1条第1款。

播，不仅不利于作品的传播和二次创作，还压缩了原本公有领域的资源，[①]打破了版权保护和公共利益之间的平衡。

综上，权利人行使权利的目的违反设权目的，是版权滥用行为区别于正当维权的一个重要特征，也是判断版权滥用必须考量的标准之一。

2. 版权滥用与版权垄断

版权作为一种法律赋予的垄断性权利，与“垄断”二字有着天然的联系。我国学界关于“版权滥用”与“垄断”的关系更是众说纷纭。本研究认为，版权垄断是版权滥用行为的一种，版权垄断必然是版权滥用行为。由此推知，版权滥用的认定不需要以达到垄断标准为前提。

首先，从语义出发进行解释，“滥用权利”与“滥用市场支配地位”本就具有不同含义。权利是受法律保护而得享有特定利益的法律上之力，是法律所赋予的地位。滥用市场支配地位是反垄断法专有的概念，“市场支配地位”不是“权利”，而是企业相较于其他竞争者拥有更强的经济力量，是一种能够给市场带来更显著影响的能力。权利是法律赋予的资格，市场支配地位是一种事实状态。[②]二者的含义迥异。因此，版权作为一种权利，是法律上之力，而非权利人在市场上具有显著影响力的经济力量。

其次，从版权滥用制度的起源来看，认定版权滥用的核心标准在于违反公共政策，而非达到垄断标准。版权滥用理论源于美国1900年的“Lasercomb America”案（以下简称“Lasercomb”案）。该案中，原告要求被告在100年内不得在现有计算机软件基础上开发竞争性产品，被告对此提出原告存在著作权滥用的抗辩。在判决中，上诉法院认为，原告的行为变相延长了著作权的保护期限，基于著作权滥用驳回了原告的诉讼请求。[③]“Lasercomb”案首次适用了禁止版权滥用原则，并且强调版权滥用的实质在于行使权利的方式违反了公共政策，而不是不符合反垄断法的相关规定。此后，在“Practice Management”案中，法院进一步指明著作权滥用的抗辩不需要提供违反托拉斯法的证明。[④]从美国版权滥用理论的发展脉络可以看出，公共政策是衡量版权滥用的最初标准，版权滥用与是否达到垄断标准之间没有必然联系。

---

① 郭亮，崔蕊麟．“版权蟑螂”的性质界定及著作权法规制［J］．中国政法大学学报，2023（1）：216-232.

② 张世明．滥用知识产权与滥用市场支配地位之辩［J］．人大法律评论，2020（2）：87-134.

③ See Lasercomb America，Inc. v. Reynolds，911 F. 2d 970（4th Cir. 1990）.

④ See Practice Management Info. Corp. v. American Medical Association，121 F. 3d 516（1997）.

最后，从著作权法与反垄断法的关系来看，不可将版权滥用与版权垄断混为一谈。著作权法属于私法范畴，是从权利侵权的角度维护竞争秩序，相关规则的适用仅需要权利人进行主张，没有公权力的介入；而反垄断法属于公法范畴，在运用反垄断法的规则对权利滥用行为进行规制时，需要政府公权力的介入且以市场机制失灵为前提。

3. 版权滥用与无权行为

版权滥用与无权行为的区分是非常明确的，即是否享有权利。版权滥用要以合法享有权利为前提，实践中将他人作品或者公有领域的作品打上自己的水印，并据此向第三人主张权利的行为不应当被认为是版权滥用行为。这类行为的原告对作品本就不享有任何权利，本质上是对他人作品和社会公共资源的掠夺，也是对社会公众的欺诈，不仅可能要承担败诉的风险，还需承担相应的民事责任，甚至是刑事责任。

二、版权滥用的行为表现

版权滥用行为主要受到著作权法和反垄断法的规制，行使相关的程序性权利也受到民事诉讼法的规制。因此，对版权滥用的行为表现进行分类时，可以主要分为一般版权滥用行为和排除、限制竞争的版权滥用行为，其中一般版权滥用行为又包括违背著作权法立法宗旨的版权滥用行为和涉及维权诉讼的版权滥用行为。

（一）违背著作权法立法宗旨的版权滥用行为

著作权法首要的立法宗旨是鼓励创作，促进文化市场繁荣并维持权利人利益和公共利益的平衡。如果某一行为被认为阻碍了上述宗旨的实现，就有被认为是版权滥用行为的可能性。

1. 不适当地延长版权保护期限

不适当地延长保护期限在司法实践中主要表现为：版权人在签订许可合同时，利用自身的优势地位，与被许可人约定的支付许可使用费的期限长于作品受保护的期限。

版权保护期限的一项重要制度功能就是避免版权人用有限的劳动获得无限的

利益和避免版权保护的社会成本过高来实现私益和公益的平衡。[①]有限的保护期限既能以利益机制鼓励创作，也能以有限保护保证公众的再创作自由。因此，版权人利用优势地位，迫使对方接受保护届满后仍支付许可使用费的条款，违背了期限制度的制度价值，本质上是对著作权法利益平衡宗旨的违背，属于版权滥用行为。

2. 无正当理由拒绝许可

基于私权属性，版权人有权决定是否将作品许可他人使用和以何种方式进行使用，任何人无权干涉。但若版权人利用这一权利自由，无正当理由拒绝许可，以损害他人的方式保障自身经济利益的实现，就可能被认为是版权滥用行为。对此，可以从以下两方面进行分析。

首先，深入人心的作品承载着大众的文化记忆，如果权利人拒绝许可他人进行再次演绎，本质上有损著作权法保护的公共利益。承载着公众的文化记忆的作品，可以被视为一种值得被传承和记忆的文化符号。[②]以此为前提，权利人无正当理由拒绝许可他人使用作品，是对实现公共利益的阻碍。

其次，著作权法的立法宗旨是通过激励创作来促进文化市场的繁荣发展。“激励创作”不单是指鼓励从无到有的原始创作，也包括鼓励社会公众在原有作品的基础上进行二次创作。由此可以解释出，保护公众的创作自由是实现立法目标所必须坚持的原则。因此，权利人无正当理由拒绝许可的行为，实际上是对他人自由创作的不正当限制，阻碍了著作权法立法目标的实现。

3. 采用过度的技术措施

在网络环境下，技术措施是权利人应对大量侵权行为的防御方式，是版权人防止其作品被接触、复制或者传播的技术手段。随着数字技术蓬勃发展，版权人的控制能力也越来越强，版权人不仅可以控制能否接触、使用作品，还可以控制访问、使用作品的时间、地域和方式。[③]控制能力的增强，也给版权人滥用技术

---

① 冯晓青．知识产权行使的正当性考量：知识产权滥用及其规制研究［J］．知识产权，2022（10）：3-38.

② 如在杭州某文化发展有限公司诉某动画有限公司等侵害其著作权案中，法院认为，大头儿子和小头爸爸的动画形象是受著作权法保护的作品，但该作品同时也承载着公众的文化记忆，权利人无正当理由拒绝许可他人使用作品，是对实现公共利益的阻碍。参见浙江省杭州市中级人民法院（2015）浙杭知终字第356、357、358号民事判决书。

③ 来小鹏，许燕．技术措施与合理使用的冲突与协调——对《著作权法》第49条及第50条的再思考［J］．中国应用法学，2022（3）：185-198.

措施、随心所欲地限制访问和使用作品提供可能。技术措施得到著作权法保护的正当性在于保护版权人从他人对作品的使用中获得合理收益。[①]版权人为了使自己的收益最大化，采取的技术措施阻碍了他人对作品的合理使用，并希望借助对技术措施的保护去禁止他人规避技术措施的行为，就属于采用过度的技术措施。该种技术措施挤占了公众合理使用的空间，是对公众在合理限度内接触、使用作品自由的限制，可以被认定为版权滥用行为。

（二）涉及维权和诉讼的版权滥用行为

近年来，出现了权利人碰瓷式维权或者勒索式维权的乱象——权利人基于原始或者继受取得的版权，滥发侵权警告函或提起诉讼，以获得和解金或赔偿金方式取得版权收益。这类维权行为具有规模性、投机性和趋利性的特征，超越了正当商业维权的范围，属于版权滥用行为的范畴。

1. 滥发侵权警告函

发出侵权警告函本是权利人有效解决侵权问题的方式，但是在实践中，存在滥发侵权警告函的现象，即版权人在掌握侵权事实和证据不充分的情况下，大范围、大批量地向他人发送侵权警告函。[②]这类行为可能会扰乱被警告个人或者单位的生产经营节奏，进而破坏正常的市场秩序。

2. 滥用诉权

这类滥用行为主要表现为权利人大批量、规模化地向涉嫌侵权的主体提起侵权诉讼，以获得高额法定赔偿为创收方式。这种批量诉讼索赔的行为又被称为“版权蟑螂”，一般涉及的被告数量众多，覆盖范围广泛，采用统一的起诉状格式和证据组合方式，有清晰的诉讼目的和策略，将诉讼索赔作为一种经营方式。这类行为之所以属于版权滥用行为，一方面是因为该行为的实施主体全然不顾作品的精神价值和社会价值，在获得赔偿后就将大量作品闲置，不利于作品的传播和再次创作，破坏了版权保护和公共利益之间的平衡；另一方面是因为该行为具有与其他滥用诉权行为相同的危害性，是对程序利益的侵害，是对国家司法资源的浪费，会进一步加剧司法资源紧张的局面。

① 王迁．论版权法对滥用技术措施行为的规制［J］．现代法学，2018（4）：52-73.

② 冯晓青．知识产权行使的正当性考量：知识产权滥用及其规制研究［J］．知识产权，2022（10）：3-38.

（三）排除、限制竞争的版权滥用行为

如前所述，反垄断法与著作权法在立法宗旨上具有很强的契合性，都强调创新，保护竞争秩序和公共利益，但是在认定某一行为是否构成反垄断法语境下的版权滥用行为，应当以是否构成垄断行为为核心。具体来说，就是重点判断该行为是否对市场竞争产生排除、限制的影响，同时考量该行为对市场分配效率、消费者权益和公共利益的影响。排除、限制竞争的版权滥用行为主要表现为利用独家版权资源进行经营者集中和不公平高价许可、拒绝许可、搭售等滥用市场支配地位的行为。

1. 利用版权资源进行经营者集中

这一版权滥用行为是随着数字文化产业的繁荣发展，数字内容平台的快速扩张和日渐固化的市场力量而出现的。数字经济市场是典型的注意力竞争市场，数字内容平台通过用户的浏览量、点击量，进而通过收取会员费、广告费等方式赚取利润。[①]平台内容的差异化是在大量同质化平台中取得竞争优势的关键，为用户提供高质量且多样化的内容是平台在激烈竞争中脱颖而出的关键。因此，数字内容平台倾向采用独家许可的交易模式，即与上游版权权利人签订独占许可协议，以此让自身平台获得大量且专有的版权资源，进而获得竞争优势。平台采取独家许可的交易模式本质上没有违反法律，属于交易自由的范围。然而，随着数字市场的版权资源越来越集中于一个或少数几个平台上，上游的版权许可市场和下游的二次创作市场都依赖其进行经营，平台对市场的控制力日益增强并日渐固化，数字平台容易利用版权资源的集中形成高度集中的寡头垄断或者完全垄断。

2. 滥用市场支配地位

除了前述涉及经营者集中的垄断行为之外，还存在滥用市场支配地位，在许可使用过程中以不公平高价许可、拒绝许可和搭售等行为。在构成滥用市场支配地位时，权利人与其他相关主体之间存在竞争关系，其目的主要是抢占市场资源和巩固、加强自身的市场控制能力。

以不公平的高价许可是指在综合考虑行业内许可使用费收取的整体情况、作品的价值贡献、该作品往常的许可使用费收取情况后，认定该作品的许可使用费设定过高，会损害版权交易市场的秩序。

---

① 王佳佳. 论数字内容平台版权滥用的法律规制［J］. 知识产权，2023（3）：62-76.

拒绝许可是指没有正当理由，拒绝与相对人进行交易，就属于滥用市场支配地位的行为。该类案件在我国的司法实践中较为少见，从国外的司法实践来看主要表现为，若该产品对于被拒绝的相对人来说开展经营行为至关重要，且无法找到替代品时，权利人拒绝许可的行为构成排除、限制竞争的版权滥用行为。[①]

涉及版权许可使用的搭售是指版权的许可以相对人接受其他版权的许可为前提条件。一揽子许可协议、捆绑销售协议都可能是搭售的一种表现形式。若版权人对捆绑的产品具有充分的市场实力，且该行为明显损害市场的自由竞争，则该搭售行为构成版权滥用。

三、版权滥用行为的危害

在对版权滥用问题的研究之初，部分学者在是否需要对版权滥用进行规制的问题上持否定态度，认为版权具有可替代性强、外部性弱的特点，难以构成权利滥用，[②]加强版权保护才是当前阶段应当谈论的重点。[③]但是，随着版权滥用愈演愈烈，逐渐偏离了版权保护目的，为了让版权制度回归初心，必须正视当前因版权滥用引发的问题。

（一）涉及维权和诉讼的版权滥用行为的危害

1. 埋没作品价值，阻碍文化创意发展

批量诉讼是“版权蟑螂”维权的主要手段，也是其谋取利益的工具。其通过商业运作最大化诉讼价值，以侵权诉讼要挟索赔是其唯一的目的。[④]这样做显然无法充分发挥作品激励机制的作用。激励作品的创作不仅应满足创作者的经济需要，还应满足精神需要和社会需要。[⑤]“版权蟑螂”从初始目的到行为手段均不

① See IMS Health GmbH v. NDC Health GmbH，Court of Justice of the European Union Case C-418/01（2004）.

② 李明德．“知识产权滥用”是一个模糊命题［J］．电子知识产权，2007（10）：33-36.

③ 李琛．著作权法修订不宜引入“权利滥用”条款［N］．中国知识产权报，2020-06-17.

④ Balganesh，Shyamkrishna. The Uneasy Case against Copyright Trolls［J］. Southern California Law Review，2013（4）：723-782.

⑤ 冯晓青．著作权法之激励理论研究——以经济学、社会福利理论与后现代主义为视角［J］．法律科学（西北政法学院学报），2006（6）：41-49.

是以真正的保护作品、发挥作品价值为导向的，其关注点只限于和解金或赔偿金的取得。这样的方式虽然能在一定程度上满足作者的经济需要，但是完全无法为创作者带来更深层次的精神激励，[①]表面上看维护了作者的权益，但是严重损害了市场主体的积极性。公众会普遍认为使用他人作品已成为高风险事件，对作品的二次创作或者引用作品等有益于作品流通、发挥作品价值的行为将大幅减少，带来文化上的损失，[②]长此以往必然损害文化创作的根基。

2. 背离版权立法精神，引发不良价值导向

版权人通过版权获得报酬，是对其劳动成果的正向反馈；也正因如此可以激励更多公众投身创作，实现文化繁荣。但是“版权蟑螂”的运作模式却将创作者当作了工具人，让对作品贡献最大的创作者只能获取微薄的收益，付出与得到的完全不成正比。“版权蟑螂”获取利益的方式，也并不是以授权获取报酬，而是将赔偿金作为收益来源，完全背离了版权法设计的初衷。“版权蟑螂”挤占了权利行使和公共利益之间的缓冲空间，让平衡的砝码过度滑向了私权利。放任“版权蟑螂”这样的维权方式的发展，不仅背离了版权法的立法精神，无法为创作者提供有效的保障，还容易引发社会对极端功利主义的追求，不利于社会风气的健康发展。

3. 浪费司法资源，影响司法公信力

“版权蟑螂”维权的一大特点就是批量式起诉，并且其运行的机制就是通过大规模的诉讼获取高额的赔偿金或和解金。因此与一般的侵权当事人希望通过诉讼快速解决纠纷或者尽可能少地涉及诉讼的期望不同，“版权蟑螂”只会想办法获取更多起诉的机会。此类批量起诉案件多数案情相对简单，但是数量庞大，而当前法院已经面临“案多人少”的困境，如此大批量的起诉，无疑会挤占法院本就紧张的司法资源。法官本应花费更多的时间在研究疑难复杂案件上，而这些时间被批量的滥诉案件挤占，无疑是对司法资源的浪费。同时还可能会激化普通公众不能得到及时司法救济与司法资源紧张之间的矛盾。

---

① 郭亮，崔蕊麟．“版权蟑螂”的性质界定及著作权法规制［J］．中国政法大学学报，2023（1）：216-232.

② See SOFA Entertainment，Inc. v，Dodger Productions，Inc. 709 F. 3d 1273（9th Cir. 2013).

（二）排除、限制竞争的版权滥用行为的危害

1. 市场竞争秩序受损

在独家授权模式下，版权人与平台之间会签订独家授权协议，之后该作品就只能在单一平台上架。而是否拥有高质量、高名气度的作品通常是吸引消费者选择各平台的关键要素，这就使得平台对头部作品的版权争夺异常激烈。这在一定程度上会提高版权人的议价能力，使得授权许可的费用处于不正常的高位，甚至远高于作品本身的正常价值，进而导致了两个后果，一是垄断市场的形成，二是消费者利益受损。财力相对薄弱的平台根本无法参与到争取头部音乐版权的竞争中，而一旦无法获得头部作品的授权，消费者会因无法在该平台欣赏到自己喜欢的作品而选择其他平台，形成消费者流失、市场占有份额缩小的恶性循环，最终被迫退出市场竞争。随着小型平台不断退出竞争行列，具有雄厚实力的部分平台更能够逐步聚拢数量庞大的版权，成为事实上的集体管理组织。[①]而这样的平台一旦形成，基于其优渥的版权资源和雄厚的财力支持，也很难再有新加入的市场主体与其抗衡，形成了封锁市场的效果。

2. 消费者利益受损

支付了高价授权许可费的企业一定会想办法转嫁高额的许可费用，消费者变成了高额许可费的最终承担者。为使用正版作品支付费用本是版权保护的应有之义，但是消费者不应当为平台商业竞争的成本埋单。让消费者承担高于正常版权使用的费用不仅不合理，还会使消费者接触正版作品的难度加大，本质上侵害了公众接触和使用作品的权利。[②]同时在缺乏竞争的环境下，平台无须再费力维系消费者黏性，将缺少保持服务水准的自觉。版权的独家授权经由平台的商业运作已逐步演变为一种垄断行为，不仅妨害正常的竞争秩序，还提高了普通公共接触作品的门槛，影响作品的传播和发展。

（三）版权滥用行为危害的共性

1. 打破了公共利益和私人利益的平衡

版权法的立法目的是通过版权的激励机制，给予创作者积极的反馈、保护创

---

① 谢南希. 从数字音乐独家版权案看版权滥用的规制路径［J］. 电子知识产权，2022（10）：26-36.

② 叶明，张洁. 利益平衡视角下的数字音乐版权独家授权模式研究［J］. 电子知识产权，2018（11）：32-42.

作者利益，进而激励更多公众投身创作。文化发展与创新不可能凭空实现，必然要参考前人的思想，从更深层意义上来说，版权法是通过促进思想和信息的流动，让受版权保护的作品能够向社会传达价值，[①]通过这种有益信息和价值的流动，促进社会文化的建设繁荣。因此，版权保护承载的不光是版权人的利益，还有对社会和文化关怀的保护。这也是为什么在版权的保护中尤其强调社会公益和私益之间的平衡。本质上，版权滥用行为还是受到利益的驱使，通过侵占公共利益的方式来最大限度获取私人利益，破坏了公共利益与私人利益之间的平衡。另一方面，这种过高的版权保护要求会导致公众接触作品的成本过高，严重的将阻碍作品价值的传递和公众的表达自由，最终阻碍社会文化的繁荣发展。

2. 有损公众的信赖利益

在知识产权领域，会存在许多与公众日常经验不相符的规定，要扭转公众的错误认知，培养公众遵守版权、为版权付费的意识，需长期的宣传教育与强制性法律手段的联合作用。但同时应当明确，公众做出遵守版权的决定并不是一种符合自身经济利益的选择，公众对版权的保护除了受到法律的约束外，本质上更是一种出于道义上的对文化创新的支持和合理信赖。[②]因此，当公众发现自己对文化创新的支持不能满足对于文化发展的期待，甚至成为他人敛财的工具时，经过长期努力构筑起的这份信赖利益会被轻易击碎。即便在表面上看某些版权滥用行为确实能够在短期内提升版权保护水平，但是已经埋下了祸根。例如公众在面对“版权蟑螂”现象时，一方面会对实施主体的行为进行质疑，另一方面则会对版权制度本身产生质疑。

3. 较其他知识产权滥用的危害更具隐蔽性

与知识产权滥用中其他领域的滥用行为相比，版权滥用的行为表现和对公共利益的危害都更具隐蔽性。与商标的滥用相比，版权滥用的行为更具有隐蔽性。商标权滥用通常表现为商标恶意注册后的恶意诉讼或是商标正当所有人的不正当使用行为，但无论是哪种表现形式，都表现出了对他人合法利益的直接损害，因此滥用商标权人在诉讼中通常会成为败诉一方。“版权蟑螂”表面上看是版权利益的坚定维护者，也确实为版权人带来了一定的收益；平台最初聚拢各作品的独家版权，对整顿混乱的盗版市场有积极的作用。正是因为这些表面的正当性，使得

---

① 陈婷. 著作权滥用的有关争议、误读及澄清［J］. 电子知识产权，2021（2）：36-46.

② 司马航，吴汉东. 禁止著作权滥用的法律基础和司法适用——以《庆余年》超前点播事件引入［J］. 湖南大学学报（社会科学版），2022（3）：133-140.

版权滥用的行为更具迷惑性。与“版权蟑螂”的影响模式最为相近的是“专利蟑螂”。但“专利蟑螂”通常控制的是对某领域发展具有重要作用的专业性技术，因此在“专利蟑螂”阻碍技术投放市场运用后，产业损失和社会创新减缓是清晰可见的结果。[①]但是“版权蟑螂”即便控制了作品的版权也无法控制作品背后的思想，公众即便无法直接使用作品，只要能接触作品依然可以从中获益，因此“版权蟑螂”对社会公共利益的危害不会像“专利蟑螂”一般在短时间内清晰显现。但版权滥用危害的隐蔽性并不能掩盖其权利滥用的不正当性本质，而这种隐蔽性会为版权滥用的治理工作带来更大的挑战。

四、版权滥用现状及其规制

（一）立法缺位下版权滥用行为的盛行

当前在我国的各项法律中，尚未有规制版权滥用的针对性条款，唯一与版权滥用具有相关性的是著作权法第4条规定的“著作权人行使著作权，不得违反宪法和法律，不得损害社会公共利益”，但是该条款在实践中几乎未被适用。法律规范上的缺位导致实践中对于滥用诉权这一十分普遍的版权滥用行为的态度较为暧昧，没有将其与普通的诉讼维权区别对待。

版权蟑螂是滥用诉权的典型表现形式。在我国，以“视觉中国”“三面向”等著名的商业维权主体为代表，这些商业维权主体在2010年以后陆续开始提出批量的版权侵权诉讼，在案件高峰时期，几乎每年都有上千件的版权侵权起诉案件。[②]结合商业维权主体的部分运营模式和批量维权案件的内容，可以窥见我国版权滥用的现状。首先，这类商业维权的主体主要是一些图像技术公司或是软件公司，但本身又从事着版权代理业务。公众对于这些机构的代理权限以及他们与版权人的合作情况并不知晓，这导致像视觉中国这样的商业主体不仅存在版权滥用的情况，甚至可能存在即便没有获得授权也以权利人的身份自居这样的无权使

① 易继明．遏制专利蟑螂——评美国专利新政及其对中国的启示［J］．法律科学（西北政法大学学报），2014（2）：174-183.

② 华盖创意和汉华易美均为视觉中国旗下公司。在北大法宝数据库以“华盖创意”和“汉华易美”“三面向”为当事人进行检索，截至2024年其涉及的著作权侵权纠纷分别达3988件、7182件和5575件。

用行为；且在代理的过程中，他们还会对作品的授权使用附加更严苛的条件，进而借机获得更多的版权费或是侵权赔偿。其次，当前我国“版权蟑螂”涉及的作品领域主要集中在图像作品、文字作品、计算机软件作品领域，这些作品类型都是公众日常生活中容易接触的领域。最后，“版权蟑螂”在诉讼中获得胜诉的比例较高，统计结果显示此类案件二审维持原胜诉判决的概率高达91.76%。[①]即便是在黑洞照片事件发酵后，“版权蟑螂”获得的赔偿金额虽有所下降，但是整体的胜诉率依然维持在较高水平。[②]

（二）版权滥用行为的新趋势

版权滥用行为并非一成不变，在实践发展中随着技术发展和经营策略而转变。在社会文化发展的过程中，部分版权人为了自身利益的最大化，还会想办法限缩使用人的权利，从而发展出了新的版权滥用形式。近年来我国“版权蟑螂”式“维权”现象仍在持续，并且其“维权”手段呈现一种粗暴的态势，上述案例本质上已经超出了权利滥用的范围，表现为无权处分行为。由此可见，放任“版权蟑螂”在“维权”中获利，很可能会增强其“维权”信心，导致更严重违法行为的发生。“版权蟑螂”在“维权对象”的选取上相较于发展初期有了一定的扩张，不再局限于公司企业等主体。个人相较于公司主体，处理法律纠纷的能力和精力都有限，在与“版权蟑螂”的抗衡中更容易处于不利地位，一旦“版权蟑螂”开始将“维权”的矛头瞄向个人，将会在公众中产生更为严重的不利影响。

近几年数字视频平台出现的“超前点映”现象值得关注。原本用户在平台购买会员资格，就可以享受平台版权所有视频的观看权。但平台借助版权独家所有的优势，开通了“超前点映”模式，导致会员用户在支付会员费的基础上，还需额外支付超前点映的费用，才能正常观看视频。这样的行为实质上变相违反了用户协议条款，损害了消费者的利益，其本质上属于滥用版权的信息网络传播权的行为。[③]上述版权滥用行为的新趋势表明未来版权滥用的行为可能会更加多样化，更具有隐蔽性。这就需要在制定治理版权滥用的对策时，深入探究版权滥用现象

① 程娅.论版权非实施行为的权利滥用规制——以视觉中国事件为视角［M］//徐涤宇.中南法律评论（第二辑），郑州：郑州大学出版社，2021：130-139.

② 魏建，田燕梅.策略性诉讼版权保护绩效的实证分析：版权蟑螂的故事［J］.广东财经大学学报，2022（2）：88-99.

③ 司马航，吴汉东.禁止著作权滥用的法律基础和司法适用——以《庆余年》超前点播事件引入［J］.湖南大学学报（社会科学版），2022（3）：133-140.

出现的机理，根除滋生版权滥用的诱因，避免只在表面扫除版权滥用的现象。

（三）版权滥用行为的行政治理现状

行政治理主要针对的是排除、限制竞争这一版权滥用行为，当前我国各大数字平台是这一版权滥用行为的主要实施者，以QQ音乐、知网等平台为代表。这些数字平台在获取独家授权的竞争中，少数主体凭借强大的财力支撑逐渐占据了市场的主导地位，形成了垄断势头。

2021年7月，腾讯因在收购中构成违法实施经营者集中，破坏公平竞争的市场秩序而受到行政处罚。[①]这是行政机关首次对于版权独家授权模式导致的经营者违法集中行为进行干预。在该处罚做出后，包括腾讯在内的，占据音乐版权市场主要份额的平台均在歌曲的相关标识中去除了“独家”标识。但这些改变不能被乐观地认为滥用版权垄断市场的风险已不复存在。首先，除去“独家”标识只是表面工程，对于部分歌曲，尤其是听众数量庞大的头部歌曲的版权方并不愿意放弃独家授权模式，歌曲版权的自由流转仍存在阻碍。[②]同时，当前头部平台通过版权构筑起的门槛也很难被打破，其他竞争主体难以再加入竞争，我国数字音乐市场只有两大平台分庭抗礼的局面在短时间内难以改变。其次，在获得独家资源的道路受阻后，数字平台以入股等形式与上游版权公司进行了更深层次的资本合作，[③]这种上下游市场的深度绑定可能会对市场的后续发展产生更深远的影响。

知网作为我国境内最大的中文学术文献网络数据库，在学术资源库领域具有垄断性地位，其在经营的过程中通过签订独家合作协议等方式表现出了典型的排除、限制竞争的版权滥用行为，侵害了用户权益，影响了相关市场创新发展和学术交流传播。市场监管总局于2022年12月对知网的上述行为处以8760万元的罚款。[④]作为对处罚的回应，知网提出将“彻底整改与期刊和高校的独家合作”以及“大幅降低数据库服务价格”，也将更加关注知识产权相关的反垄断合规问题。

---

① 市场监管总局依法对腾讯控股有限公司作出责令解除网络音乐独家版权等处罚：国市监处〔2021〕67号［EB/OL］.（2021-07-24）［2024-04-25］. https://www.gov.cn/xinwen/2021-07/24/content_5627058.htm.

② 数字音乐上游版权方中仅有摩登天空一家公司明确转为非独家版权合作，其他版权方仍在观望中。参见：张昭轶，姚坤．在线音乐不赚钱，互联网巨头为何仍不停投入？［EB/OL］.（2021-10-18）［2025-01-20］. https://zhuanlan.zhihu.com/p/422134456.

③ 孙文轩．腾讯放弃音乐版权独家授权，在线音乐如何律动后版权时代？［N］. 新京报，2021-08-31.

④ 国家市场监督管理总局行政处罚决定书：国市监处罚〔2022〕87号［EB/OL］.（2022-12-26）［2024-04-25］. https://www.samr.gov.cn/fldes/tzgg/xzcf/art/2023/art_27cab7312a424e0ea46c6fa9e5044371.html.

可见，行政手段在版权滥用的治理中依然发挥着重要的作用，但后续权利人的垄断行为能否整改到位，还需要更为长期的监督。

（四）版权滥用纠纷的司法现状

在中国裁判文书网上，以“版权滥用”“滥用版权”“著作权滥用”“滥用著作权”为关键词进行检索，共检索到42篇案情与版权滥用相关的文书。通过对案件的梳理分析，可得出如下结论：

其一，在版权滥用行为的各类型中，涉及滥用程序性权利的数量最多，出现22次；涉及排除或限制市场竞争的有3次；涉及限缩他人合法权益的数量最少，仅有1次；另外，还有16个案件没有明确指向属于哪一类型的版权滥用，仅出现了“版权滥用”的相关字眼，并未对版权滥用的表现形式予以进一步说明（图1）。其二，版权滥用行为并非均为单个独立地出现，一个案件中可能存在多个版权滥用行为。其三，该42个案件的审理焦点主要都在于原告是否享有涉案作品的著作权、被告是否存在侵权行为、赔偿损失的具体数额如何确定，均未对版权滥用行为进行详细的查明或说理。其四，从裁判结果来看，在该42个案件中，有41个案件为被告败诉，[①]而法院对被告所提关于版权滥用的抗辩意见均不予采信。

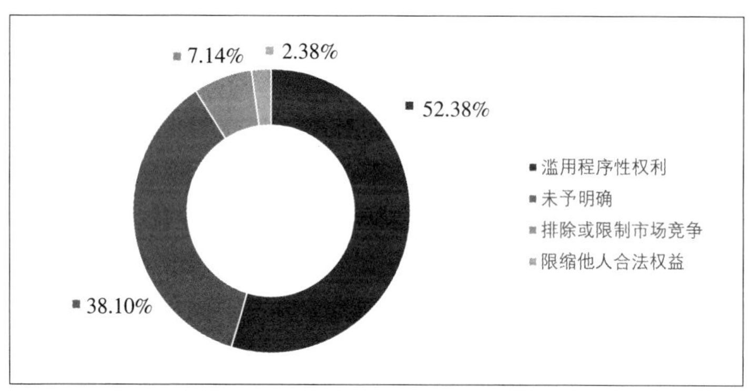

图1　版权滥用纠纷占比

① 另一个案件是德化县红尊陶瓷工艺厂诉陈文忠著作权权属、侵权纠纷案，法院判决原告败诉，但不是支持被告提出的原告滥用诉权的答辩意见，而是认为涉案作品不具有独创性，不属于著作权法保护的客体，故不支持原告的诉请。参见福建德化县人民法院（2016）闽0526民初1896号一审民事判决书。

在我国著作权人滥用实体性权利纠纷的裁判中，滥用行为一般得不到正面的认定与规制，而是通过法院拒绝对原告的诉讼请求，进而对原告的权利行使行为进行限制。以北京精雕科技诉上海奈凯公司案[①]为例，精雕公司通过技术措施保护自己的非著作权法利益，并且严重影响奈凯公司对其产品的正当使用，此种行为已经构成版权滥用。然而，本案二审法院将裁判要点聚焦于计算机软件的著作权认定和是否故意避开技术措施，对原告精雕公司行为的正当性和合法性未予以审查。由此可知，我国司法实践对于版权滥用行为的正面回应不足，规制版权滥用之现状不容乐观。

当前我国司法实践中在审理涉及版权滥用纠纷的案件时，并非以是否存在版权滥用行为展开，版权滥用更多地出现于被告的答辩意见或抗辩理由中，且这一答辩理由基本未能得到法院的充分重视。此外，当事人对版权滥用的理解和使用仅停留于浅层，在诉讼中往往泛泛带过，而且法官对版权滥用的认定也较为模糊。换言之，法院的审查往往止步于对版权人行使权利的阻碍这一层面，对于版权人是否构成版权滥用行为、是否应受惩罚则不予讨论，而且对版权人的行为是否违反了禁止权利滥用原则或诚实信用原则的审查也少之又少。

为进一步明确版权滥用各具体行为在诉讼中出现的占比，检索后发现[②]：涉及滥用诉权的案件数量最多，有2126件，远超其他版权滥用行为的案件数量；涉及搭售的案件数量有199件；涉案数量最少的两项版权滥用行为是价格歧视和滥用技术措施，分别为1件和2件（表1）。

表1　版权滥用具体行为在诉讼中出现的次数统计

版权滥用的行为类型	版权滥用行为	所涉案件数量（件）
排除或限制市场竞争	价格歧视	1
	拒绝版权交易	30
	搭售	199
	签订独家或排他性协议	68

① 北京精雕科技有限公司诉上海奈凯电子科技有限公司侵害计算机软件著作权纠纷案，上海市高级人民法院（2006）沪高民三（知）终字第110号民事判决书。

② 在北大法宝以“知识产权与竞争纠纷”为案由，再分别以“价格歧视”“拒绝版权交易”“搭售”“独家协议”“排他性协议”“滥用技术措施”“附加不合理的交易条件”“滥用诉权”“恶意投诉”为关键词进行检索，搜集到相关数据。

续表

版权滥用的行为类型	版权滥用行为	所涉案件数量（件）
限缩他人合法权益	滥用技术措施	2
	附加不合理的交易条件	31

总结来看，在版权滥用的多种表现形式中，当前最主要的是滥用诉权和限制竞争的版权滥用。其他的版权滥用行为，例如采取过度的技术措施、拒绝许可等虽然也有发生，但并未如前述两个行为这般引起大范围的关注，在实践中实际产生的影响也较小。因此，在后续的理论研究和对策制定上均需要以滥用诉权和限制竞争的版权权利滥用为治理重点，为司法实务部门在处理版权滥用案件上提供明确的指引，更加全面地防范版权滥用可能带来的不利后果。

（五）版权滥用检察监督的实践现状

检察机关作为法律监督机关与公共利益维护者的双重属性与定位，决定了其具有保障版权健康发展的重要作用。最高人民检察院于2020年11月组建了知识产权检察办公室（以下简称“知产办”），统筹“四大检察”职能，加强对知识产权检察工作的集中统一领导，同时在全国推行知识产权检察综合履职。[①]截至2022年底，全国共有29个省级检察院成立了知识产权检察部门，配备专业人员，开展综合履职。[②]各地结合自身实际情况，探索综合履职改革，并以上海、福州、重庆三座城市为典型代表，形成了三种不同的模式。[③]

虽然检察机关已经采取了一系列自发性或回应性改革措施来解决知识产权检察监督问题并取得一定成效，但当前对于版权滥用的检察监督在实践中仍面临一

① 知识产权检察综合履职统筹、综合运用“四大检察”职能，综合运用各类法律监督方式，实现检察职能耦合和深度融合贯通，达到综合保护效果。参见：王磊．知识产权检察综合履职之方向和路径［EB/OL］.（2023-10-11）［2024-04-25］. https://www.spp.gov.cn/spp/llyj/202310/t20231011_630208.shtml.

② 王俊，郑雪．专访最高检知产办主任刘太宗：深入推进知识产权检察综合履职，强化高新技术领域知产司法保护［EB/OL］.（2023-03-10）［2024-04-25］. https://www. spp. gov. cn/zdgz/202403/t20240306_647527.shtml.

③ 上海模式即设立专门办案内设机构（如上海市检察院第三分院设立的知识产权检察处），形成捕诉一体、二审集中管辖、刑民行归口管辖的一体化办案机制；福州模式是指定知识产权案件为某基层院专属管辖；重庆模式则在省级院和试点的分院、基层院设立知识产权检察办公室，并组建专门的知识产权检察专业团队。参见：陈天祚，范志飞．检察一体视域下知识产权检察履职模式比较研究［J］. 辽宁公安司法管理干部学院学报，2023（4）：48-54.

定的困境。[①]

首先，检察机关当前的专业能力不足与“四大检察”发展不均，[②]版权案件涉及刑事、行政以及民事等多部门法交叉，法律关系复杂；部分案件中的证据收集、事实认定也需要有较为专业的知识基础。专业能力的缺失导致检察机关无法充分、有效、深入地发挥检察监督效能，监督效率和力度均有不足。与此同时，部分检察人员融合办案意识、协同办案能力不足，案件线索挖掘能力尤其是跨领域线索挖掘能力不强；检察机关各条线之间相对独立，信息互通不畅，导致不同案件证据标准把握不同等问题出现，“一案四查”“综合履职”等改革目标仍未完全实现。[③]

其次，检察资源存在供给不充足或分配不均的问题。版权所保护的作品种类丰富，除较为传统的文字作品、口述作品、美术作品、摄影作品等作品外，还包括视听作品、计算机软件等易与互联网、人工智能等技术紧密结合的作品类型。科学技术的发展在一定程度上导致版权侵权行为、滥用版权行为更具有隐蔽性、技术性，这要求检察机关在处理版权案件时具有更强的统筹调配人才资源、办案力量、科技设施等资源的能力。但在实践中，由于检察资源供给不足、分配不均，在一定程度上与现实需求发生错位。尽管不少地方已经组建知识产权检察办公室，但仍然面临检察技术人才不足、特定技术领域“专才”不强、刑民行综合人才短缺、数字化平台建设滞后等问题。[④]

五、规制版权滥用的理论基础

规制版权滥用是一项复杂的工程，需要完善的基础理论的支撑。规制版权滥用行为的理论基础首先应当从版权制度自身去寻找，版权制度的正当性理论既可以用于论证保护版权的合理性，也可以反面论证规制版权滥用的合理性。囿于版权制度的正当性理论的解释存在不充分之处，因此可以将更深层次的利益平衡理

① 牛正浩. 新时代知识产权检察统合保护论纲 [J]. 湖南社会科学，2022（4）：96-104.

② 马一德. 知识产权检察保护制度论纲 [J]. 知识产权，2021（8）：21-31.

③ 张谊山. 以“四个一体化”推动完善知识产权检察综合履职机制 [J]. 中国检察官，2022（21）：22-25.

④ 张谊山. 以“四个一体化”推动完善知识产权检察综合履职机制 [J]. 中国检察官，2022（21）：22-25.

论和正义理论作为补充。同时，版权作为一种私权，民法的基本原则也可以为规制版权滥用提供理论基础。

（一）版权制度的正当性理论

劳动财产权理论和功利主义理论是版权制度正当性的主流理论，可以从上述理论观点入手，以赋权的正当性为逻辑起点，探讨规制版权滥用行为的正当性。

劳动财产权理论由洛克提出，他认为凡是对资源施加了劳动并使其价值增加的人对其劳动成果当然享有自然权利，而且国家有义务尊重这一自然权利并赋予其正当性。由此可以解释出，因为作品中凝结了智力劳动，那么付出智力劳动的人对该作品天然地享有权利。但洛克同时也指出，劳动者对于通过劳动而有所增益的东西享有权利的前提是，至少还留有足够的同样好的东西给其他人所公有。①从这一前置条件可以解释出，对版权予以保护是以不损害他人自由和公共利益为前提。换言之，如果版权人行使权利超越了一定的边界就不值得被保护。

功利主义指向的是社群整体利益，强调的是制度设计和宏观调控，即国家通过法律制度内含的奖惩机制来鼓励或抑制人们的某一行动。②该理论认为知识产权有利于促进人类社会进步，促进知识产权的发展也就意味着要以收益激励人们创造，同时从社会整体利益出发避免权利垄断。版权制度的正当性在于鼓励创新、促进作品传播和文化事业发展，同时也强调权利保护与社会公益的平衡。功利主义主张根据某一行为会使相关主体的利益增加还是减损，来确定激励或是惩罚。版权滥用行为实质上打破了版权保护与公共利益之间的平衡，对作品的创作和传播都造成阻碍，会对相关主体以及社会公益造成减损，因此对于版权滥用行为应当采取措施进行遏制。

（二）关于正义的理论

上述理论学说可以为规制版权滥用行为提供正当性，但是各自存在一定的弊端。劳动财产权理论“足够的同样好的”过于抽象，道德哲学色彩过于浓重，并且该学说过分强调个人权利保护，可能难以顾及多方主体的利益。③功利主义理

① ［英］洛克．政府论（下篇）［M］．叶启芳，瞿菊农，译．北京：商务印书馆，2017：19.

② 何鹏．知识产权立法的法理解释——从功利主义到实用主义［J］．法制与社会发展，2019（4）：21-34.

③ 郭亮，崔蕊麟．“版权蟑螂”的性质界定及著作权法规制［J］．中国政法大学学报，2023（1）：216-232.

论主要从奖惩机制和利益平衡的视角进行展开，没有顾及作者在创作过程中投入的智力劳动以及作者的人格利益。规制版权滥用行为本质上是解决利益冲突，其制度设计应当以实现社会正义为基础，因此，正义理论可以为规制版权滥用行为提供理论基础。

亚里士多德将正义划分为分配正义和矫正正义。分配正义表现为法律规范中权利义务的划分和配置，矫正正义表现为当权利受到侵害时，对受害者予以救济。著作权法对权利人与社会公众之间权利、义务的划分是分配正义的体现，而当权利人行使权利超出法律设定的范围或者正当边界，就属于矫正正义需要解决的问题。目前被普遍接受的正义观出现于19世纪中叶以后。这一时期的正义观强调维护社会公平和社会公共利益，注重实质公平和实质正义的实现。受到该观念的影响，立法者在进行制度设计时也倾向于在个人利益与公共利益间寻求一种平衡。从正义理论的发展历程可以看出，虽然在不同的历史时期有不同的阐释，但是强调个人权利、实现社会正义的内核没有改变。因此，下文将从个人正义、社会正义和两种正义间的平衡的角度，阐述规制版权滥用行为的理论正当性。

1. 版权滥用行为阻碍个人正义实现

著作权法语境下个人正义的实现表现为个人能够从自己的智能劳动成果中获得合理报酬。版权滥用行为折射出极端功利主义的倾向，从长远来看会导致个人正义实现不能。[①]著作权的取得方式分为原始取得和继受取得，这里个人正义不能指向原始取得著作权的权利人的利益实现不能。

首先，原始取得著作权的权利人实施版权滥用行为，短期内确实可以带来议价能力的增强和收益的提升。但实施版权滥用行为的会同时有损权利人在交易市场中的信誉，而如今又是一个信息快速传播、商品经济高度发达的时代，在市场中存在大量相似产品可供选择时，信誉的下降进而就会导致交易机会的丧失，也就无法实现长远收益。

其次，在作者将版权转让或者许可他人使用的情况下，二者之间不合理的利益分配方案会导致创作者收益甚少。对于继受取得著作权的主体来说，资本在版权的行使中起到推波助澜甚至是主导作用，版权实际为实现投资收益的工具。这类滥用版权的主体利用资本优势囤积大量版权，以较低的价格从原始权利人处获得许可或者直接买断，转而向侵权人提起批量维权诉讼，索要高额赔偿或者要求

① 郭亮，崔蕊麟．“版权蟑螂”的性质界定及著作权法规制［J］．中国政法大学学报，2023（1）：216-232.

签订长期许可使用合同。[①]在维权成功后，分配给作者的仅占获赔金额的一小部分，有些版权代理公司甚至会在取得许可时，就约定不与作者分配除了署名权之外的侵权赔偿。据报道，视觉中国与原始作者的分成比例，由创立之初的五五分变成现在的八二分。[②]可见，继受权利的主体在维权诉讼中获利颇丰，而原始创作者并未获得合理收益。

由上述分析可知，版权滥用行为侵蚀了原始作者应当从智力劳动中获得的收益，与著作权法个人正义的实现相去甚远，需要法律规制以实现功利主义价值观的理性回归，让原始著作权人的个人正义得以实现。

2. 版权滥用行为阻碍社会正义实现

在规制版权滥用行为的背景下，社会正义的内涵实际上是著作权法所保护的公共利益以及反垄断法所维护的竞争秩序。

首先，版权滥用行为挤压了社会公共领域。著作权法在设定之初，就通过权利限制的方式为权利人行使权利划定了边界，以保证社会公众能够接触并且利用优秀的创作成果。版权滥用行为实际上是权利的无序扩张，这种扩张切断了公众利用作品的机会，其导致的必然结果是公众能够接触的领域被逐渐压缩。其次，版权滥用行为破坏了版权市场的竞争秩序。实施版权滥用行为的主体都过分注重作品经济价值的实现而选择性忽视作品的文化价值、精神价值和社会价值。利用版权实施垄断行为，毫无疑问会直接阻碍市场的自由竞争。

综上所述，版权滥用行为会使得各类市场主体处在不平等的状态，而且这种不平等的状态对社会整体利益造成了损害，需要法律进行干预从而实现矫正正义。

3. 版权滥用行为导致个人正义和社会正义之间失衡

罗尔斯提出，社会中的人具有利益的一致性，同时也具有利益的冲突性，需要规则的指引来实现一种恰当的利益分配。[③]著作权法的制度在设计之初立法者就通过一系列限制权利的规定，在权利与义务之间进行合理分配，使得个人利益与公共利益间维持一种适度的平衡，追求实现正义的结果。

版权滥用行为的实施主体则与上述正义结果的实现路径背道而驰，他们都渴

---

① 郭亮，崔蕊麟．“版权蟑螂”的性质界定及著作权法规制［J］. 中国政法大学学报，2023（1）：216-232.

② 张鑫，张子渊，等．视觉中国如何陷入版权“黑洞”？［N］. 北京青年报，2019-04-13.

③［美］约翰·罗尔斯．正义论［M］. 何怀宏，何包钢，廖申白，译．北京：中国社会科学出版社，2001：4.

望以减损他人权利和破坏社会公共利益为代价，来实现自身利益的最大化。这种滥用权利的行为突破了权利行使的边界，使得利益平衡的价值追求无法实现。利益失衡的直接后果就是对创作者、其他市场主体以及整个版权产业造成损失。因此，版权滥用行为会导致个人正义与社会正义之间的平衡，并引发资源浪费的悲剧，对其进行法律规制是完全具有正当性的。

（三）利益平衡理论

利益平衡是著作权法的立法精神，也是当代著作权法修改和制度设计必须遵循的标准。著作权法被认为是一部分配与作品相关利益的法律，在限制获得保护作品的成本与对作品提供激励产生的利益之间维持一种精妙的平衡。[①]版权滥用行为实质上打破了版权制度所维系的利益平衡。

版权制度利益平衡理论的核心是权利人利益和公共利益的平衡，这也是实现立法目的的保障和必要机制。版权人的个人利益和公共利益之间是一种对立统一的关系，著作权人的利益与公共利益在本质上具有一致性。[②]如果偏向私人利益，虽然能够使权利人获得较高水平的保护，但也同时以限制公众对作品的使用和传播为代价，最终会导致利益平衡的天平过分偏向权利人一侧，对权利人利益和公共利益都有害无利。

此外，利益平衡理论的重要内容是要确保公众能够接触和使用被保护的作品。这里的“公众”不仅包括仅欣赏作品的公众，也包括未来的作者和潜在的竞争者，即保护权利人从作品的商业化中获得利润，让社会公众在作品的传播过程中增进知识，有竞争关系的主体创作出更丰富的成果，进而能够实现促进创新和文化事业发展的最终目标。由此可见，版权制度的利益平衡理论实质上内含对竞争秩序的保护。这也能进一步为规制版权滥用行为提供合理性，尤其是针对利用版权进行排除、限制竞争的滥用行为。版权滥用行为不仅会阻碍公众接触、使用和传播作品，最终还会给多方主体的利益，甚至自身利益都造成损害，这与利益平衡理论的内核完全背道而驰。根据利益平衡理论内容的内在要求，必须对版权滥用行为进行法律规制。

---

① 冯晓青．著作权法的利益平衡理论研究［J］．湖南大学学报（社会科学版），2008（6）：113-120.

② 冯晓青．著作权法的利益平衡理论研究［J］．湖南大学学报（社会科学版），2008（6）：113-120.

（四）诚实信用原则和禁止权利滥用原则

民法典第123条明确规定："民事主体依法享有知识产权"[①]。该条规定不仅是对于知识产权私法属性的确认，也侧面说明民法能够为知识产权法提供理论背景和制度根基。[②]民法的基本原则是民事主体从事民事活动和司法活动必须遵循的准则，其中的诚实信用原则和禁止权利滥用原则在知识产权领域具有较高的应用价值，可以为规制版权滥用行为提供理论支撑。

1. 诚实信用原则

诚实信用原则作为民法的帝王条款，要求民事主体在从事民事活动时秉持诚实，恪守承诺。追溯其本源，诚实信用原则是在市场经济发展中形成的道德准则，立法者随之意识到该原则的重要性并将其写入法律规范。正因为如此，诚实信用原则实质上是道德准则在法律中的体现，具有道德和法律的双重属性。[③]该原则的道德说服力和法律证成性决定其能够作为规制版权滥用行为的重要依据。

第一，诚实信用原则鼓励人们通过劳动积累财富和创造价值，并且保护在此基础上形成的财产权利和行使该权利的自由。而版权滥用行为的危害之一就是会打击他人通过智力劳动创造财富的积极性，这很明显与该原则倡导的理念相悖。第二，诚实信用原则强调民事主体应当在法律规定的范围内行使自己的实体权利和诉讼权利，版权滥用行为行使权利则超越了法律设定的范围。第三，诚实信用原则要求权利人善意地行使权利，即在行使权利时不损害他人利益、社会利益和市场竞争秩序。版权滥用行为大都表现为对他人使用作品自由和接触公共领域资源的侵犯，利用版权实施的垄断行为更是会对市场竞争秩序直接造成不利影响，版权滥诉和滥发侵权警告函的主体更是具有明显的主观恶意。

综上所述，版权滥用行为从根本上不符合诚实信用原则的内在要求，而该原则的法律强制性意味着不符合该原则的权利行使行为不值得被法律保护，且应当对这类行为进行遏制。

2. 禁止权利滥用原则

禁止权利滥用原则往往被认为是诚实信用原则的应有之义和必然延伸。该原

---

① 参见《中华人民共和国民法典》第123条。

② 孔祥俊.《民法典》与知识产权法的适用关系［J］. 知识产权，2021（1）：3-19.

③ 陈奎.《商标法》中诚实信用原则的理论与实践［J］. 知识产权，2016（8）：106-111.

则规定在民法典第132条，同时也是规制版权滥用行为的依据。[①]

首先，禁止权利滥用原则规范价值的实现能够达到对版权滥用行为予以否定性评价的目的。禁止权利滥用原则的首要目的在于规范权利的行使，将权利的行使限定在设定该权利的目的范围内。禁止权利滥用原则的规范价值就在于通过规范权利的行使来实现不同利益之间的平衡。而对版权滥用行为予以否定性评价的关键原因就是这类行为对他人的权益和自由以及公共利益都造成损害，实质上阻碍创新和文化事业发展，违反了著作权法的规范保护目的。该原则的规范价值的实现，要求对版权滥用行为进行否定性评价并且运用法律手段进行规制。

其次，从域外司法实践来看，禁止权利滥用原则已经在涉及知识产权纠纷中被应用。在Lasercomb案中，被告以原告要求在100年内不得以原告的软件为基础进行后续开发构成版权滥用作为抗辩理由，法院认可了被告的抗辩并特别指出禁止权利滥用原则天然地存在于版权法中，判断版权滥用的标准是权利行使是否与授予版权的公共政策相违背。[②]以此案为开端，禁止权利滥用原则在版权法领域开始被普遍适用。从美国的判例发展可以看出，禁止权利滥用原则在版权方领域具有适应性，可以为禁止版权滥用提供理论支撑。

最后，基于法律规范之间的体系性和关联性，禁止权利滥用原则在版权领域也存在适用的合理性。纵向分析我国法律体系，民法典和宪法中都有条文体现了禁止权利滥用的精神。禁止版权滥用行为具有合宪性基础，宪法在第51条明确规定：公民在行使自由和权利的时候，不得损害社会的、集体的和其他公民合法的自由和权利。民法典第132条也规定民事主体不得滥用民事权利损害国家利益、社会公共利益或他人合法权益。基于民法典第123条对著作权私权地位的确定，版权的行使受到该条款的约束是应有之义。横向对比知识产权法律体系，专利法第20条规定："不得滥用专利权损害公共利益或者他人合法权益。"商标法中虽然没有关于"滥用商标权"的表述，但是在第7条规定："申请注册和使用商标，应当遵循诚实信用原则。"上述条文均表明了知识产权人不得滥用权利的立场。因此，无论是根据法律规范的位阶关系还是并列规范的体系性解释，禁止权利滥用应当是版权行使过程中必须坚持的立场，禁止权利滥用原则是规制版权滥用行为的合法性基础。

---

① 孔祥俊.《民法典》与知识产权法的适用关系［J］. 知识产权，2021（1）：3-19.

② See Lasercomb America，Inc. v. Reynolds，911 F. 2d 970（4th Cir. 1990）.

六、规制版权滥用行为的对策

（一）以利益平衡和多元化原则统筹版权滥用规制

1. 秉持利益平衡原则，维护公私利益平衡

版权法本身就是利益平衡协调后的产物，一方面在公共空间中基于私人的劳动为其划分了一块专属领地作为绝对权，以私有权的形式保护智力成果，维护私人利益；另一方面，为了公众的文化发展空间，又对版权这一私有权进行了限制，设置权利期限、规定合理使用等都是调节利益平衡的手段。当前出现了版权滥用的问题，说明私权利未能在既定权利框架内行使，抑或是偏离了权利设立之初的目的，导致了利益的失衡。因此对版权滥用进行规制，绝不是一味限制版权，而是要在鼓励和支持维护版权的同时，让版权的行使重回既定的轨道，在版权保护和规制版权滥用之间找到新的平衡。

在我国发布的各项知识产权发展规划文件中，加强知识产权保护和防止知识产权滥用作为两个并列的战略重点存在，[①]进一步佐证了打击版权滥用和保护版权是并行不悖的两条路径，充分体现了在维护版权人合法权利的同时也要平衡与公共利益的关系。也正是因为利益平衡这一项统筹性的原则，在规制版权滥用的过程中不可冒进。在著作权法第三次修正的草案中曾尝试引入版权滥用条款及相应的行政处罚措施，但随即遭到众多学者的批判，[②]有关条款在最终公布的版本中被删去。由此可见，现阶段在版权滥用对策的制定过程中，尤其是考虑新增规制版权滥用的法律条款时必须保持克制，避免主要矛盾的偏移，总体而言还是应当充分利用现有的制度疏导和缓解版权滥用的现象。

2. 恪守谦抑性原则，防范立法冒进行为

对版权滥用的规制是一项复杂的事业，不仅需要顾及利益的平衡，还涉及了版权法和竞争法等多领域。多元化的对策体现在多个方面：首先是主体多元，对

① 国务院关于印发《国家知识产权战略纲要》的通知［EB/OL］.（2008-06-10）［2024-04-25］. https://www.gov.cn/zwgk/2008-06/10/content_1012269.htm.

② 张伟君. “滥用著作权”条款，不要也罢——评《著作权法修正案（草案）》第四条［J］. 中国知识产权杂志.（2020-06-21）［2024-04-25］. https://www.chinaipmagazine.com/journal-show.asp?id=3538.

版权滥用的规制既需要权利人的自觉，也需要公权力机关的监督。参与版权滥用规制的公权力机关也应当是多元的。国家市场监督管理总局可以对涉嫌垄断的版权滥用主体开展行政调查，进行行政处罚；检察机关可以通过检察监督、公益诉讼等方式为版权滥用受害方提供帮助。其次是手段的多元，对版权滥用的规制既需要从著作权法入手寻找治理的依据，也需要其他领域法律的参与共同规制；既要有强制性的司法手段规制，也要有经济政策的指引疏导，为版权市场的健康发展带来更多可能。

（二）规制版权滥用的具体措施

版权滥用的表现形式借助“行为”和“市场”两个分析要件，[①]可以大致将其分为仅涉及版权法的滥用行为和涉及反垄断法的滥用行为。仅涉及版权法的滥用行为主要是以民法上的权利滥用为基本原理，将权利行使超过既定的权利边界的行为视为权利滥用，权利也因此失去了被保护的正当性，典型的行为类型有“版权蟑螂”、滥用技术措施。后者则涉及对市场主体的分析，以保护良好的市场竞争秩序为目的对其规制。[②]可见，与规制版权滥用行为关系最为密切的两个领域的法律：一是版权法，二是竞争法，相对应地也就产生了版权法规制和竞争法规制两条规制路径。

在版权法规制版权滥用行为时，可以借此机会梳理版权集体管理组织与版权持有和使用者及监管部门间的关系，让版权集体管理组织在促进版权的合法流通中发挥效用。面对诉权被滥用的情况，则需要从法定赔偿制度的完善入手，让法定赔偿回归其“填平为主，惩罚为辅”的功能设定。

当版权滥用行为同时涉及控制市场、限制竞争等垄断行为时，需要有竞争法的参与。但为了避免以强制的行政手段错误规制了原本自由的竞争行为，产生市场自身无法调节的危害，[③]在通过竞争法领域法律规制版权滥用行为时应当尤为谨慎，在对“相关市场”“支配地位”等认定垄断的关键要素上，应充分论证。在反垄断手段的选取上也应当尽量避免“一刀切”类型的行政处罚措施，尽量选取柔和的手段，为版权市场的正常交易预留空间。如此才能最大限度发挥民法和

---

① 易继明. 禁止权利滥用原则在知识产权领域中的适用［J］. 中国法学，2013（4）：39-52.

② 司马航，吴汉东. 禁止著作权滥用的法律基础和司法适用——以《庆余年》超前点播事件引入［J］. 湖南大学学报（社会科学版），2022（3）：133-140.

③ 王佳佳. 论数字内容平台版权滥用的法律规制［J］. 知识产权，2023（3）：62-76.

竞争法的合力，共同助力版权市场的健康运转。

1. 限缩法定赔偿适用空间，让侵权赔偿计算回归理性

实践中法定赔偿方式的使用率居高不下，在2012—2015年期间，著作权案件中将法定赔偿作为赔偿标准的案件比例高达99.62%。[①]研究显示，实践中法定赔偿使用率过高主要原因是原告方怠于举证，换言之原告倾向于在不提供或者仅少量提供能证明损害或违法所得相关证据的情况下，主动选择法定赔偿的方式。[②]如此现状为滥用诉权的主体节省了大量举证的精力，变相为其批量起诉提供了便利。而新修订后的著作权法将法定赔偿的额度大幅度提升很可能会激励滥用诉权的主体实施更多的诉讼行为。因此，当前亟须针对法定赔偿适用率居高不下这一问题进行整改，细化法定赔偿的适用规则，尽可能缩小其被滥用诉权的主体利用的空间。

学界对于遏制滥用诉权利用法定赔偿牟利，主要提出了以下几个方面的完善建议。首先，应回归著作权法对于赔偿计算标准顺位的规定，让“版权蟑螂”不能轻易适用法定赔偿以逃避举证责任。[③]还有学者认为要区分适用法定赔偿制度，即针对不同的案件情况适配不同的赔偿额度，这样才能避免版权滥用诉权的主体获得与其实际损失不相匹配的高额赔偿。[④]在针对法定赔偿的研究中，类似的提法还有很多，[⑤]这类建议都是从完善法定赔偿制度本身入手，以期让法定赔偿形成统一的计算体系，让个案中法定赔偿的计算更加规范。这些设想本身对于完善法定赔偿制度都是有益的尝试，但即便细化了法定赔偿额的计算标准，基于我国当前对法定赔偿的适用方式，原告依然不需要花费大量的精力提供与损害赔偿相关的证据就可以获得赔偿，并不能从根本上改善原告怠于举证的现象。更加直接的做法应当是让原告担负起本应承担的举证责任，这样滥用诉权的主体将不得不再次衡量起诉的诉讼成本，一旦诉讼成本高于起诉所获得的利益，“版权蟑螂”的这一商业运作模式就将难以为继。

---

① 詹映．我国知识产权侵权损害赔偿司法现状再调查与再思考——基于我国11984件知识产权侵权司法判例的深度分析［J］. 法律科学（西北政法大学学报），2020（1）：191-200.

② 陈志兴．专利侵权诉讼中法定赔偿的适用［J］. 知识产权，2017（4）：29-34.

③ 李欣洋，张宇庆．版权蟑螂现象之法律规制——以法定赔偿制度为视角［J］. 河南财经政法大学学报，2018（2）：133-141.

④ 程娅．论版权非实施行为的权利滥用规制——以视觉中国事件为视角［J］. 中南法律评论，2021（1）：130-139.

⑤ 如“根据不同因素在法定赔偿中的权重，总结计算公式”，参见：陈国猛．浙江省知识产权民事司法保护报告（2015）［R］. 北京：法律出版社，2016：189.

因此，在考虑完善法定赔偿额计算标准的方法之前，首先需要在法定赔偿的适用中回归举证责任的本质，即“谁主张、谁举证”。即便是适用法定赔偿，也不意味着可以免除当事人的举证义务。[①]具体而言，如果原告是为了逃避举证责任而不提供与损害赔偿有关的证据，即便当事人申请适用法定赔偿，法院也不能单纯通过自由心证估量出一个大概的赔偿额度，而应当坚持由原告承担举证不利的后果。[②]让法定赔偿举证责任回归适用的理性状态，逐渐收紧已经被过度泛化使用的法定赔偿制度。至于如何区分案件原告是举证不能还是不愿举证，则需要法官在个案中进行判断。如果权利人持有的产品线和商业模式非常复杂，可能确实会存在无法分离出与知识产权相关的收益、利润或是损失部分进行举证，但“版权蟑螂”通常并不属于此类情况。

法定赔偿与惩罚性赔偿的关系同样应特别关注，因为一旦适用惩罚性赔偿通常就意味着高额的赔偿金，高额的赔偿也是滥用诉权盛行的诱因之一。在学界，对于法定赔偿和惩罚性赔偿的关系存在较大的分歧。[③]在最新的著作权法修改过程中，对法定赔偿与惩罚性赔偿之间关系的认定再三转变，导致法定赔偿制度本身的功能变得越发模糊。事实上，从法定赔偿设立的背景以及立法目的来看，其最主要的功能在于当其他几种填平性损失计算方式存在困难时，依然可以由法院确定赔偿数额，为被侵权人提供救济。[④]因此，其最重要的功能一定是补偿损失，惩罚性功能不是法定赔偿的应有之义。[⑤]一旦确立了这种认识，对于法定赔偿和惩罚性赔偿的区分自然也就变得清晰，即法定赔偿只是惩罚性赔偿的计算基数，如果要主张更大数额的法定赔偿，就需要对“故意侵权”“情节严重”等要素进行举证。有了这一证明标准的要求，即便诉权滥用主体想通过惩罚性赔偿获取更多的利益，也需花费更多的时间精力进行举证，进而可限制其滥诉行为。

2. 发挥版权集体管理组织作用，搭建统一的版权交易管理平台

第三次著作权法修订关注到了以往集体管理制度存在的一些问题，在一些关

① 李明德．关于知识产权损害赔偿的几点思考［J］．知识产权，2016（5）：3-9.

② 蒋舸．知识产权法定赔偿向传统损害赔偿方式的回归［J］．法商研究，2019（2）：182-192.

③ 分为“融合模式”和“分立模式”两种，区别在于法定赔偿能否承担部分惩罚性功能。参见：焦和平．知识产权惩罚性赔偿与法定赔偿关系的立法选择［J］．华东政法大学学报，2020（4）：130-143；袁秀挺．知识产权惩罚性赔偿制度的司法适用［J］．知识产权，2015（7）：21-28.

④ 王迁，谈天，朱翔．知识产权侵权损害赔偿：问题与反思［J］．知识产权，2016（5）：34-39.

⑤ 焦和平．知识产权惩罚性赔偿与法定赔偿关系的立法选择［J］．华东政法大学学报，2020（4）：130-143.

键问题上予以明确。[①]但是要重新发挥版权集体管理组织的作用，还应当将集体管理组织的责任和义务进一步细化、落地。首先，可以增加集体管理组织的信息披露义务，[②]以保证信息的公开透明，也可以让公众参与监督，防止集体管理组织不合法运作的出现。信息披露可以分为两个方面，对于基本的交易信息应当由版权集体管理组织主动披露；而对于涉及权利人隐私的交易细节，可以在作品权利人或者利害相关人申请后对其披露。其次，对于集体管理未能尽到义务的也应当有相应救济措施。对于集体管理组织在基本的交易过程中未能履行义务的，可以参照一般的合同纠纷处理，作品权利人可以按照合同约定要求集体管理组织采取补救措施；对于集体管理组织未能履行信息披露义务的，作品权利人或利害关系人可以向法院寻求救济，同时对版权管理组织的失职行为应进行查处，追究责任。上述措施可以进一步保障版权集体管理组织的健康运行，以重拾公众对版权集体管理组织的信任，避免其成为另一个敛财的工具。

在巩固版权集体管理组织在市场中的地位的措施上，有学者建议可以考虑在特定的领域引入“强制性集体管理制度”。[③]不论是否具有会员身份，都由版权集体管理组织统一进行版权的授权和费用的收取，统一授权权利回收到集体管理组织后，自然能巩固其在市场中的地位，进而重新发挥其作为管理主体的作用。数字技术的发展也带来了版权管理及商业模式的更新，版权集体管理组织传统的运行模式也应当进行更新。可以充分利用数字技术的优势，由版权集体管理组织牵头搭建统一的版权交易管理平台，让各创作者不论体量大小都可以有平等对话的平台，都能享有获得收益的机会。平台公开透明的特点也能让版权的交易在公众监督下进行，有益于影视、音乐等与版权关系密切的行业健康发展。

3. 重视版权资源的“必需设施”属性，敦促版权人履行开放义务

在知识产权拒绝许可的反垄断审查中，“必需设施”是一项重要的审查标准。因为一旦确认经营者掌握“必需设施”，对应地就产生了在一定条件下开放设施的义务，一旦经营者拒绝开放，就可能产生排除竞争的后果。[④]对于数字平台的

---

① 在性质上就明确集体管理组织为“非营利性法人”性质；明确规定了对作品使用费和转付的标准及有关程序，对版权集体管理组织的管理有了适用性更好的规范。

② 张超. 论著作权集体管理组织的垄断问题治理出路——兼评《关于滥用知识产权的反垄断指南（征求意见稿）》[J]. 竞争政策研究，2020（1）：59-69.

③ 李陶. 非会员作品著作权集体管理模式的选择与重构——以德国法为借鉴 [J]. 法商研究，2015（3）：184-192.

④ 李剑. 反垄断法中核心设施的界定标准——相关市场的视角 [J]. 现代法学，2009（3）：69-81.

经营来说，其所获得的足以构筑市场壁垒的版权资源可以构成其在竞争中的必需设施，它决定了作品能否自由进入下游市场流通、参与竞争。[①]必需设施的内涵存在一个逐步发展丰富的过程，其适用场景从实体的物理设施逐步拓展到了知识产权领域，在“IMS Health GmbH & Co. OHG v. NDC Health GmbH”案中，欧盟法院首次将“必需设施”原则运用到标准技术环境中。[②]而在之后的“Microsoft v. EU Commission”案，欧盟法院进一步放宽了“必需设施”适用条件。如果要求获得许可的企业打算向市场提供区别于原知识产权人的新产品或服务，而企业拒绝许可的目的是知识产权人能够独占市场减少竞争且无正当的客观理由，在满足上述条件的情况下就可以认定企业拒绝许可的行为涉嫌滥用市场支配地位。[③]

当前我国的有关规范[④]已经有使用必需设施原则的倾向，将来可以参考欧盟将“必需设施”原则融入知识产权人拒绝许可行为中分析。将作品认定为必需设施，首先还是要评估拒绝许可的平台的规模，但是这里的评估相较于滥用市场支配地位中对于主体市场份额的认定所需考量的因素更为直观和简单，主要聚焦于平台拥有的作品数量和质量，只有当平台聚集了大量的独家版权，且对这些作品的访问对于下游市场的开发利用必不可少时，平台才负有开放作品的义务，这是认定作品为必需设施的前置条件。而作品本身能否成为“必需设施”，主要需要考量以下几个因素：（1）该作品是不是其他平台参与竞争必不可少的。以音乐平台为例，能否获得头部歌手的版权直接关乎其能否吸引到流量，在平台竞争中存活，这些头部歌手作品的版权就是其他平台参与竞争必不可少的。（2）独占者是否控制了该作品，获得独家授权的平台如果在获得授权后拒绝其他一切交易，就是控制了该作品。（3）竞争者能否在合理努力的范围内再复制同样的设施，对于作品来说，如果被独占，在合法的途径下其实就很难再被复制。（4）独占者是否不合理地拒绝竞争者利用该必需设施。这里主要需要综合考虑独占者拒绝许可的理由和希望获得许可企业的目的。（5）独占者提供该作品是不是可能的。[⑤]在明

① 王佳佳．论数字内容平台版权滥用的法律规制［J］．知识产权，2023（3）：62-76.

② See IMS Health GmbH & Co. OHG v. NDC Health GmbH，Court of Justice of the European Union Case C-418/01（2004）.

③ See Practice Management Info. Corp. v. American Medical Association，121 F. 3d 516（1997）.

④《禁止滥用市场支配地位行为规定》第16条规定，禁止具有市场支配地位的经营者没有正当理由，拒绝交易相对人在生产经营活动中，以合理条件使用其必需设施。国家市场监督管理总局令第66号［EB/OL］.（2023-03-10）［2024-04-27］. https://www.gov.cn/zhengce/202305/content_6858601.htm.

⑤ 我国法院首次运用“必需设施”原则认定拒绝许可垄断行为第一案中阐述了认定“必需设施”的五个要素，参见浙江省宁波市中级人民法院（2014）浙甬知初字第579号民事判决书。

确了这些认定要素后就可以对作品是不是“必需设施”作出准确的判断，在此模式下既可以允许独家许可这一市场模式的存在，又能精确予其必要的监管。

4. 引入版权滥用抗辩制度，维护权利行使正当性

版权滥用抗辩制度设立的初衷是为了让作为被告的当事人在面对版权人的权利滥用行为时能有效抗衡，维护权利行使的正当性。判断重点在于权利行使的边界和权利行使的目的是否在知识产权立法的范围内。这一制度如果能够被妥善使用，依然是规制版权滥用行为的利器。首先，版权滥用抗辩制度发端于“不洁之手”理论，我国虽然没有相似的理论，但是民法的诚实信用原则和民法典第132条已明确规定的“民事主体不得滥用民事权利损害国家利益、社会公共利益或者他人合法权益”条款，以及著作权法第4条规定的“著作权人行使著作权，不得违反宪法和法律，不得损害社会公共利益”都可以作为抗辩的法律依据。有学者认为应“在引入禁止著作权滥用条款基础上，再确立著作权滥用侵权抗辩规则”。①虽然这一提法有其合理性，但并不十分必要，尤其是在最新的著作权法修改过程中已删除著作权滥用条款的情况下，直接从现有的法律条款中寻找依据更具可行性。有学者提出因为缺乏对版权滥用的明确定义，当前我国著作权法第4条并没有发挥应有效用，司法实践在该领域也相对空白。②如果按照前文的逻辑进路引用版权滥用抗辩制度，能够很好地激活该条款。

在版权滥用抗辩制度发展的过程中不乏反对的声音，有学者担心这一制度的发展会过分限制版权人的权利，因此更需要在制度适用的过程中结合主客观要素审慎分析。客观上需要分析权利的行使是否超出限度；主观上，以是否违反版权法制定之初的公共政策为评判标准，例如“版权蟑螂”、平台集中对版权实施垄断这样的典型权利滥用行为都展现了强烈的牟利意图，并指导了不正当行使权利行为的发生，均可以被认定为存在过错。案件的这一抗辩事由由被告提出，但是否采信须由法官审查。在保持慎重对待的基础上，结合版权行使的性质、权利人的主观意图、行为表现及后果等多个方面，③是能够正确判别这类抗辩能否成立的。而在适用的范围上，还是应当回归权利滥用的本质是对公共政策的违反，不将抗辩权的适用限制在竞争法领域，让非竞争法领域明显滥用版权案件的被告也能享有抗辩的权利。

---

① 郭亮，崔蕊麟．“版权蟑螂”的性质界定及著作权法规制［J］．中国政法大学学报，2023（1）：216-232.

② 陈剑玲．论版权滥用之判断标准［J］．新疆大学学报（哲学・人文社会科学版），2012（3）：55-59.

③ 冯晓青．知识产权行使的正当性考量：知识产权滥用及其规制研究［J］．知识产权，2022（10）：3-38.

5. 类型化版权滥用案件，以指导案例指引个案判断

个案裁判的优势在于法官能及时按照案件的具体情况做出调整，能更充分考虑各方利益，进而能更好地维护利益平衡原则。[①]前文已经提到当前司法实践中法官在面对版权滥用案件时未能对是否存在版权滥用行为等关键性问题进行有效论证，出现这一现象的原因一方面是因为版权滥用行为复杂多变，法官会选择尽可能绕过这一复杂论证转而以其他方式结案，而更深层的原因在于对于版权滥用理论研究的不足，且缺乏类型化的分析，导致未能给司法实践提供清晰的指引。广东省高级人民法院曾对个案分析的思路做出过说明，该院认为当知识产权权利人行使权利时超过法定的范围，可以根据具体的情形确定其构成不同性质的违法行为。对于版权的滥用行为，可以是违反知识产权法、反垄断法的违法行为。[②]这一裁判思路也侧面印证了版权滥用案件的多样性与复杂性。

在滥用诉权的问题上，最高人民法院在其2020年发布的《关于全面加强知识产权司法保护的意见》中提出要加强著作权诉讼维权模式问题研究，防止不正当的牟利行为，并再次强调了平衡各方利益的重要性。[③]未来“版权蟑螂”可能以更隐蔽的形式出现，因此必须未雨绸缪，在完善版权滥用理论的基础上，总结归纳不同类型版权滥用案件的特点和裁判思路，同时，为了尽可能避免“同案不同判”情况的出现，需要做好以下几个方面。首先，对版权滥用的衡量标准和表现形式要有较为统一的理解。前文也对这两个方面进行了较为详尽的论述。其次，版权滥用的典型案件应当作为指导性案例公布，以便为后续的案件处理提供思路和指引。对于指导性案例的参照，应当主要关注在利益平衡的处理上所考量的因素，而不仅仅是案件结果。

6. 落实发挥“四大检察”职能，完善版权公益诉讼制度

当前检察机关因资源不协调、信息不互通、办案能力不足，导致“一案四查”“综合履职”目标未能实现，未能有效发挥检察机关在版权滥用案件中的检察监督作用，需要统合现有检察资源，加大检察工作的组织力度，以集中履职、综合履职、能动履职为抓手，继续推进落实综合履职模式改革。

首先，在机构的设置上，可以针对在已有的试点改革的基础上，完善专门化

① 卢海君，任寰. 版权滥用泛在之证伪［J］. 知识产权，2022（1）：50-62.

② 参见广东省高级人民法院（2018）粤民终712号民事判决书。

③ 最高人民法院关于全面加强知识产权司法保护的意见.［EB/OL］.（2020-04-15）［2024-04-27］. http://gongbao.court.gov.cn/Details/a37f29bdf1378598c5b04a96a5f002.html.

常设知识产权检察办案机构，继续实现检察机关内部职能和人才整合，在办案资源上实现“四大检察”职能的统合与协同。其次，在人才资源调配上，可以建立知识产权检察人才库等人才共享机制、培养机制。面对技术人才不足的困境，可以借鉴审判机关的经验，与其他有关机关部门联动，设立技术调查官或特邀检察官助理定期交流，充分发挥“外脑”力量，增强自身技术实力。最后，在整合数据资源上，高度重视数据这一生产要素，加快推进信息化建设、实现数据赋能。[①]依托“两法衔接”平台，对接其他部门形成知识产权办案数据库，从而提升发现案件线索的能力，或以此为基础推进跨部门大数据协同办案，实现案件数据和办案信息网上流转，以现代科技赋能检察工作。[②]

公益诉讼具有独特的制度优势，可以提高诉讼效率，更有利于公共利益的维护。版权滥用案件从“鼓励创作”“促进文化和科学事业的发展”的角度来说，符合民事诉讼法对于公益案件受案范围的规定。党的十九届四中全会[③]明确提出“拓展公益诉讼案件范围”的要求，因此提起版权滥用公益诉讼会是未来检察机关保护版权的重要手段。作为一种新型的公益诉讼，其制度构建尚处于起步阶段，可以参照其他类型公益诉讼并结合自身特点，构建适合我国实际应用的版权公益诉讼制度。

首先，需要明确符合版权滥用公益诉讼原告资格的主体。公共利益由于“没有明确的权利人”而需要通过另赋实体请求权的方式将公益性诉讼实施权授予作为公益代表人的机关和有关组织。[④]目前尚未明确哪些具体的机关和组织具有原告资格，阻碍了公益诉讼制度的实践应用，因此，应从立法层面建立版权民事公益诉讼原告资格体系，赋予版权相关社会团体和检察机关更明晰的诉讼地位和具体权利。

鉴于各集体管理组织和各行业组织在法律知识的储备、经济能力和举证能力

---

① 王磊．知识产权检察综合履职之方向和路径［EB/OL］．最高人民检察院官网．(2023-10-11)［2024-04-27］．https://www.spp.gov.cn/spp/llyj/202310/t20231011_630208.shtml.

② 最高人民检察院关于全面加强新时代知识产权检察工作的意见［EB/OL］．(2022-03-02)［2024-04-27］．https://www.spp.gov.cn/spp/xwfbh/wsfbh/202203/t20220301_546231.shtml.

③《中共中央关于坚持和完善中国特色社会主义制度　推进国家治理体系和治理能力现代化若干重大问题的决定》［EB/OL］．(2019-11-05)［2024-04-27］．https://www.gov.cn/zhengce/2019-11/05/content_5449023.htm.

④ 黄忠顺．论公益诉讼与私益诉讼的融合——兼论中国特色团体诉讼制度的构建［J］．法学家，2015(1)：19-31+176.

等方面的优势，它们均有望成为版权公益诉讼的重要参与力量。[①]应在立法层面赋予具有专业能力的版权保护组织以民事公益诉讼原告资格，一方面，社会组织可以为检察机关支持民事公益诉讼提供基础；另一方面，可以通过社会团体诉讼的“前置性程序”避免检察机关等公权力机关过分介入私权行使领域。同时，为避免公益诉权滥用，保证相关主体具备提起公益诉讼的专业能力，在具体确定原告主体资格时，可以根据实际情况，由国家版权局、国家知识产权局或市场监管总局等部门对相应的社会组织进行评估考核，确定相应社会组织的民事公益诉讼原告资格。

其次，应当充分发挥检察机关在版权滥用公益诉讼中的优势。需要进一步健全公益诉讼线索发现和移送机制，强化检察机关与相关政府部门、行业组织的沟通协作，建立知识产权公益诉讼专家智库，探索设立知识产权公益诉讼基金项目。在实践探索基础上逐步形成办案标准和程序规范，提升检察官办案能力和水平。[②]

版权滥用行为的出现有其经济上的诱因，也有不够健全的版权市场带来的层出不穷的盗版和侵权现象为其提供的土壤。版权滥用的治理必然是一项系统性的复杂工程，不能是简单粗暴的行政制裁，也不是单纯政策性的引导能完成的。需要以此为契机，摸查当前我国版权法规定的各项制度在实践运行中的缺漏，在各项政策的制定中始终坚持利益平衡原则，不过分限制私权利也给公共利益留下足够的空间，用多元化的治理手段为版权市场的健康发展谋求出路。对版权滥用的治理不仅是对公共利益的维护，更是维护公众对文化创新的支持和合理信赖，为树立长期稳定的版权意识打下根基，最终实现文化繁荣发展、版权强国的目标。

课题组组长：宋智慧

课题组成员：王畅　张思畅　崔馨心　吴子妍　曾昱

课题承担单位：辽宁大学

① 黄汇．论知识产权公益诉讼制度的构建［J］．江西社会科学，2008（6）：186-189.

② 戚永福．知识产权公益诉讼的必要性和可能空间［J］．检察风云，2020（22）：58-59.

后　记

《中国版权研究报告（2024）》，是中国版权保护中心精心编纂的第二部全面梳理和分析中国版权理论与实践进展的报告。前作《中国版权研究报告（2022—2023）》出版后，赢得了学界和业界广泛赞誉，也为我们后续工作注入了强大动力。

在孙宝林同志的策划部署以及张有立同志的悉心指导下，版权中心研究部稳步推进版权课题征集与研究工作。《中国版权研究报告（2024）》秉持大历史观，坚定文化自信，所涉议题较为全面广泛，着重于版权基础性和前沿性问题研究，从版权历史与文化、版权产业研究、版权基础理论研究、版权与人工智能、数字版权研究五个方面呈现本年度中国版权理论与实践的最新发展动态。既探讨作品独创性等基础学理问题，又回溯宋代版权历史与文化，更前瞻性地分析人工智能、短视频、数字人等领域的版权前沿问题，旨在构建一个既尊重历史又面向未来的版权研究体系。

版权中心研究部赵香、张凝、于梦晓、李文龙等同志，为本书出版付出诸多心血。出版过程中，中国青年出版社的尚莹莹等编辑老师悉心指导、精心编辑，他们的专业精神和不懈努力极大地提升了本书质量。此外，版权中心学术研究工作的高效推进以及本书的顺利出版，离不开相关高等院校、文化企事业单位、科研院所等机构专家学者长期以来的大力支持。在此，我们向所有给予帮助和支持的单位与个人，致以诚挚的感谢！

对于本报告存在的疏漏之处，恳请广大读者不吝赐教！

2025年5月

图书在版编目（CIP）数据

中国版权研究报告. 2024 / 中国版权保护中心组织编写. -- 北京：中国青年出版社，2025. 5. -- ISBN 978-7-5153-7701-8

Ⅰ. G239.2

中国国家版本馆CIP数据核字第2025HH0463号

中国青年出版社 出版 发行

中国版权研究报告（2024）
中国版权保护中心　组织编写
孙宝林　主编

责任编辑：尚莹莹　白　芸
特约编辑：赵　莹
助理编辑：赵艺茜
责任印制：金　鹏
出版发行：中国青年出版社
社　　址：北京市东城区东四十二条21号
邮政编码：100708
编辑中心：010-57350352
营销中心：010-57350370
印　　装：中煤（北京）印务有限公司
经　　销：新华书店
开　　本：710mm×1000mm　1/16
印　　张：49.75
字　　数：860千字
版　　次：2025年5月北京第1版
印　　次：2025年5月北京第1次印刷
定　　价：198.00元　上下卷（套）

如有印装质量问题，请凭购书发票与质检部联系调换
联系电话：（010）57350337